Gebrochene Modernisierung
Der langsame Wandel proletarischer Milieus

IBL Forschung ist eine wissenschaftliche Publikation des *Instituts für angewandte Biographie- und Lebensweltforschung* der Universität Bremen (IBL)

Herausgeber
Peter Alheit und Annelie Keil

Dr. Dr. Peter Alheit, Soziologe und Erziehungswissenschaftler, ist Professor der Pädagogik an der Georg-August-Universität Göttingen und Leiter des Instituts für angewandte Biographie- und Lebensweltforschung (IBL) an der Universität Bremen. *Dr. habil. Hanna Haack*, Sozialhistorikerin, ist Wissenschaftliche Mitarbeiterin des IBL. *Heinz-Gerd Hofschen*, Historiker, ist Wissenschaftlicher Mitarbeiter des IBL. *Dr. Renate Meyer-Braun*, Historikerin, lehrt als Professorin an der Hochschule Bremen.

Peter Alheit
Hanna Haack
Heinz-Gerd Hofschen
Renate Meyer-Braun

Gebrochene Modernisierung – Der langsame Wandel proletarischer Milieus

Eine empirische Vergleichsstudie
ost- und westdeutscher Arbeitermilieus in
den 1950er Jahren

Bd. 1: Sozialgeschichtliche
Rekonstruktionen

Unter Mitarbeit von
Hendrik Bunke, Elke Dierßen,
Jutta Friemann-Wille, Heidrun
Herzberg, Kathrin Möller, Karin
Thomsen-Labahn, Andreas Wagner

Donat Verlag · Bremen

Die Deutsche Bibliothek – CIP-Einheitsaufnahme

Gebrochene Modernisierung : der langsame Wandel proletarischer Milieus ; eine empirische Vergleichsstudie ost- und westdeutscher Arbeitermilieus in den 1950er Jahren / Peter Alheit ... – Bremen : Donat
  ISBN 3-931737-80-2
  Bd. 1. Sozialgeschichtliche Rekonstruktionen. – 1999
  (IBL-Forschung ; Bd. 6)

© 1999 by Donat Verlag, Bremen
Borgfelder Heerstraße 29, 28357 Bremen
Alle Rechte vorbehalten
Umschlaggestaltung: Jutta Behling, Bremen
Druck: R&C-Service, Bremen

Inhalt

Band 1

Vorwort vii
Einleitung 1

Teil I:
Methodologische Einführung

Kapitel 1
Geschichten und Strukturen 9

1. Illusion oder Realität 10
2. Das Strukturelle im Narrativen 16
3. Sozialgeschichtliche Untersuchungen als Korrektiv einer narrationsstrukturellen Milieuanalyse 22

Kapitel 2
Die »Entdeckung gegenstandsbezogener Theorien«:
Grounded Theory Methodology 25

1. Abduktive Forschungslogik 26
2. Der Kodierprozeß 28

Kapitel 3
Das sensibilisierende Konzept: Die Modernisierung der »Außenräume« und »Innenräume« des Arbeitermilieus 33

1. Milieu als Topos 35
2. Milieu als »konjunktiver Erfahrungsraum« 42
3. Milieu und Modernisierung 45

Teil II:
Das Arbeitermilieu als sozialer Ort: Sozialgeschichtliche Rekonstruktionen zweier Werftarbeitermilieus in West- und Ostdeutschland

Kapitel 4
Quellenlage und sozialgeschichtliche Methoden 51

1. Die Quellenlage in Bremen 53
2. Die Quellenlage in Rostock 59
3. Zu sozialgeschichtlichen Methoden 62

Kapitel 5
Die Arbeitswelt der AG »Weser in Bremen 66

1. Die Geschichte der AG »Weser« bis 1945 67
2. Umfang und Zusammensetzung der Belegschaft 75
3. Qualifikation, Betriebshierarchie und innerbetrieblicher Aufstieg 103
4. Technischer Wandel und Arbeitsbedingungen auf der Werft 124
5. Löhne und Arbeitszeiten 156
6. Gewerkschaft, Politik und Konflikte im Betrieb 221

Kapitel 6
Das außerbetriebliche Milieu der AG »Weser« 263

1. Familial-verwandtschaftliche Netzwerke 263
2. Geschlechterverhältnisse 280
3. Gesellungsverhalten und Freizeit im
   außerfamilialen Bereich 307
4. Bildungsverhalten 362

Kapitel 7
Die Arbeitswelt der Neptunwerft in Rostock 386

1. Zur Geschichte der Rostocker Neptunwerft 386
2. Neue betriebliche Machtverhältnisse 395
3. Die Belegschaftsentwicklung in der zweiten Hälfte der
   1940er und in den 1950er Jahren 421
4. Wirkungen der Belegschaftsaufstockung von 1949 auf
   das Arbeitermilieu 436
5. Hierarchien, Kooperationen und Diskrepanzen im
   Arbeitsalltag 462
6. Arbeitshaltung und Arbeitsabläufe 511
7. Arbeiterproteste, politische Diskussionen und Konflikte
   um die Sicherheit des Arbeitsplatzes 550

Kapitel 8
Das außerbetriebliche Milieu der Neptunwerft 582

1. Wohnverhältnisse 582
2. Familie und Geschlechterverhältnisse 618
3. Einkommen und Auskommen von Arbeiterfamilien 650
4. Freizeitgestaltung 658

Kapitel 9
Das westdeutsche und ostdeutsche Werftarbeitermilieu im Vergleich 673

1. Arbeitswelt.. 673
2. Außerbetriebliches Milieu 693

Band 2

Teil III:
Das Arbeitermilieu als Erfahrungsraum: Qualitative Typologien von Milieubiographien in einem westdeutschen und einem ostdeutschen Arbeitermilieu

Kapitel 10
Zur Auswertung narrativer Interviews:
Methodische Einführung 711

1. Dimensionen biographischer Erzählung 712
2. »Schichten« des autobiographischen Gedächtnisses 714
3. »Wissensprofile« im sozialen Raum 716
4. Praktische Auswertungsschritte 718

Kapitel 11
Akteurstypologien im AG »Weser«-Milieu 723

1. Die »Protagonisten« 727
2. Die »Integrierten« 765
3. Die »Networkers« 798
4. Die »Randständigen« 821
5. Die »Außenseiter« 850
6. Bewegungen im Milieuraum 892

Kapitel 12
Akteurstypologien im Milieu der Neptun-Werft 896

1. Die »neuen Protagonisten« 900
2. Die »neuen Integrierten« 945
3. Die »Doppel-Arbeiterin« 972

4. Die »neuen Randständigen« 994
5. Bewegungen im Milieuraum »Ost« 1007

Schluß

Kapitel 13
Persistenz und Wandel 1023

1. Die »Etatisierung« eines Milieus 1023
2. Die Entstehung eines »autonomen Milieus« 1030
3. »Gebrochene Modernisierung«. Eine Zusammenfassung 1038

Anhang

Quellenübersicht 1045
Literatur 1048
Transkriptionsnotation 1093

Vorwort

Die dramatischen Ereignisse der ausgehenden 1980er Jahre haben die Rahmenbedingungen des Zeitgeschehens in Deutschland neu definiert. In gewisser Weise müssen wir die Nachkriegsgeschichte umschreiben.[1] Das historische Selbstverständnis, das sich in der westlichen Bundesrepublik zwischen 1945 und 1989 als hegemonialer Konsens herausgebildet hatte[2], und das in vielen Facetten komplementäre Bild, das die Bürger der ehemaligen DDR von ihrer Gesellschaft besaßen, verlangen eine Korrektur. Mit der Vereinigung erfährt auch die Vergangenheit eine Neuinterpretation. Und gerade wenn wir den naheliegenden Fehler vermeiden wollen, das Umschreiben der Zeitgeschichte aus der Sicht der vermeintlichen Sieger vorzunehmen[3], sind wir auf äußerste Sorgfalt und zurückhaltende Rekonstruktion angewiesen.

Die vorliegende Studie ist ein Versuch, diese Sorgfalt und Zurückhaltung zu üben. Ihr Thema, der Vergleich zweier Nachkriegs*arbeitermilieus* in Ost- und Westdeutschland, läßt keine großflächigen Einschätzungen zu, sondern allenfalls mikrohistorische Detailanalysen, die exemplarische Einsichten in den historischen Gesamtverlauf ermöglichen. Daß dabei u.U. ganz erstaunliche Entdeckungen gemacht werden können[4], erscheint eher ein Ergebnis der methodischen Zurückhaltung als das Produkt prognostischer Ambitionen.

---

[1] Vgl. den aufschlußreichen Bericht zum zeit- und sozialgeschichtlichen Forschungsstand der jüngeren deutschen Geschichte von Paul Erker, Zeitgeschichte als Sozialgeschichte. Forschungsstand und Forschungsdefizite, in: Geschichte und Gesellschaft 19 (1993), S. 202-238.

[2] Vgl. dazu ausführlicher Peter Alheit, Ist die Bundesrepublik Deutschland eine zivile Gesellschaft?, in: Detlev Ipsen u.a. (Hrsg.), Zivile Stadt - Ziviles Land, Kassel 1997 (im Druck); ergänzend Ders., Zivile Kultur. Verlust und Wiederaneignung der Moderne, Frankfurt, New York 1994, bes. S. 200ff.

[3] Vgl. dazu die klassischen Ausführungen Walter Benjamins in seinen *Geschichtsphilosophischen Thesen* (in: Ders., Zur Kritik der Gewalt und andere Aufsätze. Nachwort von Herbert Marcuse, Frankfurt am Main 1968, bes. S. 83).

[4] Wir haben tatsächlich, gerade was die Entwicklung auf der betrieblichen Ebene in der DDR betrifft, ganz überraschende Erkenntnisse gewonnen, die weit über den engeren Bereich unseres Untersuchungsfeldes hinausweisen (vgl. dazu ausführlich Teil II, Kap. 7 und Teil III, Kap. 12). Aber auch für die westdeutsche

Eine reflexive Bescheidenheit ist schon deshalb notwendig, weil das der Studie vorhergehende Forschungsprojekt, für dessen großzügige Förderung wir der Volkswagen-Stiftung danken[5], in verschiedener Hinsicht als Experiment betrachtet werden muß. Zunächst basiert es auf der intensiven Zusammenarbeit zweier ForscherInnenteams aus Ost- und Westdeutschland. Das ist gewiß nichts Ungewöhnliches mehr im akademischen Betrieb, aber es ist noch immer eine Erfahrung, die unterschiedliche Sichtweisen, sehr verschiedene Bildungsbiographien und akademische Karrieren »synchronisieren« muß. Am Ende eines anstrengenden Arbeitsprozesses, auch nach Konflikten und wechselseitigen Mißverständnissen erweist sich diese Erfahrung allerdings als ausgesprochene Bereicherung, als Lernprozeß, der die Idee des »Zusammenwachsens« in Deutschland mit konkreter Praxis füllt. Der experimentelle Charakter des Projekts beruht aber auch auf seinem interdisziplinären Ansatz. Von Anfang an haben sich HistorikerInnen und SoziologInnen darum bemüht, eine gemeinsame Forschungsfrage zu verfolgen und dabei verschiedene methodische Vorgehensweisen miteinander zu verbinden. Auch dieser Prozeß verlief nicht ohne Mißverständnisse. Ein beruflicher Habitus erzeugt seine eigene Sprache und die dazu passenden Denkgewohnheiten.[6] Soziologie und Historie sind, was dies angeht, keineswegs nur Schwestern, sondern auch Konkurrentinnen. Den angemessenen gemeinsamen Forschungsstil zu finden, war also

---

Fallstudie sind wir auf Befunde gestoßen, die den Horizont einer sozialgeschichtlich interessierten Milieuanalyse überschreiten (vgl. dazu ausführlich Teil II, Kap. 5 und Teil III, Kap. 12).

[5] Und in diesem Zusammenhang namentlich der sachkundigen und souveränen Betreuung von Frau Dr. Helga Junkers.

[6] Eine Reihe von Mißverständnissen erzeugte beispielsweise das Verfahren der Anonymisierung der qualitativen Daten. Daß die biographischen Erzähler Decknamen erhielten, war noch Konsens. Den Sozialgeschichtlern erschien es aber nicht als selbstverständlich, daß die Nennung von Orts- und Straßennamen im Zusammenhang einer Person ebenfalls anonymisiert werden sollten. Sie bestanden hier zunächst auf der Authenzität der historischen Lokalitäten. Wir einigten uns aber schließlich auf die rigiden Datenschutzvorstellungen der Soziologen, die auch Straßen- und Ortsnamen im Kontext von Personennennungen einschlossen. Im folgenden Manuskript sind deshalb alle Daten, die mit Personen verknüpft sind (sofern sie nicht Personen des öffentlichen Lebens waren), anonymisiert.

durchaus ein Projekt für sich. Und gelegentlich haben wir den Eindruck, daß dieses Projekt noch nicht zuende ist.

Das hat nun freilich Auswirkungen auf die Darstellung unserer Ergebnisse. Wir wollen versuchen, dabei so narrativ wie möglich zu sein und über unseren Forschungsgegenstand eher zu »erzählen« als zu theoretisieren. Das fällt HistorikerInnen ohnehin leichter, weil das von ihnen entdeckte Quellenmaterial häufig seine eigene Geschichte erzählt. Es sollte den SoziologInnen auch nicht so schwer fallen, basiert der Großteil ihres Materials doch auf Lebensgeschichten von Betroffenen. Allerdings geht es auch um theoretische Einsichten, um methodologische Reflexionen und um systematische Entdeckungen, die nicht immer narrativ darstellbar sind. Wir hoffen, daß wir eine verständliche und klare Sprache finden und daß unser Forschungsbericht in weiten Passagen auch für interessierte Laien lesbar bleibt. Dabei sind wir realistisch. Eine zweibändige Studie, die über 1.000 Seiten umfaßt, schreckt nicht nur Laien ab, sondern auch Fachleute. Freilich, die Komplexität des Daten- und Quellenmaterials verlangt eine Präsentationsform, die das »Eintauchen« in eine zeithistorische Periode in Deutschland ermöglicht, in der wichtige Weichenstellungen erfolgt sind, die bis heute unsere Gesellschaft prägen.

Zu Dank verpflichtet sind wir neben den Einrichtungen, die uns finanziell unterstützt haben - vor allem also der Volkswagen-Stiftung, der Universität und der Hochschule Bremen -, den ehemaligen Arbeitern der AG »Weser« in Bremen und der Neptunwerft in Rostock sowie ihren Familienangehörigen, die uns ihre Lebensgeschichten erzählt haben. Ohne ihre »Insider-Informationen« fehlte der Studie ein wesentlicher Aspekt der Milieuwirklichkeit. Unser Dank geht auch an die einschlägigen Archive und Institutionen, die unsere Recherchen in vielfältiger Weise unterstützt haben, insbesondere an das Archiv der Hansestadt Rostock, das Archiv der Industriegewerkschaft Metall in Frankfurt am Main, das Archiv der Neptun Industrie Rostock GmbH, das Firmenarchiv der Schichau-Seebeck-Werft in Bremerhaven, das Historische Archiv der Fa. Krupp in Essen, das Landesarchiv Greifswald, das Landeshauptarchiv Schwerin, das Staatsarchiv Bremen, das Statistische Landesamt der Freien Hansestadt Bremen und an das Bremer Landesmuseum für Kunst und Kulturgeschichte - Focke-Museum. Schließlich sind wir Hendrik Bunke, Elke Dierßen, Jutta Friemann-Wille, Heidrun Herzberg, Karin Labahn-Thomsen, Kathrin Möller und Andreas Wagner zu großem Dank verpflichtet für ihre intensive Mitarbeit im Projekt, auch dafür, daß sie Teile dieses Textes kritisch und loyal mit uns diskutiert haben.

Bremen/Rostock, im November 1997

Peter Alheit
Hanna Haack
Heinz-Gerd Hofschen
Renate Meyer-Braun

Einleitung

Historische und soziologische Studien, die sich mit den Arbeitern beschäftigen, haben - gewollt oder ungewollt - eine politische Konnotation. Sie lenken ihr Interesse auf einen Gegenstandsbereich, der einerseits unbestreitbar das »Projekt Moderne« *(Jürgen Habermas)* begleitet, der jedoch andererseits als eine Art »Nicht-Gegenstand« immer wieder wissenschaftlich ausgegrenzt worden ist. Das Leben der »kleinen Leute« hat die Haupt- und Staatsaktionen gewöhnlich nur dann berührt, wenn es sie zu bedrohen schien. Dann freilich wurde es, wie unter einem Brennglas, überdeutlich wahrgenommen. Wissenschaftliches Interesse an der Arbeiterschaft bedeutet deshalb - positiv wie negativ - zumeist eine Art Ideologisierung der konkreten Lebenssituation der arbeitenden Menschen. Davon ist, um nur zwei klassische Beispiele zu geben, die eindrucksvolle Schrift des jungen Friedrich Engels über die Situation des englischen Proletariats nicht frei[1], auch nicht die ökonomisch-philosophischen Manuskripte, die Karl Marx 1844 in Paris anfertigt[2], nachdem er zum ersten Mal physisch dem modernen Proletariat begegnet war. Die wissenschaftliche Aufmerksamkeit kann aber auch Kontrollinteressen beinhalten. Der »vierte Stand« ist seit der beginnenden Moderne den Herrschenden ein Dorn im Auge; und seine Verfolgung, Beobachtung und Disziplinierung gehört zur Sozialgeschichte der Arbeiterschaft.[3] »Dichte Beschreibungen« *(Clifford Geertz)*, die auch den Blickwinkel der Arbeiterinnen und Arbeiter selbst berücksichtigen, sind in Soziologie und Historiographie ungewöhnlich selten.

---

1 Vgl. Friedrich Engels, Die Lage der arbeitenden Klasse in England, in: Marx-Engels-Werke (MEW), Bd. 2, Berlin 1972, S. 225 ff.
2 Vgl. Karl Marx, Ökonomisch-philosophische Manuskripte, in: MEW, Erg. Bd. I, Berlin 1974, S. 465 ff.
3 Vgl. dazu stellvertretend den aufschlußreichen Aufsatz »Vom 'Pöbel' zum 'Proletariat'. Sozialgeschichtliche Voraussetzungen für den Sozialismus in Deutschland« von Werner Conze (in: Hans-Ulrich Wehler (Hrsg.), Moderne deutsche Sozialgeschichte, Köln 1966, S. 111-136); vgl. auch die umfangreiche Arbeit von Jürgen Kocka, Arbeitsverhältnisse und Arbeiterexistenzen. Grundlagen der Klassenbildung im 19. Jahrhundert, Bonn 1990.

Seit den 1920er Jahren, und mit vergrößerter Forschungsintensität nach dem Zweiten Weltkrieg, beschäftigt nun die Frage, ob es eine Arbeiterklasse überhaupt noch gebe, zunehmend die Soziologie und die Sozialgeschichte.[4] Dabei wird selten deutlich, was die Bestandskriterien von »Klasse« eigentlich sind. In einer ironischen Auseinandersetzung mit Ralf Dahrendorf, der in den späten 1950er Jahren eine ebenso anspruchsvolle wie abstrakte Definition von Klassenzugehörigkeit vorgelegt hatte[5], trifft der große englische Sozialhistoriker Edward P. Thompson im Vorwort seines Hauptwerkes *The Making of the English Working Class* einige sehr einleuchtende

---

4   Hier ist an die einflußreichen Studien von Theodor Geiger zu erinnern (Theodor Geiger, Die soziale Schichtung des deutschen Volkes, Stuttgart 1932; Ders., Die Klassengesellschaft im Schmelztiegel, Köln, Hagen 1949), an Schelskys provokante These von der »nivellierten Mittelstandsgesellschaft« (Helmut Schelsky, Einleitung in: David Riesman, Die einsame Masse, Reinbek 1958; Ders., Auf der Suche nach Wirklichkeit, München 1965), an die frühen Arbeiten Ralf Dahrendorfs (Soziale Klassen und Klassenkonflikt in der industriellen Gesellschaft, Stuttgart 1957), an Adornos polemische Rede aus Anlaß des Frankfurter Soziologentages 1968 (Theodor W. Adorno, Soziologische Schriften 1, Werke, Bd. VIII, Frankfurt am Main 1972, S. 343-361). Aber auch die sozialgeschichtlichen Forschungen zur Arbeiterkultur von Gerhard A. Ritter (Workers' Culture in Imperial Germany. Problems and points of departure for research, in: *Journal of Contemporary History* 13 (1978), S. 166-189), Dieter Langewiesche (»Arbeiterkultur« - Kultur der Arbeiterbewegung im Kaiserreich und in der Weimarer Republik. Bemerkungen zum Forschungsstand, in: *Ergebnisse* 26 (1984), S. 9-29) oder Klaus Tenfelde (Anmerkungen zur Arbeiterkultur, in: Wolfgang Ruppert (Hrsg.), Erinnerungsarbeit, Opladen 1982, S. 107-134; Ders. (Hrsg.), Arbeiter und Arbeiterbewegung im Vergleich, München 1986) tragen zur Infragestellung der Fortexistenz einer traditionellen Arbeiterklasse bei. Besonders entscheidend für eine Verabschiedung der klassischen »Proletarität« war indessen nicht André Gorz' polemische Schrift *Abschied vom Proletariat* (Untertitel: Jenseits des Sozialismus, Frankfurt am Main 1980), sondern die materialreiche Arbeit von Josef Mooser über *Arbeiterleben in Deutschland* (1900-1970. Klassenlagen, Kultur und Politik, Frankfurt am Main 1984), die auch die prominente These Ulrich Becks von der »Klassengesellschaft ohne Klassen« und von der vollständigen Erosion der traditionellen sozial-moralischen Milieus nachhaltig beeinflußt hat (vgl. Ulrich Beck, Risikogesellschaft. Auf dem Weg in eine andere Moderne, Frankfurt am Main 1986, bes. S. 205ff). Wir werden an verschiedenen Stellen der vorliegenden Studie auf diese Diskussion zurückkommen.

5   »Klassen gehen zurück auf Unterschiede der legitimen Machtbefugnis in bestimmten Positionen, auf die Struktur sozialer Rollen unter dem Gesichtspunkt ihrer Autoritätsgehalte. Das heißt aber, daß ein Individuum im Prinzip dadurch zum Angehörigen einer Klasse wird, daß es eine unter dem Aspekt der Autorität relevante Rolle einnimmt.« (Dahrendorf, Soziale Klassen, a.a.O., S. 153f).

Feststellungen, die die wirkliche Bedeutung des Klassen-Begriffs erhellen:

»Wenn wir uns vor Augen halten, daß Klasse eine Beziehung und nichts Konkretes, Reales ist, so wird die Unmöglichkeit dieser Begriffsvorstellung deutlich. ‚Sie' existiert nicht, um ein ideales Interesse oder Bewußtsein zu zeigen oder als Patient auf dem Seziertisch zu liegen. Wir können auch nicht die Dinge auf den Kopf stellen, wie dies (Ralf Dahrendorf) getan hat - in einer Untersuchung über Klassen, die sich geradezu besessen mit Methodologie befaßt, ohne überhaupt eine einzige reale Klassensituation in einem realen historischen Kontext zu prüfen. [...] Wenn wir die Geschichte an irgendeinem Punkt anhalten, finden wir keine Klassen, sondern schlicht und einfach eine Vielzahl von Individuen mit einer Vielzahl von Erfahrungen. Betrachten wir jedoch diese Menschen während einer ausreichend langen Zeitspanne gesellschaftlicher Veränderung, so erkennen wir Muster in ihren Beziehungen, ihren Ideen und ihren Institutionen. Indem Menschen ihre eigene Geschichte leben, definieren sie *Klasse*, und dies ist letzten Endes die einzige Definition.«[6]

Dieses *doing class*[7] als lebensweltliche Aktivität der Menschen in ihren historischen Kontexten hat auch das vorliegende Forschungsprojekt inspiriert. Dabei lag uns weniger an einer abschließenden Klärung der Frage, ob es Sinn mache, in der zweiten Hälfte des 20. Jahrhunderts von einer Arbeiter*klasse* in Deutschland überhaupt noch zu reden. Die wissenschaftliche Aufmerksamkeit sollte auf das konkrete Handeln der sozialen Akteure gelegt werden. Und daß es um Arbeiterinnen und Arbeiter ging, war angesichts der Konzentration auf zwei Werftbelegschaften schwer zu dementieren. Wir haben bei unserer Gegenstandsbeschreibung den Klassenbegriff weitgehend vermieden und uns auf den Begriff des *Arbeitermilieus* konzentriert.[8] Milieu wird dabei nicht nur als Kategorie der sozialen Plazierung betrachtet, sondern auch als lebensweltlicher Prozeß der Vergemeinschaftung in historischer und alltäglicher Perspektive. Und

---

6 Edward P. Thompson, Die Entstehung der englischen Arbeiterklasse, Bd. 1, Frankfurt am Main 1987, S. 9f.
7 Der bereits erwähnte englische Titel des Thompsonschen Hauptwerks, aus dem das Zitat stammt, lautet *The Making of the English Working Class* (London 1963) und betont - anders als die deutsche Übersetzung: »Die Entstehung ...« (s.o.) - den *aktiven* Anteil der Betroffenen an der Klassenkonstitution.
8 Eine ausführlichere Auseinandersetzung freilich mit *ausgewählter* soziologischer Literatur zum Milieubegriff folgt im dritten Kapitel.

gerade in diesen konkreten Vergemeinschaftungsprozessen, in den Konventionen und Institutionalisierungen, die dabei entstehen, lassen sich jene »Muster« beobachten, von denen E. P. Thompson spricht.

Der besondere Reiz unserer Fragestellung, wie sich solche Milieus darstellen lassen, wie sie ihre unverwechselbare Eigenart ausbilden oder sich allmählich ändern, war der Vergleich zweier deutscher Werftmilieus in unterschiedlichen politischen Systemen. Uns war die historische »Laborsituation« durchaus bewußt. Die beiden deutschen Gesellschaften haben in der Nachkriegsphase ja tatsächlich ganz verschiedene Entwicklungen durchlaufen: ein sich modernisierender kapitalistischer Wohlfahrtsstaat hier, dem es zu gelingen schien, die Arbeiterschaft problemlos zu integrieren und alte Klassenkampfszenarios obsolet werden zu lassen; ein »Arbeiter-und-Bauern-Staat« dort, der bestimmten Bereichen des traditionellen Arbeiterlebens und der Arbeiterkultur eine ganz besondere symbolische Bedeutung zuschrieb, also offenbar am Fortbestand klassischer Arbeitermilieus interessiert war. Aber unsere Eingangshypothese ging gerade nicht von jenen Systemunterschieden aus, sondern von der Tatsache, daß der Arbeitsprozeß und die Produktionsrealitäten in beiden deutschen Gesellschaften im ersten Nachkriegsjahrzehnt nicht wesentlich voneinander abwichen, daß auch die ProtagonistInnen im Prinzip dieselben geblieben waren.[9] Wir unterstellten also, daß die Arbeitermilieus »West« und »Ost« sich nicht dramatisch voneinander unterschieden.

Unsere Untersuchung wird indessen zeigen, daß diese Anfangsannahme revidiert werden muß. Die Systemvariable hat tatsächlich einen entscheidenden Einfluß auf die unterschiedliche Milieuentwicklung »West« und »Ost« in den 1950er Jahren. Die Erkenntnis wäre kaum der Rede wert, wenn wir nicht zwei provokante Bemerkungen hinzufügen müßten: (a) Namentlich der Systemeinfluß in der DDR führt zu *völlig unerwarteten und ungewollten Konsequenzen* für das Arbeitermilieu - eine Beobachtung, deren Auswirkungen weit über das untersuchte Werftmilieu hinausreichen und u.U. einen

---

9   Vgl. Peter Alheit et al., Kontinuität und Wandel in deutschen Arbeitermilieus während der 1950er Jahre. Vergleichende Fallstudien in den Regionen Bremen und Rostock. Antrag an die Volkswagen-Stiftung, Bremen 1991, S. 5.

wesentlichen Aspekt des späteren ökonomischen Niedergangs der DDR darstellen.[10] (b) Dabei differieren die Parameter der Milieurealität »Ost« und »West« in der Tat zunächst nur geringfügig. Entscheidend ist offenbar die *systemische Konfiguration* - wie wir es ein wenig prätentiös genannt haben[11]: der historisch-politische Rahmen, in den das Arbeitermilieu eingefügt ist. Und hier sind die Unterschiede beträchtlich. Da hat dann ein drohender Arbeitskampf im kapitalistischen System eine ganz andere symbolische Bedeutung als im Staatssozialismus; und auch bestimmte innerbetriebliche Funktionen - wie etwa die Position des Meisters - lassen sich nicht umstandslos vergleichen. An dieser Stelle wird bereits deutlich, daß sich Arbeitermilieus nicht als »soziale Provinzen« begreifen lassen, die an bestimmten Merkmalen erkannt werden können und die nach deren Wegfall womöglich ihrerseits verschwinden, sondern daß sie Teile eines größeren Beziehungsgefüges sind, das sich im historischen Prozeß wandeln kann. Ähnliche Merkmale können dabei in unterschiedlichen Konfigurationen verschiedenes bedeuten.

Unser Forschungsgegenstand ist also durchaus vielschichtig. Seine angemessene Analyse setzt ein mehrstufiges Vorgehen voraus. Wir werden dies in der folgenden Darstellung dadurch sichtbar machen, daß wir den Forschungsprozeß in vier thematisch abgeschlossenen Teilen vorstellen. Der *erste Teil* konzentriert sich auf die Darstellung des methodologischen Rahmens und der wesentlichen Forschungsfragen. Der *zweite Teil* befaßt sich mit den sozialgeschichtlich relevanten Dimensionen der beiden Werftarbeitermilieus und verarbeitet eine Fülle neu erschlossener Quellen. Im *dritten Teil* geht es um die Rekonstruktion der Milieus als Erfahrungsräume und Lebenswelten. Hier werden die biographischen Erzählungen der Arbeiterinnen und Arbeiter exemplarisch ausgewertet und zu einem Beziehungsgeflecht von »Akteurstypen« verdichtet. Der knappe *Schlußteil*

---

10 Diese Entdeckung, die im zweiten und dritten Teil der Studie (s. Kap. 7 und Kap. 12) ausführlich entfaltet und sorgfältig belegt wird, darf wohl als zeitgeschichtlich spannendstes Ergebnis unserer Untersuchung gelten. Es wäre zu wünschen, daß wir Gelegenheit haben, die damit verbundenen Beobachtungen systematisch auch über die 1950er Jahre hinaus zu verfolgen.
11 Vgl. dazu unsere Ausführungen in Kapitel 3 der vorliegenden Studie.

dient schließlich als Ergebnissicherung und unternimmt eine systematische Einschätzung des mikrohistorischen Milieuvergleichs.

Teil I

Methodologische Einführung

Kapitel 1

Geschichten und Strukturen

Wenn wir uns sozialer Wirklichkeit in ihren konkreten Ausprägungen methodisch nähern, haben wir - unabhängig davon, ob wir Historiker oder Soziologen sind - prinzipiell zwei Möglichkeiten des Zugangs: Wir können sie gleichsam »von außen« betrachten wie eine Landschaft, auf die man herabsieht, und nehmen dabei die großen Strukturen wahr, Hierarchien und Funktionen, Institutionen und Organisationen, Protagonisten und Zuarbeiter. - Wahrscheinlich ist das in der Geschichte beider Disziplinen die übliche Betrachtungsweise gewesen. - Oder wir beobachten sie »von innen«, mit den Augen der sozialen Akteure, die praktisch handeln müssen, ihr Handeln rechtfertigen und deuten und selbstverständlich auch eine Vorstellung von dem haben, was soziale Wirklichkeit ist, gleichgültig, ob sie den Beobachtungen von außen entspricht oder nicht.

Pierre Bourdieu hat in einer treffenden Metapher[1] und mit Rückgriff auf literarische Beispiele die erste Art, wissenschaftlich zu sehen, mit einer Position auf dem Feldherrnhügel verglichen. Dort geht es um die generellen Ideen, die nach einem Bonmot von Virginia Woolf fast immer »Generalsideen« sind. Er selbst sympathisiert freilich mit der zweiten Sichtweise, die er literarisch mit der Situation des Fabricius in Stendhals *Kartause von Parma* verknüpft, der im Schützengraben sitzt, keinerlei Übersicht hat, und dem die Kugeln nur so um die Ohren fliegen.[2] Soziale Wirklichkeit schließt offenbar beides ein, »Generalsblick« *und* »Schützengraben«; und wir grenzen als wissenschaftliche Beobachter einen entscheidenden Teil der Realität aus, wenn wir entweder nur auf dem Feldherrnhügel verharren, oder uns ausschließlich im Schützengraben verschanzen.

---

1   Pierre Bourdieu, Die verborgenen Mechanismen der Macht. Schriften zu Politik und Kultur 1, Hamburg 1992, S. 43f.
2   Vgl. ebd., S. 43.

Während nun die »generellen Ideen« methodologisch in der Regel keiner besonderen Rechtfertigung bedürfen (sie haben sozusagen Gewohnheitsrechte), stehen die Sichtweisen *von innen* oder *von unten* regelmäßig in dem Verdacht, daß sie Wirklichkeit nur »subjektiv« oder »partikular« wiedergeben. Das gilt mit besonderer Zuspitzung für biographische Erzählungen, die in der vorliegenden Studie eine wichtige Rolle spielen. Wir werden in den folgenden Überlegungen deshalb vor allem eine solche Perspektive zu begründen versuchen, denn die Vorstellung, soziale Realität lasse sich aus narrativen Daten rekonstruieren, ist methodologisch nach wie vor außerordentlich umstritten. Wir bemühen uns allerdings, auch diesen Blickwinkel nicht unreflektiert zu verabsolutieren. Natürlich sind jene »generellen Ideen« und die Fragen nach *strukturellen* Veränderungen gleich wichtig.[3]

1. Illusion oder Realität?

Gerade Bourdieu hat übrigens in einem provokanten Essay über die *biographische Illusion*[4] von der Lebensgeschichte als einem »perfekten sozialen Artefakt« gesprochen[5]. Er wendet sich dabei gegen die Komplizenschaft von biographischen Erzählern, die ein Interesse an dem haben, was man eine »ordentliche Geschichte« nennen könnte, und Forschern, die sich als professionelle Sinn-Sucher verstehen[6]. Das Produkt sei oft genug jene »lineare« Lebensgeschichte, die nichts mit der Wirklichkeit zu tun habe und im übrigen zutiefst »unmodern« sei. Der moderne Roman, das zeigt Bourdieu an *Faulkner* und *Proust*, habe längst von den rhetorischen Konventionen der Erzählung Abschied genommen. Er halte an biographischer Identität »nur um den Preis einer massiven Abstraktion« fest, die im Grunde nichts

---

3   Es handelt sich um ein klassisches »Akzeptanzproblem«, und das hat ausschließlich mit der Dominanz bestimmter methodologischer Paradigmen zu tun.
4   Vgl. Pierre Bourdieu, Die biographische Illusion, in: *Bios*, Jg. 3 (1990), S. 75-81; zur ausführlichen Kritik vgl. Peter Alheit, Alltag und Biographie. Studien zur gesellschaftlichen Konstitution biographischer Perspektiven, Bremen 1990, bes. S. 228ff.
5   Bourdieu, Illusion, a.a.O., S. 80.
6   Vgl. ebenda., S. 76.

als den *Eigennamen* meine.⁷ Prousts Rede vom »Swann des Buckingham Palace« oder der »Albertine von damals« bezeichne die Abfolge *unabhängiger* Zustände, in die unser Lebenslauf geraten könne. Solche Abfolgen rechtfertigen nach Bourdieu freilich keine »Lebensgeschichte«, allenfalls eine »Laufbahn« (,trajectoire') im sozialen Raum, »der sich selbst ständig entwickelt und der nicht enden wollenden Transformationen unterworfen ist«⁸.

Bourdieus Polemik ist in dreifacher Hinsicht nützlich, um die angedeutete Frage nach der konzeptionellen Bedeutung jener »Sicht von innen« präziser zu beantworten: (1) Sie klärt uns unsentimental über das *soziale* Phänomen »Biographie« auf und lehrt uns eine gewisse Skepsis gegenüber dem bloßen *Sinnkonstrukt* »Lebensgeschichte«. (2) Sie konfrontiert uns mit einer pointiert soziologischen Betrachtungsweise und schärft dabei womöglich den Kontrastblick für eine *sozialgeschichtliche* Sicht des Biographischen. (3) Die Position erscheint auf anregendste Weise fragwürdig, gibt uns aber gerade deshalb Gelegenheit, über die tatsächliche Reichweite biographischen Datenmaterials methodologisch nachzudenken.

(ad 1) Hinter Bourdieus Absage an die »biographische Illusion« verbirgt sich eine spezifische Modernitätsdiagnose. Es handelt sich um jene Skepsis, die auch die diskontinuierliche Realitätserfahrung des *Nouveau Roman* als Collage kennzeichnet: Biographien sind allenfalls Laufbahnen im sozialen Raum. Es lohnt, über die Positionen aufzuklären, die durchlaufen werden. Eine zusammenhängende Geschichte indessen gibt es nicht. Diese Haltung hat nur vordergründige Parallelen mit postmodernen Konstruktionen. Sie versteht sich als radikal *modern*[9], weil sie die Auflösung von Konventionen als Chance begreift. Und es gibt einige plausible empirische Hinweise für diese Position, wenn wir Dokumente aus den Randzonen biographischen Wissens betrachten: Die eindrucksvolle Sammlung von Lebensgeschichten aus der piemontesischen Poebene z.B., die Nuto Revelli[10] unter dem Titel *Il mondo dei vinti* (»Die Welt der Besiegten«)

---

7 Ebenda, S. 78.
8 Ebenda, S. 80.
9 Vgl. dazu Eckhard Liebau, Laufbahn oder Biographie? Eine Bourdieu-Lektüre, in: *Bios* 3 (1990), S. 85.
10 Nuto Revelli, Il mondo dei vinti, Turin 1977.

vorgelegt hat, führt an die Grenze konventioneller biographischer Rhetorik. Sie bricht mit dem Euphemismus, daß die »Lebensgeschichte« ein gelungenes Dokument sozialer Integration sein müsse und erinnert uns an die Möglichkeit, daß schon die Einsicht in die »Zustände«, die Menschen durchlaufen, ein Aufklärungsprozeß sein kann. Revellis bemerkenswerte Kollektion sensibilisiert auch für undramatischere Modernisierungsfolgen: die »normalen« Friktionen in zeitgenössischen Frauenbiographien, die Brüche und »Fallen« beim Überschreiten kultureller Grenzen und Modernisierungsniveaus, den Wechsel der »Lagerungen im sozialen Raume«[11]. Biographien sind - so gelesen - immer auch radikale Dokumente der »Sozialität des Individuums«[12]. Sie erscheinen wie »konstruierte Individualitäten«, wie Strukturen von Plazierungen und Deplazierungen im sozialen Raum, die punktuell als selbständige »Ensembles der objektiven Beziehungen«[13] betrachtet werden können.

Diese rigorose Sichtweise ironisiert die pädagogisch-therapeutische Idee von heilbaren Beschädigungen biographischer Identität und stellt die moderne Biographie unsentimental in ihren strukturalen Kontext: »Den Versuch zu unternehmen, ein Leben als eine einzigartige und für sich selbst ausreichende Abfolge aufeinander folgender Ereignisse zu begreifen, ohne andere Bindung als die an ein Subjekt, [...] , ist beinahe ebenso absurd wie zu versuchen, eine Metro-Strecke zu erklären, ohne das Streckennetz in Rechnung zu stellen, also die Matrix der objektiven Beziehungen zwischen den verschiedenen Stationen.«[14] - Solche strukturalistisch aufgeklärte, strikt soziologische Betrachtungsweise überdehnt allerdings die wichtige

---

11 Diese ungewöhnlich moderne Formulierung, die Karl Mannheim bereits in seinem klassischen »Generationen-Aufsatz« ([1928], abgedruckt in: Ders., Wissenssoziologie. Auswahl aus dem Werk, Berlin und Neuwied 1964, S. 509-565, hier bes. S. 524ff.) prägt, ist geeignet, die Komplexität der Beziehung von individueller biographischer Einzigartigkeit und den wechselnden Einflüssen des sozialen Raumes (z.B. Klasse, Geschlecht, Generation oder Ethnizität) zu beschreiben (vgl. dazu ausführlicher Peter Alheit, Zivile Kultur. Verlust und Wiederaneignung der Moderne, Frankfurt und New York 1994, S. 107ff).
12 Ursula Apitzsch, Migration und Biographie. Zur Konstitution des Interkulturellen in den Bildungsgängen junger Erwachsener der zweiten Migrantengeneration. Habilitationsschrift, Bremen 1990, S. 13.
13 Bourdieu, Illusion, a.a.O., S. 81.
14 Ebenda, S. 80.

Erkenntnis von der »Sozialität« des Biographischen und ignoriert die *latente Biographizität des Sozialen*[15]: Auch wenn die verschiedenen Metro-Stationen in Bourdieus Metapher durch das Netz ihrer jeweiligen Verbindungen definiert sein mögen, muß der Weg von Station zu Station doch zurückgelegt werden. Die Besonderheit einer bestimmten Stationenabfolge macht darüber hinaus eine Metro-»Linie« identifizierbar. Im übrigen wird von einem bestehenden Metro-Netz die Entscheidung der Fahrgäste, bei einer bestimmten Station ein- oder auszusteigen, nur sehr allgemein tangiert.

Biographien sind ohne diesen *Eigensinn* nicht denkbar. Selbst die durch einschneidende Modernisierungsprozesse bedrohten biographischen Abläufe, wie im Fall von Revellis »Besiegten«, zeigen eine gewisse innere Konsistenz und sind keineswegs empirisch bloß durch den *Eigennamen* zusammengehalten, wie Bourdieu mutmaßt. Kohärenz und Kontinuität biographischen Selbsterlebens können deshalb auch nicht einfach als »Illusion« diskreditiert werden, weil der Biographieträger sein biographisches Wissen in jeweils neuen »Zuständen« der Biographie nicht nach Belieben suspendieren kann, sondern bis zu einem gewissen Grad reaktivieren muß.[16] Interessant ist freilich die Frage, ob solche Biographien in Zukunft noch »erzählenswert« bleiben, ob sie eine narrativ rekonstruierbare »Lebensgeschichte« produzieren.[17] Denn die narrative Struktur der Erfahrung ist auf eine Vernetzung mit der Geschichte von Kollektiven angewiesen (s.u.). Wenn Individuen aber im Prozeß radikaler Modernisierung überkommener Lebenswelten von den Ressourcen überlieferter oder fraglos geteilter Erfahrung abgeschnitten werden, geht

---

15 Methodologisch interessant ist in diesem Zusammenhang ein älterer Aufsatz von Kurt Lewin, der den »Übergang von der aristotelischen zur galileischen Denkweise in Biologie und Psychologie« behandelt (wiederabgedruckt in: Kurt Lewin Werkausgabe, Bd. 1, Bern und Stuttgart 1981, S. 233-278). In dieser Arbeit wird auf eindrucksvolle Weise die methodologische Dignität des *Einzelfalls* begründet - wenn man so will: ein »starker« konzeptioneller Hinweis auf die »Biographizität des Sozialen«.
16 Vgl. Peter Alheit und Erika M. Hoerning, Biographie und Erfahrung. Eine Einleitung, in: Peter Alheit und Erika M. Hoerning (Hrsg.), Biographisches Wissen. Beiträge zu einer Theorie lebensgeschichtlicher Erfahrung, Frankfurt und New York 1989, S. 8-23; dazu auch Erika M. Hoerning und Peter Alheit, Biographical Socialization, in: *Current Sociology*, Vol. 43, No. 2/3 (1995), S. 101-114.
17 Vgl. Apitzsch, Migration, a.a.O., S. 18.

mit der *Vernetzbarkeit* in kollektive Zusammenhänge womöglich eine zentrale biographische Kompetenz verloren[18].

(ad 2) Brüche und Friktionen in modernen Biographien sind nicht zu leugnen; und für diese Tatsache schärft Bourdieus Kritik den Blick. Freilich, reicht es aus, das Leben von Zeitgenossen, deren Biographien sich ungeplant, aber unübersehbar verändern, als bloße Serie von Positionen zu qualifizieren? Sind die emergenten Möglichkeitsräume, die selbst auf den einzelnen positionalen Niveaus für die Akteure in ihrer Vernetzung mit anderen sozialen Akteuren, mit Macht- und Herrschaftsstrukturen durchaus existieren, wirklich unter Ausblendung der biographischen Perspektive auszufüllen, d.h. ohne Rückgriff auf Handlungsressourcen, die aus früheren individuellen Positionserfahrungen stammen, und ohne die Vorstellung von positionellen Chancen, die den aktuellen Verstrickungen biographisch folgen könnten? Beide Fragen sind in den vorangegangenen Überlegungen implizit ziemlich eindeutig *negativ* beantwortet worden. Bourdieus »strukturalistischer Voyeurismus« erscheint, so gesehen, nicht einmal soziologisch befriedigend. In *sozialgeschichtlicher* Perspektive wäre er eher kontraproduktiv, weil Dimensionen des sozialen Wandels dabei geradezu ausgeblendet zu sein scheinen.

Tatsächlich »lernen« wir jedoch im Zuge von Modernisierungsprozessen, auf fraglos akzeptierte lebensweltliche Sicherheiten und Konventionen zu verzichten. In diesem unfreiwilligen Verzicht steckt zweifellos das Risiko banalen *Verlernens*, des Rückfalls in »vorkonventionelle« Verhaltensweisen.[19] Aber es besteht auch die Chance, daß wir »postkonventionelle« Handlungsschemata ausbil-

---

18 Vgl. Peter Alheit, Changing basic rules of biographical construction: Modern biographies at the end of the 20th century, in: Ansgar Weymann und Walter R. Heinz, Society and Biography. Interrelationships between Society, Institutions and the Life Course, Weinheim 1996, S. 85ff.

19 In diesem Zusammenhang ist der Hinweis auf die hochinteressanten Ergebnisse der Längsschnittstudie von *Ernst-H. Hoff, Lothar Lappe* und *Wolfgang Lempert* zur moralischen Relevanz beruflichen Handelns aufschlußreich. Die im Anschluß an Kohlbergs Moralkonzept gewonnenen Erkenntnisse deuten durchaus auf solche »Rückfallrisiken«, das Absinken auf vorkonventionelle Moralmilieus durch Einfluß der Modernisierungsagentur »Industriebetrieb«. Sie zeigen zugleich aber auch die Möglichkeit von gegenläufigen Entwicklungsprozessen auf (vgl. stellvertretend Wolfgang Lempert, Moralische Sozialisation im Beruf, in: Zeitschrift für Berufs- und Wirtschaftspädagogik 86 [1990], H. 1, S. 3 ff.).

den und uns damit ganz neue biographische Bewegungsspielräume erschließen.[20] Diese Möglichkeit hat historisch vorgängige Modernisierungsprozesse immer begleitet. Sie führt zur Ausbildung neuer sozialmoralischer Milieus in der Konstitutionsphase des modernen Proletariats[21], gleichsam zur sozialintegrativen Abwehrleistung einer Klasse. Sie ist aber auch der Motor jener im Grunde »moralökonomischen« Funktion des modernen Sozialstaates, die vollständige marktförmige Verwertung der individuellen Arbeitskraft zu verhindern[22]. Und sie könnte zur Grundlage einer vorläufig äußerst vagen Option werden, nämlich der Kooperation (durch radikale Individualisierung) bedrohter Subjekte in neuen Assoziations- und Lernprozessen[23].

(ad 3) Gewiß trüge das auch zur Produktion von »Lebensgeschichten« bei, die übrigens keineswegs nur illusionär wären, weil sie der *Persistenz* biographischer Erfahrung gegenüber Modernisierung und gesellschaftlichem Wandel Ausdruck verliehen. Wir können die »Logik« von historischen Brüchen und Diskontinuitäten, von Kriegen, Katastrophen und Revolutionen nur nachvollziehen, wenn wir das Bedürfnis nach Kontinuität der Menschen in diesen Diskontinuitäten verstanden haben[24]. Wir können - gegen Bourdieu - eine sozialgeschichtliche Sichtweise nur entwickeln, wenn wir die Spannung zwischen Kontinuität und Diskontinuität als »*Lerngeschichte*«

---

20 Empirisch lassen sich solche Prozesse beispielsweise bei der Transformation verlaufskurvenförmiger - also heteronomer - Prozeßstrukturen in handlungsschematische - also autonome - Prozeßstrukturen des Lebenslaufs (vgl. Fritz Schütze, Figuren des autobiographischen Stegreiferzählens, in: Martin Kohli und Günther Robert [Hrsg.], Biographie und soziale Wirklichkeit, Stuttgart 1984, S. 78 ff.) beobachten: z.B. am Ende einer Drogenkarriere, die durch einen kathartischen Zusammenbruch einen biographisch selbstbestimmten Neuanfang ermöglicht oder beim Übergang einer langfristigen Arbeitslosigkeit in einen neuen Qualifikationsprozeß.
21 Vgl. Peter Alheit, Opportunities and risks of a new political culture: Not intended learning processes in changing industrial societies, in: Peter Alheit und Hywel Francis (Hrsg.), Adult Education in Changing Industrial Regions, Marburg 1989, S. 39-50.
22 Vgl. Martin Kohli, Institutionalisierung und Individualisierung der Erwerbsbiographie. Aktuelle Veränderungstendenzen und ihre Folgen, in: Dietmar Brock, u.a. (Hrsg.), Subjektivität im gesellschaftlichen Wandel, München 1989, S. 272f.
23 Vgl. Alheit, Zivile Kultur, a.a.O., S. 176ff.
24 Vgl. Lutz Niethammer, Kommentar zu Pierre Bourdieu: Die biographische Illusion, in: *Bios* 3 (1990), H.1, S. 92.

begreifen. Dazu sind biographische Erzählungen hervorragende Dokumente. Und wir müssen - mit Bourdieu - realisieren, daß die »Geschichten« im Prozeß der Moderne womöglich komplizierter werden als die narrativen Rekonstruktionen der Vergangenheit. Es ist nicht ganz auszuschließen, daß wir demnächst auf problemlos verfügbare kollektive Sinnkonstruktionen auch in ähnlichen sozialstrukturellen Großlagen verzichten müssen. Darüber sollten wir allerdings weniger spekulative Prognosen wagen, als vielmehr empirisch forschen. Biographische Erzählungen bieten dabei einen ausgezeichneten Ansatzpunkt.

2. Das Strukturelle im Narrativen

Die anschaulichste Formulierung für die Rolle, die Geschichten im sozialen Leben spielen, hat Wilhelm Schapp im Titel seiner originellen Studie aus den 1950er Jahren gefunden: »In Geschichten verstrickt«[25]. Tatsächlich spricht vieles dafür, daß wir einen beträchtlichen Teil unserer alltäglichen Existenz im Horizont von »Geschichten« verbringen. »Mit Geschichten, die uns beschäftigen, schlafen wir abends ein, sie begleiten uns und verfolgen uns in die Träume hinein und stehen beim Erwachen neben uns.«[26] Geschichten konstituieren die Einheit unserer Individualität, aber sie haben immer auch intersubjektiven Charakter[27]. Geschichten schaffen die sozialen Kontexte, ohne die wir nicht leben könnten[28].

Und doch ist die Art, wie wir selbst uns an der Produktion von Geschichten beteiligen, keineswegs beliebig. Die Linguisten haben uns hinreichend darüber aufgeklärt, wie sehr wir bei der Handlung, die zu Geschichten führt - beim alltäglichen Erzählen nämlich -, an

---

25 Wilhelm Schapp, In Geschichten verstrickt. Zum Sein von Mensch und Ding, Wiesbaden 1953.
26 Ebenda, S. 1.
27 Vgl. A. Müller, Geschichten und Kategorien der Sozialwissenschaft, Frankfurt a.M., Bern, New York 1986, S. 66ff.
28 Vgl. Schapp, a.a.O., S. 85ff; Müller a.a.O., S.79ff.

Regeln der Kommunikation gebunden sind[29]. Eine der amüsantesten Darstellungen solcher Zwänge ist noch immer jene fiktive Geschichte eines »Alltagserzählers«, die Karl Markus Michel erfunden hat: »Stellen wir uns vor, jemand spricht einen anderen an und erzählt ihm, ohne weitere Erklärung...« seinen Alltag[30]. Das erschiene absurd. Denn der Alltag birgt zwar »Geschichten«, aber er ist selbst keine Geschichte. Michels »Alltagserzähler« präsentiert schließlich nur eine vergleichsweise uninteressante Chronologie seines »Normalarbeitstages«.

Narrative Rekapitulationen aber setzen eine Pointe voraus[31]; sie sind um »Planbrüche« herum organisiert[32]. Deshalb bringen sie den Erzähler - auch in der spontansten Stegreifsituation - noch in »Zugzwänge«[33]. Freilich, diese Eigenart von Erzählungen relativiert zugleich den Universalismus der Schappschen »Verstrickungen«: Nicht *alles* ist Erzählung. Lebenswelten bestehen nicht bloß aus Geschichten. Es gibt »Collagen«[34] oder »Deutungsschemata«[35], die sich längst von den »Geschichten« verselbständigt haben. Auch in biographischen Rekapitulationen konkurrieren »Erzählschemata« mit »Argumentationsschemata«[36]. Gerade die Spannung beider Pole scheint für

---

29 Vgl. stellvertretend William Labov und J. Waletzky, Erzählanalyse: Mündliche Versionen persönlicher Erfahrung, in: J. Ihwe (Hrsg.), Literaturwissenschaft und Linguistik, Bd. 2, Frankfurt am Main 1973, S. 78-126; Wolfgang Raible, Skizze eines anwendungsbezogenen makrostrukturellen Textmodells, in: *Die Neueren Sprachen* 73 (1974), S. 410-429; Werner Kallmeyer und Fritz Schütze, Zur Konstitution von Kommunikationsschemata der Sachverhaltsdarstellung. Exemplifiziert am Beispiel von Erzählungen und Beschreibungen, in: D. Werner (Hrsg.), Gesprächsanalysen, Hamburg 1977, S. 159-274; Uta M. Quasthoff, Erzählen in Gesprächen. Linguistische Untersuchungen zu Strukturen und Funktionen am Beispiel einer Kommunikationsform des Alltags, Tübingen 1980; Karl Markus Michel, Unser Alltag: Nachruf zu Lebzeiten, in: *Kursbuch* 41 (1975), S. 1-40; Jürgen Liedtke, Narrationsdynamik. Analyse und Schematisierung der dynamischen Momente im Erzählprodukt, Diss. phil. Universität Bremen 1989.
30 Vgl. Michel, a.a.O., S. 1f.
31 Vgl. Labov und Waletzky, a.a.O.
32 Vgl. Quasthoff, a.a.O.
33 Vgl. Kallmeyer und Schütze, a.a.O., vgl. auch Fritz Schütze, Narrative Repräsentation kollektiver Schicksalsbetroffenheit, in: Eberhard Lämmert (Hrsg.), Erzählforschung. Ein Symposion, Stuttgart 1982, S. 568-590.
34 Vgl. Bude, Narrationsanimateur, a.a.O.
35 Vgl. Alheit, Alltag und Biographie, a.a.O., S. 191ff.
36 Vgl. noch einmal Schütze, Narrative Repräsentation, a.a.O.

soziale Wirklichkeit typisch zu sein. Eine »Philosophie der Geschichten«, wie sie Schapp vorschwebt, erfaßte womöglich nur einen Teil der Wirklichkeit.

Es ist übrigens interessant, daß die Bedeutung, die narrative Rekonstruktionen tatsächlich haben, keineswegs als methodologisches Randproblem betrachtet werden kann, sondern zu einer der zentralen Kontroversen der Geisteswissenschaften unseres Jahrhunderts gehört[37]. Vielleicht kann man sogar sagen, daß die außerordentliche Prominenz einer »neuen« Narrativitätstheorie namentlich in der Geschichtsschreibung als Antwort auf die Herausforderung der analytischen Wissenschaftstheorie verstanden werden muß, gerade der Historiographie ihren eigenen Status abzusprechen.[38]

Als Carl G. Hempel 1942 seinen berühmten Aufsatz »*The Function of General Laws in History*« veröffentlichte, löste er - zunächst in der anglo-amerikanischen Geschichtsphilosophie und Historiographie - eine Diskussion aus, deren kontroverse Positionen bis heute nicht wirklich ausgeräumt sind. Grob gesagt geht es dabei um die These, daß ein Gemeinplatz der methodologischen Debatten seit dem Neukantianismus und der Lebensphilosophie nicht mehr gelten solle: daß nämlich *Erklären* das Ziel der Naturwissenschaften sei, während die Geschichts-, Kultur- oder Geisteswissenschaften auf *Verstehen* ausgerichtet sind. Hempels Gegenthese lautet: Erklären in den Geschichtswissenschaften unterscheidet sich nicht im geringsten von der Art der Erklärungen in anderen Wissenschaften, weil eben jede Form der Erklärung die Existenz von allgemeinen Gesetzmäßigkeiten einschließt. Diese einflußreiche These hat sich als »covering-law«-Modell in der Methodologie etabliert.[39]

Erstaunlich ist nun keineswegs, welche Wirkungen diese Position in der Geschichtswissenschaft gehabt hat, wie sie differenziert und verfeinert wurde. Viel interessanter sind die Reaktionen, die sie auslöste. Und die führen nun durchaus nicht umstandslos zurück zu den Kontroversen des späten 19. Jahrhunderts, sondern - geläutert durch die Einsichten der analytischen Sprachphilosophie - zu einigen bedenkenswerten Neuentdeckungen. Die erste, die wir vor allem Arthur C. Danto verdanken, ist die Beobachtung, daß

---

37 Vgl. dazu stellvertretend Paolo Rossi (Hrsg.), Theorie der modernen Geschichtsschreibung, Frankfurt am Main 1987.
38 Vgl. Jörn Rüsen, Narrativität und Modernität in der Geschichtswissenschaft, in: Rossi (Hrsg.), a.a.O., S. 230-237.
39 Vgl. dazu Arthur C. Danto, Analytical Philosophy of History, Cambridge 1965; Ders., Historisches Erklären, historisches Verstehen und die Geisteswissenschaften, in: Rossi (Hrsg.), a.a.O., S. 27-56.

die Annahme von Gesetzen hinter den Erklärungen noch lange nicht bedeutet, daß der Unterschied zwischen Geistes- und Naturwissenschaften eingeebnet wäre. Das Wissen um die Existenz von Gesetzen muß von dem Wissen über die Art des Gesetzes strikt unterschieden werden. Donald Davidson hat diesen Sachverhalt auf eine recht einfache Formel gebracht: »Es folgt nicht, daß wir unbedingt ein Gesetz ausgraben müssen, wenn wir wissen, daß eine singuläre Kausalaussage wahr ist; es folgt daraus lediglich, daß wir wissen, daß es ein Gesetz geben muß. Und nach meiner Meinung besteht unsere Rechtfertigung, eine singuläre Kausalaussage zu akzeptieren, sehr oft nur darin, daß wir Grund zu der Annahme haben, daß ein passendes Kausalgesetz existiert, obwohl wir nicht wissen, was es ist«[40].

Wenn indessen die Art von Kausalbezügen näher untersucht wird, stoßen wir sehr rasch auf einen Unterschied, der womöglich eine ganz neue Grenze zwischen Natur- und Geisteswissenschaften sichtbar macht: die Differenz von Ursachen und Gründen. Ein Ereignis a, das zufällig die Ursache eines anderen Ereignisses b ist - ein Ziegelstein z.B., der einem Bauarbeiter auf den Kopf fällt -, kann unabhängig von dieser Tatsache mit Prädikaten beschrieben werden, die sowohl im empirischen wie im logischen Sinne »wahr« sind. D.h. wir können eine »Ursache« a sehr wohl hinreichend prädizieren, ohne ihre faktischen Wirkungen - will sagen: ihre Eigenschaft, Ursache zu sein - auch nur mit einem Wort zu erwähnen. Das ist bei Gründen anders. Ein Grund bezieht sich auf das Ereignis, das er erklärt. Gründe lassen sich nur mit Relationsprädikaten beschreiben. Das »Objekt« der spezifischen Kausalbeziehung ist gleichsam logisch ein Teil des Grundes. Gründe haben immer Intentionalität; jeder Grund hat seinen Inhalt[41]. »Doch aus der Tatsache, daß Gründe Inhalte haben und ohne diese Inhalte nicht Gründe sein können, folgt deshalb noch nicht, daß, wenn ich einen Grund habe, meinen Arm zu heben, mein Arm sich auch wirklich hebt. Man kann nicht wirklich folgern, daß mein Arm sich heben muß, nur weil ich einen Grund habe, der das Heben des Arms als seinen Inhalt darstellt.«[42] Die Beziehung zwischen Grund und Inhalt ist also gar nicht zwangsläufig kausal; sie ist in erster Linie semantisch. Das heißt aber: Wenn ein Ereignis durch einen Grund erklärt wird, dann bestehen zwischen ihm und dem Grund mindestens zwei Beziehungen, eine schlicht kausale und eine, die mit der ursprünglichen Zusammengehörigkeit von Grund und Ereignis zu tun hat, mit der »strukturellen Intentionalität«, die Gründen innewohnt. Damit ist zweifellos ein wenig deutlicher geworden, was man die »erste Neuentdeckung« der Hempel-Kritiker nennen könnte: Erklärungen sind eben keineswegs gleich »Erklärungen«, wie Hempels Nivellierungsthese nahelegt. Erklärungen durch Ursachen - das was die Naturwissenschaften in aller Regel betrei-

---

40 Zit. nach Danto, Historisches Erklären, a.a.O., S. 37.
41 Vgl. ebd., S. 40ff.
42 Ebd., S. 43.

ben - unterscheiden sich ganz wesentlich von Erklärungen durch Gründe. Gründe nämlich müssen *verstanden* werden. Und das bleibt das Geschäft der Geistes- und Sozialwissenschaften.

Die zweite Neuentdeckung hängt sehr eng mit dieser Feststellung zusammen. Wenn historische Ereignisse nicht allein durch vordergründige Kausalbeziehungen, sondern offensichtlich durch »semantische« Bezüge verknüpft sind, wenn sie also mit »Gründen« zu tun haben, die aufgedeckt und *verstanden* werden sollen, dann hat es einen Sinn, auch der Historiographie selbst eine spezifische »Logik« zu unterlegen. Und die Eigenarten der Verbindung zwischen Intentionalität und Aktion in der Geschichte scheinen eine Art der Rekonstruktion besonders zu begünstigen, die der Historismus bereits bevorzugt hatte: das Erzählen, die Narration.

Nun ist bei Danto oder besonders bei Hayden White[43] damit weder das naive Vertrauen in die mimetische Treffsicherheit etwa Rankescher Geschichtsschreibung gemeint noch der ästhetisch-literarische Wert z.B. von Theodor Mommsens »Römischer Geschichte«. Es geht vielmehr um die innere Logik narrativer Konstruktionen, um die Eigenrationalität der Erzählstruktur. Die historische Darstellung ist ihrem Wesen nach deshalb narrativ, weil sie historische Ereignisse als Elemente von Ereignisverkettungen - in ganz unprätentiöser Weise: von »Geschichten« - begreift[44]. Der populäre Satz: 'Der 30jährige Krieg begann 1618', setzt mindestens die Kenntnis des Westfälischen Friedens voraus. Das heißt, er erwähnt das Datum des Kriegsbeginns aus einer Perspektive, die dem idealen Chronisten nicht verfügbar wäre und die auch den Erwartungshorizont der authentischen Akteure überschreitet. Und doch gleicht diese Perspektive des Historikers der Handlungsdisposition jener historischen Akteure in einem sehr wichtigen Punkt: Den Sinn, den der Historiker einem Ereignis in seiner Darstellung verleiht, gewinnt er keineswegs aus der Vergangenheitsbetrachtung allein, sondern durch die Rückprojektionen des Nachfahren, der »das Gewordene unter dem Schema möglichen Handelns rekonstruiert«[45].

Diese Haltung ist übrigens auch für die soziologische Biographieforschung hochinteressant. Auch der biographische Erzähler verhält sich beim Wiedererinnern, »als ob« er noch einmal in die Situation von »damals« ein-

---

43 Vgl. Hayden White, Das Problem der Erzählung in der modernen Geschichtstheorie, in: Rossi (Hrsg.), a.a.O., S. 57-106.
44 Vgl. dazu Danto, Analytical Philosophy, a.a.O., S. 142ff.
45 Jürgen Habermas (Zur Logik der Sozialwissenschaften. Materialien, Frankfurt am Main 1970 (zuerst 1967), S. 270), der hier die Position Dantos zum ersten Mal systematisch - freilich im Kontext des »hermeneutischen Ansatzes« - rezipiert, geht dabei weniger auf das Problem der Narrativität als vielmehr kritisch auf bestimmte hermeneutische Aporien in Dantos Konzept ein (vgl. ebd., 272ff). Später, in der »Theorie des kommunikativen Handelns« (Frankfurt am Main 1981, Bd. 2, S. 206f) wird er gerade Dantos Verdienst seiner »Analyse der Form narrativer Aussagen« hervorheben (s.u.).

tauchte und ein »Handelnder« wäre, der die Folgen seiner Handlung nur aus ihrem Hergang erklären könne[46]. Damit bindet er den Erzählstrom an den Gang der »wirklichen« Ereignisse, das Erzählen an das Erlebte. Das schließt übrigens eine »Theorie« des Selbsterlebens so wenig aus, wie die Disposition des Historikers eine Theorie der historischen Prozesse ausschließt. Nur wird die Theorie selbst in ein Rekonstruktionsmuster eingebaut, das in gewisser Weise »narrativ« ist[47]. Ein Historiker kann den Sinn, den historische Akteure mit bestimmten Ereignissen verbunden haben, nur erschließen, wenn er - virtuell - selber Akteur bleibt. »(E)r organisiert sein Wissen gar nicht nach Maßgabe reiner Theorie. Alles, was er historisch wissen kann, kann er nicht unabhängig vom Rahmen der eigenen Lebenspraxis erfassen. Für diese existiert Zukünftiges nur im Horizont von Erwartungen. Und diese Erwartungen ergänzen die Fragmente der bisherigen Überlieferung hypothetisch zur Totalität der vorverstandenen Universalgeschichte, in deren Licht jedes relevante Ereignis prinzipiell so vollständig beschrieben werden kann, wie es für das praktisch wirksame Selbstverständnis einer sozialen Lebenswelt möglich ist.«[48] Insofern ist jeder erfolgreiche Historiker »Erzähler« - auch wenn er (als Anhänger der »Annales-Schule« oder als »historischer Sozialwissenschaftler«) bevorzugt mit strukturhistorischen Problemen beschäftigt.[49] Und auch der Alltagserzähler ist »Historiker«. Selbst seine »Geschichte« ist Teil jener universalistischen Erzählung, die die Moderne ausmacht.

Das Ergebnis dieser scheinbar hochabstrakten Überlegungen bringt für methodologisch interessierte Biographieforscher an der Grenze zwischen Soziologie und Historie wichtige Vorteile: Es entlastet von den methodischen Rechtfertigungszwängen, denen wir regelmäßig ausgesetzt sind, wenn wir uns wissenschaftlich mit biographischen Erzählungen beschäftigen. Der Alltagserzähler ist gerade *als Erzähler* Träger von »Strukturen«, weil die Erzählung ihn mit der sozialen und historischen Lebenswelt, an der er teilnimmt, vernetzt. Jürgen Habermas hat die interessante Beobachtung gemacht, daß Erzähler eine Art »Laienkonzept der 'Welt' im Sinne der Alltags- oder Le-

---

46 Zum Konzept der »als-ob-Handlung« vgl. ausführlicher Alheit, Alltag und Biographie, a.a.O., S. 15ff.
47 Vgl. Rüsen, a.a.O.
48 Habermas, Zur Logik, a.a.O., S. 273.
49 Natürlich sind wir uns der Tatsache bewußt, daß die von uns bevorzugte Position Arthur C. Dantos über den privilegierten epistemologischen Status von Narrativität der Historiographie heftig umstritten ist. Dennoch sind wir relativ sicher, daß - in der Terminologie des späten Wittgenstein - jenes »Sprachspiel« der Erzählung die Wandlungsprozesse der Moderne am ehesten transparent macht.

benswelt« brauchen[50], d.h. sie können sich gar nicht narrativer Darstellungsformen bedienen, ohne zumindest intuitiv auf kollektiv verfügbares Wissen Bezug zu nehmen. »An der Grammatik von Erzählungen läßt sich ablesen, wie wir Zustände und Ereignisse, die in einer Lebenswelt auftreten, identifizieren und *beschreiben*; wie wir die Interaktionen von Gruppenangehörigen in sozialen Räumen und in historischen Zeiten zu komplexen Einheiten *vernetzen* und *sequentialisieren*; wie wir die Handlungen von Individuen und die Ereignisse, die ihnen zustoßen, wie wir die Taten von Kollektiven und die Schicksale, die sie erleiden, aus der Perspektive der Bewältigung von Situationen erklären. Mit der Form der Erzählung wählen wir eine Perspektive, die uns ‚grammatisch' nötigt, der Beschreibung ein Alltagskonzept der Lebenswelt als *kognitives Bezugssystem* zugrunde zu legen.«[51] Die Klarheit der Habermasschen Definition erübrigt eine paraphrasierende Deutung.[52] Der theoretische Status der Erzählung wird unmittelbar evident.

3. Sozialgeschichtliche Untersuchungen als Korrektiv einer narrationsstrukturellen Milieuanalyse

Erzähler »meinen« also mehr als sie »sagen«, wenn sie erzählen. Und die Sinnüberschüsse ihrer Darstellungen deuten auf jene Muster sozialer Orientierung, auf die E.P. Thompson im Rahmen seiner lebensweltlichen Klassentheorie hingewiesen hat[53]. Dies gibt Erzählungen den Status einer eigenständigen und wichtigen Quelle zur Rekonstruktion von Lebenswelten. Wie ein soziales Milieu aus der

---

50 Jürgen Habermas, Theorie des kommunikativen Handelns, Bd. 2, Frankfurt a.M. 1981, S. 206.
51 Ebd., S. 207. Vgl. dazu auch Alheit, Alltag und Biographie, a.a.O., S. 18ff.
52 Wir können dabei im übrigen auf intensive *empirische* Evaluationen dieser Hypothese in einer Reihe von Forschungsprojekten des Instituts für angewandte Biographie- und Lebensweltforschung verweisen (zuerst und exemplarisch: Peter Alheit, Alltagsleben. Zur Bedeutung eines gesellschaftlichen Restphänomens, Frankfurt am Main 1983, bes. S. 218 ff.; vgl. dazu auch Ders., Alltag und Biographie, a.a.O., S. 18ff.).
53 Vgl. Die Entstehung der englischen Arbeiterklasse, Bd. 1, Frankfurt am Main 1987, S. 10.

Binnensicht seiner Teilnehmer aussieht, läßt sich über diesen privilegierten Zugang durchaus erschließen.

Andererseits kann freilich kein Zweifel darüber bestehen, daß zumal biographische Erzählungen keine schlichten Spiegelungen des Milieus sind, auf das sie sich beziehen. Das Verhältnis zwischen Subjekt und Gesellschaft, das durch das Konzept »Biographie« ausgedrückt wird, ist durch den banalen Hinweis auf die Wechselseitigkeit der Beeinflussung nicht hinreichend beschrieben. Die Beziehung ist komplizierter. Biographien bilden erlebte Wirklichkeit nicht ab. In gewisser Weise erzeugen oder konstruieren sie ihre »eigene« Wirklichkeit. Unser autobiographisches Gedächtnis scheint erstaunliche Parallelen zu der selbstreferentiellen Funktionsweise des Gehirns zu haben, wie sie in modernen neurobiologischen Forschungen entdeckt und beschrieben worden ist.[54] Allerdings bedeutet dieser konstruktivistische Aspekt des Biographischen nicht, daß unsere Lebenserfahrung beliebig wäre. Sie bleibt durchaus ein Produkt unserer sozialen Herkunft, unseres Geschlechts, unserer Ethnizität und der historischen Zeit, in der wir leben - freilich auf unverwechselbar einzigartige Weise. In einer biographischen Erzählung drückt sich deshalb das Besondere eines sozialen Allgemeinen aus.[55]

Aber ein Milieu besteht nicht nur aus biographischen Konstruktionen, sondern auch aus materiellen Bedingungen, aus Institutionen und Instanzen, aus geronnenen Wertvorstellungen und habitualisierten Routinen. Die Rekonstruktion von biographischen Konstruktionen ist auf Kontextwissen angewiesen, das sich auf diese »geronnenen« Realitätsaspekte des Milieus bezieht. Neben Geschichten (und den »Mustern« , die sich dahinter verbergen) sind auch die sichtbaren und meßbaren gesellschaftlichen *Strukturen* Gegenstand

---

54 Vgl. dazu ausführlicher Peter Alheit, Individuelle Modernisierung: Zur Logik biographischer Konstruktionen in modernisierten modernen Gesellschaften, in: Stefan Hradil (Hrsg.), Differenz und Integration. Die Zukunft moderner Gesellschaften. Verhandlungen des 28. Kongresses der Deutschen Gesellschaft für Soziologie, Frankfurt a.M., New York 1997, S. 941 ff.; Peter Alheit und Bettina Dausien, Die biographische Konstruktion der Wirklichkeit. Überlegungen zur Biographizität des Sozialen, in: Erika M. Hoerning (Hrsg.), Biographische Sozialisation, Stuttgart 1997 (im Druck).
55 Vgl. dazu ausführlicher Peter Alheit, Theoretically Founded Applied Biographical Research. The Conceptual Strategy of the Institute for Applied Biographical and Lifeworld Research, Bremen 1997, S. 20ff.

der Untersuchung: die Bedingungen der Arbeit und des Wohnens, die Arbeitsteilung zu Hause und die Geschlechterbeziehungen, die Freizeitaktivitäten und das politische Engagement. Wissen über diese »äußere Seite« des Milieus ist Voraussetzung für eine sachgemäße Interpretation der »inneren Konstruktionen«, in gewisser Weise sogar ein methodisches Korrektiv für die narrationsstrukturelle Milieuanalyse.

»Im Schützengraben« des Milieus, um Bourdieu noch einmal zu zitieren, werden zweifellos nicht alle Aspekte sichtbar - so wenig übrigens wie vom »Feldherrnhügel« aus. Die gewählte *Triangulation*[56] des methodischen Zugriffs und die Chance wechselseitiger Kontrolle hat sich jedoch methodologisch bewährt. Die verschiedenen Datenarten ergänzen und evaluieren einander. Damit ist eine Synthese zwischen jenen beiden zu Beginn eingeführten Betrachtungsweisen zumindest konzeptionell geglückt: Die Erkundung »im Schützengraben« schließt Studien »vom Feldherrnhügel« - oder sympathischer: *aus halber Höhe* - nicht aus. Qualitative Sozialforschung geht vielmehr mit klassischer Sozialgeschichtsschreibung ein aussichtsreiches methodologisches Bündnis ein. Wir werden am Ende der Studie die Frage noch einmal aufnehmen, ob dieses Bündnis in der Untersuchungspraxis die Erwartungen tatsächlich eingelöst hat, die seine methodisch reizvolle Konzeptualisierung verspricht.

---

56 Vgl. hier stellvertretend Uwe Flick, Triangulation, in: Ders., u.a. (Hrsg.), Handbuch Qualitative Sozialforschung, Müchen 1991, S. 432-434; auch Alheit, u.a., Antrag, a.a.O., S. 16. Die Begründung der methodischen Instrumentarien und Vorgehensweisen im einzelnen erfolgt in den einschlägigen Kapiteln dieser Studie (in Teil II, Kap. 4 und Teil III, Kap. 10).

Kapitel 2

Die »Entdeckung« gegenstandsbezogener Theorien: Grounded Theory Methodology

Ebenso wichtig wie die methodologische Reflexion der Forschungs-*perspektiven* erscheint uns freilich die Beschreibung und Begründung des Forschungs*prozesses* selbst. Dabei beziehen wir uns auf die Tradition der jüngeren *Chicago School of Sociology*, insbesondere auf das Konzept empirisch fundierter Theoriebildung *(grounded theory)*, wie es von Anselm Strauss und Barney Glaser zum ersten Mal 1967 ausführlicher vorgestellt wurde.[1] Die Motivation zu diesem alternativen Verfahren der Forschungsanlage hat zweifellos mit äußerst negativen Erfahrungen in der soziologischen Mainstream-Forschung der 1950er und 1960er Jahre zu tun. Hier schienen sich nämlich Theorie und Empirie voneinander getrennt zu haben. Die Großtheorien - etwa Parsons' Strukturfunktionalismus - wurden immer komplexer, entfernten sich jedoch von der sozialen Realität. Aber auch die empirische Forschung selbst verlor den Boden unter den Füßen, weil sie im Grunde nichts anderes tat, als Hypothesen zu prüfen, die rein deduktiv aus den *'grand theories'* gewonnen waren; d.h. sie untersuchte künstlich isolierte Variablen, deren Wirklichkeitsgehalt immer zweifelhafter wurde. Das Verhältnis von Theorie und empirischer Praxis war, wie Glaser und Strauss polemisch bemerken, das von »theoretischen Kapitalisten« zu ihren »proletarischen« Handlangern.

---

1   Barney G. Glaser und Anselm L. Strauss, The Discovery of Grounded Theory. Strategies for Qualitative Research, New York 1967. Uns liegt daran, darauf hinzuweisen, daß diese »neue« methodologische Konvention nicht einfach ein technisches Verfahren ist, sondern eine Forschungsperspektive, eine Art »*Forschungsstil*«, wie Anselm Strauss es beschrieben hat: die Fähigkeit, die kreativen Alltagsleistungen neugierigen Forschens kontrolliert für eine methodologische Rahmenstrategie nutzbar zu machen.

1. Abduktive Forschungslogik

Strauss' und Glasers Kontrastprogramm nimmt nun die Tatsache ernst, daß wirklich neue theoretische Ideen gewöhnlich gerade in der aktiven Auseinandersetzung mit der Empirie entstehen, beim Kodieren von Fragebögen und Interviews oder beim Protokollieren von Beobachtungen im Forschungsfeld. Theorie und Empirie stehen sozusagen in einem intensiven *Dialog*. Deshalb kann für Glaser und Strauss nicht die Überprüfung deduktiv gewonnener Hypothesen das Ziel des Forschungsprozesses sein, sondern die *Entdeckung* neuer gegenstandsbezogener Theorien. Gewiß übertreiben sie zunächst strategisch diese Position ein wenig. Die Formulierung »the discovery of theory from data«[2], die aus der Einleitung ihrer prominenten Methodenschrift von 1967 stammt, könnte den Eindruck erwecken, als ergebe sich Theorie sozusagen *von selbst* aus den empirischen Daten. Diese später zurecht als »induktivistisches Selbstmißverständnis« kritisierte Forschungshaltung[3] wird von Glaser und Strauss aber nie strikt vertreten. Und doch könnte die zitierte Formulierung zu der falschen Schlußfolgerung führen (und führt sie gelegentlich), qualitative Forschung komme ohne jede theoretische Vorleistung aus, und es genüge, wenn Aufmerksamkeit und Empathie in die Feldphase eingebracht werden.[4] Auch in historischen »Barfußforschungen«, etwa in der Geschichtswerkstättenbewegung, begegnen wir nicht selten der naiven Vorstellung, daß man dem wirklichen Leben nur dann auf die Spur komme, wenn man ohne jeden Vorbehalt seine Unmittelbarkeit und Authentizität für sich sprechen lasse.

Tatsächlich kommen theoretische Einsichten niemals von selbst aus den Daten. Entscheidend für die Identifizierung theoretisch relevanter Kategorien sind immer brauchbare heuristische Konzepte, die die Forscher in den Forschungsprozeß einbringen. Solche Konzepte

---

2 Ebenda, S. 1.
3 Vgl. dazu die hervorragende Studie von Udo Kelle, Empirisch begründete Theoriebildung. Ein Beitrag zur Logik und Methodologie interpretativer Sozialforschung, Bremen, Diss. phil. Universität Bremen 1992, bes. S. 278 (auch: Weinheim 1994).
4 Vgl. die dazu die kritischen Bemerkungen ebenda, S. 254.

sensibilisieren für bestimmte Aspekte des Feldes. Sie helfen bei der Reduktion von Komplexität; und sie unterstützen eine vertretbare Forschungsökonomie.[5] Neu an Glasers und Strauss' Vorschlag ist freilich, daß das Einmünden eines sensibilisierenden Konzepts in den Forschungsprozeß nicht beliebig und »impressionistisch« erfolgt, sondern methodisch kontrolliert wird. D.h. der Vorgang des »Entdeckens« einer neuen theoretischen Einsicht ist so etwas wie eine vorbereitete und kritisch reflektierte *Inspiration*. Weder das Vertrauen in eine existente Großtheorie und die Prüfung von Hypothesen, die deduktiv aus ihr abgeleitet sind (deduktives Vorgehen), noch die beinahe naive Hoffnung, daß sich beim intensiven Einlassen auf das Forschungsfeld Theorien wie von selbst schon ergeben werden (induktives Vorgehen), erfüllen diese Anforderung. Angemessen scheint allein eine *abduktive Suchbewegung*, bei der das heuristische Konzept, das die Forschungen anleitet, durch die Konfrontation mit den Daten derart entfaltet und modifiziert wird, daß im günstigen Fall - wie Charles Sanders Peirce, der Erfinder der »Abduktion«[6], ein wenig emphatisch formuliert hat - etwas miteinander in Beziehung gebracht werden kann, was »zusammenzubringen wir uns vorher nicht hätten träumen lassen«[7]. Wie man diesen Vorgang der methodischen Explikation der Entdeckung von Theorien im einzelnen beschreiben könnte, ist auch bei den Vertretern der *Grounded Theory* im Laufe der Entwicklung dieses Konzepts unterschiedlich beantwortet worden.[8] Einen entscheidenden Ansatzpunkt stellt jedoch die *Kodierung* des empirischen Materials dar. Sie ist gleichsam die Schnittstelle zwischen Theorie und Empirie.

---

5   Vgl. dazu stellvertretend Anselm L. Strauss, Grundlagen qualitativer Sozialforschung. Datenanalyse und Theoriebildung in der empirischen soziologischen Forschung, München 1991; auch Ders. und Juliet Corbin, Grounded Theory Research: Procedures, Canons and Evaluative Criteria, in: *Zeitschrift für Soziologie* 19 (1990), S. 418-427.
6   Zur Entwicklung des Konzepts der Abduktion vor allem bei Peirce und Hanson vgl. noch einmal ausführlich Kelle, Theoriebildung, a.a.O., S. 123ff.
7   Charles S. Peirce, Schriften zum Pragmatismus und Pragmatizismus, hg. von Karl-Otto Apel, Frankfurt am Main 1991, S. 181.
8   Vgl. dazu ausführlich Kelle, Theoriebildung, a.a.O., bes. S. 253-304.

2. Der Kodierprozeß

»Kodieren« bedeutet zunächst nichts anderes als eine Art Verknüpfung zwischen dem empirischen Material und den theoretischen Ideen, die den Forschungsprozeß angeleitet haben[9]. Allerdings handelt es sich dabei nicht um einen »mechanischen« Vorgang wie in der konventionellen Sozialforschung, sondern um den stufenweisen Aufbau einer Theorie »mittlerer Reichweite« (middle range theory), die sich entweder auf einen eingrenzbaren Bereich sozialer Wirklichkeit (substantive theory) oder aber auf ein bestimmtes Gebiet zumeist der Soziologie, z.B. auf die Sozialisationsforschung, bezieht (formal theory). Der Kodierprozeß reichert das Wissen über den Gegenstandsbereich sukzessive soweit an, daß sich am Ende eine neue gegenstandsbezogene Theorie, wenn man so will: eine *neue Qualität des Wissens* über den Gegenstand, herauskristallisiert.

Im Gegensatz zu konventionellen Kodiervorgängen, die auf ex ante formulierte Kategorienschemata zurückgreifen, verwendet die Grounded Theory »eine Methode der expliziten *ad hoc* Kodierung des Datenmaterials, bei der das Kategorienschema schrittweise aufgebaut wird«[10]. Nach dem Prinzip des permanenten Vergleichs, der beim *theoretischen Sampling* beginnt, sich beim Suchen geeigneter Kategorien fortsetzt und schließlich bei der Theoriekonstruktion endet, werden im Lichte der interessierenden Fragestellung systematisch Kontrastfälle gesucht, die das Wissen über das Forschungsfeld vergrößern und möglichst zu einem »Sättigungseffekt« führen.

Um dieses Konzept des permanenten Vergleichs zu verdeutlichen, beschreiben wir zunächst exemplarisch unsere Samplingstrategie für die lebensgeschichtlichen Interviews, im Anschluß daran einige konkrete Aspekte des Kodierprozesses: Bei der Suche nach Interviewpartnern waren wir nicht

---

9 Vgl. dazu ausführlicher Strauss, Grundlagen, a.a.O., bes. S. 54f. Die folgende knappe Darstellung des Kodiervorgangs bezieht sich vor allem auf diese Studie, außerdem auf die kritische Rekonstruktion der Grounded Theory bei Kelle (Theoriebildung, a.a.O.), schließlich auf eigene Forschungserfahrungen (vgl. stellvertretend Alheit und Dausien, Arbeitsleben, a.a.O.; Peter Alheit, Taking the Knocks. Youth Unemployment and Biography - A Qualitative Analysis, London 1994; Bettina Dausien, Biographie und Geschlecht. Zur biographischen Konstruktion sozialer Wirklichkeit in Frauenlebensgeschichten, Bremen 1996).
10 Kelle, Theoriebildung, a.a.O., S. 263.

primär an der sozialstrukturellen Repräsentativität unserer beiden Samples interessiert, denn ein repräsentatives Sample garantiert als solches durchaus keine Informationen über ein komplexes Handlungsfeld und Beziehungsgefüge. Vielmehr interessierte uns eine *Typologie* sozialer Akteure in diesem Feld. Wir wollten etwas über die Dynamiken, Integrations- und Ausgrenzungsmechanismen, Partizipations- und Einflußstrukturen erfahren, die beide Milieus auszeichneten. Und dabei erschien uns »Typisches« relevanter als »Regelmäßiges«.[11] Kategorien für solche Typik waren z.b. der Grad der Vernetztheit im Milieu, bestimmte biographische Ambitionen (z.B. intergenerationale Planungsperspektiven), auch die Unterscheidung geschlechtstypischer Einflußmöglichkeiten im Milieu (»Männerwelten« vs. »Frauenwelten«), aber auch berufliche und innerbetriebliche Karrieren. Dabei ergaben sich eine Reihe von Kontrastgruppierungen, die uns systematisch zur Suche nach bestimmten Fallkonstellationen zwangen.

Bei unserem Bremer Sample entstand im Laufe der Feldphase tatsächlich der Eindruck, daß eine Art Sättigung eingetreten war: Wir hatten durch die theoretisch angeleitete Auswahl unserer Interviewpartner das sichere Gefühl zu wissen, wie komplex das Milieu zusammengesetzt war und welche Dynamiken sich in ihm abspielten. Beim Rostocker Sample waren wir sehr viel unsicherer, weil sich die Suche nach bestimmten Kontrastgruppen als äußerst schwierig erwies. In der Konfrontation unseres Interviewmaterials mit anderen Quellengattungen erhärtete sich vielmehr der Eindruck, daß wir bei der Zusammenstellung der Interviewpersonen einem heimlichen *creaming-off-Effekt* aufgesessen waren: gemeldet hatten sich vor allem Personen mit bemerkenswerten beruflichen Aufstiegswegen, also eine Art funktionaler Elite unter der Werftarbeiterschaft. Angesichts der besonderen Situation nach der deutschen Vereinigung (z.B. der äußerst eingeschränkten Auskunftsbereitschaft breiter Bevölkerungsschichten) erschien es unmöglich, in einem forschungsökonomisch vertretbaren Zeitrahmen dieses Manko zu »heilen«. Gerade vor dem Hintergrund kontrastierender Quellen ließ sich jedoch das Interviewmaterial neu interpretieren und blieb auf seine Weise durchaus aussagekräftig. Hier erzeugte die Methodentriangulation den erwünschten Sättigungseffekt. Durch eine Art »Kunstgriff«[12] konnten wir sogar Aspekte des fehlenden Datenmaterials ersetzen.

Erleichtert wurde dieses vorläufige Ergebnis durch einen stufenweisen Kodierprozeß, der auf Gesamtprojektebene durch regelmäßige gemeinsame

---

11 Vgl. dazu noch einmal die methodologisch instruktiven Überlegungen zum Einzelfall und zum strikten Gesetzesbegriff, die wir Kurt Lewin (Werkausgabe, Bd. 1, a.a.O.) verdanken.
12 Die Substitution des in unseren Daten fehlenden »Kerntypus« durch zeitgenössische Literatur, die wir als eigenständige qualitative Datenquelle nutzten (s. Kap. 12).

Sitzungen immer wieder »ratifiziert« wurde.[13] Die Orientierung an den von Glaser[14], Strauss[15] oder auch Strauss und Corbin[16] vorgeschlagenen Kodierphasen war bewußt locker und schon deshalb nicht dogmatisch, weil sich auch im Konzept der Grounded Theory keineswegs nur *eine* Tradition gebildet hatte. Außerdem erwiesen sich die stillschweigenden Kodiertechniken, die den langjährigen professionellen Skills (der HistorikerInnen wie der Soziologen) geschuldet waren, für das Projekt eher als Vorteil und wechselseitige Horizonterweiterung, so daß eine sehr liberale Handhabung des Vorgehens sinnvoll erschien.

Allerdings folgten wir dem Vorschlag, die verschiedenen Datenarten zunächst einer Phase *offenen Kodierens* zu unterziehen.[17] Dabei wurden - ohne Rücksicht auf inhaltliche Konsistenz - theoretisch relevante Einschätzungen (»Memos«) zusammengetragen. Wichtig war, daß solche *Memos* nicht nur den Charakter deskriptiver Verdoppelung der Daten annahmen, sondern die Funktion erfüllten, die Daten »aufzubrechen«[18], also neue Dimensionen in ihnen zu entdecken. Zum offenen Kodieren gehörte auch eine assoziative Sammlung von Ideen, welche Kategorien in den Memos miteinander korrespondieren und wo sich Hinweise auf eine »Kernkategorie«[19] ergeben könnten. Für diese Suche war selbstverständlich das zugrundeliegende heuristische Konzept entscheidend, das allerdings seinerseits durch die Auseinandersetzung mit dem Datenmaterial an Profil gewann.

Anfangs überraschte uns beispielsweise eine Fülle von Hinweisen, daß die beiden Milieus - Ost wie West - in den 1950er Jahren erstaunlich persistent geblieben waren, von dramatischen Wandlungsprozessen also kaum die Rede sein konnte. Im Laufe der Untersuchung deuteten aber Widersprüche zwischen biographischen Erzählungen und sozialgeschichtlichen Quellen Ungleichzeitigkeiten zwischen sozialem Wandel und seiner subjektiven

---

13 Der Schwerpunkt der jeweiligen Materialauswertung lag zunächst zweifellos an den jeweiligen Projektstandorten, also in Bremen oder in Rostock. Mit zunehmender Projektdauer bekamen aber die Gesamtprojektsitzungen eine größere Bedeutung und waren schließlich unverzichtbar zur Ausformulierung der zentralen theoretischen Entdeckungen.
14 Barney G. Glaser, Theoretical Sensitivity - Advances in the Methodology of Grounded Theory, Mill Valley 1978.
15 Strauss, Grundlagen, a.a.O.
16 Strauss und Corbin, Grounded Theory Research, a.a.O.; Anselm Strauss und Juliet Corbin, Grounded Theory: Grundlagen qualitativer Sozialforschung, Weinheim 1996.
17 Vgl. Strauss, Grundlagen, a.a.O., S. 57-62; auch Kelle, Theoriebildung, a.a.O., S. 281f, 288ff. In dem vorliegenden Projekt wurde diese Funktion technisch vor allem von den *Verlaufsprotokollen* der biographischen Interviews übernommen, aber auch von den systematischen Exzerpten, die bei der Durchsicht der sozialgeschichtlichen Quellen angefertigt wurden.
18 Vgl. Strauss, Grundlagen, a.a.O., S. 59.
19 Vgl. dazu ebenda., S. 65ff.

Verarbeitung an. Die allgemein für diese Phase so hoch eingeschätzte Kernkategorie der *Modernisierung*[20] schien zumindest ergänzungsbedürftig. Auch die erwartete Ähnlichkeit vieler Milieu-»Merkmale« im Osten wie im Westen ließ sich bei genauerem Hinsehen nicht einfach als strukturelle Parallele deuten: Phänotypisch Ähnliches bekam, wie oben bereits angedeutet, im neuen Rahmen eine ganz andere Konnotation. Auch hier mußten zentrale Kategorien revidiert werden.

In der Phase des *selektiven Kodierens*[21], in der sich dann die Kernkategorie der »gebrochenen Modernisierung«[22] herausschälte und andere Kategorien, Codes und Memos plausibel auf sie bezogen werden konnten, haben wir das Datenmaterial neu gruppiert und systematisch mit der Theoriekonstruktion begonnen. Dabei war es wichtig, einen relativ offenen Theorierahmen zu wählen, der die Eigenart beider »systemischer Konfigurationen«, also der unterschiedlichen Rahmenbedingungen der untersuchten Milieus, noch ausdrücken konnte. Wir haben uns dabei für eine Variation des Bourdieuschen *sozialen Raums* entschieden, weil sie nicht allein soziale Plazierungen, sondern zusätzlich auch soziale Beziehungsgefüge und Dynamiken in der Zeitperspektive darstellbar macht[23].

In diesen sehr praktischen Reflexionen wird deutlich, daß die Methodologie der Grounded Theory als ein Verfahren verstanden werden kann, in dem kontinuierlich implizite Hypothesen überprüft werden, jedoch ihre Falsifikation nicht - wie beim deduktiven Vorgehen - zur Verwerfung der entstehenden theoretischen Einsichten führt, sondern zu deren Modifikation, Anreicherung, möglicherweise sogar zur Entdeckung eines qualitativ neuen Aspekts.[24] »Theoretische Sättigung« in einem grundsätzlichen Sinn tritt dabei natürlich niemals ein. Jede neue Entdeckung ist potentiell ein sensibilisieren-

---

20 Vgl. dazu Kapitel 3.
21 Vgl. Strauss, Grundlagen, a.a.O., S. 106ff. Strauss überbrückt den Schritt vom offenen zum selektiven Kodieren mit der Phase »axialen Kodierens« (S. 101ff), der Verknüpfung der wesentlichen Kategorien über die »Achse« eines (handlungs)theoretischen Paradigmas. Dieser Schritt ist im vorliegenden Projekt ungleich schwieriger, weil die verfügbaren Paradigmen mindestens zwei disziplinären Traditionen angehören. Wir haben deshalb nur die beiden Phasen offenen und selektiven Kodierens voneinander unterschieden, wobei im Forschungsprozeß beide ineinander übergehen.
22 Vgl. dazu den Schlußteil dieser Studie.
23 Vgl. dazu Pierre Bourdieu, Die feinen Unterschiede. Zur Kritik der gesellschaftlichen Urteilskraft, Frankfurt am Main 1987, bes. S. 212/213; vgl. ausführlich Kapitel 3.
24 Vgl. auch Kelle, Theoriebildung, a.a.O., S. 303f.

des Konzept für neue Untersuchungen. Dennoch entsteht am Ende eines sorgfältigen Forschungsprozesses die relative Gewißheit, daß die gegenstandsbezogenen Erkenntnisse auf solider empirischer Basis stehen.

Kapitel 3

Das sensibilisierende Konzept: Die Modernisierung der »Außenräume« und »Innenräume« des Arbeitermilieus

Was ist nun aber die eigentliche Fragestellung des Forschungsprojekts? Worin liegen *neue* Aspekte? Daß sich Arbeitermilieus in der Nachkriegsphase gewandelt haben - in West- *und* Ostdeutschland -, ist fast eine triviale Feststellung. Was aber ist das Spezifische an diesen Veränderungsprozessen, und wie wirkt die »Systemvariable« auf sie ein?

Sozialer Wandel hat offensichtlich eine Doppeldimension. Er ist durch die Veränderung wesentlicher *objektiver* Rahmenbedingungen der sozialen Wirklichkeit gekennzeichnet, aber auch durch die allmähliche Korrektur *subjektiver* Wahrnehmung betroffener sozialer Gruppen. Beide Dimensionen sind allerdings nicht mechanisch miteinander verknüpft. Ihr Auftreten kann ungleichzeitig sein.[1] Hinzu kommt, daß selbst einschneidende soziale Veränderungen das soziale Beziehungsgefüge insgesamt nicht bedrohen müssen, sondern sogar stabilisieren können. D.h. die Relation sozialer Positionierungen und die Basismentalität der Gruppen, die sie tragen, können stabil bleiben, obgleich sich die äußeren Merkmale der Positionen drastisch geändert haben.

Solche Beobachtungen setzen voraus, daß Sozialstruktur nicht als objektives Bezugssystem zu betrachten ist, in dem sich Klassen nach bestimmten Gesetzen bilden und wieder auflösen. Vielmehr ist Klassenexistenz offenbar immer mit konkreten Aktionen historisch bestimmbarer sozialer Akteure verknüpft. Edward P. Thompson schreibt in dem bereits zitierten Vorwort seines Hauptwerks: »Ich betrachte Klasse nicht als eine 'Struktur' oder gar als eine 'Katego-

---

1 Diese konzeptionell wichtige Beobachtung korrespondiert mit der oben bereits getroffenen Feststellung, daß biographische Konstruktionen keine Abbildung materieller Bedingungen sind.

rie', sondern als etwas, das sich unter Menschen, in ihren Beziehungen abspielt (und das dokumentiert werden kann).«[2] »Klasse« wird in konkreten sozialen Aktionen realisiert und kann als Ausdruck der Vergemeinschaftung und Vergesellschaftung bestimmbarer Gruppen von Menschen betrachtet werden. Das schließt selbstverständlich nicht aus, daß auch »objektive« Prägungen die konkreten Erfahrungen der sozialen Lage kennzeichnen. »Die Klassenerfahrung ist weitgehend durch die Produktionsverhältnisse bestimmt, in die man hineingeboren wird.«[3] Freilich, wie individuelle soziale Akteure solche Erfahrungen interpretieren, läßt sich mit diesem objektiven Merkmal nur sehr grob bestimmen.

Es hat deshalb einen guten Sinn, für die Analyse der Veränderung sozialstruktureller Phänomene von einer Dimension auszugehen, die alltägliche Handlungsfelder noch sichtbar macht. Hier bietet sich aus heuristischen Gründen die Milieu-Kategorie an, die etwa von Hradil mit der Absicht in die Sozialstrukturanalyse eingeführt wird, eine begriffliche Vermittlung zwischen objektiven sozialen Lagen und »subjektiven Faktoren« zu ermöglichen.[4] Milieu bezeichnet dann einen überschaubaren Vergemeinschaftungsprozeß, der durch bestimmte »objektive« Bedingungen geprägt wird.[5] Diese Definition ist idealtypisch an klassischen Industriearbeitermilieus nachzuvollziehen, weil sich dabei in der Regel Milieuaktivität in einem begrenzten und zumeist betriebsnahen Umfeld beobachten läßt. Gerade dieser Hinweis auf die *topologische* Dimension eines Milieus macht indessen deutlich, daß wir eine Unterscheidung zumindest zweier Ebenen der Milieukategorie brauchen: (a) das Milieu als »Topos«, d.h. die durch bestimmbare Zugehörigkeiten und Abgrenzungen gekennzeichnete äußere Gestalt eines Milieus und (b) das Milieu

---

2   Thompson, Entstehung, a.a.O., S. 7.
3   Ebenda, S. 8.
4   Vgl. Stefan Hradil, Sozialstrukturanalyse in einer fortgeschrittenen Gesellschaft. Von Klassen und Schichten zu Lagen und Milieus, Opladen 1987; Ders. (Hrsg.), Zwischen Bewußtsein und Sein. Die Vermittlung »objektiver« und »subjektiver« Lebensweisen, Opladen 1992.
5   Vgl. hier auch die theoriegeschichtlich aufschlußreichen Ausführungen in der bemerkenswerten Studie von Michael Vester u.a.. (Soziale Milieus im gesellschaftlichen Strukturwandel. Zwischen Integration und Ausgrenzung, Köln 1993, vor allem S. 124-134).

als »konjunktiver Erfahrungsraum« *(Karl Mannheim)*, d.h. als lebensweltlicher Wissensvorrat seiner Akteure.

1. Milieu als Topos

Milieu kann - übrigens auch was seine etymologischen Wurzeln angeht *(lieu = frz.* Ort) - als sozialer »Verortungsmechanismus« verstanden werden, mit dem sich soziale Akteure im sozialen Raum plazieren und von anderen sozialen Gruppen abgrenzen. So betrachtet, lassen sich Gesellschaften, wie Michael Vester vorgeschlagen hat, als »Milieu-Landkarten« lesen.[6] Wir haben ein anschauliches Beispiel in unseren Großstädten. Soziale Milieus sind dort in aller Regel räumlich klar voneinander abgegrenzt. Noch weit über 100 Jahre nach der Entstehung der modernen Industriestädte und nach einem drastischen Wandel der Urbanität in den letzten drei Jahrzehnten lassen sich Arbeiterquartiere von den Lebensräumen der Mittelschichten und den privilegierten Wohngegenden der gesellschaftlichen Eliten deutlich unterscheiden. Die Verkehrskreise der sozialen Gruppen sind gewiß nicht hermetisch, aber sie sind noch immer klar voneinander abgegrenzt. Die Wahrscheinlichkeit, daß eine Arbeiterfamilie z.B. in einer Gaststätte einer Unternehmerfamilie begegnet, erscheint auch heute noch äußerst gering.

Dahinter steht offenbar mehr als die gewiß nicht unwichtige Tatsache, daß die Mietpreise in Arbeiterquartieren gewöhnlich niedriger sind als in den privilegierten Wohngegenden einer Stadt, oder daß Essen bei McDonald's und in der kleinen Pizzeria an der Ecke für die Facharbeiterfamilie gerade erschwinglich erscheint, während das Nobelrestaurant der Oberschicht gar nicht erst in ihr Kalkül gerät. Wahrscheinlich würde sich die Arbeiterfamilie im Nobelrestaurant auch dann nicht wohlfühlen, wenn sie zum Essen eingeladen wäre. Und selbstverständlich würde die distinguierte Oberschichtfamilie den Gedanken spontan von sich weisen, ihr Diner außer Haus etwa bei McDonald's einzunehmen. Offensichtlich sind die

---

6   Vgl. ebenda, S. 15ff.

verschiedenen Merkmale, die eine bestimmte soziale Gruppe von einer anderen unterscheidet, durch eine versteckte, aber äußerst wirkungsvolle »Logik« miteinander verknüpft. Bourdieu hat in diesem Zusammenhang von der *»konstruierten Klasse«*[7] gesprochen:

»Eine soziale Klasse ist definiert weder durch ein Merkmal (nicht einmal das am stärksten determinierende wie Umfang und Struktur des Kapitals) noch eine *Summe* von Merkmalen (Geschlecht, Alter, soziale und ethnische Herkunft, Einkommen, Ausbildungsniveau etc.), noch auch durch eine *Kette* von Merkmalen, welche von einem Hauptmerkmal (der Stellung innerhalb der Produktionsverhältnisse) kausal abgeleitet sind. Eine soziale Klasse ist vielmehr definiert durch die *Struktur der Beziehungen zwischen allen relevanten Merkmalen*, die jeder derselben wie den Wirkungen, welche sie auf die Praxisformen ausüben, ihren spezifischen Wert verleiht.«[8]

Worauf Bourdieu hinaus will, ist, daß die Dinge, die wir an der Oberfläche wahrnehmen, also die äußeren Merkmale, die wir unterscheiden und die uns scheinbar unproblematisch bestimmten sozialen Gruppen und Milieus zuordnen, nicht durch ihre phänotypische Eigenart, sondern schon durch die Struktur unseres Wahrnehmens qualifiziert sind. Die für unser Erkennen der sozialen Wirklichkeit eingesetzten Klassifikationsschemata sind bereits »inkorporierte soziale Strukturen«, die »jenseits von Bewußtsein und diskursivem Denken arbeiten«[9]. So aber entsteht eine soziale Topologie nicht allein als (äußerliche) Positionierung von dominanten Merkmalen, sondern als eine subtile Struktur inkorporierter gradueller Unterschiede. Schon an einfachsten Gegensatzpaaren der Klassifikation kann Bourdieu die erstaunliche soziale Wirksamkeit solcher Wahrnehmungsmuster demonstrieren.[10] Der Kontrast von *hoch* (im Sinne von erhaben, rein oder sublim) und *niedrig* (mit der Konnotation platt, schlicht oder vulgär) z.B. oder die Gegensatzpaare *leicht* (beweglich, lebendig, gewandt etc.) und *schwer* (schwerfällig, plump, langsam, mühsam, linkisch), *fein* (raffiniert, elegant, zierlich etc.) und *grob* (dick, derb, roh, brutal, ungeschliffen) zielen auf die fundamentale Polarisierung zwischen der Elite der Herrschenden und der

---

7   Vgl. Bourdieu, Die feinen Unterschiede, a.a.O., S. 182ff.
8   Ebenda, S. 182.
9   Vgl. ebenda, S. 730f.
10 Vgl. ebenda, S. 736.

Masse der Beherrschten in einer Gesellschaft. Das führt nun keineswegs notwendigerweise zu einer statischen Verteilung von Lebenschancen, sondern zu dem theoretisch sehr viel interessanteren Phänomen sozialen Wandels bei einer relativen Stabilität der Distinktionsschemata.[11]

Eines der erstaunlichsten Ergebnisse der auf Daten der SINUS-Lebenswelt-Forschungen basierenden Sozialstrukturuntersuchung von Michael Vester und MitarbeiterInnen ist der Nachweis, daß bei beträchtlicher Ausdifferenzierung der Sozialstruktur in modernisierte Teilmilieus die klassischen Habituskonstellationen einer Eliten-, Mittelschicht- und Unterschichtorientierung *erhalten* geblieben sind und daß die zahlenmäßige Verteilung dieser Orientierungen auf die Gesamtbevölkerung in den vergangenen 50 Jahren keine nennenswerten Verschiebungen aufweist.[12] Feststellbar ist allerdings eine »Öffnung des sozialen Raums«[13] durch eine zumindest temporäre gesamtgesellschaftliche Umwertung der »Kapitalsorten« zugunsten des *kulturellen Kapitals*.

Bekanntlich unterscheidet Bourdieu bei der Beschreibung der Beziehungsstruktur, die er als *sozialen Raum* bezeichnet, nicht nur materielles Eigentum (»ökonomisches Kapital«) und berufliche Plazierung, sondern auch *symbolische Kapitale* wie das Bildungskapital (»kulturelles Kapital«) und die gesellschaftlichen Beziehungen und Einflußmöglichkeiten (»soziales Kapital«). Das Volumen aller Kapitalsorten, über die ein sozialer Akteur verfügt, bestimmt seinen Platz in der sozialen Rangordnung, legt also fest, ob er sozial eher »oben« oder »unten« steht. Die konkrete Zusammensetzung seines »Kapitals« definiert dagegen den wirklichen Platz im sozialen Raum. Ein Übergewicht an kulturellem Kapital positioniert in der linken Hemisphäre des sozialen Raums, ein Überhang an ökonomischem Kapital eher in der rechten Hälfte.[14] Die klassische Plazierung sozialer Mi-

---

11 Vgl. dazu ausführlicher Alheit, Zivile Kultur, a.a.O., S. 237ff.
12 Vgl. Vester u.a., Soziale Milieus, a.a.O., S. 16; auch Alheit, Zivile Kultur, a.a.O., S. 239f.
13 Vgl. Vester u.a., Soziale Milieus, a.a.O., S. 85f; auch Alheit, Zivile Kultur, a.a.O., S. 227ff.
14 Vgl. Bourdieu, Die feinen Unterschiede, a.a.O., S. 210ff, 355ff, 620ff; auch Ders., Mechanismen der Macht, a.a.O.

lieus läßt sich danach grob etwa in der folgenden Abbildung darstellen:

Schaubild 1: Die Verteilung der traditionellen Milieus in kapitalistischen Industriegesellschaften

Kapitalvolumen +

ökonomische Eliten

intellektuelle Eliten

kulturelles Kapital +   ökonom. Kapital +
ökonom. Kapital -   kulturelles Kapital -

kleinbürgerliche Mittelschicht

traditionelles Arbeitermilieu

Subproletariat

Kapitalvolumen -

Betrachtet man nun die Ergebnisse der Hannoveraner Sozialstrukturstudie[15], so zeigen sich für die jüngere Sozialtopographie interessante Unterschiede. Auch das folgende Schaubild zeigt nur die schematische Positionierung[16]:

---

15 Vgl. stellvertretend Michael Vester, Die Modernisierung der Sozialstruktur und der Wandel von Mentalitäten. Zwischenergebnisse einer empirischen Untersuchung in der westlichen Bundesrepublik (Ms.), Hannover 1991, S. 10.
16 Vgl. stellvertretend Bärbel Clemens, Forschungsprojekt: Strukturwandel und neue soziale Milieus, in: Forschungsjournal Neue Soziale Bewegungen, H. 3 (1990), S. 27.

Schaubild 2: Der Raum der westdeutschen Sozialmilieus in den 1980er Jahren

Kapitalvolumen +

traditionelle ökonomische Eliten

traditionelle intellektuelle Eliten

neue technokratische Eliten

»alternative« Eliten

kulturelles Kapital +   Bildungsaufsteiger   **ökonom. Kapital +**
Modernisierung   *Traditionalismus*
ökonom. Kapital -   **kulturelles Kapital -**

kleinbürgerliche Mittelschicht

neue Mittelschichtmilieus

traditionelles Arbeitermilieu
neue Unterschichtmilieus

Kapitalvolumen -

Von beträchtlichem Forschungsinteresse ist nun, wie diese offensichtliche Modernisierung der sozialen Topographie Westdeutschlands vonstatten geht und welche sozialen Parameter dabei verändert werden. Die Vermutung, daß die 1950er Jahre hier wichtige Aufschlüsse geben, ist nicht von der Hand zu weisen. Andererseits macht gerade die exklusive Erfahrung der Entwicklung der westdeutschen Bundesrepublik den Vergleich mit der Parallelentwicklung der DDR-Gesellschaft notwendig. Hier zeigt sich nämlich zum Zeitpunkt der Vereinigung ein durchaus abweichender Befund[17]: Traditionelle Milieus, und namentlich das sogenannte *Traditionsverwurzelte Arbeiter- und Bauernmilieu*, erweisen sich als erstaunlich modernisierungsresistent[18]. Hat auch diese markante Abweichung Ursachen, die in die Frühzeit der DDR zurückreichen?

Tatsächlich läßt sich ja Bourdieus Konstrukt des sozialen Raums nur sehr bedingt auf die DDR-Gesellschaft anwenden. Zumindest offiziell – aber in wesentlichen Bereichen des Alltagslebens auch tatsächlich – war, wie übrigens Bourdieu selbst feststellt[19], der Stellenwert des ökonomischen Kapitals, d.h. des Privateigentums, äußerst gering. Das bedeutete indessen keineswegs, daß nun eine gleichsam rein *meritokratische* Gesellschaft entstand, die ihre Positionen nach dem Besitz von Bildungs- und Qualifikationstiteln, also nach mühsam erworbenen »Aktien« an kulturellem Kapital, zuteilte. Die eigentlichen Differenzierungen, sozusagen die »feinen Unterschiede« nominalsozialistischer Gesellschaften, wurden durch eine Kapitalart entschieden, die zwar auch in kapitalistischen Gesellschaften vorkommt, deren strukturierende Funktion dort freilich wesentlich ein-

---

17 Auch hier beziehen wir uns wesentlich auf die Ergebnisse von SINUS (stellvertretend Ulrich Becker, Horst Becker und Walter Ruhland, Zwischen Angst und Aufbruch. Das Lebensgefühl der Deutschen in Ost und West nach der Wiedervereinigung, Düsseldorf et al. 1992) und der Hannoveraner Sozialstrukturstudie (vgl. Vester u.a., Soziale Milieus, a.a.O., bes. S. 61ff; Michael Vester, Michael Hoffmann und Irene Zierke (Hrsg.), Soziale Milieus in Ostdeutschland. Gesellschaftliche Strukturen zwischen Zerfall und Neubildung, Köln 1995). Unverzichtbar ist allerdings der kritische Hinweis, daß die Ergebnisse offensichtlich auf einer Analogiebildung der lebensweltlichen Milieus Ost nach dem Muster der Westmilieus beruhen. Dabei entstehen möglicherweise gewisse »Unschärfen«.

18 Vgl. Vester, Hoffmann und Zierke (Hrsg.), Ostdeutschland, a.a.O., S. 15. Tatsächlich ist dieses Milieu zum Zeitpunkte der »Wende« das größte Teilmilieu der DDR-Gesellschaft und umfaßt 27 Prozent der Bevölkerung. Das traditionelle Arbeitermilieu in Westdeutschland ist zum selben Zeitpunkt auf fünf Prozent der Bevölkerung geschrumpft (vgl. ebenda). Es erscheint unplausibel, hier auf ein schlichtes »Modernisierungslag« hinzuweisen. Die DDR-Gesellschaft hatte durchaus ihr eigenes Modernisierungsprofil entwickelt (über dessen ökonomische Funktionalität freilich zu diskutieren wäre), das bei der Vereinigung einer »über das wirtschaftlich und ökologisch Notwendige hinaus« durchgesetzten Deindustrialisierung zum Opfer fiel (Vester u.a., Soziale Milieus, a.a.O., S. 65). Die Beurteilung der Ostentwicklung sollte also nicht unreflektiert unter West-Kriterien erfolgen.

19 Vgl. Pierre Bourdieu, Politisches Kapital als Differenzierungsprinzip im Staatssozialismus, in: Ders., Die Intellektuellen und die Macht, hrsg. von Irene Dölling, Hamburg 1991.

geschränkter ist: jene »Unterart des sozialen Kapitals«, wie Bourdieu formuliert, »die man politisches Kapital nennen kann«[20].

Wir haben an anderer Stelle[21] ausführlich begründet, daß für staatssozialistische Gesellschaften sogar das Konzept des sozialen Raums selbst revidiert werden muß und es Sinn macht, von einem »sozialen Raum 'zweiter Ordnung'« zu sprechen[22]. Und für dieses in seiner Entwicklungsdynamik zweifellos eingeschränkte soziale Feld galten im historischen Prozeß der entstehenden DDR neue Bedingungen: Mit dem Austausch der wichtigsten Kapitalsorten (*ökonomisch* vs. *politisch*) nach 1945 fand gleichzeitig eine drastische Umwertung sozialer Positionen statt. Der soziale Raum wurde zwar nicht auf den Kopf gestellt, doch er »kippte« gleichsam nach links. Die »Arbeiterklasse« wurde sozial aufgewertet und erhielt Zugang zur wichtigsten Kapitalart, dem politischen Kapital. Die alten bürgerlichen Schichten wurden abgewertet und von den entscheidenden Zugängen zur politischen Macht abgeschnitten. Freilich, sie verloren das überkommene kulturelle Kapital so wenig, wie die Aufsteiger aus der Arbeiterklasse es sich problemlos aneignen konnten. Im Grunde machte die symbolische Aufwertung der arbeitenden Bevölkerung und eine Reihe von Privilegien auf betrieblicher Ebene den Zugang zum kulturellen Kapital sogar »überflüssig«. Möglicherweise ist diese Tatsache ein entscheidender Indikator für die mit westlichen Verhältnissen kaum vergleichbare Persistenz des DDR-Arbeitermilieus.[23] In jedem Fall zeigt diese neue Organisation des sozialen Raums deutlicher, was wir *systemische Konfiguration* genannt haben: eine neue Dynamik und Beziehung von Teilelementen – wenn man so will, eine neue »Semantik« des Sozialen.

Die entscheidende Forschungsfrage zur Erklärung der offensichtlichen Abweichung der Milieutopologie und ihrer Entwicklung in den beiden deutschen Gesellschaften lautet also: *Lassen sich im Vergleich der beiden Arbeitermilieus bereits während der 1950er Jahre deutli-*

---

20 Ebenda, S. 37.
21 Vgl. Alheit, Zivile Kultur, a.a.O., S. 247ff; auch Ders., Le »syndrome allemand«. Problèmes structurels de la »réunification culturelle«, in: Revue Suisse de Sociologie, Vol. 19 (1993), 365-387.
22 Vgl. bereits Alheit u.a., Antrag, a.a.O., S. 12.
23 Vgl. dazu noch einmal Vester u.a.., Soziale Milieus, a.a.O.; und Vester, Hoffmann, Zierke (Hrsg.), a.a.O.

che Unterschiede der gesellschaftlichen Rahmenbedingungen identifizieren? Diese Frage bezieht sich ausdrücklich nicht allein auf milieutypische Merkmale, sondern auch darauf, wie diese Merkmale in den unterschiedlichen gesellschaftlichen Klassifikationsschemata gewichtet werden. Denn diese Schemata sind subtile Ausdrucksformen von Machtbeziehungen und Einflußmechanismen. Freilich, Milieus sind nicht ausschließlich »Verortungen« im Netz von Macht- und Einflußstrukturen; sie sind auch Lebenswelten, alltägliche Erfahrungsräume konkreter Individuen.

2. Milieu als »konjunktiver Erfahrungsraum«

Karl Mannheim hat in seinen frühen kultursoziologischen Studien, die erst sechs Jahrzehnte nach ihrer Niederschrift posthum veröffentlicht wurden[24], eine zweifellos eigenwillige, für unseren Zweck aber recht brauchbare Beschreibung der sozialen Wissensform gegeben, die lebensweltliche Orientierungsstrukturen gerade in Arbeitermilieus kennzeichnen: Im Anschluß an Victor von Weizsäcker spricht er von »konjunktiver Erfahrung«[25]. *Konjunktiv* wird als Kontrastbegriff zu »objektiv«, »begrifflich abstrakt« eingeführt und bezeichnet eine Sichtweise der Dinge, die von dem Erfahrungsraum, in dem sie ihre Bedeutung erlangen, eine spezifische »Perspektivität« erhält[26]. Gerade in diesem intuitiven Bezug auf einen immer schon verfügbaren, weil bekannten und mit anderen geteilten Kontext liegt nach Mannheim der tiefste Ursprung aller sozialen Erfahrung[27]. Interessant ist, daß auch für Mannheim die *Erzählung* - als »die auf ei-

---

24 Karl Mannheim, Strukturen des Denkens, hg. von David Kettler, Volker Meja und Nico Stehr, Frankfurt am Main 1980 (vgl. hier bes. die Einleitung der Herausgeber, a.a.O., S. 9-31).
25 Vgl. ebenda., bes. S. 211ff.
26 Vgl. ebenda., S. 212, 214, 223.
27 Vgl. ebenda., S. 230f. Die Aktualisierung dieses Konzepts ist vor allem Ralf Bohnsack (Generation, Milieu und Geschlecht. Ergebnisse aus Gruppendiskussionen mit Jugendlichen, Opladen 1989) zu danken, einen wichtigen Beitrag leistet auch die soziologische Dissertation von Peter Loos (Zwischen pragmatischer und moralischer Ordnung. Der männliche Blick auf das Geschlechterverhältnis im Milieuvergleich, Diss.phil. Universität Bremen 1996).

nen bestimmten Erlebnisraum bezogene Darstellung eines Zusammenhangs«[28] - eine entscheidende Rolle spielt. Sozial relevante Tatsachen werden »überindividuell und überpsychisch« gerade durch die Erzählung präsentierbar, allerdings überindividuell »nur gegenüber den wirklich vorhandenen Mitgliedern einer Gruppe«[29].
Der durch Arbeit - oder klassisch: durch »die Fabrik« - perspektivisch geprägte konjunktive Erfahrungsraum traditioneller Arbeitermilieus kann über diesen konzeptionellen Zugang ungewöhnlich plastisch als »Innenraum« sichtbar gemacht werden, in dem vor allem die aktiven Teilnehmer an jener *konjunktiven Erfahrung* ihre soziale Identität ausbilden. Gleichzeitig wird die Intensität der Teilhabe an kollektiv relevanten Erfahrungen und Erlebnissen zu einer Art Differenzierungskriterium dieses Innenraums. D.h. wir können uns diesen Erfahrungsraum seinerseits (wie den Bourdieuschen Sozialraum) als eine Struktur von Beziehungen vorstellen, die bestimmte Positionierungen erzeugt. Aus pragmatischen Gründen - und mit Rücksicht auf die qualitative Datenbasis - bietet sich eine heuristische Kontrastierung von *sozialem* und *kulturellem Kapital* an, wobei soziales Kapital für das Maß an Vernetzung im Milieu und kulturelles Kapital im wesentlichen für Bildungs- (bzw. Qualifikations-) Kapital steht. Die sensible Mischung dieser beiden Kapitalsorten macht nicht allein unterschiedliche Plazierungen im Raum des speziellen Milieus, sondern auch mögliche Entwicklungen deutlich. So sind beispielsweise die westdeutschen Funktionärseliten in der Regel sozial gut vernetzt, jedoch nehmen die face-to-face-Kontakte, die diese Vernetzungen »pflegen«, im Modernisierungsproleß der 1950er Jahre systematisch ab. Gleichzeitig erhöhen sich, z.B. durch gewerkschaftliche Schulungen, die Anteile an kulturellem (und »politischem«) Kapital beträchtlich. Es findet also eine Bewegung von rechts nach links im oberen Milieuraum statt. Bezieht man hier die Bildungsambitionen für die Folgegeneration, die in den biogra-

---

28 Ebd., S. 231.
29 Ebd. Die *Raummetapher* macht den Bezug auf Mannheims Konzept für unseren Zusammenhang besonders interessant. Selbstverständlich relativiert dieser Bezug nicht die Bedeutung des Lebensweltbegriffs, den wir ja auch in dieser Studie schon mehrfach verwendet haben. Auch Mannheims frühe kultursoziologische Studien sind deutlich von Husserl und auch von Heidegger beeinflußt und explizit phänomenologisch orientiert.

phischen Erzählungen dieser Gruppe eine wichtige Rolle spielen, mit ein, wird der Beginn einer Dynamik erkennbar, die auf tiefere soziale Wandlungsprozesse deutet. Auch im ostdeutschen Milieuraum zeigen sich ähnliche Polarisierungen, die allerdings nicht zu vergleichbaren Wandlungsprozessen des Gesamtmilieus führen.[30]

Interessant ist auch in diesem Zusammenhang die Frage, ob das Beziehungsgeflecht innerhalb des jeweiligen »konjunktiven Erfahrungsraums«, das sich in den hypothetischen Positionierungen ausdrückt, während der 1950er Jahre stabil bleibt, oder ob sich Veränderungen andeuten. Im intergenerationalen Prozeß - dies belegen eine Reihe von Interviews - sind vorsichtige Bildungsaufstiege die Regel.[31] Ob freilich der nächsthöhere Schulabschluß in der Folgegeneration tatsächlich als »Modernisierung« des Milieus interpretiert werden kann, steht durchaus in Frage.[32] Relevant ist auch ein Vergleich der Dynamiken in den Milieu-»Innenräumen« West und Ost.

Schaubild 3: Der hypothetische soziale Raum deutscher Nachkriegsarbeitermilieus

Kapitalvolumen +

neue Qualifikationsmilieus

»Kernmilieus«

kulturelles Kapital + 　　　　　　　　　　　　　　**ökonom. Kapital +**
Modernisierung 　　　　　　　　　　　　　　　　　*Traditionalismus*
ökonom. Kapital - 　　　　　　　　　　　　　　**kulturelles Kapital -**

Randmilieus

subproletarische Milieus

Kapitalvolumen -

---

30 Vgl. dazu ausführlich die auf Rostock bezogenen Analysen des folgenden zweiten und dritten Teils unserer Studie.
31 Auf diese Frage werden wir bei der Interviewauswertung im dritten Teil dieser Studie ausführlich eingehen.
32 Vgl. dazu die im Rahmen unseres Forschungsprojekts entstandene wichtige Diplomarbeit von Jutta Friemann-Wille und Elke Dierßen (Die Bedeutung von Bildung für den Wandel von Arbeitermilieus. Eine empirische Arbeit, Universität Bremen 1997), die zu einem skeptischen Ergebnis kommt.

3. Milieu und »Modernisierung«

Angesichts der entfalteten Mehrdimensionalität des Milieukonzepts sind wir eher skeptisch, ob sich die gerade in der jüngeren sozialgeschichtlichen Forschung durchsetzenden Modernisierungsdiagnosen für das erste Nachkriegsjahrzehnt in Deutschland so problemlos auf unseren Forschungsgegenstand übertragen lassen. Nachdem die Sozialgeschichte des westlichen Nachkriegsdeutschland in der Forschung lange als Restaurationsprozeß interpretiert worden ist, haben ja in der Tat seit Beginn des letzten Jahrzehnts die 1950er Jahre sozusagen »Karriere« gemacht und werden zunehmend als »Epoche aufregender Modernisierung« gedeutet[33] - wenngleich »unter konservativen Auspizien«[34]. Dabei ist aber die Frage nach dem »Verhältnis von 'Rekonstruktion' und 'Modernisierung' im 'Wiederaufbau'-Prozeß« der westdeutschen Gesellschaft noch klärungsbedürftig[35]. Vollends unterbelichtet ist eine vergleichsweise sorgfältige sozialgeschichtliche Erforschung dieses Zeitraums für die *ostdeutsche* Gesellschaft.

Zweifellos hat sich »nach 1950 [...] wirtschaftlich und gesellschaftlich gleichzeitig vieles so schnell verändert wie in keiner Periode der neueren deutschen Geschichte«[36], ganz besonders für die unteren Sozialschichten. Es gibt in der Forschung auch nur sehr geringen Dissens über die Tatsache, daß die westdeutsche »Arbeiterbewegung« weitgehend als integriertes Phänomen betrachtet werden kann.[37] Der diesem Integrationsprozeß zugrundeliegende Wandel

---

33 Hans-Peter Schwarz, Die Ära Adenauer. Gründerjahre der Republik 1949-1957 (Geschichte der Bundesrepublik Deutschland, Bd. 2), Stuttgart und Wiesbaden 1981, S. 382.
34 Christoph Kleßmann, Die doppelte Staatsgründung. Deutsche Geschichte 1945-1955, Göttingen 1986, S. 485.
35 Axel Schildt und Arnold Sywottek, »Wiederaufbau« und »Modernisierung«. Zur westdeutschen Gesellschaftsgeschichte in den fünfziger Jahren, in: Aus Politik und Zeitgeschichte - Beilage zur Wochenzeitung *Das Parlament*, B 6-7 (1989), S. 20.
36 Josef Mooser, Arbeiterleben in Deutschland 1900-1970. Klassenlagen, Kultur und Politik, Frankfurt am Main 1984, S. 228.
37 Mit unterschiedlichen Pointierungen vgl. Frank Deppe, Autonomie und Integration. Materialien zur Gewerkschaftsanalyse, Marburg 1979, oder Klaus Tenfelde, Vom Ende und Erbe der Arbeiterkultur, in: Susanne Miller und Malte Ristau (Hrsg.), Gesellschaftlicher Wandel - Soziale Demokratie - 125 Jahre SPD, Köln 1988.

der sozialen Lage, der Milieus, des Alltagslebens und des Bewußtseins ist allerdings erst teilweise untersucht worden; und bei genauerer analytischer Betrachtung stellen wir fest, daß eine bloße Veränderung von Merkmalen - wie wir zu zeigen versuchten - noch keine theoretische Durchdringung des unbestreitbaren sozialen Wandels bedeutet. Auch wenn die These zutrifft, daß bei weiter voranschreitender »sozialer Homogenisierung der Arbeiterschaft bis in die 1960er Jahre« das Arbeiterleben durch die »Anhebung des Lebensstandards und (den) Ausbau der sozialpolitischen Sicherungen gegen Konjunktur- und Marktrisiken« seine »alte arbeiterspezifische Proletarität« verliert[38], so ist damit noch nicht bewiesen, daß »die tatsächlichen Veränderungen des Arbeiterlebens ... gleichsam das Gesicht der Klasse so veränderten, daß tradtionelle Sinngehalte der Klassenzugehörigkeit erodierten«[39]. Die prominente These Josef Moosers, daß bei Fortexistenz und Verallgemeinerung der unselbständigen Lohnarbeit eine »Entproletarisierung auf kapitalistischer Grundlage« stattfand, die durch einen »Kontinuitätsbruch in den 1960er Jahren« bewirkt wurde, den die in den 1950er Jahren erfolgte Auflösung der »sozialmoralischen Milieus« der Arbeiterklasse hervorgerufen habe[40], erscheint zweifellos nicht unplausibel, bedarf freilich der empirischen Überprüfung.

Unbestreitbar ist die unmittelbare Nachkriegsphase - pointiert gesagt - eine Art »Achsenzeit« sozialen Wandels. Sowohl in kapitalistischen wie in staatssozialistischen Gesellschaften wird gleichsam die *Konfiguration* der Klassenverhältnisse modernisiert. Das heißt zunächst keineswegs, daß sich Klassenlagen dramatisch verändern. Es bedeutet, daß die Art, wie soziale Problemlagen, die aus der Klassenlage entstehen, thematisiert und bearbeitet werden, eine Wandlung erfährt. Sowohl in der DDR wie in der westlichen Bundesrepublik läßt sich dabei eine Verschiebung der Probleme, die in der Arbeitswelt ihre Ursache haben, von der Privatspäre in neu entstehende, zunehmend verrechtlichte »Öffentlichkeiten« beobachten. Die Politisierung der Betriebe und die Ausweitung ihrer Zuständigkeit für sozialsstaatliche Belange im Staatssozialismus sowie die »Verso-

---

38 Mooser, Arbeiterleben, a.a.O., S. 225, 227).
39 Ebenda, S. 227.
40 Ebenda.

zialstaatlichung des Klassenkonflikts« in westlichen Massendemokratien, die eine kontinuierlich thematisierbare Legitimationshypothek darstellt[41], verändern die Lebensweise der Arbeiterschaft nachhaltig. Dabei spielt womöglich der erst allmählich steigende Lebensstandard, auf den die Sozialgeschichtler so eminenten Wert legen[42], eine sekundäre Rolle. Wesentlicher sind vermutlich Veränderungen der klassentypischen Bargainingstrategien um eigene Interessen (Tarifkonflikte, Streiks etc.) und vor allem jene Verschiebung zuvor informeller und nichtöffentlicher Aktivitäten in gesellschaftlich geschaffene Öffentlichkeiten.

Auch wenn zu erwarten ist, daß diese - hier zunächst relativ abstrakt beschriebene - Modernisierung der Sozialstruktur in den kapitalistischen Massendemokratien ganz andere Folgen hat als in staatssozialistischen Gesellschaften[43], erfüllt sie hervorragend die heuristische Funktion, den Wandel einer *Tradition in der Moderne*, die für sich ja ein Resultat der Moderne ist[44], methodisch kontrolliert zu untersuchen. Sie erlaubt die sorgfältige Prüfung, ob der lebensweltlich relevante Traditionsbestand, der zur sozialen und symbolischen Reproduktion besonders von Arbeitermilieus notwendig war, während der 1950er Jahre in Deutschland auszutrocknen beginnt. Und für diese Analyse eignet sich zweifellos ein Forschungsdesign, das systematisch Dimensionen des Öffentlichen (Politik, Betrieb, Bewegungen) und - kontrastiv - die Ebene des Privaten (biographische Erfahrungen) zum Forschungsgegenstand macht und darüber hinaus einen Vergleich der Lebens- und Arbeitssituation in der DDR und in der westdeutschen Bundesrepublik beabsichtigt. Die folgenden Teile dieser Studie werden den Versuch machen, beide Dimensionen eingehend zu analysieren.

---

41 Vgl. etwa Habermas, Theorie, a.a.O., Bd. 2, S. 510.
42 Vgl. noch einmal stellvertretend Mooser, Arbeiterleben, a.a.O. Für die soziologische Diskussion ist Ulrich Becks Aufsatz »Jenseits von Stand und Klasse?« (Soziale Ungleichheit, gesellschaftliche Individualisierungsprozesse und die Entstehung neuer sozialer Formationen und Identitäten, in: Reinhard Kreckel [Hrsg.], Soziale Ungleichheiten (Sonderband 2 der Sozialen Welt), Göttingen 1983, S. 35-74) von entscheidendem Einfluß gewesen.
43 Und für deren jeweils beträchtliche Differenzierung untereinander selbstverständlich ganz ebenso.
44 Vgl. Alheit, Zivile Kultur, a.a.O., S. 169f.

Teil II

Das Arbeitermilieu als sozialer Ort: Sozialgeschichtliche Rekonstruktionen zweier Werftarbeitermilieus in West- und Ostdeutschland

Kapitel 4

Quellenlage und sozialgeschichtliche Methoden

Für die sozialgeschichtliche Rekonstruktion der Milieus der Werftarbeiter in Bremen und Rostock war die Quellenlage in beiden Städten sehr unterschiedlich. Während für Rostock ein umfangreiches und systematisch geführtes Betriebsarchiv der Neptun-Werft zur Auswertung zur Verfügung stand, war das in Bremen nicht möglich, weil bei der Schließung der AG »Weser« 1984 der größte Teil der Unterlagen vernichtet worden war. Bedingt durch die wirtschaftlenkende Rolle des Staates und durch die zentrale Stellung der SED in der DDR sind auch in staatlichen Archiven und den regionalen SED-Parteiarchiven, die heute in den mecklenburg-vorpommerischen Landesarchiven zugänglich sind, große Mengen von Unterlagen über die Neptun-Werft und ihre Belegschaft überliefert worden. Entsprechende Bestände für die AG »Weser« gibt es natürlich in westdeutschen staatlichen Archiven nicht. Dieser Mangel konnte nur zum Teil durch die Nutzung veröffentlichter Firmenunterlagen der AGW (Geschäftsberichte, Bilanzen, Chroniken) und durch die ungewöhnliche Möglichkeit der Auswertung von Personalunterlagen der Werft kompensiert werden. Stärker noch als in Rostock waren wir für Bremen daher auf die Verwendung der Interviews als *sozialgeschichtliche Quellen* angewiesen, auch für die Aspekte der betrieblichen Lebenswelt, die in Rostock hervorragend mit archivalischen Quellen rekonstruierbar waren. Andererseits konnte in Bremen auf ausgezeichnete statistische Quellen zurückgegriffen werden, die es weder in dieser Form noch in dieser Validität für Rostock in den 1950er Jahren gibt. Auch ermöglichte die westliche Pressevielfalt eine sinnvolle Auswertung dieser Quellengattung, da zeitgenössische Presseorgane unterschiedlicher politischer und sozialer Tendenz zur Verfügung standen. Ferner konnten die für Westdeutschland in größerem und thematisch breiterem Umfang vorhandenen zeitgenössischen Untersuchungen genutzt werden, um die außerbetriebliche Lebenswelt der Werftarbeiter und ihrer Familien zu erforschen.

Durch diese recht heterogenen Quellenlagen waren Unterschiede in der Schwerpunktsetzung der Untersuchung in Rostock und Bremen nicht zu vermeiden. Zu manchen Aspekten unserer Fragestellungen gab es in den Archiven in Rostock, Greifswald und Schwerin geradezu überreich fließende Quellen - dies gilt beispielsweise für die Arbeitsbeziehungen auf der Neptun-Werft - während in Bremen die notwendigen Informationen dazu an sehr verstreuten Orten und lückenhaft zusammengetragen werden mußten. Umgekehrt gibt es Bereiche, wo in Bremen eine systematische Auswertung der differenzierten statistischen Unterlagen und der gewerkschaftlichen Archive relativ leicht Fragen klären konnte - wie etwa zu den Einkommensverhältnissen -, die in Rostock aufgrund der Materiallage kaum umfassend zu beantworten sind.

An diesem letztgenannten Beipiel - Einkommen und Preise - zeigt sich auch, daß der Systemunterschied, der sich ja schon bei der Überlieferung der Quellen gravierend bemerkbar macht, auch in anderer Hinsicht für die teilweise unterschiedliche Schwerpunktsetzung in den beiden Forschungsfeldern verantwortlich ist: Bestimmte Probleme hatten in beiden Systemen einen völlig unterschiedlichen Stellenwert. Während im Westen die Höhe der Löhne im Zusammenhang mit der Preisentwicklung ständig Gegenstand zum Teil heftiger sozialer Auseinandersetzungen waren, spielten sie im Rahmen der Planwirtschaft der DDR angesichts der Versorgungslage eine nicht so zentrale Rolle. Daher hat dieser Aspekt der Lebensbedingungen für das westdeutsche Arbeitermilieu eine andere Bedeutung und mußte entsprechend in der Darstellung auch breiter berücksichtigt werden. Auf der anderen Seite war - um ein weiteres Beispiel zu nennen - die umfangreiche betriebliche und außerbetriebliche Weiterbildung in Rostock für den Lebensweg vieler Arbeiter prägend, während sie bei den AG »Weser«-Arbeitern in den 1950er Jahren praktisch nicht stattgefunden hat. Eine weitere Aufzählung solcher systembedingter Divergenzen erübrigt sich an dieser Stelle, da sie natürlich Gegenstand des späteren Vergleichs der beiden Milieus sind, doch mögen bereits diese Hinweise dazu dienen, die teilweise bestehenden Unterschiede bei der Rekonstruktion der Lebenswelten in Ost und West - was thematische Schwerpunktsetzung und Dichte der Darstellung angeht - zu erklären. Es war allerdings trotz dieser durch die Quellenüberlieferung und die Systemdivergenz bewirkte unterschiedliche Gewichtung möglich, im Sinne unseres komparativen Ansatzes sinnvolle Vergleichsfelder zu erforschen.

1. Die Quellenlage in Bremen

Für die Bearbeitung der Lebens- und Arbeitsverhältnisse der Belegschaft der AG »Weser« standen uns - wie bereits erwähnt - leider kaum archivalische Überlieferungen der Werft selbst zur Verfügung. Die Entwicklung der Belegschaftsgröße und die alters-, qualifikations- und berufsmäßige Zusammensetzung der Werftbelegschaft konnten mit Quellen aus dem *Werksarchiv der Fa. Krupp* in Essen weitgehend ermittelt werden. Allerdings war die Quellenlage im Krupp-Archiv für unsere Fragestellungen äußerst unbefriedigend. Bei Schließung der Werft 1983/84 wurden hauptsächlich Konstruktionsunterlagen der dort gebauten Schiffe und - in geringem Umfang - betriebs- und vermögenswirtschaftliche Akten in das Werksarchiv übernommen. Unterlagen über die Belegschaft finden sich dort nur vereinzelt und selbst Belegschaftslisten sind dort nicht erhalten. Die Auswertung der Geschäftsberichte und einiger Gutachten aus den 1950er Jahren und anderer kleinerer Bestände konnte uns allerdings wichtige Aufschlüsse geben. Auch zur betrieblichen Sozialpolitik - insbesondere zum werkseigenen Wohnungsbau - fanden sich dort Quellen. Schließlich war auch die Nutzung werfteigener Publikationen (Festschriften, Chroniken, Bildsammlungen), die sich teils im Krupp-Archiv und teils im Bestand des *Bremer Landesmuseums für Kunst- und Kulturgeschichte - Focke-Museum -* befinden, nützlich für die Erforschung der Geschichte des Schiffbauunternehmens und der Arbeitsbedingungen und der sozialen Verhältnisse auf der Werft.

Glücklicherweise waren wir in der Lage, die Personalunterlagen der AG »Weser«, die wir bei der *SchichauSeebeck-Werft in Bremerhaven* fanden, einzusehen und teilweise auszuwerten. Diese Personalunterlagen - Belegschaftslisten und Personalakten der auf der AGW bis mindestens 1974 beschäftigten Lohnempfänger, bzw. bis mindestens 1973 beschäftigten Angestellten - sind nach Schließung der Bremer

AGW in die ebenfalls zum Krupp-Konzern gehörende Bremerhavener Seebeck-Werft verbracht worden, wo sie auch nach der Fusion mit der Schichau-Werft und dem Zusammenschluß mit dem Bremer Vulkan-Verbund weiterhin lagerten, da SchichauSeebeck für die Betriebsrenten der ehemaligen AGW verantwortlich ist. Wir gewannen Massendaten über die Belegschaft, indem wir aus den insgesamt listenmäßig erfaßten 7.786 Beschäftigten (5.888 Arbeiter und 1.898 Angestellte), die bis mindestens 1974, bzw. 1973 auf der AGW beschäftigt waren, diejenigen 1.030 Beschäftigten (595 Lohnempfänger und 435 Angestellte) feststellten, die bereits in den 1950er Jahren auf der Werft gearbeitet haben. Von diesen haben wir randomisiert 466 Beschäftigte (279 Arbeiter und 187 Angestellte), also ca. 45 Prozent ausgewählt, deren Basisdaten (Beschäftigungsdauer, Alter, Wohnort) wir erhoben haben. Bei 100 von ihnen konnten wir genauere Angaben durch Einsicht in ihre Personalakten gewinnen. Durch einen Abgleich mit den Listen der betrieblichen Altersversorgung konnte auch der heutige Wohnort der in den 1950er Jahren Beschäftigten, bzw. ihrer Witwen, festgestellt werden. Die EDV-gestützte Auswertung dieser anonymisierten Massendaten gab uns Aufschluß über die regionale Herkunft, die Ausbildung und den beruflichen Werdegang, die Dauer der Beschäftigung auf der Werft und die Zeiten der Arbeitslosigkeit, über den Familienstand sowie über das Wohnverhalten und die räumliche Mobilität der Werftbeschäftigten.

Für die Erforschung der materiellen Lebensbedingungen der Werftarbeiter und ihrer Familien bildeten die Materialien des *Statistischen Landesamtes Bremen* eine außerordentliche wichtige und fruchtbare Quellengruppe, die das weitgehende Fehlen betrieblicher Überlieferungen teilweise kompensieren konnte. Die zeitgenössischen periodischen Untersuchungen (»Statistische Monatsberichte«, »Statistische Mitteilungen«, »Statistische Berichte«) und die zwei im Untersuchungszeitraum durchgeführten Lohnstrukturerhebungen erlaubten eine sehr detaillierte Darstellung der Lohnentwicklung und der realen Arbeitszeiten, der Lohnstruktur und der Einkommensentwicklung der verschiedenen Qualifikationsgruppen, sowie den aufschlußreichen Vergleich mit den diesbezüglichen Verhältnissen in anderen Industriebranchen. Sie ermöglichten sogar die Berechnung der Netto-Löhne und der Reallohnentwicklung, da auch die lokale

Preisentwicklung in der gleichen Weise detailliert erfaßt worden ist. Ausführliche Berichte des Statistischen Landesamtes über die wirtschaftliche und soziale Entwicklung des Landes Bremen behandeln auch den Schiffbau und gaben wichtige Hinweise auf die Situation der Werftarbeiter. Auch für den außerbetrieblichen Bereich waren die zeitgenössischen statistischen Erhebungen und Analysen wertvoll. Sie gaben uns wichtige Daten über die Wohnverhältnisse und die Situation von Familien und Jugendlichen, über die Freizeitgestaltung, sowie über das Konsum- und Bildungsverhalten. Zwar liegen die diesbezüglichen Daten nicht schichtspezifisch für die Werftarbeiter vor, doch gibt es stadtteilbezogene Statistiken, so daß wir die für die Arbeiterstadtteile im Bremer Westen vorliegenden Daten mit einiger Vorsicht in unserer Untersuchung berücksichtigen konnten.

Im *Staatsarchiv Bremen* befinden sich zwar Akten zu den wirtschaftlichen und wirtschaftspolitischen Entwicklungen im Zusammenhang mit der AG »Weser«, teilweise auch Unterlagen zu politischen Vorgängen dort - wie etwa zum Streik von 1953 -, aber es gibt kaum Archivalien in zugänglicher Form, die für unsere Fragestellung nach der Milieuentwicklung relevant sind. Die diesbezüglich möglicherweise aussagekräftigen Bestände des Bremer Sozialamtes waren zur Zeit unseres Forschungsprojektes noch nicht archivmäßig erfaßt. Akten der Gewerbeaufsicht, die Hinweise auf die Arbeitsbedingungen auf der Werft geben, erwiesen sich als weniger wichtig als ursprünglich angenommen.

Die gewerkschaftlichen und politischen Aktivitäten der AG »Weser«-Belegschaft konnten teilweise durch die systematische *Zeitungsauswertung*, sowohl der Tagespresse (»Bremer Nachrichten«) als auch der Parteipresse (»Bremer Volkszeitung« - SPD, »Tribüne der Demokratie« - KPD) erforscht werden. Ferner wurden zu diesem Thema *Unterlagen der SPD-Betriebsgruppen* ausgewertet, die bereits in einem früheren Forschungsvorhaben im Archiv der sozialen Demokratie der Friedrich-Ebert-Stiftung in Bonn eingesehen worden waren, wobei sich leider nur wenige Materialien auf die AG »Weser« beziehen.

Von einiger Bedeutung war für diesen Themenbereich das Auffinden des Aktenbestandes der *Bremer KPD*, der 1956 nach Ostberlin verbracht worden und lange für die Forschung nicht zugänglich war.

In Berlin wurden die Bremer Akten 1956 vom Parteiarchiv der SED übernommen, wo ein umfangreicher Bestand »KPD-Westzonen/BRD« angelegt wurde. Dieser Bestand aus dem »Institut für Marxismus-Leninismus beim ZK der SED (IML)« in den offenkundig sowohl die in die DDR verbrachten westdeutschen KPD-Akten eingeordnet worden sind, als auch Schriftgut, das schon über die West-KPD bei der SED vorhanden war, lag bei Projektbeginn beim Parteivorstand der PDS, und dort konnten die Bremen betreffenden Archivalien von uns eingesehen und in erheblichem Umfang auch photokopiert werden.[1] Da die AG »Weser« einen Schwerpunkt der politischen Arbeit der KPD ausmachte, dort eine starke Betriebsgruppe arbeitete und Kommunisten bis 1956 im Betriebsrat vertreten waren (zeitweilig sogar dessen Mehrheit bildeten), finden sich in nahezu allen Bereichen dieses umfangreichen Bestandes, der auch Materialien der Betriebsgruppen, einschließlich wichtiger Betriebszeitungen (u.a. das «Werft-Echo« 1951-56) und Flugblattsammlungen (z.B. zum Werftarbeiterstreik von 1953) enthält, Hinweise auf die soziale Lage, auf Arbeitskonflikte und politische Vorgänge auf der Werft. Für manche dieser Aspekte stellt dieser Bestand die einzige Quelle dar, da sie zum Teil in der Presse und in sozialdemokratischen oder gewerkschaftlichen Unterlagen überhaupt nicht oder nicht so detailliert behandelt werden. Obgleich die Aussagekraft dieser Quellen, die zum großen Teil nur für den internen Gebrauch der KPD in Bremen, bzw. für den des Parteivorstandes in Düsseldorf und des ZK der SED in Berlin entstanden sind, sicherlich höher einzuschätzen ist, als es die öffentlichen, für die Propaganda bestimmten Äußerungen der KPD sind, bedurften sie dennoch einer vorsichtigen Auswertung, da auch das parteiinterne Material Übertreibungen und Fehleinschätzungen aufweist - oftmals in der erkennbaren Absicht, den eigenen

---

1 Nach dem Zusammenbruch der DDR und der deutschen Einigung ist das umfangreiche Archiv des IML in die »Stiftung Parteien und Massenorganisationen der DDR im Bundesarchiv« (Sapmo) in Berlin überführt worden, wo es nun zusammen mit dem Archivgut der FDJ, des FDGB und anderer Organisationen verwahrt wird und für die Forschung zugänglich ist. Lediglich der Bestand »KPD Westzonen/BRD« gelangte infolge eines Streites um die Besitzrechte zunächst nicht in diese Stiftung. Bis zur Klärung dieses Streites lagen die Materialien daher beim Parteivorstand der PDS in Berlin. Inzwischen ist auch die Mehrheit dieses Bestandes in die Sapmo eingegeliedert worden.

Einfluß oder die klassenkämpferischen Aktivitäten der Belegschaft größer erscheinen zu lassen als sie in Wirklichkeit waren. Die politischen und gewerkschaftlichen Aktivitäten und die zahlreichen kleineren Arbeitskonflikte sowie der große Werftarbeiterstreik von 1953 konnten so weitgehend mit Hilfe der Zeitungsauswertung, der Materialien der SPD-Betriebsgruppen und des KPD-Bestandes, sowie unter Hinzuziehung der Materialien des *Zentralarchivs der IG Metall in Frankfurt am Main* aufgearbeitet werden. In den im IG Metall-Zentralarchiv lagernden Beständen der Bezirksleitung Hamburg, der Ortsverwaltung Bremen[2], der Werftarbeiterkonferenzen der IGM und in einigen kleineren Bestandsgruppen konnten darüberhinaus umfangreiche Informationen zu Lohnentwicklung und Lohnsystemen, zu Beschäftigung und Arbeitslosigkeit, Arbeitsbedingungen und Arbeitssicherheit, sowie natürlich zu gewerkschaftlichen Aktivitäten und Organisationsstrukturen im Werftbereich und speziell zur AG »Weser« erhoben werden.

Der Untersuchung der milieuspezifischen Lebensverhältnisse diente auch die systematische *Zeitungsauswertung*, die sich nicht allein auf die regionale Tagespresse bezog, sondern mit dem »Gröpelinger Wochenblatt« eine seit Anfang der 1950er Jahre erscheinende Stadtteilzeitung umfaßte, die besonders hinsichtlich der Veränderungen des Konsum- und Freizeitverhaltens wichtige Einsichten ermöglichte. Für die Untersuchung des Freizeitverhaltens der Werftarbeiterfamilien wurde die diesbezügliche Infrastruktur des Stadtteils Gröpelingen untersucht. Dabei war uns glücklicherweise das *Vereinsarchiv von* »Tura Gröpelingen« zugänglich, des traditionellen Arbeiter-Sportvereins dieses Stadtteils, der weit über die sportliche Betätigung hinaus ein zentraler Ort für die Freizeitgestaltung war. Für das Leseverhalten, das sowohl die Freizeitgestaltung als auch das Bildungsverhalten betrifft, konnte ein wichtiger Quellenbestand in der Zweigstelle Gröpelingen der *Stadtbibliothek* erschlossen werden, der für mehrere Jahre eine genaue soziale Aufschlüsselung über die Bibliotheksnutzer liefert.

---

2 In der Verwaltungsstelle Bremen und bei der Bezirksleitung der IGM Küste in Hamburg sind keine für unsere Fragestellung relevanten Bestände aufbewahrt worden.

Um das Bildungsverhalten näher zu untersuchen und dabei besonders die Frage zu klären, welche Schulabschlüsse die Kinder aus Werftarbeiterfamilien gemacht haben und inwieweit sich Schulkarrieren und Berufswahl in den 1950er Jahren in diesem Milieu verändert haben, konnten die Unterlagen der weiterführenden Schule ausgewertet werden, die im Einzugsbereich der Arbeiterwohnviertels Gröpelingen und Walle liegt. Diese Unterlagen und einzelne Materialien im Staatsarchiv Bremen und im Wissenschaftlichen Institut für Schulpraxis der Freien Hansestadt Bremen waren leider die einzigen archivalischen Quellen zu diesem Bereich, da im Staatsarchiv, in dem die Akten ausgewählter Schulen gesammelt werden, sich keine Unterlagen aus Gröpelinger Schulen befinden. Allerdings konnten zu diesem Themenkomplex Expertengespräche mit ehemaligen Lehrern und Schulleitern sowohl der erwähnten weiterführenden Schule als auch einer überwiegend von Werftarbeiterkindern besuchten Grundschule geführt werden.

Die Auswertung von *Expertengesprächen* war auch für andere thematische Bereiche fruchtbar. Zu Fragen der Arbeitsorganisation und der Arbeitsbedingungen auf der Werft konnten Expertengespräche mit ehemaligen Arbeitern, Meistern, Arbeitsvorbereitern und Ingenieuren der AGW wichtige Erkenntnisse liefern, die über die Informationen aus den lebensgeschichtlichen Interviews hinausgingen oder diese ergänzten. Solche Expertengespräche waren auch bei der Untersuchung der Wohnverhältnisse der AGW-Arbeiter und ihrer Familien nützlich. Durch Interviews mit ehemaligen Betriebsratsangehörigen und -Mitarbeitern der Gemeinnützigen Wohnungsbaugesellschaft GEWOBA konnte Näheres über den von der AGW geförderten Wohnungsbau und die Verteilung dieser Wohnungen an die Belegschaft eruiert werden.

Schließlich sei noch auf einen Quellenbestand hingewiesen, den wir im Laufe des Projektes aufbauen konnten, und der teilweise noch einer systematischen Auswertung harrt. Neben manchen schriftlichen Unterlagen - von Lohnabrechnungen bis zu Gewerkschaftsbüchern -, die uns unsere Interviewpartner überließen, erhielten wir von ihnen auch eine große Anzahl von Photographien, die sowohl die Arbeit auf der Werft als auch Freizeitbeschäftigungen der Werftarbeiter zeigen. Dieser *Photobestand* konnte durch die Kooperation mit dem Bremer Landesmuseum für Kunst und Kulturgeschichte, sowie mit einem gewerblichen Photostudio, das früher als Werksphotograph der AGW fungierte, erweitert werden. Er hat gerade durch den Umstand, daß sich in ihm nicht nur die üblichen Stapellaufbilder und technische Aufnahmen, sondern auch Photos von Menschen im Arbeitsprozeß, bei Pausen und Betriebsfeiern und von der Freizeit befinden, einen weit über das Illustrative hinausgehenden eigenständigen sozialhistorischen Quellenwert. Im Rahmen dieses Abschlußberichtes können wir ihn jedoch nicht angemessen auswerten.[3]

2. Die Quellenlage in Rostock

Es wäre vermessen und unrealistisch, in staatlichen oder auch betrieblichen Archiven geschlossene Bestände zu einer so modernen sozialhistorischen Fragestellung wie der nach Kontinuität und Wandel des Arbeitermilieus eines Großbetriebes der DDR in den 1950er Jahren erwarten zu wollen. Informationen zum Arbeitermilieu wurden nur verwischt und vielfach verschlüsselt in verschiedenartige Quellengruppen eingeschrieben. Die Arbeitsmethoden bei der Quellenfindung und -interpretation hatten insofern einen außerordentlichen hohen Stellenwert. Quellenkritische Sorgfalt, Behutsamkeit und historisches Einfühlungsvermögen waren notwendige Arbeitsvoraussetzungen. Dies vorangeschickt, kann nun die gute Quellenlage hervorgehoben werden.

Für den Forschungsgegenstand wurde mit Beständen des Archivs der Neptun Industrie Rostock GmbH (*Archiv NIR*) in Rostock, des Landesarchivs Greifswald (*LA Greifswald*), des Landeshauptarchivs Schwerin (*LHA Schwerin*) sowie des Archivs der Hansestadt Rostock (*AHR*) gearbeitet. Unser Forschungsvorhaben stieß in allen vier Archiven auf reges Interesse, so daß eine gute Beratung selbstverständ-

---

[3] Ein Teil dieses Bestandes wird für eine Videoinstallation über die Geschichte der AGW im Rahmen der neuen stadtgeschichtlichen Dauerausstellung des Bremer Landesmuseums für Kunst und Kulturgeschichte - Focke-Museums - verwendet werden.

lich war. Für die Unterstützung unserer Arbeit durch die genannten Archive sei an dieser Stelle noch einmal freundlich gedankt. Für unsere Forschungen hätte auf Bestände keines dieser vier Archive verzichtet werden können.

Besonderes Entgegenkommen erfuhren unsere Forschungen insofern im Archiv der Neptun Industrie Rostock GmbH und im Landesarchiv Greifswald, als uns der Zugang zu in Arbeit befindlichen bzw. nach Übernahme und Umlagerung kaum erschlossenen Beständen recht unkompliziert ermöglicht worden ist. Beide Archive haben Archivgut des VEB Schiffswerft-»Neptun« übernommen, das eine gewissermaßen als Archiv des »Nachfolgebetriebes«, das andere im Nachvollzug von in der DDR gültigen Regelungen.[4] Der in Rostock verbliebene Teil des früheren Archivs der Neptunwerft stand Dank der Aufgeschlossenheit der zuständigen Ebene der Leitung des Betriebes trotz laufender Kassationsarbeiten uneingeschränkt zur Verfügung. Dennoch war keine so systematische Arbeit wie sonst üblich möglich. Durch bereitwillige Hilfe der Archivarin ließ sich die alte Bestandsordnung des seinerzeit gut erschlossenen Archivguts der Neptunwerft zwar einigermaßen rekonstruieren, die Bestände indes wegen der aus betrieblichen Gründen notwendigen Umlagerungen nicht immer finden. Die Arbeit in diesem Archiv war besonders zeitaufwendig, wegen der Möglichkeit des unmittelbaren Zugangs zu den Beständen aber auch äußerst reizvoll.

Der vom Landesarchiv Greifswald übernommene Teil des Archivgutes der Neptunwerft steht, wenn auch mit Einschränkungen, seit Mitte 1996 wieder zur Benutzung offen. Das ist als entgegenkommend zu bemerken, weil noch keine Erschließungsarbeiten möglich waren. Bei der Benutzung kann man sich bislang in bestimmten Grenzen der Findhilfsmittel des früheren Archivs des VEB Schiffswerft-»Neptun« bedienen. Ein Problem sind und bleiben die Signaturen. Beide Archive arbeiten vorläufig mit denen des früheren Archivs der Neptunwerft. Das Greifswalder Archiv führt seinen Bestand als »Rep. 242«. Für den Außenstehenden mag die Situation noch dadurch schwerer durchschaubar werden, als in die Forschun-

---

4   Archivgut wie das der Neptunwerft gehörte nach Ablauf einer 30jährigen Frist in die staatlichen Archive der DDR. Das für den Bezirk Rostock und damit die Neptunwerft zuständige staatliche Endarchiv war das in Greifswald.

gen Ergebnisse eingeflossen sind, die aus Benutzungen des Archivs der Neptunwerft im Jahre 1988 stammen. Auf Erträge aus diesen Aktenstücken, die bislang leider weder in Rostock noch in Greifswald erneut aufgetrieben werden konnten, ist mit der Bezeichnung »Archiv der Neptunwerft« und der Signatur hingewiesen. Sicher wird es kaum Erstaunen auslösen, daß unter den beschriebenen Arbeitsbedingungen Zufallsfunde in vergleichsweise großem Umfang gemacht wurden und die Freude groß war, wenn sich im Landesarchiv Greifswald »Paßstücke« zu Akten des Archivs NIR ausfindig machen ließen und umgekehrt.

Im Greifswalder Landesarchiv wurden, gewissermaßen die Betriebsakten flankierend, Akten der Vereinigung Volkseigener Werften (VVW) herangezogen. Die VVW war das der Neptunwerft und den anderen DDR-Werften übergeordnete Wirtschaftsorgan. In diesem Bestand findet sich reiches Quellenmaterial, welches für vergleichende Untersuchungen zu den Werften besonders geeignet wäre. Weiterhin wurden Akten des Bezirksparteiarchivs der SED Rostock ausgewertet und zwar die auf den Ebenen der SED-Grundorganisation der Werft gebildeten wie die bei der Kreisleitung Rostock Stadt bzw. bei der Bezirksleitung entstandenen. Beim Durchsehen dieser Bestände, insbesondere der Informationsberichte, lassen sich unschwer Abbildungen einer »durchherrschten« Gesellschaft erkennen.[5] Wer aber in diesen Akten vorwiegend spektakuläre Informationen erwartet, wird sie bald aus der Hand legen. Für Untersuchungen zum Arbeitsalltag wie überhaupt zum Alltag indes haben sie sich als durchaus geeignet erwiesen. Die eingesehenen Akten des Bestandes des Rates des Bezirkes Rostock sowie die an das Greifswalder Landesarchiv abgegebenen Unterlagen des FDGB erwiesen sich für das Forschungsvorhaben als nicht sehr ergiebig.

Aus den Beständen des Landeshauptarchivs Schwerin wurden Akten der Landesregierung und zwar des Ministeriums des Innern (MdI), der Ministerien für Wirtschaft sowie für Handel und Versor-

---

5 Jürgen Kocka wählte, eine Formulierung Alf Lüdtkes aufgreifend, diesen Begriff für die Überschrift eines Tagungsergebnisse zusammenfassenden Aufsatzes. Vgl.: Jürgen Kocka, Die durchherrschte Gesellschaft, in Sozialgeschichte der DDR, hrsg. v. Harmut Kaelble, Jürgen Kocka, Hartmut Zwahr, Berlin 1994, S. 547-553

gung und des Ministeriums für Sozialwesen (MfS) herangezogen.[6] Besonders fruchtbar waren Akten des Ministeriums für Sozialwesen. Zu diesem Ministerium gehörte die Hauptabteilung Arbeit, der auch das Amt für Arbeit Rostock unterstand. Eingesehen wurden desweiteren die manchen aussagefähigen Bericht zur Aufbauphase der Werften enthaltenden Akten der Landesleitung der SED.

Hinsichtlich von Fragestellungen unseres Forschungsvorhabens war im Archiv der Hansestadt Rostock die Materialfülle größer, als man sie gemeinhin in einem kommunalen Archiv erwarten würde. Das erklärt sich u.a. daraus, daß in den fünfziger Jahren zahlreiche Angelegenheiten, die die Beschäftigten der Neptunwerft betrafen, nicht ohne Mitwirkung oder Einflußnahme der Stadtverwaltung zu regeln waren. Die Akten des Amtes für Arbeit bzw. die der Abteilung Wohnraumlenkung enthielten wichtiges Material. Außerdem ließen sich viele »städtische Rahmendaten« wie etwa zur Bevölkerungsentwicklung finden.

3. Zu sozialgeschichtlichen Methoden

Die Bearbeitung eines mikrogeschichtlichen Untersuchungsgegenstandes wie des unseren verlangte nicht nur, sehr verschiedenartige Quellen miteinander zu verknüpfen, sondern eine dem Gegenstand, den Fragestellungen und den Quellen entsprechende Methodenvielfalt. Bei unserem Forschungsvorhaben einer vergleichenden Betrachtung zu Kontinuität und Wandel zweier Werftarbeitermilieus war der Zugriff ein doppelter. Es ging um ein »Bündnis« zwischen qualitativer Sozialforschung und Sozialgeschichtsschreibung. Außer der sich daraus ergebenden Methodenvielfalt meinen wir vor allem jenen Methodenmix, den die sozialhistorische Forschung selbst verlangt. Zur Erläuterung des methodischen Vorgehens reicht allein der Hinweis, mit traditionellen und erprobten Methoden historischer Forschung arbeiten zu wollen, sicher nicht aus. Er erhebt uns aber

---

6   Archivintern haben die Bestände zur Abgrenzung von denen vor 1945 den Zusatz 1945-1952. Im Jahre 1952 wurden in der DDR die Länder aufgelöst und Bezirke gebildet.

Kapitel 4: Quellen und sozialgeschichtliche Methoden 63

der Notwendigkeit, längere Ausführungen über den Umgang mit schriftlichen Quellen und überhaupt zum Handwerkszeug machen zu müssen.

Wir haben im Forschungsgang in Hinsicht auf spezifische Fragestellungen wie spezielle Methoden sehr viele Anregungen sowohl aus der klassischen Sozialgeschichtsschreibung wie den neueren Forschungsansätzen etwa alltags-, mentalitäts- oder geschlechtergeschichtlicher Provenienz gewonnen. Wenn unser sozialgeschichtliches Interesse auch keineswegs auf eine Strukturgeschichte im engeren Sinne konzentriert war, so ließ sich doch ohne eine Analyse der Bedingungen, Spielräume und Möglichkeiten der Arbeiter in beiden Werften, also ohne eine strukturgeschichtliche Betrachtungsweise, kein Zugang zu unserer Forschungsproblematik finden, zumal wir mit dem Milieu auf die Untersuchung von »Kollektivphänomenen« zielten.[7]

Um Wirkungs- und Strukturzusammenhänge zu entdecken, mußten wir u.a. »harte« Daten bis hin zu Statistiken nicht nur analysieren, sondern, da sie oft nur mittelbar greifbar waren, in mühevoller Kleinarbeit zusammentragen. Ohne den Gebrauch quantitativ-statistischer Methoden hätten wir beispielsweise die Belegschaftsentwicklung in beiden Werften schwerlich erkennen und ausbreiten können. Wir hätten uns auch eine Chance des Vergleichs verbaut. Insofern waren wir durchaus von den Möglichkeiten statistischer Analysetechniken und tabellarischer Darstellungsformen fasziniert.[8] Zum Erklären der Trends der Belegschaftsentwicklung freilich haben wir uns anderer Arbeitsmethoden wie zusätzlicher Quellengattungen bedient.

Bei der sozialgeschichtlichen Annäherung an unseren Untersuchungsgegenstand hatten neben strukturgeschichtlichen Fragestellungen u.a. auch erfahrungsgeschichtliche ihren Stellenwert. Denn uns interessierte eine strukturelle Veränderung im Milieu genauso

---

[7] Jürgen Kocka, Sozialgeschichte zwischen Strukturgeschichte und Erfahrungsgeschichte, in: Wolfgang Schieder und Volker Sellin (Hrsg.), Sozialgeschichte in Deutschland I, Göttingen 1986, S. 73.
[8] Jürgen Kocka, Perspektiven für die Sozialgeschichte der neunziger Jahre, in: Winfried Schulze (Hrsg.), Sozialgeschichte, Alltagsgeschichte, Mikro-Historie. Eine Diskussion, Göttingen 1997, S. 37.

wie beispielsweise der Umgang von Werftarbeiterfamilien mit der alltäglichen Erfahrung materieller Enge. Gewannen schon bei der Interpretation der Belegschaftsentwicklung andere, qualitative Verfahren an Bedeutung, so waren sie für die sozialgeschichtliche Analyse vieler anderer Aspekte des Werftarbeitermilieus unerläßlich. Ein alltagsgeschichtlicher Zugriff erwies sich als fruchtbar. Und das umso mehr, als uns neben vielen anderen Quellen solche biographischen Charakters zur Verfügung standen. Das waren beispielsweise einige Personalunterlagen und Eingaben von Werftangehörigen, vor allem aber die lebensgeschichtlichen Interviews. Damit ließen sich u.a. Erkenntnisse über mentale und habituelle Dispositionen der Menschen im Werftarbeitermilieu gewinnen. Um den Blick nicht nur für das »Objektive«, sondern auch für die subjektive Seite des Milieus zu schärfen, war der Rückgriff auf die Hermeneutik unumgänglich.

Wir haben mit methodischen Verfahren, die den jeweiligen Quellen und Fragestellungen möglichst adäquat waren, eine Fülle von einzelnen, auf den ersten Blick oft in keinerlei Bezug zueinander stehenden Informationen erhalten.[9] Sie miteinander zu verbinden, sie rekonstruktiv zu vernetzen, stellte sich als die geeignete Möglichkeit von Erkenntnisgewinn heraus.[10] Wie sich die Quellengattungen überlagerten, so verbanden sich die Methoden in gewisser Weise miteinander zu einer »mikrohistorischen« Methode.

Der mikrohistorische Ansatz erlaubte es uns, vor der Folie von notwendigerweise verallgemeinernden und nivellierenden Makrodaten zu differenzierenden Aussagen über die Lebenswelt von Werftarbeitern und ihren Familien zu kommen. Wir wollten »nicht kleine Dinge anschauen, sondern im Kleinen schauen«[11], um zu gesicherten Aussagen über Beharrung und Veränderung zweier Werftarbeitermilieus zu kommen. Daß dabei Ergebnisse von Sichtweisen, die durch die beeindruckende Auswertung von Makrodaten zu ver-

---

9   Ute Daniel, Quo vadis, Sozialgeschichte? Kleines Plädoyer für eine hermeneutische Wende, in: ebenda, S. 54-64.
10 So Alf Lüdtke, Einleitung: Was ist und wer treibt Alltagsgeschichte?, in: Alf Lüdtke (Hg.), Alltagsgeschichte. Zur Rekonstruktion historischer Erfahrungen und Lebensweisen, Frankfurt a. M./New York 1989, S. 20.
11 Nach einer Diskussionsbemerkung Giovanni Levis 1990 in Basel, zitiert bei Hans Medick, Mikro-Historie, in: Winfried Schulz (Hrsg.), a.a.O., S. 40.

allgemeinernden Trendaussagen über die Entwicklung in den 1950er Jahren kommen[12], durch unseren methodischen Zugriff teilweise erheblich modifiziert oder gar in Frage gestellt werden, kann nicht allein damit erklärt werden, daß wir ein kleinräumiges Feld untersucht haben, in dem möglicherweise Ausnahmen von der generellen Entwicklung vorliegen mögen. Wenn die mit strukturgeschichtlichen Methoden gewonnenen allgemeinen historischen Entwicklungslinien tatsächlich zutreffen, müssen sie auch an der Basis des Geschichtsprozesses - im konkreten Leben der Menschen - angetroffen werden können. Der mikrohistorischen Untersuchung kommt daher nicht etwa nur die Funktion einer Ergänzung der gesamtgeschichtlichen Analyse für den Einzelfall zu, sondern sie ist auch ein Lackmustest für die Validität der Ergebnisse von Methoden, die auf die Erfassung gesamtgesellschaftlicher Entwicklungen zielen.

---

12 Vgl. beispielsweise: Axel Schildt, Moderne Zeiten. Freizeit, Massenmedien, Zeitgeist in der Bundesrepublik der 50er Jahre, Hamburg 1995.

Kapitel 5

Die Arbeitswelt der AG »Weser« in Bremen

Um die Arbeitswelt und das betriebliche Milieu auf der Bremer Großwerft AG »Weser« zu analysieren, ist es nach einer kurzen Übersicht über die Geschichte und die Bedeutung der Werft zunächst notwendig, die *Belegschaft* genauer zu betrachten. Größe, Zusammensetzung, regionale Herkunft und Qualifikation der Werftbelegschaft und die betrieblichen Hierarchien werden untersucht, um Hinweise auf Wandel und Kontinuitäten nach dem Zweiten Weltkrieg und in den 1950er Jahren zu erhalten. Ferner ist für die Analyse des betrieblichen Milieus natürlich die Untersuchung der konkreten *Arbeit* auf der Werft wichtig. Die Formen der Produktion, die technischen und arbeitsorganisatorischen Entwicklungen im Schiffbau und ihre Auswirkungen auf Arbeitsbedingungen, Arbeitsbelastungen und Arbeitsbeziehungen strukturieren das Milieu in vielerlei Hinsicht. Das gilt auch für die *Entlohnung und die Arbeitszeiten,* bei denen sich in den 1950er Jahren die dynamischsten Veränderungen vollziehen. Diese bewirken allerdings noch nicht, daß die materielle Enge proletarischer Existenz überwunden wird und die Werftarbeiter am »Wirtschaftswunder« teilhaben. Die Verbesserungen der Löhne und Arbeitsbedingungen mußte in der ersten Hälfte der 1950er Jahre immer wieder in Arbeitskämpfen durchgesetzt werden. Dazu zählt der sechseinhalbwöchige Streik von 1953, der von der ersten Verbandsaussperrung in der Geschichte der Bundesrepublik beantwortet wurde, und der auf der AG »Weser« einen Schwerpunkt hatte. Die *betrieblichen Auseinandersetzungen und die gewerkschaftlichen Aktionen, Strukturen und Organisationsformen* und deren Veränderungen im Laufe der 1950er Jahre sind daher wichtige Faktoren für die Entwicklung des Werftarbeitermilieus. Die Konflikte zwischen Kapital und Arbeit und die Auseinandersetzungen innerhalb der Gewerkschaft wurden von parteipolitischen Kämpfen begleitet, da in der traditionell linken Belegschaft der AG »Weser« die KPD über längere Zeit Einfluß hatte, den die SPD zu brechen versuchte. Es wird zu klären sein, welche Auswirkungen auf das Milieu diese *politischen Auseinandersetzungen im Betrieb* und deren Ergebnis in der zweiten Hälfte der 1950er Jahre hatten. Die Frage schließlich nach der *Vergemeinschaftung im Betrieb* und deren Wandel, nach den Formen alltäglicher Gemeinschaft bei der Arbeit, in den Pausen, bei den gewerkschaftlichen und betrieblichen Aktionen, bei Feiern und bei Konflikten zielt auf die konkrete Art, in der das Milieu in der »Lebenswelt Betrieb«[1] erfahren wurde.

1. Die Geschichte der AG »Weser« bis 1945

Als die traditionsreiche Bremer Großwerft *Aktiengesellschaft »Weser«* 1983 ihre Tore schloß, wurde eine 111jährige Geschichte beendet, die formell am 26. März 1872 mit der Gründung der Aktiengesellschaft durch 17 in Bremen ansässige Kaufleute begonnen hatte. Tatsächlich ist die Geschichte der Werft älter, denn sie geht zurück auf die bereits 1843 von Carsten Waltjen und Heinrich Leonhardt gegründete Eisengießerei und Maschinenfabrik, die auf ihrem Gelände auf der Stephanikirchweide auch Schiffbau betrieb und 1847 ihr erstes eisernes Dampfschiff, die 346 BRT große »Roland«(II) abliefern konnte.[2]

---

1 Vgl. Peter Alheit, Zivile Kultur. Verlust und Wiederaneignung der Moderne, Frankfurt am Main und New York 1994, S. 42 ff.
2 Zur Geschichte der AG »Weser« (AGW) siehe: Aktien-Gesellschaft »Weser« Bremen, Bremen 1912; Aktien-Gesellschaft »Weser« Bremen (Hrsg.), 1872-1922, Bremen o.J. [1922]; Deutsche Schiff- und Maschinenbau A.-G. (Deschimag), o.O. [Bremen] November 1930; AG »Weser«(Hrsg.), A.G. »Weser« Bremen 1843-1968, Bremen 1968; Peter Kuckuk, Die A.G. »Weser«. Teil 1: Bis 1914. Von der Maschinenfabrik Waltjen & Leonhardt zur Großwerft, Bremen 1987; ders., Die A.G. »Weser«. Teil II: 1914-1933. Vom Weltkrieg zur Weltwirtschaftskrise; Peter Kuckuk, Hartmut Roder und Günther Scharf, Spanten und Sektionen. Werften und Schiffbau in Bremen und der Unterweserregion im 20. Jahrhundert, Bremen 1986; Peter Kuckuk, Hartmut Roder und Hochschule Bremen (Hrsg.), Von der Dampfbarkasse zum Containerschiff. Werften und Schiffbau in Bremen und der Unterweserregion, Bremen 1988; Heiner Heseler und Hans Jürgen Kröger (Hrsg.), »Stell Dir vor, die Werften gehörn uns ...« Krise des Schiffbaus oder Krise der Politik, Hamburg 1983; Jörg Wollenberg und Gerwin Möller (Redaktion), Die AG »Weser« zwischen Sozialpartnerschaft und Klassenkampf, hrsg. von den Jungsozialisten in der SPD, Unterbezirksvorstand Bremen-West und Landesvorstand Bremen, Berlin-West und Bremen 1984; Walter Krawietz, Die wirtschaftli-

Der Betrieb, der nach dem Ausscheiden von Heinrich Leonhardt 1849 unter dem Namen »C. Waltjen & Co.« firmierte, errichtete in den 1850er Jahren ihren ersten Helgen, auf dem eine Reihe kleinerer Fahrzeuge gebaut wurde. 1865/66 baute man mit dem Frachtdampfer »Falke« für den Norddeutschen Lloyd das erste wirkliche Seeschiff (764 BRT), das bis 1882 das größte auf der Werft gebaute Schiff bleiben sollte.

Als 1872 Bremer Kaufleute einen großen Schiffbaubetrieb als Aktiengesellschaft gründeten, brachte Carsten Waltjen seine Firma in die neue AG »Weser« ein. Der Betrieb wurde modernisiert und beteiligte sich nach der Gründung des Deutschen Reiches an der Flottenrüstung. Er stand im Zeitraum von 1871 bis 1896 an dritter Stelle der am Flottenbauprogramm beteiligten Privatwerften. In den 1880er Jahren kam zum Kriegs- und Handelsschiffsbau durch die Errichtung von zwei Schwimmdocks das Schiffsreparaturgeschäft hinzu. Bagger für die Unterweserkorrektion und Krananlagen ergänzten das Produktionsprogramm. Dennoch waren die späten 1880er Jahre und die erste Hälfte der 1890er von Stagnation geprägt, die ab 1895 allerdings von einer raschen Expansion abgelöst wurde. Das Betriebsgelände auf der Stephanikirchweide, das den Bau größerer Schiffe nicht erlaubte, wurde 1905 verkauft und die Werft flußabwärts nach Gröpelingen verlegt, wo mit Hilfe des Bremer Senats ein großes Gelände erschlossen worden war, auf dem fünf Längshelgen den Bau von Schiffen bis zu 200 m Länge erlaubten. Mit dem Umzug nach Gröpelingen war eine Großwerft entstanden, die die Fertigungsbereiche Schiffbau, Reparatur und Maschinenbau umfaßte, und die in den Jahren bis zum Ersten Weltkrieg sowohl Fracht- und Passagierdampfer - unter ihnen als größtes Schiff die »Berlin«, die

---

che Entwicklung des Schiffbaus an der Unterweser von 1800 bis 1960, Diss. rer. pol., Universität Erlangen-Nürnberg 1966; Fred Ludolph, Sozial- und wirtschaftsgeschichtliche Aspekte zur Entwicklung der Werftindustrie in Bremen bis zum Ausbruch der Weltwirtschaftskrise am Beispiel der AG »Weser«, (= Schriftenreihe der Hochschule für Wirtschaft Bremen, Bd. 16), Bremen 1980; Cai Boie, Schiffbau in Deutschland 1945-52. Die verbotene Industrie, Bad Segeberg und Cuxhaven 1993. Zum Ende der Werft und zum Arbeitskampf, der sich gegen diese Schließung richtete, vgl. Heiner Heseler, Hans Jürgen Kröger und Hans Ziegenfuß (Hrsg.), »Wer kämpft, kann verlieren, wer nicht kämpft hat schon verloren«, Hamburg 1984.

1909 an den Norddeutschen Lloyd abgeliefert wurde - als auch Linienschiffe und Kreuzer produzierte. Mit dem Dreadnought »Westfalen« war sie 1909 in den Bau von Großkampfschiffen eingetreten.³

Die Belegschaftsentwicklung spiegelt diesen ökonomischen Aufstieg wieder: 1872 arbeiteten 500 Beschäftigte bei Waltjen & Co., 1881/82 waren bereits mehr als tausend Beschäftigte (1041) auf der AGW zu verzeichnen, 1883 waren es 1.500. Der Rückgang der Belegschaftszahlen in der folgenden Stagnationsphase wich ab 1895 wieder einer stetigen Erweiterung. Nach der Eröffnung des neuen Betriebs 1905 verdoppelte sich die Belegschaft von 1.500 auf 3.000 Arbeiter und Angestellte und erreichte 1907 die Zahl von 4.000. »Die weltweite Depression im Schiffbau brachte dann wieder eine Reduzierung der Belegschaft auf gut 2.500 im Jahre 1910. Von diesem Jahr an erhöhte sie sich im Zusammenhang mit der guten Auftragslage der Werften bis auf 7.500, darunter knapp 6.000 Arbeiter. Am 31. Juli 1914 nahm die AG 'Weser' mit 6.700 Arbeitern nach der Beschäftigtenzahl den 5. Rang unter den deutschen Großwerften ein.«⁴

Im Ersten Weltkrieg, in dem ab 1915 der Handelsschiffbau auf der Werft drastisch reduziert wurde, spezialisierte sich die AGW auf den Bau von U-Booten, von denen sie bis Kriegsende 108 Einheiten auf Stapel legte. Zwar ging durch die Einberufungen zu Kriegsbeginn zunächst die Belegschaftsstärke zurück, doch wurde - u.a. durch die Einbeziehung von Frauen⁵, Kriegsgefangenen und Marinekommandos - die Belegschaftzahl von 6.295 in 1916 über 8.011 in 1917 auf 9.522 im Jahre 1918 gesteigert. Bei Ausbruch der Novemberrevolution beschäftigte die Werft 10.988 Personen.

---

3   Eine gute und reichbebilderte Darstellung der Produktionspalette und der Anlagen der Werft gibt die Firmenfestschrift von 1912, die zum 40. Jahrestag der Gründung der Aktiengesellschaft erschien: Aktien-Gesellschaft »Weser« Bremen, Bremen 1912.
4   Peter Kuckuk, Die A.G. »Weser«. Teil 1: Bis 1914, a.a.O., S. 46.
5   Im Oktober 1917 wurde mit 522 Arbeiterinnen die Höchstzahl der im Ersten Weltkrieg auf der Werft beschäftigten Frauen erreicht. (Betriebsgeschichte der AG »Weser«, maschinenschriftl. Ms., o.O., o.J. [vermutlich Bremen 1939], S. 23).

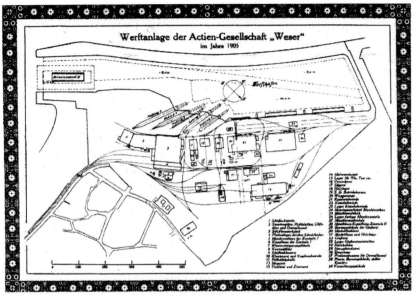

Das neue Werftgelände der AG »Weser« in Gröpelingen 1905. Man sieht die Ausdehnung des 47 ha großen Geländes. Die Landzunge oben im Plan grenzt den Werfthafen zur Weser ab. Es gibt bereits fünf Helgen für den Schiffsneubau. Allerdings hat die Helling 5 noch nicht das große Krangerüst, das erst 1913 errichtet wurde. Oben links erkennt man das Schwimmdock für die Schiffreparatur (aus: AG »Weser« [Hrsg.], 1872 - 1922. Actien-Gesellschaft »Weser« Bremen, Bremen o.J. [1922]).

Nach dem Ersten Weltkrieg entfiel zunächst die Rüstungsproduktion, die vor 1914 bereits ca. 50 Prozent des Neubaugeschäfts der AGW gebildet hatte. Allerdings umging das Unternehmen die Auflagen des Versailler Vertrages durch die geheime Kooperation mit schwedischen Werften beim U-Boot-Bau und durch die Beteiligung an einem U-Boot-Konstruktionsbüro in den Niederlanden. Als Ersatz für die Kriegsproduktion engagierte sich die Werft nach 1918 zunächst bei der Instandsetzung von Lokomotiven und Eisenbahnwaggons, bis 1920 der Wiederbeginn des Handelsschiffbaus die Rückkehr zum eigentlichen Produktionsbereich ermöglichte.[6] Der Wiederaufbau der im Kriege stark in Mitleidenschaft gezogenen

---

6 Vgl. Aktien-Gesellschaft »Weser« Bremen (Hrsg.), 1872-1922, a.a.O., S. 7ff.

Handelsflotte führte zu zahlreichen Aufträgen für Schiffsneubauten. 1922 bis 1930 wurden 54 Seeschiffe und Schlepper, in der Mehrzahl für Bremer Reedereien, abgeliefert[7], wobei 1925/26 die ersten großen Schiffe mit Diesel- statt Dampfantrieb herstellt wurden - eine Antriebsart, mit der die AGW im U-Boot-Bau Erfahrungen gesammelt hatte.

Die Eigentumsverhältnisse der AGW hatten sich allerdings inzwischen verändert. Einige der bisherigen Anteilseigner aus den Reihen der Bremer Kaufmannschaft zogen sich 1918 aus Liquiditätsgründen aus dem Werftgeschäft zurück. 1919 trat der Bremer Bankier Johann Friedrich Schröder in den Aufsichtsrat ein und übernahm 1920 dessen Vorsitz, nachdem er die Aktienmehrheit erworben hatte. Schröder versuchte der 1925 ausbrechenden Schiffbaudepression, die der AGW einen erheblichen Bilanzverlust in diesem Jahr brachte, durch Rationalisierung, vor allem aber durch die Ausschaltung der ruinösen Preiskonkurrenz mit einem überregionalen Zusammenschluß der deutschen Werftindustrie unter der Führung der AGW zu begegnen. Zwar gelang diese umfassende Konzentration nicht, doch fusionierte 1926 die Geestemünder Joh. C. Tecklenborg AG mit der AGW zur »Deutschen Schiffs- und Maschinenbau Aktiengesellschaft (Deschimag)«, die kurz darauf die Hamburger Vulcanwerke übernahm. 1927 ging die Deschimag mit dem Stettiner »Vulcan« zusammen, und im Januar 1928 übernahm sie jeweils 75 Prozent des Aktienkapitals der Neptun-Werft in Rostock, der Nüskewerft in Stettin und der Seebeck-Werft in Bremerhaven und erwarb die Frerichs-Werft in Einswarden. Infolge dieses beispiellosen Konzentrationsprozesses war, »gemessen an den Beschäftigten [...] die Deschimag zum größten Schiffbauunternehmen der Weimarer Republik avanciert, denn rund 28 Prozent der deutschen Werftbelegschaften waren dort beschäftigt.«[8] Die Fusionspolitik Schröders zielte vornehmlich auf die Ausschaltung der Konkurrenz mit dem Ziel, den Schiffsneubau auf der AGW und der Seebeck-Werft zu konzen-

---

7 AG »Weser« (Hrsg.), A.G. »Weser« Bremen 1843-1968, a.a.O., S. 128 ff.
8 Peter Kuckuk, Die A.G. »Weser«. Teil II: 1914-1933, a.a.O., S. 43.

trieren. Entsprechend wurden 1928 die Tecklenborg-Werft in Geestemünde und der Hamburger Vulkan geschlossen.[9]

Dieser expansive Kurs konnte allerdings die Deschimag, die überdies mit zu geringem Eigenkapital ausgestattet war, nicht vor der Schiffbaukrise bewahren. Vorher wurde jedoch auf der AG »Weser« noch der spektakulärste Neubau ihrer Geschichte abgeliefert. Ende 1926 hatte der Norddeutsche Lloyd einen Schnelldampfer für den Passagierverkehr auf der Nordatlantikroute von 50.000 BRT, die »Bremen IV«, geordert. Im August 1928 lief dieses bis dahin größte in Bremen gebaute Schiff vom Stapel. Der fast 300 Meter lange Ozeanliner wurde 1929 in Dienst gestellt und errang bei seiner Jungfernfahrt nach New York das »Blaue Band«, den Preis für die schnellste Atlantiküberquerung. Mit der Fertigstellung dieses Schiffes wurde die Belegschaft, die 1929 mehr als 9.500 Personen zählte, auf 889 Beschäftigte reduziert. »Die Bremer Werft 'starb im Glanz' des Triumphs«.[10] Bis 1931 wurde noch eine Reihe bereits bestellter kleinerer Frachtdampfer abgeliefert, dann kam der Werftbetrieb, der im September 1932 eine Belegschaft von nur noch 390 Personen aufwies, fast völlig zum Erliegen.[11]

Die Folgen der Weltwirtschaftskrise verschärften sich für die Deschimag noch, als beim Zusammenbruch des Bremer Nordwolle-Konzerns im Juli 1931 auch die Schröder-Bank ruiniert wurde. Da das Reichsfinanzministerium und der Bremer Senat zusammen mit einigen Bremer Kaufleuten das Geldinstitut übernahmen und zur Norddeutschen Kreditbank umgestalteten, lag nun die Aktienmehrheit der Deschimag beim Reich und bei der Hansestadt Bremen. Versuche des seit 1921 amtierenden Vorstandsvorsitzenden Franz Stapelfeldt, den Zuschlag zum Bau des Panzerkreuzers »C« zu erhalten, scheiterten, und die Werft stand mit riesigen Verlusten »kurz vor der

---

9   Einen guten Überblick über die in der Deschimag zusammengeschlossenen Werften und ihre Produkte gibt eine aufwendig illustrierte Firmenpublikation von 1930: Deutsche Schiff- und Maschinenbau A.-G. (Deschimag), o.O. [Bremen] November 1930.
10 AG »Weser« (Hrsg.), A.G. »Weser« Bremen 1843-1968, a.a.O., S. 70.
11 Vgl. Dieter Pfliegensdörfer und Jörg Wollenberg, Die Werftenkrise der zwanziger Jahre - ein Lehrstück für heute, in: Heiner Heseler und Hans Jürgen Kröger (Hrsg.), »Stell Dir vor, die Werften gehörn uns ...«, a.a.O., S. 164 ff.

Kapitel 5: Die Arbeitswelt der AG »Weser« in Bremen   73

Stillegung«.[12] Schließlich gelang 1933 eine Sanierung durch eine Kapitalerhöhung und eine Umschuldung, bei der sich der Krupp-Konzern erstmals bei der AGW engagierte.

Überführung des Schnelldampfers »Bremen IV« von der AG »Weser« nach Bremerhaven am 24. Juni 1929. Das Schiff passiert gerade eine besonders enge Biegung bei Lankenau. Links ist das Werftgelände zu erkennen. (Photo: Focke-Museum - Bremer Landesmuseum für Kunst und Kulturgeschichte)

Der Maschinenbausektor der Werft, der mit dem vom Hamburger Vulcan übernommenen Patent für das Vulcan-Getriebe und mit der von der Tecklenborg-Werft entwickelten Abdampfturbine über technisch fortgeschrittene Produkte verfügte[13], war bis 1936 der einzige Betriebszweig, der Gewinn machte.

---

12   Ebenda, S. 169.
13   Vgl. die ausführlichen technischen Erläuterungen zu den Abdampfturbinen System Bauer-Wach und zum Vulcan-Getriebe, in: Deutsche Schiff- und Maschinenbau A.-G. (Deschimag), o.O. [Bremen] November 1930, S. 56ff. und S. 59ff. Dort wird auch eine weitere technische Neuerung der 1920er Jahre dargestellt, die die Deschimag produzierte: die Maier-Schiffsform, eine neue Rumpfform, die

In der Hausgeschichtsschreibung der Werft werden die Anfänge der »Hitler-Ära« als »bittere Jahre« bezeichnet, da die von der NS-Regierung »lautstark verkündete Autarkie-Politik sich [...] verheerend für Unternehmen und Industrien auswirken [mußte], deren Feld die Welt war.«[14] Diese Einschätzung entspricht jedoch nicht den Tatsachen. Zwar gab es Verärgerung bei Werftleitung und Senat über den Umstand, daß die AGW nicht sofort in das maritime Aufrüstungsprogramm einbezogen wurde, doch 1934 vergab die Marineleitung die ersten Aufträge für vier Zerstörer und ein Artillerieschulschiff an die Bremer Werft, und schon 1936 bildeten Kriegsschiffe zwei Drittel der abgelieferten Neubauten.[15] Bis zum Beginn des Zweiten Weltkriegs wurden 22 Zerstörer, 6 Torpedoboote, 2 Kreuzer und 21 U-Boote auf Kiel gelegt. Ab 1940 wurde die Produktion von Handelsschiffen - von denen ab 1935 rund 20 gebaut worden waren - vollständig eingestellt und die Rüstungsproduktion zugunsten des U-Bootbaus spezialisiert. Bis zum Kriegsende baute die AGW mehr als 150 U-Boote, zum Teil in Sektionsbauweise.

1935 umfaßte die Belegschaft der AG »Weser« bereits wieder 6.028 Personen, 1939 waren es über 12.000, und im Kriege stieg die Beschäftigtenzahl auf über 16.000. Inzwischen hatten sich auch die Besitzverhältnisse erneut verändert: Im Jahre 1936, als die Deschimag erstmals wieder eine Dividende ausschüttete, (sechs Prozent, was sich 1938 sogar auf zehn Prozent erhöhte) verkaufte das Reich seinen Kapitalanteil, u.a. an den Otto-Wolff-Konzern und an Krupp. Die Firma Fried. Krupp Essen übernahm 1941 weitere Anteile, so daß sie mit 56,3 Prozent des Aktienkapitals Mehrheitseignerin wurde.[16]

---

    eine Reduzierung des Schiffswiderstandes und eine bessere Seetüchtigkeit bewirkte (S. 54 f.).
14 AG »Weser« (Hrsg.), A.G. »Weser« Bremen 1843-1968, a.a.O., S. 71.
15 Vgl. Dieter Pfliegensdörfer, Rüstungsproduktion und Widerstand auf der AG »Weser«, in: Heiner Heseler, Hans Jürgen Kröger und Hans Ziegenfuß (Hrsg.), »Wer kämpft, kann verlieren, wer nicht kämpft hat schon verloren«, a.a.O., S. 112-114.
16 Vgl. Peter Kuckuk, Verkauf der Krupp-Beteiligungen an der Deschimag und der Norddeutschen Hütte an die Stadt Bremen?, in: Bremisches Jahrbuch, Band 70, Bremen 1991, S.149 ff. hier: S. 149.

Ende April 1945 kam mit der Besetzung des Werftgeländes durch britische Truppen die Arbeit auf der Werft, die trotz zahlreicher Luftangriffe bis dahin produziert hatte, zum Erliegen. Das weitere Schicksal dieses größten Bremer Rüstungsbetriebes wurde nun von den alliierten Militärregierungen bestimmt.

2. Umfang und Zusammensetzung der Belegschaft

Von der Kriegsproduktion über die Demontage zum neuen Aufschwung

Kurz vor Kriegsende - im März 1945 - hatte die AG »Weser« eine Belegschaft von 16.207 Menschen, wozu noch 1.000 Beschäftigte kamen, die ab 1942 in einem AGW-Zweigwerk im U-Boot-Stützpunkt Brest in Frankreich arbeiteten[17]. »Nicht ganz 19% der Gesamtbelegschaft bestand 1943 aus ausländischen Zivilarbeitern und Kriegsgefangenen. Von September 1944 bis zum April 1945 kamen noch 1.500 Zwangsarbeiter aus dem KZ Neuengamme hinzu.«[18] Damit hatte die Werft, die der größte Industriebetrieb Bremens war, eine fast doppelt so große Belegschaft wie auf dem Höhepunkt ihrer zivilen Produktion - 1929 bei Ablieferung des Schnelldampfers »Bremen« zählte sie 9.500 Personen -, und auch gegenüber dem letzten Friedensjahr 1939, in dem 12.000 Menschen schon überwiegend in der Rüstungsproduktion beschäftigt waren, war die Belegschaft im Kriege noch erheblich vergrößert worden. Diese Ausweitung konnte einerseits nur durch Arbeitskräfte erreicht werden, die aus anderen Regionen und aus anderen Branchen durch die Arbeitsämter der Werft zugewiesen wurden, und die auf der AG »Weser« umgeschult und angelernt werden mußten. Trotz der wachsenden Schwierigkeiten, im Kriege genügend solcher Umschüler zugewiesen zu bekommen, ist der Umstand, daß um die Jahreswende 1940/41 von den 15.000 Beschäftigten der AGW mehr als ein Viertel (4.100 Personen) in werfteige-

---

17   Historisches Archiv Krupp, Essen, Werksarchiv (künftig zitiert HA Krupp, WA) 143/44.
18   Dieter Pfliegensdörfer, Rüstungsproduktion und Widerstand auf der AG »Weser«, a.a.O., S. 113.

nen Lagern untergebracht waren[19], ein Hinweis auf die große Zahl von Arbeitern, die nicht aus Bremen kamen. Zum anderen wurde der Arbeitskräftebedarf durch die Beschäftigung ausländischer »Zivilarbeiter«, Kriegsgefangener und Zwangsarbeiter aus dem Osten (»Ostarbeiter«) und schließlich auch von KZ-Häftlingen gedeckt.

Schaubild 4: Beschäftigungsentwicklung der AG »Weser« 1872-1945[20]

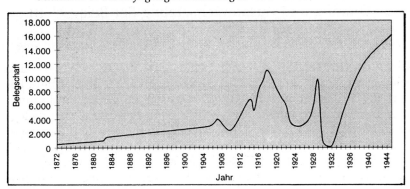

Bei Kriegsende hatte die AGW acht eigene Lager für rund 7.000 Personen.[21] Da man davon ausgehen kann, daß die in den werfteigenen Lagern lebenden Beschäftigten entweder nicht aus Bremen stammende deutsche Arbeitskräfte oder ausländische Zwangsarbeiter verschiedener Kategorien waren, kommt man auch beim Höchststand der Beschäftigung auf der AGW bei Kriegsende zu einer Zahl

---

19 Peter Kuckuk und Hartmut Pophanken, Die AG »Weser« 1933 bis 1945: Handels- und Kriegsschiffbau im Dritten Reich, in: Peter Kuckuk (Hrsg.), Bremer Großwerften im Ditten Reich (= Beiträge zur Sozialgeschichte Bremens, H. 15), Bremen 1993, S.90. Zu den Schwierigkeiten der Arbeitskräftebeschaffung vgl. auch dort S. 91f.

20 Zusammengestellt nach: Peter Kuckuk, Die AG »Weser«. Teil 1: Bis 1914, a.a.O.; ders., Die AG »Weser«. Teil 2: 1914-1933, a.a.O.; Johann Gerdes, u.a., Betriebsstillegung und Arbeitsmarkt. Die Folgewirkungen der Schließung der AG »Weser« in Bremen, Bremen 1990, S. 40; HA Krupp, WA 143/44.

21 Peter Kuckuk und Hartmut Pophanken, Die AG »Weser« 1933 bis 1945, a.a.O., S. 92.

bremischer Werftarbeiter, die dem Stand von 1929 in etwa entspricht. Auf der AGW haben also maximal rund 9.000 einheimische Arbeitskräfte gearbeitet - eine Zahl, die im übrigen auch dem höchsten Beschäftigungsstand im Ersten Weltkrieg ähnelt (1918: 10.998 Personen), in dem eine wesentlich geringere Zahl von Kriegsgefangenen eingesetzt wurde.[22]

Mit der Besetzung Bremens durch britische Truppen Ende April 1945 endete zunächst die Produktion der Werft. Die ausländischen Zwangsarbeiter und die KZ-Häftlinge wurden befreit und kehrten in ihre Heimat zurück. Die große Mehrheit der - wahrscheinlich rund 9.000 - bremischen Arbeitskräfte wurde arbeitslos.

Trotz zahlreicher Luftangriffe hielten sich die Kriegsschäden auf der Werft in Grenzen. Die Bremer Handelskammer schätzte sie im Juni 1945 auf ca. 20 Prozent der Gesamtkapazität, die Werftleitung sprach von einem Zerstörungsgrad von 40 Prozent bei den Gebäuden und von 25 Prozent bei den Maschinen. Die fünf Hellinge waren verhältnismäßig unzerstört geblieben.[23] Der Betrieb stand allerdings auf der alliierten Demontageliste, und im Oktober 1945 erhielt der Präsident des Senats, Wilhelm Kaisen, die offizielle Mitteilung der US-Militärregierung (die die Enklave Bremen in der Zwischenzeit von den Briten übernommen hatte), daß die AGW vollständig demontiert und in die UdSSR verschifft werden würde. Die Werft wurde beschlagnahmt und einem Treuhänder unterstellt. Mit dem Abbau wurde die Werftleitung beauftragt, die Kosten der Demontage wurden zunächst vom Senat übernommen. Für die Räumungsarbeiten wurden im November 1945 rund 340 Personen eingesetzt. Bis April 1946 stieg diese Zahl auf 800 Beschäftigte, und Anfang 1947, als die Militärregierung eine Beschleunigung der Demontagearbeiten befahl, stieg die Belegschaft auf ca. 1.450.[24] Bis August 1947 wurde

---

22 Die Höchstzahl der auf der AGW im Ersten Weltkrieg beschäftigten Kriegsgefangenen lag Ende 1917 bei 334 Mann (Betriebsgeschichte der AG »Weser«, a.a.O., S. 23).
23 Vgl. Peter Kuckuk, Die Demontage der Deschimag-Werft AG »Weser« (Oktober 1945 - April 1948), MS. (erscheint 1998 im Band 16 der »Beiträge zur Sozialgeschichte Bremens«).
24 Später rühmte die Werftleitung die an der Demontage beteiligten Arbeiter folgendermaßen: »*Die Demontage war von einem Reststamm von etwa 1000 alten Arbeitern ohne Störung durchgeführt worden, was der Selbstdisziplin unserer Belegschaft, die*

die Werft abgebaut, die Anlagen und Maschinen wurden auf dem Seewege in die Sowjetunion gebracht. Mit der Sprengung des für den Bau von Großschiffen geeigneten Helgen 5 im Februar und März 1948 fand die Demontage ihren Abschluß. Der Wert der in die UdSSR verbrachten Anlagen der AGW wurde auf 5,66 Mio RM beziffert. Der Zerstörungsgrad der Werft, einschließlich der vorhergegangenen Kriegsschäden, wurde nun auf 80 Prozent geschätzt, was wahrscheinlich eine übertrieben hohe Angabe ist.[25] Die durch *»Kriegszerstörungen, Reparationen und Enteignungen zugefügten Substanzverluste«* hätten *»- ohne die Verluste unserer Tochtergesellschaften und die Verluste aus Verträgen mit dem Reich - die Hundertmillionengrenze überschritten«*.[26]

Inzwischen hatten bremische Kaufleute und die Norddeutsche Kreditbank im Sommer 1946 eine Auffanggesellschaft für die AG »Weser«, die »Bremer Maschinenbau und Dockbetrieb GmbH« gegründet, um die nicht vom alliierten Schiffbauverbot betroffenen Produktionsbereiche - den Maschinenbau und die Schiffsreparatur - weiterführen zu können.

Die AG »Weser« verpachtete den Rest der ihr verbliebenen Maschinen und Anlagen an die »Bremer Dock«, die sich neben dem Reparaturgeschäft mit dem Turbinenbau für die Bremer Kraftwerke, der Herstellung und Reparatur von Straßenbahnen und mit der Produktion von Maschinen für diverse Bremer Betriebe, sowie von Behältern und Stahlkonstruktionen gewinnbringend befaßte. Nicht nur die Anlagen dieser neuen Gesellschaft kamen von der AGW, sondern auch die Belegschaft, da die Werft Interesse hatte, einen Facharbeiterstamm für die spätere Wiederaufnahme des Schiffbaus zu halten. Zeitweilig sollen mehr als 1.500 Personen bei der »Bremer

---

    mit eigenen Händen ihre Zukunft vernichten mußte, ein hohes Anerkenntnis aussstellt.« (Aktien-Gesellschaft »Weser« in Bremen). 21.6 1948 - 31.12. 1949, Fünftes Geschäftsjahr, Bremen, September 1951, S.7 [HA Krupp, WA 65 † 40.1948/49])

25 Vgl. Peter Kuckuk, Die Demontage der Deschimag-Werft AG »Weser«, a.a.O. Kuckuk verweist auf die generelle zeitgenössische Neigung, die Reparationsschäden zu übertreiben. Erhebliche Teile der Infrastruktur der Werft - wie z.B. Versorgungsleitungen - blieben erhalten. Wie wir aus mehreren Interviews wissen, sind auch Maschinen und Werkzeuge in größerem Umfang durch Auslagerung den Alliierten entzogen worden.

26 Aktien-Gesellschaft »Weser« in Bremen, 21.6 1948 - 31.12. 1949, Fünftes Geschäftsjahr, Bremen, September 1951, S. 8 (HA Krupp, WA 65 † 40.1948/49).

Dock« beschäftigt gewesen sein.[27] Das bedeutet, daß 1947 zeitweilig rund 3.000 Personen bei der Demontage und bei der »Bremer Dock« gearbeitet haben, also rund ein Drittel der alten aus Bremen stammenden Belegschaft der AGW.

Demontagearbeiten auf der AG »Weser«, um 1946. Im Hintergrund sind drei teilweise fertiggestellte U-Boote unter der zerstörten Kranbahn zu sehen. Bei Kriegsende lagen noch etliche begonnene U-Boot-Bauten auf den Helgen. Im Rahmen der Demontage der Werft wurden diese verschrottet. (Photo: Aus dem Besitz von Otto Grummelt, Schiffbauingenieur auf der AGW von 1934 bis 1967. Schenkung)

Allerdings verringerte sich diese Zahl 1948 mit Abschluß der Demontage drastisch. Für dieses Jahr liegt uns nur eine Jahresdurchschnittszahl des Gesamtkonzerns »Aktien-Gesellschaft 'Weser'« (für die beiden Betriebe: Seebeck in Bremerhaven und AGW Bremen)

---

27 Vgl. Peter Kuckuk, Die AG »Weser« von 1945 bis 1951/53. Schiffbauverbot - Wiederaufbau -Neubauerlaubnis, MS. (erscheint 1998 im Band 16 der »Beiträge zur Sozialgeschichte Bremens«).

von 2.961 Beschäftigten vor.[28] Da aber die Seebeck-Werft zu dieser Zeit durch Reparaturen und den Bau von Fischdampfern, der im Rahmen der alliierten Beschränkungen erlaubt war, in einer ökonomisch weitaus besseren Lage war, wird auch der größere Teil dieser knapp 3.000 Personen in Bremerhaven beschäftigt gewesen sein. Allerdings waren auf der AGW Bremen auch nach der Demontage weiterhin Werftarbeiter tätig: »*Zur Erhaltung des aus den Demontagearbeiten freiwerdenen Stammes an Facharbeitern wurden diese zunächst mit Aufräumarbeiten beschäftigt*«[29], als das Werftgelände im April 1948 wieder betreten werden konnte. Dies fiel der Werftleitung umso leichter, als vor der Währungsreform die Bezahlung der weiterbeschäftigten Arbeiter mit wertlosem Geld erfolgte. Nach der Währungsreform vom 21.Juni 1948 ging die Beschäftigung dann auch zunächst zurück, zumal die Währungsumstellung die »*Annulierung des größten Teils*« der Aufträge nach sich zog.[30]

Inzwischen hatte die AG »Weser« nach langanhaltenden Konflikten mit der »Bremer Dock«, die der AGW untersagen wollte, außer den Demontagearbeiten selbst eigene produktive Tätigkeiten aufzunehmen, die Geschäftsanteile dieses Unternehmens im Mai 1948 erworben und deren Produktion weitergeführt. Die so als Unternehmen wiederhergestellte Bremer AG »Weser« konnte allerdings nicht in dem Maße von der im Ersten Petersberger Abkommen 1949 gewährten teilweisen Freigabe des deutschen Schiffbaus (Beschränkung auf den Neubau von Schiffen mit maximal 1.500 BRT und 12 kn Geschwindigkeit)[31] profitieren wie der Bremerhavener Betriebsteil der AGW, die Seebeck-Werft, die mit dem Bau von Fischdampfern, Fähren und Küstendampfern in den Jahren 1950 bis 1952 an erster Stelle unter den deutschen Werften, gemessen an der Zahl der abgelieferten Schiffe, stand. Dennoch beschäftigte die Bremer Werft -

---

28 Aktien-Gesellschaft »Weser« in Bremen (früher: Deutsche Schiff- und Maschinenbau Aktiengesellschaft, Bremen). 1. Bis 3. Geschäftsjahr, 1945-1947, Bremen November 1949, S. 8 (HA Krupp, WA 65 † 40.1945/47).
29 Aktien-Gesellschaft »Weser« in Bremen (früher: Deutsche Schiff- und Maschinenbau Aktiengesellschaft, Bremen). 1.1. - 20. 6. 1948, Viertes Geschäftsjahr, Bremen, November 1949, S. 5 (HA Krupp, WA 65 † 40.1948 [1]).
30 Ebenda.
31 Vgl. Cai Boie, Schiffbau in Deutschland 1945-52. Die verbotene Industrie, Bad Segeberg und Cuxhaven 1993, S. 36 ff.

deren Schiffsneubaulizenz durch die US-Militärregierung zeitweilig sogar gefährdet war - im Januar 1949 bereits wieder 2.200 Personen.[32] Diese waren teils mit der »Alternativproduktion« der ehemaligen »Bremer Dock« und teils mit Reparatur und Umbau von Schiffen befaßt. »Für das Bremer Werk - wie für die großen Bremer Reedereien - boten jedoch [die durch die Alliierten für den Schiffsneubau vorgeschriebenen] Abmessungen noch keinen Anreiz, mit Neubauten zu beginnen.«[33] So wurden bis zur Freigabe des deutschen Schiffsneubaus im Zweiten Petersberger Abkommen vom April 1951 nur drei kleine Frachtdampfer (zwischen 1.410 und 2.409 BRT) und eine Anzahl von Schuten und Pontons gebaut.[34] Allerdings war die Werft bemüht, auch bis zur völligen Freigabe des Schiffbaus eine Kontinuität in der Belegschaft zu sichern: »*Bis dahin hoffen wir, unseren alten Stamm an gelernten Facharbeitern, die uns in schwerer Zeit die Treue gehalten haben und denen wir an dieser Stelle dafür danken, mit den vorliegenden Arbeiten beschäftigen zu können,*« heißt es in dem 1949 veröffentlichten Geschäftsbericht.[35]

Höchstbeschäftigung in den 1950er Jahren

Bis 1951 stieg die Belegschaft der Bremer AGW auf 4.250 an.[36] Grund für diese Verdoppelung der Belegschaft gegenüber 1949 war der Wiedereinstieg in den Schiffsneubau nach dem Fall der Schiffbaure-

---

32 Peter Kuckuk, Die AG »Weser« von 1945 bis 1951/53. Schiffbauverbot - Wiederaufbau -Neubauerlaubnis, a.a.O.
33 AG »Weser« (Hrsg.), AG »Weser« Bremen 1843-1968, a.a.O., S. 111.
34 Vgl. AG »Weser« (Hrsg.), AG »Weser« Bremen 1843-1968, Bremen 1968, S. 135 f. Bei diesen Dampfern handelte es sich nicht um Neubauten, sondern um die »Reparatur oder besser Totalerneuerung der Wracks von drei Frachtern der Argo Reederei bzw. der DG Neptun« (Cai Boie, a.a.O., S. 58).
35 Aktien-Gesellschaft »Weser« in Bremen (früher: Deutsche Schiff- und Maschinenbau Aktiengesellschaft, Bremen). 1.1. - 20. 6. 1948, Viertes Geschäftsjahr, Bremen, November 1949, S. 5 (HA Krupp, WA 65 † 40.1948 [1]).
36 Für den Gesamtkonzern wird für 1951 eine jahresdurchschnittliche Beschäftigtenzahl von »fast 7.000« genannt (Aktien-Gesellschaft »Weser« in Bremen, Siebentes Geschäftsjahr, 1951, Bremen, Mai 1952, S. 7 [HA Krupp, WA 65 † 40.1951]). Da die Seebeck-Werft für 1951 die Zahl von 2750 Beschäftigten angibt (vgl. AG Weser, Werk Seebeck (Hrsg.), 75 Jahre Seebeckwerft 1876 bis 1951, o.O., o.J.) ergibt sich diese Zahl für die Bremer Werft

striktionen durch das Zweite Petersberger Abkommen.[37] Im Herbst 1951 erhielt die Werft die Wiederaufbaugenehmigung und in kurzer Zeit entstanden auf dem demontierten Gelände neue Helgen und Anlagen. Bis 1954 war dieser Wiederaufbau weitgehend abgeschlossen. Bereits 1952 waren wieder vier Hellinge in Betrieb und die ersten Neubauten - 6 Motorfrachter von 10.000 tdw - konnten abgeliefert werden. Gleichzeitig begann die Produktion einer Serie von Großtankern in der bisher nicht gekannten Größe von 22.000 tdw für den griechischen Reeder Onassis. Der erste dieser Großbauten - die »Olympic Cloud« - lief 1953 zur Probefahrt aus. Zahlreiche Tanker für die Reedereien Livanos und Esso folgten in den kommenden Jahren. Die Abmessungen dieser Schiffe stiegen bis zum Ende der 1950er Jahre auf rund 50.000 tdw. Auch die Aufträge für Frachtmotorschiffe und Passagierdampfer kamen nicht nur von deutschen Reedereien, sondern der Exportanteil war hoch. So stammte der Auftragsbestand beispielsweise zum 31. März 1955 zu über 70 Prozent aus dem Ausland.

Die Werft machte seit 1951 wieder Gewinne, die zunächst auf die bis dahin entstandenen Verluste vorgetragen wurden. 1953 zahlt sie erstmalig wieder Dividende in Höhe von sechs Prozent auf die Vorzugsaktien. Die Vorzugsdividende stieg 1956 auf sieben Prozent und 1957 auf neun Prozent und blieb auf dieser Höhe bis in die 1960er Jahre. Das Anlagevermögen der Aktiengesellschaft »Weser« (einschließlich der Bremerhavener Seebeckwerft) war bei der DM-Umstellungsbilanz zum 20. Juni 1948 mit 21,5 Mio, das Umlaufvermögen auf 24,9 Mio DM beziffert worden. Bis 1960 hatte sich das Anlagevermögen auf 44,2 Mio verdoppelt und das Umlaufvermögen mit 173,8 Mio versiebenfacht.[38] Nachdem Krupp in der unmittelba-

---

37 Vgl. Peter Kuckuk und Hartmut Roder, Die goldenen Nachkriegsjahre des bremischen Schiffbaus, in: Karl-Ludwig Sommer (Hrsg), Bremen in den fünfziger Jahren. Politik, Wirtschaft, Kultur, Bremen 1989, S. 174-193. Zu den Bemühungen des Präsidenten des Bremer Senats, Wilhelm Kaisen, um die Freigabe des Schiffbaus vgl. Hans G. Janssen, Bürgermeister Kaisens Reise in die Vereinigten Staaten im Frtühjahr 1950 - Ursache der Aufhebung der Schiffbaurestriktionen? In: Peter Kuckuk, Hartmut Roder und Hochschule Bremen (Hrsg.), Von der Dampfbarkasse zum Containerschiff, a.a.O., S. 176-193.
38 Alle Angaben aus den Geschäftsberichten: Aktien-Gesellschaft »Weser« in Bremen, Siebentes Geschäftsjahr, 1951, Bremen, Mai 1952, S. 7 (HA Krupp, WA 65 † 40.1951) bis Aktien-Gesellschaft »Weser« in Bremen, Geschäftsbericht 1960. Ge-

Kapitel 5: Die Arbeitswelt der AG »Weser« in Bremen

ren Nachkriegszeit vergeblich versucht hatte, die zur Demontage freigegebene Werft an den Bremer Senat zu verkaufen, war der Essener Konzern weiterhin Mehrheitsaktionär geblieben. Im Laufe der 1950er Jahre erhöhte Krupp seinen Aktienbesitz und nach der Übernahme des zehnprozentigen Anteils des Otto-Wolff-Konzerns besaß Krupp 1955 schließlich 90 Prozent des Kapitals der AGW.

Die wiederaufgebaute AG »Weser« im Jahre 1953, Blick von Westen. Im Zentrum sieht man den neuerrichteten 265 m langen Doppelhelgen 5. Links davon schließen sich die übrigen Hellinge an. Im Vordergrund sieht man den ersten für die Onassis-Reederei gebauten 22.000 tdw-Tanker, die »Olympic Cloud«, auf seiner Werftprobefahrt. (Photo: Focke-Museum - Bremer Landesmuseum für Kunst und Kulturgeschichte)

---

schäftsbericht für das sechzehntes Geschäftsjahr, 1.1. - 3.1. 12. 1960, Bremen, Mai 1961, S. 10 (Historisches Archiv Krupp [ferner zitiert: HA Krupp], WA 65 † 40.1960), sowie Aktien-Gesellschaft »Weser« in Bremen, DM-Eröffnungsbilanz, Bremen Mai 1951 (HA Krupp, WA 65 † 40.1948 [2]).

Zwischen 1950 und 1957 baute die AGW 50 Schiffe mit zusammen 450.250 BRT.[39] Die Belegschaftszahl wuchs von 5.500 im Jahre 1953 auf rund 6.000 in den Jahren 1954 und 1955, auf 6.700 in 1956 und 1957, um schließlich Anfang 1958 mit über 6.800 Beschäftigten den Höchststand der Nachkriegsgeschichte der AG »Weser« zu erreichen.

Allerdings war die Beschäftigung auch in diesen Aufbau- und Blütejahren keineswegs konstant. So entnehmen wir den unvollständig vorliegenden Zahlen, daß beispielsweise die Belegschaft zwischen dem Dezember 1955 und dem Januar 1956 um rund 350 Personen zurückging. Ein Jahr später erfolgte in den gleichen Monaten (Dezember 1956 auf Januar 1957) sogar eine Reduzierung um rund 700 Beschäftigte. Für diese Schwankungen gibt es mehrere Ursachen. Zu Beginn der 1950er Jahre hatten die Werften häufig mit Materialengpässen zu kämpfen. Besonders während des Koreakrieg-Booms war Schiffbaustahl zeitweilig Mangelware, so daß trotz guter Auftragslage die Produktion eingeschränkt werden mußte. So erfolgten im Oktober und November 1950 auf der AGW Entlassungen sowohl im Schiff- als auch im Maschinenbau.[40] Im Dezember berichtet die IG Metall dann schon wieder von einer *»einigermaßen guten Beschäftigung«* auf den Werften in Bremen[41], um im folgenden Monat erneut Entlassungen wegen Rohstoff- und Kohlenmangels zu vermelden.[42] Diese wechselhafte Entwicklung hielt auch das ganze Jahr 1951 an.[43] Erst ab Frühjahr 1952 wird ständig von Neueinstellungen und guter, bzw. stabiler Beschäftigungslage bei den Bremer Werften berichtet,

---

39 Statistisches Landesamt Bremen (Hrsg.), Statistische Mitteilungen 1958, H. 3, S. 375.
40 Vgl. Industriegewerkschaft Metall für die britische Zone und Bremen, Bezirksleitung Hamburg, Organisationsbericht für den Monat Oktober 1950 (Archiv der IG Metall, Frankfurt/Main [ferner: IGMA], Bezirk Hamburg 1950-59/400/0), dies., Organisationsbericht für den Monat November 1950, a.a.O.
41 Dies., Organisationsbericht für den Monat Dezember 1950, a.a.O.
42 Dies., Organisationsbericht für den Monat Januar 1951, a.a.O.
43 Im Mai und Juni 1951 vermerkt die IG Metall Neueinstellungen, im September, November und Dezember 1951 spricht sie von einer ungünstigen Entwicklung wegen Materialengpasses bei den Bremer Werften und im Januar 1952 meldet sie die Entlassung von 250 Facharbeitern im Bremer Schiffbau wegen Materialmangels (Dies., Organisationsberichte für die Monate Mai, Juni , September, November und Dezember 1951, Januar 1952, a.a.O)

Kapitel 5: Die Arbeitswelt der AG »Weser« in Bremen   85

im März 1952 ist sogar erstmals von einem Facharbeitermangel die Rede.[44] Obwohl im Januar 1954 festgestellt wird, daß die Großwerften voll beschäftigt seien und Tischler, Schlosser und Nieter zum Teil aus Umschulungsmaßnahmen des Arbeitsamtes eingestellt würden[45], vermerkt die Gewerkschaft im September desselben Jahres: »*Trotzdem bleibt die Beschäftigungslage der Werften schwankend*«.[46] Das lag nun nicht mehr am inzwischen überwundenen Rohstoffmangel, sondern an den schiffbauspezifischen Produktionsabläufen, die diese Branche auch schon vor dem Kriege kennzeichneten. Schiffsneubauten sind termingebunden, die Reeder vergeben die Aufträge auch unter dem Gesichtspunkt schneller Ablieferung. Deshalb wurde bei vollen Auftragsbüchern die Belegschaft erhöht. Fehlten bei der Ablieferung der Schiffe Folgeaufträge in derselben Höhe, wurde die Beschäftigung wieder reduziert, zumal auch das Reparaturgeschäft - ein weiterer Schwerpunkt auf der AGW - diskontinuierlich anfiel.[47]

---

44 Vgl. Dies., Organisationsberichte für die Monate März , April und Mai, Dezember 1952, Juli und August 1953, a.a.O.
45 Vgl. Dies., Organisationsberichte für den Monat Januar 1954, a.a.O.
46 Dies., Organisationsberichte für den Monat September 1954, a.a.O.
47 Zur folgenden *Tabelle 1*: Es ist schwierig, die genauen Belegschaftszahlen für die Zeit nach dem Zweiten Weltkrieg festzustellen. Die überlieferten Statistiken weisen meist die Gesamtbelegschaft der Aktiengesellschaft (also mit dem Bremerhavener Betriebsteil Seebeck-Werft) auf. Die noch vorhandenen Belegschaftslisten der Bremer AGW beziehen sich auf den Stand vom Juni 1984 und reichen nur zehn Jahre zurück. Die Zahlen dieser fragmentarischen Tabelle sind aus folgenden Quellen zusammengestellt: HA Krupp, WA 143/44; Jährliche Geschäftsberichte der AGW: Aktien-Gesellschaft »Weser« in Bremen (früher: Deutsche Schiff- und Maschinenbau Aktiengesellschaft, Bremen). 1. bis 3. Geschäftsjahr, 1945-1947, Bremen November 1949, S. 8 (HA Krupp, WA 65 † 40.1945/47) bis: Aktien-Gesellschaft »Weser« in Bremen, Geschäftsbericht 1960. Geschäftsbericht für das sechzehnte Geschäftsjahr, 1.1. - 3.1. 12. 1960, Bremen, Mai 1961, S. 10 (HA Krupp, WA 65 † 40.1960); Gutachten des Wirtschaftsprüfers und Beratenden Ingenieus Dr. rer.pol. Dipl.Ing. Gerwin Prasse und des Werftdirektors a.D. Dr. Ing. Werner Immich über die Wirtschaftlichkeit und Betriebsorganisation der Aktiengesellschaft Weser Bremen, Juli 1957 [Bd. 1], S.31, HA Krupp WA 143/221; Technisches Gutachten über die Werften Bremen und Bremerhaven der Aktien-Gesellschaft »Weser«, erstattet im Auftrage der Firma Krupp, Essen von Dr. Ing. Werner Immich, Kiel, Kiel im Juli 1957, S.519, HA Krupp WA 143/222; Fried. Krupp. Umsatz, Beschäftigung, Ausfuhr 1958-1960, Fachabteilung Marktforschung, o.O., o.J., S. 51 (HA Krupp, FK3/1-1958/60); Fried. Krupp. Umsatz, Beschäftigung, Ausfuhr 1958-1960, Fachabteilung Marktforschung, o.O., o.J., S. 51 (HA Krupp, FK3/1-1958/60); Belegschaft des Krupp-Konzerns am 30. Juni 1961,

Tabelle 1: Belegschaftszahlen der AG »Weser« 1945-1961

Jahr	AG »Weser« Werk Bremen	AG »Weser« gesamt (Bremen u. Bremerhaven)
März 1945	16.207	
1945	1.500 (Oktober)	4.739
1946	800 Demontage	3.516
1947	1.450 Demontage (Februar) und 1.500 [?] bei »Bremer Dock«.(Juni)	2.932
1948	300 Demontage (Februar) 0 Demontage (April)	2.961
1949	2.200 (Januar)	
1950		über 5.000
1951	4.250	fast 7.000
1952		über 8.000
1953	5.500	über 9.000
1954	6.000 5.902 (Dezember)	9.100
1955	6.173 (Dezember)	10.265 (Juni); 9.542 (Jahresmittel)
1956	5.834 (Januar) 6.716 (Dezember)	10.431 (Jahresmittel)
1957	6.066 (Januar) 6.700 (Juli)	10.916
1958	6.829	9.841 (Jahresmittel) 7.992 (Dezember)
1959		7.719 (Jahresmittel)
1960	4000 (ca.)	7.980 (Jahresmittel) 7.958 (Dezember)
1961		7.995 (Jahresmittel)

Essen, den 8 August 1961 (HA Krupp, WA VIIf 1333); Peter Kuckuk, Die AG »Weser« von 1945 bis 1951/53. Schiffbauverbot - Wiederaufbau - Neubauerlaubnis, a.a.O.; Peter Kuckuk, Die Demontage der Deschimag-Werft AG »Weser« (Oktober 1945 - April 1948), a.a.O.; AG Weser, Werk Seebeck (Hrsg.), 75 Jahre Seebeckwerft 1876 bis 1951, o.O., o.J.; Tribüne der Demokratie vom 16./17. 1. 1954; Tribüne der Demokratie vom 5. 7. 1955; Bremer Nachrichten vom 6. 1. 1956, Statistisches Landesamt Bremen (Hrsg.), Statistische Mitteilungen 1958, H. 3, S. 372.

Kapitel 5: Die Arbeitswelt der AG »Weser« in Bremen 87

Schaubild 5: Belegschaftsentwicklung der AG »Weser« 1946-1961[48]

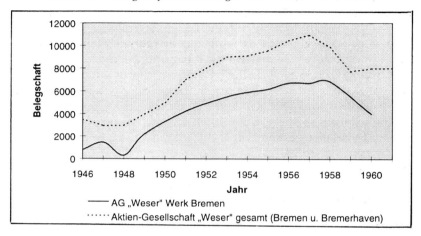

Einem unserer Interviewpartner, der 1952 als Schlosser auf der AGW angefangen hat, sind solche zeitweiligen Entlassungen mehrfach passiert: *»Dann bin ich wegen schlechter Auftragslage entlassen worden«*. Da keine Schlosser gebraucht wurden, ließ er sich 1953 als Zimmermannshelfer wiedereinstellen. Er bekam zwar weniger Geld, doch das war ihm egal, *»Hauptsache«*, er hatte Arbeit. Als wieder Schlosser gesucht wurden, arbeitete er in seinem Beruf, um alsbald erneut entlassen zu werden.[49] Ein anderer Interviewpartner beschreibt, wie die Werftleitung regelmäßig bei Auftragsmangel solche zeitweiligen Entlassungen zur Kostenersparnis einsetzte und dabei auch noch ausgehandelte Sozialleistungen einsparte: *»Und dann bin ich aufe AG Weser [...] fünf Mal rausgeflogen. Vier Wochen drei Wochen immer wieder eingestellt. Aber das war alles vor der Zeit wie ich noch nicht verheiratet war als junger Kerl«*. Einen Tag, bevor es Kartoffelgeld gab, *»flogen die Junggesellen raus. ... Dann war eben einfach keine Arbeit da. Wie ich geheiratet habe habe ich zu meinem Meister gesagt: 'Jetzt hat die Spielerei nen*

---

48 Schaubild 5 nach den in der vorherigen Anmerkung genannten Quellen zusammengestellt und für die nicht vorliegenden Zahlen interpoliert.
49 Interview mit Friedrich Mannsholt, Verlaufsprotokoll.

Ende'. Naja bin ich auch nich wieder rausgeflogen bis die AG Weser geschlossen hat«.[50] Zwar hatte für diesen Werftarbeiter nach seiner Heirat 1952 dieses Hin und Her von Einstellungen und Entlassungen ein Ende, doch weisen gerade die eingangs erwähnten starken Fluktuationen zwischen den Monaten Dezember und Januar (für die uns in den Jahren 1955/56 und 1956/57 Zahlen vorliegen) darauf hin, daß diese Entlassungen wohl nicht nur auftrags- oder witterungsbedingt waren, sondern daß sich dabei die Weihnachtsgeldzahlungen, bzw. die Einkellerungsbeihilfe für Kartoffeln und Kohle, deren zweite Rate im Dezember gezahlt wurde, einsparen ließen. In dem zitierten Bericht wird deutlich, daß die Unternehmensleitung den Widerspruch dieser Praxis zu ihrer erklärten Absicht, einen langjährig der Werft verbundenen Facharbeiterstamm zu halten, dadurch abzumildern versuchte, daß nur junge, unverheiratete Leute diese zeitweiligen Entlassungen ertragen mußten. Bemerkenswert in diesem Zusammenhang ist auch die bedeutende Stellung der Meister, die offenbar darüber entschieden, wer entlassen wurde, denn es genügte, daß Herr Dröhler sich nach seiner Heirat bei seinem Meister gegen diese Praxis verwahrte.

Auf dem Hintergrund hoher Arbeitslosenzahlen in der ersten Hälfte der 1950er Jahre[51] und der noch nicht ausreichenden sozialen Sicherungen konnten solche Beschäftigungsschwankungen auf der AGW durchaus Existenzunsicherheiten bewirken, wie sie auch früher das proletarische Leben geprägt haben. Erst die Vollbeschäftigung am Ende des Jahrzehnts hat diese Unsicherheiten proletarischer Existenz zeitweise aufgehoben. Für die Belegschaft der AG »Weser« war es ein glücklicher Umstand, daß die »Wirtschaftswunder«-Konjunktur dann endlich zur Vollbeschäftigung führte, als der Schiffbau in eine schwere Krise geriet.

---

50 Interview mit Heinz Dröhler, Verlaufsprotokoll.
51 Zu Beginn der 1950er Jahre herrscht in Bremen noch eine erhebliche Arbeitslosigkeit (Quote im Land Bremen: März 1950: 11,8 %; März 1952: 12,7 %, März 1954: 10,9 %). Ab Sommer 1954 sinkt sie dauerhaft unter 10 %, ab September 1956 unter 5 % und am Ende des Jahrzehnts ist sie bei einer Quote von 1,8 % praktisch beseitigt.

Die Schiffbaukrise ab 1958

Ab Mitte des Jahres 1958 war der Nachkriegsaufschwung im deutschen Schiffbau zu Ende. Bereits zur Jahreswende 1956/57 hatte mit dem Verfall der Frachtraten nach dem Ende der Suez-Krise ein Konjunkturrückgang in der Weltschiffahrt begonnen, der 1958 die deutschen Werften voll erfaßte. Der anhaltende Tonnageüberhang der Welthandelsflotte bewirkte, daß die Aufträge für Schiffsneubauten stark verringert wurden. Dabei sank der deutsche Anteil an diesen Neubauaufträgen, was den Vorstand der AG »Weser« zu ständigen Klagen über Wettbewerbsnachteile gegenüber den stärker subventionierten ausländischen Werften und zu Forderungen nach höheren Reedersubventionen und Finanzierungshilfen veranlaßte.[52] Zwar konnte der vorhandene Auftragsbestand 1958 noch einen dramatischen Beschäftigungsabbau verhindern - im Gesamtkonzern sank die Belegschaft um rund 1.000 Personen -, dennoch bestand bereits keine volle Beschäftigung mehr an den kleinen Helgen.[53] Die Werftindustrie der Welt *»verzeichnete 1959 erstmals seit 1947 einen Rückgang der Stapellaufziffern und zwar in Höhe von 0,5 Mio BRT im Vergleich zum Jahre 1958«*.[54] Auch bei der AG »Weser« sank die Zahl der abgelieferten Neubauten von elf in 1956 auf sieben in 1958 und nur noch fünf im Jahre 1959, wobei allerdings die Größe dieser fünf Schiffe mit 155.422 tdw die der 7 Schiffe von 1958 mit 125.998 tdw sogar leicht überstieg. Im Zuge der *»anhaltenden Depression«*[55] im Schiffbau, die für die exportstarke Branche durch die DM-Aufwertung 1960 noch verschärft wurde, reduzierte man die Belegschaft der AGW bis 1960 auf rund 4.000 Personen.[56] Die gute Kon-

---

52 Vgl. Aktien-Gesellschaft »Weser« in Bremen, Vierzehntes Geschäftsjahr, 1958, Bremen, Mai 1959, S.8 (HA Krupp, WA 65 † 40.1958), sowie: Aktien-Gesellschaft »Weser« in Bremen, Fünfzehntes Geschäftsjahr, 1959, Bremen, Mai 1960, S.9 (HA Krupp, WA 65 † 40.1959)
53 Vgl. Aktien-Gesellschaft »Weser« in Bremen, Vierzehntes Geschäftsjahr, 1958, Bremen, Mai 1959, S. 8 (HA Krupp, WA 65 † 40.1958.
54 Aktien-Gesellschaft »Weser« in Bremen, Fünfzehntes Geschäftsjahr, 1959, Bremen, Mai 1960, S. 9 (HA Krupp, WA 65 † 40.1959).
55 Aktien-Gesellschaft »Weser« in Bremen, Geschäftsbericht 1960. Geschäftsbericht für das sechzehnte Geschäftsjahr, 1.1.-31.12. 1960, Bremen, Mai 1961, S. 9 (HA Krupp, WA 65 † 40.1960).
56 Johann Gerdes, u.a., Betriebsstillegung und Arbeitsmarkt, a.a.O, S. 40, Schaubild 4.

junktur in den anderen bremischen Industriezweigen verhinderte dabei - wie zwei Jahre später beim Zusammenbruch der Borgward-Werke -, daß der Abbau von mehreren Tausend Arbeitsplätzen zu Arbeitslosigkeit führte.

Die Werftbelegschaft stagnierte bis Mitte der 1960er Jahre. Dann wurde ein umfangreiches Investitionsprogramm wirksam, das 1963 beschlossen wurde, »um die Werft den neuen Bedingungen im Großschiffbau anzupassen. Bis 1968 wurde in die Modernisierung und Rationalisierung der Werften in Bremen-Gröpelingen und in Bremerhaven 108 Mio DM investiert.«[57] Anlagen für die Sektionsbauweise und zwei neue Großhelgen, die den Bau von Schiffen mit mehr als 300.000 BRT erlaubten, wurden in Gröpelingen neu errichtet. Das führte bis Mitte der 1970er Jahre zu einer Vergrößerung der Belegschaft auf rund 4.500 Personen. Der Bremer Betrieb wurde für den Großschiffbau, besonders für den Bau von Großtankern spezialisiert, während der Standard- und Spezialschiffbau von der Seebeck-Werft übernommen wurde.

Zwar hatte diese Spezialisierung geraume Zeit erhebliche Erfolge, die zu zwei weiteren Investitionenswellen im Bereich des Großtankerbaus zu Anfang und in der Mitte der 1970er Jahre führten, doch war die Werft durch diese einseitige Produktpalette auch sehr krisenanfällig geworden. Die letzte Erweiterung des Helgens »Alfried« im Jahre 1975, die den Bau von 650.000-Tonnen-Tankern erlaubt hätte, traf bereits mit dem Zusammenbruch des Tankermarktes infolge weltweiter Überkapazitäten zusammen. Als die Werft dann ab 1979 erhebliche Verluste machte, setzten Sanierungs- und Umstrukturierungskonzepte ein, die den Ausstieg aus dem Großtankerbau bedeuteten. Da es auch Anfang der 1980er Jahre nicht zu einer genügenden Erholung auf dem Schiffbaumarkt kam, eine kostendeckende Produktion nicht mehr möglich war, die Bundes- und Landesregierungen weitere umfangreiche Subventionen verweigerten und eine Fusion aller Bremer Werften am Widerstand des Hauptaktionärs des Bremer Vulkan scheiterte, kam es Ende August 1983 zu dem Beschluß, die Bremer AGW stillzulegen. Umfangreiche Proteste der verbliebenen 2.000köpfigen Belegschaft, die auch eine einwöchige

---

57 Johann Gerdes, u.a., Betriebsstillegung und Arbeitsmarkt, a.a.O., S. 40.

Kapitel 5: Die Arbeitswelt der AG »Weser« in Bremen 91

Besetzung der Werft durchführten, konnten die Schließung nicht abwenden, die zum Ende des Jahres 1983 wirksam wurde. Mit Abwicklungsaufgaben wurden noch eine Reihe von Arbeitern und Angestellten bis zum Juni 1984 beschäftigt. Einer der beiden gewaltigen Bockkrane der AGW markierte noch bis zum Juni 1997 die weitläufige Industriebrache, auf der einst die bedeutendste Bremer Werft gestanden hatte.

Die AG »Weser« als Werft für den Großtankerbau nach der Modernisierung in den 1970er Jahren. Man sieht die beiden neugebauten Großhelgen 6 »Wilhelm« (rechts) und den noch größeren Helgen 5 »Alfried«, auf dem ein fast fertiggestellter Großtanker von 380.000 tdw liegt. Die Bockkrane von 500 und 780 Tonnen Traglast, die das alte Hellinggerüst ersetzten, konnten die Sektionen, die in der am rechten Bildrand teilweise erkennbaren Schiffbauhalle vorgefertigt worden waren, zum Zusammenbau auf die Helgen transportieren. (Photo: Winkler-Photostudios Bremen)

Kontinuität trotz aller Schwankungen: Die Herkunft der AGW-Belegschaft

Die AG »Weser« galt in Bremen als ein Traditionsbetrieb mit einer verwurzelten Stammbelegschaft, in der nicht selten drei Generationen einer Familie arbeiteten. Die geschilderten dramatischen Schwankungen der Belegschaftszahlen in diesem Jahrhundert bilden durchaus keinen Gegenbeweis zu dieser weitverbreiteten Einschätzung. Läßt man die Spitzenzahlen während der Rüstungsproduktion in den beiden Weltkriegen (die teilweise mit Auswärtigen und Zwangsarbeitern erreicht wurden) und beim Bau der »Bremen IV« sowie die Tiefstände der Beschäftigung während der Weltwirtschaftskrise und der Demontage beiseite, so wird man feststellen, daß die Werft die meiste Zeit eine Belegschaft von 4.000 bis 6.000 Beschäftigte aufwies. Natürlich ist dieser Befund noch kein Beleg für eine überdurchschnittliche Kontinuität der Belegschaft, könnte sie sich doch theoretisch bei jedem der dargelegten Umbrüche weitgehend neu zusammengesetzt haben.

Einen ersten Hinweis darauf, daß dieses nicht der Fall ist, finden wir, wenn wir die *regionale Rekrutierung* der AGW-Arbeiterschaft betrachten. Eine Stichprobe bei den in den 1950er Jahren auf der Werft Beschäftigten ergibt, daß fast Zweidrittel, nämlich 64 Prozent, aus Bremen und dem unmittelbaren Umland stammten. Lediglich zehn Prozent waren in den Ostgebieten, sechs Prozent auf dem Territorium der DDR geboren worden. Weitere zwölf Prozent stammten aus anderen Gebieten Deutschlands, lebten aber teilweise schon lange in Bremen.[58] Da es sich bei den zu der Stichprobe herangezogenen Arbeitern und Angestellten um langjährig Beschäftigte handelte (die mindestens bis 1973/74 auf der AGW beschäftigt waren), könnte man vermuten, daß diese Zahlen nur für die Kernbelegschaft gelten. Dagegen spricht allerdings, daß sich auch unter unseren Interviewpartnern und -partnerinnen ein ähnlich niedriger Anteil von Flüchtlingen und Vertriebenen findet: Von 40 stammen fünf aus den

---

58 Stichprobe aus 100 Personalakten von Lohnempfängern und Angestellten, die in den 1950er Jahren und noch bis mindestens 1973/74 auf der AG »Weser« beschäftigt waren, im Archiv der Schichau-Seebeckwerft AG in Bremerhaven. Die Stichprobe erfolgte nach den Belegschaftslisten »AG Weser, Bremen, Alphaliste, Lohnempfänger vom 10. 07.1987« und »AG Weser, Bremen, Alphaliste, Angestellte vom 10.07.1987«, ebenfalls im Archiv der Schichau-Seebeckwerft.

Ostgebieten, einer ist auf dem Gebiet der DDR geboren worden, die übrigen sind in Bremen oder dem nahen Umland aufgewachsen.[59]

Die regionale Herkunft läßt sich noch weiter eingrenzen, denn noch aussagekräftiger als der Geburtsort ist die Wohnungsadresse, die bei Eintritt in die Werft angegeben wurde: Fast die Hälfte unserer Stichprobe (48 Prozent) wohnte in den klassischen Werft- und Hafenarbeiterquartieren in Walle und Gröpelingen, weitere 11 Prozent im ebenfalls werftnahen Bremen-Nord[60] - ein deutlicher Hinweis auf die Herkunft dieser Beschäftigten aus dem bremischen Werftarbeitermilieu. Ein Beleg für die lokale Verwurzelung ist auch die geringe Mobilität dieser Werftarbeiter. Die große Mehrheit verändert ihren Wohnsitz überhaupt nicht. Aber auch von den 36 Prozent, die umziehen, bleibt die Mehrheit in den Arbeiterquartieren Gröpelingen und Walle und in den ebenfalls stark von Arbeitern geprägten Teilen von Bremen-Nord. 74 Prozent der neuen Wohnsitze liegen in diesen Stadtteilen.[61]

---

59 Damit blieb der Anteil der aus den Ostgebieten und der DDR stammenden AGW-Beschäftigten im Verlauf der 1950er Jahre deutlich unter dem Anteil der Vertriebenen und Zugewanderten an der Bevölkerung der Stadt Bremen. 1950 betrug die Zahl der Vertriebenen und aus der DDR Zugewanderten 53.500 bei einer Gesamtbevölkerung Bremens von 441.000; 1953 waren es 76.000 von 478.000; 1956 waren es 101.000 von 521.000 und 1959 betrug die Zahl 128.000 von 546.000. Mithin stieg der Anteil der Flüchtlinge und Vertriebenen an der Gesamtbevölkerung Bremens von 12 Prozent im Jahre 1950 auf immerhin ca. 23 Prozent in 1959, während der Anteil dieser Personengruppe an den langjährig Beschäftigten der AGW bei 16 Prozent liegt. Gerundete Zahlen nach: Statistisches Landesamt Bremen (Hrsg.), Statistisches Handbuch für das Land Freie Hansestadt Bremen 1950 bis 1960, Bremen 1961, S. 15 f.

60 Stichprobe aus 100 Personalakten von Lohnempfängern und Angestellten, a.a.O.; zu den Wohnverhältnissen der Bremer Werftarbeiter und zur Wohnungsbaupolitik der AGW vgl. auch: Hartmut Häußermann und Werner Petrowsky, Hauseigentum, Mobilität und Belegschaftsstruktur. Eine Fallstudie bei Werftarbeitern in Bremen von 1900 bis heute, in: Axel Schildt und Arnold Sywottek (Hrsg.), Massenwohnung und Eigenheim. Wohnungsbau und Wohnen in der Großstadt seit dem Ersten Weltkrieg, Farnkfurt/Main und New York, 1988, S. 63-91.

61 Dieses Bild geringer regionaler Mobilität verändert sich auch nicht, wenn man weitere Umzüge in Rechnung stellt. Auch von den nur 15 Prozent der Beschäftigten, die nach ihrem Tätigkeitsbeginn auf der Werft ein zweites Mal umgezogen sind, verbleiben 53 Prozent in den Arbeiterquartieren (Stichprobe aus 100 Personalakten von Lohnempfängern und Angestellten, a.a.O.). Selbst die Angaben für das Jahr 1984, also bei Schließung der Werft, die auf einem größeren Sample beruhen, zeigen noch eine hohe Affinität zu diesen Stadtteilen, auch wenn inzwischen ein größerer Teil im Umland wohnte - eine Folge des vermehrten Eigen-

Werftarbeiter vor der Maschinenbauhalle. Das Photo entstand beim Stapellauf des Fracht- und Fahrgastschiffes »Akdeniz« am 1. September 1955. (Photo: Aus dem Besitz von Goeben Reichenbach, Maschinenschlosser und Angestellter auf der AGW von 1946 bis 1979)

Werftleitung und Betriebsrat scheinen auch wenig Wert auf Arbeitskräfte von außerhalb gelegt zu haben. Ein gelernter technischer Zeichner aus dem 60 km entfernten Westendorf suchte nach dem Bankrott seines bisherigen Betriebes eine Arbeit als ungelernter Arbeiter auf der AG »Weser«. Er beschreibt, wie er dort 1956 empfangen wurde:

> Und dann bin ich also stand ich am Werktor
> und dann »Wo willst du denn hin?«
> »Ja ich will hier neu anfangen«

---

heimbaus in den 1970er Jahren - und die Vahr einen fast zehnprozentigen Anteil erreicht hat, denn immer noch wohnte knapp die Hälfte der schon in den 1950er Jahren auf der Werft beschäftigten Arbeiter und Angestellten in Gröpelingen, Walle und Bremen-Nord. (Auswertung der Anschriften von 466 Beschäftigten nach den Belegschaftslisten »AG Weser, Bremen, Alphaliste, Lohnempfänger vom 10. 07. 1987« und »AG Weser, Bremen, Alphaliste, Angestellte vom 10. 07.1987«, im Archiv der Schichau-Seebeckwerft).

Kapitel 5: Die Arbeitswelt der AG »Weser« in Bremen

> *Und denn »ja geh man da und da hin*
> *da is die Personalabteilung vorne dieses große Backsteingebäude.«*
> *Bin ich denn rumgegeistert [...]*
> *»Westendorf ach das is nix*
> *solche Leute wolln wir gar nich haben«*
> *hieß es dann*
> *Und ich sag »warum denn nich?«*
> *»Ja die müssen so früh aufstehn*
> *und wenn die hier ankomm dann sind die schon todmüde*
> *die ham gar keine Lust zu arbeiten*
> *und haun meistens nach drei Monaten wieder ab.«*
> *Ich denk »Na ja das is ja gut*
> *dann bist du ja*
> *hast du ja die besten Voraussetzungen« nich.*
> *Und dann bin ich da also rumgesaust*
> *und dann mußte ich also zum Betriebsrat noch*
> *und die sagten mir das gleiche.*[62]

Die Tatsache, daß die große Mehrheit der Werftarbeiter in den 1950er Jahren aus Bremen - und dort aus den traditionellen Werftarbeiterquartieren - stammte, macht bereits die Überlegung hinfällig, die Belegschaft der AG »Weser« sei nach dem Zweiten Weltkrieg möglicherweise weitgehend neu zusammengesetzt worden. Woher hätten die mehr als 6.000 Arbeitskräfte in Bremen kommen sollen, da auch die anderen bremischen Großbetriebe (Borgward, Vulkan, Atlas, Hafen) bald wieder ihre Vorkriegsstärke erreicht oder übertroffen hatten, wenn nicht überwiegend aus dem alten Belegschaftsreservoir der AGW?

Deutlicher noch als die regionale Herkunft kann der hohe Anteil von langjährig Beschäftigten auf der Werft als Beleg für die große Kontinuität in der Belegschaft der AG »Weser« gewertet werden. 1961 waren von der Gesamtbelegschaft der Aktiengesellschaft (einschließlich der Seebeck-Werft) »insgesamt 1367 Werksangehörige -

---

62 Interview mit Heinz Murken, Transkript. Die Transkription dieser Tonbandaufzeichnung orientiert sich am Verfahren der »Halbinterpretativen Arbeitstranskription (HIAT)« (vgl. stellvertretend Peter Alheit und Christian Glaß, Beschädigtes Leben - Soziale Biographien arbeitsloser Jugendlicher. Ein soziologischer Versuch über die »Entdeckung neuer Fragestellungen, Frankfurt a.M./New York 1986, S. 361). Eine Liste der Transkriptionsnotationen befindet sich im Anhang.

1024 Werker und 343 Angestellte - länger als 25 Jahre bei uns tätig.«[63], d.h. mehr als 17 Prozent waren vor 1936 auf die Werft gekommen. In der Festschrift zum 125jährigen Bestehen der Werft wird besonders hervorgehoben, daß 1967 in Bremen und Bremerhaven 1.555 Personen beschäftigt waren, die bereits ein Jubiläum - das 25., 40. oder 50. - auf der »Akschen« haben begehen können.[64] Das heißt, daß etwa ein Fünftel der damaligen Gesamtbelegschaft bereits im oder vor dem Zweiten Weltkrieg in den Betrieb eingetreten war. Unsere Stichprobe unter Beschäftigten der 1950er Jahre, die allerdings nur die danach noch langzeitig Beschäftigten erfaßte, ergab, daß 45 Prozent bereits vor 1945 (davon knapp ein Zehntel vor 1929) und 42 Prozent in den Jahren zwischen 1945 und 1954 ihre Arbeit auf der AGW Bremen aufgenommen haben. Die Beschäftigungsdauer dieser Gruppe ist entsprechend hoch: 28 Prozent hatten länger als 35 Jahre, 52 Prozent zwischen 25 und 35 Jahre auf der Werft gearbeitet, als sie nach 1973 ausschieden.[65]

Für die große Zahl langjährig Beschäftigter auf der AGW in den 1950er Jahren sprechen auch zeitgenössische Angaben über die Altersstruktur des Betriebes: 1957 waren 60 Prozent der Belegschaft zwischen 21 und 50 Jahre alt, 37 Prozent waren zwischen 21 und 40 Jahre alt.[66] Das bedeutet, daß zumindest die Arbeiter unter den 23 Prozent Beschäftigten, die 41 bis 50 Jahre alt waren, zwischen 1921 und 1930 mit der Lehre oder der Arbeit begonnen hatten und 1957 bereits zwischen 36 und 27 Jahre auf der Werft hatten sein können, wenn sie auf der AGW ihren Berufsweg begonnen hatten - was für

---

63 Aktien-Gesellschaft »Weser« in Bremen, Bericht über das siebzehnte Geschäftsjahr, 1.1.-31.12. 1961, S 12, HA Krupp, WA 65 † 40.1961.
64 AG »Weser« (Hrsg.), A.G.»Weser« Bremen 1843-1968, a.a.O., S. 113.
65 Stichprobe aus 100 Personalakten von Lohnempfängern und Angestellten, a.a.O. Bei diesen Angaben über die Beschäftigungsdauer muß allerdings berücksichtigt werden, daß die Dauer des Kriegsdienstes und der Gefangenschaft bei Arbeitern, die bereits vorher auf der AGW beschäftigt waren, angerechnet wurden. Kurzfristige Entlassungen, die nicht nur in der Vorkriegszeit, sondern auch noch in den 1950er Jahren in Zeiten von Auftragsmangel üblich waren, wurden nicht berücksichtigt. Bei allen schon 1953 beschäftigten Arbeitern wurde die sechswöchige Aussperrung während des Werftarbeiterstreiks von April bis Juni 1953 - entsprechend dem am Ende des Streiks vereinbarten Maßregelungsverbot - nicht von der Beschäftigungsdauer abgezogen.
66 Gutachten des Wirtschaftsprüfers und Beratenden Ingenieus Dr. rer.pol. Dipl.Ing. Gerwin Prasse und des Werftdirektors a.D. Dr. Ing. Werner Immich, a.a.O., S. 31.

einen Teil wohl auch zutraf.[67] Das Durchschnittsalter auf der Bremer AGW lag 1957 bei den Lohnempfängern mit 40 Jahren über dem des Bremerhavener Betriebsteils, wo es 36,7 Jahre betrug.[68] Bei den Angestellten war die Altersstruktur noch stärker durch »langjährige Mitarbeiter«[69] geprägt. Hier waren 57,3 Prozent zwischen 40 und 60 Jahre, und der Altersdurchschnitt lag bei 45,3 Jahren. Da vier Fünftel der Angestellten den technischen Abteilungen angehörten, also in der Mehrzahl Meister waren, die zum großen Teil aus der Arbeiterschaft kamen, kann auch im hohen Anteil älterer Angestellter ein weiterer Hinweis auf die große Kontinuität der Bremer Werftbelegschaft gesehen werden.

Schließlich trug auch die Art, in der häufig neue Arbeitskräfte für die Werft rekrutiert wurden, zu dieser Kontinuität bei. Die Mehrzahl unserer Interviewpartner berichtet, daß Verwandte oder Bekannte auf der AGW bereits beschäftigt waren und ihnen halfen, einen Arbeitsplatz auf der Werft zu bekommen.[70] Verwandte von bereits Beschäftigten scheinen bei der Einstellung eindeutig bevorzugt worden zu sein, was zur Politik der Werftsleitung paßt, eine Kernbelegschaft fest an das Unternehmen zu binden. Tatsächlich belegt die Einsicht in die Belegschaftslisten, in der häufig die gleichen Familiennamen mit den gleichen Adressen zu finden sind, den Umstand, daß nicht selten mehrere Mitglieder einer Familie, bzw. mehrere Generationen einer Familie auf der AG »Weser« in Arbeit standen.

---

67 Bei dieser Berechnung muß natürlich von Kriegsdienst und Gefangenschaft abgesehen werden, doch dürfte das bei der hohen Zahl der Uk-Gestellten unter den Werftarbeitern legitim sein.
68 Technisches Gutachten über die Werften Bremen und Bremerhaven der Aktien-Gesellschaft »Weser«, a.a.O., S. 503.
69 Ebenda.
70 Einer der Interviewten, der 1955 eine Lehre zum Stahlbauschlosser auf der AGW aufnahm und dessen Vater und Großvater bereits auf der AGW gelernt hatten, berichtet, daß man schon »Beziehungen« brauchte, um überhaupt eine Lehrstelle auf der Werft zu bekommen. (Interview mit Claus-Dieter Müller, Transkript).

Arbeiter auf der Helling 5 der AG »Weser«, 1920er Jahre. Das Photo zeigt u.a. den Schiffbauer Karl Krawalek, der 50 Jahre auf der AGW gearbeitet hatte, als er 1954 pensioniert wurde. (Photo: Aus dem Besitz von Karl Krawalek. Schenkung durch seine Nichte)

Kapitel 5: Die Arbeitswelt der AG »Weser« in Bremen

Homogenität und Ausnahmen: Frauen und Vertriebene

Die Schiffbauindustrie ist traditionell eine Domäne männlicher Arbeiter. Die Schwere der Arbeit und die Dominanz gewerblicher Facharbeiter bei der Schiffsproduktion führte dazu, daß *Frauenarbeit* nur in geringem Umfang und - zumindest in Friedenszeiten - ganz überwiegend im kaufmännischen und technisch-zeichnerischen Bereich vorkam. Am 31. Dezember 1960 waren von den 7.958 Beschäftigten der Aktiengesellschaft »Weser« (Bremer und Bremerhavener Betriebsteil) 357 Frauen, das waren ca. 4,5 Prozent. Die Mehrzahl davon war als Angestellte (182 und 17 Lehrlinge) beschäftigt, lediglich 69 als gewerbliche Arbeiterinnen und 89 als Putzfrauen.[71] Weibliche Lehrlinge im gewerblichen Bereich gab es nicht.[72] Die weiblichen Angestellten arbeiteten mehrheitlich im kaufmännischen Bereich. 1957 waren auf der Bremer AGW von 547 Angestellten 46 weiblich, von denen 29 als kaufmännische und 17 als technische Angestellte - in der Regel als technische Zeichnerinnen - tätig waren.[73]

Unter den gewerblichen Arbeiterinnen, die in der Statistik für 1960 erwähnt werden, handelt es sich mehrheitlich um Schweißerinnen, die 1959 und 1960 eingestellt worden waren. Trotz des Personalabbaus auf der AGW im Zuge der Schiffbaukrise ab 1958 gab es weiterhin einen Mangel an ausgebildeten Arbeitskräften, über den bereits in den Geschäftsberichten der Werft ab 1954 geklagt wurde[74]. Die Vollbeschäftigung wurde in der zweiten Hälfte der 1950er Jahre spürbar, und die Werft mußte am Arbeitsmarkt mit Industriezweigen konkurrieren, in denen Löhne und Arbeitsbedingungen - wie beispielsweise im Automobilbau - deutlich besser waren. In dieser

---

71 In der bremischen Schiffbauindustrie gab es nach den »Ergebnissen der Gehalts- und Lohnstrukturerhebung vom Oktober 1957« insgesamt nur 1,4 Prozent Arbeiterinnen (Statistisches Landesamt Bremen [Hrsg.], Statistische Monatsberichte, 1959, H.10, S. 241).
72 Belegschaft des Krupp-Konzerns am 31. Dezember 1960 - ohne Beteiligungsgesellschaften, Essen, den 2. Februar 1961 (HA Krupp WA 42/328).
73 Technisches Gutachten über die Werften Bremen und Bremerhaven der Aktien-Gesellschaft »Weser«, a.a.O., Zahlentafel 5.21 (HA Krupp WA 143/222).
74 Vgl. Aktien-Gesellschaft »Weser« in Bremen, Zehntes Geschäftsjahr, 1954, Bremen, Mai 1955, S.7 (HA Krupp, WA 65 † 40.1955); Aktien-Gesellschaft »Weser« in Bremen, Zwölftes Geschäftsjahr, 1956, Bremen, Juni 1957, S.8 (HA Krupp, WA 65 † 40.1956).

Situation entschloß sich die AG »Weser« 1959, per Stellenanzeigen in der Lokalpresse Frauen für die Umschulung als Schweißerinnen zu suchen.[75] Es wurden zwei Gruppen von je 50 Frauen eingestellt und zu Schweißerinnen ausgebildet. Allerdings arbeiteten nur wenige Frauen dann tatsächlich längere Zeit in diesem Beruf. Viele verließen die Werft schon während oder unmittelbar nach der Ausbildung, andere blieben auf der AGW, waren aber als Kran- oder Elektrokarren-Fahrerinnen tätig.[76] Zu der kleinen Anzahl von Schweißerinnen, die dauerhaft auf der Werft geblieben sind, gehört unsere Interviewpartnerin Herta Becker, die als sehr qualifizierte Schweißerin sogar zur Vorarbeiterin einer männlichen Kolonne aufstieg. Sie schildert plastisch die Schwierigkeiten, die sich nicht nur aus der Schwere der Arbeit, sondern auch aus dem Verhalten der männlichen Arbeiter ergaben und die es verständlich machen, daß die meisten Frauen diese Tätigkeit bald wieder aufgaben:

Das warn aber Hallen nech.
Ach du lieber Gott.
Wenn ich heute so dran denke nech.
Seiten alles auf
weil sie ja rein und rausfahrn die Kräne nech.
Und kalt und es schneite rein und
alles nech.((lacht)).
Das letzte vom letzten nech.[...]
Dann ham se immer noch
um unsern Akkord betrogen nech
kriegten wir noch n Vorarbeiter
weil der andere
ach der war ma krank oder was.
Da kam jemand anders.
Dann machte der Akkordscheine
guckt er nach sagt er
»Sag bloß du kriegst kein Akkord?«

---

75 Wir haben keine genügenden Kenntnisse über Herkunft und Hintergrund der Frauen, die sich anwerben ließen. Allerdings stammen unsere beiden Interviewpartnerinnen, die beide Vertriebene sind, nicht aus dem traditionellen Werftarbeitermilieu.
76 Vgl. Interview mit Herta Becker , Transkript; Interview mit Hilde Steuermann , Transkript; Interview mit Herrn Hatte , Transkript.

Ich sag »Nee ich krieg kein Akkord.
Höchstens mal n paar Prozente«.
»Na das werden wir aber ändern«.
Der hat das in den Büchern ja gesehn nech
»Ja« sag ich »aber dafür mach ich
für die alten Schweißer
die hier schon seit hundert Jahren arbeiten«
sag ich »mach ich die Nacharbeiten nech.
Weil alles nich in Ordnung is«.
Ich sag »Aber die kriegen den Akkord
und kommen sonnabends her
und bummeln die Stunden ab
die wir rausgeholt haben«.
Ich sag »Ja wir kriegen keinen Akkord.
Ja die andern Frauen auch nich nech.
Nich nur ich.« [...]
Nee die ham uns erst schwer betrogen.
Aber nur der eine Vorabeiter.
Nachher hat das aufgehört nech.
[...]
Die warn doch schon seit hundert Jahren Schweißer.
Dann hieß es immer.
»Ach« wenn ich gesagt hab
»Mensch guck mal warum soll ich
immer für denen das alles nacharbeiten« nech.
»Das seh ich eigentlich nich ein«.
Und denn vor allen Dingen
man kriecht den ganzen Tag auf den Knien rum nech.
Ich hatte immer Schleimbeutelentzündung in den Knien.
Ich konnte mitunter kaum laufen nech.
Und=e. »Ja Herta das mußt du verstehn.
Das war früher n guter Schweißer.
Der is sogar von Bord und alles.«
Ich sag »Was interessiert mich das?«
Ich sag »Der kriegt das dicke Geld« sag ich
»und ich muß immer seine Arbeit hinterher machen«.
Ich sag »Da hab ich aber auch keine Lust zu« nech.
Aber was hilfts nech.
[...] das is so geblieben.
Aber ich kriege dann mehr Geld nech ((lacht)).
Wir kriegten unsere Prozente nech.

> *Das war ja damals noch Akkord alles nech*
> *Oder wenn wir dann neue Männer dazukriegten*
> *auch die auch umgeler_ auch umgeschult hatten.*
> *Die kamen denn da rein*
> *und denn konnten sie dies und jenes nich.*
> *»Ach geh man eben nach Herta*
> *die zeigt dir das« nech.* [77]

Diese Form der Frauenarbeit in der Produktion blieb eine Episode, da die Werft ab 1960 begann, ihren Arbeitskräftebedarf mit ausländischen männlichen Arbeitern zu decken.[78]

Die große Homogenität der Werftbelegschaft wurde auch durch den - ohnehin relativ geringen - Zutritt von *Vertriebenen und Flüchtlingen* nicht infrage gestellt. Daß es sich um eine verhältnismäßig kleine Zahl handelte, die sich in ein schon lange bestehendes und festgefügtes Betriebsmilieu eingliedern mußte, wird deren Integration erleichtert haben. Aus den Erinnerungen unserer Interviewpartner kann jedenfalls nicht auf grundsätzliche oder langanhaltende Konflikte geschlossen werden. Einer der Vertriebenen meinte, daß die Integration leicht fiel, wenn man Plattdeutsch reden konnte.[79] Ein anderer beklagte, daß er es besonders mit dem Betriebsrat schwer gehabt habe. Als ehemaliger SS-Mann, der in der Sowjetunion wegen Kriegsverbrechen verurteilt worden war, dürften seine Schwierigkeiten mit dem Betriebsrat allerdings weniger aus seiner baltischen Herkunft rühren. Aber auch in diesem Fall fand eine Integration statt, da der Betreffende schließlich sogar zum Meister aufstieg.[80] Da

---

77 Interview mit Herta Becker, Transkript.
78 Im Geschäftsbericht der AGW für 1960 heißt es: »*Bei der Beschaffung von Arbeitskräften begegneten wir den zeitbedingten Erscheinungen. In geringem Umfang beschäftigen wir ausländische gewerbliche Arbeitskräfte*« (Aktien-Gesellschaft »Weser« in Bremen, Geschäftsbericht 1960. Geschäftsbericht für das sechzehnte Geschäftsjahr, 1.1.-31.12. 1960, Bremen, Mai 1961, S.11 ,HA Krupp, WA 65 † 40.1960). »*Ende 1961 waren etwa 200 ausländische gewerbliche Arbeitskräfte bei uns tätig*« (Aktien-Gesellschaft »Weser« in Bremen, Bericht über das siebzehnte sechzehnte Geschäftsjahr, 1.1.-31.12. 1961, S 12, HA Krupp, WA 65 † 40.1961).
79 Vgl. Interview mit Rudolf Giesecke , Transkript.
80 Vgl. Interview mit Artur Jürgens, Transkript. Unsere übrigen Interviewpartnerinnen und -partner aus den Ostgebieten und der DDR haben aus anderen Gründen als der Herkunft Außenseiterrollen: Zwei waren Schweißerinnen, der Zu-

auch in anderen Quellen keine Hinweise auf landsmannschaftliche Absonderungen oder auf daraus resultierende Konflikte im Betrieb zu finden sind, muß davon ausgegangen werden, daß die nach 1945 in die Werft gekommenen Vertriebenen und Flüchtlinge den Charakter der Belegschaft nicht grundsätzlich veränderten.[81]

3. Qualifikation, Betriebshierarchie und innerbetrieblicher Aufstieg

Werftarbeit als qualifizierte Tätigkeit in vielen Berufen

Auf einer Großwerft wie der AG »Weser« wurden Schiffsneubau, Reparaturen und Maschinenbau betrieben. Der Bau kompletter Seeschiffe vom Schiffsrumpf über die Antriebs- und Hilfsmaschinen und die elektrischen Schiffsanlagen bis zur Ausrüstung und Innenausstattung macht es erforderlich, daß vom Schlosser bis zum Schreiner, vom Kupferschmied bis zum Maler Facharbeiter zahlreicher Berufe - teilweise mit handwerklicher Tradition - auf der Werft tätig sind. Ähnliches gilt für den Reparaturbetrieb und den Maschinenbau. Die Belegschaft einer Großwerft unterscheidet sich daher von anderen Unternehmen der Schwerindustrie - beispielsweise der Stahlerzeugung - durch einen hohen Anteil an Facharbeitern und von anderen Unternehmen der Investitionsgüterindustrie - wie dem Maschinenbau - durch die große Anzahl unterschiedlicher Gewerke.

1957 betrug der Facharbeiteranteil an den Lohnempfängern bei der AGW in Bremen 80 Prozent, bei Seebeck in Bremerhaven 76,5 Prozent. Bei der Bremer »Akschen« waren 12 Prozent der Arbeiter

---

wanderer aus der DDR arbeitete nur ein halbes Jahr auf der AGW, da er zur See fahren wollte.

81 Einer der aus dem Osten stammenden Interviewpartner behauptete, daß die Integration so erfolgreich gewesen sei, daß die Flüchtlinge und Vertriebenen schließlich bei den Vorarbeitern und Meistern in der Überzahl waren. »*Und dann ging ein geflügeltes Wort um 'Jeder der auf der Werft eigentlich was zu sagen hat der ist Flüchtling. Wo habt ihr eigentlich früher eure Schiffe mit gebaut?'*« (vgl. Interview mit Rudolf Giesecke, Transkript). Für diese Behauptung ließen sich keine Belege finden, und sie erscheint nach unserer Personalakten-Stichprobe auch als unzutreffend.

als »angelernt« und 6,5 Prozent als »ungelernt« eingestuft, 1,5 Prozent waren Frauen und erhielten den Frauentarif.[82] Es handelt sich bei diesen Angaben um die tarifmäßige Einstufung der Tätigkeit, die nicht unbedingt mit der ursprünglichen Ausbildung und Qualifikation der Arbeitskräfte übereinstimmt, da es durchaus vorkam, daß ungelernte Arbeiter nach einiger Zeit ihrer Tätigkeit auf der Werft als »angelernt« eingestuft und »Angelernte« später als Facharbeiter bezahlt wurden. Aber auch wenn man die ursprüngliche Qualifikation betrachtet, stellt man einen hohen Facharbeiteranteil fest. Die Stichprobe in den Personalakten ergab, daß von in den 1950er Jahren auf der AGW beschäftigten Lohnempfängern 60 Prozent bereits bei Arbeitsbeginn als Facharbeiter und jeweils 20 Prozent als »angelernt« oder »ungelernt« eingestuft wurden.[83] Dabei finden sich vereinzelt auch Lehrberufe, die mit der späteren Tätigkeit auf der Werft nichts zun tun haben (z.B. Zigarrenmacher), aber es handelt sich eben um Facharbeiterqualifikationen.

Die Vielfältigkeit der Tätigkeiten auf der Werft zeigt eine Übersicht über die Verteilung der Belegschaft der AG »Weser« nach Gewerken aus den Jahren 1935 und 1945 *(Tabelle 2)*. In 36 Gewerken (1945: 35) finden sich 19 Facharbeiterberufe und mindestens acht Anlernberufe. Bei den Facharbeitern bildeten die Maschinenbauer, Dreher, Schlosser, Kupferschmiede, Kesselschmiede, Schiffbauer und Tischler die größten Gruppen. Das zeigt, daß die Facharbeiter besonders im Bereich des Maschinenbaus dominierten. Bei den Anlerntätigkeiten sind zunächst die Nieter und Stemmer die größte Gruppe, 1945 wird sie jedoch von den Schweißern und Brennern weit übertroffen.

---

82 Technisches Gutachten über die Werften Bremen und Bremerhaven der Aktien-Gesellschaft »Weser«, a.a.O., S. 503.
83 Stichprobe aus 100 Personalakten von Lohnempfängern und Angestellten, a.a.O.

Kapitel 5: Die Arbeitswelt der AG »Weser« in Bremen

Tabelle 2[84]: *Belegschaft der AG »Weser« nach Gewerken im Jahre 1935 (Jahresdurchschnitt) und im März 1945*

Gewerk	1935	März 1945
1. Schiffbauer	337	605
2. Punzer	132	138
3. Nieter	240	174
4. Bohrer	62	72
5. Stemmer	51	155
6. Brenner u. Schweißer	207	1034
7. Winkelschmiede	91	204
8. Beschlagschmiede	35	48
9. Schiffsschlosser	501	1713
10. Zimmerer	220	378
12. Schiffstischler	424	625
13. Maler	116	278
14. Fahrensleute	34	151
15. Barkassen, Schlepper, Schwimmkran	8	0
16. Dockarbeiter	42	180
17. Bauarbeiter	70	282
18. Hafenarbeiter	71	421
19. Magazinarbeiter	25	282
20. Feuerwehr, Wächter, Hilfsaufseher	66	151
21. Verwaltung	46	532
26. Maschinenbauer Innenbetrieb	579	1501
27. Maschinenbauer Außenbetrieb	178	2233
28. Dreherei	606	990
29. Kupferschmiede	528	925
30. Maschinenschmiede	51	55
31. Kesselschmiede	546	526
32. Modelltischlerei	64	54
33. Kraftzentralen	22	42
34. Gasanstalt	19	34
35. Elektriker	61	582
36. Kranführer	116	124
37. Werft-Reparaturschlosser	34	108
38. Werkzeugmacherei	172	567
39. Hohlkörperfabrikation	28	248
40. Gießerei	202	237
1 – 40 insgesamt	6028	16207

---

84 Zusammengestellt nach: Belegschaft AG Weser 1935-März 1945, datiert vom 24. 11. 1948 (HA Krupp, WA 143/44).

Trotz des technischen Wandels, der sich in dieser Übersicht bereits dadurch andeutet, daß das große Heer der Nieter, das noch für den Schiffbau der 1920er Jahre typisch war, zwischen 1935 und 1945 drastisch zugunsten der Schweißer reduziert worden ist, verändert sich die Vielfalt der werftspezifischen Tätigkeiten in den 1950er Jahren nicht. Auch 1957 sind die 6.700 Beschäftigten auf der Bremer Werft in 46 verschiedenen Gewerken tätig.[85]

Arbeitsorganisation und Betriebshierarchie

Ähnlich wie die Zusammensetzung der Belegschaft waren auch die Arbeitsorganisation und die Betriebshierarchie des Werftbetriebs in den 1950er Jahren noch weitgehend traditionell. Die Werft war in den einzelnen Bereichen (Maschinenbau, Schiffbau, Reparatur) in Betriebe aufgeteilt, die Betriebsführer waren in der Regel Ingenieure. In den einzelnen Betrieben gab es Meisterbereiche, deren Werkführer oder Meister[86] als Untermeister, Meister und Obermeister im Angestelltenverhältnis bezahlt wurden. Die Größe dieser Meisterbereiche schwankte in den einzelnen Betrieben zwischen mehreren hundert und einigen Dutzend Arbeitern. 1957 kamen durchschnittlich 62 Arbeiter auf einen Meister.[87] Häufig hatte der Meister einen im Wochenlohn stehenden Arbeiter (»Wochenlöhner«) zur Seite. Die Arbeiter waren in Kolonnen zusammengefaßt, die von Vorarbeitern (»Kolonnenschiebern«) angeleitet wurden. Obermeister standen ganzen Abteilungen mit mehreren Meistern und Kolonnen vor. Betrachten wir diese Hierarchie an einem Beispiel: Im Bereich Schiffbau, dem ein Werksdirektor vorstand, gab es den Betrieb Kupferschmiede, der von einem Ingenieur als Betriebsleiter geführt wurde.

---

85 Gutachten des Wirtschaftsprüfers und Beratenden Ingenieus Dr. rer.pol. Dipl.Ing. Gerwin Prasse und des Werftdirektors a.D. Dr. Ing. Werner Immich, a.a.O., S. 18.

86 Die Bezeichnungen »Werkführer«, »Werkmeister« und »Oberwerkmeister« entsprechen den Tarifeinstufungen als »Untermeister«, »Meister« und »Obermeister«. Der Titel »Werkmeister« sollte möglicherweise den Unterschied kennzeichnen zum handwerklichen Meistertitel, der durch die Meisterprüfung bei der Handwerkskammer erworben wurde und zum »Industriemeister«, dessen Inhaber eine Prüfung bei der IHK abgelegt haben mußte.

87 Technisches Gutachten über die Werften Bremen und Bremerhaven der Aktien-Gesellschaft »Weser«, a.a.O., S. 503.

Die Kupferschmiede war in Bereiche aufgeteilt. Einer dieser Bereiche war die Bordmontage Rohrbau, die von einem Oberwerkmeister geleitet wurde. Darunter bestanden Kolonnen für einzelne Gebiete des schiffbauseitigen Rohrbaus, denen Meister vorstanden, die diese Kolonnen mit Hilfe ihres »Wochenlöhners« und ihrer Vorarbeiter führten. Diese Organisationsform bestand sowohl für die Tätigkeiten am Schiff draußen auf dem Helgen oder am Ausrüstungskai - im Schiffbau, im »Maschinenbau außen« und in der Ausrüstung - als auch in den größeren Werkstätten. Kleinere Werkstätten und Sonderbereiche hatten eine flachere Hierarchie. Diese Form der Arbeitsorganisation unterschied sich nicht von der in der Vorkriegszeit.

Die Meisterbereiche waren die eigentlichen operativen Einheiten, und die Meister hatten erhebliche Befugnisse. Sie waren nicht nur mit der Arbeitsverteilung, der Aufsicht und Anleitung, sondern auch mit der Lohnfindung befaßt. Sie - oder die Vorarbeiter - schrieben die Akkordzettel. Die Akkordvorgaben wurden zwar in der Kalkulation erstellt, die sich aber auf die fertigungstechnischen Kenntnisse der Meister teilweise verlassen mußte. Die »Weichheit« dieser Vorgaben, die zu hohen regelmäßigen Akkordüberverdiensten führte, hatte ihren Grund in mangelnder Kalkulation - bei der AGW kamen 1957 auf einen Kalkulator durchschnittlich 110 Mann[88] - und dem »Fehlen einer echten Arbeitsbewertung«.[89] In den Bereichen der Arbeitsvorbereitung und der Kalkulation - die auch noch 1957 sehr kritisiert wurden - waren allerdings Veränderungen gegenüber der Zeit vor 1945 eingetreten. Während Versuche, Terminplanung, Zeitnehmung und Arbeitsvorbereitung nach dem Refa-System einzuführen, 1940 ausdrücklich auf den Maschinenbau beschränkt wurden und ein Gutachten 1941 nachwies, daß auch dieser Bereich noch weitgehend handwerklich mit einem großen Maß selbstverantwortlicher Arbeit mit großen eigenen Dispositionsmöglichkeiten der Facharbeiter organisiert war[90], kam es bei den Demontagearbeiten nach

---

88 Technisches Gutachten über die Werften Bremen und Bremerhaven der Aktien-Gesellschaft »Weser«, a..a.O., S. 503.
89 Gutachten des Wirtschaftsprüfers und Beratenden Ingenieurs Dr. rer.pol. Dipl.Ing. Gerwin Prasse und des Werftdirektors a.D. Dr. Ing. Werner Immich, a.a.O., S. 30.
90 Vgl. Peter Kuckuk und Hartmut Pophanken, Die AG »Weser« 1933 bis 1945: Handels- und Kriegsschiffbau im Dritten Reich, a.a.O., S. 95 ff.

Kriegsende zu einer »konsequenten Durchsetzung der Arbeitsvorbereitung«[91]. Im Schiffbau der 1950er Jahre scheint aber die Arbeitsvorbereitung nach wie vor mangelhaft gewesen zu sein. Die Bereitstellung von Material und Werkzeug war unzureichend und führte zu erheblichen Zeitverlusten, was nicht nur an den unzureichenden technischen Transportmitteln im Betrieb, sondern auch an der Arbeitsorganisation lag.[92] Beispielsweise wurden die Arbeiter neben einer Grundausstattung an Werkzeug nur mit zehn Werkzeugmarken versehen, gegen die sie weiteres Handwerkzeug bei der Werkzeugausgabe erhalten konnte. Da das nicht ausreichte, stellten die Arbeiter sogar Standardwerkzeuge wie Ringschlüssel zeitraubend selbst her. Die knappe Ausstattung mit Handwerkzeug führte dazu, daß ein Schiffbauer, um Ersatz für einen abgebrochenen Bohrer zu erhalten, vom Helgen eigens zum Werkzeuglager gehen mußte. Bei der Weitläufigkeit des Werftgeländes bedeutet das einen Weg von einer halben Stunde.[93] Ungenaue Konstruktionszeichnungen und nicht passende Vorprodukte, die bei der Montage an Bord dann gerichtet werden mußten, hatten noch nichts zu tun mit der Netzplantechnik, mit der ab der zweiten Hälfte der 1960er Jahre die Produktion von Großtankern bewältigt wurde. Für die 1950er Jahre kommt ein Arbeiter sogar zu dem Schluß, daß es eine Arbeitsvorbereitung so gut wie nicht gegeben habe.[94]

So verblieb den Facharbeitern, und erst recht den Meistern, ein erheblicher Entscheidungsspielraum, der eben aus den Besonderheiten des Schiffbaus resultiert. Vor dem Übergang zur Volumenbauweise, der erst in den 1960er Jahren beginnt, wird der Schiffbau weitgehend in Einzelfertigung betrieben, die trotz ihrer gewaltigen Dimensionen mehr handwerklicher Produktion als taktmäßiger In-

---

91 Peter Kuckuk und Hartmut Pophanken, Die AG »Weser« 1933 bis 1945: Handels- und Kriegsschiffbau im Dritten Reich, a.a.O., S. 100; vgl. auch: Peter Kuckuk, Die Demontage der Deschimag-Werft AG »Weser« (Oktober 1945 - April 1948), a.a.O.
92 Vgl. Gutachten des Wirtschaftsprüfers und Beratenden Ingenieus Dr. rer.pol. Dipl.Ing. Gerwin Prasse und des Werftdirektors a.D. Dr. Ing. Werner Immich, a.a.O.
93 Expertengespräch mit Heinz Rolappe (seit 1954 auf der AGW, Klempner, zuletzt als Oberwerkmeister) und Karl-Heinz Bernards (seit 1947 auf der AGW, Maschinenbauer, Meister) am 8. April 1997.
94 Ebenda.

dustriefertigung entspricht. Nicht nur die komplizierte Abstimmung der Vielzahl der beteiligten Gewerke und ihrer Arbeitsschritte, sondern auch die nach wie vor bestehende und notwendige Eigenverantwortung und die Dispositionsmöglichkeiten bei der Arbeit schufen mancherlei Freiraum.

Einer unserer Interviewpartner, ein späterer Betriebsrat, schildert ein geradezu kurioses Beispiel für diese relative Handlungsautonomie der Facharbeiter:

Da war einmal eine Story
da hat die Halle ein Deck gebaut ja.
Das ging denn an Bord
Und denn war da n Ingenieur
auf den war keiner gut zu sprechen so
dann baute der das Deck ein und paßte nich. Nech.
So. Und denn ging der
das war glaub ich aufm Freitag
und denn ging der denn zu seinem Betriebsleiter dahin
oder Oberingenieur was das wo er hinging
ich glaub Betriebsleiter.
Und dann=e hat er gesagt »Wir wolln das einbaun.
Das paßt hinten und vorne nich« Und so weiter und so fort.
Und denn hat der Obermeister da Wind von gekriegt
[...] denn sagt der Betriebsleiter denn zu ihm
»Montag gucken wir uns das an«.
Und der Wilhelms denn der Obermeister in die Halle rein gegangen
zu den Arndt und sagt so und so nech.
Und der denn zu seinem Kolonnenführer da hin
»Bernd der denkt das paßt nich.
Wat muck wi nu?«
»Neu machen«.
Da ham die das ganz neu gemacht.
Und das auch Wochenende fertig gemacht.
An Bord gebracht hingelegt nech so. Das alte weg.
So und dann kam der Betriebsleiter denn mit ihn denn da an
denn ham sie das angeguckt.
Denn hat der [gemeint ist der Ingenieur] nur gesagt »Dat is dat dat«
Da sagt der [Betriebsleiter] »Was ham Sie denn das paßt doch.
Das is doch alles in Ordnung«.

> *Der konnte gehn. Der Ingenieur.*
> *Der hat die Werft verlassen. [...]*
> *Das ging alles noch so nech.*
> *Damals in der Zeit. Jo* [95]

Der Vorgang zeigt bemerkenswerte Spielräume und Eigenständigkeiten von Arbeitern und Meister: Hinter dem Rücken des Ingenieurs und des Betriebsleiters baut die Arbeitskolonne mit Wissen und Unterstützung des Meisters und des Vorarbeiters - ja, sogar auf deren Vorschlag hin - an einem Wochenende ein ganzes Deck neu, läßt das alte verschwinden und installiert das neue, um den unbeliebten Ingenieur zu diskreditieren. Dabei müssen große Mengen von Material beschafft und verbraucht worden sein, das alte Material mußte beseitigt werden, die Kolonne mußte Wochenendarbeit genehmigt bekommen - und das alles ohne Wissen der Betriebsleitung. So spricht dieses Beispiel auch nicht gerade für eine stringente Tätigkeit der damaligen Arbeitsvorbereitung, der Kalkulation und der Materialwirtschaft.

Ein angelernter Schweißer schildert ähnliche, wenn auch nicht so spektakuläre Handlungsspielräume, die durch die Kollegialität der Arbeiter ermöglicht wurden:

> *Wir waren also mehr Kumpels*
> *mehr Zusammengehörigkeitsgefühl*
> *mehr äh man machte seine Arbeit von selbst*
> *der Schieber brauchte nicht da sein.*
> *Ich erinnere mich zum Beispiel*
> *der Schieber kommt an Bord so*
> *damals hatte man ja noch samstags gearbeitet*
> *halben Tag*
> *und gegenüber am Samstag ah äh von der Werft*
> *war ja Lankenau*
> *Ja und ich hatte immer ein Fernglas in der Kiste.*
> *Samstag nahm ich das Fernglas mit nach vorne*
> *und wir guckten was die Mädchen da drüben machen.*
> *Ja und der Schieber kam vorbei und sagte*

---

95 Interview mit Werner Hitzacker, Transkript.

> *»Na na Montag morgen um neun sind die Konsolen aber fertig«.*
> *»Karl.*
> *Montag morgen um neun sind die Konsolen fertig*
> *alles klar«.*
> *Ja am Montag morgen um neun*
> *haben wir den Kollegen vom Schiffbau*
> *- ne andere Branche -*
> *gesagt »He komm mal eben*
> *und helf' mal eben« ne*
> *zack zack zack um neun waren die Konsolen fertig.*
> *Bei ner anderen Gelegenheit*
> *haben wir denen wieder geholfen.*
> *Und so war das äh*
> *es war etwas anders*
> *der Schieber wußte doch ganz genau*
> *wie wir das machen.*
> *Für ihn war nur interessant*
> *um neun müssen die Dinger fertig sein*
> *da komm- da kommen die Schlosser*
> *und legen die Grätlinge auf.*
> *Und so lief das ne.*[96]

Innerbetrieblicher Aufstieg zum Vorarbeiter und Meister

Der Aufstieg in Vorarbeiter- und Meisterpositionen vollzog sich auf der Werft in der Regel nicht über formelle Zusatzqualifikationen. Vielmehr wurden erfahrene Facharbeiter - bisweilen auch Angelernte (z.B. Schweißer) - auf Vorschlag der zuständigen Meister zu Vorarbeitern oder Kolonnenschiebern befördert. Die anschauliche Schilderung eines solchen Vorgangs gibt uns ein angelernter Schweißer, der in der Kesselschmiede arbeitete:

> *Nun war ich sechs Jahre da*
> *und war ich äh äh glaub ich*
> *(so sechs Jahre weiß ich nicht genau)*
> *war ich dann Schweißer*
> *und irgendwann mußte dieser Schieber da*

---

96 Interview mit Rudolf Giesecke, Transkript.

> *äh aufhören mit seinem Job*
> *vom Alter her und so*
> *konnte nicht mehr an Bord so rumkrauchen*
> *und dann hat er mich als Schieber eingesetzt.*
> *Und plötzlich war ich Kolonnenschieber*
> *[...] Das ist ja so ein so ein*
> *Dreiviertelmeister nech*
> *ohne Prüfung ne.*
> *Ja und nun hatte ich meine Kolonne da*
> *meine 10 12 15 Leute*
> *je nachdem wieviel Arbeit war*
> *und nun ging das los*[97]

Herr Jürgens, ein Schiffszimmerer, ist ein weiteres Beipiel aus dem Kreis unserer Interviewpartner. Er arbeitet mehrere Jahre als Ausrichter. »Diese Arbeit behielt er bis Ende 62, dann rückt er als Vorarbeiter auf, er wurde Schieber. Als sein Wochenlöhner stirbt, rückt er selbst an diese Stelle und wird außerdem stellvertretender Meister.«[98]

Aufstieg zum Meister vollzog sich ähnlich wie der zum Vorarbeiter. Der Betriebsleiter oder der ausscheidende Meister suchten den Nachfolger aus der Gruppe erfahrener, langjähriger Vorarbeiter aus. Dieses Aufrücken ging übrigens zunächst durchaus nicht mit einer finanziellen Verbesserung einher, da die Meister als Monatslohn beziehende Angestellte weder Akkordsätze noch Überstundenvergütungen erhielten.[99] Ein Klempner, der in der Kupferschmiede arbeitete, betont seine daher rührende anfängliche Zurückhaltung, Meister bzw. Werkführer zu werden:

---

97 Ebenda.
98 Interview mit Artur Jürgens, Verlaufsprotokoll.
99 So wurde der Maschinenschlosser Georg Rixdorf im »Maschinenbau außen« der AGW zum 1. März 1956 als Meister ins Angestelltenverhältnis mit einem monatlichen Gehalt von 500 DM übernommen, während er als Arbeiter in den Monaten August 1955 bis Januar 1956 (für die uns seine Lohnstreifen vorliegen) zwischen 556 und 507 DM brutto verdient hatte, was im Durchschnitt der Monate einem Lohn von 535,54 DM entsprach. Erst nach Jahren konnte diese Lohneinbuße wieder wettgemacht werden. Am 1. Januar 1960 weist seine Gehaltsabrechnung ein Bruttogehalt von 581 DM auf (Unterlagen in den Beständen des Forschungsprojektes).

Ende der 60er Jahre.
ging das denn bei mir los
denn wurde ich bedrängt.
von meinem Vorgesetzten
ich sollte doch Vorarbeiterstelle sowas übernehmen.
Das wollt ich eigentlich gar nich.
Weil als Geselle
war immer so als Stoßgeselle
und denn Fähigkeiten
die ich hatte
man brauch ja sein Licht nich unter den Scheffel stellen
war ich n Spitzengeselle.
Und hatte somit auch Spitzenlohn.
Und mit meinen Überstunden und all den Zuschlägen
hatte ich mehr wie n Vorarbeiter.
Das nannte man damals Wochenlöhner.
Dann wurde aber mein Meister krank
und dann ham die mich bedrängt.
nun mußt du Meister werden.
Und da hab ich gesagt
»Nee das kommt doch für mich gar nich in Frage.
Für den Hungerlohn arbeite ich doch gar nich«.
Dann hatten se auch noch so ne Masche
daß sie sagten
»Ja denn fängst du mit Werkführer an«
Und denn gab es bei Verschiedenen
ne Überstundenpauschale und sowas.
Ich sag: »Das kommt für mich <u>überhaupt</u> nich in Frage
weil ich ja jeden Tag Überstunden mache
und dann will ich auch die Brötchen sehn«.
Und dann gab es denn ja mehr.
Weil wir ham ja immer im Akkord gearbeitet früher
und denn gab es ja <u>nur</u> auf den Grundlohn die Zuschläge. [...]
Na ja jedenfalls wurde ich dann
ich glaube 68 69
wurde ich Werkführer
mit 1.200 Mark Grundgehalt.
Dafür durfte ich n weißen Helm aufsetzen
und mein Name stand da dran.
Und die andern hatten dann einen gelben Helm.

> *Und das warn die*
> *wo ich dann früher auch schon zugehörte*[100]

Der Umstand, sich als Werkführer von seinen ehemaligen Kollegen durch das Tragen eines weißen Schutzhelms mit Namensschild unterscheiden zu können, wird von diesem Interviewpartner angesichts der lohnmäßigen Einbuße durchaus ironisch als rein symbolische Gratifikation verstanden, wobei sich auch schon die Rollenprobleme andeuten, die der aufgestiegene Meister im Umgang mit denen hat, zu denen er »*früher auch schon zugehörte*«. Ferner wird an diesem Beispiel deutlich, daß diese traditionelle Form der Rekrutierung von Meistern weit über die 1950er Jahre hinaus betrieben wurde. So war sie auf der SchichauSeebeckwerft auch noch in den letzten Jahren möglich, wenn auch nicht mehr üblich.[101]

Daß dieser Aufstieg zum Vorarbeiter oder Meister, der nur in seltenen Fällen durch eine zusätzliche Ausbildung oder gar den Erwerb eines Meisterbriefes zustande kam, fachliche Probleme mit sich brachte, schildert Herr Giesecke, der ohne Facharbeiterausbildung als angelernter Schweißer zum Kolonnenschieber, zu einem »*Dreiviertelmeister*«, aufrückt:

> *Da kam zum Beispiel ein Problem*
> *äh ich hatte keinerlei Schulung*
> *das war damals noch gar nicht so.*
> *Es gab wohl einen Schweißfachmann*
> *und im Schiffbau*
> *die Meister hatten zum größten Teil Meisterlehrgänge gemacht*
> *kurze Meisterlehrgänge.*
> *Und als Schweißfachmann hat man schon äh*
> *der war schon im Range eines Ingenieurs*
> *der hatte dann schon mehr Ahnung.*
> *Aber in der Kesselschmiede gab_s nur einen Meister.*
> *Und der hatte eigentlich*
> *kaum mehr Ahnung wie ich.*
> *Und ich an Bord*

---

100 Interview mit Heinz Ratjen, Transkript.
101 Gespräch mit dem Personalchef der Schichau-Seebeckwerft AG, Herrn Pape, am 31. Oktober 1995.

Kapitel 5: Die Arbeitswelt der AG »Weser« in Bremen   115

> *(wo ich eigentlich doch) (...) keine Ahnung*
> *nur das was ich mir angeeignet hatte.*
> *Und so gab es zum Beispiel Situationen*
> *dieser diese Kessel*
> *die auf die Onassistanker kamen*
> *da wog einer 80 Pfund.*[102]
> *Zwei davon mußten an Bord.*
> *Und wenn die fertig waren*
> *dann mußten da vier Augen*
> *nun äh Aufhängeraugen angeschweißt werden*
> *und der Schwimmkran*
> *hat die dann an Bord gehievt.*
> *Tja wie dick schweißt man so ein Auge*
> *damit 80 Pfund halten?*
> *Keine Ahnung.*
> *Dann haben wir geschweißt*
> *haben das Ding vollgeschweißt*
> *natürlich hat man da möglichst*
> *nen guten Schweißer drangesetzt*
> *der auch die Naht löcherfrei schweißen konnte*
> *und der*
> *von daher war das schon in Ordnung.*
> *Aber wie dick muß die Naht sein nech?*
> *Ja. Dann war das fertig*
> *und dann kam der Schwimmkran*
> *und die Schlosser schwirrten alle rum*
> *und wir*
> *icke und meine zwei drei guten Schweißer*
> *wir standen um die Ecke*
> *und peilten immer*
> *wenn er das Ding hochhebt.*
> *Ob das wohl hält?*
> *Ja es hat bis- ((lacht))*
> *eigentlich immer gehalten nech.*[103]

Eine systematische betriebliche Weiterbildung hat es in den 1950er Jahren auf der Werft nicht gegeben.[104] Wir haben sowohl im Kreis

---

102 Wenn es sich um die Hauptkessel des Schiffes gehandelt hat, wie es der Zusammenhang nahelegt, sind wahrscheinlich 80 *Tonnen*, nicht Pfund, gemeint.
103 Interview mit Rudolf Giesecke, Transkript.

der Interviewpartner als auch in den Personalakten Beispiele für individuelle Fortbildungsmaßnahmen gefunden[105], doch erfolgten diese offensichtlich aus eigenem Antrieb - teils privat, teils auf Refa-Lehrgängen. Aber es waren nicht nur technische Probleme, vor denen die neuen Vorarbeiter und Meister standen. Ihre fehlende Ausbildung erleichterte nicht gerade die Anleitung von teilweise besser qualifizierten Arbeitern. Herr Giesecke erinnert sich in diesem Zusammenhang besonders an die Zuwanderer aus der DDR:

> *Und so um das mal anzu- anzubringen*
> *was die Leute da drüben*
> *auf der anderen Seite*
> *ja drüben in der DDR*
> *da kamen dann ja auch Leute*
> *die geflüchtet sind*
> *(...) aus politischen Gründen oder so*
> *und so bekam ich dann mal*
> *zwei Leute von Leuna.*
> *Also da sind mir ja die Augen übergegangen*
> *was die mir von Schweißen erzählt haben.*
> *Da hab ich noch nie was von gehört.*
> *Von Kohlenstoffgehalt der Naht*
> *der der Schweiß- der Schweiß (...)*
> *und verziehen des der Platten*
> *und und was die alles von Stärke und halten*
> *was die mir alles erzählt haben*
> *da hatte ich noch was von gehört.*
> *Das kriegten die dort drüben alles beigebracht.*

---

104 Die Bemerkung im Geschäftsbericht von 1956, »*Der Mangel an Technikern in der gesamten Wirtschaft hat auch bei uns ernste Probleme entstehen lassen, deren Lösung wir nicht nur außerhalb unseres Unternehmens, sondern auch durch interne Maßnahmen mit Tatkraft fördern*«, zeigt, daß der Werftleitung das Problem bekannt war. Konkrete Hinweise auf die »*mit Tatkraft*« ergriffenen internen Maßnahmen ließen sich jedoch nicht finden (Aktien-Gesellschaft »Weser« in Bremen, Zwölftes Geschäftsjahr, 1956, Bremen, Juni 1957, unpag. [S.8] [HA Krupp, WA 65 † 40.1956]).

105 Als Beispiel für eine solche individuelle Weiterbildung sind die erhaltenen technischen Aufzeichnungen des Maschinenbauers Karl-Heinz Hartmann beeindruckend, der bis 1959 in der Sauerstoffanlage arbeitete und sich deren Technik und Bedienung nicht nur sehr gründlich angeeignet hatte, sondern auch detaillierte technische Beschreibungen dieser Anlage verfaßte (vgl. auch Interview mit Frau Hartmann, Verlaufsprotokoll).

> *Die haben den Beruf wirklich gelernt.*
> *Und so war das schon echt schwierig für uns*
> *Schieber zu sein dann*
> *für solche Leute ne.*
> *Da mußte man*
> *äh sag ich mal*
> *so_n bißchen Fingerspitzengefühl haben.*
> *Ich bilde mir ein*
> *das habe ich wohl gehab*[106]

Der Umgang mit den Kollegen, aus deren Reihen man kam und deren Vorgesetzter man jetzt plötzlich war, war für die neuen Meister, die auf diese Rolle ja keineswegs vorbereitet wurden, nicht leicht.

> *Aber ich bin anfangs*
> *da auch nich glücklich mit gewesen.*
> *Denn so aus den eigenen Reihen heraus*
> *das war sehr schwer.*
> *Und ich meine Einstellung war immer so*
> *ich wollte denn auch*
> *die Welt zum Guten verändern*
> *und da bin ich da so*
> *voll auf die Schnautze gefallen*
> *daß ich denn nach zwei drei Jahren sagen mußte*
> *also »Freundchen so geht es nich.*
> *Dein Idealbild von einem Vorgesetzten*
> *das kannst du dir abschminken.*
> *Du mußt schon mit den Leuten so umgehn*
> *und die wolln auch teilweise*
> *so straff geführt werden«.*
> *Und das hab ich dann auch gemacht.*
> *Und das hat sich auch*
> *insofern für mich gut ausgezahlt.*
> *Ich hatte ne gute Kolonne.*
> *Und zwar machte ich schiffbauliche Rohrleitungen.*
> *Da war ich der erste Werkführer.*
> *Nach kurzer Zeit wurde ich dann Werkmeister*
> *und hatte so 50 bis 60 Leute*
> *manchmal auch bis 120 je nachdem.*

---

106 Interview mit Rudolf Giesecke, Transkript.

> *Dann kamen schon die ersten Leihleute*
> *die ersten Ausländer kamen schon dazu.*
> *Und=e so war ich dann Werkmeister.*
> *Und kurz vor Schluß*
> *bin ich dann noch Oberwerkmeister geworden*
> *und hatte die gesamte Bordmontage*
> *im Rohrbau nannte sich das inzwischen*
> *zu Überwachen und zu Steuern.*[107]

Auch wenn - wie in diesem Falle - Vorsätze scheiterten, es anders und besser zu machen als die häufig als autoritär empfundenen älteren Meister oder die eigenen Ausbilder[108], so gab es durchaus auch einen kollegialen Führungsstil zwischen Vorarbeitern und Meistern und ihren Leuten. Denn daß diese Vorgesetzten aufgestiegene Arbeiter waren, führte nicht nur zu Rollenproblemen sondern hatte andererseits auch den Vorteil, daß sie die Arbeit und das Verhalten ihrer Arbeiter gut kannten - und diese das auch wußten:

> *Zuerst waren ja noch die alten Kollegen da nech.*
> *Bis dann eben*
> *ab und zu mal einer ausschied*
> *und es kam ein Neuer.*
> *Da wurde es dann schon schwieriger nech.*
> *Aber da war noch der Zusammenhalt <u>größer</u>*
> *weil äh die Kollegen wußten ja*
> *»Der war ja selber mal Schweißer*
> *der kennt das ja.*
> *Was wollen wir dem denn erzählen*
> *wenn der uns [was] sagt«*
> *[...]*
> *Nech es ist nicht so einfach*
> *die Dinge die muß man <u>erlebt</u> haben.*
> *Und wenn man die erlebt hat*
> *dann auch dann*
> *wenn man Vorgesetzter wird äh*
> *(besser).*

---

107 Interview mit Heinz Ratjen, Transkript.
108 Über autoritäre Meister in ihrem Lehrbetrieb oder auf der Werft berichten unsere Interviewpartner Ratjen, Werner Hitzacker, Gerken, Müller.

> *Dann haben wir auch zum Beispiel*
> *wenn dann also zum Beispiel ein Kollege dabei war*
> *bei den Jüngeren*
> *der seine Arbeit nicht machte*
> *zu den Eltern mitunter mal nech.*
> *Oder ich hab irgendwelche Anordnungen getroffen*
> *wo sie nicht mit einverstanden waren.*
> *Ja und dann merkte ich*
> *äh die Luft wird irgendwie heiß hier mit uns*
> *was ist los*
> *»Jaja was du wieder gesagt hast«*
> *und so*
> *»Ja« hab ich gesagt*
> *»gut o.k. heute Nachmittag*
> *ich besorg n Kasten«*
> *oder »Hier habt ihr das Geld*
> *besorgt n Kasten Bier*
> *Kai 2 Schiff soundso (Tank) soundso*
> *ich bin da um 15 Uhr.*
> *Dann sehn wir mal weiter.«*
> *Ja ((lacht)) (dann ham wir uns) die Köpfe heißgeredet*
> *haben demokratisch abgestimmt.*[109]

Zudem verstanden sich die Vorarbeiter und Meister oftmals auch als Interessenvertreter ihrer Untergebenenen hinsichtlich der Entlohnung und der Arbeitsbedingungen. Herr Giesecke, der einen kollegialen Stil als Vorgesetzter für sich in Anspruch nimmt, schildert, wie er sich mit dem Lohnbüro anlegte, um einen guten Lohn für seine Leute herauszuholen:

> *Und das war der Trick dabei.*
> *Die haben die Arbeit gemacht*
> *und ich hab*
> *möglichst gute Betreuung gemacht.*
> *Und somit haben wir uns verstanden.*
> *Und wenn dann die Abrechnung kam*
> *die Stunden*
> *dann hab ich mich mit den Lohnbüro rumgeprügelt.*

---

109 Interview mit Rudolf Giesecke, Transkript.

> *Wirklich geprügelt.*
> *Weil das ja nun Bürokraten waren.*
> *Und wenn ich denen dann*
> *drei Zulagen auf den Tisch brachte*
> *dann flippte dieser Herr Töpfer*
> *[...] Aber so hab ich da immer Geld rausgeholt*
> *und die Leute sind gerne mit mir gefahren*
> *weil sie manchmal gesagt haben*
> *»Du ich leg mir erst mal*
> *50 Mark an die Seite.«*
> *Damals.*
> *»Das kann nicht wahr sein*
> *ich hab zu viel«*
> *nech.*
> *Ja hab ich rausgeholt*
> *und deswegen konnte die Arbeit da*
> *gut ausführen.*[110]

Die aus der Arbeiterschaft aufgestiegenen Vorarbeiter und Meister hatten somit nicht nur die Kontroll-, Leitungs-, Dispositions- und Aufsichtsfunktion, die klassischerweise diesen »Industrieunteroffizieren« zukommt[111], sondern sie waren auch als Vermittler zwischen den Arbeitern und dem Betrieb tätig im Sinne einer sozialpartnerschaftlichen Übereinkunft, die darin bestand, daß die Arbeiter »die Arbeit gut ausführen«, wenn ein guter Lohn von den Kolonnenschiebern und Meistern, die die Akkordscheine schrieben, herausgeholt wurde. Auch wenn das Lohnbüro dies - wie im vorliegenden Fall - aus kurzfristigen Kostenerwägungen wohl anders sah, so lag diese Übereinkunft doch durchaus im Interesse der Werft, die auf die Motivation und die Qualitätsarbeit der Arbeiter und auf deren Bereitschaft, in Zeiten hoher Auftragsbestände Überstunden zu leisten, angewiesen war. Daß Vorgesetzte, die selbst aus den Reihen der Arbeiterschaft stammten und mit ihr in der täglichen Arbeit am stärksten verbunden waren, für diese Mittlerrolle besser geeignet waren als andere Teile der Betriebshierarchie, liegt auf der Hand.

---

110 Ebenda.
111 Karl Marx, Das Kapital, Erster Band (= Marx-Engels-Werke, hrsg. vom IML beim ZK der SED, Band 23, Berlin 1970, S. 447).

Aus der Art der üblichen Rekrutierung der Vorarbeiter und Meister folgt also, daß Facharbeiter, die lange auf der Werft arbeiteten, in nennenswertem Umfang die Möglichkeit zu einem bescheidenen Aufstieg hatten. Bei unserer Personalaktenstichprobe war es fast ein Drittel der erfaßten Arbeiter (29 Prozent), das diesen Weg gegangen ist, wobei allerdings zu berücksichtigen ist, daß wir nur Akten langjährig Beschäftigter einsehen konnten.[112] Teilweise führte dieser Berufsweg auch in andere Angestelltentätigkeiten, besonders im Bereich der Kalkulation, der Arbeitsvorbereitung und in das Lohnbüro.[113] Dabei wurden dann zum Teil externe Weiterbildungsmaßnahmen - insbesondere Refa-Lehrgänge für die Kalkulatoren - besucht. Dieser Weg des innerbetrieblichen Aufstiegs bedeutet, daß ein erheblicher Teil der Werftangestellten - vornehmlich im technischen Bereich, in dem 80 Prozent der Angestellten arbeiteten, also insbesondere die Werkführer, Meister und Arbeitsvorbereiter - aus dem Arbeiterstatus kamen, dem Arbeitermilieu entstammten und es durch den beruflichen Aufstieg - wie die Interviews zeigen - auch nicht zwangsläufig verließen.

Ausbildung

Zwar betrieb die Werft in den 1950er Jahren keine systematische Weiterbildung für ihre Mitarbeiter, aber in der Ausbildung, der Lehre, leistete sie Erhebliches. Die ersten Lehrlingszahlen liegen für das Jahr 1954 vor, in dem in Bremen und Bremerhaven zusammen 580 Jugendliche ausgebildet wurden.[114] Das entsprach 6,4 Prozent der Gesamtbelegschaft. Im folgenden Jahr wurden nach Ostern - dem Termin der Schulentlassung - bereits 782 Lehrlinge beschäftigt[115], und im Juni 1957 erreichte die Zahl der Auszubildenden ihren höch-

---

112 Stichprobe aus 100 Personalakten von Lohnempfängern und Angestellten, a.a.O.
113 Auch bei den 21 Interviewpartnerinnen und -partnern, die als Arbeiter begonnen und langjährig auf der AGW gearbeitet haben, gelangen 7 in Angestelltenpositionen (ein Drittel). Weitere 5 werden Betriebsräte, eine Form des Aufstiegs, die an anderer Stelle untersucht werden wird.
114 Aktien-Gesellschaft »Weser« in Bremen, Zehntes Geschäftsjahr, 1954, Bremen, Mai 1955, S.7 (HA Krupp, WA 65 † 40.1954).
115 Aktien-Gesellschaft »Weser« in Bremen, Elftes Geschäftsjahr, 1955, Bremen, Juni 1956, unpag. [S.7] (HA Krupp, WA 65 † 40.1955).

sten Stand mit 893 Lehrlingen[116], was 8,5 Prozent der Belegschaft ausmachte. »*In Anbetracht des erwarteten und auch eingetretenen Facharbeitermangels haben wir bereits in früheren Jahren begonnen, der Ausbildung eines wertvollen Facharbeiternachwuchses erhebliche Bedeutung beizumessen*«[117], lautete die Begründung des Werftvorstandes für die umfangreiche Ausbildungstätigkeit des Betriebes.

Die Ausbildung auf der AG »Weser« wird als sehr qualifiziert beschrieben.[118] Die Grundausbildung erfolgte zunächst in der werfteigenen Lehrwerkstatt, danach kamen die Lehrlinge zur weiteren praktischen Ausbildung in die einzelnen Fertigungsbetriebe.[119] Ein Interviewpartner, der mit mittlerer Reife die Oberschule verlassen hatte, um sich durch eine Maschinenschlosserlehre auf eine Schiffsingenieurslaufbahn vorzubereiten, betont nicht nur die Gründlichkeit und Qualität der Ausbildung, sondern auch die Qualifikation der Lehrgesellen und Meister. Besonders der Leiter der Lehrwerkstatt sei auch pädagogisch hervorragend gewesen. Neben dem engeren Ausbildungsstoff habe man durch Ausflüge zu Zulieferbetrieben zusätzliches Wissen vermittelt bekommen.[120] Selbst der Interviewpartner, der den Alltag in der Lehrwerkstatt als »*herbe*« bezeichnete, meinte, daß sich die Lehrgesellen Mühe gaben. »*Aber der Ingenieur und noch einer*«, waren ein »*bißchen kommißhaft angehaucht*«. Die Lehre beurteilt auch er im nachhinein als »*ganz schön*«.[121] Allein durch die Existenz einer Lehrwerkstatt und durch den Einblick in die vielfältigen Arbeiten auf der Werft, den die Lehrlinge erhielten, dürfte die Ausbildung auf der AGW in der Regel besser gewesen sein als in kleineren Betrieben oder bei Handwerksmeistern.

Mit dem Abbau der Beschäftigtenzahl in der Schiffbaukrise ab 1958/59 sank auch die Zahl der Lehrlinge, die 1960 bei 561 lag, was

---

116 Aktien-Gesellschaft »Weser« in Bremen, Zwölftes Geschäftsjahr, 1956, Bremen, Juni 1957, unpag. [S.8] (HA Krupp, WA 65 † 40.1956).
117 Ebenda.
118 Dies berichten mit einer Ausnahme alle Interviewten, die ihre Lehre auf der AGW gemacht haben.
119 Der Ausbildungsplan des Elektrikerlehrlings Jürgen Gerken (Jg. 1938), der 1955 die Ausbildung begonnen hat, liegt uns vor. Er arbeitete in seiner dreieinhalbjährigen Lehrzeit in 15 verschiedenen Abteilungen.
120 Interview mit Joachim Uhrmacher, Verlaufsprotokoll.
121 Interview mit Claus-Dieter Müller, Verlaufsprotokoll.

immer noch sieben Prozent der Gesamtbelegschaft entsprach.[122] Allerdings wurden ab 1958 nicht mehr alle Lehrlinge nach dem Ende ihrer Ausbildung von der Werft übernommen. Der Stahlbauschlosser Müller, der 1955 auf der AG »Weser« die Lehre begonnen hatte, erinnert sich: »*1958 war ein einschneidendes Jahr in der Werftwirtschaft. Die AGW entließ über 2000 Leute. Es wurde auch viel jahreszeitlich bedingt gekündigt. Die Lehrlinge bekamen eine Art Abmahnung sie würden nicht übernommen. Diejenigen, die mit mindestens befriedigend abgeschlossen haben durften noch ein halbes Jahr länger bleiben. [...] Der Kündigungstermin stand also schon bei der Gesellenprüfung über mehrere Monate fest.*«[123] Herr Müller gehörte zu denen, die noch ein halbes Jahr auf der Werft bleiben konnten. Danach suchte er sich Arbeit bei den Goliath-Werken, die zum Borgward-Konzern gehörten. Als dieser in die Krise geriet, konnte er zur AG »Weser« zurückkehren.

Ab den 1950er Jahren konnte die Werft einen erheblichen Teil ihres Facharbeiternachwuchses durch eigene Ausbildung sicherstellen. Das war nicht immer so. Aus der Personalaktenstichprobe ergab sich, daß nur ein Viertel der schon in den 1950er Jahren auf der Werft Beschäftigten auch die Ausbildung auf der AGW absolviert hatte.[124] Es war also durchaus üblich, die Lehre bei Handwerksmeistern oder in kleineren Betrieben zu machen und anschließend zur Werft zu gehen. Beide Ausbildungswege hatten ihre Bedeutung für das betriebliche Milieu. Die Ausbildung im Betrieb unterstützte die Bemühungen der Unternehmensleitung, einen festen Facharbeiterstamm heranzuziehen und an die Werft zu binden. Das entsprach einerseits dem patriarchalischen Unternehmenskonzept, das bereits vor dem Zweiten Weltkrieg praktiziert worden war[125], andererseits waren sie in Zeiten des Facharbeitermangels, wie er in der Hoch-

---

122 Aktien-Gesellschaft »Weser« in Bremen, Geschäftsbericht 1960. Geschäftsbericht für das sechzehntes Geschäftsjahr, 1.1. - 3.1. 12. 1960, Bremen, Mai 1961, S. 10 (HA Krupp, WA 65 † 40.1960).
123 Interview mit Claus-Dieter Müller, Verlaufsprotokoll.
124 Stichprobe aus 100 Personalakten von Lohnempfängern und Angestellten, a.a.O.
125 Von dem langjährigen Werftdirektor Franz Stapelfeldt, der von 1921 bis 1945 amtierte, wird berichtet, daß er seine Arbeiter alle mit Namen kannte. Vgl. Heinz und Lu Kundel. Ein Videofilm von Ingeborg Gerstner und Heinz-Gerd Hofschen (unter Verwendung von Material von Wolfgang Jung und Jörg Wollenberg) aus der Reihe »Bremer Arbeiterbiographien«. Produziert vom Kooperationsbereich Arbeiterkammer/Universität Bremen, Bremen 1990.

konjunktur in der zweiten Hälfte der 1950er Jahre entstand, auch ökonomisch zwingend. Der Umstand, daß ein großer Teil der älteren Facharbeiter in Handwerksbetrieben gelernt hatte, mag hingegen die große Beharrungskraft handwerklichen Bewußtseins in vielen Gewerken auf der Werft erklären, die aus der Mehrzahl unserer Interviews spricht. Dieses Bewußtsein entsprach allerdings auch der Produktionsweise im Schiffbau, die in den 1950er Jahren noch mehr durch handwerkliches Arbeiten als durch industrielle Fertigungsmethoden gekennzeichnet war.

4. Technischer Wandel und Arbeitsbedingungen auf der Werft

Die technische Entwicklung des Schiffbaus bis in die 1950er Jahre

Mehr als 2000 Jahre veränderten sich Seeschiffe hinsichtlich des Antriebs und des Materials für den Schiffsrumpf nicht prinzipiell. Segelschiffe mit hölzernem Rumpf wurden erst im 19. Jahrhundert im Zuge der industriellen Revolution durch Schiffe mit grundlegenden technischen Neuerungen verdrängt. Der Antrieb durch die Dampfmaschine, der im Unterweserraum erstmals mit dem Flußdampfer »Weser« 1817 praktische Bedeutung erlangte, und der Übergang zum Eisenrumpf, der sich seit Mitte des 19. Jahrhunderts vollzog, veränderte den Schiffbau grundlegend.[126] Auch das erste Schiff der 1843 gegründeten Werft Waltjen & Leonhard - der Vorläufer der AG »Weser« - war bereits ein eisernes Dampfschiff, der Flußdampfer »Roland«, der 1846 vom Stapel lief. Die Schiffszimmerleute, die bislang die Mehrheit der Werftbelegschaften gebildet hatten, wurden von den für die Eisenbearbeitung notwendigen Nietern, Stemmern und Brennern verdrängt. An die Stelle der Takler und Segelmacher traten die Maschinenbauer, Schmiede und Rohrleger, die für den Bau der Dampfmaschinen benötigt wurden.

---

126 Zur Geschichte des Schiffbaus an der Unterweser im 19. und 20. Jahrhundert vgl. Walter Karwietz, Die wirtschaftliche Entwicklung des Schiffbaus an der Unterweser von 1800 bis 1960, Diss. Universität Erlangen-Nürnberg 1966.

Kapitel 5: Die Arbeitswelt der AG »Weser« in Bremen 125

Brenner beschneiden in der Schiffbauhalle dickere Schiffsplatten mit der Wasserstoff-Sauerstoff-Flamme, März 1912. Der Brennschneider wird auf zwei kleinen Rädern geführt, um einen geraden Schnitt zu erhalten. Der Brenner trägt eine primitive, an den Seiten offenen Schutzbrille, die zwar gegen die gleißende Helligkeit der Flamme, kaum aber gegen Funken und Metallpartikel schützt. (Photo: Focke-Museum - Bremer Landesmuseum für Kunst und Kulturgeschichte)

Zwar ging man schon im 19. Jahrhundert vom Schaufelrad- zum Schraubenantrieb über, doch die Antriebsmaschine blieb bis weit in das 20. Jahrhundert hinein die kohlebefeuerte Kolbendampfmaschine. Ebenso blieb die vorherrschende Art der Verbindung der Eisenplatten beim Bau von Rumpf und Aufbauten das Nieten. Abgesehen von der Nutzung der Elektrizität, die ab 1882 zunächst für die Beleuchtung, dann für den Betrieb von Ventilatoren und Lüftern, von Winschen und Kranen und anderer Hilfsmaschinen und schließlich für die Kommunikation und Navigation verwendet wurde[127] und

---

127 Vgl. Uwe Kiupel, Ankerwinsch und Elektrokarren. Zur Elektrifizierung der Schiffahrt und des Hafenumschlags, in: Heinz-Gerd Hofschen (Red.), Bremen wird hell. 100 Jahre Leben und Arbeiten mit Elektrizität, Bremen 1993

abgesehen von Veränderungen der Rumpfformen, vollzogen sich im Schiffbau die wichtigsten technischen Neuerungen in der ersten Hälfte dieses Jahrhunderts beim Schiffsantrieb und in der Fertigung des Schiffskörpers, besonders bei der Bearbeitung der Stahlplatten.

Stählerne Schiffsplatten werden in der Schiffbauhalle maschinell behobelt, März 1912. (Photo: Focke-Museum - Bremer Landesmuseum für Kunst und Kulturgeschichte)

Beim *Schiffsantrieb*[128] dominierte bis zum Zweiten Weltkrieg die Kolbendampfmaschine, die eigentlich »wegen ihres hohen Gewichts, ihres Platzbedarfs und ihres geringen Wirkungsgrades« gegenüber

---

(=Veröffentlichungen des Bremer Landesmuseums für Kunst und Kulturgeschichte, Focke-Museum, Nr. 92, hrsg. v. Jörn Christiansen), S. 251 ff.

128 Vgl. zur Gesamtentwicklung der Schiffsmaschinen: Lars U. Scholl (Hrsg.), Technikgeschichte des industriellen Schiffbaus in Deutschland, Band 2: Hauptmaschinen und Hilfsmaschinen - Schiffpropulsion - Elektrotechnik an Bord (=Schriften des Deutschen Schiffahrtsmuseums, Bd. 35), Hamburg 1996.

den inzwischen entwickelten anderen Antriebssystemen nicht »mehr konkurrenzfähig erschien.«[129] Denn mit der Entwicklung der Dampfturbine durch Carl Gustav de Laval und Charles Algernon Parsons in den 1880er Jahren war ein Antriebsaggregat entstanden, das sowohl die Umwandlung der horizontalen Kolbenbewegung in die für den Propellerantrieb notwendige Drehbewegung ersparte als auch einen erheblich höheren Wirkungsgrad der eingesetzten Primärenergie besaß. Die hohe Drehzahl der Turbinen, die zunächst direkt auf die Schraubenwelle übertragen wurde, verursachte jedoch erhebliche Probleme, die durch den Einbau von Untersetzungsrädergetrieben und Mehrwellenanlagen behoben werden mußten. Die Turbinenanlagen waren jedoch recht teuer, und so wurden 1929 erst fünf Prozent der deutschen Seeschiffsneubauten mit diesen Aggregaten ausgerüstet. Entsprechend kam auch der turboelektrische Antrieb, der den optimalsten Wirkungsgrad hatte, nur bei wenigen Schiffen zur Anwendung. Allerdings koppelte man seit den 1920er Jahren häufig Kolbendampfmaschinen mit Abwärmeturbinen, die den Restdampf ausnutzten, was durch eine Einsparung von rund 20 Prozent des Dampfverbrauchs den Wirkungsgrad beträchtlich erhöhte.[130] Die Deschimag hielt Patente auf die von Bauer und Wach entwickelten Abdampfturbinen und auf eine Flüssigkeitskupplung (»Vulcan-Kupplung«), die die Zuschaltung der Turbine auf die Hauptwelle ermöglichte. Die Nutzung dieser Verfahren war für die AG »Weser« sehr gewinnbringend.[131] Auch durch Innovationen beim Kesselbau, wo man zu Hochdruckanlagen aus Wasserrohrkesseln mit hintereinander geschalteten Röhrenbündeln überging, und bei der Feuerung wurde versucht, die Effizienz der herkömmlichen Dampfer zu verbessern. Versuche mit der mechanischen Rostbeschickung und der Kohlestaubbefeuerung - die sich in Landanlagen (z.B. bei Kraftwerken) bereits durchgesetzt hatten - scheiterten, und so brachte erst der Übergang zur Heizölbefeuerung in den 1930er Jahren einen erheblichen Fortschritt, der sich in einer eineinhalbfach

---

129 Hartmut Roder, Technischer Wandel im deutschen Schiffbau zwischen den Weltkriegen, in: Peter Kuckuk und Hartmut Roder, a.a.O., S. 24
130 Ebenda, S. 25.
131 Vgl. AG »Weser« (Hrsg.), AG »Weser« Bremen 1843-1968, a.a.O., S. 71.

höheren Heizleistung und in der Reduzierung des Brennstoffgewichtes um 60 Prozent gegenüber der Kohle niederschlug.[132]

So wie die Turbine konnte sich auch die andere neue Antriebsart, der Dieselmotor, erst in den 1950er Jahren durchsetzen. Zwar baute die AG »Weser«, die in der U-Boot-Produktion während des Ersten Weltkriegs Erfahrungen in der Verwendung des dieselmotorischen Schiffsantriebs hatte machen können, ab 1924 eine Reihe von Motor-Frachtern und Motor-Tankern, doch überwog weiterhin der Bau von Dampfschiffen. Den prinzipiellen Vorteilen der Verwendung des Dieselmotors beim Schiffsantrieb - »günstiger Verbrauch [...], stete Betriebsbereitschaft, erhöhte Manövrierfähigkeit und großer Aktionsradius, Raumersparnis und einfacher Betrieb der Hilfsmaschinen«[133] standen technische Probleme mit den damals üblichen langsam laufenden Motoren und die erheblich höheren Baukosten (die zehn bis 15 Prozent über denen von Dampfern lagen) gegenüber. Wie auch bei anderen Innovationen im Schiffbau war die Marine die Wegbereiterin für den Motorantrieb. Besonders der hohe Aktionsradius machte ihn militärisch interessant, und so wurden die Neubauten der Reichsmarine entweder zusätzlich zu Dampfturbinen mit Motoren für die Marschfahrt ausgerüstet, wie die Kreuzer der »K-Klasse«, oder sogar ausschließlich mit Dieselmotorantrieb versehen, wie die ab 1929 gebauten Panzerkreuzer der »Deutschland-Klasse«.

Die Marine war es auch, die sich für eine grundlegende Veränderung beim *Bau der Schiffskörper* einsetzte: für das Schweißen. Versuche mit der Verwendung des elektrischen Lichtbogenschweißens[134] im Schiffbau hatte es bereits vor dem Ersten Weltkrieg gegeben, in den USA und in Großbritannien war es während des Krieges breit zur Anwendung gekommen. Dennoch hielt man die geschweißten

---

132 Vgl. Roder, Technischer Wandel, a.a.O., S. 25.
133 Ebenda, S. 27.
134 »Elektrische Lichtbogenschweißung (Schmelzschweißung): Zwischen einer positiven Elektrode (Kathode) und einer Anode (z.B. zwischen Kohle und Kohle, Kohle und Metall oder zwischen Metall und Metall) wird ein Lichtbogen von ca. 3750 °C erzeugt. Beim Metallichtbogenverfahren wird der eine Pol der Schweißstromquelle an das Schweißstück, der Gegenpol an die Metallelektrode gelegt. Der Lichtbogen wird zwischen Metall und Metall gezogen, wobei die Metallelektrode in die Schweißstelle schmilzt« (Uwe Kiupel, Das Zeitalter der Elektrizität in der Industrie, in: Heinz-Gerd Hofschen (Red.), Bremen wird hell, a.a.O., S. 240)

Verbindungen lange für nicht stabil genug und beschränkte diese Technik auf einen punktuellen Einsatz beim Kesselbau, bei Reparaturen und der Abdichtung von Nietverbindungen. Die Gewichtsersparnis, die der Wegfall der Niete und der Plattenüberlappungen bedeutete, wenn man die Stahlplatten des Schiffskörpers durch Schweißnähte verband, machte das Schweißverfahren für die Reichsmarine interessant, der durch den Versailler Vertrag nur Neubauten bis zu 10.000 Tonnen erlaubt waren. »Das Schweißverfahren fand in den zwanziger Jahren zunächst bei der Verbindung der Beplattung mit den Profilen und Versteifungen, dem Bau der unteren Decks sowie der Aufbauten zunehmend Eingang in den Schiffbau. Die elektrische Lichtbogenschweißung für die Entwicklung dicker Bleche war in den zwanziger Jahren von Ingenieuren der Reichsmarine entwickelt und rasch vervollkommnet worden. Seit 1935 schrieb die 'Allgemeine Bauvorschrift S' der Kriegsmarine das Schweißen zur Verbindung stählerner Bauteile zwingend vor. Ziel der Entwicklung war eine erhebliche Gewichtsersparnis bei komplizierten Strukturen. Zwar wurde durch Schweißung keine homogene Verbindung der Bauteile geschaffen, aber bei schweißgerechter Konstruktion und richtiger Material- und Elektrodenwahl wurde doch eine durchgehende metallische Verbindung und damit eine hohe Festigkeit erreicht. Durch das Einsparen von Überlappungen, Doppelungen, Nietflanschen und -winkeln ließen sich im Kriegsschiffbau bis zu 10 Prozent des Netto-Schiffskörpergewichtes, bei Handelsschiffen bis zu 15 Prozent des Stahlgewichtes einsparen. Die Qualität der Nähte wurde durch Röntgen- und Ultraschallverfahren überprüft.«[135] Die ab 1927 gebauten Kreuzer der »K-Klasse« wurden bereits zu 85 Prozent verschweißt. Im Kriegsschiffbau ging man »etappenweise von der Schweißung sämtlicher Profile und Versteifungen mit den Beplattungen, über das Schweißen aller Stöße der Hauptlängsverbindungen ab 1931 zur völligen Schweißung der Nähte der Hauptlängsverbindungen über.«[136]

---

135 Peter Kuckuk und Hartmut Pophanken, Die AG »Weser« 1933 bis 1945: Handels- und Kriegsschiffbau im Dritten Reich, in: Peter Kuckuk (Hrsg.), Bremer Großwerften im Dritten Reich, Bremen 1993 (= Beiträge zur Sozialgeschichte Bremens Bd. 15), S. 72.
136 Roder, Technischer Wandel, a.a.O., S. 30.

Obgleich der Wegfall der rund 800.000 Nieten, die in einem normalen Frachter verarbeitet wurden, bedeutende Vorzüge hatte,[137] setzte sich das Schweißen im Handelsschiffbau allerdings erst langsam durch. Auch das größte bis dahin in Deutschland gebaute Passagierschiff, die »Bremen IV«, wurde auf der AG »Weser« 1929 noch unter Einsatz von Millionen von Nieten produziert. Aber 1935, beim »Bau der beiden Ostasienschnelldampfer 'Scharnhorst' und 'Gneisenau' auf der AGW, erfolgte bereits ein weitgehender Übergang vom Nieten zum Schweißen«[138], nachdem die Anwendung des Elektroschweißens im größeren Umfang durch die 1931 vom Germanischen Lloyd erlassenen Vorschriften über die »Elektrische Schweißung für den Bau von gußeisernen See- und Binnenschiffen« erleichtert worden war. »Für den Anlagenbau, den Fertigungsgang und die Arbeitsweise auf den Werften brachte die Elektroschweissung einen fundamentalen Strukturwandel in Richtung auf die fabrikmäßige Produktion mit sich, der sich mitsamt seiner Rationalisierungsreserven im Schiffbau aber erst während des Zweiten Weltkrieges durchsetzen konnte.«[139]

Dieser Wandel in der Produktionstechnik hatte erhebliche Auswirkungen auf die Zusammensetzung der Werftbelegschaft. »Wie die Nieter beim Übergang vom Holz- zum Eisenschiffbau die Schiffszimmerleute abgelöst hatten, so wurden sie selbst mit der Entwicklung moderner Schweißverfahren durch die aufkommende neue Berufsgruppe der Schweißer abgelöst. Stellten zu Beginn des Jahrhunderts die Nieter rund ein Fünftel der Werftbelegschaften, so sollte bis zum Beginn des Zweiten Weltkriegs etwa die Hälfte von ihnen durch Elektro-Schweißer verdrängt worden sein.«[140] Diese Entwicklung, die sich im Zweiten Weltkrieg beschleunigte, läßt sich an der *Tabelle 2* gut ablesen: Trotz der Vergrößerung der Gesamtbelegschaft zwischen 1935 und 1945 auf fast den dreifachen Umfang geht die Zahl der Nieter zurück, die der Bohrer und Punzer bleibt

---

137 Ebenda, S. 29.
138 Peter Kuckuk und Hartmut Pophanken, Die AG »Weser« 1933 bis 1945: Handels- und Kriegsschiffbau im Dritten Reich, a.a.O., S. 72.
139 Roder, Technischer Wandel, a.a.O., S. 31.
140 Peter Kuckuk und Hartmut Pophanken, Die AG »Weser« 1933 bis 1945: Handels- und Kriegsschiffbau im Dritten Reich, a.a.O., S. 98.

fast gleich, während sich die Zahl der Brenner und Schweißer verfünffachte.

Die Anwendung des Schweißens veränderte die Arbeitsabläufe im Schiffbau grundlegend und erbrachte erhebliche Rationalisierungseffekte. Diese zeigten sich in der Reduzierung der Lohnkosten - da ein Schweißer nun die Arbeit einer vierköpfigen Nieterkolonne verrichtete - und in einer Verkürzung der Produktionszeit durch den Wegfall der Vorarbeiten für die Nietung (Lochen, Bohren, Aufreiben). Außerdem konnte beim Schweißen die Arbeit teilweise in den Werkstätten erfolgen, und mußte nicht ausschließlich im Freien auf dem Helgen geleistet werden.

Allerdings war auch nach dem Zweiten Weltkrieg die völlige Schweißung der Schiffskörper im Handelsschiffbau noch nicht üblich. Der Germanische Lloyd verlangte noch bis in die Mitte der 1950er Jahre die Nietung verschiedener Längsverbände, so daß »nach der vom deutschen Kriegsschiffbau beschleunigten Einführung der Elektroschweißung Anfang der dreißiger Jahre diese Technik erst nach dem Nachkriegsboom Ende der fünfziger Jahre im deutschen Schiffbau [sich] endgültig durchsetzte«[141]. Auch auf der AG »Weser« wurde noch lange genietet:

> *Genietet wurde auch noch die Hansaschiffe.*[142]
> *Die wurden geschweißt und genietet.*
> *Die wurden geschweißt*
> *an den Stellen innen*
> *und so weiter*
> *nur die Außenhäute -häute und*
> *Hauptdeck hauptsächlich*
> *wurde genietet*
> *und zwar deshalb*
> *die Hansaschiffe fuhren die Indienroute.*
> *Die fuhren hauptsächlich Indien*
> *und China und so was.*

---

141 Roder, Technischer Wandel, a.a.O., S. 31.
142 Gemeint sind die 1952 bis 1956 gebauten 9 Motorfrachter für die Bremer Reederei »DDG Hansa« mit einer Größe von rund 6.000 BRT (»Ehrenfels«, »Drachenfels«, »Frauenfels«, »Freienfels«, »Goldenfels«, »Gutenfels«, »Marienfels«, »Neidenfels« und »Ockenfels«).

> *Und in Indien ist die Dünung*
> *sehr viel länger auseinander*
> *wie im atlantischen Ozean.*
> *Und deswegen lagen die Schiffe*
> *weiter in der Luft [...]*
> *Und deswegen war die (Krängung) auch viel*
> *viel stärker.*
> *Der Druck ja*
> *weil_s in der Luft hing*
> *zwischen zwei Wellenhöhen.*
> *Deshalb wurden die*
> *weil das elastischer ist das Nieten*
> *wurden die lange Jahre*
> *immer noch genietet.*
> *Wo schon lange geschweißt wurde.*[143]

Auch eine weitere fertigungstechnische Entwicklung, die im Zweiten Weltkrieg beim U-Boot-Bau gerade auch auf der AG »Weser« angewandt worden war, setzte sich in der Nachkriegszeit und in den 1950er Jahren zunächst nicht fort: *der Sektionsbau*. Im Ersten Weltkrieg waren in den USA bei der Massenproduktion von Frachtdampfern erste - allerdings unbefriedigende - Erfahrungen mit der fabrikmäßigen Vorfertigung von Schiffsteilen und deren Zusammenbau auf der Werft gemacht worden. Versuche dieser Art, bei denen die Deutsche Werft und die Flender-Werft, die beide Stahlkonzernen gehörten, Mittelschiffe und Decks im Ruhrgebiet bei Konzernbetrieben bauen ließen, die dann nach Hamburg und Lübeck transportiert und dort auf den Helgen montiert wurden, blieben eine Episode. Ein solches arbeitsteiliges und fabrikmäßiges Verfahren lohnt nur bei der Produktion großer Serien, die im Handelsschiffbau nicht üblich waren, wo die Schiffe im Grunde Einzelanfertigungen - häufig nach den Wünschen der Reeder - blieben, die komplett auf den Hellingen gebaut wurden. Erst bei der Massenfertigung von U-Booten im Zweiten Weltkrieg ging man zur getrennten Vorfertigung von Schiffssektionen in Werkstätten im Binnenland und deren

---

143 Interview mit Rudolf Giesecke, Transkript. Werner Hitzacker gibt an, daß erst in den 1960er Jahren gänzlich ungenietete Schiffe gebaut wurden (vgl. Interview mit Werner Hitzacker, Transkript)

Montage auf der Werft über. Der taktmäßige Bau dieser Sektionen diente der Erhöhung der Produktivität, was sich nicht nur in dieser Vorfertigung auswirkte, sondern auch auf den Werften, deren Helgen für den Zusammenbau erheblich kürzer belegt wurden. Ein wesentlicher Grund für die Verlegung eines Teils der U-Boot-Produktion ins Inland bildete natürlich auch die Verwundbarkeit der Werften durch die alliierten Luftangriffe. Auch die Normung von Typschiffen durch das »Hansa-Programm«, das ab 1943 die Kriegsverluste der Handelsflotte ausgleichen sollte, diente dem Übergang zum fabrikmäßigen Bau von Schiffserien. Allerdings blieb dieses Programm kriegsbedingt ohne größere praktische Bedeutung.[144]

Nach der Wiedererlangung der Neubauerlaubnis ab 1951 kehrte man auf der AG »Weser« zu der im Grunde handwerklichen Herstellung kompletter Einzelschiffe auf den Helgen zurück. Zwar wurden Ende der 1950er Jahre wieder erste Schritte zur Taktbauweise gemacht[145], doch die fabrikmäßige Taktproduktion von Schiffsserien, wie sie beim U-Boot-Bau bereits erfolgt war, sollte erst mit der Einführung der Volumenbauweise Ende der 1960er Jahre zur Regel werden: »Das Schlüsselwort moderner Schiffbautechnik, die Volumenbauweise, regiert im Bereich der Vorfertigung. Auf der Helling werden heute nicht mehr einzelne Platten nacheinander an das Spantengerippe geschweißt, sondern ganze Schiffsteile, Volumen-Bauteile, schweben vorgefertigt an Kränen heran, werden zentimetergenau eingeschoben und an den in der Länge wachsenden Schiffskörper angesetzt. Um diese bis zu 780 t schweren Sektionen vorzufertigen, wurden besondere Bauplätze für Volumen-Bauteile eingerichtet.«[146] Umfangreiche Investitionen waren ab 1963 für diese Entwicklung vorgenommen worden, denn es mußten große Hallen für die Vorfertigung der Sektionen errichtet und die Hellinggerüste durch riesige Bockkrane ersetzt werden, die den Transport der Volu-

---

144 Vgl. Gerhard Steinweg, Die deutsche Handelsflotte im Zweiten Weltkrieg, Göttingen 1954, S. 28.
145 Vgl. Gutachten des Wirtschaftsprüfers und Beratenden Ingenieurs Dr.rer.pol. Dipl.Ing. Gerwin Prasse und des Werftdirektors a.D. Dr. Ing. Werner Immich, a.a.O., S. 19.
146 AG »Weser« (Hrsg.), AG »Weser« Bremen 1843-1968, a.a.O., S. 12 f.

men-Bauteile ermöglichten. Auf dem nun für Schiffe bis zu einer Größe von 400.000 tdw ausgelegten Helgen 5 wurde 1968 das »Hellinggerüst, für Jahrzehnte ein Wahrzeichen am Eingang zu den bremischen Häfen«[147] durch einen 70 Meter hohen Bockkran von 780 Tonnen Tragfähigkeit ersetzt, den Helgen 6 überspannte ein Kran mit 500 Tonnen Traglast.

Wenn wir in die 1950er Jahre zurückkehren und die Frage stellen, welche der grundlegenden technischen und arbeitsorganisatorischen Innovationen im Schiffbau, die seit den 1920er Jahren entwickelt wurden, tatsächlich in der Nachkriegszeit auf der AG »Weser« zur Anwendung gekommen sind, so ergibt sich ein erstaunliches Ergebnis. Außer beim Schiffsantrieb, wo sich ab 1952 Turbine und Dieselmotor völlig durchsetzten, und bei der weiteren Elektrifizierung der Schiffe (besonders bei der Navigation) sind die Entwicklungen in der Fertigungstechnik und der Arbeitsorganisation nur unvollkommen oder gar nicht aufgenommen oder weitergeführt worden, die bereits in der Kriegsproduktion dominiert hatten. Weder hatte das Schweißen völlig das Nieten verdrängt, noch griff man die Erfahrungen mit der Sektionsbauweise auf. Von einer fabrikmäßigen, getakteten Serienfertigung, wie sie in anderen industriellen Bereichen - etwa im Automobilbau, bei der Herstellung von langlebigen Konsumgütern oder im Flugzeugbau - seit Jahrzehnten üblich war, konnte bei den Werften der 1950er Jahre nicht die Rede sein. Der Grund für diese weiterhin eher handwerkliche Produktionsweise liegt sicherlich zum Teil in der Spezifik des Schiffbaus, wo es anders als etwa bei der Fahrzeugproduktion keine großen Serien gab, wo die schiere Größe der Bauteile eines Schiffes deren werkstattmäßige Vorfertigung und den Transport zur Montage erschwerten und wo die Anforderungen der Reeder und die Anpassung an die vorgesehenen Fahrgebiete und Frachtarten jedes Schiff zu einer »Sonderanfertigung« werden ließen. Auch der Bau kleinerer Serien von Tankschiffen auf der AG »Weser«, die 1953/54 für die Reeder Onassis (sechs Schiffe von je 14.000 BRT) und Livanos (vier Schiffe von je 11.000 BRT) abgeliefert wurden, bedeutete keineswegs den Übergang zur Serienfertigung. Betrachtet man die Daten der rund 100

---

147 Ebenda, S. 9.

Schiffe, die auf der AGW zwischen 1950 und 1965 gebaut worden sind, so finden sich nur Kleinserien von jeweils zwei bis vier weitgehend baugleichen Seefahrzeugen.[148]

Insgesamt paßt die geringe Innovationsbereitschaft der Werftindustrie in das Bild der westdeutschen Nachkriegsökonomie, die bis zum Ende der 1950er Jahre durch quantitatives und nur in geringerem Maße durch qualitatives Wachstum gekennzeichnet war.[149] Denn »solange allerdings Arbeitskräfte reichlich zur Verfügung standen und der Lohnsatz vergleichsweise - zu anderen kapitalistischen Ländern - niedrig war und die Arbeitszeit ausgedehnt wurde, waren die Voraussetzungen für eine Umwälzung der Produktionsmethoden nicht gegeben.«[150]

Produktionsmethoden in den 1950er Jahren

Um einen Eindruck von den Produktionsmethoden und den Arbeitsbedingungen auf der AG »Weser« in den 1950er Jahren zu erhalten, wollen wir den Bau eines Schiffes in den wichtigsten Schritten verfolgen: Nachdem die Konstruktionszeichnungen erstellt worden waren, mußten auf dem Schnürboden die Stahlplatten in natürlicher Größe aufgezeichnet und Holzschablonen hergestellt werden. Mit Hilfe dieser Schablonen wurden die Stahlplatten und Profile für Spanten, Rumpf, Decks und Aufbauten mit Acetylen-Brennern geschnitten. Teilweise erfolgte dies bereits mit selbstlaufenden Brennschneidemaschinen, vieles wurde aber weiterhin von Hand gebrannt. Die Bauteile mußten nun maschinell gebogen und verformt werden. Die Teile, die genietet wurden, mußten gelocht werden, wofür seit den 1920er Jahren vielspindelige automatische Paketbohrmaschinen und Doppellochmaschinen zur Verfügung standen.

---

148 Vgl. die Produktionsliste in: AG »Weser« (Hrsg.), AG »Weser« Bremen 1843-1968, a.a.O., S. 121 ff., hier S. 136 ff.
149 Vgl. Werner Abelshauser, Wirtschaftsgeschichte der Bundesrepublik Deutschland 1945-1980, Frankfurt am Main 1983.
150 Elmar Altvater, Jürgen Hoffmann und Willi Semmler, Vom Wirtschaftswunder zur Wirtschaftskrise. Ökonomie und Politik in der Bundesrepublik, Berlin (West) 1979, S. 108.

Arbeit auf dem Schnürboden in den 1950er Jahren. Die Arbeiter zeigen ihre Handwerkszeuge vor: Zollstock, Reißschiene, Hämmer und Dorn für die Herstellung der Holzrisse, nach denen später die Spanten und Platten gebogen wurden. Der Schnürboden war, wie es scherzhaft hieß, der einzige Ort auf der Werft, wo in Pantoffeln gearbeitet wurde. (Photo: Aus dem Besitz von Heinz Scheel, Schiffbauer auf der AGW von 1950 bis 1984. Er ist auf dem Photo links zu sehen.).

Die einzelnen Bauteile wurden nun aus den Werkstätten zum Helgen transportiert, wo inzwischen der Kiel gestreckt worden war. Dort wurden die Spanten montiert und die Platten des Schiffsrumpfs und der Decks an ihnen befestigt. Da die Verbindungen nicht immer in den Konstruktionszeichnungen angegeben werden konnten, mußten einzelne Bauteile zunächst an Bord transportiert werden, um dort die Nietlöcher anzureißen, die dann in der Werkstatt ausgestanzt wurden. Das Befestigen der einzelnen Platten und Profile erfolgte vom Helling-Gerüst aus, das von Kranbahnen überspannt war, so daß das Schiff vom Kiel aus in die Höhe wuchs.

Kapitel 5: Die Arbeitswelt der AG »Weser« in Bremen 137

Zwei Schiffe im Bau auf der Doppelhelling 5 im Jahre 1956. Rechts sieht man den für eine türkische Reederei gebauten Motorfrachter »Hadjitsakos«, der kurz vor dem Stapellauf steht. Bei dem halbfertigen Schiff links sieht man den gestreckten Kiel und den Boden sowie die schon teilweise aufgebauten Seitenwände. Deutlich wird erkennbar, daß ein Schiff Platte für Platte vom Kiel nach oben gebaut wurde. (Photo: Aus dem Besitz von August Beyerle, von 1954 bis 1960 Assistent des Technischen Vorstandes der AGW).

Die Arbeitsmethoden der Nieter und Stemmer unterschieden sich kaum von denen ihrer Vorgänger seit Anfang des Jahrhunderts: »Arbeitskolonnen von vier bis fünf Nietern, bestehend aus Nietenwärmer, Einstecker, Vorhalter und Nieter, der gleichzeitig Kolonnenführer war, hatten dabei die unterschiedlichen Arbeitsgänge zu erledigen. Der Bohrer überarbeitete zuvor noch einmal die mit Schrauben vorbefestigten gelochten Platten. Im Schiff erhitzte der Nietenwärmer das Niet, warf mit einer Zange das glühende Niet dem Einstecker zu, der es mit einem Eimer auffing und ins vorgebohrte Loch steckte. Der Vorhalter hielt von innen das Niet, während der Nieter mit dem hydraulischen Niethammer das glühende Niet zum Schließkopf schlug. Zuletzt dichtete ein Stemmer die Plattenränder ab. Das Nieten war eine schwere körperliche Arbeit, und die Arbeiter befanden sich bei jedem Wind und Wetter im Freien. Eine Nieterkolonne konnte seit Einführung der hydraulischen Niethämmer (ab ca. 1890) und von Preßlufthämmern bis zu tausend Niete pro Schicht setzen.«[151]

Beim Elektroschweißverfahren ersetzte ein Schweißer die vierköpfige Nietergruppe. Auch er arbeitete auf dem Helgen – wobei das Schweißen ein Arbeiten in jeder Lage (also auch in engen Räumen wie dem Doppelboden) möglich machte. Allerdings wurden auch schon in den 1950er Jahren Bauteile – bevor sie an Bord gebracht wurden – in den Werkstätten geschweißt, was 1953 zu erheblichen Auseinandersetzungen um die Arbeitsbedingungen der Schweißer und Brenner führte, da die Hallen für die Schweißdämpfe nur unzureichend belüftet waren.

Den Nietern und Schweißern folgten in den einzelnen Bauabschnitten die Kupferschmiede und Rohrleger, die die kilometerlangen Rohrleitungen für Dampf, Wasser und Brennstoff installierten, und die Elektriker für den Einbau der umfangreichen elektrischen Leitungen und Aggregate. Inzwischen waren im Maschinenbau von den Drehern, Maschinenbauern, Kesselschmieden und Schlossern die Kessel- und Turbinenanlagen und die Hilfsmaschinen von der Ankerwinsch bis zur Ruderanlage – soweit sie nicht von Zulieferbetrieben bezogen wurden – gebaut worden. Sie wurden nun an Bord gebracht. Wegen des großen Gewichtes und wegen des Fehlens geeigneter Krane und Transportmittel auf dem Werftgelände – was übrigens auch die Vorfertigung größerer Schiffssegmente in den Hallen unmöglich machte – wurde die Maschinenanlage mit einem Schwimmkran in das Schiff gesetzt. Die restliche Montage der Aufbauten, der Einbau der Masten und Ladegeschirre und die Ausrüstung geschah nach dem Stapellauf. An Bord folgte die Ausrüstung. Schmiede fertigten die Beschläge, Maler, Tischler, Elektriker und Klempner bauten die Inneneinrichtung und die nautischen Geräte und Kommunikationsmittel ein. Schließlich konnte das Schiff die

---

151 Peter Kuckuk und Hartmut Pophanken, Die AG »Weser« 1933 bis 1945: Handels- und Kriegsschiffbau im Dritten Reich, a.a.O., S. 71.

Ausrüstungspier zu einer Probefahrt verlassen, bevor es an den Reeder abgeliefert wurde.

Diese Überblicksschilderung macht sicherlich deutlich, wie handwerklich die Schiffbauproduktion noch organisiert war. Sie zeigt auch das Zusammenspiel der zahlreichen Gewerke auf der Werft und das hohe Qualifikationsniveau der Arbeiter bei den breitgefächerten Tätigkeiten, die zur erfolgreichen Produktion von Seeschiffen notwendig waren. Gleichzeitig gibt diese geraffte Darstellung allerdings ein allzu positives Bild der Arbeitsabläufe. Weder die arbeitsorganisatorischen noch die technischen Prozesse in der Fertigung vollzogen sich so reibungslos, effektiv und abgestimmt, wie es in dieser Darstellung erscheinen mag.

Arbeit im Kesselraum des Tankers »Olympic Cloud«, 1953. Man sieht die Fronten der Backbord- und Steuerbordkessel. Davor eine Gruppe von Maschinenschlossern des Kesselbaus. (Photo: Aus dem Besitz von Goeben Reichenbach, Maschinenschlosser und Angestellter auf der AGW von 1946 bis 1979)

Von der mangelnden Arbeitsvorbereitung, die dazu führte, daß eine unzureichende Versorgung mit Werkzeug und Vorprodukten vorkam, daß der Materialfluß stockte und die Abstimmung der einzelnen Gewerke häufig nicht funktionierte, war bereits die Rede. Aber auch der Bau der Schiffsteile und die Montage auf den Hellingen war keineswegs präzise. Nicht passende Bauteile mußten an Bord neu zugeschnitten, geformt und verschweißt werden, ja ganze Spanten und Deckteile mußten ausgetauscht werden. Ein Schweißer schildert das plastisch:

Der Blick in den Maschinenraum eines auf der AGW gebauten Turbinenschiffes gibt einen Eindruck vom Umfang der maschinenbaulichen Leistungen bei der Produktion von Schiffen. In der Bildmitte erkennt man die Hochdruckstufen von zwei Turbinen, am rechten Bildrand die Mitteldruckstufe einer der beiden Aggregate. Das Gewirr von Rohren und Leitungen für Dampf, Wasser und Betriebsstoffe erklärt die Bedeutung der Rohrleger und Klempner auf der Werft. (Photo: Winkler-Photostudios Bremen)

das paßte nie nech.
Aber wenn Sie gesehen haben äh
wie die Platten gemacht wurden.
Ich bin
merken Sie ja schon
bin immer mit offenen Augen gegangen
und deswegen war das so unwahrscheinlich interessant
auf der Schiffswerft.
Wenn wir eine Platte
dickes Eisen (...)
die lagen da.
Und nun sollte der die hinrichten [...]
Die wurde ja im im Schnürboden oben zurechtgemacht
(Kanten) nach allen Seiten krumm.
Und dann sollte der die hinkloppen.
Die war gebogen
aber die paßten (niemals).
War so ein kleines Männchen.
[Ich war] zwei Köppe größer wie er
kann ich fast sagen.
Ich stand in der Ecke
und hab den beobachtet.
Das ging über ne halbe Stunde Stunde weg
lief er immer um seine Platte rum
und kuckte immer nur seine Platte.
Ganze AG Weser
die AG Weser war nicht mehr.
/Der lief immer nur um seine Platte rum ((laut))/.
Irgendwann blieb er stehen
kloppt die Pfeife aus
nahm nen dicken Hammer
und fing an
an manchen Stellen zu klopfen.
Sie glaubens nicht.
Der klopfte das Ding hin.
Klopfen <u>Sie</u> mal ein Blech gerade.

Kriegten Sie nicht hin.
Das wird immer immer krummer nech.
<u>*Das*</u> *waren das waren Leute.*[152]

Ungenaue Konstruktionspläne und Unabwägbarkeiten in der Produktion ergaben auch bei Serienschiffen deutliche Unterschiede.[153] Zwar waren seit dem Ersten Weltkrieg die Schiffbaumaterialien genormt worden, doch in der weiterhin vorherrschenden Einzelfertigung von Schiffen gab es natürlich kaum eine Normung der einzelnen Bauteile. Improvisationen waren an der Tagesordnung, und so stellten die nur unvollständig geplanten und vernetzten Produktionsabläufe große Anforderungen an das Können und die Motivation der Werftarbeiter. Genauso hohe Anforderungen, wenn auch anderer Art, erheischte die Präzisionsarbeit, die im Maschinenbau geleistet wurde, wo beim Bau von Turbinen und Getrieben, von Kupplungen und Hilfsaggregaten Millimeterarbeit erforderlich war.

Arbeitsbedingungen

Die Arbeitsbelastungen der Werftarbeiter waren hoch. Trotz der Mechanisierung in vielen Bereichen dominierte schwere körperliche Arbeit unter teilweise sehr schwierigen und oftmals gesundheitsgefährdenden Bedingungen. Die Handhabung und Bearbeitung schwerer Stahlteile, wie sie im Schiff- und im Maschinenbau einer Werft vorherrschte, ist per se anstrengend und gefährlich. Da ein großer Teil der Arbeit auf dem Helgen geleistet werden mußte, kamen witterungsbedingte Erschwernisse und das Arbeiten auf hohen Gerüsten hinzu. Die Arbeit im Schiffsinneren war nicht leichter, denn teils wurde auch sie auf Gerüsten getan, teils geschah sie in engsten Räumen. »Die Nieter und Stemmer verrichteten schwerste körperli-

---

152 Interview mit Rudolf Giesecke, Transkript.
153 Wie wenig offenbar die Fertigung eines großen Seeschiffes exakt planbar war, wird aus den Erinnerungen eines Ingenieurs deutlich, der 1929 am Bau der »Bremen IV« beteiligt war. Er schildert seine Freude, als nach dem Stapellauf eine Messung ergab, das man das geplante Gewicht des Schiffes nur um 100 Tonnen (!) überschritten hatte (vgl. AG »Weser« (Hrsg.), AG »Weser« Bremen 1843-1968, a.a.O., S 75). Allerdings ist zu berücksichtigen, daß die »Bremen« ein Gesamtgewicht von 14.565 tdw hatte.

che Arbeit. Sie arbeiteten in ohrenbetörendem Lärm, oft in gebückter Stellung oder kriechend im Schiffsinnern in schlechter Luft oder aber an der Außenhaut des Schiffes bei Wind und Wetter, auch bei den niedrigsten Kältegraden. Als Gesundheitsstörungen traten oft Nervenstörungen, wie Händezittern und auch Gehörlosigkeit auf. In den Pausen saßen Nieter, Stemmer und Bohrer - häufig mit durchnäßter Kleidung - am Glühofen oder Schmiedefeuer, um sich notdürftig aufzuwärmen.«[154] Das »charakteristische Lied der Niethämmer«[155] - wie es idyllisierend in der hauseigenen Geschichtsschreibung der AGW genannt wird - bestand aus einem Höllenlärm, dem die Arbeiter auf den Helgen permanent ausgesetzt waren. Er war im gesamten Stadtteil Gröpelingen und darüber hinaus zu hören.[156]

Zwar führte der Übergang zum Schweißen »einerseits zum Abbau werfttypischer Arbeitsbelastungen wie Lärm, Rauch- und Rußbelästigung durch Nietfeuer und körperlich schwerer Arbeit. Andererseits sahen sich die Arbeiter neuen Gesundheitsgefahren ausgesetzt durch die beim Elektrodenabbrand auftretenden Gase und Dämpfe. Metallspritzer und das Verblitzen der Augen beim Hineinsehen in den Lichtbogen konnten ebenso Verletzungen verursachen. Letzteres betraf oftmals auch die ohne Schweißbrille in der Nähe tätigen Arbeiter.«[157]

Auch die Arbeit der Maler, Rohrleger und Elektriker war schwer. Sie mußten das Arbeitsmaterial weit schleppen und verrichteten ihre Tätigkeit oft in engen Durchgängen in gebückter oder liegender Stellung. Bereits der Weg zur Arbeitsstelle war mühevoll, wie ein Klempner berichtet:

Es warn zu wenig Krane da.
Ans Schiff zu kommen
mußte man auf ne Leiter raufkrabbeln.
Und das um das zu erklären
war das ja so auf den Helgen

---

154 Peter Kuckuk, Die AG »Weser«,. Teil 1: Bis 1914, a.a.O., S. 46.
155 AG »Weser« (Hrsg.), AG »Weser« Bremen 1843-1968, a.a.O., S. 19.
156 »Ja und das.. überhaupt das Gehämmere der der Nieter das hörte man ja so in Walle genauso wie bald in Burg [...] von der AG Weser.« (Interview mit Karl Hinrichs, Transkript).
157 Uwe Kiupel, Das Zeitalter der Elektrizität in der Industrie, a.a.O., S. 243.

damals warn die kleinen Helgen ja noch da. [...]
*Aber eh dieses Raufklettern und und Rauf_*
da mußte man auf so ne breite Leiter
ich glaube die war so anderthalb Meter breit
und denn ganz stabile Sprossen
und in kurzen Abständen.
Da wurde denn über die Reeling geentert
wie son wie son Seeräuber.
Da hatten se n Beutel aufm Buckel
da warn denn noch dreißig vierzig Pfund drin.
Und denn ham se da gestanden
und wollten se was mit n Kran.
Mitunter nahm denn auch ma einer n Rohr Rohr mit rauf
und=e ja. Wenn ich da rauf wollte
als Klempner zu der Zeit noch
wie ich noch richtig als Klempner
da hatt ich n Ring-Bleirohr
das warn 50 Kilo
den hatt ich auf n Rücken
und der is hart son Ring-Bleirohr.
Den mußt ich da hochtragen.
Und=e nachher hat man denn in die Schiffe
in die Außenhaut Löcher reingeschnitten.
Bei de_ Frachtern ging das ja ganz gut.
Da wurde innen eine Riesenholztreppe
so so hmm im Quadrat so
wo man so um gehen konnte
und dann kam man so an Deck.
Und denn war da n Loch
wo man unten in Maschinenraum reinkonnte.
Und dann=e bei den etwas größeren Schiffen
da wurden dann nachher Fahrstühle angesetzt
wo man rauffahren konnte.
Und auch wieder diese Zugänge von Außen gemacht
die man bis zuletzt aufließ
damit die Leute auf direktem Wege
ins Schiff reinkonnten.
Wir hatten ja auch riesige Wege
da auf der Werft zu bewerkstelligen.
Weil das war alles weit auseinandergezogen nech.
Vor allen Dingen wenn so n Schiff in der Ausrüstung lag

*vorne an am Dock oder so
da lief man ja ne Viertelstunde hin.
Ach dann wurden denn auch später
das war aber alles später
unter wurde Anstrengungen unternommen
denn fuhr da so n Pendelbus hin und her
und denn wurden mehr Wagen angschafft
für den Transport und so.
Aber das war alles nich das Richtige.
Richtig rationell wurde das erst später in den 80er Jahren
als man das rigoros durchgezogen hatte.
Und da warn denn ja auch die großen Tanker da.
Da da lief das richtig voreinander.*[158]

Dieses Bild vom Bau eines Schiffes auf einem der kleineren Helgen der AGW in den 1950er Jahren vermag einen Eindruck von den Arbeitsbedingungen der Werftarbeiter zu geben, die auf den Hellingen allen Witterungseinflüssen - wie hier bei Schnee - ausgesetzt waren. Man sieht die hohen Gerüste, die für das Anbringen der Schiffsplatten benutzt wurden, das Arbeiten unter Kranbahnen und das Hantieren mit tonnenschweren Stahlteilen und kann die Unfallgefahren dieser Produktionsmethoden ahnen. (Photo: Aus dem Besitz von Heinz Scheel, Schiffbauer von 1950 bis 1984 auf der AGW)

---

158 Interview mit Heinz Ratjen, Transkript.

Eine aufschlußreiche Schilderung der Arbeitsbedingungen geben uns die Erinnerungen eines Milieufremden, eines aus einer ländlichen Kleinstadt kommenden technischen Zeichners, der 1956 auf der AGW als ungelernter Arbeiter anfängt. Da ihm die Großindustrie und der Schiffbau völlig fremd waren, haben sich ihm die ersten Eindrücke besonders stark eingeprägt. Er erinnert sich an seine erste Woche auf der Werft. Er wird in der Abteilung »Maschinenbau außen« beschäftigt (die den Maschinenbau an Bord der Schiffe erledigte), und wird gleich an Bord eines Neubaus geschickt, wo er im Doppelboden Rohre verlegen soll:

> *Und denn war also oben von Deck*
> *bis unten auf den Schiffsboden eine Leiter.*
> *Also ich glaube so was gibts heut gar nich mehr*
> *diese riesige Leiter*
> *und die war so breit*
> *da konnten also zwei Mann bequem nebeneinander rauf und runter*
> *das ging also abwärts.*
> *Da warn also meistens immer vier fünf Mann auf dieser Leiter*
> *und denn bin ich da runtergeturnt.*
> *Ich denk »Um Gottes Willn« nech*
> *»das überlebst de nich« nech.*
> *Und denn stand ich da unten*
> *»Wo willst du denn hin? Stehst hier im Weg«.*
> *»Ja das weiß ich auch.« [...]*
> *»Ja komm mal her hier is n neuer Macker« nech*
> *und dann sach ja also*
> *»Wo willst denn arbeiten?« nech*
> *so ich wußte ja nich wo nech.*
> *»Ja wir müssen im Doppelboden eh Rohre verlegen«*
> *Ich denk ja*
> *»Mein Gott noch mal*
> *was was is n Doppelboden im Schiff?« nech*
> *und dann kriegte ich*
> *wurde ich einem zugeteilt*
> *das war so*
> *also von damaliger Sicht*
> *n älterer n Schlosser.*
> *»Ja komm mal her«*
> *Der war also ganz in Ordnung*

das war also schon mal n Lichtblick nech.
»Ja mußt dich dran gewöhnen«
Und denn wurde ja damals noch auf den Schiffen genietet
und zwar also wo Bordwand und Deck zusammenstoßen
da war war son Winkelprofil
da wurde noch genietet
also man konnte das noch nich Schweißen
da war man noch nich so weit damals. [...]
Und fürchterlicher Lärm nech
also daran mußte man sich ja gewöhnen nech.
Und denn sagte der »Ja komm mal mit«
Und Doppelboden also im Schiff
das is also ja nich nur das Blech unten
also die Außenhaut sondern da is also
so hoch etwa [zeigt die Höhe]
is noch mal ein Boden eingezogen und da drunter
die Verstrebungen.
Und denn war also von vorne bis hinten der Rohrtunnel.
Und da mußten Rohre rein
schwere gußeiserne Rohre.
Hab ich gedacht »Wie kriegen die bloß die Rohre da rein?« nech.
Ja und denn lag da son Bündel Rohre aufm Boden
auf dem Schiffsboden denn
»Ja« sagt der »die müssen wir da rein bugsieren«.
Und denn war da so ne Öffnung
und da mußten die Rohre denn reingewuchtet werden.
Und denn lagen die da unten
und denn sagte aber mein Vorarbeiter
»Also so haut das nich hin.
Wir machen uns hier kaputt«.
Und denn is sind ja im Schiff unten im Boden diese Spanten
und so in som Abstand [zeigt den Abstand]
und da mußte man dann immer drauf langkrabbeln [...]
also nach kurzer Zeit taten einem die Knie weh nech.
Und da sagt er »Das machen wir anders
wir legen uns da Schienen rein
und denn baun wer uns n kleinen Wagen
und da schrauben wer denn die Rohre an
vorne Räder hinten Räder
und denn lassen wir die da reinsausen«.
Und denn sind wir in die Schlosserei gegangen

> und denn ham die gesagt »Ihr seid vielleicht so Spinner«
> Das weiß ich auch noch
> wie er das sagte.
> Und denn ham wer dem das erzählt und
> also man muß ja sagen
> und das war damals für mich neu
> diese ja einer half dem andern nech
> so so Kameradschaft nech
> also das war also ganz gut und denn [...]
> Und die ham uns denn tatsächlich son Wagen gebaut
> und den ham wer denn an die Rohre angeschweißt und eh angeschraubt
> und denn ham wer die Rohre da reinsausen lassen nech
> das ging also wunderbar
> und denn mußten die an so Halterungen angesetzt werden [...]
> und das warn die eh Ballastwasserleitungen nech.
> Na ja wir ham die Rohre da reingekriegt nech
> das war also meine erste Woche da auf der AG Weser nech.[159]

Zwar wurde in diesem Fall das Entsetzen über die Arbeitsbedingungen durch die Erfahrung kameradschaftlicher Hilfe unter den Arbeitern etwas gemäßigt und die Mühsal durch die Findigkeit und das Improvisationsvermögen der Beschäftigten gemildert, doch auch in der Folgezeit erlebte er harte und gefährliche Arbeitsvorgänge, von denen er einen als »das Schlimmste was mir je passiert ist« erinnert:

> Und dann sind wir auf n Hof gegangen
> da wurde die also auf dieses Gelände
> da war Gleisanschluß
> da wurde die Hauptmaschine abgeladen.
> Die kam aus England.
> Und da standen also schon so riesige Dinger
> etwa son Durchmesser 90 cm
> zwei Meter hoch
> und ich denk »Was sind des das für Dinger?« nech.
> Und das warn die Kolben.
> Ja. So groß warn die.[...]

---

159 Interview mit Heinz Murken, Transkript.

> *und dann kam das Maschinenfundament.*
> *Das wurde also mit [...] diesen beiden Kranbrücken*
> *wurde das Fundament denn auf den Schiffsboden aufgesetzt*
> *immer Einzelteile zusammengeschraubt und ausgerichtet*
> *und denn kam da drauf [...] die Zylinderwände. [...]*
> *Und denn wurden die Kolben denn da reingesetzt von oben.*
> *Und dann sagte der Meister*
> *»Ja eh kletter mal in den Zylinder rein«*
> *Das war also das Schlimmste was mir je passiert is*
> *»Da is irgendwas drin die Auspuffschlitze die sind dicht«*
> *Da warn so Holzklötze reingesetzt ,»Die müssen raus«*
> *Na ja und denn mußte ich mit der Leiter oben*
> *von oben in den Zylinder reinklettern.*
> *Und dann rief der Meister*
> *»Achtung aufpassen Maschine turnt«.*
> *Ich denn »Wat is dat denn nun Maschine turnt?«*
> *Also turnen is ja drehn*
> *und denn ham die also ganz langsam*
> *diese Maschine gedreht*
> *ob auch alles so funktioniert nech.*
> *Und dann stand ich also auf dem Kolben*
> *mit der Leiter*
> *und der ging dann so ganz langsam auf und ab nech*[160]

Nach diesen Erlebnissen hielt es dieser Mann nur ein halbes Jahr auf der Werft aus. Aber auch Arbeiter, die bereits Erfahrungen in der Großindustrie hatten, berichten, daß sie am Anfang von der Schwere der Arbeit, dem Lärm und den übrigen Arbeitsbedingungen auf der Werft so abgeschreckt waren, daß sie am liebsten gleich wieder gegangen wären: Herr Förster, der in einem Handwerksbetrieb Maler gelernt und dann bei Borgward gearbeitet hatte, kam 1952 auf die AGW: »*Ehrlich gesagt das war so wie ich da anfing ich wollte 14 Tage bleiben 14 Tage der Krach, der Dreck weil man das nicht gewohnt war*«[161].

Daß diese Arbeitsbedingungen - die Schwere der körperlichen Arbeit, die Einseitigkeit der Belastungen bei manchen Tätigkeiten, das Ertragen der Witterung, der Lärm, der Dreck und der Umgang mit gefährlichen Stoffen (Asbest war beispielsweise in den 1950er

---

160 Interview mit Heinz Murken, Transkript.
161 Interview mit Gerhard Förster, Verlaufsprotokoll.

Jahren noch ein gebräuchliches Baumaterial zur Wärmedämmung und zum Feuerschutz) - große gesundheitliche Beeinträchtigungen hervorrufen konnten, ist offensichtlich.[162] Der Bericht der Schweißerin Herta Becker über die Folgen, die es hatte, wenn man hauptsächlich auf den Knien arbeiten mußte, ist bereits zitiert worden. Auch Herr Förster betont, daß seine Knochen aufgrund dieser Arbeitsweise »*heute auf deutsch gesagt kaputt*« seien.[163]

Die Arbeit auf der Werft war nicht nur körperlich schwer und gesundheitsschädlich, sie war auch gefährlich. Das Arbeiten auf Leitern und Gerüsten, der Umgang mit tonnenschweren, scharfkantigen Stahlplatten und Maschinenteilen unter Kranbahnen und an schnellaufenden Maschinen bildete ein großes Potential für schwere Arbeitsunfälle. Und in der Tat wies die Schiffbauindustrie die höchsten Unfallzahlen in der gesamten eisenverarbeitenden Industrie auf. »Auf 1000 Beschäftigte in den Seeschiffswerften kamen 1959 270 meldepflichtige Unfälle (ohne Wegeunfälle).«[164] Der Durchschnitt der Eisen- und Stahlindustrie lag bei 177 Unfällen. Die Werften hatten also eine um 63 Prozent höhere Unfallzahl als der Durchschnitt in ihrer Berufsgenossenschaft betrug.[165] Für den Bremerhavener Betriebsteil der AGW, die Seebeck-Werft, liegen uns für 1956 die Unfallzahlen vor: »*5 schwere, 53 mittelschwere und 1.017 leichte Unfälle, außerdem 62 Augenverletzungen und 17 Vergiftungen.*«[166] So ist es nicht verwunderlich, daß viele der von uns interviewten Arbeiter und Arbeiterinnen entweder selbst verunglückt sind oder Unfälle von Kollegen erlebt haben.[167] Herr Murken, der in dem halben Jahr seiner Werfttätigkeit leicht verunglückte, berichtet, daß auch die vielen Un-

---

162 Schon in unserem begrenzten Sample finden sich zwei Fälle von Asbestose: Herr Tauber ist wegen dieser Krankheit Invalide, der Ehemann von Frau Weimar starb an ihr.
163 Interview mit Gerhard Förster, Verlaufsprotokoll.
164 Meldepflichtig sind Unfälle mit der Folge einer mindestens dreitägigen Arbeitsunfähigkeit.
165 IGMA, Arbeitstagung Schiffbau 1961 Hamburg/W.
166 Technisches Gutachten über die Werften Bremen und Bremerhaven der Aktien-Gesellschaft »Weser«, a.a.O., S. 509.
167 Von den 21 Interviewpartnern und -partnerinnen, die länger auf der Werft beschäftigt waren, haben sieben - also ein Drittel - selbst Arbeitsunfälle erlitten. Zwei von ihnen sind aufgrund solcher Unfälle bzw. durch den Umgang mit gesundheitsschädlichen Materialien zu Frühinvaliden geworden.

fälle, die er gesehen hat, ihn bewogen haben, die AGW wieder zu verlassen:

> *Dieser Schock da auf dem Schiff nech.*
> *Da hab ich einmal bin ich von oben runtergefallen.*
> *Da standen wir auf der Kurbelwelle*
> *und die war so schmierig glatt.*
> *Da bin ich also [...]*
> *in die Ölwanne reingefallen.*
> *Und eh mußte denn zum Arzt*
> *ob ich was gebrochen hatte.*
> *Und wie mir das passiert is*
> *da hab ich gedacht also*
> *»Hier bleibst de nich.*
> *Jetzt siehst de zu*
> *daß de hier wieder weg kommst« nech.*
> *Also dann mußte ich zum Betriebsarzt*
> *und da war einer*
> *der hatte das halbe Ohr abgerissen*
> *der war irgendwo hängengeblieben an som Draht oder was weiß ich.*
> *Der eine hatte die ganze Hand gequetscht*
> *die war so blau der mußte ins Krankenhaus*
> *Also es passierten ständig Unfälle nech*
> *Ich hab also nachher Kollegen gehabt*
> *also zwei drei sogar*
> *ja die warn auch auf der AG Weser gewesen*
> *und die ham dasselbe gedacht wie ich nech*
> *also »bloß nich verunglücken.*
> *Aufpassen daß man seine Knochen heil behält!« nech*
> *das war also das Wichtigste nech*[168]

Auch glimpflicher verlaufende Zwischenfälle bedeuteten bisweilen schlimme psychische Belastungen, die der Schweißer Giesecke anhand zweier Beispiele beschreibt:

> *(Mir) ist zweimal äh passiert*
> *da war ich aber noch Schweißer*
> *zweimal passiert*

---

168 Interview mit Heinz Murken, Transkript.

*daß ich dachte
in Lebensgefahr zu sein.[...]
im im klein- kleineren Kessel
nicht so Riesendinger
auf _m kleinen Frachtschiff
in dem einen Fall war es so
daß ich äh
ich weiß nicht ob sie das kennen.
Der Kessel besteht ja aus Rohren
durch die Wasser fließt
und die Hitze macht dieses Wasser zu Dampf
kommt auf der anderen Seite Wasser.
Und das sind so Rohrpakete
in der Mitte ist nur ein schmaler Spalt zwischen
und dieses Wasser
frißt die Kesselwand innen mal an.
Nun gehen Schlosser bei
und schleifen das aus
damit man drauf schweißen kann
und dann muß der Schweißer ran
und muß diese Löcher
mit bestimmten Drähten natürlich
zuschweißen hier.
Unwahrscheinlich viel Qualm drin
ist sehr anstrengend
und äh qualmig.
Und jetzt war ich da drin
es war nachts
wir waren eigentlich
mein Kumpel und ich
wir waren alleine.[...]
und nun sagen wir
wir machen mal ne Pause.
So.
»Ja Karl-Heinz« sag ich
»geh mal schon raus
ich mach noch zwei Drähte
dann bin ich mit dem Loch fertig.«
Ja Karl-Heinz ging raus
und stand oben schon an Deck
an der Reling.*

Ich kam nicht.
((lacht)) Ja. Ich wollte raus
und blieb dazwischen klemmen.
Die Rohre waren genauso wie vorher
aber ich hing fest.
Die Arme hoch
die Beine unten
zerrte immer
und das ging nicht weiter nech.
Ich wurde immer dicker
wurde immer dicker.
Es ging ging nicht.
Geschwitzt
bis er dann irgendwann sagt
»Nanu wo bleibt er denn«
Kommt dann und
»Ich komm nicht mehr weiter«.
Das war auch ein ganz ruhiger Vertreter.
Ja dann hat er mir gut zugeredet
und mit einem Mal war ich draußen ne.
Und das andere Mal war
auch in so nem Kessel
da war ich unten drin auch fertig
und äh oben war ein Einmannloch
nennt man das
wo man rein und raus kam.
<u>*Rein*</u> *bin ich gekommen*
aber als ich <u>raus</u> wollte
saß ich dann auf diesem Rohrbündel
und kriegte meine Beine nicht mehr rum.
Ich konnte drehen wie ich wollte
die mußten eingeknickt werden
sonst ging_s nicht.
Aber ich konnt_ se nicht einknicken
das ging nicht.
Und ich hab wirklich
wirklich Blut geschwitzt in Angst.[...]
/äh äh da war so ein kleiner buckliger Meister
nicht bucklig
aber verwachsen etwas.
Mensch (Himmeldonner) ((leise))/

> den Abend werd_ ich auch nie vergessen.
> Da standen ja nun schon viele Leute
> nicht viele
> aber die Kumpels rum wollten helfen.
> Jeder hatte nen Spruch nech.
> Bis der kam
> und sah
> sah er sofort was los war.
> Hat er die alle erst mal weggescheucht
> die mußten alle verschwinden
> da waren wir beide alleine
> und denn hat der auch wie_n Vater geredet nech.
> Ja irgendwann ließ der Schweiß nach
> ich knickte meine Beine ein
> und war draußen.
> Nech es ist nicht so einfach
> die Dinge die muß man <u>erlebt</u> haben.[169]

Es blieb nicht immer bei der Todesangst, auch tödliche Unfälle waren nicht selten, so daß es gar nicht so erstaunlich ist, daß der Schlosser Mansholt, nach seinen Erlebnissen auf der AGW befragt, sich in erster Linie an die »*vielen Toten*« und an viele Unfälle erinnert.[170] Die KP-Zeitung »Tribüne der Demokratie« berichtete beispielsweise im August 1955 von vier schweren Betriebsunfällen auf der Werft mit zwei Toten und zwei Schwerverletzten. In einem Zeitraum von drei Monaten habe es damit schon vier Todesfälle als Folge des »*mörderischen Arbeitstempos*« gegeben.[171] Ein besonders spektakulärer tödlicher Unfall wurde 1954 ausgiebig von ihr zum Anlaß genommen, mangelnden Unfallschutz, Arbeitshetze und die fehlende Fürsorge der Werftleitung anzuklagen: Ein Werftarbeiter war in das Hafenbecken der AGW gestürzt und ertrunken. Seine Leiche wurde wo-

---

169 Interview mit Rudolf Giesecke, Transkript.
170 Interview mit Friedrich Mansholt, Verlaufsprotokoll.
171 Tribüne der Demokratie vom 26. August 1955. Die Bremer KPD-Zeitung berichtete häufiger über Arbeitsunfälle auf der AGW, vgl. auch die Ausgaben vom 8. April 1952 und vom 7. Dezember 1954.

chenlang nicht gefunden, angeblich unternahm die Werftleitung auch nichts zu ihrer Bergung.[172]

Sicherlich trug der nicht geringe Alkoholkonsum auf der Werft, von dem die meisten interviewten Arbeiter erzählen[173], zu dieser Unfallhäufigkeit bei. Allerdings waren auch die Maßnahmen zur Arbeitssicherheit in den 1950er Jahren noch mangelhaft, wie Heinz Ratjen berichtet:

> *Eh man muß so sagen*
> *bis Mitte der 60er Jahre [...]*
> *war das schlimm.*
> *Da wurde keine Rücksicht auf genommen*
> *wie sich einer körperlich quälen mußte*
> *wie die Umstände warn.*
> *Wenn wir zu unserm Meister hingingen*
> *und sagten »Wir können da nich mehr arbeiten.*
> *Das is so laut.*
> *Das tut so weh inne Ohren«.*
> *(Dann antworteten die Meister) »Ham wir früher auch ertragen müssen.*
> *Da war das noch schlimmer.*
> *Da warn noch Nieterkolonnen da*
> *jetz sind da bloß nur n paar Nieter*
> *und n paar Stemmer*
> *das könnt ihr wohl aushalten.*
> *Geht man hin und macht euren Scheiß da fertig«.[...]*
> *Und=e es gab keine Schutzmittel Handschuhe.*
> *Wenn man mal n Paar Handschuhe kriegte*
> *och Gott ach Gott.*
> *Arbeitsanzüge – das war auch ne Gnade des Meisters.*
> *Schuhe mußte man selber für sorgen.*
> *Es gab noch keine Schutzhelme.*
> *Es gab ja nur die man hatte ne Mütze auf.*

---

172 Vgl. »Direktion läßt Werftarbeiter kaltblütig ertrinken«, in: Tribüne der Demokratie vom 7. Dezember 1954.
173 Vgl. insbesondere die Interviews mit Rudolf Giesecke, Werner Hitzacker, Heinz Ratjen und Friedrich Mannsholt.

*Und=e das is ja dann erst alles viel später
über die Berufsgenossenschaften gedrängt
und gemacht worden
daß das denn klar kam.*[174]

Der Schiffbau in den 1950er Jahren war durch körperlich schwerste, gesundheitsschädliche und gefährliche Arbeit gekennzeichnet. Diese Arbeitsbedingungen bewirkten einerseits die starke Notwendigkeit solidarischer Zusammenarbeit und gegenseitiger Hilfe unter den Beschäftigten und andererseits riefen sie bei ihnen einen großen und berechtigten Stolz auf die unter so großen Anstrengungen und Gefahren geleistete Arbeit hervor, der, gepaart mit dem Stolz auf handwerkliches Können und Facharbeiterqualifikationen, einen wesentlichen Bestandteil des Bewußtseins der Werftarbeiter bildete.

5. Löhne und Arbeitszeiten

Die Lohnentwicklung bis 1950

Die Löhne der Werftarbeiter befanden sich in den ersten Nachkriegsjahren unter dem Niveau, das sie in den 1920er Jahren erreicht hatten. Zunächst hatten in der Weltwirtschaftskrise die Unternehmer und die Reichsregierung mit ihren Notverordnungen einen massiven Lohnabbau durchgesetzt. Die Schlichtung des Reichsarbeitsministers nach dem zweieinhalbmonatigen Streik von 1928 hatte im Dezember für die Bremer Werften noch einen Stundenlohn von 81-86 Pfg. für gelernte, 74-79 Pfg. für angelernte und 66-70 Pfg. für ungelernte Arbeiter ergeben[175]. Im Oktober 1931 kam es durch Schiedsspruch zu einer zehnprozentigen Lohnkürzung, eine Notverordnung vom Dezember 1931 erbrachte eine nochmalige zehnprozentige Senkung, und schließlich setzten die Werftunternehmer am 1. Juli 1932

---

174 Interview mit Heinz Ratjen, Transkript.
175 Die Angaben beziehen sich auf die verschiedenen Altersstufen.

eine weitere Lohnabsenkung durch.[176] Dann wurde 1933 dieses niedrige Lohnniveau vom NS-Regime festgeschrieben:

Tabelle 3: Stundenlöhne in der bremischen Werftindustrie 1928-1936, jeweils für Arbeiter der höchsten tarifmäßigen Altersstufe [177]

Jahr	gelernte Arb. (in Pfg.)	angelernte Arb. (in Pfg.)	ungelernte Arb. (in Pfg.)
Dez. 1928	86	79	70
Okt. 1931	76	70	62
1932	75,2	69,2	61,2
1933	72,2	66,2	58,6
1934	72,2	66,2	58,6
1935	72,2	66,2	58,6
1936	72,2	66,2	58,6

Die hauptsächlich rüstungsbedingte Hochkonjunktur der Jahre ab 1936 brachte zwar ein erhebliches Ansteigen der Wochenverdienste, doch wurden diese nicht durch Tariferhöhungen, sondern durch die Verlängerung der Arbeitszeit bewirkt.[178] Mit einer Verordnung über die Lohngestaltung vom 25. Juni 1938 und mit der Kiegswirtschaftsverordnung vom 12. Oktober 1939 erließ die NS-Regierung einen generellen Lohnstopp, der sogar über das Kriegsende hinaus

---

176 Rudolf Herbig, Wirtschaft und Arbeit. 100 Jahre an der Unterweser. Skizzen aus der Wirtschafts-, Sozial- und Gewerkschaftsgeschichte Bremerhavens, Bremerhaven 1979, S. 66 f.
177 Zusammengestellt nach: Rudolf Herbig, Wirtschaft und Arbeit. 100 Jahre an der Unterweser, a.a.O., S. 66f.; Statistisches Landesamt Bremen (Hrsg.), Statistisches Handbuch der Freien Hansestadt Bremen, Ausgabe 1937, Bremen 1937, S.186.
178 Die durchschnittlichen wöchentlichen Reallöhne der Arbeiter im Deutschen Reich, die 1932 nur noch 86 Prozent des Standes von 1928 betragen hatten, erreichten 1937 den Vorkrisenstand mit 101 Prozent und stiegen bis 1939 auf 108 Prozent. Die »durchschnittliche Wochenarbeitszeit in der verarbeitenden Industrie, die 1928 noch 46,1 Stunden betragen hatte, aber 1932 auf 41,5 Stunden abgesunken war, [erhöhte sich] 1937 wieder auf 46,1 Stunden, 1939 auf 47 und 1942 sogar auf 49,2 Stunden« (Detlev K. Peukert, Die Lage der Arbeiter und der gewerkschaftliche Widerstand im Dritten Reich, in: Klaus Tenfelde u.a., Geschichte der deutschen Gewerkschaften von den Anfängen bis 1945, hrsg. von Ulrich Borsdorf unter Mitarbeit von Gabriele Weiden, Köln 1987, S. 447 ff., hier S. 468).

wirksam blieb, da die Direktive Nr. 14 des Alliierten Kontrollrats diese Lohnstoppverordnung bestätigte. So betrug dann auch der Stundenlohn am 24. Mai 1945 in der Bremerhavener Werftindustrie für gelernte Arbeiter 73 Pfg., für Angelernte 66 Pfg. und für Ungelernte 60 Pfg.[179] Diese Beträge dürften auch für die Bremer Werften zutreffen. Damit lagen die tariflichen Stundenlöhne, die bis zum November 1948 dem Lohnstopp unterworfen waren, 15 Jahre lang um rund ein Sechstel (16 Prozent) unter dem Stand von 1928.[180]

Sicherlich spielte die Höhe des Tariflohns in den ersten Nachkriegsjahren auch für diejenigen Arbeiter, die bei den Demontagearbeiten auf der AGW oder bei der »Bremer Dock- und Maschinenbau« weiterbeschäftigt wurden, keine große Rolle, da das Geld in den Zeiten der äußersten Warenknappheit und der direkten Tauschgeschäfte weitgehend seine Funktion verloren hatte. Der Zugang, den die Arbeiter auf der Werft zu wichtigen Gebrauchsgütern und Materialien hatten, die sich entweder für die Reparatur der eigenen Wohnung oder für Kompensationsgeschäfte nutzen ließen, war für die Werftarbeiter in diesen Jahren sicherlich wertvoller als ein hoher Lohn, mit dem nichts zu kaufen war.[181] Das änderte sich aber natürlich grundlegend mit der Währungsreform vom 20. Juni 1948. Während die Preise für die nun wieder vorhandenen Waren weitgehend freigegeben wurden - was angesichts der großen Nachfrage zu dra-

---

179 Rudolf Herbig, Wirtschaft, Arbeit, Streik, Aussperrung an der Unterweser. Aus der Wirtschafts-, Sozial- und Gewerkschaftsgeschichte zwischen 1827 und 1953, Wolframs-Eschenbach 1979, S. 381.
180 Bis zum Juni 1948 stiegen allerdings die Bruttostundenverdienste (also der Tariflohn einschließlich aller Zulagen) in der metallverarbeitenden Industrie Bremens auf 116 Pfg. für Facharbeiter, 113 Pfg. für Angelernte und 102 Pfg. für Hilfsarbeiter. Dieses bedeutete angesichts geringer Wochenarbeitszeiten - sie lag in diesem Zeitraum zwischen 33,4 und 42,8 Stunden - jedoch nur einen wesentlich geringer gestiegenen Bruttowochenverdienst. (Vgl. Statistisches Landesamt Bremen, Ergebnisse der vierteljährlichen Lohnerhebung von März 1947 - Juni 1948, Land Bremen [September 1948]) Diese Erhöhungen waren einerseits das Ergebnis der politischen und gesellschaftlichen Kräfteverschiebungen nach dem Kriege. Aber sie waren auch ein billiges Zugeständnis, denn den Unternehmern fiel es angesichts der Wertlosigkeit der Reichsmark leicht, diese höheren Löhne zu zahlen, für die bestängige Sachwerte geschaffen wurden.
181 Von solcher Verwendung von Werftmaterialien berichten einige unserer Interviewpartner, vgl. besonders das Interview mit Johann Reich, der große Mengen von Baumaterialien für den Ausbau seines Behelfsheimes von der Werft bezogen hat.

stischen Preissteigerungen genutzt wurde - blieben die Löhne, die bei der Währungsreform im Verhältnis 1:1 in DM-Beträge umgewandelt wurden, bis zum Gesetz zur Aufhebung des Lohnstopps vom 3. November 1948 auf ihrem niedrigen Stand eingefroren.[182] Die Ernährungskosten waren in diesem Zeitraum um 29 Prozent gestiegen.[183] Diese verordnete Lohnpause bei expandierenden Preisen verschaffte den Sachwert- und Kapitalbesitzern zusätzlich zur grundlegenden sozialen Asymmetrie der Währungsreform weitere Vorteile. Bekanntlich war diese Entwicklung eine der Ursachen, die zu dem eintägigen Generalstreik der Gewerkschaften am 12. November 1948 führten.[184]

Erst ab Ende 1948 kann also überhaupt wieder von einer Tarifpolitik gesprochen werden. Dabei war es nicht einfach für die Gewerkschaften, in der Werftindustrie, die infolge der alliierten Schiffbaurestriktionen zunächst kaum an dem durch Währungsreform, Marshall-Plan-Hilfe und kapitalorientierter Wirtschaftsordnung induzierten Aufschwung teilhatte, den Nachholbedarf bei den Löhnen durchzusetzen. Bis 1950 war zwar der Ecklohn von den 73 Pfg. des Jahres 1945 auf 1,12 DM erhöht worden, was eine nominale Steigerung von 53 Prozent ausmacht. Aber angesichts der völlig neuen Preisstruktur nach der Währungsreform - die Lebenshaltungskosten stiegen bis 1949 ebenfalls fast um diesen Wert, bevor sie ab 1950 wieder zurückgingen[185] - war der Reallohn der 1920er Jahre noch nicht wieder erreicht.

---

182 Vgl. Klaus Mehnert und Heinrich Schulte (Hrsg.), Deutschland-Jahrbuch 1953, Essen 1953, S. 153.
183 Ifo-Institut für Wirtschaftsforschung (Hrsg.), Fünf Jahre Deutsche Mark. Der Wiederaufbau der westdeutschen Wirtschaft seit der Währungsreform, Berlin und München 1953, S. 32.
184 Vgl. Gerhard Baier, Der Demonstrations- und Generalstreik vom 12. November 1948. Im Zusammenhang der parlamentarischen Entwicklung Westdeutschlands, Frankfurt am Main und Köln 1975.
185 Vgl. Rudolf Herbig, Wirtschaft, Arbeit, Streik, Aussperrung an der Unterweser, a.a.O., S. 387 (Tabelle: Die Preisentwicklung an der Unterweser zwischen 1928 und 1953); sowie: Statistisches Landesamt Bremen, Statistische Mitteilungen 1958, Heft 4; Statistisches Landesamt (Hrsg.), Statistisches Handbuch für das Land Freie Hansestadt Bremen 1950-1960, Bremen 1961, S. 292-293.

Einkommen und Auskommen in den 1950er Jahren

Das sollte sich in den 1950er Jahren allerdings bald und in bislang noch nicht gekanntem Umfang ändern. Der tarifliche Ecklohn verdoppelt sich fast von 1,22 DM im Jahre 1950 auf 2,13 DM im Jahre 1959.[186] Auch wenn man die Steigerung der Lebenshaltungskosten in diesem Zeitraum berücksichtigt, ist der Einkommensanstieg zweifellos fulminant. Dem Anstieg der tariflichen Ecklöhne um 90 Prozent zwischen 1950 und 1959 steht eine Erhöhung der Preisindexziffer für einen vierköpfigen Bremer Arbeitnehmerhaushalt um 18 Prozent gegenüber (*Tabelle 4*), so daß unter Berücksichtigung der Kaufkraft immerhin noch eine reale Tariflohnerhöhung von 72 Prozent stattgefunden hat.

Tabelle 4: *Preisindexziffer für die Lebenshaltung einer 4-Personen-Arbeitnehmerhaushaltung in Bremen 1949-1959, Verbrauchsschema 1950, Mittlere Verbrauchergruppe (1950 = 100)*[187]

Jahr (Ø)	Gesamt	Ernährung	Wohnung	Heizung Beleuchtung	Hausrat	Bekleidung	Verkehr
1949	107	107	100	99	112	113	101
1950	100	100	100	100	100	100	100
1951	107,3	109,7	100,8	102,8	112,0	110,1	109,4
1952	109,1	115,1	101,3	105,9	111,7	99,9	115,8
1953	106,6	113,0	103,7	107,4	104,6	91,4	117,7
1954	107,1	115,4	103,8	112,1	102,0	89,5	117,7
1955	108,4	117,2	105,9	115,0	103,2	89.3	117,3
1956	111,4	121,0	110,6	119,0	106,0	91,3	115,5
1957	113,4	122,3	111,1	122,4	110,7	94,6	120,9
1958	116,6	124,9	112,7	133,7	113,3	96,6	133,9
1959	118,2	127,4	113,6	137,5	112,7	96,7	135,2

---

186 Vgl. Tabelle 7.
187 Zusammengestellt nach: Statistisches Landesamt Bremen, Statistische Mitteilungen 1958, Heft 4 und Statistisches Landesamt (Hrsg.), Statistisches Handbuch für das Land Freie Hansestadt Bremen 1950-1960, Bremen 1961, S. 292-293.

Dieser Befund mag auf den ersten Blick die populären Meinungen über das »Wirtschaftswunder« der 1950er Jahre stützen. Betrachtet man aber die Einkommensentwicklung genauer, so wird man zu einem differenzierteren Bild der materiellen Lage der Werftarbeiter in diesem Jahrzehnt kommen. Die Steigerung der Löhne verlief durchaus *uneinheitlich.*

Schaubild 6: Brutto-Stundenverdienste männlicher Arbeiter im Schiffbau im Lande Bremen nach Lohngruppen und Durchschnitt aller Arbeiter in vierteljährlicher Übersicht, März 1951 bis August 1959 (in Pfg.)[188]

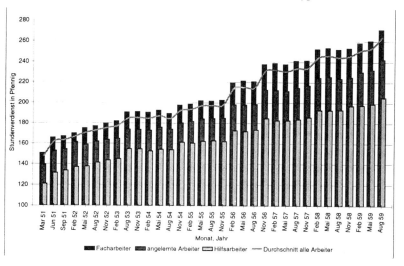

Die *Bruttostundenlöhne* (also die Tariflöhne einschließlich aller Zulagen für Leistung, Überstunden, etc.), stiegen bis 1955 erheblich langsamer als in der zweiten Hälfte des Jahrzehnts: Der Bruttostunden-

---

[188] Zusammengestellt nach: Statistisches Landesamt Bremen, Statistischer Dienst, Reihe: Lohnstatistik, Folge 1: Verdienste der Industriearbeiter, Heft 1/1951 bis 4/1955; Statistisches Landesamt Bremen, Statistische Berichte (Statistischer Dienst), Reihe: Lohnstatistik, Folge 1: Verdienste der Industriearbeiter, Heft 1/1956 bis 3/1958; Statistisches Landesamt Bremen Statistische Berichte, Reihe: Lohnstatistik, Folge 1: Verdienste der Industriearbeiter, Heft 4/1958 bis Heft 3/1959.

verdienst eines Facharbeiters wuchs bis 1955 nur um 40 Pfg., von 1955 bis 1959 aber um 80 Pfg. Die Höhe des Zuwachses war für die einzelnen Arbeitergruppen unterschiedlich, sie betrug von 1951 bis 1959 für Facharbeiter 80,2 Prozent, für Angelernte 73,9 und für Ungelernte nur 69,7 Prozent.

Betrachtet man die *Bruttowochenverdienste* - die aussagekräftiger sind, weil sie die Mehrverdienste durch Überstunden enthalten und dadurch die tatsächlichen Bruttoeinkünfte wiedergeben - so wird noch deutlicher, daß die 1950er Jahre keineswegs durch einen linearen Anstieg der Einkommen geprägt waren.

Schaubild 7: *Durchschnittliche Bruttowochenverdienste (Durchschnitt aller männlichen Arbeiter) im Schiffbau im Lande Bremen März 1951 bis August 1959 (in DM)*[189]

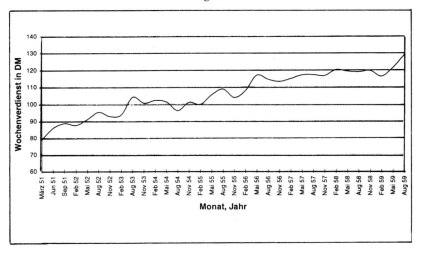

189 Zusammengestellt nach: Statistisches Landesamt Bremen, Statistischer Dienst, Reihe: Lohnstatistik, Folge 1: Verdienste der Industriearbeiter, Heft 1/1951 bis 4/1955; Statistisches Landesamt Bremen Statistische Berichte (Statistischer Dienst), Reihe: Lohnstatistik, Folge 1: Verdienste der Industriearbeiter, Heft 1/1956 bis 3/1958; Statistische Berichte des Statistischen Landesamt Bremen, Reihe: Lohnstatistik, Folge 1: Verdienste der Industriearbeiter, Heft 4/1958 bis Heft 3/1959.

Kapitel 5: Die Arbeitswelt der AG »Weser« in Bremen

Die Auftragslage im Schiffbau und die konjunkturelle Situation schlugen sich eben auch in zeitweiligen Rückgängen und Stagnationsphasen beim Bruttowochenverdienst nieder. Denn die Höhe dieser Verdienste ist in den gesamten 1950er Jahren entscheidend durch die Leistung von Überstunden bestimmt, die - je nach der ökonomischen Lage der Werften - zwischen neun und zwei Stunden pro Woche betrug. Das Wachstum der Bruttowochenverdienste blieb als Folge der Arbeitszeitverkürzung ab 1956 dann auch hinter dem der Stundenlöhne zurück. Während die Bruttostundenlöhne im Durchschnitt aller männlichen Arbeiter von 1951 bis 1959 um 79,3 Prozent stiegen, wuchsen die durchschnittlichen Bruttowochenlöhne nur um 63,2 Prozent.

Schaubild 8: Durchschnittliche Bruttowochenverdienste im Schiffbau im Lande Bremen nach Lohngruppen und Durchschnitt aller männlichen Arbeiter, März 1951 bis Februar 1959 (in DM)[190]

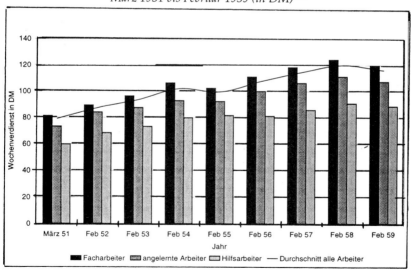

---

190 Zusammengestellt nach: Ebenda.

Auch die Entwicklung der Bruttowochenverdienste war für die einzelnen Arbeitergruppen unterschiedlich. Zu den unterschiedlichen Stundenverdiensten kam noch der Umstand, daß Facharbeiter und Angelernte erheblich mehr Überstunden leisten konnten als Hilfsarbeiter, deren Einkommen so in zweierlei Hinsicht hinter dem der übrigen Gruppen zurückblieb, indem ihre Stundenlöhne geringer wuchsen und ihr Wochenlohn zudem wegen der geringeren Arbeitszeit niedriger blieb.

Nicht nur der langsame Anstieg der Löhne, die Schwankungen beim Wochenverdienst und die erheblichen Unterschiede zwischen den Arbeitergruppen - die Bruttowochenlöhne der Angelernten lagen 1951 um 7,4 Prozent, die der Ungelernten um 25,4 Prozent unter denen der Facharbeiter - kennzeichnen die frühen 1950er Jahre. Einere genauere Betrachtung der effektiven Einkommen zeigt, daß die erste Hälfte der 1950er Jahre den Werftarbeitern zwar Lohnverbesserungen, aber noch keineswegs den Ausgang aus materieller Enge brachte. Die effektiven Bruttowochenlöhne bewegten sich im Durchschnitt aller männlichen Arbeiter von März 1951 bis November 1955 zwischen 79 und 104 DM (für Facharbeiter zwischen 81 und 111 DM, für Angelernte zwischen 73 bis 100 DM und für Hilfsarbeiter zwischen 60 bis 85 DM[191]). Die durchschnittliche Steuerbelastung der Löhne lag im Schiffbau 1951 bei 6,7 Prozent und der Sozialversicherungsbeitrag bei 8,9 Prozent[192], so daß die *Nettolöhne* rund 15,6 Prozent niedriger als die Bruttoeinkommen waren. Das heißt, der *durchschnittliche Nettowochenlohn im März 1951 betrug 66,70 DM.* Vorausgesetzt, die Wochenlöhne eines Monats fielen in gleicher Höhe aus - was wegen der unterschiedlich anfallenden Überstunden natürlich selten vorkam -, so bedeutet das ein monatliches Einkommen von knapp 267 DM (für den Durchschnitt aller männlichen Arbeiter). Nach einer Berechnung der IG Metall lag aber das monatliche Exi-

---

191 Gerundete Zahlen.
192 Statistisches Landesamt Bremen, Statistischer Dienst, Reihe: Lohnstatistik, Sonderheft 1: Die Gehalts- und Lohnstrukturerhebung 1951/52, Bremen Juni 1953, Tabelle 6a.

stenzminimum eines Dreipersonenhaushalts in dieser Zeit bei ca. 360 DM.[193]

1951 kostete ein Kilogramm Vollkornbrot 0,65 DM, ein Pfund Butter 3,17 DM, ein Kilo weiße Bohnen 1,20 DM, ein Kilo Schweinekotelett 4,40 DM, und ein Pfund Bohnenkaffee 17,12 DM. Ein Herrenoberhemd mittlerer Qualität kostete 18,35 DM, ein Paar Damenstrümpfe (Kunstseide) 4,20 DM und ein Paar Kinderschuhe 22,45 DM.[194] Für die Miete einer Altbauwohnung ohne Bad mußten 38,65 DM und für die Mietnebenkosten 2,56 DM aufgebracht werden, für die einer »Neustbauwohnung« (d.h. für eine nach dem 20. Juni 1948 gebauten Wohnung) 51,20 DM.[195] Diese wenigen Angaben machen bereits deutlich, daß es nicht leicht gewesen sein kann, mit einem Werftarbeitereinkommen eine durchschnittlich vierköpfige Familie zu ernähren und zu kleiden. Erst recht brachten die nach den Notzeiten des Krieges und besonders der ersten Nachkriegsjahre erfor-

---

193 Der Geschäftsbericht 1950-1952 des Vorstandes der IG Metall für die Bundesrepublik Deutschland, o.O., 1952, S. 69 f., gibt für das Jahr 1952 für das Existenzminimum den Betrag von 366 DM an (zitiert nach: Christoph Kleßmann, Die doppelte Staatsgründung. Deutsche Geschichte 1945-1955, 4. Ergänzte Auflage, Bonn 1986, S. 226.). Von 1951 auf 1952 stieg der Index der gesamten Lebenshaltungskosten um 1,8 Prozent. Zieht man diese von dem Wert für 1952 ab, so muß das Existenzminimum für 1951 bei knapp 360 DM gelegen haben.
194 Statistisches Landesamt Bremen, Statistische Mitteilungen aus Bremen, H. 4/1951, S. 151f. Entsprechend niedrig war denn auch der Verbrauch teurer Nahrungs- und Genußmittel. Beispielsweise erreichte der Pro-Kopf-Verbrauch von Butter und Schweinefleisch in der westdeutschen Bevölkerung erst 1960 wieder den Stand von 1936, beim Kaffee wurde der Vorkriegsstand 1956 erreicht. Allerdings stieg der Konsum von Frischobst, Gemüse und Südfrüchten in den 1950er Jahren gegenüber der Vorkriegszeit enorm an (vgl. Werner Abelshauser, Die langen Fünfziger Jahre. Wirtschaft und Gesellschaft in der Bundesrepublik Deutschland 1949-1966, Düsseldorf 1987, S. 79, Tabelle 4). Dabei ist zu berücksichtigen, daß es sich um Pro-Kopf-Durchschnittswerte handelt. Die realen Konsummöglichkeiten hingen natürlich von den Einkommensverhältnissen ab: »Nach Schätzungen des Statistischen Bundesamtes verbrauchten 1950 Haushalte von Selbständigen je Kopf mehr als das Siebenfache an Genußmitteln als Arbeitnehmerhaushalte.« (ebenda, S. 29).
195 Die Zahlen für die Miete und die Mietnebenkosten beziehen sich nicht wie die der anderen angegebenen Preise auf das Jahr 1951, sondern auf den Oktober 1952, für den erstmals diese Angaben vorliegen (Statistisches Landesamt Bremen, Statistische Mitteilungen aus Bremen, H. 4/1952, S. 257). Da allerdings der Preissteigerungsindex für Wohnungskosten von 1951 zu 1952 nur einen Anstieg von 0,5 Prozent verzeichnet (siehe Tabelle 3), dürften die angegebenen Mietpreise auch für 1951 zutreffen.

derlichen größeren Anschaffungen finanzielle Probleme: Ein einfaches Metallbett kostete 35,75 DM, ein Küchentisch 48,00 DM und ein Herrenfahrrad 165,50 DM (also fast 3 durchschnittliche Wochenlöhne). Allein für eine neue Fahrradbereifung (Preis: 20,80 DM[196]) mußte ein angelernter Werftarbeiter rund 16 Stunden arbeiten.

Den meisten interviewten Werftarbeitern und ihren Frauen hat sich die Erinnerung an die materielle Enge in den 1950er Jahren tief eingeprägt. Das liegt sicherlich auch daran, daß auf der Folie der erheblichen Verbesserungen des Lebensstandards seit den 1960er Jahren, die auch den heutigen Rentnern ein gutes Auskommen ermöglicht, die früheren knappen Verhältnisse als Kontrast besonders deutlich erinnert werden. Bisweilen finden sich in den Interviews glorifizierende Einschätzungen dieser Zeiten, in denen man arm, aber dennoch glücklich war, in denen die Menschen besser miteinander umgingen und in denen die materiellen Werte noch nicht so wie heute überbetont wurden. Man wird berücksichtigen müssen, daß es sich bei diesen Einschätzungen um heutige Wertungen von Menschen handelt, die sich an ihre Jugend erinnern - mit all den positiven Deutungen, mit denen die eigene Jugend üblicherweise versehen wird. Aber selbst hinter solch positiven Deutungen scheint die materielle Enge als grundlegende Erfahrung auf, wie wir es am folgenden Beispiel der Familie Giesecke sehen. Der angelernte Schweißer und seine Frau schildern, wie sie mit den finanziellen Restriktionen fertig wurden:

> *Die Gelder als Schweißer*
> *die waren ja auch nicht gerade sehr rosig*
> *aber die Zeit*
> *war*
> *schon wieder*
> *war sehr viel schöner*
> *weil äh ((räuspert sich))*
> *wenn ich mal Freimarkt nehme*
> *oder hier in Delmenhorst*
> *da ist das ein Kramermarkt.*

---

196 Statistisches Landesamt Bremen, Statistische Mitteilungen aus Bremen, H.4/1951, S. 152.

Wenn wir für fünf Mark
alle vier hingingen
dann waren wir unwahrscheinlich glücklich.
Auf m Nachhauseweg
ham wir noch gebrannte Mandeln gegessen.
Und hatten alles durch.
Es war einfach <u>schöner</u>.
<u>Und</u> man <u>freute sich</u> über <u>jedes Stück</u>
was man kaufen konnte.
Wenn wir Schuhe kauften
im Sommer
dann ham wir die bis zum Jahresende abbezahlt.
Das ging.
Und wenn wir Weihnachtsgeld kriegten
dann stand schon fest
vom Weihnachtsgeld werden die Kohlen gezahlt
[...]
FRAU GIESECKE: Tja wann haben wir die ersten Geräte gekauft?
Erst mal hatten wir das hier
von nem alten Herrn gekriegt
wo wir gewohnt haben nech.
Also alte Geräte waren das.
Ja und denn fing das an
wann sind wir denn umgezogen?
58 ungefähr
bis dahin hatten wir noch Kohleofen
kein äh kein Badezimmer nichts ne.
Einmal in der Woche kam ne Zinkwanne in die Stube
und wurde gebadet
die Kinder erst und dann wir
ja und
58 kriegten wir dann ne andere Wohnung.
Da hatten wir uns einen Gasherd gekauft
auf Raten
monatlich
weiß nicht mehr wieviel
aber ganz minimal abgezahlt [...]
(so genau) weiß ich nicht mehr
wieviel das war.
Jedenfalls immer
alles auf Abzahlung ne. [...]

> *Ja Fahrräder hatt_ ich*
> *das hab ich damals*
> *siebenund- 48 glaub ich*
> *hab ich das gekauft.*
> *Und zwar hat mir da der alte Herr*
> *wo wir gewohnt haben*
> *hat mir das Fahrrad bar bezahlt*
> *und ihm hab ich denn monatlich*
> *20 Mark abbezahlt.*
> *Weil weil ich denn gearbeitet hab*
> *mehr konnt_ ich nicht abzahlen.*
> *Ich praktisch zwei Jahre gebraucht*
> *bis das Fahrrad abbezahlt war*[197]

Hier wird deutlich, daß »größere« Anschaffungen, zu denen selbst Schuhe gehörten, aus dem laufenden Einkommen kaum zu bestreiten waren und häufig auf Abzahlung gekauft werden mußten.[198] Allerdings waren Ratenkäufe in großen Teilen der Arbeiterschaft nicht sehr beliebt. »*Man wollte ja auch keine Schulden machen. Die ham wir eigentlich auch nie gemacht.*«[199] Man scheute das »Schuldenmachen« wohl nicht nur aus Gründen der bürgerlichen Respektabilität, sondern auch aus der tradierten Erfahrung der Unsicherheit und Unplanbarkeit proletarischen Lebens, in dem immer mit Arbeitslosigkeit zu rechnen gewesen war, die eine Abzahlung der Schulden unmöglich gemacht hätte. Zum anderen wird die große Bedeutung von Sonderzahlungen wie dem Weihnachtsgeld deutlich, das zur Anschaffung des Kohlenvorrats für den Winter verwendet werden mußte, da auch das Geld dafür nicht aus dem laufenden Lohn aufgebracht werden konnte. Das erklärt die großen Auseinandersetzun-

---

197 Interview mit Rudolf Giesecke, Transkript.
198 Das berichtet auch Werner Hitzacker: »*Gucken Sie an, wenn wir Schuhe gekauft ham die ham wir auf Abzahlung gekauft über son [...] Versandhaus Berolina [...] 35 Mark in zehn Wochenraten. Jede Woche Dreimarkfünfzig mußten wir da hin schicken nech. Ja so ham wir das nech[gemacht]. Und ich hab bestimmt immer gut verdient.*« (Interview mit Werner Hitzacker, Transkript)
199 Interview mit Heinz Ratjen (Transkript), der damit begründet, daß er lieber Überstunden und Schwarzarbeit gemacht habe. Mehrere Interviewpartner und -partnerinnen verwiesen ausdrücklich darauf, daß sie für ihre Anschaffungen lieber lange gespart hätten, als Schulden zu machen.

gen, die um die Weihnachtsgeldzahlung auf der AG »Weser« bis zur Mitte der 1950er Jahre immer wieder ausbrachen.

Ohne die regelmäßige Leistung von Überstunden war - zumindest für verheiratete Werftarbeiter mit Kindern - eine auskömmliche Lebensführung kaum möglich. Das zeigt sich, wenn man einen Wochenlohn berechnet, der ausschließlich auf dem Tariflohn basiert hätte. Im Juni 1951 betrug der tarifliche Ecklohn 1,36 DM, was bei der 48-Stunden-Woche einen Bruttowochenlohn von 65,28 DM für einen Facharbeiter ergeben hätte. Der Nettowochenlohn hätte dann bei rund 55 DM gelegen. Der durchschnittliche Bruttowochenverdienst eines Facharbeiters betrug im Juni 1951 aber 88,11 DM (was einen Nettowochenlohn von ca. 74 DM bedeutete). Diese erhebliche Differenz zwischen dem reinen tariflichen Ecklohn und dem effektiven Einkommen lag nicht nur an den diversen Zulagen - Leistungslöhner erreichten zu dieser Zeit einen Akkordsatz von ca. 15 Prozent - sondern vor allem an der effektiven Arbeitszeit. Diese betrug nämlich in dem untersuchten Monat für Facharbeiter durchschnittlich 53,2 Stunden, wovon fünf Überstunden waren. Nacht-, Sonn- und Feiertagstagsschichten waren mit ihren Zuschlägen finanziell besonders attraktiv. Zumindest in der ersten Hälfte der 1950er Jahre war die Ableistung von Überstunden also eine Notwendigkeit, besonders für Werftarbeiter mit jungen Familien, die sich noch einrichten mußten. Der Klempner Heinz Ratjen gibt eine anschauliche Schilderung dieser Situation:

> *Die=e Löhne möchte ich ma sagen*
> *warn eigentlich relativ niedrig.*
> *Wir haben ja in den ersten Jahren*
> *angefangen bin ich als Klempnergeselle*
> *mit 92 Pfennig die Stunde.*
> *Nach dem Auslernen.*
> *Und das steigerte sich nur ganz langsam*
> *und auch auf der Werft*
> *diese diese eh Phase mit dem angelernten Kupferschmied*
> *die hab ich dann*
> *nach sechs Wochen kriegte ich dann auch vollen Lohn.*
> *Aber erst nachdem ich da viel rumgerührt hatte*
> *und ja und dann ging denn der Kampf*

um die sogenannten Leistungszulagen
1 Pfennig 2 Pfennig 3 Pfennig
über den Tarif das war alles.
Und das hat sich
bis Anfang 60er Jahre hingezogen
da kamen eigentlich die ersten reellen Lohnerhöhungen.
Da hat die IG Metall
ich müßte eigentlich nachgucken
ich kann das so auf n Jahr nich sagen
da hat die IG-Metall sich dann durchgesetzt
daß die Wirtschaft richtig florierte
und wir eigentlich
ich will ma so sagen
genug hat man nie
aber ein beinahe angemessenen Lohn kriegten.
Aber in der in der ersten Phase
der Bundesrepublik meine ich heut im nachhinein
hat sich die Wirtschaft
auf unsere niedrigen Löhne
so richtig vollgepumpt und vollgesogen
wie so n Blutegel.
Denn die ham horrende Gewinne gemacht
und für uns blieb nichts über.
Ich kann Ihnen <u>sagen</u>
unser erstes Kind ist 1956 geboren.
Das zweite is 1960 geboren.
Eh wir hatten genau so viel
wie wir brauchten für Miete und zum Leben
und mehr hatten wir nicht.
Und wenn wir uns mal etwas erlauben wollten
dann mußte man zusätzlich arbeiten.
Und ich kann sagen
ich hab eigentlich <u>jede</u> Überstunde
die ich machen konnte
mitgemacht auf der AGW
sodaß wir im Schnitt auf 10 Stunden kamen.
Wir ham zu der Zeit sonnabends noch gearbeitet sowieso.
Und dann ham wir noch n paar Stunden hinter angehängt.
Und <u>dann</u> ham wir auch noch sonntags gearbeitet
um Geld zu verdienen.
Um der Frau mal

Kapitel 5: Die Arbeitswelt der AG »Weser« in Bremen

wir sind beide
wir ham beide nichts gehabt
eh mal was kaufen zu können.
Und den Kindern. [...]
Anfang 60er Jahre sagte ich
wurde das mit dem=e mit dem Löhnen mit den Löhnen etwas besser
und wir konnten denn auch schon mal
uns etwas anderes erlauben.
Aber wie gesagt
immer mit Überstunden so viel wie möglich. [...]
Und da ham wir denn meistens
die Nachtschicht auch noch genommen
wo s wirklich am meisten Geld für gab.
Das ham wir gemacht
um an Geld ranzukommen.
Und wenn mal auf der Werft ne Flaute war
dann ham wir schwarz gearbeitet.
Dann ham wir Heizungen gebaut
und sowas Badezimmer.
Weil ja die Voraussetzung
der Klempner und Installateur war.
Und da ham wir uns da Geld mit verdient.
Sodaß wir wolln ma sagen
unsern Lohn den ich kriegte auf der Werft
die schöne Lohntüte die es zu der Zeit noch gab
eh meiner Frau so geschlossen übergeben konnte.
Und alles was ich brauchte
zum Rauchen Bier und Schluck
das hab ich nebenbei verdient.
Und wenn wir mal Urlaub machen wollten auch das.
Denn das andere Geld was wir hatten
das reichte zum Essen Trinken und für die Miete.
Das war immer noch so.
Natürlich Versicherungen und Zeitungen
was da alles so zugehört
aber da war <u>all</u> die Jahre nichts bei über.
Das muß man ganz klar sagen. [200]

---

200 Interview mit Heinz Ratjen, Transkript.

Tatsächlich sind in der bremischen Werftindustrie während der gesamten 1950er Jahre Überstunden in großem Umfang geleistet worden. Wie das *Schaubild 9* zeigt, wurde die bis 1956 gültige tarifliche Wochenarbeitszeit von 48 Stunden ständig weit überschritten.

Schaubild 9: Durchschnittliche Wochenarbeitszeiten aller männlichen Arbeiter im Schiffbau im Lande Bremen, März 1951 bis August 1959 (in Stunden)[201]

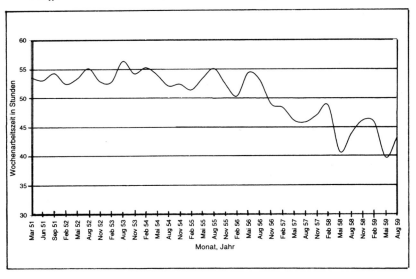

---

201 Zusammengestellt nach: Statistisches Landesamt Bremen, Statistischer Dienst, Reihe: Lohnstatistik, Folge 1: Verdienste der Industriearbeiter, Heft 1/1951 bis 4/1955; Statistisches Landesamt Bremen, Statistische Berichte (Statistischer Dienst), Reihe: Lohnstatistik, Folge 1: Verdienste der Industriearbeiter, Heft 1/1956 bis 3/1958; Statistisches Landesamt Bremen, Statistische Berichte, Reihe: Lohnstatistik, Folge 1: Verdienste der Industriearbeiter, Heft 4/1958 bis Heft 3/1959.

Im August 1953 erreichte die durchschnittliche Wochenarbeitszeit aller männlichen Arbeiter den Spitzenwert von 56,3 Stunden, wovon 8,9 Überstunden waren.[202] Bis zur Arbeitszeitverkürzung vom 1. Oktober 1956 fiel die durchschnittliche Zahl der wöchentlichen Überstunden lediglich in drei Monaten unter fünf. Nach der Einführung der 45-Stunden-Woche im Herbst 1956 verringerte sich zwar die absolute Arbeitszeit, doch die Mehrarbeit blieb auch 1957 mit ca. fünf Stunden auf hohem Niveau, bis der Beginn der Schiffbaukrise ab Mai 1958 zu einer Reduzierung der durchschnittlichen Mehrarbeit auf unter vier Stunden führte.[203] Doch im August 1959 wurden bereits wieder durchschnittlich 4,9 Überstunden geleistet.[204]

Die finanzielle Enge, die zur ständigen Leistung von Überstunden zwang, war auch ein Grund für die häufige Berufstätigkeit der Ehefrauen.[205] Diese materielle Notwendigkeit erleichterte es den Männern, sich mit der Erwerbsarbeit ihrer Partnerinnen abzufinden.[206] Die Knappheit der finanziellen Mittel, die indes auch durch

---

202 Die Zahl der Überstunden ist höher als eine einfache Subtraktion von effektiver Wochenarbeitszeit und tariflicher Regelarbeitszeit ergeben würde, da die tarifliche Arbeitszeit infolge von Feiertagen und Urlaubszeiten schwankte und unter der 48stündigen Normalarbeitszeit liegen konnte.
203 Es fielen auch Überstunden an, obgleich die durchschnittliche Wochenarbeitszeit bisweilen unter die tariflich vereinbarte 45-Stunden-Woche fiel, was z.T. an den bereits erwähnten feiertags- und urlaubsbedingten Schwankungen der Regelarbeitszeit lag.
204 Wobei die tarifliche Wochenarbeitszeit ab dem 1. Januar 1959 auf 44 Stunden verkürzt worden war.
205 Es gibt keine speziellen statistischen Erhebungen über die Berufstätigkeit der Bremer Werftarbeiterfrauen, doch ging in den Familien unseres Samples rund die Hälfte der Ehefrauen wenigstens zeitweilig einer Erwerbsarbeit nach. Die auf das Bundesgebiet bezogenen generellen Angaben über die Berufstätigkeit der Ehefrauen von Arbeitern weisen für 1950 einen Prozentsatz von 15,5 und für 1957 bereits eine Quote von 32,3 Prozent aus, die bis zum Ende der 1950er Jahre auf dieser Höhe blieb. (Vgl. Josef Mooser, Arbeiter, Angestellte und Frauen in der »nivellierten Mittelstandgesellschaft. Thesen, in: Axel Schildt und Arnold Sywottek (Hrsg.), Modernisierung im Wiederaufbau. Die westdeutsche Gesellschaft der 50er Jahre, Bonn 1993, S. 362 ff., hier S. 369, Tabelle 6).
206 Nicht untypisch sind in diesem Zusammenhang die Äußerungen von Heinz Ratjen: »*Und da hat sie denn so n bißchen mitverdient. Da ging es uns besser. [...] Ich war da gar nich mit einverstanden. Das ging gegen meinen Stolz. Bei uns in der Familie hieß es immer 'Der Mann muß seine Familie alleine ernähren'. Das war so son Kodex.*« (Interview mit Heinz Ratjen, Transkript). Diese Aussage bezieht sich auf die 1970er Jahre. In anderen Fällen scheint die finanzielle Notwendigkeit für die Erwerbsarbeit der Frauen so groß gewesen zu sein, daß es darüber nicht zu Kon-

die meist schlecht bezahlte Erwerbstätigkeit der Ehefrauen nicht beseitigt wurde, konnte ein wenig durch den in der bremischen Arbeiterschaft weit verbreiteten Besitz eines Kleingartens - einer Parzelle, wie es in Bremen heißt - gemildert werden.[207] Auch erleichterte der in der Hansestadt traditionell überdurchschnittliche Anteil von Wohneigentum in der Arbeiterschaft die Lebensführung.[208] Aber von einem »Wirtschaftswunder« kann in der ersten Hälfte der 1950er Jahre für die Werftarbeiter - trotz der objektiven Verbesserung ihrer Einkommenssituation - noch nicht gesprochen werden. Das ist keine neue Erkenntnis. Auch Mooser verweist schon darauf, daß die Löhne erst »seit Mitte der 1950er Jahre mit einer Schnelligkeit auf ein Niveau gestiegen [sind], das alle vorangegangenen Verbesserungen weit in den Schatten stellt«[209]. Daß die zweite Hälfte der 1950er Jahre dann aber von »einem ständig wachsenden Wohlstand« geprägt war[210], ist die weitverbreitete Ansicht in der Literatur, die sich bei diesem Urteil auf die statistischen Makrodaten stützen kann. Dieser Bewertung widersprechen allerdings die Erinnerungen unserer Interviewpartner und -partnerinnen deutlich. So läßt sich schon in den beiden oben zitierten längeren Interviewauszügen entnehmen, daß auch Ende der 1950er Jahre das Geld noch knapp war: Die Familie Giesecke kann sich noch 1958 die Anschaffung eines Gasherdes nur auf Abzahlung leisten, und Herr Ratjen bemerkt ausdrücklich: »An-

---

flikten kam. Vgl. die Interviews mit Rudolf und Else Giesecke, sowie mit Johann und Frieda Reich.
207 *»Das war richtig Gemüseland. Gras kann man nich essen. Später ham wir das denn gemacht als die Kinder größer waren. Aber wir haben unser... will ich mal so sagen einen Teil unseres Lebensunterhaltes ham wir aus der Parzelle gezogen. Alles Gemüse Erbsen Bohnen Kartoffeln Wurzeln Porree und was da alle zugehört.«* (Interview mit Heinz Ratjen, Transkript). Die Parzellen hatten für die Werftarbeiter in vielerlei Hinsicht eine große Bedeutung. Auf deren Funktion als Freizeit- und Kommunikationssorte wird im nächsten Kapitel näher eingegangen.
208 Vgl. Hartmut Häußermann und Werner Petrowsky, Die Bedeutung der Wohnverhältnisse für die Bewältigung der Arbeitslosigkeit. Endbericht über ein von der Volkswagen-Stiftung gefördertes Projekt, Bremen 1990.
209 Josef Mooser, Arbeiterleben in Deutschland 1900 - 1970. Klassenlagen, Kultur und Politik, Frankfurt am Main 1984, S. 74. Vgl. auch Christoph Kleßmann, Die doppelte Staatsgründung. Deutsche Geschichte 1945-1955, 4. Ergänzte Auflage, Bonn 1986, S. 226; Gustav Stolper, u.a., Deutsche Wirtschaft seit 1870, 2. Auflage Tübingen 1966, S. 263
210 Christoph Kleßmann, Die doppelte Staatsgründung, a.a.O., S. 226

fang 60er Jahre [...] wurde das [...] mit den Löhnen etwas besser.« Aus allen Interviews geht hervor, daß die Anschaffung langlebiger Gebrauchsgüter - Waschmaschinen, Kühlschränke, Fernsehgeräte, Autos - erst in den 1960er Jahren erfolgte[211], was nicht so recht zum Bild einer »breiten Kaufkraftsteigerung« ab 1955[212] paßt. Betrachten wir also die Einkommensverhältnisse der Bremer Werftarbeiter auch für diesen Zeitraum etwas genauer.

Wenn wir die effektiven Löhne im Mai 1957 in ähnlicher Weise untersuchen, wie wir das für den März 1951 getan haben[213], so erhalten wir folgende Resultate: Der tarifliche Ecklohn betrug 1,89 DM[214], der effektive Bruttostundenverdienst für Facharbeiter 2,38 DM, für Angelernte 2,12 DM und für Ungelernte 1,83 DM. Die Bruttowochenlöhne lagen im Mai 1957 bei 121,10 DM für gelernte Arbeiter, 107,38 DM für angelernte und 87,79 DM für ungelernte Arbeiter. Der Bruttowochenlohn im Durchschnitt aller männlichen Ar-

---

211 Was mit den neueren Forschungen zum Konsumverhalten übereinstimmt, vgl. Michael Wildt, Der Beginn der Konsumgesellschaft, Hamburg1994. Auch Mooser stellt fest, daß erst »zwischen 1962 und 1973 [...] auch in Arbeiterhaushalten das Fernsehgerät, der Fotoapparat, der Kühlschrank, etc. zur Regel [wurden], während 1962 erst etwa die Hälfte der Arbeiterhaushalte im Besitz dieser Güter waren. Im selben Zeitraum stieg der Anteil der Autobesitzer in der Arbeiterschaft von 22% auf 66%.« (Josef Mooser, Arbeiterleben in Deutschland 1900 - 1970, a.a.O., S. 82.). Vgl. zur Ausstattung der privaten Haushalte mit langlebigen Gebrauchsgütern nach der sozialen Stellung der Haushaltsvorstände im Jahre 1962 auch: Werner Abelshauser, Die langen Fünfziger Jahre, a.a.O., S. 85, Tabelle 15. Eine Interviewpartnerin berichtet, daß sie schon 1959 Kühlschrank und Fernseher angeschafft hätten. Sie begründet das so ausführlich, daß zu vermuten ist, daß der Erwerb dieser Geräte zu diesem Zeitpunkt noch ungewöhnlich war: »*1959 wurde die zweite Tochter geboren da wird der erste Kühlschrank angeschafft. Damit die Milch nicht sauer wurde außerdem kam der erste Fernseher, beides wurde noch auf stottern gekauft. Wichtig war der Fernseher um die Freizeit zu verbringen weil man mit einem zweiten Kind gar nicht mehr ausgehen konnte*«. (Interview mit Frau Hartmann, Verlaufsprotokoll)
212 Herbert Lilge, Deutschland von 1955-1963, in: ders. (Hrsg.), Deutschland 1945-1963, Hannover 1967, S.153 ff., hier: S. 180.
213 Wir haben die Jahre 1951 und 1957 gewählt, weil erstens für diese Jahre mit den Lohnstrukturerhebungen des Statistischen Landesamtes Bremen die differenziertesten Daten (u.a. der Steuer- und Sozialabgabenbelastung) vorliegen, und weil zweitens im Jahr 1957 das Arbeitszeitabkommen vom 1. Oktober 1956 mit der Verkürzung auf die 45-Stunden-Woche erstmals voll wirksam wurde.
214 Industrie-Gewerkschaft Metall für die Bundesrepublik Deutschland, Verwaltungsstelle Bremen, Geschäftsbericht 1957/1958, o.O., o.J., [Bremen 1959].

beiter betrug 117 DM.[215] Die durchschnittliche Abgabenbelastung (Sozialversicherungsbeiträge und Lohnsteuer ohne Kirchensteuer) machte insgesamt 15,98 Prozent aus[216], so daß der durchschnittliche Nettowochenlohn 98,30 DM betrug. Das bedeutete gegenüber 1951 (als der durchschnittliche Nettowochenlohn 66,70 DM betragen hatte) eine Steigerung um 47,8 Prozent. Das ist in der Tat eine beträchtliche Verbesserung in sechs Jahren, zumal zu berücksichtigen ist, daß der Wochenlohn 1951 mit einer durchschnittlichen Arbeitszeit von 53,6 Stunden und der vom Mai 1957 mit nur 46,1 Arbeitsstunden erzielt wurde. Der Preisindex für die Lebenshaltung eines 4-Personen-Arbeitnehmerhaushalts war in Bremen in diesem Zeitraum um 6,1 Punkte angestiegen, so daß also auch das preisbereinigte, reale Wachstum des durchschnittlichen Nettowochenlohns immerhin noch bei über 41 Prozent lag.[217]

Angesichts dieser Zahlen mag es verwundern, daß unsere Interviewpartnerinnen und -partner keineswegs von einer durchschlagenden Besserung ihrer materiellen Lage in der zweiten Hälfte der 1950er Jahre berichten. Dafür wird es mehrere Gründe geben: Erstens war trotz der Einkommenssteigerungen die absolute Lohnhöhe noch keineswegs derart, daß angesichts der laufenden Ausgaben noch genügend Mittel für die Anschaffung teurer Geräte oder für Urlaube zur Verfügung gestanden hätten. Zwar bewirkte der Anstieg der Einkommen, daß der Anteil der Ausgaben für Lebensmittel an den Lebenshaltungskosten von 1950 bis 1960 von 46,4 auf 36,2 Prozent sank, doch bildeten sie weiterhin den größten Ausgabenpo-

---

215 Statistisches Landesamt Bremen, Statistischer Dienst, Statistische Berichte, Reihe: Lohnstatistik, Folge 1: Verdienste der Industriearbeiter, Heft 1/1956 bis 3/1958 (gerundete Zahlen).
216 Statistisches Landesamt Bremen, Statistische Berichte, Die Lohnstruktur der Arbeiter im Lande Bremen, Stand: Oktober 1957, Bremen November 1957, Übersicht 2.
217 Die Verwendung des Lebenshaltungsindexes zur Berechnung des realen Lohnanstiegs ist sinnvoller als die der üblicherweise herangezogenen Inflationsrate. Zum einen, weil wir es bei der Untersuchung mit Arbeitnehmerhaushalten zu tun haben, deren gesamtes Einkommen in den Konsum floß. Die Veränderungen der Zinsen u.ä., die mit in die Inflationsrate eingehen, sind für diese Haushalte irrelevant. Zum anderen liegen mit den indexierten Angaben über die Veränderung der Lebenshaltungskosten regionale Daten vor, die für die Berechnung des Reallohnes natürlich aussagekräftiger sind als die allgemeine Inflationsrate auf nationaler Ebene.

sten[218]. Das Preisniveau für die Ernährung hatte sich übrigens stärker erhöht als für die Lebenshaltung insgesamt (in Bremen von 1951 bis 1957 um 12,6 Punkte), während die Preise für Bekleidung und Hausrat sogar deutlich gesunken waren.[219] Der zweitgrößte Ausgabenblock aus dem Einkommen »wurde für Kleidung verwandt, sein Anteil stieg von 13,6 Prozent [in 1950] auf 15,4 Prozent [in 1960].« Am stärksten nahmen jedoch die Ausgaben für den Hausrat zu. »Sie stiegen bis 1960 um mehr als das Dreifache und hatten damit eine größere Zuwachsrate als das Einkommen insgesamt.«[220] Interessant ist die Zusammensetzung dieser Ausgaben: »Die 42,88 DM, die ein Haushalt 1958 durchschnittlich [im Monat] für den Hausrat aufwendete, verteilten sich u.a. auf 17,90 DM für Möbel und Einrichtung, 6,58 DM für Gardinen und Teppiche, 6,23 für Haus- und Küchengeräte und 6,05 DM für Elektrogeräte (1957 noch 3,86).«[221] Der große Teil des Einkommens, der für Kleidung und Hausrat ausgegeben wurde, verweist auf den hohen Nachholbedarf von Arbeitnehmerfamilien, die erst jetzt in der Lage waren, den Kleiderbestand regelmäßig zu erneuern und die provisorische Einrichtung der Nach-

---

218 Michael Wildt, Privater Konsum in Westdeutschland in den 50er Jahren, in: Axel Schildt und Arnold Sywottek (Hrsg.), Modernisierung im Wiederaufbau. Die westdeutsche Gesellschaft der 50er Jahre, Bonn 1993, S. 275 ff., hier S. 277. Es handelt sich hierbei um Zahlen, die sich auf Arbeitnehmerhaushalte (Arbeiter, Angestellte und Beamte) im ganzen Bundesgebiet beziehen, nicht um spezielle Angaben für Bremer Werftarbeiterhaushalte, die es nicht gibt.
219 Um die Beispiele, die wir für 1951 gewählt hatten, auch für 1957 zu nennen: Im Mai 1957 kostete ein Kilogramm Vollkornbrot 0,70 DM, ein Pfund Butter 3,55 DM, ein Kilo weiße Bohnen 1,32 DM, ein Kilo Schweinekotelett 6,54 DM, und ein Pfund Bohnenkaffee 11,85 DM. Ein Herrenoberhemd mittlerer Qualität kostete 13,52 DM, ein Paar Damenstrümpfe (Kunstseide) 1,87 DM und ein Paar Kinderschuhe 19,12 DM. Für die Miete einer Altbauwohnung ohne Bad mußten 43,39 DM und für die Mietnebenkosten 2,98 DM aufgebracht werden, für die einer »Neustbauwohnung« 56,41 DM. Ein einfaches Metallbett kostete 56,75 DM, ein Küchentisch 53,75 DM und ein Herrenfahrrad 161,77 DM (also etwas mehr als 1½ durchschnittliche Nettowochenlöhne), eine neue Fahrradbereifung kostete 15,40 DM (also sieben Bruttostundenlöhne eines angelernten Werftarbeiters). Angaben nach: Statistisches Landesamt Bremen, Statistische Mitteilungen aus Bremen, H.3-4/1957, S. 58 ff.
220 Michael Wildt, Privater Konsum in Westdeutschland in den 50er Jahren, a.a.O., S. 275 ff., hier S. 277. Es handelt sich natürlich auch hierbei um Zahlen, die sich auf Arbeitnehmerhaushalte (Arbeiter, Angestellte und Beamte) im ganzen Bundesgebiet beziehen, nicht um spezielle Angaben für Bremer Werftarbeiterhaushalte.
221 Ebenda.

kriegsjahre durch neue Möbel zu ersetzen. Hier liegt wohl ein weiterer Grund, warum auch die zweite Hälfte der 1950er Jahre noch nicht als Wohlstandsphase erinnert wird: Die Befriedigung dieses Nachholbedarfs, die häufig erst wieder den »Normalzustand« der Vorkriegszeit (wenn auch auf höherem Niveau) herstellte, wird offenbar noch nicht als Ausgang aus der materiellen Enge gesehen. Erst in den 1960er Jahren, nachdem der Nachholbedarf gedeckt war, erlaubten die weiteren Lohnerhöhungen und die nun dauerhafte Vollbeschäftigung auch den Arbeiterfamilien ein neues Konsumverhalten. Die Erinnerungen der von uns interviewten Arbeiterinnen und Arbeiter decken sich insofern mit der Einschätzung Michael Wildts, der die Zäsur im Verbrauch von Arbeitnehmerhaushalten »Ende der 50er, Anfang der 60er Jahre« sieht: »Deutlich ist in diesen Jahren eine Wendemarke zu beobachten, die zwei Phasen des Konsums in der Nachkriegszeit voneinander trennte. Kam es in den frühen 50er Jahren diesen Haushalten vor allem darauf an, mit einem hohen Anteil der Nahrungsmittel an den Lebenshaltungskosten den Grundbedarf der Familie zu decken, und all das an Hausrat und Kleidung, was durch den Krieg beschädigt worden oder verloren gegangen war, zu ersetzen, wurde es mit den steigenden Einkommen seit Ende der 50er Jahre möglich, über diesen Grundbedarf hinaus jetzt neue, zusätzliche Konsumartikel zu kaufen, d.h. sich ein Stück Wohlstand zu leisten.«[222]

Ein dritter Grund, warum sich unsere Interviewpartnerinnen und -partner auch an den zweiten Teil der 1950er Jahre noch als Zeit materieller Sorgen erinnern, besteht in den damaligen Unzulänglichkeiten des Sozialstaatssystems. Die Lohnfortzahlung im Krankheitsfall für Arbeiter war erst im Manteltarifvertrag vom 16. April 1957 für die bremische Werftindustrie geregelt worden. Eineinhalb Jahre später, im November 1958, konnten auch die Karenztage weitgehend abgeschafft werden. Bis dahin bedeuten Krankheiten oft empfindliche Lohneinbußen. Andere Sozialleistungen, wie etwa die bezahlte Freistellungen bei der Erkrankung von Kindern und Familienmitgliedern, konnten bekanntlich erst in den 1970er Jahren durchgesetzt werden. Was das Fehlen solcher sozialstaatlicher Re-

---

222 Ebenda, S. 282.

gelungen an materiellen Einbußen bedeuten konnte, beschreibt Karin Hitzacker:

> *Mein Mann war noch etwas jünger als ich.*
> *Der bekam jugendlichen Lohn*
> *weil er noch keine 21 war*
> *ja das war nich so doll.*
> *Dann war ich einmal krank*
> *da war hier in Bremen eine Grippe-Epedemie*
> *das war ich glaube 58 muß das gewesen sein.*
> *Ja ich glaube 58.*
> *Da hab ich ne Woche im Bett gelegen*
> *und dann hat mein Mann auch mal*
> *n paar Tage is er zu Hause geblieben*
> *weil er mir eh geholfen hat*
> *und den Arzt angerufen und so weiter.*
> *Und den Jungen zur Tante oder zur Schwiegermutter gebracht.*
> *Und der mußte ja auch mal zum Arbeitsamt*
> *und was erledigen weil ich zu der Zeit gestempelt hatte.*
> *Tja und denn kam er die Woche*
> *mit mit em halben Lohn nach Hause.*
> *Da hatten wir noch nich mal das Kostgeld so.*
> *Da warn 48 Mark in der Lohntüte die Woche.*
> *Der Uwe brauchte muttermilchähnliche Nahrung*
> *weil er ne Frühgeburt war.*
> *Und das kostete in der Woche schon 12 Mark.*
> *Da können Sie sich ja vorstellen*
> *jo denn sind wir aber oft zu Schwiegereltern*
> *und zu meinen Eltern zum Essen gegangen und so.* [223]

Für die Einkommensentwicklung der Bremer Werftarbeiter in den 1950er Jahren kann also zusammenfassend festgehalten werden: Trotz insgesamt hoher Lohnzuwächse in diesem Jahrzehnt hat sich in der ersten Hälfte der 1950er Jahre, in denen die Lohnsteigerungen langsamer und niedriger waren als in den Folgejahren, die materielle Enge proletarischer Existenz noch in aller Härte erhalten. Nur durch die ständige Leistung von Überstunden, was zu Arbeitszeiten von bis zu 55 Stunden führte, konnten die Werftarbeiter ihren Familien

---

223 Interview mit Karin Hitzacker, Transkript.

ein auskömmliches Leben ermöglichen. Die schnelleren und höheren Lohnzuwächse der zweiten Hälfte der 1950er Jahre führten noch nicht zu einer grundlegenden Beseitigung dieser materiellen Enge, denn sie mußten primär dazu genutzt werden, den angewachsenen Nachholbedarf an Kleidung und Hausrat zu befriedigen. Die Teilhabe am »Wirtschaftswunder« war für die Werftarbeiter und ihre Familien erheblich verspätet, sie begann erst im Laufe der 1960er Jahre. Allerdings sollte nicht unterschätzt werden, daß die tatsächlich bisher ungekannte Höhe und Geschwindigkeit der Lohnzuwächse verbunden mit der Herstellung der Vollbeschäftigung in den Jahren ab 1955 und dem schrittweisen Ausbau sozialer Sicherungen eine auch für die Werftarbeiterfamilien erfahrbare positive Entwicklungstendenz hatte, die als kontinuierliche Verbesserung ihrer Lage auch in der Zukunft interpretiert wurde. Auch der antizipierte Wohlstand, den es real in den Arbeiterfamilien der 1950er Jahren noch gar nicht gab, konnte eine Wirksamkeit entfalten.

Diese einstweiligen Befunde über die Einkommenssituation der Bremer Werftarbeiter bedürfen allerdings auch noch in anderer Hinsicht der Differenzierung, denn sie berücksichtigen noch nicht ausreichend die Lohnstruktur auf den Werften, die eine erhebliche soziale Stufung der einzelnen Arbeitergruppen bewirkte.

Lohngruppen und Akkord - die Lohnstruktur

Das Lohnfindungssystem und die Lohnstruktur waren in den 1950er Jahren genauso traditionell wie die Zusammensetzung der Belegschaft und die Arbeitsmethoden auf der Werft. Die Tariflöhne der Arbeiter waren nach den drei herkömmlichen Qualifikationsstufen - Facharbeiter, Angelernte, Ungelernte - gestaffelt, wie es in den Tarifverträgen seit dem Kaiserreich üblich war.[224] Innerhalb dieser Stufen

---

224 Diese Beharrung auf der hergebrachten, wenig differenzierten Lohnstaffelung gab es nicht in allen bremischen Industriezweigen. In der Flugzeugindustrie wurden bereits nach 1933 für alle drei Qualifikationsgruppen jeweils fünf Leistungsstufen mit unterschiedlichen Lohnsätzen eingeführt. (Vgl. Dieter Pfliegensdörfer, Vom Handelszentrum zur Rüstungsschmiede. Wirtschaft, Staat und Arbeiterklasse in Bremen 1929 bis 1945, Bremen 1986, S. 293). Das zeigt, daß die

Kapitel 5: Die Arbeitswelt der AG »Weser« in Bremen

wurden noch drei altersmäßige Differenzierungen - für Arbeiter unter 18 Jahren, für solche im Alter von 18 bis 21 Jahren und für die über 21 Jahre - vorgenommen. Betrachten wir diese Tarifstruktur an einem Beispiel. Der zum 1. Oktober 1954 gültige Lohntarifvertrag für die Werften sah folgende Lohnregelungen vor:[225]

	über 21 Jahre 100 % DM	18-21 Jahre 87,5 % DM	unt. 18 Jahre 72 % DM
a) für gelernte Arbeiter(100%)	1,62	1,42	1,17
b) für angelernte Arbeiter (92%)	1,49	1,30	1,07
c) für ungelernte Arbeiter (85%)	1,38	1,21	0,99

Der Lohn für den über 21 Jahre alten Facharbeiter war also der Ecklohn, von dem aus die übrigen Lohnstufen berechnet wurden. Arbeiterinnen erhielten lediglich 85% des Entgelts der entsprechenden Lohngruppen, so daß eine Facharbeiterin gerade soviel verdiente wie eine ungelernte männliche Arbeitskraft. Eine Reihe von Berufsgruppen stand außerhalb dieses Stundenlohnsystems: Kraftfahrern, Schlepperführern, Kutschern und Schiffern wurde ein nach Alter gestaffelter Wochenlohn gezahlt, der bei diesem Tarifvertrag zwischen 80,50 DM (bei Schiffern mit Patent: 87,50 DM) und 57,80 DM lag. Pförtner und Wachmänner erhielten bei einer Abeitszeit bis zu 60 Stunden einen Wochenlohn von 82,50 DM, und Boten ein wiederum nach Alter gestaffeltes Wochenentgelt von 47,50 DM bis 66,20 DM.[226]

Der Tariflohn war allerdings nicht das ganze Einkommen, wie die folgende Gegenüberstellung von Ecklöhnen und effektiven Bruttostundenverdiensten zeigt:

Werftindustrie nicht nur in ihren Produktionsmethoden außerordentlich traditionell war.
225 Übersicht aus: Industrie-Gewerkschaft Metall für die Bundesrepublik Deutschland, Verwaltungsstelle Bremen, Jahresbericht 1954, o.O., o.J. [Bremen 1955], S. 11f.
226 Ebenda, S. 12.

Tabelle 5: Vergleich der Ecklöhne und der durchschnittlichen effektiven Bruttostundenverdienste der Facharbeiter im bremischen Schiffbau März 1951 bis August 1959[227]

Tarifverträge	Ecklohn (in DM)	Bruttostundenverdienst für Facharbeiter (in DM)[228]	Differenz (in Prozent)
März 1951	1,36	1,51	11,0
September 1951	1,45	1,67	15,2
November 1952	1,49	1,80	20,8
Juni 1953	1,54	1,91	24,0
Oktober 1954	1,62	1,98	22,2
September 1955	1,75	2,03	16,0
Oktober 1956	1,89	2,39	26,5
Januar 1958	2,00	2,52	26,0
Januar 1959	2,05	2,58	25,9
August 1959	2,13	2,71	27,2

Die erhebliche Differenz zwischen Tarif- und Effektivlohn kam hauptsächlich durch die Leistungszulagen im *Akkordsystem* zustande, denn der weitaus größte Teil der Arbeiterschaft stand im Leistungslohn. 1957 wurden auf der AG «Weser» in Bremen 95 Prozent

---

[227] Die Tariflöhne sind zusammengestellt nach: IGMA 1-2,266; IGMA, Bezirk Hamburg 1950-59/400/0; Industrie-Gewerkschaft Metall für die Bundesrepublik Deutschland, Verwaltungsstelle Bremen, Jahresbericht 1953, o.O., o.J. [Bremen 1954]; dies., Jahresbericht 1954, o.O., o.J. [Bremen 1955], dies., Geschäftsbericht 1955/1956, o.O., o.J. [Bremen 1957]; dies., Geschäftsbericht 1957/1958, o.O., o.J., [Bremen 1959]; dies., Geschäftsbericht 1959/1960, o.O., o.J., [Bremen 1961]; dies., Geschäftsbericht 1961/1962, o.O., o.J., [Bremen 1963]. Die Bruttostundenverdienste (die sich manchmal auf den Folgemonat nach dem Tarifabschluß beziehen) sind zusammengestellt nach: Statistisches Landesamt Bremen, Statistischer Dienst, Reihe: Lohnstatistik, Folge 1: Verdienste der Industriearbeiter, Heft 1/1951 bis 4/1955; Statistisches Landesamt Bremen , Statistische Berichte (Statistischer Dienst), Reihe: Lohnstatistik, Folge 1: Verdienste der Industriearbeiter, Heft 1/1956 bis 3/1958; Statistisches Landesamt Bremen, Statistische Berichte, Reihe: Lohnstatistik, Folge 1: Verdienste der Industriearbeiter, Heft 4/1958 bis Heft 3/1959.
[228] Gerundete Zahlen.

der Lohnempfänger im Akkord beschäftigt.[229] »*Die durchschnittlich erzielten Akkordüberschüsse betrugen 1954 20,7%, 1955 21,5%, 1956 23%, 1957 23,5%.*«[230] Wie das zitierte Gutachten zutreffend feststellte, war die Entwicklung der Leistungszulage in der »*Tendenz steigend*«[231], denn 1950 hatte sie noch bei durchschnittlich 12 Prozent gelegen.[232] Das Gutachten von 1957, das der Krupp-Vorstand unter Berthold Beitz in Auftrag gegeben hatte, um die Rentabilität und die Betriebsorganisation der AGW zu prüfen, stellte bei seiner Analyse der Entwicklung von 1953 bis 1956 fest, daß »*die Aufwendungen für Fertigungslohn und Fertigungsgemeinkosten [...] in den Vergleichsjahren überproportional gestiegen*« seien, wofür neben den Erhöhungen der Tarife und der Überstundenzuschläge die »Akkordüberverdiensterhöhungen« die Verantwortung trügen. »*Unsere Eruierungen ergaben, daß die Erhöhung zum Teil bei Nichtänderung der Vorgaben auf Verbesserungen von Fertigungstechniken zurückzuführen ist, zum Teil auf eine innerbetriebliche Lohnspirale.*«[233] Da die Akkordüberverdienste sehr konstant seien, zeige es sich, daß es sich - unter anderem wegen zu weniger Kalkulatoren und dem Fehlen einer echten Arbeitsbewertung - um einen »*sehr schematischen Leistungsnachweis*« handele.[234]

In der Tat muß es erstaunen, daß die Arbeiter einen ständigen und sogar in der Höhe zunehmenden Akkordüberschuß erzielten, widerspricht diese Entwicklung doch eigentlich den Absichten, die die Unternehmen mit einem Leistungslohnsystem verfolgen. Auch unsere Interviewpartner berichten übereinstimmend von regelmäßigen hohen Akkordverdiensten: »*Wir hatten über Jahre so n Akkordschnitt von 18 bis 22%*«[235], und sie erklären auch, wie diese Überschüsse zustande kamen:

---

229 Gutachten des Wirtschaftsprüfers und Beratenden Ingenieurs Dr.rer.pol. Dipl.Ing. Gerwin Prasse und des Werftdirektors a.D. Dr. Ing. Werner Immich, a.a.O., S. 29.
230 Ebenda.
231 Ebenda.
232 Brief der IGM Ortsverwaltung Bremen an den Vorstand der IG Metall vom 25. August 1950, IGMA 1-1, 266.
233 Gutachten des Wirtschaftsprüfers und Beratenden Ingenieus Dr. rer.pol. Dipl.Ing. Gerwin Prasse und des Werftdirektors a.D. Dr. Ing. Werner Immich, a.a.O., S. 6 f.
234 Ebenda, S. 30.
235 Interview mit Heinz Ratjen, Transkript.

> *Und na ja wir ham ja auch im Akkord gearbeitet.*
> *Und=e wir durften ja auch nur begrenzt*
> *eh an Prozenten abgeben nech.*
> *25% so das war so der Schnitt.*
> *Mehr durfte man nich abgeben.*
> *Wenn wir mehr abgegeben haben*
> *dann kriegten wir den Schein wieder zurück den Akkordschein.*
> *Denn mußte man da noch ne Stunde oder wat weiß ich ausschreiben*
> *damit das 25% warn und nich 30. [...]*
> *Durften nicht zu schnell sein so.*
> *Denn mußten wir die andern Stunden horten nech.*
> *Wir warn immer mit eh*
> *also wir Schweißer wir warn mit zwei Mann zusammen ham immer*
> *ich war mit einem ungefähr zwölf Jahre zusammen*
> *immer zusammen gearbeitet.*
> *Und ham auch denn zusammen unser Geld verdient.*
> *Wir hatten immer so viel Stunden*
> *daß wir ne Woche nich arbeiten brauchten.*[236]

Auch andere befragte Arbeiter berichten, daß es ein »stillschweigendes Übereinkommen« gab: »*Mehr als 20% darfste nich verdienen*«[237]. Heinz Dröhler, spricht davon, daß man Akkordscheine schrieb »*von 21 bis 28%. Mehr durfte nich abgegeben werden*«.[238]. Die Werftarbeiter unterliefen also eine Heraufsetzung der Akkordrichtsätze, indem sie sich auf einen gemeinsamen Akkordüberschuß einigten: Niemand durfte eine schnellere Arbeitsleistung als die gemeinsam akzeptierte auf seinen Akkordschein schreiben, damit der Akkordsatz nicht wegen der Mehrleistung Einzelner erhöht wurde. Da nun aber real schneller gearbeitet wurde, als auf den »weichen« Akkordscheinen vermerkt wurde, haben die »*Leute [...] Zeit gehortet 500 bis 1000 Stunden im voraus*«[239]. Welche Konsequenzen dies für die Arbeitsabläufe hatte, beschreibt Werner Hitzacker:

---

236 Interview mit Werner Hitzacker, Transkript.
237 Interview mit Artur Boranski, Verlaufsprotokoll.
238 Interview mit Heinz Dröhler, Verlaufsprotokoll.
239 Interview mit Artur Boranski, Verlaufsprotokoll. Die hohe Zahl »gehorteter Stunden« kann sich - wenn sie überhaupt so zutrifft - nur auf Arbeitsgruppen (Kolonnen) beziehen, sicherlich nicht auf einzelne Arbeiter.

> *wir hatten denn die Stunden [...]*
> *Wenn das Schiff vom Stapel lief*
> *dann durfte man nich mehr drauf schreiben.*
> *Dann war das Geld quasi weg.*
> *Also mußten wirs vorher abbummeln.*
> *Und das war ja für den Betrieb und für den Meister sehr schwer.*
> *Der mußte seine Arbeit fertig kriegen*
> *und wir brauchten keine Arbeit mehr.*
> *Weil wir ja Stunden hatten zum Schreiben.*
> *Die Karte war ja voll nech.*
> *Und das war ja n Problem [...]*
> *Und denn stand der Meister da*
> *und kriegte seine Arbeit nich fertig nech.*
> *Weil wir einfach nichts mehr gemacht haben nech.*
> *Stapellauf stand vor der Tür nech.*
> *Und der hatte noch so n Haufen Stunden zu ver zu verarbeiten*
> *was fertig werden mußte zum Stapellauf.*
> *Viele Sachen wurden ja auch nach dem Stapellauf gemacht [...]*
> *Und=e denn stand der da*
> *und=e das war echt n Problem. [...]*
> *Ja irgendwann ist das immer wieder fertig geworden nech.*
> *Aber er hatte Probleme.*
> *Mußte er sich Leute von wo anders holen*
> *und so weiter nech ja.*
> *Zusätzlich wieder damit er das fertig kriegte.*[240]

Die Kritik der Wirtschaftsprüfer von 1957, daß es sich bei den Leistungsnachweisen auf der AGW oftmals nicht um eine »echte Arbeitsbewertung« gehandelt habe, bestätigt sich auch in einem besonders weichen Verfahren der Akkordfindung, das der Schweißer Rudolf Giesecke beschreibt:

> *Und dann hatten wir auch keinen Akkord sondern*
> *äh äh Gummischeine nannten sich die.*
> *Man mußte angeben was geschweißt [wurde]*
> *man man bekam Arbeit*
> *Scheine vorgedruckte Scheine*
> *wo druffsteht was zu schweißen ist.*

---

240 Interview mit Werner Hitzacker, Transkript

> *Die hatte der Schieber.*
> *So. Und dann ging man an Bord*
> *und äh alles was zu schweißen*
> *was die Schlosser von der Kesselschmiede anbauten*
> *das mußten wir dann schweißen.[...]*
> *Es waren keine vorgegebenen Stunden.*
> *Man hatte also äh*
> *Kesselfüße zu schweißen sag ich mal. [...]*
> *Da stand dann »Vier Kesselfüße schweißen«.*
> *Aber es war keine Zeitangabe wieviel es sein*
> *wieviel Zeit man dazu verbrauchen durfte*
> *wie es im Akkord ja üblich ist ne.*
> *Und somit hatte der Schieber*
> *eigentlich immer leichtes Schreiben.*[241]

Sicherlich war dieses Verfahren, bei dem es keine Akkordvorgaben gab, und das es den Arbeitern - bzw. den Vorarbeitern (»Schiebern«), die die Akkordscheine schrieben - überließ, ihren Leistungslohn selbst festzusetzen, auch den generellen Schwierigkeiten geschuldet, die vielen verschiedenen Arbeitsvorgänge im Schiffbau zu normieren. Der gleiche Arbeitsvorgang konnte in unterschiedlichen Arbeitssituationen völlig unterschiedliche Zeiten erfordern. Beispielsweise war das Schweißen von Rohrhalterungen im Zwischenboden eines Schiffes, in gebückter Haltung und bei großer Hitzeentwicklung, natürlich viel zeitaufwendiger, als die gleiche Tätigkeit im Maschinenraum. Selbst wenn die Normierung von Arbeitsvorgängen in der weitgehend handwerklich strukturierten Produktion der Werft nicht so einfach gewesen wäre wie in einem Betrieb mit getakteter Fließfertigung, so hätte es dennoch auch in den 1950er Jahren Möglichkeiten gegeben, zu einigermaßen genauen und realistischen Akkordvorgaben zu kommen. Das bereits mehrfach zitierte Wirtschaftsprüfungsgutachten kam dann auch 1957 zu der Empfehlung, daß die Leistungsentlohnung überprüft und eine neue Arbeitsbewertung mit genauen Zeitvorgaben aufgrund von Arbeitsablaufstudien vorgenommen werden solle.[242]

---

241 Interview mit Rudolf Giesecke, Transkript.
242 Gutachten des Wirtschaftsprüfers und Beratenden Ingenieus Dr. rer.pol. Dipl.Ing. Gerwin Prasse und des Werftdirektors a.D. Dr. Ing. Werner Immich, a.a.O., S. 30.

Tatsächlich ist auch nach 1957 keine grundlegende Veränderung erfolgt. Von einer Rückführung der Akkordüberverdienste konnte keine Rede sein, sondern im Gegenteil, sie erhöhten sich noch erheblich. Mehrere Interviewpartner berichten, daß die stille Vereinbarung, nicht mehr als 21 bis 28 Prozent aufzuschreiben, »*nachher immer mehr gelockert [wurde. Da] gab es bis zu 40%*«.[243] Das für die Lohnfindung zuständige Betriebsratsmitglied Boranski beziffert sogar die Höhe der dann in den 1960er Jahren erreichten Akkordüberschüsse mit 60 Prozent.[244]

Diese Entwicklung wird von unseren Interviewpartnern, soweit sie sich zum Akkordsystem überhaupt geäußert haben, durchaus kritisch bewertet. Das gilt nicht nur für die Betriebsratsmitglieder (Brandt, Boranski, Dröhler, Hitzacker), die später maßgeblich an der Abschaffung dieses Verfahrens zugunsten des 1966 eingeführten Prämien- oder Progammlohns mitgewirkt haben. Auch die übrigen befragten Arbeiter sind sich - zumindest heute - bewußt, daß es sich um ein problematisches Lohnsystem gehandelt hat. Sie kritisieren die Willkür, mit der die Akkordangaben festgelegt wurden: »*Nur besonders Beliebte die kriegten dann so n bißchen mehr geschrieben. Da wurde das in der Gruppe geschrieben. Da wurde auch viel gemauschelt.*«[245] Und sie sehen, daß es sich um eine weitgehend unrealistische Leistungsbewertung gehandelt hat, die durch das »Stundenhorten« überdies negative Auswirkungen auf die Betriebsabläufe hatte. Auf die Frage, ob es sich nicht um einen sehr günstig bemessenen Ak-

---

[243] Interview mit Heinz Dröhler, Verlaufsprotokoll. Auch Heinz Ratjen bestätigt dies: »*Dann später ham wir den Akkord in Eigenhand genommen. Und dann ham wir so zwischen 30 und 40% angeben können. Aber das war denn erst nach nach Mitte 60er Jahre.*« (Interview mit Heinz Ratjen, Transkript).

[244] Interview mit Artur Boranski, Verlaufsprotokoll. Der Lohntarifvertrag vom 24. Juli 1959 für die Arbeitnehmer der See-, Küsten-, Fluß- und Bootswerften an der Unterweser legte übrigens fest: »*Die Festsetzung der Akkorde hat so zu erfolgen, daß die betreffenden Arbeitnehmer bei normaler Leistung, wenn sie die richtigen Verteil- und Erholungszeiten einhalten, 9% über den tariflichen Grundlohn ihrer Lohngruppe als Akkordbasis mindestens verdienen. Die Akkordbasis setzt sich aus dem tariflichen Grundlohn, der jeweiligen Lohngruppe, zuzüglich 9 % zusammen. Die 9% dürfen in der Vorgabezeit nicht verrechnet werden.*« (IGMA 1-2, 267). Dieser tarifliche Mindest-Akkordverdienst wurde also bei weitem übertroffen.

[245] Interview mit Heinz Ratjen, Transkript.

kord gehandelt habe, den man auch höher hätte ansetzen können, antwortet Werner Hitzacker:

> *Ja das klar [...].*
> *Trotzdem die immer wieder ne Schraube angedreht haben*
> *immer wieder n bißchen mehr immer wieder n bißchen mehr. [...]*
> *Aus der heutigen Sicht*
> *wenn man das heute betrachtet nech.*
> *Wir habens damals etwas anders gesehn nech*[246]

Hier klingt bereits an, warum die Werftarbeiter diesen Umgang mit dem Akkord lange Jahre aktiv betrieben haben. Zum einen entspricht es dem traditionellen Verhalten der Arbeiter zum Akkordsystem, die mit ihm intendierte Verdichtung und Beschleunigung der Arbeit durch kollektive Absprachen zu begrenzen und so der Arbeitshetze zu begegnen. Zum anderen bestand angesichts der immer noch relativ geringen Tariflöhne die Notwendigkeit, durch einen möglichst kontinuierlichen und beträchtlichen Akkordüberschuß ein erträgliches Auskommen zu sichern. Dabei gehört es offensichtlich zur »moral economy« der Arbeiterschaft, für einen möglichst gleichen Lohn innerhalb der Qualifikationsgruppen zu sorgen. Die Begrenzung der Akkordangaben nach oben hatte auch diesen Sinn.

Es ist also verständlich, daß die Werftarbeiter ihre - offenkundig erheblichen - Möglichkeiten nutzten, den Akkord aufzuweichen. Dies gehörte zu ihren traditionellen Strategien der Gegenwehr gegen eine Verschärfung der Ausbeutung, und es brachte ihnen dringend benötigte materielle Verbesserungen.[247] Es stellt sich aber die Frage,

---

246 Interview mit Werner Hitzacker, Transkript.
247 Die Umstellung auf den Programmlohn im Jahre 1966, der von der IG Metall bundesweit zuerst auf der AGW erprobt wurde, fand dann zunächst auch wenig Zustimmung im Betrieb (vgl. Interview mit Artur Boranski, Verlaufsprotokoll; Interview mit Werner Hitzacker, Transkript). Allerdings wurde der Programmlohn schon bald als besseres Entlohnungssystem anerkannt, das unsere Interviewpartner übereinstimmend im Rückblick sehr loben: »*Das war die beste Entlohnung die ich kennengelernt habe*« (Interview mit Heinz Ratjen, Transkript). Der Programmlohn war eine Prämienlohnregelung, die »*für Tätigkeiten, die auf Grund neuer Fertigungstechnik ausgeführt und bei denen ein im voraus bestimmbares Arbeitsergebnis und die zugehörige Qualität festgelegt werden können*«, galt. Die einzelnen Arbeiter erhielten einen Sockellohn, der in zwölf Stufen - abhängig vom Arbeitsplatz - gestaffelt war, und darauf eine Prämie »*für die Einhaltung der vorgegebenen*

warum die Werftleitung, die natürlich die Mängel dieses Leistungslohnsystems kannte, wenig tat, eine realistische Arbeitsbewertung einzuführen, die die hohen Akkordüberschüsse reduziert und eine bessere Arbeitsplanung ermöglicht hätte. Offenbar akzeptierte sie stillschweigend diese Praxis der Akkordfindung und damit ein erhebliches Maß an Handlungsautonomie der Arbeiter, Vorarbeiter und Meister auch in der Entlohnungsfrage, weil sie im Produktionsprozeß selbst auf das autonome Mitwirken der Werftarbeiter angewiesen war. Es wurde bereits ausführlich dargelegt, daß die quasi handwerkliche Fertigung im Schiffbau ein hohes Maß an Eigenver-

---

Programmzeit und für die festgelegte Qualität in Höhe von 20 %«. Das Programm beinhaltete *»die Festsetzung der Programmzeit, der Gruppenzusammensetzung, der vorgegebenen Betriebsmittel, der zu verarbeitenden Werkstoffe und die Folge der Werkstücke«.* Es handelte sich also um einen Gruppenprämienlohn, wobei die Zusammensetzung der Gruppe nicht mehr nach Gewerken, sondern nach den Anforderungen der einzelnen Produktionsschritte erfolgte. Für die *»Einhaltung der Programmzeit der Gruppe durch die Gruppe«* kam eine 14prozentige Prämie auf den Sockellohn des Einzelnen. Wurde *»das Programm aus Gründen, die die Gruppe zu vertreten hat, nicht eingehalten«*, so reduzierte sich diese Prämie. Bei einem Zeitverbrauch von 105 Prozent sank die Prämie auf zwölf Prozent, bei einem Zeitverbrauch von 115 Prozent betrug sie nur noch zwei Prozent. Bei Nichteinhaltung der Programmzeit aus Gründen, die nicht die Gruppe zu vertreten hatte, erfolgte kein Abzug von der Prämie. Für die Einhaltung der Qualität wurde eine sechsprozentige Prämie gezahlt. Wurde die Qualität aus Gründen, die die Gruppe zu verantworten hatte, nicht erreicht, wurden je nach dem Aufwand für die erforderliche Nacharbeit Abzüge von dieser Prämie vorgenommen (alle Zitate aus der Prämienlohnvereinbarung zwischen der AG »Weser« und der IG Metall vom 2. Mai 1966 [IGMA, T316/Betriebe/AG Weser/1964-1974/Bi/T]). Mit diesem Entlohnungssystem wurde dem Anstieg der Akkordüberdienste ein Ende bereitet. Bei Erfüllung des Programms hinsichtlich der Arbeitszeit und der Qualität konnte nur noch eine maximal 20prozentige Prämie erzielt werden. Die Arbeiter hatten dennoch in mehrerer Hinsicht Vorteile von dieser Regelung: Zum einen mußte eine realistische Festlegung des Programms erfolgen, das so beschaffen sein mußte, daß die volle Prämie bei normaler Arbeit garantiert war. Das bedeutete, daß die Arbeitsvorbereitung, die Abstimmung der einzelnen Arbeitsschritte und der Materialfluß optimiert werden mußten. Die vorher üblichen Schwierigkeiten in diesen Bereichen, die den Arbeitern den Akkord erschwerten - und die sie veranlaßten, *»Stunden zu horten«* - mußten von der Werftleitung beseitigt werden, da sie ansonsten auch bei Nichteinhaltung von Programmzeit und -qualität die volle Prämie bezahlen mußte. Die für alle Arbeiter einer Gruppe gleiche Prämie war zum anderen wesentlich gerechter als die individuelle Akkordzuschreibung durch die Vorarbeiter und Meister, die nicht frei von Willkür war. Schließlich war der Lohn durch die im Grunde ja festliegende Prämie wesentlich berechenbarer als es im alten Akkordsystem der Fall war.

antwortung, Initiative, Dispositionsmöglichkeiten und Können der Arbeiter erforderte. Diese teilweise autonome Stellung im Arbeitsprozeß verlieh den Arbeitern auch eine über die reinen produktionstechnischen Abläufe im Betrieb hinausgehende Machtstellung. Der Unternehmensleitung war offensichtlich bewußt, daß hoher Leistungswille, Improvisationsbereitschaft und die aktive Mitgestaltung des Produktionsprozesses durch die Arbeiter nicht allein mit den Mitteln industrieller Disziplinierung zu erreichen waren. Die in vielerlei Hinsicht selbstverantwortliche Tätigkeit und die Dispositionsmöglichkeiten der Schiffbauer kosteten ihren Preis - auch und gerade auf dem Gebiet der Akkordgestaltung. Daß die Unternehmensleitung für die termingerechte Ablieferung von Neubauten und Reparaturen häufig auf die Bereitschaft der Belegschaft angewiesen war, Überstunden und Sonn- und Feiertagsschichten zu leisten, verbesserte natürlich noch die Position der Arbeiter in den informellen innerbetrieblichen Aushandlungs- und Durchsetzungsprozessen.[248] Schließlich zwang der Mangel an bestimmten Facharbeitern gegen Ende der 1950er Jahre das Unternehmen zu weiteren Rücksichten, und daher ist es erklärlich, daß die Werftarbeiter in den Zeiten der Vollbeschäftigung der 1960er Jahre die selbstauferlegten Beschränkungen bei den Akkordüberverdiensten beiseite schieben und die Akkordüberschüsse drastisch erhöhen konnten.

Nun soll hier allerdings weder der Eindruck erweckt werden, daß die Arbeiter die weitgehend autonomen Herren der Produktionsbeziehungen gewesen wären, noch daß die Werftleitung grundsätzlich und stets im Sinne einer integrativen Betriebspolitik gehandelt habe. Beides wäre falsch. Selbstverständlich war auch die beträchtliche Autonomie, über die die Werftarbeiter in Teilbereichen verfügten, begrenzt durch die für die kapitalistische Wirtschaftsverfassung

---

248 In der ersten Hälfte der 1950er Jahre machten die Werftarbeiter bei Konflikten mehrfach von der Drohung der Überstundenverweigerung Gebrauch. So etwa im Dezember 1951 bei der Auseinandersetzung um die Höhe des Weihnachtsgeldes (vgl. Tribüne der Demokratie vom 14. Dezember 1951). Zur Durchsetzung von Erschwerniszulagen verweigerte eine Reihe von Brennern im Juli 1955 die Leistung von Überstunden. Zwar bedrohte die Werftleitung die Brenner zunächst mit der Entlassung, bewilligte aber wenige Tage später die geforderte Zulage (vgl. Tribüne der Demokratie vom 19. Juli 1955, vom 20. Juli 1955 und vom 23./24. Juli 1955).

grundlegende Verteilung der Machtressourcen zugunsten der Eigentümer und der von ihnen eingesetzten Betriebshierarchie. Und zum anderen agierte die Unternehmensleitung keineswegs immer integrativ im Sinne eines sozialpartnerschaftlichen Konsenses. Die Härte der innerbetrieblichen Auseinandersetzungen in der ersten Hälfte der 1950er Jahre, die noch zu schildern sein werden, macht das deutlich. Aber das Verhalten von Arbeitern und Management in der Akkordfrage zeigt, daß die Praxis des Betriebes durch einen komplizierten Interaktions- und Aushandlungsprozeß gekennzeichnet war, der am ehesten mit dem Ansatz der »betrieblichen Mikropolitik« erfaßt werden kann.[249] »Aus einer solchen Perspektive wird deutlich, daß es an der sozialen Realität vorbeizielt, den 'Betrieb' als 'Input-Output-Maschine' oder als reines 'Exekutivorgan' des Managements zu begreifen. Vielmehr ist Produktion ein sozialer Interaktionsprozeß, den 'machtdurchwirkte Konsensfindung, meist informelle Interessenaushandlung und zählebige Routinepraktiken' ebenso konstituieren wie formale Organisation. Die fragile, in Aushandlungs-, Durchsetzungs und Machtprozessen stets neu zu bestimmende Balance von 'Macht' und 'Konsens' prägt diesen Interaktionsprozeß entscheidend. Das - auch soziale - Produktionsergebnis ist stets das Resultat des Ineinanders formaler und informeller Interaktionsstrukturen, das nicht etwa ein durch Optimierung behebbares Vollzugsdefizit formaler Organisation reflektiert, sondern den prinzipiellen Modus beschreibt, in dem betriebliche Interaktion sich produziert und reproduziert.«[250] Dabei »agieren alle Beteiligten als handlungsfähige Subjekte; wenn auch mit unterschiedlichen Machtressourcen ausgestattet, so ist doch kein Akteur gänzlich ohne handlungsbefähigende Machtressourcen und kein Akteur - auch nicht das Mana-

---

249 Zu Geschichte und Inhalt dieses ursprünglich in der amerikanischen Organisationssoziologie entwickelten Konzepts, das inzwischen nicht nur in die Industriesoziologie sondern auch in die Industrie- und Arbeitergeschichte Eingang gefunden hat, vgl. Karl Lauschke und Thomas Welskopp, Einleitung, in: dies. (Hrsg.), Mikropolitik im Unternehmen. Arbeitsbeziehungen und Machtstrukturen in industriellen Großbetrieben des 20. Jahrhunderts (= Bochumer Schriften zur Unternehmens- und Industriegeschichte, Bd. 3), Essen 1994, S. 7ff.
250 Ebenda, S. 10f. Das von ihnen verwendete Zitat stammt von Martin Birke, Betriebliche Technikgestaltung und Interessenvertretung als Mikropolitik. Fallstudien zum arbeitspolitischen Umbruch, Wiesbaden 1992, S. 49 f.

gement - 'ungebunden' in seinen Handlungschancen und Optionen.«[251] Dieses Beziehungssystem findet sich typisch in der Praxis des Akkordsystems auf der AG »Weser«, und es erklärt auch, warum die Empfehlung der Wirtschaftsprüfung von 1957, eine grundlegend neue Arbeitsbewertung einzuführen, an der »informelle[n] Interessenaushandlung und [den] zählebigen Routinepraktiken« scheiterte.

Kehren wir nun zur Differenz von Tarif- und Effektivlöhnen zurück und untersuchen die weiteren Aspekte der Lohngestaltung. Die Leistungszulagen des Akkords bildeten zwar den größten Teil des Unterschieds zwischen dem tariflichen Lohn und den effektiven Bruttostundenlöhnen, doch gab es auch andere Quellen für den effektiven Mehrverdienst. Angesichts der hohen Zahl von Überstunden bildeten die Überstundenzuschläge den zweitwichtigsten Posten. Diese Zuschläge stiegen von 1953 bis 1956 von 66 auf 81 Pfennige pro Stunde.[252] Das bedeutete Zulagen von 44,3 Prozent (1953) bzw. 42,9 Prozent (1956) auf den Tarifecklohn. Die Höhe dieser Zuschläge erklärt auch, warum die Werftarbeiter mit ihren beschränkten Einkommen so bereitwillig die immense Anzahl von Überstunden in den 1950er Jahren leisteten.

Neben den Überstundenzuschlägen gab es »Erschwerniszulagen« für Brenner und Schweißer. Diese waren mit Arbeitskämpfen durchgesetzt worden und wurden schließlich im Oktober 1955 als »Verbrennungszulage« in einer Betriebsvereinbarung festgeschrieben. Sie betrug im Sommer 1955 20 Pfennig pro Stunde, was immerhin 13

---

251 Karl Lauschke und Thomas Welskopp, Einleitung, a.a.O., S. 9. Vgl. auch Thomas Welskopp, Der Betrieb als soziales Handlungsfeld. Neuere Forschungsansätze in der Industrie- und Arbeitergeschichte, in: Geschichte und Gesellschaft, Bd. 20 (1994).

252 Gutachten des Wirtschaftsprüfers und Beratenden Ingenieus Dr. rer.pol. Dipl.Ing. Gerwin Prasse und des Werftdirektors a.D. Dr. Ing. Werner Immich, a.a.O., S. 7. Die tariflich vereinbarten »Zuschläge für Mehr,- Nacht,- Sonn- und Feiertagsarbeit« sahen im Manteltarifvertrag für die Werften in Bremen und Bremerhaven vom 15. November 1958 folgende Zuschläge auf den Stundenverdienst vor: Für die ersten beiden Überstunden 25 Prozent, für alle weiteren Überstunden bis 22.00 Uhr 40 Prozent, für Mehrarbeitsstunden nach 22.00 Uhr 50 Prozent, für Schichtende und Sonntagsarbeit 50 Prozent, für Arbeiten am ersten Oster,- Pfingst- und Weihnachtstag sowie an gesetzlichen Feiertagen, die auf Sonntage fallen, 150 Prozent und an sonstigen gesetzlichen Feiertagen 100 Prozent (IGMA, 1-2, 266).

Prozent Aufschlag auf den damaligen Tariflohn eines angelernten Arbeiters bedeutete. Ferner konnte eine vom Meister und Ingenieur zu bewilligende »Schmutzzulage« gezahlt werden.[253] Vorarbeiter und »Spezialfacharbeiter« erhielten nicht akkordfähige Zulagen von 1 bis 5 Pfennigen die Stunde. Davon sollen nach dem Lohnabkommen vom Oktober 1956 15 Prozent der Arbeiter der AGW betroffen gewesen sein.[254] Zwar wurden alle diese Zuschläge nicht allgemein, sondern nur für bestimmte Arbeitergruppen gezahlt, doch für diese bildeten sie einen nicht geringen Teil ihres Effektivlohnes. Für die heutige Situation der ehemaligen Werftarbeiter hat dieses Zulagesystem übrigens teilweise unerwartete Konsequenzen für die Höhe der Rente:

> *und denn gab es ja nur auf den Grundlohn die Zuschläge.*
> *Das is ja auch der große Betrug*
> *für viele Leute gewesen*
> *[...] auch bei der Sozialversicherung*
> *die ham so viel gearbeitet*
> *und anschließend wenn die Rente rauskam*
> *war das Geld nich da.*
> *Die hatten gedacht*
> *»Mensch ich hab doch immer soviel verdient.*
> *Warum hab ich denn jetz so wenig Rente«.*
> *Bei den Älteren vor allen Dingen*
> *konnte man das merken.*
> *Ja weil der Grundlohn so niedrig war*
> *und das andere*
> *über irgendwelche Zuschläge [kam]*
> *und das war dann nich*
> *eh in der Sozialversicherung mit drin.*
> *Da hatte die Firma denn*
> *ja auch noch ihren Verdienst gehabt nech.*
> *Das=e na ja nachher wurde das geändert.* [255]

---

253 Technisches Gutachten über die Werften Bremen und Bremerhaven der Aktien-Gesellschaft »Weser«, erstattet im Auftrage der Firma Krupp, Essen von Dr. Ing. Werner Immich, Kiel, Kiel im Juli 1957, S. 508, HA Krupp WA 143/222.
254 Ebenda, S. 507.
255 Interview mit Heinz Ratjen, Transkript.

Der Vorrang der Facharbeiter

Die bislang geschilderten Aspekte der Lohngestaltung sind hinsichtlich der Einteilung der Lohngruppen, der Benachteiligung der Frauen und des Verhaltens zum Akkordsystem durchaus traditionell. Es ist geradezu erstaunlich, wie wenig sich an der Lohnstruktur und dem Entlohnungssystem der 1950er Jahre gegenüber der Weimarer Zeit geändert hatte.[256] Das gilt auch für den Vorrang der Facharbeiter, deren Verdienst nicht nur als Ecklohn den Maßstab für die Lohnfindung der übrigen Gruppen bildete, sondern deren Bruttostundenverdienste auch das größte Wachstum hatten (*Tabelle 5*). Die Unterschiede zwischen den Lohngruppen erhöhten sich dadurch zuungunsten der ungelernten Arbeiter. Lagen im März 1951 die Bruttostundenverdienste der Ungelernten 19,54 Prozent unter dem Facharbeiterlohn, so betrug im August 1959 die Differenz 24,17 Prozent. Auch der Abstand zwischen den Stundenlöhnen der Facharbeiter und Angelernten vergrößerte sich in den 1950er Jahren, allerdings erzielten sie effektiv fast die gleichen Bruttowochenverdienststeigerungen, da die angelernten Arbeiter das geringere Wachstum der Stundenlöhne durch Überstundenarbeit kompensieren konnten.

Bemerkenswerterweise öffnete sich die Schere zwischen dem Wachstum der Facharbeiter- und Angelerntenlöhne auf der einen Seite und dem der Hilfsarbeiter auf der anderen Seite erst seit 1957. Bis dahin waren bei etwa gleichem Wachstum die Abstände zwischen den Lohngruppen fast gleich geblieben (siehe auch *Schaubild 8*). Zeitweilig waren sogar die Hilfsarbeiterwochenlöhne stärker als die der beiden anderen Gruppen gestiegen.

---

256 Selbst gegenüber der Zeit vor dem Ersten Weltkrieg sind die Veränderungen im Lohnfindungssystem recht gering. Vgl. dazu Herbert Zirpel, Unternehmensstrategie und Gewerkschaftspolitik um Lohn und Leistung. Entwicklung der Entlohnungsmethoden und Leistungskontrolle in der deutschen Metallindustrie bis zum Ersten Weltkrieg, Marburg an der Lahn 1985, bes. S. 36-96.

Kapitel 5: Die Arbeitswelt der AG »Weser« in Bremen   195

Tabelle 6: Indexziffern der durchschnittlichen Bruttostunden- und Bruttowochenverdienste im Schiffbau im Lande Bremen 1951 - 1959 (Bezugsmonat März 1951 = 100)[257]

Jahr	Facharbeiter		Angelernte		Hilfsarbeiter	
	Bruttostundenverdienst	Bruttowochenverdienst	Bruttostundenverdienst	Bruttowochenverdienst	Bruttostundenverdienst	Bruttowochenverdienst
1951	100,00	100,00	100,00	100,00	100,00	100,00
1952	117,60	120,29	116,28	121,70	116,76	123,80
1953	126,78	132,42	124,75	135,83	127,91	139,65
1954	125,91	122,14	124,89	122,18	127,09	127,67
1955	134,35	137,16	132,25	137,74	133,94	142,81
1956	146,84	144,60	142,61	146,09	143,35	147,60
1957	160,27	148,41	154,09	149,42	151,94	148,77
1958	167,51	150,76	160,55	150,27	159,62	152,44
1959	180,27	162,95	173,96	163,14	169,69	158,54

Daß ab 1957 eine Auseinanderentwicklung einsetzte, bei der die Angelernten hinsichtlich der Stundenverdienste, besonders aber die Ungelernten, deren Stunden- und Wochenlöhne zurückblieben, deutlich benachteiligt wurden, liegt an der einzigen bedeutenden Neuerung, die bei der Lohnstruktur in den 1950er Jahren auf den Werften eingeführt wurde: die Ersetzung der bisherigen drei Lohngruppen durch sechs Tätigkeitsgruppen.

Der Manteltarifvertrag, der u.a. die Lohnstruktur festlegt, war zum 31. März 1956 von der Gewerkschaft gekündigt worden.[258] Die Bezirksleitung der IG Metall Hamburg erarbeitete auf der Grundlage

---

257 Angaben für den Monat August des jeweiligen Jahres (1952-1959). Berechnet nach: Statistisches Landesamt Bremen, Statistischer Dienst, Reihe: Lohnstatistik, Folge 1: Verdienste der Industriearbeiter, Heft 1/1951 bis 4/1955; Statistisches Landesamt Bremen Statistische Berichte (Statistischer Dienst), Reihe: Lohnstatistik, Folge 1: Verdienste der Industriearbeiter, Heft 1/1956 bis 3/1958; Statistisches Landesamt Bremen, Statistische Berichte, Reihe: Lohnstatistik, Folge 1: Verdienste der Industriearbeiter, Heft 4/1958 bis Heft 3/1959.

258 Vgl. Industrie-Gewerkschaft Metall für die Bundesrepublik Deutschland, Verwaltungsstelle Bremen, Geschäftsbericht 1955/56, o.O., o.J. [Bremen 1957], S. 21. Hauptsächlich ging es bei diesem Manteltarifvertrag jedoch um die Arbeitszeitverkürzung.

eines Entwurfs des Hauptvorstandes der IGM für die eisenschaffende Industrie Nordrhein-Westfalens den Vorschlag für die Ersetzung der drei bestehenden Lohngruppen durch sechs Einstufungen. Die Definition dieser Tätigkeitsgruppen, wie sie dann später vereinbart wurde, sah folgendermaßen aus:

»Lohngruppe I (85 % des Ecklohns)
Arbeiten, die ohne jegliche Ausbildung nach einer Anweisung ausgeführt werden können (ungelernte Arbeiter) und nicht mit besonderer körperlicher Belastung verbunden sind.

Lohngruppe II (92 % des Ecklohns)
Arbeiten, die Arbeitskenntnisse und Handfertigkeiten erfordern, wie sie durch eine systematische Zweckausbildung bis zu 6 Wochen erzielt werden (angelernte Arbeiter), oder Arbeiten der Lohngruppe I mit zusätzlicher körperlicher Belastung.

Lohngruppe III (96 % des Ecklohns)
Arbeiten, die Arbeitskenntnisse und Handfertigkeiten erfordern, wie sie entweder durch eine abgeschlossene Anlernausbildung oder eine gleichzubewertende Ausbildung und Erfahrung erzielt werden (qualifiziert angelernter Arbeiter), oder Arbeiten der Lohngruppe II mit zusätzlicher körperlicher Belastung.

Lohngruppe IV (100 % = Ecklohn)
Arbeiten, die Arbeitskenntnisse und Handfertigkeiten erfordern, wie sie durch eine fachentsprechende, ordnungsgemäße Berufslehre erworben werden (Facharbeiter) oder wie sie durch gleichzubewertende Ausbildung und Erfahrung erzielt werden, oder Arbeiten der Lohngruppe III mit zusätzlicher körperlicher Belastung.

Lohngruppe V (108 % des Ecklohns)
Schwierige Facharbeiten, die an Arbeitskenntnisse, Handfertigkeiten und Erfahrungen besondere Anforderungen stellt, wie sie in der Regel durch mehrjährige Tätigkeit erworben werden, oder Arbeiten der Lohngruppe IV mit zusätzlicher körperlicher Belastung.

Lohngruppe VI (116 % des Ecklohns)
Schwierigste Facharbeiten, die an die Arbeitskenntnisse, Handfertigkeiten und Erfahrungen besonders hohe Anforderungen stellen und erhöhte Selb-

ständigkeit und starkes Verantwortungsbewußtsein voraussetzen, oder Arbeiten der Lohngruppe V mit zusätzlicher körperlicher Belastung.«[259]

Mit dieser neuen Lohngruppenstruktur waren in erster Linie die Facharbeiter begünstigt, die nicht mehr wie bisher lediglich den Ecklohn erhalten konnten, sondern durch die Einstufung in drei Lohngruppen die Möglichkeit bekamen, bis zu 116 Prozent des Ecklohns zu verdienen. Die Angelernten hatten ebenfalls - wenn auch geringere - Vorteile von der Neuregelung, konnten sie doch nun in zwei Lohngruppen eingeordnet werden. Statt wie bislang bei 92 Prozent des Ecklohns zu verbleiben, hatten sie die Chance, in der neuen Lohngruppe III mit 96 Prozent näher an den untersten Facharbeiterlohn heranzurücken. Nur für die Ungelernten änderte sich nichts, sie blieben wie vorher bei 85 Prozent des Ecklohnes. Die Orientierung der gewerkschaftlichen Tarifpolitik an den Interessen der Facharbeiter ist eindeutig. Sie entsprach der gewerkschaftlichen Tradition und trug auch der Zusammensetzung der Belegschaft, in der die Facharbeiter ja klar dominierten, in gewisser Weise Rechnung. Sie verschärfte damit allerdings auch die Unterschiede unter den Qualifikationsgruppen und benachteiligte die am schlechtesten verdienenden Hilfsarbeiter.

Es ist daher nicht erstaunlich, daß diese Neuregelung auf den Widerstand von Teilen der Belegschaft stieß. Die Betriebsgruppen Werften der Bremer KPD kritisierten im Februar 1956 den Entwurf der IG Metall für den Manteltarifvertrag in einer umfangreichen Veröffentlichung, in der sie auch einen eigenen Tarifvertragsentwurf vorstellten.[260] Die Hauptkritik richtete sich gegen die vorgesehene Schaffung von sechs Tätigkeitsgruppen: *»Das entspricht vollauf dem Willen der Unternehmer, die nach dem Prinzip 'teile und herrsche' die Werftarbeiter in 6 Lohngruppen aufsplitten möchten. Sie hoffen damit, das einheitliche Handeln der Kollegen zu zerstören, um einen Kollegen gegen*

---

259 Zitiert nach dem Lohntarifvertrag vom 24. Juli 1959 für die Arbeitnehmer der See-, Küsten-, Fluß- und Bootswerften an der Unterweser (IGMA 1-2, 267).
260 »Entwurf. Manteltarifvertrag der Metallindustrie (Werften). Stellungnahme der KPD-Betriebsgruppen Werften zum Entwurf des Manteltarifvertrages«, PDS-Archiv (künftig zitiert: PDSA), Bestand KPD-Westzonen/BRD, I 10/20/10. Das Papier ist undatiert, trägt aber den handschriftlichen Vermerk »24. 2. 56«.

den anderen auszuspielen.«[261] Die KPD bezweifelte zunächst prinzipiell, daß bei der neuen Lohngruppenstruktur tatsächlich Lohnerhöhungen herauskommen würden: *»Jedem Werftarbeiter ist klar, daß der Unternehmer noch niemals freiwillig Lohnerhöhungen gezahlt hat. Deshalb ist es auch illusorisch, anzunehmen, daß die Einführung von Tätigkeitsgruppen eine Lohnerhöhung für die Werftarbeiter bringen würde. Wenn die Unternehmer wirklich bereit wären, mehr Lohn zu zahlen, so hätten sie genügend Gelegenheit dazu, den Lohn zu erhöhen.«* Sie begründete dann detailliert, warum mit den neuen Tätigkeitsgruppen sogar Nachteile drohten: *»Denn mit der Einführung der Tätigkeitsgruppen fällt die Anzahl der Kollegen rapide, die heute noch auf den Werften ihren Facharbeiterlohn bekommen, von denen jedoch eine ganze Reihe nicht im Besitz eines Lehrbriefes sind. So gesehen, sinkt die Lohnsumme des Betriebes und können die Unternehmer natürlich auf der anderen Seite ein paar wenigen Kollegen einige Pfennige mehr geben. Auf dem Bremer Vulkan sieht es doch so aus, daß 75% der Belegschaft gelernten Lohn bekommen, 20% angelernten und 5% der Belegschaft bekommen ungelernten Lohn. Ähnlich wird dieses Verhältnis auch auf den übrigen Werften sein. Mit Gewißheit können wir sagen, daß bei den 75% der Kollegen, die heute noch den gelernten Lohn bekommen, mindestens 30 bis 35% sind, die keine abgeschlossene Lehrzeit hinter sich haben und somit auch nicht im Besitz eines Facharbeiterbriefes sind. Denken wir nur an die Kollegen Brenner, E-Schweißer, Anschläger, an die Kollegen im Eisenlager, an die Nieter usw. Es ist bekannt, daß es unter den Nietern der Seebeck-Werft nur 4 Kollegen Gelernte gibt. Anhand dieser Aufzählung kann sich jeder Kollege selbst nachrechnen, wie hoch der Prozentsatz sein würde, der bei der Einführung der Tätigkeitsgruppen zurückgestuft wird. All diese Kollegen kämen nach Einführung der Tätigkeitsgruppen in die Tätigkeitsgruppe 3 und erhielten als Ecklohn 96% des Facharbeiterlohnes. Damit würden diese Kollegen rund 7 Pfennig die Stunde weniger verdienen, als sie heute bekommen.«*[262] Im Weiteren

---

261 Dieses und die folgenden Zitate aus: ebenda.
262 Die Befürchtung der Abgruppierung war aus den dargelegten Gründen nicht unbegründet. Allerdings erschwerten die später geschlossenen Traifverträge solche Abgruppierungen: *»Eine Umgruppierung in eine niedrigere Lohngruppe ist nur möglich, wenn die Anforderungen an den Arbeitnehmer sich [...] ändern. Wenn eine gleichwertige Tätigkeit wie die bisherige nicht gefunden werden kann, ist, sofern eine Einigung nicht zu erzielen ist, eine Änderungskündigung auszusprechen.«*. In diesem Falle konnte der Betriebsrat von seinen Mitwirkungsrechten Gebrauch machen.

werden die Merkmale der Einstufung als »*allgemein, verschwommen und verworren*« bemängelt, zumal »*sich die Arbeit auf den Werften dermaßen überschneidet, daß kein Kollege nachher mehr entscheiden kann, in welche Tätigkeitsgruppe diese oder jene Arbeit fällt.*«

Interessanterweise kritisierte die KPD nicht die Benachteiligung der Hilfsarbeiter, sondern sie konzentrierte sich in ihrer Argumentation ganz auf die Gruppe von Arbeitern, die bislang den Facharbeiterlohn bezog, obwohl sie keinen Lehrabschluß hatte, und der nun die Gefahr der Abgruppierung drohe. Das ist einleuchtend, denn die KP hatte gerade in der Gruppe der Angelernten (die jedoch teilweise den gelernten Lohn erhielten) ihre größte Anhängerschaft. Unter den Brennern, Schweißern und Nietern waren die aktivsten und radikalsten Kräfte bei allen innerbetrieblichen und gewerkschaftlichen Auseinandersetzungen in der ersten Hälfte der 1950er Jahre zu finden, während die handwerklich ausgebildeten Facharbeiter etwa im Maschinenbau oder bei den Kupferschmieden häufig zu sozialdemokratischen Positionen neigten und die offizielle Gewerkschaftslinie unterstützten. Wie wir noch sehen werden, ging diese kritische, häufig spontane und selbstorganisierte Interessenvertretung durch die aktivsten Belegschaftsteile - zu denen viele der ursprünglich Angelernten zählten - ab Mitte des Jahrzehnts zunehmend zurück und kam schließlich zum Erliegen. Es mag auch dieser Aktivität geschuldet sein, daß sich bis 1956 die Lohnzuwächse der verschiedenen Qualifikationsgruppen noch weitgehend gleich entwickelten, während sich nach der Befriedung des Betriebes die Interessen der gelernten Facharbeiter voll durchsetzen konnten.

Bei zeitweiliger Ausübung von Tätigkeiten einer höheren Lohngruppe erhielt der Arbeiter auch den höheren Lohn, bei »*vorübergehender Durchführung von Tätigkeiten, die in einer niedrigeren Lohngruppe eingruppiert sind, bleibt ihm 4 Wochen der bisherige Stundenverdienst garantiert.*« (Lohntarifvertrag vom 24. Juli 1959 für die Arbeitnehmer der See-, Küsten-, Fluß- und Bootswerften an der Unterweser, IGMA 1-2, 267).

Spitzenlöhne?

Es ist eine weitverbreitete Ansicht in Bremen, daß die Werftarbeiter die industriellen Spitzenlöhne der Region gehabt hätten. Auch in unseren Interviews verglichen einige Arbeiterinnen und Arbeiter ihr Einkommen mit dem in anderen Betrieben und betonten, daß sie im Vergleich nicht schlecht verdient hätten. Teils bezieht sich das auf die andere Großwerft in der Stadt Bremen, den »Bremer Vulkan«. Dort sollen nach der 1966 erfolgten Einführung des Programmlohns auf der AGW die Löhne 10 bis 15 Prozent niedriger gewesen sein.[263] Teils beziehen sich solche Aussagen - wie etwa die Bemerkung Frau Dröhlers zu ihrem Mann, »*nachher hast du ja ganz schön verdient immer*«[264] - wohl eher auf den allgemeinen Vergleich mit den Industrielöhnen in Bremen. Gehen wir also am Schluß unserer Untersuchungen über Einkommen und Auskommen der Bremer Werftarbeiter der These von den Spitzenlöhnen nach.

Tatsächlich wies der bremische Schiffbau bis zum Ende der 1950er Jahre fast stets die höchsten durchschnittlichen Bruttowochenlöhne aller Industriebranchen auf. Lediglich 1950, als es infolge der noch bestehenden Schiffbaurestriktionen sehr niedrige Arbeitszeiten gab, und 1953, als durch Streik und Aussperrung sechs Wochenlöhne verloren gegangen waren, lagen die Wochenverdienste im Automobilbau höher *(Schaubild 10).*

Betrachtet man indes die durchschnittlichen Stundenverdienste, so zeigt sich, daß keineswegs von Spitzenlöhnen im Schiffbau gesprochen werden kann. Im ganzen Jahrzehnt waren die Stundenverdienste in der bremischen Autoindustrie zum Teil erheblich höher als die der Werftarbeiter, und ab 1951 übertrafen sie auch die Stundenlöhne im Baugewerbe, in dem am Ende der 1950er Jahre die höchsten Stundenverdienste überhaupt erzielt wurden *(Schaubild 11).*

---

263 Vgl. Interview mit Artur Boranski, Verlaufsprotokoll.
264 Interview mit dem Ehepaar Dröhler, Verlaufsprotokoll.

Kapitel 5: Die Arbeitswelt der AG »Weser« in Bremen

Schaubild 10: Durchschnittliche Brutto-Wochenverdienste männlicher Industriearbeiter in ausgewählten Branchen im Lande Bremen 1950 bis 1959 (in DM)[265]

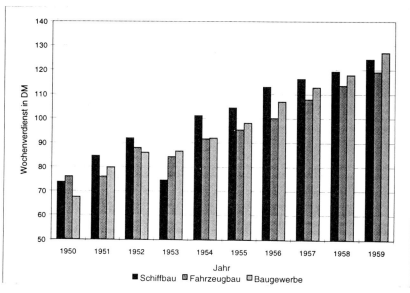

265 Zusammengestellt nach: Statistisches Landesamt Bremen, Statistischer Dienst, Reihe: Lohnstatistik, Folge 1: Verdienste der Industriearbeiter, Heft 1/1951 bis 4/1955; Statistisches Landesamt Bremen, Statistische Berichte (Statistischer Dienst), Reihe: Lohnstatistik, Folge 1: Verdienste der Industriearbeiter, Heft 1/1956 bis 3/1958; Statistisches Landesamt Bremen, Statistische Berichte, Reihe: Lohnstatistik, Folge 1: Verdienste der Industriearbeiter, Heft 4/1958 bis Heft 3/1959.

Schaubild 11: Durchschnittliche Brutto-Stundenverdienste männlicher Industriearbeiter in ausgewählten Branchen im Lande Bremen 1950- 1959 (in Pfg.)[266]

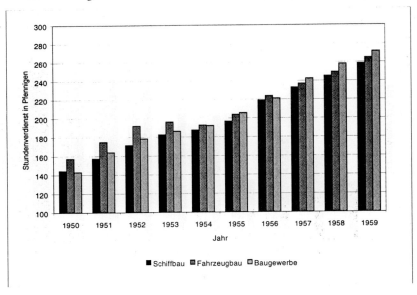

[266] Zusammengestellt nach: Statistisches Landesamt Bremen, Statistischer Dienst, Reihe: Lohnstatistik, Folge 1: Verdienste der Industriearbeiter, Heft 1/1951 bis 4/1955; Statistisches Landesamt Bremen, Statistische Berichte (Statistischer Dienst), Reihe: Lohnstatistik, Folge 1: Verdienste der Industriearbeiter, Heft 1/1956 bis 3/1958; Statistisches Landesamt Bremen, Statistische Berichte, Reihe: Lohnstatistik, Folge 1: Verdienste der Industriearbeiter, Heft 4/1958 bis Heft 3/1959.

Der Spitzenwert bei den Bruttowochenverdiensten kam also ausschließlich durch die hohen Wochenarbeitszeiten der Werftarbeiter infolge der vielen geleisteten Überstunden zustande. So zutreffend es also ist, daß die Schiffbauer eine Spitzenstellung bei den effektiven Einkommen unter den Bremer Industriearbeitern innehatten, so darf allerdings nicht vergessen werden, daß dieses ausschließlich das Ergebnis immenser Mehrarbeit gewesen ist.

Arbeitszeiten

Zu den bedeutendsten Verbesserungen der Lage der Arbeiterschaft in den 1950er Jahren gehört die Verringerung der Arbeitszeit. Zum ersten Mal seit den Anfangsjahren der Weimarer Republik konnte 1956 eine tarifliche Arbeitszeitverkürzung durchgesetzt werden. Die Forderung nach der 40-Stunden-Woche hatte schon die gewerkschaftlichen Maikundgebungen des Jahres 1952 geprägt, und im DGB-Aktionsprogramm vom März 1955 wurde als Punkt I die »*Fünftagewoche bei vollem Lohn- und Gehaltsausgleich mit täglich achtstündiger Arbeitszeit*« gefordert, um der Arbeitsverdichtung Rechnung zu tragen, der vorzeitigen Arbeitsunfähigkeit entgegenzuwirken und die Grundlagen des Familienlebens zu verbessern.[267] Diese Forderung stand in der Mitte der 1950er Jahre im Zentrum der gewerkschaftlichen Aktivitäten, die mit der Maiparole von 1956 »*Samstags gehört Vati mir*« eine besonders öffentlichkeitswirksame Form gewannen. »Angesichts des Verteilungsspielraums« durch die gute Konjunkturlage »reagierten die Arbeitgeber durchaus kompromißbereit. In einem 10-Punkte-Programm legten die Arbeitgeberverbände am 12. Januar 1956 ihre Position zur Arbeitszeitfrage dar: Der auf die Arbeitnehmer entfallende Anteil der Produktivitätssteigerung sollte auf Lohnerhöhungen und Arbeitszeitverkürzung aufgeteilt werden, wobei die Arbeitszeitverkürzung nur stufenweise dem Produktivitätsfortschritt folgen dürfte.«[268]

---

267 Das Aktionsprogramm findet sich in: Geschäftsbericht des Bundesvorstandes des deutschen Gewerkschaftsbundes 1954-1955, Düsseldorf o.J., S. 72 ff., hier S. 72.
268 Michael Schneider, Kleine Geschichte der Gewerkschaften, a.a.O., S. 282.

In den Tarifverhandlungen des Jahres 1956 erreichte die IG Metall dann den Einstieg in die Arbeitszeitverkürzung bei vollem Lohnausgleich.[269] Am 25. Juli 1956 wurde das »Bremer Arbeitszeitabkommen« zwischen der IG Metall und dem Arbeitgeberverband Gesamtmetall für die gewerblichen Arbeitnehmer in der Metallindustrie der Bundesrepublik abgeschlossen, dem am 1. August 1956 das »Kölner Abkommen« für die Angestellten folgte. *»Diese Abkommen sehen eine Verkürzung der wöchentlichen Arbeitszeit von 48 auf 45 Stunden vor mit gleichzeitiger Lohnerhöhung der tariflichen Ecklöhne von 8 Prozent, der Tarifgehälter der Angestellten um 1,5 Prozent. Die Bremer Industrie fällt unter diese Abmachungen; entsprechende Vereinbarungen wurden für Arbeiter und Angestellte von uns getroffen. Durch den Einsatz unserer Betriebsräte in den Industriebetrieben ist es gelungen, mit Ausnahme von 3 Betrieben, mit der Verkürzung der Arbeitszeit die 5-Tage-Woche betrieblich zu vereinbaren. Damit ist ein weiterer gewerkschaftlicher Erfolg erzielt worden.«*[270]

Ab Oktober 1957 führte die IG Metall zentrale Verhandlungen mit dem Arbeitgeberverband über eine weitere Reduzierung der Wochenarbeitszeit. Erst ein Kompromißvorschlag des nordrhein-westfälischen Arbeitsministers bahnte den Weg zum »Sodener Abkommen« vom August 1958, das die 44-Stunden-Woche zum 1. Januar 1959 vereinbarte.[271] Diese Regelung wurde in einem Manteltarifvertrag vom 15. November 1958 für die Werften in Bremen und Bremerhaven übernommen.[272] Schließlich wurde mit dem »Bad Homburger Abkommen« vom Juli 1960 die schrittweise Einführung der 40-Stunden-Woche in der Metallindustrie der Bundesrepublik beschlossen: Die Arbeitszeit wurde zum 1. Januar 1962 auf 42,5 Stunden, zum 1. Januar 1964 auf 41,5 Stunden und ab dem 1. Juli

---

269 In der hochprofitablen und wenig lohnkostenintensiven Zigarettenindustrie konnte die Gewerkschaft Nahrung-Genuß-Gaststätten im November 1956 sogar einen Manteltarifvertrag durchsetzen, der ab Januar 1957 eine Reduzierung der Arbeitszeit auf 42,5 Stunden und ab Januar 1959 auf 40 Stunden in einer Fünftagewoche vereinbarte (vgl. ebenda).
270 Industrie-Gewerkschaft Metall für die Bundesrepublik Deutschland, Verwaltungsstelle Bremen, Geschäftsbericht 1955/56, o.O., o.J. [Bremen 1957], S. 21f.
271 Vgl. Industrie-Gewerkschaft Metall für die Bundesrepublik Deutschland, Verwaltungsstelle Bremen, Geschäftsbericht 1957/58, o.O., o.J. [Bremen 1959], S. 11f.
272 Der Manteltarifvertrag findet sich in: IGMA, 1-2, 266.

1964 auf 40 Stunden reduziert. Als Lohnausgleich wurden zu diesen Terminen Ecklohnerhöhungen von 3,5 Prozent, 3 Prozent und 3,1 Prozent vereinbart.[273]

Auch wenn das Ziel des DGB-Aktionsprogramms von 1955 - die fünftägige Arbeitswoche von 40 Stunden bei vollem Lohnausgleich - erst in den 1960er Jahren ganz erreicht werden konnte, so waren die Arbeitszeitverkürzungen in der zweiten Hälfte der 1950er Jahre für die Bremer Werftarbeiter beachtlich, gelang es doch, nicht nur eine Reduzierung der Wochenarbeitszeit um vier Stunden (was eine Verkürzung von über acht Prozent bedeutete) durchzusetzen, sondern auch die Fünftagewoche gleich bei der ersten Arbeitszeitverkürzung im Jahre 1956 einzuführen. Allerdings wurde auf den Werften weder die tarifliche Arbeitszeit noch die Fünftagewoche faktisch realisiert, da nach wie vor in großem Umfang Überstunden gemacht wurden. Wie wir bereits gesehen haben, wurde die tarifliche Arbeitszeit auf den bremischen Werften in den gesamten 1950er Jahren ständig weit überschritten. Das blieb auch nach der Einführung der 45-Stunden-Woche im Oktober 1956 der Fall. So verringerte sich zwar die absolute Arbeitszeit, doch die Mehrarbeit blieb auch 1957 mit ca. fünf Stunden (im Durchschnitt aller männlicher Arbeiter) beträchtlich. Zwar führte der Beginn der Schiffbaukrise ab Mai 1958 zu einer Reduzierung der durchschnittlichen Mehrarbeit auf unter vier Stunden, doch im August 1959 wurden bereits wieder durchschnittlich 4,9 Überstunden geleistet.[274] Die Verringerung der tariflichen Wochenarbeitszeit um drei bzw. vier Stunden hatte allerdings die Wirkung, daß die durchschnittlichen realen Arbeitszeiten, die von 1951 bis zum Herbst 1956 zwischen 56 und 52 Stunden betragen hatten, nun auf unter 50 Stunden zurückgingen. Dieses bedeutete sicherlich eine erhebliche Erleichterung für die Werftarbeiter, zumal diese Reduzierung ohne Lohneinbußen erfolgte. Allerdings war der freie Samstag, auf den die Gewerkschaft bei der Arbeitszeitverkürzung aus ge-

---

273 Der Wortlaut des »Bad Homburger Abkommens« ist abgedruckt in: Industrie-Gewerkschaft Metall für die Bundesrepublik Deutschland, Verwaltungsstelle Bremen, Geschäftsbericht 1959/60, o.O., o.J. [Bremen 1961], S. 15 ff.
274 Vgl. Statistische Berichte (Statistischer Dienst), Reihe: Lohnstatistik, Folge 1: Verdienste der Industriearbeiter, Heft 1/1956 bis 3/1958; Statistisches Landesamt Bremen, Statistische Berichte, Reihe: Lohnstatistik, Folge 1: Verdienste der Industriearbeiter, Heft 4/1958 bis Heft 3/1959.

sundheitlichen und familiären Gründen besonderen Wert gelegt hatte, auf den Werften auch nach 1956 keineswegs die Regel. Zwar verkündete die Unternehmensleitung in ihrem Geschäftsbericht für 1956: »*Um unseren Betriebsangehörigen den Vorteil eines verlängerten Wochenendes zu gewähren, haben wir gleichzeitig, trotz gewisser Bedenken, die Fünf-Tage-Woche eingeführt*«[275], doch die Spezifik der termingebundenen Schiffbauproduktion verlangte weiterhin häufige Wochenendarbeit.

Die hohe Zahl der geleisteten Überstunden führte dazu, daß im Schiffbau auch nach der Arbeitszeitverkürzung die längste Wochenarbeitszeit aller bremischen Industriebranchen herrschte:

Schaubild 12: Durchschnittliche Wochenarbeitszeiten männlicher Industriearbeiter ausgewählter Branchen im Lande Bremen 1950 - 1959 (in Stunden)[276]

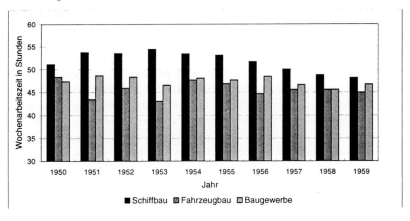

---

275 Aktiengesellschaft »Weser« in Bremen. Zwölftes Geschäftsjahr. 1956, a.a.O., S. 7.
276 Zusammengestellt nach: Statistisches Landesamt Bremen, Statistischer Dienst, Reihe: Lohnstatistik, Folge 1: Verdienste der Industriearbeiter, Heft 1/1951 bis 4/1955; Statistisches Landesamt Bremen, Statistische Berichte (Statistischer Dienst), Reihe: Lohnstatistik, Folge 1: Verdienste der Industriearbeiter, Heft 1/1956 bis 3/1958; Statistisches Landesamt Bremen, Statistische Berichte, Reihe: Lohnstatistik, Folge 1: Verdienste der Industriearbeiter, Heft 4/1958 bis Heft 3/1959.

Diese langen Wochenarbeitszeiten hatten natürlich erhebliche Auswirkungen auf das Werftarbeitermilieu. Der Betrieb war auch in zeitlicher Hinsicht der dominierende Lebensmittelpunkt der meisten Werftarbeiter. Hinsichtlich des Geschlechterverhältnisses bedeuteten sie, daß die Frauen den Alltag einschließlich der Kindererziehung weitgehend alleine regeln mußten, da die Männer an den Werktagen - und selbst häufig an den Sonntagen - einschließlich der Wegezeiten bis zu zehn Stunden von zuhause weg waren. Schließlich machen diese Arbeitszeiten fast die Frage nach der Freizeitgestaltung der Werftarbeiter obsolet. Da bei vielen nach der langen Arbeit im Betrieb noch die Bestellung des Kleingartens - durchaus aus ökonomischer Notwendigkeit -, häusliche Reparaturen oder der Ausbau der Wohnung anstanden, waren die objektiven Voraussetzungen für Freizeitbeschäftigungen im eigentlichen Sinne kaum gegeben.

So gilt auch für die Arbeitszeit das, was wir für die Lohnentwicklung festgestellt haben. Zweifellos gab es in der zweiten Hälfte der 1950er Jahre auf beiden Gebieten bedeutende Verbesserungen, doch verändern diese die Lage der Bremer Werftarbeiter noch nicht grundlegend. Die Arbeitszeitverkürzung ab 1956 bedeutet mit Blick auf die real geleisteten Arbeitszeiten - wenn man es prägnant formulieren will -, daß aus einer täglichen Neun-Stunden-Schicht an sechs Wochentagen nun eine Acht-Stunden-Schicht an sechs Wochentagen - mit gelegentlichen freien Samstagen - geworden war. Wie bei der Lohnentwicklung zeigt sich, daß die Veränderungsraten auch bei der Arbeitszeitverkürzung allein wenig aussagekräftig sind. Die Dynamik dieser Änderungen muß auf das bei den Löhnen niedrige, bzw. auf das bei den Arbeitszeiten geradezu exorbitant hohe Ausgangsniveau bezogen werden. Tut man das, so relativieren sich die Vorstellungen vom »Wirtschaftswunder« und vom Ende der »Proletarität« für die Bremer Werftarbeiter beträchtlich. Die enge Einkommenssituation und die langen Arbeitszeiten weisen noch deutlich traditionelle Aspekte proletarischer Lage auf. Allerdings gilt auch hinsichtlich der Arbeitszeiten das, was wir bereits bei den Einkommen ausgeführt haben: Die kampflos erreichten Verbesserungen in der zweiten Hälfte der 1950er Jahre haben den begründeten Eindruck hervorgerufen, an einer Entwicklung teilzuhaben, die eine kontinuierliche Verbesserung der Lage der Arbeiterschaft auch in der Zukunft verhieß.

Sozialleistungen und betriebliche Sozialpolitik

Für die Bewertung der materiellen Lage der Arbeiterschaft sind natürlich auch die Sozialleistungen relevant, die durch die staatliche Sozialpolitik und die betrieblichen sozialen Aufwendungen bereitgestellt wurden. Bekanntlich sind in den 1950er Jahren eine Reihe von sozialpolitischen Entscheidungen getroffen worden, die die Entwicklung zum bundesrepublikanischen Sozialstaat eingeleitet haben[277] und die auch die Situation der Werftarbeiter positiv beeinflußt haben. Bereits 1952 wurde das Gesetz zur Errichtung der Bundesanstalt für Arbeitsvermittlung und Arbeitslosenversicherung verabschiedet und damit die Lage Arbeitsloser und Arbeitssuchender verbessert. Da, wie wir gesehen haben, die Beschäftigungslage auf der AG »Weser« in den ersten Jahren des Jahrzehnts durchaus noch schwankend war, kam diese Verbesserung auch den Bremer Werftarbeitern zugute. Das gilt z.B. für die erste Kindergeldregelung, die 1954 eingeführt wurde. Von besonderer Bedeutung war die im Januar 1957 vom Bundestag beschlossene Rentenreform, die erstmals eine Dynamisierung der Renten, also die Anpassung an die Einkommensentwicklung, einführte. Da die Zahlungen der Alters- und Invalidenversicherung vorher völlig unzureichend waren - 1953 betrug die durchschnittliche Rentenzahlung aus diesen Versicherungen 62,40 DM im Monat und lag damit in vielen Fällen unter dem Fürsorgesatz[278] -, war die Rentenreform eine erhebliche Entlastung für

---

277 Vgl. zur Diskussion um den Sozialstaat nach dem Zweiten Weltkrieg: Hans-Hermann Hartwich, Sozialstaatspostulat und gesellschaftlicher status quo, 2. Aufl. Opladen 1977; zur Entwicklung sozialstaatlicher Maßnahmen nach 1945; Reinhard Bartholomäi (Hrsg.), Sozialpolitik nach 1945, Bonn 1977; Werner Conze und Rainer M. Lepsius (Hrsg.), Sozialgeschichte der Bundesrepublik Deutschland. Beiträge zum Kontinuitätsproblem, Stuttgart 1983; Christoph Kleßmann, Die doppelte Staatsgründung. Deutsche Geschichte 1945-1955, 4. ergänzte Auflage Göttingen 1986, S. 236 ff.
278 Christoph Kleßmann, Die doppelte Staatsgründung. Deutsche Geschichte 1945-1955, 4. Ergänzte Auflage, Bonn 1986, S. 250.

die Werftarbeiterfamilien, in denen häufig auch die Elterngeneration lebte.[279]

Schließlich war die Durchsetzung der Lohnfortzahlung für Arbeiter im Krankheitsfall, die mit einem 16wöchigen Streik der IG Metall in Schleswig-Holstein 1956/57 erkämpft wurde[280], eine wichtige soziale Errungenschaft dieser Jahre. Dabei war nicht nur die Beseitigung der Diskriminierung der Arbeiter gegenüber den Angestellten wichtig, bei denen das Gehalt auch vorher schon bei Krankheit weitergezahlt wurde, sondern die Lohnfortzahlung hatte auch angesichts der nach wie vor bestehenden finanziellen Enge in den Arbeiterhaushalten eine große materielle Bedeutung. In Bremen konnte die IG Metall am 16. April 1957 einen Manteltarifvertrag für die Landbetriebe und die Werften abschließen, in dem die Lohnfortzahlung geregelt wurde: »*Die neuen Abkommen brachten einheitlich folgende Verbesserungen: 1. Das Krankengeld von bis dahin 50 Prozent wurde durch eine Unterstützung des Arbeitgebers auf nun 90 Prozent des Nettolohnes heraufgesetzt. 2. Die Karenztage wurden durch eine Beihilfe des Arbeitgebers erträglicher gestaltet. Die Beihilfe ersetzt den Netto-Einkommensverlust an den ersten 3 Krankheitstagen (Karenztagen) bei einer Krankheit, die länger als eine Woche dauert, zu 50 Prozent, und sofern die Krankheit länger als zwei Wochen anhält, zu 100 Prozent. Voraussetzung für diese Beihilfe ist eine Betriebszugehörigkeit von mehr als vier Wochen.*«[281] Drei Monate später übernahm der Bundestag die meisten dieser Regelungen in das »Gesetz zur wirtschaftlichen Sicherstellung der Arbeiter im Krankheitsfalle«, behielt aber zwei Karenztage bei. Die IG Metall versuchte nun, diese Karenztage auf tarifvertraglichem Wege zu beseitigen und hatte damit auch mit dem am 15. November 1958 in Bremen abgeschlossenen Manteltarifvertrag Erfolg: »*Bei jeder Krankheit, ganz gleich, wie lange sie dauert, wird der Einkommensverlust an den verbleibenden zwei Karenztagen durch eine Beihilfe des Arbeitgebers zum Teil ersetzt. Die Beihilfe beträgt bei einer Betriebszugehörigkeit von 6*

---

279 Siehe dazu Kapitel 6.
280 Vgl. zu diesem Streik: Frank Deppe, Georg Fülberth und Jürgen Harrer (Hrsg.), Geschichte der deutschen Gewerkschaftsbewegung, 4., aktualisierte und wesentlich erweiterte Auflage, Köln 1989, S. 554 ff.
281 Industrie-Gewerkschaft Metall für die Bundesrepublik Deutschland, Verwaltungsstelle Bremen, Geschäftsbericht 1957/1958, o.O., o.J., [Bremen 1959], S. 10f.

Monaten bis zu 5 Jahren 50 Prozent, und über 5 Jahren 65 Prozent des Nettoarbeitsentgeltes, das dem Arbeiter durch die Karenztage verlorengeht. Die Beihilfe wird für drei Krankheitsfälle im Jahr gewährt. Damit sind die Karenztage zwar noch nicht ganz, jedoch zur Hälfte bzw. bis auf einen Rest von 35 Prozent beseitigt.«[282]

Auch wenn die sozialstaatlichen Leistungen in den 1950er Jahren noch keineswegs den Umfang und die Regelungsdichte erreichten, die in den 1960er und besonders dann in den 1970er Jahren geschaffen wurden[283], so trugen sie in der zweiten Hälfte des Jahrzehnts zweifellos zur allmählichen Besserstellung der Werftarbeiter und ihrer Familien bei. Traditionelle Risiken der proletarischen Existenz bei Erwerbslosigkeit, Krankheit und im Alter wurden erheblich gemildert. Das Gefühl größerer sozialer Sicherheit, die »Anerkennung« durch die rechtliche Gleichstellung mit den Angestellten zusammen mit der schrittweisen Verbesserung der Einkommen werden ebenso Auswirkungen auf die traditionelle proletarische Solidargemeinschaft gehabt haben wie die Tatsache, daß zumindest in Bremen diese neuen Sozialleistungen ebensowenig Ergebnis von Arbeitskämpfen gewesen sind wie die Lohnverbesserungen in der zweiten Hälfte der 1950er Jahre.[284]

Neben den sozialstaatlichen Leistungen gab es auch sogenannte freiwillige Sozialleistungen des Betriebes, die über die gesetzlich geregelten Arbeitgeberbeiträge zu den Sozialversicherungen und die tariflichen Vereinbarungen hinausgingen. Ein großer Teil dieser Sozialleistungen wurde auf der AG »Weser allerdings nicht in den 1950er Jahren, sondern schon früher eingeführt, die meisten während des »Dritten Reiches«.

---

282 Ebenda, S. 11.
283 Die Sozialleistungsquote, also der Anteil aller Sozialleistungen am Bruttosozialprodukt, hatte im Jahre 1950 17,1 Prozent und 1955 sogar nur 16,3 Prozent betragen. Sie stieg ab der zweiten Hälfte der 1950er Jahre auf 18,7 Prozent (1960) und 24,0 Prozent im Jahre 1965. (Michael Schneider, Kleine Geschichte der Gewerkschaften, a.a.O., S. 290).
284 Trotz der objektiv erheblichen Bedeutung dieser sozialstaatlichen Maßnahmen finden wir in den Interviews kaum Erinnerungen an deren Einführung. Sie werden wahrscheinlich in den häufig gemachten Bemerkungen, daß es gegen Ende der 1950er Jahre allmählich besser ging, pauschal mitgezählt.

Zwar hatte es bereits ab 1878 - also schon sieben Jahre vor dem Inkrafttreten des Reichsversicherungsgesetzes - eine Betriebskrankenkasse mit Pflichtmitgliedschaft auf der Werft gegeben, doch wurde diese ausschließlich durch Beiträge der Arbeiter finanziert. Erst die 1885 im Zuge der Bismarckschen Sozialgesetzgebung gegründete »Fabrikkrankenkasse der A. G. Weser« wurde zu einem Drittel vom Unternehmen getragen. Deren Leistungen lagen ab 1905 geringfügig über den gesetzlichen Mindestforderungen.[285] Weitere »freiwillige Sozialleistungen« gab es offensichtlich vor 1914 nicht. Im Ersten Weltkrieg begann die Werft allerdings mit einer Reihe von Sozialmaßnahmen, die einerseits den Versorgungsmängeln entgegenwirken sollten, die die Leistungskraft der Rüstungsarbeiter im Laufe des Krieges immer mehr einschränkten. So wurde erstmals eine »Werftspeisehalle« eingerichtet - vorher gab es für die über 6.000 Arbeiter keine Kantine auf der Werft -, und der Betrieb bemühte sich auf verschiedensten Wegen die Lebensmittelversorgung sicherzustellen. Freiwillige Unterstützungszahlungen für Familien, deren Ernährer zum Kriegsdienst eingezogen worden war, Kleidersammlungen, die Einrichtung eines Kinderheims (1916) und die Einstellung von Kriegsbeschädigten[286] dienten zum anderen dem Ziel, die Stammbelegschaft der Werft für die Nachkriegszeit zu halten. Sie entsprachen gleichzeitig der Ideologie der »nationalen Schicksalsgemeinschaft« im Kriege. Nach Kriegsende, in der Zeit der Weimarer Republik, scheint es trotz der Notjahre bis 1923 und dann in der Weltwirtschaftskrise keine »freiwilligen Sozialleistungen« des Betriebes gegeben zu haben.[287]

---

285 Vgl. Betriebsgeschichte der AG »Weser«, a.a.O., S. 100 ff.
286 Im April 1918 waren 140 Kriegsbeschädigte auf der AGW beschäftigt, nach Kriegsende waren es knapp 200 (Betriebsgeschichte der AG »Weser«, a.a.O., S. 31).
287 Das muß mit dieser Vorsicht formuliert werden, denn es fehlen uns ausreichend Quellen für diese Zeit. Die einzige uns vorliegende Quelle ist die bereits mehrfach zitierte maschinenschriftliche »Betriebsgeschichte der AG Weser«, die sich in der Betriebsbücherei der AGW befunden hat und von der eine Kopie im Stadtteilarchiv des Gustav-Heinemann-Bürgerhauses in Bremen-Vegesack steht. Diese »Betriebsgeschichte« ist vermutlich 1939 verfaßt und im Sinne der nationalsozialistischen Betriebspolitik geschrieben worden. Da die sozialen Verhältnisse auf der Werft im Mittelpunkt der Darstellung stehen, während die technischen Entwicklungen kaum gestreift werden, und da die Schrift eine Anzahl Interna (Re-

Erst im Rahmen der nationalsozialistischen »Betriebsgemeinschafts«-Politik[288] und auf dem Hintergrund der seit 1936 wieder erwirtschafteten beträchtlichen Gewinne, die wesentlich durch die Rüstungsproduktion erzielt wurden, kam es wieder zu »freiwilligen Sozialleistungen« des Betriebes. Neben geringfügigen Verbesserungen der Kündigungsfristen und der Bezahlung von Freistellungen bei Betriebsunfällen, dem Tode von Familienmitgliedern und der Geburt von Kindern, die schon 1934 eingeführt wurden[289], war die Gründung der »Deschimag-Unterstützungskasse« im März 1938 von Bedeutung. Sie hatte *»den Zweck, früheren Gefolgschaftsmitgliedern der Deutschen Schiffs- und Maschinenbau A.G., die infolge ihres Alters oder Arbeitsunfähigkeit bei der Firma ausgeschieden sind, und ihren Witwen im Falle ihrer Bedürftigkeit Unterstützung zu gewähren.«*[290] Bei den Leistungen dieser Kasse, die 1938 immerhin *»rund 600 Unterstützungs-*

---

demanuskripte, Protokolle der Vertrauensratssitzungen etc.) enthält, dürfte es sich bei dem anonymen Verfasser vermutlich um einen Angestellten aus dem Personalbereich der Werft gehandelt haben. Angesichts der nationalsozialistischen Tendenz dieser Schrift kann nicht ausgeschlossen werden, daß etwaige Sozialleistungen in der »Systemzeit« unterschlagen werden, obgleich dies wenig wahrscheinlich ist, da der Verfasser im Sinne der »Betriebsgemeinschaft« die sozialen Leistungen der Werftleitung durchweg hervorhebt und sogar die Kooperationsbereitschaft der früheren Betriebsräte würdigt. Auch aus Interviews sind uns besondere Sozialleistungen der Werft nicht bekannt geworden. Der Hinweis, daß der Werftdirektor Franz Stapelfeldt beim Tode eines AGW-Arbeiters in den 1920er Jahren veranlaßt habe, daß dieser nicht - wie es die notleidende Familie vorgehabt hatte - in einem Pappsarg beerdigt wurde, sondern in einem von der Werft bezahlten Holzsarg, spricht eher für die häufig belegte sozial-patriarchalische Haltung des Werftdirektors als für Sozialleistungen des Betriebes (vgl. Heinz und Lu Kundel. Ein Videofilm von Ingeborg Gerstner und Heinz-Gerd Hofschen (unter Verwendung von Material von Wolfgang Jung und Jörg Wollenberg) aus der Reihe »Bremer Arbeiterbiographien«. Produziert vom Kooperationsbereich Arbeiterkammer/Universität Bremen, Bremen 1990).

288 Vgl. zur NS-Betriebspolitik allgemein Timothy W. Mason, Arbeiterklasse und Volksgemeinschaft. Dokumente und Materialien zur deutschen Arbeitspolitik 1936-1939, Opladen 1975; ders., Sozialpolitik im Dritten Reich, Arbeiterklasse und Volksgemeinschaft, Opladen 1977. Zu diesbezüglichen Aktivitäten in Bremen vgl. Dieter Pfliegensdörfer, Vom Handelszentrum zur Rüstungsschmiede, a.a.O., S. 289 ff.

289 Beim Tode eines Ehegatten wurden acht Stunden bezahlter Urlaub, bei der Geburt oder dem Tode eines Kindes wurde ein vierstündiger Urlaub gewährt (vgl. Betriebsgeschichte der AG »Weser«, a.a.O., S. 71).

290 Aus der Satzung der »Unterstützungskasse«, zitiert nach Betriebsgeschichte der AG »Weser«, a.a.O., S. 101.

Kapitel 5: Die Arbeitswelt der AG »Weser« in Bremen   213

fälle« bedachte - *»die ausgezahlte Unterstützungssumme betrug rund 220.000 RM.«*[291] - handelte es sich nicht um eine Betriebsrente, sondern um eine auf Antrag gewährte Unterstützung. Die Unterstützungskasse bildete den Hauptposten bei den »freiwilligen Sozialleistungen« der Werft[292]. Sie diente natürlich auch der Steuerersparnis des Unternehmens, das 1937/38 mehr als eine Million Gewinn gemacht hatte. Die Unterstützungskasse wurde nach dem Kriege fortgeführt. Das gilt auch für eine Reihe von Sonderzahlungen, die 1936/37 eingeführt worden waren. Es handelte sich dabei um eine im September gezahlte »Winterhilfe«, die den *»Gefolgschaftsmitgliedern die Anschaffung von Wintervorräten (besonders Kohlen und Kartoffeln)«* erleichtern sollte[293], und um eine im Dezember gezahlte *»Weihnachtsgratifikation«*[294]. Diese Zahlungen wurden offensichtlich von den Arbeitern der AGW auch nach 1945 als Leistungen angesehen, auf die sie Anspruch hatten. Über ihre Höhe kam es ab 1951 mehrfach zu heftigen Auseinandersetzungen zwischen der Belegschaft und der Werftleitung.

Es ist kein Zufall, daß diese »freiwilligen Sozialleistungen« Ende der 1930er Jahre eingeführt wurden. Sicherlich spielte dabei auch die faschistische »Volksgemeinschafts«-Ideologie eine Rolle, doch wesentlicher dürfte die Absicht gewesen sein, dem in der Rüstungshochkonjunktur spürbar werdenden Facharbeitermangel durch eine attraktive betriebliche Sozialpolitik entgegenzuwirken. Das wird bei einer weiteren Form von Sozialmaßnahmen sehr deutlich, die übrigens auch in den 1950er Jahren fortgeführt wurde - dem Wohnungsbau: *»Der eintretende Mangel an bestimmten Facharbeitern machte in*

---

291 Betriebsgeschichte der AG »Weser«, a.a.O., S. 110.
292 1937 wurden von den insgesamt 1.220.553 RM, die die Deschimag an *»freiwilligen Sozialleistungen«* aufwandte, 1 Mio. RM an die Unterstützungskasse gegeben, 1938 wurden von 1.979.760 RM der Kasse 1,75 Mio. RM zugeführt (vgl. Betriebsgeschichte der AG »Weser«, a.a.O., S. 110 u. N2).
293 Diese »Winterhilfe« betrug 1937 bei den Arbeitern für Jugendliche 20 RM, für Ledige über 20 Jahre 30 RM und für Verheiratete je nach Kinderzahl 40 bis 50 RM., (vgl. Betriebsgeschichte der AG »Weser«, a.a.O., S. 109).
294 Die Weihnachtsgratifikation betrug in den Jahren 1936 bis 1938 für ledige Gelernte 42 RM, für ledige Angelernte 39 RM und für ledige Ungelernte und ausgelernte Jugendliche 34 RM. Bei Verheirateten und Vätern kamen je nach Kinderzahl gestaffelte Zuschläge von 1 bis 7 RM hinzu (vgl. Betriebsgeschichte der AG »Weser«, a.a.O., S. 109).

steigendem Maße die Heranziehung auswärtiger Arbeitskräfte nötig. Diese war nur erfolgreich durchzuführen, wenn es gelang, den neueintretenden Arbeitern und Angestellten geeignete Wohnungen nachzuweisen.«[295] Neben den rund 40 Wohnungen, die die AGW seit langem in der Nähe des Werftgeländes besaß, wurden ab 1936 in Zusammenarbeit mit der Gemeinnützigen Wohnungsbaugesellschaft (der ehemaligen gewerkschaftlichen GEWOBA, die von den Nazis übernommen worden war[296]) in den nordbremischen Stadtteilen Burg und St. Magnus rund 90 Siedlerhäuser sowie eine »Villenkolonie« für Angestellte errichtet, die von der Werft vorfinanziert und von den Käufern zu verbilligtem Zins abbezahlt wurden. Ab 1938 wurde in Gröpelingen mit dem Bau von 500 Mietwohnungen begonnen[297], die im Zweiten Weltkrieg allerdings nicht alle fertiggestellt wurden.[298] *»Alle diese Maßnahmen, die erheblichen Arbeits- und Geldaufwand erfordern, zeigen, daß die A.G. Weser von der Voraussetzung ausgeht, daß gute und treue Fachkräfte sich in jeder Hinsicht mit ihrem Werk verbunden fühlen müssen.«*[299]

Neben diesen Sozialmaßnahmen sind von der AGW in den letzten Jahren vor dem Zweiten Weltkrieg in großem Umfang Freizeitbeschäftigungen für die Belegschaft finanziert worden, die dem Integrationskonzept der nationalsozialistischen »Betriebsgemeinschafts«-Politik entsprachen. Dazu zählten neben einer Betriebssportgemeinschaft, die 1939 rund 400 Mitglieder hatte und in der vom Fußball bis zum Schießen und zum Tennis eine breite Palette von Sportarten betrieben wurde, neben einer Werftkapelle und einem Spielmannszug besonders die regelmäßigen Werksfeste und die zusammen mit der NS-Organisation »Kraft durch Freude« veranstalteten Ausflugsfahrten, an denen sich auch die Partnerinnen der Belegschaftsangehörigen beteiligen konnten. Im Jahre 1937 nahmen an 16 Fahrten, die in die weitere Umgebung Bremens vom Weserbergland bis nach Helgoland führten, und an dem Werksfest in

---

295 Ebenda, S. 102.
296 Vgl. Hans Joachim Wallenhorst, Die Chronik der Gewoba 1924-1992, Bremen 1993.
297 Vgl. Betriebsgeschichte der AG »Weser«, a.a.O., S. 102 f.
298 Ein Teil dieser nicht fertiggestellten Häuser wurde 1947 von der AGW verkauft (HA Krupp, WA 143/167).
299 Betriebsgeschichte der AG »Weser«, a.a.O., S. 103 f.

den Bremer Centralhallen insgesamt 15.590 Personen teil.³⁰⁰ Während diese Ausflüge also von den Arbeitern gut besucht wurden, stießen die »Betriebsappelle« und Kundgebungen, die von der »Nationalsozialistischen Betriebs-Organisation« oder der »Deutschen Arbeitsfront« veranstaltet wurden, bei vielen Werftarbeitern auf Desinteresse oder gar auf eindeutige Ablehnung.³⁰¹ Es ist zu vermuten, daß für die Werftleitung und für die nationalsozialistischen Organisationen gerade die vielfach belegte antifaschistische Haltung der Mehrheit der AG »Weser«-Arbeiter³⁰² der Grund gewesen sein wird, in diesem großen Maße attraktive Freizeitmöglichkeiten zu schaffen, um die widerspenstige Belegschaft so im Sinne der nationalsozialistischen »Betriebsgemeinschaft« zu beeinflussen: »*Der Gedanke der Betriebsgemeinschaft würde einen wesentlichen Teil seines Inhaltes entbehren, wenn er nur für den Betrieb als solchen und während der Arbeitszeit Geltung haben sollte. Es war daher eine wesentliche Forderung der Deutschen Arbeitsfront, daß diese Gemeinschaft auch über die Grenzen des Betriebsortes und der Arbeitszeit hinaus anzustreben sei.*«³⁰³

Auch wenn die propagandistische und integrative Absicht dieser Freizeitaktivitäten weitgehend mißlang, denn »für Bremen gilt, daß die Werftarbeiter bis in die Kriegszeit hinein das NS-Regime ablehnten«³⁰⁴, so werden die gemeinschaftlich besuchten Veranstaltungen dennoch den Zusammenhalt der Belegschaft gefördert und das

---

300 Ebenda, S. 96 f.
301 Beispielsweise verließen zahlreiche Arbeiter vor einer Kundgebung der DAF mit Hermann Göring im Februar 1935 die Werft, indem sie über den Werkszaun kletterten, da die Tore verschlossen waren (vgl. Ingeborg Gerstner, Heinz-Gerd Hofschen, Wolfgang Jung und Jörg Wollenberg, Udo Meinecke. Ein Videofilm aus der Reihe »Bremer Arbeiterbiographien«. Produziert vom Kooperationsbereich Arbeiterkammer/Universität Bremen 1990). Beim Besuch Hitlers anläßlich des Stapellaufs des NDL-Ostasienschnelldampfers »Scharnhorst« sang die Mehrheit der Belegschaft das »Horst-Wessel-Lied« nicht mit (vgl. Inge Marßolek und René Ott, Bremen im Dritten Reich. Anpassung, Widerstand, Verfolgung, Bremen 1986, S. 152).
302 Vgl. dazu Inge Marßolek und René Ott, Bremen im Dritten Reich, a.a.O., S. 152 und 388 ff.
303 Betriebsgeschichte der AG »Weser«, a.a.O., S. 94.
304 Inge Marßolek und René Ott, Bremen im Dritten Reich, a.a.O., S. 152.

seit langem bestehende »Familiengefühl« auf der Bremer Traditionswerft gestärkt haben.[305]

Die Unternehmensleitung setzte die betriebliche Sozialpolitik für ihre »Belegschafter«[306] nach dem Zweiten Weltkrieg fort.[307] Bereits in ihrem Bericht für die erste Geschäftsperiode nach der Währungsreform betonte sie: »*Neben den in diesem Bericht geschilderten überaus großen Aufgaben ließen wir uns die soziale Betreuung der bei uns Beschäftigten besonders angelegen sein. An freiwilligem sozialem Aufwand ist in dem 1½ Jahre umfassenden Geschäftsjahr 1948/49 die Millionengrenze überschritten worden.*«[308] Diese »freiwilligen sozialen Leistungen« erreichten zeitweilig einen Umfang von mehr als 40 Prozent der Pflichtleistungen: »*Die gesetzlichen und freiwilligen sozialen Leistungen betrugen im abgelaufenen Geschäftsjahr [1951] 22 Prozent der Brutto-Lohn- und Gehaltssumme. Die freiwilligen sozialen Leistungen allein betrugen 9,5 Prozent der Brutto-Lohn- und Gehaltssumme.*«[309]

Ein Teil dieser Aufwendungen bestand in direkten Zahlungen an die Beschäftigten, wie wir einer Aufstellung aus dem Jahre 1957 entnehmen können: »*Beihilfe bei der Schulentlassung versorgungsberechtigter Kinder; Kinderzulage für versorgungsberechtigte Kinder von Angestellten bis zur Beendigung der gesetzlichen Schulpflicht; Sterbegeld; Jubiläumsgeschenk bei 25jähriger, 40jähriger und 50jähriger Betriebszugehörigkeit; Weihnachtsgeld.*«[310] Das waren überwiegend Leistungen, die be-

---

305 Daß diese Freizeitaktivitäten für das persönliche Leben mancher Arbeiter bedeutend sein konnten, zeigt das Beispiel der von uns interviewten Familie Reich. Die Ehepartner lernten sich auf einer der von der Werft organisierten KdF-Fahrten nach Helgoland kennen (Interview mit Johann Reich, Transkript).
306 So wurden die Beschäftigten noch im Geschäftsbericht von 1948 in deutlicher Anlehnung an die frühere Bezeichnung »Gefolgschaftsmitglieder« genannt (Aktien-Gesellschaft »Weser« in Bremen [früher: Deutsche Schiff- und Maschinenbau Aktiengesellschaft, Bremen], 1.1. - 20. 6. 1948, Viertes Geschäftsjahr, a.a.O., S. 5.
307 Allerdings wurden die betrieblich organisierten Freizeitaktivitäten, die der Betriebsrat als Teil der nationalsozialistischen »Betriebsgemeinschafts«-Politik betrachtete und ablehnte, nicht weitergeführt.
308 Aktien-Gesellschaft »Weser« in Bremen, 21.6 1948 - 31.12. 1949, Fünftes Geschäftsjahr, Bremen, September 1951, S. 9 (HA Krupp, WA 65 † 40.1948/49). Die Gesamtbilanzsumme in diesem Zeitraum betrug 51,552 Mio. DM.
309 Aktien-Gesellschaft »Weser« in Bremen, Siebentes Geschäftsjahr, 1951, Bremen, Mai 1952, S.8 (HA Krupp, WA 65 † 40.1951).
310 Technisches Gutachten über die Werften Bremen und Bremerhaven der Aktien-Gesellschaft »Weser«, a.a.O., S. 509.

reits seit der NS-Zeit gezahlt wurden. Sie sind auch im Umfang eher bescheiden zu nennen. Für die Angestellten, die ein Kindergeld erhielten, waren sie deutlicher größer. Für die Arbeiter war im Grunde nur das Weihnachtsgeld von Bedeutung. Bei den niedrigen Löhnen zu Anfang der 1950er Jahre war es notwendig, damit Winterkartoffeln und Kohlen eingekauft werden konnten. Daher wurde mehrfach die Auszahlung von Vorschüssen auf das Weihnachtsgeld bereits im Oktober gefordert.

Auch die »Unterstützungskasse« existierte weiter: »*Von der im Jahr 1938 gegründeten 'Deschimag-Unterstützungskasse' wurden an 1906 ehemalige Belegschaftsangehörige oder deren Hinterbliebene*« Unterstützungen freiwillig bezahlt. Dem Vermögen der Unterstützungskasse wurde interessanterweise »*zu Lasten des Jahresergebnisses in 1960 ein Betrag von 500.000 DM zugewiesen*«[311], was für das Unternehmen erhebliche steuerliche Vorteile brachte. Diese Kasse zahlte nun eine Betriebsrente, die auch heute noch an die ehemaligen Werftarbeiter oder ihre Witwen in recht geringen Beträgen - sie liegen meist unter 100 DM im Monat - ausgezahlt wird.[312]

Insgesamt wird man die direkten betrieblichen Sozialleistungen in den 1950er Jahren nicht als große Verbesserung gegenüber den 1930er Jahren bezeichnen können.[313] Sie waren dennoch für die Werftarbeiter teilweise von einiger Bedeutung - wie die Weihnachtsgeldzahlungen - ohne daß sie allerdings einen wesentlichen Beitrag leisten konnten, die materielle Enge zu überwinden, in der die Werftarbeiterfamilien in diesem Jahrzehnt leben mußten.

---

311 Aktien-Gesellschaft »Weser« in Bremen, Geschäftsbericht 1960. Geschäftsbericht für das sechzehnte Geschäftsjahr, 1.1. - 3.1. 12. 1960, Bremen, Mai 1961, S. 11(HA Krupp, WA 65 † 40.1960).
312 Die von uns ausgewerteten Belegschaftslisten aus dem Jahre 1987, die bei der Schichau-Seebeck-Werft als dem Rechtsnachfolger der AG »Weser« geführt werden, dienen dem Zweck der Zahlung dieser Betriebsrenten.
313 Neben den direkten betrieblichen Sozialleistungen engagierte sich die AGW allerdings auch im außerbetrieblichen Bereich. So stiftete sie in den 1950er Jahren ein betriebseigenes Erholungsheim als Landschulheim für eine Gröpelinger Volksschule, und sie unterstützte den Sportverein TURA. Diese Aktivitäten kamen natürlich auch den Werftarbeitern und ihren Familien zugute.

Wohnungsbeschaffung

Die eher geringfügigen direkten Zahlungen erklären nicht die hohen und steigenden Beträge[314], die die Werftleitung als Sozialausgaben angab. Tatsächlich ist wohl der überwiegende Teil der »freiwilligen Sozialleistungen« in die Wohnungsbeschaffung geflossen: »*Insbesondere haben wir uns bemüht, die schwere Wohnungslage unserer Betriebsangehörigen durch weitgehende Maßnahmen zu bessern. Im Zuge dieser Maßnahmen konnten im vergangenen Jahr [1951] bereits 123 Wohnungen durch uns beschafft werden. Die Beschaffung weiterer Wohnungen wurde in die Wege geleitet.*«[315] Die Werft baute allerdings keine eigenen Wohnungen mehr wie in den 1930er Jahren, sondern finanzierte sie nur noch: »*Durch Finanzierung von 100 Wohnungen, die im abgelaufenen Geschäftsjahr [1952] bezogen wurden, konnten wir die Wohnungsnot unserer Betriebsangehörigen mildern. Die Bereitstellung weiterer Wohnungen ist in Vorbereitung.*«[316] Denn die von der SPD geleitete bremische Wohnungsbaupolitik lehnte den Bau von Werkswohnungen ab, um die Arbeiter vor einer doppelten Abhängigkeit vom Arbeitgeber zu schützen. Die AGW gab beim Bau von Wohnungen - meist durch die nun wieder gewerkschaftseigene GEWOBA - ein Arbeitgeberdarlehen, das rund 20 Prozent der Erstellungskosten abdeckte (das war in den 1950er Jahren ein Betrag zwischen 5.000 und 6.000 DM pro Wohnung) und erhielt dafür ein Belegungsrecht. Das Land Bremen gab für diese Wohnungen ein öffentliches Darlehen in der gleichen Höhe. Das Arbeitgeberdarlehen war zinslos, wurde allerdings höher getilgt (mit zehn Prozent), wodurch einerseits die Mieten niedrig gehalten werden konnten und andererseits eine Rückzahlung des Darlehens bereits nach zehn Jahren erfolgte. Nach der Tilgung des Arbeitgeberdarlehens hatte die Werft keinen Zugriff mehr auf die Wohnung. Die AG »Weser« hat in den 1950er Jahren auf diese Weise ca. 500 Wohnungen belegen können, d.h. sie konnte Wohnungen für

---

314 »*Die freiwilligen sozialen Leistungen sind im abgelaufenen Geschäftsjahr [1952] weiter angestiegen.*« (Aktien-Gesellschaft »Weser« in Bremen, Achtes Geschäftsjahr, 1952, Bremen, Mai 1953, S. 8 [HA Krupp, WA 65 † 40.1952]).
315 Aktien-Gesellschaft »Weser« in Bremen, Siebentes Geschäftsjahr, 1951, a.a.O., S. 8.
316 Aktien-Gesellschaft »Weser« in Bremen, Achtes Geschäftsjahr, 1952, a.a.O., S. 8.

rund zehn Prozent ihrer Belegschaft bereitstellen.[317] Der Betriebsrat hatte bei der Belegung dieser Sozialwohnungen ein erhebliches Mitspracherecht.[318]

Obgleich die AGW Belegungsrechte an Wohnungen auch in anderen Stadtteilen (Gartenstadt Vahr, Neuenlande, Neue Vahr, Findorff) erwarb, lag der Großteil der GEWOBA-Wohnungen für AGW-Belegschaftsmitglieder im Bremer Westen, den traditionellen Wohnvierteln der Werftarbeiter. In Gröpelingen gab es einzelne Straßen - wie die Bromberger Straße - die vollständig von der Werft mitfinanziert worden waren und von Belegschaftsangehörigen bewohnt wurden. Die AGW beteiligte sich zwar auch mit Arbeitgeberdarlehen am Wohnungsbau im 1955 errichteten Stadtteil Neue Vahr, dem größten Neubauprojekt der Nachkriegszeit, doch in weitaus geringerem Maße als die damals gerade in Bremen angesiedelte Klöckner-Hütte. Auch hat es offensichtlich bei den Werftarbeitern ein gewisses Zögern gegeben, eine Neubauwohnung in der Neuen Vahr zu beziehen. Man befürchtete u.a. hohe und unkalkulierbare Heizkosten durch die neuartige Fernheizung.[319] Der Bau der Neuen Vahr bedeutete jedenfalls zunächst noch keine Auflösung des engen räumlichen Werftarbeitermilieus, das sich weiterhin primär in den werftnahen Quartieren im Bremer Westen befand.

---

317 Diese und die folgenden Angaben zur Wohnungsbeschaffung durch die AGW beruhen auf einem Expertengespräch mit Herbert Seguin, einem ehemaligen leitenden GEWOBA-Mitarbeiter, vom 7. September 1995.

318 Aus dem Bericht des für die Wohnungsvergabe zuständigen Betriebsratsmitglieds Boranski entsteht sogar der Eindruck, als habe der Betriebsrat die Auswahl der Bewerber für die von der AGW belegten Wohnungen weitgehend autonom vorgenommen. Auch war der Betriebsrat aktiv an den Verhandlungen mit den für die Wohnungswirtschaft zuständigen Landesbehörden beteiligt (vgl. Interview mit Artur Boranski, Transkript).

319 Diese Bedenken von Werftarbeitern bestätigt auch das für die Wohnungsvergabe zuständige Betriebsratsmitglied Boranski (vgl. Interview mit Artur Boranski, Transkript). Tatsächlich war der Anteil der in der Vahr wohnenden langjährig auf der AGW beschäftigten Arbeiter mit fünf Prozent (bei Eintritt in die Werft in den 1950er Jahren) nicht groß (Stichprobe aus 100 Personalakten von Lohnempfängern und Angestellten, a.a.O.). Auch bei Schließung der Werft 1984 wohnten ausweislich einer Stichprobe aus den Personallisten nur knapp zehn Prozent der Belegschaft in der Vahr (Stichprobe von Lohnempfängern und Angestellten, die in den 1950er Jahren und noch bis mindestens 1973/74 auf der AG »Weser« beschäftigt waren, a.a.O.).

Gegen Ende der 1950er Jahre vergab die AGW auch Arbeitgeberdarlehen für den Bau von Eigenheimen.[320] Dies unterstützte die ab den 1960er Jahren stärker werdende Tendenz, ins Umland zu ziehen, wo die billigeren Grundstückspreise den Werftarbeitern den Erwerb von Eigenheimen erlaubten. Bei Schließung der Werft 1984 wohnten daher von den bereits in den 1950er Jahren auf der AGW Beschäftigten rund 23 Prozent im Bremer Umland, während es bei Tätigkeitsbeginn auf der Werft in den 1950er Jahren oder früher nur fünf Prozent waren.[321] Dennoch haben in den 1950er Jahren weder die betriebliche Wohnungsbeschaffung und die umfangreiche öffentliche Neubaupolitik noch die Eigenheimförderung das traditionelle Wohnmilieu der Werftarbeiter aufgelöst. Wie bereits erwähnt, wohnten von den in den 1950er Jahren bereits auf der AGW Beschäftigten bei Arbeitsaufnahme 48 Prozent in den traditionellen Werftarbeiterquartieren Walle und Gröpelingen und weitere 11 Prozent in Bremen-Nord. 64 Prozent der Beschäftigten blieben in ihren ursprünglichen Wohnungen und von den nur 36 Prozent, die überhaupt ihre Wohnung wechselten, verblieben 74 Prozent in den genannten Stadtteilen. Auch von den nur 15 Prozent der Beschäftigten, die nach ihrem Tätigkeitsbeginn auf der Werft ein zweites Mal umgezogen sind, verblieb mehr als die Hälfte (53 Prozent) in den traditionellen Arbeiterquartieren.[322] Erst bei den Angaben für das Jahr 1984 zeigt sich bei einer weiterhin bestehenden hohen Affinität zu diesen Stadtteilen - in denen immer noch 47,9 Prozent wohnten -, daß eine teilweise Erosion des räumlichen Milieus eingesetzt hat.[323]

Es war ein beträchtlicher finanzieller Aufwand, den die Werft für die Wohnungsbeschaffung leistete: »*Um unseren Belegschaftsangehöri-*

---

320 Schon 1954 waren Grundstücke in Ihlpohl, auf denen die AGW 1944 Behelfsheime für ausgebombte Belegschaftsangehörige errichtet hatte, an die bisherigen Mieter verkauft worden (HA Krupp WA 143/169). Unsere Interviewpartner Johann und Frieda Reich gehörten zu denjenigen, die ihr Behelfsheim von der AGW erwarben und zu einem Siedlerhaus ausbauten (vgl. Interviews mit Johann und Frieda Reich, Transkripte). Die Familie Giesecke konnte ihr um 1960 gebautes Eigenheim mit Hilfe eines Darlehens der AGW errichten (vgl. Interview mit Rudolf Giesecke, Transkript).
321 Stichprobe von Lohnempfängern und Angestellten, die in den 1950er Jahren und noch bis mindestens 1973/74 auf der AG »Weser« beschäftigt waren, a.a.O.
322 Stichprobe aus 100 Personalakten von Lohnempfängern und Angestellten, a.a.O.
323 Ebenda.

gen bei der Beschaffung von Wohnungen bzw. Erstellung von Eigenheimen behilflich zu sein, haben wir weitere steuerbegünstigte Darlehen gewährt. Wir haben damit in der Zeit vom 21. 6. 1948 bis zum 31. 12. 1959 fast 3 Millionen DM zur Förderung des Wohnungsbaus für Belegschaftsangehörige bereitgestellt.«[324] Das Motiv für diese erheblichen Aufwendungen dürfte nicht allein in der Steuerersparnis für das Unternehmen durch die Abschreibungsmöglichkeiten des § 7c des damaligen Einkommensteuergesetzes gelegen haben. Die Bemühungen bei der Wohnungsbeschaffung zeigen auch ein weiteres Mal, wie stark die Werftleitung an der Bewahrung einer fest mit dem Unternehmen verbundenen Kernbelegschaft interessiert war. Der Facharbeitermangel in den Zeiten der Vollbeschäftigung ab der zweiten Hälfte der 1950er Jahre mußte dieses Interesse noch verstärken. Für die Werftarbeiter war die Hilfe bei der Wohnungsbeschaffung angesichts der Wohnungsnot in der Nachkriegszeit bedeutsam. Die Versorgung von rund 10 Prozent der Belegschaft mit Wohnraum in der zu mehr als der Hälfte kriegszerstörten Stadt stellte wahrscheinlich den wichtigsten Teil der Sozialleistungen der AG »Weser« in den 1950er Jahren dar.

6. Gewerkschaft, Politik und Konflikte im Betrieb

Arbeitskämpfe und politisches Handeln bis 1945

Die Belegschaft der AG »Weser« hatte seit dem Ende des 19. Jahrhunderts eine bedeutende, ja in mancherlei Hinsicht sogar eine zentrale Rolle in der Geschichte der Bremer Arbeiterbewegung gespielt. Der rapide Anstieg der Beschäftigung auf der Werft nach 1895 führte dazu, daß die AGW einer der größten Betriebe in der erst spät industrialisierten Hansestadt wurde.[325] Werftarbeiter bildeten eine wich-

---

324 Aktien-Gesellschaft »Weser« in Bremen, Fünfzehntes Geschäftsjahr, 1959, Bremen, Mai 1960, unpag. [S. 7] (HA Krupp, WA 65 † 40.1959).
325 Bremen ist erst nach dem Zollanschluß an das Reich im Jahre 1888 industrialisiert worden. Vorher behinderte die Zollgrenze um Bremen die Herstellung von Industriewaren, deren Ausfuhr in das Deutsche Reich mit höheren Zöllen belegt war als die von Rohstoffen. Bis zum Zollanschluß siedelte sich die mit bremischem

tige Basis der bremischen Sozialdemokratie, die bereits vor dem Ersten Weltkrieg mehrheitlich auf dem linken Flügel der Partei stand. Die Radikalisierung der Bremer SPD wurde wesentlich durch die Verbindung sozialistischer Intellektueller - in Bremen gab es als einzigem Bundesstaat des Deutschen Reichs Lehrer, die der SPD angehörten - mit den Werftarbeitern bewirkt.[326] Sowohl bei den innerparteilichen Auseinandersetzungen im Ersten Weltkrieg - bei der im Unterschied zu den Verhältnissen auf Reichsebene die Parteirechte in der Minderheit blieb und sich 1916/17 eine Dreierspaltung der Bremer Sozialdemokratie in Unabhängige, Bremer Linksradikale (Kommunisten) und Mehrheitssozialdemokraten vollzog - als auch in der Novemberrevolution 1918 und in der Bremer Räterepublik vom Januar/Februar 1919 standen die AG »Weser«-Arbeiter mehrheitlich auf dem linken Flügel und agierten mit radikaler Konsequenz.

Bereits im Juli 1916 kam es in Bremen zu einem Streik der Werftarbeiter gegen den Krieg. 4.500 der 6.900 Beschäftigten demonstrierten für eine bessere Lebensmittelversorgung und für die Freilassung des am 1. Mai in Berlin verhafteten Karl Liebknecht. Es kam zu heftigen Auseinandersetzungen mit der Polizei. Im März 1917 nahmen bereits über 6.000 AG Weser«-Arbeiter an einem Streik und einer Demonstration durch die Stadt teil, im August streikten erneut 300 Kupferschmiede.[327] Nachdem auch in Bremen Matrosen und Solda-

---

Kaufmannskapital gegründete Industrie daher im hannoverschen - dann preußischen - und im oldenburgischen Umland an (Blumenthal, Hemelingen, Delmenhorst), während in Bremen primär Industriebetriebe für den eigenen Bedarf bestanden (wozu auch die Werften zählten). Nach dem Zollanschluß kam es zu einer stürmischen Industrialisierung, in deren Zuge sich die Bevölkerung der Stadt zwischen 1890 und 1913 von 125.000 auf 250.000 verdoppelte und ein zahlenmäßig bedeutendes Proletariat entstand (vgl. Herbert Schwarzwälder, Geschichte der Freien Hansestadt Bremen, Band 2: Von der Franzosenzeit bis zum Ersten Weltkrieg [1810-1918], Hamburg 1987).

326 Vgl. dazu Hansgeorg Conert, Reformismus und Radikalismus in der bremischen Sozialdemokratie vor 1914. Die Herausbildung der »Bremer Linken« zwischen 1904 und 1914, Bremen 1985; sowie: Christian Paulmann, Die Sozialdemokratie in Bremen 1864-1964, Bremen 1964.

327 Jörg Wollenberg, Die AG »Weser« zwischen Sozialpartnerschaft und Klassenkampf. Zur Geschichte der Arbeitskämpfe und politischen Streiks auf der Bremer Werft, in: Jörg Wollenberg und Gerwin Möller (Redaktion), Die AG »Weser« zwischen Sozialpartnerschaft und Klassenkampf, hrsg. von den Jungsozialisten in

ten die Revolution ausgelöst hatten und am 6. November 1918 ein Arbeiter- und Soldatenrat gebildet worden war, wurde auf der AG »Weser« ein Arbeiterrat gewählt, dem ausschließlich Mitglieder der USPD und der »Bremer Linksradikalen« angehörten.[328] Auch in der am 10. Januar 1919 proklamierten Räterepublik waren die AGW-Arbeiter die treibende Kraft, und sie stellten das größte Kontingent der Verteidiger der Räterepublik, als am 4. Februar Reichswehrtruppen und Freikorps auf Befehl des Berliner Rats der Volksbeauftragten die Stadt angriffen. Die Arbeiter zogen sich auf die Werft zurück, die am nächsten Tag von den Truppen besetzt wurde. Mit einem Streik wurde der Abzug der Truppen vom Werftgelände und die Wiedereinsetzung des Betriebsarbeiterrates erzwungen.[329] Die Belegschaft der AG »Weser« war es auch, die im April 1919 einen Generalstreik begann, der die Absetzung des nach der Niederschlagung der Räterepublik aus Bürgerlichen und Mehrheitssozialdemokraten gebildeten Senats bezweckte, der aber an einem »Abwehrstreik« der Unternehmer und Geschäftsleute scheiterte. Die Niederlage der revolutionären Bestrebungen im Frühjahr 1919 änderte zunächst nichts an der radikalen Haltung der Werftarbeiter. »Bei den Betriebsratswahlen vom März 1920 ergab sich folgendes Stimmenverhältnis: 3.184 für die KPD, 1.580 für die USPD und 317 Stimmen für die MSPD. Erst nachdem die USPD zur SPD zurückgekehrte und damit wichtige Funktionen in Partei- und Gewerkschaftsapparat übernahm, gelang es, den überraschenden Einfluß der Kommunisten auf der Weser-Werft ein wenig einzuschränken.«[330] Dennoch erhielten die Kommunisten auch 1923 noch mit einer eigenen Liste gegen die Kandidaten der Gewerkschaftsliste die Mehrheit im Betriebsrat.

---

der SPD, Unterbezirksvorstand Bremen-West und Landesvorstand Bremen, Berlin-West und Bremen 1984, S. 30. Eine genauere Schilderung dieser Aktivitäten findet sich bei Peter Kuckuk, Bremen in der Deutschen Revolution 1918-1919. Revolution, Räterepublik, Restauration, Bremen 1986, S. 34 ff.
328 Auch im Bremer Gesamtarbeiterrat hatten USPD und Linksradikale (die sich zur Jahreswende mit dem Spartakusbund zur KPD vereinten) die Mehrheit, die sie auch bei den Neuwahlen des Arbeiterrates am 16. Januar 1919 verteidigten.
329 Vgl. Peter Kuckuk, Bremen in der Deutschen Revolution 1918-1919, a.a.O., S. 267.
330 Jörg Wollenberg, Die AG »Weser« zwischen Sozialpartnerschaft und Klassenkampf, a.a.O., S. 32.

Wie erklärt sich diese Radikalität der AGW-Arbeiter? Peter Brandt führt sie wesentlich auf die soziale Zusammensetzung der Belegschaft zurück: »Gerade die Verbindung einer starken Facharbeiterschicht - z.B. Zimmerleute, Dreher, Schlosser, Schiffbauer - mit den unter schwersten Bedingungen schaffenden un- und angelernten Arbeitermassen, den Nieter- und Schmiedekolonnen, die Verbindung des durch berufliche Qualifikation, Selbstbewußtsein und Disziplin charakterisierten Arbeitertypus mit dem total desintegrierten und zur Revolte neigenden Typ des Handlangers verlieh der Werftarbeiterbewegung ihre Dynamik und Kontinuität zugleich.«[331] Neben der bereits erwähnten Verbindung mit »dem durch den Bremer Schulkonflikt radikalisierten Teil der fortschrittlichen Lehrerschaft«[332] sieht Wollenberg sowohl in der intensiven marxistischen Arbeiterbildung in Bremen - für die Namen wie Pannekoek und Radek stehen - als auch in der Erfahrung der Werftarbeiter mit Streik und Aussperrung Gründe für die Radikalität und Aktionsbereitschaft der AGW-Arbeiter[333], in denen sich »häufig auch ein gestörtes Verhältnis zu der eigenen Organisation, die über ihre Verbandsleitungen seit dem Streik der Werftschmiede der AG 'Weser' im Jahre 1907 häufig als Puffer oder Bremser auftraten.«[334]

Tatsächlich hatte die Belegschaft schon seit dem Ende des 19. Jahrhunderts ausgiebige Streikerfahrungen gesammelt. Bereits Ende Januar 1886 kam es zu einem vierwöchigen Lohnstreik[335] auf der AGW. Der Streik von 1905, der um Mindestlöhne und um die Zulassung eines Arbeiterausschusses geführt wurde, führte zu einer Aussperrung. Nach zehntägiger Dauer konnte er mit einem Teilerfolg beendet werden, der eine Lohnerhöhung, die Festsetzung eines Mindestlohnes und die Einrichtung eines Arbeiterrates beinhalte-

---

331 Peter Brandt, Antifaschismus und Arbeiterbewegung. Aufbau, Ausprägung, Politik in Bremen 1945/46, Hamburg, 1976, S. 16.
332 Ebenda.
333 Jörg Wollenberg, Die AG »Weser« zwischen Sozialpartnerschaft und Klassenkampf, a.a.O., S.21 ff.
334 Ebenda, S. 22.
335 Vgl. Peter Kuckuk, Die A.G. »Weser« 1914 -1933, a.a.O., S. 47; sowie Jörg Wollenberg, Die AG »Weser« zwischen Sozialpartnerschaft und Klassenkampf, a.a.O., S. 24, der für diesen Streik allerdings fälschlich das Jahr 1888 angibt.

te.[336] Im Jahre 1906 streikten die Schiffsschlosser wegen Lohnforderungen. Im Jahre 1907 waren vier Teilstreiks zu verzeichnen, teilweise wegen Lohnforderungen, teils wegen der Bestrafung von Arbeitern durch Vorgesetzte. Ein Arbeitskampf der Werftschmiede um Lohnerhöhung und den 9-Stunden-Tag im März und April 1907 blieb erfolglos, zum einen weil die Werftleitung den Streik mit einer 18tägigen Aussperrung aller Arbeiter beantwortete[337], zum anderen weil der Metallarbeiterverband dem Streik seine Unterstützung verweigerte.[338] 1910 kam zu drei Teilstreiks auf der AGW noch der große Werftarbeiterstreik an Nord- und Ostsee hinzu, der für die 53-Stunden-Woche und Lohnerhöhungen geführt wurde. Nach einer Aussperrung nahm die Gewerkschaftsleitung einen Kompromiß an, indem sie die 55-Stunden-Woche akzeptierte. Es gab heftige Proteste der Gewerkschaftsbasis gegen den »faulen Kompromiß«.[339] In den Jahren 1911 und 1912 gab es jeweils vier Teilstreiks auf der AG »Weser« und im Jahr 1913 weitere neun Arbeitskämpfe[340], darunter der große Arbeitskampf der Hamburger und Bremer Werftarbeiter vom Juli bis September, der neben Lohnerhöhungen auch die Einführung der 52-Stunden-Woche forderte. Eine außerordentliche Generalversammlung des Deutschen Metallarbeiterverbandes empfahl den Abbruch des Streiks, der so erfolglos blieb und zu zahlreichen Maßregelungen von Arbeitern durch die Unternehmensleitungen führte.[341] Kurz vor Beginn des Ersten Weltkriegs streikten erneut die Schiffszimmerer.[342]

Diese häufigen Arbeitskämpfe und die wiederholten Erfahrungen mit Aussperrungen durch die Unternehmer haben sicherlich die Aktionsbereitschaft und die Radikalität der AG »Weser«-Arbeiter erhöht, die bereits im Jahre 1907 zu 86,6 Prozent in den Freien Ge-

---

336 Vgl. Peter Kuckuk, Die A.G. »Weser«, a.a.O., S. 47. Zu den Streiks bis 1913 vgl. auch: Arne Andersen und Uwe Kiupel, IG Metall in Bremen. Die ersten hundert Jahre, Bremen 1991, S. 71 ff.
337 Vgl. Betriebsgeschichte der AG »Weser«, a.a.O., S. 50 f.
338 Vgl. Jörg Wollenberg, Die AG »Weser« zwischen Sozialpartnerschaft und Klassenkampf, a.a.O., S.24.
339 Peter Kuckuk, Die A.G. »Weser«,a.a.O., S. 47.
340 Vgl. Betriebsgeschichte der AG »Weser«, a.a.O., S. 51.
341 Vgl. Peter Kuckuk, Die A.G. »Weser« 1914 -1933, a.a.O., S. 47.
342 Vgl. Betriebsgeschichte der AG »Weser«, a.a.O., S. 51.

werkschaften organisiert waren.[343] Die Kampfbereitschaft erwachte nach kurzem Burgfrieden auch im Verlaufe des Ersten Weltkriegs wieder, wie wir bereits gesehen haben. Zwar waren in der Novemberrevolution der 8-Stunden-Tag, die Abschaffung des Akkordsystems zugunsten von Mindestlöhnen und Lohnerhöhungen erkämpft worden, doch suchten die Unternehmer schon bald, diese Erfolge rückgängig zu machen. Im Januar 1920 streikten die AGW-Arbeiter erfolglos gegen die Ende 1919 erfolgte Wiedereinführung des Akkordsystems.[344] Auch ein Lohnstreik der Kesselschmiede hatte keinen Erfolg. Ebenfalls im Januar 1920 demonstrierten die Werftarbeiter gegen das Betriebsrätegesetz, das in ihren Augen die Errungenschaften der Revolution aufgab.[345] Im Sommer 1921 scheiterte ein Streik zur Abwehr von Personalabbau und gegen die Entlassung von drei Betriebsräten der Werft. Der DMV hatte diesen Streik kaum unterstützt, der in den anschließenden zentralen Tarifverhandlungen akzeptierte Schiedsspruch führte zu Lohnreduzierungen.[346] Im Oktober 1923, auf dem Höhepunkt der Hyperinflation, kam es auf der AGW zu gewaltsamen Auseinandersetzungen: Die Telephonzentrale wurde besetzt, ein Aktionsausschuß und proletarische Hundertschaften wurden gebildet, die Nieter und Stemmer streikten für eine 175prozentige Lohnerhöhung.[347]

Als die Werftunternehmer im Dezember 1923 eine Arbeitszeitverlängerung in einem Schiedsspruch durchsetzten und damit den in der Revolution erkämpften 8-Stundentag abschafften, kam es zu einem erbitterten Arbeitskampf. Nachdem sich im Februar 1924 90 Prozent der AGW-Belegschaft geweigert hatte, länger als acht Stunden zu arbeiten, wurden sie elf Wochen lang ausgesperrt. Insgesamt

---

343 Peter Kuckuk, Die A.G. »Weser« 1914-1933, a.a.O., S. 47. Das war der höchste Organisationsgrad unter den Großwerften im Deutschen Reich. Die Werftarbeiter waren allerdings noch keineswegs alle im Deutschen Metallarbeiterverband (DMV) organisiert, sondern auch in anderen Freien Gewerkschaften, wie im Holzarbeiterverband, im Fabrikarbeiter-Verband und im Verband der Schmiede.
344 Vgl. Jörg Wollenberg, Die AG »Weser« zwischen Sozialpartnerschaft und Klassenkampf, a.a.O., S. 33.
345 Vgl. Betriebsgeschichte der AG »Weser«, a.a.O., S. 52.
346 Vgl. Jörg Wollenberg, Die AG »Weser« zwischen Sozialpartnerschaft und Klassenkampf, a.a.O., S. 33 f.
347 Vgl. Betriebsgeschichte der AG »Weser«, a.a.O., S. 52, sowie: Jörg Wollenberg, Die AG »Weser« zwischen Sozialpartnerschaft und Klassenkampf, a.a.O., S. 25.

Kapitel 5: Die Arbeitswelt der AG »Weser« in Bremen

beteiligten sich mehr als 40.000 norddeutsche Werftarbeiter an dem 13wöchigen Arbeitskampf, den die Gewerkschaftsleitung im Mai mit einem Kompromiß beendete, in dem eine zunächst befristete neunstündige Arbeitszeit vereinbart wurde. Wie wenig die Werftarbeiter mit diesem Ergebnis, das ihnen den 8-Stundentag raubte, einverstanden waren, zeigten die Betriebsratswahlen vom Juli, in der die kommunistische Oppositionsliste erneut mit zehn Mandaten gegen die sieben Sitze der Gewerkschaftsliste die Mehrheit im Betriebsrat der »Akschen« errang.[348] Erst der Kurswechsel der KPD, die in den Jahren 1923 bis 1925 eine »ultralinke« Politk betrieb, reduzierte den Einfluß der Kommunisten auf der Werft. Mit dem Ausschluß der »Rechten« 1923/24 verlor die KPD wichtige Kader auf der AGW, darunter den langjährigen Betriebsratsvorsitzenden. Die wirtschaftliche Stabilisierung und dann die weiteren innerparteilichen Auseinandersetzungen mit ihrer erneuten Hinwendung zu einem ultralinken Kurs ab 1929 verminderten das Gewicht der KPD auf der AG »Weser« deutlich. Bei den Betriebsratswahlen 1930 erhielt die kommunistische »Rote Gewerkschaftsopposition (RGO)« nur noch etwa halb soviele Stimmen wie die sozialdemokratisch dominierte Gewerkschaftsliste.[349]

Nach der Niederlage von 1924 kam es zunächst nur zu kleineren Teilstreiks auf der AGW.[350] Als aber der wirtschaftliche Aufschwung fühlbarer wurde, stieg auch wieder die Kampfbereitschaft der Belegschaft. Im März 1927 streiken die jugendlichen Nietenwärmer erfolgreich für eine zehnprozentige Lohnerhöhung und kurz darauf verweigerten die Drechsler und Tischler die Leistung von Überstunden, um zum 8-Stundentag zurückzukehren.[351] Die Dreher, die zu Überstunden gezwungen werden sollten, traten im Juli in den

---

348 Jörg Wollenberg, Die AG »Weser« zwischen Sozialpartnerschaft und Klassenkampf, a.a.O., S. 34.
349 Peter Brandt, Betriebsräte, Neuordnungsdiskussion und betriebliche Mitbestimmung 1945-1948. Das Beispiel Bremen. In: Internationale wissenschaftliche Korrespondenz zur Geschichte der deutschen Arbeiterbewegung, 20. Jg., Juni 1984, H. 2, S. 156 ff., hier S. 201.
350 Vgl. Betriebsgeschichte der AG »Weser«, a.a.O., S. 53.
351 Elisabeth Meyer-Rentschhausen, Die Reaktion der Arbeiter auf die Weltwirtschaftskrise am Beispiel der Arbeiter der AG Weser Bremen, Hausarbeit, Universität Bremen 1976, S. 36.

Ausstand. Im November streikten die Schiffbauer, um die Entlassung von zwei nicht gewerkschaftlich organisierten Arbeitern durchzusetzen.[352] Die Nieter erkämpften die Einführung eines Durchschnittakkordes.[353] Die Hochkonjunktur im Schiffbau - auf der AGW wurde 1928 beim Bau der »Bremen IV« ein Beschäftigungshöchststand erreicht - wollte die Gewerkschaft zur Durchsetzung von Lohnerhöhungen und zur Wiedererringung des 8-Stunden-Tages nutzen. Ab Anfang Oktober 1928 streikten rund 45.000 Werftarbeiter an der Nord- und Ostseeküste für eine Lohnerhöhung von fünf Pfennig und die 48-Stunden-Woche. Ein Schiedsspruch, der die Verkürzung der Arbeitszeit auf 50 Stunden und eine Lohnerhöhung von fünf Pfennig vorsah, wurde von den Belegschaften abgelehnt, vom Reichsarbeitsminister am 3. Januar 1929 dennoch für verbindlich erklärt und vom DMV akzeptiert. So endete auch dieser letzte große Arbeitskampf in der Schiffbauindustrie der Weimarer Zeit, der 14 Wochen gedauert hatte, nur mit einem wenig befriedigenden Teilerfolg.[354] Die kommenden Jahre der Weltwirtschaftskrise erlaubten den durch Massenentlassungen geschrumpften Belegschaften keine Arbeitskämpfe mehr, denen Schiedssprüche und Notverordnungen in den Jahren 1931 und 1932 erhebliche Lohnkürzungen auferlegten.

Die geschilderten politischen und gewerkschaftlichen Aktivitäten der AGW-Arbeiter bis zum Ende der Weimarer Zeit zeigen eine Belegschaft, die kampferfahren, aktionsbereit, hochorganisiert und politisch radikal war. Sie zeigte mehrheitlich eine erheblich größere Kampfbereitschaft als die Gewerkschaftsführungen, und sie lehnte Kompromisse, die von den Verbandsführungen ausgehandelt worden waren, häufig ab. Es dominierte eine kritische Haltung zur Politik der Gewerkschaftsführungen. Entsprechend der radikalen Orientierung der Mehrheit der Belegschaft hatten in der ersten Zeit nach der Revolution die linksradikalen Gewerkschaften der AAU sogar

---

352 Vgl. Arne Andersen, »Lieber im Feuer der Revolution sterben, als auf dem Misthaufen der Demokratie verrecken!« Die KPD in Bremen von 1928-1933. Ein Beitrag zur Sozialgeschichte, München 1987, S. 72 f.
353 Jörg Wollenberg, Die AG »Weser« zwischen Sozialpartnerschaft und Klassenkampf, a.a.O., S. 36.
354 Vgl. Elisabeth Meyer-Rentschhausen, Die Reaktion der Arbeiter auf die Weltwirtschaftskrise, a.a.O.

die Oberhand gegenüber dem DMV. Die KPD hatte bis Mitte der 1920er Jahre die Mehrheit bei Betriebsratswahlen auf der AGW, auch danach besaß sie erheblichen Einfluß. Viele Arbeitskämpfe entstanden aus Aktionen an der Basis, in einzelnen Gewerken oder Werkstätten, und wurden entweder nachträglich oder gar nicht von der Gewerkschaftsführung legitimiert. Auch wenn die gewerkschaftlichen Vertrauensleute diese Arbeitskämpfe in der Regel anführten, weist das alles auf eine hohe Selbstorganisation und Autonomie der Werftarbeiter hin, die auf eine intakte Vernetzung innerhalb der Arbeiterbewegung zurückgreifen konnten.

Selbst die NS-Dikatur nach 1933 hat dieses intakte Milieu weder mit ihren Instrumenten zur Integration der »Volksgemeinschaft« - von der rüstungskonjunkturell bedingten Beseitigung der Massenarbeitslosigkeit bis hin zur Sozialpolitik und der ideologischen Korrumpierung der »Arbeiter der Faust« - noch mit ihren brutalen Terrormethoden beseitigen können. Bei den ersten Vertrauensratswahlen nach dem Erlaß des »Gesetzes zur Ordnung der nationalen Arbeit« am 6. April 1934 beteiligten sich laut einer sozialdemokratischen Quelle von den 2.600 Wahlberechtigten auf der AG »Weser« lediglich 1.200, von denen 800 für die NS-Liste votierten. Da unter den Befürwortern der Liste 300 Angestellte vermutet wurden, kommt der Bericht an den illegalen SPD-Parteivorstand in Prag zu dem Ergebnis, daß nur 500 Arbeiter die NSBO-Liste gewählt hätten.[355] Auch wenn eine nationalsozialistische Quelle andere und für das Regime günstigere Zahlen angibt, so bestätigt auch sie, daß nur ein Teil der Belegschaft für die Vertrauensratsliste gestimmt hatte.[356] Für die Vertrauensratswahlen von 1935 gibt sie an, daß 71 Prozent der Stimmberechtigten für die Kandidaten auf der NSBO votiert

---

355 Inge Marßolek und René Ott, Bremen im Dritten Reich, a.a.O., S. 150.
356 Die in der NS-Zeit verfaßte »Betriebsgeschichte« gibt an, daß sich von den 2.630 Abstimmungsberechtigten 2.266 (86 Prozent) an der Wahl beteiligt hätten. 206 Stimmzettel seien ungültig gewesen. »Die Zahl der auf die einzelnen Kandidaten der Vertrauensliste entfallenden Stimmen schwankte also zwischen 1.385 und 1.460.« Damit hätten nach dieser Quelle maximal 55 Prozent der Beschäftigten für die NSBO-Liste gestimmt (Betriebsgeschichte der AG »Weser«, a.a.O., S. 66).

hätten.[357] Angesichts der eindeutig faschistischen Tendenz der Quelle sind diese Angaben mehr als zweifelhaft, dennoch besagen selbst diese Zahlen, daß sich fast ein Drittel der Belegschaft gegen den Nationalsozialismus gestellt habe. Berichte über die antifaschistische Stimmung auf der AG »Weser« sind denn auch zahlreich überliefert.[358] Die AGW wurde ein Sammelbecken für Regimegegner, wozu die Praxis des Werftdirektors Stapelfeldt beitrug, ehemalige Arbeiterfunktionäre auf der Werft einzustellen. Er kaufte sogar vier bekannte SPD- und KPD-Funktionäre aus dem KZ Dachau frei und stellte sie auf der AGW ein.[359] In der Kriegszeit bildete sich auf der Werft ein Zirkel ehemaliger Funktionäre aller Parteien der Arbeiterbewegung, in dem eine Politik nach der Niederlage der Nazis konzipiert wurde. Der im April 1945 an die Öffentlichkeit tretende Antifaschistische Ausschuß in Bremen - die »Kampfgemeinschaft gegen den Faschismus (KgF)« - hatte ihren Kern in dieser Widerstandsgruppe auf der AG »Weser«.[360] Den Verfolgungsbehörden war die antinationalsozialistische Stimmung auf der AGW durchaus bekannt. Beispielsweise äußerte man sich in der bremischen Gestapo dahingehend, »daß es das beste wäre, einen Zaun um das Gelände der Werft zu errichten und diese zum KZ zu erklären.«[361] Und der

---

357 Ebenda, S. 67. Diese Angaben sind nicht nachprüfbar, da es offensichtlich keine anderen Quellen gibt (so Inge Marßolek und René Ott, Bremen im Dritten Reich, a.a.O., S. 150 f.).
358 Als Beispiel seien die Erinnerungen des auf der AGW im Lohnbüro beschäftigten Udo Meinecke genannt (Ingeborg Gerstner, Heinz-Gerd Hofschen, Wolfgang Jung und Jörg Wollenberg: Udo Meinecke. Ein Videofilm aus der Reihe »Bremer Arbeiterbiographien«, a.a.O.).
359 Vgl. Inge Marßolek und René Ott, Bremen im Dritten Reich, a.a.O, S. 397ff. Das Handeln des Werftdirektors, der NSDAP-Mitglied und Wehrwirtschaftsführer war, und der in der zweiten Kriegshälfte Kontakte zum bürgerlichen Widerstand gegen Hitler hatte, ist in der Literatur ebenso umstritten, wie sein Agieren widersprüchlich war (vgl. Jörg Wollenberg und Gerwin Möller [Redaktion], Die AG »Weser« zwischen Sozialpartnerschaft und Klassenkampf, hrsg. von den Jungsozialisten in der SPD, a.a.O., S. 71 ff., wo eine sehr negative Einschätzung Stapelfeldts gegeben wird).
360 Zur KgF siehe Peter Brandt, Antifaschismus und Arbeiterbewegung, a.a.O.; sowie Heinz-Gerd Hofschen, »Zum ersten Male nach zwölf Jahren der Knechtung können wir wieder frei atmen....« Bremer Antifaschisten und der Neuaufbau 1945, in: Hartmut Müller und Günther Rohdenburg (Hrsg.), Kriegsende in Bremen, Bremen 1995, S. 161 ff.
361 Inge Marßolek und René Ott, Bremen im Dritten Reich, a.a.O., S 152.

Denunziant eines AG »Weser«-Arbeiters, ein auf die Werft dienstverpflichteter auswärtiger Monteur, gab in seiner Aussage bei der Staatsanwaltschaft 1941 an: »*Ich selbst bin schon mit Arbeitern aus allen Gauen Deutschlands zusammengekommen, aber noch nie habe ich eine solche sture Einstellung gegen den Nationalsozialismus kennengelernt, wie er unter den Gefolgschaftsmitgliedern der A.G. Weser herrscht.*«[362]

Sicherlich hat es eine Beeinflussung von Teilen der Belegschaft durch die nationalsozialistische Ideologie und Politik gegeben. Die Jüngeren, die den NS-Erziehungsmethoden ausgesetzt waren, und die nicht mehr in die Gegenkultur der Arbeiterbewegung hineinwachsen konnten, waren für solche Beeinflussungen offener.[363] Das gilt auch für die im Zuge der Rüstungsproduktion zahlreich auf die Werft kommenden auswärtigen Arbeitskräfte, die nicht den politischen Traditionen des Werftarbeitermilieus entstammten. Dennoch wird man - nach Kenntnis sowohl der Zeitzeugenberichte als auch der Verfolgerakten - festhalten können, daß der Kern der Belegschaft in ganz außerordentlichem Maße den Nazis widerstanden hat.

Belegschaftshandeln und Arbeitskämpfe zu Beginn der 1950er Jahre

Angesichts dieser Traditionen der Belegschaft verwundert es nicht, daß sie nach 1945 teilweise zu ihrer alten Aktionsbereitschaft und Radikalität zurückkehrte. Den ersten Betriebsrat bildeten 1945 sechs Sozialdemokraten, fünf Kommunisten und ein Parteiloser.[364] Diese fast paritätische Besetzung des Betriebsrates durch SPD und KPD spiegelt die Zusammenarbeit und die Einheitsbestrebungen wider, die nach Kriegsende das Verhältnis der Arbeiterparteien zunächst bestimmten. Sie sagt daher nur bedingt etwas über das politische Kräfteverhältnis auf der Werft aus. Erst im Laufe des Jahres 1946 gewannen die alten Gegensätze zwischen den Arbeiterparteien wieder die Oberhand - nun noch verstärkt durch die weltpolitische Sy-

---

362 Ebenda, S. 390.
363 Ein gutes Beispiel dafür gibt das Interview mit Heinz Ratjen, der zwar aus einer sozialdemokratischen Familie stammt, aber dennoch bis Kriegsende von der HJ begeistert war.
364 Peter Brandt, Betriebsräte, Neuordnungsdiskussion und betriebliche Mitbestimmung 1945-1948, a.a.O., S. 201.

stemauseinandersetzung, bei der SPD und KPD auf verschiedenen Seiten standen -, so daß die Betriebsratszusammensetzungen ab 1946/47 eher Aufschluß über die politische Haltung der Belegschaft geben. Interessanterweise zeigen sich dabei deutliche Unterschiede zwischen der Belegschaft der aus der zur Demontage anstehenden Werft ausgegliederten »Bremer Dock- und Maschinenbau AG« und den mit der Räumung der Werft beschäftigten Demontagearbeitern. Während in der »Bremer Dock- und Maschinenbau«, die hauptsächlich aus hochqualifizierten Facharbeitern der alten Stammbelegschaft der AGW bestand, von den neun gewählten Betriebsräten acht Sozialdemokraten und ein Parteiloser waren, bestand der Betriebsrat der »AG Weser Räumung« im Februar 1947 aus drei Sozialdemokraten, drei Kommunisten und drei Arbeitern, deren Parteizugehörigkeit unbekannt ist.[365] Die Belegschaft des Räumungsbetriebs war natürlich nicht so gezielt aus der alten Kernbelegschaft ausgesucht worden wie die der »Dock- und Maschinenbau« und hatte auch nicht deren hohen Facharbeiteranteil. Hier deutet sich schon an, was in den 1950er Jahren prägend für das politische Verhalten der Belegschaft werden sollte: Die langjährig beschäftigten Facharbeiter mit handwerklicher Qualifikation und Tradition optierten eher für die Sozialdemokratie, die An- und Ungelernten eher für die Kommunisten.

Nach Abschluß der Demontage und der Wiedereingliederung der »Bremer Dock- und Maschinenbau« in die AGW wurde 1948 ein Betriebsrat gewählt, der sich aus fünf KPD-, vier SPD-Mitgliedern und einem Parteilosen zusammensetzte[366] und damit ein relatives Gleichgewicht zwischen den beiden großen Strömungen der Arbeiterbewegung auf der Werft signalisierte, das bis 1953 anhalten sollte.[367] Das

---

365 StaB, 16, 1-2/6/39-3/3. Peter Brandt (Betriebsräte, Neuordnungsdiskussion und betriebliche Mitbestimmung 1945-1948, a.a.O., S. 201) gibt nur die Zusammensetzung des Betriebsrats der Demontagearbeiter an.
366 Peter Brandt, Betriebsräte, Neuordnungsdiskussion und betriebliche Mitbestimmung 1945-1948, a.a.O., S. 201.
367 Der Betriebsratsvorsitz lag allerdings in sozialdemokatischer Hand: Sowohl der Vorsitzende Klatte als auch seine Stellvertreter Luers und Labuske waren SPD-Mitglieder. Bis 1953 bestand der Betriebsrat aus sechs Sozialdemokraten, sechs Kommunisten und zwei Parteilosen (vgl. Tribüne der Demokratie vom 30. April 1953).

war eine Sondersituation in Bremen, denn von den 1948 bzw. 1949 in 16 Bremer Betrieben (Privatwirtschaft und Öffentlicher Dienst, ohne AGW) gewählten 139 Betriebsräten gehörten 93 der SPD und zwölf der KPD an, 34 waren parteilos, die CDU hatte kein Mandat. Im Jahre 1950 wurden in denselben Betrieben 150 Betriebsratsmitglieder gewählt. Von ihnen waren 105 Mitglied der SPD, sieben der KPD und einer der CDU, 37 waren parteilos.[368]

Inzwischen hatte die Belegschaft auch ihre Aktionsbereitschaft wiedergewonnen. Am 5. Februar 1947 kam es zu einem Streik der Arbeiter der Schweißerei und Brennerei auf der »Bremer Maschinenbau und Dock GmbH« wegen des Entzugs einer zusätzlichen Milchzuteilung, und am 3. März streikte ein Teil der Demontage-Arbeiter, sowie 30 an die Norddeutsche Hütte ausgeliehene Arbeiter, weil sie bezüglich der Zusatzversorgung abgruppiert werden sollten.[369]

Am Proteststreik der bizonalen Gewerkschaften vom 12. November 1948 gegen die Preispolitik nach der Währungsreform beteiligte sich die Belegschaft der AGW nahezu geschlossen. In Bremen gab es an diesem Tag eine Demonstration mit 25.000 bis 35.000 Teilnehmern, in Vegesack waren es 9.000 bis 15.000 Demonstranten. Diese große Resonanz des Demonstrationsstreiks erklärt sich auch aus dem außerordentlich hohen Organisationsgrad der bremischen Werftarbeiter. Im Januar 1950 soll sie 97 Prozent betragen haben.[370] Es ist unklar, ob diese Angabe überhöht ist, oder ob der Organisationsgrad im Verlauf der 1950er Jahre abgenommen hat, denn 1959 betrug er auf der Bremer AGW 59,6 Prozent, während er im Bremerhavener Betriebsteil 73,6 Prozent ausmachte. Damit stand der Organisationsgrad der Bremerhavener Werft an dritter Stelle aller bremischen

---

368 Bremer Presse vom 23. Mai. 1950.
369 Peter Brandt, Betriebsräte, Neuordnungsdiskussion und betriebliche Mitbestimmung 1945-1948, a.a.O., S. 173.
370 So die Angabe des Bremer IGM-Vertreters bei einer Sitzung des Ausschusses für Werft und Schiffbau der IG Metall am 31. Januar 1950 in Hamburg. (IGMA, Werft- und Schiffbauausschuß/W). Zu berücksichtigen ist, daß damit wohl der Gesamtorganisationsgrad, nicht der der IG Metall gemeint ist. Auch die in der DAG organisierten Angestellten waren wohl darin erfaßt. Von den 1.300 Angestellten in den bremischen Seeschiffswerften waren im Herbst 1950 rund 120 in der IG Metall und 961 in der DAG (nach deren eigenen Angaben) organisiert (IGMA 1-2,266).

Großbetriebe der Metallindustrie (die zur Borgward-Gruppe gehörenden Goliath-Werke nahmen mit 84,5 Prozent die Spitze ein). Die Bremer AGW hatte mit ihrem Organisationsgrad allerdings immerhin die vierte Stelle unter den stadtbremischen Metallbetrieben inne (nach den Goliath-Werken, Borgward und Nordmende). Sie war deutlich besser organisiert als andere Werften, wie etwa die Atlas-Werke, deren gewerkschaftlicher Organisationsgrad bei 43 Prozent lag.[371]

Ab 1950 - nach der Währungsreform und mit dem Wiederbeginn der Schiffbauproduktion - gewann die gewerkschaftliche Tarifpolitik wieder an Bedeutung. Angesichts der niedrigen Ausgangslage bei den Löhnen und des angestauten Nachholbedarfs nach langen Jahren des Lohnstopps und bei den nach der Währungsreform zunächst schnell ansteigenden Preisen war es verständlich, daß bis Mitte der 1950er Jahre nur kurzfristige Tarifverträge abgeschlossen wurden. Die geringe Laufzeit, die teilweise bloß wenige Monate betrug, erlaubte ein flexibles Reagieren auf die ökonomische Entwicklung in der Werftindustrie und auf die Preisentwicklung. Dabei waren es meist die gewerkschaftlichen Vertrauensleute in den Betrieben, die auf eine schnelle Kündigung der Verträge und auf eine aktive Tarifpolitik drängten. Betrachten wir das für die frühen 1950er Jahre etwas genauer:

Der Lohntarifvertrag der See-, Fluß-, Küstenschiffs- und Bootswerften in Bremen und Bremerhaven, der bis zum Herbst 1950 galt, sah einen Ecklohn von 1,12 DM vor. Er wurde zum 1. September 1950 von der IG Metall gekündigt, und am 16 Oktober 1950 wurde ein neuer Lohnvertrag für die Werften geschlossen, »*der eine Erhö-*

---

[371] Anlage zum Protokoll der Bezirkskonferenz der IGM am 9. Und 10. April 1959 in Lübeck (IGMA, Bezirk Hamburg 1950-1959, 400/0). In der Literatur wird mehrfach der Organisationsgrad der AGW für die Zeit um 1950 mit 80 bzw. 87 Prozent angegeben (Jörg Wollenberg, Die AG »Weser« zwischen Sozialpartnerschaft und Klassenkampf., a.a.O., S. 58, bzw. Andree Postel, »Alles andere is Tünkrom und ward aflehnt«. Der Bremer Werftarbeiterstreik 1953. ArbeiterInnen zwischen Klassenkampf und Antikommunismus, Hausarbeit, Universität Göttingen 1995, S. 59). Wir haben dafür keine Belege gefunden und vermuten eine Verwechselung mit Angaben für die Zeit vor 1933, zumal der für das Jahr 1907 nachgewiesene Organisationsgrad von 87 Prozent häufig in der Literatur genannt wird.

hung von DM -,10 in der Spitze erbrachte.«[372] Dieses Tarifabkommen wurde bereits nach viereinhalb Monaten gekündigt: »*Zu den fortgesetzten Preissteigerungen haben die Vertrauensmänner der Werften in einer Sitzung Stellung genommen und sind zu dem Ergebnis gekommen, den Lohnvertrag mit Wirkung zum 28. Februar 1951 zu kündigen.*«[373] Es kam zu örtlichen Verhandlungen - auch auf der AG »Weser« -, bei denen zunächst ein Übergangsgeld für März 1951 vereinbart wurde: Verheiratete erhielten 20 DM, Ledige über 21 Jahre 15 DM, Ledige unter 21 Jahre zehn DM und Lehrlinge fünf DM. Diese Regelung wurde mehrheitlich durch die Vertrauensleute angenommen und die Lohnverhandlungen wurden Ende März fortgesetzt.[374] Inzwischen hatten die Arbeiter im Bremerhavener Teil der AGW die Forderung nach einer Stundenlohnerhöhung von 25 Pfg. und nach einem Teuerungszuschlag von 10 DM pro Woche vom 1. März bis zum Abschluß des Tarifvertrages erhoben.[375]. Der schließlich vereinbarte neue Tarifvertrag sah eine Anhebung des Ecklohnes um 14 Pfg. vor, war aber bereits zum 30. Juni desselben Jahres kündbar. Die dann tatsächlich erfolgte Kündigung der Tarife in Hamburg, Bremen und Bremerhaven im Juni 1951 geschah gegen den Beschluß der Geschäftsführerkonferenz der IG Metall auf Druck der Betriebsräte und gewerkschaftlichen Betriebsfunktionäre.[376] Die große Tarifkommission der IG Metall Bremen erhob eine Forderung von 15 Pfg. für alle Lohngruppen.[377] Der dann im September abgeschlossene neue Lohnvertrag erbrachte eine Erhöhung des Ecklohnes um neun Pfg.

---

372 Brief der IGM Ortsverwaltung Bremen an den Vorstand der IG Metall vom 2. Februar 1951(IGMA 1-1, 266).
373 Ebenda.
374 Brief der IGM Ortsverwaltung Bremen an den Vorstand der IG Metall vom 6. März 1951 (IGMA 1-1, 266). Vgl. auch: Tribüne der Demokratie vom 5. März 1951, die von der Annahme dieser Übergangsregelung durch die Vertrauensleute der AGW berichtet. Diese Konzessionsbereitschaft der Werftunternehmer wird auch dadurch beeinflußt worden sein, daß im Februar 1951 in den Landbetrieben (so wurden die »auf Land« gelegenen Nicht-Schiffbaubetriebe der Bremer Metallindustrie genannt) erfolgreich gestreikt worden war. Dort war ein Zuschlag von 16 Pfg. auf die Löhne erreicht worden.
375 Tribüne der Demokratie vom 5. März 1951
376 Dies wurde auf einer Geschäftsführerbesprechung des IGM Bezirks Hamburg im Juli ausdrücklich betont. Vgl. Protokoll Geschäftsführerbesprechung am 21.Juli 1951 in Hamburg (IGMA, Bezirk Hamburg 1950-1959/400/0).
377 Werftecho, Nr. 9, Ende Juli 1951.

Auch im nächsten Jahr ging die Lohnbewegung von der Basis aus. Inzwischen hatte die AGW wieder ihre volle Produktion aufgenommen. Bereits im Geschäftsjahr 1951 hatte die Werft einen beträchtlichen Gewinn verzeichnen können.[378] Diese positive Geschäftsentwicklung hielt auch 1952 an. Der Bremer Betrieb lieferte drei Schiffsneubauten ab (die Seebeck-Werft in Bremerhaven sogar 21) und ihr Auftragsbestand lag bei 150 Prozent des Vorjahres[379], so daß auch für die bremische Schiffbauindustrie die allgemeine Feststellung zutrifft: »Unternehmen und Kapitalgesellschaften konnten in diesen Jahren schon beträchtlich Vermögen ansammeln, als die Masse der Arbeitenden noch kärglich lebte«[380]. Angesichts dieser Situation ist es nicht erstaunlich, daß es im Juli 1952 auf der AGW zu einer Lohnbewegung kam mit der Forderung nach einer Stundenlohnerhöhung von zehn Pfg.[381] Die IG Metall-Bezirksleitung hatte noch im April die Meinung vertreten, daß keine Tarifbewegung möglich sei, und der IGM-Bezirksleiter Bohnsack hatte die Diskussion der Geschäftsführerbesprechung dahingehend zusammengefaßt, daß der Bezirk keine Empfehlung für eine Kündigung des Tarifvertrages gebe.[382] Dennoch entschied sich die örtliche Tarifkommission der IGM, die aus Betriebsfunktionären bestand, für die Kündigung. Ihre Forderungen für den Abschluß eines neuen Lohntarifs ab 1. August 1952 lauteten: »*Für die Akkordarbeiter 12 Prozent Abschlags-Akkordzahlung auf den Ecklohn, für die Zeitlohnarbeiter die Bezahlung eines Werftdurchschnittsakkordes. Außerdem soll der Grundlohn um zehn Pfennig erhöht werden.*«[383] Die KPD-Zeitung »Tribüne der Demokratie« begründete diese Forderungen damit, daß der Stundenlohn eines Werftarbeiters laut den Mitteilungen des Statistischen Landesamtes von 1949 bis 1951 im Durchschnitt um 30 Prozent, die Preise für Lebensmittel jedoch um mehr als das Doppelte gestiegen sei-

---

378 Aktien-Gesellschaft »Weser« in Bremen, Siebentes Geschäftsjahr, 1951, a.a.O.
379 Aktien-Gesellschaft »Weser« in Bremen, Achtes Geschäftsjahr, 1952, a.a.O.
380 Gustav Stolper, u.a., Deutsche Wirtschaft seit 1870, a.a.O., S. 263.
381 Tribüne der Demokratie vom 9. Juli 1952.
382 Protokoll Geschäftsführerbesprechung am 18. April 1952 in Hamburg (IGMA, Bezirk Hamburg 1950-1959/400/0).
383 Tribüne der Demokratie vom 12./13. Juli. 1952.

en.[384]. Ferner sei die Beschäftigtenzahl der Werftindustrie Bremens in dieser Zeit um 25 Prozent gewachsen. *»Der Wert der in der Bremer Werftindustrie hergestellten Erzeugnisse aber stieg von 1949 bis 1951 um 320 Prozent. Jeder Kollege in der Werftindustrie muß heute zweieinhalbmal soviel leisten wie 1949.«* Die KPD forderte entsprechend ihrer damaligen gewerkschaftskritischen Haltung die Bildung von unabhängigen Streikkomitees und Kampfausschüssen.[385]

Da auch die Tarifverträge der Landbetriebe abgelaufen waren, führte die IG Metall am 7. August eine Urabstimmung durch, um gegebenenfalls mit einem Arbeitskampf ihre Forderungen durchzusetzen. Diese Abstimmung erbrachte in den Landbetrieben eine Zustimmung von 81,7 Prozent.[386] Die Arbeitgeber legten daraufhin am 11. August ein Angebot von vier Pfg. Lohnerhöhung vor, das für die Werften durch eine Erhöhung der Höchstgrenze der Leistungszulagen von 12 auf 15 Prozent ergänzt wurde, was ein Gesamtangebot von 4,8 bis 5 Pfg. bedeutete. Dieses Angebot führte am 18. August 1952 zu Streiks auf der AG »Weser«: *»Die Abteilungen Brennerei und Schweißerei, Schiffbau und Schlosserei traten nach der Mittagspause in einen Sitzstreik von drei und zwei Stunden, um ihrer Forderung auf Erhöhung des Stundenlohnes auf 1,72 DM wirkungsvollen Nachdruck zu verleihen.«*[387] Auch am folgenden Tag »*traten die Schweißer und Brenner der AG Weserwerft für eine Stunde in den Streik.*«[388] Sowohl in den Landbetrieben als auch auf den Werften wurde das Arbeitgeberangebot in einer zweiten Urabstimmung schließlich angenommen. Das geschah allerdings nur in der Form, daß eine Dreiviertelmehrheit für

---

384 Das war eindeutig eine propagandistische Übertreibung. Die Preisindexziffer für die Lebenshaltung eines 4-Personen-Arbeitnehmerhaushalts war in Bremen für die Ernährung von 1950 bis 1951 um knapp zehn Prozent gestiegen. Von 1949 auf 1950 hatten sich sogar die nach der Währungsreform zunächst überhöhten Preise ermäßigt (vgl. Tabelle 4 in diesem Kapitel).
385 Tribüne der Demokratie vom 12./13. Juli. 1952.
386 Andree Postel (»Alles andere is Tünkrom und ward aflehnt«. Der Bremer Werftarbeiterstreik 1953, a.a. O., S. 59) gibt dieses Abstimmungsergebnis für die Werften an. Ein zeitgenössischer Bericht in der »Arbeiterpolitik« (dem Organ der in der Tradition der Brandlerschen KPO stehenden »Gruppe Arbeiterpolitik«, die in Bremen ihren Schwerpunkt hatte) betont jedoch, daß dieses Abstimmungsergebnis nur für die Landbetriebe gegolten habe (Arbeiterpolitik, Nr. 18 vom 15. September 1952).
387 Tribüne der Demokratie vom 19. August 1952.
388 Tribüne der Demokratie vom 20. August 1952.

die Ablehnung, wie sie die Gewerkschaftsstatuten für die Auslösung eines Arbeitskampfes vorsehen, nicht erreicht wurde: In den Landbetrieben hatten 51,55 Prozent der Beschäftigten gegen die Annahme gestimmt, auf den Werften sogar 62,25 Prozent. Im Schiffbau gab es lediglich knapp 25 Prozent Zustimmung zu dem Angebot, da fast 13 Prozent der Arbeiter ungültige Stimmzettel abgegeben hatten.[389] Versuche der KPD, diese zweite Urabstimmung als satzungswidrig abzulehnen und eine Fortsetzung des Lohnkonflikts zu erreichen - wozu sie auf wenig besuchten Branchenversammlungen auf der AGW »Lohnkommissionen« aus KPD-Mitgliedern wählen ließ - blieben erfolglos.[390]

Der Verlauf dieser Konflikte der Jahre 1951/52 war typisch für die Lohnbewegungen auf der AGW in der ersten Hälfte der 1950er Jahre: Die Forderungen gingen von der Belegschaft aus, die ihnen durch Aktionen Nachdruck verlieh. Sie wurden dann von der örtlichen Tarifkommission - bisweilen gegen den Willen der Gewerkschaftsführung - übernommen. Die bei den Tarifverhandlungen erzielten Kompromisse stießen jedoch häufig auf Protest und Ablehnung der Belegschaft. Wir erkennen hier die Verlaufsformen vieler Lohnbewegungen aus der Zeit vor 1914 und aus der Weimarer Zeit wieder - hinsichtlich der Aktivität und Kampfbereitschaft großer Teile der Belegschaft wie in bezug auf ihre kritische Haltung zur Kompromißgeneigtheit der Gewerkschaftsführung. Diese traditionellen Momente des Belegschaftshandelns auf der Werft sollten sich in zugespitzter Form im darauffolgenden Jahr beim großen Streik von 1953 erneut zeigen.

Der Werftarbeiterstreik von 1953

1953 hatte die AGW bereits wieder über 5.000 Beschäftigte und im März erreichte sie mit dem Stapellauf des bis dahin größten Nachkriegsbaus, der »Olympic Cloud« - dem ersten von sechs 22.000 tdw-

---

389 Arbeiterpolitik, Nr. 18 vom 15. September 1952.
390 Ebenda. Die »Arbeiterpolitik« kritisierte dieses Agieren der KPD nicht unzutreffend *»als R.G.O.-Politik in Reinkultur, deren seliges Angedenken bei allen Aktionen der KPD in dieser Lohnbewegung eine große Rolle spielt«.*

Tankern -, den Einstieg in den Großschiffbau. Das Jahr 1953 werde zu einem »*Rekordjahr der Werftindustrie*«, in der die 70.000 in der Schiffbauindustrie beschäftigten Personen »*dieselben Leistungen der Werften hervorbrächten, wie sie vor dem Kriege mit 100.000 Beschäftigten erzielt wurden*«, prognostizierte die IG Metall zu recht[391], denn tatsächlich erwirtschaftete die AGW in diesem Jahr einen solchen Gewinn, daß sie erstmals nach dem Kriege wieder eine Dividende (in Höhe von sechs Prozent) ausschütten konnte. Die Löhne waren dagegen in ihrer Höhe wie in ihrem Anteil am Produktionsergebnis deutlich zurückgeblieben. Die IG Metall berechnete, daß der Lohnanteil an den gesamten Produktionskosten 1952 nur 18,4 Prozent betragen habe, wobei die »*wertmäßige Produktionsleistung nach Abzug von Schiffbaustahl- und Lohnsteigerungen von 1950 bis 1952 um 112 Prozent gestiegen*« sei.[392] Trotz dieser günstigen ökonomischen Situation mußte eine Lohnbewegung jedoch mit erheblichem Widerstand der Metallunternehmer rechnen, die bereits zu Anfang des Jahres in »Sechs lohnpolitischen Thesen« ihre Ablehnung der bisherigen lohnpolitischen Entwicklung verkündet hatten und zur Förderung der »*Exportsituation und der Beschäftigungslage*« auf einen Lohnstopp hinsteuerten.[393]

Die Aktionsbereitschaft der AG »Weser«-Belegschaft war jedoch hoch. Nachdem es bereits im November und Dezember 1952 bei der jährlich wiederkehrenden Auseinandersetzung um die Weihnachtsgeldzahlung zu Arbeitsniederlegungen gekommen war, begann das Jahr 1953 mit weiteren Konflikten. Bereits am 20. Januar kam es zu einem halbstündigen Streik der Brenner und Schweißer, der sich gegen die bestehenden Akkordsätze, die zu niedrige Vorgabezeiten bei Neubauten hatten, und gegen gesundheitsschädliche Verhältnisse am Arbeitsplatz richtete. »*Besonders bei Arbeiten in Tanks und anderen geschlossenen Räumen entwickeln sich gesundheitsschädliche Gase, die die Lunge und das Herz angreifen. Die Kollegen fordern deshalb, täglich zweimal einen halben Liter Milch geliefert zu bekommen.*« Auch wurde die

---

391 Weser-Kurier vom 26. Mai 1953.
392 Streiknachrichten der IG Metall, Nr 8 vom 13. Mai 1953 (IGMA, 3-11, 82).
393 Vgl. Metall, Nr. 8 vom 15. April 1953.

Forderung nach einer wöchentlicher Teuerungszulage von fünf DM erhoben.[394]

Die Lage verschärfte sich, als der neue, vom Essener Stammsitz der Fa. Krupp kommende Direktor Schliephake Rationalisierungen durchzusetzen versuchte, die auch die teilweise Vorfertigung von Schiffssektionen in den Hallen vorsahen. Das bedeutete eine erhebliche gesundheitliche Belastung der Schweißer und Brenner, die dann in den nur unzureichend belüfteten Hallen arbeiten mußten.[395] Er kündigte ferner an, daß die »*Leistungen im Schiffbau um das Dreifache erhöht werden*« sollten.[396] Diese Ankündigung führte zu spontanen Protestreaktionen der Werftarbeiter. Noch am selben Tag gab es eine eineinhalbstündige Protestversammlung, am 30. Januar streikten die Brenner und Schweißer und 3.000 AGW-Arbeiter demonstrierten vor dem Verwaltungsgebäude der Werft.[397] Es wurde eine Betriebsversammlung gefordert, auf der Direktor Schliephake seine Pläne einer dreifachen Leistungssteigerung zurücknehmen solle. Ferner verlangten die versammelten Werftarbeiter eine Veränderung des Akkordsystems dahingehend, daß der Akkorddurchschnitt der Werft allen Zeitlöhnern gezahlt werden solle. Bis zur Betriebsversammlung sollten alle Überstunden verweigert werden. Die am 5. Februar tagende Vertrauensleuteversammlung erhob darüberhinaus die Forderung nach einem neuen Tarifvertrag, der bei höchstens vierteljährlicher Laufzeit eine Erhöhung von 20 Pfg. für alle Lohnstufen bringen solle.

Auf der von Werftleitung und Betriebsratsmehrheit lange hinausgezögerten Betriebsversammlung am 17. Februar weigerte sich der Werftdirektor, auf die Forderungen der Arbeiter einzugehen. Daraufhin begann die Tagschicht der Schweißer und Brenner - rund

---

394 Tribüne der Demokratie vom 24./25. Januar 1953.
395 Vgl. hierzu und zu den Auseinandersetzungen vom Januar/Februar 1953: Arbeiterpolitik, Nr. 6 vom 15. März 1953. Die Zeitschrift berichtet auch von erheblichen Auseinandersetzungen in der Werftleitung über die geplanten Rationalisierungsmaßnahmen. Sogar der Selbstmordversuch eines Werftingenieurs sei mit diesen Auseinandersetzungen in Verbindung zu bringen.
396 Auf einer Versammlung von Meistern und Ingenieuren am 29. Januar 1953. Vgl. Tribüne der Demokratie vom 30.Januar 1953.
397 Eine ausgezeichnete Schilderung dieser Auseinandersetzungen gibt: Andree Postel, »Alles andere is Tünkrom und ward aflehnt«. Der Bremer Werftarbeiterstreik 1953, a.a.O., S. 70 ff.

300 Arbeiter - am 19. Februar mit einem Sitzstreik, den die Nachtschicht in Stärke von rund 90 Mann weiterführte. Die Werftleitung reagierte scharf auf diese Aktionen: Am 20. Februar entließ sie 94 Brenner und Schweißer der Nachtschicht. »*Dieser Aussperrung stimmten die örtliche Gewerkschaftsbürokratie der IG Metall sowie der Betriebsratsvorsitzende zu. Auf Druck der Schweißer und Brenner, die mit dem Austritt aus der Gewerkschaft drohten, sah sich der Ortsverwaltungsvorsitzende Schwarz von der IG Metall aber doch genötigt, wegen einer Wiedereinstellung mit der Direktion zu verhandeln. Daraufhin konnten 42 Kollegen ihre Arbeit wiederaufnehmen.*«[398]

Die massiven Auseinandersetzungen auf der AG »Weser« waren hauptsächlich von den Brennern und Schweißern ausgegangen - an- und ungelernten Arbeitern, unter denen der Einfluß der KPD groß war.[399] »Die Streik- und Protestbewegung insbesondere auf der AG Weser im Januar/Februar 1953 erscheint somit als ein 'nichtgewerkschaftliches' Vorspiel«[400] zum großen Werftarbeiterstreik, der im April beginnen sollte.[401] Denn die Konflikte auf der AGW hatten

---

398 Arbeiterpolitik, Nr. 6 vom 15. März 1953. Im März 1953 kam es zu einer Arbeitsgerichtsverhandlung wegen der Entlassungen. Vier der nicht wieder eingestellten Arbeiter (nach einem anderen Bericht: fünf) klagten auf Wiedereinstellung. Der Gütevorschlag des Arbeitsrichters, die Arbeiter wieder zu beschäftigen, wurde von der Werft abgelehnt. Über den Ausgang des Verfahrens ist nichts bekannt (vgl. Tribüne der Demokratie vom 20. und vom 28./29. März 1953).
399 Das berichtet auch die der KPD sehr kritisch gegenüberstehende »Arbeiterpolitik« (vgl. Arbeiterpolitk, Nr. 6 vom 15. März 1953).
400 Andree Postel, »Alles andere is Tünkrom und ward aflehnt«. Der Bremer Werftarbeiterstreik 1953, a.a.O., S. 73.
401 Angeblich soll es im März weitere Aktionen der Brenner und Schweißer gegeben haben, Demonstrationen und Streiks, die sich gegen eine Verschlechterung der Akkordsätze richteten (vgl. Hermann Prüser, Werftarbeiterstreik und Absetzung des Betriebsrates. Die AG »Weser" 1952/53, in: Heinz-Gerd Hofschen, Almut Schwerd [Hrsg.], Zeitzeugen berichten: Die Bremer Arbeiterbewegung in den 50er Jahren, Marburg/Lahn 1989, S. 57 ff., hier: S. 59), doch wird es sich bei diesen Berichten um eine Verwechselung mit den Aktionen vom Januar/Februar handeln. Eine solche Fehldatierung mag daran liegen, daß die »Tribüne der Demokratie« im März 1953 anläßlich des erwähnten Arbeitsgerichtsprozesses nochmals breit über die Aktionen vom Januar und Februar berichtet hatte, auch die »Arbeiterpolitik« erschien mit ihrem Bericht erst im März. Die Hinweise auf die angeblichen Streiks im März (vgl. Heinz-Gerd Hofschen, Werftarbeiterstreik, Gewerkschaftsausschlüsse und die Absetzung des Betriebsrats der AG »Weser« 1953. In: 1999. Zeitschrift für Sozialgeschichte des 20. und 21. Jahrhunderts, H. 2/1990, S.36; sowie Jörg Wollenberg, Die AG »Weser« zwischen Sozialpartner-

bewirkt, daß die Ortsverwaltung der IGM am 19. Februar beim Vorstand in Frankfurt die Kündigung des Lohntarifs zu Ende März beantragte, der dieser auch zustimmte.

Die IG Metall forderte in den Verhandlungen eine Erhöhung der Ecklöhne um acht Pfennige. Die Leistungszulagen der Zeitlohnarbeiter sollten so heraufgesetzt werden, daß sie den Durchschnittsverdienst eines Akkordarbeiters erreichten, und die Lehrlingslöhne sollten erhöht und in den Tarifvertrag aufgenommen werden. Gleichzeitig wurde eine Anhebung der Angestelltengehälter und eine Verbesserung des Manteltarifvertrages verlangt.[402] Die Verhandlungen für die insgesamt 17.000 Beschäftigten in der Werftindustrie in Bremen und Bremerhaven scheiterten am 16. April, da die Unternehmer die gewerkschaftlichen Forderungen sämtlich ablehnten. Sie argumentierten, daß sich die Lebenshaltungskosten nicht erhöht hätten, während sich »*die Lage der Werften in letzter Zeit wesentlich verschlechtert*« hätte. Durch »*eine neue Lohnerhöhung besteht die große Gefahr*«, daß Neubauten »*dem heimischen Markt entzogen werden und mit hoher Wahrscheinlichkeit ausländischen Werften, vor allem solchen in Holland, Frankreich und Japan, zufallen, die niedrigere Gestehungskosten und vor allem auch niedrige Löhne als wir haben*«.[403] Nun trat die Vorbereitung des Lohnkampfes in seine entscheidende Phase. Am 20. April berief die Bezirksleitung der IGM Vertrauensleute-Versammlungen der Werften ein, die über einen Streik entscheiden sollten. Die in Bremen, Vegesack und Bremerhaven durchgeführten Versammlungen beschlossen eine Urabstimmung für den 22. April, bei der dann 91,9 Prozent der organisierten Werftarbeiter für einen Streik stimmten. Daraufhin beschloß die zentrale Streikleitung der IGM, den Streikbeginn für den folgenden Tag anzusetzen.

In diese bewegte Zeit fiel auf der AG »Weser« die Betriebsratswahl, die vom 24. April bis 27. April durchgeführt wurde. Sie

---

schaft und Klassenkampf, a.a.O., S. 58) beziehen sich alle auf dieselbe Quelle, die Erinnerungen des kommunistischen Betriebsratsvorsitzenden Hermann Prüser (1903-1989), der diese in hohem Alter in den 1980er Jahren berichtet hat. Eindeutig ist diese Verwechselung bei Wollenberg, der auch den Sitzstreik der Schweißer und Brenner auf den März datiert.

402 Streikgefahr bei Bremer Werften, in: Weser-Kurier vom 17. April 1953.
403 Zur Lohnbewegung der Werftarbeiter. Eine Stellungnahme von Arbeitgeberseite, in: Weser-Kurier vom 18. April 1953.

Kapitel 5: Die Arbeitswelt der AG »Weser« in Bremen   243

brachte eine völlige Verschiebung der Mehrheitsverhältnisse. Von den 19 neugewählten Mitglieder gehörten zwölf der KPD und nur noch drei der SPD an. Die übrigen waren parteilos.[404] Zum ersten Mal nach dem Kriege wurde ein Kommunist Betriebsratsvorsitzender auf der Werft. Auch der Stellvertreter des Betriebsratsvorsitzenden Prüser, Wilhelm Lahrs, war KPD-Mitglied. Der neue Betriebsrat konnte sich erst nach dem Streik konstituieren. Bis dahin - während des Streiks also - amtierte der bisherige Betriebsrat unter seinem Vorsitzenden Klatte weiter. Diese Konstellation mußte zu Konflikten führen, zumal der nicht wiedergewählte ehemalige stellvertretende Betriebsratsvorsitzende Labuske von der IGM als Streikleiter eingesetzt wurde.[405]

Die Gründe für die offensichtliche Radikalisierung der Belegschaft sind vielfältig: Dazu zählen die ökonomischen Bedingungen - unzureichende Löhne während eines Aufschwungs der Werft -, die starre und teilweise provokative Haltung der Unternehmensleitung und die politisch zugespitzte Situation durch die Auseinandersetzungen um das Betriebsverfassungsgesetz und die Remilitarisierung. Dazu zählt die Unzufriedenheit mit dem eher sozialpartnerschaftlich agierenden sozialdemokratisch geführten Betriebsrat und die Ablehnung der durch die Gewerkschaftsführungen ausgehandelten Kompromisse in den vergangenen Lohnrunden. Die Belegschaft der AG »Weser« hatte überdies durch ihre eigenen, häufig spontanen Aktivitäten in den vorangegangenen Jahren einen Lernprozeß durchlaufen, der sie an ihre kämpferischen Traditionen anknüpfen ließ. An diese Traditionen sollte auch der jetzt beginnende Streik erinnern, der in mancher Hinsicht den Arbeitskämpfen der Weimarer Zeit ähnelte.

Am 25. April, einem Samstag, begann der Ausstand[406] auf allen Werften im Lande Bremen (mit Ausnahme einiger kleinerer Boots-

---

404 Die Tribüne der Demokratie vom 30. April 1953 spricht von zwölf KPD-Mitgliedern, einem SPD-Mitglied und drei Parteilosen, womit vermutlich nur die Arbeitervertreter gemeint sind. Das bedeutet, daß von den drei Angestelltenvertretern zwei von der SPD und einer parteilos gewesen sind.
405 Vgl. Tribüne der Demokratie vom 12. November 1953.
406 Vgl. zu diesem Streik als jüngste und bislang gründlichste Aufarbeitung: Andree Postel, »Alles andere is Tünkrom und ward aflehnt«. Der Bremer Werftarbeiterstreik 1953, a.a.O. Siehe ferner: Industrie-Gewerkschaft Metall für die Bundesre-

und Yachtwerften in Bremen-Nord), an dem sich die 14.000 Werftarbeiter geschlossen beteiligten, während die 3.000 Angestellten nicht streikten.[407] Ein Vermittlungsversuch des Bremer Arbeitssenators Gerhard van Heukelum (SPD), der in der Nacht zum Dienstag stattfand, scheiterte an der Intransigenz der Unternehmer[408], die zwei Tage später zum Mittel der Aussperrung griffen und alle Werftarbeiter am 30. April, dem Vorabend des Maifeiertages, entliessen.[409] Diese Verschärfung des Arbeitskampfes wurde von einer Vertrauensleute-Konferenz am selben Tag mit der unbefristeten Fortführung des Streiks und von der zentralen Streikleitung der IG Metall am 6. Mai mit der Einstellung aller Entladearbeiten an Waggons und Lastwagen, die bislang weitergeführt worden waren, beantwortet.[410]

Der Streik, der bis Anfang Juni dauerte, »war der bis dahin längste der westdeutschen Nachkriegsgeschichte und überdies begleitet von der ersten organisierten Verbandsaussperrung seit Gründung der Bundesrepublik«[411]. Er wurde von der IG Metall als »*Machtkampf*« der Unternehmer »*gegen die gesamte Arbeitnehmerschaft und ihre Gewerkschaften*« begriffen.[412] Es ging der Gewerkschaft darum, die Lohnstopp-Politik der Unternehmer zu durchbrechen und den Ver-

---

publik Deutschland, Verwaltungsstelle Bremen, Jahresbericht 1953, o.O., o.J. [Bremen 1954], S. 9 ff.; Streiknachrichten der IG Metall (IGMA, 3-11, 82); Heinz-Gerd Hofschen, Werftarbeiterstreik, Gewerkschaftsausschlüsse und die Absetzung des Betriebsrats der AG »Weser« 1953, a.a.O., S.36 ff.; Rainer Kalbitz, Die Arbeitskämpfe in der BRD. Aussperrung und Streik 1948-1968, Diss. Bochum 1972, S. 153 ff ; für den Streikverlauf in Bremen-Nord siehe: Joachim Oltmann, Kalter Krieg und kommunale Integration. Arbeiterbewegung im Stadtteil Bremen-Vegesack 1945-1956, Marburg/Lahn 1987, S.453 ff.

407 14.000 Werftarbeiter streiken, in: Weser-Kurier vom 27. April 1953. Wollenberg behauptet, daß auf der AG »Weser« der Streik »gegen den Willen der nach wie vor auf Verhandlungen setzenden Ortsverwaltung durch die Vertrauensleute der Werft am 25. 4. ausgelöst« worden sei (Jörg Wollenberg, Die AG »Weser« zwischen Sozialpartnerschaft und Klassenkampf, a.a.O., S. 58 f.) Diese Darstellung, für die er keine Belege anführt, ist offenkundig falsch, da am 24. April die Streikleitung der IGM den Ausstand definitiv beschlossen hatte.
408 Vermittlungsversuch im Bremer Werftstreik gescheitert, in: Weser-Kurier vom 28. April 1953.
409 14.000 Streikende in Bremen entlassen, in: Weser-Kurier vom 1./2. Mai 1953.
410 Aufgezwungene Abwehrmaßnahmen, in: Weser-Kurier vom 7. Mai 1953.
411 Joachim Oltmann, a.a.O., S. 453.
412 Mit ganzer Kraft für den Erfolg!, in: Metall vom 13. Mai 1953.

such *der »wirtschaftlich und politisch wieder erstarkten«* Werftindustriellen, die *»Lohn- und Arbeitsbedingungen künftig diktieren«* zu wollen, zurückzuweisen.[413] Daher wurde der Arbeitskampf, der auch überregional von der IG Metall unterstützt wurde[414], in großer Geschlossenheit und mit neuen Kampfformen (Kulturprogramm, Einbeziehung der Arbeiterfrauen, Solidaritätsveranstaltungen)[415] durchgestanden, obwohl sich in der Führung des Streiks durch die Gewerkschaft auch erhebliche Mängel zeigten: Streikleitungen konnten als Notstandsarbeiten getarnte Streikbrecherdienste nicht immer verhindern, und die Streikmitteilungen der IG Metall erschienen erst sehr spät.[416]

Nach drei Streikwochen kam es am 14./15. Mai zu erneuten Verhandlungen unter Vorsitz des Arbeitssenators van Heukelum, bei der die Unternehmer eine Erhöhung der Stundenlöhne um drei Pfg. anboten und van Heukelum als Kompromißvorschlag eine Anhebung um vier Pfg. vorschlug.[417] Der Arbeitgeberverband der Metallindustrie im Unterwesergebiet ging am 20. Mai auf diesen Vermittlungsvorschlag ein, erklärte aber gleichzeitig, daß die Werften nach Streikende nur 80 Prozent der entlassenen Arbeiter wieder einstellen würden.[418] Dieses Unternehmerangebot wurde von den Werftarbeitern am 21. Mai abgelehnt: *»In getrennten Abstimmungen entschieden sich in Bremen, Vegesack und Bremerhaven annähernd 760 Vertrauensmänner dafür, den seit nahezu 4 Wochen anhaltenden Streik der über 15.000 Bremer Werftarbeiter fortzusetzen.«*[419]. In der ohne Gegenstimmen und Enthaltungen auf den drei Versammlungen gefaßten Resolution wurde das Unternehmerangebot als *»völlig ungenügend*

---

413 IG Metall-Verwaltungsstelle Bremen, a.a.O.
414 So beschloß die IG Metall-Zentrale in Frankfurt auch die Werftarbeiter zu unterstützen, die noch nicht die satzungsmäßig erforderlichen 13 Wochen Gewerkschaftsbeiträge bezahlt hatten. Diese wöchentliche Unterstützung betrug 12,00 DM (vgl. Dritte Woche: Streiklage unverändert, in: Weser-Kurier vom 12. Mai 1953).
415 Vgl. Joachim Oltmann, a.a.O., S.458 f.
416 Vgl. ebenda, S. 469.
417 Vgl. IG Metall: Neue Verhandlungssituation, in: Weser-Kurier vom 16. Mai 1953. Der Wortlaut des Vermittlungsvorschlags van Heukelums ist abgedruckt im Weser-Kurier vom 22. Mai 1953.
418 Arbeitgeber für Heukelums Vorschlag, in: Weser-Kurier vom 21. Mai 1953.
419 IG Metall will Werftarbeiterstreik fortsetzen, in: Weser-Kurier vom 22. Mai 1953.

und deshalb auch undiskutabel« bezeichnet und die Fortführung des Streiks beschlossen.[420]

In der ersten Juni-Woche kam es dann zu einem neuen Vermittlungsvorschlag des Senats, nachdem er mehrfach die *»Nachteile, die der Streik für unsere Häfen und den Schiffbau und damit das ganze Wirtschaftsleben unserer Stadt nach sich zieht,«* beklagt hatte.[421] Am 5. Juni einigten sich Arbeitgeber und IG Metall unter Vorsitz des Arbeitssenators auf eine Erhöhung des Ecklohnes um fünf Pfennige. Die Unternehmer verpflichteten sich, alle entlassenen Werftarbeiter wieder einzustellen.[422] Bei der Urabstimmung über diesen Kompromiß am 8. Juni stimmten zwar rund 60 Prozent der gewerkschaftlich Organisierten für eine Ablehnung des Verhandlungsergebnisses und für eine Fortführung des Streiks, doch da nach der Satzung der IG Metall für einen Streikbeschluß eine Dreiviertelmehrheit erforderlich ist, wurde der Kompromiß angenommen und die Arbeit am 10. Juni wieder aufgenommen. Die Forderungen der Werftarbeiter waren nur zum Teil durchgesetzt worden. Die Anpassung der Zeitlöhner an die Akkordarbeiterverdienste und die Einbeziehung der Lehrlingslöhne in den Tarifvertrag wurden nicht erreicht.[423] Die IG Metall wertete das Ergebnis des Arbeitskampfes im Rückblick dennoch als Erfolg, nicht nur wegen der erreichten Lohnerhöhung, sondern vor allem, weil es gelungen sei, das *»Diktat der Unternehmerverbände«* zu brechen.[424]

Der Streik wies nicht nur hinsichtlich der Dauer und der Aussperrung Ähnlichkeiten mit den großen Arbeitskämpfen der Werftarbeiter in den 1920er Jahren auf, sondern auch hinsichtlich der scharfen Auseinandersetzungen zwischen den Arbeiterorganisationen. Die Gewerkschaftsführung und der alte Betriebsrat versuchten, eine Eskalation und Politisierung des Streiks zu vermeiden -

---

420 Der Wortlaut der Entschließung findet sich ebenda.
421 Senat zum Werftarbeiterstreik, in: Bremer Volkszeitung vom 30. Mai 1953; siehe auch van Heukelums Stellungnahme in: IG Metall: Neue Verhandlungssituation, a.a.O.
422 Urabstimmung über Kompromiß im Werftstreik, in: Weser-Kurier vom 6. Juni 1953.
423 Morgen beginnt die Arbeit auf den Werften, in: Weser-Kurier vom 9. Juni 1953.
424 Industrie-Gewerkschaft Metall für die Bundesrepublik Deutschland, Verwaltungsstelle Bremen, Jahresbericht 1953, a.a.O.

wobei sie von der SPD und dem sozialdemokratisch geführten Senat unterstützt wurden - und waren im Ergebnis kompromißbereit. Eines ihrer Hauptanliegen war offensichtlich, die Führung des Arbeitskampfes und die betriebliche Basis in der Hand zu behalten und den kommunistischen Einfluß zurückzudrängen. Die KPD hingegen versuchte einerseits - mit Hilfe von eigenständigen Streikkomitees und Soldidaritätsauschüssen sowie einem erheblichen Propagandaaufwand -, den Streik zu einem kompromißlosen Ende zu führen, gleichzeitig die »rechten Gewerkschaftsführer« zu entlarven und ihren eigenen Einfluß in der Arbeiterschaft zu erhöhen, andererseits ihre damaligen politischen Ziele - Kampf gegen die Remilitarisierung und um die Einheit Deutschlands - in den Streik hineinzutragen.[425] Im Laufe des Streiks und nach dessen Ende spitzte sich die aus diesen gegensätzlichen Interessen resultierende Auseinandersetzung zwischen den Arbeiterparteien auf der AG »Weser« zu.

Die Auseinandersetzungen zwischen Sozialdemokraten und Kommunisten

Die AGW war einer der beiden Bremer Großbetriebe, in dem die KPD traditionell stark vertreten war.[426] Zu Beginn der 1950er Jahre war die Zusammenarbeit zwischen Sozialdemokraten und Kommunisten - die in den ersten Nachkriegsjahren ja sogar zusammen im Bremer Senat regiert hatten - längst einer erneuten Konfrontation gewichen. Das lag nicht nur am Kalten Krieg und dem damit verbundenen heftigen Antikommunismus oder an der Option der Sozialdemokraten für ein integrationistische Politik, für ein »Bündnis

---

425 Eine gute Darstellung der Politik des Gewerkschaftsapparates und der Sozialdemokraten auf der einen Seite und der KPD auf der anderen gibt Andree Postel, »Alles andere is Tünkrom und ward aflehnt«. Der Bremer Werftarbeiterstreik 1953, a.a.O., auch wenn seine Beurteilung der IGM-Politik in mancherlei Hinsicht zu scharf ausfällt.
426 In dem anderen Großbetrieb, den Borgward-Werken, hatte die KPD ab 1946 die Mehrheit im Betriebsrat, bis es der SPD-Betriebsgruppe 1949 gelang, die Mehrheit zu erringen. Dennoch blieben die Kommunisten dort einflußreich bis die KPD im Zuge ihrer innerparteilichen Säuberungen nach 1951 ihre dortige Betriebsgruppe selbst zerstörte (vgl. dazu die 1998 erscheinende Arbeit zur Nachkriegsgeschichte der Bremer KPD: Hendrik Bunke, Die Bremer KPD 1945 - 1968, Diss. phil. Universität Bremen [vorauss. 1998]).

von Arbeiterschaft und Kaufleuten«, wie es Wilhelm Kaisen formulierte. Auch die Hinwendung der KPD zu einem neuerlich ultralinken Kurs ab 1950 verschärfte diese Konfrontation. Zwar machte sich dieser zunächst an der betrieblichen Basis noch nicht sehr bemerkbar, aber die überzogene Kritik an der Gewerkschaftsführung, die die KPD auf ihrem »Münchener Parteitag« im März 1951 äußerte und die dort vorgenommene Orientierung auf die Bildung eigenständiger betrieblicher Aktionskomitees führte sie systematisch in eine tiefe Auseinandersetzung mit den Gewerkschaften.[427]

Ab 1952 kam es deswegen auch auf der AG »Weser« zu Konflikten. Im Januar 1952 forderte eine Betriebsversammlung »*die Wiedereinsetzung der Kollegen in ihre Funktionen, die sich zur KPD bekennen.*«[428] Im Frühjahr 1953 lehnte es die Gewerkschaftsleitung ab, KPD-

---

[427] Die KPD hatte in der These 37 ihres auf dem Parteitag 1951 verabschiedeten programmatischen Dokuments formuliert: »*Im Auftrage und im Interesse des amerikanischen Imperialismus und im Einklang mit den deutschen Monopolisten versuchen die rechten Gewerkschaftsführer die Gewerkschaftsorganisationen in den Dienst der Kriegsvorbereitung zu stellen. [...] Die Politik der rechten Gewerkschaftsführer geht darauf aus, die Kraft der fünf Millionen Gewerkschafter im Kampf um die Erhaltung des Friedens und um die Herstellung der Einheit Deutschlands auszuschalten.[...] Sie tun dies, damit die in- und ausländischen Monopole den dritten Weltkrieg vorbereiten können.*« Die IG Metall nahm diese »gehässigen und unsachlichen Angriffe gegen die sogenannten 'rechten Gewerkschaftsführer'« sofort zum Anlaß, die kommunistischen Gewerkschaftsfunktionäre aufzufordern, sich von dieser Gewerkschaftspolitik der KPD, die auch auf die Bildung betrieblicher Kampfausschüsse und die Auslösung von Kampfhandlungen gegen den Willen der Gewerkschaftsführungen orientierte, zu distanzieren. Im August 1951 hatte der IG Metall-Beirat Vorgehen des Vorstandes gebilligt, im September 1952 bekräftigte der Gewerkschaftstag der IGM den Beschluß, der verlangte, *daß »alle als Mitglieder der KP bekannten Funktionäre der Organisation«* eine Loyalitätserklärung gegenüber der IG Metall zu unterschreiben hätten. »*Jedes Mitglied hat sich zu entscheiden, ob es den Befehlen von Parteien oder anderen außerhalb des DGB stehenden Organisationen folgen oder die von den Gewerkschaftsorganen gefaßten Beschlüsse und Grundsätze für das gewerkschaftliche Leben beachten will.[...] Der Beirat bestätigt den Beschluß des Vorstandes, daß alle Mitglieder, die die Erklärung nicht unterschrieben haben, weder Angestellte noch Funktionäre der Industriegewerkschaft Metall sein können.*« Alle kommunistischen Gewerkschaftsfunktionäre standen also vor einem unauflöslichen Dilemma: Unterzeichneten sie den Revers der Gewerkschaft, so blieben sie zwar IG Metall-Funktionäre, aber die KPD schloß sie aus der Partei aus. Die KPD revidierte diese Haltung erst auf ihrem Hamburger Parteitag vom Dezember 1954 (Die Beschlüsse der IGM sind zitiert nach: Schreiben des Vorstandes der IG Metall für die Bundesrepublik Deutschland an Hermann Prüser vom 17. März 1953. In diesem Schreiben wird auch die These 37 in Auszügen zitiert. [Privatarchiv Hofschen]).

[428] Tribüne der Demokratie vom 30. Januar 1952.

Mitglieder auf die Betriebsratsliste zu setzen, die den Revers nicht unterschrieben hatten.[429] Hermann Prüser hatte der Vorstand der IG Metall bereits in dessen Eigenschaft als Vertrauensmann noch vor seiner Wahl in den Betriebsrat den Revers vorgelegt, den dieser nicht unterschrieb. Daraufhin teilte ihm der IG Metall-Vorsitzende Otto Brenner am 10. April mit, daß er keine Funktionärstätigkeit mehr für die IG Metall ausüben dürfe. Prüser wurde 14 Tage später von der Belegschaft dennoch zum Betriebsratsvorsitzenden der AG »Weser« gewählt.[430] Der Konflikt verschärfte sich im Streik ab Ende April noch erheblich. Die KPD agitierte von Anfang an stark gegen die Gewerkschaftsführung und die zentrale Streikleitung der IG Metall, und die KPD-Zeitung griff besonders die führenden IG Metall-Funktionäre Bohnsack (IGM-Bezirksleitung Hamburg), Friedrich Düßmann (Bremer IG Metall-Vorsitzender) und Karl Wastl (IG Metall-Sekretär in Vegesack) mit großer Schärfe an.[431] Der Grund für diese heftigen Angriffe lag in der vermuteten Kompromißbereitschaft der sozialdemokratischen Gewerkschaftsfunktionäre gegenüber den Werksleitungen und den Schlichtungsversuchen des Senats.[432] Vor allem nach dem Vermittlungsangebot des Arbeitssenators vom 14. Mai verstärkten die KPD und das von ihr dominierte betriebliche Streikkomitee der AG »Weser« die Agitation gegen die »*Preisgabe gewerkschaftlicher Mindestforderungen*" und «*die Gefahr eines faulen Kompromisses*«.[433] Der massive Kampf der KPD gegen die Annahme des 5-Pfennig-Kompromisses vom 5. Juni noch während der Urabstimmung am 8. Juni[434] führte zwar nicht zu dessen Ablehnung, doch zeigt das Ergebnis von 60 Prozent Neinstimmen, daß diese Position der KPD von einer Mehrheit der Werftarbeiter geteilt wurde.

---

429 Vgl. Tribüne der Demokratie vom 18./19. April 1953.
430 Ausführlich ist der zum Gewerkschaftsausschluß Prüsers führende Vorgang dargestellt bei: Heinz-Gerd Hofschen, Werftarbeiterstreik, Gewerkschaftsausschlüsse und die Absetzung des Betriebsrats der AG »Weser« 1953, a.a.O.
431 Vgl. etwa: Tribüne der Demokratie vom 13. Mai 1953.
432 Vgl. Joachim Oltmann, a.a.O., S. 461 ff.
433 An die Belegschaft der AG Weser [Flugblatt des »Betrieblichen Streikkomitees der AG-Weser«, unterzeichnet von Hermann Hugo, Helmuth Bernstein und Hermann Prüser, verantwortlich für Druck und Inhalt: Herm. Kosek, undatiert, kurz nach dem 23. Mai 1953 erschienen], (Privatarchiv Hofschen).
434 Vgl. Morgen beginnt die Arbeit auf den Werften, in: Weser-Kurier vom 9. Juni 1953.

Nach dem Streik leitete die Bremer IG Metall-Verwaltungsstelle gegen den neugewählten Betriebsratsvorsitzenden Prüser ein Ausschlußverfahren ein, das sie nicht mit der These 37, sondern mit den Aktivitäten Prüsers während des Arbeitskampfes begründete. Entsprechend der Linie der KPD, »Solidaritätsausschüsse«, Betriebsdelegierte und betriebliche Kampfleitungen wählen zu lassen[435], um Gegengewichte gegen die Streikleitung durch die IG Metall-Funktionäre zu bilden, war auf der AG »Weser« als einziger Werft ein betriebliches Streikkomitee gebildet worden, das eigene Flugblätter herausgab und Versammlungen durchführte, die nicht mit der IG Metall und deren zentraler Streikleitung abgestimmt waren. Dieses betriebliche Streikkomitee war auch von unorganisierten Arbeitern mitgewählt worden und arbeitete auch mit diesen zusammen - ein genereller Streitpunkt zwischen KPD und IG Metall während des gesamten Streiks. Eine solche von der Gewerkschaft nicht legitimierte betriebliche Streikleitung widersprach der Satzung der IG Metall und wurde von ihr als Bedrohung ihrer Autorität empfunden. Da die IG Metall auch im Streik eine scharf antikommunistische Haltung gegen die »*Agenten Moskaus*«[436] einnahm - von Anfang an hatte sie sich gegen kommunistische Einflußversuche durch »Solidaritätsaktionen« (Geld- und Lebensmittelsammlungen der KPD) und betriebliche Ausschüsse gewandt, ihre alleinige Verantwortung für die Führung des Streiks betont und Zuwiderhandelnde mit dem Ausschluß bedroht[437] - war klar, daß sie die Bildung eines solchen betrieblichen Streikkomitees nicht hinnehmen und die Gelegenheit für einen Schlag gegen den kommunistischen Einfluß nutzen würde. Das Verfahren gegen Prüser endete im November 1953 mit dessen Ausschluß aus der IG Metall.

Das Vorgehen der Gewerkschaftsführung hatte allerdings zunächst keine Auswirkungen auf die politischen Mehrheitsverhältnisse im Betriebsrat. Diese änderten sich erst, als drei führende Betriebsratsmitglieder auf Antrag der Unternehmensleitung der AG »Weser« vom Arbeitsgericht Bremen abgesetzt wurden. Am 9. Juli 1953 fand eine von 3.400 Betriebsangehörigen besuchte Betriebsversammlung

---
435 Vgl. KPD und Werftarbeiterstreik, in: Weser-Kurier vom 27. April 1953.
436 So die IG Metall-Mitgliederzeitung »Metall« am 13. Mai 1953.
437 Vgl. IG Metall gegen »Solidaritätsaktionen«, in: Weser-Kurier vom 8. Mai 1953.

auf der AG »Weser« statt. Auf dieser Versammlung brachte das Betriebsratsmitglied Robert Wilczek den Antrag ein, gegen einen für den 12. Juli in Gießen geplanten Aufmarsch des »Stahlhelm«-Bundes durch ein Telegramm an die hessische Landesregierung zu protestieren. Das zur Minderheit im Betriebsrat gehörende Betriebsratsmitglied Jeppel protestierte gegen diese Resolution mit dem Hinweis, daß deren Behandlung gegen das Betriebsverfassungsgesetz verstoße. Der Versammlungsleiter, der 2. Vorsitzende des Betriebsrats Wilhelm Lahrs, ließ dennoch über diesen Antrag abstimmen, der mit Mehrheit angenommen wurde. Diesen Vorgang nahm die Werftleitung zum Anlaß, am 27. Juli beim Arbeitsgericht den Ausschluß von Prüser, Lahrs und Wilczek aus dem Betriebsrat nach § 23 BetrVG zu beantragen, weil diese ihre gesetzlichen Pflichten durch Verstoß gegen die § 44 (Aufgaben der Betriebsversammlung) und 51 (Verbot parteipolitischer Betätigung im Betrieb) BetrVG grob verletzt hätten. Das Arbeitsgericht Bremen folgte diesem Antrag mit Beschluß vom 21. August 1953. Auf die Beschwerde der Beklagten folgte ein langwieriger Rechtsstreit, der über das Landesarbeitsgericht bis zum Bundesarbeitsgericht ging, das im Mai 1955 mit einem Grundsatzurteil die Absetzung der drei Betriebsräte bestätigte.[438]

Mit dem Ausschluß der drei führenden Kommunisten aus dem Betriebsrat war ein Weg gefunden worden, die kommunistische Mehrheit im Betriebsrat zu brechen, denn jetzt wurde eine Neuwahl möglich. Um diese zu erreichen, traten Mitte Oktober die sozialdemokratischen Betriebsratsmitglieder Schneiderei, Hug und Unger zurück, denen einige Tage später alle Angestelltenbetriebsräte und Nachrücker (bis auf einen) folgten. Damit war eine Neuwahl des Betriebsrates notwendig geworden. Da etliche kommunistische Betriebsratsmitglieder inzwischen aus der IG Metall ausgeschlossen worden waren und nicht mehr auf der Gewerkschaftsliste kandidieren konnten, bildete die KPD eine eigene »Betriebs-Einheitsliste«. Die IG Metall-Vertrauensleute stellten eine Gewerkschaftsliste auf, die bei einer Vertrauensmännerversammlung im Dezember 1953 mit

---

438 Vgl: Heinz-Gerd Hofschen, Werftarbeiterstreik, Gewerkschaftsausschlüsse und die Absetzung des Betriebsrats der AG »Weser« 1953, a.a.O.

61 Ja-Stimmen, elf Gegenstimmen und sechs Enthaltungen angenommen wurde[439] und der keine Kommunisten mehr angehörten. Dieses Votum hatte mehrere Ursachen. Zum einen hatten die gewerkschaftlichen und gerichtlichen Disziplinierungsmaßnahmen wohl auch bei den Vertrauensleuten Wirkung gezeigt und zum anderen war die SPD-Betriebsgruppe mit einer starken antikommunistischen Propaganda aktiv geworden.[440] Die SPD-Betriebsgruppe, die von dem ehemaligen Kommunisten Georg Buckendahl als Landes-Betriebsgruppensekretär angeleitet wurde und die sich seit Anfang 1952 intensiv mit der KPD auseinandersetzte, verfügte über enge Verbindungen zur örtlichen IG Metall-Führung. Hinzu kam, daß die Konfliktsituation, die im Frühjahr zu einem radikalen Votum geführt hatte, ein halbes Jahr nach der Beendigung des Streiks keine Rolle mehr spielte. Schließlich war das Ansehen der Kommunisten durch die Vorgänge am 17. Juni in der DDR erheblich gesunken, zumal auch die Bremer KPD die Verhältnisse in der DDR stets als Vorbild gepriesen hatte.[441] Bei den Bundestagswahlen vom September 1953 war die KPD im Bund unter die 5%-Marke gefallen und auch in Bremen hatte sie ein Drittel ihrer Wähler verloren.[442]

---

439 Schaffendes Volk. Zeitung der SPD-Betriebsgruppen, Nr. 11 vom 17. Dezember 1953.
440 Über die diesbezüglichen Aktivitäten berichtet Werner Hitzacker:
Ja wir hatten auch ne Betriebsgruppe genau.
Die war auch sehr stark.
Und=e von da aus wurde ja auch viel gesteuert
zur Betriebsratswahl nech.
Damit man auch die jetzt die Vertrauenskörper
da warn ja auch natürlich Kommunisten drin nech.
Damit man die auch mundtod machen konnte nech.
Damit die da nicht so n großen Einfluß hatten.
Und=e das war noch ne Arbeit das hat Spaß gemacht.
(Interview mit Werner Hitzacker, Transkript).
441 So auch während des Streiks. Bei einer Bürgerschaftsdebatte über den Werftarbeiterstreik am 6. Mai 1953 pries der KPD-Fraktionsvorsitzende die Lage in der DDR mit den Worten: »*Von kapitalistischer Ausbeutung befreit, schaffen die Arbeiter, Bauern, Angestellten und Ingenieure tagtäglich neue bessere Normen, um die Produktion zu steigern, um den Lebensstandard der werktätigen Bevölkerung zu verbessern.*« (Tribüne der Demokratie vom 9./10. Mai 1953). Der Aufstand vom 17. Juni entzündete sich bekanntlich an den zu hohen Normen.
442 Vgl. Hans Georg Lehmann, Chronik der Bundesrepublik Deutschland. Von 1945/49 bis 1981, München 1981, S.164.

Bei den Betriebsratswahlen am 4. und 5. Januar 1954 auf der AG »Weser« gewann die Gewerkschaftsliste deutlich. Sie erzielte mit 2.620 Stimmen 17 Betriebsratsmandate, während die »Betriebliche Einheitsliste« der KPD nur 1.265 Stimmen und acht Sitze erhielt.[443] Im Wahlkampf war die Argumentation der SPD-Betriebsgruppe, die Kommunisten setzten »*ihre alte Rolle als Gewerkschaftsspalter*" fort während sie der Garant der Gewerkschaftseinheit sei[444], offensichtlich angekommen. Das verdrehte zwar Ursache und Wirkung, da die eigene Liste der KPD Folge der vorherigen Gewerkschaftsausschlüsse war, andererseits war aber die Aufstellung einer eigenen Liste tatsächlich auch Ausdruck einer ultralinken Gewerkschaftspolitik der KPD, die Erinnerungen an die RGO-Politik zuließ. Wenige Tage nach der Wahl leitet die IG Metall gegen die Kandidaten der »Betrieblichen Einheitsliste« Gewerkschaftsausschlüsse ein.[445]

Der neue Betriebsratsvorsitzende Gustav Böhrnsen amtierte - gestützt auf eine breite sozialdemokratische Mehrheit - 25 Jahre. Der Einfluß der KPD war auf der AG »Weser« durch die Vorgänge 1953 und durch die gesamtgesellschaftliche Marginalisierung der Kommunisten gebrochen. So konnten die Vertrauensleute im November 1955 gefahrlos beschließen, für die nächste Betriebsratswahl eine gewerkschaftliche Einheitsliste aufzustellen[446], bei der die Kommunisten nur auf hinteren Plätzen kandidieren konnten. Bei den Betriebsratswahlen vom 3./4. Januar 1956 »*wurden die ersten 17 auf der Gewerkschaftsliste stehenden Kandidaten*« *gewählt. Der an 17. Stelle stehende Gewerkschaftskandidat hat immer noch mehr Stimmen auf sich vereinigen können, als der weiter unten auf der 52 Kandidaten umfassenden Liste stehende erste KPD-Kandidat erhielt.*«[447] Damit war zum ersten Mal seit

---

443 Vgl. Jörg Wollenberg, Die AG »Weser« zwischen Sozialpartnerschaft und Klassenkampf, a.a.O., S. 58, sowie Tribüne der Demokratie vom 8. Januar 1954. Von den 4.672 Wahlberechtigten hatten 3.958 gewählt. Zu den auf der KPD-Liste Gewählten gehörten auch die im August 1953 vom Arbeitsgericht abgesetzten Betriebsräte Prüser, Lahrs und Wilczek.
444 Schaffendes Volk. Zeitung der SPD-Betriebsgruppen, Nr. 11 vom 17. Dezember 1953.
445 Vgl. Tribüne der Demokratie vom 16./17. Januar 1954.
446 Vgl. Tribüne der Demokratie vom 30. November 1955.
447 Bremer Nachrichten vom 8. Januar 1956.

Kriegsende kein Kommunist mehr im Betriebsrat der AG »Weser« vertreten.[448]

Der Rückgang der Belegschaftsaktivitäten ab Mitte der1950er Jahre

Der Streik von 1953 war die letzte große Lohnauseinandersetzung auf der AGW nicht nur der 1950er Jahre, sondern bis zum Unterweserstreik von 1974. Die Tarifverträge konnten nun weitgehend kampflos durchgesetzt werden. Angesichts des ökonomischen Aufschwungs gab es seitens der Unternehmer eine größere Bereitschaft zu Zugeständnissen, und nach der Beseitigung der Arbeitslosigkeit hatte sich die Machtposition der Gewerkschaft bedeutend verbessert. An die Stelle der Dynamik von kurzfristigen Lohnverträgen, die mit betrieblichen Aktionen durchgesetzt wurden, traten jährliche Verhandlungsrunden über Tarifverträge mit längeren Laufzeiten, neben den Lohnverhandlungen traten nun Manteltarifverträge über Arbeitszeiten und soziale Sicherungen in den Vordergrund (siehe *Tabelle 7*). Dieser Übergang vom betrieblichen Handeln, bei dem autonome Basisaktivitäten mit gewerkschaftlichen Strategien zusammenwirkten, zum nahezu aussschließlich institutionalisierten Bargaining durch die Gewerkschaften vollzog sich auf der AGW in den Jahren 1954 bis 1956.

Allerdings vollzog sich diese Entwicklung nur schrittweise, denn zunächst gab es durchaus noch spontane Auseinandersetzungen auf der Werft. Wie in den vorangegangenen Jahren entzündeten sie sich an der Frage des Weihnachtsgeldes. Wie wir gesehen haben, gab es auf der AGW seit Ende der 1930er Jahre Weihnachtsgeld und eine Winterbeihilfe als »freiwillige Sozialleistungen« des Betriebs. Diese Zahlungen waren für die Arbeiter kein Luxus, denn sie waren angesichts der noch schmalen Einkommen oftmals die einzige Möglichkeit, den Winterbedarf an Einkellerungskartoffeln und Kohlen zu kaufen.

---

448 Allerdings gehörte ihm mit Reinhold Popall ein ehemaliges KPD-Mitglied an (vgl. Bremer Bürger-Zeitung vom 7. Januar 1956). Popall war 1952 im Zuge der innerparteilichen Auseinandersetzungen aus der KPD ausgetreten und damit einem wahrscheinlichen Ausschluß zuvorgekommen.

Tabelle 7: *Übersicht über die Tarifverträge in der bremischen Werftindustrie 1950 bis 1960*[449]

Art des Abkommens	abge-schlossen am	gültig ab	kündbar zum	alter Ecklohn (in DM)	neuer Ecklohn (in DM)	Erhöhung (in DM)
Lohntarifvertrag	16.10.50		28.02.51	1,12	1,22	0,10
Lohntarifvertrag	März 51		Juni 51	1,22	1,36	0,14
Lohntarifvertrag	Sept. 51			1,36	1,45	0,09
Lohntarifvertrag	11.08.52		31.03.53	1,45	1,49	0,04
Lohntarifvertrag	05.06.53	05.06.53	30.09.54	1,49	1,54	0,05
Lohntarifvertrag	03.09.54	01.10.54	31.12.55	1,54	1,62	0,08
Lohntarifvertrag	12.09.55			1,62	1,75	0,13
Manteltarifvertrag	25.07.56	01.10.56			45-Std. woche	
Lohntarifvertrag	08.10.56			1,75	1,89	0,14
Manteltarifvertrag	16.04.57	01.04.57			Lohnfortzahlung i. Krankheitsfall	
Lohntarifvertrag	23.12.57	01.01.58	31.12.58	1,89	2,00	0,11
Manteltarifvertrag	15.11.58	15.11.58	31.12.60		Lohnfortzahlung i. Krankheitsfall, Karenztage	
Lohntarifvertrag	11.12.58	01.01.59	monatlich	2,00	2,05	0,05
Lohntarifvertrag	30.07.59	01.08.59	30.06.60	2,05	2,13	0,08
Lohntarifvertrag	18.07.60	01.07.60 01.07.61	31.12.61	2,13 2,31	2,31 2,43	0,18 0,12

---

449 Zusammengestellt nach: IGMA 1-2,266; IGMA, Bezirk Hamburg 1950-59/400/0; *Industrie-Gewerkschaft Metall für die Bundesrepublik Deutschland, Verwaltungsstelle Bremen*, Jahresbericht 1953, o.O., o.J. [Bremen 1954]; dies., Jahresbericht 1954, o.O., o.J. [Bremen 1955], dies., Geschäftsbericht 1955/1956, o.O., o.J. dies., Geschäftsbericht 1957/1958, o.O., o.J., [Bremen 1959]]; dies., Geschäftsbericht 1959/1960, o.O., o.J., [Bremen 1961]]; dies., Geschäftsbericht 1961/1962, o.O., o.J., [Bremen 1963].

Bereits 1951 war es zum Konflikt gekommen, als die Belegschaft 80 DM Weihnachtsgeld forderte, der Betriebsrat unter seinem Vorsitzenden Klatte sich jedoch auf einen Kompromiß einließ, der für die Arbeiter 65 DM (das war weniger als ein durchschnittlicher Nettowochenlohn) beinhaltete, während die Angestellten ein halbes Monatsgehalt bekommen sollten .Gegen diesen Kompromiß protestierten Teile der Belegschaft mit der Verweigerung von Überstunden. Der Betriebsratsvorsitzende forderte die Wiederaufnahme der Überstundenarbeit[450], und die Direktion drohte mit der Entlassung von 250 Arbeitern, »*wenn nicht sofort die Überstunden- und Sonntagsarbeit wieder aufgenommen wird*«[451]. Auch im folgenden Jahr gab es erneute Auseinandersetzungen um das Weihnachtsgeld. Betriebsrat und Vertrauensleute forderten eine Zahlung in Höhe von zwei Wochenlöhnen, aber die Direktoren Raffelsieper und Hegestedt ließen eine Bekanntmachung anschlagen, daß ab 21. November 1952 »*die Zahlung des Weihnachtsgeldes an die Lohnempfänger wie folgt vorgenommen wird: An Lehrlinge und Jugendliche unter 18 Jahren 20,- DM, an Ledige 40,- DM, an Verheiratete ohne Kinder 65,- DM, an Verheiratete mit Kindern 70,- DM*«[452]. Vorschußbeträge, die im Oktober bereits gezahlt worden waren, würden einbehalten werden, so daß nur noch Beträge zwischen 10 und 20 DM ausgezahlt werden sollten.[453] Darauf drohten Anfang Dezember Nieter mit dem Verlassen des Arbeitsplatzes. Die Werftleitung lenkte teilweise ein und gestand eine Erhöhung des noch ausstehenden Weihnachtsgeldes um fünf DM zu.[454] Auch im Jahr 1953 ging es nicht ohne Konflikt ab. Ende September forderte der Betriebsrat die Zahlung eines Vorschusses auf das Weihnachtsgeld. Am 1. Oktober lehnte es Direktor Dr. Burkhard ab,

---

450 Tribüne der Demokratie vom 14. Dezember 1952.
451 Tribüne der Demokratie vom 17. Dezember 1952.
452 Das war deutlich weniger als ein Bruttowochenlohn, der im November 1952 im Durchschnitt aller Arbeiter im Schiffbau 92,77 DM betrug. (vgl. Statistischer Dienst, Statistisches Landesamt Bremen, Reihe: Lohnstatistik, Folge 1: Verdienste der Industriearbeiter, Heft 1/1951 bis 4/1955).
453 Tribüne der Demokratie vom 21. November 1952. Die KP-Zeitung kommentierte dieses Vorgehen: »*Das Weihnachtsgeld ist kein Almosen, sondern der Teil des Lohnes, der den Kollegen das ganze Jahr vorenthalten wurde [...] Von dem geringen 'Weihnachtsgeld' können sich die Arbeiter der AG Weser nicht mal Winterkartoffeln und Kohle kaufen*«.
454 Vgl. Tribüne der Demokratie vom 5. Dezember 1952.

wegen der »*Auswirkungen des Streiks auf die Finanzlage der Gesellschaft*« eine »*Entscheidung über die Zahlung von freiwilliger Winter- und Weihnachtshilfen*« zu treffen und verweigerte Verhandlungen mit dem Betriebsrat.[455] Allerdings entschied im November der Aufsichtsrat, das Weihnachtsgeld in derselben Höhe wie im Vorjahr zu zahlen[456] - offensichtlich wollte man nach dem Streik und bei voller Auslastung der Werft einen weiteren Konflikt vermeiden.

In den folgenden Jahren war die Unternehmensleitung auf dem Hintergrund boomender Konjunktur zu Zugeständnissen bereit, sowohl hinsichtlich der Lohntarife als auch der Weihnachtsgeldzahlungen. Im September 1954 wurde ein neuer Tarifvertrag mit einer Laufzeit von über einem Jahr auf dem Verhandlungswege erreicht.[457] Auch die Weihnachtsgeldzahlung geschah 1954 konfliktfrei. Die Werftdirektion erklärte sich bereit, das Weihnachtsgeld in der alten Höhe zu bezahlen.[458] 1955 führte sie sogar eine Urlaubsgeldzahlung ein, wenn auch in geringer Höhe und für wenige Beschäftigte.[459]

Allerdings kam es im Sommer und Herbst 1955 noch einmal zu lohnpolitischen Auseinandersetzungen auf der Werft. Angesichts der langen Laufzeit des im September 1954 abgeschlossenen Tarif-

---

455 Tribüne der Demokratie vom 20. Oktober 1953.
456 Vgl. Tribüne der Demokratie vom 12. November 1953.
457 Die IG Metall schrieb über diese Verhandlungen: »*Nicht nur in der Metallindustrie, auch bei den Werften beschäftigten sich die Kollegen schon frühzeitig mit der Kündigung ihrer Tarife. Die Leistungssteigerung in den Betrieben hat ein Maß angenommen, das Lohn- und Gehaltserhöhungen zwingend notwendig macht. Auch hier waren die Unternehmer bereit, unseren Forderungen nachzukommen und ohne Aufkündigung der Verträge Verhandlungen aufzunehmen. Die bestehenden Ecklöhne von 1,54 DM wurden um 0,08 DM auf 1,62 DM erhöht. Der Vertrag soll ebenfalls bis zum 31. Dezember 1955 laufen. Um eine gerechtere Entlohnung der Akkord- und Zeitlohnarbeiter zu erreichen, wurde der Akkordrichtsatz von 12 auf 10 Prozent gesenkt. Dieses Ergebnis wurde von den Vertrauensmännern angenommen. Damit sind die erhöhten Löhne am 1. Oktober in Kraft getreten.*« (Industrie-Gewerkschaft Metall für die Bundesrepublik Deutschland, Verwaltungsstelle Bremen, Jahresbericht 1954, o.O., o.J. [Bremen 1955], S. 11f.).
458 Das waren für Verheiratete mit Kind 85 DM, für Verheiratete ohne Kind 75 DM und für Ledige 45 DM (vgl. Tribüne der Demokratie vom 2. Dezember 1954).
459 Wie die sozialdemokratische Bremer Volkszeitung berichtete, stellte die AGW 100.000 DM an Urlaubsgeld bereit (60.000 DM in Bremen, 40.000 DM in Bremerhaven). Die Regelung gelte zunächst für zwei Jahre: Für maximal zwölf Urlaubstage werde ein Tagegeld von 5 DM gewährt. Ca. 500 Personen kämen in den in den Genuß dieses Zuschusses (Bremer Volkszeitung vom 28. Mai 1955).

vertrages, der erst zum Jahresende 1955 kündbar war, forderten Teile der Belegschaft Teuerungszulagen und andere Zuschläge.[460] Am 18. Juli 1955 verlangten die Tischler zehn Pfg. Teuerungszulage und lehnten bis auf weiteres Überstunden ab. Die Brenner hatten bereits auf einer Branchenversammlung diese Forderung erhoben und eine Schmutzzulage von zehn Pfg. pro Stunde verlangt[461]. Sie leisteten seit dem 16. Juli keine Überstunden mehr. Darauf drohte die Werftdirektion den 43 Brennern, die die Überstunden verweigerten, zunächst mit fristloser Entlassung[462], bewilligte jedoch einige Tage später den Brennern der Bordmontage die Zulage von 20 Pfg.[463] Der »Rekordauftragsbestand« bei der AGW[464] machte die Werftleitung zu Zugeständnissen bereit, denn sie benötigte in dieser Situation die Arbeitskräfte und deren Bereitschaft zur Leistung von Überstunden.

---

460 Die KPD begründete diese Forderungen mit einer ausführlichen Darstellung der ökonomischen Entwicklung der AG »Weser«. Anläßlich der Hauptversammlung der AGW vom 1. Juli 1955 schrieb sie: »*Die Gegenüberstellung der Produktionsziffern von 1953 und 1954 gibt einen Einblick, wie die Ausbeutung ständig verschärft wird. Im letzten Jahr wurden weit mehr als das Doppelte an Schiffbautonnage auf beiden Werften hergestellt als im Vorjahre. Die Werften gesondert betrachtet, ergibt sich folgendes Bild: Während bei der AG Weser-Werft die Belegschaft um nur rund 500 Kollegen auf 6000 anstieg (eine Zunahme von nur rund 9 %), hat sich der Tonnageausstoß beinahe verdreifacht. Auf der Seebeck-Werft, wo die Belegschaftsstärke gleich blieb, sind 1954 64 Prozent mehr ausgestoßen worden als 1953. Noch deutlicher wird das Bild, wenn man die Umsatzziffern vergleicht. Der Gesamtumsatz der beiden Werften hat im Laufe der letzten 7½ Jahre eine Höhe von 657 Millionen DM erreicht. Davon entfallen mehr als ein Drittel auf das Jahr 1954. Während in 6½ Jahren 403 Millionen DM, also im Monat durchschnittlich 5 Millionen DM, an Umsatz erzielt wurde, sind im vorigen Jahr 254 Millionen DM, und somit im Monatsdurchschnitt rund 21 Millionnen DM - das Vierfache gegenüber den Vorjahren - ereicht worden. Mit anderen Worten: Die Werftarbeiter mußten 1954 für viermal soviel Umsatz arbeiten wie in den Vorjahren. [...] Demgegenüber sind die Stundenlöhne der Arbeiter in den letzten Jahren nur einmal um sechs und einmal um acht Pfennig erhöht worden.*« (Tribüne der Demokratie vom 5. Juli 1955).
461 Die Schweißer hatten bereits eine Erschwerniszulage in dieser Höhe für Arbeiten in geschlossenen Räumen bekommen (vgl. Tribüne der Demokratie vom 19. Juli 1955).
462 Vgl. Tribüne der Demokratie vom 20.Juli 1955.
463 Vgl. Tribüne der Demokratie vom 23./24. Juli 1955. Ende Juli forderten Maler und Takler eine Erschwerniszulage von 20 Pfg., und die Takler verlangten ferner einen Ölanzug für jeden Kollegen und eine Duschanlage (vgl. Tribüne der Demokratie vom 30./31. Juli 1955). Zuvor hatte die Bremer Volkszeitung begeistert über die modernisierte Ausstattung der Sozialräume der AGW, u.a. mit Duschen, berichtet (vgl. Bremer Volkszeitung vom vom 28. Mai 1955).
464 Bremer Volkszeitung vom 2. Juli 1955.

Die Vertrauensmänner der AGW forderten nun einstimmig die schnellstmögliche Kündigung des Lohntarifs[465], und es kam zu Tarifverhandlungen im gesamten Tarifbezirk Hamburg. Das Verhandlungsergebnis vom September 1955 sah eine Erhöhung des Facharbeiterlohnes von 13 Pfg. zum Jahresbeginn 1956 vor.[466] In einer Urabstimmung votierten nur 54 Prozent im Tarifbezirk für dieses Ergebnis.[467] In Bremen stimmten hingegen 53,1 Prozent gegen und nur 46,5 Prozent für das Lohnabkommen[468], das bis zum Oktober 1956 befristet war. Die ablehnende Haltung der Mehrheit der Bremer Werftarbeiter, die durch ihre betrieblichen Aktionen und die Überstundenverweigerung den Anstoß für diese Lohnverhandlungen gegeben hatten, ist verständlich, war doch weder die ursprünglich geforderte Lohnerhöhung von 20 Pfg. noch die Teuerungszulage von 20 Pfg. erreicht worden.[469]

Die Verhandlungen um den Manteltarifvertrag über die Arbeitszeitverkürzung im Juli 1956 waren dann schon ausschließlich Sache der Gewerkschaften. Betriebliche Aktionen gab es dazu nicht mehr. Allerdings sollte die Einführung der 45-Stunden-Woche noch einmal zu einem Konflikt auf der AG »Weser« führen, der in verschiedener Hinsicht den Wandel betrieblichen Handelns kennzeichnet. Von Montag, den 1. bis zum Mittwoch, den 3. Oktober 1956 streiken rund 600 Arbeiter - vor allem Schweißer und Schiffbauer -, um damit gegen eine Verkürzung der Frühstückspause und »*gegen die Anweisung der Direktion zu protestieren, das Frühstück künftig unmittelbar am Arbeitsplatz einzunehmen*«. Die Werftleitung begründete die Verkür-

---

465 Vgl. Tribüne der Demokratie vom 4. August 1955.
466 Fernschreiben des IGM-Bezirksleiters Küste, Herbert Sührig, an den Vorsitzenden der IGM, Otto Brenner, vom 5. September 1955, IGMA 1-2, 266. Es wurden auch eine Senkung des Akkordrichtsatzes und einmalige Ausgleichszahlungen in Höhe von 40 bis 75 DM vereinbart.
467 Vgl. Bremer Volkszeitung vom 17. September 1955.
468 Vgl. Tribüne der Demokratie vom 12. September 1955.
469 Das Betriebsratsmitglied Lahrs (KPD) wies darauf hin, daß die Einmalzahlungen nur eine Erhöhung um acht Pfg. die Stunde bedeuteten (vgl. Tribüne der Demokratie vom 6. September 1955). Der Bezirksleiter der IG Metall berichtete dem Vorstand sogar, daß das Lohnabkommen vom September 1954 bis zum 31. Oktober 1956 »*verlängert*« worden sei, nur der Facharbeiterlohn sei angehoben worden (Fernschreiben des IGM-Bezirksleiters Küste, Herbert Sührig, an den Vorsitzenden der IGM, Otto Brenner, vom 5. September 1955, IGMA 1-2, 266).

zung der Frühstückspause von 15 auf zehn Minuten mit der seit dem 1. Oktober eingeführten Fünf-Tage-Woche. Die Unterkünfte, in denen bislang die Belegschaft gefrühstückt hatte, wurden in den Vormittagsstunden geschlossen. Die Arbeiter sollten am Arbeitsplatz frühstücken, um die langen Wegezeiten zu den Sozialräumen zu vermeiden, die nach Angaben der Direktion zu Pausen bis zu 45 Minuten geführt hätten. Am Mittwochnachmittag drohte die Werftleitung allen Streikenden die fristlose Entlassung an.[470] Am 4. Oktober wurden dann tatsächlich 600 Arbeiter entlassen und der *»Arbeitsfrieden auf der AG 'Weser' wieder hergestellt. [...] Die Entlassenen wurden Donnerstag früh nicht ins Werk gelassen und versammelten sich daraufhin auf dem nahegelegenen Tura-Platz, um zu protestieren. Diese Versammlung verlief in Ruhe. Der Betriebsratsvorsitzende Böhrnsen teilte ihnen mit, sie seien entlassen«.*[471]

Der Vorgang signalisiert ein erhebliches Maß von Entfremdung zwischen den Instanzen, die die zunehmend verrechtlichten und institutionalisierten Arbeitsbeziehungen verwalten - also Gewerkschaft und Betriebsrat - auf der einen Seite und einem Teil der Arbeiterschaft andererseits. Eine beträchtliche Anzahl von Arbeitern streikt, weil die von ihrer Gewerkschaft erreichte Verbesserung ihrer Situation - die Verkürzung der Wochenarbeitszeit - im Betrieb unerwartete und unangenehme Nebenwirkungen hat. Gestreikt wird hauptsächlich von den Schweißern, angelernten Arbeitern, die auch früher schon zu den aktivsten bei betrieblichen Konflikten auf der Werft gehört hatten. Dabei geht es diesmal nicht um Lohn oder Zulagen und noch nicht einmal so sehr um die Verkürzung der Pause an sich, sondern die Streikenden finden es unter ihrer Würde, im Dreck und ungeschützt am Arbeitsplatz frühstücken zu müssen. Für diese Haltung haben weder Gewerkschaft noch Betriebsrat Verständnis. Der Streik wird nicht von der Gewerkschaft legitimiert. Der damals junge Schweißer Werner Hitzacker erinnert sich an heftige Auseinandersetzungen mit seinem Vater, der Betriebsrat war, wegen seiner Teilnahme an dem »*wilden Streik*«[472]. Und es ist bemerkenswerter-

---

470 Bremer Nachrichten vom 4. Oktober 1956.
471 Bremer Nachrichten vom 5. Oktober 1956.
472 *Dann ham wir gearbeitet bis 9 Uhr glaub ich 9 Uhr war das. Und dann ham wer nichts mehr gemacht.*

weise der Betriebsratsvorsitzende - nicht etwa der Werftdirektor -, der den ausgesperrten Kollegen mitteilt, daß sie entlassen seien. Ein

> Na ja denn liefen wer auf de Werft rum
> und nun war das ja auch so
> da warn ja Leute die eh jahrelang arbeitslos warn.
> Den ham wer denn das Werkzeug weggenommen
> so daß se nich mehr arbeiten konnten.
> Die denn die wollten ja arbeiten nech.
> Die hatten ja Angst die warn in de Probezeit
> daß se eh eh rausgeschmissen wurden nech.
> Und denn wieder keine Arbeit haben.
> Da ham manche geheult.
> [...]
> Na ja denn=e ging das so ne halbe Woche.
> Donnerstag denn kam wer gar nich mehr auf e Werft rauf.
> Dann wurden wer ausgesperrt.
> Dann ham wer aufm Turaplatz die Versammlung abgehalten.
> [...]
> Da ham wer denn die Versammlung abgehalten.
> Und=e na ja und denn.
> Und Donnerstag wurd ich entlassen.
> Am Freitag wieder eingestellt.
> Dann warn ((lacht)) war einer
> von der Personalabteilung bei meiner Mudder
> »Ihr Sohn kann Montag wieder kommen.«
> Nech da hatten se die Rädelsführer
> und das war alles eh kommunistisch eh war das ja
> also da ging das von aus.
> Die eh die ham ihre Chance gesucht da nech.
> Und das war alles eh von der KPD war das=e organisiert nech.
> Und=e das warn auch die Rädelsführer.
> Die hat man denn auch rausgeschmissen.
> Und denn die wurden auch nich wieder eingestellt nech.
> Und dann hatt ich ja nanü_ natürlich auch Trouble zu Hause.
> Mein Vadder der war Vorsitzender
> des=e Vertrauenskörpergremiums nech.
> Und die warn ja nich dafür.
> Und da hatten wer natürlich ((lacht))
> aber als 19jähriger na ja gut nech.
> Da denkt man ja noch nich so daüber nach nech.
> Da hatten wer ganz schön Auseinandersetzung zu Hause.
> Na ja und=e dann sind wer Montag
> wieder angefangen zu arbeiten nech.
> Das war ja nech.
> Wir kam trotzdem nich in den Waschraum rein nech.
> Und=e na ja aber na ja das war mal so ne Geschichte.
> (Interview mit Werner Hitzacker, Transkript).

deutlicheres Zeichen für den Wandel betrieblicher Interessenvertretung ist kaum denkbar. Die Streikenden wurden mit Ausnahme der »Rädelsführer« nach wenigen Tagen wieder eingestellt - dafür sorgte der Betriebsrat dann doch - aber Erfolg hatte die spontane Aktion nicht. Sie sollte dann auch die letzte sein in einem bis in die 1970er Jahre hinein befriedeten Betrieb.

Kapitel 6

Das außerbetriebliche Milieu der AG »Weser«

1. Familial-verwandtschaftliche Netzwerke

Josef Mooser stellt für die ersten Jahrzehnte der Bundesrepublik einen schichtenübergreifenden »Grundkonsens über die Familie, die private Existenz als wichtigsten Lebensbereich« fest, den es in dieser Form vor 1933 nicht gegeben habe. Besonders in der Arbeiterschaft, so vermutet er, habe sich »wegen [der] wiederholten Erfahrung der Familie als notwendige Solidargemeinschaft [...] das Familienbewußtsein [...] vertieft«. Er beruft sich dabei auf Umfragen, wonach die Familie der »wichtigste Bezugspunkt für die Persönlichkeit« sei, »der weithin die Einstellung zur Berufsarbeit, die Freizeitaktivität und die Selbstinterpretation der Lebensgeschichte prägt«.[1]

Der Eindruck von der großen Bedeutung der Familie bestätigt sich in unseren lebensgeschichtlichen Interviews, einer Bedeutung, die keinesfalls auf unseren Untersuchungszeitraum beschränkt ist, sondern die auch für spätere Jahrzehnte noch Gültigkeit hat. Allerdings muß diese Beobachtung geschlechtsspezifisch differenziert werden. Die von uns befragten Frauen stellen nämlich in ihrer erzählten Lebensgeschichte die Familie weitaus stärker in den Mittelpunkt als die Männer, und zwar unabhängig davon, ob sie selbst berufstätig waren oder nicht. Die männlichen Interviewpartner definieren sich eindeutig stärker über die Berufsarbeit; der Umfang, den sie im narrativen Interview ihrer Familie widmen, ist wesentlich geringer als bei Frauen[2]. Das heißt nun aber nicht, daß der Familienzu-

---
1   Josef Mooser, Arbeiterleben in Deutschland 1900-1970. Klassenlagen, Kultur und Politik, Frankfurt a.M. 1984, S. 152.
2   Auf diese Erscheinung weist auch Nicola Hawkins hin: Die Relevanz der Familie in der biographischen Selbstdeutung von Männern, in: M. Kohli und G. Robert

sammenhalt für Männer objektiv nicht genauso wichtig gewesen wäre wie für Frauen. Sie konstruieren ihre Biographie nur anders, eine Tatsache, die auf das unterschiedliche Rollenverständnis von Männern und Frauen verweist. Das Erzählverhalten unserer männlichen Interviewpartner mag freilich auch mit unserem Forschungsgegenstand AG »Weser«-Milieu zusammenhängen: Die Männer wußten, daß sie als ehemalige Werftarbeiter von uns angesprochen worden waren.

Zur Klarstellung sei bemerkt, daß für das folgende ein erweiterter Begriff von Familie zugrundegelegt wird, der über das Zusammenleben von Ehegatten und Kindern hinausgeht und die Verwandtschaft - Eltern, Schwiegereltern sowie Geschwister der Ehepartner - mit einbezieht. Die Auswertung der von uns erhobenen Interviews legt ein solches Verständnis von Familie im Sinne eines erweiterten Familienverbandes nahe.

Auch nach dem Ende der »Zusammenbruchsgesellschaft« der unmittelbaren Nachkriegszeit, in der die erweiterte Familie vielfach erzwungene Notgemeinschaft zur Sicherung des Überlebens war, blieb der Familienzusammenhang in dem von uns untersuchten Zeitraum - und darüber hinaus - in Werftarbeiterkreisen bemerkenswert dicht. Hier läßt sich eine Traditionslinie ziehen, die auf ähnliche verwandtschaftliche Vernetzung der proletarischen Familie während des Kaiserreichs und der Weimarer Republik zurückverweist.[3] Es hat offenbar - so unser Ergebnis - auch während der 1950er Jahre in Arbeiterkreisen keine Rückentwicklung zur engen Kernfa-

---

(Hrsg.), Biographie und soziale Wirklichkeit. Neue Beiträge und Forschungsperspektiven, Stuttgart 1984, S. 217-238. Es stelle sich heraus, schreibt sie, »daß die Berufsbiographie als selbständiger Strang unabhängig von der Familie erzählt werden kann, solange letztere nicht problembehaftet ist.« (S. 235). »Es zeigt sich [...] die Tendenz, daß die Handlungsmöglichkeiten erweiternden Einflüsse der Familie, die Persönlichkeiten der Ehefrauen, ihre Einstellungen und Dimensionen in der Biographie im Hintergrund bleiben.« (ebenda).

3 Für das Kaiserreich: Heidi Rosenbaum, Formen der Familie. Untersuchungen zum Zusammenhang von Familienverhältnissen, Sozialstruktur und sozialem Wandel in der deutschen Gesellschaft des 19. Jahrhunderts, Frankfurt a.M. 1982, S. 432. Für die Weimarer Republik: Karen Hagemann, Frauenalltag und Männerpolitik. Alltagsleben und gesellschaftliches Handeln von Arbeiterfrauen in der Weimarer Republik, Bonn 1990, S. 349. Beide Autorinnen stellen für ihren jeweiligen Zeitraum fest, daß es eine wachsende Isolierung der Arbeiterfamilie nicht gegeben habe.

milie gegeben. Wir unterscheiden uns damit von der Aussage Ulrich Herberts, die dieser im Rahmen des Ruhrarbeiterprojekts zu diesem Komplex gemacht hat: »Neben der Arbeit war der zweite Schwerpunkt des Lebens in den 1950er Jahren die Familie - die Kleinfamilie, abgegrenzt von Verwandtschaft und Nachbarschaft«.[4]

Unterstützung durch den erweiterten Familienverband

Stellte sich auch im Laufe der 1950er Jahre eine allmähliche Anhebung des Lebensstandards durch einen Anstieg des Familieneinkommens ein, so ist dieses Jahrzehnt im Arbeitermilieu doch noch von einer auffälligen ökonomischen Knappheit geprägt. Auf die Unterstützung durch Verwandte war man durchaus noch angewiesen, zumindest nahm man sie gern in Anspruch.

Angesichts der weit verbreiteten Vorstellung von den 1950er Jahren als der Zeit des »Wirtschaftswunders« erschien es uns bemerkenswert, mit welcher Häufigkeit und Nachdrücklichkeit besonders die Werftarbeiter*frauen* von der damaligen Notwendigkeit des Sparens sprachen.[5] Beispielhaft mag Frau Rixdorf (Jahrgang 1921) sein, die erzählte, wie sie noch 1960 weite Wege - von der Wohnung in der Neustadt bis in die Stadtmitte - zu Fuß zurücklegte, nur um bei Karstadt etwas preisgünstiger einkaufen zu können. Das Geld für Straßenbahnfahrten wurde häufig gespart. Eine andere, Frau Hitzakker jun. (Jahrgang 1936), erinnerte sich, daß sie in den ersten Jahren ihrer Ehe Ende der 1950er Jahre abends immer Radio im Dunkeln gehört hätten, um Strom zu sparen. Aufwärts ging es nur langsam. Frau Hitzacker sen. (Jahrgang 1915) schildert das so:

---

4 Ulrich Herbert, Zur Entwicklung der Ruhrarbeiterschaft 1930 bis 1960 aus erfahrungsgeschichtlicher Perspektive, in: Lutz Niethammer und Alexander von Plato (Hrsg.), »Wir kriegen jetzt andere Zeiten«. Auf der Suche nach der Erfahrung des Volkes in nachfaschistischen Ländern, Berlin/Bonn 1985, S. 44.

5 Ebenso urteilt Michael Wildt: »Die Lebensverhältnisse der vom Statistischen Bundesamt ausgewählten 4-Personen-Arbeitnehmerhaushalte waren in den 1950er Jahren lange Zeit viel karger und eingeengter als die Topoi von der 'Konsumgesellschaft', des 'Wirtschaftswunders' oder der 'Verbrauchswellen' suggerieren.« (Michael Wildt, Am Beginn der Konsumgesellschaft. Mangelerfahrung, Lebenshaltung, Wohlstandshoffnung in Westdeutschland in den fünfziger Jahren, Hamburg 1994, S. 73).

> *Bei klein bei klein.*
> *Nu warns ja auch drei Kinder nich.*
> *Na ja wir habn nich hungern müssen oder so was nich*
> *das habn wir nich. Aber wir mußten schon die Mark umdrehn nich*
> *das mußten wir.*

Anders als im bürgerlichen Milieu, in dem man schon früher am »Wirtschaftswunder« partizipieren konnte, war man hier also noch lange auf den Familienverband angewiesen. Man half sich gegenseitig aus mit den neuen Konsumgütern, die es zu kaufen gab, die sich aber bei weitem noch nicht jeder Haushalt leisten konnte. Man sparte lieber eisern, als daß man sich verschuldete. Ratenkäufe wurden zwar getätigt, aber nur ungern, sie stimmten eigentlich nicht mit dem überein, was Facharbeiterfamilien unter »solidem Haushalten« verstanden. Daß sich Arbeiterfamilien erst mit erheblicher Verzögerung gegenüber Angestellten und Selbständigen langlebige Konsumgüter anschaffen konnten, ist belegt.[6] Einige Beispiele aus unserem Sample mögen das Gesagte verdeutlichen. Frau Weimar erzählt:

> *Ich muß sagen ich hab ne Waschmaschine sehr spät gekriegt.*
> *Meine Schwiegermutter hatte schon eine*
> *und zwar noch nich so eine wie wir heute ham*
> *sondern wo man noch äh trotzdem durchdrehn mußte durch die Mangel*
> *und noch wieder extra spülen mußte*
> *also die nur zum Waschen da war*
> *und wir ham uns die denn äh*
> *als wir wir ham uns die denn*
> *immer geholt von meiner Schwiegermutter*
> *und habn denn hier damit gewaschen.*
> *Ich weiß meine Kinder die schimpften immer.*
> *»Immer diese Waschmaschine holen so was Blödes.«*
> *(...) Bis wir dann nachher selber eine bekamen.*[7]

---

6 Vgl. Michael Wildt, Wirtschaftsrechnungen von Arbeitnehmerhaushalten in der Bundesrepublik Deutschland 1950-1963, in: Klaus Tenfelde (Hrsg.), Arbeiter im 20. Jahrhundert, Stuttgart 1991, bes. S. 601-608; ders., Am Beginn der Konsumgesellschaft, a.a.O., passim.
7 Interview Elly Weimar, Transkript.

Ihr Mann sei immer sehr *»vorsichtig«* beim Geldausgeben gewesen und habe die Anschaffung einer Waschmaschine auch nicht für dringend gehalten, offenbar auch deshalb - so läßt sich vermuten -, weil er die Unterstützung durch den erweiterten Familienverband für selbstverständlich hielt. Ein Staubsauger wurde ebenfalls gemeinsam von den zwei Familien benutzt.

Ähnliches galt bei manchen für die Benutzung eines Autos. Das Ehepaar Weimar hat sich nie einen eigenen Wagen gekauft, schließlich konnte der Ehemann, ein Rohrschlosser und späterer Meister, die nahegelegene Werft bequem mit dem Fahrrad erreichen. Als bloßes Prestigeobjekt war ein Wagen zu teuer. Die ersten Urlaubsfahrten - nicht weiter als ins hessische Bergland - wurden im Auto des Schwagers ihres Mannes zurückgelegt. *»Der war im Büro der hat sich dann auch hochgearbeitet. [...] Der hatte nachher auch nen Wagen«*.

Fernsehen genoß man lange im erweiterten Familienkreis[8], weil die Geräte noch sehr teuer waren. Frau Dröhler erinnert sich, daß sie und ihr Mann, Maschinenschlosser auf der Werft, sich Weihnachten 1959, sieben Jahre nach der Heirat und nachdem sie zehn Jahre lang als Lagerarbeiterin gearbeitet hatte, einen Fernsehapparat kaufen konnten. Ähnliche Aussagen finden sich in mehreren Interviews. Frau Rixdorf fällt dazu ein, daß ihre Familie sich erst in den 1960er Jahren einen Apparat anschaffte, und dann auch nur, weil ihre Schwester ihr das Geld dafür gab, nachdem sie im Lotto gewonnen hatte.

Daß die Großfamilie in der zweiten Hälfte der 1950er Jahre zur Befriedigung viel elementarerer Bedürfnise gebraucht wurde, zeigt noch einmal Frau Hitzacker jun. Sie und ihr Mann, ein angelernter Schweißer, heirateten 1957, ein Kind war unterwegs. Sie bekam noch ein halbes Jahr lang Arbeitslosengeld, er erhielt, da noch nicht 21, durchaus nicht den vollen Ecklohn. Als sie 1958 an einer schweren Grippe erkrankte, mußte der Ehemann einige Tage in der Woche zuhause bleiben und bekam einen geringeren Wochenlohn. Der Familienverband mußte einspringen.

---

8   Darauf weist auch Angela Vogel in ihrem Beitrag »Familie« hin, in: Wolfgang Benz (Hrsg.), Die Bundesrepublik Deutschland, Bd. 2: Gesellschaft, Frankfurt a. M. 1983, S. 114.

*Der Uwe brauchte muttermilchähnliche Nahrung
weil er ne Frühgeburt war.
Und das kostete in der Woche schon 12 Mark.
Da können Sie sich ja vorstelln.
Ja und denn sind war aber oft zu Schwiegereltern
und zu meinen Eltern zum Essen gegangen und so.
Da ham wir denn natürlich auch n bißchen gespart nich.*

Es herrschte also in dem von uns untersuchten Milieu noch lange ein Solidarverhalten unter Verwandten; außerfamiliäre Instanzen wurden weniger als heute in Anspruch genommen, standen auch gar nicht in ausreichendem Maße zur Verfügung oder waren zu teuer.

Mit sozialen Einrichtungen war es in den 1950er und 1960er Jahren noch schlecht bestellt. Kindergärten z.B. wurden nicht nur aus ökonomischen, sondern auch aus ideologischen Gründen in den Anfangsjahren der Bundesrepublik nicht ausgebaut. Eine Förderung der staatlichen Versorgung mit Kindergartenplätzen hätte im Gegensatz zur offiziellen Familienpolitik unter Adenauer gestanden, wonach Kindererziehung und -betreuung in erster Linie eine Angelegenheit der Familie, genauer: der Mütter zu sein hatte.[9] In Bremen entsprach in der ersten Hälfte der 1950er Jahre das Angebot an Kindertagesheimplätzen nur der Hälfte des tatsächlichen Bedarfs.[10] Auch im Jahre 1960 hatte sich die Situation noch nicht gebessert, besonders das Angebot an Krippen- und Hortplätzen war stark defizitär.[11] Noch 1963 ermunterte die sozialdemokratische Senatorin für

---

9   Nach Franz-Josef Wuermeling, Bundesfamilienminister von 1953 bis 1962, galt es »*sorgfältig zu erwägen, inwieweit die Familie durch Schaffung solcher Sozialeinrichtungen zwar von außen geschützt, aber von innen entkräftet wird. Oft dürfte es besser sein, die Familie und hier in erster Linie die Hausfrau und Mutter durch persönliche Unterstützung (Familienpflegerin) zu entlasten. Für Mütterwirken gibt es keinen vollwertigen Ersatz.*« (F.J. Wuermeling, Jugend in der Großstadt, in: Bulletin vom 12.10.1960, zitiert nach Ingrid Langer, Familienpolitik - ein Kind der fünfziger Jahre, in: Perlonzeit. Wie die Frauen ihr Wirtschaftswunder erlebten, Berlin 1985, S. 116).

10 Betreut werden konnten Kinder nur im Umfang von ca. 0,79 Prozent der Gesamtbevölkerung, der Bedarf umfaßte aber ca. 1,5 Prozent der Bevölkerung (Erziehungs- und Kulturarbeit in Bremen, hrsg. i.A. des Senators für das Bildungswesen und des Senators für das Jugendwesen von Wilhelm Berger, Bremen 1956, S. 10).

11 Das geht aus der Antwort der zuständigen Bremer Behörde auf eine Anfrage aus Berlin vom 17.11.1960 hervor (Archiv Senator für Soziales 423-30-04/0-10).

Jugend und Wohlfahrt, Annemarie Mevissen die berufstätigen Bremer Mütter, sich ihrer Macht bewußt zu werden und vom Staat mehr Kindertagesstätten zu fordern.[12]

In einer solchen Lage war eine Möglichkeit, das Problem der Vereinbarkeit von Beruf und Familie zu bewältigen, der Rückgriff auf die Unterstützung des erweiterten Familienverbandes, in erster Linie auf die Großmütter. Erleichtert wurde diese Hilfestellung dadurch, daß die Frauen mit ihrer Familie häufig in räumlicher Nähe zu den eigenen Eltern oder den Schwiegereltern wohnten. Die Konzentration des Verwandtschaftsverbandes auf einen relativ geringen lokalen Radius kann als typisch für das Bremer Werftarbeitermilieu angesehen werden. Daß Eltern und Geschwister der Eheleute generell und auch in späteren Jahren noch sehr häufig im selben Ort oder in der Umgebung innerhalb nur einer Stunde Anreise wohnten, zeigen Untersuchungen aus den Jahren 1969 und 1983, die über Bremen und Köln gemacht wurden.[13] Diese Studien widerlegen im übrigen die These von »der vermehrt isolierten Kleinfamilie in der Unterschicht«[14], ein Ergebnis, das auch für unseren Gegenstand und unseren Zeitraum Gültigkeit hat. Für unseren Untersuchungszeitraum und in unserem Sample war die räumliche Nähe noch weitaus signifikanter als in der genannten Studie. Einige Beispiele seien genannt:

Frau Weimars Schwiegereltern wohnten so nahe, daß - wie oben erwähnt - die Waschmaschine herübergetragen werden konnte und die Kinder mittags bequem statt in die eigene Wohnung in die großelterliche Wohnung zum Mittagessen gehen konnten oder die Großmutter herüberkommen konnte, wenn die Mutter auf ihrer Arbeitstelle war. Frau Hitzackers kleiner Sohn wurde einige Jahre lang freitags abwechselnd zu ihrer und zu der Mutter ihres Mannes gebracht und am Sonnabend, wenn die Arbeit auf ihrer Putzstelle beendet war, wieder abgeholt. In einem anderen Fall brachte der Ehemann einer berufstätigen Frau täglich das Kind zu seiner Mutter, die in einem benachbarten Stadtteil wohnte.

---

12 »Senatorin ermutigt berufstätige Frauen« (Weser-Kurier vom 11. Juni 1963).
13 Günter Lüschen, Familial-verwandtschaftliche Netzwerke, in: Rosemarie Nave-Herz (Hrsg.), Wandel und Kontinuität der Familie in der Bundesrepublik Deutschland, Stuttgart 1988, S. 152.
14 Ebenda, S. 165 f.

Fälle von Dreigenerationenfamilien unter einem Dach oder gar in einem Haushalt tauchen mehrfach in unserem Sample auf.[15] Eine solche Wohnsituation war in den 1950er Jahren zweifellos zum Teil noch Ausdruck der herrschenden Wohnungsknappheit. Sie konnte aber auch darin begründet sein, daß aufgrund einer bremischen Besonderheit Arbeiterfamilien in der Hansestadt schon seit der Zeit des Kaiserreichs in nennenswerter Zahl Eigentum an kleinen Häusern besaßen[16] und die zukünftigen Erben im elterlichen Haus wohnen blieben oder später mit ihrer Familie zurückkehrten, häufig wenn ein Elternteil gestorben war.[17] Ehemalige Bewohnerinnen erinnern sich, daß viele ihrer Spielkameraden in den 1950er Jahren, die in den typischen kleinen Arbeiterhäusern in den Straßen gegenüber der AG »Weser« lebten, eine Großmutter mit im Hause wohnen hatten. Ein Blick in das Bremer Adreßbuch bestätigt dies: 1955 lebte in der Jade-

---

15 Ehepaare Giesecke, Rixdorf und Dröhler sowie Else Boranski.
16 In Bremen fehlten seit der zweiten Hälfte des 19. Jahrhunderts Anlagemöglichkeiten für das Handelskapital; daher wurde das Geld als Darlehen in der Form von sogenannten Handfesten in den Hausbau gesteckt. Eigenkapital brauchte von einem potentiellen Hauskäufer nur in geringem Umfang aufgebracht zu werden, seine Zahlungsverpflichtung bestand in der Bedienung der Handfeste. Eine Tilgung wurde vom Geldgeber nicht erwartet, da er sich ja sonst nach einer neuen Anlagemöglichkeit hätte umsehen müssen. Ende des 19. Jahrhunderts gab es andere günstige Möglichkeiten für Mieter, ein Haus überschrieben zu bekommen. Auf diese Weise konnten in Bremen auch Angehörige einkommensschwacher Schichten Eigentümer von in der Regel kleinen eingeschossigen Häusern werden (vgl. Das Bremer Haus, hrsg. vom Verein für Niedersächsisches Volkstum e.V./Bremer Heimatbund und Landesbausparkasse Bremen, Bremen 1989, S. 8 f. und S. 12. Vgl. auch: Klaus Schwarz, Wirtschaftliche Grundlagen der Sonderstellung Bremens im deutschen Wohnungsbau des 19. Jahhunderts, in: Bremisches Jahrbuch 54 [1976]; Herbert Schwarzwälder, Geschichte der Freien Hansestadt Bremen, Bd. 2 Von 1810 bis zum Ersten Weltkrieg [1918], Bremen 1976, S. 374 f.und S. 367).
17 In einer Studie, die nach dem Ende der AG »Weser« im Jahre 1983 über die Wohnverhältnisse der ehemals dort Beschäftigten angefertigt wurde, weisen die Autoren nach, daß die Hälfte der deutschen Facharbeiter - im Gegensatz zu den türkischen Arbeitern - Haus- oder Wohnungsbesitzer waren und von diesen wiederum ein erheblicher Teil durch Erbschaft in den Besitz des Hauses gekommen war, in dem sie zur Untersuchungszeit, in der zweiten Hälfte der 1980er Jahre, lebten (vgl. Hartmut Häußermann und Werner Petrowsky, Die Bedeutung der Wohnverhältnisse für die Bewältigung der Arbeitslosigkeit. Endbericht über ein von der VW-Stiftung gefördertes Projekt, Bremen 1990, bes. Kapitel 6). Auch in unserem Sample haben wir mehrere Fälle, in denen die Interviewpartner in einem Haus wohnen, das sie geerbt haben.

straße, einer typischen Werftarbeiterstraße mit eingeschossigen Häusern bei ausgebautem Dachgeschoß, in jedem zweiten Haus eine Witwe (in 25 von insgesamt 49 Häusern) zusammen mit einer anderen Partei. Das werden aller Wahrscheinlichkeit nach jene Großmütter gewesen sein.[18]

Ein Fall einer echten Dreigenerationenfamilie in einem Haushalt lag bei Familie Dröhler vor. Die junge Frau zog nach der Heirat 1952 zu ihrem Mann, der mit seiner verwitweten Mutter in deren Haus wohnte. Sie brauchte sich kaum an eine neue Umgebung zu gewöhnen, lebte ihre eigenen Familie doch schon seit Jahren in derselben Straße, nur zwei Häuser entfernt. Frau Dröhler, die seit 1949 als Pakkerin in einer Kaffeefabrik arbeitete, unterbrach auch nach der Geburt des ersten Kindes ihre Erwerbstätigkeit nicht. Ihre Schwiegermutter betreute den Sohn und übernahm das Kochen. Frau Dröhler erledigte Hausputz, Wäsche, Flicken und Nähen nach Feierabend. Das Verhältnis zwischen Alt und Jung war offenbar harmonisch, so daß sie sich um den Ablauf des häuslichen Alltags keine Sorgen zu machen brauchte. »*Oma war ja das ging gut.*« Sie sprach während des Interviews mit Dankbarkeit und Respekt von ihrer Schwiegermutter, die sich ihr gegenüber »*immer anständig*« verhalten habe, obgleich sie anfänglich der Verbindung skeptisch gegenübergestanden habe. »*Nachher war das alles eigentlich ganz schön wie ich hierher kam. (...) Bei uns ging es eigentlich ganz gut. Sie hat auch nichts gesagt sie fühlte sich wohl auch ganz wohl.*« Frau Dröhler unterbrach ihre Berufstätigkeit erst nach der Geburt des zweiten Sohnes im Jahre 1959, als die Kräfte ihrer Schwiegermutter nachließen.

Ein Beispiel für eine Dreigenerationenfamilie unter einem Dach findet sich in unserem Sample auch noch für eine spätere Zeit, als Wohnungsknappheit ganz sicher kein Grund mehr sein konnte. Herr

---

18 In neun Fällen trug die Witwe denn auch denselben Namen wie der im selben Haus aufgeführte männliche Mitbewohner. Es handelte sich also um Mutter und erwachsenen Sohn, der mit seiner Familie dort wohnte. (Die übrigen Familienmitglieder werden im Adreßbuch nicht aufgeführt.) In den anderen Fällen wird die Witwe die Schwiegermutter gewesen sein (Bremisches Adreßbuch von 1955, S. 239). Obgleich die Eigentumsverhältnisse nicht aus dem Adreßbuch hervorgehen, erscheint es aufgrund der genannten Studie von Häußermann und Petrowski durchaus plausibel, daß die Witwe die Hauseigentümerin war. Vergleichbares läßt sich für die benachbarten Straßen nachweisen.

Tauber, Jahrgang 1945, ehemaliger Tischler auf der AG »Weser«, lebte nach seiner Verheiratung im Jahr 1968 noch zehn Jahre mit Frau und zwei Kindern weiterhin im elterlichen Haus, das in der dritten Generation im Besitz der Arbeiterfamilie war. Heute wohnt seine inzwischen verwitwete alte Mutter mit in dem neugebauten Eigenheim, in das das Ehepaar 1978 umgezogen ist. Eine Abschiebung der leicht verwirrten alten Frau in ein Alters- oder Pflegeheim wird nicht erwogen. Wiederum zeigt sich das Muster: Die Unterstützung, die man selbst in jüngeren Jahren durch die Eltern erfahren hat, gibt man zurück, wenn sie alt geworden sind.[19]

Daß räumliche Nähe zur Herkunftsfamilie auch in der nächsten Generation noch eine Rolle spielen und auch geschätzt werden kann, wird am Wohnverhalten des ältesten der beiden Dröhlerschen Söhne deutlich. Wolfgang Dröhler, Jahrgang 1952, lebt mit seiner Familie heute nur ein paar Häuser von seinen Eltern entfernt, also in derselben Straße, in der sein Großvater väterlicherseits vor dem Ersten Weltkrieg sein Haus baute, in der sein Vater geboren wurde und sein gesamtes Leben hindurch gewohnt hat und in der seine 78jährige Mutter immerhin auch schon seit ihrer Jungmädchenzeit lebt. Man wohnt heute praktisch in Sichtweite voneinander: Die Großeltern Dröhler konnten während des Interviews ihren halbwüchsigen Enkel auf der Straße Fußball spielen sehen. Frau Dröhler freut sich darauf, daß ihr Sohn demnächst sogar in unmittelbarer Nachbarschaft, angrenzend an ihr eigenes Grundstück, bauen wird; ihr Mann und sie haben ihm zu diesem Zweck ein Stück ihres Gartens vermacht.

---

19 Das Leben mit Verwandten in beengten Wohnverhältnissen kann allerdings auch zu einer Belastung werden, wie andere Beispiele aus unserem Sample zeigen: Frau Rixdorf, die von 1945 bis 1957 durchaus nicht freiwillig mit Ehemann und zwei Töchtern in der Dreizimmer-Mietwohnung ihrer Mutter wohnte, schildert z.B. die Spannungen, zu denen es wegen des unterschiedlichen Erziehungsverhaltens der beiden Frauen häufig kam. Auch Frau Brandt, die sich mit ihrer Familie von 1947 bis 1951 das sehr kleine Elternhaus ihres Mannes mit Schwager und Schwägerin teilen mußte, berichtet von konflikthaften Situationen. Bei Dröhlers stellte die häusliche Enge offenbar kein schwerwiegendes Problem dar; immerhin wohnte man 19 Jahre, bis zum Tod der Mutter bzw. Schwiegermutter im Jahre 1971 - lange Zeit zu fünft - auf einer Wohnfläche von nur 60 qm zusammen, also auch zu einer Zeit noch, als eine finanzielle Zwangslage ebensowenig wie die Notwendigkeit der Kinderbetreuung gegeben war. Das Ehepaar lebt immer noch - heutzutage allein - in dem Haus, das inzwischen vielfach umgebaut wurde.

Das Überlassen von Grundstücken an die Kinder noch zu Lebzeiten der Eltern (Boranski, Feldmann), sowohl während unseres Untersuchungszeitraums als auch später; die gegenseitige Hilfe beim Haus- oder Wohnungsausbau, zunächst häufig in der Form von Wiederaufbau nach Kriegszerstörung; das Verschaffen von Wohnungen für Familiengehörige über den Betriebsrat der Werft (Else Boranski, Hitzackers jun.); das Vermitteln von Arbeit auf der Werft durch Vater, Onkel oder Bruder, die dort schon beschäftigt waren (Werner Hitzacker, Ehemann von Frau Boranski, Willy Tauber); die vorübergehende Aufnahme von Verwandten in der eigenen Wohnung (der Schwager von Frau Hitzacker sen. nahm seinen Bruder, ihren verstorbenen Ehemann, mehrere Jahre bei sich auf, während die restliche Familie aus Wohnungsmangel noch nicht wieder nach Bremen ziehen konnte): all das sind Ausdrucksformen eines funktionierenden familial-verwandtschaftlichen Netzwerks.

Dieses Netzwerk hält auch heute noch. Neben den geschilderten Fällen Dröhler und Tauber ist der heute über achtzigjährige Arthur Boranski zu nennen, der sein Haus seinem Sohn überschrieben hat, Wohnrecht genießt und von seiner Schwiegertochter betreut wird. Ganz in diesem Sinne äußerte sich Herr Ratjen, Jahrgang 1930, der stolz darauf ist, daß bis heute in seiner Familie noch niemand im Alter allein gelassen worden sei, noch niemand im Altersheim habe sterben müssen. Auch Frau Dröhler wollte nicht, daß ihr Bruder, der im Alter an der Alzheimerschen Krankheit litt, in ein Pflegeheim kam; sie kümmert sich intensiv um ihn, mußte aber schließlich doch aufgeben. Herr Mansholt pflegte seine alte Mutter bis zu ihrem Tod zu Hause, obgleich die Ärzte die Unterbringung in einem Heim empfohlen hatten. Eine Reihe weiterer Beispiele für die Fortdauer familialer Unterstützungsbereitschaft sind vorhanden.[20]

---

20 Die beiden kranken alten Frauen Becker und Steuermann werden heute regelmäßig von ihren Töchtern und Enkeln besucht und bei Hausarbeit und Körperpflege unterstützt. Frau Becker und das Ehepaar Rixdorf haben in den 1970er Jahren die unehelich geborenen Kinder ihrer Töchter bei sich aufgezogen und die Töchter finanziell unterstützt. Im Haushalt der Gieseckes lebten jahrzehntelang - bis zu ihrem Tod - die beiden Mütter des Ehepaares, die während der Erwerbstätigkeit von Frau Giesecke die Kinder betreut hatten. Frau Weimar hat bis vor kurzem im Haushalt ihrer krebskranken Schwiegertochter geholfen und kümmert

Im Fall von Frau Weimar wird allerdings auch deutlich, wie ambivalent der dichte Familienzusammenhalt wirken kann. »*Wir haben sehr viel Familiensinn gehabt*«, sagt sie, und das kann doppeldeutig gemeint sein. Denn die rührende Sorge ihres Mannes für seine alte Mutter hat sie zwar bewundert, andererseits aber auch als Reduzierung des ihr zustehenden Zuwendungspotentials empfunden.

> *(...) und dann na ja meine Schwiegermutter starb mit neunzig*
> *und dann ham wir noch zwei Jahre wirklich*
> *meine Mutter war schon tot*
> *zwei Jahre mal für uns gehabt*
> *und dann starb mein Mann selbst.*

Bei dieser familial-verwandtschaftlichen Selbsthilfe, die sich sowohl auf inter- als auch auf intragenerationeller Ebene abspielt(e), handelt es sich nicht nur, wie gezeigt wurde, um eine Einstellung, die zur Bewältigung zeitbedingter Notstände wie der auch in den 1950er Jahren im Arbeitermlieu noch herrschenden Knappheitsökonomie erforderlich ist. Vielmehr haben wir es hier ganz offensichtlich mit einer zeitunabhängigen mentalen Disposition von längerer Dauer zu tun, mit verinnerlichten Wertvorstellungen, die konstitutiv für das hier betrachtete soziale Milieu sind. Die Erfahrung von fehlender materieller Absicherung und damit der Notwendigkeit familial-verwandtschaftlicher Hilfe, die Generationen von Arbeiterfamilien gemacht haben, hat sich in das kollektive Gedächtnis eingeprägt, so daß sie auch noch nachwirkt, wenn sich die Umstände längst verändert haben. Es handelt sich ganz offensichtlich um mehr als bloße selbstverständliche Hilfe. Die beschriebene Art von mentalitätsprägenden Erfahrungen kann für die 1950er Jahre und lange darüber hinaus noch als konstitutiv für das Arbeitermilieu angesehen werden.

---

sich jetzt nach deren Tod um die Enkelin; ihrer Tochter hilft sie häufig im Geschäft; diese wiederum telefoniert täglich zweimal mit ihr.

Freizeit und Feste mit der Verwandtschaft

Der Familienverband funktionierte weder ausschließlich zeitbedingt, noch war er nur Existenzsicherungs- und Lebenshilfe-Instanz. Er war vielmehr auch Quelle von Lebensfreude, Vergnügen und Genuß. Auffällig häufig wird zumindest in den erzählten Lebensgeschichten von Geselligkeiten im Verwandtenkreis gesprochen. Frau Hitzacker jun., Frau Dröhler und Frau Boranski berichten begeistert von Familienfeiern wie Geburtstagen und Konfirmationen, die in erster Linie mit Verwandten, aber auch mit Nachbarn und Kollegen trotz knapper Finanzen laut und fröhlich begangen wurden. Dabei wurde mehrfach betont, daß auch bei besonderen Geburtstagsparties, bei denen das Wohnzimmer leergeräumt und getanzt wurde, die Eltern mit dabei gewesen seien. Anders als heute vielfach zu beobachten, habe es die strikte Trennung zwischen den Generationen nicht gegeben. Dieses Verhalten bewahrt übrigens der 1952 geborene Sohn des Ehepaars Dröhler, der Wert darauf legt, daß seine Eltern stets zu Feiern im von Vater und Sohn gebauten Partyraum eingeladen werden.

Frau Hitzacker hat sich seinerzeit ganz bewußt, sobald es die Familienfinanzen zuließen, eine einfache Kamera gekauft, um Familienleben zu dokumentieren. Man spürt, wie wichtig ihr schon seit ihrer Kindheit und Jugend der große intakte Familienverband war, wenn sie von den vielen Kusinen und Vettern erzählt, die sich früher bei ihren Großeltern versammelt hätten, von den vielen Tanten, Schwestern ihrer Mutter, die auch noch nach ihrem Umzug aus Weststadt in die Neustadt regelmäßig zu Besuch gekommen seien. Ausflüge, Kohlfahrten, Campingaufenthalte oder Sylvesterfeiern zusammen mit Schwestern und Schwägern sind photographisch festgehalten und wurden lebhaft beschrieben. »*Wir haben viel Spaß gehabt*«, so das Fazit von Frau Hitzacker.

Auch Herr Reich erinnert sich - auf Nachfrage - gern an die großen Familiengeburtstage in den 1950er Jahren mit seinen und seiner Frau Geschwister sowie den Nichten und Neffen. Eine Interviewpassage mag das verdeutlichen:

> I: Ja und so in den 50er Jahren
> war das so daß Sie mit Ihrer Familie oder mit Ihren Kollegen zu-
> sammen waren?
> E: Nee Familie Familie.
> Da warn ja auch Bilder habn wir dabei
> wo die ganzen Schwagers hier sind und so weiter.
> Da warn die Kinder noch kleiner.
> Sind wir immer zusammen gekommen nich immer immer.
> Und hier nach Ihlpohl da kamen die liebend gern.
> Wir ham da zeitweise ja auch Kinder hier gehabt nich.
> Denn wenn oh Tante Frieda und Onkel Jonny
> da gingen se gern hin nich.
> Denn ham wir se abgeholt vonner Straßenbahn nich.
> Nee da hatten wir nee nee das war gut.[21]

Der Hinweis auf das Vergnügen an großen generationsübergreifenden Verwandtentreffen in früheren Jahrzehnten und die Wehmut darüber, daß es heute nicht mehr so ist, findet sich auch bei dem 67jährigen Herrn Ratjen. Er beschreibt eindrucksvoll anhand der sonntäglichen Spaziergänge, was für ihn Familie bedeutet:

> Wir trafen uns jeden Sonntag nachmittag zum Spaziergang.
> I: Mit der Familie?
> E: Ja aber alle. Onkel und Tanten Cousins und Kusinen.
> Und jetzt schon wieder die Kinder.
> Also warn drei Generatioen wenn Sie so wollen.
> Die Kinder wurden denn auch mitgeschleppt.
> Und denn wurde so in hier in Gröpelingen
> hat man ja überall kann man inn Park
> oder Waller Park oder übern Friedhof (...)
> und da is ja auch ne schöne ne schöne Anlage.
> Und denn hier durchs Blockland
> wo die Parzellen sind.
> Das war so unser Kreis
> wo wir rumgelaufen sind.
> Und so gegen Abend
> denn fielen wir denn irgendwo in eine Wirtschaft ein.
> Der Wirt freute sich denn

---

21 Interview Johann Reich, Transkript.

Kapitel 6: Das außerbetriebliche Milieu der AG »Weser«

> »Da kommt son ordentlichen Pulk.«
> Dann wurden so zwei Halbe getrunken zwei Körner
> und denn ging das auseinander
> und jeder ging nach Hause
> zu seinem Essen zum Abendbrot.
> So war die Familie auch mal
> der ein oder andere konnte denn mal nich
> aber so war die Familie auch immer zusammen.
> Also ich mein die die Reste der Familie der großt Teil nich.
> Und äh so ham wir da auch von unseren Eltern gelernt.
> Dieses Unternanderhelfen
> und Fürnanderdasein
> und da Spaß mit'nander ham.
> Aber als die denn alt wurden
> hatten sie auch
> will ich das ma ganz klar behaupten
> von uns Jüngeren ne Stütze.[22]

Es folgt dann die bereits erwähnte Passage, in der Herr Rathjen betont, daß man einander auch im Alter nicht allein gelassen habe, die alt gewordenen Familienmitglieder seien »*niemals in fremde Hände gegeben*« worden. Er bedauert anschließend, daß dieser Zusammenhalt heute nicht mehr besteht:

> Jeder geht seine eigenen Wege.
> Und die dahinter kommen
> da is es noch schlimmer.
> Die kümmern sich um gar nix mehr.
> Aber das is nich nur bei uns so
> das is in anderen Familien auch so.[23]

Interessant ist, daß sich auch in diesem Zusammenhang bei Vertretern der Folgegeneration ähnliche Einstellungen finden: Frau Weimars Tochter, Jahrgang 1957, erinnert sich gern an die allwöchentlichen Treffen bei der Großmutter:

---

22 Interview Heinz Ratjen, Transkript.
23 Ebenda.

> *Mittwochs war immer Treffen bei meiner Oma*
> *allgemeines Familientreffen.*
> *Auch Tanten und Cousinen nahmen an diesen Treffen teil*
> *meist schon zum Mittagessen*
> *abends kamen die Männer dazu*
> *das war traditionell*
> *also einmal die Woche praktisch.*[24]

Auch der bereits erwähnte, 1952 geborene Sohn der Dröhlers äußerte sich in dieser Richtung, wenn er die Familienfeste, wie sie in seiner Kindheit und Jugend gefeiert wurden, beschreibt. Früher sei der Kreis viel größer gewesen; er trauert dieser Art von großen Familienfesten nach, heute handele es sich doch vielfach nur noch um »*Pflichtveranstaltungen*«:

> *Also komischerweise*
> *so wie das früher mal war ist es nicht mehr.*
> *Und früher als diese guten Feste da waren*
> *da kam auch keiner auf die Idee in die Gaststätte zu gehen*
> *und da zu feiern. Da wurde ein Zimmer ausgeräumt und ein Tapeziertisch aufgestellt*
> *und da ging dann die Post ab.*[25]

Offenbar besteht also bei Vertretern der zweiten Generation auch heute noch ein Bedürfnis nach familiärer Geselligkeit, die sich abhebt von heutigen vielfach kommerzialisierten Formen. Daß dieses Bedürfnis nicht mehr befriedigt wird, ist ein Indikator für die Auflösung des Milieus.

Mögen auch die oben geschilderten Szenen in der Erinnerung einen etwas überhöhten Stellenwert erhalten, so deutet doch die Tatsache, daß Verwandtenkontakte so häufig erwähnt und in der Regel mit positiven Konnotationen belegt werden, darauf hin, daß es sich hier nicht um Zufalls- oder Einzelphänomene handelt. Die Auflösung von kollektiven Bezügen, hier am Beispiel des erweiterten Familienverbandes, und die damit einhergehende Individualisierung wird als Verlust empfunden. Die Familie, nicht im Sinne von iso-

---

24 Interview Petra Weimar, Verlaufsprotokoll.
25 Interview Fritz Dröhler, Verlaufsprotokoll.

lierter Kleinfamilie, sondern von verwandtschaftlichem Netzwerk, befriedigte in hohem Maße auch und gerade emotionale Bedürfnisse im Bremer Werftarbeitermilieu. Daß in Angestelltenfamilien eher mit Freunden und Bekannten als mit Verwandten verkehrt wurde, um die »Intimsphäre« zu wahren und auch weil dort das »familiäre Konkurrenzssyndrom sehr viel stärker ausgeprägt« gewesen sei, konstatiert Angela Vogel unter Bezug auf eine zeitgenössische Untersuchung.[26]

Das Gefühl von emotionaler Geborgenheit und Sicherheit wurde offenbar auch dadurch vermittelt, daß sich diese Treffen in einem mehr oder weniger feststehendem Rhythmus wiederholten. Das ergab ein hohes Maß an Verläßlichkeit, das der persönlichen Orientierung diente. »*Wir trafen uns jeden Sonntag nachmittag*« (Herr Ratjen); »*Mittwochs war immer Familientreffen bei meiner Oma. [...] abends kamen die Männer dazu. Das war praktisch traditionell*« (Frau Weimar jun.); »*da wurde ein Zimmer ausgeräumt und ein Tapeziertisch aufgestellt*« (Herr Dröhler jun.) Es war eben immer so. Derartige Rituale[27] können für den einzelnen durchaus strukturierende und haltgebende Fixpunkte sein.

Die Organisation familiärer Treffen lag in aller Regel wohl in der Hand der Frauen, wie unsere Interviews nahelegen. Das schließt aber nicht aus, daß die Ausgestaltung im einzelnen durchaus auch männlich geprägt sein konnte, wie Herrn Ratjens Erwähnung der »*zwei Halben und zwei Körner*« zeigt, die bei den sonntäglichen Familienausflügen im Wirtshaus konsumiert wurden.

Zusammenfassend kann festgestellt werden, daß in den 1950er und 1960er Jahren in der Lebenswelt von Bremer Werftarbeitern ein funktionierendes familial-verwandtschaftliches Netzwerk existierte, das geradezu als milieukonstitutiv angesehen werden kann. Nicht der Rückzug in die »isolierte Kleinfamilie«, wie in der Familienso-

---

26 Angela Vogel, Familie, in: Wolfgang Benz (Hrsg.), a.a.O., S. 114. Vogel bezieht sich hier auf Richard Wolf, Zur Lebenssituation der Industriearbeiterfamilie. Eine Untersuchung aufgrund von Erhebungen in einer Arbeitswohnsiedlung Münchens, München 1963.
27 Günter Lüschen spricht von »Verwandtschaftskulturen, deren Rituale, Symbole und Zeichen bisweilen deutlich, oft auch nur implizit, ausgeprägt sind und an den Rändern in Kulturen der jeweiligen Gemeinde übergehen« (a.a.O., S. 147).

ziologie allgemein dargestellt[28], nicht ängstliches Abschotten gegen etwaige verwandtschaftliche Kontrolle, sondern eine Öffnung der Kernfamilie zum familiennahen Bereich hin liegt hier vor. Dies kennzeichnet eine Mentalität, die in der Arbeiterschaft Tradition hat. Waren es in früheren Epochen stark ökonomische Gründe, die zu diversen Ausprägungen von halboffenen Familienformen führten, sogar unter Einbeziehung von Fremden - man denke nur an die sogenannten »Schlafgänger« (übrigens finden sich auch in den 1950er Jahren Beispiele von Untermietern in der Wohnung von Werftarbeitern) - so treten für unseren Untersuchungszeitraum emotional-soziale Motive verstärkt in den Vordergrund. Wenn Mooser von der Auflösung »ehemals kollektiv typischer Lebensmuster« spricht und von der »Enttraditionalisierung der Lebensweise«, die eine »Individualisierung des Arbeiterlebens« freigesetzt habe[29], so muß diese Aussage zumindest für die »langen fünfziger Jahre«[30] relativiert werden. »Kollektiv typische Lebensmuster« gab es - wie gezeigt wurde - in der Ausprägung von verwandtschaftlichen Solidar- und Freizeitgemeinschaften durchaus noch. Auch heute ist die Wirkungsmacht einer auf den Zusammenhalt von Familie und Verwandtschft orientierten Mentalität in dem von uns untersuchten Milieu noch keineswegs ganz verschwunden, wie die narrativen Interviews mit Angehörigen der zweiten und dritten Generation zeigen.

2. Geschlechterverhältnisse

Männer und Frauen konstruieren ihr Biographie unterschiedlich. Das ist der Eindruck, der sich aus unseren lebensgeschichtlichen Interviews ergibt, wonach Männer hauptsächlich von ihrer beruflichen Tätigkeit, dem Alltag im Betrieb, von der Kameradschaft, aber auch von den Konflikten unter den Kollegen erzählen. Produktstolz wird immer wieder deutlich, wenn sie Fotos von den schwimmenden Rie-

---

28 Lüschen, a.a.O., S. 145.
29 Mooser, Arbeiterleben in Deutschland 1900-1970, a.a.O., S. 159.
30 Titel des Buches von Werner Abelshauser, Die langen fünfziger Jahre. Wirtschaft und Gesellschaft der Bundesrepublik Deutschland 1949-1966, Düsseldorf 1987.

sen, den Großtankern, zeigen, an deren Bau sie mitgewirkt haben. Die Härte der Arbeitsbedingungen, die Gefährlichkeit der Arbeit, kurz, die rauhe männliche Welt einer Großwerft, die ein Stück ihrer selbst war, wird - nicht selten genußvoll - beschrieben. Sich in dieser Umgebung jahrzehntelang körperlich und geistig bewährt und Leistung erbracht zu haben, auch das bedeutet Männlichkeit.[31] Die Familie wird nur am Rande oder auf Nachfrage erwähnt. Wenn sie von ihren Familienangehörigen sprechen, dann eher von den Kindern, wenn diese denn beruflich erfolgreich waren, als von den Ehefrauen. Typisch ist vielleicht Herrn Feldmanns erstaunte Aufforderung an sich selbst ganz am Schluß des Interviews: »*Ja meine Frau da muß ich ja auch noch was zu sagen!*«[32] Daß es sich dabei weder um einen Zufall handelt noch um eine Reaktion auf die Fragestellung des Projekts, zeigen die Ergebnisse anderer Untersuchungen.[33]

Für Frauen dagegen stehen die engere Familie und die weitere Verwandtschaft im Zentrum ihrer biographischen Erzählung, auch dann, wenn sie selbst lange berufstätig waren. Genau umgekehrt wie die Männer, schildern sie in der Regel erst auf Nachfrage ihren Berufsalltag. Auch sie haben z.T. harte körperliche Arbeit geleistet, auch sie haben berufliche Erfolge erzielt und sind von ihren Kollegen und Kolleginnen geschätzt worden, auch ihnen hat die Arbeit nicht nur Last, sondern auch Lust bedeutet. Aber dennoch hat die außerhäusliche Arbeitswelt für Frauen einen anderen Stellenwert als für Männer. Ihre weibliche Identität beziehen sie darüber nicht - oder besser, ihre Biographie konstruieren sie jedenfalls nicht ent-

---

31 Paul Willis drückt diesen Zusammenhang in seiner Arbeit über englische Industriearbeiterkultur (Shopfloor Culture, Masculinity and the Wage Form, in: J. Clarke, C. Critcher and R. Johnson [eds.], Working Class Culture: Studies in History and Theory, London 1991) so aus:»Male shopfloor workers often achieve a sense of empowerment by valorizing their endurance of noisy, uncomfortable, and often unsafe work. They claim masculinity from their daily battles with the machinery of production.« (zit. bei Michael Roper, Yesterday`s Model. Product Fetishism and the British Company Man 1945-1985, in: Michael Roperand John Tosh (eds.), Manful Assertions. Masculinity in Britain since 1800, London/New York 1991, pp. 190-211).
32 Interview Hans Feldmann, Verlaufsprotokoll.
33 Nicola Hawkins, Die Relevanz der Familie, a.a.O., S. 235. Ähnlich: Albrecht Lehmann, Erzählstruktur und Lebenslauf. Autobiographische Untersuchungen, Frankfurt a. M./New York 1983, S. 238 f.

sprechend. Eine Ausnahme in unserem Sample bildet Herta Becker, die als Schweißerin auf der AG »Weser« gearbeitet hat. Sie deutet ihre Biographie zum erheblichen Teil als die Bewährung einer Frau in einer männlichen Welt, die dennoch nicht ihre Weiblichkeit abgelegt hat.[34]

Ein weiterer Eindruck ist der, daß Frauen und Männer wenig vom jeweiligen (Berufs)-Alltag des anderen wissen. Unsere Vermutung, daß die Ehefrauen von AG »Weser« Arbeitern ebenfalls einen gewissen emotionalen Bezug zu dieser z.T. mythisch überhöhten Traditionswerft hatten, daß sie sich als Teil von »Use Akschen«, wie die Arbeiter die Werft liebevoll nannten, fühlten, bestätigte sich nicht in dem erwarteten Maß. Was ihre Männer genau auf der Werft machten, war den Frauen nicht bekannt; die Männer erzählten nicht viel, und die Frauen schienen auch nicht viel gefragt zu haben.[35]

Die Beziehungen der Geschlechter im familialen Bereich

Heiratsverhalten und Familiengründung. Von unseren zwischen 1909 und 1939 geborenen 36 Interviewpartnern und -partnerinnen sind bzw. waren alle - bis auf zwei[36] - verheiratet. Zwei in den 1960er Jahren verwitwete Frauen leben seit Jahrzehnten in fester Partnerschaft mit einem Mann.[37] Alle - mit Ausnahme der beiden Ledigen - haben Kinder.

Man heiratete in der Regel mit Mitte zwanzig und blieb beieinander; nur in zwei Fällen waren unsere Interviewpartner geschieden, hatten aber wiedergeheiratet.[38] Es kann also festgestellt werden, daß erstens die Partnerschaften zwischen Mann und Frau, die in dieser

---

34 Vgl. Teil III, Kapitel 11.
35 Elly Weimar fragte wohl gelegentlich, ihr Mann habe aber nach Feierabend nicht mehr über seine Arbeit sprechen wollen. Sie fand z.B. erst nach seinem Tod heraus, wie beliebt er auf der Werft war. Karin Hitzacker erfuhr erst spät und nur zufällig, daß ihr Mann in eine meisterähnliche Position aufgerückt war. Auch ihre Schwiegermutter, Elsa Hitzacker, konnte nichts über die Tätigkeit ihres Mannes berichten, sie wußte nur, daß er immer sehr »gewissenhaft« war. Ähnlich lag der Fall bei dem Ehepaar Dröhler.
36 Friedrich Mansholt, Claus D. Müller.
37 Herta Becker, Else Boranski jun.
38 Johann Bauer, Gerd Rugenberg.

Zeit eingegangen wurden, eine große Stabilität aufweisen und zweitens, daß sie in aller Regel in Form der Ehe stattfanden.[39]

Daß dieser Befund nicht auf eine mehr oder weniger zufällige Zusammensetzung unseres Samples zurückzuführen ist, sondern einem allgemeinen Trend entspricht, zeigt die statistische Entwicklung, wonach allgemein die Scheidungsrate in den 1950er Jahren gegenüber den ersten Nachkriegsjahren, als sie hoch lag, erheblich zurückging.[40] Die Einstellung der Bevölkerung zur Ehescheidung war laut Meinungsumfragen zumindest in der ersten Hälfte der 1950er Jahre ablehnend, das gilt offenbar für alle Schichten.[41] Die Ehe hatte in dem von uns behandelten Zeitraum also offenbar noch - oder wieder - eine unangefochtene Leitbildfunktion. Der hohe Stellenwert, den Zeitgenossen Ehe und Familie als »Bezugszentrum aller Wünsche nach emotionaler Aufgehobenheit« beimaßen, ist belegt.[42] Wurde angesichts der Auflösungserscheinungen nach dem Zweiten Weltkrieg zunächst ein allgemeiner Verfall der Institution Familie befürchtet, so konnte man kurze Zeit später bereits wieder hoffen, auf sie als wichtigen Stabilitätsfaktor in einer sich wandelnden Gesellschaft rechnen zu können.[43]

Daß zu einer »ordentlichen« Lebensführung neben einer festen Anstellung die Ehe gehörte, drückt ein ehemaliger Schlosser und Betriebsrat so aus: »*Festes Arbeitsverhältnis nich wahr war verheiratet, alles [ging] sauber und akkurat sein Gang so wie sich das gehört nich*«[44]. »*So wie sich das gehört*« - damit ist die damals herrschende gesellschaftliche Norm klar umrissen, die für ihn heute noch gilt. Es gab noch keine »Entkoppelung des Zusammenhangs von Ehe und Zu-

---

39 Hingegen leben nur zwei unserer Interviewpartner, die nach 1945 geboren wurden, in einer Ehe (Fritz Dröhler und Willy Tauber).
40 Merith Niehuss, Kontinuität und Wandel der Familie in den 50er Jahren, in: Axel Schildt und Arnold Sywottek (Hrsg.), Modernisierung im Wiederaufbau. Die westdeutsche Gesellschaft der 50er Jahre, Bonn 1993, S. 322f.
41 Darauf weist Axel Schildt hin: Moderne Zeiten. Freizeit, Massenmedien und »Zeitgeist« in der Bundesrepublik der 50er Jahre hin, Hamburg 1995, S. 97.
42 Ebenda.
43 So etwa Helmut Schelsky, Wandlungen der deutschen Familie in der Gegenwart, Stuttgart 1953.
44 Interview Heinz und Hilde Dröhler, Verlaufsprotokoll

sammenleben« wie später in den 1970er und 1980er Jahren[45]. Daß in den beiden Fällen unseres Samples die in den 1960er Jahren verwitweten Frauen seitdem in einer nichtehelichen Gemeinschaft leben, mag damit zusammenhängen, daß sie auf ihre Witwenrente nicht verzichten wollten oder konnten.

Die Ehepartner, soweit sie dem Kern des AG »Weser«-Milieus zuzurechnen sind, haben in aller Regel denselben sozialen Hintergrund: ihre Väter waren Handwerker oder Facharbeiter. Es lag in der Mehrheit der Fälle also weder eine intergenerationelle Aufstiegs- noch eine Abstiegsmobilität vor. Anders sah es in den wenigen Fällen von Flüchtlingen oder Vertriebenen aus den Ostgebiete aus, wo durchaus sozialer Abstieg vorkam.[46]

Auch die regionale Herkunft war sehr homogen. Man lernte sich häufig im Stadtteil kennen, was wiederum ein Ausdruck der geringen räumlichen Mobilität ist. Daß sich die Ehepartner außerhalb Bremens im Urlaub zuerst begegneten, stellt die große Ausnahme dar und wird bezeichnenderweise von einem jüngeren AG »Weser«-Arbeiter erwähnt, der sich in den späten 1960er Jahren eine Urlaubsreise ins Ausland leisten konnte.[47]

Auffällig oft wurde in den Interviews - sowohl von Männern als auch von Frauen - ungefragt und wie selbstverständlich geäußert: »*Wir mußten heiraten*« - gelegentlich mit dem Zusatz: »*wie das so war*« oder »*wie das so ist*«, womit auf kollektive Erfahrungsmuster hingewiesen wurde. Daß in bürgerlichen Milieus selbst heute mit einer derartigen Selbstverständlichkeit auf das Vorliegen einer sogenannten Mußehe hingewiesen worden wäre, kann bezweifelt werden.

Zwar war eine Schwangerschaft laut einer zeitgenössischen Erhebung, auf die sich Merith Niehuss bezieht, in 70 Prozent bis 75 Prozent der Fälle der Grund für eine Eheschließung, aber wie weitere

---

45   Rosemarie Nave-Herz verweist auf das Aufkommen nicht-ehelicher Lebensgemeinschaften in den 1970er Jahren und bringt in diesem Zusammenhang dieses Zitat von H. Tyrell (Rosemarie Nave-Herz, Kontinuität und Wandel in der Bedeutung, in der Struktur und Stabilität von Ehe und Familie in der Bundesrepublik Deutschland, in: dies. [Hrsg.], Wandel und Kontinuität der Familie in der Bundesrepublik Deutschland, Stuttgart 1988, S. 67.
46   Ehepaar Giesecke, Frau Steuermann.
47   Willy Tauber, Jahrgang 1945, lernte seine Frau im Urlaub in Jugoslawien kennen; sie heirateten 1968.

Untersuchungen zeigen, hat es dabei durchaus schichtspezifische Unterschiede gegeben. Arbeiterpaare heirateten in jüngerem Alter als bürgerliche und bekamen sehr bald ihr erstes Kind[48]. Voreheliche sexuelle Kontakte waren in den 1950er Jahren trotz der vorherrschenden restriktiven Sexualmoral nichts Ungewöhnliches, schon gar nicht im Arbeitermilieu, wo schon in den 1920er Jahren diesbezüglich »andere moralische Werte als im Bürgertum« galten[49]. Der Rat der »Benimm-Päpstin« der 1950er Jahre, Erika Pappritz, an die Mütter, sie sollten ihren Töchtern vermitteln, »daß [...] die aus natürlicher Zurückhaltung geborene mangelnde Erfahrung mit Männern keineswegs ein Manko, sondern, heute wie einst, wertvollstes Kapital eines jungen Mädchen sind«[50], entsprach wohl eher bürgerlichen Moralvorstellungen.

Allerdings finden sich auch in der Zeitung der örtlichen SPD, der »Bremer Bürgerzeitung«, unter der Rubrik »Das Reich der Frau« Artikel mit Überschriften wie »Für Töchter zu wissen: Gesunde Vorsicht gegen männliche 'Kaperwünsche'«[51]. Dennoch hat sexuelle Enthaltsamkeit in der Arbeiterschaft traditionell keinen besonders hochstehenden Wert dargestellt. Sexuelle Beziehungen vor der Ehe hatten aber im proletarischen Milieu seit jeher selten etwas mit Libertinage zu tun, sondern unterlagen vielmehr einem »spezifischen Ehrenkodex«[52], wozu gehörte, daß die (unerwünschten) Folgen durch Heirat legitimiert wurden. Auf diese Weise gab es keine gesellschaftliche Stigmatisierung, die Ordnung war wieder hergestellt. Aus dieser Erfahrung heraus ist wohl auch die Toleranz von Müttern zu verstehen, deren Töchtern es ebenso wie ihnen selbst erging. Ihre Tochter sei *»früh Mutter geworden war se selbst noch n Kind«*, erzählt

---

48 Merith Niehuss, a.a.O., S. 331 f.
49 Karen Hagemann, Frauenalltag und Männerpolitik. Alltagsleben und gesellschaftliches Handeln von Arbeiterfrauen in der Weimarer Republik, Bonn 1990, S. 168.
50 Erika Pappritz, Etikette, Marbach 1956, S. 123, zit. bei Angela Delille und Andrea Grohn, Fräulein Grünschnabel. Backfische, Teenager, Frühreife, in: Elefanten Press (Hrsg.), Perlonzeit. Wie die Frauen ihr Wirtschaftswunder erlebten, Berlin 1985, S. 42.
51 Bremer Bürgerzeitung vom 26.4.1958.
52 Heidi Rosenbaum, Formen der Familie. Untersuchungen zum Zusammnenhang von Familienverhältnissen, Sozialstruktur und sozialem Wandel in der deutschen Gesellschaft des 19. Jahrhunderts, 7. Aufl., Fankfurt a.M. 1996, S. 427.

Frau Becker. Sie habe sich über die Schwangerschaft ihrer Tochter »*nicht aufgeregt*«, wohl auch deshalb nicht, weil in diesem Fall ebenfalls anschließend geheiratet wurde. Sie unterstützte vielmehr das junge Paar finanziell, denn auch der Schwiegersohn war noch minderjährig und verdiente als Lehrling kaum Geld.

Was die Familiengröße angeht, so hat das Gros unseres Samples ein oder zwei Kinder, drei Kinder stellen schon die Ausnahme dar. Gelegentlich wird durch den Hinweis auf die zahlreichen Geschwister der eigenen Eltern deutlich, daß man selbst in solch durch eine hohe Kinderzahl bedingten finanziell engen Verhältnissen nicht mehr leben wollte[53] und deshalb bewußt die Familie klein hielt. Familienplanung zeigt sich zum Beispiel auch daran, daß sehr häufig zwischen dem ersten und zweiten Kind ein erheblicher Zeitraum lag. Daß die Frauen in Ermangelung oder wegen Versagens anderer Methoden auch zum Mittel der Abtreibung griffen, wird zumindest angedeutet.[54] Der Verkauf von Verhütungsmitteln war in Bremen ab 1950 zwar wieder möglich, nachdem er in der Zeit des »Dritten Reichs« verboten worden war[55]. Dennoch war der Zugang zu Kontrazeptiva bis zum Aufkommen der »Pille« alles andere als selbstverständlich.

Das Erscheinungsbild der Zwei-Kinder-Familie, das auch durch andere zeitgenössische Untersuchungen über das Arbeitermilieu belegt ist[56], stellt kein neues Phänomen dar, es ist vielmehr bereits in der Zeit der Weimarer Republik festzustellen[57] und einzuordnen in den säkularen Trend einer fallenden Geburtenrate, wobei seit Ende

---

53 Z.B. die Ehefrau von Willy Tauber in bezug auf den Vater ihres Mannes, der acht Geschwister hatte und aus dessen Ehe nur ein Kind, nämlich ihr Mann, stammte. Sie selbst haben zwei Kinder. Else Boranskis Mutter hatte elf Geschwister, sie selbst hat einen Sohn. Karin Hitzackers Mutter hatte sechs Schwestern und drei Brüder, sie selbst hat zwei Kinder.
54 Else Boranski über ihre Mutter und auch in bezug auf sich selbst.
55 Vgl. dazu Renate Meyer-Braun, Diskussion über Abtreibung und Schwangerschaftsverhütung, in: Beate Hoecker und Renate Meyer-Braun, Bremerinnen bewältigen die Nachkriegszeit, Bremen 1988, S. 163.
56 Richard Wolf, Zur Lebenssituation von Industriearbeiterfamilien, München 1963.
57 Angaben bei Ute Frevert, Frauen-Geschichte. Zwischen Bürgerlicher Verbesserung und Neuer Weiblichkeit, Frankfurt a.M. 1986, S. 181f. Merith Niehuss stellt für die Zeit nach dem zweiten Weltkrieg fest, daß bei genereller Verbreitung der Zwei-Kinder-Familie der Trend zur Ein-Kind-Familie schon »unübersehbar« war, Merith Niehuss, a.a.O., S. 332.

des Ersten Weltkrieges außer Beamten und Angestellten dabei auch der qualifizierten Industriearbeiterschaft eine Vorreiterrolle zukam[58].

Während in den 1920er Jahren Arbeiterehepaare hauptsächlich aus der Sorge um eine unsichere Zukunft heraus nur wenige Kinder haben wollten, wird in den 1950er Jahren der Wunsch nach intensiverer Erziehung und Betreuung als Motiv hinzugekommen sein.[59] Karin Hitzacker und Brunhilde Rixdorf bastelten und spielten z.B. viel mit ihren beiden Kindern; in mehreren Fällen weisen Frauen darauf hin, daß sie sich regelmäßig um die Schularbeiten ihrer Kinder gekümmert hätten; man ließ die Kinder ungern allein zuhause. Daß im proletarischen Milieu Kindern ein Anspruch auf einen Teil der elterlichen Zeit - in der Regel der mütterlichen - zugebilligt wurde, ist historisch neu und hat etwas mit dem langsam ansteigenden Lebensstandard zu tun.

Fragen wir, wie die Paare zueinander fanden, so stellt sich überwiegend der Eindruck von recht pragmatischen Zusammenhängen ein. Weder Frauen noch Männer heben die Begegnung mit ihrem zukünftigen Lebenspartner oder ihrer Lebenspartnerin als etwas Herausragendes in ihrer Biographie hervor. Das mögen einige Beispiele verdeutlichen. Frau Weimar lernte ihren Mann im Bunker kennen. »*Da gab es ja wenig junge Männer jeder fiel auf*«. Frau Dröhler und ihr späterer Mann waren Nachbarskinder. Sie habe ihn später als junge Frau immer »*als Küken*« angesehen, weil er drei Jahre jünger war als sie. Er habe viel in ihrem Elternhaus verkehrt. Wenn sie abends wegging, sagte ihre Mutter bei ihrer Rückkehr: »*Der Heinz hat hier wieder den ganzen Abend rumgesessen.*« Sie darauf: »'*Was will der denn?*' *Weiß ich auch nich dann is das wohl so gekommen.*« Andere Beispiele lassen sich finden.[60]

---

58 Vgl. Adelheid Castell, Unterschichten im »Demographischen Übergang«: Historische Bedingungen des Wandels der Fruchtbarkeit und Säuglingssterblichkeit, in: H. Mommsen und W. Schulze (Hrsg.), Vom Elend der Handarbeit, Stuttgart 1981, S. 374 f.

59 Vgl. auch Anne-Kathrin Einfeldt, Zwischen alten Werten und neuen Chancen. Häusliche Arbeit von Bergarbeiterfrauen in den fünfziger Jahren, in: Lutz Niethammer (Hrsg.), »Hinterher merkt man, daß es richtig war, daß es schiefgegangen ist« - Nachkriegserfahrungen im Ruhrgebiet, Berlin/Bonn 1983, S. 176.

60 Frau Rixdorf wollte eigentlich eine Verabredung mit ihrem neuen Bekannten gar nicht einhalten, ging dann aber auf Anraten ihrer Mutter doch hin: »*Dann sind wir nachher doch anander hängengeblieben*« (Interview Brunhilde Rixdorf, Verlaufs-

Keiner und keine beschreibt die erste Begegnung mit Vokabeln, die starke Emotionen andeuten, wie »Liebe auf den ersten Blick«, »sich vergucken«, »schwärmen« oder dergleichen. Keiner und keine erinnert sich, wie der bzw. die andere damals ausgesehen hat, ob sie oder er attraktiv wirkte.

Ein Grund, weshalb man nach dem Kennenlernen zusammenblieb, konnte außer dem Vorliegen einer Schwangerschaft auch der Wunsch sein, engen, konfliktgeladenen häuslichen Verhältnissen zu entfliehen. Elly Weimar z.B. verstand sich nicht mit dem zweiten Mann ihrer Mutter und wollte deshalb so schnell wie möglich von zu Hause weg. Elsa Hitzacker lebte bei Pflegeltern, mit denen es Spannungen gab. Sie schildert die Situation so:

> *Dann hat er* [ihr Freund] *sich n Zimmer genommen.*
> *Er war auf Zimmer*
> *und ich bei Pflegeltern - alles abgeben und so nich*
> *wie das denn so is.*
> *Und darauf ham wir beide warn wir 22 ham wir geheiratet.*[61]

Diese nüchterne Art der Darstellung bedeutet selbstverständlich nicht, daß es in der jeweiligen Partnerschaft keine Gefühle gab. Im Gegenteil, die Paarbeziehungen, soweit wir einen Eindruck gewinnen konnten, wirkten durchaus harmonisch. Es wird auch ausdrücklich und im Ton der Befriedigung auf die Dauer der ehelichen Beziehung hingewiesen. Das tut die Witwe Elsa Hitzacker *»[...] und somit sind wir 42 Jahre verheiratet gewesen da starb mein Mann.«* Herr Rathjen ist *»ganz schön stolz drauf«*, daß *»das vierzig Jahre gehalten«* hat. *»Wir habn uns richtig zusammengelebt und das funktioniert.«*[62] Wenn Arbeiter und Arbeiterinnen ihr Verhältnis zum anderen Geschlecht konstruieren, so scheint es eher auf Werte wie Beständigkeit, Verläßlichkeit, solidarische Unterstützung anzukommen als auf starke Emotionen.

---

protokoll). Ähnlich nüchtern und knapp beschreibt Karin Hitzacker, wie sie ihren Mann kennengelernt hat.
61 Interview Elsa Hitzacker, Transkript.
62 Interview Heinz Ratjen, Transkript.

Daß Gefühle in Arbeiterehen weniger artikuliert und kultiviert wurden als in bürgerlichen ehelichen Beziehungen hat offenbar Tradition, wie Klaus Tenfeldes Darstellung der Gattenbeziehungen in Arbeiterfamilien des Kaiserreichs zu entnehmen ist.[63] Zwischen Jahrhundertwende und der Zeit der 1950er Jahre haben sich die äußeren Lebensumstände zwar beträchtlich verändert, aber mentale Dispositionen vielleicht doch nicht allzu sehr.

Ein weiterer Heiratsanlaß, der in den 1950er Jahren sicherlich eine Rolle gespielt hat, war die Aussicht, eine bessere Wohnung bzw. überhaupt eine Wohnung zu erhalten. Unverheiratete Paare, die angaben, heiraten zu wollen, mußten beim Bremer Wohnungsamt das Aufgebot vorlegen, um bei der Vergabe von Wohnraum berücksichtigt zu werden[64]. Alleinstehende hatten kaum Chancen, da noch 1957 in Bremen knapp 20 000 Familien in Notwohnungen lebten[65].

Reproduktionsarbeit. Gehörte zur Frauenwelt häufig nicht nur der Familienalltag, sondern auch der Betriebsalltag, der Produktionsbereich - wovon noch die Rede sein wird -, so galt umgekehrt keineswegs, daß zur Männerwelt neben der Erwerbsarbeit in gleicher Weise auch die Familienarbeit, die Reproduktionsarbeit, gehörte. Für Hausarbeit, Erziehung und Schulkarriere der Kinder, Kontakte mit Ämtern - vor allem im Zusammenhang mit Wohnungsbeschaffung oder Hausbau[66] -, häufig auch für die Einteilung des knappen Geldes[67], ferner für die Kontakte zu Nachbarn und den Zusammenhalt des erweiterten Familienverbandes waren die Frauen zuständig. Allenfalls für Gartenarbeit und häusliche Reparaturen fühlten sich die Männer verantwortlich.

---

63 »Die Gattenbeziehungen beschränken sich eher auf den selbstverständlichen, alltäglichen, ordnenden wie durch die Umstände geordneten Umgang miteinander. Solche Familien hatten wenig Chancen, Gefühle zu leben und zu zeigen.« (Klaus Tenfelde, Arbeiterfamilie und Geschlechterbeziehungen im Deutschen Kaiserreich, in: Geschichte und Gesellschaft, 18. Jg. 1992, Heft 2, S. 202).
64 Hinweis u.a. in: Mitteilungsblatt des Wohungsamtes vom 1.12.1952, StAB 4,136, I, 8-2.
65 Sitzung der Deputation für das Wohnungswesen vom 27.12.1957, StAB 4,136 V, 40.
66 Elly Weimar, Karin Hitzacker, Gertrud Brandt, Else Giesecke.
67 Gertrud Brandt, Else Hitzacker, Karin Hitzacker, Brunhilde Rixdorf.

Über die Familienorientierung als konstitutives Merkmal weiblicher Biographien ist viel geschrieben worden. Interessant erscheint uns in diesem Zusammenhang der Begriff des »Engagements« in seiner doppelten Bedeutung zu sein, den Claudia Born, Helga Krüger und Dagmar Lorenz-Meyer in ihrer jüngst vorgelegten Untersuchung weiblicher Lebensläufe einführen.[68] Engagement im Sinne quasi vertraglicher Verpflichtung, die mit der Eheschließung eingegangen wurde und die bis 1976 familienrechtlich im BGB festgeschrieben war, darüber hinaus aber auch verstanden als moralische Bindung, als »persönlichen Einsatz, der gerade über das hinausgeht, was vertraglich regelbar und einklagbar ist.«[69]

Diese moralische Verpflichtung, diese »Arbeit aus Liebe«[70], ist es, die immer wieder in unseren Interviews mit den Werftarbeiterehefrauen durchscheint. Der Hauptunterschied zum bürgerlichen Milieu dürfte darin liegen, daß bei ihnen die finanzielle Lage wesentlich prekärer war und der Erfindungsreichtum beim Aufspüren von Sparmöglichkeiten - wovon sie häufig berichten - deshalb ein wesentlicher Bestandteil dieses »Engagements« war. Weitere Aspekte dieses Kontrakts waren in einer Reihe von Fällen die Verwaltung des Familienbudgets[71] oder die Initiative bei der Wohnungssuche und Kontakte mit Ämtern bei Hausbau und Hausumbau[72]. Die Erwähnung einer partnerschaftlichen Aufteilung der Haus- und Familienarbeit stellt die große Ausnahme dar.

---

68 Claudia Born, Helga Krüger und Dagmar Lorenz-Meyer, Der unentdeckte Wandel. Annäherung an das Verhältnis von Struktur und Norm im weiblichen Lebenslauf, Berlin 1996.
69 Ebenda, S. 160.
70 Nach dem Titel der Arbeit von Gisela Bock und Barbara Duden, Arbeit aus Liebe - Liebe als Arbeit: Zur Entstehung der Hausarbeit im Kapitalismus, in: Frauen und Wissenschaft - Beiträge zur Berliner Sommeruniversität für Frauen im Juli 1976, Berlin 1977.
71 Frau Brandt, Frau Giesecke, Frau Dröhler z.B. erwähnen dies. Bei Frau Weimar liegt der Fall anders, ihr Mann läßt sich die Entscheidung über Geldausgaben nicht aus der Hand nehmen.
72 Elly Weimar, Karin Hitzacker, Gertrud Brandt, Else Giesecke.

> E1: *Aber sonst war ich an und für sich immer berufstätig.*
> *Denn hatten wir uns immer abgewechselt.*
> *Wenn mein Mann Frühschicht hatte*
> *machte ich spät oder machte nachts.*
> *Also wie sich das ergeben hatte nich.*
> *So haben wir uns dann ergänzt war nicht leicht.*
> *Vor allem wenn ich dann zur Kur mußte.*
> *Er mußte die Kinder versorgen.*
> *Er hat für zwei Tage Essen gekocht.*
> *Wenn er nachts vonner Spätschicht nach Hause kam*
> *hat er in'n Pott geguckt war nichts drin*
> *dann mußte er den anderen Morgen wieder kochen.*
> E2: *Und das war immer knapp*
> *Essen machen Kinder zur Schule Essen machen usw.*
> *Denn mußt ich aber auch sehen*
> *daß ich wieder weg kam nich.*[73]

Herr Förster beurteilt es sogar kritisch, wenn andere Männer, die im übrigen gute Arbeiter sein mögen, keine Hausarbeit verrichten können. Typischer wird ein Fall wie Heinz Ratjen gewesen sein. Er sagt, daß er in vierzig Ehejahren nicht einmal abgewaschen habe, wofür ihn heutige junge Frauen sicherlich als »Macho« bezeichnen würden. Seine Vorstellung von der idealen Arbeitsteilung zwischen Mann und Frau wird in dem folgenden Interviewauszug deutlich:

> *Jeder macht seinen Part.*
> *Da is es nie so gewesen*
> *daß der eine oder andere sich verwirklichen wollte*
> *wie das heute so üblich is*
> *was ich ja absolut nich abkann.*
> *Also meine Frau hat mir <u>immer</u> den Rücken freigehalten.*
> *Sonst hätte ich nie 12 14 16 Stunden arbeiten können.*
> *Das hätt ich nie machen können.*
> *Denn die Kinder warn ja auch da.*
> *Und wenn man denn nach Hause kam kaputt*
> *nachts gearbeitet hatte*
> *und die Kinder wollten dann mit einem spielen*

---

73 Interview mit Gerhard Förster und Frau, Verlaufsprotokoll. E1: Frau Förster, E2: Herr Förster.

denn hat Mudder denn gesagt
»Komm her laß den mal schön liegen
und wir machen was anderes.«[74]

Die Frau leistet also »familiale 'Hintergrundarbeit', [um] den Mann von der Anforderung der Berufsarbeit zu entlasten«[75]. Sie hält ihm sozusagen die Kinder »vom Hals«, sonst hätte er allerdings wohl auch nicht im gleichen Umfang Überstunden machen und das dringend benötigte zusätzliche Geld nach Hause bringen können. Entsprechend der traditionellen Rollenzuschreibung, wie sie sich als Vorstellung von den sogenannten Geschlechtscharakteren[76] seit Beginn der Industrialisierung über das bürgerliche Milieu hinaus auch im Arbeitermilieu durchgesetzt hat, waren die Werftarbeiterfrauen die Trägerinnen des häuslichen oder besser des gesamten außerbetrieblichen Milieus. Das gilt auch für den räumlichen Aspekt des Wohnumfeldes. Adelheid von Saldern weist darauf hin, daß die räumliche Aneignung des Arbeiterquartiers, der Kontakt zu Menschen, die in der Nähe leben, die Gestaltung des engeren und weiteren Wohnbereichs in hohem Maße den weiblichen Lebenzusammenhang prägte und von diesem geprägt wurde.[77] Sie bezieht sich allerdings damit auf die Zeit vor 1945. Aber aus unseren Interviews ergeben sich viele Hinweise darauf, daß diese Beobachtung auch noch für die ersten Nachkriegsjahrzehnte gilt.

Die geregelte Organisation des Familienalltags war im Arbeitermilieu sicherlich wichtiger als in bürgerlichen Kreisen. Zur Ordnung im übertragenden Sinne gehörte auch, daß die Arbeitsteilung zwischen den Geschlechtern klar sein mußte, die Strukturen nicht dauernd hinterfragt werden durften und die überlieferte Rollenzuweisung weitgehend akzeptiert wurde. Das bedeutet nicht, daß die Frauen sich nicht auch eigene Freiräume zu verschaffen wußten,

---

74 Interview Heinz Ratjen, Transkript.
75 Elisabeth Beck-Gernsheim, Das halbierte Leben. Männerwelt Beruf - Frauenwelt Familie, Frankfurt a. M. 1980, S. 118.
76 Karin Hausen, Die Polarisierung der »Geschlechtscharaktere« - Eine Spiegelung der Dissoziation von Erwerbs- und Familienleben, in: Werner Conze (Hrsg.), Sozialgeschichte der Familie in der Neuzeit Europas, Stuttgart 1976, S. 363-393.
77 Adelheid von Saldern, Häuserleben. Zur Geschichte städtischen Arbeitswohnens vom Kaiserrreich bis heute. Bonn 1995, S. 26 ff.

aber in der Regel gelang dies nur, wenn der reibungslose Ablauf des Familienalltags nicht darunter litt.

Betreuung und Erziehung der Kinder. Das eben Gesagte gilt besonders für die Betreuung der Kinder. Frau Brandt, die entgegen dem Wunsch ihres Mannes eine Teilzeitbeschäftigung als Bürokraft angenommen hatte, achtete immer peinlichst genau darauf, wieder zu Hause zu sein, wenn der jüngste Sohn aus der Schule kam. Wenn es irgend ging, wollte man seinen Kindern ein Dasein als gesellschaftlich verpöntes »Schlüsselkind« ersparen. Eine mögliche Methode war, die eigene Mutter oder Schwiegermutter zur Betreuung der Kinder heranzuziehen.[78] Wenn es keine solche Möglichkeit gab, wollten die Frauen ihren Kindern das Leben wenigstens so wenig belastend wie möglich gestalten. Die Schweißerin Herta Becker fuhr in der Mittagspause mit dem Rad schnell nach Hause, um für die schulpflichtige Tochter das Essen bereitzustellen oder sie ging zum nahe gelegenen Schulhof, um sich in der großen Pause mit dem Kind zu unterhalten. Verschiedentlich empfinden die Frauen auch heute noch einen gewissen Rechtfertigungszwang, indem sie betonen, daß die Kinder nicht unter der Situation gelitten hätten[79].

Gleichgültig, ob berufstätig oder nicht, um die Kindererziehung kümmerten sich weitgehend die Frauen, was von ihnen akzeptiert wurde - auch deshalb, weil sie selbst bei eigener Erwerbstätigkeit in aller Regel nicht so viele Stunden auf ihrer Arbeitsstelle zubrachten wie die Männer. »*Mein Mann hat nicht einmal die Schularbeiten nachgeguckt*«, sagt Frau Dröhler, selbst jahrelang berufstätig. Sie habe ihm höchstens mal erzählt, wenn in der Schule etwas vorgefallen sei. Sein Eingreifen sei auch gar nicht nötig gewesen, »*das klappte ja gut.*« Frau Brandt, die einige Tage in der Woche halbtags berufstätig war, entschied weitgehend allein über die Schulkarriere ihrer beiden Söhne.

---

78 Karin Hitzacker, Else Giesecke, Hilde Dröhler, Else Boranski.
79 Frau Förster: »*Also ich kann mal so sagen unsere Kinder waren Schlüsselkinder. Ist ihnen nichts Schlechtes kann ich nich sagen nie schlecht gegangen*«. Denn beide Ehepartner lösten sich, so gut es ging, in der Kinderbetreuung ab, wie oben schon gezeigt wurde. Oder Frau Reich: »*Ja der [der Sohn] war schön selbständig. Das klappte ganz gut*«.

Auffällig ist die Rigorosität, mit der die Kinder zu Disziplin, Ordnung und zu - nicht nur durch finanzielle Enge bedingtem - Konsumverzicht angehalten wurden. So achteten die Mütter darauf, daß die Schularbeiten vor allen anderen Aktivitäten - und zwar sorgfältig - erledigt wurden[80], die Kinder sollten schließlich später etwas Ordentliches werden. Frau Rixdorf versagte ihren Töchtern manchen Wunsch, obgleich sie gut mit dem Lohn ihres Mannes wirtschaften konnte.

Es gab nur das Nötigste.
Ich hab gesagt
»Ihr könnt euch nachher auch nich alles kaufen.
Im Leben kann man nich alles kriegen was man haben will.«[81]

Die Kinder hätten ihre Haltung akzeptiert, fügte sie hinzu. Allerdings spielten die Väter doch einen bestimmten Part in der Erziehung. Mancher griff ein, wenn er glaubte, die Ehefrau sei zu nachgiebig. Herr Ratjen führte das offenbar u.a. auf die von ihm nicht gern gesehene Tatsache zurück, daß seine Frau zeitweise berufstätig war und somit die Erziehung der Kinder nicht intensiv genug betrieb. Er fühlte sich gelegentlich bemüßigt, seinen Söhnen eine Tracht Prügel zu verpassen, *»vor allen Dingen wenn sie ihre Mutter geärgert haben«* oder wenn sie gelogen hatten. Er wollte, daß sie *»anständige Menschen«* werden, die *»offen und ehrlich durch die Welt«*[82] gehen. Ferner scheinen die Ehemänner mehr als die Ehefrauen darauf geachtet zu haben, daß die Kinder z.B bei der Berufswahl selbständig handelten.[83] Seine Frau sei zu sehr *»Hüterin«* gewesen, so Herr Ratjen. Bei der Stellenvermittlung halfen auch eher die Väter als die Mütter, was aufgrund ihrer besseren Kontakte in der Arbeitswelt nicht erstaunlich ist.

Ein weiteres Motiv, die väterliche Autorität einzusetzen, scheint es bei Vätern von Töchtern gewesen zu sein, den »guten Ruf« der Tochter zu schützen. Herr Hitzacker sen. verbot seiner Tochter noch

---

80   Z.B. Frau Brandt, Frau Rixdorf, Frau Giesecke.
81   Interview Brunhilde Rixdorf, Verlaufsprotokoll.
82   Interview Heinz Ratjen, Transkript.
83   Z. B. Georg Rixdorf, Heinz Ratjen.

Ende 1959, Perlonstrümpfe zu tragen, da dieses als sexuelles Signal hätte mißverstanden werden können. Er habe immer gesagt, erzählt seine Witwe: »*Wie kann man nen Mädchen nur so ausstatten wo die Jungs schon hinterher laufen?*« Sie fügt erläuternd hinzu: »*Er dachte weiter er wollte nich daß sie vielleicht schon mit 15 oder 16 nen Kind kriegt.*« Deswegen durften diese Strümpfe nur zur Konfirmation getragen werden, anschließend mußten sie im Ofen verbrannt werden. Sie, Frau Hitzacker, habe damals Verständnis für die Wünsche ihrer Tochter nach modischer Kleidung gehabt, aber andererseits auch die Handlungsweise ihres Mannes nicht völlig verurteilt. In diesem Verhalten spiegelt sich möglicherweise nicht nur die Angst vor der »Schande« wider, die eine schwangere, ledige Tochter bedeutet hätte, sondern die alte, leidvolle Erfahrung der Arbeiterschaft, die zeigte, wie schwierig es war, mit einer Schwangerschaft fertigzuwerden, wenn eine Legalisierung durch Heirat nicht in Betracht kam. Die finanziellen Mittel und der Raum für ein weiteres Familienmitglied fehlten häufig, und Geld für eine Abtreibung hatte man, anders als im bürgerlichen Milieu, nicht übrig.[84]

Herr Boranski, nicht *Frau* Boranski, holte seine halbwüchsige Tochter aus dem nahegelegenen Vereinslokal des Kleingartenvereins »Blüh' auf«, weil er das dortige Klima bei den sonnabendlichen Tanzveranstaltungen für zu locker hielt. Es war *Herr* Weimar, nicht seine Frau, der seiner Tochter noch Anfang der 1970er Jahre verbot, die Tanzstunde zu besuchen, möglicherweise um sie vor frühzeitigen Kontakten mit dem anderen Geschlecht zu bewahren. Arbeiterväter scheinen also in bezug auf die Töchter moralisch engere Maßstäbe angelegt zu haben als die Mütter.

Erwerbstätigkeit der Ehefrauen

Der Charakter des Geschlechterverhältnisses manifestiert sich auch an der Art, wie Männer und Frauen mit weiblicher Erwerbstätigkeit umgehen. Die große Mehrheit der Frauen aus unserem Sample war kürzere oder längere Zeit erwerbstätig. Da diese Frauen alle verhei-

---

84 So auch Karen Hagemann, Frauenalltag und Männerpolitik, in bezug auf Arbeiterfamilien in der Weimarer Republik, a.a.O., S. 185ff.

ratet waren und Kinder hatten, fiel ihnen die bekannt schwierige Doppelrolle zu. Sie arbeiteten als Fabrikarbeiterin[85], im Einzelhandel[86] oder gingen einer Bürotätigkeit nach[87]. Arbeitsverhältnisse als Putzfrau[88] und Tätigkeiten wie Zeitungsaustragen und Aushilfe im Krankenhaus kommen in unserem Sample vor. Einige wechselten auch im Laufe ihres Lebens vom gewerblichen in den Angestelltenbereich; ob das immer bewußt im Sinne eines Aufstiegs geschah, bleibt unklar. Bei Frau Steuermann war es wohl so: sie arbeitete zunächst als Schaffnerin, dann als Schweißerin auf der Werft, nach drei Jahren ging sie als Kassiererin in den Einzelhandel. Ihr Mann, der in der Versicherungsbranche arbeitete hielt auf längere Sicht ihre Tätigkeit als Industriearbeiterin für nicht milieukonform.

In den seltensten Fällen handelte es ich um eine qualifizierte Tätigkeit. Dieser Befund kann vor der Folie der bundesrepublikanischen Gesamtsituation gesehen werden, wonach »für die Entwicklung der Frauenarbeit in den 50er Jahren generell festgestellt werden (muß), daß ihre qualitative Entwicklung mit der quantitativen in keiner Weise Schritt hielt«[89]. Else Boranski, Jahrgang 1936, stellt eine Ausnahme dar. Sie hatte bei der Konsumgenossenschaft »Vorwärts« eine kaufmännische Lehre gemacht und arbeitete später in verschiedenen Bremer Firmen in der Buchhaltung. Im Gegensatz zu ihren Ehemännern hatten die wenigsten der älteren Frauen eine Lehre absolviert, und selbst wo dies der Fall war, schien ihre Qualifikation - wie z.B. die einer Weißnäherin - nicht mehr gefragt zu sein oder sie fanden keine qualifikationsadäquate Beschäftigung.

Frau Dröhler hatte in dem angesehenen Bremer Frauenerwerbs- und Ausbildungsverein eine Ausbildung als Kinderpflegerin abgeschlossen und von 1937 bis 1944 in verantwortlicher Position in einem Kindergarten gearbeitet. Anschließend *»blieb ich zuhaus«*, sie

---

85 Hilde Dröhler, Frieda Reich, Else Giesecke, Elsa Hitzacker, Herta Becker, Hilde Steuermann.
86 Karin Hitzacker, Fieda Paschke, Elly Weimar, Frau Hinrichs.
87 Frau Brandt, Else Boranski, Frau Scholz.
88 Elly Weimar, Else Giesecke, die Mutter von Else Boranski, die Frau von Fritz Dröhler.
89 Klaus-Jörg Ruhl, Verordnete Unterordnung. Berufstätige Frauen zwischen Wirtschaftswachstum und konservativer Ideologie in der Nachkriegszeit (1945-1963), München 1994, S. 311.

führte fünf Jahre den elterlichen Haushalt, weil ihre Mutter kränklich war. 1949 nahm sie wieder eine Berufstätigkeit auf (ihr erster Mann war als Soldat vermißt gemeldet) und zwar als Packerin in der Versandabteilung einer Bremer Kaffeefirma, wo sie zehn Jahre blieb, auch nach der zweiten Verheiratung im Jahre 1952 und der Geburt ihres ersten Kindes. Es folgte eine 13jährige Familienphase - sie hatte inzwischen zwei Kinder. 1972 wollte sie gern wieder berufstätig werden und fand eine Anstellung als angelernte Verkäuferin in einem Bremer Warenhaus. Da sie nur zweieinhalb Tage in der Woche arbeitete, war sie keine Tarifangestellte und erhielt nur einen geringen Stundenlohn als Ungelernte. Das hat sie als kränkend empfunden, denn sie sah sich durchaus als jemand, die etwas gelernt hatte. 1981 ließ sie sich vorzeitig verrenten.

Die hier geschilderte Berufskarriere einer Arbeiterfrau kann auch insofern als exemplarisch gelten, als deutlich wird, wie sehr sie abweicht von der Berufsbiographie eines männlichen Arbeiters. Die nämlich war durch die Sequenz Schulabschluß, Lehre, Eintritt ins Berufsleben, Verrentung nach 40 bis 45 Berufsjahren gekennzeichnet. Ein vergleichbarer Verlauf tritt in unserer Untersuchung im Hinblick auf die Frauen höchstens in ein oder zwei Fällen auf.[90] Die Regel scheint gerade die Unregelmäßigkeit zu sein. Häufig wechseln die Frauen in ihrem Leben mehrfach von Berufstätigkeit zu Nicht-Berufstätigkeit und umgekehrt. Vollerwerbstätigkeit wechselt mit Teilzeitbeschäftigung - halbtags oder tageweise -, Aushilfe mit Festanstellung, Tätigkeit *mit* zu Tätigkeit *ohne* Steuerkarte, qualifizierter mit unqualifizierter, gesellschaftlich als höherrangig mit gesellschaftlich als niedrigrangig eingestufter Tätigkeit - z.B. Altenpflegerin zu Putzfrau oder umgekehrt, von »Schmutzarbeit« auf der Werft zu »sauberer« Arbeit als Kassiererin im Einzelhandel.

Die Berufsbiographien der Werftarbeiterfrauen sind also von Diskontinuitäten gekennzeichnet. Ein Muster läßt sich keineswegs erkennen, insbesondere nicht das vielfach angenommene Zwei-Phasen-Modell - Berufstätigkeit, Nicht-Berufstätigkeit nach der Heirat - oder das ebenfalls häufig behauptete Drei-Phasen-Modell - Erwerbsarbeit, Familienphase, Wiederaufnahme einer Erwerbstätig-

---

90 Else Boranski und die Ehefrau von Karl Hinrichs.

keit. Diese Erkenntnis haben bereits Helga Krüger und Claudia Born in ihrem durch ein repräsentatives Sample auch quantitativ abgesicherten Forschungsergebnis gewonnen.[91]

In Bremen stieg allgemein die Erwerbstätigkeit von Frauen im Laufe der 1950er Jahre stärker an als im Bundesdurchschnitt [92], was mit der für Frauen günstigen Beschäftigungsmöglichkeit in der Nahrungs- und Genußmittelindustrie sowie der Textilindustrie in Bremen zu tun haben mochte. Unser empirischer Befund ergibt Hinweise darauf, daß diese generelle Aussage auch für die Ehefrauen der Bremer Werftarbeiter gilt.[93]

Motiv und persönlicher Ertrag einer außerhäuslichen Erwerbstätigkeit müssen differenziert betrachtet werden. Die lange in Öffentlichkeit und Forschung als alleiniger Grund genannte finanzielle Notwendigkeit trifft zwar sicherlich für den Zeitpunkt der Arbeitsaufnahme zu. Eine Arbeitsstelle gesucht haben unsere Werftarbeiterfrauen, weil der Lohn des Mannes noch sehr knapp war. Aber daß sie zum Teil jahrzehntelang berufstätig geblieben sind, erklärt sich nicht nur mit der Befriedigung rein materieller Bedürfnisse. Erwerbstätigkeit bedeutete für die verheirateten Frauen auch eine Erweiterung ihrer Handlungsspielräume, einen Zugewinn an Lebensqualität, den sie nicht gern missen mochten. »Nach einer langen kritischen Debatte«, schreibt Bettina Dausien, »besteht inzwischen Konsens, daß Erwerbsarbeit von Frauen nicht einfach 'instrumentell' ge-

---

91 Dieses Ergebnis basiert auf Studien, die sie im Rahmen des Sonderforschungsbereichs 186 der Universität Bremen »Statuspassagen und Risikolagen im Lebenslauf. Institutionelle Steuerung und individuelle Handlungsmuster« durchgeführt haben. Ergebnisse sind in diversen Arbeitspapieren veröffentlicht, z.B. Arbeitspapier Nr. 7 des SfB 186: Helga Krüger, Claudia Born, Udo Kelle, Sequenzmuster in unterbrochenen Erwerbskarrieren von Frauen, Universität Bremen 1989. Eine zusammenfassende Darstellung der Resultate des Teilprojekts »Statussequenzen von Frauen zwischen Erwerbsarbeit und Familie« findet sich in der bereits erwähnten Publikation von Claudia Born, Helga Krüger und Dagmar Lorenz-Meyer, a.a.O.
92 Klaus-Jörg Ruhl, Verordnete Unterordnung, a.a.O., S. 293.
93 Bundesweit stieg die Erwerbstätigkeit von Arbeiterehefrauen im Laufe der 1950er Jahre von 15,5 Prozent auf 32,3 Prozent (Josef Mooser, Arbeiter, Angestellte und Frauen in der »nivellierten Mittelstandsgesellschaft«. Thesen, in: Axel Schildt und Arnold Sywottek (Hrsg.), Modernisierung, a.a.O., S. 365. Die Auswertung unserer Interviews deutet darauf hin, daß ein wesentlich höherer Anteil an Werftarbeiterehefrauen berufstätig war.

handhabt wird, sondern eine sehr komplexe Bedeutung für die eigene Identität hat.«[94] Das gilt auch für unsere Untersuchung. Auch wenn Hilde Dröhler sagt, sie habe wohl hauptsächlich des Geldes wegen in der Kaffeefirma gearbeitet, wird doch an der Art, wie sie ihren Arbeitsalltag schildert, deutlich, daß das nicht die ganze Wahrheit gewesen sein kann.[95] Es habe ihr Spaß gemacht, versichert sie mehrfach. Stolz auf ihre Arbeit wird deutlich. Sie identifizierte sich sogar so mit ihr, daß sie zusammen mit einer Kollegin den Raum, in dem sie arbeiteten, säuberten, obgleich das gar nicht zu ihren Aufgaben gehörte. Sie wollte, daß auch in ihrer Arbeitsumgebung, nicht nur in ihrem Heim, alles ordentlich und gepflegt war. Besonders gern erinnert sie sich an den ungezwungenen Ton in der Versandabteilung, in der sie arbeitete, an Scherze mit dem Meister und an Betriebsfeiern.

Gertrud Brandt wollte sehr gern - zumindest tageweise - wieder berufstätig werden, weil sie ihre Qualifikation, die sie auf der Handelsschule erworben hatte, nicht brachliegen lassen wollte. Das finanzielle Motiv spielte in ihrem Fall keine Rolle, da ihr Mann neben seinem Verdienst auf der Werft auch noch Bezüge aus seiner Abgeordnetentätigkeit in der Bremischen Bürgerschaft bekam. Auch Karin Hitzacker hatte Freude an ihrer Beschäftigung im Bäckerladen, weil sie sie mit vielen Menschen zusammenbrachte. Sogar die beiden Schweißerinnen betonten, daß ihnen ihre harte, für eine Frau äußerst ungewöhnliche Arbeit großen Spaß gemacht habe. Frieda Reich, obgleich sie ihre Arbeit zuerst in einer Seifenfabrik, dann in einer Fliesenfabrik ausschließlich aus wirtschaftlichen Gründen aufnehmen mußte, gewann Selbstbestätigung und Selbstbewußtsein z.B. dadurch, daß ihre Kolleginnen sie zur Betriebsrätin wählten. Daß ihr als nicht berufstätiger Hausfrau und Mutter manches entgangen sein könnte, vermutet Frau Rixdorf, die vor ihrer Heirat sehr selbständig ihr Dasein als Berufstätige organisiert hatte. Gleichzeitig betont sie

---

94 Bettina Dausien, Biographie und Geschlecht. Zur biographischen Konstruktion sozialer Wirklichkeit in Frauenlebensgeschichten, Bremen 1996, S. 77. Zu diesem Ergebnis kommen auch Born, Krüger und Lorenz-Meyer nach Auswertung zahlreicher Interviews mit verheirateten Arbeiterfrauen, die in den 1950er und 1960er Jahren berufstätig waren. a.a.O., S. 163 ff.
95 Vgl. zu Hilde Dröhler Teil III, Kapitel 11.

aber, daß sie sich Kinder gewünscht und gern Familien- und Hausarbeit geleistet hat.

Auch heute noch erfüllt es die Frauen mit Stolz, welchen Beitrag sie zum Familienbudget geleistet haben. Der Beginn oder Wiederbeginn ihrer Berufstätgikeit wird sogar als einschneidende Zäsur gesehen, als Wende zum Besseren. Gefragt, ab wann sich ihre Lebensverhältnisse zum Positven entwickelt hätten, antwortet Frau Reich spontan: »*Ja wie wir beide gearbeitet habn ging uns das schon besser.*« Ihr Ehemann bestätigt: »*Ja da ging das besser ja.*« Ähnlich äußert sich Karin Hitzacker, »*bergauf*« gegangen sei es erst von dem Zeitpunkt an, als sie regelmäßig mitgearbeitet habe.

Die Haltung der Ehemänner zur Berufstätigkeit ihrer Frauen war unterschiedlich; uns begegnete sowohl Akzeptanz, wenn auch eher im Sinne von »es-ging-wohl-nicht-anders«, als auch strikte Ablehnung. Herr Reich teilt die Meinung seiner Frau, daß ihre Mitarbeit damals nötig gewesen sei, damit die Familie sich etwas anschaffen konnte. »*Dann muß die Frau schon nech gezwungenermaßen.*« Auch wenn er vielleicht anfänglich nicht gerade begeistert gewesen sein mag, wofür manches in seiner Ausdrucksweise spricht, so ist er doch letztlich seiner Frau dankbar, denn sonst ginge es ihnen heute nicht so gut:

> *Das merkt man jetzt erst*
> *wo wir beide in Rente sind nech.*
> *Wir ham unser wir ham unser Auskommen*
> *gut nech. Können gut auskommen ham keine Not nech.*[96]

Elsa Hitzacker gab ihre Arbeit bei einem Herrenschneider auf Wunsch ihres Mannes auf, als sie heiratete. »*Da hab ich nur den Werner großgezogen. Mein Mann wollte das nich. Er wollte auch daß ich zuhause war wenn er von der Arbeit kam*«, sagt sie. Dabei bezieht sie sich allerdings auf das Jahr 1937. Nur solange ihr Mann nach der Währungsreform arbeitslos war, ging sie wieder außer Haus arbeiten. Als sie nach Bremen zurückkehrten, nachdem der Ehemann erneut eine Beschäftigung als Werkzeugmacher auf der AG »Weser« gefunden

---

96 Interview Frieda Reich, Transkript.

hatte, nahm sie eine Erwerbstätigkeit nicht wieder auf. Die Einstellung des Mannes hatte also offensichtlich starkes Gewicht, die Familie hätte eigentlich zusätzlichen Verdienst gut gebrauchen können, denn Herr Hitzacker machte - im Gegensatz zur Mehrheit seiner Kollegen - als prinzipientreuer Gewerkschafter wenig Überstunden, worunter Elsa Hitzacker sehr litt. Die Betreuung der Kinder kann auch kein Hindernis gewesen sein, obgleich sie das angibt, denn der älteste Sohn zog 1957 aus, und die beiden anderen Kinder - 1942 und 1945 geboren - waren zu der Zeit auch nicht mehr klein.

Die berufstätigen Werftarbeiterehefrauen setzten sich über das in den 1950er und 1960er Jahren in der Bundesrepublik herrschende Frauenleitbild hinweg, das stark von der konservativen Familienideologie von Bundesregierung, Familienverbänden und Wissenschaft geprägt war. Die Öffentlichkeit zeigte sich ausgesprochen intolerant gegenüber Ehefrauen, besonders wenn sie Mütter jüngerer Kinder waren, die einer außerhäuslichen Berufstätigkeit nachgingen.[97] Die mentale Haltung vieler Arbeiterehemänner ging mit dieser öffentlichen Meinung konform, zumal der traditionelle Stolz von Facharbeitern von jeher dahin ging, eine Erwerbsarbeit ihrer Ehefrauen überflüssig zu machen. Der Klempner und Installateur Heinz Ratjen artikuliert seine damalige Haltung, wenn er sagt:

> *Ich war da gar nich mit einverstanden*
> *das ging gegen meinen Stolz.*
> *Bei uns in der Familie hieß es immer*
> *der Mann muß seine Familie allein ernähren.*
> *Das war son Kodex nech.*[98]

Er weiß aber andererseits durchaus die Vorteile zu schätzen, die die Familie davon hatte, daß seine Frau später, am Anfang der 1970er Jahre, erwerbstätig wurde: »*Da hat sie dann son bißchen mitverdient da ging es uns besser*«.

Wenn die Männer Angst hatten, die Berufsorientierung ihrer Frauen gefährde die Organisation des Familienalltags, so war dies

---

97 Vgl. als eine der neueren Veröffentlichungen Klaus-Jörg Ruhl, Verordnete Unterordnung, a.a.O., besonders S. 176-198.
98 Interview Heinz Ratjen, Transkript, S. 26.

eigentlich überflüssig, denn die Frauen hielten es für völlig selbstverständlich, sich weiterhin dafür zuständig zu fühlen, selbst wenn sie genau wie ihre Männer voll erwerbstätig waren und selbst Schichtarbeit leisteten. »*Trotzdem klappte das*«, so Frau Reich - beide arbeiteten in unterschiedlichen Schichten -, »*Essen hab ich denn abends gemacht mein Mann hat sich das denn heiß gemacht - oder auch wenn ich Schicht hatte nachher hat sich das der Junge heiß gemacht.*« Die Vereinbarkeit von Beruf und Familie war die Sache der Mütter, nicht der Väter - so sah es die allgemeine Öffentlichkeit, und so sahen es auch die Frauen. Hinweise darauf, daß eine Neuorganisation der Familienarbeit erwogen und auch ausgeführt wurde, stellen die große Ausnahme dar[99].

Die Erinnerung einiger unserer männlichen Interviewpartner war, was die Erwerbstätigkeit ihrer Frauen angeht, lückenhaft oder vage. »*Ich verdiente ja die* [seine erste und zweite Frau] *brauchten nicht zu arbeiten.*«[100] Tatsache ist aber, daß beide Frauen zumindest zeitweilig erwerbstätig waren.[101] Wenn es sich nicht, im Sinn einer männlichen Berufsbiographie um »normale« Arbeitsverhältnisse handelte, so läßt sich schließen, wurde Frauenerwerbstätigkeit von den Männern häufig gar nicht wahrgenommen, man könnte auch sagen, nicht ernst genommen - von manchen Frauen übrigens auch nicht[102].

Daß Männer aber dazu neigten, die Berufstätigkeit ihrer Frauen auch dann nicht ernstzunehmen, wenn es sich um eine reguläre Tätigkeit von hinlänglicher Dauer handelte, zeigt der Fall des schon häufiger genannten Heinz Ratjen, der sich über die Arbeit seiner

---

99 Vgl. auch Claudia Born, u.a., a.a.O., S. 167 f., die nach der Auswertung eines repräsentativen Samples von berufstätigen Ehefrauen - Schwerpunkt 1950er Jahre - sogar zu dem Schluß kommen: »Sie reklamieren keine Entlastung; nicht einmal formulieren sie Änderungswünsche, die die Organisation des familialen Arbeitsbereichs in Richtung auf eine Neu- und Umvertreilung betreffen.«
100 Vgl. Interview Johann Bauer, Verlaufsprotokoll.
101 Herr Boranski verneint die Frage nach der Erwerbstätigkeit seiner Frau. »*Die hat die drei Kinder gehabt. Die hat morgens Zeitungen ausgetragen, das war das einzige.*« Daß sie auch putzen gegangen ist und einen kleinen Altwarenhandel betrieben hat (Information aus dem Interview mit der Tochter), ist ihm entgangen oder entfallen.
102 Beispiel Elly Weimar, die ihre Aushilfsarbeit in einer Drogerie und ihre Tätigkeit als Putzfrau auch nicht als Berufstätigkeit bezeichnet.

Frau lustig machte. Sie habe »*alte Weiber in die Wanne geschubst*«, habe er immer gesagt. Seine Frau war Angestellte bei der Gesellschaft für öffentlicher Bäder in Bremen. Herr Dröhler gibt seiner Frau während des Interviews zu verstehen, daß ihr »*fideler*« Arbeitsalltag - sie erzählte von einem Meister, der gern »*ein getrunken*« hat - doch wohl nicht mit seiner ernsthaften Tätigkeit auf der AG »Weser« verglichen werden könne. Er habe zuhause nicht viel von seiner Arbeit erzählen können, das »*wärn für euch böhmische Dörfer*« gewesen.

Vielleicht haben wir es hier mit einer besonderen Ausprägung von maskulinem Selbstwertgefühl bzw. mit einer befürchteten Bedrohung desselben zu tun, die ein Spezifikum des Werftarbeitermilieus sein könnte: Männer wollen die Wertschätzung ihrer anspruchvollen, körperlich harten und gefährlichen, also in besonderer Weise »männlichen« Arbeit auf der Werft nicht durch den Hinweis darauf relativiert sehen, daß ihre Frauen auch »gearbeitet« haben.[103]

Die Persistenz der Geringschätzung von Frauenarbeit wurde auch nicht dadurch tangiert, daß die boomende westdeutsche Wirtschaft gegen Ende des Jahrzehnts dringend Frauen suchte, da Männer auf dem Arbeitsmarkt äußerst rar geworden waren[104]. In diesen Zusammenhang ist die Einstellung von circa hundert Frauen auf der AG »Weser« einzuordnen, die zu einer Kurzausbildung als Schweißerin bereit waren. Gelockt wurden sie mit Halbtagsarbeit und guter Bezahlung. Man hatte sich in der Werftleitung daran erinnert, daß es ja auch während des Krieges schon weibliche Schweißer auf der Werft gegeben hatte, nämlich die russischen Zwangsarbeiterinnen, also mußte es prinzipiell möglich sein, Frauen für derartige Arbeiten einzusetzen.

---

103 Dazu paßt auch das Folgende: Als Hilde Dröhler stolz erzählt, sie habe voll gearbeitet, »*so richtig wie die Arbeiter so*« und: »*aber jeden Tag hab ich gearbeitet voll*«; »*im Sommer viertel vor sieben bis um halb vier*«, fügt ihr Mann schnell hinzu, daß er zu der Zeit täglich zehn Stunden auf der Werft gearbeitet habe. (Interview Ehepaar Dröhler, Verlaufsprotokoll).

104 Vgl. hierzu Ruhl, a.a.O., S. 199f. - »Die letzte 'stille Reserve': Elf Millionen Hausfrauen« titelte die in Bremen-Nord und Bremerhaven vielgelesene »Nordwestdeutsche Volkszeitung« am 19. Januar 1960. Im Untertitel hieß es: »Das 'Wirtschaftswunder' marschiert weiter. Großzügige Angebote - Gefahr für die Familie«.

Eine Gruppe der 1959 auf der AGW eingestellten Schweißerinnen mit ihrem Ausbilder.
(Photo: aus Privatbesitz)

Auffällig ist, in welch abfälligem Ton zwei männliche Interviewpartner, die gezielt auf diese neuen Kolleginnen von damals angesprochen wurden, zunächst über diese Frauen sprechen. Dem ehemaligen Betriebsrat Heinz Dröhler fiel lediglich ein, daß es sehr teuer gewesen sei, gesonderte Toiletten zu bauen, im übrigen habe man »ne Masse Ärger« gehabt. Die Frauen hätten völlig falsche Vorstellungen von der Arbeit auf einer Werft gehabt. Auch der damalige Ausbilder dieser Frauen, Friedrich Hatte, erinnert zunächst nur Negatives, das er mit den Worten »[...] *so war denn alle Augenblicke irgend n Theater nech*« zusammenfaßt. Er berichtet anfänglich vorwiegend von den Fällen, in denen Frauen zu ungeschickt, zu faul, zu sehr am anderen Geschlecht interessiert, kurz: ungeeignet waren. Erst in zweiter Linie erwähnt er auch anerkennend solche Frauen, die gute Arbeit geleistet und sich anständig verhalten hätten, darunter auch diejenige, die später seine Lebensgefährtin wurde, die bereits genannte Herta Becker. Im Unterschied zu den beiden interviewten ehemaligen Schweißerinnen, Herta Becker und Hilde Steuermann, erinnert Herr Hatte sich aber auch an das Aufsehen, das die Ankunft des neuen weiblichen Schweißerlehrgangs damals auf der Werft verursachte, an die nicht zu bändigende Neugier und Aufdringlichkeit der Männer, die sich auch durch Verbotsschilder und den Einsatz des Werkschutzes nur schwer davon abhielten ließen, Kontakt zu den Frauen aufzunehmen. Das weibliche Geschlecht mitten im Betrieb, nicht bloß in der Verwaltung, stellte einen absoluten Fremdkörper dar, der mit einer Mischung aus Skepsis und Sensationslüsternheit betrachtet wurde. Sie wurden nicht als Kolleginnen, sondern als Sexualobjekte gesehen. Das mag sich später denen gegenüber, die langfristig blieben, geändert haben. Am Anfang hatte die Werftleitung sogar Schwierigkeiten, jemanden zu finden, der bereit war, die durch eine Zeitungsanzeige angeworbenen Frauen überhaupt anzulernen. Friedrich Hatte ließ sich schließlich überreden, wenn auch nur widerwillig. Das Eindringen einzelner Frauen in die männliche Lebenswelt Werft und ihre Bewährung darin haben das asymmetrische Geschlechterverhältnis nicht verändert. Dazu war die Bedeutung dieser Schweißerinnen schon aus rein quantitativen Gründen zu marginal. Aber auch sonst unterscheidet sich das Verhältnis von Männern und Frauen im Werftarbeitermilieu der 1950er und frühen 1960er Jahre nicht erheblich von traditionellen Mustern. Gewisse Ansätze eines gewachsenen Selbstbewußtseins auf Seiten der Arbeiterfrauen sind allerdings nicht zu übersehen. Über die Tatsache hinaus, daß sie vielleicht in anderer Weise als ihre Mütter die Rolle der Protagonistin im Reproduktionsbereich wahrnehmen, ist auch ihr stärker eigenbestimmtes Eingehen und Ausfüllen von Erwerbsarbeitsverhältnissen dafür ein Indikator. Ein weiterer Hinweis darauf, daß trotz allem Veränderung, ja, Modernisierung stattgefunden hat, wird in einem anderen Abschnitt thematisiert: Es handelt sich darum, daß in der Folgegeneration nicht nur die Arbeitersöhne, sondern auch die Arbeitertöchter eine Berufsqualifikation erhalten.[105]

---

105 Siehe Abschnitt »Bildungsverhalten«.

Eine Schweißerin auf der AGW, 1959. Die knieende Haltung, in der die Schiffsplatten verschweißt wurden, erzeugten trotz des verwendeten Kissens häufig gesundheitliche Probleme in den Gelenken und im Bewegungsapparat. Der Arbeitsschutz war, wie man sieht, durchaus unzureichend. Zwar wird mit einem Schweißerschild gearbeitet, aber es fehlen Helm und Hörschutz. (Photo: Aus Privatbesitz)

3. Gesellungsverhalten und Freizeit im außerfamilialen Bereich

Mit wem verkehrten die Werftarbeiter und ihre Familienangehörigen außerhalb der Arbeitszeit? Mit wem verbrachten sie ihre Freizeit? Neben Umgangskreis und Treffpunkten interessiert auch die Frage nach einer möglichen Geschlechter- und Altersdifferenzierung, nach kollektiv geprägten oder eher individuell gestalteten Formen von Geselligkeit.

An Verkehrskreisen tauchen in unserem Sample auf: Verwandte, Nachbarn, Arbeitskollegen und -kolleginnen, Vereinskameraden, Parteifreunde und Gewerkschaftskollegen, »Cliquen« bei Jugendlichen. Es fällt auf, daß die Bezeichnungen Freundschaft, Freunde oder Freundinnen von unseren Interviewpartnern nur äußerst selten verwandt werden. Einige Frauen sprechen von Freundinnen - meist bezogen auf ihre Zeit als Jugendliche.

Möchte man etwas über das Freizeit- und Gesellungsverhaltenverhalten der Deutschen in den 1950er Jahren in Erfahrung bringen und orientiert sich dabei an der neuesten fundierten Untersuchung zu diesem Thema, die die Ergebnisse der zeitgenössischen Meinungsumfragen heranzieht[106], so stößt man auf Begriffe wie »Dominanz der Häuslichkeit«, »Rückzug in die Familie«, »Abneigung gegen andere denn familiäre Geselligkeit«, »Bedürfnis nach Stille«, »Tendenz zur Ruhe«, »Bild feiertäglicher Ruhe und Beschaulichkeit« sowohl zu Beginn als auch am Ende des Jahrzehnts.[107]

Diese generalistische Sicht vermittelt möglicherweise einen wichtigen Gesamtüberblick über Tendenzen einer Epoche, sie bleibt aber in ihrer Aussagekraft begrenzt, muß sie doch notgedrungen undifferenziert bleiben, da diese Makrountersuchungen häufig weder nach Alter und Geschlecht, noch nach sozialer Schicht unterscheiden. Auf der Mikroebene eines lokalen Industriearbeiter-Milieus, wo es uns möglich ist, die Lebenswelt der Werftarbeiter und ihrer Familien, also auch ihr Freizeit- und Gesellungsverhalten, differenziert zu untersuchen, ergeben sich durchaus Relativierungen dieser Aussagen.

---

106 Axel Schildt, Moderne Zeiten. Freizeit, Massenmedien und »Zeitgeist« in der Bundesrepublik der 50er Jahre, Hamburg 1995, S. 110 ff.
107 Alle Zitate ebenda, S. 110-118.

Bei der Betrachtung des Freizeitverhaltens im Arbeitermilieu während der 1950er Jahre muß man daran erinnern, daß das zur Verfügung stehende Zeitbudget wesentlich geringer als heute war. Auch wenn die tarifliche Arbeitszeit im Laufe der 1950er Jahre verkürzt wurde, so blieb doch infolge der zahlreich geleisteten Überstunden den AG »Weser«-Arbeitern nicht viel freie Zeit übrig.[108] Für den größten Teil des Jahrzehnts betrug die tägliche Zeit, die für die Arbeit auf der Werft und den Weg hin und zurück benötigt wurde, ca. zehn Stunden, am Sonnabend weniger.[109]

Bei den erwerbstätigen Frauen war die Verfügung über freie Zeit schon deshalb gering, weil auf ihnen in aller Regel noch Haushalt und Kinderbetreuung lasteten. Sie partizipierten nicht in gleichem Maße wie die Männer an der allgemeinen Arbeitszeitverkürzung, denn der Umfang der Reproduktionsarbeit nahm nicht ab bzw. erst, als man sich arbeitssparende Haushaltsmaschinen anschaffen konnte. Auch die nicht-berufstätigen Frauen waren der Meinung, nicht mehr Freizeit als ihre Männer gehabt zu haben. Frau Hitzacker sen., Jahrgang 1915, antwortet auf die Frage nach Freizeit und sozialen Kontakten nach dem Wegzug einer befreundeten Kollegenfamilie:

Nich so nee. Nich so.
Das konnte bei mir auch gar nich.
Wir hatten doch so viel Arbeit im Haushalt.
Wir mußten den ganzen Tag waschen
die Wohnung bohnern kein Staubsauger
Teppiche klopfen und alles so was.
Wir hatten keine Zeit zum eh Ausgehen
irgendwie Hobbies oder dies und jenes.
Da hatten wir keine Zeit zu.
Un denn hab ich ja noch genäht für die Kinder nich
weil es gab ja nix (...) aber Maß hab ich genäht.
Der Zweite der Wilfried
der hat so viel Hosen immer kaputt gerissen ja.
Dann hab ich ne Hose wieder für ihn genäht und so.[110]

---

108 Zu der Arbeitszeit auf der AG »Weser« vgl. Teil II, Kap. 5.
109 Axel Schildt schätzt, daß für den gesamten Zeitraum der 1950er Jahre von einem mindestens elfstündigen Arbeitstag für die Arbeiter auszugehen ist (Schildt, a.a.O., S. 85).
110 Interview Frau Else Hitzacker, Transkript.

Über das Treppenhausreinigen sagt sie:

> *Aber ich mußte den Dreck angucken [wenn die Nachbarin nicht geputzt hatte].*
> *Und das war am Anfang schlecht dann.*
> *Nachher ham se da PVC reingelegt nich.*
> *Aber das war erst Holz und denn bohnern*
> *mit m Bohnerklotz und so.*
> *Wir warn die ganze Woche warn wir ausgebucht*
> *für n Haushalt für alles so.* [111]

Mit dem Plural »wir« will sie wohl andeuten, daß ihre Aussagen generalisierend für alle Frauen jener Zeit und jenes Umfeldes Gültigkeit haben, womit sie sie von den heutigen Frauen abhebt. Ein weiteres Beispiel aus unserer Erhebung liefert Frau Rixdorf, Jahrgang 1921:

> *I: Sie waren nicht berufstätig. Hatten Sie das Gefühl mehr Freizeit zu haben als Ihr Mann?*
> *E: Ich war voll beschäftigt mit den Kindern.*
> *Denn wenn man die Kinder anständig haben will*
> *und will sie ordentlich anziehen*
> *und alles soll immer sauber sein*
> *und die Wohnung soll ordentlich sein*
> *dann hat man auch zu tun.*
> *In dem Sinn hab ich eigentlich nich mehr Freizeit gehabt.*
> *Ich hab oft gesagt »Wenn die Männer nach Hause kommen*
> *ham se Feierabend könn sich hinsetzen*
> *unsereiner muß noch abends weitermachen.«*
> *Stopfen Stricken Kleider genäht.*
> *Das hab ich alles selber mit gemacht.*
> *Da blieb nich viel Zeit.*[112]

Als Freizeit habe sie es damals empfunden, wenn die Töchter im Sandkasten spielten und sie auf einer Bank daneben saß.

---

111 Ebenda, S. 23.
112 Interview Brunhilde Rixdorf, Verlaufsprotokoll.

Nachbarschaft

Adelheid von Saldern ist gewiß zuzustimmen, wenn sie davon spricht, daß in Untersuchungen zum Arbeiterwohnen das Thema Nachbarschaft häufig von »Sozialromantik«, »Ideologisierung« und »grenzenloser Überschätzung und Überdehnung des Gemeinschaftsbegriffs« geprägt sei.[113] Nicht zuzustimmen bzw. erheblich abzuschwächen dagegen ist nach unseren Erkenntnissen ihre Aussage über die 1950er Jahre: »Kurzum, das Distanzhalten gegenüber den Nachbarn und Nachbarinnenn wurde zur Norm«[114]. Auch wenn sie sich dabei auf die Ergebnisse zeitgenössischer Forschungen stützt, die von heutigen Stadtsoziologen - so von Saldern - nicht in Frage gestellt werden, so müssen wir auf der Basis unseres Befundes diese pauschale Aussage relativieren. Daß das neue Leitbild tatsächlich schon für die 1950er und frühen 1960er Jahre generell das des »Abstand-Haltens« wurde, wie zeitgenössiche Umfragen nahelegen[115], muß aus unserer Sicht bezweifelt werden. Ähnliche Einschätzungen formulierte übrigens auch schon das bekannte Ruhrgebietsprojekt, in dessen Auswertung Bernd Parisius zu dem Schluß kommt: »Trotz einiger gegenteiliger Äußerungen von Befragten läßt sich insgesamt jedoch ein Trend zur Distanz gegenüber den Nachbarn aus diesem Material nicht belegen«.[116]

Anders als in einschlägigen stadtsoziologischen Untersuchungen standen selbstverständlich in unseren Interviews Nachbarschaftsverhältnisse nicht im Zentrum des Interesses. Auffällig ist jedoch, wie häufig unsere Interviewpartner und -partnerinnen das Thema in

---

113 Adelheid von Saldern, Häuserleben. Zur Geschichte städtischen Arbeiterlebens vom Kaiserreich bis heute, Bonn 1995, S. 25. Der von dieser Autorin benannte Bernd Hamm weist mit Recht auf die Fälle von »politische(r) Instrumentalisierung« der Nachbarschaftsideologie hin: Bernd Hamm, Betrifft: Nachbarschaft. Verständigung über Inhalt und Gebrauch eines vieldeutigen Begriffs, Düsseldorf 1973, S. 57 ff.
114 Adelheid von Saldern, a.a.O., S. 294.
115 A. v. Saldern beruft sich auf diverse Umfragen (ebenda, S. 296f).
116 Bernd Parisius, Mythos und Erfahrung der Nachbarschaft, in: Lutz Niethammer (Hrsg.), »Die Jahre weiß man nicht, wo man die heute hinsetzen soll«. Faschismuserfahrungen im Ruhrgebiet. Lebensgeschichte und Sozialkultur im Ruhrgebiet 1930 bis 1960, Bd. 1, S. 319. Parisius setzt sich u.a. mit Elisabeth Pfeil kritisch auseinander, die in ihren Untersuchungen aus den 1950er Jahren die These von der Auflösung der Nachbarschaften vertrat.

ihren biographischen Erzählungen anschnitten. Viel ist von nachbarschaftlicher Hilfe auf Gegenseitigkeit die Rede.[117] Herr Dröhler bekam als Dank dafür, daß er bei einem Nachbarn die Heizung eingebaut hatte, zu Weihnachten 1962 einen zuvor günstig erworbenen gebrauchten Kleinwagen, einen Lloyd, geschenkt - sein erstes Auto, er hatte noch nicht einmal einen Führerschein.[118] Auch sein 1952 geborener Sohn leistete Nachbarschaftshilfe, »Pflegearbeit« bei ihrem Nachbarn, wie es sein Vater ausdrückte. Dafür überschrieb ihm dieser sein Haus, da er selbst keine Nachkommen hatte. Nicht immer allerdings werden sich Nachbarn mit Zuwendungen dieser Größenordnung revanchiert haben.

Herr Ratjen zog 1960 mit Frau und Kind in die Hafenstraße, wo während des Krieges mit finanzieller Unterstützung der AG »Weser« Wohnungen für Werftmitarbeiter gebaut worden waren. Er betont nicht nur das konfliktfreie nachbarschaftliche Zusammenleben, sondern, was mehr ist, die aktive gegenseitige Hilfe:

In der Hafenstraße 25 Jahre gewohnt.
Im Haus fünf Parteien und alle bei der AG Weser beschäftigt jeder in einer anderen Branche.
Kein schiefes Wort immer schön zusammen gewohnt.
Kinder warn da wenn die sich gestritten haben oder was das wurde geschlichtet.
Das ging alles automatisch. Das war auch wie gesagt die Hilfe.
Wurde jemand krank oder war irgendwas der eine half dem andern.[119]

Daß man als Nachbarn harmonisch zusammen leben kann, muß aber nicht darin begründet sein, daß die Männer in demselben Betrieb arbeiteten. Die gleiche Art von gutnachbarschaftlichen Beziehungen einschließlich Hilfeleistungen erlebt nämlich das Ehepaar Ratjen heute in der Reiherstraße, ebenfalls in Weststadt, wo sie seit 1985 wohnen.

---

117 Die wird allerdings auch von A. v. Saldern in begrenztem Umfang zugestanden, besonders was die Frauen betrifft.
118 Interview Ehepaar Dröhler, Verlaufsprotokoll.
119 Interview Heinz Ratjen, Transkript.

Es ist allgemein bekannt, daß im Arbeitermilieu gegenseitige Hilfe beim Hausbau bzw. -ausbau mehr als bei Angestellten und Beamten üblich, weil auch aus ökonomischen Gründen nötiger war. In unserem Sample wurde denn auch mehrfach davon berichtet - in der Regel von Männern, weil diese Arbeit in ihren Zuständigkeitsbereich fiel. Herr Giesecke erwähnt, daß er 1960 beim Bau seines Hauses ohne die Hilfe seiner Nachbarn einmal eine schwierige Situation gar nicht hätte meistern können, ihm war nämlich die Baugrube voll Wasser gelaufen, eine ganze Nacht hätten sie gepumpt.[120]

Herr Reich, der 1944 ausgebombt wurde und anschließend mit seiner Frau in eine werfteigene Siedlung von Behelfsheimen zog, begann wie seine Nachbarn in den 1950er Jahren mit dem Ausbau des inzwischen erworbenen Hauses. Er erzählt von nachbarschaftlichem Zusammenhalt während dieser Zeit, erwähnt aber auch, daß der mit steigendem Lebensstandard nachgelassen habe.

E1: Ja wenn wenn damals die ersten angefangen haben zu bauen
wolln ma sagen die Steine wenn die abgeladen wurden
die Nachbarn sofort warn die da nich.
Die Steine warn noch heiß vonne vonne Ziegelei
denn wurde reingefahrn Sand reingefahrn.
Jeder hat jedem geholfen hier.
E2: Brauchte gar nich fragen man is von selbst gekommen.
E1: Von selbst gekommen nich.
Oder ne wir hatten noch son büschen Geschirr.
Wenn Geburtstage warn dam kam se
»Sag ma. Leih mir ma nen paar Tassen und ne Kaffeekanne« nich.
Und denn das is immer rund gegangen hier alles nich.
Aber das is nachher aber alles so langsam
wie das alles son büschen besser ging
is das alles n büschen eingeschlafen nich.
Auch so wenn jetzt wenn jetzt Geburtstag war
denn war der N. der Werkzeugmacher hinterm Fenster.
Dem spielten se auch mal nen Ständchen zum Geburtstag nich.
Der hat denn ein n ausgegeben
selbstgemachten Wein ausm Garten nich.

---

120 Interview Rudolf Giesecke, Transkript.

> *Das war ja so denn viel Schnaps usw.*
> *konnt man sich ja nich erlauben damalige Zeit nich.*[121]

Frauen nannten andere Arten von Nachbarschaftshilfe, z.B. Frau Brandt, Ehefrau eines langjährigen Betriebsratsvorsitzenden auf der AG »Weser«. Es ging im Gespräch mit ihr um Spielmöglichkeiten für die 1949 und 1955 geborenen Söhne sowie allgemein um die Überlegung, Kinder in den Kindergarten zu schicken.

> *Was heißt da Einzelkinder?*
> *Denn sind da Nachbarskinder.*
> *Ich hatte das mal versucht bei dem Ältesten*
> *und der hat nur geschrien der wollte nich.*
> *Und den zweiten hab ich gar nich erst dahin geschickt nich.*
> *Und denn hatt ich ne sehr gute Nachbarin.*
> *Wenn irgend was war denn paßte die mal auf.*
> *Und eh und das is hier auch so*
> *hier is auch ne sehr gute Nachbarschaft.*
> *Also sie hat mein Schlüssel ich hab ihrn Schlüssel.*
> *Wenn was is kann man austauschen nich.*[122]

Der Tempuswechsel deutet an, daß das nachbarschaftliche Vertrauensverhältnis auch heute noch besteht. Also auch hier wie im Fall Ratjen haben wir es mit einem Fortleben von festverwurzelten Mentalitäten zu tun.

Ein anderes Beispiel: Frau Weimar, verheiratet mit einem Kupferschmied und späteren Meister, bemühte sich Mitte der 1950er Jahre verzweifelt um eine größere Wohnung für die Familie; in der Nachbarschaft war das bekannt. Und tatsächlich gelang es 1954 mit Hilfe eines Nachbarn, einem Hausmeister in einer GEWOBA-Wohnanlage in Gröpelingen, eine passende Wohnung zu finden. Daß dieser Nachbar auch als Parteigenosse aus der SPD bekannt war, kam sicher erleichternd hinzu.

Frau Boranski erwähnt den kleinen Lebensmittelladen ihres Onkels ganz in der Nähe ihrer Wohnung in Oslebshausen, wo sich in ihrer Kindheit und Jugend viele Frauen und Kinder aus der Nach-

---

121 Interview Johann Reich, Transkript.
122 Interview Gertrud Brandt, Transkript.

barschaft trafen, auch wohl deshalb, weil man dort »auf Kreide« einkaufen konnte. Sie erinnert sich ebenfalls, daß man abends mit einigen Nachbarn zusammen gesessen und sogar gelegentlich zusammen gebacken habe. Ihre beste Freundin, bei der sie sich häufig aufhielt, wohnte in derselben Straße gegenüber.[123]

Besuche bei Nachbarinnen zum abendlichen gemeinsamen Handarbeiten waren für alleinstehende - verwitwete oder unverheiratete - Arbeiterfrauen mit Kindern in den 1950er Jahren häufig die einzige Form von Geselligkeit, die ihnen offen stand, auch deshalb weil sie nichts kostete.[124] Besuche in Lokalen kamen für sie - im Gegensatz zu Männern - nicht in Frage, außerdem kosteten sie Geld, das nicht vorhanden war; auch Kinobesuche waren für diese Frauen nur selten erschwinglich.

Frauen stellten generell einen wichtigen Faktor im Aufbau von Nachbarschaftsnetzen dar, was nicht verwundert, verbrachten sie doch zumindest, wenn sie nicht berufstätig waren, einen erheblich größeren Teil als ihre auf der Werft arbeitenden Männer zuhause bzw. in ihrem Wohnquartier. Selbst wenn sie voll- oder teilzeitbeschäftigt außer Haus waren, sahen sie öfter als ihre Männer die Nachbarn, genauer: die Nachbarinnen, beim Einkaufen oder bei Kontakten über die Kinder.[125] Adelheid von Saldern, die im allgemeinen die Bedeutung von Nachbarschaft in Arbeiterquartieren für den hier in Frage stehenden Zeitraum nicht mehr sehr hoch veranschlagt, konstatiert im Hinblick auf die Aneignung des Wohnquartiers durch Frauen jedoch eine gewisse Kontinuität.

»Viele Frauen waren und sind existentiell ganz anders auf den Wohnbereich angewiesen und fixiert als Männer, bei denen der Arbeitsbereich im Betrieb oder im Büro einen Großteil ihres Zeitbudgets absorbiert. Frauen betrachten häufig die Räume und Räumlichkeiten unter dem Aspekt der auf sie zufallenden Hausarbeit, des Sich-Wohlfühlen-Könnens und der Kommunikati-

---

123 Interview Else Boranski, Verlaufsprotokoll.
124 Das legen einige Passagen aus den Interviews mit Herta Becker und Karin Hitzacker nahe.
125 Das erzählte auch Herr Scholz (Jahrgang 1935, gelernter Schiffbauer). Die Kinder in seiner Straße, hauptsächlich aus Arbeiterfamilien stammend, seien zusammen zur Schule gegangen und hätten nachmittags zusammen gespielt. Darüber lernten sich auch die Eltern kennen. »*Die Familien hielten zusammen und besuchten sich gegenseitig.*« (Interview Scholz, Verlaufsprotokoll).

onsmöglichkeiten, ferner unter bestimmten infrastrukturellen Gesichtspunkten, wie vor allem Einkaufsgelegenheiten, Spielmöglichkeiten für Kinder, Verkehrsanbindungen u.a.m.«.[126]

Es war offenbar nicht unüblich, die Nachbarn zu Familienfesten in den eigenen vier Wänden einzuladen, was auch den praktischen Nebeneffekt hatte, daß die sich dann nicht über zu viel Lärm beschweren konnten. Frau Hitzacker schildert die häusliche Konfirmationsfeier ihrer Schwägerin, die einige Jahre jünger als ihr Mann war. Eine Kusine ihres Mannes brachte die Schallplatte »Tutti Frutti« von Elvis Presley mit, die die jüngeren Leute immer wieder begeistert auflegten. Ihr Schwiegervater habe geschimpft,

daß wir son Spektakel machen.
Dabei warn alle ausm Haus mit dabei.
Die warn alle eingeladen.
Und das war ja nich schlimm denn.[127]

Nicht vergessen werden dürfen in diesem Zusammenhang die vielen Kontakte, die sich zwischen Parzellennachbarn entwickelten. Fast alle unsere Interviewpartner hatten und haben z.T. seit Jahrzehnten ein Stück Gartenland in einer Kleingartenanlage im Stadtteil. Parzellen - in anderen Städten spricht man von Schrebergärten - mit ihren teilweise zum Wohnen ausgebauten Gartenhäuschen waren traditionell ein wichtiger Bestandteil des Arbeitermilieus im Bremer Westen. Sie waren Quelle der Subsistenzwirtschaft, Orte der Zuflucht in Krisenzeiten - z. B. wenn die Wohnung ausgebombt war -, der politischen - während der NS-Zeit auch illegalen - Treffs sowie Oasen der Entspannung nach Feierabend. Sie ersetzten Urlaubsziele[128] und stellten Zentren von Geselligkeit dar.

Der bereits genannte Heinz Scholz kaufte 1959 einen Kleingarten, in dem er mit Frau und Kind die Freizeit verbrachte. Er schwärmte geradezu:

---

126 Adelheid v. Saldern, a.a.O., S. 26.
127 Interview Karin Hitzacker, Transkript.
128 Z.B. bei den Familien Weimar und Steuermann.

*Die Gartennachbarn das is ein anderes Volk
als wenn Sie so Nachbarn ham nich
das is viel enger.*[129]

Wir können also bei den Nachbarschaftskontakten unterscheiden zwischen solchen, die eher der Hilfe dienten und solchen, die an Geselligkeit orientiert waren. Wichtig ist der Faktor der Gegenseitigkeit - »*Sie hat mein Schlüssel, ich hab ihrn Schlüssel*« (Frau Brandt) -, ohne daß dieser den Charakter des Berechnenden aufweist, eher den der Berechenbarkeit, des sich Aufeinander-Verlassen-Könnens. Dieses Solidarverhalten war in Arbeiterwohnvierteln auch in der Zeit des sogenannten Wirtschaftswunders noch von quasi existenzsichernder Bedeutung.

Arbeiterfamilien sind im Gegensatz zu Angestelltenfamilien nicht so stark auf eine Wahrung der Intimsphäre bedacht, wie Richard Wolf in einer empirischen Untersuchung über Industriearbeiterfamilien in den frühen 1960er Jahren feststellte.[130] Man weiß voneinander, woran es im Haushalt fehlt, da man in ähnlichen ökonomischen Verhältnissen lebt. »Dort vergibt man sich am wenigsten, wenn man als Bittender erscheint.«[131]

Gelebte Nachbarschaft beschränkt sich nun keinesfalls, wie gezeigt wurde, auf Nothilfe, auch wenn ein Nachlassen von materieller Not zu einer Abschwächung von Nachbarschaftsbeziehungen führen kann, wie die Äußerung von Herrn Reich zeigt: »*Aber das is nachher wie das alles nen büschen besser wurde is das alles nen büschen eingeschlafen*«.

Ein gewachsenes, sozial relativ homogenes Wohnumfeld und lange Wohndauer begünstigen die Entwicklung von Nachbar-

---

129 Interview Heinz Scholz, Verlaufsprotokoll.
130 Richard Wolf, Zur Lebenssituation der Industriearbeiter-Familie, München 1963, S. 94. Auch Angela Vogel stellt fest, daß Nachbarschaftskontakte unter Arbeitern häufiger seien als unter Angestellten (Angela Vogel, Familie, in: Wolfgang Benz, Die Bundesrepublik Deutschland, Bd. 2 Gesellschaft, Frankfurt a.M. 1983, S. 114).
131 Elisabeth Pfeil, Nachbarkreis und Verkehrskreis in der Großstadt, in: G. Ipsen (Hrsg.), Daseinsformen der Großstadt, Tübingen 1959, S. 190, zit. bei B. Hamm a.a.O., S. 93. Elisabeth Pfeil bezieht sich in diesem Zitat generell auf »gleichen sozialen Status«, nicht ausschließlich auf die Arbeiterschicht.

schaftsnetzen[132], beides war in unserem Untersuchungsfeld gegeben. Weit über die Hälfte der Interviewpartner lebten als Jugendliche oder Erwachsene während unseres Untersuchungszeitraums in den alten werftnah gelegenen Arbeitervierteln des Bremer Westens (Gröpelingen, Walle, Oslebshausen) und Bremen-Nords. Fast die Hälfte lebt heute immer noch bzw. wieder in diesen Stadtvierteln. Wir haben es also mit einer sehr geringen regionalen Mobilität zu tun.[133] Ganz wenige zogen Anfang der 1960er Jahre in eine Neubauanlage des sozialen Wohnungsbaus in einen weiter entfernten Stadtteil - und das nur äußerst widerwillig, wie das betroffene Ehepaar Hitzacker betont: »*Wir wollten nun auch gern in Gröpelingen wohn n bleiben weil wir das gewohnt warn und weil wir da beide geborn sind*«[134]. Und diese knüpften an lang eingeübtes Sozialverhalten an, indem sie rasch neue Nachbarschaftsbeziehungen aufbauten, die sie auch heute noch pflegen. Vor allem die junge kontaktfreudige Ehefrau wurde hier initiativ.

Das hier überwiegend positiv gezeichnete Bild von Nachbarschaft im Bremer Arbeitermilieu während der ersten Nachkriegjahrzehnte wird indirekt bestätigt durch Erzähleinschübe, deren Inhalt auf den ersten Blick das Gegenteil auszudrücken scheint. So gab es vereinzelt durchaus Hinweise auf negative Aspekte von Nachbarschaft, auf unerwünschte soziale Kontrolle, auf Klatsch und Tratsch. Diese kamen aber eher von Personen, die wir als Milieufremde bezeichnen können. Frau Hitzacker jun. berichtete z.B. von einem Geschäftsinhaber, der 1953 aus Angst vor zu viel nachbarschaftlicher Nähe verhinderte, daß sie eine Anstellung als Haushaltshilfe in derselben Straße fand, in der sie mit Mutter und Schwester wohnte.

Das war ein Geschäftshaushalt.
Und die wollten mich so gern haben.
Da hat der Mann sich das aber überlegt
und hat gesagt »Nein so aus der Nachbarschaft
so Tür an Tür.

---

132 Vgl. hierzu Klaus Peter Strohmeier, Quartier und soziale Netzwerke. Grundlagen einer sozialen Ökologie der Familie, Frankfurt a.M./New York 1983, S. 174 ff.
133 Diese Aussage wird fundiert durch Stichprobenerhebungen aus der Belegschaftsliste der AG »Weser« (vgl. Teil II, Kap. 5).
134 Interview Karin Hitzacker, Transkript.

> *Das is denn doch nich so gut.*
> *Und nachher reden die Nachbarn.« - Und all so was*
> *und das wollte er eben vermeiden.*[135]

Hier handelt es sich bezeichnenderweise nicht um Partner von gleichem sozialen Status, sondern um einen kleinbürgerlichen Ladenbesitzer und die Tochter einer Arbeiterwitwe. Der Inhaber des Geschäfts, also der sozial Höherstehende, hat Angst vor zu viel nachbarschaftlicher Nähe, vor einer möglichen Verletzung seiner familialen Intimsphäre. An der Art, wie Frau Hitzacker diese Geschichte erzählt, wird deutlich, daß sie diese negative Einschätzung von Nachbarschaft nicht teilt, daß sie andere Wertvorstellungen hat.

Insgesamt, so läßt sich resümieren, konnten wir bei unseren Werftarbeiterfamilien für den in Frage stehenden Zeitraum einen hohen Grad von Nachbarschaftsintegration feststellen. Privatheit war aber möglich und wurde respektiert; offenbar herrschte ein ausgeglichenes Verhältnis zwischen Distanz und Nähe. Ausgewählte Nachbarn waren - und sind zum Teil noch immer - neben Verwandten relevante Interaktionspartner. Das deutet auf Fortdauer von Mentalitäten und Werthaltungen hin - bestätigt gerade durch das gelegentlich vorgebrachte Bedauern über den Wandel der Zeiten. Individualisierungstendenzen kamen in den 1950er und frühen 1960er Jahren im Werftarbeitermilieu noch kaum zum Tragen.

Die Wichtigkeit, Nachbarn und Nachbarschaft zu erfahren und sei es auch nur über Geräusche, könnte nicht treffender ausgedrückt werden als mit den Worten der alten Frau Hitzacker, die seit einigen Jahren in einer Seniorenwohnung der Arbeiterwohlfahrt in Weststadt lebt:

> *Das war schöner inner andern Wohnung*
> *Und wir hatten ja auch ich hatte auch n gutes*
> *nen guten Kontakt zu den Mitbewohnern da nich.*
> *»So das is Werner der kommt vonner Arbeit*
> *und das is Dieter der kommt vonner Arbeit.«*
> *Das hat man denn immer gehört nich.*
> *Das vermiß ich hier is es zu ruhig nich.*

---

135 Ebenda.

Höchstens ma hier gegenüber wenn die die Tür aufschließt nich.
Und weiter hört man nichts.
Das is hier so ruhig nich.
Und <u>da</u> war ich zufrieden.
Und jetzt hab ich das so ich bin son Typ
wenn ich eh so ausm Fenster guck
»Ja <u>da</u> geht das Licht an <u>die</u> komm n nach Haus
und <u>die</u> komm n nach Haus und <u>die</u> gehn wieder weg«
Son Typ bin ich.
Watn Quatsch wa?[136]

Freizeittreffpunkt Kneipe

In den 1950er Jahren gab es noch eine ganze Reihe von Werftarbeiterkneipen, die in unmittelbarer Nähe des AG »Weser«-Geländes lagen. Nach dem Bremer Adreßbuch waren es im Jahre 1954 allein in den vier Straßen, die in unmittelbarer Nähe des Eingangs zur Werft lagen - Liegnitz-, Lindenhof-, Orts- und Werftstraße - mindestens 20 Gastwirtschaften, wobei allerdings nicht immer ersichtlich ist, um welche Art von Lokal es sich handelt. In den angrenzenden Straßen gab es zahlreiche weitere Lokale, es herrschte also eine Kneipendichte, die in der Gegend heute kaum noch vorstellbar ist. Die AG »Weser«, als der Betrieb mit der größten Beschäftigtenzahl im Stadtteil, sorgte offenbar für gute Auslastung. Der Schwager von Frau Hitzacker sen. betrieb z.B. ein Lokal in der Werftstraße, nur wenige Schritte vom Tor der Werft entfernt.

Ein anderes in vielen Interviews erwähntes Lokal befand sich von 1906 bis zum Abriß in den 1980er Jahren in Familienbesitz. Es stand in der Liegnitzstraße, genau gegenüber dem Eingang zur AG »Weser«. Der Besitzer war in Werftarbeiterkreisen und in der gesamten Nachbarschaft als »Hansi Müller« bekannt.[137] Die Gastwirtschaft bot Platz für 170 bis 180 Personen, öffnete morgens um 5.00 Uhr und schloß nach Beginn der Nachtschicht gegen Mitternacht. Die Hauptumsatzzeiten lagen morgens vor Arbeitsbeginn, in der Mittagspause und spätnachmittags bei Schichtwechsel.

---

136 Interview Else Hitzacker, Transkript.
137 Der Name ist ein Pseudonym.

> *An einem normalen Nachmittag gingen etwa 150 Bockwürste weg*
> *das waren richtig große Bockwürste*
> *das waren ja auch alles gestandene Leute.*
> *Wenn die Feierabend hatten um halb vier oder vier*
> *dann waren schon 80 bis 90 Bier vorgeschenkt.*
> *Wenn sie dann reinkamen wußte man schon*
> *der bekommt das der bekommt das.*
> *Es kannte wirklich jeder jeden.*
> *[...]*
> *Dreiviertel voll fast voll schon.*
> *Es mußte ja auch schnell gehen.*
> *Die einen tranken das mit Schuß*
> *die anderen mit Dunkel die anderen mit Porter.*
> *Wir waren die einzige Gaststätte mit Porter Starkbier*
> *einzige Gaststätte die Porter vom Faß hatte*
> *das kam dann oben drauf um es für ganz Hartgesottene*
> *noch kräftiger zu machen.*
> *Darum wurden die Gläser auch nicht vollgeschenkt.*

Viele Arbeiter seien schon morgens vor Schichtbeginn bzw. nach Ende der Nachtschicht um 5.00 Uhr bei ihnen eingekehrt. Auch Artur Boranski erinnert sich an »Hansi Müller«:

> *Die kurzen Körner standen denn schon da nich.*
> *Ja der hat sein Geschäft durch die AG »Weser« gemacht*
> *war auch sehr lustig und kulant*
> *und konnte mit den Werftgranden da umgehen.*[138]

Sonntags vormittags war Frühschoppen in vielen dieser Lokale, an dem Frau Else Hitzackers Mann, Mitglied des Betriebsrats, oft teilnahm. Sie hatte Verständnis dafür:

> *Ja klar das bleibt ja gar nich aus.*
> *Die ham doch sowieso immer schon gesagt nich*
> *»Wofür ham wir euch gewählt nich*
> *wenn ihr nich mal ein n trinken wollt mit uns?«*[139]

---

138 Interview Artur Boranski, Verlaufsprotokoll.
139 Interview Else Hitzacker, Transkript.

Die Kneipe war eine Domäne der Männer. Es hätte gegen die herrschende Norm verstoßen, wenn die Ehefrauen mit zum Frühschoppen gegangen wären. Sie habe ihre Kinder nicht allein lassen wollen, sagte Frau Hitzacker, und *»vor allem is es nich so schön wenn die Frau vormittags schon in die Kneipe geht«*.[140]

Auf die Frage, ob auch Frauen im Lokal seines Onkels verkehrt hätten, antwortete Herr S., es sei gelegentlich vorgekommen, daß sich mal eine Prostituierte sehen ließ, weil auch hin und wieder Seeleute bei ihnen einkehrten, aber das sei relativ selten gewesen. Diese Art von Milieu befand sich weiter stadteinwärts in einem vom Volksmund als »Golden City« bezeichneten Quartier in Walle. *»Unsere war ja eine reine Arbeiterkneipe«*[141], setzt er sich davon ab. Herr S. war offensichtlich gar nicht auf den Gedanken gekommen, daß in diesem Zusammenhang mit »Frauen« Ehefrauen, erwachsene Töchter oder Freundinnen der Werftarbeiter gemeint gewesen sein könnten. So lebendig stand ihm die damalige Kneipe seiner Verwandten als reine Männerwelt vor Augen, in der, falls überhaupt Frauen auftauchten, diese nur einen bestimmten »Gebrauchswert« für Männer haben konnten.

Es handelte sich eben nicht um eine Familiengaststätte; die gab es an anderer Stelle. Frau Hitzacker sen. erwähnte die Gaststätte »Goldener Krug«, dort ging sie gelegentlich sonnabends mit ihrem Mann tanzen. *»Da wars schön gemütlich. Da kamen alles die Ehepaare die so älter sind und die nich mehr so zum Tanzboden gingen nich. [...] War ne Familiengastwirtschaft.«*[142]

Bei »Hansi Müller« dagegen warteten manche Ehefrauen vor der Tür auf ihre Männer, besonders an dem Wochentag, an dem es Geld gab, *»daß sie nicht noch weiterzogen«*.[143] Daß Frauen ihre Männer am Lohntag auch schon vor dem Werfttor »abfingen«, wurde verschiedentlich erwähnt. Eine Änderung trat erst ein, als ab Mitte der 1960er Jahre die bargeldlose Lohnzahlung eingeführt wurde. Diese Neuerung stieß zu Anfang bei vielen ganz und gar nicht auf Gegenliebe, so der ehemalige Betriebsrat Artur Boranski:

---

140 Ebenda.
141 Experteninterview Enno Schäfer am 6. Februar 1996, Transkript.
142 Interview Else Hitzacker, Transkript.
143 Experteninterview Enno Schäfer, Transkript.

Das war auch son großer Kampf.
Das wollten die Arbeiter nich mitmachen.
»Gottswillen ick will min Geld auffe Hand hebben«.
War aber nich allein der Grund.[144]

Bei Barauszahlung hätten die Arbeiter leichter den Überstundenlohn vor ihren Frauen verstecken können, sagte Boranski. *»Konnten se für sich behalten bei Kontoauszahlung nich mehr.«*[145] Einige ließen sich zunächst weiterhin ihren Lohn bar auszahlen. *»Und denn spielt sich ja auch äh beim Lohntag draußen viel ab. Kneipen warn ja ringsum Kneipen«*, erinnert sich Werner Hitzacker, 1937 geborener Schweißer. Frauen warteten auf ihre Männer. *»Da machten se dann zwei Stunden eher Feierabend* [verzichteten auf zwei Überstunden, die Verf.] *bloß damit se den Frauen nich in die Hände fielen.«*[146]

Die Kneipe war der Ort männlicher Körperlichkeit. Kräftemessen wie z.B. *»Armdrücken«* sei *»gang und gäbe«* gewesen. Die Kesselschmiede *»waren immer die stärksten Männer«. »Spinnefeind«* seien sie oft untereinander gewesen, so daß das Spiel umschlagen konnte in Schlägerei, wenn der Alkoholpegel stieg. Der Wirt mußte dann schlichten. *»Aufgrund seiner Figur und Größe hat mein Onkel eigentlich alles gut im Griff gehabt.«* [147]

In der Betonung von Körperlichkeit kann mit Wolfgang Kaschuba ein Merkmal von Arbeiterkultur gesehen werden. »Körperverhalten, bezogen auf technische Arbeitsvorgänge wie auf soziale Gruppeninteraktionen erweist sich da als entscheidendes Gestaltungsmoment der Symbolsprache von 'Arbeitskultur' wie von 'Arbeiterkultur'.«[148] Das rituelle Kräftemessen diente der Identitätsfindung der eigenen Gruppe, dem Herstellen eines »Wir«-Gefühls, der gegenseitigen »sozialen Vergewisserung«[149] - Elemente, die zur Bewäl-

---

144 Interview Artur Boranski, Transkript.
145 Interview Artur Boranski, Verlaufsprotokoll.
146 Interview Werner Hitzacker, Transkript.
147 Experteninterview Enno Schäfer, Transkript.
148 Wolfgang Kaschuba, Arbeiterkultur heute: Ende oder Transformation? in: Wolfgang Kaschuba, Gottfried Korff und Bernd Jürgen Warneken (Hrsg.), Arbeiterkultur seit 1945 - Ende oder Veränderung? Tübingen 1991, S. 45.
149 Wolfgang Kaschuba, Volkskultur und Arbeiterkultur als symbolische Ordnungen. Einige volkskundliche Anmerkungen zur Debatte um Alltags- und Kultur-

tigung des Fabrikalltags lebenswichtig waren und die als habitualisierte Ausdrucksform auch auf den Bereich und die Zeit außerhalb der Fabriktore, eben in die Kneipe, übertragen wurden.

Von Scherzen und Streichen im Kneipenmilieu berichtet auch Frau Hitzacker sen., die davon nur indirekt über ihren Mann erfuhr, da sie als Frau ja aus dieser Welt ausgeschlossen war. Bei »Hansi Müller« sei öfter »*was verzapft*« worden, wie sie es ausdrückt. Eine Begebenheit stand ihr noch besonders deutlich vor Augen:

> E: Ja und da bei Hansi Müller
> da hat sich ja ma was abgespielt.
> Da war da einer wie heißt er denn ? Wie heißt er denn noch?
> Der war Büroangestellter. War kein kleines Licht.
> Un der ging auch immer nach Müller hin.
> Und Hansi Müller der hatte da son
> son großen Kanonenofen inner Mitte vonne Gaststätte da stehn
> na ja und da sind se beigegangen
> und der hatte ja sein n Hut an n Haken gehängt und so.
> Und wenn er auffe Toilette war da ham se den abgenomm n
> und da sind se beigegangen
> ham den Ruß da von n Ofen genomm n
> und ham hier hier inne Krempe hier rein nich.
> Da is er auch gar nich hintergekomm n.
> Denn nach Hause.
> Und seine Frau hat das wohl auch nicht gesehn.
> Und dann noch wieder zur Arbeit.
> Hatte er ja nun wieder den Hut aufgesetzt.
> Hat sich ja vorher gewaschen und alles nich.
> Hat er ja nun wieder den Hut aufgesetzt.
> Er kommt zur AG Weser und setzt ihn ab.
> Da war was los.
> Und er hat alles schwarz vor de Stirn nich.
> Da war was los.

---

geschichte, in: Alf Lüdtke (Hrsg.), Alltagsgeschichte. Zur Rekonstruktion historischer Erfahrungen und Lebensweisen, Franfurt a.M./New York 1989, S. 208.

I: »*Das war lustig.*«
E: »*Da is was verzappt da.*
Die ganzen Jahre.
Da is was verzappt ja«.[150]

Die Geschichte zeigt, daß die Arbeiter dieses Lokal als ihr ureigenes Terrain betrachteten. Zwar tauchten auch gelegentlich Vertreter höherer Hierarchieebenen auf, aber dabei wird es sich um Ausnahmen gehandelt haben, die, wie die Episode zeigt, nicht besonders gern gesehen wurden. Jemand, der einen Hut trug statt der üblichen Schirmmütze, gehörte dort nicht hin, er wurde als Eindringling betrachtet. »*Der war Büroangestellter war kein kleines Licht*«. Daß die Kneipenbesucher ausgerechnet den Hut benutzten, um seinem Träger »*eins auszuwischen*«, war also nicht zufällig. Dieses Kleidungsstück hatte offenbar einen hohen Symbolwert und galt aus Sicht der Arbeiter als Ausdruck des »Nicht-Dazugehörens«. Die Geschichte zeigt aber auch, daß das Klima auf der Werft nicht ausgesprochen repressiv gewesen sein konnte, denn sonst hätten sich die Arbeiter eine solche Verunglimpfung eines Höherstehenden nicht herausnehmen können. Der Betroffene sei zwar »sauer« gewesen, sagte Frau Hitzacker, aber von irgendeinem negativen Nachspiel war nicht die Rede. Diese Vermutung wird dadurch erhärtet, daß wir Beispiele von »Eigensinn« auch aus dem Arbeitsalltag selbst haben.[151]

Die Kneipe war der Ort, an dem nicht nur getrunken, gescherzt und geprügelt, sondern auch über betriebliche Dinge gesprochen wurde, wo in der Mittagspause oder nach Feierabend inoffizielle Verhandlungen stattfanden und Absprachen etwa vor Betriebsratssitzungen getroffen wurden. Herr S. erinnerte sich daran, daß ein bestimmtes führendes Betriebsratsmitglied jeden Tag gekommen sei.[152]

Die Kneipe war für die AG »Weser«- Arbeiter in den 1950er Jahren also noch ein Ort intensiver sozialer Kommunikation. Die Kneipe hat zwar generell in bezug auf die Lebenswelt von Arbeitern inso-

---

150 Interview Else Hitzacker, Transkript.
151 Interview Werner Hitzacker, Transkript. Siehe auch Teil II, Kap. 5 in diesem Forschungsbericht.
152 Interview Enno S., Transkript.

fern gegenüber früheren Epochen einen Bedeutungswandel vollzogen, als das Wirtshaus nicht mehr ein geselliges und politisches Zentrum der sozialistischen Arbeiter*bewegungs*kultur war,[153] aber für die Arbeiterkultur - zumindest für das Bremer Werftarbeitermilieu trifft das zu - war es in den 1950er Jahren zweifellos noch von Bedeutung.

Es muß in diesem Ergebnis nicht unbedingt ein Widerspruch zu der von Mooser festgestellten »Verhäuslichung des Mannes« im Arbeitermilieu nach dem Zweiten Weltkrieg[154] gesehen werden, da die meisten AG-»Weser«- Arbeiter, jedenfalls die Familienväter, nicht den gesamten Feierabend an der Theke verbracht haben werden, sondern lediglich beim Heimweg in die Kneipe einkehren.

Eine Änderung trat in den 1960er und 1970er Jahren im Gefolge der zunehmenden Motorisierung und im Zusammenhang damit des verstärkten Eigenheimbaus außerhalb der Stadt ein. Der steigende Motorisierungsgrad[155] hatte erhebliche Auswirkungen auf Zahl und Umfang des Lokalbesuchs; man trank jetzt immer häufiger nicht mehr in Gemeinschaft vieler Kollegen im halböffentlichen Raum Kneipe, sondern mehr und mehr allein oder höchstens mit einzelnen Kollegen im privaten häuslichen Bereich. Verstärkt durch den ebenfalls steigenden Erwerb von Fernsehgeräten setzte in den 1960er Jahren ein Individualisierungsschub auch unter den Werftarbeitern ein.

---

153 Zur Rolle des Wirtshauses in der Arbeiterbewegung zur Zeit des Kaiserreichs vgl. James S. Roberts, Wirtshaus und Politik in der deutschen Arbeiterbewegung, in: Gerhard Huck (Hrsg.), Sozialgeschichte der Freizeit. Untersuchungen zum Wandel der Alltagskultur in Deutschland, Wuppertal 1980, S. 123-139. Vgl. auch Franz Dröge und Thomas Krämer-Badoni, Die Kneipe. Zur Soziologie einer Kulturform oder »Zwei Halbe auf mich!«, Frankfurt a.M. 1987, S. 103 ff.
154 Josef Mooser, a.a.O., S. 155f.
155 Im Jahre 1960 lag der Anteil der Arbeiter unter denjenigen, die ein Auto neu zuließen bei 21 Prozent, das war nur unwesentlich weniger als der Anteil von Angestellten und Beamten, der bei 22 Prozent lag. Zehn Jahre zuvor hatte er bei Arbeitern 0,3 Prozent, bei den Angestellten 5,7 Prozent betragen (vgl. Thomas Südbeck, Motorisierung, Verkehrsentwicklung und Verkehrspolitik in der Bundesrepublik Deutschland der fünfziger Jahre, Stuttgart 1994, S. 37).

Freizeit im Verein

Wenn nach Feierabend in der Regel kaum Zeit für Freizeitgestaltung bestand, so blieb das Wochenende. An außerhäuslicher Freizeitaktivität wurden uns neben dem Aufenthalt auf der Parzelle und Verwandtenbesuchen häufig die Betätigung in Vereinen genannt: in Sportvereinen wie TURA (Turn- und Rasensportverein Gröpelingen) und SGO (Sportgemeinschaft Oslebshausen), oder in musikalisch orientierten Vereinen wie dem Gröpelinger Mandolinenclub »Stolzenfels« und verschiedenen Chören. Die Parzellisten, also die überwiegende Mehrzahl unserer Interviewpartner, waren in aller Regel auch Mitglied in einem Kleingarten-Verein wie »Blüh' auf« oder »Morgenland«. Auch die Veranstaltungen und Theateraufführungen des traditionellen Gröpelinger »Plattdütschen Vereens« wurden besucht.

Im Leben des Ehepaars Dröhler nahm beispielsweise der Sportverein SGO einen wichtigen Platz ein. Hilde Dröhler, Jahrgang 1919, hatte ebenso wie ihr Bruder schon in ihrer Kindheit in dem 1904 gegründeten Arbeiterturnverein »'Vorwärts' Grambke-Oslebshausen« Handball gespielt. Ihr Vater, gelernter Maschinenschlosser, im Nachbarortsteil Weststadt geboren, war Mitglied dieses Vereins und hatte es als völlig selbstverständlich angesehen, seine Kinder ebenfalls dort anzumelden. Dieser Arbeitersportverein wurde 1933 von den Nationalsozialisten verboten und ging nach 1945 zusammen mit dem 1894 gegründeten bürgerlichen Turnverein Oslebshausen in der neu gegründeten Sportgemeinschaft Oslebshausen - zunächst Sportgemeinschaft Grambke-Oslebshausen - auf.[156] Herr Dröhler, Jahrgang 1922, Schlosser und langjähriger AG »Weser«-Betriebsrat, erzählt, wie er und sein späterer Schwager, Frau Dröhlers Bruder, nach dem Krieg wieder gern Handball spielen wollten, es in Grambke aber auch keinen bürgerlichen Verein mehr gegeben habe, da er von

---

156 Überblick in: 100 Jahre Sport in Oslebshausen. Chronik des Vereins TVO/SGO, o.O., o.J. (Bremen 1994), hrsg. vom Festausschuß im Auftrag des Vorstands. Vgl. auch: Die Roten und die Blauen. Stadtteilgeschichte am Beispiel der Sportgemeinschaft Oslebshausen, in: Entdeckte Geschichte. Bremer Stadtteile/Betriebe und ihre Geschichte, hrsg. von der Arbeitsgemeinschaft Bremer Geschichtsgruppen, Bremen 1986, S. 62 f.

Kapitel 6: Das außerbetriebliche Milieu der AG »Weser«

der amerikanischen Besatzungsmacht verboten worden war.[157] Deshalb hätten sich einige Kommunisten und Sozialdemokraten aus der Nachbarschaft zusammengetan und bei den Amerikanern die Erlaubnis erwirkt, in Grambke und Oslebshausen wieder einen Sportbetrieb ins Leben zu rufen.[158] Hilde, ihr Bruder und Heinz Dröhler wurden wieder aktive Handballer. Sie gehörten zu einer »Clique« innerhalb des Vereins, man feierte zusammen im Verein und auch gelegentlich zuhause. Auch Vater und Tochter Boranski erzählten in ihren Interviews vom Sportverein. Artur Boranski turnte hier, war aktiv in der Handball- und Faustball-Abteilung und spielte außerdem Flöte im vereinseigenen Spielmannszug. Er erinnert sich gern an die Umzüge des Trommler- und Pfeiferkorps während der 1950er Jahre am 1. Mai[159], auch habe man Wandertage des Vereins und Ausflüge mit bis zu 120 Kindern musikalisch begleitet. Auch seine Kinder trieben Sport in diesem Verein. Der Sohn spielte Fußball, die beiden Töchter waren in der Gymnastikabteilung aktiv. *»Das hat uns auch irgendwie gepolt«*, sie seien *»irgendwie immer glücklich gewesen«* im Verein, evaluiert die älteste Tochter Else (Jahrgang 1936) im Interview.[160] Auf einem der Vereinsbälle lernte sie Ende der 1950er Jahre ihren ersten Mann kennen, einen Klempner, der mit Hilfe ihres Vaters eine Anstellung auf der AG »Weser« fand.

Der andere Sportverein, der in unserem Sample häufig erwähnt wird, ist der »Turn- und Rasensportverein Gröpelingen e.V.« (TURA), ein Sportverein, der aus der klassischen alten Arbeitersportbewegung hervorgegangen ist und der auch nach 1945 in mannigfacher Weise an diese Traditionen anknüpfte. Auf ihn werden wir noch näher eingehen.

In bestimmten Gröpelinger Vereinsheimen fanden während der 1950er Jahre Versammlungen der örtlichen SPD statt, nicht nur in der TURA-Vereinsgaststätte, sondern z.B. auch im Morgenlandheim,

---

157 Nach Aussage von Herrn Dröhler seien in dem bürgerlichen Turnverein *»alles Nazis gewesen«* (Interview Heinz Dröhler, Transkript).
158 Er nannte K. B., der in derselben Straße wie er und seine zukünftige Frau in Grambke wohnte. Dieser Mann wird in der Chronik als der Hauptinitiator der Neugründung bezeichnet (ebenda).
159 Fotos vom Spielmannszug der SGO u.a. vom 1. Mai 1954 in der 100 Jahre Sport in Oslebshausen, a.a.O., S. 36f.
160 Interview Else Boranski, Verlaufsprotokoll.

dem Vereinsheim des Kleingartenvereins »Morgenland«.[161] Auch wenn es sich bei diesen Vereinen nicht mehr um klassische sozialdemokratische Vorfeldorganisationen handelte, so kann es doch als sicher gelten, daß in beiden Fällen viele der Mitglieder Sozialdemokraten waren, die in diesen Vereinen einen Teil ihrer Freizeit verbrachten. Die meisten der von uns interviewten ehemaligen Werftarbeiter und ihrer Ehefrauen sind zumindest SPD-Wähler. Angesichts dieser Zusammenhänge ist die Frage von Frank Deppe und Klaus Dörre, ob denn »die These von der durchgängigen Entpolitisierung des Vereinslebens der 50er Jahre«[162] stimme, durchaus berechtigt. Noch heute sieht die Bremer SPD in diesen Vereinen einen wichtigen Teil ihrer Basis im Bremer Westen und ist um die Aufrechterhaltung eines guten Kontakts bemüht.[163]

Insgesamt ist in den 1950er Jahren im Vergleich zu den 1920er Jahren ein Rückgang des Vereinswesens festzustellen, was die Zahl der Vereine und deren Mitgliederzahlen angeht.[164] Das gilt auch für Bremen, wie die Bremer Adreßbücher von 1920 und 1950 ausweisen. Interessanterweise trifft diese Feststellung aber nicht für Gröpelingen zu, wo 14 Vereine für das Jahr 1920 und 17 für 1950 vermerkt sind. Das wird auf die starke Expansion des Stadtteils im Verlauf der 1920er Jahre und die Errichtung neuer Wohngebiete für die wachsende Belegschaft der AG »Weser« zurückzuführen sein.[165] Anhand

---

161 Beide Treffpunkte gehen aus Meldungen in der sozialdemokratischen »Bremer Volkszeitung«, in der 2. Hälfte der 1950er Jahre umbenannt in »Bremer Bürgerzeitung«, hervor.
162 Frank Deppe und Klaus Dörre, Klassenbildung und Massenkultur im 20. Jahrhundert, in: Klaus Tenfelde (Hrsg.), Arbeiter im 20. Jahrhundert, Stuttgart 1991, S. 726-771, hier S. 742.
163 An Vereinen, die aus dem allgemeinen Rahmen fallen, da sie eine spezielle Klientel bedienten bzw. bedienen, und die auch nicht in Gröpelingen beheimatet sind, tauchen in unserem Sample zum einen ein Sportverein in Delmenhorst auf, in dem sich nur Flüchtlinge und Vertriebene organisierten. Hier lernte sich das Ehepaar Giesecke 1949 kennen, die beide aus Schlesien stammen. Und zum anderen ging es um einen Sportverein für Kriegsversehrte, in dem der beinamputierte Herr Rixdorf aktiv war und seine Ehefrau ebenfalls. Der Sport, die ehrenamtliche Tätigkeit im Vorstand, das gesellige Beisammensein mit anderen Versehrten und ihren Frauen bestimmen bis heute nahezu die gesamte Freizeit dieses Paares.
164 Vgl. Schildt, a.a.O., S. 138, 140, 145.
165 Vgl. Kulturladen Gröpelingen (Hrsg.), Gröpelingen 1860-1945. Ein photographischer Streifzug, Bremen 1996, S. 10.

zahlreicher Hinweise verfestigt sich denn auch der Eindruck, daß das Gröpelinger Vereinsleben in den 1950er Jahren keineswegs rückläufig war. Dafür spricht zum Beispiel die Berichterstattung in dem 1951 gegründeten Anzeigenblatt »Gröpelinger Wochenblatt«[166], dessen Rubrik »Aus dem Vereinsleben« durchaus von lebendiger Vereinskultur zeugt. Über Veranstaltungen der beiden allgemeinen Sportvereine (TURA und AGSV - Allgemeiner Gröpelinger Sportverein) sowie des Wassersportvereins, der Kleingartenvereine, des Plattdütschen Vereens, der verschiedenen Chorvereinigungen, des Mandolinencubs, der Schützengilde, der Elternvereine von Schulen, des Kegelclubs, des CVJM, des Reichsbundes, der evangelischen Kirchengemeinde etc. wurden die Leser regelmäßig informiert. Welche Rolle die (Sport-)Vereinskultur im Viertel in dem von uns betrachteten Zeitraum spielte, verdeutlicht ein Rückblick aus den 1970er Jahren. Ein ehemaliger Vereinsvorsitzender berichtet - nicht ohne eine gewisse Wehmut - davon, daß in den 1950er Jahren die Sportplätze »*schwarz von Menschen*« gewesen seien; die Ausscheidungswettkämpfe um den »Gröpelinger Pokal« hätten den ganzen Stadtteil gefesselt.[167]

Das alljährliche Schützenfest, das stets durch einen Umzug des TURA-Spielmannszuges eröffnet wurde, war »das Volksfest Gröpelingens«[168], es fand auf dem Festplatz an der Bromberger Straße statt, wo viele AG »Weser«-Arbeiter wohnten.

Daß die Mitgliederzahlen der Vereine zurückgegangen seien, läßt sich für den Gröpelinger Sportverein TURA nicht bestätigen, sie sind im Gegenteil Mitte der 1950er Jahre doppelt so hoch wie in den 1920er Jahren.

---

166 Das »Gröpelinger Wochenblatt« trat im November 1951 als »politisch und wirtschaftlich unabhängiges Insertionsorgan« ins Leben, das den Gröpelinger Geschäftsleuten die Möglichkeit der Werbung bieten und den 32 000 Bewohnern des Stadtteils mitteilen sollte, »was für die Gröpelinger von besonderem Interesse ist.« Dabei wurde ausdrücklich auf das wirtschaftliche Potential, das die AG »Weser« darstellte, verwiesen. Es heißt in der ersten Ausgabe vom 23.11.1951: »*Der Vorort Gröpelingen ist besonders im Hinblick auf die ständig steigende Beschäftigungszahl der Werft ein nicht hoch genug einzuschätzendes Wirtschaftsgebiet der Hansestadt Bremen und darf wohl über ein Sprachrohr zur Wahrung seiner Interessen verfügen*«.
167 Serie »Treffpunkt: Unser Verein«, Bremer Nachrichten vom 4. April 1977.
168 Gröpelinger Wochenblatt vom 24. Juni 1955.

Es gab sogar Neugründungen von Vereinen. Im Juni 1951 wurde der Verein Nachbarschaftshaus Gröpelingen e.V. gegründet, der auf eine Kooperation der amerikanischen freireligiösen Unitariergemeinschaft mit der deutschen Arbeiterwohlfahrt zurückgeht. Ziel war es, im Arbeiterstadtteil Gröpelingen ein Nachbarschaftshaus zu gründen, das »*jedem Menschen ermöglichen (sollte), [...] den inneren Gehalt einer echten demokratischen Gemeinschaft kennenzulernen*«.[169] Das Nachbarschaftshaus, das im Mai des folgenden Jahres in der Straße Am Ohlenhof eingeweiht wurde[170], ist also auch im Kontext der amerikanischen Re-education-Politik nach 1945 zu sehen und stellt duch seine Verquickung von modernen amerikanischen Konzepten von Sozialarbeit und politischer Bildung mit einer traditionellen Organisation der alten Arbeiterbewegung ein interessantes Novum dar. Mit seiner Mischung aus Bildungsangeboten, Hobby-Kursen und geselligen Veranstaltungen fand das Nachbarschaftshaus, das heute noch existiert, regen Zuspruch bei allen Altersgruppen der örtlichen Bevölkerung. Auch Werftarbeiterfrauen verkehrten dort, wie unsere Interviews belegen.

Gut die Hälfte der von uns Interviewten erwähnt die Mitgliedschaft in mindestens einem Verein; nicht alle sind ausdrücklich befragt worden. Unter Hinzunahme der übrigen Quellen ergibt sich also der Eindruck, daß Arbeiter auch noch in unserem Untersuchungszeitraum ihre Freizeit gerne im Kollektiv verbrachten. Das gilt im Prinzip für beide Geschlechter. Bei Männern mögen die Sportvereine und die aktive Betätigung darin eine größere Rolle gespielt haben als bei Frauen, die eher den Geselligkeitsaspekt von Vereinen geschätzt haben mögen und sich tendenziell eher in kulturellen und sozialen Vereinen engagiert haben.[171]

---

169 Aus der Vereinssatzung, zitiert nach: Jürgen Blandow, Von Friedrich Ebert bis Ella Ehlers. Die Vorgeschichte und die Geschichte der bremischen Arbeiterwohlfahrt, hrsg. von der Arbeiterwohlfahrt Kreisverband Bremen e.V. Bremen o. J. (1995), S. 86.
170 Gröpelinger Wochenblatt vom 23. Mai 1952.
171 Bestätigt wurde dieser Eindruck durch die Reaktion auf unsere Frage nach Hobbies. Individuell, als Einzelperson ausgeübte Tätigkeiten wie lange einsame Radtouren machen, »Langstreckenlauf«, Musik hören, ins Theater gehen, mit dem Auto unterwegs sein, Bootfahren werden signifikant seltener genannt als sportliche oder musikalische Aktivitäten, die in Gemeinschaft ausgeübt werden. Und häufig beziehen sie sich auf einen wesentlich späteren Zeitraum. Auch die

Für die 1950er Jahre trifft zu, was Kaspar Maase über die »Lebensweise der Lohnarbeiter in der Freizeit« - bezogen auf die 1970er Jahre - schrieb: »Vereinsaktivität ist für viele Lohnarbeiter die bedeutendste Form der kontinuierlichen Teilhabe an kreativer und genußbringender Selbsttätigkeit - das macht ein Blick auf die niedrigen Beteiligungsquoten an Hobbies (die zum Teil wieder über Vereine geschieht), an ästhetisch-bildender Aktivität und selbst an sportlicher Praxis außerhalb der Vereine deutlich.«[172] Daß es sich hier quasi um ein »longue durée«-Freizeitverhalten der Arbeiterschaft handelt, zeigt eine Befragung der ehemaligen AG »Weser«-Arbeiter nach dem Ende der Werft im Jahre 1983. Von 759 Interviewten waren zwei Drittel Mitglied in mindestens einem Verein, wovon wiederum die Hälfte aktive Teilnehmer waren.[173]

Ohne den Gedanken der Kontinuität überstrapazieren zu wollen, kann man doch sagen, daß bei aller Veränderung der gesellschaftlichen Rahmenbedingungen im Freizeitverhalten der Männer und Frauen im Bremer Werftarbeitermilieu ein Fortleben von traditionellem proletarischem Habitus festzustellen ist: Man bevorzugte nach wie vor bestimmte Vereine und mied andere, die soziale Zusammensetzung von Vereinen deutet trotz gesellschaftlicher Öffnung nach wie vor auf soziale Segregation hin.[174] Zwar sind die dichten kollektiven Netze der Arbeiter- und Arbeiterbewegungskultur der Weimarer Zeit nicht wiederentstanden, aber von einer Individualisierung im Arbeitermilieu als dominanter Tendenz läßt sich

---

Gartenarbeit, die oft genannt wurde, wird zwar von einer Einzelperson ausgeübt, aber der Kontakt mit anderen ist dabei häufig gegeben, wie Beschreibungen des Feizeitverhaltens in Parzellengebieten verdeutlichen. Bücherlesen als Hobby wurde nur einmal erwähnt (Artur Boranski), und auch in diesem Fall wurden die Bücher nicht individuell in einer Buchhandlung gekauft, sondern über die traditionell der Arbeiterbewegung nahestehende Büchergilde »Gutenberg« bezogen, also auch über ein kollektives Organ.
172 Kaspar Maase, Lebensweise der Lohnarbeiter in der Freizeit, Frankfurt a.M. 1984, S. 103.
173 Hartmut Häußermann und Werner Petrowski, Die Bedeutung der Wohnverhältnisse für die Bewältigung von Arbeitslosigkeit. Endbericht über ein von der VW-Stiftung gefördertes Projekt, Bremen 1990, S. 169f.
174 Zur sozialen Zusammensetzung von TURA vgl. den folgenden Abschnitt über TURA. Axel Schildt weist auf die Fortexistenz von sozialer Segregation trotz Verschwindens der Arbeitervereine in Zechengemeinden des Ruhrgebiets hin, a.a.O., S. 139.

jedenfalls für die 1950er Jahre nach unseren Erkenntnissen noch nicht sprechen. Moosers These, die »Enttraditionalisierung der Lebensweise setzte eine Individualisierung des Arbeiterlebens frei«[175], ist nur als Kennzeichnung der langfristigen Entwicklung nach 1945 zu akzeptieren, für unseren Zeitraum greift sie noch nicht.

Exkurs:
Der Sportverein TURA – Ausdruck von Milieupersistenz?

In diesem Abschnitt soll gefragt werden, welche Rolle der Gröpelinger Sportverein TURA für das Werftarbeitermilieu in den 1950er Jahren spielte. Dabei werden die Sozialstruktur der Mitgliederschaft, die Vernetzung mit der AG »Weser«, die Verankerung im Stadtteil und die Vernetzung mit der Bremer Sozialdemokratie als milieurelevant betrachtet.

Der Sportverein TURA geht auf den 1894 von Tischlern und Korbmachern gegründeten Arbeiterturnverein Gröpelingen zurück, der nach dem Ersten Weltkrieg den Namen »Verein für Sport und Körperpflege e.V.« (VSK) annahm. 1935 wurde der Verein als VSK von den Nationalsozialisten aufgelöst[176] und zwei Jahre später mit zwei bürgerlichen Gröpelinger Sportvereinen unter dem neuen Namen »Turn- und Rasensportverein Gröpelingen e.V.« (TURA) zwangsfusioniert. Der neue Verein wurde Mitglied des Nationalsozialistischen Reichsbundes für Leibesübungen (NSRL).

---

175 Josef Mooser, Arbeiterleben, a.a.O., S. 159.
176 Diese und die folgenden Angaben zur Vereinsgeschichte bis 1949 nach: 100 Jahre TURA - 100 Jahre Sportgeschichte im Bremer Westen, hrsg. vom Turn- und Rasensportverein Bremen e.V., Bremen 1994; Klaus Achilles, Vereinsgeschichte TURA, unveröffentlichtes handschriftliches Manuskript o.O., o.J. (umfaßt den Zeitraum von der Gründung bis 1949). Dieses Manuskript basiert auf den Unterlagen im Archiv TURA. Im übrigen basiert dieser Exkurs auf dem Archiv TURA, einem Experteninterview mit Horst Holzapfel, Jahrgang 1930, langjährigem Vereinsmitglied und heutigem Seniorenbeauftragten von TURA, sowie weiteren Materialien im Besitz von Klaus Achilles. Klaus Achilles, Universität Bremen, der als ein Experte für die Geschichte des bremischen Sports gelten kann, sei an dieser Stelle herzlich für die Überlassung seines Materials über TURA gedankt, besonders der Transkripte von Interviews mit verschiedenen Veteranen des bremischen Arbeitersports, die er in den 1980er Jahren geführt hat.

An dem Umgang mit dem Vereinsnamen nach 1945 läßt sich gut die Frage nach Kontinuität oder Wandel im Selbstverständnis des Vereins erörtern. Der von den Nationalsozialisten abgesetzte ehemalige Vorsitzende des alten Arbeitersportvereins V.S.K., der Sozialdemokrat August Schlüter, bestand nach dem Krieg darauf, diesen aus dem Jahre 1919 stammenden Traditionsnamen wieder anzunehmen. So geschah es im März 1946 zunächst auch. Aber bereits im Mai 1946 beschloß die Mitgliederversammlung mit großer Mehrheit, sich wieder in TURA umzubenennen, weil »*sie [die Mitglieder] unter dem Namen TURA ihre größten und schönsten sportlichen Erfolge errungen haben*«.[177] August Schlüter und einige andere ältere Mitglieder verließen daraufhin den Verein.

Bemerkenswert an diesem Vorgang ist, daß eine Gruppe um den letzten Vorsitzenden aus der Weimarer Zeit an die alte Arbeitersporttraditon anknüpfen wollte, damit aber weitgehend auf Unverständnis stieß. Das Gros der offenbar überwiegend jüngeren Mitglieder identifizierte sich mit dem größeren, »modernisierten« Verein, in dem als Folge des Zusammenschlusses mehrerer Vereine und der Sportförderung durch die Nationalsozialisten bessere Möglichkeiten der sportlichen Betätigung bestanden hatten als in dem alten kleineren Arbeiterverein. In den Jahren 1937 bis 1939 hatten die Handballer und Fußballer von TURA große überregionale Erfolge erzielt. Daß diese Entwicklung während der NS-Zeit stattgefunden hatten, störte die Mitglieder nach 1945 offenbar nicht.

Der Vorstand sah das Dilemma und schrieb an das Amt für Leibesübungen: »*Bei der von uns beabsichtigten Wiederannahme des Namens 'Turn- und Rasensportverein (TURA)' handelt es sich zwar um den Namen eines früheren N.S.R.L. [Nationalsozialistischer Reichsbund für Leibesübungen], doch können wir ohne Schwierigkeiten den Nachweis führen, daß TURA nur dem Namen nach ein solcher gewesen ist und daß sich sein Mitgliederkreis aus den gleichen Mitgliedern zusammensetzte, die vor 1933*

---

177 Schreiben des »Vereins für Sport und Körperpflege von 1945, Bremen« an das Amt für Leibesübungen und Jugendpflege, Bremen vom 5. Juli 1946, worin die Zustimmung zur Satzungsänderung zum Zwecke der Namensänderung beantragt wird, in: Archiv TURA. Ein weiteres Motiv, den Namen TURA beizubehalten bzw. wieder anzunehmen, lag allerdings darin, daß man gern die Gaststättenkonzession des Vereinsheims behalten wollte, und die lautete auf den Namen TURA (ebenda).

den Arbeitersportverbänden V.S.K., A.G.S.V.[178] und Freiheit[179] angehörten. [...] So hat sich das Gesicht des Vereins seit 1933 wiederholt gewandelt, sein Mitgliederkreis ist aber stets unverändert der gleiche geblieben.«[180]

Hier nun wird sehr deutlich eine durchgehende Linie zur vorfaschistischen Zeit gezogen, wobei interessant ist, daß nur auf die eine Wurzel von TURA rekurriert wird, nämlich den Arbeitersport, die bürgerlichen Bestandteile läßt man quasi unter den Tisch fallen. Übrigens soll laut Aussage eines langjährigen Vereinsvorsitzenden der Name TURA seinerzeit von ehemaligen Arbeitersportlern bewußt ins Gespräch gebracht worden sein, weil unter dieser Bezeichnung in Magdeburg und Leipzig Arbeitersportvereine existiert hatten, was aber dem damaligen Vorsitzenden, einem Nationalsozialisten, nicht bekannt gewesen sei. Man habe ihn so überlisten können.[181]

Mitgliederstruktur. Die oben zitierten Zeilen aus dem Schreiben des Vorstands leiten direkt zu der Frage der Zusammensetzung der Mitgliederschaft über. Auch in den 1950er Jahren ist ein Großteil der erwachsenen männlichen Mitglieder der Arbeiterschaft zuzurechnen, was angesichts der Sozialstruktur Gröpelingens nicht weiter verwunderlich erscheinen mag. Ein Auszug aus der Mitgliederkartei, der den Zeitraum 1945 bis 1959 und offenbar nur Erwachsene und Lehrlinge - keine Kinder - umfaßt und der neben Eintritts- und Austrittsdatum auch die Berufe festhält, weist diesen Anteil mit ca. 40 Prozent aus.[182]

Diese Tatsache ist durchaus erwähnenswert, denn die Arbeiter hätten theoretisch auch in andere Vereine gehen können, z.B. in den Fußballverein AGSV (Allgemeiner Gröpelinger Sportverein) oder in den »bürgerlichen« Eisenbahnersportverein Blau-Weiß, der 1937 mit zu dem Fusionsprodukt TURA gehört und sich nach 1945 wieder eigenständig etabliert hatte. Auch gab es in dem nahegelegenen Stadtteil Findorff den BSV (Bremer Sportverein), ebenfalls mit eher

---

178 Allgemeiner Gröpelinger Sportverein, ein Fußballverein.
179 Ebenfalls ein Fußballverein.
180 Schreiben des »Vereins für Sport und Körperpflege von 1945, Bremen« an das Amt für Leibesübungen und Jugendpflege, Bremen vom 5. Juli 1946, a.a.O.
181 Interview Siegfried Schulz, TURA-Vorsitzender von 1949 bis 1968, am 16.7.1980 mit Klaus Achilles, Transkript in: Material Achilles.
182 Archiv TURA, zit. nach Material Achilles.

bürgerlicher Tradition. Daß offenbar viele sportlich aktive Gröpelinger Arbeiter sich nicht dorthin orientierten, sondern zu TURA gingen bzw. dort blieben, deutet auf eine gewisse Traditionsverhaftung hin.

Insgesamt liegt jedoch die Zahl 40 Prozent unter dem Anteil der Arbeiterbevölkerung an der Gesamtbevölkerung des Stadtteils, der zu dieser Zeit über 60 Prozent - 1950 waren es 69 Prozent[183] - betrug. Die Zusammensetzung muß sich also gegenüber der Weimarer Zeit verändert haben, als es sich noch um einen reinen Arbeitersportverein handelte, wenn auch damals mit Sicherheit nicht alle der Mitglieder aus der Arbeiterschicht stammten.

Die Veränderung nach dem Zweiten Weltkrieg wird auch aus den absoluten Zahlen deutlich. Die höchste Mitgliederzahl in den 1920er Jahren betrug 462, das war im Jahr 1923. Sie sank bis auf 186 im Jahr 1929 und stieg 1941 - nach der Fusion - auf 600. Nach dem Krieg sah es ganz anders aus: 1946 lag die Zahl bei 1.178, stieg bis Mitte der 1950er Jahre auf 1.770, sank danach ab, um bis auf 2.262 im Jahre 1983 anzuwachsen.[184] Diese Zahlen deuten auf eine Verbreiterung der sozialen Basis hin, es wird sich nicht ausschließlich um Arbeiterbevölkerung gehandelt haben.

Als eine Teilerklärung kann der Hinweise dienen, daß die Fusionierung mit dem bürgerlichen GTS (Gröpelinger Turn- und Sportverein) nach 1945 getreu dem Einheitssportgedanken zumindest nicht vollständig rückgängig gemacht wurde. Der GTS entstand im Gegensatz zu anderen bürgerlichen Vereinen nicht neu, seine Mitglieder blieben also bei TURA. Diese Tatsache allein erklärt aber nicht den starken Anstieg der Mitgliederzahlen nach dem Krieg. Die folgenden Überlegungen erscheinen plausibel:

Zunehmend mehr Eltern schickten in den Nachkriegsjahren ihre Kinder in den Sportverein, froh, sie gut untergebracht zu wissen. Das wird durch eine - allerdings lückenhafte - Statistik belegt, wonach der Anteil der Kinder und Jugendlichen 1925 39 Prozent be-

---

183 Statistisches Landesamt Bremen, Ordner »Ortsteile der Stadt Bremen, Ergebnis der Volks- und Berufszählung vom 13.9.1950«, Tabelle 7.
184 Nach einer Mitgliederstatistik, die Klaus Achilles aufgrund von Unterlagen aus dem TURA-Archiv zusammengestellt hat, die aber aufgrund der unvollständigen Quellenlage mit einiger Vorsicht zu betrachten ist.

trug, 1952 dagegen 59 Prozent.[185] Möglicherweise haben wir es hier auch mit einem Fortwirken der Nazi-Sportbegeisterung zu tun, die seinerzeit besonders Jugendliche erfaßt hatte. Ein weiterer Grund ist in dem starken Anstieg des Frauenanteils zu sehen[186] - auch ein durch die Nationalsozialisten bewirkter Modernisierungseffekt.[187]

Was Zahl und Struktur der Mitgliederschaft angeht, so kann also für den in Frage stehenden Zeitraum bei aller Kontinuität doch auch von Neuanfang gesprochen werden. Umgekehrt läßt sich mit der gleichen Berechtigung formulieren: Der alte Arbeitersportverein entstand zwar nicht wieder, aber ein weiterhin bestehendes soziales Profil läßt sich nicht leugnen.[188] TURA unterschied - und unterscheidet sich noch - von anderen Vereinen, und zwar objektiv und subjektiv. Das wird in Gesprächen mit älteren TURA-Mitgliedern deutlich. So weist Horst Holzapfel auf den Unterschied beispielsweise zur Gröpelinger Schützengilde hin: »*Im Schützenverein waren ja meist son bißchen renommierte Leute betuchte Leute mußte man ja auch sein da kostets ja nen paar Mark.*« Im Unterschied zu den Vereinen der »betuchten Leute«, er nannte noch den Sportverein »Bremen 1860«, sei es bei ihnen wie in einer Familie zugegangen, das »Gemeinsame« hätten sie schon als junge Leute kennengelernt. »*Das ist in den meisten Vereinen nicht so.*«[189]

Auch der langjährige Vorsitzende Siegfried Schulz blickt offenbar nicht zufällig auf die Schützengilde, um den Unterschied deutlich zu machen. Dort seien nahezu alle Gröpelinger Geschäftsleute Mitglied, bei TURA nur wenige. Der Unterschied werde ganz augenfällig an Umfang und Wert der Gewinne, die für die Tombola auf dem Stif-

---

185 Berechnung von Klaus Achilles auf der Basis von Unterlagen im TURA-Archiv.
186 Der Anteil der Frauen ist aufgrund der lückenhaften Mitgliederstatistik nicht mit Sicherheit ermittelbar. Nach einer von Achilles zusammengestellten Übersicht schwankte in den 1920er Jahren die Zahl der weiblichen Mitglieder zwischen 20 und 40, 1961 waren es ca. 300. Der Anteil stieg - so läßt sich unter Vorbehalt formulieren - von ca. zehn Prozent auf ca. 30 Prozent.
187 Vgl. die Chronik »100 Jahre TURA - 100 Jahre Sportgeschichte im Bremer Westen«, a.a.O.. In den 1970er Jahren trat offenbar wegen der Aufnahme neuer Sportarten und der Einrichtung weiterer Abteilungen für Judo, Jiu-Jitsu, Karate und Taekwon-Do noch einmal eine erhebliche Ausweitung ein (ebenda).
188 Auch Axel Schildt weist auf eine weiterhin bestehende soziale Segregation bei Freizeitvereinen hin (Moderne Zeiten. a.a.O., S. 138 f.)
189 Expertengespräch Holzapfel am 6. September 1994.

tungsfest von TURA und für diejenige der Schützengilde gespendet würden[190]. Neben Arbeitern gebe es zwar auch Angestellte bei ihnen, sagte Siegfried Schulz, auch den einen oder anderen Arzt, »*aber sonst im Großen und Ganzen ist die besitzende Klasse, da haben wir nicht so viel. Die schicken ihre Kinder eher mit der Straßenbahn sonstwo hin als bei uns in den Sportverein.*«[191]

Vernetzung mit der AG »Weser«. Schaut man sich die örtlichen Gegebenheiten in Gröpelingen an, so springt es geradezu in die Augen, daß allein schon aufgrund der räumlichen Nähe eine Beziehung zwischen diesen beiden Institutionen - Großwerft AG »Weser« und Traditionsportverein TURA - nahelag. Die Geschäftstelle des Vereins, Umkleideräume und ein Saal für Vereinsfeiern befanden sich bis 1996 in der Ortstraße genau gegenüber dem Gelände, auf dem sich bis zur Schließung in den achtziger Jahren die AG »Weser« befunden hatte. »*Das spielt auch eine große Rolle mit, daß wir, wo wir die Werft vor der Tür hatten, daß sehr viele Kollegen auf der Arbeit auch Sportkollegen im Verein waren. Das sprach sich rum. Der größte Teil der Mitglieder war auf der AG »Weser« beschäftigt.*«[192] Für die Weimarer Zeit berichtet dann auch ein altes Vereinsmitglied: »*Das waren alles durch die Bank, würd ich sagen, die Arbeiter der AG 'Weser'. Die Eltern waren auf der AG 'Weser' beschäftigt*«.[193]

Auch nach 1945 gab es eine starke personelle Verflechtung zwischen Werft und Verein. In der Person Siegfried Schulz (Jahrgang 1908) selbst wird diese Kontinuität und Verflechtung deutlich. Vereinsmitglied seit 1926, Vereinsvorsitzender von 1949 bis 1968, war der gelernter Schlosser zum Werkmeister auf der AG »Weser« aufgestiegen. Während des Krieges ging er dort als »u.k.«-Gestellter weiterhin seiner Arbeit nach. Auch der langjährige Schatzmeister Heini Brandt arbeitete auf der Werft.

---

190 Siegfried Schulz in einem Interview mit Klaus Achilles am 3. November 1982, Transkript in Material Achilles.
191 Ebenda.
192 Ebenda.
193 Fritz Bleibaum in einem Interview mit Klaus Achilles am 2. Oktober 1982, Transkript in Material Achilles.

Die guten Kontakte, die Meister Schulz zum Werftvorstand hatte, nützten dem Verein in ganz existentieller Hinsicht. So war es offenbar seinem Einsatz zu verdanken, daß das von den Nationalsozialisten 1933 »als staatsfeindlich« beschlagnahmte Vereinsgelände an der Ortstraße nicht im Besitz der »Deschimag« verblieb, an die der Bremer Staat 1942 das Grundstück verkauft hatte, sondern wieder an den Verein gelangte. »*Man holte mich von der Werft, und wir haben fünf vor zwölf das Haus von Stapelfeldt*[194] *für 80 000.- Mark wiedergekauft.*«[195]

Nach dem Krieg stellte die AG »Weser« dem Verein ein ehemals von ihr als Fahrradabstellplatz genutztes Gelände als provisorischen Sportplatz zur Verfügung, ein Gelände, das praktischerweise direkt vor dem Vereinshaus gegenüber der Werft gelegen war. Siegfried Schulz »*besorgte*« von der Werft Material zur Herrichtung des Platzes, was »*von oben*« wohl geduldet, von einigen Oberingenieuren aber nicht gern gesehen wurde. »*Von der Arbeit aus [ging es gleich] rüber zur anderen Seite*«, zur Arbeit am Platz.[196] Am 10. April 1949 wurde der neue Sportplatz mit einem Freundschaftsspiel vor 5000 Zuschauern eingeweiht.[197]

Der Vorstandsvorsitzende der AG »Weser«, Raffelsieper, erwies sich auch weiterhin als großzügig. So durfte der Verein eine Anzahl Bänke, die 1949 zur Platzeinweihung geliehen worden waren, behalten. Ferner wurde der TURA-Jugend ein Raum auf dem Werftgelände zur Verfügung gestellt - Zuwendungen, die in der Mangelgesellschaft der Nachkriegsjahre von sehr großem Wert waren.

Die enge Verbindung wird auch daraus ersichtlich, daß die Belegschaft des Großbetriebes wie eh und je als Rekrutierungsreservoir für neue Mitglieder willkommen war. So wurde 1958 die Absicht der AG »Weser«, »*sich als Betriebssport unserer Tischtennisabteilung anzuschließen*«, begrüßt, allerdings unter der Bedingung, daß der Betrieb

---

194 Direktor der AG »Weser« von 1921 bis 1945.
195 Interview Siegfried Schulz mit Klaus Achilles am 16. Juli 1980, Transkript. Der Briefwechsel zu diesem Vorgang, in dem der Name Siegfried Schulz allerdings nicht vorkommt, befindet sich im Archiv TURA.
196 Interview S. Schulz mit K. Achilles am 3. November 1982, Transkript.
197 Angabe in Manuskript Achilles »Vereinsgeschichte TURA«.

Tischtennisplatten zur Verfügung stellte und einen Teil der Turnhallenmiete übernahm.[198]

Die Nähe der AG »Weser«-Belegschaft zum Verein TURA geht auch daraus hervor, daß das Vereinsheim während des großen Werftarbeiterstreiks im Jahre 1953 Sitzungsort des Streikkomitees war und außerdem jahrelang der SPD-Betriebsgruppe als Versammlungslokal diente.

Verankerung im Stadtteil. Die TURA-Vereinsgaststätte wurde nicht nur von Sportlern und Werftarbeitern als Versammlungsort genutzt, sondern diente darüber hinaus der gesamten Gröpelinger Arbeiterjugend als geselliger Treffpunkt. Horst Holzapfel erinnert sich an seine Jugend in den 1950er Jahren: *»Wir hatten den großen Saal wiedererrichtet hatten die Pächter verpflichtet daß die denn auch Tanzbetrieb machten. Das TURA-Heim war ein Begriff hier in Gröpelingen - auch über Gröpelingen hinaus. Da war sonnabends und sonntags Tanz.«*[199]

Es scheint freilich nach Ausweis der TURA-Vorstandsprotokolle gelegentlich etwas rauh zugegangen zu sein. Formulierungen wie *»[die Jugend ist] gegenwärtig sehr zügellos«* werden gebraucht.[200] Bis zur Eröffnung der neuen großen Bezirkssportanlage Gröpelingen im Jahre 1968 mit einer vom Sportamt betriebenen Gaststätte weiter stadteinwärts war das Vereinsheim Treffpunkt der Jugend.[201]

---

198 Protokoll der erweiterten Vorstandssitzung vom 17.1.1958, Archiv TURA. Die erfreute Reaktion des Vereins ist sicherlich auch vor einem ideologischen Hintergrund zu sehen. Der alte Arbeitersport, in dessen Tradition sich TURA und sein Vorsitzender, der ehemalige Arbeitersportler Siegfried Schulz, ja sahen, hatte Betriebssport stets abgelehnt. Dieselbe Haltung nahm der nach dem Krieg gegründete Landessportbund Bremen unter dem Vorsitz von Oskar Drees ein. Drees hatte vor 1933 führende Funktionen im Arbeiter Turn- und Sportbund innegehabt. Also auch deshalb wird TURA die Auflösung der Betriebssportabteilung Tennis begrüßt haben. Diese Einschätzung wird dadurch gestützt, daß die Existenz von werfteigenen Fußballmannschaften laut Aussage ehemaliger Betriebsratsmitglieder dem Betriebsrat stets »ein Dorn im Auge« war. Sie hätten es lieber gesehen, wenn die Kollegen bei TURA Fußball gespielt hätten (vgl. Interview Heinz Dröhler, Transkript).
199 Expertengespräch mit Horst Holzapfel am 6. September 1994. Auch von unseren Interviewpartnern und -partnerinnen gingen einige dort zum Tanzen (vgl. Interview Werner Hitzacker, Transkript).
200 Vorstandsprotokoll vom 18. Juni 1954, Archiv TURA.
201 Expertengespräch mit Horst Holzapfel am 6. September 1994.

Im TURA-Heim fanden in den 1950er Jahren auch Schulentlassungsfeiern statt[202], offenbar als weltliche Alternative bzw. Ergänzung zur kirchlichen Konfirmationsfeier gedacht. Auch vor 1933 war dieser Ort über den Sportbetrieb hinaus ein kulturelles Zentrum gewesen, z.B. war die Gröpelinger Filiale der Arbeiterzentralbibliothek in den Räumen des im Oktober 1930 eingeweihten Vereinsheims untergebracht. Die sozialdemokratische Presse sprach seinerzeit von der »Einweihung des Gröpelinger Volksheims«.[203]

Am Beispiel des TURA-Vereinsheims wird also das Fortleben einer Einrichtung deutlich, die für ein Stück Freizeitkultur im Gröpelinger Arbeitermilieu stand. Allerdings verstand sich das Heim nach dem Krieg nicht mehr wie 1930 als »Waffenschmiede der Arbeiterschaft«[204]; insofern liegt doch ein erheblicher Wandel im Selbstverständnis vor. Jedoch führte der SPD-Distrikt Gröpelingen nach dem Krieg hier zunächst wieder - wie vor 1933 - seine Funktionärsversammlungen durch. Als Tagungsort wird im Protokoll der ersten Sitzung nach Kriegsende - am 5. August 1945 - und in späteren Protokollen aus dem Jahr 1947 »Volksheim Ortstr. 10a« angegeben[205]. Das war die Adresse von TURA; offensichtlich war von dem 1930 errichteten Gebäude doch noch ein benutzbarer Teil erhalten geblieben. Später tagte die örtliche SPD an anderen Orten.

In den 1950er Jahren und länger wohnten die Mitglieder von TURA in ihrer übergroßen Mehrheit im Quartier. Die bereits erwähnte Mitgliederliste, die den Zeitraum 1945 bis 1959 umfaßt, nennt als Adressen zum ganz überwiegenden Teil Straßen aus der näheren Umgebung des Vereinsgeländes. Die Einheit von Vereinsmitgliedschaft und Wohnen im Stadtteil änderte sich in größerem Umfang offenbar erst in den späten 1960er/frühen 1970er Jahren, was auf verschiedene Gründe zurückgeführt werden kann. Mit der Einführung neuer Sparten wurden auch Jugendliche aus anderen Stadtteilen angezogen. Weiterhin ist die zunehmende Förderung des

---

202 Vgl. Protokoll der Generalversammlung vom 8.3.1957 und 7.3.1958, Archiv TURA.
203 So der Titel des entprechenden Artikels in der »Bremischen Volkszeitung« vom 6./7. Oktober 1930.
204 Untertitel des o.g. Artikels (ebenda).
205 Protokolle des SPD-Distrikts Gröpelingen 1945-1949 (im Besitz von Renate Meyer-Braun).

Leistungssportgedankens zu nennen, die andere, auch weiter entfernt wohnende Bevölkerungskreise ansprach und die eine Abkehr von der Tradition der Arbeitersportbewegung darstellte. Darüberhinaus spielt die Veränderung der Wohnbevölkerung Gröpelingens aufgrund des Zuzugs türkischer Arbeiter für die AG »Weser« eine Rolle und der damit zum Teil zusammenhängende Fortzug alteingesessener Bewohner. Mitglieder, die den Arbeiterstadtteil Gröpelingen verließen, blieben aber durchaus ihrem Verein treu.

Vernetzung mit der organisierten Arbeiterbewegung. Die Vernetzung von TURA mit Organisationen der Arbeiterbewegung, zu denen die Bremer SPD in dieser Zeit zweifellos noch zu zählen war, ist offensichtlich. Die Vorsitzenden von TURA vor 1933 und nach 1945 waren überwiegend Sozialdemokraten. Auch wenn TURA inzwischen seinen Charakter geändert hat, so legt die Bremer SPD doch auch heute immer noch größten Wert darauf, daß prominente Mitglieder Funktionen in diesem Verein übernehmen.[206]

Überreste von gelebtem sozialdemokratischem Milieu sind für die 1950er Jahre auch im Habitus festzustellen. So wird in den Protokollen der Vorstandssitzungen aus dieser Zeit die Bezeichnung »Genosse« benutzt und nicht »Sportkamerad« wie in den Veröffentlichungen des Landessportbundes dieser Zeit. Am Schluß einer Sitzung wurde häufig das Lied »Wenn wir schreiten Seit' an Seit'« neben dem alten Turnerlied »Turner auf zum Streite« gesungen. Man feierte das Fest der Sonnenwende, man wanderte gemeinsam (»*Das gab es woanders nicht*«)[207]. Alt und Jung duzten sich. All diese Rituale und Verkehrsformen bestimmen zu dieser Zeit auch noch das Erscheinungsbild der Bremer SPD.[208]

Der Vereinsvorsitzende und Sozialdemokrat Siegfried Schulz verstand es geschickt, die Kontakte zu seinen Genossen in Senat, Bürgerschaft, Deputation und für den Sport relevanten Ämtern für die

---

206 Heutiger Vorsitzender von TURA ist Peter Sakuth, langjähriger Bürgerschaftsabgeordneter und zeitweiliger Senator. Vorsitzender des Landesfußballverbandes war lange Egon Kähler, Bürgerschaftsabgeordneter und zeitweiliger Vorsitzender der SPD-Fraktion. Auch der heutige Präsident des Landessportbundes, seit 1978 Heinz-Helmut Claußen, ist wie seine beiden Vorgänger Sozialdemokrat.
207 Expertengespräch mit Horst Holzapfel am 6. September 1994.
208 Vgl. hierzu Meyer-Braun, a.a.O., Kap. IV und Kap. V.

Interessen des Vereins zu nutzen. So war nicht nur die AG »Weser«, sondern auch der sozialdemokratische Bausenator Theil bei der Gewinnung und Herrichtung des ersten Nachkriegssportplatzes von TURA an der Werftstraße behilflich.[209]

Als die AG »Weser« in der zweiten Hälfte der 1950er Jahre Eigenbedarf an diesem Gelände geltend machte - sie benötigte wieder Platz für die Unterbringung der Fahrräder der sich vergrößernden Belegschaft - konnte dies durch *»Einschaltung der beteiligten Behörden«*[210] verhindert werden. Die entsprechenden Stellen, offenbar die Sportdeputation und das Amt für Leibesübungen, die beide in sozialdemokratischer Hand waren, hatten ein offenes Ohr für ihren Parteifreund Siegfried Schulz und - so ist anzunehmen - auch für den sozialdemokratisch dominierten Betriebsrat der AG »Weser«, der sich hier sicherlich einschaltete. Der Betriebsratsvorsitzende Gustav Böhrnsen war zu dieser Zeit bereits SPD-Bürgerschaftsabgeordneter. Der Werft wurde jedenfalls von Seiten der Stadt ein anderes Gelände zur Verfügung gestellt.[211] Wir haben es hier mit umfassender Vernetzung zu tun, die den Verein TURA unter einem sozialdemokratischen SPD-Vorsitzenden, die sozialdemokratisch regierte Hansestadt Bremen und die sozialdemokratisch orientierte Arbeitnehmervertretung auf der AG »Weser« umfaßte.

Ein anderes Beispiel: 1956 ging es darum, öffentliche Mittel für den Ausbau des noch behelfsmäßig hergerichteten TURA-Heims einzuwerben. Der Vereinsvorstand ermächtigt seinen Vorsitzenden, *»die eingeleiteten Verhandlungen mit Fritz Piaskowski* [sozialdemokratischer Sprecher der Deputation für Leibesübungen], *Hans Papenberg* [Bürgerschaftsabgordneter und Vorsitzender des SPD-Distrikts Gröpelingen] *sowie mit Senator Wolters* [sozialdemokratischer Sportsenator] *voranzutreiben«*.[212]

Wenn Siegried Schulz rückblickend sagt, sie hätten viel Unterstützung durch staatliche Stellen gehabt - *»weil unsere Regierung dann*

---

209 Vgl. Vereinsgeschichte TURA (1894-1960), Archiv TURA.
210 Protokoll der erweiterten Vorstandssitzung vom 10.6.1955; s. auch Protokoll vom 16.8.1957 und Protokoll der Jahreshauptversammlung vom 7.3.1958 in: Archiv TURA.
211 Prot. der Jahreshauptversammlung am 7.3.1958, Archiv TURA.
212 Prot. der Vorstandssitzung vom 6.6.1956, Archiv TURA.

ja auch so eingestellt war«[213] -, so haben wir hier ein Beispiel für das, was man die erste Stufe einer »Etatisierung«, nämlich die Kommunalisierung der Arbeiterkultur nennen könnte.[214] Das, was früher während der Weimarer Zeit und besonders im Kaiserreich die Arbeiter in ihren Selbsthilfeorganisationen in Eigenregie schufen oder schaffen mußten - wie z.B. Wohnungsbau, Bildungs- und Fortbildungseinrichtungen, Errichtung von Sportstätten u.ä. - übernahmen nach 1945 mehr und mehr staatliche Stellen, insbesondere dort, wo die SPD die politische Verantwortung übernahm. Von der Jahrhundertwende bis 1949 läßt sich in den vorliegenden Quellen zur Vereinsgeschichte von TURA der Topos vom »Arbeitergroschen« und der Hinweis auf Eigenarbeit nachweisen[215], danach verließ man sich offensichtlich stärker auf öffentliche Mittel.[216]

Als ein Indiz für die Verstaatlichung der Arbeiterkultur, ja der Arbeiterbewegung[217], läßt sich auch der folgende Vorgang deuten.

---

213 Interview Siegfried Schulz mit Klaus Achilles am 3.11.1982, Transkript in Material Achilles.
214 Vgl. hierzu Frank Deppe, Georg Fülberth und Stefan Knaab, Lokales Milieu und große Politik zur Zeit des Kalten Krieges 1945-1960 am Beispiel ausgewählter hessischer Arbeiterwohngemeinden, in: Peter Assion (Hrsg.), Transformation der Arbeiterkultur, Marburg 1986.
215 Zahlreiche Hinweise in diesem Zusammenhang für die überregionale Ebene, bezogen auf die Zeit vor 1933, bei Hans-Joachim Teichler und Gerhard Hauk (Hrsg.), Illustrierte Geschichte des Arbeitersports, Berlin/Bonn 1987.
216 Allerdings wird in der Broschüre zum 100jährigen Jubiläum von TURA im Jahre 1994 auf die Möglichkeit hingewiesen, Bausteine für ein neues Vereinszentrum an der Lissaer Straße zu erwerben, für das 1994 der Grundstein gelegt wurde. Einen Hinweis auf die Tradition der Arbeiterkultur gibt es nicht. Bei dem anonymen Vorgang des Geld-Überweisens zum Erwerb eines Bausteins handelt es sich um etwas grundlegend anderes als bei einem Arbeitseinsatz mit Hacke und Spaten.
217 Von Verstaatlichung der Arbeiterkultur wird nach der »Wende« eher in bezug auf die DDR gesprochen. Vgl. Horst Groschopp, Deutsche Einigung - Ende einer verstaatlichten Arbeiterbewegungskultur, in: Loccumer Protokolle 8/91, Rehburg-Loccum 1991 (Dokumentation der Tagung »Historische Orientierung und Geschichtskultur im Einigungsprozeß« vom 5.-7.4.1991 in der Evangelischen Akademie Loccum). Vgl. auch Christoph Kleßmann, Die »verstaatlichte Arbeiterbewegung«. Überlegungen zur Sozialgeschichte der Arbeiterschaft in der DDR, in: Karsten Rudolph und Christl Wickert (Hrsg.), Geschichte als Möglichkeit. Über die Chancen von Demokratie, Essen 1995, S. 108-119. Unsere Studie belegt nun allerdings, daß Etatisierungsprozesse im DDR-Arbeitermilieu erstaunlicherweise *nicht* erfolgreich verlaufen (vgl. besonders Kap. 7 und Kap. 12).

Im April 1947 beantragte TURA beim Bauaufsichtsamt, also bei einer staatlichen Stelle, Glas zur Herrichtung der Fenster in der Vereinsgaststätte, und zwar mit der Begründung, die Räume würden »*laufend von der SPD benutzt*«, die »*oft vertrauliche Tagesordnung erfordert schallfeste Abdichtung der Fenster, die im Augeblick nur aus Pappe oder anderen minderwertigen Ersatzstoffen besteht*«.[218]

Hier wird indirekt eine Gleichsetzung von Staat und sozialdemokratischer Partei vorgenommen. Es war ja in der Tat in Bremen insofern eine neue Zeit angebrochen, als die Dominanz der bürgerlichen Parteien gebrochen war und die SPD, die zwar auch schon vor 1933 die stärkste Fraktion in der Bürgerschaft darstellte, aber nie die politische Führung übernommen hatte, jetzt den Präsidenten des Senats und die Mehrheit der Senatoren stellte und damit zur führenden Kraft geworden war. Ein Sportverein, der sich traditionell der SPD verbunden fühlte, glaubte daher annehmen zu können, daß der bloße Hinweis auf die jetzt den Staat tragende Partei ausreichen würde, um einem Mangel, unter dem viele andere auch litten, bei ihm abzuhelfen.

Resümee. Am Beispiel des ehemaligen Arbeitersportvereins TURA zeigt sich, daß entgegen einer für diese Zeit vielfach konstatierten Abschwächung »überkommener schichten- und klassenspezifischer Lebenstile und Traditionen«[219] eben diese Traditionen in der Arbeiterschaft doch eine erstaunliche Beharrungskraft aufwiesen. Obgleich die ehemals herrschende harte Konfrontation zwischen proletarischem und bürgerlichem Freizeitmilieu entfiel und sich die soziale Basis des hier untersuchten Vereins verbreiterte, zeigt sich doch, was Verkehrsformen, Wertvorstellungen und kommunikative Funktion angeht, eine starke Kontinuität. Zwar läßt sich nicht im einzelnen nachweisen, wie zahlreich die AG »Weser«-Arbeiter bei TURA organisiert waren, aber daß eine enge Verflechtung mit dem den Stadtteil beherrschenden Großbetrieb in den 1950er Jahren und

---

218 Schreiben an das Bauaufsichtsamt, Abteilung Baustoffstelle, vom 14. April 1947, Archiv TURA.
219 Arnold Sywottek, Wege in die 50er Jahre, in: Axel Schildt und Arnold Sywottek (Hrsg.), Modernisierung im Wiederaufbau. Die westdeutsche Gesellschaft der 50er Jahre, Bonn 1993, S. 18.

darüber hinaus bestand, ist unverkennbar. Die außerbetriebliche Lebenswelt eines beträchtlichen Teils der Facharbeiter und Lehrlinge der Werft wurde nicht unwesentlich von TURA mitgeprägt. Das dichte Netz von Freizeit-, Stadtteil-, Arbeits- und Parteibeziehungen belegt, zumindest für die 1950er Jahre, eine so nicht erwartete Persistenz im (Werft-)Arbeitermilieu.

Freizeitverhalten von Jugendlichen

Aus unserem Sample von 43 biographischen Erzählern fallen 13 Personen, elf Männer und zwei Frauen, unter die Geburtsjahrgänge 1930 bis 1940, waren also in den 1950er Jahren Jugendliche oder junge Erwachsene. Da sich darunter nur zwei Frauen befinden, beziehen die sich die folgenden Aussagen schwerpunktmäßig auf das Freizeitverhalten männlicher Jugendlicher. Selbstverständlich sind auch diese Aussagen nicht als repräsentativ zu sehen. Sie deuten auf interessante Tendenzen.

In den biographischen Erzählungen der genannten Gruppe nehmen bei den Freizeitbeschäftigungen Tanzengehen und Kinobesuch einen herausragenden Platz ein, noch vor Aktivitäten im Sportverein. Dieser Befund weicht nur leicht ab von einer zeitgenössischen Umfrage, die allerdings schon aus dem Jahr 1948 stammt, wonach an Interessen von Jungarbeitern an erster Stelle Kino, gefolgt von Sport genannt wurde, während Tanzen nicht erwähnt wurde.[220] Schichtunspezifische Erhebungen aus den 1950er Jahren über das Freizeitverhalten von Jugendlichen nennen neben Kino und Sport Lesen und Musizieren, Tanzvergnügungen dagegen nicht an prominenter Stelle.[221] Die häusliche Freizeitbeschäftigung des Lesens wurde von unseren Interviewpartnern, die damals Jugendliche waren, nicht erwähnt. Die wenigen vorhandenen Unterlagen der Stadtteilbibliothek Gröpelingen stimmen mit diesem Befund überein. Danach läßt sich für die erste Hälfte der 1950er Jahre - Unterlagen sind nur bis zum

---

220 Otto Graf, Die Lebensbedingungen von Jungarbeitern, in: Soziale Welt, Jg. 1, Heft 3, April 1950, S. 43-50.
221 Wir beziehen uns hier auf Axel Schildt, Moderne Zeiten, a.a.O., S. 165 ff., der die einschlägigen Erhebungen der 1950er Jahre und ihre Ergebnisse verwendet.

Jahre 1954 erhalten - ein abnehmendes Interesse der Gröpelinger Jugendlichen, die mehrheitlich aus der Arbeiterschicht stammten, am Lesen feststellen.[222]

Freizeitbeschäftigung: Tanzen gehen. Orte, an denen sich die Jugend zum Tanzen traf, waren Vereinsgaststätten wie die des Kleingartenvereins »Blüh' auf« am Schwarzen Weg, vor allem aber die des Sportvereins TURA in der Ortstraße gegenüber der Werft. *»Am Samstag ging man tanzen. Im TURA-Heim war immer was los.«*[223] Infrage kam auch der »Lindenhof« an der Liegnitzstraße oder das »Cafe Brema« an der Oslebshauser Heerstraße. *»Da gabs ja was heute Diskotheken sind sind damals Tanzsäle gewesen nich mit Kapelle nich. Ja und da sind wir denn hin«*, erzählt Werner Hitzacker.[224] Man konnte es sich zur Zeit der Vollbeschäftigung offensichtlich auch mal leisten, die Nachtschicht zu versäumen, um mit den Freunden tanzen zu gehen.

> *Die Freiheit hab ich mir schon genommen*
> *und hab gesagt »Nee«.*
> *Samstag nacht*
> *die andern gehn aus und du sollst zur Arbeit gehn.*
> *»Nee das machste nich.«*[225]

An jeder Ecke von Utbremen bis nach Burg sei damals ein großes Tanzlokal gewesen, schwärmt Herr Hinrichs, Jahrgang 1927, dessen

---

222 Die Berechnungen gestalten sich schwierig, da die altersmäßige Einteilung des Lesepublikums der Stadtteilbücherei unterschiedlich ist. Dennoch läßt sich ein Trend feststellen. 1951/52 wird unterteilt in 12-18jährige und über 18jährige. Danach umfaßten die jungen Leser und Leserinnen 53 Prozent. In den folgenden Jahren wird, soweit vorhanden, nach Kindern (bis 14 Jahre), Jugendlichen (15-18 Jahre) und Erwachsenen (über 18 Jahre) differenziert. Danach machten 1952/53 Jugendliche 22,3 Prozent der Leser aus und 1953/54 nur noch 17,9 Prozent. Wie die weitere Entwicklung verlief, ist unbekannt. Insgesamt stand Gröpelingen 1954 übrigens, was die Gesamtzahl der Leser und Leserinnen angeht, im Vergleich der bremischen Stadtteilbüchereien recht gut da, nämlich an vierter Stelle (hinter Ostertor, Neustadt und der Hauptstelle in der Stadtmitte); was die Zahl der Ausleihen angeht, sogar an zweiter Stelle; bei der Ausleihe von Kindern stand Gröpelingen an der Spitze. Quelle: Statistische Unterlagen in der Gröpelinger Zweigstelle der Stadtbibliothek Bremen.
223 Interview Fritz Köhler, Verlaufsprotokoll.
224 Interview Werner Hitzacker, Transkript.
225 Ebenda.

Zeit aktiver Tanzbegeisterung schon früher, in die Jahre bis 1951, fiel.[226] »*Geld hatte man wenig aber das Tanzvergnügen das konnte man sich gerade noch leisten*«, so Jürgen Gerken, Jahrgang 1938.[227] Für dieses Vergnügen verließ man sogar den eigenen Stadtteil und fuhr mit der »Clique« per Bus nach Grambke zu »Böschen« oder nach Bremen-Nord in die Vegesacker »Strandlust« - »*da paßten denn ja so runde tausend Menschen rein*«[228] -, wo manchmal Kurt Edelhagen spielte oder sogar in gepflegte Tanzlokale in weiter entfernte bürgerliche Stadtteile wie Borgfeld, Bürgerparkviertel und Schwachhausen. Zurück nahm man oft kilometerlange Fußwege in Kauf, weil das Geld für die Rückfahrt nicht mehr reichte. Aber die Ausflüge in eine andere Welt ließen sich die Jugendlichen nicht nehmen, es wurde eben am Verzehr gespart. Im »Parkhaus« im Bürgerpark, damals noch nicht das teuerste Hotel der Stadt wie heute, wohin man »*mit einer Gruppe Gröpelinger Jungs*«[229] gelegentlich Samstagsabends zog, gab es damals zwar im Keller eine preiswerte »*Bierschwemme*«, aber tanzen konnte man nur oben, wo gute Kapellen spielten, allerdings auch Weinzwang bestand. Da mußten sie eben zu mehreren den ganzen Abend mit einer Flasche auskommen.[230] Das »Borgfelder Landhaus« sei zwar nicht ihre »*Kragenweite*« gewesen, sagte Hans Scholz, Jahrgang 1935, als gelernter Schiffbauer seit 1950 auf der AG »Weser«, weil es dort »*sehr edel und auch teuer*« gewesen sei, aber man habe zu dritt mit einer Flasche Cola auskommen können.[231]

Auffällig ist, daß die von jugendlichen Werftarbeitern frequentierten Lokale ein breites Spektrum umfaßten; sie reichten von leicht anrüchigen Lokalen bis zu den genannten feinen Adressen. Hier haben wir es offenbar mit einer geschlechtsspezifischen Komponente zu tun, denn Spaß an leicht anrüchigen Kneipen deutet wohl eher auf männliche Vorlieben hin. Else Boranski, Jahrgang 1936, damals kaufmännischer Lehrling beim »Konsum«, fühlte sich dagegen nur in Tanzlokalen wohl. Das Gröpelinger »Cafe Brema« war ihr zu ge-

---

226 Interview Karl Hinrichs, Transkript.
227 Interview Jürgen Gerken, Verlaufsprotokoll.
228 Interview Karl Hinrichs, Transkript.
229 Interview Heinz Ratjen, Transkript.
230 Ebenda.
231 Interview Hans Scholz, Verlaufsprotokoll.

wöhnlich, dort seien zu viele Betrunkene gewesen. Sie mochte gern ein »*bißchen fein ausgehen*« - erst ab neunzehn durfte sie das - und sich »*auch mal fein anziehen*«. Deshalb nahm sie mit ihrer »Clique« aus Oslebshausen per Bus und Bahn »*eine halbe Weltreise*« auf sich, um die feineren Lokale »Munte II« am Stadtwald oder das »Borgfelder Landhaus« zu besuchen.[232]

Was sagt all dies für unsere zentrale Frage aus? Wir können feststellen, daß es in den 1950er Jahren Arbeiterjugendliche gab, die begannen, in ihrem Freizeitverhalten die Grenzen ihres Milieus in lokaler und sozialer Hinsicht zu überschreiten. Ob aber die Tatsache, daß sowohl »Gröpelinger Jungs« als auch Jugendliche aus bürgerlichen Kreisen im »Parkhaus« und im »Borgfelder Landhaus« verkehrten, schon ein Hinweis auf eine beginnende Auflösung festgefügter Milieus ist, läßt sich nicht mit Bestimmtheit sagen. Daß sich die sozialen Schichten nicht mischten, zeigt die Tatsache, daß sich der Klempner Heinz Ratjen im »Parkhaus« in ein Mädchen - seine zukünftige Ehefrau - verliebte, das im bürgerlichen Schwachhausen bei einem Bauunternehmer »in Stellung« war. Im Heiratsverhalten, das kann an dieser Stelle verallgemeinernd für unsere gesamte Untersuchung eingeschoben werden, zeigte sich keinerlei Modernisierung. Man blieb weitgehend »unter sich«.

Die Tanzbegeisterung der Jugendlichen stieß im Bremer Westen offenbar nicht immer auf Verständnis bei Erwachsenen, im Gegenteil sie gab Anlaß zur Sorge und wurde gar im Zusammenhang mit dem Thema Jugendschutz erörtert, wobei allerdings nicht nur das Tanzen an sich problematisiert wurde, als vielmehr die Orte, wo man tanzte. Auf einem im Mai 1954 vom Bremer Jugendamt initiierten Treffen im neu gebauten Jugendheim des Gröpelingen benachbarten Arbeiterwohnviertels Walle ging es um mögliche Quellen von Jugendgefährdung, um »*schlechte Lokale*«, »*schlechte Hefte*« an Kiosken, »*schlechte Filme*«, auch um die Frage, was zu tun sei, wenn »*Jugendliche (Mädchen) im Hafen auf Schiffe gehen*«.[233] Der Teilnehmerkreis bestand aus Vertretern und Vertreterinnen von Kindergärten, Schulen, Kirchen, Polizei, Jugendamt, Bürgerverein und dem gastgebenden

---

232 Interview Else Boranski, Verlaufsprotokoll.
233 Protokoll dieser Versammlung in: StAB 4,39/7 - 149.

Jugendheim. Unter anderem war die Rede vom »*Gefahrenherd Waller Feldmark*«, einem Kleingartengebiet, in dem auch Gröpelinger Werftarbeiter ihre Parzelle hatten. Dort, so hatte man gehört, sollten »*in kleinen Lokalen und Schankbuden rauschende Feste mit durchaus fragwürdigem Charakter gefeiert werden*«. Der Vertreter des Bürgervereins Westliche Vorstadt fragte fassungslos: »*Wie ist es möglich, daß an allen Orten, so auch hier im Parzellengebiet, so viel getanzt wird?*«. Und er schlug vor, mit Hilfe des Gewerberechts diesem Treiben ein Ende zu machen.

Hier haben wir es mit einer Mischung aus ernsthafter Bemühung um Schutz der Jugend vor Verwahrlosung zu tun und - aus heutiger Sicht - um den Ausdruck von Unverständnis für die Bedürfnisse junger Menschen, sich aus vorgegebenen Verhaltensmustern zu lösen. Derartige Veranstaltungen können in den größeren Kontext des prüden Klimas der 1950er Jahre eingeordnet werden, wo man - in bester Absicht - mit zahllosen jugendpflegerischen und pädagogisierenden Maßnahmen die Jugend vor »Schmutz und Schund« bewahren wollte. Sie können vielleicht auch als Ausdruck der Ängste von Arbeitereltern vor einem Abgleiten ihrer heranwachsenden Kinder in das, was in früheren Epochen mit Subproletariat bezeichnet wurde, gedeutet werden.

Die Begeisterung der Jugend für die neue »ungezügelte« Art des Tanzens beim Boogie Woogie oder später beim Rock'n'Roll war vielen Erwachsenen ein Dorn im Auge, besonders in bezug auf die weibliche Jugend fürchtete man deren »enthemmende« Wirkung und damit eine Auflösung der herkömmlichen Rollenverteilung, übrigens eine Befürchtung, die für beide deutsche Staaten in dieser Zeit festzustellen ist.[234]

---

[234] Vgl. hierzu den sehr interessanten Aufsatz von Uta G. Poiger, Rock'n'Roll, Female Sexuality and the Cold War Battle over German Identities, in: Journal of Modern History, vol. 68, Nr. 3, September 1996, pp. 577-616. Vgl. auch mit ähnlichen Schwerpunkten ihren Aufsatz: Rockn'Roll, Kalter Krieg und deutsche Identität, in: Konrad Jarausch und Hannes Siegrist (Hrsg.), Amerikanisierung und Sowjetisierung in Deutschland 1945-1970, Frankfurt a.M./New York 1997, S. 275-289. Die Autorin weist ebenfalls nach, daß auch die Furcht vor einer Amerikanisierung der Jugend in den 1950er Jahren in Ost- und Westdeutschland anzutreffen ist.

Freizeitbeschäftigung: Kino. Bedenklicher noch als sogenannte »schlechte Lokale« fanden andere Teilnehmer des oben genannten Treffens »schlechte Filme«. *»Unsere Jugend ist filmsüchtig und ist den Gefahren des schlechten Films gerade besonders ausgesetzt«*, hieß es. Wie schon in den 1920er Jahren[235] gab es auch in den 1950er Jahren kulturmoralische Kampagnen gegen Formen moderner Massenkultur wie Trivialliteratur und Film. Insbesondere Jugendliche und gerade auch Arbeiterjugendliche sollten vor den »schädlichen Einflüssen« geschützt werden, »die zum Beispiel von der heutigen Unterhaltungsindustrie ausgehen«, wie es in einer zeitgenössischen Dissertation heißt.[236]

Mit der Qualifizierung *»filmsüchtig«* kamen die besorgten Erwachsenen wohl der Realität ziemlich nahe. Was mit *»schlechten«* Filmen, im Sinne von jugendgefährdend, gemeint gewesen sein könnte, wird bei einer Durchsicht der Kinoanzeigen in den Bremer Tageszeitungen jener Jahre allerdings nicht recht deutlich. Allenfalls liefen in den Spätvorstellungen des Gröpelinger »Roland«-Kinos am Wochenende mehr Abenteuer- und Sensationsfilme als in den Tagesvorstellungen. Daß die in manchen kulturpessimistischen Äußerungen der Zeit beklagte Vorliebe der Jugend für eine negative Auswahl an Filmen nicht der Realität entsprach, hob der Soziologe Heinz Kluth schon 1955 hervor. Empirische Untersuchungen hatten ergeben, daß auch bei Arbeiterjugendlichen sogenannte »Schießfilme« weit hinter anderen Kategorien wie »guten Filmen«, »Heimat und Heidefilmen« oder »Ausstattungsfilmen, Revue- und Operettenfilmen« rangierten.[237] Wie dem auch gewesen sein mag, das Jugendheim Walle hielt es für förderlich, den jüngeren Jugendlichen einmal wöchentlich einen *»ausgewählten Film des Filmdienstes«*, besonders aus

---

235 Vgl. Adelheid v. Saldern, Massenfreizeitkultur im Visier. Ein Beitrag zu den Deutungs- und Einwirkungsversuchen während der Weimarer Republik, in: Archiv für Sozialgeschichte, Bd. 33, 1993, S. 21-58.
236 Heinrich Kleefisch, Arbeiter und Muße. Eine Untersuchung zur Freizeitproblematik des Arbeiters. Dissertationsschrift Universität Köln 1958, S. 123 f. - Zur »Freizeithilfe« für die Jugend vgl. auch Axel Schildt, Moderne Zeiten, a.a.O., S. 383.
237 Heinz Kluth, Arbeiterjugend - Begriff und Wirklichkeit, in: Helmut Schelsky, Arbeiterjugend gestern und heute, Heidelberg 1955, S. 86 f. Kluth setzt sich hier u.a. mit der Schrift von Karl Bednarik, Der junge Arbeiter von heute - ein neuer Typ, Stuttgart 1953, auseinander.

dem Repertoire der »Kulturfilme«, zu zeigen[238], ebenso wie einen Lesering einzurichten, »*um die Schundhefte und Sensationsschmöker aus der Lektüre der Jugendlichen zu verbannen*«.[239] Auch in der Jugendarbeit der Gewerkschaften spielten Vorführungen guter Filme eine Rolle.[240]

Ins Kino gingen vorwiegend junge Menschen; nahezu alle der zwischen 1930 und 1940 Geborenen unseres Samples erwähnten diese Freizeitbeschäftigung, während die Älteren es auffallend wenig taten. Es gab offenbar so etwas wie einen Peergroup-Zwang, man mußte dabeisein, auch wenn man sich als Lehrling nur die billigen unbequemen Sitze leisten konnte. »*Kino kostete 45 Pfennig Rasiersitz erste Reihe aber man hatte den Film gesehen und konnte son bißchen mitreden*«, erinnert sich Jürgen Gerken.[241] Und Karin Hitzacker erzählt:

Und zu meiner Zeit als ich aus der Schule kam
da ging man denn ja wenn man Geld hatte
auch mal ins Kino.
Und denn war ja da in der Lindenhofstraße dieses Roland-Kino.
Da gabs soviel Johannes Heesters und Marika Rökk.
Da bin ich immer hingegangen.
Diese Revuefilme die mocht ich so gerne
wo die Marika Röck getanzt hat und so.
Die hab ich mir denn angesehn
wenn ich denn irgendwo ne Mark überhatte denn
da ging ich gern hin in so Musikfilme
die warn immer ganz interessant.[242]

Als junge Ehefrau ging sie zusammen mit ihrem Mann ins Kino; diesen Luxus leisteten sie sich, auch wenn ihre finanziellen Mittel sehr bescheiden waren. »*Also das war ja denn quasi so ein- zweimal im Monat*

---

238 Erziehungs- und Kulturarbeit in Bremen, a.a.O., S. 22.
239 Ebenda, S. 44.
240 Die Verantwortlichen der Gewerkschaftsjugend zogen mit Filmvorführgeräten in die Jugendheime - auch nach Gröpelingen in das provisorische Jugendheim am Halmer Weg -, um den Jugendlichen gute Filme zu zeigen. Auskunft des ehemaligen DGB-Kreisjugendsekretärs Heinz Meinking; vgl auch Geschäftsbericht 1957/58 der IG Metall Verwaltungstelle Bremen, S. 29.
241 Interview Jürgen Gerken, Verlaufsprotokoll.
242 Interview Karin Hitzacker, Transkript.

ging man ja ins Kino wenn man denn Geld kriegte weils ja noch kein Fernsehn und so gab.«[243]

Das »Roland-Theater« war in den 1950er Jahren eines der größten Kinos der Stadt und rangierte im Jahre 1958 mit 943 Plätzen an dritter Stelle nur knapp hinter den beiden Innenstadthäusern »Schauburg« im Steintor (987 Plätze) und »UT am Bahnhofsplatz« (948 Plätze); das Erstaufführungstheater »Europa« in der Innenstadt faßte »nur« 800 Besucher.[244] Nun gehörte Gröpelingen mit gut 36.000 Einwohnern hinter Südervorstadt und Findorff zu den bevölkerungsreichsten Ortsteilen der Hansestadt, aber im Vergleich zu diesen beiden anderen einwohnerstarken Vorstädten war es mit viel mehr Kinoplätzen ausgestattet, verfügte es doch zusätzlich zum »Roland« noch über das »Rex« an der Gröpelinger Heerstraße (714 Plätze).[245] Bedenkt man, daß der Nachbarortsteil Walle weniger Einwohner, aber mehr Kinoplätze hatte als Findorff[246], so kann man zu dem Schluß kommen, daß eine positive Korrelation zwischen dem Anteil der Arbeiterbevölkerung im Stadtteil und der Intensität des Kinobesuchs bestand. Offenbar ging man zu dieser Zeit in den Arbeitervierteln des Bremer Westens, in Walle und Gröpelingen, lieber und häufiger ins Kino als in den von der Wohnbevölkerung her eher kleinbürgerlich ausgerichteten anderen Vorstadtsortsteilen wie Findorff und Neustadt (Südervorstadt).[247]

---

243 Ebenda.
244 Angaben nach: »Mach Dir ein paar schöne Stunden«. Kino in Bremen, hrsg. vom Staatsarchiv Bremen, 2. Auflage, Bremen 1995, S. 50. Dort sind sämtliche Bremer Kinos des Jahres 1958 mit der Anzahl der Plätze aufgelistet.
245 Die bevölkerungsstärksten Ortsteile waren 1958: Südervorstadt mit 46.758, Gröpelingen mit 36.257, Findorff mit 36.296, Ostertor mit 35.015 Einwohnern, nach Statistisches Landesamt, Ortsteile der Stadt Bremen in Zahlen, Bremen 1958. - Kinos in Gröpelingen: »Roland« 943 Plätze, »Rex« 714 Plätze; Kino(s) in Findorff »Admiral« 734 Plätze; Kinos in der Südervorstadt »Oase« 600 Plätze, »Buntentor-Lichtspiele« 300 Plätze; Kinos im Ostertor »Palast« 547 Plätze, »Kammer« 231 Plätze, »Schauburg« 987 Plätze. Der Ortsteil Ostertor verfügte also über mehr Kinoplätze als Gröpelingen, ist aber auch nicht eigentlich als Vorstadt zu bezeichnen wie die anderen genannten Ortsteile.
246 Walle hatte 1958 29.482 Einwohner und 1.378 Kinoplätze, Findorff 36.295 Einwohner und 734 Kinoplätze.
247 Anhand der vorliegenden Zahlen - Wohnbevölkerung der einzelnen Ortsteile und Zahl der Kinoplätze ergibt sich folgendes Bild: Gröpelingen hatte auf 1.000 Einwohner 45,7 Plätze; Walle 46,7, Findorff 20,5; Südervorstadt 31,6; Schwachhausen 24,3; Ostertor 50,4, Bremen-Nord (Vegesack und Blumenthal) 75,9.

Kapitel 6: Das außerbetriebliche Milieu der AG »Weser« 353

Diese Einschätzung wird gestützt durch eine Nordwestdeutschland betreffende Erhebung aus dem Jahre 1953, wonach unter den Jugendlichen »junge Arbeiter und Handwerker [...] überdurchschnittlich oft« ins Kino gingen und sich besonders seit der zweiten Hälfte der 1950er Jahre abzeichnete, daß generell junge Leute den Kinobesuch mehr liebten als die ältere Generation.[248]

Die Zahl der Kinos lag in Bremen mit 46 in den Jahren 1957/58 am höchsten, danach setzte der Siegeszug des Fernsehens ein, so daß sie bis 1980 auf elf sank.[249] Bundesweit gesehen lag im Jahr 1956 mit 15,6 Filmbesuchen pro Einwohner der Höhepunkt der Besucherzahlen, sechs Jahre später hatte sich mit 7,7 Besuchen pro Einwohner die Zahl etwa halbiert.[250]

Treffpunkt: Straße. Nicht nur *in* das Kino gingen Arbeiterjugendliche gern, sondern offenbar trafen sie sich auch gern *vor* dem Kino. In einer bekannten zeitgenössischen Schrift über den »neuen Typ« des jungen Arbeiters beschreibt Karl Bednarik, wie man »allabendlich an bestimmten Straßenecken, zumeist vor Kinoeingängen und Rummelplätzen, Gruppen von jungen Burschen und jungen Männern beisammenstehen sehen« könne. Bei ihren Gesprächen handele es sich »um 'Kino-Latein' [...], eine Art 'Fachsprache', in der sich Wirkliches und Filmillusionismus auf sonderbare Art vermengen«[251]. Vom »Eckenstehen«, vom »Herumgammeln« mit der Clique auf Plätzen und der mißtrauischen Beobachtung dieses Phänomens durch die Erwachsenen ist in zahllosen Erinnerungen, Jugendstudien und literarischen Aufarbeitungen der 1950er und 1960er Jahre die Rede.[252]

In der Gröpelinger Lindenhofstraße, offenbar auch vor dem »Roland«-Kino, standen die Jugendlichen in solchen Massen, daß das »Gröpelinger Wochenblatt« meldete: *»Die Beschwerden häufen sich, daß in den Abendstunden Erwachsene in der Lindenhofstraße kaum den*

---

248 Nach Schildt, Moderne Zeiten, a.a.O., S. 174.
249 Angaben nach »Mach Dir ein paar schöne Stunden...«, a.a.O., S. 48.
250 Zahlen nach Schildt, a.a.O., S. 141.
251 Karl Bednarik, Der junge Arbeiter von heute - ein neuer Typ, Stuttgart 1953, S. 17.
252 Z.B. Jürgen Theobaldy, Sonntags Kino, zuerst Berlin (W) 1978, Neuausgabe Köln 1992, ein Roman über die Jugend um 1960.

Bürgersteig benutzen können, da derselbe von Jugendlichen regelrecht bevölkert ist. Die Jugend wird gebeten, mehr Rücksicht auf die Passanten zu nehmen«[253].

Die Straße fungierte für die Jugendlichen als Ort der Begegnung, so wie Staße in früheren Epochen im Kaiserreich und auch noch in der Weimarer Zeit in Arbeiterquartieren im Gegensatz zu bürgerlichen Wohnvierteln stets als sozialer Raum genutzt worden war. Die Grenze zwischen privatem Raum und öffentlichem Raum war fließend gewesen; das Leben von jung und alt spielte sich zu einem guten Teil auf der Straße ab, schon weil die engen und unhygienischen Wohnverhältnisse das nahelegten. Mitte der 1950er Jahre galt ein solches Verhalten nicht mehr als akzeptabel; die Einstellung der erwachsenen Bevölkerung hatte sich so weit verändert, daß diese dem Treiben der Jugendlichen mit Verständnislosigkeit begegnete, dabei hatten sich 1955 die Wohnverhältnisse nach den Zerstörungen des Zweiten Weltkrieges noch nicht so grundsätzlich verbessert, daß ein gewisses Verständnis nicht vorstellbar gewesen wäre.

Die Jugendlichen nahmen sich den öffentlichen Straßenraum als Treffunkt mit ihresgleichen, weil ihnen privater Raum nicht zur Verfügung stand. Ein eigenes Zimmer hatten Arbeiterjugendliche kaum, größere geschlossene Räume, wo Jugendliche unter sich sein konnten, gab es noch viel zu wenig; außerdem waren sie dort nicht ungestört. 1953 wurde das erste Jugendheim im Bremer Westen, in dem Gröpelingen benachbarten Stadtteil Walle, eröffnet - wie alle damals neuen Freizeitzentren nach dem Offene-Tür-Prinzip mit dem ausdrücklichen Ziel »*der sinnvollen Freizeitgestaltung für die Jugend von der Straße*« konzipiert.[254] Sechs Jahre später wurde erst eins in Gröpelingen, in der Bromberger Straße, gebaut; bis dahin hatte man sich mit einer Baracke am Halmer Weg begnügen müssen.[255] So sinnvoll solche kommunalen Jugendzentren auch sein mochten, sie bedeuteten stets auch soziale Kontrolle und Unterwerfen unter bestimmte Regeln; da war die Straße in mancher Hinsicht angenehmer.

Anders als die Öffentlichkeit, die nur Rücksichtslosigkeit im Auftreten der jungen Leute auszumachen glaubte, wurde die Inbe-

---

253 Gröpelinger Wochenblatt vom 15. Juli 1955.
254 Erziehungs- und Kulturarbeit in Bremen, a.a.O., S. 21.
255 Bremer Bürgerzeitung vom 22.8.1959.

sitznahme der Straße von den Jugendlichen selbst gesehen. Das hat unser Interviewpartner Jürgen Gerken, Jahrgang 1938, in bezug auf eine bestimmte Funktion des »Treffpunkts Straße« noch genau in Erinnerung:

> *Und die ganze Lindenhofstraße die hieß Hochzeitsmarkt oder so.*
> *Sonntags flanierte man da.*
> *Da waren drei vier Geschäfte*
> *kleine Buden gab es da früher.*
> *Und denn ging man so einmal die Lindenhofstraße rauf*
> *und wenn die Freundin denn um die Ecke kam*
> *denn drehte man ja gleich um*
> *und ging die andere Strecke dann wieder zurück.*[256]

Während die Erwachsenen die Straße als sozialen Ort nicht mehr so nutzten wie früher, lebte dieses Stück habitueller Umgangsform des klassischen Arbeitermilieus bei der jungen Generation fort. So sieht es auch Kaspar Maase, wenn er schreibt: »Ebenso traditionell war ihre Orientierung auf die 'Straße' als Ort proletarischer Jugendkultur«[257].

Politisches Interesse. Die Inbesitznahme der Straße durch männliche Jugendliche hatte allerdings überhaupt nichts mehr mit irgendeiner Art von politischer Manifestation zu tun, im Gegensatz zu den 1920er Jahren, als die organisierte Jugend der Arbeiterklasse sich den öffentlichen Straßenraum eroberte, um politische Versammlungen unter freiem Himmel durchzuführen oder in Demonstrationszügen durch die Straßen zu marschieren. Es handelte sich in den 1950er Jahren nicht um ein zielgerichtetes Auftreten, sondern eher um zielloses Herumstehen oder Herumgehen - vielleicht erfüllte es gerade deshalb Erwachsene in Arbeitervierteln mit Mißtrauen.

Mit Politik hatten diese Jugendlichen nicht viel im Sinn. Keiner unserer Interviewpartner erwähnte im Zusammenhang mit Freizeitbeschäftigungen aktive Teilhabe am Leben in politischen Jugendorganisationen. Dabei kamen viele aus sozialdemokratischen und so-

---

256 Interview Jürgen Gerken, Verlaufsprotokoll.
257 Kaspar Maase, a.a.O., S. 76.

zialistischen Elternhäusern, wurden aber offenbar nicht von ihren Eltern angehalten, sich in entsprechenden Jugendgruppen zu engagieren. Anders als in den 1920er Jahren wuchsen sie nicht mehr wie selbstverständlich in die politischen Organisationen der Arbeiterbewegung hinein. Erwähnen vor 1930 Geborene beispielsweise durchaus noch, daß sie aus einem sozialdemokratischen Elternhaus stammen und sich auch entsprechend engagierten[258], so tun das ihre Kinder nicht mehr.[259]

Anzunehmen ist jedoch, da der gewerkschaftliche Organisationsgrad auf der AG »Weser« insgesamt sehr hoch war, daß auch die Lehrlinge und Jungarbeiter zumindest formell Mitglied in der IG-Metall-Jugend wurden. Erwähnt wird es kaum, möglicherweise weil es so selbstverständlich war. Einer, Hans Scholz, der 1950 als 15jähriger eine Lehre auf der AG »Weser« begann, erzählt immerhin, daß er 1953 aus Verärgerung aus der Gewerkschaft austrat, zwei Jahre später aber wieder eingetreten sei. Die allgemeine Grundhaltung drückt er so aus: »*Man mußte eben gewerkschaftlich organisiert sein denn so lief da gar nichts*«.[260]

Aber daß man in seiner Freizeit an Veranstaltungen von Gerwerkschaften oder Parteien, sei es geselliger oder politischer Natur, teilgenommen habe, davon ist nirgends die Rede. Dabei bemühte sich die IG Metall in den 1950er durchaus um eine aktive Jugendarbeit, wobei es ihr ein Anliegen war, »*durch ein gutes Angebot in der Freizeit den Verflachungstendenzen unserer Zeit entgegenzuwirken*«[261]. Falls unsere Interviewpartner damals an derartigen Bildungs- und Freizeitangeboten teilgenommen haben, so erwähnen sie es jedenfalls nicht. Gewerkschaftsfunktionäre klagten in den späten 1950er und den frühen 1960er Jahren zunehmend über die Schwierigkeit, ihre jugendlichen Mitglieder zu erreichen.[262] Dabei waren es rück-

---

258 Herr Boranski, Herr und Frau Dröhler, Frau Weimar für sich selbst und für ihren verstorbenen Mann.
259 Eine Ausnahme in unserem Sample bildet Jens Brandt, Jahrgang 1949, der zwar wie seine Eltern sich in SPD-nahen Organisationen und in der SPD selbst engagiert, aber in anderer Hinsicht sein Herkunftsmilieu verlassen hat
260 Interview Hans Scholz, Verlaufsprotokoll.
261 Geschäftsbericht 1959/60 der IG Metall Verwaltungstelle Bremen, S. 58.
262 Vgl. Geschäftsberichte der IG Metall Verwaltungstelle Bremen 1957/58 bis 1963/64/65.

blickend gerade diese Jahre, die die Zeit der lebendigsten gewerkschaftlichen Jugendarbeit darstellten.[263]

In der Bremer SPD gab es in den 1950er Jahren z.T. mangels Nachfrage nicht mehr die Angebote, wie sie vor 1933 die Jugendgruppen des sozialdemokratischen Milieus, etwa die SAJ (Sozialdemokratische Arbeiterjugend), offeriert hatten. »Falken« und Jungsozialisten existierten zwar wieder, und sie bemühten sich auch, neben bildenden Veranstaltungen Wochenendfahrten und bunte Abende zu organisieren, aber die Resonanz war gering. In der Bremer SPD wurde in diesen Jahren immer wieder lebhaft Klage darüber geführt, daß die Jugend sich nicht politisch engagiere und »kein Vertrauen zum Staat und zu den Älteren« habe.[264]

Erstaunlich ist dieser Gesamtbefund fehlenden politischen Engagements bei unseren Arbeiterjugendlichen nicht, wird er doch generell in übergreifenden Untersuchungen für die Jugend dieser Zeit festgestellt - ebenso wie eine äußerst geringe Bereitschaft, sich überhaupt in Jugendverbänden - mit Ausnahme von Sportvereinen - zu organisieren.[265] Vielleicht ist in dieser Abneigung gegen Organisiertheit und Uniformierung - auch als Spätwirkung des »Dritten Reichs« - ein Zeichen von Modernisierung zu sehen. Kaspar Maase spricht davon, daß sich »Jugendliche zivile, lässige und kommerzielle Haltungen als Signale für eine moderne Lebensweise« aneigneten, »mit der sie sich positiv identifizierten«[266]. Während wir also in anderen

---

263 So Heinz Meinking, von 1955 bis 1958 DGB-Kreisjugendsekretär, anschließend in der IG Metall Bremen zuständig für Jugend- und Bildungsarbeit.
264 Zitiert nach Renate Meyer-Braun, Die Bremer SPD 1949-1959. Eine lokal- und parteipolitische Studie, Frankfurt a.M./New York 1982, S. 109, vgl. auch S. 100. Außer Jens Brandt, der an seinem 18. Geburtstag das Parteibuch der SPD von seinem Vater auf den Tisch gelegt bekam, erwähnte nur Werner Hitzacker ausdrücklich, daß er noch als Jugendlicher in diese Partei eintrat.
265 Näheres bei Schildt, a.a.O., S. 172f. Interessant ist, was die zeitgenössische Schrift über »Erziehungs- und Kulturarbeit in Bremen«, a.a.O., zu diesem Thema vermerkt. Dort wird von den Schwierigkeiten der Jugendpflege berichtet, *»die nach dem Zusammenbruch des Nationalsozialismus so zahlreichen jugendlichen Einzelgänger für die Jugendverbände 'anzuwerben'«.* (S. 21) *»Restformen der einstigen Jugendbewegung« seien »methodisches Mittel der Freizeitgestaltung, 'Programm', geworden. Was ehedem 'Gemeinschaft' hieß, ist heute einfaches Miteinanderleben ohne bewußten Stilwillen.«* (S. 23)
266 Kaspar Maase, Bravo Amerika. Erkundungen zur Jugendkultur der Bundesrepublik in den fünfziger Jahren, Hamburg 1992, S. 237.

Zusammenhängen im Rahmen dieser Arbeit durchaus eine Fortexistenz des Arbeitermilieus festgestellt haben, bietet das Freizeitverhalten der von uns befragten ehemaligen Arbeiterjugendlichen Anzeichen für eine Auflösung des klassischen Milieus.

»*Halbstarke*«. Ein Phänomen, das in keiner Darstellung über die Jugend der 1950er Jahre fehlt, taucht in unserer Erhebung kaum auf: Es handelt sich um das sogenannte »Halbstarkenproblem«. Obgleich sich diese Gruppe vorwiegend aus Jungarbeitern und Lehrlingen rekrutiert haben soll[267], konnte sich kein Interviewpartner und keine Interviewpartnerin - auch auf ausdrückliche Nachfrage hin - daran erinnern, damit etwas zu tun gehabt zu haben. Man hatte zwar davon gehört, war aber nicht beteiligt. Der Begriff war durchaus geläufig, wurde auch in Verbindung mit der damaligen neuen Jugendmusikkultur gebracht. Halbstarke habe man damals alle diejenigen genannt, »*die nicht so spurten wie die Eltern wollten*«, definierte Herr Müller, Jahrgang 1940.[268] Daß die neue Jugend-Subkultur überhaupt in das Werftarbeitermilieu Eingang fand, zeigt seine Äußerung, ein Freund von ihm, auch Lehrling auf der AG »Weser« sei »*so richtig Elvis-angehaucht*« gewesen, er selbst sei aber in der Szene nicht aktiv gewesen. »*Das gehörte sich eben nicht. Vor allem wenn man son bißchen altmodisch erzogen wurde. Da konnte man wohl kaum was anderes erwarten.*«

Daß es sogenannte »Halbstarkenkrawalle« auch in Bremen gegeben hat, davon hatte Frau Hitzacker jun., Jahrgang 1936, wohl gehört, war aber nie Augenzeugin, geschweige denn Beteiligte, gewesen. Die fraglichen Ereignisse hatten sich in einem weiter entfernten innenstadtnahen Stadtviertel, nämlich am Ostertorsteinweg, zugetragen. Frau Karin Hitzacker:

> *Also wir ham da wenig von mitgekriegt muß ich sagen*
> *weil wir da ja auch nie hingegangen sind*
> *jetzt zum Tanzen oder ins Kino oder so.*
> *Wir sind ja immer in Gröpelingen geblieben.*

---

267 Zuletzt Thomas Grotum, Die Halbstarken. Zur Geschichte einer Jugendkultur der 50er Jahre, Frankfurt a.M./New York 1994, S.114f.
268 Interview Claus-Dieter Müller, Verlaufsprotokoll.

Kapitel 6: Das außerbetriebliche Milieu der AG »Weser«

Wir sind allenfalls mal ins Decla an der Waller Heerstraße wenn da mal nen besonderer Film war [269]

Zwischen 1955 und 1958 sollen in der damaligen Bundesrepublik 96 und in der damaligen DDR sechs »Halbstarken-Krawalle« stattgefunden haben.[270] In Rostock gerieten am 2. Oktober 1956 300 Jugendliche, in Bremen am 2., 3. und 4. November 1956, jeweils nach der Aufführung des Films »Rock around the Clock« im »Apollo« am Ostertorsteinweg, zwischen 200 und 300 Jugendliche »außer Rand und Band«.

Interessanterweise wird die Bezeichnung »Halbstarke« - anders als in den späteren Darstellungen dieser Ereignisse - in der damaligen Berichterstattung der Bremer Presse über die Vorkommnisse vom November 1956 gar nicht benutzt. Es ist von »randalierenden Horden Halbwüchsiger« und »grölenden Halbwüchsigen«[271], »Rock'n'Roll Fanatikern« und »kriminellen Rowdies«[272] die Rede, die den Verkehr blockierten, Polizisten beschimpften und auf dem Marktplatz lautstark herumtanzten.

Der Film »Rock Around the Clock« (deutsche Übersetzung »Außer Rand und Band«) mit Bill Haley, dessen elektrisierende Musik die Jugendlichen über die Stränge schlagen ließ, lief nur in zwei Kinos in Bremen: dem bereits genannten »Apollo« im Ostertorviertel und dem »Palast«-Kino in der vorderen Neustadt, in die Vorstadtkinos im Bremer Westen kam er nicht. Da die Mobilität in bezug auf Kinobesuch bei den Gröpelingern nicht sehr hoch war, werden die von uns Befragten diesen für die damalige Jugendkultur so zentralen amerikanischen Film möglicherweise gar nicht gesehen haben.

---

269 Interview Karin Hitzacker, Transkript.
270 Thomas Grotum, a.a.O., Anhang Tabelle 8 mit Angabe des Datums und der Teilnehmerzahl. Die Aufstellung beruht auf Akten von Polizei und Staatsanwaltschaft in verschiedenen Bundesländern, die in der zeitgenössischen Studie von Günther Kaiser, Randalierende Jugend. Eine soziologische und kriminologische Studie über die sogenannten »Halbstarken«, Heidelberg 1959 zugrundegelegt wurden.
271 Weser-Kurier vom 5. November 1956.
272 Bremer Nachrichten vom 5. November 1956. Anders als in anderen Städten, wo vorwiegend Arbeiterjugendliche bei den Krawallen ausgemacht wurden, sollen sich in Bremen Lehrlinge und Oberschüler die Waage gehalten haben, so die Bremer Bürgerzeitung vom 10.11.1956.

Kaspar Maases Ergebnis, wonach in den 1950er Jahren »Jugendliche aus dem Arbeitermilieu als erste und am stärksten nach Gütern und Haltungen der US-Populär- und Alltagskultur« vor allem deshalb griffen, weil »der American way of life als verwirklichte Utopie guten Lebens« erschien[273], läßt sich mit unserem Sample nicht bestätigen. Ansätze gab es zweifellos. Ob freilich der 1954 im »Gröpelinger Wochenblatt« angekündigte Plan der Deutschen Mopedjugend, Landesgruppe Bremen, in Gröpelingen und in anderen Ortsteilen des Bremer Westens, »starke Gruppen« aufzubauen[274], tatsächlich umgesetzt wurde, ist nicht bekannt. In den folgenden Ausgaben des Blattes ist nicht mehr die Rede davon. Inwieweit Gröpelinger Arbeiterjugendliche sich zu dieser Zeit schon ein Moped, *das* Symbol für Modernität unter Jugendlichen, leisten konnten, ist fraglich.[275]

Auch von dem in der Literatur häufig erwähnten jugendlichen Protestverhalten gegen die Generation der Eltern ist in den Erzählungen unserer Interviewpartner und -partnerinnen so gut wie gar nicht die Rede. Im Großen und Ganzen vermitteln unsere Interviews den Eindruck von einem durchaus harmonischen Verhältnis zwischen den Generationen. Mehrfach wird betont, daß die Eltern bei den Festen der Jugendlichen dabei gewesen seien.[276] Nirgends ist die Rede davon, daß man die aus Amerika kommende Musik und Mode als Befreiung aus stickiger Enge und aus der Bevormundung durch die Eltern begrüßt habe, wie das in Interviews der Fall ist, die in anderen Untersuchungen erhoben wurden.[277] Offenbar hat das, was unter der Komplex »neue Jugendkultur der 1950er Jahre« verstanden wird, wenn sie denn überhaupt bewußt erlebt wurde, in den Biographiekonstruktionen der ehemaligen Jugendlichen aus dem Werftarbeitermilieu keinen großen Stellenwert.

---

273 Kaspar Maase, BRAVO Amerika, a.a.O., S. 186.
274 Gröpelinger Wochenblatt vom 25. Juni 1954.
275 Danach besaßen Ende der 1950er Jahre erst 20 Prozent der Jungen und 1 Prozent der Mädchen ein Moped (Angabe bei Schildt, Moderne Zeiten, a.a.O., S. 162).
276 U.a. Else Boranski und Karl Hinrichs.
277 Z.B. Christine Bartram und Heinz-Hermann Krüger, Vom Backfisch zum Teenager - Mädchensozialisation in den 50er Jahren und Hans -Jürgen von Wensierski, »Die anderen nannten uns Halbstarke« - Jugendsubkultur in den 50er Jahren, beide Beiträge in: Heinz-Hermann Krüger (Hrsg.), »Die Elvis-Tolle, die hatte ich mir unauffällig wachsen lassen«. Lebensgeschichte und jugendliche Alltagskultur in den fünfziger Jahren, Opladen 1985.

Wirtschaftliche Rahmenbedingungen. Betrachtet man die objektive Entwicklung der wirtschaftlichen Rahmenbedingungen der Freizeit von Arbeiterjugendlichen, so ist die Modernisierung dagegen augenfällig. Diese Rahmenbedingungen verbesserten sich im Lauf der 1950er Jahre erheblich. Stand Bremen im Januar 1953 noch *»an dritter Stelle in der 'Kurve der Arbeitslosigkeit' und in der Jugendarbeitslosigkeit sogar an der Spitze«*[278], so stellte sich mit dem Erreichen der Vollbeschäftigung am Ende des Jahrzehnts natürlich auch die Situation der Jugendlichen ganz anders dar.[279] Innerhalb von zehn Jahren vollzog sich bundesweit eine Entwicklung, die von einem eklatanten Mangel an Lehrstellen in den Jahren 1949 bis 1954 zu einem Lehrstellenüberangebot im Jahre 1959 führte.[280] In Bremen wurden schon 1955 freie Lehrstellen gemeldet.[281] Mit wachsender Arbeitsplatzsicherheit auch bei der Elterngeneration und dem generellen Anstieg der Reallöhne nahm für die jungen Leute auch mehr und mehr die Notwendigkeit ab, einen Großteil ihres Lohnes bzw. ihrer Lehrlingsvergütung als Kostgeld abgeben zu müssen, so daß sie mehr Geld für ihre eigene Freizeitgestaltung zur Verfügung hatten.

Laut einer Umfrage führten die meisten Jungarbeiter im Jahre 1948 den größten Teil ihres Lohns an den elterlichen Haushalt ab, nur durchschnittlich 20 Prozent des verdienten Geldes verwandten sie für persönliche Bedürfnisse.[282] Zehn Jahre später dürften es die Bremer Lehrlinge besser gehabt haben. Überregional steuerten denn auch im Jahr 1960 nur noch rund die Hälfte der 14-19jährigen einen Teil vom eigenen Einkommen zum Familienhaushalt bei.[283] Der den Jugendlichen zur freien Verfügung stehende Betrag - nach Abzug

---

278 Bremer Volkszeitung vom 17. Januar 1953 »Rückfall in schwere Sorgen«. Besonders für Mädchen war die Lehrstellenknappheit ein gravierendes Problem.
279 1959 betrug die Arbeitslosigkeit im Lande Bremen 1,8 Prozent.
280 Ulrich Chaussy, Jugend, in: Wolfgang Benz (Hrsg.), Die Bundesrepublik Deutschland, Bd. 2 : Gesellschaft, Frankfurt a.M., S. 41.
281 Bremer Volkszeitung vom 12. Februar. 1955 »900 freie Stellen«, 700 für männliche und 200 für weibliche Lehrlinge.
282 Angabe bei Otto Graf, Die Lebensbedingungen von Jungarbeitern, a.a.O., S. 47 f. Das deckt sich etwa mit der Erinnerung unserer Interviewpartnerin Else Boranski, die 1950 eine kaufmännische Lehre beim »Konsum« begann und ihren gesamten Verdienst ihrer Mutter gab.
283 Dorothea-Luise Scharmann, Konsumverhalten von Jugendlichen, München 1965, S. 24, zit. bei Kaspar Maase, a.a.O., S. 76.

des »Kostgeldes« - soll sich zwischen 1953 und 1960 etwa verdoppelt haben; laut einer Marktforschungstudie verfügten im Jahre 1960 die 16jährigen über ein monatliches Taschengeld von 50,30 DM, 18jährige über 102,50 DM.[284] Gemessen an dem durchschnittlichen Monatsverdienst eines Industriearbeiters war das nicht wenig. Insgesamt kann festgestellt werden, daß jugendliche Industriearbeiter und Lehrlinge, soweit sie noch nicht verheiratet waren, schon seit Mitte der 1950er Jahre über eine finanzielle Autonomie verfügten, die ihren Eltern in deren Jugend nie vergönnt gewesen sein dürfte.

4. Bildungsverhalten

Auswertung der Interviews vor dem Hintergrund der zeitgenössischen bildungspolitischen Diskussion

Unser Sample ist so zusammengesetzt, daß zwei verschiedene Altersgruppen untersucht werden konnten: eine Gruppe, die die 1950er Jahre als reife Erwachsene erlebte, das sind die Altersjahrgänge vor 1930 (Altersgruppe A), und eine zweite Gruppe, die im Untersuchungszeitraum Jugendliche und junge Erwachsene waren (Altersgruppe B). Dabei soll die im folgenden vorgenommene Quantifizierung nicht den Eindruck gleichsam repräsentativer Daten erwecken, sondern allenfalls Trends und relationale Gewichtungen angeben.

23 unserer Interviews gehören in die Altersgruppe A, die älteste Person wurde 1914 geboren, die jüngste 1928. Davon liegen der folgenden Auswertung 20 Interviews zugrunde (neun Männer, elf Frauen). Nicht berücksichtigt wurden die Personen, die wir als milieufremd eingestuft haben.[285] Der überwiegende Teil - 18 von 20 - hat als höchsten allgemeinbildenden Schulabschluß Volksschul- bzw. Hauptschulabschluß angegeben. Bei den beiden Personen, die die

---

284 Angaben bei Kaspar Maase, a.a.O., S. 75. Maase weist darauf hin, daß diesbezügliche Zahlenangaben aus verschiedenen Gründen mit Vorsicht zu betrachten seien.
285 Ehepaar Giesecke und Arthur Jürgens.

Kapitel 6: Das außerbetriebliche Milieu der AG »Weser« 363

»Mittlere Reife« haben, handelt es sich interessanterweise um Frauen.[286] In acht von diesen 20 Fällen[287] hat mindestens eines der Kinder einen höheren Schulabschluß als die Eltern: sechsmal Realschulabschluß, zweimal Abitur. Das älteste »Kind« ist 1936 geboren; es handelt sich um Else Boranski, das jüngste 1960, die jüngste Tochter des Ehepaars Rixdorf.

Anders stellt sich die Situation in der Altersgruppe B dar, in der Gruppe der nach 1930 Geborenen; die älteste Person wurde 1930 geboren, die jüngste 1945.[288] Hier wurden von insgesamt 14 Fällen neun Interviews zugrundegelegt, sieben Männer, zwei Frauen.[289] Während auch hier der überwiegende Teil immer noch Hauptschulabschluß als höchsten Schulabschluß angibt (acht von neun) - den einzigen Realschulabschluß hat wieder eine Frau[290] - erreicht eine deutliche Mehrheit der zweiten Generation einen höheren Schulabschluß als die Elterngeneration, nämlich sieben von neun, davon in vier Fällen sogar das Abitur. Es vollzieht sich also in beiden Gruppen ein intergenerationeller Bildungsaufstieg, wobei dieser in der Gruppe der Jüngeren fast doppelt so häufig vorkommt wie in der Gruppe der Älteren. Dieser Trend ist symptomatisch, weil er durchaus für eine qualitativ validierte Tendenz im Feld steht.

Erst die Kinder der jüngeren Elterngruppe, die zwischen 1954 und 1963 geboren wurden, also zwischen 1964/66 und 1975/77 den Übergang auf eine weiterführende Schule vollziehen konnten, machten verstärkt einen Bildungsaufstieg. Diese Generation kam in den Genuß der in der Bundesrepublik vergleichsweise spät einsetzenden Bildungsexpansion. Vorher, also in unserem eigentlichen Untersuchungszeitraum, blieb das Milieu, was Bildungsverhalten angeht, weitgehend unverändert.

---

286 Frau Hartmann, Frau Paschke; Frau Brandt nennt Volksschulabschluß und Handelsschule.
287 In zwei Fällen werden Kinder nicht erwähnt.
288 Willy Tauber wurde mit einbezogen, weil er zur Elterngeneration in Gruppe B gehört, während die andern Personen unseres Samples aus der Gruppe der ab 1945 Geborenen zur Kindergeneration gehören.
289 Nicht berücksichtigt wurden Personen, die aufgrund verschiedener Indikatoren als milieufremd zu bezeichnen sind.
290 Else Boranski

Dieses Ergebnis deckt sich mit der Einschätzung Josef Moosers, der in bezug auf die Arbeiterfamilien der 1950er Jahre von »Bildungsabstinenz« spricht und darin einen Aspekt von intergenerationeller »sozialer Kontinuität« sieht.[291] Erst in der zweiten Hälfte der 1960er Jahre setzte bundesweit Bildungswerbung ein. Vor dem Hintergrund fehlenden qualifizierten Nachwuchses für die boomende westdeutsche Wirtschaft, z.T. bedingt durch den infolge des Mauerbaus entstandenen Zuzugstopp aus der DDR, wurde die »Ausschöpfung der Begabungsreserven« zur ökonomischen Notwendigkeit. Die sogenannten bildungsfernen Schichten, wozu die Industriearbeiterschaft neben der Landbevölkerung gehörte, wurden Ziel der »Bildungsoffensive«.

Daß diese nicht überall rasch griff, im Gegenteil das Arbeitermilieu mancherorts - so auch im Bremer Westen - sich noch recht resistent gegenüber dieser Werbung erwies, mögen Erinnerungen von zwei Experten illustrieren, die damals im bremischen Schulwesen engagiert waren. Hermann Stichweh unterrichtete von 1963 bis 1968 an der Grund- und Hauptschule Halmer Weg, die mitten in unserem Untersuchungsgebiet liegt. In der Elternschaft waren Werftarbeiter und ihre Ehefrauen stark vertreten, neben Eltern aus sozial instabilen Verhältnissen, die mit ihren Kindern in Baracken-Schlichtwohnungen lebten. Stichweh machte häufig Hausbesuche, u.a. um Eltern von geeigneten Schülern und Schülerinnen zu motivieren, diese auf eine weiterführende Schule zu schicken. Dies betraf in aller Regel nur die zuerst genannte soziale Gruppe. Hierbei habe er immer wieder zu hören bekommen, das nächste Gymnasium - im benachbarten Stadtteil Walle gelegen - sei zu weit entfernt. Das hieß mit anderen Worten, die Kosten für Straßenbahnfahrten oder für ein Fahrrad waren den Eltern zu hoch. Bei Eltern von Mädchen stieß er darüber hinaus noch auf Ablehnung mit der Begründung: »Unsere Tochter heiratet ja doch.«[292]

---

291 Josef Mooser, Arbeiter, Angestellte und Frauen in der »nivellierten Mittelstandsgesellschaft«. Thesen, in: Axel Schildt und Arnold Sywottek (Hrsg.), Modernisierung im Wiederaufbau. Die westdeutsche Gesellschaft der 50er Jahre, Bonn 1993, S. 371.
292 Zu der geringen Beteiligung von Mädchen aus Arbeiterkreisen in den 1960er Jahren vgl. Helge Pross, Über die Bildungschancen von Mädchen in der Bundesrepublik, Frankfurt a. M. 1970 (3. Aufl.), S. 56 ff. Diesen Begriff sowie den der »af-

Neben finanziellen Gründen und hartnäckig sich haltenden Rollenklischees war es auch mangelnde Kenntnis über die Institution höhere Schule, die Arbeitereltern zögern ließ. Der ehemalige Direktor des Gymnasiums Waller Ring erinnert sich, wie er in den 1960er Jahren zusammen mit einem Realschulkollegen stets eine bestimmte Grundschule in Oslebshausen, einem Ortsteil Gröpelingens, besuchte, in dem ebenfalls viele Werftarbeiter wohnten. Man habe die Aufgabe gehabt, die Eltern über die beiden Typen von weiterführenden Schule zu informieren. »*Weil man annahm daß viele Eltern gar nicht wußten, was da eigentlich los ist. Stellten sich unter Gymnaium Wunder was für ne Schule vor. Und ich hab denen dann gesagt daß wir da auch ganz handfeste Dinge machen und nicht nur in höheren Sphären schweben.*«[293] Es sei durchaus Bildungswerbung gewesen. Er habe den Eltern gesagt: »*Wenn die Grundschule das empfiehlt machen Ses man ruhig*«.[294] Diese »Informationsdistanz« klang häufiger in den von uns geführten Interviews durch.[295] Höhere Bildung war in den 1960er Jahren noch keineswegs selbstverständlicher Bestandteil des Arbeitermilieus.

Es waren nicht nur ökonomische Gründe, aus denen heraus »Die deutsche Bildungskatastrophe«[296] überwunden werden und die Modernisierung des rückständigen bundesdeutschen Bildungssystems endlich beginnen sollte. Ebenso wichtig war die Forderung nach mehr Chancengleichheit sowie der individuelle Anspruch auf Bildung - Gedanken, die erst nach dem Ende der »Ära Adenauer« in einem Klima des gesamtgesellschaftlichen Wandels Platz greifen konnten.[297]

---

fektiven Distanz« benutzt Ralf Dahrendorf in: »Arbeiterkinder an deutschen Universitäten«, in: Recht und Staat 302/303, Tübingen 1965.
293 Experteninterview mit Hans Mumme am 5. August 1996.
294 Ebenda.
295 Arthur Boranski verwechselt z.B. Abitur mit Mittlerer Reife. Hilde Dröhler ist nicht informiert über die Leistungen ihres Sohnes. Jens Brandt erwähnt die Unsicherheit, als es um die Wahl seines Studienfaches ging.
296 So der Titel des 1964 erschienenen aufsehenerregenden Buches von Georg Picht.
297 »Bildung ist Bürgerrecht« lautete der Titel eines 1965 erschienenen Buches von Ralf Dahrendorf. »Soziale Gerechtigkeit (ist) nichts anderes als gerechte Verteilung von Bildungschancen,« schrieb Picht (Die deutsche Bildungskatastrophe, a.a.O., S. 31). »Aufstieg durch Bildung« betitelte die SPD ihre bildungspolitische Konferenz im Jahre 1963, mit der sie ihr traditionelles Ziel, »nämlich die Lebens-

Vor dem Hintergrund dieses Motivationsbündels setzte in der gesamten Bundesrepublik ein Modernisierungsschub ein, der nicht nur den Rückstand gegenüber den andern europäischen Ländern, sondern auch gegenüber dem zweiten deutschen Staat aufholen sollte.

In allen Bundesländern, besonders in solchen mit SPD-Mehrheit, wurde verstärkt Bildungsexpansion und Bildungsplanung betrieben. So auch in Bremen, wo der sozialdemokratische Bildungssenator Moritz Thape 1967 in der Schulbehörde eine Abteilung »Bildungsplanung« einrichtete. War zunächst die Neugründung eines Gymnasiums im Stadtteil Gröpelingen geplant - das »Gymnasium im Westen«, wie es genannt wurde -, das neben dem Gymnasium in Walle verstärkt bildungsferne Schichten in den klassischen Bremer Arbeiterstadtteilen erreichen sollte, so wurde dieser Plan schließlich zugunsten der ersten Bremer Gesamtschule aufgegeben, von der sich die Sozialdemokraten am ehesten eine Annäherung an Chancengleichheit erhofften. Diese Gesamtschule wurde zum Schuljahr 1970/71 an der Lissaer Straße in Gröpelingen eröffnet.

Bremen galt - und sah sich selbst so - als bildungspolitisch besonders aufgeschlossen, konnte es doch auf eine lange sozialdemokratisch geprägte Tradition von Reformansätzen zurückblicken, die bis in die 1920er Jahre zurückreicht. Das Bildungsressort liegt seit 1928 - ausgenommen die Zeit von 1933 bis 1945 - in sozialdemokratischer Hand. So sah sich die Hansestadt schon vor Beginn der oben beschriebenen Bildungsexpansion zumindest gemessen an dem Parameter »Besuch allgemeinbildender Schulen nicht mehr schulpflichtiger Jugendlicher« als »*an der Spitze aller Länder in der Bundesrepublik*« stehend. Lag der Schulbesuch der 16jährigen im Jahr 1960 bundesweit im Schnitt bei 19,53 Prozent - Mittelschule 6,18 Prozent, Gymnasium 12,95 Prozent - so betrug der Anteil in Bremen insgesamt

---

verhältnisse benachteiligter Kreise durch verstärkte Teilhabe im Bildungswesen [...] zu verbessern« unterstrich (vgl. Arbeitsgruppe Bildungsbericht am Max-Planck-Institut für Bildungsforschung, Das Bildungswesen in Deutschland. Strukturen und Entwicklungen im Überblick, Reinbek 1994, S. 35 f.).

29,87 Prozent - Mittelschule 15,61 Prozent, Gymnasium 14,26 Prozent.[298]

Im Bremer Schulentwicklungsplan 1971, herausgegeben vom Senator für Bildung, wird auf den »Erfolg der Bildungswerbung der letzten Jahre« hingewiesen. Danach gingen zu der Zeit 25 Prozent eines Jahrgangs auf das Gymnasium über, während es Mitte der 1950er Jahre etwa acht Prozent gewesen seien. An dem Anwachsen des Prozentsatzes sieht der Verfasser dieses Textes »*eine große Zahl (von) Schüler(n), (die) ihrer sozialen Herkunft nach nicht in der Bildungstradition des deutschen Gymnasiums aufwächst*« beteiligt.[299]

Leider sagen diese Zahlen nur sehr vage etwas aus über das Anwachsen des Anteils von Bremer Arbeiterkindern am Übergang auf Gymnasien. Da können vielleicht Zahlen etwas weiterhelfen, die wir nach den Stammlisten des ehemaligen Gynasiums am Waller Ring ermittelt haben. Es handelt sich um das Bremer Gymnasium, das bis in die zweite Hälfte der 1960er Jahre das einzige im Bremer Westen, zu dem ja auch Gröpelingen gehörte, war - in einem Stadtviertel also, in dem ein hoher Anteil Arbeiterbevölkerung lebte. Diese Schule hatte 1969 doppelt so viele Schüler und Schülerinnen aus dieser Schicht wie im Schnitt die anderen Gymnasien der Hansestadt[300].

Bei aller gebotenen Vorsicht, was die Zuordnung der Berufe der Väter zur Arbeiterschicht angeht, läßt sich folgende Entwicklung aufzeigen:

---

298 Kulturpolitik der Länder 1961-62, hrsg. vom Sekretariat der ständigen Konferenz der Kultusminister der Bundesrepublik Deutschland, Bonn 1963, S. 68.
299 Schulentwicklungsplan, Bremen Mai 1971, S. 18.
300 Diese Stammlisten sind im Schularchiv des heutigen Schulzentrums Walle vom Gründungsjahr 1914 bis in die 1970er Jahre erhalten. In ihnen wurde u.a. das Datum des Eintritts und des Abgangs eines Schülers/einer Schülerin vermerkt sowie der Beruf des Vaters. Eine schichtenspezifische Zusammensetzung der Bremer Gymnasien - Stand 1969 - ist einer Tabelle zu entnehmen, die eine »Schichtenspezifische Betrachtung der Repetenten auf Bremer Gymnasien« vornimmt. Vgl. Kolloquium Büchner, Versuch einer Schichtenanalyse der Schülerschaft der Bremer Gymnasien 1969. Repetenten, Notenbilder, Folgerungen, in: Studienseminar der Freien Hansestadt Bremen (Hrsg.), Arbeitsberichte '71, Bremen 1971, S. 39.

1950	ca. 10 Prozent
1955	ca. 17 Prozent
1960	ca. 26 Prozent
1965	ca. 24 Prozent
1970	ca. 28 Prozent.[301]

Innerhalb unseres Untersuchungszeitraums - im engen Sinn 1950 bis 1960 - hat sich also die Zahl der Arbeiterkinder aus dem gesamten Einzugsbereich des Gymnasiums Waller Ring zwar mehr als verdoppelt, aber 26 Prozent sind angesichts eines Arbeiteranteils von 60 Prozent in den betreffenden Ortsteilen - Findorff bis Burg-Grambke[302] - nicht besonders hoch. In den folgenden zehn Jahren ist der Zuwachs sehr gering, obgleich die Jahre von 1965 bis 1975 allgemein als die Zeit der stärksten Bildungsexpansion gelten. Doch läßt sich zweifellos eine langsame Veränderung im Bildungsverhalten von Arbeiterfamilien feststellen.

Zun Stellenwert von Bildung in den biographischen Erzählungen

Die meisten Befragten maßen Bildung im Sinne formaler schulischer Bildung keine besonders hohe Bedeutung für ihre persönliche Biographie bei. Meistens wurde rein vom Umfang her das Thema nur kurz angesprochen oder kam überhaupt erst auf Nachfrage zur Sprache. Wie oben gezeigt, machte die erste Generation in beiden Altersgruppen den Volksschulabschluß und absolvierte abschließend eine Lehre. »*Acht Jahre Volksschule wie das so war*«, erklärte lapidar Herr Dröhler und kennzeichnete damit den kollektiven Erfahrungshintergrund von (Fach-)Arbeitern, die in den 1930er Jahren schulpflichtig waren. Ein höherer Schulabschluß war zu der Zeit schlechterdings nicht vorstellbar, gleichgültig, ob er von der individuellen Begabung her möglich gewesen wäre.

---

301 Die Zahl, die das Kolloquium Büchner für 1969 ermittelt, lautet 29 Prozent; die Übereinstimmung ist also augenfällig.
302 Zahl nach Statistische Mitteilungen aus Bremen, Sonderheft 12. Die Volks- und Berufszählung am 6. Juni 1961 im Lande Bremen, hrsg. vom Statistischem Landesamt Bremen, Tab. 12a, S. 119. Hier nach Kolloquium Büchner, a.a.O., S. 37.

Das macht Dröhlers Frau deutlich, die als Jugendliche von ihrer Lehrerin für den Besuch einer weiterführenden Schule vorgeschlagen worden war, aber diese Chance aus finanziellen Gründen nicht wahrnehmen konnte. »*Komm ich nach Hause da sagt mein Vadder: 'Was bildste dir überhaupt ein? Wer soll das bezahlen?'*« Ein einziges Mädchen aus ihrer Klasse sei zur höheren Schule gegangen, »*und die hats nich geschafft*«, bemerkt sie nicht ohne eine gewisse Genugtuung. »*Weil der Vadder Direktor auffe Hütte war hatten nen büschen Geld das hatten wir ja nich.*«

Ohne Verbitterung berichtet sie von dieser in ihrer Jugend erlittenen Bildungsbenachteiligung. Dabei hätte ihr ein qualifizierter Schulabschluß den Einstieg in den »Frauenerwerbs- und Ausbildungsverein«, in dem sie anschließend eine Ausbildung zur Kinderpflegerin machte, durchaus erleichtert. »*Da warn ja alles welche die Abitur hatten.*« Die wenigen Volksschülerinnen, zu denen sie gehörte, mußten erst eine Probezeit absolvieren.

Trotz dieser Erfahrung legte sie bei der Erziehung der eigenen Kinder, die beide in den 1950er Jahren geboren wurden, keinen besonderen Wert auf »höhere Bildung«. Während Herr Dröhler den Bildungsgang seiner Söhne überhaupt nicht thematisiert, berichtet die Mutter, wenn auch erst auf Nachfrage, daß der älteste Sohn nach sechs Jahren Grundschule - im Jahre 1964 - zusammen mit sechs anderen Klassenkameraden auf die Realschule übergegangen sei. »*Ich habe das gar nich gewußt*«, was wohl deutlich machen soll, daß sie die guten schulischen Leistungen ihres Sohnes gar nicht so intensiv verfolgt und einen möglichen Wechsel auf eine höhere Bildungseinrichtung gar nicht ins Kalkül gezogen hatte. »*Das hat der Lehrer gemacht*«, sagt sie. Die Eltern waren es also nicht, die diesen Schritt geplant und betrieben haben.

Generell zeigen zeitgenössische Untersuchungen, daß, wenn Arbeiterkinder eine weiterführende Schule besuchten - besonders relevant war das für Gymnasien -, dies in der Regel auf eine Empfehlung der Lehrer hin taten, die sich häufig genug noch nachdrücklich dafür bei den Eltern einsetzen mußten. Das bestätigen auch die von uns durchgeführten Experteninterviews. Bei Mittelschichtkindern war es dagegen so, daß die Eltern selbst diesen Schritt schon frühzeitig planten.

In der intensiven bildungssoziologischen Diskussion der 1960er Jahre wird in diesem Zusammenhang von »niedrigem Aspirationsniveau« und »fehlender Zukunftsorientiertheit« der Unterschicht gesprochen. Zwar gäbe es »Planungsverhalten« auch in Arbeiterfamilien, aber dies berühre »nicht mögliche vertikale Mobilität, also Veränderung im beruflichen Status und im Bildungsniveau der Kinder«, urteilt Klaus Mollenhauer, eine der Autoritäten in der damaligen Diskussion.[303]

Ebenso wenig geplant war sechs Jahre später der Übergang des zweiten Sohnes der Dröhlers auf den nächst höheren Schultyp, das Gymnasium. Diese Tatsache war der Mutter während des Interviews gar nicht mehr präsent; sie hatte sich ihr offenbar nicht als wichtig eingeprägt. Das kann nicht weiter verwundern angesichts der Tatsache, daß es sich hier lediglich um eine Episode handelte. Der Sohn ging nämlich zurück auf die Realschule, was durchaus nichts Ungewöhnliches war. Die Zahl der Abbrecher, also derjenigen, die vorzeitig, lange vor Erreichen des Abiturs, das Gymnasium verließen, war unter den Kindern aus Arbeiterfamilien ungleich höher als aus anderen Sozialschichten. Der »Schwund« der Arbeiterkinder in den Jahren zwischen Eintritt in die unterste Klasse und dem Abitursjahrgang, durch viele Recherchen belegt, läßt sich für unser Gebiet und unseren Zeitraum durch einen Blick in die Schülerlisten des ehemaligen Gymnasiums am Waller Ring nachvollziehen.[304]

Zu eben der Zeit, als der jüngere Sohn der Dröhlers auf das Gymnasium überging, also 1970, entstanden am Bremer Studienseminar mehrere Referendarsarbeiten, die sich mit dem Zusammenhang zwischen Leistung und sozialer Herkunft der Schülerschaft des Gymnasiums Waller Ring beschäftigten. Wie in den meisten Unter-

---

303 Klaus Mollenhauer, Sozialisation und Schulerfolg, in: Heinrich Roth (Hrsg.), Begabung und Lernen. Ergebnisse und Folgerungen neuerer Forschungen. Gutachten und Studien der Bildungskommission des Deutschen Bildungsrats, Bd. 4, 3. Aufl., Stuttgart 1969.

304 Ein weiterer Beleg für diesen Sachverhalt findet sich in den Lehrerkalendern des ehemaligen Direktors des Gymnasiums am Waller Ring, in die dieser den Beruf des Vaters eingetragen hatte - bei alleinerziehenden Müttern wurde nicht danach gefragt. In einer neunten Klasse, die er als Lehrer 1953 übernahm, können acht von 23 Schülervätern der Arbeiterschicht zugerechnet werden, in seiner Abiturklasse des Jahres 1960 nur einer von insgesamt 13.

suchungen werden als Gründe für den vorzeitigen Abgang von Arbeiterkindern mittelschichtorientierte Unterrichtsgestaltung, fehlende Unterstützung von zuhause sowie generell anregungsarmes Herkunftsmilieu konstatiert. Es werden konkrete Vorschläge gemacht, wie diese Defizite im Sinne von mehr Chancengleichheit abgebaut werden könnten.[305]

Einen ähnlich gelagerten Fall wie bei dem jüngeren Sohn Dröhler haben wir bei Andreas Hitzacker, einem Vertreter der dritten Generation in einer von uns interviewten Familie. Er, Sohn eines Schweißers auf der AG »Weser«, ging nur wenige Jahre später als Rainer Dröhler, nämlich 1974, auf das Gymnasium. Vor Erreichen der Mittleren Reife verließ er es, weil er, zum ersten Mal konfrontiert mit einem anderen sozialen Milieu, große Anpassungsschwierigkeiten hatte und entsprechend schlechte Leistungen erzielte.

Und da ist mir das erst_ zum ersten Mal aufgefallen ehm
daß es so diese sozialen Unterschiede
von denen meine Eltern vielleicht mal gesprochen haben
aber das war eigentlich nie unser
das war nie richtiges Thema bei uns
besonders bei uns Kindern damals nich.
Daß so diese sozialen Unterschiede auf som Gymnasium
doch schon sichtbar wurden.
Und zwar warn da natürlich auch Kinder von ((hustet))
wohl situierten Leuten die
na bei denen der Lebensweg schon
schon gezeichnet war davon
daß sie irgendwann mal das Geschäft vom Vater übernehmen
oder auch Kaufmann werden ((hustet)).
Ich hatte da son paar Klassenkameraden bei denen es so war.
Also wie gesagt diese Schule
zu der ich ((hustet)) 1974 hinkam

---

305 Diese Arbeiten sind von dem damaligen Seminarleiter Büchner angeregt und im Rahmen des von ihm geleiteten Kolloquiums angefertigt worden, a.a.O. Autoren und Autorinnen sind u.a. Günther Buck, Christa Jeschkowski und Barbara v. Petery. Sie befinden sich im Archiv des Wissenschaftlichen Instituts für Schulpraxis, Bremen. Die Arbeiten dieser Referendare legten das Schichtenmodell von Moore und Kleining zugrunde: Das soziale Selbstbild der Gesellschaftsschichten in Deutschland, in: Kölner Zeitschrift für Soziologie und Sozialpsychologie, 12. Jg, 1960, H. 1, S. 86-119. Danach gehören Facharbeiter zur oberen Unterschicht.

> *war war für mich nich einfach*
> *weil erstmal auf einmal meine Leistungen*
> *ziemlich schlecht wurden in der Schule.*
> *Ich überhaupt keine Lust mehr auf Schule hatte*
> *was ich überhaupt nich kannte bis dahinein bis dahin*
> *und ehm ja also ich hatte sonst vorher soviel Lust am Lernen.*
> *[...] Ich bin was ich vorher auch nich kannte*
> *zum Beispiel so mit Magendruck*
> *zur Schule gefahren morgens.*[306]

Seinen Eltern brach »*kein Zacken aus der Krone*«, wie seine Mutter ihre und ihres Mannes Reaktion auf das Scheitern ihres Sohnes schilderte. Sie selbst besaßen keinerlei innere Beziehung zur gymnasialen Bildung, hatten beide doch ihre Schulbildung mit dem Volksschulabschluß beendet. Der Besuch des Gymnasiums war ja aus ihrer Sicht ohnehin nicht das »Normale« für ihre Söhne. Es wäre zwar schön gewesen, wenn es geklappt hätte, aber dieses Ergebnis war auch kein »Drama«, so etwa ließe sich ihre Haltung schildern. Andreas sagte bezeichnenderweise: »*Mein Bruder hat ganz normal Hauptschule gemacht hat dann ne Lehre gemacht*«[307]. Seinen eigenen Weg sahen er und seine Eltern offenbar nicht als den normalen an. Frau Hitzacker spricht mit Stolz von ihren Söhnen, besonders betont sie ihre handwerkliche Geschicklichkeit, was darauf schließen läßt, daß sie das Scheitern ihres Sohnes auf dem Gymnasium nicht gekränkt hat.

Andreas Hitzacker fährt fort: »*Und bin dann auf die Realschule gegangen. Das war dann wieder bei uns umme Ecke. Und da hab ich mich sofort zu Hause gefühlt.*«[308] Er kehrte also in sein Milieu zurück. Denn Realschule war, besonders wenn sie sich in der Nachbarschaft befand, in der zweiten Hälfte der 1970er Jahre für Arbeitersöhne nichts Milieufremdes mehr, ganz im Gegensatz offenbar zum Gymnasium.

Wenn zumindest jeweils einer der beiden Söhne der Ehepaare Dröhler und Hitzacker später »vertikale Mobilität« im Sinne von sozialem Aufstieg vollzog - einer qualifiziert sich zur Zeit für den Auf-

---

306 Interview Andreas Hitzacker, Transkript.
307 Ebenda.
308 Ebenda.

stieg vom mittleren in den gehobenen Polizeidienst weiter, der andere beschritt den zweiten Bildungsweg und nahm ein Studium auf, hat es derzeit allerdings unterbrochen -, so ist das nicht dem drängenden Ehrgeiz der Eltern zu verdanken, sondern hat andere Ursachen, denn fehlende Aufstiegsaspiration war noch lange nach Ablauf der 1950er Jahre typisch für das Arbeitermilieu.

Ein »untypischer« Fall

Trotz des eben Gesagten gab es in der sozialen Realität des Arbeitermilieus der 1950er und frühen 1960er Jahre auch andere Erscheinungen, und zwar solche, die in einem gewissen Gegensatz zu den obigen Aussagen zu stehen scheinen. War dort von »Bildungsabstinenz« und fehlender Zukunftsplanung in Arbeiterfamilien die Rede, so zeigt der im folgenden vorgestellte Biographieausschnitt, daß das Werftarbeitermilieu alles andere als homogen war, und daß Typisierungen und Verallgemeinerungen mit Vorsicht vorgenommen werden müssen.

Gertrud Brandt, Ehefrau des gelernten Maschinenbauers und langjährigen Betriebsratsvorsitzenden Gustav Brandt[309], schilderte im Laufe ihrer biographischen Erzählung ihr Erziehungsverhalten im Hinblick auf die Schulbildung ihrer Kinder - es waren wiederum Söhne - so[310]:

Und da bin ich ganz ehrlich
das wissen die Kinder auch
das geben se auch zu.
Ich war streng. Ja was sollte ich denn machen?
Wenn der Vater nie da war
dann konnte ich doch nich
nich alles durchlassen.

---

309 Nur in diesem Fall haben wir - abgesehen von der Veränderung des Namens - auf eine Anonymisierung der personenbezogenen Daten verzichtet. Der Familienvorstand war eine äußerst populäre Figur des öffentlichen Lebens, und schon wenige Informationen machen ihn leicht identifizierbar. Eine künstliche Anonymisierung wäre sachunangemessen gewesen.
310 Vgl. zu Gertrud Brandt im Zusammenhang mit dieser Thematik auch Teil III, Kapitel 11.

> Also mußte ich doch nich.
> [...] Wenn se ausser Schule kamen
> und se haben Schularbeiten gehabt
> da mußten se die Schularbeiten gleich machen
> und nich erst drei Stunden später.
> Und wenns nich hinhaute denn ging ich das durch
> und denn machten se das noch mal.
> Ich weiß nich ob das für mich n schlechtes Zeugnis is.
> Aber - äh - ich hab immer gesagt sie solln was werden.[311]

Hier finden wir also bei einer Arbeiterfrau bewußte Zukunftsplanung für ihre Kinder, keine »auf das angestammte Milieu beschränkte Sichtweise«[312], sondern gewollte Anhebung des Bildungsniveaus. Frau Brandt sorgte nämlich zielstrebig dafür, daß ihre Kinder auf das Gymnasium gingen, und zwar ganz bewußt so früh wie möglich, nach der vierten, nicht erst nach der sechsten Grundschulklasse.

> I: Wolltest Du von vornherein daß sie aufs Gymnasium gehen?
> E: Ich hätt das gern gewollt natürlich.
> Und ich hab auch immer aufgepaßt daß se
> daß se wirklich gelernt haben
> und sie haben gelernt beide.[313]

Sie erinnert sich auch deswegen so genau daran, daß sie die Kinder nach der vierten Klasse schon auf das Gymnasium schickte, weil die damalige Bremer SPD, zu deren prominenten Mitgliedern das Ehepaar gehörte, aus bildungspolitischen Gründen eigentlich die sechsjährige Grundschule favorisierte. Die Sozialdemokraten, die die führende Partei im Senat waren und u.a. das Bildungsressort stellten, hatten einige Jahre zuvor nach kontroverser innerparteilicher Diskussion - trotz absoluter Mehrheit in der Bürgerschaft - dem Druck von CDU und FDP nachgegeben und zugestimmt, daß Kindern »mit früh erkennbarer theoretischer Begabung« der Übergang auf das

---

311 Interview Gertrud Brandt, Transkript.
312 Günther Buck, Sozialstatus und Schülerleistung. Untersuchung der Schulleistungen der Unterschichtkinder des Gymnasiums Waller Ring. Arbeit zur pädagogischen Prüfung für das Lehramt an Gymnasien, Bremen 1970, S. 22.
313 Interview Gertrud Brandt, Transkript.

Gymnasium schon nach der vierten Klasse ermöglich werden sollte - bei grundsätzlichem Fortbestehen der sechsjährigen Grundschule. Damit hatten die Sozialdemokraten einen wichtigen Bestandteil ihrer Schulreform von 1949, nämlich die Verhinderung einer frühzeitigen intellektuellen und sozialen Auslese, aufgegeben.[314]

Diese Diskussion ist ihr auch nach 40 Jahren noch in Erinnerung, und man hört aus ihren Worten den inneren Rechtfertigungsdruck der Sozialdemokratin heraus, wenn sie sagt:

> *Und ausgerechnet die SPD die das eingeführt hatte*
> *wir habn uns nich dran gehalten. [...]*
> *Die warn doch beide begabt.*
> *Und da hab ich gesagt*
> *»Ich kann doch nich meine Kinder da zur Schule schicken*
> *die das praktisch doch alles können«.*
> *Also das sah ich nicht ein*
> *und da gab das die Möglichkeit*
> *daß se die Prüfung machen konnten nach*
> *nach der vierten Klasse.*[315]

Sie betrieb 1959 dieses Vorhaben - offenbar weitgehend ohne ihren auf der Werft stark eingespannten Mann - auch wenn ihr Zehnjähriger Angst vor der Ausleseprüfung hatte.

> *Und der Älteste der war son bißchen der hatte*
> *nen bißchen Angst und so*
> *wollte nicht so recht.*
> *Und da hab ich gesagt*
> *»Das mußt du selbst wissen*
> *ich zwing dich nich*
> *aber du mußt es wissen«.*
> *Und da mußten sie eine Woche diese Prüfung machen*
> *und die hat er auch gemacht.*[316]

---

314 Vgl. zu diesem Komplex Heinrich Schulte am Hülse, Die verbindliche sechsjährige Grundschule in Bremen als Politikum (1949-1957), München 1981 und Renate Meyer-Braun, Die Bremer SPD 1949 bis 1959. Eine lokal- und parteigeschichtliche Studie, Frankfurt a. M./New York 1982, S. 61 ff., S. 86f. und S. 90 f.
315 Interview Gertrud Brandt, Transkript.
316 Ebenda.

Sie war also ziemlich konsequent in der Durchsetzung ihres Projekts »höhere Bildung für die Söhne«. Nicht nur durch strenge Schularbeitenkontrolle, Organisierung von Nachilfeunterricht in der ersten Gymnasialzeit ihres ältesten Sohnes - durchaus untypisch für das Arbeitermilieu -, sondern auch durch die Tätigkeit als Elternsprecherin nahm sie engagiert Anteil an der Schulkarriere ihrer Kinder.

Ihr Einsatz wurde belohnt. *»Sie sollten was werden«* - und sie »wurden was«. Beide haben Abitur gemacht, anschließend Jura studiert, beide sind Richter geworden. Es handelt sich hier um einen bemerkenswerten sozialen Aufstieg aus dem Werftarbeitermilieu zumindest zu diesem Zeitpunkt, noch vor der allgemeinen Bildungsexpansion, kein Wunder, daß dieser Fall ein Unikat in unserem Sample ist. Daß auch Herr Brandt diesen Weg billigte und unterstützte, selbst wenn die Mutter offenbar die treibende Kraft war, wird daran deutlich, daß er später am Gymnasium Waller Ring, das sein Ältester besuchte, das Amt des Schulelternsprechers übernahm.

An diesem Gymnasium im Bremer Westen lag der Anteil der Söhne und (seltener) Töchter aus der Arbeiterschicht aufgrund der sozialen Struktur der Bevölkerung wesentlich höher als an den übrigen Bremer Gymnasien. Ende der 1960er Jahre war er praktisch doppelt so hoch, nämlich 29,4 Prozent zu im Vergleich zu 14,8 Prozent.[317] Diese Tatsache war bei den Brandts ausschlaggebend bei der Entscheidung, auf welches Gymnasium sie ihren Sohn schicken sollten. Von der Wohnlage her wäre auch das Gerhard-Rohlfs-Gymnasium in Vegesack in Frage gekommen. Aber das war in der Wahrnehmung seiner Familie - so erinnert sich Jens Brandt, der älteste Sohn - von der Zusammensetzung der Schüler- und Elternschaft her zu bürgerlich.[318] Ganz so weit wollte man sich eben doch nicht vom eigenen Milieu entfernen.

---

317 Quelle Buck, a.a.O., S. 4. Wir waren bei unseren Nachforschungen an Hand der Stammlisten auf ca. 28 Prozent für das Jahr 1970 gekommen. Im Bundesdurchschnitt waren es Mitte der 1960er Jahre etwa 15 Prozent (nach Alois Schardt und Manfred Brauneiser, Zwischenbilanz der Bildungspolitik. Schule und Universität in der Bundesrepublik, München 1967, S. 78).

318 Interview Jens Brandt, Transkript. Tatsächlich war es 1969 mit 20,4 Prozent Unterschichtkindern bei weitem nicht so »bürgerlich« wie das Hermann-Böse-Gymnasium mit 4,8 Prozent - oder gar das Alte Gymnasium mit 1,8 Prozent. Quelle: Kolloquium Büchner, a.a.O.

Nur an einer höheren Schule mit einer derartigen Schülerpopulation war es denkbar, daß die Wahl des Elternsprechers auf einen Vater aus dem Arbeitermilieu fallen konnte, allerdings auf einen Vertreter, der nicht mehr einfacher Arbeiter war, sondern als Betriebsratsvorsitzender der Großwerft AG »Weser« zur Werftarbeiterelite gehörte und der darüber hinaus durch seine führende Rolle in der SPD-Bürgerschaftsfraktion Teil des politischen Establishments im Lande Bremen war. Aber auch wenn es sich bei Gustav Brandt um einen arrivierten Vertreter der Arbeiterschicht handelte, auf einem der traditionellen bürgerlichen Bremer Gymnasien wäre ein aktiver Gewerkschafter und Sozialdemokrat wohl kaum in dieses Amt gewählt worden. Hier dagegen erschien beiden Seiten, der Schule und der Familie Brandt, eine im lokalen Kontext angesiedelte Vernetzung von betrieblicher Arbeitswelt und der Welt der intellektuellen Bildung als sinnvoll.[319] Man kann in diesem Zusammenhang sicherlich von einer Modernisierung des Milieus sprechen.

Dieser Begriff läßt sich möglicherweise für den gesamten Fall des von der Werftarbeiterfrau Gertrud Brandt gewünschten und gezielt betriebenen Bildungsaufstieg ihrer Söhne verwenden. Modernisierung, nicht Erosion des Milieus ist gemeint. Denn ein Wunsch nach Verlassen des eigenen Milieus, ein kleinbürgerliches Streben nach höherem Sozialprestige, lag wohl kaum vor. Dazu blieb bei ihr und ihrem Mann der gesamte Habitus, was Wohnen, Einrichtung, Kleidung und Sprache angeht, bis in die Gegenwart hinein zu sehr dem Arbeitermilieu verhaftet. Und auch der von uns interviewte Sohn, obgleich selbstverständlich in vieler Hinsicht dem Milieu entwachsen, ist noch heute mentalitätsmäßig seinem Herkunftsmilieu verbunden.

Schon immer hat es im Arbeitermilieu den Wunsch nach Teilhabe an den Bildungsgütern gegeben, die lange Zeit nur bürgerlichen Kreisen zugänglich waren, ohne daß deswegen von Ver(klein)-

---

[319] Daß es zwischen dem Gymnasium Waller Ring und führenden Vertretern der Arbeiterschaft auch schon vorher Arbeitsbeziehungen gab, zeigt die Tatsache, daß der Vorgänger von Gustav Brandt im Amt des Schulelternsprechers ein hauptamtlicher Gewerkschaftssekretär und ebenfalls Mitglied der Bremischen Bürgerschaft war (Mitteilung des ehemaligen Schulleiters des Gymnasiums am Waller Ring).

bürgerlichung gesprochen werden kann. Auch der Vater Gustav Brandt (Jahrgang 1914) hatte als Jugendlicher in den 1920er Jahren durch Vermittlung älterer Vertrauenspersonen Zugang zu Literatur und bildender Kunst gesucht, obgleich er nur die Volksschule absolviert hatte. Die Mutter Gertrud Brandt selbst hatte sogar durch den Besuch der Handelsschule sich mehr Wissen aneignen können als die meisten anderen ihres Altersjahrgangs (1921). Die Wertschätzung »kulturellen Kapitals« war bei den Eltern also durchaus gegeben.

Ein weiteres Motiv könnte Daseinsvorsorge gewesen sein, schließlich hatte Frau Brandt Arbeitslosigkeit bei ihrem Vater und bei ihrem Mann erlebt. Sie mag gehofft haben, daß eine gute Schulbildung und ein evtl. späteres Studium ihren Söhnen dieses Schicksal ersparen könnte. Infolge seiner Tätigkeit als Betriebsratsvorsitzender und Mitglied des Aufsichtsrats der AG »Weser« hatte ihr Mann und - gelegentlich bei festlichen Anlässen - auch sie selbst Kontakt zu Geschäftsleitung und oberem Management der Werft. Diese Berührung mit einem anderen Sozialmilieu, durch das sich das Ehepaar Brandt von den übrigen Interviewpartnern unterscheidet, hat sicherlich auch mit zu dem Aufstiegsprojekt für die Söhne beigetragen.

Das alles hat ihren Bescheidenheitshabitus nicht verändert; sie brüstet sich nicht mit ihren Söhnen, ja, sie erwähnt im Interview nicht einmal, daß sie beide Richter geworden sind. Genauso wenig, wie sie seinerzeit den Kopf hoch trug, als ihr Mann 1954 Betriebsratsvorsitzender und später auch noch Vorsitzender der SPD-Bürgerschaftsfraktion wurde.

> *Ich kann nich sagen daß ich unbedingt stolz darauf war*
> *ich kann nur sagen*
> *ich hab mich gefreut daß er das geschafft hat.*
> *Also dies Gefühl ich bin stolz daß er nun unbedingt was is*
> *das kann ich nich sagen.*[320]

Sie spricht von sich und ihrem Mann noch heute als Arbeiterfamilie. *»Wir haben uns gefühlt wie immer. Wir haben uns unser ganzes Leben nie verändert.«*[321]

---

320 Interview Gertrud Brandt, Transkript.

Die berufliche Bildung

Wichtiger als ein formaler Bildungsabschluß auf einer weiterführenden allgemeinbildenden Schule war für die meisten unserer Interviewpartner eine solide berufliche Bildung. Der Typ von Berufsausbildung, der in unserem Sample dominiert, ist die Lehre, und zwar gilt das für beide Altersgruppen, also für die vor und für die nach 1930 Geborenen. Ungelernte oder Angelernte sind in der Minderheit. Dieser Befund kann zweifellos als typisch für das Werftarbeitermilieu gelten; im Gegensatz etwa zur Stahlindustrie haben wir es nämlich in der Schiffbauindustrie generell mit einem erheblich höheren Anteil von Facharbeitern zu tun.[322]

Um die Bedeutung der Berufsausbildung in unserem Sample hervorzuheben, lohnt eine differenzierte Aufschlüsselung, die allerdings wiederum nicht den Eindruck einer quantitativen Analyse erwecken sollte. Von den insgesamt 43 interviewten Personen haben 26 eine Lehre als Industriefacharbeiter oder Handwerker absolviert, zwei Frauen haben den Beruf der Weißnäherin gelernt[323], zwei weitere Frauen eine kaufmännische Lehre gemacht[324], eine hat sich zur Stenotypistin qualifiziert[325], drei sind zur Kinderpflegerin- bzw. Kindergärtnerin ausgebildet worden[326]; einer hat ein Jurastudium abgeschlossen[327]; acht Personen haben keine Lehre gemacht und auch keine andere qualifizierte Berufsausbildung genossen.

Betrachten wir - wie oben im ersten Abschnitt - nur diejenigen Befragten, die in den beiden Altersgruppen nicht als ausgesprochen milieufremd zu bezeichnen sind, und deren Kinder - die wir allerdings nur in sehr wenigen Fällen selbst interviewt haben - so ergibt sich folgendes Bild:

---

321 Ebenda.
322 Vgl. dazu noch einmal ausführlich Teil II, Kap. 5.
323 Else Giesecke und Elsa Hitzacker.
324 Hilde Steuermann und Else Boranski.
325 Gertrud Brandt.
326 Frieda Paschke, Frau Hofmann, Hilde Dröhler.
327 Jens Brandt.

Tabelle 8: Bildungsabschlüsse im Interviewsample

	Altersgruppe A		Altersgruppe B	
	Eltern	*Kinder*	*Eltern*	*Kinder*
Gesamt	20	28	9	11
Lehre	15	25	8	9 (davon 2 zusätzlich Abitur)
ohne Lehre	5	0	1	0
Abitur und Studium (ohne Lehre)	0	3	0	2

Interessant ist hier im intergenerationellen Vergleich, daß in der zweiten Generation beider Altersgruppen niemand mehr ohne Berufsausbildung dasteht, während in der ersten Generation in Gruppe A immerhin noch ein gutes Viertel ohne Lehre ist und in der jüngeren Elterngruppe noch ungefähr ein Zehntel. Die Einsicht in die Notwendigkeit einer Berufausbildung und vor allem die Möglichkeit, sie zu realisieren, nimmt ganz offensichtlich im Zeitraum zwischen ca. 1930 und 1970 zu.

Betrachtet man diese Entwicklung unter dem Gender-Aspekt, so ist festzustellen, daß es sich bei den sechs Personen ohne Lehre in den beiden Elterngenerationen ausnahmslos um Frauen handelt. Das überrascht nicht. Ganz offensichtlich haben aber nun diese Frauen als Mütter darauf geachtet, daß ihre Töchter eine Ausbildung machten. Von den insgesamt 39 Vertretern der Kindergeneration beider Altersgruppen sind 19 weiblich und 20 männlich, und beide Geschlechter haben eine berufsqualifizierende Ausbildung hinter sich bzw. sind dabei, sie zu absolvieren. Mehrheitlich handelt es sich dabei um eine Lehre, sieben Mal um ein Studium.

Hier ist also ein deutlicher Modernisierungsprozess zu beobachten, der nicht nur mit dem gesellschaftlichen Bedarf an Arbeitskräften zu erklären ist, sondern auch auf eine individuelle Einstellungsveränderung zurückzuführen ist. Die Mütter, die keine Ausbildung erhalten konnten, haben das nachträglich bedauert und wollten ihren Töchtern unattraktive und schlecht bezahlte Arbeitsstellen ersparen. Merith Niehuss stellt generell für die Bundesrepublik der 1950er und 1960er Jahre fest, daß »die Bedeutung der Ausbildungsqualität [für Mädchen] in das Bewußtsein der Familien und der Öffentlichkeit« trat und erwähnt »den hohen Rang, den die Mütter nach dem Krieg der Ausbildung ihrer Töchter einräumten«.[328]

Frau Rixdorf, eine unserer Interviewpartnerinnen, Tochter eines Klempners und einer gelernten Hutmacherin, hat bis zu ihrer Heirat im Jahre 1945 als Kellnerin gearbeitet, ohne jemals eine Lehre gemacht zu haben. Ihre drei Töchter dagegen haben alle einen Beruf erlernt: die älteste, Jahrgang 1946, Konditoreiverkäuferin; die zweite, Jahrgang 1950, Drogistin; die jüngste, Jahrgang 1960, hat sogar die Realschule abgeschlossen, anschließend die Höhere Handelsschule besucht und dann eine Lehre als Kauffrau absolviert. Frau Rixdorf ist ganz besonders stolz auf diese Tochter: »*hat nen ganz guten Posten bei der Verbraucherbank in Hamburg, hat sich ganz gut rausgemacht*«[329]. Auf die Frage der Interviewerin, ob sie etwas »nachgeholfen« habe, daß ihre Töchter eine Lehre anfingen und erfolgreich zu Ende brachten, antwortete Frau Rixdorf:

Ich hab gesagt »Ihr sollt auch was mitkriegen.
Irgendwas müßt ihr ja nun mal lernen«.
Und s hat ja manchmal bißchen gedauert
bis se das.
I: Hat die Tatsache eine Rolle gespielt daß Sie selbst nichts gelernt
haben?
E: Ich hab gesagt »Es is besser ihr habt ne Lehre.
Was ihr hinterher macht das is mir gleich.
Aber ihr müßt was lernen.
Ich habs manches Mal bedauert
daß ich keinen Beruf erlernt hab
und ich möchte daß <u>ihr</u> einen habt«.[330]

Frau Weimar, Jahrgang 1922, ohne Berufausbildung, hat während ihrer Ehe darunter gelitten, finanziell von ihrem recht sparsamen Mann abhängig zu sein. Sie arbeitete gelegentlich stundenweise als Aushilfe in einem Laden oder als Putzhilfe, auch um sich wenigstens

---

328 Merith Niehuss, Kontinuität und Wandel der Familie in den 50er Jahren, in: Axel Schildt und Arnold Sywottek (Hrsg.), a.a.O., S. 329f.
329 Interview Brunhilde Rixdorf, Verlaufsprotokoll.
330 Ebenda.

ein bißchen eigenes Geld zu verdienen. Ihre Tochter, geboren 1957, hat den Beruf einer Floristin gelernt und ist heute als Inhaberin eines Blumengeschäfts recht erfolgreich. »*Sie kommt gut zurecht*«, sagt ihre Mutter, obgleich sie sich anfangs den Schritt in die Selbständigkeit gar nicht zugetraut hatte.

Frau Becker, geboren 1925, Tochter einer Landarbeiterfamilie aus Pommern, hat keine formale Ausbildung erhalten. Vor dem Krieg arbeitete sie u.a. als Hausmädchen. Nach Bremen verschlagen, ist sie nach dem Krieg als ungelernte Arbeiterin in der Lackiererei einer Automobilfabrik tätig, später als Putzfrau und schließlich jahrelang als angelernte Schweißerin auf der AG »Weser«. Sie betont im Interview zwar immer wieder, wie sehr ihr diese Arbeit trotz der harten Bedingungen gefallen habe, aber auf die Frage, ob sie ihrer Tochter einen solchen Arbeitsplatz empfohlen hätte, wenn denn noch Schweißerinnen eingestellt worden wären, schüttelt sie den Kopf. Die Tochter hat einen Realschulabschluß gemacht, etwas, was der Mutter seinerzeit nicht vergönnt gewesen war, obgleich sie eine Empfehlung der Schule hatte. Anschließend hat sie eine kaufmännische Lehre begonnen, ebenfalls auf der Werft. Während also die Mutter im »Blaumann« in der Werkshalle »malochte«, konnte die Tochter im Büro einer »sauberen« Tätigkeit nachgehen. Eine ungeplante Schwangerschaft unterbrach allerdings diese Aufstiegskarriere. Heute arbeitet die Tochter bei der Post.

Daß auch Väter bei ihren Töchtern auf eine Berufsausbildung achteten, zeigt die folgende Äußerung von Herrn Förster, Jahrgang 1930, Vater von drei Töchtern, der jahrzehntelang auf der AG »Weser« als gelernter Maler arbeitete:

> *Aber weil ich das von zuhause her kannte was lernen.*
> *Da hab ich von Anfang an drauf gepocht.*
> *Ihr sollt was lernen.*
> *Beruf könnt ihr euch selbst aussuchen.*
> *Ich kann euch wohl beraten*
> *und dies und jenes*
> *aber was lernen.*
> *Ihr habt immer nachher hier das Ticket*
> *das könnt ihr vorweisen*
> *ihr seid gelernt*

*ihr seid Gesellen
und das is heute auch noch sehr aussschlaggebend.*[331]

Wie in anderen Fällen bereits gezeigt, strebt auch Herr Förster keine weiterführende schulische Bildung für seine Töchter an. Ihm ist es wichtiger, daß sie etwas Praktisches lernen. Als aber eine der drei »partout« die Realschule besuchen will, läßt er sie gewähren. »*Ich sag wenn du das schaffst ich leg dir nicht in n Weg.*«

Wenn eine in den 1920er bis 1930er Jahren geborene Frau aus dem Arbeitermilieu keine Lehre gemacht hat, kann das verschiedene Gründe gehabt haben. Außer engen finanziellen Verhältnissen oder der Einstellung der Eltern »Die Tochter heiratet ja doch« waren es die chaotischen Kriegs- und Nachkriegsverhältnisse, die eventuelle Planungen zunichte machten. Ein weiterer Grund war die Lehrstellenknappheit zu Beginn der 1950er Jahre. Generell war die Arbeitslosigkeit hoch in den ersten Jahren der Bundesrepublik. Besonders die Jugendarbeitslosigkeit war ein Problem, und hier waren wiederum besonders die weiblichen Jugendlichen betroffen. Lehrstellen wurden in der Regel überhaupt erst dann Mädchen angeboten, wenn die Jungen versorgt waren.[332]

Karin Hitzacker, Jahrgang 1936, Tochter einer Handwerkerwitwe mit einer schmalen Rente, die sich und ihre beiden Töchter durch Aushilfsarbeiten in Geschäftshaushalten ernährte, traf auf diese Arbeitsmarktsituation, als sie 1950 mit 14 Jahren aus der Schule kam. »*Eine Lehrstelle bekam ich ja noch nich. 1950 war ja ganz schlecht.*« Sie fand durch Vermittlung eines Pastors der Inneren Mission eine Stelle als Haushaltshilfe in einer bürgerlichen Familie in einem anderen Stadtteil. Von 1953 bis 1957 arbeitete sie in Lebensmittelgeschäften in der Nachbarschaft. Daß sie sich mit der Situation abfand und auch später offenbar nie Versuche unternommen hat, eine Lehrstelle zu finden, zeigt die Art, wie sie diesen Teil ihrer Biographie erzählt:

---

331 Interview Gerhard Förster, Verlaufsprotokoll.
332 Gewerkschafterinnen versuchten, gegen diese Praxis anzugehen (vgl. dazu Klaus-Jörg Ruhl, Verordnete Unterordnung. Berufstätige Frauen zwischen Wirtschaftswachstum und konservativer Ideologie in der Nachkriegszeit (1945-1963), München 1994, S. 303 und 305).

> I: Haben Sie mal daran gedacht 'ne Lehre zu machen
> ne Einzelhandelslehre?
> E: Ach das war dann nachher ja uninteressant.
> Dann hab ich mein n Mann kennengelernt.
> Dann ham wir geheiratet.
> I: Ich mein vorher.
> E: Nee hat sich nich ergeben.
> Also zu der Zeit hatten die
> wo ich dann da angefangen
> da war auch ein Lehrling.
> Das war ein junger Mann
> der lernte Einzelhandelskaufmann.
> Und von daher gesehn ging das gar nich
> also in dem Laden jedenfalls nich.
> Ja und dann lernte ich meinen Mann kennen.
> Dann mußten wir heiraten.
> Da war das vorbei.[333]

Die zumindest damals verbreitete Ansicht, der Anspruch von jungen Frauen auf eine Lehrstelle sei nachrangig im Vergleich zu dem junger Männer, wird von ihr mitgetragen. Vielleicht hätte sie sich heute anders ausgedrückt, wenn sie Mutter von Töchtern und nicht von Söhnen geworden wäre. Auffällig ist auch, wie sie bezogen auf diesen Teil ihrer Biographie das Modell Ernährer-Hausfrau/Mutter für das Geschlechterverhältnis akzeptiert, später in ihrem Leben wird sie sich durchaus auch als Mit-Ernährerin ihrer Familie verstehen. Interessanterweise hat ihre jüngere Schwester damals übrigens eine Lehre als Einzelhandelskauffrau gemacht. Vorstellbar ist, daß nicht nur ihrer beider Mutter, sondern auch sie selbst an dieser Entscheidung mitgewirkt hat.

Insgesamt, so wurde gezeigt, steigt das Niveau der schulischen Bildung bei den Kindern der von uns interviewten Werftarbeiter, bei den Mädchen auch das Niveau der beruflichen Qualifikation. Durch die Erhebung von Interviews mit Personen eben dieser Kindergeneration wurde nun deutlich, daß die Söhne und Töchter trotz deutlich höherer Bildungabschlüsse als ihre Eltern in mentaler und habitueller Hinsicht doch noch auffällig viele Berührungspunkte mit ihrem

---

333 Interview Karin Hitzacker, Transkript.

Herkunftsmilieu aufweisen. Das reicht vom Festhalten an Werten wie Ordnung, Zuverlässigkeit, solidarischer Unterstützung, über das Pflegen und Hochhalten familiärer Vernetzungen bis zum Freizeitverhalten, das eher kollektiv als individuell geprägt ist. Die Feststellung erscheint also plausibel, daß Bildung allein nicht ausreiche, um das Milieu erodieren zu lassen. Entscheidende Dynamiken weisen auf Milieupersistenz bei der intergenerationellen Traditionsvermittlung.[334]

---

[334] Dieser Zusammenhang wurde zum ersten Mal in einer im Rahmen dieses Forschungsprojekts entstandenen Diplomarbeit detailliert herausgearbeitet (Elke Dierßen und Jutta Friemann-Wille, Die Bedeutung von Bildung für den Wandel von Arbeitermilieus - eine empirische Arbeit. Diplomarbeit im Studiengang Weiterbildung der Universität Bremen 1997).

Kapitel 7

Die Arbeitswelt der Neptunwerft in Rostock

1. Zur Geschichte der Rostocker Neptunwerft

Die Geschichte der Neptunwerft reicht bis in die Mitte des 19. Jahrhunderts zurück. Als Schiffswerft und Maschinenbauanstalt durch den Rostocker Schiffszimmerermeister Wilhelm Zeltz und den in Rostock aufgewachsenen, weitgereisten, langjährig in den Werft- und Maschinenfabriken auf Fijenoord (Holland) und in Buckau tätigen Maschinenbauingenieur Albrecht Tischbein im Juni 1850 gegründet, war das Unternehmen als erstes in Deutschland seit Anbeginn auf den Eisenschiffbau ausgerichtet. Der Bau zweier seefähiger eiserner Schraubendampfer, der erste lief am 9. September 1851 vom Stapel, sorgte selbst in England für Aufsehen.[1] Die folgenden Jahrzehnte brachten Erfolge und Fehlschläge. Nach dem Bau der beiden Schraubendampfer schied Zeltz aus. Das Unternehmen florierte zunächst und beschäftigte in den Jahren 1856/57 ca. 400 Arbeitskräfte, doch schon 1858 ging der Schiffbau erheblich zurück, die Zahl der Arbeiter schrumpfte. Seit 1866/67 erwuchs dem Tischbein'schen Betrieb auf heimatlichem Boden Konkurrenz durch die gleichfalls für den Eisenschiffbau gegründete Werft des Rostocker Kaufmannes N. Witte und des Ingenieurs C. Abendroth. Die Auftragsbücher beider Werften waren schlecht gefüllt, beide steckten wiederholt tief in der Krise. Der Ausweg für die Wittesche Werft schien 1871 in der Grün-

---

1 Harald Hückstädt, Leben und Wirken Albrecht Tischbeins (I), in: 140 Jahre Eisenschiffbau in Rostock. Symposium am 31. März 1990 in der Schiffswerft Neptun/Rostock, hrsg. von der Pressestelle der Schiffswerft Neptun/Rostock, Berlin 1991, S. 17-25 und Frank-Peter Busch, Leben und Wirken Albrecht Tischbeins (II), in: ebenda, S. 26-30. Zur Geschichte der Werft, insbesondere zu ihren schiffbaulichen Leistungen vgl. auch: Joachim Stahl, Neptunwerft, ein Rostocker Unternehmen im Wandel der Zeit, Rostock 1995.

dung einer kapitalkräftigeren »Rostocker Actien-Gesellschaft für Schiffbau und Maschinenbau« gefunden. Tischbein mußte seine Werft letztendlich verkaufen, der Werftbetrieb wurde durch eine Aktiengesellschaft fortgeführt. Dieser Werft (»Hansa, Werft für eiserne Schiffe und Maschinenbauanstalt«) stand Tischbein als technischer Direktor vor. Längerfristig gelang jedoch auch durch die Gründung der »Hansa« keine Stabilisierung der finanziellen Lage. Schließlich ging im April 1881 die erste Rostocker Eisenschiffswerft in das Eigentum der »Rostocker Actien-Gesellschaft für Schiffbau und Maschinenbau« über. Den gewünschten wirtschaftlichen Erfolg brachte die Fusion wiederum nicht, im Oktober 1890 kam es zur Liquidation. Am 23. Dezember 1890 bildete sich unter dem Firmennamen »Neptun-Schiffswerft« (bald geändert in A.G. »Neptun« Schiffswerft und Maschinenfabrik) eine neue Aktiengesellschaft.[2] Die Gründung dieser Aktiengesellschaft schloß einen längeren Konzentrationsprozeß Rostocker Werftbetriebe ab, dem auch Holzschiffbauwerften erlagen. Nach einer gründlichen Modernisierung der Werft zwischen 1896 und 1898, bei der u.a. neue Schiffbauhallen errichtet wurden, konnten Schiffe bis 12.000 Tonnen Tragfähigkeit gebaut werden.[3] Die Werft war in den folgenden beiden Jahrzehnten der größte Industriebetrieb des Landes.

Die lange Existenz des Eisenschiffbaues in Rostock hat für die Herausbildung und Entwicklung eines spezifischen Werftarbeitermilieus grundsätzliche Bedeutung. Erst durch den Eisenschiffbau konstituierte sich die besondere Arbeitergruppe der Werftarbeiter.[4] Den Kern dieser Arbeitergruppe bildeten Metallberufe, zum Beispiel waren noch im Handwerk ausgebildete Schmiede und Schlosser Massenberufe auf den Werften. Allein zwischen 1865 und 1878 wurden in den Rostocker Eisenschiffbauwerften 293 Vertreter dieser bei-

---

2 Einen guten Überblick über die ersten Jahrzehnte der Neptunwerft bzw. die Vorläuferwerften bietet nach wie vor: Vom Werden und Wachsen der Neptunwerft. Eine Chronik der 130jährigen Entwicklung, Hrsg. Leitung der Grundorganisation der SED. Kommission für Betriebsgeschichte VEB Schiffswerft »Neptun«, Rostock o.J.
3 Martin Heyne, Werftarbeiter, in: Mecklenburgische Volkskunde, hrsg. v. Ulrich Bentzien und Siegfried Neumann, Rostock 1988, a.a.O., S. 210f.
4 Gerhard A. Ritter, Klaus Tenfelde, Arbeiter im Deutschen Kaiserreich 1871-1914, Bonn 1992, S. 295.

den Berufe eingestellt. Im gleichen Zeitraum nahmen auch 27 Fabrikarbeiter die Arbeit auf.[5] Neben die gelernten Arbeiter traten damit ungelernte. Die Schiffszimmerer hingegen verloren die zentrale Position, die sie seit Jahrhunderten im Holzschiffbau ausgefüllt hatten. Sie wurden im Eisenschiffbau u.a. für Schiffsaufbauten und Inneneinrichtungen benötigt. Wie bei anderen Werftarbeitern lagen ihre Arbeitsfelder im Eisenschiffbau jedoch nur noch in bestimmten Bereichen. Im Rostocker Eisenschiffbau vollzogen sich grundsätzlich die gleichen Prozesse des sozialen Wandels der Arbeitswelt wie an anderen Werftstandorten.

Werftarbeiter haben also in Rostock eine lange Geschichte. Die Weitergabe sowie zumindest partielle Neuformierung von Traditionen, Erfahrungen und Bewußtseinsinhalten von Generation zu Generation spielten für das Milieu eine Rolle. Beispielsweise hat die städtische Lebensweise der Werftarbeiter eine lange Tradition, wenn auch einige der frühen Werftarbeiter aus kleineren Städten oder Dörfern nach Rostock gekommen sein mögen.[6] Generationen von Werftarbeitern und ihre Familien erfuhren, daß die Werften kaum Chancen für Dauerarbeitsplätze boten. Außer den allgemeinen strukturellen, konjunkturellen und anderen Faktoren zogen in den Werften branchenspezifische Hemmnisse eine sehr unsichere Arbeitsplatzsituation nach sich. Für die Werftarbeiter und ihre Familien gehörten seit jeher jähe Wechsel von Beschäftigung und Beschäftigungslosigkeit zum Alltag. Bessere Aussichten auf einen Werftarbeitsplatz auch bei schlechter Auftragslage boten sich nur einem kleinen Stamm von qualifizierten Arbeitern und Meistern. Selbst in den ersten Jahren des zwanzigsten Jahrhunderts bis zum Ausbruch des Ersten Weltkrieges, als in der Industrie des Deutschen Kaiserreichs die Arbeitslosigkeit um und unter zwei Prozent lag, also »Vollbeschäftigung«

---

5   Helga Schultz, Zur Herausbildung der Arbeiterklasse am Beispiel der mittleren ostelbischen Handelsstadt Rostock (1769-1870), in: Jahrbuch für Geschichte 13 (1975), S. 196.
6   Einer näheren Prüfung bedarf die hinsichtlich regionaler Mobilität interessante Ansicht Heynes, die Werftarbeiter der ersten und zweiten Generation seien auch aus Hamburg, Kiel, Flensburg, Stettin, Berlin sowie aus Mitteldeutschland und Schlesien gekommen (Martin Heyne, a.a.O., S. 209).

herrschte, rutschte auf der Rostocker Neptunwerft die Beschäftigtenzahl mindestens zweimal ab.[7]

Die Neptun-Werft in Rostock im Jahre 1910. Am linken Bildrand sieht man die Helling. (Photo: Archiv NIR)

In der Zwischenkriegszeit waren die Schwankungen in der Belegschaftszahl weitaus gravierender. 1.830 Arbeiter sollen im Jahre 1920 auf der Werft beschäftigt gewesen sein.[8] Diese hohe Zahl, die bis weit in die 1930er Jahre nicht wieder erreicht wurde, erklärt sich wohl noch aus der Einbeziehung der zivilen Werft in den Kriegsschiffbau während des I. Weltkrieges. Schon im Sommer und Herbst 1921 hatten nur noch etwa 1000 Arbeiter einen Arbeitsplatz auf der

---

7 Nach unsicheren Angaben, z.B. fehlt das genaue Erhebungsdatum, waren auf der Rostocker Werft im Jahre 1905 1.612 Arbeiter beschäftigt, 1906 nur 1.280, 1907 wieder 1.625, zwei Jahre später, 1909 erneut nur 1.224 (nach: Vom Werden und Wachsen der Neptunwerft, a. a. O., S. 14).
8 Ebenda, S. 16.

Werft.[9] Das Desaster zeichnete sich 1924 offen ab: die Auftragslage war schlecht und das Management keineswegs brillant. Die Stadt und das Land reichten Darlehen aus und bürgten für die Werft, um Arbeitsplätze zu halten.[10] Auch nach der zwischenzeitlichen Verbesserung der Auftragslage wegen einiger größerer Schiffsneubauten sowie sowjetischer Reparaturaufträge im Jahre 1926 ließ sich der Niedergang der Werft in Rostock nicht verhindern, nur etwas verzögern. Die Actien - Gesellschaft »Neptun« befand sich inzwischen in Händen der Hauptgläubiger, der Firmengruppe Otto Wolff in Köln und der Girozentrale Hannover.[11] Im neuen Aufsichtsrat saß als einziger Rostocker ein Reeder. Otto Wolff, zugleich Aufsichtsratsmitglied der Deutschen Bank, gliederte die Neptunwerft der AG »Weser« Bremen an, die im November 1926 mit weiteren Werften, u.a. in Hamburg und Stettin, fusionierte und als »Deutsche Schiff- und Maschinenbau AG« (Deschimag) agierte. Für die Arbeiter war diese Entwicklung verheerend. Nachdem im Jahre 1926 zeitweilig wieder etwas über 1.000 Arbeiter eine Stelle gefunden hatten, waren Mitte April 1927 nur noch 280 Arbeiter beschäftigt. Auch Meister und Angestellte wurden entlassen. Stillegungspläne der Rostocker Werft wurden zunächst nicht umgesetzt, sie sollte zu Reparaturzwecken und dem Bau kleinerer Schiffe in Betrieb bleiben.[12] Doch im Sommer 1928 stand die Gefahr der Werftstillegung unmittelbar bevor. Deshalb verhandelte am 4. August auch der Betriebsrat der Neptunwerft mit Vertretern der Reichsregierung. Weder diese Aktion noch Streiks der Neptun-Arbeiter konnten verhindern, daß die Werft am 6. Oktober 1928 wegen Auftragsmangel geschlossen wurde. Die Ausführung der Schiffbauaufträge wurde in Bremen konzentriert, darunter der Bau des großen Passagierschiffes »Bremen«. Doch in Bremen standen für diesen Schiffsneubau und weitere Vorhaben offenbar

---

9   Bettina Sobkowiak, Die städtische Arbeiterklasse in Mecklenburg während der Weimarer Republik. Eine Untersuchung zur Anzahl und Zusammensetzung der Arbeiterklasse auf der Grundlage der Volks-, Berufs- und Betriebszählungen 1925 und 1933, Phil. Diss. Univ. Rostock 1984 (Ms), Bd. 1, S. 106.
10 Hanna Haack, Arbeitergeschichte als Gesellschaftsgeschichte: das Beispiel Rostock 1918 bis 1933, in: Arbeiter im 20. Jahrhundert, hrsg. von Klaus Tenfelde, Stuttgart 1991, S. 712-714.
11 Archiv der Neptunwerft, B/37.
12 Archiv der Neptunwerft, KG/1.

weder genügend Fachkräfte zur Verfügung, noch reichte der vorhandene Maschinenpark aus. Jedenfalls wurden aus anderen Werften der Deschimag Fachkräfte nach Bremen beordert und der Maschinenpark der AG »Weser« durch in anderen Werften ausgebaute Maschinen erweitert. Auf diese Weise arbeiteten Rostocker Werftarbeiter (die Anzahl ist nicht bekannt) länger als ein Jahr in der Bremer Werft.[13] Der Betrieb in der Rostocker Neptunwerft, auf »August Neptun« wie die Rostocker sagten, lief 1929 allmählich wieder an, seit September des Jahres wurde auch die Lehrlingsausbildung wieder aufgenommen.[14] Die Zahl der beschäftigten Arbeiter schwankte weiterhin von Monat zu Monat.

Tabelle 8:[15] Monatliche Schwankungen der Arbeiterzahl auf der Neptunwerft in den Jahren 1929 bis 1932 (ohne Lehrlinge)

Monat	1929	1930	1931	1932
Januar	38	777	391	67
Februar	71	809	455	65
März	150	710	522	84
April	284	658	620	201
Mai	317	700	683	344
Juni	368	467	640	140
Juli	314	251	458	521
August	310	196	257	249
September	484	149	190	
Oktober	562	146	62	
November	647	201	40	
Dezember	708	245	45	

Diese bemerkenswerten Schwankungen in der Beschäftigtenzahl durchlebten Werftarbeitergenerationen, die teils in den 1950er Jahren noch im Berufsleben standen. Die Arbeiterzahlen waren eng an die

---

13 Archiv der Neptunwerft, Traditionskabinett.
14 Archiv der Neptunwerft, T/28.
15 Zusammengestellt und berechnet nach: Archiv der Neptunwerft, T/28; ab September 1932 keine Angaben in der Quelle.

Auftragslage gebunden, der Stamm von Facharbeitern, der in Hoffnung auf eine Verbesserung der Auftragslage gehalten wurde, war sehr streng begrenzt. In der Regel wurden nur die Arbeiter nicht entlassen, die noch mit Restaufgaben nach Ablieferung eines Schiffes zu tun hatten. Die Beschäftigungshöhepunkte im Verlauf der Weltwirtschaftskrise hingen maßgeblich mit Neubauaufträgen für drei Schiffe für eine holländische Reederei, sowie dann 1931 mit dem Bau von drei Fischdampfern und zwei Schleppern für die UdSSR zusammen.[16] Trotz dieser Aufträge, bei den sogenannten Russenaufträgen reichte die Bauphase bis in das Jahr 1932 hinein, ging es mit der Werft weiter bergab. Im Oktober 1932 mußte die Werft Konkurs anmelden, die Konkursverwaltung konnte erst im August 1934 aufgehoben werden.

Annähernd gesicherte Beschäftigtenzahlen für diese Zeit und die nachfolgenden Jahre sind rar. Die sanierte Werft baute Handelsschiffe und Fähren. Zweifellos profitierte sie auch vom Aufschwung des Flugzeugbaus in Rostock. Die Arbeitsmarktsituation für gelernte Facharbeiter, vor allem der Metallbranche, hatte sich einschneidend und nachhaltig verändert. Bereits im Sommer 1934 war in Mecklenburg kein gelernter Metallarbeiter mehr frei verfügbar.[17] Insbesondere die expandierende Luftrüstungsindustrie zog seit dieser Zeit einen großen Zuwandererstrom nach Rostock. Die Neptunwerft konnte ihren Bedarf an Arbeitern nicht mehr in der traditionellen Weise auffüllen, zumal Facharbeiter wegen der höheren Löhne von der Werft in die Flugzeugwerke abwanderten. Unter den seit 1934/35 eingestellten Arbeitern waren erstmalig in nennenswerter Zahl solche, die aus Industrieregionen bzw. -städten stammten, beispielsweise aus dem rheinisch-westfälischen Gebiet sowie aus Hamburg und Berlin, beides Städte, die jahrzehntelang Arbeitskräfte aus Mecklenburg aufgesogen hatten. Wenn auch exakte Zahlen fehlen und nicht mehr zu haben sein werden, ist sicher, daß die Belegschaft

---

16 Archiv der Neptunwerft, KG/1 und Rolf Kolbaske, Schiffe aus der Neptunwerft für die Sowjetunion, in: 140 Jahre Eisenschiffbau, a.a.O., S. 110, siehe auch: Schiffsregister, hrsg. vom VEB Schiffswerft »Neptun« Rostock, Rostock 1985, S. 36.

17 Dies und das Folgende nach Hanna Haack, Arbeitergeschichte als Gesellschaftsgeschichte, a.a.O., S. 717-722.

der Neptunwerft hinsichtlich der regionalen Zusammensetzung an Homogenität verlor. Erstmalig traten nicht nur als Ausnahmefall Facharbeiter in die Werft ein, die ihren Beruf in Betrieben, darunter auch Werften anderer Regionen und Städte, erlernt und ausgeübt hatten. Diese Arbeitswanderungen waren teils unter dem Nationalsozialismus erzwungen worden, teils erfolgten sie durchaus freiwillig, um nach Jahren der Instabilität für sich und die Familie wieder ein sicheres Auskommen zu gewinnen. Um der Frage nachzugehen, ob es zu einer Neuzusammensetzung der Belegschaft kam, reicht das vorhandenen Quellenmaterial nicht aus. Sicher ist hingegen, daß die Stadt Rostock durch den Ausbau der Rüstungsindustrie zu einem neuen Industriestandort wurde, für den die Zahl der gelernten und ungelernten Arbeiter der Stadt und des Umlandes bei weitem nicht mehr reichte, um die vielen neuen Arbeitsplätze zu besetzen. Die Ernst-Heinkel-Flugzeugwerke beschäftigten als größter Betrieb der Stadt 1939 etwa 9.000 Arbeiter und Angestellte, die Arado-Flugzeugwerke zum Ende des gleichen Jahres ca. 3.000. Die Beschäftigtenzahlen der Werft wuchsen bis 1938 auf ca. 1.800 an. Facharbeiter wie Schlosser, Dreher, Schiffbauer und Kupferschmiede waren knapp.[18] Seit 1938 war das Oberkommando der Marine Hauptauftraggeber der Neptunwerft, die sich auf den Bau von Minensuchbooten und U-Booten spezialisierte. Die Forcierung der Produktion unter Kriegsbedingungen trieb die Zahl der Arbeiter in den großen Rüstungsbetrieben der Stadt weiter in die Höhe. Die Werft beschäftigte im Februar 1940 3.400 Arbeitskräfte, darunter etwa die Hälfte Facharbeiter und Angestellte.[19] Am 1. Mai 1945 zählte die Belegschaft der Werft 4.423 Personen.[20] Im Kriegsverlauf wurden in steigender Anzahl ausländische Zwangsarbeiter, Kriegsgefangene sowie Frauen in die Arbeit auf der Werft einbezogen, teils um die Verluste durch Einberufung zur Werft auszugleichen.

---

18 Inge Wendt, Zur Entwicklung der Neptunwerft im zweiten Weltkrieg und ihre kriegswirtschaftliche Bedeutung, in: 140 Jahre Eisenschiffbau, a.a.O., S. 74.
19 Ebenda, S. 75.
20 Archiv NIR, K6/73.

Tabelle 9:[21] *Belegschaftsstruktur der Neptunwerft am 1.5.1945*

Gesamtbelegschaft	4423	
Angestellte	553	(12,5% der Belegschaft)
Arbeiter insgesamt	3870	(87,5% der Belegschaft)
ausländische Zwangsarbeiter	1139	(29,4% der Arbeiter)
Kriegsgefangene (Arbeiter)	286	(7,4% der Arbeiter)
Arbeiter ohne Kriegsgefangene	3584	(81,0% der Belegschaft)
davon Facharbeiter	1460	(40,7% der Arbeiter)
davon Nichtfacharbeiter	2124	(59,7% der Arbeiter)

Die Zusammensetzung der Belegschaft Anfang Mai 1945 war in mancherlei Hinsicht ungewöhnlich. Nicht nur, daß mehr als 35 Prozent der Arbeiter zum Erhebungsstichtag ausländische Zwangsarbeiter bzw. Kriegsgefangene waren, fällt auf, sondern gleichermaßen der hohe Anteil der Nichtfacharbeiter. Der niedrige Facharbeiteranteil ist vermutlich jedoch darauf zurückzuführen, daß alle ausländischen Arbeiter in der Rubrik »Nichtfacharbeiter« erfaßt worden sind. Trifft die Annahme zu, machten unter den 2.445 deutschen Arbeitern der Werft Facharbeiter knapp 60 Prozent aus, was schon eher dem generell hohen Facharbeiteranteil der Vor- und Nachkriegszeit entsprechen würde.[22] Völlig ungewöhnlich für den Schiffbau und nur aus den besonderen Verhältnissen der Kriegswirtschaft zum Ende des Zweiten Weltkrieges zu erklären, stellten Frauen etwa ein Viertel der gesamten Belegschaft.[23]

---

21 Zusammengestellt und berechnet nach Archiv NIR, K6/73.
22 Vgl. dazu und zur Quellenlage: Karin Labahn, Die Herausbildung der Zweiggruppe der Arbeiterklasse in den Ostseewerften auf dem Terriorium der späteren Deutschen Demokratischen Republik 1945 - 1952, Phil. Diss. Univ. Rostock 1978 (MS), Bd. 2, Tabelle 13.
23 Archiv NIR, K6/75.

Stapellauf des für die Sowjetunion gebauten Frachters »Kaluga« am 15. September 1952 (Photo: Archiv NIR)

2. Neue betriebliche Machtverhältnisse

Die Werkleitungen

Ende der 1940er und bis weit in die 1950er Jahre hinein, partiell sicher darüber hinaus, erlebten die Arbeiter der Neptunwerft ihre Arbeit als eine eigentümliche Mischung von Vertrautem und Neuem. Diese Mischung läßt überhaupt erst nach Kontinuität und Wandel im Arbeitermilieu fragen. Tiefgreifende Änderungen ergaben sich aus den gesellschaftlichen Umbrüchen der Nachkriegszeit. In der Werft betraf die größte die Macht- und Eigentumsverhältnisse. Die erste deutsche Nachkriegswerkleitung mit den Ingenieuren Meno Schnapauff und Werner Franz sowie den Arbeitern bzw. Werkmeistern Max Pagel und Paul Krüger wurde am 1. Juni 1945 vom sowjetischen Werftkommandanten eingesetzt.[24] Arbeiter, die »von Anfang an« dabei waren, die zu den ersten gehörten, die auf dem Werftgelände seit Ende Mai/Anfang Juni 1945 arbeiteten, erlitten nicht nur die Schmerzen der Demontage des größten Teils der Maschinen, die Versendung von Werkzeug und Material, sondern sie hatten auch einen Anteil am Erhalt des Werftstandortes und die Einrichtung der bedingt selbständigen »Neptunwerft Rostock, Schiffswerft und Maschinenfabrik G.m.b.H.« zum 1. Dezember 1945.[25] Und das erfüllte mit Stolz und machte erstmals die neuen Einflußmöglichkeiten deutlich.[26]

Wenn auch der Werftbetrieb bereits seit der Wiederaufnahme der Arbeit nach Kriegsende sehr vom sowjetischen Werftkommandanten bzw. den Befehlen der Sowjetischen Militäradministration abhing, war die Überführung der Neptunwerft in den Bestand der Sowjetischen Aktiengesellschaft für Transportmaschinenbau zum 1. November 1946 ein erneuter Einschnitt. Für die Arbeiter und sonstigen Beschäftigten der Werft war die sowjetische Besatzungsmacht nun nicht nur präsent, weil sie die Reparationen forderte, sondern die »Russen« als Personen waren auf dem Werftgelände anwesend.[27] Die

---

24 Joachim Stahl, a.a.O., S. 188-191. Die beiden vorherigen Geschäftsführer und vier der fünf Prokuristen waren in die westlichen Besatzungszonen geflohen. Vgl.: Archiv NIR, K6/75.

25 Die Werft hatte wie andere Rüstungsbetriebe der SBZ vollständig demontiert werden sollen.

26 Archiv NIR, K6/96a und K6/75. Aus Schreiben vom 10. und 18. Juli 1945 an die Landesverwaltung Mecklenburg in Schwerin, die von den späteren Gschäftsführern Meno Schnapauff und Werner Franz unterzeichnet sind, geht hervor, daß in die Vorschläge, die zum Erhalt des Werftstandortes unterbreitet wurden, auch Ideen der mit Abbruch- und Ausschlachtungsarbeiten beschäftigten Arbeiter eingeflossen sind. An den Aktivitäten zum Erhalt des Werftstandortes und der Umstellung auf eine Friedensproduktion waren Mitglieder der KPD und SPD beteiligt, unter ihnen Max Pagel, der spätere Arbeitsdirektor der Werft, und Heinrich Jahnke, der 1901 als Lehrling in der Neptunwerft begonnen hatte und dann mit kurzen Unterbrechungen als Schiffbauer und Werkmeister auf der Werft arbeitete. Die Sowjetische Militäradministration des Landes Mecklenburg stimmte schließlich den Vorschlägen zu. Vgl. dazu: Archiv NIR, K6/58; Schiffbauer, Seeleute und Hafenarbeiter machen Geschichte, Autorenkollektiv unter Leitung von Peter Köppen, Berlin (Ost) 1979, S. 26f.

27 Eine Übersicht über die Schiffsreparaturen, die ein Teil der Reparationen waren, hat Reinhard Kramer zusammengestellt. Vgl.: Reinhard Kramer, Reparationsleistungen für die UdSSR, in: 140 Jahre Eisenschiffbau, a.a.O., S. 87-97. Zum Reparationsprogramm gehörten naturgemäß auch Schiffsneubauten, u.a. Logger, au-

Überführung wurde der Belegschaft in fünf knapp und präzis formulierten Punkten am 18. November 1946 bekanntgegeben. Der Punkt 1 enthielt die allgemeine Bekanntmachung der Übernahme. Ein zweiter Punkt teilte der Belegschaft mit, daß sie zur Kenntnis zu nehmen habe, daß der Ingenieur und Kapitän 2. Ranges Faifer zum sowjetischen Generaldirektor der Werft ernannt worden sei.[28] In einem weiteren Punkt wurde die veränderte Leitungsstruktur festgelegt, das Nebeneinanderbestehen der sowjetischen und deutschen Werftleitung, die in ihren Grundzügen bis zur Übernahme der Werft in den Bestand der Verwaltung des Volkseigenen Seeschiffbaus am 30. Juni 1952 erhalten blieb.[29] Zum deutschen Direktor des Werkes wurde Meno Schnapauff ernannt. Die sowjetische Seite bezog sich bei dieser Entscheidung ausdrücklich auf die von Schnapauff, Franz und weiteren Angehörigen der bisherigen deutschen Leitung geäußerten Wünsche, »*die Arbeit auf dem Werk fortzusetzen*«. An der Spitze der deutschen Leitung der Werft stand ein Mann, der der Werft durch langjährige Arbeit u.a. als Konstrukteur sehr verbunden war und in seinem Berufsweg das Auf und Ab der Werft mitgemacht hatte.[30]

Im vierten Punkt der Bekanntmachung wurde angeordnet, »*daß sämtliche Arbeiter und Angestellte auf ihren Plätzen und in den eingenommenen Stellungen zu verbleiben und die Arbeit fortzusetzen haben*«. Die Auswirkungen der Überführung der Werft in einen SAG-Betrieb auf die Arbeitsabläufe sollten demnach so gering wie möglich ge-

---

ßerdem die sogenannten Hebepontons zur Hebung von Schiffswracks sowie Umbauten zahlreicher Schiffe. Vgl. Joachim Stahl, a.a.O., S. 208-215. Zum Problem der Reparationsleistungen insgesamt siehe: Rainer Karlsch, Allein bezahlt? Die Reparationsleistungen der SBZ/DDR 1945-53, Berlin 1993.

28 Alle Angaben zur Bekanntmachung der Überführung aus: Archiv NIR, K6/75. Der Name des sowjetischen Generaldirektors wurde in einem anderen Dokument mit Pfeifer übertragen.

29 Das führte u.a. dazu, daß sehr viele Unterlagen zweisprachig verfaßt wurden, die eine Blatthälfte deutsch, die andere russisch. Die Neptunwerft hatte deshalb ein eigenes Übersetzerbüro. Selbst Werkausweise trugen kyrillische Schriftzeichen.

30 Meno Schnapauff wurde 1906 in der Familie eines gelernten Schiffsbauers und studierten Ingenieurs in Danzig geboren. Er besuchte in Rostock das Gymnasium und lernte anschließend in der Neptunwerft, wo er bis zu seiner Entlassung 1931 im Schiffbau-Konstruktionsbüro tätig war. Zur Werft konnte er 1936 zurückkehren. Er verstarb bereits am 20. Februar 1947. Vgl. ausführlicher: Joachim Stahl, a.a.O., S.191.

halten werden. Der letzte Punkt machte dies Bestreben noch deutlicher: »5. *Die Strukturen der Verwaltung des Werkes, das System der Statistik und Rechnungsführung, die Bedienungen und Betriebsordnungen, die Bezahlung der Arbeit bleiben unverändert.*«[31]

Die sowjetische Seite setzte also konsequent auf Kontinuität. Damit galt beispielsweise eine Tarifordnung für Metallarbeiter vom März 1946 mit Regelungen hinsichtlich der Entlohnung, die den Arbeitern wohlvertraut waren, wie die niedrigere Entlohnung junger Arbeiter, die später einer Gleichstellung wich, oder die Unterschiede in der Entlohnung in Abhängigkeit von der Qualifikation der Beschäftigten, die mit der Einführung der Lohngruppen beibehalten wurde. In Kraft blieb die Betriebsvereinbarung vom 10. April 1946, die dem Betriebsrat etliche, den Arbeitern altvertraute Befugnisse bei Neueinstellungen und Entlassungen einräumte, aber auch z.B. mit der Gewährung eines bezahlten Hausarbeitstages für alle Frauen (ausgenommen Lehrlinge) eine Neuerung auf sozialem Gebiet einführte, die so weitreichend in den folgenden Jahren keinen Bestand hatte.[32] Üblich blieben auch Besonderheiten der Arbeitsorganisation, wie sie der gelernte Schiffbauer Bruno Clasen, der Ende 1946 nach der Unterbrechung durch Krieg und Gefangenschaft die Arbeit in der Neptunwerft wieder aufnahm, mit dem »Arbeitsmarkt« der Schiffbauer schilderte: Morgens, zu Arbeitsbeginn »*mit dem Werftzeichen*« gingen Schiffbauer und Schiffbauhelfer zur Meisterei, vor welcher sich schon die Schiffbaumeister versammelt hatten. Diese Zusammenkunft von Meistern und Arbeitern war der »Arbeitsmarkt«, bei dem die Meister ihre Leute für die einzelnen Arbeiten aussuchten und sie einwiesen.[33] Dieser Arbeitsmarkt, der Zeichen einer noch sehr starken Position der Meister war, ging mit dem Funktionswandel der Meistertätigkeit verloren.

---

31 Archiv NIR, K6/75.
32 Archiv NIR, K6/96a.
33 Interview mit Bruno Clasen, Transkript.

Kapitel 7: Die Arbeitswelt der Neptunwerft

Blick über die Helling der Neptun-Werft auf die Warnow und das Gehlsdorfer Ufer, 1951. Unter der Kranbahn erkennt man die Holzgerüste, die für den Bau des Schiffskörpers benötigt wurden (Photo: Archiv NIR).

Als SAG-Betrieb war die Neptunwerft hinsichtlich der Versorgung mit Ausrüstungen, Werkzeugen, Materialien aller Art und Arbeitskräften bessergestellt als andere Betriebe.[34] Die Erinnerung daran geriet ins Vergessen bzw. wurde durch die Belastungen der Reparationen überlagert. Diese Belastungen mußten in der Tat als hoch empfunden werden und, es darf kaum verwundern, daß es »Meinungsmache« gegen die Reparationsleistungen und eine »antisowjetische Hetze« gab. Diese wurde selbst noch im Sommer 1951 in einem sehr ausführlichen Bericht der SED-Landesleitung Schwerin über einen Instrukteur-Einsatz in den fünf Großwerften des Landes Mecklenburg festgestellt. Die »*Wurzeln der Antisowjethetze*«, die in der Neptunwerft zum Teil sehr stark ausgeprägt seien, lägen darin, daß die

---

34   Joachim Stahl, a.a.O, schreibt S. 197-200 detailliert über die technische Neuausstattung der Werft.

»*Genossen leitenden Angestellten*« es nicht verstanden hätten, die Anweisungen der sowjetischen Generaldirektion so weiterzugeben, daß sie unter den Kollegen im Betrieb als Rat, Hilfe und Unterstützung aufgefaßt werden könnten. Vielmehr würde gesagt, »*unsere Generaldirektion hat das befohlen, und so muß es durchgeführt werden*«.[35] Die deutsche Werftleitung verstecke sich hinter der sowjetischen Generaldirektion, hieß es anderer Stelle.

Das Verhältnis der Arbeiter zu den »Russen«, zur sowjetischen Generaldirektion bzw. in späteren Jahren auch zu den sowjetischen Auftraggebern war ambivalent. Außer dem durch die SED kritisierten Antisowjetismus gab es andere Haltungen. Fast als Gegenstück bildete sich unter Arbeitern im Verlauf der Jahre ein Kritikmuster heraus, in welchem die sowjetische Generaldirektion und die unter ihr erbrachten Leistungen sehr wertgeschätzt und der Werftleitung während einer Zeit, in welcher die Werft längst kein SAG-Betrieb mehr war, immer dann, wenn Probleme auftauchten, Vorhaltungen gemacht wurden, unter der russischen Generaldirektion hätte die Arbeitsorganisation und der Materialfluß besser geklappt, es hätte Belegschaftsversammlungen gegeben und ähnliches mehr. Dabei wurde z.B. vergessen, daß seinerzeit viele diese Versammlungen so früh wie möglich verließen.[36] Mit den Schiffsabnahmegewohnheiten, den Qualitätsanforderungen und Auftragsänderungen der sowjetischen Auftraggeber konnten sich viele Arbeiter und andere Belegschaftsangehörige lange nicht abfinden.[37] Die sowjetische Generaldirektion wurde als die Macht gesehen, sie war »oben«, sie stellte die

---

35 LHA Schwerin, IV/L/2/6/261. Vgl. auch: Karin Labahn, Die Herausbildung der Zweiggruppe der Arbeiterklasse, a.a.O., Bd.1, S. 102.
36 LA Greifswald, BPA SED Rostock, KL Ro.-Stadt, IV/4/07/497.
37 Ein ganz extremes Beispiel dazu ist die Geschichte der »Jury Dolgoruky«, die auf der Warnemünder Warnowwerft zu einem Fracht- und Fahrgastschiff umgebaut werden sollte. Nachdem der Umbau weit vorangeschritten war, ließen die sowjetischen Auftraggeber ihn stoppen und erteilten den Auftrag zum Umbau in ein Walfangmutterschiff. Vgl. dazu: Kathrin Möller, Geschichte der Warnemünder Warnowwerft und ihrer Belegschaft zwischen 1945 und 1961 (Zu Lage und Verhalten von Industriearbeitern in der DDR), Phil. Diss. Univ. Rostock 1994 (Ms), S. 195f.

Kapitel 7: Die Arbeitswelt der Neptunwerft

Anforderungen und gab sich mit bestimmten Verhaltensweisen der Arbeiter nicht zufrieden.[38]

Mit den »Russen«, denen man im Werftalltag begegnete, war die Sache anders. An die Präsenz der »Russen« am Werfttor und vor den Schiffen, wo sie die Werkausweise sehen wollten oder auch mal einsammelten, gewöhnten sich die meisten nach einiger Zeit. Hatte man sich an die Russen aber erst einmal gewöhnt, konnte man mit ihnen umgehen wie unter Arbeitern üblich. Man konnte sich mal einen Spaß auf ihre Kosten machen und dabei die eigene Überlegenheit auskosten oder Tauschgeschäfte mit ihnen treiben. Bruno Clasen erzählte über seine Erfahrungen mit den Russen in der Werft:

Es wurde tatsächlich mit den Brüdern gehandelt
und die wollten immer Schnaps haben ((lacht))
die bekamen denn eine eine
äh die wollten ne Flasche Schnaps ne
und dann brachten wir ja auch - eine mit
hier aus der Stadt
wir bekamen sie ja hier als Zuteilung
[...]
man konnte Butter dafür bekommen
man konnte Nudeln da kriegen
man konnte auch Tabak Machorka kriegen ne
zehn Pakete Machorka - ein Pfund Butter ((lacht)) und ne
große Tüte Nudeln das war eine Flasche Schnaps wert.[39]

Zu den anrührenden Geschichten über die sowjetische Besatzungsmacht in der Werft gehört die von den Fischkuttern. Selbst erst ganz zum Ende der 1940er oder in den 1950er Jahren eingestellte Arbeiter erzählen darüber. Die sowjetische Generaldirektion ordnete 1947 den Bau von zwei kleinen Kuttern an.[40] Diese Kutter fuhren für die Werftbelegschaft auf Fischfang. Die Aufbesserung der kargen Lebensmittelrationen, die durch die Verteilung des Fisches immer mal

---

38 LA Greifswald, BPA SED Rostock, GO Ro.-Stadt, IV/7/029/175. Bei einer SED-Parteiveranstaltung 1951 kritisierte die sowjetische Generaldirektion mit vielen Beispielen veranschaulicht, Arbeitsversäumnisse der Belegschaft.
39 Interview mit Bruno Clasen, Transkript.
40 Die Kutter Neptun I und II hatten eine Länge von 16,67m, eine Breite von 5,60 m und eine Tragfähigkeit von 50,0 tdw. Vgl.: Schiffsregister a.a.O., S. 42.

wieder möglich war, wurde gern angenommen, sie allein erklärt jedoch kaum das Fortleben in der Erinnerung, zumal dies nicht die einzige Maßnahme zur Verbesserung der Lebenslage durch den sowjetischen Generaldirektor war. Der Bau dieser beiden Kutter hatte offenbar für die Werftarbeiter symbolische Bedeutung, waren sie doch bis zum Jahre 1949 die einzigen Schiffsneubauten der Werft. Man konnte noch immer und trotz allem neue Schiffe bauen!

Für die Arbeiter trat die deutsche Werftleitung, die von Anfang an nicht nur Anordnungen weiterzugeben bzw. umzusetzen hatte, mehr in den Vordergrund als die sowjetische Generaldirektion. Mit zwei personellen Sachverhalten hatten sich die Arbeiter und die Angestellten der Werft auseinanderzusetzen:

Zum einen gehörten zur Werftleitung und den anderen Leitungsebenen Arbeiter, die in kürzester Frist, und ohne das ihnen Zeit zur Vorbereitung gelassen wäre, in höchste Funktionen aufgestiegen waren. Dieser Aufstieg war sicher nicht nur für denjenigen, der ihn machte, mit Problemen behaftet, sondern für den Kreis, aus dem er kam und seine neue Umgebung gleichermaßen. Zum anderen gehörten zu den Führungskräften der Werft Menschen, die aktiv in der NSDAP gewesen waren. Hierfür hatten besonders von den Arbeitern, die vor 1933 in Rostock oder in ihrer damaligen Heimat Mitglied einer Arbeiterpartei gewesen waren, keineswegs alle von vornherein Verständnis.

Einer der Aufsteiger war Max Pagel, langjährig Arbeitsdirektor der Neptunwerft.[41] Er wurde 1904 in einer Kieler Arbeiterfamilie geboren, in Kiel-Ellerbeck verbrachte er die Kindheit und Jugend. Auf der Germaniawerft lernte er Kupferschmied. Seine Erwerbsbiographie ähnelt der von anderen Arbeitern seiner Generation und weist bis zu seinem Eintritt in die Neptunwerft viele Stationen auf. Meist zwang ihn Entlassung wegen Arbeitsmangel, sich nach einer anderen Arbeitsgelegenheit umzuschauen. Von sich aus wechselte er, wenn eine neue Stelle mehr Lohn versprach. Über sein Elternhaus schrieb er, die Eltern seien aktive Mitglieder der SPD gewesen und hätten die Kinder von frühester Jugend an in diesem Sinne erzogen.

---

41 Dies und das Folgende, einschließlich der zitierten Passagen aus: Archiv NIR, L3a/821 und L3a/2144.

Von seinen Geschwistern, die alle in Kiel blieben, bis auf eine Schwester sogar in Kiel-Ellerbeck, gehörten der Bruder und zwei Schwestern der SPD an, zwei Schwestern waren vor 1933 Mitglied der KPD. Zu den Geschwistern hat er die Beziehungen nie abgebrochen. Max Pagel war schon in früher Kindheit im Arbeiterturn- und Sportbund, die Bindung zum Sport blieb bestehen, seit 1948 gehörte er dem Deutschen Turn- und Sportbund an. Als Lehrling war er Mitglied der SAJ und seit 1926 schließlich in der SPD. Im Jahre 1931 wechselte er zur KPD. Der Austritt aus der SPD sei erfolgt, weil er die Politik der Partei als Gewerkschaftsfunktionär nicht mehr hätte vertreten können. Er war in den Deutschen Werken Kiel, wo er mit Unterbrechungen von 1926 bis zu seiner Inhaftierung 1933 (März bis Mai) als Kupferschmied und Schweißer arbeitete, als Vertrauensmann, Obmann und Betriebsrat tätig. Im Jahre 1938 kam er dann »*durch die Vermittlung eines früheren Arbeitskollegen*« als Meister zur Neptunwerft. Für die Familie, er war seit 1926 mit der Tochter eines Kieler Fischers verheiratet, bedeutete diese Veränderung wegen des höheren Verdienstes sicher eine Verbesserung. Neben seiner Tätigkeit als Meister besuchte er technische Abendkurse und legte die Prüfung als Schmelzschweißer ab. Nachdem er auf der Neptunwerft warm geworden war, nahm er Verbindung zu KPD-Genossen der Werft und zu Hamburger Genossen, die in der Werft arbeiteten, auf. Seine Tätigkeit, über die er sich in seiner Kurzbiographie nicht ausgelassen hat, führte dazu, daß er 1944 erneut in Schutzhaft genommen wurde. Seinen weiteren Berufsweg beschrieb er knapp, aber nicht ohne Stolz: »*1945 verblieb ich als Meister im Betrieb und baute die Werft mit auf, wurde 1946 Betriebsleiter im Schiffbau, 1947 techn. Direkt. und 1948 stellv. Direktor und Personalleiter.*« Über weitere Stationen, darunter eine einjährige Tätigkeit in der Warnemünder Warnowwerft, wurde er schließlich im November 1954 Arbeitsdirektor der Neptunwerft. In dieser Position arbeitete er bis zum Aussscheiden aus der Werft. Es versteht sich von selbst, daß dieser Berufsweg von mehreren Weiterbildungen begleitet gewesen ist. Die Mitarbeit in Parteileitungen verschiedener Ebenen, zeitweilig auch eine Abgeordnetentätigkeit ergaben sich unter den Verhältnissen der DDR in den 1950er Jahren fast zwangsläufig. Der Aufstieg war gewiß problembehaftet und für Max Pagel eine ständige Gratwanderung. Ihm scheint es gelungen zu sein, ein Gleichgewicht zu gewinnen zwischen seiner Arbeiterherkunft mit den guten Kontakten zu Arbeitern, die er teils schon aus der Zeit vor 1945 kannte, und seiner neuen Position, die ihn zum hohen Vorgesetzten eben dieser Arbeiter machte.

Max Pagel arbeitete in der Werftleitung lange Jahre mit Kurt Dunkelmann zusammen, der von 1959 bis 1973 Werkleiter war.[42] Kurt Dunkelmann war einer der Führungskräfte der Neptunwerft, die Mitglied der NSDAP gewesen waren. Geboren wurde er 1906 als Sohn eines Briefträgers in der mecklenburgischen Kleinstadt Crivitz.[43] Er besuchte die Realschule und lernte zwischen 1922 und 1926 Schiffbauer in der Neptunwerft. Anschließend studierte er drei Jahre an der Technischen Staatslehranstalt in Bremen und legte dort die Prüfung als Schiffbauingenieur ab. Er kehrte nach Rostock und zur Neptunwerft zurück und arbeitete bis zu seiner Entlassung als Schiffbaukonstrukteur. Nach einjähriger Arbeitslosigkeit fand er bei den Arado-Flugzeugwerken in Rostock eine neue Anstellung. Seit 1934 gehörte er der NSDAP an. In den Arado-Werken, wo er zuerst als Konstrukteur und dann als Betriebsingenieur gearbeitet hatte, wurde er kurz vor Kriegsende zum Wehrwirtschaftsführer ernannt. Bei dieser Entwicklung liegt es nahe, daß er nach 1945 trotz seiner fachlichen Befähigung und dem Mangel an Fachleuten nicht sofort Zugang zu den Werften bzw. einem anderen größeren Rostocker Betrieb fand. Er arbeitete als Landarbeiter und Hilfstischler sowie seit 1948 als Schauspieler am Rostocker Volkstheater. Im Jahre 1950 schließlich konnte er in seinen Beruf zurück, er wurde in der Warnowwerft Produktionsdirektor. Nach einer kleinen Zwischenstation in der Verwaltung des volkseigenen Seeschiffbaus kam er 1952 als Technischer Direktor in die Neptunwerft.[44] Als Technischer Direktor

---

42 Kurt Dunkelmann trat an die Stelle von Otto Herzig, der schwer erkrankt aus der Funktion ausscheiden mußte. Herzig, der übrigens auch aus Kiel stammte, war seit 1952 Werkleiter, zuvor hatte er seit 1946 als Hauptingenieur in der Werft gearbeitet. Otto Herzig war (erst) seit 1948 Mitglied der SED. Nach seiner Biographie war er nicht gerade prädestiniert für die Tätigkeit als erster Werkleiter der volkseigen gewordenen Neptunwerft. Vgl.: Archiv NIR, L3a/821 und L3a/2140.
43 Alle nicht anders gekennzeichneten Angaben aus: Archiv NIR, L3a/821 und Joachim Stahl, a.a.O., S. 233-235.
44 Archiv NIR, K6/75.

war er einer der beiden parteilosen Angehörigen der Mitte der 1950er Jahre elfköpfigen Werftleitung. Erst nach einjähriger Tätigkeit als Werkdirektor trat er in die SED ein, wobei dieser relativ späte Eintritt vermutlich nicht nur von ihm abhing.[45] In einer kurzen Einschätzung, die über Kurt Dunkelmann im Jahre 1955 geschrieben wurde, ist u.a. zu lesen: »*Was den Kollegen Dunkelmann besonders auszeichnet, ist seine gute Verbindung zu den Kollegen im Betrieb.*« Das ist wohl zutreffend. Mehrere unserer Interviewpartner erinnerten sich mit großer Achtung an Kurt Dunkelmann und erzählten eine Geschichte über seine Rundgänge durch die Verwaltung, die Werkstätten und die Hellinge, bei denen er mit den Beschäftigten sprach. Weil er sich an Ort und Stelle ein Bild über die Arbeit machte, hätte man Kurt Dunkelmann über das Geschehen in den Bereichen der Werft nie etwas vormachen können.[46] Seine künstlerischen Neigungen wurden nicht nur akzeptiert, sondern trugen ihren Teil zu seiner anerkannten Position in der Werft bei. Mit einer bekannten Schauspielerin verheiratet, gab er selbst die Schauspielerei nie ganz auf, er schrieb Geschichten und malte, gelegentlich komponierte er die Musik zu einem Lied. Dunkelmann und sein Vorgänger Otto Herzig waren viele Jahre Werkleiter, sie konnten sicher etliche eigene Ideen umsetzen. Für die Arbeiter und die gesamte Belegschaft strahlte die Stabilität in der Besetzung der Funktion des Werkleiters Verläßlichkeit aus.

---

45 Bei der Aufnahme früherer NSDAP-Mitglieder mußte die Parteileitung der Werft offenbar auf die Stimmung vor allem jener SED-Mitglieder Rücksicht nehmen, die vor 1933 einer Arbeiterpartei angehörten. Derartige Vorsicht der Zentralen Parteileitung ist im Falle des Chefkonstrukteurs der Werft, Rösse, durch einen Bericht vom 14. April 1952 belegt. Rösse war Mitglied und »Funktionär« der NSDAP gewesen. Das hinderte zwar die sowjetische Generaldirektion nicht, ihm wegen seiner, wie es im Bericht heißt, hervorragenden Leistungen, ein Auto als Prämie zu schenken, die Parteileitung konnte es aber nicht wagen, Rösse, der bereit war, Kandidat der SED zu werden, der Mitgliedschaft der zuständigen Grundorganisation als solchen vorzustellen, »*weil er wegen seiner früheren Zugehörigkeit zur Nazipartei mit Sicherheit abgelehnt werden würde. Dieses Risiko kann die Zentrale Parteileitung nicht eingehen, weil Chefkonstrukteur Rösse die Ablehnung seiner Kandidatur durch die Mitglieder der zuständigen Grundorganisation als ein Mißtrauensvotum auch gegen seine Stellung im Betrieb ansehen und daraus Konsequenzen ziehen würde*«. Vgl.: LA Greifswald, BPA SED Rostock, GO Ro.-Stadt, IV/7/029/233. Rösse war später Werftdirektor in Wismar.

46 Interview mit Franz Richter, Verlaufsprotokoll.

Die Beziehungen der Arbeiter zur Werkleitung können und sollen hier weder detaillierter vorgestellt noch abschließend bewertet werden.[47] Ohne Frage waren sich die Arbeiter der neuen Machtverhältnisse im Betrieb bewußt. Nur so läßt sich die Bereitschaft, sich mit den verschiedensten Problemen des Werftalltags kritisch und öffentlich auseinanderzusetzen, begreifen. Kritisiert wurden die Werftleitung und andere Vorgesetzte, auch die Person des Werkleiters wurde nicht ausgenommen. Veränderungen der Normen, des Systems der Löhne und Prämien, Behinderungen von Arbeitsabläufen, Neuregelungen von Arbeitszeiten, Änderungen der Arbeitsorganisation und anderes mehr - nichts wurde ungeprüft hingenommen. Vieles mußte zwischen Werkleitung und Arbeitern austariert werden. Dies Arbeiterverhalten mit »*Meckern*« oder »*Anpassung und Meckern*« zu charakterisieren, geht an der Sachlage vorbei.[48] Es war ein Gemenge aus dem Willen nach aktiver Einmischung und Verantwortlichkeit für die gesamte Werft, wozu sich die Arbeiter wegen ihrer Arbeitsfähigkeiten durchaus kompetent fühlten, und den alten Arbeitererfahrungen, wonach nur ein störungsfreier Produktionsablauf ausreichenden bzw. guten Lohn versprach.[49] Als Problem für die Werkleitung entwickelte sich insgesamt weniger die zuweilen in der Gestalt harscher Kritik vorgetragene Absicht zur Mitgestaltung, als vielmehr Arbeitsbummelei und dergleichen.

Werftleitung wie Belegschaft mußten sich den Gegebenheiten der Planwirtschaft anpassen. Nicht wenige der von den Arbeitern kriti-

---

47 Dazu müssen erst weitere Seiten des Arbeiteralltags bearbeitet werden. Etwas zugespitzt: in der Literatur wird das Verhältnis Werkleitung - Belegschaft (bzw. Arbeiter) bestenfalls am Rande berührt, wie überhaupt die Rolle von Werkleitungen unberücksichtigt bleibt. Nach unserem Ermessen wird die Rolle der SED vielfach einseitig betrachtet und überhöht. Nicht die Arbeiter oder die Arbeiterschaft und die SED oder die Arbeiter und die »zentralen Berliner Vorgaben« waren die Hierarchien. Brauchbare Ansätze zum Problem: Peter Hübner, Die Zukunft war gestern: Soziale und mentale Trends in der DDR-Industriearbeiterschaft, in: Sozialgeschichte der DDR, hrsg. von Hartmut Kaeble, Jürgen Kocka, Hartmut Zwahr, Stuttgart 1994, S. 171-187, hier S. 178-182, und auch in anderen Arbeiten von Hübner.
48 Vgl. dazu Peter Hübner, Konsens, Konflikt und Kompromiß. Soziale Arbeiterinteressen und Sozialpolitik in der SBZ/DDR 1945-1970, Berlin 1995, S. 241.
49 Vgl. dazu Alf Lüdtke, »Helden der Arbeit« - Mühen beim Arbeiten. Zur mißmutigen Loyalität von Industriearbeitern in der DDR, in: Sozialgeschichte der DDR, a.a.O., S. 188-213, hier S. 188-190.

sierten Mißstände hingen mehr oder weniger direkt mit Unzulänglichkeiten in der Planung zusammen. Die Werftleitung sah sich jedoch häufig vor schier unlösbare Probleme derart gestellt, wie sie Ende 1953 Werftdirektor Otto Herzig darlegte. Die Werft habe einen Produktionsplan nach Meßwerten und nach Abgabepreisen, einen Auftragsplan, einen Reparationsplan und etliche andere mehr. Trotz intensiver Bemühungen sei es ihm nicht gelungen, eine Konzentration auf einen Plan zu erreichen. Angesichts der Situation sei er nicht in der Lage, reale Pläne für das ganze Jahr herauszugeben. Ein Plan, der Ende 1952 eingereicht werden mußte, sah ein Reparaturvolumen von 29,5 Millionen vor, jetzt seien es schon 46 Millionen. Für die Überziehung habe ihm keiner eine Erklärung geben können. Herzig sah die Gründe in der Währungsumrechnung und in der Schätzung der Objekte. Im Neubau würden auch Fehler gemacht, aber nicht annähernd so krasse. Herzig sah sich als Befehlsempfänger, man sage ihm, er müsse die Objekte in Reparatur nehmen und am Jahresende käme heraus, daß vieles nur durch Überstunden geschafft werden könne. Auflagen, die kämen, seien falsch und das wirke sich in der Werft traurig aus.[50]

Mit den Reparaturen hatten auch die anderen beiden Werften, deren Produktionsvolumen etwa zur Hälfte Reparaturen bzw. Umbauten ausmachten, die Warnowwerft Warnemünde und die Yachtwerft Berlin, besondere Planungsschwierigkeiten. Alle drei Werften schlossen 1954 mit Verlusten ab. Das übergeordnete Organ, die Hauptverwaltung Schiffbau, wollte regulierend eingreifen.[51] Die Planungsschwierigkeiten in den nachfolgenden Jahren waren zwar zuweilen kleiner, konnten indes nicht generell überwunden werden.[52] Im Vergleich mit anderen Werften schnitt die Neptunwerft bei der Planerfüllung trotzdem häufig gut ab.[53]

---

50 LA Greifswald, BPA SED Rostock, GO Ro.-Stadt, IV/7/029/184.
51 Archiv NIR, K6/69.
52 LA Greifswald, BPA SED Rostock, GO Ro.-Stadt, IV/7/029/240 und ebenda, BL, IV/2/3, Nr. 141.
53 LA Greifswald, ebenda, BL, IV/2/6/812.

Partei- und Gewerkschaftsleitungen

Zu den einschneidenden Veränderungen gehörte, daß die Arbeiter es auf allen Ebenen auch noch mit Partei- und Gewerkschaftsleitungen zu tun hatten. Wie in anderen Betrieben der SBZ entstanden in der Neptunwerft bereits im Juni 1945 Betriebsgruppen der KPD und der SPD.[54] Beide Betriebsparteigruppen arbeiteten im Vergleich zu anderen in Mecklenburg-Vorpommern sehr zeitig zusammen, insbesondere bei der Lösung der vielfältigen Alltagsprobleme der ersten Monate des Neubeginns. Im Oktober 1945 entstand eine Arbeitsgemeinschaft beider Parteien. Am 7. Januar 1946 führten die Betriebsgruppen ihre erste gemeinsame Mitgliederversammlung durch.[55]

In der Neptunwerft waren vor 1933 Vertreter beider Arbeiterparteien sehr aktiv gewesen. Nach den Ergebnissen der Betriebsrätewahlen geurteilt, war vermutlich der Einfluß der KPD in der Werft noch größer als der der SPD, jedenfalls stimmten seit der Betriebsräteneuwahl im Oktober 1922 mehr Arbeiter für die Vertreter der KPD als für die der SPD.[56] In der Werft scheint nach der Vereinigung von KPD und SPD im April 1946 der Umgang der früheren Mitglieder der beiden Parteien miteinander im großen und ganzen ohne besondere Konflikte, Reibungen, gegenseitige Schuldzuweisungen und

---

54 Die Bildung einer SPD-Betriebsgruppe war historisch neu. Bemerkenswerterweise bildeten in den folgenden Jahren auch in den sogenannten Blockparteien in einzelnen Werften Betriebsgruppen. In der Gehlsdorfer Schiffs- und Bootswerft Max Rohde, die sich seit Ende Februar 1949 in Treuhand befand und später der Neptunwerft angeschlossen wurde, gründete der Treuhänder im gleichen Jahr eine Betriebsgruppe der NPD. Vgl.: LA Greifswald, BPA SED Rostock, GO Ro.-Stadt, IV/7/029/226. Anfang 1950 hatte dort die Betriebsgruppe der SED 85 Mitglieder und Kandidaten, die Betriebsgruppe der NDP zählte 29 Mitglieder. Vgl.: Ebenda, IV/7/029/175. In der Volkswerft Stralsund existierte im Sommer 1951 die vermutlich Ende 1950 gegründete Betriebsgruppe der CDU mit 125 Mitgliedern, in der Elbe-Werft-Boizenburg gab es zum gleichen Zeitpunkt Betriebsgruppen der CDU, NDP und LDP mit 25, drei und fünf Mitgliedern. Vgl.: LHA Schwerin, IV/L/2/6/216.

55 Schiffbauer, Seeleute und Hafenarbeiter machen Geschichte, a.a.O., S. 31f. Der Grund der zeitigen engen Zusammenarbeit wird in den Erfordernissen der täglichen Arbeit im Betrieb und den dabei stattfindenden ideologischen Auseinandersetzungen angegeben.

56 Archiv Neptunwerft, Traditionskabinett, Geschichte der Werft (MS) und und I SB Ro, (Presse). Bei den Betriebsrätewahlen erhielt die KPD im Jahre 1921 5 Mandate, 1922 7 und 1923 9. Die SPD erhielt 1921 7 Mandate, 1922 5 und 1923 3. Diese Verteilung der Mandate blieb bis 1933 unverändert.

Verletzungen möglich gewesen zu sein. Vermutlich gab im Oktober 1948 der Referent einer Parteiversammlung in der Taklerei, der zuvor der SPD angehört hatte, die Stimmung treffend wieder, indem er sagte, in der Werft werde nicht gefragt, ob einer früher in der SPD oder in der KPD gewesen sei, geurteilt würde vielmehr nach der Leistung des Genossen.[57] In den Anfangsjahren bot auf jeden Fall deutlich mehr Zündstoff, daß etliche Arbeiter, Meister und höhere Angestellte Mitglieder der NSDAP gewesen waren.[58]

Die Mitglieder der SED waren mehrere Jahre nur zu einem Teil in Betriebsgruppen organisiert. Die Organisation in Betriebsparteigruppen löste nur langsam die in Wohnparteigruppen ab. In der Neptunwerft galt es noch im Sommer 1949 zumindest vereinzelt auch bei Parteifunktionären als selbstverständlich, daß die Mitglieder von SED-Betriebsgruppen auch Mitglieder einer Wohngruppe der SED sein sollten.[59]

Ob und in welcher Weise sich die parteipolitische Orientierung der Arbeiter der Neptunwerft durch die Erweiterung der Belegschaft in der zweiten Hälfte der 1930er Jahre und vor allem durch die Belegschaftsaufstockung in den späten 1940er und zu Beginn der 1950er Jahre änderte, ist nicht mehr mit annähernder Sicherheit auszumachen. Die wenigen, nicht sonderlich zuverlässigen Zahlen deuten an, daß womöglich unter den in den 1950er Jahren beschäftigten und vor 1933 in einer Arbeiterpartei organisierten Arbeitern der Anteil derjenigen, die der SPD angehört hatten, größer war als in der Neptunwerft zwischen 1919 und 1933, als dort der Einfluß der KPD hoch

---

57 LA Greifswald, BPA SED Rostock, GO Ro.-Stadt, IV/7/029/174. Von übergeordneten Parteiorganen wurden allerdings in den ersten 1950er Jahren u.a. Tendenzen des »Sozialdemokratismus« erwähnt, die sich aus einer Überalterung der Mitgliedschaft der SED in der Werft ergeben haben sollen. Worin dieser »Sozialdemokratismus« bestand, wurde nicht notiert. Vgl.: Ebenda, IV/7/029/233.

58 Beispielsweise machte der aus Stettin stammende und dort 1922 in die SPD eingetretene Genosse Fritz Timmert während einer Parteiversammlung im Februar 1950 für die schleppende Arbeit in seiner Abteilung verantwortlich, daß viele Meister seiner Abteilung, wie er sich ausdrückte, Faschisten seien. Vgl.: LA Greifswald, BPA SED Rostck, GO Ro.-Stadt, IV/7/029/175 und Archiv NIR, L3a/2150.

59 Geschichte der Landesparteiorganisation der SED Mecklenburg 1945-1952, hrsg. von den Bezirksleitungen der SED Neubrandenburg, Rostock und Schwerin, Rostock 1986, S. 373.

war.⁶⁰ Manche, die vor 1933 einer Arbeiterpartei angehörten, sind nach 1945 nicht wieder einer Partei beigetreten.⁶¹ Allein schon die altersmäßige Zusammensetzung der Belegschaft erklärt, daß die meisten Mitglieder der SED vor 1933 keiner Partei angehören konnten. Deshalb kann es vielleicht auch nicht so sehr erstaunen, daß sich am Beginn der 1950er Jahre der SED-Organisationsgrad in der Neptunwerft als der einzigen alten großen Schiffbauwerft auf dem Boden der DDR nicht von dem in den anderen Werften abhob. 1950/51 lag der Organisationsgrad in den Großwerften in Rostock, Warnemünde, Stralsund und Wismar bei über 15 und unter 20 Prozent der jeweiligen Belegschaften.⁶² Vor der Belegschaftsaufstockung 1949 unterschied sich die traditionsreiche Neptunwerft jedoch deutlich von den erst im Aufbau befindlichen Werften. Ende 1948 gehörten in der Neptunwerft etwa 32 Prozent der Belegschaft der SED an, in der Stralsunder Volkswerft nur etwa 14 Prozent.⁶³ 1960 hatte die Grundorganisation der Werft 1.384 Mitglieder, das waren 19,3 Prozent der Belegschaft.⁶⁴ Seit Beginn der 1950er Jahre blieb demnach bei leicht steigender Tendenz der Anteil der Parteimitglieder an der Gesamtzahl der Beschäftigten annähernd stabil.

Gewerkschaftliche Arbeit war in der Neptunwerft seit dem Frühsommer 1945 wieder möglich. Im Juni gestattete der sowjetische Werftkommandant die Bildung eines »Arbeiterrates«, der wenig später in einen Gewerkschaftsausschuß umgewandelt wurde. Dem Arbeiterrat gehörten Vertreter der KPD und der SPD an.⁶⁵ Die ersten inhaltlichen Aktivitäten des Arbeiterausschusses bestanden in der Beteiligung an der Einsetzung einer neuen deutschen Geschäftsfüh-

---

60   Archiv NIR, L3a/821. Als extremes Beispiel kann der Holzbau angeführt werden. Von den dort im Oktober 1954 Tätigen waren vor 1933 zwei in der KPD und 20 in der SPD organisiert gewesen.
61   Ebenda.
62   LHA Schwerin, IV/L/2/6/216 und IV/2/6/260.
63   Schiffbauer, Seeleute und Hafenarbeiter machen Geschichte, a.a.O., S. 53.
64   LA Greifswald, BPA SED Rostock, KL Ro.-Stadt, IV/4/07/294.
65   Dem Arbeiterrat gehörten wohl je drei Mitglieder der KPD und der SPD an, allerdings machen verschiedene Quellen abweichende Angaben zur personellen Zusammensetzung. Im Jahre 1950 war erstmalig ein Kollege, der einer Blockpartei angehörte (in diesem Fall der CDU), Mitglied der Betriebsgewerkschaftsleitung. Vgl.: Archiv NIR, K6/94.

rung.⁶⁶ In allen Werkstätten bzw. Abteilungen wurden Vertrauensmänner gewählt. Die Bildung einer Einheitsgewerkschaft fiel bei den Arbeitern der Neptunwerft auf fruchtbaren Boden.⁶⁷ Der Organisationsgrad in der Gewerkschaft war hoch.⁶⁸

Die Betriebsorganisation der SED war etwa seit Beginn der 1950er Jahre im wesentlichen dem technologischen Arbeitsprozeß des Betriebes folgend aufgebaut und entsprach insofern stark der betrieblichen Struktur. An der Spitze der Betriebsgruppe der SED stand die zentrale Parteileitung, die mit mehreren hauptamtlichen Funktionären arbeitete. Die unterste Einheit war die Parteigruppe, der unterste gewählte Parteifunktionär der Parteigruppenorganisator. Zwischen beiden Ebenen existierten die Abteilungsparteiorganisationen (APO) mit aus mehreren Mitgliedern bestehenden Leitungen.

Die betriebliche Gewerkschaftsorganisation war ähnlich strukturiert. Ende Februar 1951 gehörten der für die gesamte Werft zuständigen Betriebsgewerkschaftsleitung (BGL) 13 Kollegen an, neun von ihnen waren von anderen Arbeitstätigkeiten freigestellt.⁶⁹ Bis auf zwei Kollegen hatten zwar alle BGL-Mitglieder einen handwerklichen Beruf, jedoch war niemand unmittelbar in der Produktion beschäftigt. Alle arbeiteten in der Verwaltung, teils sogar als Angestellte in der Betriebsleitung.⁷⁰ In die inhaltliche Arbeit der BGL wurden über etliche Kommissionen weitere Kollegen einbezogen.⁷¹

---

66 Ebenda.
67 Vom Werden und Wachsen der Neptunwerft, a.a.O., S. 26.
68 Nach LHA Schwerin, IV/L/2/6/261 betrug der gewerkschaftliche Organisationsgrad Anfang 1951 in der Neptunwerft 87,5 Prozent, in der Warnowwerft Warnemünde 83,7 Prozent, in der Volkswerft Stralsund 73,1 Prozent, in der Schiffsreparaturwerft Wismar 90,5 Prozent. Im Verlauf der 1950er Jahre stieg der Organisationsgrad leicht, Mitte 1956 waren 91,1 Prozent der Belegschaftsangehörigen der Neptunwerft im FDGB organisiert. Vgl.: LA Greifswald, BPA SED Rostock, GO Ro.-Stadt, IV/7/029/249.
69 Dies und das Folgende nach: LHA Schwerin, IV/L/2/6/261
70 Ein Kollege, der in der BGL in der Kommission Sozialpolitik wirkte, war zur gleichen Zeit in der Abteilung Sozialwesen des Betriebes beschäftigt. Aus solcher Personalunion zog man schon seinerzeit den Schluß, daß es bedenklich sei, wenn »die Aufgabenstellung der BGL und der Betriebsleitung in einer Hand liegen«. Vgl.: Ebenda.
71 Kommissionen wurden gewöhnlich für die Bereiche Organisation, Sozialpolitik, Kultur, Lohn, Prämien, Aktivisten und Wettbewerbe, Arbeitsschutz, Gesundheitswesen, Wohnungswesen und Schulung gebildet.

Die Gewerkschaftsorganisation war in Abteilungsgewerkschaftsorganisationen gegliedert, zu denen im Durchschnitt zwischen 280 und 500 Kollegen gehörten. Wie in der BGL waren die meisten Mitglieder der Abteilungsgewerkschaftsleitungen (AGL) Arbeiter gewesen, standen Anfang 1951 jedoch in anderen Positionen. Auf dieser Ebene arbeiteten alle Gewerkschaftsfunktionäre ehrenamtlich und vor allem die Vorsitzenden der AGL hatten ein gerüttelt Maß Arbeit zu erledigen. So ergab sich im Verlauf der 1950er Jahre mehr als einmal die Situation, daß niemand diese aufwendige Funktion übernehmen wollte.[72] Die Gewerkschaftsgruppen bildeten die unterste Ebene der gewerkschaftlichen Struktur. Eine Form dieser untersten Ebene sollten die Brigaden sein. Zu Beginn der 1950er Jahre waren in der Neptunwerft allerdings nur in wenigen Brigaden Gewerkschaftsorganisatoren und Kulturobleute gewählt.[73] In der Werft wirkten noch 553 Vertrauensleute. Offenbar sollte mit der Installierung eines Gewerkschaftsorganisators die Gewerkschaftsarbeit auf der unteren Ebene verbessert werden. Ob dies gelang, ist zweifelhaft, denn an der Arbeit der Vertrauensleute wie der Gewerkschaftsorganisatoren wurde beklagt, daß sie sich zu einseitig auf die Beitragskassierung konzentrierten. Frauen waren in den gewerkschaftlichen Funktionen unterrepräsentiert. Zwar waren neben 5.590 Männern 752 Frauen gewerkschaftlich organisiert, doch der BGL gehörte keine Frau an und von den 104 Mitgliedern in den AGL waren nur vier weiblich.

In der zweiten Hälfte der 1940er sowie in den 1950er und 1960er Jahren war die Funktion des BGL-Vorsitzenden überwiegend langjährig durch frühere Arbeiter der Werft besetzt. Der erste BGL-Vorsitzende, Paul Radtke, gehörte bereits dem im Juni 1945 gebildeten Arbeiterrat an. Mit ihm arbeiteten im Sommer 1949 noch mindestens drei weitere Kollegen hauptamtlich in der BGL, die vor 1945 in der Werft beschäftigt waren und seit 1945 am Wiederaufbau der Gewerkschaft mitgewirkt hatten.[74] In den folgenden Jahren zeigte

---

72 Archiv NIR, Akte Schönwiesner.
73 In den folgenden Jahren gehörten zu den Gewerkschaftsgruppen Gruppenorganisatoren, Kulturorganisatoren, Sozialbevollmächtigte und Arbeitsschutzobleute. Vgl.: LA Greifswald, BPA SED Rostock, GO Ro.-Stadt, IV/7/029/240.
74 Archiv NIR, K6/94. Als Paul Radtke aus der Funktion ausschied, schlug die Parteileitung der SED zusammen mit dem Landesvorstand einen neuen BGL-Vorsitzenden vor. Obwohl einige Mitglieder der BGL nicht mit dem Vorschlag

sich dann die personelle Veränderung in der Werft auch in der Besetzung der hohen gewerkschaftlichen Funktionen. An die Spitze der BGL wurde ein Facharbeiter gewählt, der als Umsiedler Arbeit in der Neptunwerft gefunden hatte. Er hatte in seiner slowakischen Heimat Motorenschlosser gelernt und arbeitete seit 1946 in diesem Beruf in der Neptunwerft. BGL-Vorsitzender wurde er nach einem zweijährigen Besuch einer Gewerkschaftsschule.[75] In der zweiten Hälfte der 1950er Jahre übernahm dann ein aus einer mecklenburgischen Kleinstadt gebürtiger und von dort im Jahre 1950 zur Arbeit in der Werft dienstverpflichteter Zimmermann die Funktion des BGL-Vorsitzenden. Als er BGL-Vorsitzender wurde, hatte er als Bootsbauer einen zweiten Facharbeiterbrief erworben und nach einem zweijährigen Meisterlehrgang einige Zeit als Zimmermeister gearbeitet. Dann wäre die Gewerkschaft auf ihn aufmerksam geworden, so erinnert er sich, und habe gefragt, ob er nicht Lust zum Besuch einer Gewerkschaftsschule habe. Er ließ sich überreden, weil er Qualifizierung immer für gut hielt und besuchte ein knappes Jahr eine Gewerkschaftsschule. Bald danach wurde er BGL-Vorsitzender. Während seiner Tätigkeit in der Betriebsgewerkschaftsleitung absolvierte er ein fünfjähriges Ingenieurstudium, weil er meinte, daß die Meisterqualifikation noch nicht ausreiche, um die Interessen der Kollegen z.B. bei den Werkleitungssitzungen zu vertreten.[76]

---

einverstanden waren, setzte die Parteileitung die kommissarische Einsetzung des betreffenden Genossen durch. Auch die Aufstellung der Kandidaten zur Neuwahl der BGL führte zwischen der Betriebsgruppe der SED und der BGL zu einer lebhaften Auseinandersetzung. Zwistigkeiten zwischen SED und dem FDGB im Betrieb hatte es zuvor schon gegeben, beispielsweise erhob die BGL zwar keine grundsätzlichen Einwände, als die Betriebsgruppe der SED um regelmäßige Teilnahme an BGL-Sitzungen bat, betonte aber nachdrücklich, die Partei solle sich nicht um Gewerkschaftsangelegenheiten kümmern.

75 Interview mit Hella Moritzen, Porträt und Verlaufsprotokoll
76 Interview Günther Pommerenke, Transkript. Er berichtet:
als BGL-Vorsitzender hab ich natürlich gemerkt
oder ich hatte den Ehrgeiz
wenn ich in Werkleitungssitzungen gesessen hab
da ging es natürlich um die Gesamtproblematik der Werft
und ich bin ganz ehrlich da haben meine Kenntnisse zuerst nicht gelangt
weil die ganzen Probleme der Technologie
und der Materialwirtschaft und der Kosten
das ist ja alles das was in der Bilanz der Werft besprochen wird
was behandelt wird was man machen muß welche Wege man gehen muß

Während die Funktion des BGL-Vorsitzenden in der Neptunwerft, von kurzfristigen Wechseln 1949 und zu Beginn der 1950er Jahre abgesehen, lange Jahre durch den gleichen Kollegen besetzt war, wechselte die Besetzung der Funktion des Parteisekretärs häufig. Wohl standen an der Spitze der Betriebsparteiorganisation immer mal wieder Parteisekretäre, die hohe Parteischulen besucht hatten und befähigte Leute waren, aber sie konnten sich gewöhnlich nicht lange halten.[77] Von Stabilität konnte auch sonst in der Parteileitung keine Rede sein. Rund 30 bis 40 Genossen, die der zentralen Parteileitung angehört hatten, wurden zwischen 1949 und Juli 1953 durch die SED in Funktionen außerhalb der Werft eingesetzt. Während der gleichen Jahre standen sieben verschiedene Personen an der Spitze der Parteiorganisation, von denen einige kommissarisch eingesetzt waren. Die wahren oder vorgeschobenen Gründe, die zu ihrer Ablösung führten, waren vielfältig. Mal fehlte an anderer Stelle ein leitender Mitarbeiter, dann mußte einer unaufschiebbar eine Parteischule besuchen, zu anderer Zeit erwies sich jemand als unfähig, einem weiteren wurde Fraktionsmacherei und mangelhafte Durchführung von Parteibeschlüssen sowie unmoralisches Verhalten vorgeworfen. Unter den Vorwürfen, die übergeordnete Parteiebenen, die die Ablösungen vornahmen, auflisteten, tauchten gewöhnlich Behauptungen von Überheblichkeit und mangelnder Verbindung zu den Arbeitern auf. Fast ist selbstverständlich, daß auch der Parteisekretär, der im Juni 1953 im Amt war, gehen mußte.[78] Mit Vorwürfen wegen angeblicher Fraktionsmacherei und unmoralischem Verhalten wurden auch späterhin und auf anderen Ebenen in der Werft Funktionäre der SED ausgewechselt. Ob gerechtfertigt

---

und man möchte natürlich als Gewerkschaftsvorsitzender nicht daneben sitzen
und nur zuhören man möchte auch eigene Vorschläge einbringen
und vor allen Dingen auch darauf achten
daß für das große Werftkollektiv wie für die einzelnen Kollektive sich daraus keine Nachteile ergeben aus Anordnungen usw.
und ((Pause)) deshalb bin ich eigentlich darauf gekommen
daß ich gesagt hab mußt noch mal was dranhängen
vor allen Dingen die theoretische Ausbildung muß weitergehen.

77 Dies und das Folgende nach: LA Greifswald, BPA SED Rostock, BL, IV/2/11, Nr. 1283.
78 Das wurde allgemein so gehandhabt. Vgl.: Dietrich Staritz, Geschichte der DDR. 1949-1985, Frankfurt a. M. 1985, S. 89f.

oder nicht, kann hier nicht zur Debatte stehen, fest steht nur, daß die SED durch solche häufigen Wechsel, die im strikten Gegensatz zur Wählbarkeit der Funktionäre standen, und durch Anschuldigungen gegenüber ihren Betriebsfunktionären ihrem Ansehen unter der Arbeiterbelegschaft der Werft nur Schaden zufügen und ihrem programmierten Führungsanspruch nicht gerecht werden konnte. Auch die Parteisekretäre der Abteilungsparteiorganisationen befanden sich in einer ambivalenten Position, einerseits verfügten sie zweifelsohne über Macht, andererseits waren sie schnell die Sündenböcke, bekamen Schelte und mußten sich in Selbstkritik üben. Die APO bzw. Parteigruppen, die ausschließlich oder ganz überwiegend aus Arbeitern bestanden, waren offensichtlich gefeiter gegenüber Anschuldigungen bzw. Diskussionen von Fraktionsmacherei und unmoralischem Verhalten (sofern es nicht Trinkerei betraf).[79]

Wie wenig vor allem durch die Vorwürfe der Fraktionsmacherei die Interessen von Arbeitern berührt worden sein mögen, kann ein Vorgang verdeutlichen, den einer unserer Interviewpartner, der im Verlauf der Jahre als gelernter Dreher verschiedene Funktionen in der Gewerkschaft, der SED und in der FDJ ausübte, schilderte. Als er wieder einmal abgesetzt wurde und wie in solchen Fällen durchaus üblich, »in die Produktion« gehen mußte, fand er nach einigem Suchen im Gehlsdorfer Betriebsteil der Werft Arbeit als Dreher. Er war überrascht, daß er dort kollegial aufgenommen wurde. Er hatte Schwierigkeiten, sich in die ungewohnt gewordene Arbeit wieder hineinzufinden und die Norm zu erfüllen. Ein Kollege sagte zu ihm: *»Heinz ich helf Dir. Du kommst wieder an die Drehbank und Du wirst auch Dein Geld bald verdienen.«*[80] Diese Unterstützung eines abgelösten Funktionärs durch die Arbeiter seines neuen Arbeitskollektivs war offenbar für Heinz Rakow eine neue und gute Erfahrung. Sie läßt andererseits darauf schließen, daß es keine generelle Trennlinie zwischen den Arbeitern und der SED gab.

---

79 Dieser Eindruck entstand nach dem Lesen etlicher der im LA Greifswald archivierten Protokolle.
80 Interview mit Heinz Rakow, Verlaufsprotokoll. Heinz Rakow übererfüllte die Norm nach einiger Zeit wieder mit 15-20 Prozent. Das sei nicht viel gewesen, sagt er, aber es ging ihm und seiner Familie wieder ein bißchen besser.

Als inhaltliche Aufgabenstellungen verfolgten die Parteileitungen, insbesondere die zentrale Parteileitung, grundsätzlich zwei Stränge. Zum einen ging es um die ideologische Arbeit bzw. Erziehung der SED-Mitglieder der Werft, zum anderen wurden betriebswirtschaftliche Aufgaben in Angriff genommen. In den Einschätzungen übergeordneter Parteiorgane wurde in Abständen beklagt, daß in den Parteileitungen der Werft oft nur Fragen der Produktion besprochen würden, »*ohne dabei den Zusammenhang zu den ideologischen Fragen zu berücksichtigen, oder es geschieht umgekehrt. Beides zu verbinden fällt den Genossen noch schwer.*«[81] Gegenstand der ideologischen Arbeit sollte u.a. das Studium der verschiedenen »Parteidokumente« sein.[82] Dazu wurde auch ein Parteischulsystem eingeführt. Das angestrebte Ergebnis wurde indes sicher nicht erreicht, wie zahlreiche Klagen über unzureichendes Studium der »Parteidokumente«, mangelhaften Besuch der Parteilehrjahre wie auch der Parteiversammlungen belegen.[83] Auch die zumindest bei allen Parteiwahlversammlungen üblichen langen politischen Einleitungen zur internationalen Situation regten die Versammlungsteilnehmerinnen und -teilnehmer kaum zur Diskussion an, was bei den gewöhnlich dogmatischen, plakativen und wenig informativen Ausführungen nicht verwundern kann. Die Wirkung der Partei im Betrieb, insbesondere auf die individuelle Lebenswelt der Arbeiter sollte demnach nicht überschätzt werden, vor allem wenn man bedenkt, daß selbst etliche der Parteimitglieder sich der Einflußnahme mehr oder weniger entziehen konnten.[84]

---

81 LA Greifswald, BPA SED Rostock, GO Ro.-Stadt, IV/7/029/233. Bei dem Aktenstück handelt es sich um einen Informationsbericht über die Betriebsparteiorganisation der Neptunwerft, der in Berlin am 14. April 1952 geschrieben worden ist. Ähnliche Feststellungen wurden auch in den nachfolgenden Jahren getroffen.

82 Damit sind beispielsweise die verschiedenen Unterlagen von Parteitagen und Tagungen des Zentralkomitees der SED gemeint.

83 Parteiversammlungen wurden häufig nur von weniger als der Hälfte der Mitglieder besucht, wobei zum Ende der 1950er Jahre der Besuch besser wurde. Ein wichtiger Grund für die geringe Beteiligung lag dabei in der Organisationsstruktur selbst, die es teils den in Schichten arbeitenden Parteimitgliedern nicht möglich machte, an Versammlungen teilzunehmen.

84 Dem entspricht, daß unter unseren beruflich aufgestiegenen Interviewpartnern sowohl Mitglieder der SED (z.B. Max Gerber, Günter Pommerenke, Heinz Rakow) wie auch Parteilose (z.B. Friedrich-Carl Düwell, Franz Wagner, Albert Reithel) waren. Nur einer meinte, in seiner Karriere habe es einen »Knick« gegeben,

Bei der Lösung betriebswirtschaftlicher Aufgaben arbeiteten die Parteileitungen auf zwei miteinander verbundenen Ebenen. Sie versuchten, die Genossen und alle anderen Beschäftigten der Werft zu höheren Leistungen zu motivieren und mischten sich unmittelbar in das Betriebsgeschehen ein. Die Parts der Werkleitung, der zentralen Parteileitung und auch der Betriebsgewerkschaftsleitung waren, vor allem wenn es um die Planerfüllung ging, häufiger in solcher Weise miteinander verwoben, daß es kein Erstaunen weckte, wenn der Werkleiter auf einer Parteiaktivtagung Hauptredner war. Allerdings waren die Werkleiter der 1950er Jahre starke Persönlichkeiten, die sich ihre Arbeitsverpflichtungen von niemandem aus der Hand nehmen ließen. Hinsichtlich der Ergebnisse der Arbeit der SED in der Werft und besonders ihrer Leitungen hieße es Tatsachen übersehen, wollte man sämtliche Anstrengungen als erfolglos abstempeln. Als ernst zunehmende Versuche, die Arbeiter, wie überhaupt die gesamte Belegschaft mehr an der Planung und am Betriebsgeschehen zu interessieren und sie einzubeziehen, sind beispielsweise die sogenannten Ökonomischen Konferenzen zu nennen, die seit Mitte der 1950er Jahre maßgeblich unter Federführung der SED stattfanden.[85]

Ähnliches ist auf unterer betrieblicher Ebene mit den sogenannten Produktionsberatungen, die unter der Regie der Gewerkschaftsleitungen standen, versucht worden.[86] Es bedarf weiterer und über

---

weil er nicht der SED angehörte (Hans Reithel). Die Berufskarriere von Georg Schwarz hingegen wurde durch seinen Austritt aus der SED in keiner Weise beeinträchtigt. Vgl. jeweils Transkripte bzw. Verlaufsprotokolle, für Georg Schwarz auch Porträt.

85 Zu den Ökonomischen Konferenzen vgl.: LA Greifswald, BPA SED Rostock, GO Ro.-Stadt, IV/7/029/223, ebenda, IV/7/029/240 und Archiv NIR, B/719. In Vorbereitung der I. Ökonomischen Konferenz, die am 12. November 1955 stattfand, wurden u.a. 200 Werkstattversammlungen, 435 Produktions-, Partei- und Frauenversammlungen, FDJ-Versammlungen, Seminare mit Brigadieren und Meistern, Konferenzen mit Technologen und Angehörigen der Intelligenz sowie Partei- und Gewerkschaftsaktivtagungen durchgeführt. Es wurden über 500 Vorschläge eingereicht bzw. Forderungen erhoben und Kritiken ausgesprochen. Gegenstand der I. Ökonomischen Konferenz war die Erschließung innerer Reserven und der Rentabilität der Werft. Die II. Ökonomische Konferenz (Frühsommer 1956) befaßte sich mit der Durchsetzung des wissenschaftlich-technischen Fortschritts.

86 Allein im Jahre 1954 wurden 698 Produktionsberatungen durchgeführt. Vgl.: Archiv NIR, B 465.

einen Betrieb hinausgehender Untersuchungen, um die Ökonomischen Konferenzen und Produktionsberatungen zu bewerten, vor allem in Hinsicht auf reale Möglichkeiten, die sie den Belegschaftsangehörigen zur Mitbestimmung boten. Von der Anlage her war seinerzeit eine Mitbestimmung ganz offensichtlich angestrebt. Zumindest einige Arbeiter nahmen das Angebot an und nutzten Produktionsberatungen, um betriebliche Verhältnisse zu beeinflussen und durch Mitwirkung eine Veränderung zu erzielen.[87] Wenn die Produktionsberatungen vermutlich nur in den selteneren Fällen zu Foren der Mitbestimmung wurden, hatte das sicher mehrere Ursachen. Sie hingen mit den Schwierigkeiten bei der Planung bzw. Planaufschlüsselung auf die einzelnen Werkstätten genauso zusammen wie mit den begrenzten ökonomischen Reserven, die notwendige, manchmal wiederholt geforderte Verbesserungen nicht zuließen. Auch die teils formale Durchführung der Beratungen oder mangelndes Interesse der Arbeiter spielten eine Rolle.[88]

Bei der interessanten Frage nach den Mitbestimmungsmöglichkeiten der Arbeiter am Betriebsgeschehen tritt der Betriebsrat ins Blickfeld. Etwas mehr als drei Jahre, von September bzw. Oktober 1945 bis zum 1. Dezember 1948 vertrat er in der Neptunwerft die Interessen der Arbeiter gegenüber der Werkleitung.[89] Zu den Aufgaben aller Betriebsräte gehörten einerseits mehr traditionelle wie die

---

87 LA Greifswald, BPA SED Rostock, GO Ro.-Stadt, IV/7/029/223. Danach kritisierten beispielsweise während einer Produktionsberatung im Jahre 1955 Arbeiter, daß die Kollegen auf der Slipanlage schwere Lasten bewegen mußten. Das wäre eine rückständige Arbeitsweise, die noch aus der kapitalistischen Zeit stamme. Zur Veränderung schlugen die Arbeiter einen einfachen und billigen Säulenkran vor.

88 Den Produktionsberatungen war das gleiche Schicksal anderer Organe oder Bewegungen beschieden: Als die mit ihnen verbundenen Hoffnungen sich nicht recht erfüllten, wurde ab 1957/58 mit den Ständigen Produktionsberatungen etwas Neues installiert. Vgl. zu Ständigen Produktionsberatungen: Dieter Schulz, Zur Entwicklung von Ständigen Produktionsberatungen in sozialistischen Industriebetrieben der DDR von 1957/58 bis 1965, in: Zeitschrift für Geschichtswissenschaft, 28. Jg. 1980, S. 842-850.

89 Dies und das folgende nach: Archiv NIR, K6/94. Die Bildung von Betriebsräten wurde mit Verordnung vom 15. Oktober 1945 verfügt, in der Neptunwerft war bereits im September ein betrieblicher Gewerkschaftsausschuß bestätigt worden, der die Rechte und Pflichten des Betriebsrates übernahm. Die Auflösung der Betriebsräte erfolgte aufgrund von Beschlüssen des Bundesvorstandes des FDGB vom 10. und 11. November 1948.

Mitsprache beim Abschluß von Arbeitsordnungen, Einstellungen und Entlassungen, die Mitbestimmung bei Tarifverträgen, Akkord- bzw. Normfestsetzungen sowie bei der Regelung der Arbeitszeit, des Urlaubs und beim Arbeitsschutz. Andererseits waren neue, aus der aktuellen Situation sich ergebende Aufgaben hinzugekommen wie die Mitbestimmung bei der Entwicklung und Steigerung der Produktion und die Kontrolle der Produktion bezüglich ihres friedlichen Charakters. In der Begründung für die Auflösung der Betriebsräte wurde angeführt, daß ein Dualismus zwischen den Betriebsräten und den Vertretungen des FDGB vermieden werden sollte. Tatsächlich waren die Aufgabenfelder des FDGB im Betrieb und der Betriebsräte von Anfang an nicht eindeutig voneinander getrennt. Beispielsweise sollten die Betriebsräte die Betriebsgewerkschaftsleitungen bei der Ausübung ihrer gewerkschaftlichen Aufgaben unterstützen. Vertreter der Betriebsleitungen des FDGB hatten das Recht, an den Verhandlungen zwischen Betriebsrat und Betriebsleitung mit beratender Stimme teilzunehmen. Selbst bei im engen Sinne sozialpolitischen Maßnahmen waren die Zuständigkeiten nicht klar. So hatten Betriebsrat und Betriebsgewerkschaftsleitung der Neptunwerft die Bekanntmachung über die Einführung eines Waschtages für die weiblichen Betriebsangehörigen vom 19. Februar 1947 gemeinsam unterzeichnet, bei den Unterzeichnern der Richtlinien für die Prämienverteilung vom 11. November gleichen Jahres hingegen fehlte die BGL. Insgesamt wirkten der Betriebsrat und die BGL teils sehr eng zusammen oder ergänzten sich in ihren Aktivitäten. Nach der Auflösung des Betriebsrates arbeiteten in der Neptunwerft die bisherigen Mitglieder des Betriebsrates in der BGL, insbesondere in ihren Kommissionen. Da auch die Rechte des Betriebsrates, wie die maßgebliche Mitsprache bei Einstellungen und Entlassungen auf die BGL übergingen, vollzog sich die institutionelle Veränderung wie in anderen Betrieben reibungslos.[90]

---

90 Andreas Wagner, Arbeit und Arbeiterexistenz im Wandel. Zur Geschichte der Belegschaft der Rostocker Brauerei Mahn & Ohlerich 1878 bis 1955, Phil. Diss. Univ. Hamburg 1995 (Ms), S. 270f. gelangt für die Rostocker Brauerei zu dem gleichen Resultat und schreibt, daß eine im Oktober 1948 abgeschlossene Betriebsvereinbarung zwischen der BGL und der Betriebsleitung den Gewerkschaftsvertretern weiterhin ausgedehnte Mitspracherechte und ungehinderte Tä-

Die Gewerkschaft, vertreten durch ihre Leitungen, hatte auch in den folgenden Jahren viele Mitspracherechte. Die Aktivitäten der Gewerkschaftsleitungen überlappten sich jedoch häufiger mit solchen, in die sich die SED-Betriebsparteiorganisation, offiziell ihren Führungsanspruch wahrnehmend, einmischte. So war es selbst bei den Betriebskollektivverträgen (BKV), die 1951 eingeführt wurden und seitdem die Beziehungen zwischen der Werftleitung und der Belegschaft regelten.[91] An sich war die Ausarbeitung bzw. Aushandlung des BKV maßgeblich eine Angelegenheit der Gewerkschaftsleitungen und der Werftleitung. Der erste BKV der Neptunwerft wurde am 15. August 1951 unterzeichnet. Die Werkleitung und die Belegschaft verpflichteten sich wechselseitg, die Planaufgaben allseitig zu erfüllen und die dazu notwendigen Voraussetzungen zu schaffen. Der BKV beinhaltete u.a. Maßnahmen zur Arbeitsorganisation, Qualifizierung, Bestimmungen für Lohn- und Gehaltszahlungen, darunter zur Vergütung der Arbeit nach dem Leistungsprinzip, Maßnahmen zum Arbeitsschutz sowie soziale und kulturelle Maßnahmen.[92] Die einzelnen Positionen wurden detailliert und präzise aufgelistet und da der BKV sich in den Händen jedes Beschäftigten befand, wäre eine Einflußnahme seitens der Arbeiter prinzipiell möglich gewesen. Bei den Auswertungen eines BKV wurden die nicht realisierten Verpflichtungen offengelegt.[93]

Insbesondere Aufgaben auf sozialem und kulturellem Gebiet bildeten einen Schwerpunkt gewerkschaftlicher Arbeit. Die Gewerkschaftsleitungen auf den verschiedenen Ebenen waren für die Belegschaftsangehörigen die Ansprechpartner, wenn es um Ferienplätze, die Unterbringung der Schulkinder in Ferienlagern, preisgünstige Karten für Kulturveranstaltungen und vieles andere ging.[94] Die

---

tigkeit gesichert habe. Einen Bruch sieht er hingegen im veränderten Rollenverständnis der Gewerkschaft. Dem ist zuzustimmen.
91 Der Einführung der BKV lagen gemeinsame Beschlüsse des ZK der SED und des Bundesvorstandes des FDGB vom 9. April 1951 zugrunde.
92 Archiv NIR, K6/94.
93 Ebenda, B/465. Aus der darin befindlichen Abrechnung zum BKV 1954 geht beispielsweise hervor, daß eine so wichtige Position wie die Steigerung der Arbeitsproduktivität nicht erreicht wurde. Die Arbeitsproduktivität (bezogen auf die Bruttoproduktion in Meßwerten) war gesunken.
94 In solche Bereiche flossen auch die sogenannten Rücklaufmittel der Gewerkschaftsbeiträge.

Grenzen zu den Verantwortlichkeiten der jeweils zuständigen betrieblichen Stellen waren indes fließend und so manches Mal erledigten Gewerkschaftsleitungen Aufgaben, die eher staatliche waren. Diese Überlappung von Verantwortlichkeiten war allgegenwärtig. Die Produktionsberatungen etwa sollten von der Gewerkschaft durchgeführt werden, doch der Werftdirektor hatte eine mehrseitige Organisationsanweisung zur Durchführung und Auswertung von Produktionsberatungen herausgegeben.[95] In dieser Verquickung - und damit Abnahme von Autonomie - wird ein entscheidender Grund dafür zu suchen sein, daß Arbeiter nicht nur nach den Junieignissen 1953 meinten, die Gewerkschaft habe an Bedeutung verloren.[96]

Außer den Betriebsorganisationen der SED und des FDGB wirkten in der Neptunwerft Betriebsorganisationen der FDJ und der Gesellschaft für Deutsch-Sowjetische Freundschaft. Beider Einfluß war erheblich geringer. Die Verantwortlichkeiten der FDJ wuchsen, als zum Ende der 1950er Jahre in wachsender Zahl Jugendbrigaden gebildet wurden.

3. Die Belegschaftsentwicklung in der zweiten Hälfte der 1940er und in den 1950er Jahren

Eine Statistik der Belegschaftsentwicklung nach einheitlichen Kriterien und zu vergleichbaren Stichtagen ist nicht erhalten, wahrscheinlich auch nicht geführt worden. Dennoch tauchen in allen ausgewerteten Archivbeständen reichlich Zahlen zur Rostocker Neptunwerft auf, so daß im großen und ganzen die Tendenzen der zahlenmäßigen Entwicklung der Belegschaft aufgezeigt werden können.

---

95 Archiv NIR, L3a/822.
96 LA Greifswald, BPA SED Rostock, GO Ro.-Stadt, IV/7/029/234.

Die zahlenmäßige Entwicklung der Gesamtbelegschaft

Im Verlauf der zweiten Hälfte der 1940er und in den 1950er Jahren wurde die Belegschaft der Neptunwerft gigantisch erweitert. Aus einer mittelgroßen Seeschiffbauwerft entwickelte sich eine Großwerft. Am 1. Januar 1954 wurde außerdem die im Jahre 1932 gegründete Gehlsdorfer Werft, am jenseitigen Warnowufer gelegen, der Neptunwerft als selbständiger Bereich angeschlossen.[97]

Aus den Zahlen *(Tabelle 10)* lassen sich drei große Sprünge bzw. Brüche in der Belegschaftsentwicklung ablesen: die Nachkriegsjahre zwischen 1945 und 1947, das Jahr 1949 und schließlich der Zeitraum zwischen den Jahresenden 1956 und 1957.

Die Belegschaftsentwicklung in den ersten Nachkriegsjahren hing eng mit der Politik der sowjetischen Militäradministration in Deutschland zusammen. Zur Demontage der Neptunwerft waren seit dem 31. Mai 1945 Aus- und Abbauarbeiten in Gang, sie beschäftigten einen sehr kleinen Teil der früheren Belegschaft, anfangs nur etwa 250 Arbeiter.[98] Der Verlust der Werft hätte nicht nur für die Werftarbeiter sondern für die ganze Stadt dramatische Folgen gehabt, vor allem weil Arbeitsplätze wegen der Konzentration von Rüstungsbetrieben in Rostock in den ersten Nachkriegsjahren sehr knapp waren.

---

97 Joachim Stahl, a.a.O., S. 221.
98 Archiv NIR, K6/75.

Tabelle 10:[99] *Belegschaftszahlen der Neptunwerft, 1945 bis 1960*

Termin/Stichtag	Beschäftigte
01.12.1945	459
31.01.1947	2.923
30.12.1947	3.371
31.12.1948	3.677
31.12.1949	6.596
Ende 1950	6.425
Ende 1951	6.936
Ende 1952	7.826
31.12.1953	8.349
31.12.1954	8.629
31.12.1955	8.484
29.12.1956	8.530
31.12.1957	7.503
Dezember 1958	7.384
Dezember 1959	7.545
Dezember 1960	7.172

Diese Situation mag mit dazu beigetragen haben, daß die Sowjetische Militäradministration schließlich auf die vollständige Demontage verzichtete und mit dem Befehl Nr. 173 vom 18. Dezember 1945 den Wiederaufbau der Werften, zunächst mit dem Ziel, Schiffsreparaturen auszuführen, verfügte.[100] Dieser Befehl beeinflußte die Belegschaftsentwicklung maßgeblich. In andere Wirtschaftszweige abgewanderte Facharbeiter wurden aufgefordert, in die Werften zurückzukommen. Aus der Umsetzung des Befehls ergab sich ein rasches Anwachsen der Beschäftigtenzahl. Die Zahl von knapp 3.000 Be-

---

99 Angaben für 1945 und den 31. Januar 1947 nach: Archiv NIR, K6/73; für Ende Dezember 1947-1949 nach: LHA Schwerin, MfS, Nr. 21; für 1950-1952 nach: Archiv NIR, B1/241; für 1953-1957 nach: ebenda, L3a/568; für 1958 und 1959 nach: ebenda L3a/1359 und schließlich für 1960 nach: ebenda, L3a/1339. Die Angaben für die Jahre 1950-1952 sind insofern unsicherer als die anderen, weil die genauen Erhebungszeitpunkte fehlen.
100 Vom Werden und Wachsen der Neptunwerft, a.a.O., S. 27.

schäftigten bereits zu Jahresbeginn 1947 ist indes nur unter Berücksichtigung der besonderen Nachkriegsbedingungen zu begreifen, wie der Notwendigkeit, den Verlust der meisten Maschinen, Anlagen und Werkzeuge durch aufwendige Handarbeit auszugleichen, den geschwächten Arbeitskräften, den Einbrüchen und Veränderungen in der Betriebs- und Arbeitsorganisation.

Die Tabelle zur Belegschaftsentwicklung zeigt, daß die zu Jahresbeginn 1947 erreichte Beschäftigtenzahl noch in den späten 1940er Jahren weit übertroffen wurde. 1949 stand der Werft eine gewaltige Erweiterung der Belegschaftszahl bevor. Die Neptunwerft stellte zwischen dem 31. Dezember 1948 und dem gleichen Tag des folgenden Jahres knapp 3.000 Arbeitskräfte ein. In der Werft war ein ständiges Kommen und Gehen, an manchen Tagen reisten mehr als 100 Arbeiter aus anderen Ländern der sowjetischen Besatzungszone an.[101] Allein in den wenigen Tagen vom 18. bis 28. Mai nahmen 677 Personen die Arbeit auf.[102] Die Belegschaftsaufstockung hing mit einer Erweiterung des Produktionsvolumens der Werft zusammen, zu den Reparaturen von Schiffen kam ein Schiffsneubauprogramm. Bereits im September 1948 hatte die Neptunwerft einen großen Auftrag zum serienweisen Bau von Loggern erhalten und baute bis 1952 179 Logger. Dieser Auftrag war Bestandteil eines umfangreichen Programms, in dessen Rahmen mehrere Werften insgesamt 1.081 Fischlogger auslieferten, von denen 1.039 in die Sowjetunion gingen, 41 für die DDR und einer für Nordvietnam gebaut wurden.[103] Zwischen Mai und Dezember 1949 wurden außerdem zum Heben von Schiffswracks 34 Hebepontons an die UdSSR geliefert.[104] Um die Aufträge zu sichern, wurden mit dem Befehl Nr. 33, den die Sowjetische Militäradministration am 30. März 1949 erließ, Arbeiter aus allen Ländern der SBZ zur Arbeit nach Rostock verpflichtet. Als im ersten Quartal 1949 der Pontonbau in Rückstand geriet - aus der Sicht der deutschen Werftleitung wegen Materialschwierigkeiten -, entschied die SMAD in Karlshorst nach einem Besuch auf der Neptun-

---

101 LHA Schwerin, MfS, Nr. 763.
102 Ebenda, Nr. 750.
103 Zur Verteilung des Loggerbauauftrags auf die einzelnen Werften sowie einige technische Daten der Logger vgl.: Joachim Stahl, a.a.O., S. 214.
104 Vom Werden und Wachsen der Neptunwerft, a.a.O., S. 32.

werft kurzerhand, daß 1.000 Arbeitskräfte einzustellen seien.[105] Die verantwortlichen sowjetischen Kräfte hielten wohl prinzipiell das Vorhandensein sehr vieler Arbeitskräfte für die beste Voraussetzung eines erfolgreichen Verlaufs des Logger- und Pontonprogramms sowie der Reparaturen. Die Arbeitskräftezuweisungen überstiegen den tatsächlichen Bedarf bei weitem, was sich schon im Verlauf des Jahres 1949 zeigte. Spätestens ab 1950 versuchte die Werftleitung, sich von den überschüssigen Arbeitskräften zu trennen. Insgesamt blieb die Beschäftigtenzahl jedoch hoch und wurde erst zu Jahresbeginn 1957 merklich und nachhaltig reduziert.

Die Neptunwerft war seinerzeit nicht der einzige Rostocker Betrieb mit raschem Beschäftigtenanstieg: In der Warnowwerft, einer neu entstandenen Werft in Warnemünde, stieg die Zahl der Belegschaftsangehörigen von 1.385 am 1. Januar 1949 auf 5.058 am 1. November des gleichen Jahres, bei der Bauunion von 135 auf 1.700, bei der Schiffsmontage von 150 auf 1.114. Erhebliche Belegschaftserweiterungen wurden auch in kleineren Betrieben vorgenommen.[106] Die überwiegend neu aufgebauten Werften des Landes Mecklenburg beschäftigten im Jahre 1948 etwa 16.000 Arbeitskräfte, Mitte 1951 etwa 30.000.[107]

Trotz aller Probleme - die Bereitstellung von Wohnraum beispielsweise stellte die Stadt Rostock wie auch die Städte Stralsund und Wismar vor schier unlösbare Schwierigkeiten - gehörte die Schaffung einer großen Zahl neuer Industriearbeitsplätze zu den dringendsten Aufgaben der Nachkriegszeit.[108] Das hing zum ersten mit dem Wegfall der Arbeitsplätze in den Rüstungsbetrieben zu-

---

105 Archiv NIR, K6/75.
106 LHA Schwerin, MdI, Nr. 2725.
107 Ebenda, IV/L/2/5/261.
108 Die Bedeutung der Problematik der Arbeitslosigkeit für die SBZ/DDR insgesamt erwähnt, wenn auch knapp, Gottfried Dittrich schon 1981. Vgl: Gottfried Dittrich, Zu den Reproduktionsquellen und einigen Veränderungen der sozialen Struktur der Arbeiterklasse der DDR während der Übergangsperiode vom Kapitalismus zum Sozialismus (1945 bis 1961), in: Jahrbuch für Wirtschaftsgeschichte, 1981/II, S. 243-279, hier S. 255. In einem früheren Aufsatz hatte er noch angenommen, daß es sich hauptsächlich um Menschen handle, die eine andere Arbeit suchten. Vgl.: Ders., Die bewußte, planmäßige Gestaltung einiger Prozesse der sozialistischen Entwicklung der Arbeiterklasse in der DDR (1948/1949 bis 1955), in: Jahrbuch für Geschichte 1974 (11), S. 169-211, hier S. 188f.

sammen. Außer Heinkel und Arado in Rostock hatte es mit Dornier in Wismar und Bachmann in Ribnitz allein zwei weitere Flugzeugwerke mit großen Belegschaften gegeben. Zum zweiten mußte den vielen arbeitsuchenden Flüchtlingen im Lande durch die Schaffung von Arbeitsplätzen ein neuer Anfang ermöglicht werden. Gemessen an der ursprünglichen Bevölkerungszahl nahm Mecklenburg von allen Ländern der sowjetischen Besatzungszone mit großem Abstand die meisten Flüchtlinge auf. Am 31. März 1949 befanden sich 987.019 »Umsiedler und Evakuierte« im Lande, sie machten 47 Prozent der Bevölkerung aus! Ihre Ansiedlung in den ländlichen Regionen resultierte aus der Wohnungsnot in den Städten und hatte nichts mit der Berufsstruktur vor allem der Männer im erwerbsfähigen Alter (216.130 Personen) zu tun. Die meisten Männer waren in der Heimat als unselbständig Beschäftigte in der Industrie, im Handel und im Handwerk tätig gewesen.[109]

Die innere Gliederung der Belegschaft der Neptunwerft

Arbeiter und Angestellte.[110] Der Anteil der Arbeiter war an beiden Stichdaten hoch *(Tabelle 11)*. Die sich abzeichnende Tendenz eines Rückgangs der Zahl der Arbeiter und der Steigerung der Zahl der Angestellten blieb in den folgenden Jahren erhalten. Im ersten Quartal 1952 machten die technischen Angestellten immerhin 9,5 Prozent der Belegschaft aus und die kaufmännischen 6,2 Prozent.[111] Der Anteil der Lehrlinge vergrößerte sich leicht.[112] Umschüler bzw. Anlernlinge hatte die Werft nur in der Aufbauphase nach dem Krieg.

Zwischen 1953 und 1957 nahm der Anteil der Produktionsarbeiter ab und der der technischen Angestellten zu *(Tabelle 12)*. Die Ten-

---

109 LHA Schwerin, IV/L/2/6/333.
110 Während man noch in den späten 1940er Jahren die Belegschaft in gewerbliche Arbeiter, technische und kaufmännische Angestellte sowie Lehrlinge und Umschüler gliederte, im Prinzip also den alten Kategorien der Berufszählungen in der Statistik des Deutschen Reichs folgte, wurde seit Beginn der 1950er die Kategorie »Produktionsarbeiter«, differenziert in Produktionsgrund- und Produktionshilfsarbeiter, eingeführt und eine gesonderte Zählung der Angestellten aufgegeben. Produktionsarbeiter umfassen die meisten, aber nicht alle Arbeiter.
111 Ebenda, B/63.
112 Ebenda, B1/241.

denz der Vorjahre setzte sich also fort. Doch trotz des allmählichen Anstiegs der Anzahl des technischen Personals waren in der Neptunwerft wie in zahlreichen anderen Betrieben Ingenieure, Konstrukteure und Technologen rar. Junge Arbeiter wurden von der Werft zum Studium an die Fachschulen, vereinzelt auch nach entsprechender Vorbereitung an die Universitäten delegiert. Im Verlauf der Jahre verringerte sich so trotz etlicher Rückschläge wegen der Studienabbrüche und Republikfluchten der Mangel an qualifiziertem technischen Personal. Ab 1958 nahm der Anteil der Produktionsarbeiter an der Gesamtbelegschaft wieder zu, zunächst gering, dann doch deutlicher. Die Ursachenfindung ist schwierig, zumal die Quellen sich widersprechende Erklärungen anbieten.[113] Die Schwankungen beim Anteil der Lehrlinge erklären sich überwiegend aus dem jeweiligen Bedarf.

Tabelle 11:[114]: *Personalstandsgliederung der Neptunwerft, 1947 und 1950*

	31. Januar 1947		8. Juli 1950	
Gesamtbelegschaft	2.923		6.556	
Arbeiter	2.488	(85,1%)	5.285	(80,6%)
Techn. Angestellte	37	(1,3%)	473	(7,2%)
Kaufm. Angestellte	75	(2,6%)	329	(5,0%)
Lehrlinge	125	(4,3%)	291	(4,5%)
Umschüler/Anlernlinge	198	(6,8%)	178	(2,7%)

---

113 Ebenda, L3a/824. Die dort enthaltenen Hinweise in Protokollen von Werkleitungssitzungen lassen vermuten, daß von der Umsetzungsaktion 1957 mehr sonstige Beschäftigte als Produktionsarbeiter betroffen gewesen seien, überlieferte Zahlen stützen eine solche Vermutung jedoch nicht.
114 Zusammengestellt und berechnet nach: Archiv NIR, K6/73 und K6/74.

Tabelle 12:[115] *Personalstandsgliederung der Neptunwerft, 1953 bis 1960*

Stichtag	Belegschaft	Prod.arbeit.	techn. Ang.	Lehrlinge
31.12.1953	8.349	5.620 (67,3%)	864 (10,4%)	703 (8,4%)
31.12.1954	8.629	5.688 (65,9%)	919 (10,7%)	618 (7,2%)
31.12.1955	8.484	5.475 (64,5%)	984 (11,6%)	632 (7,5%)
29.12.1956	8.530	5.239 (61,4%)	1.003 (11,8%)	675 (7,9%)
31.12.1957	7.503	4.538 (60,9%)	916 (12,2%)	580 (7,7%)
1958*[116]	7298	4503 (61,7%)	908 (12,4%)	493 (6,8%)
1959*	7603	4894 (64,4%)	906 (11,9%)	462 (6,1%)
1960*	7337	4709 (64,2%)	-	394 (5,4%)

Qualifikation der Arbeiter. Wie in anderen Werften war der Anteil der gelernten Facharbeiter unter den Arbeitern auch in der Neptunwerft sehr hoch.[117] Im April 1947 setzten sich die 2.678 Arbeiter (ohne Lehrwerkstatt) nach einer detaillierten Spezifikation der Lohnempfänger aus 1.685 gelernten, 179 angelernten und 814 ungelernten Arbeitern zusammen.[118] Der Anteil der gelernten Arbeiter lag also wieder über dem Stand der letzten Kriegstage. In dieser Spezifikation sind übrigens die E-Schweißer sowie die Kraftfahrer als Arbeiter mit gelernten Berufe gezählt worden. Aufschlußreich ist die Verteilung

---

115 Zusammengestellt und berechnet nach: Ebenda und zwar für 1953 bis 1957 nach: L3a/568; für 1958 nach: B/724; für 1959 nach: B/718; für 1960 nach: B/726. Ab 1953 lassen die Quellen mit einiger Sicherheit nur noch einen Vergleich der Schwankungen der Zahlen der Produktionsarbeiter, technischen Angestellten und Lehrlinge zu. Die technischen Angestellten, in den Unterlagen als technisches Personal bezeichnet, wurden mit dem Wirtschafts- und Verwaltungspersonal, dem Hilfs- und Betriebspersonal, dem Betriebsschutz und dem nichtindustriellen Personal zur Gruppe der sogenannten sonstigen Beschäftigten zusammengefaßt. Diese Gruppe schloß auch Arbeiter ein.
116 Bei den mit * gekennzeichneten Jahren handelt es sich um eine Berechnung des Ist-Standes im Jahresdurchschnitt.
117 Die Quellen fließen für die zweite Hälfte der 1940er Jahre erheblich reichhaltiger als für die 1950er. Die Gliederung der Arbeiter in gelernte, angelernte und ungelernte wurde leider frühzeitig aufgegeben. Am ehesten lassen sich seit Anfang der 1950er Jahre indirekte Schlüsse über die Qualifikation aus der Zuordnung zu Lohngruppen ziehen.
118 Archiv NIR, K6/73.

der Arbeiter in den einzelnen Werkstätten. Einige Werkstätten wurden für die folgende Tabelle ausgewählt.

Tabelle 13:[119] *Verteilung der gelernten, angelernten und ungelernten Arbeiter auf einzelne Werkstätten, 17. April 1947*

Werkstatt	Arbeiter	gelernt	angelernt	ungelernt
Schiffbau	139	77 (55,4%)	36 (25,9%)	26 (18,7%)
Bordmontage	221	189 (85,5%)	6 (2,7%)	26 (11,8%)
Schlosserei	210	175 (83,3%)	20 (9,5%)	15 (7,1%)
Schmiede	38	33 (86,8%)	3 (7,9%)	2 (5,3%)
Kesselschmiede	122	96 (76,7%)	8 (6,6%)	18 (14,8%)
Kupferschmiede	115	98 (85,2%)	9 (7,8%)	8 (7,0%)
Dreherei	102	92 (90,2%)	3 (2,9%)	7 (6,9%)
Zimmerei	153	120 (78,4%)	3 (2,0%)	30 (19,6%)
Tischlerei	113	108 (95,6%)	0	5 (4,4%)
Taklerei	104	26 (25,0%)	9 (8,7%)	69 (66,4%)
E-Werkstatt	190	151 (79,5%)	14 (7,4%)	25 (13,2%)

Der Befund ist eindeutig: Der Facharbeiteranteil in den Kernbereichen des Schiffbaus war in vielen Werkstätten wesentlich höher als im Durchschnitt der Werft. Nur in der Taklerei und in der Schiffbau-Werkstatt wich die Zusammensetzung zuungunsten der gelernten Arbeiter ab. Die meisten ungelernten Arbeiter waren im Magazin, in der Kantine und im Werkschutz beschäftigt. Trotz des hohen Facharbeiteranteils in den Kernbereichen klagte die Werftleitung in ihrem Abschlußbericht für das Jahr 1947 über einen Mangel an Facharbeitskräften.[120] Dieser Mangel dürfte weniger in der Zahl der Facharbeiter bestanden haben, als darin, daß einige der alten Facharbeiterfertigkeiten sowohl während des Krieges als auch in den ersten Jahren der Nachkriegszeit verschüttet wurden und sich der Rückfluß der alten Stammkräfte nur zögernd vollzog.[121]

---

119 Ebenda.
120 Archiv NIR, K6/74.
121 Ebenda, K6/69.

Auch unmittelbar nach der großen Arbeitskräftezufuhr des Jahres 1949 war in der Neptunwerft der Anteil der Facharbeiter sehr hoch. In den Werftneugründungen war die Situation zunächst vermutlich anders. Der Vergleich zwischen Neptun- und Warnowwerft *(Tabelle 14)* zeigt deutliche Unterschiede. In der Neptunwerft blieb durch die Arbeitskräftezufuhr bis zum Sommer 1949 nicht nur ein hoher Facharbeiteranteil erhalten, er wurde sogar noch größer. Der Neptunwerft wurden sehr viele Facharbeiter zugewiesen, der Warnowwerft anteilig mehr Hilfsarbeiter. Es spricht alles für die Annahme, daß der hohe Anteil der Facharbeiter an der Arbeiterschaft der Neptunwerft in den 1950er Jahren und darüberhinaus erhalten blieb.

Tabelle 14:[122] *Vergleich der Anteile der Fach- und Hilfsarbeiter an der Arbeiterbelegschaft der Neptun- und der Warnowwerft, 1948 und 1949*

Stichtag	Facharbeiter		Hilfsarbeiter	
	Neptunwerft	Warnowwerft.	Neptunwerft.	Warnowwerft
30. 6. 1948	1.909 (68,7%)	546 (59,4%)	871 (31,3%)	374 (40,7%)
30. 6. 1949	3.346 (74,4%)	1.544 (46,2%)	1.152 (25,6%)	1.800 (53,8%)

Berufe und Frauenbeschäftigung. Die Bandbreite der Berufe war wie allgemein in den Werften groß. Am 1. November 1951 übten die Produktionsarbeiter unterschiedlicher Qualifikation folgende Berufe aus:

---

122 LHA Schwerin, MdI, Nr. 2725. Die für das Jahr 1949 verwendeten Zahlen basieren vermutlich auf den Stammlisten der einzelnen Werkstätten und sind insofern gut mit denen von 1947 zu vergleichen. Die für die Warnowwerft zum 30. Juni 1949 zusammengestellten Zahlen decken sich etwa mit den bei Kathrin Möller, Geschichte der Warnemünder Warnowwerft, a.a.O., S.130 genannten.

Tabelle 15:[123] *Gliederung der Produktionsarbeiter nach Berufen und Geschlecht (1951)*

Berufe	Arbeiter	davon Frauen
Autogenschweißer und Brenner	190	26
Bauschlosser	94	2
Bohrer	155	3
Bootsbauer	20	0
Dreher	193	8
Eisenschiffbauer	721	0
Elektriker	115	3
Elektromaschinenbauer	31	2
E-Schweißer	269	13
Fräser	25	2
Former	20	0
Hobler	26	1
Holzsäger und –aufbereiter	121	1
Kesselschmiede	47	0
Klempner und Installateure	123	0
Laboranten	4	1
Lagerarbeiter	284	99
Lokomotivführer	3	0
Maler	165	24
Maschinenschlosser	293	8
Maschinenwärter	21	0
Maschinisten (Maschinenarbeiter)	93	18
Matrosen	33	0
Maurer	20	0
Mechaniker	11	0
Metallflächenschleifer	17	0
Metallschmelzer	5	0
Nieter	258	0
Reiniger	358	255
Sattler	4	0
Schiffszimmerer	60	0
Schlosser	473	12
Schmiede	255	0
sonstige Arbeiter	90	37
Tischler	269	16
Transportarbeiter	246	42
Werkzeugmacher	33	0
Zimmerer	237	0
Insgesamt	*5.382*	*573*

---

123 LA Greifswald, Rep. 242, L2/164.

19 oder 20 Berufe waren Facharbeiterberufe, die größten Gruppen bildeten die Schiffbauer, Schlosser (mit Maschinenschlossern und Bauschlossern), Schmiede (und Kesselschmiede), Zimmerer (und Schiffszimmerer) sowie die Tischler. Zu einem gewissen, nicht hoch zu veranschlagenden Teil, konnten bestimmte Tätigkeiten einiger Facharbeiterberufe auch nach einer mehrmonatigen Anlernphase ohne reguläre Lehre ausgeübt werden. Die seinerzeit korrekte Berufsbezeichnung lautete dann beispielsweise »Hilfsschlosser«. Diesen angelernten Arbeitskräften sind die wenigen weiblichen Beschäftigten zuzurechnen, die bei einigen Facharbeiterberufen erfaßt wurden. Bei den Anlerntätigkeiten bildeten die Nieter noch eine große Gruppe, zahlenmäßig jedoch von den Schweißern und Brennern schon deutlich übertroffen.[124] Häufungen in der Nennung von weiblichen Beschäftigten tauchen bei ungelernten Tätigkeiten auf, insbesondere bei den Reinigern und Lagerarbeitern. Frauen arbeiteten als Büroreinigerinnen, viele übten aber auch die körperlich sehr anstrengende und schmutzige Tätigkeit als Schiffsreinigerin aus.

Die Neptunwerft bot wenig Arbeitsplätze für Frauen, dies erklärt sich aus den schweren Arbeitsbedingungen im Schiffbau und der Tradition als Männerbetrieb, aber auch aus der besonderen Förderung als SAG-Betrieb. Die hohe Frauenbeschäftigung während der letzten Jahre des zweiten Weltkrieges blieb eine erzwungene Episode. Der Anteil der Frauen an der Belegschaft lag am 30. Mai 1947 bei 7,3 Prozent (225 Frauen), bis zum 30. Juni 1948 stieg er auf 9,5 Prozent (326 Frauen).[125] Weil 1949 nahezu ausschließlich Männer eingestellt wurden, sank der Anteil der Frauen, er betrug am 30. Juni 1949 nur noch 7,0 Prozent (380 Frauen).[126] In den folgenden beiden Jahren

---

124 Stemmer sind in der Berufsliste nicht ausgewiesen, obwohl es zum fraglichen Zeitpunkt sowohl die Tätigkeit als auch die Berufsbezeichnung in der Neptunwerft gab.
125 Archiv NIR, K6/73.
126 LHA Schwerin, MdJ, Nr. 2725. Ein Vergleich mit der Warnowwerft macht wiederum die Sonderbehandlung der Neptunwerft deutlich: Die Warnowwerft, welche keinesfalls so günstig mit Facharbeitern versorgt wurde wie die Neptunwerft, stellte in nennenswerter Anzahl Frauen ein. Am 30. Juni 1949 machten in der Warnowwerft die Frauen 23,3 Prozent der Belegschaft aus. Mit leicht sinkender Tendenz blieb die Frauenbeschäftigung annähernd auf diesem für eine Werft hohen Niveau. Kathrin Möller, Geschichte der Warnemünder Warnowwerft, a.a.O., S. 208 gibt zum Jahresende 1959 einen Frauenanteil von 21,5 Prozent an.

nahm die Frauenbeschäftigung leicht zu, mit den 10,7 Prozent Frauen bei den Produktionsarbeitern am 1. November 1951 war allerdings schon fast der Höchstwert der 1950er Jahre erreicht.

Tabelle 16:[127] Frauenbeschäftigung in der Neptunwerft, 1953 bis 1956

Stichtag	weibliche Beschäftigte	Produktionsarbeiterinnen	weibliche Lehrlinge
25. 12. 1953	1.435 (17,2% d. Belegschaft)	605 (10,8% d. Produktionsarb.)	105 (14,9% d. Lehrlinge)
25. 12. 1954	1.529 (17,72% d. Belegschaft)	548 (9,6% d. Produktionsarb.)	113 (18,3% d. Lehrlinge)
Dezember 1955	1.480 (17,4% d. Belegschaft)	470 (8,6% d. Produktionsarb.)	136 (21,5% d. Lehrlinge)
Dezember 1956	1.489 (17,5% d. Belegschaft)	414 (7,9% d. Produktionsarb.)	114 (14,3% d. Lehrlinge)

Während dieser vier Jahre änderte sich die Zahl der weiblichen Beschäftigten nur unbedeutend, ihr Anteil an der gesamten Belegschaft blieb gleich. Der Anteil der Produktionsarbeiterinnen nahm tendenziell ab. Darüber hinaus waren einige Frauen außerhalb der Produktion, z.B. in der Werkküche, als Arbeiterinnen beschäftigt. Insgesamt scheint mit der Ausweitung der Verwaltung gegenüber der zweiten Hälfte der 1940er Jahre ein Wandel eingetreten zu sein, in welchem die Frauen überwiegend untere und mittlere Funktion in der Verwaltung besetzten. Mädchen stellten einen erstaunlich hohen Anteil der Lehrlinge, wie noch zu zeigen sein wird. Gewerbliche Berufe waren davon wenig betroffen.

Altersstruktur und Betriebszugehörigkeit. Vom Jahresende 1956 hat sich eine Übersicht erhalten, die eine Gliederung der Zusammensetzung der Produktionsarbeiter nach dem Alter möglich macht.

---

127 Berechnet nach: Archiv NIR, L3a/568.

Tabelle 17:[128] Altersstruktur der am 31. 12. 1956 in der Neptunwerft beschäftigten Produktionsarbeiter

Alter	Männer	%	Frauen	%
66 J. u. älter	209	4,4	2	0,5
56 – 65 J.	583	12,2	18	4,2
46 – 55 J.	1.004	21,0	65	15,3
36 – 45 J.	689	14,4	79	18,6
26 – 35 J.	1.057	22,1	71	16,7
25 J. u. jünger	1.247	26,0	190	44,7
Summe	4789		425	

Auffällig bei der Altersstruktur der Männer sind zwei Dinge: die noch recht große Zahl derjenigen, die über das Renteneintrittsalter hinaus arbeiteten sowie die vergleichsweise geringe Anzahl in den mittleren Altersgruppen zwischen 36 und 45. Offensichtlich schlugen sich die Kriegsverluste nieder. Die knappe Hälfte der Produktionsarbeiter hatte die Weimarer Republik zumindest noch im jungen Erwachsenenalter erlebt bzw. in deren Endphase die Schule abgeschlossen und bei etwas Glück während der Weltwirtschaftskrise eine Lehre aufgenommen. Damit war der Prozentsatz der Arbeiter groß, die Demokratieerfahrungen aus der Zeit der Weimarer Republik mitbrachten, welche die »klassische« Arbeiterbewegung und eine zwar aufbrechende, aber zugleich noch traditionelle Arbeiterkultur erlebt hatten, und die die Entlassungen wegen Arbeitsmangel und Wechsel zwischen Beschäftigung und Erwerbslosigkeit kannten. Mehr als ein Viertel der Männer hatten beide Weltkriege durchlebt. Bei den Produktionsarbeiterinnen fällt der große Anteil der jungen Frauen auf.

---

128 Archiv NIR, B1/19.

Tabelle 18:[129] *Altersstruktur der Produktionsarbeiter 1949/50 und Ende 1956 im Vergleich*

Alter	1949/50		Ende 1956	
	Anzahl	%	Anzahl	%
51 u. älter	66	11,6	1326	25,4
26 – 50 J.	299	52,5	2451	47,0
25 u. jünger	205	36,0	1437	27,6
Summe	570		5214	

Zwischen 1949/50 und der Mitte der 1950er Jahre veränderte sich demnach die Altersstruktur der Produktionsarbeiter und -arbeiterinnen. Der Ende 1956 höhere Anteil der Produktionsarbeiter, die mehr als 50 Jahre alt waren, weist auf die Ausweitung mehrjähriger Beschäftigung in der Neptunwerft hin. Und tatsächlich arbeiteten im Jahre 1957 ca. 63 Prozent der Arbeiter fünf Jahre und länger in der Neptunwerft, etwa 18 Prozent sogar zehn und mehr Jahre.[130] Die lange Dauer der Betriebszugehörigkeit läßt die Fluktuation auf der Neptunwerft in einem neuen Licht erschienen und spricht für eine stabile Belegschaft. Die Belegschaft war aber zu keinem Zeitpunkt in sich abgeschlossen, Arbeiter aller Stufen des Arbeitslebens traten in die Werft ein und brachten Erfahrungen aus anderen Betrieben mit. Selbst über Fünfzigjährige wagten einen Neuanfang und zwar keineswegs nur wegen der Entwurzelung am Ende des Krieges oder in den ersten Jahren der Nachkriegszeit.

---

129 Archiv NIR und zwar: für 1949/50, S4a1/7 und S4a 1/11 und für 1956: B1/19. Für die Jahre 1949/50 wurden Unfallmeldungen ausgewertet. Bezogen auf die gesamte Belegschaft handelt es sich um eine Zufallsauswahl. Auch Bagatellunfälle unterlagen der Meldepflicht.
130 Dies und das Folgende berechnet nach: Archiv NIR, A4 149 und A4 150.

4. Wirkungen der Belegschaftsaufstockung von 1949 auf das Arbeitermilieu

Kurze Situationsbeschreibung

Wir haben gesehen, daß in der Neptunwerft die Belegschaftszahl allein zwischen den Jahresenden 1948 und 1949 um knapp 3.000 Arbeitskräfte, zumeist Arbeiter, erhöht wurde. Die Anzahl der Beschäftigten stieg um rund 44 Prozent. Die technische Leitung der Werft ging seinerzeit davon aus, daß für die Bewältigung der Aufgaben im Ponton- und Loggerprogramm, eine Gesamtbelegschaft von 6.000, höchstens 7.000 Mann erforderlich sei.[131] In diesem Größenrahmen bewegte sich die Belegschaftsaufstockung. Offenbar waren mindestens bis zum Sommer 1949 die Bedingungen ziemlich katastrophal, vor allem entstanden große Schwierigkeiten, weil es mit der Arbeitsorganisation haperte, was nicht überraschen kann bei einer derartigen Zahl von Neueinstellungen in kürzester Frist. Dazu kamen Mißstände wegen schlechter Unterbringung der auswärtigen Arbeitskräfte sowie noch unzureichender Sozialeinrichtungen in der Werft.[132]

Unabhängig von Herkunft, Qualifikation, Beruf und Lebensalter war für manchen Arbeiter die Arbeitsaufnahme in der Neptunwerft ein Schock, der oft schon mit der Ankunft in Rostock einsetzte. Egon Berg, ein 1924 geborener Bauschlosser aus Dresden, beschrieb seine Eindrücke so: Zum Transport, der am 25. Mai um 19.30 Uhr in Rostock eintraf, sei niemand von der Werft gekommen, der die Leute in Quartiere hätte einweisen können, nach einiger Wartezeit habe man schließlich Nachricht erhalten, daß das Hotel »Wilke« übergangsweise zur Übernachtung vorgesehen sei. Die Arbeitsaufnahme in der Werft hätte einen halben Tag gedauert. Berg beklagte sich

---

131 LHA Schwerin, MfS, Nr. 763. Die Angabe stammt aus einem Bericht des Amtes für Arbeit Rostock vom 23. Juni 1949 an die Deutsche Wirtschaftkommission (DWK) in Berlin. Der Leiter des Amtes für Arbeit teilte aber auch mit, daß nach Ansicht anderer verantwortlicher Stellen die Feststellung der technischen Leitung hinsichtlich der benötigten Arbeitskräftezahl zweifelhaft sei. In einem weiteren Bericht des Amtes an die DWK vom 19. Juli 1949 ist zu lesen, daß die BGL der Werft schon immer die Ansicht vertreten habe, die Berechnungen seien falsch und es würden zuviel Arbeitskräfte eingestellt. Vgl.: Ebenda, Nr. 764.
132 LHA Schwerin, MfS, Nr. 763 und 764.

über die Arbeitsorganisation und fehlendes Werkzeug, besonders aber berufsfremde Arbeiten. »*Wir mussten, obwohl wir alle Fachkräfte waren, berufsfremde Arbeiten (Transport von Schiffsplatten) ausführen*«, schrieb er.[133] Berg nutzte die erste Gelegenheit, um sich nach noch nicht mal drei Wochen von der Werft entlassen zu lassen. Wie Egon Berg verließen viele Arbeiter die Werft nach sehr kurzer Zeit wieder. Etliche warteten die Entlassung gar nicht erst ab, sondern gingen nicht mehr zur Arbeit, fuhren nach Hause und beantragten von dort ihre Entlassung.[134]

Für die Werftleitung war die unüberschaubare Situation offenbar nur schwer in den Griff zu bekommen.[135] Viele Klagen über die sehr schlechte Arbeitsorganisation hängen zu einem nicht geringen Teil auch mit dem raschen und spontanen Ausscheiden gerade eingestellter Arbeitskräfte zusammen. Die Werftleitung klagte über die mit einer Dauer von nur acht Wochen zu kurzen Arbeitseinweisungen, die Zeit würde nicht einmal zur Einarbeitung ausreichen. Jedoch längst nicht alle Arbeiter blieben wenigstens diese acht Wochen. Zugleich sollte die Werftleitung nach Empfehlung der Hauptverwaltung Arbeit und Sozialfürsorge der Deutschen Wirtschaftskommission nichts unversucht zu lassen, um auch die zunächst nur zeitlich befristet eingestellten Arbeiter zu einer Weiterbeschäftigung in der Werft zu bewegen. Die Verhältnisse waren insgesamt unübersichtlich, ja chaotisch. Die meisten durch die Ämter für Arbeit (ohne Rostock) im Mai und Juni freiwillig geworbenen Kräfte hatten noch ihre alten Arbeitsverhältnisse, sie kamen ohne Kündigung nach Rostock, obwohl sie dort eingestellt werden sollten. Vielen sei verspro-

---

133 LHA Schwerin, MfS, Nr. 763. Offensichtlich war es wenig üblich, daß sich ein Arbeiter nach seinem Ausscheiden aus der Werft schriftlich über seinen Einsatz beschwerte, denn zu dieser Angelegenheit nahm das Amt für Arbeit Rostock gegenüber der Hauptabteilung Arbeit im Schweriner Ministerium für Sozialwesen ausführlich Stellung. Darin ist u.a. zu lesen, daß der Transport der Schiffsplatten von jeher durch Facharbeiter vorgenommen werde. Egon Berg hatte auch auf fehlendes Werkzeug hingewiesen. Dieser Mißstand war der Werftleitung natürlich bekannt, beispielsweise hatte sie wegen Material- und Werkzeugschwierigkeiten in den Monaten März und April 1949 keine Arbeiter der betroffenen Berufsgruppen eingestellt.
134 LHA Schwerin, MfS, Nr. 764.
135 Deshalb wurden im Frühsommer 1949 offenbar Personalveränderungen in der Werftleitung vorgenommen. Vgl.: LHA Schwerin, MfS, Nr. 764.

chen worden, sie könnten jederzeit in ihre alten Betriebe zurück. Das Rostocker Amt für Arbeit beklagte auch die schlechte Auswahl der Arbeitskräfte, die Berufsbilder der für den Schiffbau notwendigen Fachrichtungen seien nicht genügend bekannt gemacht und studiert worden.[136] Die Fluktuation war sehr hoch und gegenüber den nachfolgenden Jahren waren es Facharbeiter, die den neuen Arbeitsplatz sehr schnell verließen. Die Neptunwerft stellte zwischen dem 5. Januar und dem 8. Dezember 1949 4.698 Arbeitskräfte ein und entließ 1.762.[137]

Angesichts solcher Verhältnisse ist es nahezu überraschend, daß die Belegschaft der Neptunwerft innerhalb kurzer Zeit zu einer festen Gemeinschaft zusammenwuchs. Sowohl die Ausgangsbedingungen als alte Werft wie auch die Sonderkonditionen als SAG-Betrieb wirkten sich trotz zahlreicher Schwierigkeiten im Einzelnen für die Neptunwerft günstig aus. Einen wichtigen Anteil am Prozeß des Zusammenwachsens hatten die Arbeiter selbst. Während viele der Ankömmlinge des Jahres 1949 die Werft und Rostock wieder verließen, weil sie vielleicht die Arbeitsbedingungen in der Werft, die äußerst bescheidene Unterbringung jeweils mit mehreren Personen in möblierten Zimmern, denen meist nicht nur jede Behaglichkeit, sondern allzu oft selbst die notwendigsten Möbelstücke fehlten, die Trennung von ihren Familien, zu denen sie schon wegen der langen Reisezeiten keineswegs jedes Wochenende fahren konnten, weit über ein erträgliches Maß hinaus belasteten, hielten noch mehr Neue diese Belastungen aus.

Ob und wie weit man die Herausforderungen in der Neptunwerft mit der schweren körperlichen Arbeit, den unvertrauten Arbeitstätigkeiten in einer fremden Arbeitsatmosphäre und anderem Arbeitsrhythmus, den Tausch der Werkhalle gegen das enge unübersichtliche, mit Schiffsteilen, Kabelenden und sonstigem verstellten Werftgelände annehmen konnte, hing stark von der Motivation ab. Egon Berg war unwillig gekommen, er war seinem Betrieb und seiner Heimatstadt Dresden stark verbunden. Nach der Entlassung aus der Neptunwerft schrieb er: »*Ich sehe die dort verbrachte Zeit*

---

136 LHA Schwerin, MfS, Nr. 764 und Archiv NIR, K6/75.
137 LHA Schwerin, MfS, Nr. 753.

als nutzlose an und glaube, in meinem bisherigen Betrieb mehr produktive Arbeit für den Wiederaufbau meiner Heimatstadt Dresden geleistet zu haben als es dort der Fall war.«[138] Der Ehemann unserer Interviewpartnerin Ilse Donath, Schlosser von Beruf wie Egon Berg, war seinem Betrieb, dem Gröditzer Stahlwerk, gleichfalls eng verbunden. Die Demontage dieses Werkes konnte er nicht ertragen und suchte den Neubeginn. Als dieser gelang, war das Kapitel Stahlwerk abgeschlossen.[139] Die Motivationen für den Verbleib in der Neptunwerft waren vielfältig. Sichere Arbeit und gutes Geld spielten eine große Rolle. Nicht zu unterschätzen ist, daß vielen neuen Arbeitern die interessante Arbeit in der Werft ganz einfach besser gefiel als die an ihrer alten Arbeitstelle, und sie deshalb nicht mehr zurückwollten. Der Schiffbau und die See übten einen großen Reiz aus.[140]

Kontinuitäten im Milieu

Daß die Belegschaftserweiterung nachhaltige Wirkungen auf das Arbeitermilieu in der Werft hatte, steht außer Frage. Sie trieb den bereits in der Vorkriegszeit auszumachenden Trend einer Schwächung des klassischen Arbeitermilieus, der durch die gesellschaftlichen Veränderungen seit Mai 1945 sowieso einen starken Impuls erhalten hatte, weiter voran. Allein schon wegen der erdrückenden Zahl von Neueinstellungen ist von einer Destabilisierung des Milieus auszugehen. Doch Schwächung und Destabilisierung sind nicht mit einer Milieuauflösung zu verwechseln, zumal die Neptunwerft als alte

---

138 LHA Schwerin, MfS, Nr. 763.
139 Interview Ilse Donath, Transkript:
*und mein Mann ging weg aus seinem damaligen Betrieb
weil da alles demontiert wurde
das konnt er nicht mit ansehen
es war ein Rüstungsbetrieb gewesen
und er war auch nicht Soldat gewesen
weil er immer reklamiert wurde für den Rüstungsbetrieb
und plötzlich wurde nun 45
alles demontiert und alles weggeschafft
das wollt er nicht nein.*
140 Lieselotte Kroß erzählte uns, daß ihr Mann auf keinen Fall zurück wollte, er mochte die Arbeit und fühlte sich, aus dem Gebirge stammend, an der See wohl. Vgl.: Interview mit Lieselotte Kroß, Transkript.

Werft eine Stammbelegschaft hatte, deren Einfluß auf die neuen Arbeiter weiter reichte als nach der Zahl anzunehmen war.

Die Zahl der Stammarbeiter ist wegen der schwankenden Beschäftigungslage in der Vorkriegszeit nicht sicher auszumachen. Von den 3.010 Menschen, die im Sommer des Jahres 1947 in der Neptunwerft arbeiteten, waren ca. 1.000 schon vor dem 1. Mai 1945 dort beschäftigt. Unter ihnen waren etwa 400 sehr langjährig in der Werft tätig, viele von ihnen hatten dort schon gelernt. Die anderen etwa 600 Angehörigen der Stammbelegschaft traten kurz vor dem Krieg bzw. während des Krieges in die Werft ein.[141] Diese ca. 1.000 Arbeitskräfte bildeten die Stammarbeiterschaft der Werft, das sah seinerzeit auch die deutsche Werftleitung so.[142] Einige Arbeiter hatten über die Zeit der Demontage hin in der Werft verbleiben können und damit jede Phase des Neuaufbaus erlebt. Die meisten strömten mit etlichen anderen Arbeitern wieder in die Werft, als seit 1946 die Schiffsreparaturen im Rahmen der Reparationsleistungen nach Arbeitern verlangten. Nach und nach wurden Arbeiter eingestellt, die vor 1945 in der Neptunwerft arbeiteten, nach dem Krieg aber zunächst ein anderes Unterkommen fanden.[143] Die Stammarbeiter gehörten im Wortsinne zu den Aktivisten der ersten Stunden, Tage, Wochen und Monate nach dem Krieg. Sie wurden im Jahre 1949 für ihre Leistungen im Logger- und Pontonbau ausgezeichnet, und sie waren diejenigen, welche die vielen Neuankömmlinge im Jahre 1949 in die Arbeiten in einer Werft einwiesen, bzw. sie sogar für einen neuen Beruf umschulten. Sie gaben neben ihren speziellen Arbeitserfahrungen und ihrem Arbeitswissen auch Traditionen der Arbeitskultur der Neptunwerft weiter.

---

141 Archiv NIR, K6/73.
142 Ebenda. Unter Stammarbeitern wurden in diesem Zusammenhang auch Meister und andere Angestellte verstanden.
143 Unser Interviewpartner Karl-A. Tiedemann z.B., der Ende der 1930er Jahre in der Neptunwerft Dreher gelernt hatte, wurde nach dem Krieg zunächst im Rostocker Kraftwerk zu Demontagearbeiten dienstverpflichtet, mußte dann Aufräumungsarbeiten im Hafen erledigen, arbeitete anschließend in einer kleinen Firma als Dreher und kam 1949 zur Werft zurück. Vgl.: Interview mit Karl-A. Tiedemann, Transkript.

Kapitel 7: Die Arbeitswelt der Neptunwerft 441

Ausscheiden des Meisters Seebahn am 8. September 1954. Der Meister arbeitete im Bereich Schiffbau. Die Mitglieder seines Meisterbereichs haben sich zum Gruppenphoto vor einem Schiff am Ausrüstungskai aufgebaut (Photo: Archiv NIR).

Dazu kam, daß die Werftleitung das Image ihrer langjährig Beschäftigten pflegte, beispielsweise wurden Betriebszugehörigkeitsjubiläen gefeiert. Als der Schiffbaumeister Heinrich Jahnke 1951 sein 50-jähriges Betriebsjubiläum beging, erhielt er ein von der Werftleitung, der BGL-Leitung und der Leitung der Grundorganisation der SED unterzeichnetes Schreiben mit folgendem Wortlaut:

> *»Lieber Meister Jahnke!*
> *Zu Ihrem heutigen Ehrentag sprechen wir Ihnen unsere herzlichsten Glückwünsche aus. Nicht jeder Mensch hat das Glück und die Kraft, 50 Jahre lang in einem Betrieb so treu und gewissenhaft mitzuarbeiten, wie Sie es immer getan haben. Sie haben es stets verstanden - auch in schweren Zeiten des Betriebes - Ihre guten Kenntnisse zur Verfügung zu stellen, und wir rechnen es Ihnen besonders an, daß Sie auch in den Jahren des Wiederaufbaus der Werft mitgeholfen haben, dem Betrieb wieder ein Gesicht zu geben.*
> *Somit wünschen wir Ihnen, lieber Meister Jahnke, daß Sie noch manches Jahr Ihre Schritte zur Werft lenken werden, um wie bisher*

> *in Rüstigkeit und Gesundheit Ihren Aufgaben nachzugehen und damit Anteil zu nehmen an den Erfolgen, die auch unsere Werft im Hinblick auf den Fünfjahrplan haben wird.*
> *Wir beglückwünschen Sie nochmals und wünschen Ihnen und Ihrer Frau, noch weitere Jahre in Frieden und Gesundheit gemeinsam zu verleben.«*[144]

Heinrich Jahnke arbeitete noch bis 1954 in der Werft. Zum feierlichen letzten Arbeitstag begleitete ihn seine Frau. Er war durch ein langes Arbeitsleben der Neptunwerft außerordentlich eng verbunden. 1887 in einer Rostocker Arbeiterfamilie geboren, lernte er nach dem Besuch der Volksschule von 1901 bis 1904 in der Neptunwerft Schiffbauer. Bis zu seiner Entlassung im Jahre 1908 konnte er dort als Schiffbauer-Geselle arbeiten, danach suchte er sich Arbeit in verschiedenen anderen Werften. Im Jahre 1911 bot ihm die Neptunwerft wieder einen Arbeitsplatz, und er blieb dort, von Zeiten nach Entlassungen aus Arbeitsmangel abgesehen, bis zum Abschluß seines Arbeitslebens. Heinrich Jahnke wurde 1932 zum Untermeister und 1945 zum Meister ernannt. Er war ein ausgezeichneter Facharbeiter, der mit seinen Kollegen kameradschaftlich umging, und ein politisch interessierter und aktiver Mensch. In den Metallarbeiterverband trat er 1904 ein. 1912 wurde er Mitglied der SPD und gehörte dann der USPD, der KPD und der SED an. In jungen Jahren, 1916 und 1917, war er Vertrauensmann der Schiffbauer der Neptunwerft, nach 1945 wirkte er bis zur Auflösung im Betriebsrat.[145] Etwa zwei Jahre nach seinem Betriebsjubiläum widerfuhr Heinrich Jahnke als Anerkennung seines langen, erfolgreichen Arbeitslebens die Ehre, am 11. Juli 1953 den ersten in der Werft für die Hochseeflotte der DDR gebauten 3.000-Tonner taufen zu dürfen. Sicherlich sollte mit der Auswahl Heinrich Jahnkes auch die Verbundenheit mit den Stammarbeitern der Neptunwerft symbolisiert werden. In den ersten Nachkriegsjahren wurden wie Heinrich Jahnke manche Stammarbeiter zu Meistern ernannt, einige erreichten auch höhere Positionen. Einzelne stiegen in Führungsebenen der Werft auf, aber nicht in technische Führungspositionen. Diese Stammarbeiter erlangten u.a. auf Grund ihrer

---

144 Archiv NIR, K6/58.
145 Ebenda.

Stellung in der Betriebsorganisation einen großen Einfluß in der Belegschaft. Andere gewannen Einfluß, weil sie die Werft und die Werftarbeit kannten. Der in einem ostpreußischen Dorf geborene Max Gerber, der am 1. März 1946 die Arbeit als Maschinenschlosser in der Neptunwerft aufnahm, erinnert sich an die alten Arbeiter, Meister und Obermeister mit den Worten:

Da kann man nichts sagen
also die waren sehr angesehen
die haben natürlich auch ausgestrahlt auf auf alle anderen nich.[146]

Das Tätigsein der Stammarbeiter in der Werft, teils weit über die 1950er Jahre hinaus, die Wertschätzung aller langjährig Beschäftigten, nicht nur der Arbeiter unter ihnen, durch die russische Direktion, die Aktionen der Betriebsleitung und der Leitungen der SED und der Gewerkschaft zur Pflege der Tradition bildeten günstige Bedingungen für einen Fortbestand von Zügen des Arbeitermilieus der Neptunwerft.

Max Gerber gehörte zu einer großen Gruppe von Arbeitern der Neptunwerft, die zwischen Ende 1945 und Ende 1948 eingestellt, gewissermaßen das Bindeglied zwischen den Stammarbeitern und den neuen Belegschaftsangehörigen des Jahres 1949 bildeten. Max Gerber, der 1944 geheiratet hatte, fand nach Kriegsende und seiner Entlassung aus der Kriegsgefangenschaft seine Familie in einem vorpommerschen Dorf.[147] Zu seiner Frau sagte er gleich:

hier werd ich nicht alt
und konnte ich auch nicht
was sollte ich da.

Für die Landwirtschaft habe er keine Lust gehabt, für ihn hätte festgestanden: »*du mußt dann jetzt entsprechend deiner Ausbildung suchen.*« Nach nur einem Monat Arbeit »*bei einem Bauern*« machte er sich auf, um in der Werft in Stralsund nach Arbeit zu fragen, weil ihn Werft-

---

146 Interview mit Max Gerber, Transkript.
147 Dies und das Folgende nach Interview mit Max Gerber, Transkript und Archiv NIR, L3a/2579b.

arbeit interessierte. Als es in Stralsund nicht klappte, zog er gleich weiter zur Neptunwerft, wo er wegen seiner Berufsausbildung sofort eingestellt wurde. Er sei dort in eine gute Arbeitsgruppe gekommen, und der Leiter der Gruppe, ein alter Gewerkschafter, habe ihm den Übergang von der Marine in den Beruf leicht gemacht. Im Jahre 1949 lernten ihn neue Kollegen in der Bordmontage dann schon als Vorarbeiter kennen.

Wie er suchten sich andere Arbeiter einen Arbeitsplatz in der Werft. Die Arbeitskräftewerbungen in der Zeitung erwiesen sich als wirkungsvoll. Vielen Neuankömmlingen ging es ähnlich wie Max Gerber, sie wurden von Meistern und Facharbeitern mit langer Arbeitserfahrung in der Neptunwerft in die Arbeit eingewiesen und bekamen sehr schnell selbständige, für sie neue, verantwortungsvolle Arbeitstätigkeiten übertragen. Zu den Neuankömmlingen des Jahres gehörte auch Fritz Sengpiel, der 1920 in der Nähe Rostocks geboren wurde und in der Werkstatt seines Großvaters Stellmacher und Wagenbauer gelernt hatte. Nach der Kriegsgefangenschaft kam er aufgrund einer Zeitungsannonce in die Werft. Er erzählte, er sei in die Zimmerei geschickt worden und dort von einem guten Obermeister nach einigen Erklärungen zur Arbeit eingeteilt worden. Der Obermeister habe gesagt: »*Du machst den Vorarbeiter von euch fünfen hier.*« Seine fehlende Berufserfahrung ließ ihn zögern:

> *Ich hab noch nie so ein Rundholz gemacht sag ich*
> *und mmh aber halb so wild sagt er*
> *und denn komm mit hingegangen*
> *und denn hat er mir das erzählt wie Rundholz gemacht wird*
> *viereckig achteckig sechzehnkantig wie es verjüngt wird.*
> *[...]*
> *das hat gedauert wochenlang aber der Mast war fertig nachher.*
> *Da hat er guckt mmh gut.*
> *So und da blieb ich denn als Schieber ne*
> *als Schieber als Vorroller war ich dabei.*[148]

---

148 Interview mit Fritz Sengpiel, Transkript.

Er lernte mit seiner Kolonne alle anfallenden Arbeiten zu machen und gewöhnte sich selbst an die Tätigkeiten, die ihm anfänglich viel Überwindung abverlangt hatten:

> *So dann alle anfallenden Arbeiten wurden gemacht*
> *auch äh wie soll ich sagen hoch in der Luft mit so*
> *mit äh Krankörbe reingesetzt und Masten gesetzt und Masten ausgebaut*
> *das war auch nicht alles so meine Sache ne*
> *aber ich hab mich dran gewöhnt und äh na*
> *hab auch das über Bord geworfen*
> *ich war nachher auch nicht mehr schwindlig*
> *wenn ich so hoch kletterte*
> *und so weiter und so fort ne.*[149]

Seit 1949 besuchte er eine Meisterschule, machte 1950 die Prüfung und bekam dann gleich eine ganze Meisterei.

Neben die Stammarbeiter und die Arbeiter, die erst in der Neptunwerft mit der Werftarbeit Kontakt erhielten, traten etliche Werftarbeiter aus Stettin, Danzig, Elbing und anderen Werftstandorten. Von den Besonderheiten abgesehen, die sich aus Altersunterschieden ergaben, mag so mancher Lebenslauf wie der des Stettiner Schiffbauers Walter Timmert dem des Rostocker Schiffbauers Heinrich Jahnke - beide saßen einige Zeit gemeinsam im Betriebsrat der Neptunwerft - in wichtigen Passagen des Erwerbslebens geähnelt haben. Walter Timmert, 1905 in Stettin geboren, erlernte nach dem Volksschulbesuch in einer Bootswerft das Schiffbauerhandwerk. Bereits während der Lehrzeit wurde er Mitglied im Metallarbeiterverband und trat der SPD bei. Nach der Gesellenprüfung arbeitete er in den Stettiner Oderwerken als Schiffbauer, Zeiten der Arbeitslosigkeit überbrückte er als Steinträger. Nach Krieg und Kriegsgefangenschaft verschlug es ihn zunächst nach Kiel, wo er einige Monate in der Howaldts-Werft als Schiffbauer arbeitete. In der Neptunwerft war er vom 1. April 1946 bis zum Abschluß seines Erwerbslebens am 30.

---

149 Ebenda.

Juni 1971 zunächst als Schiffbauer, seit 1949 als Vorarbeiter, dann ab 1952 als Meister ohne Prüfung beschäftigt.[150]

Die Belegschaftsaufstockung von 1949 und die Stammarbeiter

Aus Untersuchungen von Hübner, Lüdtke und anderen wissen wir etwas über Kontinuitäten im Verhalten, in Einstellungen, bei Mentalitäten und im Habitus, die, ausgeprägt im traditionellen deutschen Arbeitermilieu, sich auch in der SBZ und den frühen Jahren der DDR entdecken ließen.[151] Der teils ausgeführte, teils angedeutete vergleichende Ansatz scheint für unsere Problematik durchaus fruchtbringend. Es wird zu prüfen sein, inwiefern sich diejenigen Arbeiter, die im Jahre 1949 eingestellt wurden, von denjenigen, die bereits in der

---

150 Archiv NIR, L3a/2150.
151 Zu nennen sind die Arbeiten von Peter Hübner, insbesondere: Konsens, Konflikt und Kompromiß, a.a.O. Hübner hat seine Thesen und Fragestellungen sehr stark aus der Erschließung archivalischer Quellen gewonnen. Wenn auch sein Forschungsinteresse nicht dem »Arbeitermilieu« galt, so griff er dennoch etliche Themen auf, an denen Untersuchungen zum Milieu von Industriearbeitern nicht vorbeigehen können. Er wies u.a. nach, daß mentale Einstellungen, die das Arbeitermilieu vor 1945 entwickelt hat, erhalten blieben. Das ist für die obengenannte Problematik insofern von Interesse, als offenbar auch die von ihm untersuchten Betriebe nicht von sprunghafter Belegschaftsvergrößerung verschont geblieben sind. Die zuständige SMA-Verwaltung forderte beispielsweise allein im Monat Januar 1946 2.000 neue Arbeitskräfte für das Synthesewerk Schwarzheide. Vgl. dazu: Peter Hübner, Arbeiter und sozialer Wandel im Niederlausitzer Braunkohlenrevier von den 1930er Jahren bis Mitte der 1960er Jahre, in: Niederlausitzer Industriearbeiter 1935 bis 1970. Studien zur Sozialgeschichte, hrsg. v. Peter Hübner, Berlin 1995, S. 23-59, hier S. 46. Alf Lüdtke verfolgt in seinem Aufsatz: »Helden der Arbeit«, a.a.O., S. 188-213 u.a. die Kontinuität von Vorstellungen über den Sinn der Arbeit unter Industriearbeitern der DDR. Erwähnt sei schließlich der von Michael Vester, Michael Hofmann und Irene Zierke herausgegebene Band zu sozialen Milieus in Ostdeutschland, dem allerdings nur in einigen Abschnitten archivalische Quellen zugrunde liegen. Für Michael Hofmann, der das Leipziger Arbeitermilieu am Beispiel des späteren Kirow-Werkes untersucht, scheint es hinsichtlich des Milieus gänzlich belanglos zu sein, daß sich im Jahre 1948 die Beschäftigtenzahl mehr als verdoppelte, sie stieg von ca. 800 auf ca. 1.800 an. Einige der eingestellten Arbeiter seien ehemalige Fachkräfte des Werkes gewesen, einen größeren Teil hätten aber die Arbeitskräfte gebildet, die angelernt werden mußten. Wenig schlüssig ist danach die Einschätzung, S. 157: »*So läßt sich für die späten 1940er Jahre eine Konsolidierung und Strukturierung des Arbeitermilieus feststellen. Die Geselllungsformen und auch die Hierarchien unter den Metallarbeitern wurden gefestigt*«.

Neptunwerft beschäftigt waren, beispielsweise hinsichtlich ihrer beruflichen Qualifikation, ihrer Arbeitserfahrungen und Fertigkeiten, ihrer regionalen Herkunft und konfessionellen Bindung bzw. Prägung, aber auch ihres Familienstandes bzw. des Geschlechts unterschieden bzw. ähnelten. In Hinblick auf die Entwicklung in den 1950er Jahren ist von zentraler Bedeutung, ob mit dem abweichenden Werfteintrittsdatum Hierarchiebildungen zwischen den Arbeitern verbunden waren.

Aus etlichen archivierten biographischen Unterlagen läßt sich ein, wenn auch lücken- und bruchstückhaftes Lebensbild der Stammarbeiter der Nachkriegsjahre entwerfen.[152] Dessen für das Milieu vielleicht wichtigste Seite betrifft die regionale Herkunft und die Vielfalt der Arbeitserfahrungen. Hier bietet sich ein Vergleich an.

Hinsichtlich der regionalen Herkunft der Stammarbeiter lassen sich bemerkenswerte generative Unterschiede feststellen. Viele Stammarbeiter der älteren Generation, also die vor oder um 1900 geborenen, waren gebürtige Rostocker und wuchsen im Arbeitermilieu der Stadt auf. Die jüngeren Arbeiter hingegen waren seit etwa Mitte der 1930er Jahre zugezogen und hatten zuvor in verschiedenen Gegenden des Deutschen Reichs gearbeitet. Vom Lande, gewöhnlich aus der näheren Umgebung Rostocks, stammten außer Schmieden und vereinzelt auch Stellmachern nur einige der ungelernten Arbeiter. Die aus der schwankenden Auftragslage folgende instabile Beschäftigungssituation führte dazu, daß eine langjährige Tätigkeit im gleichen Betrieb eher die Ausnahme blieb. Die meisten Arbeiter wurden bald nach der Gesellenprüfung entlassen und mußten sich nach anderen Arbeitsgelegenheiten umsehen. Selbst nach Jahrzehnten, in der Rückschau auf einen Teil des Arbeitslebens, erinnerten Arbeiter diese Etappe, vielleicht anknüpfend an die alte Tradition des Gesellenwanderns, als Zeit, in welcher sie »in der Fremde« waren. Die Arbeitsplatzsuche führte sie meist weit von ihren Herkunftsorten fort. Etlichen gelang es nicht, für längere Zeit in einem

---

152 Archiv NIR, L3a und zwar folgende Nummern: 2135; 2138; 2139; 2141; 2143; 2144; 2145; 2146; 2147; 2148; 2149; 2150; 2579; 2579b. Bei den Akten handelt es sich um Bruchstücke von Personalunterlagen von Stammarbeitern der Werft. Sofern hier oder an anderer Stelle Angaben zur Person übernommen wurden, ist eine Anonymisierung erfolgt.

Betrieb fest Fuß zu fassen. Berufsfremde und unterbezahlte Hilfsarbeit haben die meisten irgendwann zwischenzeitlich angenommen. Familiengründung war unter solchen Arbeitsbedingungen erschwert, und es ist einleuchtend, daß von den älteren Rostockern, die zwischenzeitlich verheiratet waren, versucht wurde, in anderen Rostocker Betrieben unterzukommen.

In Hinsicht auf die Entwicklung des Milieus in der Nachkriegszeit ist festzuhalten, daß das Arbeitermilieu der Neptunwerft zumindest seit den 1920er Jahren gegenüber fremden Einflüssen nicht abgeschlossen war. Fast alle Stammarbeiter der ersten Nachkriegsjahre, sowohl die gebürtigen Rostocker als auch die von auswärts in die Neptunwerft gekommenen, brachten Arbeitserfahrungen aus anderen Werften bzw. anderen Betrieben wie auch aus vielfältigen berufsfremden Tätigkeiten mit. Gleichfalls hatten sie politische Erfahrungen an verschiedenen Orten gesammelt.

Dieser Zug zur regionalen Differenziertheit der Zusammensetzung der Belegschaft verstärkte sich in den Nachkriegsjahren schon vor der Belegschaftsaufstockung vor 1949 u.a. durch die Arbeitsaufnahme von Werftarbeitern aus den Werftstandorten zwischen Stettin und Elbing. Eine so geschlossene Zuweisung von Arbeitern einer Ostseewerft, wie sie für die Warnemünder Werft belegt ist - dorthin kamen beispielsweise 1947 Werftarbeiter der Stettiner Vulkanwerft (allein im Juli zusammen mit den Familienangehörigen etwa 1.000 Personen) - ist für die Neptunwerft nicht nachzuweisen.[153] Zu den Arbeitern, die vor 1949 einen Arbeitsplatz in der Werft fanden, gehörten auch etliche aus den früheren Heinkel- und Aradowerken und anderen Rostocker Betrieben. Manche dieser Arbeiter waren erst um 1935 zur Arbeit nach Rostock gekommen.

Die regionale Herkunft der 1949 eingestellten Arbeiter war noch vielfältiger. In beiden Rostocker Großwerften sowie in weiteren Betrieben wurden im Jahre 1949 Arbeiter in einer solch hohen Zahl eingestellt, daß sie nicht in der Stadt Rostock zu mobilisieren gewesen waren. Zur Neptunwerft gelangte ein Teil der neuen Arbeiter über eine gezielte Arbeitskräftelenkung. Außer in Berlin machten

---

153 Karin Labahn, Die Herausbildung der Zweiggruppe der Arbeiterklasse, a.a.O., Bd. I, S. 57f.

Arbeitsämter in allen Ländern der SBZ geeignete Arbeitskräfte ausfindig und vermittelten sie über eine meistens zeitlich begrenzte Dienstverpflichtung zur Arbeit in die Neptunwerft.[154] Andere Arbeiter meldeten sich im Zuge von Werbekampagnen direkt bei der Werft oder den Arbeitsämtern ihrer Heimatregion.[155] Auch Hinweise von Bekannten über Arbeitsmöglichkeiten in der Neptunwerft führten manchen Arbeiter in die Werft.

In der ersten Jahreshälfte kamen etwa 70 Prozent der in die Neptunwerft eingewiesenen Arbeitskräfte aus Mecklenburg und die anderen 30 Prozent aus anderen Ländern der sowjetischen Besatzungszone.[156] Im Verlauf des Jahres 1949 verschob sich die Relation weiter zugunsten der aus dem Land Mecklenburg stammenden, es ist mit einem Anteil von etwa drei Viertel zu rechnen.[157] Dieser hohe Anteil von in Mecklenburg ansässigen Arbeitern täuscht eine gewisse Einheitlichkeit der Herkunft vor. Tatsächlich befanden sich unter den aus Mecklenburg Eingestellten viele Flüchtlinge, Vertriebene bzw. Umsiedler. Leider lassen sich über ihre Zahl, ihre berufliche Qualifikation und ihre ursprüngliche Herkunft nur Vermutungen

---

154 Die zeitlich befristete Zuweisung (meist acht Wochen) soll unberücksichtigt bleiben, weil sie hinsichtlich der Entwicklung des Arbeitermilieus belanglos ist. Für die Zeit der Befristung wurde den zugewiesenen Arbeitskräften die Arbeitsstelle in ihrem bisherigen Betrieb freigehalten. Sie konnten sich aber auch für einen Wechsel zur Neptunwerft entscheiden. Von den Dienstverpflichteten sollen sich fast alle tatsächlich zur Arbeitsaufnahme in den Werften gemeldet haben. Vgl. dazu: LHA Schwerin, MfS, Nr. 763. Nach Karin Labahn, Die Herausbildung der Zweiggruppe der Arbeiterklasse, a.a.O., Bd. I, S. 117 entzogen sich durch die Arbeitsämter Dienstverpflichtete der Arbeitsaufnahme in einer der Werft z.B. durch Krankmeldung, Umzug, auch Übersiedlung in eine der westlichen Besatzungszonen oder Arbeitsaufnahme auf dem Lande.
155 Ab 20. Juli 1949 übernahmen die Werften die Werbung der Arbeitskräfte in den anderen Ländern der sowjetischen Besatzungszone in eigne Regie. Dazu gehörte u.a., daß sie untereinander abstimmten, welche Werft vorrangig in welchem Land aktiv werden wollte. Vgl. dazu: Karin Labahn, Die Herausbildung der Zweiggruppe der Arbeiterklasse, a.a.O., Bd. I, S. 50f.
156 LHA Schwerin, MfS, Nr. 764. In der Zeit vom 1. Januar bis zum 10. August 1949 stellte die Neptunwerft 2.753 Arbeitskräfte ein, davon 1.908 aus Mecklenburg und 845 aus anderen Ländern der SBZ. Vgl. zur Arbeitskräftezuweisung auch Karin Labahn, Die Herausbildung der Zweiggruppe der Arbeiterklasse, a.a.O., Bd. I, S. 39-53.
157 LHA Schwerin, MdI, Nr. 2725. Zwischen dem 30. März und dem 28. November wurden 3.234 Arbeiter aus Mecklenburg und 1.042 aus den anderen Ländern der SBZ eingestellt.

anstellen. Nach wie vor waren überschüssige Arbeitskräfte im Lande vorhanden, von denen etliche durchaus dauerhaft an der gut entlohnten Arbeit in der Neptunwerft interessiert waren. Für sie bot sich nach Jahren der Improvisation endlich ein aussichtsreicher Berufseinstieg. Wahrscheinlich stießen bei manchen von ihnen die Werbekampagnen und Informationen auf mehr Gehör, als daß sie Dienstverpflichtungen folgten. Die vier Brüder Reithel beispielsweise, die aus der Slowakei stammten und in einem Dorf in der Nähe Rostocks lebten, gelangten über die Vermittlung eines Bekannten in die Werft. Zwei von ihnen, die zunächst eine Facharbeiterprüfung und dann noch eine Meisterprüfung machten, arbeiteten bis zum unbeabsichtigt frühen Ende ihres Erwerbslebens zu Beginn der neunziger Jahre in der Neptunwerft.[158]

Dienstverpflichtungen hingegen spielten dann eine weitaus größere Rolle, wenn Arbeiter mit einer bestimmten beruflichen Qualifikation gesucht wurden. Vor allem gelernte Arbeiter metall- und holzbearbeitender Berufe ließen sich im Jahre 1949 oft nur noch auftreiben, in dem aus kleinen und mittleren, teils privaten Industrie- und Handwerksbetrieben die gewünschten Arbeiter »abgezogen« wurden, oft gegen ihren Willen durch eine Dienstverpflichtung und zum Nachteil der Betriebe.[159] Auf diese Weise nahmen denn in der Werft 1949/50 auch alteingesessene Rostocker und Mecklenburger aus anderen Städten die Arbeit auf, die zuvor als Fachkräfte in kleineren Betrieben beschäftigt waren. Günther Pommerenke aus Plau am See war einer von ihnen. Sehr widerstrebend folgte er 1950 schließlich doch der Dienstverpflichtung zur Werft, hauptsächlich, um dem aus seiner und der Sicht seiner Frau größeren Übel, einer Dienstverpflichtung in den Bergbau, zu entgehen. Er hatte in einem Handwerksbetrieb Zimmermann gelernt und auch nach der Lehre

---

158 Interview mit Albert Reithel, Verlaufsprotokoll; Interview mit Hans Reithel, Transkript.
159 So klagte beispielsweise die Hansewerft in Wismar am 8. Januar 1949 darüber, daß sie dem Wismarer Arbeitsamt 4 Eisenschiffbauer zur Weitervermittlung zur Verfügung stellen solle. Sie könne dann die Reparaturen an den Fahrzeugen der Wasserstraßendirektion nicht voll gewährleisten, denn unter ihren 30 Schiffbau-Fachkräften habe sie einschließlich der Meister und Vorarbeiter nur 8 Eisenschiffbauer. Vgl.: LHA Schwerin, MfS, Nr. 763, siehe auch Kathrin Möller, Geschichte der Warnemünder Warnowwerft, a.a.O., S. 134.

beim Handwerker gearbeitet. In der Werft schulte er gleich noch zum Bootsbauer um. Fachlich sei er in der Werft gleich gut zurechtgekommen, sagt er. Spezielle Fähigkeiten und Arbeitsfertigkeiten, die er im Handwerksbetrieb erwarb, hätten dazu geführt, im Arbeitskollektiv schnell Autorität zu erlangen, anerkannt zu werden und weiter zu kommen. Als ihm nach einiger Zeit eine Möglichkeit zur Qualifizierung als Meister und danach eine Meisterstelle in seinem bisherigen Arbeitskollektiv geboten wurden, griff er zu. Er sagt:

und ich war eigentlich erstaunt
daß ich Achtung und Anerkennung gefunden hab bei den Kollegen
obwohl ich einer der Jüngsten war
obwohl die anderen also teilweise auf der Werft gelernt hatten
und länger auf der Werft waren
und na ich sag mal so
den direkten Umsturz auf der Werft von der Demontage mitgemacht hatten.[160]

Nach einem mit mehreren Qualifizierungen verbundenen bemerkenswerten betrieblichen Aufstieg trennte er sich 1990 voller Wehmut als einer der ersten Vorruheständler von seiner langjährigen Arbeitsstätte.

Da offensichtlich auch auf diesem Weg Facharbeiter nicht in der von der Werft gewünschten Anzahl ausfindig zu machen waren, wurden Arbeiter aus Sachsen, Brandenburg, Thüringen und Sachsen-Anhalt zur Arbeit in der Neptunwerft verpflichtet.[161] Die Vermittlung von Arbeitern aus diesen Ländern erfolgte üblicherweise zeitlich befristet, aus verschiedenen Gründen blieben nicht wenige dauerhaft in der Werft.[162] Heinz Rakow, der in seinem erzgebirgi-

---

160 Interview mit Günther Pommerenke, Transkript.
161 Karin Labahn, Zu einigen Problemen der Strukturentwicklung der Arbeiterklasse in den Ostseewerften auf dem späteren Territorium der DDR 1945 bis 1949/50, Jahrbuch für Wirtschaftsgeschichte 1978/II, S. 233f. liefert Zahlen über die geplante Zuweisung von Arbeitskräften für die Schiffswerften des Landes Mecklenburg. Sie entsprechen sicherlich nicht den erfolgten Vermittlungen, ermöglichen wohl aber doch einen gewissen Eindruck über die regionale Herkunft.
162 Genaue Zahlen über die Arbeiter aus den anderen Ländern der SBZ gibt es nicht. Sicher ist aber, daß in der Neptunwerft deutlich mehr Arbeitskräfte aus diesen Ländern arbeiteten als in der Warnowwerft. Dafür wird die besondere Stellung

schen Heimatort keine Arbeit in seinem Beruf als Dreher gefunden und deshalb schon eineinhalb Jahre in einer westlichen Besatzungszone gearbeitet hatte, war offenbar mit seiner Einweisung in die Neptunwerft entschlossen, sich in Rostock ein neues Leben aufzubauen. Sogleich wirkte er in der Gewerkschaft, wurde Vertrauensmann und bald Vorsitzender einer Abteilungsgewerkschaftsleitung. Fast sein gesamtes, außerordentlich bewegtes Berufsleben verbrachte er in der Werft.[163]

Ganz sicher wirkte sich für das Zusammenwachsen von Arbeitern so unterschiedlicher geographischer Herkunft günstig aus, daß die Belegschaft der Neptunwerft in den 1930er Jahren und in den ersten Nachkriegsjahren nicht abgeschlossen war, sondern Zuwanderungen aus anderen Regionen erfolgten. Wichtiger war wohl aber noch die Arbeitsmobilität vieler aus Rostock stammender Arbeiter der Neptunwerft, die sie den Umgang mit fremden Kollegen und Arbeitsbedingungen gelehrt hatte. Jedenfalls störten 1949 die Unterschiede aus der regionalen Herkunft im Arbeitsprozeß offenbar genausowenig wie die teils verschiedene konfessionelle Bindung. Die Erinnerungen unserer Interviewpartner zu den Wirkungen der differenzierten regionalen Zusammensetzung betreffen im wesentlichen drei Punkte. Es sei so viel Bewegung, ein ständiges Kommen und Gehen in der Werft gewesen, und dabei hätte man es als ziemlich unwichtig gefunden, wo jeder herkam, die alten Rostocker Werftarbeiter seien kameradschaftlich und unter den »Auswärtigen« seien viele geschickte, fleißige und intelligente Leute gewesen, die gewußt hätten, was sie wollten. Die Arbeit ließ sich ohne besondere Probleme gemeinsam anpacken.[164] Damit waren grundsätzlich günstige

---

der Neptunwerft als SAG-Betrieb ausschlaggebend gewesen sein. Die Warnowwerft stellte zwischen dem 30. März und dem 28. November 1949 nur 169 Arbeitskräfte aus anderen Ländern der SBZ ein. Diese Einstellungspolitik verursachte den ziemlich hohen Hilfsarbeiteranteil in der Warnemünder Werft. Vgl.: LHA Schwerin, MdJ, Nr. 2725.
163 Interview mit Heinz Rakow, Verlaufsprotokoll.
164 Allerdings widerspiegeln diese Erinnerungen nicht ganz die Verhältnisse, vor allem wird das Leben vor den Werfttoren ausgeklammert. Außerhalb der Werft hatten manche Flüchtlinge, Vertriebene bzw. Umsiedler ernsthafte Schwierigkeiten bei der Integration in Rostock.

Voraussetzungen für ein Zusammenwachsen der Belegschaft gegeben.[165]

Hinsichtlich der beruflichen Qualifikation offenbaren die Biographien der Stammarbeiter der Neptunwerft keinerlei Überraschungen. Die meisten von ihnen waren Facharbeiter. Nach dem Besuch der Volksschule hatten viele in einer Werft bzw. einem anderen größeren Betrieb gelernt, einige aber auch im Handwerk. Bei der Belegschaftsaufstockung 1949 wurden die Anforderungen der Neptunwerft nach gelernten Facharbeitern weitgehend erfüllt. Als SAG-Betrieb hatte sie bei der Zuweisung von Arbeitskräften Vorteile. Eine Liste mit den Angaben zur Zahl und zu den Berufen der 1.653 Arbeitskräfte (ohne Lehrlinge), die der Neptunwerft zwischen dem 30. März und 28. Juni durch das Arbeitsamt vermittelt wurden, weist neben 245 Hilfsarbeitern 123 E-Schweißer-Anlernlingen, 48 Umschülern, 51 technischen und 45 kaufmännischen Angestellten gut 900 Facharbeiter aus. Außer einigen Leuten für die Feuerwehr und den Werkschutz hatten die restlichen Arbeiter vor dem Werfteintritt zwar keine Lehre gemacht, aber doch eine spezielle berufliche Qualifikation erworben.[166]

Die traditionelle Dominanz gelernter Arbeiter in der Werft ging also nicht verloren. Dennoch bestand zu den Verhältnissen in der Vorkriegszeit ein bemerkenswerter Unterschied, aus dem sich etliche Probleme bei der Integration der neuen Arbeiter ergaben. Waren die Facharbeiter, die in den 1920er und 1930er Jahren in der Werft arbeiteten, zumeist von vornherein solche mit schiffbautypische Berufen, so sah das in Folge des Belegschaftsschubs von 1949 anders aus. Mit ihren Untersuchungen hat Karin Labahn zweifelsfrei nachgewie-

---

165 Diese Einschätzung schließt gelegentliche Reibereien und Differenzen ein. Hans Schröder, aus Schlesien stammend, sprach davon, daß zwischen Vertriebenen und den Einheimischen ein bißchen indirekter Neid bestanden habe, der nicht offen zum Tragen gekommen wäre. Wenn es um Überstunden oder Sonntagsarbeit ging, seien die Vertriebenen eher bereit gewesen als andere, sie hätten dann mehr Lohn gehabt. Auch bei der Vergabe von Bezugsscheinen z.B. für Schuhe seien die Vertriebenen mehr bedacht worden als die Einheimischen, da diese in der Regel noch ein zweites Paar besessen hätten. Insgesamt sei es jedoch kameradschaftlich zugegangen, sie wären ein sehr gutes Kollektiv gewesen. Vgl.: Interview mit Hans Schröder, Transkript. Vgl. zum Problem auch: Manfred Heyne, Werftarbeiter, in: Mecklenburgische Volkskunde, Rostock 1988, S. 223.
166 Berechnet nach: LHA Schwerin, MfS, Nr. 763.

sen, daß die Neptunwerft durchweg Facharbeiter mit für den Schiffbau im Prinzip geeigneten Berufen einstellen konnte.[167] Dennoch ließen sich die Wünsche und Forderungen der Betriebsleitungen der Neptunwerft nach »Spezialkräften« nicht erfüllen. Unter den der Neptunwerft im zweiten Quartal 1949 vermittelten Arbeitskräften waren nur 24 Schiffbauer, 24 Kupfer- und sieben Kesselschmiede.[168] In den Monaten Mai und Juni wurden sechs Schiffbauer eingestellt.[169] Das waren der Werftleitung viel zu wenig »Spezialkräfte«.

Die Forderungen der russischen und der deutschen Werftleitung gingen allerdings weit an der Realität vorbei. Die angeforderten Eisenschiffbauer konnten nicht vermittelt werden, das machte bei einer Verhandlung in Schwerin Anfang Mai 1949 über die »Gestellung« von Fachkräften der Vertreter der Deutschen Wirtschaftskommission, Littke, der russischen und der deutschen Werftleitung »*nachdrücklichst*« klar. Vor dem Zusammenbruch habe es in der östlichen Hälfte Deutschlands nur ca. 300 Eisenschiffbauer gegeben. Auch E-Schweißer, Kupfer- und Kesselschmiede seien nicht in der gewünschten Anzahl zu haben. Littke meinte, es könnten nur berufsverwandte Facharbeiter gestellt werden.[170] So wurden Schlosser statt Schiffbauer eingestellt, andere Möglichkeiten gab es nicht. Zwischen Ende März und Ende Juli wurden der Werft ca. 570 Schlosser, darunter wohl in größerer Anzahl Schiffsschlosser zur Einstellung angeboten. Weil das Amt für Arbeit die angeforderten Kupfer- und Kes-

---

167 Karin Labahn, Die Herausbildung der Arbeiterklasse, a.a.O., Bd.I, S. 58f. und dies., Zur Entwicklung der Arbeiterklasse in den Ostseewerften 1945 bis 1950, in: 140 Jahre Eisenschiffbau in Rostock. Symposium am 31. März 1990 in der Schiffswerft Neptun/Rostock, hrsg. von der Pressestelle der Schiffswerft Neptun/Rostock, Berlin 1991, S. 83-86. Gelernte Facharbeiter wie Bäcker, Weber, Fleischer oder Friseure wurden, wenn überhaupt, dann in so geringer Zahl zugewiesen, daß sie nicht ins Gewicht fielen. Karin Labahn errechnete unter den in den Monaten Mai und Juni eingestellten Facharbeitern einen Anteil dieser Berufsgruppen von 2,4 Prozent. In der Dissertation wird auch sehr detailliert die Sonderstellung der Neptunwerft hinsichtlich ihres auch nach der Belegschaftsaufstockung unverändert hohen Facharbeiteranteils herausgearbeitet.
168 LHA Schwerin, MfS, Nr. 763.
169 Karin Labahn, Die Herausbildung der Arbeiterklasse, a.a.O., Bd.II, Tabelle 29.
170 LHA Schwerin, MfS, Nr. 763.

selschmiede nirgends in der gewünschten Anzahl ausfindig machen konnte, wurden 78 Schmiede mobilisiert.[171]

Das Rostocker Amt für Arbeit sandte Ende Juni 1949 einen mit kritischen Passagen gespickten Bericht über die Situation in der Neptunwerft an die Deutsche Wirtschaftskommission in Berlin. Darin findet sich die folgende Stelle: »*Wenn man bedenkt, dass beim Ponton-Programm mit einer produktiven Belegschaft von 335 Mann nur 5 gelernte Schiffbauer vorhanden sind, die sich auf die 3 Schichten verteilen, und diesen gegenüber stehen 206 Schlosser (grösstenteils neu zugewiesene Kräfte) so kann sich jeder Fachmann vorstellen, wie schwierig es für die Meister und Werkstattleiter ist, die Neulinge richtig anzusetzen und zu beaufsichtigen.*«[172] Wenn auch nicht überall gleichartige Extreme auftraten, recherchierte das Arbeitsamt, daß speziell in den Monaten Mai und Juni 1949 zuviele Schlosser eingestellt worden waren. Die Lage komplizierte sich, weil offenbar bei Schlossern das branchenspezifische Berufsethos ausgeprägt war.

Aus der Sicht des Arbeitsamtes, dessen Mitarbeiter die Verhältnisse in der Werft ziemlich genau kannten, bereitete die Formierung einer neuen Belegschaft erheblich mehr Schwierigkeiten, als unsere beteiligten Interviewpartner erinnerten. Arbeitsleistungen verschlechterten sich, Normübererfüllungen fielen nur noch geringfügig aus, und dies, obwohl das Arbeitsamt der alten Belegschaft einen großen Arbeitseinsatz bescheinigte. Weil auch der Lohn sank, breitete sich unter den länger auf der Werft beschäftigten Facharbeitern Unmut aus, zumal sich häufig unter ungünstiger gewordenen Arbeitsbedingungen ihr Aufgabenfeld erweiterte. Viele von ihnen wurden kurzer Hand zu Vorarbeitern ernannt und sahen sich plötzlich wie die Meister einer Kritik wegen schlechter Arbeitsorganisation ausgesetzt, die sie weder verursacht hatten noch maßgeblich beeinflussen konnten. Auch für die von auswärts eingestiegenen Arbeiter war der Neuanfang in der Werft schwierig. Manche Probleme,

---

171 Ebenda. Diese Angaben decken sich in den Grundzügen mit den tatsächlich erfolgten Einstellungen, über die es aber nur für sehr kurze Zeiträume genauere Nachrichten gibt. Vgl.: Karin Labahn, Die Herausbildung der Zweiggruppe der Arbeiterklasse, a.a.O., Bd. II, Tabelle 29.
172 LHA Schwerin, MfS, Nr. 763. Auf diesen Bericht beziehen sich auch die folgenden Ausführungen.

die die neueingestellten Facharbeiter in den ersten Wochen und Monaten auf der Werft hatten, hingen mit der Entwertung ihrer bisherigen Facharbeitertätigkeit zusammen. Sie wurden oft über Wochen hin mit Hilfstätigkeiten beschäftigt, Schlosser z.b. als Helfer für die Stanz- und Schneidemaschinen in der Schiffbau-Vormontage. Andere Facharbeiter machten seit ihrer Einstellung Transportarbeiten.[173] Das Arbeitsamt erfuhr nach Rücksprachen bei den Meistern verschiedener Werkstätten, daß die zugewiesenen Arbeitskräfte dort eingesetzt würden, wo gerade Arbeit vorläge, ganz gleich, ob dies Fachkräfte oder Hilfskräfte seien. Bezahlt wurden trotz der Hilfsarbeiten Facharbeiterlöhne. Viele der zugewiesenen und vermittelten Facharbeiter kamen sich wegen Arbeitsmangel, Fehlen von Arbeitsgerät und Material einfach überflüssig vor.

Daß diese Verhältnisse »*demoralisierend*« wirkten und zu »*Bummeleien grössten Ausmasses führten*« ist naheliegend. Zumindest am Beginn der Zusammenarbeit kam es zwischen den schon länger in der Werft beschäftigten Facharbeitern, insbesondere aber zwischen Meistern und den gerade vermittelten Fachkräften zu Differenzen, die aus den Erfahrungen über Arbeitstätigkeiten gelernter Leute in anderen Industrie- und Handwerksbetrieben herrührten. Aus diesen Erfahrungen heraus wurden Anforderungen, wie z.B. das Heben schwerer Stahlplatten, das damals von einer Kolonne von Schiffbauern per Hand gemacht wurde, als Zumutung empfunden und abgelehnt.[174] Für die gelernten Schiffbauer dagegen symbolisierte diese Arbeit eher Kraft und Stärke und Zusammengehörigkeit, jedenfalls keine Zumutung. Offenbar traten in der ersten Zeit der Zusammenarbeit eine Vielzahl von Differenzen auf, die mit den bisherigen Arbeitserfahrungen zusammenhingen. Aus der Sicht des Arbeitsamtes fielen in der Werft Arbeiten an, die in kleinen und mittleren Betrieben kein Schlosser zu erledigen hatte. Wegen der fortwährenden Reibereien sowie einer Beschwerde des Landesarbeitsamtes Sachsen sah sich das Amt für Arbeit in Rostock schließlich sogar veranlaßt,

---

173 Dies und das Folgende aus einem gleichfalls sehr kritischen Bericht des Amtes für Arbeit Rostock an die Deutsche Wirtschaftskommission vom 19. Juli 1949, welcher den Bericht vom 23. Juni ergänzt. Vgl.: LHA Schwerin, MfS Nr. 764 oder AHR, 2.00.3.2.798.
174 LHA Schwerin, MfS, Nr. 763.

der Deutschen Wirtschaftskommission mitzuteilen, daß die Tätigkeit eines Schiffbauers dem zugewiesenen Schlosser oder Mechaniker genau so fremd sei wie einem ungelernten Arbeiter. Aber, so hob das Amt ausdrücklich hervor, die Metallfachkenntnisse eines Schlossers ermöglichten eine wesentlich kürzere Einarbeitungszeit.[175]

Im Interesse der Erfüllung der Aufgaben beim Logger- und Pontonbau wurde vor allem seitens der deutschen Werftleitung und auch übergeordneter Stellen nach Wegen gesucht, die vielen eingestellten Facharbeiter der Metallbranche in den schiffbaulichen Produktionsprozeß einzubeziehen. Als ein im ganzen sehr erfolgreicher Weg erwiesen sich wie in den anderen Werften der SBZ/DDR die Umschulungen gelernter Fachkräfte zu Schiffbauern und für andere schiffbauspezifische Berufe. Diesen Umschulungen begegneten die neu eingestellten Facharbeiter zunächst wohl eher mit Skepsis. Jedenfalls stieß der Ausbildungskurs, der am 25. April 1949 beginnen sollte, auf so wenig Resonanz, daß er nicht durchgeführt werden konnte. Für einen Lehrgang für Schiffbau-Kurzumschüler vom 5. Mai bis 16. Juni 1949 fanden sich dann 30 Teilnehmer, die jedoch nicht alle das Ziel der Umschulung erreichten.[176] Für den am 16. Juni beginnenden Kurs meldeten sich 20 Arbeiter.[177] Bald wurden diese Umschulungen indes angenommen und halfen, Facharbeiter verschiedener Berufe für Schiffbautätigkeiten zu qualifizieren. Wesentliche Abschnitte der praktischen Ausbildung wurden dabei von alten Stammarbeitern der Werft übernommen. Bruno Clasen, der in der Neptunwerft Schiffbauer gelernt hatte und an der Umschulung von Facharbeitern der Metallbranche zu Schiffbauern beteiligt war, machte den Erfolg der Kurzlehrgänge an drei Aspekten fest: die Umschüler wären alle Facharbeiter wie Schlosser, Schmiedegesellen, Elektriker und Flugzeugbauer gewesen, sie hätten die Ausbildung machen wollen. »*Die Männer waren da und wollten es*«, faßte er zusammen. Als dritten wesentlichen Aspekt nannte er die Kontinuität der Ausbildung, die er besonders in der Person eines früher in den

---

175 LHA Schwerin, MfS, Nr. 763.
176 Archiv NIR, K6/66.
177 LHA Schwerin, MfS, Nr. 763.

Heinkelwerken tätigen Ausbildungsingenieurs und in den erprobten Ausbildungsmethoden sah.[178]

Es ist davon auszugehen, daß, allmählich und nicht konfliktfrei, Produktionserfahrungen und das Arbeitswissen der Stammarbeiter der Neptunwerft, der Stettiner, Danziger, Elbinger und weiterer Schiffbauer, der Industriearbeiter aus anderen Ländern der SBZ, aus Böhmen, der Slowakei, Schlesien und den Rostocker Heinkel- und Aradowerken, der gelernten Handwerker und der Facharbeiter kleiner Betriebe aus Mecklenburg sowie der landwirtschaftlichen Arbeiter aus verschiedenen Regionen zusammenflossen und die weitere Entwicklung der Neptunwerft prägten. Für die »Neuen« zeigte sich nach den Wochen der Umschulung und einiger Tätigkeit auf der Werft, daß ihre speziellen Arbeitserfahrungen durchaus Wert hatten.[179]

Bezüglich des Alters und des Geschlechts finden sich in den Arbeitskräfteanforderungen aller Werften keinerlei Wunschvorstellungen. Wert gelegt wurde auf »vollerwerbsfähige« Kräfte, nach einer kurzen betriebsärztlichen Untersuchung blieb anderen die Einstellung versagt.[180] Hinsichtlich des Geschlechts war, ohne daß es besonderer Verständigung zwischen den beteiligten Seiten bedurft hätte, die Sache wohl von vornherein klar: Frauen kamen nicht in Frage. Tatsächlich bildete die Zuweisung von Frauen für die Nep-

---

178 Interview mit Bruno Clasen, Transkript.
179 Das erfuhr bald nach seiner Einstellung auch Günther Pommerenke. Er erzählte, daß er von der vielfältigen Arbeit im Handwerksbetrieb, zu der das Lesen von Zeichnungen gehörte, profitieren konnte. In der Werft seien die »alten« Werftarbeiter nicht mehr gewöhnt gewesen, nach Zeichnungen zu arbeiten. Wenn dann für bestimmte Aufträge Zeichnungen auf den Tisch gekommen wären, hätten sich die »alten« Werftarbeiter nach hinten verkrümelt und denjenigen, die beim Handwerker gelernt hätten, wären die Arbeitsanweisungen gekommen. Vgl.: Interview mit Günther Pommerenke, Transkript.
180 LHA Schwerin, MfS, Nr.763 und Karin Labahn, Die Herausbildung der Zweiggruppe der Arbeiterklasse, a.a.O., Bd.I, S. 66f. Unser Interviewpartner Hans Schröder, der nach einem schweren Unfall in der Kriegsgefangenschaft eine steife Hand behalten hatte, wurde trotz seiner Facharbeiterausbildung als Bauschlosser wegen dieser Behinderung von der Neptunwerft nicht eingestellt. *»Das war für mich sehr sehr bitter.«* Nach einiger Zeit kam er dann doch zur Neptunwerft, weil der Betrieb, in welchem er eine Stelle fand, der Werft angeschlossen wurde. Vgl.: Interview mit Hans Schröder, Transkript.

tunwerft die absolute Ausnahme.[181] Die Werftarbeiter hatten mit dieser Zuweisungsstrategie sicher keine Schwierigkeiten, eher entsprach sie ihrem Bild von männlicher Arbeit. Frauen waren in der Werft nur ausnahmsweise während des Zweiten Weltkrieges beschäftigt worden.

Die meisten um 1949 eingestellten Arbeiter waren recht jung. Mehr als die Hälfte der Arbeitskräfte werden jünger als 25 Jahre gewesen sein, der Anteil der über 50jährigen lag wahrscheinlich unter 10 Prozent.[182] Es scheint damit sehr wahrscheinlich zu sein, daß sich als Folge der Einstellungen 1949 die Belegschaft der Neptunwerft verjüngt hat und wahrscheinlich jünger als in den 1920er und 1930er Jahren war. Die Folgen dieser Veränderung haben sich nicht niedergeschlagen. Zu denken ist hinsichtlich der Verjüngung zum einen daran, daß womöglich ein vergleichsweise großer Teil der Belegschaft, auch der Facharbeiter, erst wenig Gelegenheit hatte, im Arbeitsprozeß Arbeitswissen anzuhäufen. Dieser Mangel resultierte jedoch nicht nur aus dem Lebensalter, sondern auch aus den Verlusten durch den Krieg und die Kriegsgefangenschaft. Zum anderen dürften die Chancen für eine Integration eher günstig gewesen sein.

Abschließend sollen in geraffter Weise Faktoren genannt werden, die auf das Zusammenwachsen der Belegschaft Einfluß hatten, jedoch nicht direkt mit strukturellen Aspekten der Belegschaftszusammensetzung in Verbindung standen.

---

181 Nach den Listen mit in die Neptunwerft einzuweisenden Arbeitskräften vermittelte das Arbeitsamt Magdeburg eine 21 Jahre alte Kindergärtnerin, welche die Werft dann tatsächlich als Arbeiterin einstellte. Vgl.: LHA Schwerin, MfS, Nr 703
182 Ebenda, berechnet nach den Meldungen über der Neptunwerft zwischen dem 11.5. und dem 2.6.1949 zugeführte Arbeitskräfte. In diesem Zeitabschnitt nahmen 867 Arbeitskräfte die Arbeit in der Werft auf.

Ausbau der Helling der Neptun-Werft 1951 (Photo: Archiv NIR)

Das Jahr 1949 bedeutete für die Neptunwerft und ihre Belegschaft in vieler Hinsicht einen Neubeginn. Beispielsweise wurden seit 1949 der Wiederaufbau und die Erweiterung der Werft vorangetrieben. »Alte« und »neue« Werftarbeiter erlebten und durchlebten den Werftausbau gemeinsam, z.B. die Verlängerung der Schiffbauhalle, den Ausbau von Hellingen und den Neubau einer Schiffsreparaturwerkstatt.[183] Mit dem Bau von Loggern als Reparationsleistungen für die Sowjetunion begann das herausfordernde Schiffsneubauprogramm der Nachkriegszeit. Die Werft blieb nicht beim Serienschiffbau, in den Interviews wurde im allgemeinen voller Stolz der Spezialschiffbau als besondere Leistung der Neptunwerft hervorgehoben. Die Werftarbeiter machten viele gemeinsame Erfahrungen in der täglichen Arbeit. Der allmähliche Übergang von der Kolonne zur Brigade fiel in diese Zeit, damit erlebten beispielsweise alle den allmählichen bzw. zeitweiligen Bedeutungsverlust der Meister, bzw. »demontierten« die Meister vielleicht selbst. Die Zumutungen des Jahres 1949, die in unterschiedlicher Weise beide Arbeitergruppen, die »alten« und die »neuen« Werftarbeiter trafen, förderten letztlich das Zusammenwachsen. Für die Belegschaft wirkten die nur gemeinsam zu bewältigenden Herausforderungen verbindend. Auch die allgemeine Aufbruchstimmung in der SBZ und in der DDR begünstigte das Zusammenwachsen. Der Aufbau der DDR, im konkreten Fall der der Neptunwerft, wurde unabhängig von der regionalen Herkunft zum gemeinsamen Lebensschicksal.

Die Rahmenbedingungen waren auf ein Zusammenwachsen gerichtet. Im Arbeitsalltag in der Werft erwuchsen für den einzelnen Arbeiter aus seiner regionalen Herkunft offenbar keine bemerkenswerten Vor- und Nachteile. Es gibt beispielsweise keine Hinweise, daß die »Neuen« weniger Aussichten auf den Posten eines Brigadiers gehabt hätten. Die Qualifizierungsmöglichkeiten hingen weder von der regionalen Herkunft noch von der Beschäftigungsdauer ab. Die Aufstiegschancen waren grundsätzlich gleich. Vielen jungen Arbeitern bot sich die Chance, die durch Krieg und Kriegsfolgen verpaßte Berufsausbildung nachzuholen.[184] Dies war für Flüchtlinge,

---
183 Joachim Stahl, a.a.O., S. 199f.
184 Ausführlich dazu: Karin Labahn, Die Herausbildung der Zweiggruppe der Arbeiterklasse, a.a.O., Bd.I, S. 75-79.

Vertriebene bzw. Umsiedler zweifelsohne wichtig, aber auch die Ausbildung junger Einheimischer hatte durch den Krieg gelitten. Besondere Leistungen wurden ohne Rücksicht auf die Dauer der Betriebszugehörigkeit anerkannt. Unter den ersten Aktivisten der Werft waren »alte« und »neue« Arbeiter. Andererseits ließen sich bei den in den schriftlichen Quellen festgehaltenen zahllosen Klagen über verschiedene Formen von »Arbeitsbummelei« gleichfalls keine Konzentrationen bei einer der beiden Arbeitergruppen erkennen.

Nach allem kann kein Zweifel bestehen, daß die meisten derjenigen Arbeiter, die in den Jahren 1949/50 zur Werft kamen und sie nicht nach wenigen Wochen wieder verließen, genauso wie die etwas früher eingestellten fest in die Belegschaft integriert wurden und das Werftarbeitermilieu mit ausmachten. Dies Milieu wurde durch die Belegschaftsaufstockung nicht automatisch ein »traditionsloses«, es behielt und bewahrte längere Zeit Züge eines alten deutschen Arbeitermilieus. Die Vergrößerung der Belegschaft führte indes auch zu erheblichen Veränderungen des Milieus, langfristig weniger durch die andere Zusammensetzung der Belegschaft als vielmehr die Art und Weise, in der die Arbeiter die Integration vollzogen, bestimmt.

5. Hierarchien, Kooperationen und Diskrepanzen im Arbeitsalltag

Brigaden und Brigadiere

Den für viele Arbeiter maßgeblichen Arbeitsverbund bildeten die Brigaden bzw. Kolonnen als die unterste Produktionseinheit in der betrieblichen Hierarchie, ihre unmittelbaren Vorgesetzten waren die Brigadiere bzw. Vorarbeiter.[185] Die Brigaden - die Bezeichnung ist ab 1949/50 anzutreffen - waren in der Neptunwerft während der An-

---

185 Zur Stellung und Entwicklung der Brigaden siehe: Jörg Roesler, Die Produktionsbrigaden in der Industrie der DDR. Zentrum der Arbeitswelt? in: Sozialgeschichte der DDR, hrsg. von Hartmut Kaeble, Jürgen Kocka, Hartmut Zwahr, Stuttgart 1994, S. 144-170. Den Bezug zur Kolonne erwähnt Roesler zwar, läßt ihn aber weitgehend unbeachtet.

fangsjahre ihrer Existenz ausschließlich auf die Anforderungen des Produktionsprozesses ausgerichtet. Erst mit den sogenannten sozialistischen Brigaden, die nicht vor Ende der 1950er Jahre entstanden, wurden die Aktivitäten vor allem über den Betrieb hinaus erweitert.[186] Da in der Neptunwerft bereits in der Vorkriegszeit partiell in Kolonnen gearbeitet worden ist, beinhaltete die Bildung von Arbeitsbrigaden zunächst wohl keine generelle Neuerung. Eine nicht genau bestimmbare Anzahl von Brigaden ging durch einfache Umbenennung direkt aus den Kolonnen hervor. Mehrere Jahre existierten Brigaden und Kolonnen nebeneinander, vereinzelt hatten sich wie in der Sägerei Kolonnen bis in die Mitte der 1950er Jahre gehalten.[187] Produktionstechnische und betriebsorganisatorische Anforderungen bestimmten die Größe einer Brigade. Insofern führten technologische Änderungen nicht nur zu anderer zahlenmäßiger Zusammensetzung der Brigaden, sondern auch zu Auflösungen und Neugründungen. Auch Arbeitsmangel verursachte Veränderungen in der Anzahl der Brigaden und ihrer Mitglieder.[188] Die überschüssigen Arbeitskräfte wurden dann gegebenenfalls in den Ernteeinsatz geschickt oder innerhalb der Werft bzw. in andere Betriebe umgesetzt.

Die Brigadiere hatten, obwohl ihre berufliche Qualifikation gewöhnlich nicht höher als die eines Facharbeiters lag, in der Brigade eine herausragende Position inne. Dazu führte allein schon ihre Verantwortung bei der Auftragsbeschaffung. Von der Verhandlungsfähigkeit, Hartnäckigkeit und Überzeugungskraft des Brigadiers hing es maßgeblich ab, ob die Vorgabezeit so ausfiel, wie die Brigade sie wünschte.[189] In Zeiten von Arbeitsmangel sahen es sowohl die Bri-

---

186 Ebenda, S. 151-159.
187 LA Greifswald, BPA SED Rostock, GO Ro.-Stadt, IV/7/029/191. Etliche unserer Interviewpartner operierten für die erste Hälfte der 1950er Jahre offensichtlich bedeutungsgleich mit den Begriffen Brigade und Kolonne bzw. Brigadier, Vorarbeiter und Kolonnenführer.
188 Als beispielsweise im September 1956 die Stemmerei nicht ausgelastet war, sollte dort die dritte Brigade aufgelöst werden. Vgl.: Archiv NIR, L3a/819.
189 Es finden sich viele Forderungen von Brigadieren (und Brigaden) wegen höherer Vorgabezeiten bzw. niedriger Normen wie etwa vom August 1956, als in der Malerei die Kollegen nicht mit der Norm zufrieden waren und die Brigadiere mehr Geld forderten. Vgl.: Archiv NIR, L3a/819. Sicher ging es bei der Aushandlung auch nicht immer reell zu. Bei einer SED-Parteiversammlung in der

gademitglieder als auch die übergeordneten Stellen bis hin zu den Leitungen der großen Bereiche der Werft als selbstverständlich an, daß der Brigadier alles nur erdenkliche tat, um für seine Brigade an Arbeit heranzukommen.[190]

Mindestens genauso bedeutsam war die Funktion, die der Brigadier innerhalb der Brigade hatte: er »schrieb die Stunden«. Damit hing der Lohn des einzelnen Brigademitgliedes maßgeblich vom Brigadier ab. Der Übergang dieser Aufgabe vom Meister auf den Brigadier dürfte für die immer wieder auflodernden Differenzen zwischen Meistern und Brigadieren mit verantwortlich sein. Die Lohnfestsetzung veranlaßte wiederholt Diskrepanzen zwischen den Brigademitgliedern und dem Brigadier. Die Unstimmigkeiten entstanden offenbar weniger, weil Arbeiter sich im Vergleich miteinander falsch bewertet vorkamen, vielmehr war die Entlohnung des Brigadiers der Anlaß. Eigentlich sollte der Brigadier, wie ehemals der Vorarbeiter, bei der Ausführung eines Auftrages mitarbeiten, tatsächlich hatte er eine Menge an Verwaltungsaufgaben zu erledigen, die auf dem Lohnschein als produktive Arbeit erschien.[191] Einige Brigadiere sorgten für sich besonders gut, ihr Lohn fiel nicht selten höher aus als der anderer Brigademitglieder.[192] Unzufriedenheit bei Brigademitgliedern entstand außerdem, wenn Brigadiere die Stükkelung von Leistungslohnscheinen für sich in solcher Weise nutzten, daß sie sich selbst auf Scheine eintrugen, für die in der laufenden Dekade bzw. im laufenden Monat bezahlt wurde, während andere auf ihr Geld länger warten mußten.[193] Im großen und ganzen jedoch

---

Holzwirtschaft im April 1957 wurde wegen der hohen Normübererfüllung in den anderen Abteilungen die Vermutung laut, dort würden Technologe und Brigadier viele Normen und auch Lohnstufen am Biertisch aushandeln. Vgl.: LA Greifswald, BPA SED Rostock, GO Ro.-Stadt, IV/7/029/197.
190 Archiv NIR, L3a/819.
191 Ebenda, B/465.
192 Ebenda, B/465. Außerdem lag das Einkommen vieler Brigadiere über dem der Meister. Dies Mißverhältnis war allgemein bekannt, vor allem Technologen machten wiederholt darauf aufmerksam. Das Meistergehalt bewegte sich bei 700 DM. Im August 1956 verdienten die Brigadiere im Bereich Ausrüstung der Neptunwerft durchschnittlich 1000 DM. Vgl.: Archiv NIR, L3a/819. Seitens der SED Bezirksleitung wurde 1955 festgestellt, daß auch Zuschläge wie die Prämie nach der Kultur-Verordnung die Unterbezahlung der Meister kaum ausgeglichen hätte. Vgl.: LA Greifswald, BPA SED Rostock, BL, IV/2/3/ Nr. 141.
193 LA Greifswald, BPA SED Rostock, KL Ro.-Stadt, IV/4/07/496.

Kapitel 7: Die Arbeitswelt der Neptunwerft   465

waren die Brigadiere anerkannt und ihre Tätigkeit bei der Lohnfestsetzung akzeptiert. Offenbar hatten sich feste Beziehungen entwikkelt, anders ist nur schwer zu begreifen, daß etliche Brigaden, die in den Jahren 1957/58 aufgelöst wurden, im Prinzip weiter existierten. Jedenfalls schrieben beispielsweise in der Vormontage und im Teilebau frühere Brigadeleiter wie zuvor für ihre Kollegen die Leistungslohnscheine. Grund für die kurzzeitige Auflösung waren einerseits die fortwährenden Forderungen der Brigaden nach hohen Vorgabezeiten und damit niedrigen Normen, welche die Löhne in die Höhe klettern und wenig Möglichkeiten zur Steigerung der Arbeitsproduktivität ließen, und andererseits das Bestreben, die Position der Meister zu stärken.[194]

Eine Brigade sollte idealerweise so zusammengesetzt sein, daß die Lohngruppen ihrer Mitglieder mit der Wertigkeit der Arbeitsaufgaben übereinstimmte. Das ließ sich meist schon wegen des zeitweilig durch Arbeits- und auch Materialmangel behinderten Arbeitsflusses nicht realisieren. In der Gründungszeit der Brigaden wurden Arbeiter einer Produktionseinheit automatisch Mitglied einer Brigade, und neueingestellte Kollegen wurden ihrer beruflichen Qualifikation entsprechend eingewiesen. Während der Aufbauphase der Neptunwerft 1949/1950 funktionierte dieser Mechanismus scheinbar konfliktfrei. Später haben üblicherweise die Brigadiere und Mitglieder einer Brigade Einfluß auf die Auswahl neuer Mitglieder genommen. Häufig suchten sie ihre künftigen Mitglieder sogar selbst aus. Beispielsweise wählten die Brigadiere schon während der Lehrzeit diejenigen Lehrlinge aus, die sie dann als Jungfacharbeiter in der Brigade haben wollten. Die anderen Ausgelernten waren oft sehr schwer unterzubringen.[195] »Bummelanten« wollte keine Brigade ha-

---

194 Archiv NIR, B/724. Die Werftleitung schätzte ein, daß sich die Auflösung der Brigaden und die Einsetzung junger fortschrittlicher Meister positiv auf die Normen ausgewirkt habe. Von Dauer war dieser Erfolg allerdings nicht, die Diskrepanz zwischen der Lohnentwicklung und der Arbeitsproduktivität wuchs weiter an.
195 LA Greifswald, Rep. 238, Nr. 800 und ebenda, BPA SED Rostock, GO Ro.-Stadt, IV/7/029/223. Darin wurde für das Jahr 1955 beklagt, daß die Brigaden freiwillig oft nur die besten Jungfacharbeiter aufnähmen, die anderen müßten verteilt werden und bekämen in der Regel nur solche Arbeit, die ältere Facharbeiter abgelehnten.

ben.¹⁹⁶ Große Schwierigkeiten machte es, Arbeiter, die aus Westdeutschland zurückgekehrt waren, in eine Brigade einzugliedern. Ende Dezember 1956 sträubten sich z.b. Brigaden aus dem Maschinenbau gegen die Aufnahme von Kollegen, die vor ihrer Republikflucht in der Bordmontage gearbeitet hatten. Den Hintergrund bildete in diesem Fall die Befürchtung, wegen des herrschenden Arbeitsmangels könnte durch Neustellungen die Arbeit noch knapper und damit der Verdienst geringer werden. Darüberhinaus hatte man die Erfahrung gemacht, daß aus Westdeutschland zurückgekehrte Kollegen von Umsetzungen in andere Betriebe ausgeschlossen wurden. Ohne Reibereien lief meist auch die Wiedereingliederung von Arbeitern, die zeitweilig in der Landwirtschaft bzw. auf Montage gearbeitet hatten, nicht ab.¹⁹⁷ Die Unsicherheit, die sich für den einzelnen Arbeiter daraus ergab, erklärt, daß um die Plätze in den sogenannten Stammbrigaden, aus denen niemand entlassen wurde, Streit entbrannte.¹⁹⁸

Zwischen den Brigaden gab es sowohl Konkurrenz wie auch Kooperation, wobei es gewöhnlich darum ging, für die eigene Brigade möglichst gutes Geld zu sichern. Dies Vorgehen war naturgemäß nicht immer zum Vorteil des Gesamtbetriebes, und so ist es naheliegend, daß sich auch die SED-Grundorganisationen mit dem Problem befaßten. Im Rechenschaftsbericht einer Grundorganisation vom Dezember 1953 wurde an einem Beispiel abgehandelt, »*wie es in puncto Arbeitsproduktivität und Verbesserung der Arbeitsorganisation nicht sein soll.*« Die Brigade N. aus dem Schiffsneubau erhielt den Auftrag, einen Kupplungsflansch aufzureiben. Die alte Vorgabezeit dafür betrug 750 Stunden. Der Brigadier überlegte sich die Sache und reichte einen Verbesserungsvorschlag ein. Bei dessen Realisierung wollte die Brigade die Arbeit in 315 Stunden erledigen und dies als neue Norm akzeptieren. Im Reparatursektor bekam die Brigade K. den Auftrag, drei Kupplungsflansche aufzureiben, die Vorgabezeit sollte

---

196 Jörg Roesler, Die Produktionsbrigaden in der DDR, a.a.O., weist S.147f. darauf hin, daß es seitens der Belegschaften Versuche gab, bei der Brigadebildung bestimmte Personen und Kategorien von Arbeitern auszuschließen.
197 Archiv NIR, L3a/819.
198 Das trifft u.a. auf Stammbrigaden im Maschinenbau Anfang 1955 zu. Vgl.: LA Greifswald, BPA SED Rostock, GO Ro.-Stadt, IV/7/029/187.

550 Stunden betragen. Nachdem der Brigadier den Auftrag übernommen hatte, war er nicht mehr mit dem Preis einverstanden, denn die Brigade hatte erfahren, daß der Neubau 750 Stunden für einen Kupplungsflansch erhielt. Nun verlangte der Brigadier von der Technologie überzogene 1.500 Stunden, sonst müsse er die Arbeit liegen lassen. Trotz der Drohung, man wolle zur Partei oder zur Direktion gehen, blieb die Technologie hart. Die Brigade brauchte schließlich 530 Stunden.[199]

Der Kontakt der Brigaden untereinander, die Information über andere Vorgabestunden im Neubau veranlaßte den Brigadier K. zu seiner Forderung, die in der Art und Weise, wie sie vorgebracht wurde, von einer starken Position zeugt. Daß die Brigade im Neubau, die wegen einer Arbeitsverbesserung die Vorgabezeit von sich aus kürzen wollte, auf eine hohe Normerfüllung und den entsprechend guten Lohn verzichtete, ist kaum anzunehmen. Diese freiwillige Normerhöhung dürfte noch immer für gute Einkommenszuwächse ausgereicht haben. Solche freiwilligen Normerhöhungen waren nicht ungewöhnlich, wurden von der Werkleitung gefordert und anderen Brigaden beispielhaft genannt, wenn ihnen Normerhöhungen abverlangt werden sollten.

Kooperation zwischen Brigaden bzw. den Brigadieren zur Abstimmung von guten Vorgabezeiten für einzelne Arbeitsgänge wurde wohl häufig praktiziert, gelegentlich sogar über die Werft hinaus, wie im Fall einer Brigade der Neptunwerft und einer des Rostocker Betriebes für Schiffselektrik, die je einen Logger zur elektrischen Ausrüstung erhalten hatten. Die Brigaden gewannen den Eindruck, daß sie gegeneinander ausgespielt werden sollten, weil jedem Kollektiv gesagt worden war, das andere käme mit weniger Arbeitsstunden aus. Daraufhin redeten die Brigadiere miteinander und handelten dann eine Zeit aus, die beide Brigaden für angemessen betrachteten, und die beide Betriebe schließlich auch vorgeben wollten.[200]

---

199 LA Greifswald, BPA SED Rostock, GO Ro.-Stadt, IV/7/029/184.
200 Interview mit Hans Schröder, Transkript. Hans Schröder war seinerzeit Brigadier bei der Schiffselektrik.

Brigadebesprechung. Es handelt sich wohl um eine Schweißer- oder Brennerbrigade, da einige Arbeiter die entsprechenden Schutzbrillen tragen. Der Mann mit dem Notizbuch in der Hand dürfte der Brigadier sein, die Person mit der Krawatte ein Ingenieur oder ein Angestellter der Arbeitsvorbereitung (Photo: Archiv NIR).

Im Schiffbau mit seiner engen Verflechtung von Arbeitsgängen waren Brigaden und Gewerke sehr auf eine verläßliche Zusammenarbeit angewiesen. Schluderei oder zu langsame bzw. verspätete Arbeit anderer, durch die Termine und damit gute Bezahlung gefährdet wurden, führten zu Auseinandersetzungen. Reibereien tauchten besonders dann auf, wenn eine Brigade direkt auf die Arbeit einer anderen angewiesen war, wie im Fall einer Schiffbauerbrigade, deren eigene Arbeitsleistung von der Zuarbeit der Kranführer abhing. Die Schiffbauer beklagten sich, daß die Kranfahrer sich nicht auf ihre »flotte Arbeitsweise« einstellen wollten und sich sogar weigerten, den Schiffbauern noch die zur Weiterarbeit benötigte Platte an den Arbeitsplatz zu befördern.[201]

Überhaupt waren die Beziehungen zwischen den Arbeitern in den Brigaden und auch sonst in der Werft nicht konfliktfrei. Da

---

201 LA Greifswald, FDGB-Bezirksvorstand, KV IG Metall, Ro./1122, Karton: 139/2-3

meinten etwa ältere Arbeiter, jüngere wollten nur viel Geld verdienen und würden sich oft ungebührlich verhalten.[202] Die Älteren kritisierten auch, daß die Jungfacharbeiter zum Teil dasselbe verdienten wie sie, obwohl diese die entsprechende Leistung nicht brächten.[203] Von jüngeren Arbeitern wiederum wurde gelegentlich bezweifelt, daß ältere Kollegen noch jene Arbeiten ausführen könnten, für die sie in eine hohe Lohngruppe gestuft seien.[204] Parteilose Arbeiter glaubten, Mitglieder der SED hätten ihnen gegenüber Vorteile. Für diese Annahme gab es immer wieder Nährboden.[205] Arbeiter aus Betrieben anderer Städte, die sogenannten Fremdarbeitskräfte, die bei zeitweiligem Arbeitskräftemangel in einer bestimmten Berufsgruppe aushelfen sollten, meinten bisweilen, in der Neptunwerft würde nicht nach Leistung gearbeitet und die Rostocker würden ihnen gegenüber bevorzugt.[206] Ständige Neptunwerftarbeiter wiederum hielten die Arbeitsmoral der Auswärtigen des öfteren für unbefriedigend.[207] Zeitlöhner sahen sich, oft berechtigt, gegenüber den in Leistungslohn Arbeitenden benachteiligt. In der Gießerei und auch anderswo arbeiteten 1959 aus der Sicht der Zeitlöhner »*Helden der Arbeit*«, die Normübererfüllungen von 200 Prozent und mehr hatten.[208]

---

202 Ebenda, BPA SED Rostock, GO Ro.-Stadt, IV/7/029/204.
203 Ebenda, BL, IV/2/3/ Nr. 141.
204 Archiv NIR, L3a/824.
205 LA Greifswald, BPA SED Rostock, GO Ro.-Stadt, IV/7/029/188.
206 Ebenda, KL Ro.-Stadt, IV/4/07/497. So vertrat im Sommer 1952 ein auswärtiger E-Schweißer die Ansicht, die E-Schweißer der Neptunwerft bekämen die besten Arbeiten und würden sehr gut verdienen, die auswärtigen E-Schweißer hingegen hätten jeden Tag einen anderen Arbeitsplatz und deshalb einen geringen Verdienst.
207 LA Greifswald, BPA SED Rostock, GO Ro.-Stadt, IV/7/029/194. 1959 beispielsweise wurde in der Konservierung über die Arbeitshaltung der Entroster aus Wittenburg geklagt, die sich bei Arbeiten, die ihnen nicht paßten, gruppen- und scharenweise im Umkleideraum oder im Dienstraum des Meister aufhielten.
208 LA Greifswald, BPA SED Rostock, GO Ro.-Stadt, IV/7/029/202. Das Problem war bereits vorher bekannt. In einer Beschlußvorlage für das Büro der Bezirksleitung der SED Rostock aus dem Jahre 1955 wurde deshalb vorgeschlagen, daß bestehende Prämiensystem für Zeitlöhner zu überarbeiten und entsprechende Bewertungsgrundlagen zu schaffen. Vgl.: ebenda, BL/IV/2/3/ Nr. 141.

Die Jugendbrigade Matho. Die jungen Arbeiter - auch hierbei handelt es sich offensichtlich um Schweißer - betrachten an ihrem Arbeitsplatz an Bord die Betriebszeitung „Werftecho", die ihnen eine junge Frau und ein Mann, die nicht in Arbeitskleidung sind, mitgebracht haben. Man kann vermuten, daß es FDJ-Funktionäre sind. Das Photo wirkt deutlich gestellt. Bemerkenswert ist das Fehlen von Schutzhelmen und Sicherheitsschuhen, wie auf allen Photos aus den 1950er Jahren (Photo: Archiv NIR).

Doch nicht die Reibereien sind in Erinnerung geblieben. Unsere Interviewpartner hoben übereinstimmend die gute Zusammenarbeit, Verläßlichkeit und Solidarität zwischen den Kollegen hervor.[209] Ein

---

209 Der Zusammenhalt am Arbeitsplatz bzw. im Arbeitskollektiv ist in letzter Zeit häufig als Besonderheit der Betriebsverhältnisse in der DDR thematisiert worden. Verwiesen sei auf Martin Diewald, »Kollektiv«, »Vitamin B« oder »Nische«? Persönliche Netzwerke in der DDR, in: Kollektiv und Eigensinn. Lebensverläufe in der DDR und danach, hrsg. von Johannes Huinink, Karl Ulrich Mayer u.a., Berlin 1995, S. 223-260 und die dort angegebene Literatur. Dennoch fehlt eine tiefergehende und zeitbezogene Analyse. Unberücksichtigt bleibt für gewöhnlich, daß Kollegialität/Kooperation am Arbeitsplatz zunächst maßgeblich aus den Anforderungen des Arbeitsprozesses selbst erwuchs. Desgleichen wird die Oberfläche, unter der sich verschiedenartige Differenzierungen und Diskrepanzen verbergen, nur gelegentlich aufgerissen.

Kapitel 7: Die Arbeitswelt der Neptunwerft

Beispiel aus dem Interview mit dem Brigadier Hans Schröder, der vorher über die Komplikationen sprach, die eintraten, wenn die Brigade, die vor seiner auf dem Schiff arbeitete, ihren Auftrag nicht termingerecht fertigstellte, sei herausgegriffen:

wir mußten natürlich aber besonders aufpassen
daß wir selbst unsere Termine eingehalten haben
aber es ist uns dann immer wieder gelungen
nich auch mal diese Tage der Zusammenarbeit
zwischen den andern Bereichen aber dies besonders
wenn ich heute zurückdenk
war aber wirklich sehr gute kameradschaftliche Zusammenarbeit
es gab natürlich Streit das ein oder andere Mal
das gabs natürlich aber in der Regel hat doch der eine den andern
geholfen geholfen und der zog auch
man hatte doch mal ein Stück Werkzeug vergessen
und da wurde ebend da wars ganz natürlich
daß daß man dieses Stück Werkzeug ebend verliehen wurde
und mir ging es so ein kleines Beispiel
ich hatte doch ne große Kiste und die wurde im Maschinenraum
während des Loggerbaus hingestellt
und zwischen den Maschinen äh
Motorenschlossern und uns war so ne gute Kameradschaft
da wurde ebend aus der Kiste das Werkzeug rausgenommen
was jeder brauchte aber man wußte
daß es auch wieder reinkam
nun hat ich einen hier in Rostock
einen Jugendfreund wieder gefunden die Freude war groß
und der erzählte mir
daß er Autofahrer in der Schiffsmontage in der Doberanerstr. war
und daß er auch noch nen guten Freund hat
der auf der Neptunwerft tätig ist
und er würde mir ihn vorstellen
wir haben den Termin abgesprochen der Vorstellung
und ich wie ich in die Wohnung reinkomm
wurde er mir vorgestellt und wir haben uns beide angesehen
und haben beide herzlich gelacht
und einer hat zum andern gesagt
»Ja ich bring doch jeden Tag mein Werkzeug das Werkzeug
was ich mal aus der Kiste rausnahm wieder rein«
Weil es so war

> und auch diese Freundschaft hat sich bis heute ebend erhalten ich
> habe dieses als kleines Erlebnis mal herausgenommen
> daß man nicht nur auf der Werft
> oder auf der Arbeitsstelle äh zusammen gearbeitet hat.[210]

Werkzeug war knapp, jeder Arbeiter mußte seins hüten, insofern stellte Hans Schröder die Kameradschaftlichkeit nicht an einer Nebensächlichkeit dar. Viel Arbeitszufriedenheit scheint aus dieser Kollegialität erwachsen zu sein und gelegentlich Freundschaft für ein langes Leben. Gegenseitige Hilfe war üblich, beispielsweise gelang etlichen Arbeitern und Arbeiterinnen unterer Lohngruppen der Aufstieg in die nächsthöhere, weil Facharbeiter, aber auch vollständige Brigaden, sie in ihrer Qualifizierung unterstützten.[211] Natürlich gab es auch Spaß und Neckereien mit- und untereinander. Hans Schröder erzählte uns, es habe in der Zusammenarbeit auch mal Dinge gegeben, über die man herzlich lachen konnte, und er schilderte gleich einen solchen Fall:

> und da erhielt ich dann auch im Kollektiv nen neuen Kollegen
> und den hab ich Arbeit gegeben
> wir haben wirklich einfache Arbeit hier durchführen können
> und wie ich denn nachmittags an Bord komme
> geschaut hab wie weit bist du denn und dachte
> der muß ja schon lange fertig sein
> wenn er richtig arbeiten kann
> da hat er noch nicht mal die Hälfte fertig
> er hieß mit dem Vornamen Herbert
> und die Elektriker saßen da
> und wie ich denn schimpfte und sagte
> »Ich muß doch mit dir was ist denn mit dir
> so wenig hast du geschafft«
> Sagen mir die Elektriker »Ach Hans schimpf man nicht
> der hat immer so schön gesungen«
> Da sagt ich »Das geht doch nicht
> der kann doch nicht hier euch was vorsingen«
> »Ja« sagt der eine «was meinst du
> der hat immer den Kopf in die äh

---

210 Interview mit Hans Schröder, Transkript.
211 LA Greifswald, Rep. 242, A5d/59 und 62.

> *in die Windhutze²¹² reingesteckt und hat gesungen*
> *das hört sich an wie aus dem Lautsprecher*
> *laß ihn doch noch einmal singen«*
> *Herr Gott ich war so verärgert darüber*
> *die Arbeit mußte fertig werden*
> *»Mensch« sag ich »Herbert steck den Kopf in die Windhutze*
> *und sing noch ein Lied«*
> *und Herbert steckt den Kopp in die Windhutze und singt*
> *was machen zwei Elektriker gehen oben hin*
> *nehmen nen Eimer Wasser*
> *und kippen den oben in die Windhutze rein.*
> *Herbert hat nie mehr in die Windhutze gesungen.*

Der Kollege habe sich dann in der Arbeit geändert und sei ein guter Facharbeiter geworden.²¹³ Dominierend war also ein Zusammengehörigkeitsgefühl, welches die gesamte Belegschaft einschloß. Es wurde durch die Werftleitung und die anderen Leitungen in der Werft wie auch durch die allgemeine politische Einflußnahme gefördert.

Lohnsystem und Lohndifferenzierungen

Das Lohnsystem war vielschichtig und kompliziert. Der Lohn des einzelnen Arbeiters hing von vielen Faktoren ab. Die Grundlage bildete die Eingruppierung in eine Lohnstufe. Von insgesamt acht Lohngruppen erfolgte die Einstufung gelernter Facharbeiter ab Lohngruppe V, die der un- und angelernten Arbeiter in die Gruppen I bis IV. Grundsätzlich blieben also die alten Hierarchien zwischen den einzelnen Arbeitergruppen erhalten. Einige Berufsgruppen, die zwar keine direkte Lehre kannten, aber ohne eine relativ lange Anlernphase bzw. Umschulung nicht auskamen, wie beispielsweise die E-Schweißer, wurden - entsprechende Berufserfahrung des betreffenden Arbeiters und Schwierigkeit der Arbeit vorausgesetzt - zum Teil auch in die Lohngruppe V eingeordnet. Berufserfahrung, spezi-

---

212 In den Wind drehbares Kopfteil von Lüftern mit großer trichterförmiger Öffnung.
213 Interview mit Hans Schröder, Transkript.

elle Arbeitsfertigkeiten und der Schwierigkeitsgrad der einzelnen Arbeitstätigkeiten, die sogenannte Arbeitswertigkeit, bestimmten maßgeblich die konkrete Eingruppierung in eine Lohngruppe.

Für die Einteilung der Lohnempfänger nach Lohngruppen liegen Zahlen aus den Jahren 1949, 1951 und 1956 vor. Diese Stichjahre sind zufallsbedingt, betreffen aber in lohnpolitischer Hinsicht interessante Zeiten. Abgesehen davon, daß die ersten beiden Jahre schon deshalb Aufschlüsse erwarten lassen, weil sie die Aufbauphase der Werft erfassen, sind sie wichtig, weil zwischen beiden in den Werften versucht wurde, mit der Einführung eines Betriebslohngruppenkatalogs (BKL) die Entlohnung nach der Arbeitsleistung zu ordnen.[214] Für die Eingliederung in die einzelnen Lohngruppen sollten die Anforderungen des jeweiligen Arbeitsplatzes dienen. Große Veränderungen traten gegenüber der bisherigen Einstufung letztlich nicht auf. Das hing damit zusammen, daß für die meisten Arbeitsplätze die Anforderungskriterien fehlten. Die Neptunwerft hatte nicht mal einen eigenen Betriebslohngruppenkatalog, sondern lieh sich den in der Stralsunder Volkswerft erarbeiteten aus, diese wiederum hatte sich strikt nach den Eingruppierungsrichtlinien der Metallindustrie gerichtet.[215] Außerdem war bald abzusehen, daß sich Arbeiter der beabsichtigten Lohngruppenherabstufung widersetzen würden. Nicht wirkungslos blieb auch, daß die Werftleitungen die Widersprüche erkannten, die sich aus Verordnungen zur Lohnanhebung einerseits und der Lohngruppenherabstufung von Arbeitern andererseits ergaben und diese Widersprüche entschärfen wollten. In der Schiffsreparaturwerft Wismar, für die Neptunwerft fehlen vergleichbare Angaben, traf die Werftleitung mit der BGL wegen der offenbaren Widersprüche die Absprache, die Beschäftigten, die zurückgestuft werden sollten, in der bisherigen Lohngruppe zu lassen. Das war eine weitreichende Entscheidung gegen das Anliegen von Betriebslohngruppenkatalogen, zumal die Höherstufungen geplant waren.[216]

---

214 LHA Schwerin, IV/L/2/15/661. Außerdem traten 1950 Verordnungen in Kraft, die Lohnfragen betrafen. Vgl.: Peter Hübner, Konsens, Konflikt und Kompromiß, a.a.O., S. 43.
215 LHA Schwerin, MfS, Nr. 1677.
216 Ebenda. Am 31. Juli 1950 waren 35,2 Prozent der Arbeiter in die Lohngruppen I-IV eingestuft, nach dem BKL hätten es 42 Prozent sein müssen.

1952 wurde dann noch einmal der wenig erfolgreiche Versuch unternommen, eine neue Einteilung der Arbeiter nach einem Lohngruppenkatalog vorzunehmen. In den Diskussionen mit Arbeitern ging man von vornherein davon aus, daß für den einzelnen keinerlei Verschlechterungen eintreten sollte.[217]
Die Zahlen für 1956 schließlich sind in Verbindung mit dem dritten Anlauf, die Eingruppierung in Lohngruppen zu verändern, mit der vorgesehenen Einführung eines Wirtschaftslohngruppenkatalogs (WKL), verbunden. Die Haltung der Arbeiter zur Einführung des WKL war nicht einheitlich. Während manche meinten, mit dem WKL solle doch nur der Lohn geschmälert werden, versprachen sich andere von der Einführung der neuen Lohngruppenkataloge mit exakten Einstufungsmerkmalen eine richtigere Bewertung ihrer Arbeitstätigkeiten.[218] Unbegründet große Befürchtungen löste bei der beabsichtigten Einführung des Lohngruppenkatalogs aus, daß sich Arbeiter, die in die Lohngruppen VI bis VIII eingestuft und noch keine 45 Jahre alt waren, einer Prüfung unterziehen sollten. Gewöhnlich bestanden die betreffenden Facharbeiter solche Prüfungen, zumindest in der Wiederholung.[219] Einige Arbeiter jedoch, welche die Prüfung nicht ablegten, wurden zurückgestuft. Das betraf auch den Ehemann unserer Interviewpartnerin Ilse Donath, der als Schlosser in der Werft arbeitete. Er sei mehrfach als Aktivist ausgezeichnet worden und habe wiederholt Neuerervorschläge eingereicht, wegen seiner guten Arbeit sei er angesprochen worden, sich beruflich zu qualifizieren, weil er aber immer sehr gehemmt gewesen sei, habe er abgelehnt, erzählte uns Ilse Donath. In der ersten Verärgerung über die Rückstufung wollte er wie andere Kollegen in der gleichen Situation nach Bremen gehen.[220] Auf als bedrohlich angesehene Seiten der Einführung des Wirtschaftslohngruppenkatalogs reagierten womöglich einige Arbeiter tatsächlich mit Abwande-

---

217 LA Greifswald, Rep. 242, A/77.
218 Archiv NIR, L3a/819.
219 Ebenda und LA Greifswald, Rep. 242, A5d/49.
220 Interview mit Ilse Donath, Transkript. Die Möglichkeit, die Rückstufung mit einer Prüfung abzuwenden, erinnerte sie nicht, vielleicht hatte ihr Mann, der unter seiner schlechten Schulbildung litt, darüber nicht gesprochen.

rung. Die Zahlen der Republikfluchten lagen 1957 vergleichsweise hoch.

Die Einführung des WKL schleppte sich hin, vor allem änderte sich in der Werft an der Festlegung der Arbeitswertigkeit, welche die Arbeiter beeinflussen konnten, kaum etwas.[221] Peter Hübner ist darin zuzustimmen, daß die Einführung der Lohngruppenkataloge eine Chance bedeutet hätte, auf das Lohnsystem regulierend einzuwirken, die man jedoch wegen der zu erwartenden Rückstufungen, aber auch wegen der Höherstufungen, die zusätzliche Mittel erfordert hätten, vertat.[222] In der Neptunwerft hätten die Herabstufungen die Kosten für die Heraufstufungen allerdings leicht gedeckt, denn der Höherstufung von 30 Arbeitern hätte die Herabstufung von 492 gegenübergestanden.[223] Herabstufungen in solcher Größenordnung sind offensichtlich nicht vorgenommen worden. In der Familie Donath konnte der Lohnverlust des Mannes vermutlich wenigsten teilweise durch den Verdienst der Frau ausgeglichen werden, die sich zu der Zeit in einer guten beruflichen Position befand.[224]

Tabelle 19:[225] *Einteilung der Arbeiter der Neptunwerft in Lohngruppen (in Prozent)*

	I	II	III	IV	V	VI	VII	VIII
1949	5,5	8,3	8,5	9,3	52,4	9,7	4,7	1,6
1951	0,1	3,3	11,4	10,3	54,0	15,0	5,5	0,4
1956	0,3	5,1	6,9	14,3	43,9	21,7	7,3	0,5

Auffällig ist zunächst, daß sich die acht Lohngruppen im wesentlichen bereits 1951 auf sechs reduziert hatten. Der Anteil der Arbeiter,

---

221 Archiv NIR, L3a/819.
222 Peter Hübner, Konsens, Konflikt und Kompromiß, a.a.O., S. 61.
223 LA Greifswald, Rep. 238, Nr. 522.
224 Interview mit Ilse Donath, Transkript.
225 Die Angaben für 1949 (18. Juni) beziehen sich auf 4373 Arbeiter und sind berechnet nach: LHA Schwerin, MfS, Nr. 764; die für 1951 (I. Quartal) sind übernommen aus: LA Greifswald, BPA SED Rostock, GO Ro.-Stadt, IV/7/029/231, die Quelle enthält nur Prozentangaben; die für 1956 (1.März) beziehen sich auf 5100 Arbeiter und sind berechnet nach: Ebenda, Rep. 238, Nr. 522.

die ab Lohngruppe V eingestuft waren, stieg zwischen 1949 und 1951 deutlich, was sowohl auf eine weitere Einstellung von Facharbeitern wie auch auf die Erfolglosigkeit des Einführungsversuches des Betriebslohngruppenkatalogs weisen mag. Die Relation der Anteile der Lohngruppen I bis IV auf der einen Seite und V bis VIII auf der anderen blieb im Vergleich zwischen 1951 und 1956 annähernd konstant, das leichte Absinken der Lohngruppen ab V dürfte mit den Bestrebungen der Werft, Hilfsarbeitertätigkeiten auch wirklich von un- oder angelernten Arbeitern ausüben zu lassen, in Verbindung stehen. Bemerkenswert ist der an den Zahlen für das Jahr 1956 erkennbare Trend der Einordnung der Hilfsarbeiter in die höchstmögliche Lohngruppe genauso wie der von Facharbeitern oberhalb der Lohngruppe V. Solche Veränderungen erklären sich u.a. aus der längeren Betriebszugehörigkeit der Belegschaftsangehörigen. Für etliche Beschäftigte erfolgte durch die im Verlauf der Jahre höhere Lohngruppeneinstufung eine Lohnsteigerung.

Allein die Verteilung der Arbeiter auf die Lohngruppen deutet für alle drei Stichjahre auf eine gute Einkommenssituation der Werftarbeiter hin. Außerdem wurden in den Werften vergleichsweise hohe Stundenlöhne gezahlt. So ist es wenig erstaunlich, daß die Werft schon in der Phase der Belegschaftsaufstockung 1949 mit ihren Stundenlöhnen warb, bei Normerfüllung bzw. Normübererfüllung seien durchschnittlich 1,24 bis 1,35 DM erreichbar.[226] Ende Dezember 1953 lag der durchschnittliche Stundenlohn in den schiffbaulichen Hauptabteilungen, in denen die meisten Arbeiter beschäftigt waren, bei 1,78 DM, in den anderen Abteilungen bei 1,65 DM. Die Schwankungen zwischen den Abteilungen hingen mit der Lohngruppeneinstufung und vor allem mit den Normübererfüllungen zusammen.[227] Die Lohnsteigerung von 1949 auf 1953 war zumindest zu Teilen das Ergebnis von Lohnanhebungen in den Jahren 1952 und 1953. Zum 1. Juli 1952 wurden in den Werften die Löhne der Lohngruppen V bis

---

226 LHA Schwerin, MfS, Nr. 764. Außerdem wies die Werft auf Sozialleistungen hin: Bezahlung von Trennungsgeld, Lebensmittelkarte zwei, zusätzliche Verpflegung nach Befehl 234 und kostenlose Unterbringung im Erholungsheim in Kühlungsborn während des Urlaubs.
227 Archiv NIR, B1/241.

VIII erhöht.[228] Eine Lohnanhebung der Lohngruppen I bis IV wurde in den Werften erst im Sommer 1953 vorgenommen.[229] Diese Ungleichbehandlung verschlechterte zumindest partiell das Verhältnis zwischen den Arbeitern.[230]

Peter Hübners Wertung des halbherzigen Umgangs mit dem Wirtschaftslohngruppenkatalog als vertaner Chance gewinnt für die Neptunwerft an Gewicht, wenn mit dem sogenannten Lohngruppenausgleich eine weitere Seite des Lohnsystems berücksichtigt wird. Die Zahlung des Lohngruppenausgleichs machte einen bemerkenswerten Kostenfaktor in den Bilanzen der Werft aus.[231] Der Lohngruppenausgleich kam zustande, weil es einerseits den Meistern bzw. Brigadieren bei der Verschiedenartigkeit vieler Arbeitstätigkeiten, eines teils unkontinuierlichen Arbeitsablaufs sowie aus weiteren Gründen nicht immer möglich war, die Arbeiter in ihrer Stammlohngruppe einzusetzen, die Arbeiter andererseits vor Lohnungerechtfertigkeiten durch die Tätigkeit in einer fremden Lohngruppe bewahrt sein sollten. Die Entlohnung erfolgte deshalb bei einem Einsatz in einer niedrigeren Lohngruppe nach der Stammlohngruppe, bei einem zeitweiligen Einsatz in einer höheren Lohngruppe nach den dortigen Sätzen.[232] Hier war zweifelsohne Raum zur Manipulierung der Lohnhöhe gegeben, der ausgenutzt wurde.

---

228 LA Greifswald, Rep. 238, Nr. 812. Die Lohnerhöhung ging auf einen Beschluß des Politbüros des Zentralkomitees der SED vom 24. Juni 1952 zurück. Danach sollte für ungelernte Arbeiter mehr materieller Anreiz zur Qualifizierung geschaffen werden. Siehe: Zwei Jahrzehnte Bildungspolitik in der Sowjetzone Deutschlands. Dokumente, Herausgegeben und erläutert von Siegfried Baske und Martha Engelbert, Berlin (West) 1966, Teil 1, S.208-211. In den meisten Betrieben des Schwermaschinenbaus, zu welchem auch die Werften gerechnet wurden, erfolgte die Lohnanhebung erst zum 1. Januar 1954.
229 Archiv NIR, K2/8.
230 LA Greifswald, BPA SED Rostock, BL, IV/2/5/679.
231 Die beabsichtigte Senkung des Lohngruppenausgleichs gelang auch zum Ende der 1950er Jahre nicht, wie die Bilanzen für 1959 und 1960 zeigen. Vgl.: Archiv NIR, B/718 und B/726. 1959 machte der Lohngruppenausgleich 690.000 DM aus, wovon 330.000 DM technologisch bedingt, 360.000 DM aber vermeidbar gewesen sein sollen.
232 Das heißt also, daß beispielsweise ein Arbeiter mit der Stammlohngruppe IV nach Lohngruppe V bezahlt wurde, solange er Arbeiten ausführte, die nach ihrer Wertigkeit in diese Lohngruppe gehörten. Im umgekehrten Fall jedoch erfolgte die Entlohnung nach der höheren Lohngruppe.

Das folgende, vielleicht extreme Beispiel aus der Gehlsdorfer Werft, welches den Monat Mai 1953 betrifft, und mit weiteren ähnlichen Fällen Anlaß von Kritik bei der Rechenschaftslegung zum Betriebskollektivvertrag am 30. September gleichen Jahres war, mag den Sachverhalt transparent werden lassen. Im Bereich des Meisters Karsten wurden für Arbeiter der Stammlohngruppe IV 353,0 Stunden der Lohngruppe V und 233,0 Stunden der Lohngruppe VI abgerechnet. Für die Werker der Lohngruppe V hingegen rechnete man nach niederen Lohngruppen ab, 869,0 Stunden waren der Lohngruppe IV zugerechnet. Genauso sah es bei Lohngruppe VI aus, für keinen wurden Arbeiten nach dieser Lohngruppe ausgewiesen, bei den in dieser Lohngruppe eingestuften Arbeitern wurden überwiegend Arbeiten nach Lohngruppe V abgerechnet.[233] Daß diese Abrechnung dem tatsächlichen Arbeitseinsatz der Beschäftigten der einzelnen Lohngruppen entsprach, ist zwar möglich, sie kann aber auch das Ergebnis einer Umbewertung auf den Lohnscheinen sein. Zu solchem Vorgehen wurde noch in der Bilanz zum Jahr 1959 kritisch bemerkt, daß »*den Kollegen in der Produktion die Möglichkeit gegeben wird, die Stunden so zu schreiben, daß unberechtigt Lohngruppenausgleich gezahlt werden muß.*«[234] Da es auch diverse Beispiele ähnlicher Manipulationen mit den Lohngruppen gibt, die zeitlich früher liegen, haben wir es hier womöglich mit einer Kontinuität von Verhaltensweisen zu tun, die durch die gesellschaftlichen Rahmenbedingungen verstärkt sein mögen, doch nicht ursächlich durch sie hervorgerufen worden sind.

Seitens der Leitung der Werft gab es wiederholt Antrengungen, die Zahlungen von Lohngruppenausgleich zu reduzieren. Vor allem wurden die Meister in die Pflicht genommen. Sie sollten mehr auf die Verteilung der Arbeit entsprechend der Lohngruppen der Arbeiter achten.[235] Da dies nicht generell möglich war, wurde Lohngruppenausgleichs in einer gewissen Höhe als technologisch bedingt akzeptiert. Ein Teilerfolg war den Bemühungen sicherlich beschie-

---

233 Archiv NIR, B/459. Das Problem wurde seinerzeit insbesondere in der Beschäftigung von Arbeitern höherer Lohngruppen in niedrigen gesehen, was nach einer Verordnung vom Juni 1952 nur vorübergehend erfolgen durfte.
234 Archiv NIR, B/718.
235 Ebenda und B/459

den.²³⁶ Es bedarf weiterer Untersuchungen, um die Hintergründe der Zahlungen des Lohngruppenausgleich erhellen zu können. Es scheint, als ob die unklaren Aufgabenabgrenzungen von Meistern und Brigadieren die Notwendigkeit eines Lohngruppenausgleichs begünstigten. Die Meister sollten zwar für die lohngruppenadäquate Verteilung der Arbeit sorgen, aber die Brigadiere führten mit ihren Brigaden die Arbeiten aus und setzten die Arbeiter ein. Diese Aufgabenteilung war historisch keineswegs neu. Alf Lüdtke erwähnt den gleichen Vorgang für die sich in einigen Branchen seit den 1920er Jahren immer mehr durchsetzenden Gruppenakkorde. Die Einteilung der Arbeiter sei zwar vom Meister vorgegeben worden, tatsächlich hätte sie aber in den Händen der Vorarbeiter gelegen.²³⁷ Der Prozeß verstärkte sich, und in der Neptunwerft gewannen die Brigadiere während der 1950er Jahre außerordentlich große Möglichkeiten, auf die Lohnhöhe Einfluß zunehmen. Daß es hierbei zu Abstimmungen mit Arbeitern kam, ist sehr wahrscheinlich.

Eine dritte wesentliche Seite des Lohnsystem bildete bis über die erste Hälfte der 1950er Jahre hinaus der Gruppenleistungslohn, der wegen der Lohngestaltungsmöglichkeiten dazu beitrug, daß sich nicht wenige Brigaden zu geschlossenen Gebilden entwickelten. Die Lohnfindung nach dem Gruppenleistungslohn entsprach der des Gruppenakkords, nach dem in der Vorkriegszeit die Kolonnen besonders in der Metallindustrie gearbeitet hatten. Die Anwendung des Gruppenakkords war in der Neptunwerft bei bestimmten Arbeitsgängen noch in der zweiten Hälfte der 1940er Jahre üblich.²³⁸

---

236 So heißt es in der Bilanz für 1959: »*Die im Jahre 1959 gemachten Anstrengungen zur Senkung des Lohngruppenausgleiches waren erfolgreich. So wurde die Prokopfquote von DM 179,30 im Jahre 1958 auf DM 141,- im Jahre 1959 = 12,7% gesenkt, genügen aber noch nicht, denn noch sind über TDM 300 zu beseitigen.*« Vgl.: Archiv NIR, B/718.
237 Alf Lüdtke, Wo blieb die »rote Glut«? Arbeitererfahrungen und deutscher Faschismus, in: ders., Eigen-Sinn: Fabrikarbeit, Arbeitererfahrungen und Politik vom Kaiserreich bis in den Faschismus. Ergebnisse, Hamburg 1993, S. 250.
238 Archiv NIR, K6/75. Max Gerber sagte auf eine Nachfrage zur Lohnfindung in den Kolonnen:
Ja ja den Lohn gabs
an für sich hat der Kolonnenführer
hat dann die Lohnscheine von allen
nach 45 oder 46 wie ich da anfing
selber geschrieben.
(Interview mit Max Gerber, Transkript).

Beim Gruppenleistungslohn wurde an die Brigade (bzw. die Kolonne) ein Arbeitsauftrag mit einer bestimmten Vorgabe von Stunden, in der er zu erledigen war, ausgegeben. Diese Vorgabezeit war in einem gewissen Umfang zwischen den Technologen, Meistern und Brigadieren verhandlungsfähig. Konnte eine Brigade einen Arbeitsauftrag in deutlich niedrigerer Zeit als vorgegeben ausführen, war die Normübererfüllung hoch und dies brachte gutes Geld.

Die Arbeiter in den Brigaden arrangierten sich mit dem Gruppenleistungslohn wie sie - bzw. ihre Vorgänger - es mit dem Gruppenakkord getan hatten. Wie ein solches Arrangement aussehen konnte, zeigt das Beispiel, an welchem ein Bericht der Abteilung Wirtschaftskontrolle der Werft vom 1. Dezember 1952 den Umgang mit den Normen in den Brigaden kritisch dargestellte. Die Kontrolle bezog sich auf einen Fall aus dem Sägewerk, bei welchem für 100 Festmeter Rundholzeinschnitt 836 Stunden und bei der gleichen Menge Schnittholzverarbeitung mit Transport zum Stapelplatz 700 Stunden vorgegeben waren. »*Die Überprüfung der Lohnscheine ergab, daß bei dem 1. Arbeitsgang regelmäßig 615 Stunden, bei dem 2. Arbeitsgang regelmäßig 515 Stunden benötigt werden. Die Aufteilung der einzelnen Werker der einzelnen Lohngruppen von III - V war stets schwankend und ließ kein System im Einsatz der Werker erkennen.*« Aufgrund sorgfältiger Nachforschungen sei festgestellt worden, daß die eingetragenen Stunden nicht real wären. Die Eintragungen hätten auf der Überlegung gefußt, daß für einen verhältnismäßig hohen Lebensstandard der Werker für jeden eine Normerfüllung von 135 Prozent erforderlich sei. Deshalb wären die vorgegebenen Stunden also so auf den Scheinen abgerechnet worden, daß diese Normerfüllung erbracht schien. Im Bericht wurde das Verfahren beschrieben: »*Wenn also 836 bzw. 700 Stunden vorgegeben werden, müssen diese Scheine mit 615 bzw. 515 Stunden abgerechnet werden. Aufgrund der Stempelkarten werden nun die Eintragungen auf die Lohnscheine durch die Lohnabrechnerin und dem Kollegen H. (Brigadier, H.H.) vorgenommen. Es ist damit aber nicht gesagt, daß die auf den Lohnscheinen eingetragenen Werker mit den eingetragenen Stunden an dem Auftrag tatsächlich beteiligt sind.*«[239] Durch die, gemessen an den wirklichen Arbeitsleistungen eines je-

---

239 Archiv NIR, B/465.

den Arbeiters, willkürlichen Eintragungen auf den Lohnscheinen und den Wechsel im Einsatz von Arbeitern verschiedener Lohngruppen ließ sich erreichen, daß jeder auf sein Geld kam und die Differenzierungen, die sich aus der unterschiedlichen Lohngruppeneinstufung und der individuellen Leistungsfähigkeit ergaben, zwar erhalten blieben, aber eher niedrig ausfielen. Hinter diesem Verfahren standen noch alte Verabredungsmechanismen.

Aus der grundsätzlichen Übereinstimmung des Gruppenakkords und des Gruppenleistungslohns ergaben sich über die Art der Lohnfindung hinaus bemerkenswerte Gemeinsamkeiten zwischen den Kolonnen der Vorkriegszeit und den Brigaden der Anfangsjahre. Aus der Übergabe der Arbeit an die gesamte Gruppe entstand in Kolonnen wie in Brigaden ein Zwang zur Kooperation.[240] Ohne Kollegialität konnte die Arbeitstätigkeit nicht das erwartete Ergebnis bringen, jeder mußte seinen Teil tragen, damit alle »ihr Geld« verdienten.[241] Offenbar gab es zu jeder Zeit einige Arbeiter, die es mit dem Arbeiten nicht so genau nahmen. Günther Pommerenke berichtete aus seinen ersten Jahren in der Neptunwerft:

ich weiß wie ich zuerst auf die Werft kam da waren wir
- Brigaden nannte sich ja das - da waren wir 32 Mann von den 32
Mann der Brigadier der hat den ganzen Tag- damals wurden ja noch
Stunden geschrieben für jede Arbeit -
Stunden geschrieben und dann ging er wieder zum Technologen
und hat die Stunden ausgehandelt für die einzelnen Arbeiten
und in solchen großen Kollektiven sind natürlich
auch immer Kollegen gewesen
Prozentsatz möchte ich nicht nehmen
ich sag mal die sind immer so mitgefahren
und haben von der Arbeit anderer gelebt.
[Im Verlauf des Interviews griff er den Faden bald noch einmal auf]
Und wenn ich von dem Kollektiv ausgeh wo ich früher gearbeitet
hab

---

240 Für die Vorkriegszeit siehe Alf Lüdtke, Arbeit, Arbeitserfahrungen und Arbeiterpolitk. Zum Perspektivenwechsel in der historischen Forschung, in: ders., Eigen - Sinn: Fabrikarbeit, Arbeitererfahrungen und Politik vom Kaiserreich bis in den Faschismus. Ergebnisse, Hamburg 1993, S. 375f.
241 Ders., Wo blieb die »rote Glut«?, a.a.O., S. 255.

> *wir waren von den 32 das wußten wir ganz genau*
> 5 *die wir immer so durchgeschlaucht haben*
> *denn waren sie mal nicht da »Wo bist gewesen?«*
> *Ne Ausrede hatten sie immer.*[242]

Alle hätten den gleichen Lohn bekommen, obwohl sie nicht immer alle gleich gearbeitet hätten. Hans Schröder schilderte den gleichmachenden Umgang mit dem Gruppenleistungslohn aus der Sicht des Brigadiers einer nach Berufserfahrung und Leistungsbereitschaft ziemlich gemischten Brigade:

> *und da wußte man die Kollegen*
> *die sehr fleißig waren und den guten Willen mitbrachten*
> *kriegten natürlich auch die gleichen Prozente geschrieben*
> *wie der Kollege der n guten Fachmann war aber der faul war*
> *um das richtige Ausgleich zu finden*
> *war oft manchmal gar nicht mal so einfach gewesen.*[243]

In den Brigaden reagierten Arbeiter auf »Trittbrettfahrer« offenbar in ähnlicher Weise wie ihre Kollegen bald nach der Einführung des Gruppenakkords in den 1920er Jahren: Sie versuchten mit verschiedenen Mitteln, sie zur Arbeit zu zwingen oder sie schnellstens loszuwerden, und sei es, wie in unserem Beispiel, durch wiederholte Fragen nach dem Grund der Abwesenheit vom Arbeitsplatz. Von den Schwierigkeiten mit denjenigen, die sich in den Brigaden nicht kollegial verhielten und von der Arbeit anderer zehrten, ist allerdings kaum etwas nach außen gedrungen.

Die mit dem Gruppenleistungslohn möglichen Lohnmanipulierungen führten in der Neptunwerft - da die Versuche der Werftleitung bzw. der nachgeordneten Stellen fehlschlugen, sie zu unterbinden oder doch wenigstens zu beschränken - schließlich dazu, daß ab 1955 mehr als bisher nach einem individuellen Leistungslohn ge-

---

242 Interview mit Günther Pommerenke, Transkript.
243 Interview mit Hans Schröder, Transkript. Hans Schröder war zu der Zeit noch im VEB Schiffselektrik beschäftigt, einem Betrieb, der in späteren Jahren der Neptunwerft angeschlossen wurde. Sein Arbeitsplatz befand sich allerdings von Anfang an auf dem Gelände der Neptunwerft.

arbeitet werden sollte. Seine Einführung stieß auf Widerstand.[244] Der einzelne Arbeiter fuhr scheinbar mit dem Gruppenleistungslohn und der Verteilung der Aufträge an die Brigaden gut. Dort, wo wie in der Feinblechschlosserei vom Fertigungsprozeß her keine Arbeit in Gruppen erforderlich war, hatte der individuelle Leistungslohn generell einen ganz anderen Stellenwert.[245] Durch den Wechsel zum individuellen Leistungslohn und die bald darauf folgende Ersetzung großer Brigaden durch kleine Arbeitsgruppen, sei, so erinnerte sich Günther Pommerenke, die Arbeitsproduktivität gestiegen.

> *Und da war natürlich für viele die bisher*
> *na ich sag mal so von der Allgemeinheit gelebt haben*
> *stand auf einmal die konkrete Frage*
> *jetzt mußt auch was machen wenn du was verdienen willst*
> *und auch durch solche Methode ist in der Zeit [...]*
> *die Arbeitsproduktivität höher gegangen*
> *weil dann doch jeder mehr gefordert wurde*
> *und jeder wollte ja sein Geld haben*
> *ob er das vorher ehrlich erarbeitet hat oder nicht*
> *aber je kleiner solche Gruppe von Arbeitern ist*
> *je besser kann man natürlich die Leistung des einzelnen messen.*[246]

Bald zeigte sich aber, daß trotz anfänglicher Erfolge auch mit der individuellen Auftragslohnabrechnung, kein längerfristiger Durchbruch erzielt wurde.[247]

Das Lohnsystem bzw. dessen Handhabung führte keineswegs zu einer Gleichmachung der Arbeiter hinsichtlich ihres Lohnes. In Verbindung mit weiteren Faktoren, vor allem den in unterschiedlicher Höhe anfallenden Überstunden, traten zwischen den Werkstätten

---

244 LA Greifswald, BPA SED Rostock, KL Ro.-Stadt, IV/4/07/222. In vielen Parteigruppenversammlungen bildeten im Oktober und November 1955 die Diskussionen um den individuellen Leistungslohn den Schwerpunkt, z.B. in der Sägerei. Vgl.: ebenda, GO Ro.-Stadt, IV/7/029/191.
245 Archiv NIR, L3a/819.
246 Interview mit Günther Pommerenke, Transkript. Günther Pommerenke war zu dieser Zeit wohl schon Meister.
247 Archiv NIR, B/719. In der Bilanz für das Jahr 1959 wurde schon wieder als selbstverständlich vermerkt, daß die Vorgabe beim Durchschnittslohn der Produktionsarbeitern um 4,5 Prozent überschritten worden sei.

und Produktionsabteilungen bemerkenswerte Lohndifferenzierungen auf. Das sei mit wenigen Beispielen belegt. Im Oktober 1950 wurde in der Werkstatt Schiffbau-Helling-Montage in der Lohngruppe V mit durchschnittlich 2,74 DM ein Spitzenwert erreicht, der in den meisten anderen Werkstätten noch nicht einmal von den Arbeitern der Lohngruppe VI erzielt wurde. Das war offensichtlich nicht ungewöhnlich, z.B. lag der Stundenverdienst in der Stemmerei im Durchschnitt der Lohngruppe III mit 1,66 DM 20 Pfennige höher als der in der Spantenbiegerei in Lohngruppe IV.[248] Solche Abweichungen blieben offenbar erhalten.[249]

Sieben Jahre später, im Oktober 1957, hatte sich an den Lohndifferenzierungen grundsätzlich nichts geändert, so daß der mit 525 DM notierte Durchschnittsverdienst der Produktionsarbeiter eigentlich wenig aussagefähig ist. Die Spannbreite reichte von durchschnittlich 721 DM für die 78 E-Schweißer der Helling bis zu durchschnittlich nur 234 DM bei den 122 Schiffsreinigerinnen und Schiffsreinigern. Selbst innerhalb gleicher Berufsgruppen wichen die durchschnittlichen Löhne in Abhängigkeit von den Einsatzorten beträchtlich von einander ab: E-Schweißer Helling 721 DM; E-Schweißer Ausrüstung 671 DM; E-Schweißer Reparatur 626 DM und E-Schweißer Vormontage 521 DM. Auch dort, wo viele gelernte Facharbeiter arbeiteten, waren die Unterschiede hoch, wie der Vergleich zwischen dem Kesselbau mit durchschnittlich 632 DM und der Rohrschlosserei mit durchschnittlich 533 DM zeigt. Daß bei derartigen Differenzierungen durchaus mit ungelernter Arbeit mehr als mit gelernter verdient werden konnte, liegt auf der Hand. Im Bereich Ausrüstung erhielten die Entroster für ihre schwere und gesundheitsgefährdende Arbeit durchschnittlich 530 DM, die Schlosser der Grobschlosserei hingegen 516.[250] Einige Lohndifferenzierungen ergaben sich sicher aus unterschiedlichem Arbeitsanfall und damit

---

248 Lohnangaben berechnet nach: LA Greifswald, Rep. 242, L2/27.
249 Das läßt sich aus den Abweichungen im Stand der Normübererfüllungen zwischen den einzelnen Werkstätten schlußfolgern. Vgl.: Archiv NIR, B1/241, B/465 und B/719.
250 LA Greifswald, Rep. 242, B1/435. Leider wurden keine weiteren derartigen Lohnübersichten gefunden. Bei einem besseren Erschließungsstand der aus dem ehemaligen Archiv der Neptunwerft übernommenen Bestände ist die Hoffnung, weitere vergleichbare Unterlagen aufzuspüren, indes durchaus real.

ungleichen Relationen von Überstunden und Wartezeiten sowie aus der konkreten Verteilung der Lohngruppen. Andere waren weniger begründet. Der Werftleitung war das bekannt, sie versuchte auch, dieser Entwicklung gegenzusteuern, aber ohne nachhaltigen Erfolg.[251]

Diese hier entdeckte Differenzierung in der Lohnhöhe ist eigentlich ein überraschendes Ergebnis. Denn durch die Manipulierung mit dem Einsatz in verschiedenen Lohngruppen sowie durch den Umgang mit den Vorgabezeiten, die zu einem möglichst guten Lohn für alle Arbeiter führen sollten, entwickelte sich ein gewisser Trend zur Gleichmacherei, der ursprünglich weder im Lohnsystem angelegt noch, und das bringt die Ambivalenz der Werftleitung in Lohnfragen zum Ausdruck, von der Werft- oder Parteileitung gewollt war.[252] Offensichtlich geriet das Lohnsystem mehr und mehr aus den Fugen. Ob die einzelnen Arbeiter das Ausmaß der Lohndifferenzierungen kannten, ist, wenn die Quellenlage nicht täuscht, fraglich. Jedenfalls sind sie vermutlich nur ausnahmsweise zur Sprache gekommen.[253] Der Betrieb war zu groß, das Lohnsystem zu kompliziert, um sich ein genaues Bild über die Arbeitsentgelte anderer machen zu können. Gewöhnlich reichten die gelegentlichen Hinweise nur für Spekulationen.[254] Wußten Arbeiter indes genaues über besse-

---

251 Archiv NIR, B/719. Auch 1954 waren die Abweichungen in der Normübererfüllung beträchtlich. Ebenda, B/465.
252 Nach einem Brigadeeinsatz der Bezirksleitung Rostock der SED 1955 in der Neptunwerft und in der Warnowwerft wurde eingeschätzt: »*Gegen das Leistungsprinzip wird in vielen Fällen in grober Weise verstoßen. Die Gleichmacherei ist bei weitem noch nicht ausgeschaltet.*« LA Greifswald, BPA SED Rostock, BL, IV/2/3, Nr. 141.
253 Zu den wenigen Nachweisen gehören Auszüge aus einer lebhaften SED-Parteiversammlung in der Holzwirtschaft im April 1957. In anderen Abteilungen würden noch immer Normen über 200 Prozent abgerechnet, die seien aber unreal. Innerhalb der Werft müsse Ordnung geschaffen werden, damit die Kollegen der Holzwirtschaft nicht immer das Gefühl haben müßten, daß sie schlechter seien als die anderen. Die Kollegen der Holzwirtschaft müßten hart arbeiten, wenn sie ihr Geld verdienen wollten. Vgl.: LA Greifswald, BPA SED Rostock, GO Ro.-Stadt, IV/7/029/197.
254 Unser Interviewpartner Günther Treder, Schmied von Beruf, hielt die Arbeit der Rohrschlosser nicht nur für leichter, sondern glaubte, sie würden mit 300 bis 350 DM monatlich mehr als er nach Hause gehen und die Spitzendreher bekämen für ihre Arbeit »wahnsinnig« viel Geld. Er suchte sich bald eine andere Arbeit und verließ die Werft. Interview Günther Treder, Transkript. Seine Annahme bezüg-

Kapitel 7: Die Arbeitswelt der Neptunwerft

re Entlohnung an einem anderen Arbeitsplatz, betrieben sie den Wechsel dorthin offenbar mit Nachdruck. So fehlten denn Mitte der 1950er Jahre in der E-Werkstatt Land immer mal wieder die Arbeiter, die sich zur E-Werkstatt Schiff hatten versetzen lassen, weil bei den Schiffselektrikern nach Leistung gearbeitet wurde und damit mehr zu verdienen war.[255] Über Arbeitsplatzwechsel wegen besserer Verdienstmöglickeiten war vereinzelt auch etwas von unseren Interviewpartnern zu erfahren: Bruno Clasen wechselte zeitweilig zur Warnowwerft, weil dort die Entlohnung der Schiffbauer besser war, der Ehemann von Lieselotte Kroß schaute immer sehr auf das Geld und arbeitete überhaupt nur dort, wo gut verdient wurde.[256]

Dies Streben nach möglichst guter Entlohnung zeigt nur, wie ambivalent auch die Haltung der Arbeiter in Lohnfragen war. Lohnunterschiede, die sich aus der unterschiedlichen Qualifikation des Einzelnen, seiner Leistung und der daraus resultierenden Lohngruppe ergaben, stießen grundsätzlich auf Akzeptanz. Die Lohnunterschiede sollten jedoch angemessen sein und nicht zu krass ausfallen.[257] Die Anerkennung der Lohnunterschiede durch die Arbeiter war mit einem Streben nach gutem Lohn für jeden, der ordentliche Arbeit leistete, verbunden. Diese Haltung prägte die Beziehungen der Arbeiter untereinander. Die Wege, zu diesem guten Auskommen zu gelangen, waren nicht nur zumindest in Teilen volkswirtschaftlich bedenklich, sondern solche Gleichmacherei widersprach auch dem Wunsch vieler Arbeiter nach gerechter Bewertung und Entlohnung der eigenen Leistung. Ohne Frage waren die Einflußmöglichkeiten der Arbeiter auf die Lohngestaltung groß. Besonders über die Brigadiere konnte viel durchgesetzt werden.

---

lich der Lohnunterschiede mag im Einzelfall zugetroffen haben, weil er als junger Facharbeiter sicherlich nicht höher als in Lohngruppe V eingestuft war, generell scheint sie zu hoch gegriffen.
255 Archiv NIR, L3a/819.
256 Interview mit Bruno Clasen, Transkript. Bruno Clasen gab den Arbeitsplatz in der Warnowwerft allerdings relativ schnell wieder auf, weil er ihm nicht anspruchsvoll genug war, er hatte ein gleichfalls finanziell günstiges Angebot von der Gehlsdorfer Werft. Interview mit Lieselotte Kroß, Transkript.
257 Zwischen den Lohngruppen der Facharbeiter schienen einem Teil der Arbeiter die Unterschiede zu groß, wie z.B. 1956/57 zwischen Lohngruppe V mit 1,66 DM und Lohngruppe VI mit 2,05 DM. Vgl.: LA Greifswald, BPA SED Rostock, BL, -V/2/3/ Nr. 158.

Konstrukteure, Meister, berufliche Aufstiege und Ausbildungen

Mit einer Karikatur prangerte das »Werftecho«, die Betriebszeitung der Neptunwerft, in einer Ausgabe vom Oktober 1949 Trennlinien zwischen Werftbeschäftigten an, vielleicht paßten sie aus der Sicht der Redaktion nicht mehr in die neue Zeit. Man sieht nebeneinander zwei kleine Zeichnungen: links drei Arbeiter, vor sich ein kleines Schiff, rechts drei Konstrukteure, vor sich das gleiche Schiff nur von der anderen Seite. Bezeichnend sind die Bildunterschriften: Die Arbeiterseite: »*Wat hew ick jug seggt, wi schaffen dit ok ohne de Intelligenz*«[258] und die Konstrukteurseite: »*Sehen Sie meine Herren, es geht auch ohne den Arbeiter.*«[259] Von Zusammenarbeit schien keine Seite etwas zu halten, beide gingen auf Distanz und pochten auf ihre Berufsehre. Welch ungeheuren Abstand zu den Arbeitern legte allein die Anrede »meine Herren« frei. Konstrukteure mit Schlips und Kragen und im weißen Kittel am Reißbrett stehend, gehörten für unseren Interviewpartner Georg Schwarz, nach der Lehre und einem Fachschulbesuch nun selbst Konstrukteur, zu den bleibenden Erinnerungen an seinen ersten Arbeitstag im Konstruktionsbüro im Jahre 1956.[260] Äußerlich hatte sich nicht viel verändert. Es wurde Distanz gehalten. Eine Seite der Distanz drückte sich in Hochachtung gegenüber den Leistungen alter Meister, Obermeister und Ingenieure aus, von der mehrere Interviewpartner sprachen.[261]

In den 1950er Jahren blieben alte Hierarchien und Diskrepanzen teils erhalten, teils wurden sie abgebaut und teils traten neue hinzu.

---

258 Was habe ich euch gesagt, wir schaffen dies auch ohne die Intelligenz.
259 Werftecho, Nr. 16, vom 1. Oktober 1949.
260 Interview mit Georg Schwarz, Transkript. Aufsteiger mit Fachschulbildung wie Georg Schwarz, sein Vater war Musterweber, mußten nicht nur Barrieren überwinden, sondern ihren Platz neben der sogenannten alten Intelligenz und denjenigen, die auf Grund ihrer Berufserfahrung ohne Studium zum Ingenieur ernannt worden waren, finden. Vgl. dazu: Dolores L. Augustine, Frustrierte Technokraten. Zur Sozialgeschichte des Ingenieurberufs in der Ulbricht-Ära, in: Die Grenzen der Diktatur. Staat und Gesellschaft in der DDR, hrsg. von Richard Bessel und Ralph Jessen, Göttingen 1996, S. 49-75, hier besonders S. 58-61, siehe auch Peter Hübner, Um Kopf und Kragen. Zur Geschichte der innerbetrieblichen Hierarchien im Konstituierungsprozeß der DDR-Gesellschaft, in: Mitteilungen aus der kulturwissenschaftlichen Forschung, 16. Jg., H. 33, S. 210-232.
261 Interview mit Bruno Clasen, Transkript und Interview mit Max Gerber, Transkript.

Die Arbeitszeitregelungen beispielsweise festigten Abgrenzungen zwischen Ingenieuren und Meistern einerseits und den Arbeitern andererseits. Schicht- und Wochenendarbeit, überhaupt unregelmäßige Arbeitszeiten, belasteten Arbeiter weit mehr als andere Werftbeschäftigte. Konstrukteure und Ingenieure, aber auch die Meister, arbeiteten üblicherweise in der sogenannten Normalschicht, die Arbeiter hingegen in zwei oder drei Schichten.[262] Die Spät- und Nachtschichten waren nur mit Brigadieren, gelegentlich zusätzlich mit Schichtmeistern besetzt.[263] In Hinsicht auf die Arbeitszeit wurde somit den Arbeitern mehr Flexiblität abverlangt als den Angestellten. Diese Flexibilität war indes nicht selbstverständlich, im Gegenteil, die Regelung der Arbeitszeit gehörte zu den zentralen Themen des Austarierens von Interessen zwischen Arbeitern und der Werftleitung.[264]

Neue Diskrepanzen hingen u.a. mit den Einkommensregelungen zusammen. Bei der Verdiensthöhe schlug das Gewicht eher zugunsten der Arbeiter aus, zumindest unter Berücksichtigung der Entlohnung der Überstunden. Arbeiter höherer Lohngruppen verdienten selbst ohne Anrechnung der Überstunden häufig mehr als Ingenieure und Meister. Das führte trotz des Mangels an qualifizierten Leuten in Einzelfällen dazu, daß ausgebildete Ingenieure wegen des besseren Geldes als Brigadiere oder gar, wie 1952 in der Schlosserei, als Facharbeiter arbeiteten.[265] Einer unserer Interviewpartner, vom Elternhaus aufstiegsorientiert, wechselte erst ins Konstruktionsbüro,

---

262 Bei Termindruck wurden jedoch auch Angestellte zu Arbeiten im produktiven Bereich herangezogen.
263 LA Greifswald, BPA SED Rostock, GO Ro.-Stadt, IV/7/029/240. Ein Brigadeeinsatz der Bezirksleitung Rostock der SED vom Mai oder Juni 1956 zählte den Einsatz von Meistern und Betriebsingenieuren in der zweiten und dritten Schicht zu den Maßnahmen, die zur Sicherung eines reibungslosen Produktionsflusses durchzuführen seien.
264 Vgl. die detaillierten Ausführungen bei Peter Hübner, Konsens, Konflikt, a.a.O., Kapitel 2, hier besonders S. 94-101.
265 LA Greifswald, BPA SED Rostock, GO Ro-Stadt, IV/7/029/233 und Rep. 242, A3/21. In der Schlosserei waren auch zwei Meister als Schlosser tätig, sie weigerten sich wie die Ingenieure, Arbeiten ihrer Qualifikation anzunehmen. Alf Lüdtke, »Helden der Arbeit«- a.a.O., zitiert S. 199 ein vergleichbares Beispiel.

nachdem es dort eine Gehaltsaufbesserung gegeben hatte.²⁶⁶ Die Einkommensunterschiede waren Ausdruck einer widersprüchlichen Politik gegenüber einzelnen sozialen Gruppen, die bis auf die Ebene des Betriebes wirksam wurde. Einerseits war der Bildungserwerb erwünscht und wurde gefördert, andererseits bestimmte die Sorge, die Intelligenz könne sich von der Arbeiterklasse entfernen, einige Entscheidungen, die Arbeiter begünstigten und gelegentlich Ingenieure und andere leitende Angestellte sogar diskriminierten.²⁶⁷ Durchgängig bessergestellt war die sogenannte alte Intelligenz. Das waren in den Werften diejenigen Ingenieure, die ihre Ausbildung und Position bereits vor 1945 erlangt hatten.²⁶⁸

Eine Reihe von Veränderungen traten bei der Arbeit der Meister und in ihrer Position in der Werft ein. In der Neptunwerft erfolgten in der zweiten Hälfte der 1940er und in den 1950er Jahren zwar einige Strukturveränderungen, die u.a. mit der Eingliederung der Gehlsdorfer Bootswerft zusammenhingen, dennoch blieb vom Grunde her das Werkstattprinzip und die Einteilung in Meisterbereiche erhalten. Trotz der Stabilität in der Struktur schritt auch hier die jahrzehnte-

---

266 Interview mit Friedrich-Carl Düwell, Transkript. Eine Gehaltsaufbesserung für Meister, Techniker und Ingenieure wurde zum 1. Juli 1952 vorgenommen. Sie beruhte auf dem Beschluß des Politbüros des Zentralkomitees der SED vom 24. Juni 1952. Vgl.: Zwei Jahrzehnte Bildungspolitik in der Sowjetzone Deutschlands, a.a.O., S. 208.
267 Für unsere Interviewpartner, die Ingenieure, leitende Angestellte oder Meister geworden sind, blieb im Vergleich zu ihrer Zeit als Arbeiter nachhaltig in Erinnerung, daß durch den Wegfall bezahlter Überstunden der finanzielle Rahmen zumindest in den Anfangsjahren eher eng war. Darüber hinaus berichtete Günther Pommerenke, daß in Druckzeiten die Büros leergemacht seien und Angestellte, auch Abteilungsleiter und Hauptabteilungsleiter mit der Drahtbürste hätten Rost bürsten müssen. Das hätte auch sein Gutes gehabt, die Angestellten hätten nie die Verbindung zur Produktion verloren, aber manchmal sei das auch sehr entwürdigend gewesen. Außerdem wäre die Erledigung der eigenen Arbeit in Rückstand geraten. Vgl.: Interview mit Günther Pommerenke, Transkript. Desweiteren wurden auch Ingenieure und Konstrukteure in den Ernteeinsatz geschickt. Vgl.: Interview mit Friedrich-Carl Düwell, Transkript.
268 Dolores L. Augustine, a.a.O., S. 58 spricht in dieser Hinsicht von einer generationellen Spaltung der Ingenieure. Auch in der Neptunwerft wurden »Einzelverträge«, die neben einem hohen Einkommen eine gute Rente sicherten, überwiegend mit denjenigen abgeschlossen, die schon vor 1945 angestellt waren. Vgl: Archiv NIR, L3a/821.

lange allmähliche Entwertung der Arbeit der Meister voran.[269] Die Stellung der Meister veränderte sich, der dominierende Trend war der Verlust wesentlicher früherer Arbeitsinhalte, aber es kamen auch neue Arbeitsaufgaben hinzu. Verloren ging insbesondere die unmittelbare Beziehung zwischen Meistern und Arbeitern. In der Funktion von Werkstattleitern hatten die Meister indes weitreichende Verantwortlichkeiten bei der Organisation der Arbeit in ihrem Zuständigkeitsbereich. Ihnen waren je nach Größe der Werkstatt nicht nur andere Meister, sondern auch die Brigadiere unterstellt. Sie besprachen den Werkstattplan mit den Brigaden und schlüsselten ihn auf.[270] Die Aufgaben anderer Meister waren weniger klar umrissen und kollidierten mehr oder weniger mit denen der Brigadiere. Insgesamt jedoch wuchs die Verantwortung der Meister bei der Regelung des Arbeitsablaufes und der Produktionskontrolle, wenn dies auch nicht auf jeder Meisterstelle zu spüren war.[271] Ein großes Aufgabenfeld, das Anerkennung durch die Arbeiter und die zuständigen Leitungen einbrachte, erschlossen sich einige Meister und Brigadiere mit Weiterbildungsangeboten.[272]

Die wohl tiefgreifendste Veränderung in den Hierarchien, die einem partiellen Abbau lange bestehender gleichkam, hing damit zusammen, daß in der Neptunwerft, wie in der DDR der 1950er Jahre allgemein, grundsätzlich jeder Arbeiter die Chance aufgreifen konnte, sich über Weiterbildungen eine Berufskarriere als Kon-

---

269 Alf Lüdtke, Wo blieb die »rote Glut«? a.a.O., S. 249f. In der Neptunwerft fühlten sich die Meister häufig im Vergleich zu den Arbeitern zurückgesetzt. Es war durchaus keine einmalige Sache, wenn Anfang 1957 die Meister des Bereichs III meinten, daß Forderungen der Werker allgemein erfüllt, den Angestellten hingegen keine Zugeständnisse gemacht würden. Vgl.: Archiv NIR, L3a/824.
270 In den im Frühjahr 1953 geschlossenen Verträgen zwischen dem Werftdirektor und den Werkstattleitern verpflichteten sich die Werkstattleiter außerdem, die volle Ausnutzung der Maschinen und des Arbeitstages zu gewährleisten, die Produktionserfahrungen der Aktivisten auszuwerten, die Organisation der Arbeit zu verbessern sowie Maßnahmen zur fachlichen Schulung der Arbeiter zu ergreifen. Vgl.: LA Greifswald, Rep. 242, L/234.
271 LA Greifswald, BPA SED Rostock, GO Ro.-Stadt, IV/7/029/223 und 233.
272 So verpflichteten sich im November 1952 die Meister und Brigadiere der Abteilung Holzbau, den un- und angelernten Kollegen durch von ihnen gehaltene Vorträge die Möglichkeit zu geben, sich theoretisch und praktisch so qualifizieren, um erfolgreich eine Prüfung ablegen zu können. Vgl. LA Greifswald, Rep. 242, A5d/62.

strukteur, Ingenieur, Techniker, Technologe, Meister oder in anderen Berufen zu bahnen. Arbeiter, die selbst keinen Bildungsaufstieg vollzogen, hatten Beziehungen zu Konstrukteuren und Meistern, weil diese ihre früheren Arbeitskollegen waren, die sich beruflich qualifiziert hatten. Berufserfahrung und berufliche Weiterbildung stärkten das Selbstbewußtsein von Arbeitern und Meistern gegenüber den Konstrukteuren und Ingenieuren.[273]

Fast alle unserer männlichen Interviewpartner gehörten zum Kreis derer, die die gebotene Chance zur beruflichen Weiterbildung und zum Aufstieg nutzten. In ihren Biographien nimmt die berufliche Qualifizierung einen wichtigen Platz ein. Bei einer Gruppe war eine Lebensphase durch die Weiterbildung bestimmt, bei einer anderen traten Phasen intensiver beruflicher Weiterbildung wiederholt auf. Das Streben nach einer höheren beruflichen Qualifikation einschließlich der damit verbundenen erweiterten beruflichen Möglichkeiten und Aufstiege kennzeichnete geradezu Lebenswege. Mit wenigen Ausnahmen reichte unseren männlichen Interviewpartnern der Facharbeiterbrief sowie der Besuch berufsbegleitender Lehrgänge, Vorträge u.a. nicht. Sie absolvierten Meisterlehrgänge und legten die Meisterprüfung ab, bzw. wurden nach einem Fachschulabendstudium oder Fernstudium Konstrukteure und Ökonomen und stiegen in der Werft beruflich auf. Den einen oder anderen verschlug es nach der Weiterbildung zeitweilig in den Parteiapparat der SED oder auch in andere Funktionen außerhalb der Werft. Einige ergänzten die in den 1950er Jahren erworbene Qualifikation in späteren Jahren durch ein Hochschulstudium einer technischen bzw. betriebswirtschaftlichen Richtung. Teils mit Sonderkonditionen wurde der akademische Abschluß neben der zumeist sehr anspruchsvollen Berufsarbeit erworben.[274]

---

273 Einer unserer Interviewpartner, im Jahre 1953 Meister (mit Abschluß) auf dem Schnürboden der Gehlsdorfer Werft, erzählte, bei ihm auf dem Schnürboden sei alles aufgerissen worden und die Konstrukteure seien zu ihm gekommen, hätten ihn nach den Maßen gefragt, um diese dann in die Zeichnungen eintragen zu können. Man habe mitbestimmen können und sich nichts vor die Nase setzen lassen. Vgl.: Interview mit Bruno Clasen, Transkript.
274 Das Studium an Universitäten setzte, die 1954 gegründeten Industrie-Institute ausgenommen, das Abitur voraus, im Fernstudium wurden ein erfolgreiches Fachschulstudium und/oder lange Berufserfahrung anerkannt.

Die Werftleitung und übergeordnete Stellen wie die Hauptverwaltung Schiffbau hatten an der beruflichen Qualifikation ihrer Beschäftigen Interesse, weil qualifizierte Fachkräfte nicht in ausreichender Zahl vorhanden waren. Unter den Ursachen des akuten Mangels an hochqualifizierten Arbeitskräften spielten historische Gründe bzw. Standortprobleme eine wichtige Rolle. Zwar hatte der Schiffbau in der Region Tradition - neben der Neptunwerft existierten vor dem Krieg einige kleinere Werften -, aber die Zahl der alten Fachkräfte konnte den Bedarf der Neptunwerft sowie der Werftneugründungen nicht decken. Zudem hatte die Rüstungsproduktion zu einem Versanden der technologischen und konstruktiven Erfahrungen auf normalschiffbaulichem Gebiet geführt.[275] Bei der massenhaften Zuweisung von Facharbeitern in den Jahren 1949 und 1950 wurde eine adäquate Einstellung von Meistern, Konstrukteuren und Ingenieuren versäumt.[276] Und schließlich dezimierte Republikflucht die Zahl der Fachkräfte. In den Jahren 1955 bis 1957, einer Zeit besonders hoher Abwanderungen, verließen monatlich etwa fünf Ingenieure und Techniker die Stadt Rostock.[277] Außerdem wurde von der auch in der Neptunwerft durchaus üblichen Rekrutierungsweise durch Ernennung ausgewählter Facharbeiter zu Werkmeistern und Ingenieuren mehr und mehr Abstand genommen.

Die wichtigste Voraussetzung, welche die Neptunwerft für die berufliche Weiterbildung ihrer Facharbeiter und sonstiger Mitarbeiter schuf, war wie in anderen Großbetrieben der DDR die Installation einer geeigneten Weiterbildungseinrichtung im Betrieb, an der eine Ausbildung zum Meister, Techniker oder Ingenieur durchgeführt werden konnte. Das waren die Technischen Betriebsschulen, deren Bezeichnungen und auch ein Teil der Aufgabengebiete wechselten. Die Weiterbildungen waren kostenlos. Soweit die Technische Betriebsschule als Außenstelle der Fachschulen für Schiffstechnik in Warnemünde und für Schiffbautechnik in Wismar fungierte, konn-

---

275 Archiv NIR, K6/69.
276 Ebenda, K6/75.
277 AHR, 2.10.7.4206. Unter den Republikflüchtigen der Neptunwerft in der Zeit von Juli 1957 bis Ende 1960 waren: drei Arbeitsnormer, ein Gütekontrolleur, acht Konstrukteure, ein Diplom-Wirtschaftler, sieben Ingenieure, fünf Technologen, vier Gruppenleiter. Vgl.: Archiv NIR, L3a/1359.

ten im Betrieb Abschlüsse der beiden Ingenieurschulen erworben werden. Zu den Rahmenbedingungen, die den Erwerb einer höheren beruflichen Qualifikation reizvoll machten, gehörten die Sicherheit, nach der Weiterbildung, gelegentlich auch schon in deren Verlauf, einen geeigneten Arbeitsplatz zu finden. Freistellungen von der Arbeit und finanzielle Zuwendungen, wie z.B. Büchergeld, fielen dagegen eher bescheiden aus. Sie waren allerdings umfangreicher und auch wichtiger, wenn an Stelle eines Fachschulabendstudiums ein Fernstudium betrieben wurde, weil die gewählte Studienrichtung von den Fachschulen in Warnemünde und Wismar nicht angeboten wurde. Wie andere Betriebe und Einrichtungen delegierte die Neptunwerft junge Leute an die Arbeiter- und Bauernfakultäten. Mit dem dort erworbenen Abitur konnten alle Studienrichtungen studiert werden.

Es war eine Besonderheit der Anfangsjahre, daß die Fachschulausbildung auf dem Gelände der Werft stattfand. Die Lehrkräfte reisten von den Fachschulen an. Die Fachschulabendstudenten sahen die beiden Fachschulen überhaupt nicht von innen. Sie blieben der Werft, ihrem Arbeitsplatz und ihren Kollegen eng verbunden. Aufstiegsdenken wurde so wenig Raum gegeben. Sehr junge Arbeiter hingegen wurden zu einem Direktstudium an die Fachschulen delegiert und dazu oft schon während der Lehrzeit geworben, wohl auch gedrängt.[278]

Die Meisterausbildung wie das Fachschulabendstudium war für Facharbeiter problemlos zugänglich, die erfolgreiche Facharbeiterprüfung reichte als Zugangsvoraussetzung. Die meisten Facharbeiter der Neptunwerft hatten die Prüfung nach einer Lehre gemacht. Ende der 1940er/Anfang der 1950er Jahre erfolgte die Ausbildung zum

---

278 Georg Schwarz, für den das Fachschulstudium einen ersten Teil seiner beruflichen Qualifizierung bildete, sagte, im letzten Lehrhalbjahr wären ihnen verschiedene Bildungseinrichtungen die Tür eingelaufen:
Lehrlinge die ein halbwegs gutes Zeugnis zu erwarten hatten
die möchten doch bitteschön weitergehende Bildungseinrichtungen besuchen
Arbeiter- und Bauernfakultät oder das Abitur nachmachen
oder zur Fachschule gehen
also bei uns im im im Lehr Lehre Lernkollektiv da waren
mindestens Vertreter vier Einri-, von vier verschiedene Einrichtungen
(Interview mit Georg Schwarz, Transkript).

Facharbeiter aber auch durch Umschulungen mit einer Dauer von 18 Monaten.[279] Der Begriff »Umschulung« ist insofern irreführend, als es sich dabei eigentlich um eine verkürzte Lehrzeit für Erwachsene unterschiedlichen Lebensalters handelte, die aus verschiedenen Gründen keinen Berufsabschluß hatten.[280] Im Endergebnis wurden die Kurse des Fachschulabendstudiums dann tatsächlich überwiegend von Facharbeitern belegt, obwohl auch solche Kollegen geworben wurden, die bereits I-Gehälter (Gehälter für Angehörige der Intelligenz) bezogen, jedoch nicht über den erforderlichen Abschluß verfügten.[281]

Die Meisterlehrgänge dauerten gewöhnlich zwei Jahre, das Fachschulabendstudium wie das Fernstudium vier bis fünf, auch sechs Jahre. Beide Ausbildungen, besonders jedoch das Fachschulstudium waren mit außerordentlich hohen Belastungen und viel Verzicht für die Studenten verbunden, fanden sie doch neben der eigentlichen Berufsarbeit statt. Freistellungen von der Arbeit wurden gewöhnlich nur zur unmittelbaren Prüfungsvorbereitung gewährt.[282] Das tägliche Arbeitspensum war neben der anspruchsvollen Weiterbildung zu bewältigen. Hans Schröder sprach über einen Arbeiter seiner Brigade, der studierte und deshalb manchmal bei der Arbeit müde gewesen sei. Er habe damals, weil er die doppelte Belastung noch nicht einschätzen konnte, von dem Kollegen die gleichen Leistungen verlangt wie von den anderen.[283] Das Fachschulabendstudium fand an mehreren Abenden der Woche und am Sonnabendnachmittag nach festen Plänen statt. Die Lebensphase, in der neben der Arbeit stu-

---

279 Archiv NIR, K6/74.
280 Unser Interviewpartner Albert Reithel durchlief gleich nach seinem Werfteintritt als ungelernter Arbeiter eine solche Umschulung. Sie fiel ihm schwer, aus seiner Sicht u.a. deshalb, weil er aus einem Dorf in der Slowakei stammend, keinerlei Beziehungen zum Schiffbau hatte. Dennoch schloß er nicht nur diese Umschulung ab, sondern absolvierte bald danach erfolgreich eine Meisterausbildung. Vgl.: Interview mit Albert Reithel, Verlaufsprotokoll.
281 Archiv NIR, L3a/823. Darin wurde Ende 1954 von der Werftleitung beklagt, daß sich zwar eine Anzahl dieser Kollegen zum Studium verpflichtet hätte, ohne daß bisher eine Qualifizierung aufgenommen worden sei.
282 Beispielsweise beantragte die Leitung der Technischen Betriebsschule für die 15 Kollegen, welche ab dem 22. Februar 1954 die Technikerprüfung ablegen wollten, beim Werftdirektor eine Freistellung von einem Tag pro Woche ab 20. Januar. Vgl.: LA Greifswald, Rep. 242, A5d/95.
283 Interview mit Hans Schröder, Transkript.

diert wurde, mußte ganz auf das Studium ausgerichtet werden und bedeutete eine Einschränkung der Lebensqualität. Mehrere Interviewpartner berichteten, wie ausgelaugt sie abends um 9 Uhr nach Arbeit und Studium nach Hause gekommen wären. Den hohen Anforderungen von beruflicher Arbeit und Studium waren keineswegs alle gewachsen, die sich dafür entschieden hatten. Viele brachen das Studium ab, teils aus Unfähigkeit, häufiger wohl aber, weil das Studium weit überdurchschnittliche Beschränkungen in anderen Lebensbereichen mit sich brachte. Beispielsweise gaben von den 25 Kollegen, die am 12. Oktober 1954 ein Studium aufnahmen, 18 das Studium wieder auf.[284] Diejenigen, die durchhielten, schlossen sich eng zusammen, motivierten und unterstützten sich.

Die Gründe für den Besuch einer Fachschule waren vielfältig. Ein materieller Anreiz spielte darunter gewöhnlich nur eine untergeordnete Rolle.[285] Auch das Prestige der angestrebten Berufe war nicht so hoch, daß damit die freiwillige Entscheidung für die anstrengende und langfristige Weiterbildung erklärt werden könnte. Aus der Analyse der Interviews ergibt sich, daß sich unsere Interviewpartner, die in den 1950er Jahren einen Meisterlehrgang absolvierten oder eine Fachschule besuchten, dazu mehr oder weniger aus eigenem Antrieb und oft ohne spezielle Werbungen aus Bildungsinteresse und in Erwartung größerer, verantwortungsvoller und interessanter Arbeitsfelder nach Abschluß der Weiterbildung entschieden. Die in der DDR auch für Arbeiter gegebene Möglichkeit zum Studium und zum Test der Leistungsfähigkeit beim Lernen übte auf etliche Arbeiter der Neptunwerft einen großen Anreiz aus. Eine Schilderung Bruno Clasens, der sich um 1950 entschloß, seine Meisterprüfung zu machen, läßt das erkennen:

> *und hab das dann auf der Volkshochschule[286]*
> *dann in einem anderthalb Jahr Abendlehrgang*
> *hab ich dann äh äh haben wir einen Meisterlehrgang besucht -*

---

284 Archiv NIR, L3a/834.
285 Der Anstieg der Zahl der Abendstudenten vom Studienjahr 1952/53 zum Studienjahr 1953/54 wird allerdings mit dem Wirksamwerden einer Verordnung über die Erhöhung der Gehälter für das ingenieur-technische Personal zusammenhängen. Vgl.: LA Greifswald, Rep. 242, Ad/56.
286 Gemeint ist offenbar die Betriebsvolkshochschule.

das waren
es wurden noch viele Meisterlehrgänge liefen
für Elektriker für Maschinenbauer äh äh für die Schiffbauer
für die Tischler ne alles Maler -
alles konnte sich da mit einem Mal qualifizieren -
und äh die Schule war abends immer voll -
am Tag wurde gearbeitet
und abends wurd zur Schule gegangen ne -
und äh ich war ja noch unverheiratet sowieso -
das ging eigentlich ganz prima ne -
und hat auch Spaß gemacht-.[287]

Ein reges Interesse an Weiterbildungen mit dem Ziel höherer Berufsabschlüsse hielt an, das belegen alle Zahlen. So studierten im März 1955 an der Fachschule Warnemünde und ihren Außenstellen 515 Studenten im Abendstudium und 123 im Fernstudium.[288] Bis zum April 1962 war die Zahl der Außenstellen erweitert und die der Ingenieurschüler im Abendstudium auf 1.042, die der im Fernstudium auf 324 angestiegen.[289] Von den Beschäftigten der Neptunwerft bestanden während der Jahre 1953 bis 1955 nach einem Abendstudium 188 ihre Prüfungen als Meister, Techniker und Ingenieur.[290] Einige von ihnen hatten das Studium als Facharbeiter aufgenommen, andere hatten sich schon vor Studienbeginn in einer Position befunden, die eigentlich ein Studium vorausgesetzt hätte.

Trotz der Weiterbildungen arbeiteten in den 1950er Jahren nicht nur in Einzelfällen auf den verschiedenen betrieblichen Leitungsebenen bis hin zur Werftleitung studierte Ingenieure und Ökonomen sowie Facharbeiter und Angestellte, die ohne Studium in höchste Positionen aufgestiegen waren. Einige von ihnen lösten ihre Aufgaben offenbar hervorragend, andere weniger. Sofern es die individuelle Arbeitsbelastung nur irgend zuließ, wurde seitens der Werftleitung bzw. der zuständigen Kaderleitungen angestrebt und in Plänen festgelegt, daß diejenigen, die nicht über die für die Tätigkeit eigent-

---

287 Interview mit Bruno Clasen, Transkript. Bruno Clasen legte am 19. März 1951 seine Meisterprüfung ab.
288 LA Greifswald, BPA SED Rostock, BL, IV/2/11/1107.
289 Ebenda, IV/2/902/1106.
290 LA Greifswald, Rep. 242, Ad/56.

lich erforderliche Ausbildung verfügten, diese nachholten. Einige ergriffen die erste Gelegenheit dazu, andere schoben die Ausbildung immer wieder vor sich her und schränkten damit ihre weiteren Aufstiegschancen beträchtlich ein.[291] Sofern nicht eine technische Ausbildung vonnöten war, stand dem leitenden Personal der Werft neben den allgemein bestehenden Weiterbildungsmöglichkeiten ein Direktstudium an dem 1954 gegründeten Industrie-Institut der Rostocker Universität offen. Für das technische Personal ohne Ingenieur- oder Technikerabschluß führten die Fachschulen unter Berücksichtigung der beruflichen Kenntnisse spezielle Lehrgänge durch, die in kürzerer Zeit zur Prüfung führten. Außerdem arbeiteten in der Werft Konstrukteure, Ingenieure und vereinzelt Ökonomen, die ihre Ausbildungszeiten vor 1945 durchliefen oder denen der Titel nach langjähriger beruflicher Tätigkeit verliehen worden war. Trotz dieser Hierarchie in den Bildungsabschlüssen scheint die Zusammenarbeit im allgemeinen ohne größere Reibungen verlaufen zu sein. Unsere im Betrieb aufgestiegenen Interviewpartner hoben jedenfalls den Zusammenhalt und eine selbstlose Hilfe im Arbeitskollektiv als normal hervor, erinnerten sich aber auch gelegentlicher anderer Situationen.[292]

Neben den Weiterbildungen, die zu einem höheren Berufsabschluß führten, gab es jederzeit eine Reihe von berufsbegleitenden Weiterbildungen, Lehrgängen und Vorträgen, die von der Betriebsschule, aber auch von anderen Trägern wie den Fachschulen organisiert und angeboten wurden. Sie dienten häufig dem Erwerb spezieller beruflicher Fähigkeiten. 1954 führte die Technische Betriebsschule Qualifizierungsmaßnahmen für insgesamt 1.742 Kollegen durch.[293] Zum Ende der 1950er und zu Beginn der 1960er Jahre spielte zwecks einer möglichst großen Flexibilität der Arbeitskräfte die Spezialisierung für einen zweiten Beruf bzw. für eine zweite Tätigkeit eine besonders große Rolle. Facharbeiter wie Schiffbauer,

---

291 Archiv NIR, L3a/813 und L3a/821.
292 Georg Schwarz erzählte, er habe einmal einen alten Kollegen gefragt und sei auf eine Reaktion gestoßen, die ihn äußerst erstaunt hätte. Der Kollege hätte gesagt: »*Det sech ich di nich dat weit ick bloß und dat is min Brot und det sech ick dir nich.*« (Das sage ich dir nicht, das weiß nur ich, und das ist mein Brot und das sage ich dir nicht.) Vgl.: Interview mit Georg Schwarz, Transkript.
293 Archiv NIR, B/465.

Rohr- und Schiffsschlosser erwarben Befähigungen zum Schweißen oder als Anschläger. Anschläger ließen sich zusätzlich als Kranfahrer ausbilden und ähnliches.[294]

Die Annahme der unterschiedlichen Weiterbildungsangebote gehört zu den größten Leistungen von Arbeitern der Neptunwerft und anderer Betriebe in den 1950er Jahren. Mit der unter Arbeitern verbreiteten Weiterbildung, teils aus freien Stücken, teils mehr gelenkt, wurde dem Milieu ein neuer Aspekt hinzugefügt. Vor allem über die Fachschulstudien entstand in der Werft aus den Reihen der Facharbeiter eine Bildungselite, wie sie zuvor unbekannt war. Viele dieser »studierten« Arbeiter haben als Meister, Lehrausbilder, Konstrukteure, Ingenieure oder in anderen Tätigkeiten jahrzehntelang das Werftgeschehen nicht unbedeutend mitgeprägt.

Ihren Facharbeiternachwuchs bildete die Neptunwerft weitgehend selbst aus. Spätestens seit Jahresbeginn 1946 wurden wieder Lehrlinge ausgebildet.[295] Die Lehrzeit betrug üblicherweise drei Jahre und setzte gewöhnlich den Grundschulabschluß voraus. Ausgebildet wurde in allen Schiffbauberufen. Auch Technische Zeichner und Zeichnerinnen sowie Industriekaufleute wurden ausgebildet. Die Werft hatte eine eigene Betriebsberufsschule, an welcher zu Beginn der 1950er Jahre, als noch manche Schulabgänger keine Lehre aufnahmen, auch ein Teil dieser jungen Leute an einem Tag in der Woche lernte. Die praktische Ausbildung für den Beruf erfolgte zunächst in der Lehrwerkstatt des Betriebes und anschließend in den Werkstätten bzw. Produktionsabteilungen. Hier wurden den Lehrlingen zum Teil schon Arbeiten aufgetragen, die sie selbständig auszuführen hatten.[296] Die Lehre bereitete gründlich und umfassend auf die verschiedenartigen Tätigkeiten des jeweiligen Berufs vor.[297] Georg Schwarz, der Konstrukteur mit Universitätsabschluß wurde, hob bei allgemeiner Wertschätzung seiner Lehre ausdrücklich hervor, er

---

294 LA Greifswald, Rep. 238, Nr. 802.
295 Archiv NIR, K6/73.
296 Ebenda, K6/66.
297 Das äußerten die Interviewpartner, die im Verlauf der 1950er Jahre eine Lehre in der Neptunwerft machten bzw. an der Ausbildung von Lehrlingen beteiligt waren. Diese Einschätzung deckt sich mit den schriftlichen Quellen. Vgl.: Archiv NIR, K6/66 und L3a/937.

habe gute Ausbilder und Lehrer gehabt.[298] Auswärtige Lehrlinge brachte die Neptunwerft in einem eigenen Lehrlingswohnheim unter.

Mädchen lernten nur ausnahmsweise gewerbliche Berufe, am ehesten Dreher, Maschinen- oder Bauschlosser und Möbeltischler. Die Lehrstellen für kaufmännische Tätigkeiten und technisches Zeichnen hingegen waren fast auschließlich von Mädchen besetzt.[299] Die Lehre in einer Werft war weder für die Mädchen und ihre Eltern noch für die verantwortlichen Stellen selbstverständlich, im Gegenteil, die gewerbliche Lehre von Mädchen in einem Betrieb außerhalb der Textilindustrie war gänzlich neu. Der Anteil der weiblichen Lehrlinge für gewerbliche Berufe ließ sich nur durch intensive Werbung erhöhen. Dazu gehörte, daß für Mädchen einige der knappen Plätze im Lehrlingswohnheim freigehalten wurden. Seitens der Werft war man um Mädchen, die sich für einen Lehrberuf im technischen Bereich interessierten, sehr bemüht. Die Eltern der Mädchen erhielten z.B. einen langen Brief, in welchem die Aus- und Weiterbildungsmöglichkeiten beschrieben wurden. Hervorgehoben wurde, daß die Mädchen die gleichen Chancen wie die Jungen hätten. Die Eltern wurden mit ihrer Tochter zur Werft eingeladen, um, wie es hieß, die Entwicklungsmöglichkeiten, die der Schiffbau bietet, kennenzulernen.[300]

Eine Trendwende in der geschlechtsspezifischen Arbeitsteilung ließ sich durch den Versuch, Mädchen zu einem Lehrbeginn in der Werft zu bewegen, noch nicht erreichen. Nur wenige Mädchen sahen wie Lisa Liebau und Marlies Heinrich, die später an einer Technischen Hochschule studieren und Schiffbauingenieurinnen werden wollten, die technische Lehre in der Werft als Beginn einer von ihnen angestrebten Berufskarriere.[301] Unsere Interviewpartnerin Birgit Hausmann, die zu den ersten weiblichen Dreherlehrlingen gehörte,

---

298 Interview mit Georg Schwarz, Transkript.
299 Archiv NIR, K6/66. Am 31. Dezember 1951 waren unter den 128 Maschinenschlosserlehrlingen immerhin neun Mädchen und von den insgesamt zehn Dreherlehrlingen sogar sechs. 30 Mädchen und nur drei Jungen standen in einer Lehre zum Industrie-Kaufmann. 16 Mädchen lernten Technische Zeichnerin und ein Junge Technischer Zeichner.
300 Archiv NIR, AL 13.
301 Ebenda.

hat ihre Lehrzeit in bester Erinnerung und sich zumindest einige Jahre in ihrem Beruf als Dreherin nicht nur behauptet, sondern wohlgefühlt.[302] Aber viele Mädchen, ihre Eltern und wohl auch ihr sonstiges Umfeld einschließlich der Schule sahen die Lehre für einen technischen Beruf mehr als einen Notnagel an. Zumeist war die Bewerbung um eine Lehrstelle in der Neptunwerft bzw. einer anderern Werft nur eine unter mehreren. Bot sich eine Lehrstelle für einen traditionell gewordenen Frauenberuf wie den einer Verkäuferin oder Friseurin, wurde die Werftlehrstelle ausgeschlagen. Auch die im Vergleich zu den Jungen weit höhere Abbrecherquote »wegen Nichteignung für einen Werftberuf« deutet in die gleiche Richtung.[303] Beim fachgerechten Einsatz nach dem Lehrabschluß lag noch Ende der 1950er Jahre einiges im argen, deshalb wechselten noch immer etliche junge Frauen nach der Lehre in andere Betriebe.[304]

In der Warnowwerft lag im Oktober 1952 der Anteil der weiblichen Lehrlinge mit 21,5 Prozent höher als in der Neptunwerft, wie sich Anfang der 1950er Jahre überhaupt einige, teils bemerkenswerte Unterschiede in der Zusammensetzung der Lehrlinge beider Werften auftaten. Die Neptunwerft als die alte Werft war seinerzeit für Rostocker Eltern bei der Umschau nach einer Lehrstelle für ihren Sohn, gelegentlich auch die Tochter, offenbar attraktiver als die Warnowwerft als Neugründung. Jedenfalls kamen gut 75 Prozent der Lehrlinge aus Rostock, während die Warnowwerft viele Lehrlinge von auswärts ausbildete, knapp 60 Prozent wohnten im Oktober 1952 in Wohnheimen. Die meisten Lehrlinge beider Werften entstammten Arbeiterfamilien.[305]

Hinsichtlich der Stellung der Lehrlinge in der Hierarchie der Arbeiterbelegschaft setzte in den 1950er Jahren womöglich erst allmählich ein Wandel ein. Unter den Arbeitern gab es noch eine von ihnen selbst bestimmte klare Abgrenzung zwischen den Rechten der Lehrlinge und der Gesellen. Günther Treder beschrieb seine neue Position als Geselle gegenüber der als Lehrling zu Beginn der 1950er Jahre so:

---

302 Interview mit Birgit Hausmann, Verlaufsprotokoll.
303 Archiv NIR, K6/66.
304 Ebenda, L3a/950.
305 LA Greifswald, BPA SED Rostock, Kl. Ro.- Stadt, IV/4/07/496.

Man war Geselle.
Man hatte ja mit vielen Leuten jetzt [klatscht in die Hände]
auch sprechen können.
Man durfte ja jetzt auch neben den Gesellen sitzen
man war ja jetzt gleichberechtigt
nicht abseits sitzen wie als Lehrling.[306]

Arbeiterinnen in der Neptunwerft

Die Werften sind keine »Frauenbetriebe«, und gewerbliche Arbeitsplätze für Frauen standen zum Ende der 1940er und in den 1950er Jahren in den Werften der SBZ/DDR nur in begrenzter Anzahl zur Verfügung. In der Neptunwerft aber wurden gemessen an der Gesamtzahl der Belegschaft noch weniger Frauen als in den anderen Werften beschäftigt. Der Unterschied erklärt sich maßgeblich daraus, daß 1949 bis auf zu vernachlässigende Ausnahmen nur Männer zur Arbeit in die Neptunwerft geschickt wurden. Dabei war die Frauenarbeitslosigkeit zu der Zeit noch beträchtlich und viele Frauen suchten zum Unterhalt ihrer Familie verzweifelt eine Arbeit. Höhere körperliche Anforderungen als das Torfstechen, wozu das Amt für Arbeit in Rostock Frauen vermittelte, stellten etliche Werftarbeitsplätze wohl auch nicht.[307] In den folgenden Jahren ließ die Werftleitung gelegentlich prüfen, an welchen Arbeitsplätzen auch Frauen arbeiten konnten.[308] Dabei ging es sowohl um die Erweiterung der Zahl der Arbeitsplätze für Arbeiterinnen als auch um Einsatzmöglichkeiten von Frauen in Angestelltentätigkeiten.

Gelernte Facharbeiterinnen waren, wenig überraschend, in der Werft bis in die Mitte der 1950er Jahre fast nicht anzutreffen. Arbeiterinnen waren als an- oder ungelernte Arbeitskräfte tätig. Eine leichte Änderung kann überhaupt erst durch die Ausbildung von Mädchen in für die Werft typischen gewerblichen Berufen erwartet werden. Die Weiterbildungen richteten sich überwiegend an Män-

---

306 Interview mit Günther Treder, Transkript.
307 Karin Labahn-Thomsen, Historische Dimension der Arbeitslosigkeit in Rostock von 1918 bis 1951, Ms. 1996, S. 51f. Die Autorin hat mir das Manuskript freundlicherweise zur Einsicht überlassen.
308 Archiv NIR, L3a/825.

ner. Bis zum Jahresanfang 1951 - zu dem Zeitpunkt arbeiteten immerhin 798 Frauen in der Werft, davon waren 140 in der unmittelbaren Produktion - wurde nichts unternommen, um die fachliche Qualifikation der weiblichen Beschäftigten zu fördern.[309] Auch die Existenz von Frauenförderungsplänen änderte die Situation nicht prinzipiell. Die Weiterbildungsangebote für Frauen hatten gewöhnlich ein »Hilfs-« vor der Berufsbezeichnung, d.h. Arbeiterinnen wurden zu Hilfsschlossern, Hilfselektrikern, Hilfsklempnern weitergebildet.[310] 1956 wurden den Frauen u.a. Qualifizierungsverträge für angelernte Tätigkeiten als Dreherin, Furniererin, Mattiererin, Hoblerin, Fräserin und Kranfahrerin in der Hellingmontage bzw. für die im Teilebau des Bereichs Schiffbau laufenden Hallenkräne angeboten. Über bestenfalls Lohngruppe IV war mit solchen Tätigkeiten nicht hinauszukommen.[311] Für Frauen war aber genauso wie für Männer die finanzielle Anerkennung der Qualifikation ein wichtiges Motiv, sich die zeitraubende und anstrengende Weiterbildung zuzumuten. Frauen wurden weit häufiger »für den derzeitigen Arbeitsplatz« qualifiziert als Männer.[312] Diese Art der Weiterbildung brachte keine finanzielle Aufbesserung.

Im Frauenausschuß, der für die weiblichen Beschäftigten ähnliche Kompetenzen wie die Gewerkschaft hatte, fanden die Arbeiterinnen in vielen Angelegenheiten ihren Fürsprecher. Der Frauenausschuß der Neptunwerft entstand 1952. Die SED-Führung hatte die Bildung von Betriebsfrauenausschüssen in den größeren Betrieben initiiert, nachdem sich herausgestellte, daß allein mit neuen gesetzlichen Bestimmungen die Hemmnisse bei der Gleichstellung der Frauen in

---

309 LHA Schwerin, IV/L/2/6/261. In den anderen Werften sah es kaum anders aus. In der Elbe-Werft Boizenburg gab es immerhin bei der Qualifizierung der Frauen zu E-Schweißerinnen gute Ansätze, es wurde sogar eine Frau wegen ihrer fachlichen Fähigkeiten zur Brigadierin gewählt.
310 LA Greifswald, Rep. 242, A5d/55 und AHR, 2.10.3.2.4452, danach wurden z.B. in sechsmonatigen Lehrgängen zwölf Frauen zu Hilfsschlossern, neun zu Hilfsklempnern und sieben zu Kranführerinnen ausgebildet.
311 LA Greifswald, Rep. 242, A5d/56 und Archiv NIR, L3a/948.
312 Im Jahre 1956 waren unter den 146 Arbeitskräften, die an der Technischen Berufsschule der Werft für eine höhere Lohngruppe qualifiziert wurden, Frauen mit 7,5 Prozent vertreten. An den 647 für den derzeitigen Arbeitsplatz qualifizierten Beschäftigten hatten die Frauen mit 15 Prozent einen Anteil, der etwa ihrem Anteil an der Belegschaft entsprach. Vgl.: LA Greifswald, Rep. 242, A5d/56.

den Betrieben nicht zu erreichen war.[313] Eine wichtige Aufgabe sollte von Anfang an die Förderung der beruflichen Qualifikation sein. Der zentrale Frauenauschuß der Neptunwerft kümmerte sich mit kämpferischem Einsatz und viel Einfallsreichtum um verschiedene die Arbeit und andere Lebensumstände betreffende Belange der Frauen und setzte sich nachdrücklich für die in der Werft beschäftigten Frauen ein.[314] Ohne das Engagement der Frauen im Frauenausschuß wären auch in der Neptunwerft Rechte der Frauen weniger durchsetzbar gewesen.

Die Ungleichbehandlung von Frauen in der Weiterbildung griff der Frauenausschuß allerdings zumindest seit der Mitte der 1950er Jahre nicht mehr auf, obgleich doch die Qualifizierung der einzige Weg war, weiblichen Arbeitskräften eine bessere, gleichberechtigte Bezahlung und auch einen Aufstieg zu ermöglichen. Im Rechenschaftsbericht des Frauenausschusses aus dem Jahre 1956 wurde schon als Erfolg angesehen, daß Frauen durch Qualifizierung befähigt worden seien, ihre Arbeit qualitativ besser auszuführen bzw. »verantwortungsvollere« Aufgaben auszuüben.[315] Aber die Frauen vom zentralen Frauenausschuß hatten wohl gelernt, sich in kleinen Schritten vorwärts zu bewegen. Vielleicht deuteten sich in der Zurückhaltung des Frauenausschusses auch schon die Beschneidungen bei den Weiterbildungsmaßnahmen in den folgenden Jahren an. Neueingestellte ungelernte Arbeiterinnen bekamen sie als erste zu spüren: ohne mindestens halbjährige Tätigkeit in der Schiffsreinigung gab es keine Qualifizierungsmaßnahme.[316] Für 1958 mußte der Frauenauschuß schließlich akzeptieren, daß die Weiterbildung der Frauen nur für den derzeitigen Arbeitsplatz erfolgen sollte. Daß viele

---

313 Zu Frauenausschüssen siehe: Petra Clemens, »Die haben es geschafft, uns an unserm Ehrgeiz zu packen ...«. Alltag und Erfahrungen ehemaliger Betriebsfrauenausschuß-Frauen in der Nachkriegs- und Aufbauzeit, in: So nah beieinander und doch so fern. Frauenleben in Ost und West, hrsg. von Agnes Joester und Insa Schöningh, Pfaffenweiler 1992, S. 61-74, zur Geschichte der Frauenausschüsse besonders S. 62-64 und Jürgen Kirchner, Zur Bedeutung der Betriebsfrauenausschüsse für die gleichberechtigte Teilnahme der Frauen am planmäßigen Aufbau der Grundlagen des Sozialismus in der DDR (1952-1955), in: Jahrbuch für Wirtschaftsgeschichte. 1976/II, S. 33-52.
314 Archiv NIR, L3a/948 bis L3a/952.
315 Archiv NIR, L3a/948.
316 Ebenda.

Frauen diese Art Qualifizierung wegen des fehlenden finanziellen Anreizes, und weil sie die Arbeit sowieso schon erledigten, ablehnen würden, stand für den Frauenausschuß von vornherein fest.[317]

Frauen arbeiteten in erheblichem Umfang in der Produktion, wie hier an einer Bohrmaschine in der Dreherei (Photo: Aus dem Besitz von Birgit Haussmann)

---

317 Archiv NIR, L3a/949.

Offenbar wurden die Qualifizierungsmaßnahmen für Frauen wegen des Überangebots an qualifizierten männlichen Arbeitskräften gestoppt. Stimmt diese These, fällt auch ein anderes Licht auf die Bildung der sogenannten Hausfrauenbrigaden, die Ende der 1950er Jahre einsetzte, und mit der nichtberufstätige Frauen ins Erwerbsleben einbezogen werden sollten,.[318] Man war dann seitens der Werft womöglich an der Frau in erster Linie als unqualifizierte Arbeitskraft interessiert. Weibliche Erwerbsarbeit im produktiven Bereich war also in den 1950er Jahren trotz der Lehr- und Weiterbildungsmöglichkeiten im Grunde nicht über angelernte Tätigkeit hinausgekommen. Die große Qualifizierungswelle ging zwar an den in der Neptunwerft beschäftigten Frauen nicht vorbei, hinsichtlich einer wirklich grundlegenden Veränderung der beruflichen Qualifikation waren jedoch die Männer die Nutznießer.

Nun war es freilich nicht so, daß alle Frauen mit Begeisterung die bestehenden Weiterbildungsangebote angenommen oder gar weitere gefordert hätten. Dem standen zuviele Hemmnisse im Weg, z.B.: familiäre Verpflichtungen, eine Schwangerschaft, mangelndes Selbstvertrauen, das teils aus dem zeitlichen Abstand zum Schulbesuch bzw. aus der unabgeschlossenen Schulbildung herrührte. Auffällig ist indes, daß Männer gleich schlechte schulische Voraussetzungen weitaus seltener an der Aufnahme einer Weiterbildung hinderte. Hinderlich wirkte sich das geringfügige Interesse aus, welches männliche Kollegen an der Weiterbildung ihrer Kolleginnen zeigten. Der Widerstand etlicher Meister gegen die Qualifizierung war deutlich zu spüren.[319] Wenig motivierend für das Streben nach Weiterbildung war die Erfahrung, daß die mühevoll erworbene Qualifizierung manchmal nichts nutzte, weil inzwischen kein Bedarf mehr für solche Tätigkeit war oder die Weiterbildung wegen Umsetzung doch

---

318 Zu Hausfrauenbrigaden siehe: Hans-Jürgen Arendt, Zur Entwicklung der Bewegung der Hausfrauenbrigaden in der DDR 1958 bis 1961/62. Eine besondere Form der Einbeziehung nichtberufstätiger Frauen in die Lösung volkswirtschaftlicher Aufgaben beim Aufbau des Sozialismus, in: Jahrbuch für Wirtschaftsgeschichte 1979/I, S. 53-70.
319 AHR, 2.10.3.2.4452. Danach meinte der Vertreter der Neptunwerft in einer Sitzung zum Frauenförderungsplan beim Rat der Stadt am 29. Januar 1954, der Widerstand der Meister gegen die Qualifikation sei oft größer als jener der Frauen.

nicht abgeschlossen werden konnte.³²⁰ Manche Frauen hatten auch einfach keine Lust zur Weiterbildung, viele keine Zeit. Andere Arbeiterinnen wichen bei einer sich bietenden Gelegenheit auf niedere Büroarbeit aus.

Auf der anderen Seite gab es auch allen Unbilden zum Trotz Frauen, die über ihre Weiterbildung einen betrieblichen Aufstieg vollziehen konnten. Eine von ihnen war Elisabeth Krey, die im Jahre 1949 als Reinigerin in der Neptunwerft zu arbeiten begann und 1957 als 1. Betriebsabrechnerin tätig war. Zuvor hatte sie, da ihr die Weiterbildungsangebote in der Werft nicht ausreichten, seit September 1955 verschiedene theoretische Lehrgänge an der Volkshochschule besucht, die sie sogar alle aus der eigenen Tasche finanzierte.³²¹

Arbeiterinnen hatten es nicht leicht, einen festen und akzeptierten Platz im Werftbetrieb zu finden. Mochten selbst einige von ihnen aus der unmittelbaren Vorkriegszeit und aus der Kriegszeit Erfahrungen mit der Arbeit in einem Industriebetrieb mitbringen, so stießen sie doch auf offenen oder verdeckten Widerstand der Werftarbeiter und zahlreicher Leitungskräfte, die sich mit dem Eindringen von Frauen in ihre Arbeitswelt nicht abfinden wollten. Daß dieser männliche Widerstand nur in selteneren Fällen aufgezeichnet wurde, erklärt sich auch aus seiner Selbstverständlichkeit.³²² Abschätziger Umgang mit den Frauen verbunden mit Zweifel an ihrer fachlichen Kompe-

---

320 Bei der Analyse der Ergebnisse des Frauenförderungsplanes 1956 stellte der Frauenausschuß beispielsweise fest: Von der Qualifizierung einer Kollegin zur Feinblechschlosserin müsse Abstand genommen werden, da ihr weiterer Einsatz nicht möglich sei. Die Qualifizierung der als Hoblerin und Fräserin vorgesehenen Kollegin sei nicht erfolgt, da diese Kollegin wegen Nichtauslastung in eine andere Abteilung versetzt wäre und eine neue Kraft auch nicht eingestellt würde. In einem anderen Fall sei die Qualifizierung abgebrochen, da sich herausgestellt hätte, daß eine Hilfskraft im Armaturenbau nicht notwendig sei. Vgl.: Archiv NIR, L3a/948.
321 Archiv NIR, L3a/949
322 Das von Ina Merkel, Leitbilder und Lebensweisen von Frauen in der DDR, in: Sozialgeschichte der DDR, hrsg. von Hartmut Kaeble, Jürgen Kocka und Hartmut Zwahr, Stuttgart 1994, S. 368 beschriebene und kommentierte Foto aus der Frauenzeitschrift »Frau von heute«, Jahrgang 1956, welches eine Arbeiterin zeigt, die sich verzweifelt müht, einen Haufen Pappe zu stapeln und dabei von einer Gruppe Männer in Pausenhaltung amüsiert beobachtet wird, hätte auch in der Neptunwerft entstanden sein können. Der Kommentar der Männer: »Die ist ja gleichberechtigt« war nicht unüblich.

tenz und Verdrängung auf tatsächlich ungeeignete oder minder entlohnte Arbeitsplätze waren zumindest in der ersten Hälfte der 1950er Jahre bei Arbeitern, aber auch Führungskräften normal.[323] Selbst bei einem schweren Unfall, bei dem am 16. Januar 1953 eine Kranfahrerin tödlich verunglückte, sahen viele Werftarbeiter die eigentliche Unglücksursache in der vermeintlich geringen Fachkompetenz der Kranfahrerin.[324]

Verschiedene Maßnahmen zielten darauf, Frauen wieder von »männlichen« Arbeitsplätzen zu verdrängen. Ende 1950 wurden 35 Frauen mit der Begründung, sie verursachten mehr Kosten als Männer, aus der Dreherei versetzt. Die Frauen waren seinerzeit soweit qualifiziert, daß sie an den Drehbänken Gewinde schneiden konnten. Qualifikation und Arbeitserfahrung reichten jedoch noch nicht, die Norm immer 100prozentig einzuhalten. Man übertrug ihnen kurzerhand Arbeitstätigkeiten außerhalb der unmittelbaren Produktion.[325] Frauen wurden bei Arbeitsmangel als erste aus den Brigaden herausgelöst und mit verschiedenen Reinigungsarbeiten beschäftigt.[326] Wenn es wie im November 1956 in der Schlosserei gelang, trotz Arbeitsflaute Frauen weiter zu beschäftigen, war dies einer besonderen Erwähnung wert.[327] 1956 fiel wenige Monate nach ihrer Gründung die erste weibliche E-Schweißerbrigade, der zunächst alle nur denkbare Unterstützung zugesagt worden war, wegen Auftragsmangel wieder auseinander.[328] Vermutlich war dies zumindest teils ein vorgeschobener Grund, denn Auftragsmangel führte in Männerbrigaden eher selten zur Auflösung. Im Zuge der Umsetzungen und Entlassungen Anfang 1957 wurde gegen die Beschäftigung von

---

323 Überdurchschnittlich viele Frauen arbeiteten in der Schiffsreinigung, soweit dort im Leistungslohn gearbeitet wurde, wurde schon aufgrund der niedrigen Normübererfüllung, die im September 1956 mit 112 Prozent ganz unten stand, die Arbeit schlecht entlohnt. Vgl.: Archiv NIR, B/719. Die in der Schiffsreinigung beschäftigten Frauen waren durchaus nicht der Ansicht, daß ihre Arbeit mit 230,- bis 280,- DM hoch genug entlohnt sei. Vgl.: Archiv NIR, L3a/948.
324 LA Greifswald, BPA SED Rostock, GO Ro.-Stadt, IV/7/029/234 und KL Ro.-Stadt, IV/4/07/497.
325 LHA Schwerin, IV/L/2/6/261. Eine gewerkschaftliche Inspektionsgruppe, die Anfang 1951 die Großwerften überprüfte, erboste sich über diesen Vorgang sehr.
326 Archiv NIR, L3a/819.
327 Ebenda.
328 Archiv NIR, L3a/949.

Frauen in der Werft sogar das alte Argument der Doppelverdiener aktiviert. Im Bereich Schiffbau vertraten einige Arbeiter die Ansicht: »*erst nehmt mal die Frauen, d.h. die Doppelverdiener aus dem Betrieb und dann gehen wir, eher nicht.*«[329]

Die Arbeitsleistung von Frauen wurde durch ihre männlichen Kollegen mißachtet, so empfanden es jedenfalls die an Bord arbeitenden Frauen aus der E-Werkstatt, wenn ihnen wieder einmal die Glühbirnen mutwillig herausgedreht waren.[330] Über sexuelle Übergriffe ist nur aus der Schiffsreinigung etwas überliefert. Besonders die jungen Mädchen, etliche nicht älter als 15 oder 16 Jahre, beklagten sich gegenüber dem Frauenausschuß, sie würden wie »Freiwild« behandelt. Männer, auch verheiratete, würden sich ihnen gegenüber ungebührlich verhalten, sie sogar unsittlich berühren und in ihrer Gegenwart anzügliche Reden führen.[331] Die etwas älteren Frauen hatten sich offenbar an den Umgangston in der Werft gewöhnt und verstanden es wohl besser, Grenzen zu ziehen und sich zu schützen.

Naturgemäß gab es allerhand »Geplänkel« und »Anbändelei« zwischen den Geschlechtern.[332] Und ein Verhalten, wie es im Juni 1956 der Frauenausschuß kritisierte, war sicher nicht unüblich: die Serviererinnen der Werftküche bevorzugten bei der Bedienung die Männer und ließen Frauen über Gebühr warten.[333] Auch sonst waren die Beziehungen zwischen den Frauen im Werftalltag nicht immer konfliktfrei. Verschiedene Auffassungen vertraten die Frauen beispielsweise häufig in Hinsicht auf die Feier zum Frauentag. Die Entscheidung, ob die Frauentagsfeier mit oder ohne die Männer gestaltet werden sollte, konnte zu einem Streitpunkt werden.[334]

---

329 Ebenda.
330 Ebenda.
331 Archiv NIR, L3a/950.
332 Auch einer unserer Interviewpartner lernte seine Frau in der Werft bei der Arbeit kennen. Vgl.: Interview mit Georg Schwarz, Transkript.
333 Archiv NIR, L3a/949.
334 1958 wollten beispielsweise die Kolleginnen des Bereichs III keine Männer bei ihrer Frauentagsfeier haben, weil es nicht wieder passieren sollte wie im Jahr zuvor, als so zahlreich Männer erschienen waren, daß nicht alle Frauen Platz fanden. Vgl.: Archiv NIR, L3a/950.

»Produktionsbesprechung« ist auf der Rückseite dieses Photos vermerkt. Auch eine Frau - offenbar eine Schweißerin, da sie Schweißerhandschuhe trägt - ist bei dieser Beratung dabei. Die Pose und der Aufnahmewinkel mit Blick auf die Losung am Krangerüst lassen vermuten, daß es sich um eine gestellte Aufnahme handelt (Photo: Archiv NIR)

Abgesehen vom Sonderfall der Kriegswirtschaft war die Arbeit von Frauen in einer Werft neu. Mindere Qualifikation, schlechtere Entlohnung, geringe Aufstiegschancen aber bildeten alte Merkmale der Erwerbsarbeit von Frauen, deren Überwindung in den 1950er Jahren, wenn überhaupt, dann nur zögerlich in Angriff genommen wurden. Frauen als Arbeiterinnen hatten zum großen Teil Arbeitsplätze wie die in der Schiffsreinigung oder bei Hilfstätigkeiten inne, die bei Männern keineswegs begehrt waren. In die von Männern dominierten Berufsfelder konnten sie nur ausnahmsweise vordringen. Die Arbeit des Frauenausschusses hatte einen nicht unbedeutenden Anteil daran, daß der Emanzipation der Frauen durch berufliche Arbeit nicht noch engere Grenzen gesetzt waren. Arbeitern fiel es dem Anschein nach nicht leicht, sich an Frauen in den Produktionsbereichen der Werft zu gewöhnen. Mit etlichen Arbeiterinnen wiederum, beispielsweise mit den Schiffsreinigerinnen, hatten die Facharbeiter im Grunde keine sich aus dem Arbeitsablauf ergebenden Kontakte. Gewannen Facharbeiter aber mehr als vage Vorstellungen von der schweren Arbeit ihrer Kolleginnen, waren sie wohl auch bereit, deren Arbeitsleistung anzuerkennen.[335]

6. Arbeitshaltung und Arbeitsabläufe

»*Also gearbeitet haben wir der einzelne sehr viel. Wir haben geschuftet.*«[336] In ähnlicher Weise erinnerten die meisten unserer Interviewpartner ihre Arbeitsleistung als Facharbeiter und hoben dabei die schweren Bedingungen der Anfangsjahre hervor, den schlechten Ausrüstungsgrad der Werft und den stockenden Materialfluß etwa. Harte Arbeit kann nicht in Abrede gestellt werden, viele Werftarbeiter haben sie geleistet. Aber ist das erinnerte Bild nicht einseitig und verklärend? Spiegelt es womöglich zu sehr die Arbeitshaltung der Aufsteiger wider, zu denen unsere Interviewpartner gehörten? Der Aufstieg setzte in der Tat sehr viel Einsatz bei der täglichen Arbeit und

---

335 Interview mit Hans Schröder, Transkript.
336 Interview mit Günther Treder, Transkript.

der Weiterbildung voraus. Den Aufsteigern ist aber nicht nur die eigene Arbeitsleistung in der Erinnerung haften geblieben, sondern auch die schlechte Arbeitshaltung mancher Kollegen wie die eigene Macht- und Hilflosigkeit im Umgang mit dem »Bummelantentum«.[337] Die beiden erinnerten Seiten, bei der Arbeit schuften oder bummeln, lassen die Schwierigkeiten einer komplexen Wertung der Arbeitshaltung ahnen.

Die Arbeitshaltung ist in der Neptunwerft seinerzeit durch die Werftleitung sowie die Partei- und Gewerkschaftsleitungen insbesondere an der Entwicklung der Normen, der Qualitätsarbeit und der Wettbewerbe festgemacht worden. Normen und Qualitätsarbeit waren während der 1950er Jahre sehr schwergewichtige Probleme in der Industrie der DDR. Alf Lüdtke stellte bei seinen Untersuchungen zum VEB Bergmann-Borsig in Berlin fest, daß sich die Beratungen der Betriebsparteileitungen der SED immer wieder um den »Kampf um technisch-begründete Arbeitsnormen« und um den »Kampf gegen Schlendrian und Bummelei« drehten.[338] Auch in Peter Hübners Untersuchung zu sozialen Arbeiterinteressen und Sozialpolitik werden beide Gegenstände permanent behandelt.[339] Mehr noch als die gleiche Schwerpunktsetzung dürfte interessant sein, daß es seit den späten 1940er Jahren, im Verlauf der 1950er und bis in die 1960er hinein keine wirkliche Verbesserung gab, im Gegenteil, die Normübererfüllung kletterte permanent in die Höhe, ohne daß eine entsprechende Steigerung der Produktionsleistung als Äquivalent dagegen gestanden hätte. Auch die Begründungen für diesen Zustand ähneln sich. Sie lassen sich in schlechter Arbeitsorganisation, insbesondere in unkontinuierlichen Arbeitsabläufen zusammenfassen.

Die Bewertung der Arbeitshaltung gehört wegen der Vielschichtigkeit des Problems zu den schwierigsten Gegenständen der Untersuchung. Das hängt nicht nur, aber auch mit den Quellenproblemen zusammen: Die verschiedenen schriftlichen Unterlagen sind voll von

---

337 Max Gerber berichtete, daß er als verantwortlicher Wirtschaftsleiter praktisch keine Möglichkeiten gehabt habe, »*dies verfluchte Bummelantentum*« in den Griff zu bekommen. Als Bummelantentum spricht er besonders saufen während der Arbeitszeit und Bummelstunden an. Vgl.: Interview mit Max Gerber, Transkript
338 Alf Lüdtke, »Helden der Arbeit, a.a.O., S. 196-200.
339 Peter Hübner, Konsens, Konflikt und Kompromiß a.a.O., insbesondere S. 42-57 und 94-101.

direkten oder hinter Anforderungen versteckten Klagen über die schlechte Arbeitsdisziplin bzw. - als anderes Extrem - voll von Jubel und Lobhudelei über bestimmte Wettbewerbsverpflichtungen, wohingegen in den Interviews der Arbeitselan eher überhöht dargestellt wird.

Normen

Die Auseinandersetzungen um Normen kreisten in den 1950er Jahren maßgeblich um die Einführung technisch-begründeter Arbeitsnormen (TAN). Diese sollten auf der Grundlage eines Beschlusses des Sekretariats der Deutschen Wirtschaftskommission vom 29. März 1950 in volkseigenen und ihnen gleichgestellten Betrieben mit dem Ziel eingeführt werden, die Produktionsleistung, Arbeitsproduktivität, Qualität, Rentabilität sowie den Reallohn zu steigern. Zur Festsetzung der Normen waren Arbeitsstudien vorgesehen, an denen neben den TAN-Bearbeitern auch die Arbeiter beteiligt werden sollten.[340] Die Festsetzung der Normen sollte sich von der »kapitalistischen« Vergangenheit unterscheiden. Eine strikte Abgrenzung ließ sich jedoch nicht realisieren, allein schon weil sich etliche TAN an älteren Arbeitsnormen orientierten und zudem die einzigen Normensachbearbeiter, die über einige Berufserfahrung verfügten, mit dem Refa-System vertraut waren und Refa-Lehrgänge besucht hatten.[341] Vor allem aber hielten die Arbeiter an hergebrachten Gepflogenheiten bei Arbeitszeitstudien zur Bestimmung von Normzeiten fest. Heinz Pommerenke, der 1950 als Zimmermann in die Werft eintrat, erinnerte sich an Arbeitszeitstudien:

Ja Normen ich bin natürlich kein Technologe ((lacht))
aber ich weiß in den ersten Jahren

---

340 AHR, 2.00.3.2.747. Grundlage für die Arbeitsnormentwicklung bildete die »Normalleistung«. Unter der Voraussetzung, daß »alle Möglichkeiten des technischen Fortschritts und der Ausnutzung der vorhandenen technischen und organisatorischen Verbesserungen« berücksichtigt wurden, sollte der Normzeit die »Durchschnittsleistung der fortschrittlichen Arbeiter« zugrunde liegen. Diese »Normalleistung« sollte mit 100 Prozent angesetzt werden.
341 LHA Schwerin, MfS, Nr. 1669.

> *wie ich auch noch in der Produktion gearbeitet hab*
> *daß ja von der Technologie aus*
> *die Technologen dann mit Uhren und mit Zetteln*
> *den ganzen Arbeitsablauf notiert haben verfolgt haben*
> *und dann wurde natürlich auch gechintzt*
> *denn wurde natürlich den Tag - denn hatte man was vergessen*
> *denn paßte das Material nicht -*
> *also wir haben natürlich als Arbeiter auch versucht*
> *Einfluß zu nehmen auf die Normen*
> *aber dadurch wurden dann*
> *durch diese Arbeitsablaufstudien wurden dann diese Normen erstellt*
> *und im Prinzip konnte man das in der Zeit auch fertigkriegen*
> *dafür haben wir schon gesorgt*
> *daß die Aufnahme so ausgefallen ist ((lacht))*
> *daß wir das auch geschafft haben*
> *also wir haben uns nicht wenn der daneben stand*
> *den Schweiß abgewischt*
> *das haben wir nicht gemacht. ((lacht))*
> *Denn so schlau waren die Arbeiter auch*
> *die haben sich nicht austricksen lassen.*[342]

Solche Arbeitszurückhaltung war nicht neu, sie gehörte zu den üblichen Verhaltensweisen bei Arbeitszeitstudien.[343] Der Schiffbaumeister Bruno Clasen schilderte eine Situation aus seiner Lehrzeit in der Neptunwerft während der ersten Kriegsjahre, die sich zwar nicht direkt auf Zeitaufnahmen bezieht, doch den Umgang mit dem Refa-System deutlich macht und zeigt, wie der Meister daran gehindert wurde, die vorgebene Zeit zu ungunsten der Arbeiter zu verändern:

> *und hier war auch die wolln mal sagen jetzt vor 45*
> *war auchn Normsystem -*
> *darum haben sie uns als Lehrlinge denn arbeiten lassen -*

---

342 Interview mit Günther Pommerenke, Transkript. In der Warnowwerft war Arbeitszurückhaltung ebenfalls eine Methode, den TAN-Bearbeitern die Arbeitsstudien zu erschweren und die Norm niedrig zu halten. Vgl. Kathrin Möller, Geschichte der Warnemünder Warnowwerft, a.a.O., S. 168. Gelegentlich sprachen sich Arbeiter strikt gegen Zeitaufnahmen aus, weil das dieselben Methoden wie vor 1945 seien. LA Greifswald, BPA SED Rostock, GO Ro.-Stadt, IV/7/029/191 und Archiv NIR, B/719.
343 Alf Lüdtke, Wo blieb die »rote Glut«?, a.a.O., S. 251.

> *und die Gesellen haben sich dann zurückgezogen -*
> *haben dann hier mal erzählt -*
> *sind mal um die Ecke gegangen*
> *weiß der Himmel was*
> *und wir haben denn inzwischen also*
> *ne nur um die Norm zurückzuhalten -*
> *er durfte praktisch nicht zu hoch abrechnen -*
> *hätte er zu hoch abgerechnet*
> *dann hätte man drei Stunden runtergenommen*
> *und wenn er mal wieder an diese Arbeit rangekommen wär -*
> *sie waren ja alle ein bißchen spezialisiert*
> *der auf Außenhaut der andere auf Decks der andere auf dem Doppelboden - denn denn wären da schon wieder weniger Stunden drauf gewesen -*
> *das konnten sie aber auch nicht -*
> *so schlau sind sie auch gewesen -*
> *auch die Alten aha doch doch.*[344]

Das Verhalten der Arbeiter deckt sich. In beiden Fällen ist kein offen widerständiges Verhalten zu beobachten, die Arbeiter agieren mit verdeckten Mitteln. Sie verhielten sich »schlau«, um die vorgegebene Zeit so zu gestalten, daß ohne Überarbeit ein guter Lohn zu erzielen war. Wenn wir beide Beispiele hier gegenüberstellen, dann um zu verdeutlichen, daß der Systemwechsel natürlich nicht automatisch eine Verhaltensänderung bei den Arbeitern nach sich zog, zumal die Arbeiter zum Teil dieselben waren, und die Arbeitsorganisation in der Werft sich nicht prinzipiell änderte.

Die Einführung von technisch-begründeten Normen brauchte einige Zeit. Im Vergleich zu anderen Betrieben war sie im Schiffbau besonders schwierig, da sich beim Neubau verschiedener Schiffstypen, bei Reparaturen und Umbauten die Tätigkeiten nur selten wiederholten. Deshalb kam es noch in der Mitte der 1950er Jahre besonders im Bereich Schiffbau vor, daß die Technologen die Arbeiter fragten, wieviel Zeit sie denn für einen bestimmten Arbeitsgang benötigten.[345] Sogenannte »weiche« Normen waren häufig das Ergebnis.

---

344 Interview mit Bruno Clasen, Transkript.
345 Archiv NIR, B/719.

Die Ausarbeitung, Einführung und Überprüfung von Normen setzte Verbesserungen in der Arbeitsorganisation und der technischen Ausstattung der Werft voraus. Das sahen seinerzeit die verantwortlichen Leitungen der Werft genauso.[346] Besondere Schwierigkeiten bereitete die Gewährung eines kontinuierlichen Arbeitsablaufes. Diese ergaben sich teils aus der Produktionsweise im Schiffbau, teils lagen sie in der oft stockenden Bereitstellung von Material und Ausrüstungsgegenständen sowie nicht termin- und qualitätsgerechten Zulieferungen begründet. Beispielsweise wurden wiederholt Bleche mit anderen als von der Werft bestellten Abmessungen geliefert.[347] Auch Schrauben, Nieten, Flachstahl usw. waren oft nicht in den geforderten Abmessungen da. In derartigen Fällen mußte auf momentan vorhandenes Material zurückgegriffen werden. Wenn auch die Arbeiter mit viel Erfindungsreichtum und Einsatz mit dem Vorhandenen arbeiteten, ließen sich ein überhöhter Materialverbrauch und erhebliche Mehrarbeit oftmals nicht vermeiden.[348] Auch die hohen Ausrüstungszeiten von durchschnittlich 12,6 Monaten für 3000t-Frachter in den Jahren 1953 und 1954 sollen sich großenteils daraus ergeben haben, daß die Haupt- und Hilfsmaschinen, die aus Betrieben in Magdeburg, Roßlau und Halberstadt bezogen wurden, viel zu spät angeliefert wurden.[349] Dadurch gerieten Schiffsübergabetermine in Gefahr. Um Übergabetermine zu halten, verlangte die Werftleitung dann nicht nur ihren Arbeitern viele Überstunden ab und setzte wohl auch Angestellte als zusätzliche Arbeitskräfte ein, sondern zog auch oft viele Arbeitskräfte von anderen Objekten ab, wodurch an anderen Stellen Terminschwierigkeiten auftauchten.[350] Der störanfällige Arbeitsablauf führte somit nicht nur

---

346 LA Greifswald, BPA SED Rostock, GO Ro.-Stadt, IV/7/029/223.
347 Ebenda, Kl Ro.-Stadt, IV/4/07/497.
348 Ebenda, GO RO.-Stadt, IV/7/029/191 und Interview mit Franz Richter, Verlaufsprotokoll.
349 LA Greifswald, BPA SED Rostock, BL, IV/2/6/804 und Archiv NIR, B1/241.
350 Diese Arbeitsweise wurde schon 1953 als »*eines der Grundübel in der Werft*« angesehen. Die Arbeiter würden von Objekt zu Objekt geworfen, je nachdem welches Objekt gerade wichtig sei oder erscheine oder Termin habe. Man würde auf der einen Seite ein Loch zustopfen, um auf der anderen ein größeres aufzureißen. Vgl.: Archiv NIR, B1/241. 1959 sollte beim Bau der Eisenbahnfähre »Sassnitz« der Arbeitskräfteeinsatz so verstärkt werden, daß dort nicht weniger als 1000 Kollegen tätig wären. Vgl.: Ebenda, L3a/825.

Kapitel 7: Die Arbeitswelt der Neptunwerft 517

zu Überstunden, sondern auch zu Phasen von Arbeitsmangel. Sicher war die Arbeitslage in der Werft noch von weiteren Faktoren bestimmt. Arbeitsflauten, wie sie beispielsweise Mitte 1956 in der Gießerei, in der Bordmontage, im Motorenbau sowie im Maschinenbau auftraten, bedeuteten für die Arbeiter Gefährdungen der Lohnhöhe. Die Arbeit reichte nicht für alle. Um dennoch auf guten Lohn zu kommen, versuchten die Arbeiter, Wartezeiten zu vermeiden und sich mit hohen Vorgabezeiten von Monat zu Monat durchzubringen.[351]

Im Grunde zwang die Arbeitslage die Arbeiter, an günstigen Normen als eine Vorsorge für Zeiten mit Arbeitsflaute festzuhalten. Ein solches Jonglieren war nicht grundsätzlich neu. Auf der anderen Seite akzeptierte die Werftleitung Normübererfüllungen, die sich aus den Widrigkeiten der Arbeitsorganisation ergaben. Denn um Schiffsübergabetermine zu sichern, war sie darauf angewiesen, daß die Arbeiter selbständig Lösungen fanden, um mit den Material- und Zulieferproblemen genauso wie mit den sich ändernden Arbeitssituationen fertig zu werden. Die Werkleitung mußte sich also das autonome Mitwirken der Arbeiter sichern. Das betraf auch die Leistung von Überstunden.

Gemessen an den Problemen, einen kontinuierlichen Arbeitsfluß zu gewährleisten, sah es hinsichtlich der technischen Ausrüstung der Werft offenbar besser aus. Im Verlauf der 1950er Jahre wurden eine Reihe technischer Neuerungen eingeführt und die Produktionstechnik modernisiert. Bis zur Mitte der 1950er Jahre war in erster Linie der Bau von ganz geschweißten Frachtschiffen mit 3.000t Tragfähigkeit vorgesehen.[352] Als Produktionsbauweise wurde der geschweißte Sektionsbau angewandt. Dazu wurden Montageplätze benötigt, die für die Schweißung in gedeckten Hallen liegen mußten. Da die vorhandenen Hallenplätze dafür nicht ausreichten, wurde die Schiffbauhalle um 60 Meter verlängert und eine Schweißhalle mit den erforderlichen Kränen gebaut. Die Anzahl der Schweißumformer wurde erhöht und Schweißautomaten angeschafft. Aus wirtschaftlichen Gründen wurde dazu übergegangen, die Schiffssektionen in

---
351 Archiv NIR, L3a/824.
352 Dies und das Folgende nach: LA Greifswald, BPA SED Rostock, GO Ro.-Stadt, IV/7/029/223.

Vorrichtungen zu bauen, z.B. die Außenhaut, die Decks und die Doppelböden. Das Überkopfschweißen sowie das Wenden der Sektionen wurden überflüssig, für die Arbeiter im Schiffbau verbesserten sich dadurch die Arbeitsbedingungen wesentlich. Dazu trugen auch weitere Neuanschaffungen wie beispielsweise eine neue Richtwalze im Plattenlager bei. Auch in anderen Abteilungen bzw. Werkstätten gab es etliche Verbesserungen. So wurde der Maschinenpark der mechanischen Werkstatt durch die Anschaffung von Bohr- und Fräswerken, Langhoblern und einer 15 Meter-Leitspindel-Drehmaschine ergänzt. Von der produktionstechnischen Seite entstanden - an den einzelnen Arbeitsplätzen unterschiedlich durchgreifend und schnell - zunehmend Voraussetzungen für Normerhöhungen. Auch aus diesem Grunde gewann neben der Ausarbeitung technisch-begründeter Normen allmählich die Überprüfung bestehender Normen an Bedeutung.

Aber jede Erhöhung einer Norm war mit einem harten Tauziehen zwischen dem Normer und der Brigade verbunden. Seitens der Arbeiter dominierte eine abwehrende Position. Zwar verpflichteten sich Arbeiter zu besonderen Anlässen zuweilen, die Norm veränderten Bedingungen anzupassen, doch durchgreifende Änderungen wurden durch solche »Ehrenverpflichtungen« nicht erreicht.[353] Generell strebten die Brigaden den Erhalt bestehender Normen an. Partiell traten Veränderungen ein. So stellte der Leiter der Abteilung Arbeitsnormen in einem Bericht über die Erfüllung eines Maßnahmeplanes zur Verbesserung der Normenarbeit fest, 1955 hätte sich die Mitarbeit der Brigaden bei der Ausarbeitung neuer Normen im Vergleich zu den Vorjahren verbessert, insbesondere wären mehr Arbeitskollektive prinzipiell bereit, mit den Normern zusammenzuwirken. Mehr Zeitaufnahmen hätten durchgeführt werden können.[354]

Die Zeitaufnahmen waren bei den Arbeitern unbeliebt, zumal die alten Normen häufig irreal und damit die Chancen, sie weit über-

---

353 So gab es beispielsweise zu den Geburtstagen von Wilhelm Pieck sogenannte Ehrenverpflichtungen, von denen einige eine freiwillige Normerhöhung einer Brigade beinhalteten. Vgl.: LA Greifswald, BPA SED Rostock, GO Ro.-Stadt, IV/7/029/230.
354 Archiv NIR, B/719.

zuerfüllen, groß waren.³⁵⁵ Schien der Druck wegen einer beabsichtigten Zeitaufnahme zu stark, entschlossen sich Arbeitskollektive, etliche Prozente von der bestehenden Vorgabezeit »freiwillig« abzugeben. Ein in der Höhe vielleicht krasses Beispiel griff der Leiter der Abteilung Arbeitsnormung in seinem Bericht auf. Ein Brigadier aus dem Bereich Schiffbau hatte den Normern vorgeschlagen, seine Brigade würde 30 Prozent der bestehenden Vorgabezeit abgeben, wenn sie dadurch einer Arbeitszeitaufnahme entgehen könnte.³⁵⁶ Der frühere Zimmermann Heinz Pommerenke schildert den Vorgang »freiwilliger« Reduzierung der Vorgabezeit so:

Und denn die Normensteigerung nachher
ja manchmal wurde ja versucht über solche neue Studie
die Zeit zu reduzieren
manchmal wurde aber auch versucht
einfach zu sagen »Also hört zu kommt mal zusammen
fünf Prozent müßten doch drin sein«.
Es hat auch so was gegeben
daß man im Gespräch gefeilt hat
und sich dann auf fünf Prozent geeinigt hat
daß fünf Prozent der Stundenvorgabe
*- freiwillige Stundenrückgabe wurde dazu denn gesagt -.*³⁵⁷

Auch ein Teil der Vorgesetzten der Arbeiter stand der Zeitnahme eher skeptisch gegenüber. Viele Meister suchten sich aus den Dis-

---

355 Die Unterschiede zwischen alter und neuer Norm waren teils so groß, daß das Interesse, Zeitaufnahmen zu entgehen, begreifbar scheint. Im Kesselbau wurden für das Montieren der Frachterkessel neue Normen erarbeitet. Die alte Normzeit betrug 3540 Stunden, die neue dagegen nur 2750 Stunden, im Maschinenbau wurde die Vorgabezeit für das Montieren der Turbinen für Frachter von 1350 auf 730 Stunden gesenkt. Ähnliche Reduzierungen ergaben sich auch bei anderen Zeitaufnahmen. Solche großen Differenzen folgten nicht nur aus technischen Neuerungen oder Verbesserungen des Arbeitsablaufs, sie hingen auch damit zusammen, daß die früheren Normzeiten von den Technologen geschätzt bzw. Erfahrungswerte waren. Unter besonderen Umständen konnte es allerdings auch vorkommen, daß die Normzeit erhöht wurde. Als der Auftraggeber bei Entrostungsarbeiten einen höheren Reinheitsgrad verlangte, wurde die Normzeit für das Entrosten von einem Quadratmeter Wand von 11,2 auf 46 Minuten erhöht. Vgl.: Archiv NIR, B/719.
356 Archiv NIR, B/719.
357 Interview mit Günther Pommerenke, Transkript.

kussionen um die Ausarbeitung technisch-begründeter Normen herauszuhalten. Arbeitsnormen, die durch Arbeitstagsaufnahmen festgelegt waren, lagen oft längere Zeit bei den Meistern in den Werkstätten, ohne daß sie diese mit den Brigaden besprochen hätten.[358] Die Meister waren dem unmittelbaren Druck der Arbeiter ausgesetzt und wenig geneigt, ihre durch die Aufgabenanhäufung bei den Brigadieren schon geschwächte Position zu gefährden. Sie konzentrierten sich lieber auf die Organisation des Produktionsablaufes, womit sie für gewöhnlich auch gut beschäftigt gewesen sein dürften. Eine Ausnahme machte das Meisterkollektiv im Holzbau. Hier beteiligten sich die Meister nicht nur an der Normenarbeit, sondern sie motivierten auch die Arbeiter in den Brigaden, reellere Normen zu akzeptieren. Über einen längeren Zeitraum hob sich der Holzbau auch in der Partei- und Gewerkschaftsarbeit von anderen ab, was sich in der Mitte der 1950er Jahre auch im kritischen Umgang mit Normübererfüllungen im eigenen und in anderen Arbeitskollektiven niederschlug.[359] Zum Ende der 1950er Jahre wurden freilich auch im Holzbau wieder gewaltige Normübererfüllungen abgerechnet.[360]

Trotz der Arbeitszeitaufnahmen entwickelte sich die Normerfüllung immer dramatischer. Die stetig steigende Übererfüllung von Normen ohne eine adäquate Produktivitätssteigerung war eins der schwerwiegendsten und folgenreichsten Probleme in den Industriebetrieben der DDR. In der Neptunwerft stieg die durchschnittliche Normerfüllung der im Leistungslohn arbeitenden Produktionsarbeiter von 135,5 Prozent im Jahre 1950 auf 171,6 Prozent 1959 und 182,6 Prozent im vierten Quartal 1960.[361] Gewöhnlich erhöhte sich in allen Werkstätten bzw. Abteilungen von Jahr zu Jahr die Normübererfüllung. Darüberhinaus erreichten etliche Arbeiter Normübererfüllungen, die noch weit über diesen Durchschnittswerten lagen. In der Vormontage meinten im Mai 1959 60 Arbeiter, die Norm mit mehr

---

358 Archiv NIR, B/719.
359 Dieser Eindruck entstand bei der Durchsicht des umfangreichen Quellenmaterials der Betriebsparteiorganisation der SED.
360 Archiv NIR, B/718.
361 Für 1950: LA Greifswald, BPA SED Rostock, KL Ro.-Stadt, IV/4/07/497; für 1959: Archiv NIR, B/718; für 1960: Archiv NIR, B/726. Die Belastung für die Werft muß immens gewesen sein, denn zusätzlich mußte ja noch Lohngruppenausgleich gezahlt werden.

als 200 Prozent erfüllt zu haben, im September waren es bereits 92.[362] Im August 1960 rechneten 756 Arbeiter der Werft mit einer Normübererfüllung von über 200, einige sogar von über 300 Prozent ab.[363]

Die konkreten Ursachen für derartig unreale Normübererfüllungen waren verschiedenartig. Eine Normübererfüllung von 344 Prozent, die 1959 ein Hauer im Schiffbau vorgab, erreicht zu haben, war auf eine unrichtige Festlegung von technologischen Prozessen zurückzuführen. Brenner hatten in diesem Fall schon einen wesentlichen Teil der Arbeit erledigt, damit wurde der Hauer nicht nur weit über seine Arbeitsleistung entlohnt, sondern die Brenner beanspruchten für den gleichen Arbeitsgang Lohn. Ein anderes Mal brachte oberflächliche, eigentlich nicht den Qualitätsanforderungen entsprechende Entrostungsarbeit eine hohe Normübererfüllung.[364] Im Gehlsdorfer Werftteil rechneten Arbeiter trotz Überstunden nur mit acht Stunden Ist-Arbeitszeit ab, wodurch eine hohe Normübererfüllung heraus kam.[365] Die hohe Normübererfüllung muß demnach einen besseren Lohn gebracht haben als die reguläre Bezahlung der Überstunden. Zum Taktieren seitens der Arbeiter gehörten des weiteren deutliche Schwankungen in der Normerfüllung, die die Zeitaufnahmen erschwerten. Ein solcher Fall kam 1957 in einer SED-Parteiversammlung zur Sprache. Beim Bau eines Gefrierschiffes eingesetzte Kollegen hätten 14 Tage hindurch die Norm mit genau 100 Prozent erfüllt, danach plötzlich mit 150 bis 160 Prozent.[366]

Die eigentliche Ursache der dramatischen Normentwicklung aber ist auf das Zurückweichen der verschiedenen betrieblichen Leitungen wie auch höherer Leitungen des Staates, der SED, auch der Blockparteien und der Gewerkschaft vor den Forderungen der Arbeiter zurückzuführen, die gelegentlich mit Drohungen verbunden waren. In der Werft kamen also zu der für den Schiffbau üblichen Handlungsautonomie der Arbeiter Spielräume, die sich aus der politischen Platzzuweisung als herrschender Klasse ergaben. Natürlich blieb das Entgleiten der Normübererfüllung den verantwortungtra-

---

362 Archiv NIR, B/718.
363 Ebenda, B/719.
364 Ebenda, B/719 und L3a/825.
365 Ebenda, L3a/825.
366 LA Greifswald, BPA SED Rostock, GO Ro.-Stadt, IV/7/029/197.

genden Stellen nicht unbekannt. Immer wieder wurden Berichte angefertigt und Beratungen mit dem Ziel durchgeführt, technisch-begründete Normen einzuführen, mit denen zum Ende der 1950er Jahre hin versucht wurde, die Normübererfüllung und die Arbeitsproduktivität nicht noch weiter auseinanderfließen zu lassen. Die Position der Werftleitung zur Entwicklung der Übererfüllung der Normen war sehr ambivalent.

Um 1950 hatten sich bereits Vertreter der sowjetischen Generaldirektion mit den Normübererfüllungen befaßt. Während einer SED-Parteiversammlung hielt Kapitän Buschujew den Arbeitern vor: »*Mit dem Leistungslohn betrügen wir uns selbst. Wir errechnen Prozente, daß die Norm erfüllt ist und in Wirklichkeit ist sie es gar nicht. Nur ein Teil der Arbeiter arbeitet tatsächlich und erfüllt die Norm. Der andere Teil der Arbeiter bekommt das Geld und die Meister und Vorarbeiter deichseln die Sache.*«[367] Nach Ansicht verschiedener Führungskräfte der Werft, unter ihnen Vertreter der Betriebsgewerkschaftsleitung, wäre es 1950 möglich gewesen, eine durchschnittliche Normerhöhung von 30 Prozent vorzunehmen, ohne daß dadurch eine Verdienstminderung oder eine Gesundheitsschädigung der einzelnen Arbeiter eingetreten wäre.[368] Selbst wenn 30 Prozent zu hoch gegriffen sein sollten, Reserven zur Steigerung der Arbeitsleistung müssen vorhanden gewesen sein. Ende März 1953 gelangte die SED-Betriebsorganisation nach der Aufzählung mehrerer Beispiele zu dem Schluß, »*Das zeigt, dass der grosse Teil aller Normen nicht auf der vollen Ausnutzung des Arbeitstages, der vollen Ausnutzung der Maschinen und Verbesserung der Produktionstechnik der Abteilung, der nicht Auswertung der Produktionserfahrungen der Aktivisten usw. erarbeitet ist.*«[369] Daher sei es kein Wunder, daß die Arbeiter ihre Normen im Durchschnitt zwischen 130 und 140 Prozent erfüllten. »*Die Ursache, dass das so lange geschehen konnte, war das Zurückweichen, vor diesem - wie unsere Genossen sagten - heißem Eisen...*« Der Meinung eines Teils der Kollegen, bei der Schaffung von Normen müsse gleich 50 Prozent Übererfüllung zu Grunde gelegt werden, sei durch die Genossen nicht energisch genug entge-

---

367 Ebenda, IV/7/029/174.
368 LHA Schwerin, MfS, Nr. 1669.
369 Dies und das Folgende nach: LA Greifswald, BPA SED Rostock, GO Ro.-Stadt, IV/7/029/233.

gengetreten worden. In der Kesselschmiede hätten sich Kollegen geäußert, daß sie heute 50 Prozent mehr Zeit bräuchten, ihren Arbeitsauftrag auszuführen, als früher bei den Kapitalisten.

Die Normentwicklung verlief in anderen Industriebetrieben der DDR ähnlich wie in der Rostocker Neptunwerft. Trotzdem hatten ernsthafte Bemühungen um Normerhöhungen lange Zeit auf sich warten lassen. Sie wurden mit einer zehnprozentigen Normerhöhung in den volkseigenen Industriebetrieben ab 28. Mai 1953 vorgenommen.[370] Diese in der Rückschau gerechtfertigte und volkswirtschaftlich notwendige Normerhöhung gehörte zu den Auslösern der Ereignisse am 17. Juni und den nachfolgenden Tagen und ihre Rücknahme befand sich im Forderungskatalog der Arbeiter. Die Normerhöhung wurde angesichts aufkommender Proteste der Arbeiter dann auch prompt zurückgenommen.[371]

Nach dem 17./18. Juni 1953 wurden in der Neptunwerft weitreichende Zugeständnisse an die Arbeiter gemacht, wie aus der entsprechenden, als Flugblatt verbreiteten Verfügung des Werkdirektors hervorgeht:

»Zur Beseitigung der aufgetretenen Fehler wird als 1. Teilmaßnahme folgendes angeordnet:
1. Alle gegen den Willen der Kollegen angeordneten Normen nach dem 28. Mai 1953 werden zurückgezogen.
2. Soweit nach diesen angeordneten Normen bereits gearbeitet worden ist, ist der Differenzbetrag nachzuzahlen.
3. Sofern besondere Überspitzungen vorgekommen sind, sind diese zu bereinigen.
4. Normerhöhungen sind nur mit Zustimmung der Arbeiter durchzuführen.«[372]

---

370 Grundlage dafür war ein Beschluß des Ministerrates der DDR, welcher einem Beschluß des ZK der SED vom 14. Mai 1953 folgte. Vgl.: Torsten Diedrich, Der 17. Juni 1953 in der DDR, Berlin 1991, S. 30 und zu den Hintergründen der Maßnahme Christoph Buchheim, Wirtschaftliche Hintergründe des Arbeiteraufstandes vom 17. Juni in der DDR, in: Vierteljahreshefte für Zeitgeschichte, 1990/3, S. 415-433 und Geschichte der Sozialistischen Einheitspartei Deutschlands. Abriß, Berlin (Ost) 1978, S. 293. Dort wird die Normerhöhung mit mindestens 10, in manchen Industriezweigen bis zu 30 Prozent angegeben.
371 Vgl. dazu: Dietrich Staritz, Geschichte der DDR. 1949-1985, Frankfurt a. M. 1985, S. 78-91.
372 LA Greifswald, BPA SED Rostock, GO Ro.-Stadt, IV/7/029/234.

Mit dem vierten Punkt wurde die Anerkennung von Normänderungen durch die Arbeiter festgeschrieben und so manche neuen Vorgabezeiten teilweise oder gar gänzlich verhindert. In den vorangegangenen Jahren gehörte es zu den Streitpunkten zwischen den Normbearbeitern und den Arbeitern, ob neue Normen ohne oder nur mit Unterschrift der Arbeiter eingeführt werden könnten. Nun war der Erfolg der Arbeiter in dieser Sache besiegelt. Die Neufestsetzung einer Norm bedeutete also noch nicht, daß sie künftighin einer bestimmten Arbeit zu Grunde lag. Die Brigaden konnten noch nach der Festsetzung der Norm auf diese Einfluß nehmen. Die Konsequenzen dieser Entscheidung hatte der Leiter der Abteilung Arbeitsnormung im Visier, als er über die mangelnde Bereitschaft der Arbeiter schrieb, ausgehandelte Normen auch anzuerkennen. Etliche Brigaden würden die Anerkennung nur vom Verdienst abhängig machen. In der mechanischen Werkstatt beispielsweise seien etliche Normen zwischen den Normenkollektiven und den Kollegen ernsthaft diskutiert worden, anerkennen wollten die Kollegen die Normen jedoch nur, wenn ihnen von vornherein ein Verdienst von 150 Prozent garantiert sei.[373] Im Bereich Maschinenbau sei durch eine Zeitaufnahme für das Aufreiben einer Wellenkupplung eine Vorgabezeit von 134 Stunden ermittelt worden, die alte Normzeit hatte bei 600 Stunden gelegen. Die mit der Arbeit betraute Brigade erkannte schließlich 200 Stunden als neue Normzeit an. Zuweilen machten Arbeiter ihre Unterschrift unter eine neue Normzeit auch von der Veränderung der Arbeitsweise ihrer Kollegen abhängig, auf welche die Normbearbeiter freilich keinen Einfluß nehmen konnten.[374]

Die Anerkennung neuer Normen durch die Brigaden war zweifellos ein gewichtiges Pfand in der Hand von Arbeitern, welches ihnen einen guten Lohn, hinter dem nicht immer die entsprechende

---

373 Archiv NIR, B/719. Die weiter oben erwähnte Brigade, welche von sich aus die bestehenden Vorgabezeiten um 30 Prozent kürzen wollte, erklärte, falls gegen ihren Willen Arbeitszeitaufnahmen durchgeführt würden, beabsichtigten sie, ihre Unterschrift zu verweigern.

374 Dazu ein Beispiel aus dem Gehlsdorfer Werftteil: Die dortigen Schiffselektriker wollten mit neuen technisch-begründeten Normen einverstanden sein, wenn die Elektriker im Hauptwerk auch »gezwungen« würden, nach neuen Normen zu arbeiten. Vgl.: LA Greifswald, BPA SED Rostock, KL Ro.-Stadt, IV/4/07/222.

Arbeitsleistung stand, manches Mal auch auf Kosten der Rentabilität der Werft sichern half. Aber gerade bei der Verallgemeinerung dieser Einschätzung ist Vorsicht geboten und ein differenzierender Blick vonnöten. Der Leiter der Abteilung Arbeitsnormung ging in seinem durchweg sehr kritischen Bericht auch auf die Erhöhung der durchschnittlichen Normübererfüllung im ersten Halbjahr 1955 ein. Sie stieg von 138,2 Prozent im ersten auf 144,2 Prozent im zweiten Quartal. Diese deutliche Steigerung der Normübererfüllung hielt er zumindest teilweise für begründet, weil sich die Einführung eines neuen Lohnabrechnungssystems so ausgewirkt habe, »*daß ein großer Teil unserer Werker ohne Arbeitszurückhaltung arbeitet und hierdurch eine echte Steigerung der Arbeitsproduktivität vorliegt, weil die Steigerung der Normenübererfüllung nicht auf Grund von mehr Vorgabezeiten, sondern bei gleichbleibenden Vorgabezeiten erreicht wurde.*«[375] Bestätigt wurde damit die in den Interviews immer wieder betonte Verausgabung bei der Arbeit.

Insofern löst sich auch die eingangs festgehaltene abweichende Aussage zur Arbeitshaltung in den schriftlichen Quellen und in den Interviews auf. Genausowenig wie wir hinter gigantischen Normübererfüllungen von 200 und mehr Prozent adäquate Arbeitsleistungen anzunehmen haben, ist wegen der allgemein hohen Normübererfüllungen intensive und harte Arbeit in Abrede zu stellen. Die Arbeitshaltung ist nicht mit hoher Normübererfüllung gleichzusetzen. So erscheint dann nicht die mangelnde Arbeitsleistung an sich als das eigentliche Grundproblem für die Rentabilität der Werft, sondern eben das Entgleiten der Normen mit den hohen Kosten für die Übererfüllung. Den der Arbeitsleistung davoneilenden Normübererfüllungen ist wirksam nichts entgegengesetzt worden. Die Arbeiter gewannen bei der Normengestaltung einen Handlungsspielraum, den sie kurzfristig für sich nutzen konnten, langfristig aber wurde zur Destabilisierung der Wirtschaft der DDR beigetragen. Der 17. Juni 1953 bzw. richtiger der Umgang mit diesem Ereignis an der Spitze des Staates und der SED gleichermaßen wie auf der unteren Ebene der Werftleitungen markiert einen Meilenstein dieser Entwicklung.

---

375 Archiv NIR, B/719.

Auch nach dem 17. Juni 1953 beschäftigten sich die Leitungen mehrfach mit der Entwicklung der Normerfüllung und suchten sie in Grenzen zu halten.[376] Mit gewisser Regelmäßigkeit befaßten sich die Werkleitersitzungen mit den Normen, manche Mängel wurden aufgedeckt. Partei- und Gewerkschaftsversammlungen hatten sie zum Gegenstand. Dort wurden durchaus kritische Töne wegen der hohen Übererfüllung laut. Etliche Arbeiter lehnten zu krasse Normübererfüllungen ab und meinten, sie wollten ihr Geld auf ehrliche Art verdienen. Insgesamt jedoch konnte der raschen Steigerung der Normübererfüllung nicht Einhalt geboten werden. Offenbar saß die Sorge einer möglichen Wiederholung des 17. Juni tief.[377] Sie wurde verstärkt durch Verhaltensweisen wie die von Arbeitern in der Sägerei, die nach im Jahre 1955 durchgeführten Zeitaufnahmen drohten, da sie in der DDR keine 140 bis 150 Prozent mehr verdienen könnten, gingen sie lieber nach jenseits der Grenze. Andere äußerten, wenn sie nicht 130 bis 140 Prozent verdienten, brauchten sie nicht mehr im Schiffbau zu arbeiten.[378]

Dennoch dürfte es einseitig sein, den Grund für die wenig nachhaltigen Anstrengungen zum Abbau hoher Normübererfüllungen nur im Zurückweichen vor Arbeiterforderungen zu sehen.[379] Unter

---

376 Bereits unmittelbar nach dem 17./18. Juni äußerte sich der Arbeitsdirektor Max Pagel auf einer Konferenz der SED-Betriebsparteiorganisation zu Normen und überspitzten Lohnanforderungen: »*Vor dem 18.6. haben wir Maßnahmen eingeleitet, die manchmal über das Maß der Zumutung unserer Arbeiter hinausgingen, aber das darf uns nicht verleiten, auf allen Gebieten zurückzuweichen.*« Er nannte dann etliche Punkte, bei denen er ein Zurückweichen für falsch hielt. Vgl.: LA Greifswald, BPA SED Rostock, GO Ro.-Stadt, IV/7/029/234. Dietrich Staritz, a.a.O., S. 89 weist darauf hin, daß auch nach dem 17. Juni 1953 Partei- und Gewerkschaftsfunktionäre immer wieder angehalten wurden, Normenveränderungen zu diskutieren und behutsam durchzusetzen.
377 Das wurde z.B. während der 7. Bezirksleitungssitzung Rostock der SED im September 1954 deutlich. In einem ausführlichen Bericht »Die Lage auf den Werften und die Aufgaben der Partei bei der Mobilisierung der Werktätigen für die termingerechte Erfüllung der Produktionspläne« war u.a. festgehalten, daß die Genossen der Abteilung Arbeitsnormen der Warnowwerft der Auffassung wären, wenn die Arbeitsnormen jetzt nicht grundsätzlich erhöht würden, sei ihre Tätigkeit überflüssig. Auf der Sitzung wurde dieser Standpunkt scharf kritisiert. Vgl.: LA Greifswald, BPA SED Rostock, BL, IV/2/2/ Nr. 19.
378 Archiv NIR, B/719.
379 Als Ausdruck solch inkonsequenten Umgangs mit den Normübererfüllungen mag als Beispiel gelten können, daß bei einer Lohnscheininventur am 2. und 3.

den neuen Eigentumsverhältnissen fehlten auch betriebswirtschaftliche Erfahrungen. Mancher Aufsteiger wird gegenüber Zeitaufnahmen ein ambivalentes Verhältnis gehabt haben. Und schließlich drückte die Werftleitung die termingerechte Ablieferung von Schiffsneubauten und Reparaturen mit den von den Auftraggebern geforderten Qualitätsparametern und zu den vereinbarten Terminen mehr als die Normübererfüllungen. Und so erschienen denn beträchtliche Normübererfüllungen bereits in den Plänen. Für 1959 war eine Normerfüllung von 163,0 Prozent vorgesehen.[380]

Zu Beginn der 1960er Jahre wurde ein neuer Versuch unternommen, die Normübererfüllungen abzubauen bzw. mit der Arbeitsleistung in Einklang zu bringen. Dazu wurde im Herbst 1961 eine Wettbewerbsbewegung, das sogenannte Produktionsaufgebot, ins Leben gerufen.[381] Kern des Produktionsaufgebotes war, in der gleichen Zeit für das gleiche Geld mehr zu produzieren und die Disproportion zwischen Arbeitsproduktivität und Durchschnittslohn zu überwinden. Im Schiffbau sollten nebenher die teils erheblichen Abweichungen in den Vorgabezeiten zwischen den Werften bei annähernd gleichen Arbeitsgängen überwunden werden. Zwar wurde viel Aktivität entwickelt, doch sie war zumeist nur Schein. Dem Produktionsaufgebot erging es wie manch anderer Wettbewerbsbewegung: Trotz einiger kleinerer Erfolge verlief es sich im wesentlichen im Sande. Und wieder bestätigte sich die Erfahrung von Arbeitern in der DDR, daß sich vieles mit der Zeit von allein erledigte. Die erhoffte und zugleich dringend notwendige Wende bei den Ausmaßen der Normerfüllung hat das Produktionsaufgebot jedenfalls nicht gebracht.[382]

Oktober 1958 zwar geprüft wurde, ob die Leistungslohnscheine unmittelbar nach Beendigung der Arbeit verrechnet wurden. Geprüft werden sollte auch, ob die von der Werkleitung bestätigten Normen von seiten der Technologie in Anwendung kamen. Nicht geschaut werden sollte hingegen, ob Arbeitsstunden eingezogen werden könnten. Vgl.: Archiv NIR, B/724.

380 Archiv NIR, B/718.
381 Hanna Haack und Gudrun Schucany, Das Produktionsaufgebot 1961/1962 in den Betrieben der Seewirtschaft, in: Wissenschaftliche Zeitschrift der Universität Rostock, 23. Jg. 1973, Gesellschafts- und sprachwissenschaftliche Reihe, H. 6, S. 577-585.
382 Unrealistische Vorgabezeiten bildeten weiterhin ein Problem der DDR-Wirtschaft. Einer unser Interviewpartner, der sich zum Schiffbaumeister qualifi-

Qualitätsarbeit und Verlustzeiten

In den Bilanzen der Werft wie auch in anderen Unterlagen finden sich immer wieder Hinweise auf Qualitätsmängel an verschiedenen Fertigungsteilen, auf die Produktion von Ausschuß sowie auf Ausfallzeiten. Die Produktion von Ausschuß sowie die erforderlichen Nacharbeiten machten einen großen, in der Höhe von Jahr zu Jahr ohne erkennbaren Trend schwankenden Posten bei der detaillierten Bilanzierung der Planwidrigkeiten aus.[383] Es scheint, die Werftleitung hätte sich an einem idealisierten Modell »deutscher Qualitätsarbeit« orientiert. Alf Lüdtke ist beizupflichten, der aus vergleichbaren Quellen für den VEB Bergmann-Borsig in Berlin las, aus der Sicht der Verfasser hätten Standards der Arbeitskultur nie ihre Bedeutung verloren, wenn der Produktionsablauf gesichert und die Arbeitsproduktivität gesteigert werden sollte.[384] Anders als bei den Berichten über die Normerfüllung drängt sich mehr als gelegentlich die Vermutung auf, daß der Erwartungshorizont sehr hoch, wohl zu hoch, war. Die Idee, daß mit der unentwegt beobachteten und kritisierten Arbeitsauffassung eine Fortsetzung von Grundhaltungen von Arbeitern aufgedeckt worden ist, scheint genausowenig ins Kalkül gezogen worden zu sein, wie die Überlegung, daß das Streben, sich die Arbeit zu erleichtern, auch eine Lebensstrategie sein könne. Jedenfalls scheint es nach kritischer Betrachtung der Quellen nicht angemessen, die sich wiederholenden Klagen der SED-Parteileitungen, der Werftleitung und nachgeordneter betrieblicher Leitungen über die Arbeitshaltung mit deren generellen Verschlechterung gegenüber der vorangegangenen Zeit gleichzusetzen.

Vielmehr stellte sich heraus, daß eine Reihe von »Verletzungen der Arbeitsdisziplin« vermutlich mehr mit der Arbeitsorganisation bzw. dem Produktionsablauf in einer Großwerft auf dem Stand der 1950er Jahre als mit den konkreten Eigentumsverhältnissen zu tun

---

ziert hatte, arbeitete 33 Jahre als Fertigungstechnologe. Daß er 1972 Depressionen bekam und sich für lange Zeit in ärztliche Behandlung begeben mußte, führt er darauf zurück, daß er es nicht schlucken konnte, daß die Produktionsarbeiter für die Arbeitsvorgänge immer mehr Zeit haben wollten. Interview mit Albert Reithel, Verlaufsprotokoll.

383 Archiv NIR, B/715, B/718, B/719 und B/723; LA Greifswald, Rep. 242, B1/495.
384 Alf Lüdtke, »Helden der Arbeit«, a.a.O., S. 201.

haben. Andere hingen stärker mit den erweiterten Möglichkeiten der Arbeiter, selbständig zu agieren, zusammen. Ähnlich wie bei der Entwicklung der Normübererfüllungen nutzten Arbeiter ihre Autonomie für die Durchsetzung von momentanen Interessen, ohne durch eine positive Gestaltung langfristig etwas zu verändern. In den konkreten Erscheinungsformen von »Verletzungen der Arbeitsdisziplin« überlappten sich beide Aspekte häufig. Dazu kam noch, daß es um die Voraussetzungen für Qualitätsarbeit nicht immer gut bestellt war.

Nietarbeiten mit dem Preßlufthammer, 1953. Auch in Rostock hatte in den 1950er Jahren das Schweißen noch keineswegs das Nieten verdrängt (Photo: Archiv NIR).

Die Vorhaltungen der betrieblichen Leitungen hinsichtlich der Arbeitshaltung konzentrierten sich auf drei Punkte: Verstöße gegen die Qualitätsanforderungen, Nichteinhaltung von Arbeitsschutzbestimmungen und Verlustzeiten durch nicht volle Nutzung der Arbeitszeit. Besonders häufig wurde über die Qualität von Schweißungen geklagt, obwohl kein Zweifel bestand, daß die Schweißnähte am Schiffskörper vollauf die Sicherheit des Schiffes in See garantierten, wenn auch die Schweißqualität optisch nicht voll befriedigte.[385] Zu Mehr- und Doppelarbeit konnte es kommen, wenn das Zusammenspiel der einzelnen Gewerke nicht klappte. So wurden im Sommer 1956 unter Termindruck in einem Frachter, dessen Kammern noch farbfrisch waren, die E-Anlagen eingebaut, wonach dann die Wände der Kammern wieder gestrichen werden mußten. Derartige Mängel waren indes nicht durchweg der säumigen Arbeit von Arbeitern anzulasten, z.T. lagen von der Projektion und Konstruktion her Fehler vor. Beispielsweise ließen sich bei mehreren Frachtern die Telphonzellen nur transportieren, nachdem Zementfußböden und Stahltürschwellen aufgestemmt worden waren. Die betroffenen Arbeiter aus dem Bereich Ausrüstung entrüsteten sich über diesen Zustand.[386] Bei den Verstößen gegen Qualitätsanforderungen wurden auch Vorgänge festgehalten, die eher für eine gute denn eine schlechte Arbeitshaltung sprechen. So war es auch im Fall einer Brigade aus der Vormontage die im Spätsommer 1956 durch Unachtsamkeit ihres Brigadiers 3,5 Tonnen Blech vergeudet hatte. Der Brigadier hatte sich die Zeichnung angesehen, ein Maß genommen, sich vermessen, und 30 Schiebebalken wurden um je 30 cm zu kurz zugeschnitten. Von der an sich guten Arbeitsmoral spricht, daß die Brigade unentgeltlich 30 Schiebebalken im richtigen Maß nacharbeitete und somit den Schaden so klein wie möglich zu halten suchte.[387]

Mißachtungen bzw. Verstöße gegen Arbeitsschutzanordnungen verursachten zahlreiche Unfälle und damit verbunden Arbeitsausfälle. Ganz typisch waren das Verblitzen der Augen, weil ohne

---

385 LA Greifswald, BPA SED Rostock, GO Ro.-Stadt, IV/7/029/204. Zum Beispiel wurde in einem Protokoll über die Rechenschaftslegung zum Betriebskollektivvertrag 1958 bemängelt, die Durchschnittsnote der UP-Schweißung ließe einen noch nicht dagewesenen Tiefstand erkennen. Die in den Röntgenfilmen entdeckten Fehlschweißungen, welche umfangreiche Nacharbeiten hervorriefen, seien grobe Wurzelfehler, zurückzuführen auf nicht einwandfreie Führung des Schweißgerätes. Vgl.: LA Greifswald, FDGB-Bezirksvorstand, KV IG Metall, Ro./1122, Karton: 138/2-3.
386 Ebenda.
387 Archiv NIR, L3a/819.

Schutzbrille geschweißt wurde, und Unfälle, die auf Arbeit unter Spannung zurückzuführen waren.[388] Besonders in den späten 1940er und zu Beginn der 1950er Jahre, als es noch erhebliche Schwierigkeiten mit der Stromversorgung gab und deshalb an der Beleuchtung auf den Schiffen und dem gesamten Werftgelände gespart wurde, gehörte es zu den häufigen Unfällen, daß ein Arbeiter über herumliegende Teile stürzte oder in ein Mannloch fiel.[389] Trotz wiederholter Belehrungen wurden die Mannlöcher wie auch andere Luken und Öffnungen zumeist gewohnheitsmäßig nicht abgedeckt.

Auch einer der schwersten Unfälle, der sich in der Werft ereignete und bei dem eine Kranfahrerin am 16. Januar 1953 tödlich verunglückte und eine weitere schwer verletzt wurde, hing mit der Nichtbeachtung von Sicherheitsbestimmungen zusammen. An einen Hallenkran, zulässig für 5t Tragkraft, war eine 12,5t Sektion angeschlagen worden.[390] Niemand aus dem unmittelbaren Arbeitsumfeld hatte vor dem Unfall daran Anstoß genommen, was nur darauf deutet, daß schon zuvor in ähnlicher Weise Lasten transportiert worden sein werden.

Wenn bei diesem tragischen Unglücksfall auch grob gegen bestehende Sicherheitsbestimmungen verstoßen und wohl gegen Arbeitswissen gehandelt wurde, war es in der Neptunwerft während der 1950er Jahre grundsätzlich nicht anders als in vielen anderen Industriebetrieben zu anderen Zeiten: Manche Arbeitsschutzbestimmungen waren einem fließenden Arbeitsablauf hinderlich und wurden insofern von den Arbeitern üblicherweise ignoriert und als überzogen abgetan. Dies Verhalten drückt wohl eine Seite des zupackenden Meisterns des Arbeitsalltages als Form der Aneignung der proletarischen Lebenswelt durch die Arbeiter aus.[391] So wäre

---

388 Die Unfallmeldungen der Werft enthalten dazu zahlreiche Beispiele. Vgl.: Archiv NIR, S4a1/7, S4a1/11, A4/149 und A5/150. Dabei zeigt sich auch, daß die realen Verhältnisse manchen Unfall hervorriefen bzw. begünstigten. Beispielsweise trug ein E-Schweißer eine schwere Fußverletzung davon, weil die zur Arbeit eigentlich vorgeschriebene Arbeitskleidung nicht vollständig war und er Igelitschuhe anziehen mußte. Glühende Schlacke, die auf die Schuhe fiel, verursachte großflächige Verbrennungen. Vgl. Archiv NIR, S4a1/7.
389 Mannloch ist die Bezeichnung für die Einstiegsöffnung im Schott, Tank, Kessel u.ä., die durch das Aufschrauben eines Mannlochdeckels fest verschließbar ist.
390 LA Greifswald, BPA SED Rostock, Kl Ro.-Stadt, IV/4/07/497.
391 Alf Lüdtke, »Helden der Arbeit«, a.a.O., S. 190.

auch zu deuten, daß über bestimmte Vorschriften zur Vermeidung von Unfällen immer wieder belehrt werden mußte.[392] Überzogene Vorschriften, die teils einem störungsfreien Arbeitsablauf entgegenstanden, gaben die Arbeiter bei entsprechenden Gelegenheiten schon mal der Lächerlichkeit preis.[393] Zu Unfällen führten auch Neckereien und Rangeleien zwischen den Kollegen, besonders zwischen den jungen Arbeitern. Diese Unfälle ereigneten sich häufiger in Arbeitspausen und unmittelbar nach der Arbeitszeit als bei der eigentlichen Arbeit.[394] Die Unfallgefahr in der Werft war insgesamt hoch, zumal das Werftgelände sehr beengt war und fast überall im freien Gelände Materialien und Gegenstände lagerten. Erhöht wurde die Unfallgefahr noch durch die Sitte, bei Termindruck viele Arbeiter auf einem Objekt zu konzentrieren. Neben einer bestimmten Arbeitshaltung hatte der unkontinuierliche Arbeitsablauf an so manchem Unfall Schuld.[395]

---

392 Als sich die Werkleitungssitzung im Mai 1959 wieder einmal mit dem Unfallgeschehen befaßte, mußte sie feststellen, daß die meisten Unfälle nicht auf technische Fehler zurückzuführen seien, sondern durch nachlässiges, beinahe »verantwortungsloses Arbeiten« bzw. Nichtbeachten von Unfallverhütungsvorschriften verursacht würden. Vgl.: Archiv NIR, L3a/825.

393 Beispielsweise fragten mehrere Mitglieder einer Brigade während einer Produktionsberatung im September 1956, in welcher es um die Einführung des neuen Wirtschaftslohngruppenkatalogs im Bereich Ausrüstung ging, die vier anwesenden Mitglieder der Betriebsgewerkschaftsleitung, wo sie den Hammer denn nun hinlegen sollten: auf den Tisch oder in den Schrank. Vgl.: Archiv NIR, L3a/819.

394 In den Unfallmeldungen von 1957 findet sich als Beispiel der folgende Vorgang: Lehrlinge saßen während der Mittagspause im Jugendklubzimmer und unterhielten sich. Einer stieß den später verunglückten an, dieser stieß zurück, traf aber die Sesselkante. Eine Fraktur des linken Daumens war das Ergebnis. Ein weiterer Fall: ein 48 Jahre alter Werkstattreiniger hatte kurz vor Feierabend einen anderen Kollegen aus Spaß mit Wasser bespritzt. Bei der folgenden Rempelei verletzte er sich die Schulter. Vgl.: Archiv NIR, A4/150.

395 Dazu gehört ein weiterer Unfall mit tödlichem Ausgang, der sich am 2. Januar 1950 beim Bau eines Loggers ereignete. Ein Schiffsreiniger hatte sich über die Fischraumluke gebeugt und war von der umgeknickten Lukenumwehrung erschlagen worden. Die Besichtigung gleichartiger Lukenumwehrungen ergab zwar eine einwandfreie Beschaffenheit der Konstruktionen, aber bei der Untersuchung des Unfallhergangs stellte sich heraus, daß die Umwehrung der Luke, an der der Unfall geschah, übermäßig mit Decksplanken und Bohlen belastet worden war. Diese Überbeanspruchung hing damit zusammen, daß der Fertigungstermin des Loggers bereits überschritten war und zur Aufholung des Programms am Unfalltag weit mehr Arbeiter als sonst auf dem Logger eingesetzt waren. Verschiedene Arbeitsgruppen waren auf sehr engem Raum zusammengedrängt, die

Kapitel 7: Die Arbeitswelt der Neptunwerft 533

Stapellauf eines in die Sowjetunion gelieferten Frachtschiffes in der ersten Hälfte der 1950er Jahre (Photo: Archiv NIR).

Ein Grundproblem in der Werft waren die hohen Verlustzeiten, die entstanden, weil der Arbeitstag nicht ausgelastet wurde. Mit den Erscheinungen, Ausmaßen, Folgen und Ursachen dieses Arbeitsverhaltens hat sich während der 1950er Jahre die SED-Betriebsorganisation recht intensiv befaßt, auf jeden Fall häufiger und auch kritischer als mit anderen Seiten der Arbeitskultur wie etwa der Normübererfüllung. In den Parteiversammlungen kam Fehlverhalten von Arbeitern, die Mitglieder der SED waren, zur Sprache. Oben an stand dabei Trinkerei, vor allem während der Arbeitszeit.[396] Auf

---

von ihnen benötigten Materialien verengten alle Arbeitsplätze noch erheblich, und wegen der Platzknappheit wurden auch Planken und Bohlen auf der Lukenumwehrung gelagert bzw. an sie gelehnt. Vgl.: Archiv NIR, S4a1/11.
396 Zwei Beispiele: Im Dezember 1955 wurde in einer Parteigruppenversammlung ein Stemmer wegen Trinkerei kritisiert. Er sagte, das ginge niemanden etwas an, für seine Gesundheit wäre er allein verantwortlich. Vgl.: LA Greifswald, BPA SED Rostock, GO Ro.-Stadt, IV/7/029/193. 1957 setzte man sich in einer Grund-

der Ebene des gesamten Betriebes kam die Nichtauslastung des Arbeitstages u.a. auf den Ökonomischen Konferenzen zur Sprache. Bei der I. Ökonomischen Konferenz wurden Berechnungen vorgestellt, wonach der Werft durch die Nichteinhaltung des 8-Stunden-Arbeitstages in einem Jahr über eine Million Stunden verloren gegangen sein sollen.[397] Soviele Stunden kamen nun sicher nicht nur zusammen, weil von manchen Arbeitern die Arbeit zu Schichtbeginn etwas später begonnen, die Frühstücks- und Mittagspausen über Gebühr ausgedehnt und der Feierabend einige Minuten vor Schluß eingeläutet wurde.[398] Die ungeliebte Nachtschicht hatte womöglich schon größere Anteile bei den Ausfallzeiten. In der Bestimmung der Ursachen durch die SED trat ein bemerkenswerter Wandel ein. Wenn im März 1953 noch in unrealen Normen ein Grund gesehen wurde, der Freiräume während des Arbeitstages zuließ, spielte dieser Punkt nach dem 17. Juni 1953 kaum noch eine Rolle. Die Hauptursachen wurden in der schlechten Arbeitsorganisation in der Werft ausgemacht, die zu Warte- und Stillstandszeiten führten.. Darin steckte gewiß ein rationaler Kern. Was sollten die Arbeiter schließlich an einem langen Arbeitstag treiben, wenn sie - wie zu Jahresbeginn 1954 - in der Vormontage fast keine Arbeit hatten? Da war es naheliegend, daß sie sich von ihrem Arbeitsplatz entfernten und sich irgendwo auf dem Werftgelände aufhielten.[399]

---

organisationsversammlung mit einem Brenner auseinander, der aus Sicht der Genossen mehr und mehr dem Trunke verfiel. Der Brenner führte seine schlechten Familienverhältnisse als Grund der Trinkerei an. Vgl.: Ebenda, IV/7/029/197.

397 LA Greifswald, BPA SED Rostock, BL, IV/2/37 Nr. 141. Die Angabe wird sich auf 1955 beziehen, da die Konferenz am 12. November 1955 stattfand. Ähnlich, z.T. noch schlechter war die Situation in den anderen Werften.

398 LA Greifswald, BPA SED Rostock, GO Ro.-Stadt, IV/7/029/223. In einem darin enthaltenen Bericht vom 30. März 1953: »Wie die Parteiorganisation in der Neptun-Werft sich an die Spitze im Kampf um die technisch begründeten Arbeitsnormen stellt« hieß es u.a.: Im Betrieb gehöre es noch zur Regel, daß der 8-Stundentag nicht am Arbeitsplatz beginne und ende, viele Kollegen zögen die Pausen in die Länge und trotz aller Aufklärungsarbeit würden die Schlangen von Kollegen an den HO-Kiosken nicht verschwinden. Als Beispiel einer guten Auslastung der Arbeitszeit wurde die Schlosserei erwähnt. Als eine geschlossene Werkstatt hatte sie besondere Bedingungen. Vgl.: Ebenda, IV/7/029/179.

399 LA Greifswald, BPA SED Rostock, GO Ro.-Stadt, IV/7/029/236. Im Referat zur I. Ökonomischen Konferenz ist zu lesen: »*Wie wollen wir die Arbeitsproduktivität steigern, wenn die Leistungen unserer Arbeiter durch Entstehen von Lücken in der Produk-*

Neben einer Selbstregulierung der Arbeitszeit durch etliche Arbeiter, die schwer zu bilanzieren war, spielte in den 1950er Jahren unentschuldigtes Fernbleiben vom Arbeitsplatz eine Rolle. Allein im 1. Halbjahr 1954 summierten sich die Fehlzeiten wegen unentschuldigten Fehlens auf 51.640 Stunden von 7.054.167 möglichen Arbeitsstunden (0,73 Prozent).[400] Durch unentschuldigtes Fehlen bedingte Verlustzeiten schwankten von Jahr zu Jahr mit der Tendenz einer leichten Reduzierung, welche vor allem nach der Verkürzung der Arbeitszeit um wöchentlich drei Stunden im Jahre 1957 in Erscheinung trat.[401] Den größten Posten unter den Ausfallzeiten bildeten allerdings die Zeiten für Krankheiten.[402]

An manchen der vorstehenden Beispiele ist zu erkennen, daß Störungen im Arbeitsablauf ihren Tribut bei der Arbeitshaltung forderten. Die meisten Arbeiter empfanden es als unbefriedigend, zeitweilig nicht voll beschäftigt zu sein.[403] In solchen Zeiten war auch die Lohnhöhe gefährdet. Insofern kann es nicht verwundern, daß sich bei Gewährung eines guten Arbeitsablaufs die Interessen der Arbeitern und der Werftleitung trafen. Dabei reagierten Arbeiter nicht nur »von unten« auf Versäumnisse »von oben«, sondern sie wollten durch ihre Arbeitserfahrung dazu beitragen, die Arbeit auf der Werft so zu organisieren, daß, eine Formulierung Alf Lüdtkes aufgreifend, »Befriedigung und materieller Ertrag, also vorzeigbare Produkte und ausreichende Löhne« zu erreichen waren.[404]

In diesem Sinne hatten Arbeiter im Maschinenbau, nachdem dort 1955/56 die Arbeit ausblieb, vorgeschlagen, in der Werft Hilfsmaschinen zu bauen, die bislang in anderen Betrieben gefertigt wurden. Sie sahen darin zugleich die einzige Möglichkeit, weiter in ihrem Beruf zu arbeiten. Der Bau war ihnen vor geraumer Zeit von einem Vertreter des zuständigen Ministeriums auch zugesagt worden. Daß die Einlösung des Versprechens auf sich warten ließ, führte im

---

tion in ihrer Initiative gehemmt werden.« Ein zügiger Arbeitsablauf müsse gewährleistet werden.
400 Archiv NIR, B1/243.
401 Ebenda, L3a/824.
402 Ebenda, B/718 und B/719. Wegen der Vermutung des »Krankfeierns« sollten Kontrollen verschärft werden.
403 LA Greifswald, BPA SED Rostock, BL, IV/2/3/ Nr. 36.
404 Alf Lüdtke, »Helden der Arbeit«, a.a.O., S. 190.

Sommer und Frühherbst 1956 zu erheblicher Verärgerung der Arbeiter im Maschinenbau.[405] Arbeiter im Bereich Schiffbau nahmen mit Unmut und Unverständnis wahr, daß selbst dann, wenn genügend Material und die erforderlichen Arbeitskräfte vorhanden waren, Arbeiter herumstanden und keine Arbeit hatten. Vor allem das Verfahren, bei Terminrückständen bei einem Schiffsneubau die Arbeitskräfte von anderen Objekten abzuziehen, wurde kritisiert und durch unsere Interviewpartner als ein Verfahren angesehen, daß einem ruhigen und flüssigen Arbeitsablauf in keiner Weise zuträglich war.[406] Jm Jahre 1956 sorgte der Arbeitsablauf beim Bau der Frachter »Christo Botev« für Bulgarien und »Thälmann Pionier« für die DDR immer wieder zu heftigen Gesprächen unter den Arbeitern bis hin zu Beschwerden über den Fortgang der Arbeiten. Die Arbeiter konnten kein Verständnis dafür aufbringen, daß Arbeitskräfte von der »Thälmann Pionier« abgezogen wurden, weil die »Christo Botev« früher fertig sein sollte, im Endergebnis aber die Kollegen auf dem »Bulgarenfrachter« ohne Arbeit standen, da das zusätzlich benötigte Material fehlte. Die Arbeit auf der »Thälmann Pionier« ging ebenfalls nicht voran. Dort war zwar Material vorhanden, aber durch den Abzug fehlten die Arbeitskräfte.[407]

Wie es hinsichtlich der Gestaltung eines flüssigen Arbeitsablaufes grundsätzlich eine Interessenübereinstimmung zwischen Werftleitung und Arbeitern gab, existierte sie auch bezüglich der Leistung von Überstunden und Sonderschichten. Zur Planerfüllung mußte die Werftleitung häufig Überstunden fordern, die Arbeiter leisteten sie, u.a. weil eine lange Arbeitszeit gutes Geld versprach. Die Anzahl der Überstunden war aber zu manchen Zeiten und in manchen Bereichen so hoch, daß guter Lohn allein für die Erklärung der Bereit-

---

405 Archiv NIR, L3a/819.
406 Darüber sprachen u.a. Georg Schwarz und Günter Pommerenke. Vgl. jeweils: Transkripte der Interviews.
407 Archiv NIR, L3a/819. Wahrscheinlich ist jedoch, daß ein Teil der Beschwerden wegen des »Bulgarenfrachters« auch daraus resultierten, daß die bulgarische Bauaufsicht verschiedene Arbeiten wegen schlechter Qualität nicht abnahm. Zu den technischen Daten beider Schiffe vgl.: Schiffsregister, a.a.O. S. 52.

schaft zu Überstunden nicht ausreicht.[408] Neben traditionellen Wertvorstellungen von Arbeit werden auch die Katastrophenerfahrung sowie der Wille zum Neuaufbau der Werft und der Gesellschaft bewirkt haben, daß die zeitlich ausgedehnte Belastung durch die Berufsarbeit allgemein als normal angesehen wurde. Auch dies ist eine Seite von Arbeitshaltung.

Bei der Aufzählung von Arbeitsversäumnissen unterschiedlicher Art darf nicht aus dem Blick geraten, daß in der Rostocker Neptunwerft während der 1950er und der nachfolgenden Jahre qualitativ hochwertige Schiffe gebaut worden, die guten Absatz nicht nur in der UdSSR fanden.[409] Joachim Stahl, langjährig in der Werft beschäftigt und intimer Kenner ihrer Entwicklung, nennt unter den Kunden der Werft insbesondere die Hamburger Reederei Barthold Richters, die erstmals 1958 ein Schiff bei der Neptunwerft bestellte. Damit begann eine knapp zwanzigjährige, nicht immer konfliktfreie Geschäftsverbindung.[410] Mit großem Stolz berichteten unsere Interviewpartner von den schiffbaulichen Leistungen der Werft und hoben dabei besonders hervor, daß der Serienschiffbau nicht in der gleichen Weise wie in den anderen Werften dominierte. Die Neptunwerft hatte große Erfolge im Spezialschiffbau und hat zur Umsetzung von Sonderwünschen der Kunden manche brillante schiffbauliche Konstruktion entwickelt und ausgeführt. Zu den Spezialschiffen, die in den 1950er Jahren fertiggestellt wurden, gehörte das für die Sowjetunion gebaute Forschungsschiff »Lomonossow«. Das Schiff sollte bis zu Wassertiefen von 10.000 Metern ankern. Im Konstruktionsbüro der Werft wurde eine Tiefseeankeranlage mit 15.000

---

408 Im Jahre 1959 fielen 198.451 Überstunden an, davon allein im Fuhrpark 31.000 Stunden, weil dringlich benötigte Materialien und Ausrüstungen von den Zulieferbetrieben geholt werden mußten. Vgl.: Archiv NIR, B/718.
409 Vgl. dazu: Joachim Stahl, Neptunwerft..., a.a.O., S. 221 - 246.
410 Ebenda, S. 228-231. Wichtige Anlagen, vor allem die Hauptmaschine, lieferte Richters aus der Bundesrepublik. Die Reederei verkaufte die Schiffe unmittelbar nach der Übergabe weiter. Stahl meint, daß die Schiffe als so gut galten, daß andere Länder den Kundenstamm der Neptunwerft erweiterten und weist auf die Lieferung von insgesamt 56 Schiffen nach Norwegen in den Jahren von 1965 bis 1979 hin. Unser Interviewpartner Friedrich-Carl Düwell, der viel mit der Reederei zu tun hatte, erinnert sich, daß Richters von den DDR-Werften die Neptunwerft bevorzugte und nur in dieser Werft Schiffe in Auftrag gab. Vgl.: Interview mit Friedrich-Carl Düwell, Transkript.

Metern Ankerseil entwickelt und später in der Werft gebaut. Georg Schwarz arbeitete als junger Konstrukteur an der Anlage mit. In der Erinnerung ist er noch immer stolz auf diese Leistung der Werft:

> *die Tiefseeankeranlage also das war eine ziemlich einmalige Sache*
> *es hat keine es hat keine Firma gegeben die das gemacht hätte*
> *weder entwickelt noch gebaut*
> *das haben wir alles selber machen müssen.*[411]

Mit besonderem Stolz hat die Arbeiter, Konstrukteure und sonstigen Beschäftigten der Neptunwerft zum Ende der 1950er Jahre der Bau der Eisenbahnfähre »Sassnitz« erfüllt. Die »Sassnitz« war die erste von drei Eisenbahnfähren, die in der Neptunwerft gebaut worden sind. Sie wurde nach großer Kraftanstrengung 100 Tage vor dem Vertragstermin zum 50. Jahrestag der Eröffnung der Fährverbindung Sassnitz - Trelleborg am 6. Juli 1959 übergeben. Im Jahre 1963 war denn als erste vollständige Eigenentwicklung eines großen Spezialschiffes nach 1945 die »Warnemünde« fertiggestellt. Die »Warnemünde« verkehrte jahrzehntelang auf der alten Fährverbindung Warnemünde - Gedser. »*Das hat uns damals gar keiner richtig glauben wollen daß daß diese Fähre aus einer Ostwerft kommt*«, sagte Georg Schwarz.[412] Auch mit dieser Erinnerung wird deutlich, daß eine Verabsolutierung von Arbeitsversäumnissen den tatsächlichen Leistungen in keiner Weise gerecht werden kann.

Wettbewerbe

Bei der Motivierung der Arbeiter zu höheren Leistungen stand die Wettbewerbs- und Aktivistenbewegung bereits seit den späten 1940er Jahren an herausragender Position.[413] Die Bewertung der

---

411 Interview mit Georg Schwarz, Transkript.
412 Ebenda. Diesem Fährschiff waren viele Neptunarbeiter und Rostocker Bürgerinnen und Bürger bis in die Nachwendezeit auf besonders enge Weise verbunden. Voller Wehmut wurde Abschied genommen, als die Fähre, von einer italienischen Reederei gekauft, zum letzten Mal das Warnemünder Fährbecken verließ.
413 Die Anregung zu einem Wettbewerb bzw. einer Sonderleistung kam gewöhnlich von zentralen SED-Parteiorganen. Zumeist wurde ein Betrieb oder eine Brigade ausgewählt, um eine neue, hervorragende Leistung zu bringen. Oft wurden dazu

Wettbewerbsbewegungen stößt auf Schwierigkeiten, weil sich weder das tatsächliche Engagement der Arbeiter noch die ökonomischen Ergebnisse annähernd exakt bestimmen lassen. Am klarsten treten die Wettbewerbsziele hervor. Ihnen zugrunde lagen jeweils als Schwerpunkte ausgemachte ökonomische Ziele und das Bestreben, möglichst viele Arbeiter in die Entwicklung der sozialistischen Wirtschaft einzubeziehen. Über die Wettbewerbsidee sollten die Arbeiter angeregt werden, durch höhere körperliche, aber auch geistige Anstrengungen, durch die Ausnutzung des Arbeitstages, die Anwendung neuer Arbeitsmethoden, den sparsamen Umgang mit Materialien aller Art, mit Energie und manchem anderen mehr, zu einer Steigerung des Betriebsergebnisses beizutragen. Diese Orientierung spiegelt beispielsweise eine Rededisposition wider, die die Werftleitung allen Meistern und Werkstattleitern als Handreichung für Werkstattversammlungen zur Vorbereitung eines »Monats der Verbesserungsvorschläge« (November 1951) gab. Eine Passage lautete: »*Kollegen, macht Euch bei Eurer Arbeit Gedanken. Überlegt bei Eurer Arbeit, wie Ihr mithelfen könnt die Arbeit zu erleichtern und durch die Erleichterung mehr zu produzieren. Denkt nach, wie Ihr mithelfen könnt, um Material einzusparen. Meldet sofort Fehler in den Zeichnungen und verhindert damit Materialverluste. Werft Buntmetall nicht in den Abfallkasten, es ist wichtigster Rohstoff und nützt unserer Wirtschaft wenn wir es sorgfältig sammeln. Zeigt auf, wie man Unfälle und Brandgefahren verhindern hilft, auch das trägt dazu bei, um die Produktion zu steigern. Seid nicht gleichgültig und denkt, das geht mich nichts an.*«[414] Wie diese Wettbewerbsorientierung war manche andere auf sinnvolle, naheliegende, zum Teil die übliche Arbeitskultur ausmachende Ziele im unmittelbaren Arbeitsumfeld von Arbeitern gerichtet.

Den eigentlichen Anfang der Wettbewerbe in der SBZ/DDR bildete die »Hennecke-Bewegung«.[415] »Hennecke-Aktivisten« konnten

---

auch die erforderlichen günstigen Rahmenbedingungen geschaffen, die so nicht allgemein eingerichtet werden konnten.
414 Archiv NIR, K6/63.
415 Die Bewegung wurde nach Adolf Hennecke, Hauer im Zwickauer Steinkohlenrevier, benannt. Er hatte am 13. Oktober 1948 seine Norm mit 387 Prozent erfüllt. Dazu und zur Wettbewerbsbewegung vgl.: Gottfried Dittrich, die Anfänge der Aktivistenbewegung, Berlin (Ost) 1987, besonders S. 77-86, Waltraud Falk, Kleine Geschichte einer großen Bewegung, Berlin (Ost) 1966, für die Neptunwerft

Arbeiter werden, die ihre Norm während einer Hochleistungsschicht bzw. über einen längeren Zeitraum weit übererfüllten. Wenn auch seinerzeit fast alle Normen nur geschätzt und viele niedrig angesetzt waren, läßt sich der Leistungswille etlicher Arbeiter nicht übersehen. Sehr hohe Normerfüllungen erforderten große körperliche Anstrengungen sowie zumeist auch eine andere, zweckmäßigere Organisation der unmittelbaren Arbeitstätigkeiten einschließlich einer ordentlichen Arbeitsvorbereitung. Offenkundig fiel Ende 1948 die Idee, das Betriebsergebnis durch höhere Kraftanstrengungen zu verbessern, zumindest bei denjenigen, die nach einem betrieblichen Aufstieg Verantwortung trugen, bei Gewerkschaftsvertrauensleuten und etlichen Arbeitern auf fruchtbaren Boden. So löste denn ein am 18. November 1948 von der Schlosserwerkstatt an den Bereichsleiter Schiffbau und den Haupt-Ingenieur der Werft gesandtes Schreiben eine Welle ähnlicher Verpflichtungen aus. In dem Schreiben hieß es:

»Die am 20. Oktober 1948 auf unserer Werft begonnene Aktivistenbewegung war für uns Veranlassung, heute eine Besprechung unter Meistern, Vorarbeitern, Kolonnenführern und Vertrauensleuten der Schlosserwerkstatt durchzuführen, um auf breiter Grundlage eine Steigerung der Leistung der Schlosserei zu besprechen. Hierbei wurde in voller Übereinstimmung der Entschluß gefaßt, sämtliche Arbeiten der Schlosserei in Wettbewerben durchzuführen, und zwar in der Weise, daß die Übererfüllung der vorgeschriebenen Norm um 50% gesteigert wird. Wir Meister, Vorarbeiter, Vertrauensleute und Kolonnenführer werden alles daran setzen, was nur möglich ist, um dieses Ziel zu erreichen.

Damit wir die Steigerung der Leistung unserer Werkstatt selbst übersehen können, bitten wir, uns wöchentlich den Durchschnitts-Akkord-Prozentsatz aufzugeben.

Wir werden diese höheren Leistungen dadurch erzielen, daß wir außer besserem Arbeitseinsatz den noch vorhandenen Leerlauf in unserer Werkstatt weitgehend ausschalten. Wir bitten Sie als Betriebsleiter, dafür Sorge zu tragen, daß wir durch Ihre Arbeitsvorbereiter und durch Ihre eigenen Eingriffe hierbei so weit wie möglich unterstützt werden.«[416]

---

vgl.: Schiffbauer, Seeleute, Hafenarbeiter machen Geschichte, a.a.O., S. 57-61. Die ersten Hennecke-Aktivisten der Neptunwerft gehörten zur Nieterkolonne Fett, die am 20. Oktober 1948 die Norm mit 340% erfüllte. Die Tagesnorm bestand bei der Verwendung von zwei Feuern in 415 Nieten, geschlagen wurden 1.403 Nieten. Vgl.: Archiv NIR, K6/63.

416 Archiv NIR, K6/63. Unter den Unterzeichnern dieser und weiterer Verpflichtungen aus anderen Werkstätten tauchen übrigens sowohl bei den Meistern als auch bei Vorarbeitern und Kolonnenführern etliche Personen auf, die in den folgenden Jahren als Meister bzw. Brigadiere arbeiteten. Das spricht für Kontinuität.

Auch in den anderen Werkstätten wurde in der Senkung von Verlustzeiten eine wesentliche Quelle zur Leistungssteigerung gesehen. Das ist insofern höchst bemerkenswert, als ja in den folgenden Jahren Ausfallzeiten verschiedener Art das Betriebsergebnis der Werft beeinträchtigten und es über die Notwendigkeit der Senkung von Ausfallzeiten eine Reihe von Differenzen zwischen der Werftleitung und den Arbeitern gab. Die Ergebnisse der Werkstattverpflichtungen von 1948 sind nicht genau bekannt. In den wenigen Wochen seit Beginn der Hennecke-Bewegung bis zum Jahresende 1948 stieg der Durchschnittsakkordsatz schneller als in der Zeit zuvor. Die vom Haupt-Ingenieur der Werft geschätzte Einsparung von Produktionsstunden wurde jedoch nicht erreicht.[417] Für die anschließenden Monate liegt die Vermutung nahe, daß der Werftausbau mit der massenhaften Einstellung von Arbeitern sich hinsichtlich einer Leistungssteigerung zumindest vorübergehend ungünstig auswirkte.

Die »Hennecke-Bewegung« wurde bald wieder aufgegeben. Ein wesentlicher Grund dafür war, daß mit der allmählichen Einführung technisch-begründeter Arbeitsnormen seit 1950 eine veränderte Schwerpunktsetzung erfolgte. Nun wurden überall und auch in den Werften Aktivistenpläne ausgearbeitet, mit denen u.a. die Ausfallzeiten gesenkt und TAN aufgestellt werden sollten.[418] Dieser Wechsel von der »Hennecke-Bewegung« zu einer neuen Aktion zur Reduzierung von Verlustzeiten, ließ bereits erkennen, was die Wettbewerbe der nachfolgenden Jahre belastete und die Haltung von Arbeitern zur Wettbewerbsbewegung nachhaltig prägte: Wenn sich Erfolge nicht schnell genug einstellten oder in der Wirtschaftspolitik eine Richtungsänderung eintrat, wurde ein neuer Wettbewerb initiiert. So versickerte im Laufe der Jahre trotz sehr sinnvoller Ziele und großem Engagement der Arbeiter in der Anfangszeit eine nach der anderen Wettbewerbsbewegung.[419]

---

417 Archiv NIR, K6/63.
418 Schiffbauer, Seeleute, Hafenarbeiter machen Geschichte, a.a.O., S. 75.
419 Ausdruck dieser Entwicklung ist auch, daß sich in den Archiven genügend Wettbewerbsverpflichtungen finden lassen, hingegen jedoch nur ausnahmsweise Abrechnungen der Ergebnisse.

Zwei Aktivisten der Neptun-Werft in den 1950er Jahren. Die Ehrung wurde am Arbeitsplatz, der zu diesem Anlaß geschmückt worden war, vorgenommen. Körperhaltung und Gesichtsausdruck zeigen weniger Stolz als das Ungewohnte der Pose mit den überreichten Blumen (Photo: Archiv NIR).

Von Anbeginn an litten die Initiativen an einer Spontanität, die der Effektivität wenig zuträglich war. Bei den Arbeitern bildete sich nach kurzer Zeit eine Haltung heraus, die den Idealen der Wettbewerbsbewegung kaum entsprochen haben dürfte. Etliche verhielten sich eher gleichgültig und abwartend, wissend, daß demnächst der gerade angesagte Wettbewerb von einem nächsten abgelöst werden würde, ohne daß die Vorhaben des ersteren wirklich erreicht wären. Als beispielsweise ab 1958 verstärkt versucht wurde, mit der sogenannten Seifert-Methode die Zeitverluste bei den einzelnen Arbeitsgängen einzudämmen und so die Arbeitsproduktivität zu steigern, warteten in der Neptunwerft viele Arbeiter ab.[420] Folglich stieg

---

420 Die Bezeichnung Seifert-Methode bzw. Seifert-Bewegung geht auf den Schweißerbrigadier Erich Seifert aus dem Reichsbahnausbesserungswerk in Chemnitz zurück, der sich Ende 1952/53 in seinem Arbeitsumfeld anstrengte, die Verlustzeiten einzudämmen. Seifert trennte Arbeisaufwand und Verlustzeiten voneinander. Vgl.: Jörg Roesler, Die Entwicklung der wechselseitigen Beziehungen zwischen Wettbewerbsbewegung und staatlicher Leitung und Planung in der In-

selbst die zahlenmäßige Beteiligung an dieser Bewegung nur langsam an, im ersten Halbjahr 1958 arbeiteten 554 Arbeiter nach dieser Methode, Ende 1960 dann 849.[421]

Die abwartende Haltung basierte indes nicht allein auf der erfahrungsgespeisten Annahme, auch die »Seifert-Methode« werde nicht von langer Dauer sein und ohne besonderes Zutun in Vergessenheit geraten. Wie bei anderen ähnlichen Aktionen befürchteten die Arbeiter Lohnminderungen. Dies war sehr wahrscheinlich nur ein vorgeschobenes Argument, denn tatsächlich scheinen zu keiner Zeit durch Wettbewerbsvorhaben Lohnminderungen eingetreten zu sein. Dennoch waren die zahlreichen Aussprachen mit Arbeitern zur Einführung der »Seifert-Methode« von der Sorge beherrscht, der Anwendung dieser Methode könnte eine Ausarbeitung neuer Normen und damit eventuell eine Lohnminderung folgen. Die Betriebsleitung beklagte daraufhin ihr eigenes Versagen. Es sei ihr nicht gelungen, »*eine größere Anzahl von Kollegen davon zu überzeugen, daß keine Lohnminderung eintritt und sie für die Anwendung der Seifert-Methode zu gewinnen*«.[422] Dabei seien z.B. in der Schlosserei II die von den Arbeitern ermittelten Verlustzeiten ausgewertet, die neuen Normen im Kollektiv festgelegt, mit einem der Leistung entsprechenden Zuschlag versehen und öffentlich ausgehängt worden.[423] Wenn nach der »Seifert-Methode« gearbeitet wurde, lagen die von den Arbeitern ausgewiesenen Verlustzeiten gewöhnlich erheblich unter den tatsächlich angefallenen. Mit dieser Taktik ließ sich ein Verdienst sichern, welcher in der Höhe der Leistung nicht angepaßt war. Die in

---

dustrie 1956 bis 1962, in: Jahrbuch für Wirtschaftsgeschichte 1976/I, S. 33-53, hier S. 36 und Schiffbauer, Seeleute, Hafenarbeiter, a.a.O., S. 133. Spätestens seit dem Produktionsaufgebot zu Beginn der 1960er Jahre war dann von der Seifert-Methode keine Rede mehr.

421 Für 1958: Archiv NIR, L3a/825; 1960: für LA Greifswald, BPA SED Rostock, KL Ro.-Stadt, IV/4/07/498. Üblicherweise waren allerdings weit mehr Arbeiter, häufig sicher formal, von einer Wettbewerbsbewegung erfaßt. Nach Jörg Roesler, Die Entwicklung der wechselseitigen Beziehungen zwischen Wettbewerbsbewegung a.a.O., S. 46f. kann die vergleichsweise niedrige Beteiligung an der »Seifert-Methode« damit zusammenhängen, daß die Aufgliederung der beeinflußbaren Kosten auf die Brigaden bzw. Arbeitsplätze der schwächste Teil im gesamten Betriebsplan war. Das war für Wettbewerbsarten, die wie die »Seifert-Methode« auf einer Planaufschlüsselung beruhten, ungünstig.

422 Archiv NIR, B/724.
423 Ebenda.

der Werft 1958 mit der Anwendung der »Seifert-Methode« erzielten Erfolge sollen in keinem Verhältnis zum Aufwand gestanden haben.[424] In diesem Zusammenhang ist ein weiterer, vielleicht sogar der entscheidende Grund für die schleppende Einführung und Anwendung der »Seifert-Methode« zu nennen: Arbeiter, die sich zunächst verpflichtet hatten, die Verlustzeiten auszuweisen, die aus verschiedenen Gründen am eigenen Arbeitsplatz entstanden, zauderten lange, weil - vermutlich auf SED-Parteiversammlungen - durchgesickert war, daß künftig ein materieller Anreiz gegeben werden sollte.[425]

Eine materielle Stimulierung von Wettbewerben war keineswegs neu.[426] Erfolge in der Wettbewerbs- und Aktivistenbewegung wurden anständig honoriert, genauso die realisierten Verbesserungsvorschläge.[427] Daneben stand die moralische Anerkennung von Leistungen durch zahlreiche Einzel- und Kollektivtitel.[428] Bereits im Jahre 1949 wurde der Titel Aktivist in der Neptunwerft 129 Mal vergeben.[429] Im sogenannten innerbetrieblichen Wettbewerb wurden seit Beginn der 1950er Jahre in der Neptunwerft die besten individuellen Leistungen genauso wie die von Brigaden und größeren Arbeitsbereichen monatlich mit einer Geldprämie ausgezeichnet und außerdem im »Werftecho«, in der »Ostseezeitung« sowie in Aushängen auf dem Werftgelände popularisiert.[430] Hinter den Auszeichnungen

---

424 Ebenda.
425 Ebenda und L3a/824.
426 Die Belastungen, die dem Staatshaushalt dadurch erwuchsen, waren bedeutend. Roesler berechnete die Ausgaben für die Aktivisten- und Wettbewerbsbewegung für das Jahr 1955 mit 10,99 Millionen Mark, für 1960 aber schon mit 45,84. Vgl.: Jörg Roesler, Die Entwicklung der wechselseitigen Beziehungen zwischen Wettbewerbsbewegung, a.a.O., S. 48.
427 Karl-A. Tiedemann, der zeitweilig eine Jugendbrigade leitete, erzählte, die jungen Menschen in seiner Brigade hätten mit Verbesserungsvorschlägen viel Geld verdient, er selbst habe auch haufenweise Vorschläge gemacht. Interview mit Karl-A. Tiedemann, Transkript.
428 Lüdtke meint, diese symbolische Wertschätzung durch Titel und Ehrenzeichen, verbunden mit materieller Prämierung, hätte weite Resonanz gefunden. Vgl.: Alf Lüdtke, »Helden der Arbeit«, a.a.O., S. 193. Hinsichtlich der Neptunwerft finden sich in den schriftlichen Quellen dazu nur gelegentlich »Negativbelege«, wenn jemand meinte, er habe eine bestimmte Auszeichung ebenfalls verdient.
429 Archiv NIR, K6/63.
430 LA Greifswald, Rep. 242, A3/21. Danach wurden 1952 im innerbetrieblichen Wettbewerb folgende Auszeichnungen vergeben: Bester Bereich, Bester Bereichsleiter, Beste Werkstatt, Bester Meister, Bester Brigadier, Beste Brigade in der

haben häufig gute Arbeitsergebnisse gestanden, auch wenn die Auswahl womöglich schon frühzeitig gelegentlich nach dem »Gießkannenprinzip« erfolgte. Neben dieser öffentlichen Anerkennung durch die Betriebsleitung spielte die durch die Kollegen im unmittelbaren Arbeitsumfeld eine wichtige Rolle.

Insgesamt jedoch hat die Wettbewerbsbewegung den bereits mit der »Hennecke-Bewegung« angestrebten Wandel in der Arbeitsauffassung wohl nur partiell und teils erkauft erreicht. Aber Verallgemeinerungen sind schwierig und gerade hinsichtlich der immateriellen Ergebnisse nicht besonders sinnreich.

Einerseits dürften zuweilen zahlreiche Arbeiter der Neptunwerft dem jeweiligen Wettbewerb mit solcher Gleichgültigkeit gegenüber gestanden haben, daß von »Mitmachen« schon keine Rede mehr sein konnte. Jedenfalls scheint es unglaubhaft und läßt sich quellenmäßig auch nicht belegen, daß Ende 1960 von 4577 in der Werft beschäftigten Produktionsarbeitern 3.953 wirklich aktive Teilnehmer am sozialistischen Wettbewerb gewesen sein sollen. Um den Titel »Brigade der sozialistischen Arbeit« sollen von 6.840 Werftbeschäftigten 5.661 »gekämpft« haben. Zu Jahresbeginn waren es erst 2.494.[431] Am Ende der 1950er Jahre dominierte in der Wettbewerbsbewegung eine »Tonnenideologie«, gänzlich anders als noch bei der »Hennecke-Bewegung«, die auf schmaler Basis stand und auf überdurchschnittlich hohe Arbeitsleistung ausgerichtet war. Als Brigade oder auch als einzelner Arbeiter bestimmte Wettbewerbsverpflichtungen zu übernehmen, konnte Vorteile bringen, Nachteile waren selbst bei Nichteinhaltung von Verpflichtungen kaum zu erwarten. Die Kontrolle von Wettbewerbsverpflichtungen war häufig lasch und großzügig, vor allem in den Fällen, in denen für eine bestimmte Leistung nicht gleich eine Prämie vereinbart worden war.

Produktion, Beste Angestellten-Brigade, Bester Konstrukteur, Bester Technologe, Bester Objektingenieur, Bester Bauleiter sowie als neuer Titel Bester Facharbeiter.
431 LA Greifswald, BPA SED Rostock, KL Ro.-Stadt, IV/4/07/498. Für Gleichgültigkeit gegenüber Wettbewerbsvorhaben mag auch sprechen, daß unsere Interviewpartner Wettbewerbe kaum erwähnten. Selbst Ehrungen als Aktivist wurden am Rande abgetan. Indes verlangt die Interpretation Vorsicht. Gerade in solchen Punkten mag die »Wende« die Erinnerung gefiltert haben. Erfindungen und Verbesserungsvorschläge fanden etwas häufiger Erwähnung.

Andererseits griffen aber stets auch etliche Arbeiter die verschiedenen Initiativen auf und machten sich Gedanken, wie der konkrete Arbeitsprozeß an ihrem Arbeitsplatz womöglich durch eine bessere Arbeitseinteilung in der Brigade oder eine ausgefeiltere Arbeitsvorbereitung rationeller zu gestalten war. Solch Arbeiterverhalten zur besseren Organisation des überschaubaren Arbeitsprozesses war historisch sicher nicht neu, und insofern ist es naheliegend, daß sich entsprechende Beispiele sowohl vom Beginn als auch vom Ende der 1950er Jahre finden. Die Verpflichtungen waren dann zumeist sehr konkret, wie etwa im Jahre 1959 die Verpflichtung einer Brigade, durch einige ihrer Mitglieder den Arbeitsablauf bei der Anfertigung und Montage der Heizungsverkleidungen genau untersuchen zu lassen und Vorschläge zur Veränderung mit dem Ziel einer Zeiteinsparung zu unterbreiten.[432] Nicht wenige der zahlreich eingereichten Verbesserungsvorschläge sind als Arbeitserleichterungen am Arbeitsplatz auch in diese Richtung einzuordnen. 1950 wurden 1.080 Vorschläge und zehn Jahre später 2.349 eingereicht. Realisierte Vorschläge brachten in den Anfangsjahren oft knappe und begehrte Sachwerte wie Fahrräder, Rundfunkgeräte und Nähmaschinen, in den späteren Jahren Geldprämien.[433] Außerdem kam für die Werft etwas heraus. Unter den 2.787 im Jahre 1959 gemachten Vorschlägen waren beispielsweise zehn aus einem Kollektiv E - Schiff, die immerhin einen Jahresnutzen von 45.000 DM brachten.[434]

Wettbewerbsverpflichtungen waren nicht nur auf den unmittelbaren Produktionsprozeß ausgerichtet. Den Arbeitern wurden eine Reihe von Aktivitäten abverlangt, die über die unmittelbaren Arbeitsaufgaben hinausgingen. So wurden neben den Überstunden verschiedene Sonderschichten erwartet, zuweilen als Hilfe für die

---

432 Archiv NIR, L3a/825.
433 Peter Köppen, Zur Entwicklung der Seewirtschaft in der DDR in den Jahren von 1952 bis 1955, in: Jahrbuch für Wirtschaftsgeschichte 1978/I, S. 265-279, hier S. 277 und Vom Werden und Wachsen der Neptunwerft a.a.O., S. 55. Die Zahl der eingereichten Verbesserungsvorschläge stieg nicht linear an.
434 Archiv NIR, B/718 und L3a/825. Der finanzielle Nutzen von Erfindungen und Verbesserungsvorschlägen wurde geplant, die angestrebten Erträge indes nicht immer erreicht. So war für 1954 eine Einsparung durch betriebliche Erfindungen und Verbesserungsvorschläge von 1,5 Millionen DM geplant, eingespart wurden dann 1,2 Millionen. An Prämien und Vergütungen wurden für derartige Vorschläge 96.998 DM gezahlt. Vgl.: Archiv NIR, B/465.

anderen Werften der DDR.[435] Auch im Nationalen Aufbauwerk (NAW) waren Arbeitsleistungen fällig. Im Rahmen des Nationalen Aufbauwerks beteiligten sich Arbeiter der Neptunwerft u.a. am Bau von Werkswohnungen. Die Beschäftigten der Werft haben an der Umgestaltung des Rostocker Zoos Anfang der 1950er Jahre genauso ihren Anteil wie am Bau des Ostseestadions, des Eisstadions und des Überseehafens. Allein die Jugendlichen der Neptunwerft sammelten im Jahre 1958 221 Tonnen Feldsteine für den Molenbau und leisteten 19.000 Aufbaustunden.[436] Neben solchen großen Bauten wurden Grünanlagen und Kinderspielplätze und manches andere angelegt.[437] Auf das im Nationalen Aufbauwerk geschaffene waren und sind die Beteiligten mit Recht stolz, steckte darin doch ein Teil ihrer arbeitsfreien Zeit oder ihres Lohnes. Im Jahre 1960 leistete die Belegschaft der Neptunwerft 251.451 Aufbaustunden, zumeist in Wochenendeinsätzen und spendete 54.142 DM.[438] Leistungen im NAW wurden erwartet, von vielen aber angesichts der Zerstörung der Stadt, des Landes und der bedeutenden Bauvorhaben selbstverständlich und gern erbracht. Die eifrigsten Aufbauhelfer wurden geehrt, 1957 wurden immerhin 781 Belegschaftsangehörige der Neptunwerft für ihre vorbildliche Arbeit im Rahmen des Nationalen Aufbauwerkes mit einer Ehrennadel der Stadt Rostock ausgezeichnet.[439]

Viel eigentlich arbeitsfreie Zeit verausgabten zahlreiche Arbeiter, aber auch Angestellte der Werft, um zu einer Wohnung zu kommen. Der Wohnungsbau durch die Arbeiterwohnungsbaugenossenschaften mußte von den Interessenten durch Arbeits- und Geldleistungen teilweise finanziert werden. Die Arbeitsstunden waren von einem Einzelnen kaum zu schaffen, und Unterstützung kam nicht nur aus den betreffenden Familien, sondern Arbeiter halfen auch ihren Kol-

---

435 Archiv NIR, K6/57.
436 Ebenda, K6/61 und AHR, 2.10.3.1.4958.
437 Archiv NIR, A3d/13.
438 Ebenda. Zwischen 1953 und Sommer 1961 wurden in ganz Rostock 7,8 Millionen Aufbaustunden geleistet. Vgl.: Archiv HRO, 2.10.3.1.4958.
439 Archiv NIR, A3d/8.

legen, die Mitglied einer Genossenschaft geworden waren, und leisteten für sie einige Arbeitsstunden.[440]

Eine zusammenfassende Wertung der Arbeitshaltung der Arbeiter der Neptunwerft in den späten 1940er und während der 1950er Jahre offenbart manch Widersprüchliches. Aus allen Interviews spricht Stolz auf die insgesamt qualitativ hochwertigen schiffbaulichen Erzeugnisse der Werft. Interviews und zahlreiche schriftliche Quellen machen deutlich, daß die Arbeit einen sehr großen Teil des Alltags und häufig des Feiertags ausfüllte und mit ihren Mühen wie Freuden und Bestätigungen den Lebensinhalt der Arbeiter wesentlich ausmachte. Einerseits akzeptierten Arbeiter mit großer Selbstverständlichkeit Überstunden und Sonderschichten, leisteten ihren Teil, um trotz der Mängel im Produktionsablauf Ergebnisse zu erreichen, reichten sinnvolle Verbesserungsvorschläge ein, verausgabten sich im Arbeitsalltag und bei manchem Wettbewerb. Andererseits gehörte die Nichtausnutzung der Arbeitszeit zu den Streitpunkten zwischen der Werftleitung und den Arbeitern, machten diese Verlustzeiten und Qualitätsmängel in der Arbeit Jahr für Jahr in den Bilanzen der Werft erhebliche Posten aus, blieben Wettbewerbe auf der Strecke.

Trotz der Tiefe der empirischen Untersuchungen bleibt hinsichtlich des Arbeitsverhaltens einiges offen. Letztlich entscheidend scheinen Veränderungen in der Autonomie der Arbeiter gewesen zu sein. Die Arbeiter der Neptunwerft hatten wie allgemein im Schiffbau zu damaliger Zeit große Dispositionsmöglichkeiten bei der Arbeitsgestaltung.[441] Das Besondere und Neue an der Autonomie war, daß sie sich nicht mehr nur aus dem Arbeitsprozeß ergab, sondern mit der politisch motivierten Platzzuweisung für die Arbeiter zusammenhing. Das war seit der Konstituierungsphase der SBZ/DDR so, doch nach dem 17. Juni 1953 erweiterten sich die Möglichkeiten der Arbeiter, die Arbeit in ihrem häufig kurzzeitigem Interesse zu

---

440 Das berichteten unsere Interviewpartner Franz Richter, Karl-A. Tiedemann, Hans Schröder sowie die Brüder Albert und Hans Reithel. Vgl. jeweils: Transkripte bzw. bei Hans Reithel Verlaufsprotokoll.
441 Zu Dispositionschancen siehe: Horst Kern/Michael Schumann, Industriearbeit und Arbeiterbewußtsein. Eine empirische Untersuchung über den Einfluß der aktuellen technischen Entwicklung auf die industrielle Arbeit und das Arbeiterbewußtsein, Frankfurt a.M. 1985, S. 69/70.

gestalten, beträchtlich. Als Folge dessen geriet mit dem Zurückweichen vor tatsächlichen oder angenommenen, berechtigten wie unberechtigten Arbeiterforderungen die Normenentwicklung gänzlich aus dem Gefüge. Das Entgleiten der Normen hatte nachhaltige Folgen.

Auszeichnung des Bereichs Holzbau als »Abteilung der ausgezeichneten Qualität«. Meister und Brigadiere posieren mit den überreichten Wimpeln und Urkunden. Die Arbeiter der Abteilung sind im Hintergrund zu erkennen (Photo: Archiv NIR).

7. Arbeiterproteste, politische Diskussionen und Konflikte um die Sicherheit des Arbeitsplatzes

Peter Hübner hat bei seinen Untersuchungen festgestellt, daß sich das Forschungsinteresse zu Arbeitskonflikten in der DDR bislang auf die Geschichte des 17. Juni 1953 konzentriert hat, hingegen aber noch eingehende Forschungen vonnöten seien, um über Arbeitskonflikte in der DDR, wie auch über die Formen ihrer Regulierung »ein hinreichend detailliertes und differenziertes Bild zu gewinnen«.[442] Wie in den von Hübner untersuchten Betrieben gab es auch in der Neptunwerft eine Reihe größerer und kleinerer Auseinandersetzungen zwischen Arbeitern und der Werftleitung, bzw. zwischen Teilen der Arbeiterbelegschaft und verschiedenen betrieblichen Leitungen in der Hierarchie der Werft.[443] Zu einem der wichtigsten Themen der Auseinandersetzungen in der Werft wurden die sogenannten Arbeitsflauten. Zur Regulierung der Situation gehörte, sich überschüssiger Arbeitskräfte zu entledigen. Die Folge war, daß Arbeiter um die Sicherheit ihres Arbeitsplatzes besorgt waren und in gewissem Maße auch sein mußten. Bevor diese bislang wenig beachtete Seite von Arbeitskonflikten in der DDR ausführlicher abgehandelt wird, seien einige Bemerkungen zu den Ereignissen um den 17. Juni 1953 gemacht, auch wegen eines interessanten Quellenfundes sollen Gesprächsgegenstände von Arbeitern aus dem Jahre 1956 vorgestellt werden.

---

442 Peter Hübner, Konsens, Konflikt und Kompromiß, a.a.O., S. 178 und 187. Hier gibt es auch zahlreiche Literaturhinweise zum 17. Juni 1953. Siehe auch die differenzierte und differenzierende Rückschau: Der 17. Juni - vierzig Jahre danach. Podiumsdiskussion mit Lutz Niethammer (Leitung und Berichterstattung), Arnulf Baring, Jochim Cerny, Monika Kaiser, Armin Mitter, Ilse Splittmann, in: Die DDR als Geschichte. Fragen - Hypothesen - Perspektiven, hrsg. von Jürgen Kocka und Martin Sabrow, Berlin 1994, S. 40-60.

443 Beispielsweise ist für den 7. Mai 1952 eine von 6 bis 7 Uhr morgens dauernde Arbeitsniederlegung eines Teils der Schweißer bekannt. Den Grund bildete die Verzögerung der Bezahlung einer seit August 1951 geforderten, im April 1952 zugebilligten Rauchzulage von zehn Prozent. Nachdem sie ausbezahlt war, wurde die Arbeit wieder aufgenommen. Vgl.: LHA Schwerin, IV/2/6/261.

Aspekte des Protestes von Arbeitern der Neptunwerft um den 17. Juni 1953

Der Norden der DDR gehörte nicht zu den Zentren der Ereignisse um den 17. Juni 1953. Hier blieb es auch in den größeren Städten ruhig. In Betrieben kam es zu Arbeitsniederlegungen, die aber wie in der Neptunwerft auch in vielen anderen Betrieben weder die gesamte Arbeiterbelegschaft erfaßten noch von allen Arbeitern unterstützt wurden. Doch kann es nicht verwundern, daß unsere Interviewpartner den Ereignissen um den 17. Juni in ihren Erzählungen keine besondere Stellung einräumten und teils erst auf Nachfrage dazu sprachen.[444] Im Bezirk Rostock bildeten die Warnowwerft und vermutlich die Stralsunder Volkswerft Zentren der Arbeiterproteste.[445] Grundsätzlich hatten die Arbeitsniederlegungen in den Werften die gleichen Ursachen wie anderenorts.

In einem Informationsbericht für die Zeit vom 15. bis 20. Juni 1953 gab die der SED-Parteiorganisation der Schiffswerft »Neptun« als Reaktion auf die Ereignisse die Meinung eines Kollegen wieder, man könne sich nun endlich einmal Luft machen.[446] Wenn die Ursachen, die zu den Ereignissen um den 17. Juni 1953 führten, zweifelsohne vielschichtig sind, scheint doch gerade in diesem »sich endlich

---

444 Selbst Jürgen Gebhard, der bald nach Beendigung der Lehrzeit nach Westdeutschland ging, sagte nur:
*äh in der Lehrzeit war ja dann der 17. Juni und so weiter
und das muß man mal - jetzt son bißchen weglassen-*
Die Gesprächspassage steht im Verbindung mit Ausführungen zum Arbeitsklima. Auf den 17. Juni ging er im weiteren Verlauf des Interviews nicht wieder ein. Vgl.: Interview mit Jürgen Gebhard, Transkript.
445 Kathrin Möller, Geschichte der Warnemünder Warnowwerft a.a.O., S. 172- 192. Die Untersuchung basiert auf auf den einschlägigen Quellen, insbesondere den Informationsberichten der SED, des FDGB und der Bezirksbehörde der Deutschen Volkspolizei Rostock. Nach einer Analyse des Vorabends der Proteste, des Hergangs der Ereignisse sowie der unmittelbaren Folgen gelangt sie zu dem Schluß, daß für den Warnemünder Streik und die Demonstrationen die Kennzeichung als »Arbeiterprotest« zutreffend sei, alle weiterreichenden Formulierungen eines Protestverhaltens hingegen hält sie für unangemessen (S. 190). Udo Wengst, Der Aufstand am 17. Juni 1953 in der DDR. Aus den Stimmungsberichten der Kreis- und Bezirksverbände der Ost-CDU im Juni und Juli 1953, in: Vierteljahreshefte für Zeitgeschichte, 1993 (41), S. 277-321 kann aus den CDU-Dokumenten für den Norden der DDR keine besonderen Aktionen erkennen.
446 LA Greifswald, BPA SED Rostock, GO Ro.-Stadt, IV/7/029/234.

Luft machen zu können« Wesentliches benannt zu sein. Ganz offenbar hatten sich über eine lange Zeit Konflikte angestaut, und durch den Wegfall herkömmlicher Konfliktlösungsmuster bestanden noch keine neuen, bzw. sie funktionierten nicht. *»Das Maß war voll und es ist nun übergelaufen«*, war die Ansicht von Arbeitern der Neptunwerft.[447]

Das Maß zum Überlaufen brachten insbesondere außerbetriebliche politische Weichenstellungen, die im weiten Sinne mit dem auf der II. Parteikonferenz im August 1952 beschlossenen Aufbau der Grundlagen des Sozialismus in Verbindung standen. Die Arbeiter und ihre Familien bekamen dabei vorrangig die Folgen erhöhter Investionen in der Schwerindustrie zu spüren. Diese führten u.a. zu einem strafferen Umgang mit dem Lohnfonds der Betriebe - die sonst üblichen Lohnfondsüberschreitungen sollten nicht zugelassen werden - und zu Preiserhöhungen bei einigen Lebensmitteln. Die Preiserhöhungen wogen insofern besonders schwer, als es zu einer erneuten Verknappung von Nahrungsmitteln gekommen war. Für die Werftarbeiter ist dies insofern zu relativieren, als sie zu vergleichsweise sehr gut entlohnten und sonderversorgten Arbeitergruppen gehörten.[448] Dennoch gingen die Preiserhöhungen nicht an den Arbeitern der Neptunwerft vorbei, besonderen Unmut und allgemeines Unverständnis hatten die für Marmelade und Kunsthonig ausgelöst.[449] Die Heraufsetzung der Normen bot Zündstoff, war indes nur ein Punkt unter anderen, ansonsten wäre der zeitliche Abstand zwischen der Normheraufsetzung und dem Ausbruch der Proteste schwer zu deuten. Realitätsnah wurde zu den Wirkungen dieser Politik selbst im 1978 erschienen Abriß der Geschichte der SED eingeschätzt: »Diese ungenügend durchdachten Maßnahmen,

---

447 Ebenda.
448 Die Arbeiter der kleinen Werften befanden sich allerdings in einer ungünstigeren Situation. Für die später der Neptunwerft angeschlossene Gehlsdorfer Bootswerft beispielsweise war zwar zum 1. Mai 1953 eine Lohnangleichung an die Schwerpunktbetriebe beschlossen worden, tatsächlich aber blieb sie lange aus. Diese von den Arbeitern als ungerecht empfundene ungleiche Behandlung bei den Löhnen bildete in der Gehlsdorfer Werft den wichtigsten Gegenstand der Proteste vor, um und nach dem 17. Juni 1953. Vgl.: LA Greifswald, BPA SED Rostock, BL, IV/2/5/680 und Archiv NIR, B/459.
449 LA Greifswald, BPA SED Rostock, GO Ro.-Stadt, IV/7/029/234.

die Entstellungen des Sparsamkeitsprinzips, der Preis- und Steuerpolitik stießen bei zahlreichen Arbeitern und anderen Werktätigen auf Unverständnis und riefen Unzufriedenheit hervor.«[450]

Mit den Beschlüssen des Zentralkomitees der SED vom 9. Juni und des Ministerrates der DDR vom 11. Juni 1953 wurde eine wesentliche Richtungsänderung vorgenommen und der Großteil der zuvor getroffenen Entscheidungen überraschend korrigiert. Die Normen wurden allerdings nicht erwähnt.[451] Diese kurz als »neuer Kurs« bezeichnete Politik fand zwar bei Arbeitern der Neptunwerft durchaus positive Resonanz. Das Zugeben von Fehlern und Schwächen wurde von vielen akzeptiert, schuf aber zugleich auch neue Unsicherheiten und eine große Verwirrung in der Bevölkerung wie auch in der SED-Parteiorganisation der Werft.[452] In den Informationsberichten der Bezirksleitung der SED zum Beschluß vom 9. Juni 1953 taucht die Meinung eines Belegschaftsangehörigen der Neptunwerft auf, der fragt, zu wem man noch Vertrauen haben solle, wenn man nicht einmal von der Richtigkeit der Beschlüsse der SED überzeugt sein könne und diese sich als grobe Fehler erwiesen.[453] Diese Auffassung war offenbar mehr als die Sicht eines Einzelnen.[454] Ausdruck der Verunsicherung waren schon Tage vor dem 17. Juni auch die wiederholten Nachfragen zum Aufenthalt führender Funktionäre der SED und der Regierung der DDR.[455]

In der Rostocker Neptunwerft war der 17. Juni 1953 vielleicht nicht ganz ein Arbeitstag wie andere, die Diskussionen um den »neuen Kurs« waren genausowenig abgeflaut wie die Nachfragen zu

---

450 Geschichte der Sozialistischen Einheitspartei Deutschlands, a.a.O., 293.
451 Dietrich Staritz, a.a.O., S. 83 und Arnulf Baring, Der 17. Juni 1953, Bonn 1957, S. 24-26.
452 LA Greifswald, BPA SED Rostock, BL, IV/2/5/673 und ebenda, IV/2/5/629.
453 Ebenda, IV/2/5/673.
454 Ähnliche Aussagen wurden im Informationsbericht der SED-Parteiorganisation der Werft notiert, vereinzelt wurde auch die Ablösung der Regierung gefordert. Vgl.: LA Greifswald, BPA SED Rostock, GO Ro.-Stadt, IV/7/029/234. Kathrin Möller, Geschichte der Warnemünder Warnowwerft, a.a.O., erwähnt ähnliche Beispiele.
455 LA Greifswald, BPA SED Rostock, BL, IV/2/5/676 und ebenda GO Ro.-Stadt, IV/7/029/234. Das Entstehen von Gerüchten über den Verbleib führender Genossen wurde mit dem Abhören westlicher Nachrichtensendungen in Verbindung gebracht.

führenden Funktionären verstummt. Es gab aber keine Arbeitsniederlegungen, die Schichten waren in den einzelnen Gewerken wie üblich besetzt. In den Informationen der SED-Parteiorganisation über die Ereignisse des Tages wird nichts über die Reaktionen auf die Bestätigung der Normerhöhungen am 16. Juni berichtet.[456] Erste, unvollständige Informationen zu den Ereignissen in Berlin und Magdeburg erreichten die Beschäftigten.[457] Zu einer eilig nach 20 Uhr für 22 Uhr anberäumten SED-Parteiaktivtagung, auf welcher der 1. Sekretär der SED-Bezirksleitung Rostock, Karl Mewis, sprach, erschienen statt der geladenen 300 Genossen der Neptunwerft ca. 400. Das war ungewöhnlich. Karl Mewis teilte unter anderem mit, daß auch im Bezirk Rostock der Ausnahmezustand verhängt worden sei.[458] Die Verhängung des Ausnahmezustandes gehörte in der Neptunwerft zu den Auslösern von Arbeitsniederlegungen am 18. Juni 1953. In der Erklärung des Ausnahmezustandes sahen Arbeiter der Neptunwerft offenbar einen Vertrauensmißbrauch.[459]

Die Arbeitsniederlegungen in der Neptunwerft am 18. Juni 1953 gingen offenbar von der Bordmontage aus, wo nach der Frühstückspause 80 bis 100 Arbeiter die Arbeit nicht wieder aufnahmen und andere an der Arbeitsaufnahme hinderten. Georg Schwarz, der als Lehrling gerade in der Bordmontage arbeitete, erinnert sich so:

Also ich war damals in der Bordmontage
[folgt längere Beschreibung der Aufgaben der Bordmontage]

---

456 Kathrin Möller, Geschichte der Warnemünder Warnowwerft, a.a.O., S. 174f. erwähnt die Bestätigung der Normerhöhungen durch den Sekretär des Bundesvorstandes des FDGB, Otto Lehmann, in einem Beitrag in der Gewerkschaftszeitung »Tribüne« in der Ausgabe vom 16. Juni 1953 und sieht in der Pressemittleitung das auslösende Moment der folgenden Proteste.
457 Die Rundfunkmeldungen über die Lage in Berlin hätten keine genauen Informationen enthalten, wurde in SED-Parteiversammlungen nach dem 17./18. Juni bemängelt. Vgl.: LA Greifswald, BPA SED Rostock, GO Ro.-Stadt, IV/7/029/234.
458 LA Greifswald, BPA SED Rostock, GO Ro.-Stadt, IV/7/029/234. Der Ausnahmezustand wurde erst am 25. Juni aufgehoben. Vgl.: Kathrin Möller, Warnemünder Arbeiterproteste im Juni 1953, in: 777 Jahre Rostock. Neue Beiträge zur Stadtgeschichte, hrsg. v. Ortwin Pelc, Rostock 1995, S. 259-263, hier S. 262.
459 Am Nachmittag des 19. Juni arbeiteten die Arbeiter der Mechanischen Werkstatt nicht. Als Grund der Arbeitsverweigerung gaben sie ausdrücklich an, daß sie mit dem Ausnahmezustand nicht einverstanden seien. Vgl.: LA Greifswald, BPA SED Rostock, GO Ro.-Stadt, IV/7/029/234.

> *Ja da fing morgens einer an stieg auf die Werkbank*
> *und hat ne zündende Rede gehalten*
> *die zumeist aus Schimpfereien bestand*
> *und denn sind wir zusammen durchn durch durchn Betrieb gezogen*
> *ein wilder Haufen haben die wenigen Leute*
> *die da auf der auf der Helling noch tätig waren*
> *haben sie beschimpft daß die gefälligst aufhören sollen*
> *und sich diesem Zug gefälligst anzuschließen hätten*
> *denn haben sie den Werkleiter ausgebuht*
> *der versucht hat das Volk zu beruhigen mit einer zündenden Rede*
> *und denn sind sie alle zum geschlossenen Tor gezogen.*
> *Das ist das Tor was jetzt inzwischen nicht mehr besteht*
> *[folgt längere Erklärung, welches der inzwischen nicht mehr existierenden Werfttore gemeint ist]*
> *Das war zu die Leute durften nicht raus*
> *die wollten jetzt gerne in der Stadt demonstrieren*
> *haben sie aber nicht rausgelassen (...)*
> *denn kam - - - ich weeß jetzt nicht*
> *aber ich glaub das war ein LKW mit Russen*
> *und die hatten denn ihre sogenannte Schützenkette*
> *also einer hinter dem andern an der*
> *nahmen die an der Halle Aufsta Aufstellung*
> *und einer hat in die Luft geschossen*
> *und wies denn wies denn n bißchen brenzlig roch*
> *da haben sich die Leute langsam verkrümelt*
> *sind in die Kantine Mittagessen gegangen.*
> *Das war alles was ich weiß.*
> *Also was Besonderes war es nicht.*
> *Wie wir denn zum Feierabend nach Haus gegangen sind*
> *in ner Stadt in ner Stadt war gar nichts.*[460]

Die Erinnerung deckt sich mit den Passagen des Informationsberichtes der SED-Parteiorganisation für die Zeit vom 15. bis 20. Juni 1953.[461] Sie ist in verschiedener Hinsicht aufschlußreich. Sie zeigt, daß der zunächst als Arbeitsniederlegung eines kleinen Kreises von Arbeitern begonnene Protest womöglich durch das Eingreifen der sowjetischen Besatzungsmacht an einer Ausweitung gehindert wur-

---

460 Interview mit Georg Schwarz, Transkript.
461 LA Greifswald, BPA SED Rostock, GO Ro.-Stadt, IV/7/029/234.

de. Die abgegebenen Warnschüsse empörten die Arbeiter.[462] Die Beschreibung macht die Spontanität der Arbeitsniederlegung und des folgenden Zuges durch die Werft deutlich. Aus dem SED-Informationsbericht wissen wir, daß es offensichtlich keinen speziellen Anführer gab und keine irgendwie formulierten Forderungen erhoben wurden. Nach dem Informationsbericht sei geschrien worden »Schluss mit dem Ausnahmezustand« und sowjetfeindliche Reden seien gehalten worden.[463] Die Erinnerung zeigt ebenso wie der Informationsbericht, daß etliche Arbeiter nicht von sich aus mitmachten, sondern mitgezogen, auch mitgezwungen wurden.[464] Georg Schwarz sieht sich in der Rückschau offensichtlich auf der Seite derjenigen, die zumindest ab einem bestimmten Punkt nicht freiwillig mitmachten: *wir sind durch'n Betrieb gezogen, aber denn sind sie alle zum geschlossenen Tor gezogen.*

In der Art des Ablaufs mit spontanem Protest sind die Aktionen von Arbeitern der Neptunwerft am 18. Juni 1953 mit denen vergleichbar, die am 10. und 11. April des gleichen Jahres in der Werft vorgefallen waren. An diesen beiden Tagen fanden in der Werft Gerichtsverhandlungen gegen Arbeiter statt, die seitens der zuständigen Staatsanwaltschaft als die Hauptschuldigen an dem tödlichen Unfall der Kranfahrerin und an einem weiteren Unfall mit tödlichem Ausgang angeklagt waren. Schon am ersten Tag der Verhandlung, die im großen Saal des Klubhauses der Werft stattfand, kam es zu tumultartigen Zwischenfällen und scharfem Protest der anwesenden Werftarbeiter. Der Protest richtete sich erstens gegen die Vorführung der angeklagten Arbeiter und Meister in Handschellen, zweitens empörte die Arbeiter, daß nicht alle Schuldigen, sondern nur die »Kleinen« angeklagt seien. Drittens vertraten die Arbeiter vehement die Position, nicht die Arbeiter seien schuld, sondern die technischen Einrichtungen seien unzulänglich, und daran sei die Regierung schuld. Viertens rief die Rede des Staatsanwaltes, die in einer solchen Weise aggressiv gegen die Arbeiter gerichtet gewesen sein soll, daß sich auch die Mitglieder der SED distanziert hätten, großen Wi-

---

462 Ebenda.
463 Ebenda.
464 Kathrin Möller, Geschichte der Warnemünder Warnowwerft, a.a.O., S. 178 gelangt für die Warnowwerft zu der gleichen Einschätzung.

derstand hervor. Eins der beiden Verfahren wurde wegen der Unruhen bei der Verhandlung durch das Gericht in das staatsanwaltschaftliche Ermittlungsverfahren zurückverwiesen. Als trotz des mächtigen Protestes im Verfahren wegen des tödlichen Unfalls der Kranfahrerin die Verhandlung am zweiten Tag mit der Urteilsverkündung fortgesetzt werden sollte, war die Empörung so groß, daß es in der Neptunwerft zu Arbeitsniederlegungen und Protestversammlungen kam. Arbeiter zogen zum Werftklubhaus, die beabsichtigte Erstürmung konnte offenbar in letzter Minute durch eine Vertagung der Verhandlung und das Versprechen, die Untersuchungen neu aufzunehmen, verhindert werden.[465]

Kehren wir zu den Ereignissen am 18. und 19. Juni 1953 zurück. Günther Pommerenke, der als Zimmermann arbeitete und Spätschicht hatte, erlebte den Nachmittag des 18. Juni so:

> *und wie ich denn um zwei kam*
> *dann war ne besondere Kontrolle*
> *sonst war das nicht so groß Ausweis und fertig durch*
> *aber an dem Tag da wurde diskutiert mit einem am Eingang*
> *und dann war nachher ja wer war das einer von der Partei war das*
> *bevor wir überhaupt angefangen sind zu arbeiten*
> *der stieg dann auf ne Feilbank und hielt ne Ansprache*
> *wegen dem Umsturz und das Umstürzler auch im Betrieb gewesen wären*
> *und daß sie das abgewehrt hätten am Haupttor*
> *es wurd denn an dem Tag nicht gearbeitet*
> *wir konnten wieder nach Hause gehen.*[466]

In anderen Gewerken wurde bereits wieder gearbeitet. Am 19. Juni wurde in einigen Gewerken gearbeitet, in anderen nicht. Das hing einerseits mit der Fortsetzung von Arbeitsniederlegungen und anderseits mit den arbeitsmäßigen Verflechtungen im Werftbetrieb

---

465 Dieser Arbeiterprotest hat verschiedene Instanzen des SED-Parteiapparates so intensiv beschäftigt, daß sich Beschreibungen über den Hergang in mindestens drei Aktenstücken finden. Vgl.: LA Greifswald, BPA SED Rostock, KL Ro.-Stadt, IV/4/07/497, ebenda, GO Ro.-Stadt, IV/7/029/233 und ebenda, IV/7/029/234
466 Interview mit Günther Pommerenke, Transkript.

zusammen. Zu Protestversammlungen kam es vermutlich nicht mehr.
Differenzierungen im Bild der Arbeiterproteste um den 17. Juni 1953 ergeben sich insbesondere daraus, daß die Arbeiter der Neptunwerft keineswegs geschlossen die Arbeit niederlegten. Es gab ganze Abteilungen wie z.B. den Holzbau einschließlich der Sägerei, in denen, so es von den Arbeitsabläufen möglich war, auch am 18. Juni ohne Unterbrechung gearbeitet wurde. Hier hielten sich alle Arbeiter in den Werkstätten auf und marschierten nicht mit zum Werktor.[467] Über offene Ablehnung von Arbeitsniederlegungen bzw. Distanzierung sprachen auch unsere Interviewpartner. Karl-A. Tiedemann, der im Juni 1953 als Dreher in der Mechanischen Werkstatt arbeitete, berichtete:

> *ich gehörte zu denjenigen die gesagt haben*
> *»Keiner verläßt hier die Halle*
> *ihr bleibt alle hier*
> *sonst macht ihr was Schlimmes*
> *was ihr nicht mehr verantworten könnt«*
> *Und so war das in vielen Teilen auf der Werft*
> *da warn ein paar da*
> *ein paar warn da*
> *und äh uns ist das eigentlich gelungen*
> *die Arbeiter im Betrieb zu halten*
> *das so möcht ich das mal darstellen*
> *daß das nicht - sonst was gegeben hätte noch nich*
> *vielleicht wie in Berlin oder so.*[468]

In der Neptunwerft beruhigte sich die Situation sehr rasch wieder. Am Sonnabend, den 20. Juni 1953, verlief die Arbeit wohl wieder wie gewöhnlich.[469] Zuvor waren zwei durch die Gewerkschaftsleitung, die Werkleitung und die SED-Parteileitung gemeinsam ausgearbei-

---

467 LA Greifswald, BPA SED Rostock, GO Ro.-Stadt, IV/7/029/182.
468 Interview mit Karl-A. Tiedemann, Transkript. Nach Aktenlage ist derartiges Verhalten zu bestätigen. Vgl.: LA Greifswald, BPA SED Rostock, GO Ro.-Stadt, IV/7/029/234. Ähnlich schätzte auch Bruno Clasen, der seinerzeit als Meister in der Gehlsdorfer Bootswerft arbeitete, sein Verhalten und seinen Einfluß auf die Arbeiter seiner Werkstatt ein. Vgl.: Interview mit Bruno Clasen, Transkript.
469 LA Greifswald, BPA SED Rostock, BL, IV/2/5/679.

tete Flugblätter verbreitet worden. Das eine enthielt die Aufforderung, an die Arbeit zu gehen. Das andere, als eine Werftverfügung gekennzeichnet, beinhaltete die weiter vorn bereits besprochene Rücknahme der Normerhöhungen nach dem 28. Mai.[470] Einige Tage nach dem 17./18 Juni erhielten die Arbeiter der Neptunwerft wie die anderer Betriebe viel Besuch von Führungskräften der SED und des FDGB. Karl Mewis kam mehrfach ohne vorherige Ankündigung in die Werft und bemühte sich, mit den Arbeitern ins Gespräch zu kommen und zu erfahren, was sie für kritikwürdig hielten. Zur Sprache kamen eine Reihe von Mängeln beispielsweise zur Wohnsituation und zur Lebenshaltung, wie sie auch früher und später vorgetragen wurden.[471] Auf einer dieser Veranstaltungen mögen die E-Schweißer die Forderung nach einer Zeitzugabe zu den Normen erhoben haben.[472] Prinzipell neu war weder eine Forderung nach Zeitzugabe noch das Eingehen darauf. Die in den Wochen nach dem 17./18. Juni entstandenen Situationsberichte der Bezirksleitung Rostock der SED weisen auf einen größere Verbreitung öffentlich geführter, kritischer Diskussionen politischen Charakters in Betrieben wie allgemein in der Bevölkerung hin.[473]

Große Politik: Gespräche am Arbeitsplatz im Jahre 1956

Die Werft war für die Arbeiter nicht nur der Arbeitsplatz, sondern zugleich eine wichtige Kommunikationsstätte. Politische Ereignisse wurden im Kreis von Kollegen genauso debattiert wie das Für und Wider von Neuerungen am Arbeitsplatz oder in der Lebenshaltung.

---

470 Ebenda, GO Ro.-Stadt, IV/7/029/234. Mit dem 14. Plenum des Zentralkomitees der SED am 21. Juni 1953 wurden die Normerhöhungen generell zurückgenommen.
471 LA Greifswald, BPA SED Rostock, BL, IV/2/5/679.
472 Die E-Schweißer forderten in einem 8-Punkte-Programm eine Zeitzugabe, weil wegen der Arbeitsorganisation und der Qualität der Arbeitsmittel die 1952 erarbeiteten Normen keinen guten Verdienst mehr zulassen würden. Die E-Schweißer erhielten 15 Prozent zur Normzeit zugeschlagen. Als im Jahre 1955 schließlich alle von den E-Schweißern geforderten Veränderungen umgesetzt waren, dauerte es noch vier Monate, bis die Zulage nicht mehr gezahlt wurde. Vgl.: Archiv NIR, B/719.
473 LA Greifswald, BPA SED Rostock, BL, IV/2/5/679 und ebenda, IV/2/5/680.

Freilich war die Arbeit nicht immer so, daß sie viel Raum für ein Gespräch ließ, doch es blieben die Pausen, die immer wiederkehrenden Arbeitsflauten und etliche andere Gelegenheiten.

Über die Gegenstände von Gesprächen läßt sich ein Eindruck gewinnen, weil es auch in der Neptunwerft zu den üblichen Maßnahmen der Kontrolle und Information gehörte, möglichst detailliert zu erfahren, was die Arbeiter und die Arbeitskollektive bewegte. Vor allem in den Kaderleitungen der großen Bereiche der Werft wurden eine Reihe von Informationen zusammengetragen und bei Arbeitsbesprechungen der Kaderabteilung, seltener auch bei Werkleitersitzungen als mündliche Berichte vorgetragen. Die Lektüre vieler Protokolle von Werkleitungssitzungen der 1950er Jahre hinterließ den Eindruck, daß die Werftleitung an den Informationen in erster Linie zur Fundierung ihrer Entscheidungen interessiert war, ein Interesse an Überwachung war hingegen marginal.

Die bei den Beratungen protokollierten Berichte der Kaderleiter erweisen sich als Quelle von hohem Wert. Sie ermöglichen Einblicke in Bereiche des Werftarbeitermilieus, in Stimmungen, Einstellungen, Meinungen zu politischen und vielen anderen Geschehnissen, und sie legen Interessengebiete offen, die auf anderen Wegen nicht mehr zu erschließen sind. Obwohl eine weite Bandbreite an Gesprächsgegenständen in den Berichten Niederschlag fand, hat man es immer nur mit einer kleinen und zudem gefilterten, teils zufälligen Auswahl zu tun. Das Lesen vieler Protokolle zu den mündlichen Berichten läßt gewiß kein umfassendes und sicheres Bild von Gesprächsinhalten am Arbeitsplatz zu. Keineswegs jede Minute eines langen Arbeitstages war ausgeleuchtet, sehr viel aus den alltäglichen Gesprächen wurde den Berichtenden nicht bekannt, anderes nahm man nicht auf. Beispielsweise haben sich Gespräche zu familiären Belangen überhaupt nicht niedergeschlagen. Auch über Späße und Neckereien unter Arbeitern ist nichts zu erfahren, dennoch gehörten sie zum normalen Werftalltag. Trotz dieser Einschränkungen sind Themenkonzentrationen zu erkennen. Bestimmte Themen, welche die Alltagsbewältigung betrafen, dominierten über Jahre hin, u.a. weil grundlegende Änderungen ausblieben. Lohn und Prämien, Normen, die Arbeitsorganisation und die Arbeitszeit, einschließlich der Wartezeiten und der Überstunden, sowie die Schwierigkeiten in

Kapitel 7: Die Arbeitswelt der Neptunwerft

der Versorgung mit Lebensmitteln, Konsumgütern und Wohnungen wurden immer wieder thematisiert. Sie sind an anderen Stellen Gegenstand der Untersuchung gewesen, hier sollen die in den Protokollen eher beiläufig auftauchenden Nachrichten zum politischen Geschehen behandelt werden.

Am günstigsten ist die Quellenlage erfreulicherweise für das politisch bewegte Jahr 1956.[474] In diesem Jahr haben sich die Werftarbeiter offenbar weit mehr als sonst über politische Ereignisse in anderen Ländern unterhalten. Die internationale Situation bildete einen zentralen Gegenstand heftiger, auch widersprüchlicher und widersprechender, vor allem aber besorgter Gespräche. Die Ereignisse in Ungarn und Polen sowie die Suezkanalkrise wurden über Monate hin besprochen. Als Informationsquelle zu Ungarn und Polen dienten den meisten Arbeitern offenbar westliche Sender, insbesondere der Rias. Die Informationen der DDR-Medien wie des Parteiapparates im Betrieb wurden wegen ihrer einseitigen Darstellungsweise, ihrer Verspätung und Unvollständigkeit angezweifelt. Über die Ursachen des Aufstandes in Ungarn, die Rolle der Sowjetunion bei seiner Niederwerfung und das Verhalten der sozialistischen Nachbarländer wurde erregt debattiert. Wer hinsichtlich der Ursachen nach der Version der DDR-Medien von einer Provokation durch einige Kräfte, die einen Umsturz herbeiführen wollten, sprach, sah sich in den Gesprächen wohl in die Enge gedrängt, mehrheitlich machte man die Ursachen in den schlechten Lebensverhältnissen aus.

Die zeitliche Parallelität des Einmarsches sowjetischer Truppen in Ungarn, israelischer, englischer und französischer in Ägypten und die Zuspitzung der Situation in Polen (u.a. Truppenbewegungen der in Polen stationierten Einheiten der Sowjetarmee) wurde von vielen Arbeitern mit großer Sorge empfunden. Sie befürchteten, daß in Ägypten ein Krieg zustande kommen würde, wenn die Truppen nicht abzögen.

Die gleichen Befürchtungen wurden bereits im Spätsommer geäußert. Beispielsweise unterhielten sich Arbeiter des Bereichs Maschinenbau über die Gefahr, die von englischen und französischen

---

474 Archiv NIR, L3a/819. Die Akte enthält Protokolle der Monate April bis Dezember 1956. Alle folgenden, nicht anders gekennzeichneten Angaben entstammen dieser Akte.

Truppenzusammenziehungen ausging. Eine Aggression, unter Umständen sogar ihre Ausbreitung auf den europäischen Kontinent wurde nicht ausgeschlossen. Offenbar sah der größte Teil der Werftbelegschaft in der Zuspitzung der internationalen Situation, insbesondere in der Suezkanalzone, eine Entwicklung, die einen Dritten Weltkrieg heraufbeschwören könnte.[475] Die Erleichterung über die Einstellung der Kampfhandlungen war groß. Zum Jahresende lebten die Befürchtungen in Verbindung mit der Eskalation der Situation im Nahen Osten, speziell in Syrien, erneut auf. Partei- und andere Funktionäre der Werft versuchten weit eher, die Bedrohungen auf ein reales Maß zurückzuführen, als Ängste zu schüren. Gelegentlich sahen sie sich mit Gerüchten konfrontiert, die schon seinerzeit als völlig absurd eingestuft wurden.[476]

Von den vielschichtigen Problemen, den ausgestandenen Ängsten und enttäuschten Hoffnungen, ist viel dem Vergessen preisgegeben, die Erinnerung konnte nicht mehr heraufgeholt werden. Nur so erklärt sich, daß dies Jahr in den lebensgeschichtlichen Interviews nur ausnahmsweise wenigstens in einer Episode erwähnt wurde.[477]

Die Bedrohungen durch die internationalen Entwicklungen wurden von vielen Werftbeschäftigten offenbar sehr intensiv empfunden. Dies könnte erklären, daß die Zuspitzung der Situation in der DDR selbst weniger thematisiert wurde. Geredet wurde über Unruhen und Streiks in Magdeburg.[478] An einigen Produktionsstätten kursierte das Gerücht, im Rostocker Dieselmotorenwerk werde gestreikt, und Arbeiter dieses Werkes wollten gehört haben, in der Neptunwerft »*ist auch etwas los*«.[479] Ansonsten bewegte sich alles in der gewohnten Weise, das heißt, die Werftarbeiter nahmen gewöhnlich wie Jahre zuvor und danach, kein Blatt vor den Mund, wenn es um Mängel im Betrieb und, mit Abstufungen, im Land ging.

---

475 Die gleiche Befürchtung taucht auch in Informationen der SED auf, vgl.: LA Greifswald, BPA SED Rostock, GO Ro.-Stadt, IV/7/029/240.
476 Beispielsweise war im Bereich Schiffbau Ende Oktober/Anfang November das Gerücht aufgetaucht, an den Grenzen zur DDR seien 100.000 Amerikaner mit Panzern aufgetaucht.
477 Georg Schwarz sagte, er sei als Reaktion auf die politisch brisante Situation in die Kampfgruppen eingetreten. Vgl.: Interview mit Georg Schwarz, Transkript.
478 Vgl. auch: LA Greifswald, BPA SED Rostock, GO Ro.-Stadt, IV/7/029/240.
479 Ebenda, BL, IV/2/5/633.

Erst als im Dezember in vielen Bereichen der Werft wegen des andauernden Arbeitsmangels und der Verärgerungen, die eine Prämienregelung auslöste, die allgemeine Stimmung einen Tiefpunkt erreichte, wurden beispielsweise aus dem Maschinenbau Stimmen laut, wegen der schlechten Arbeitsorganisation, die die Arbeiter als wesentliche Ursache für fehlende Arbeit ansahen, solle wohl ein zweites Ungarn heraufbeschworen werden.

Auffällig ist sowohl 1956 als auch während anderer Jahre das geringe Interesse der Arbeiter an Plenen des ZK der SED oder sonstiger Parteitreffen auf höchster Ebene. Das zeigt, wie wenig sie dem »Erwartungshorizont« von Arbeitern entsprachen. Ausnahmen gab es, wenn - wie auf dem 28. Plenum im Juli 1956 - auch Maßnahmen angeregt wurden, die wie die Rentenerhöhung und die Abschaffung von Lebensmittelkarten für die Alltagsbewältigung eine Bedeutung hatten.[480] Natürlich gab es Differenzierungen zwischen den Arbeitern, aber selbst die Mitglieder der SED haben sich in der Mehrheit nicht so mit den »Parteimaterialien« befaßt, wie es von den mittleren, auf jeden Fall aber von den höheren Funktionären gewünscht wurde. Die Informationsberichte beklagen denn auch den Zustand des Desinteresses der Arbeiter. Über die Ergebnisse des XX. Parteitages der KPdSU wurde naturgemäß gesprochen.[481] Doch viele materielle Interessen waren brennender.

Tief bewegt hat die Arbeiter der Werft ein schweres Bergwerkunglück in Belgien. Einige Gehlsdorfer Arbeiter hatten während der Kriegsgefangenschaft in diesen Gruben gearbeitet und erzählten ihren Kollegen von den schlechten Arbeitsbedingungen, die sie seinerzeit dort angetroffen hätten.

Entwicklungen im anderen deutschen Staat stießen stets auf waches Interesse. Im Jahre 1956 wurde ziemlich rege über das Verbot der KPD gesprochen, mit dem im allgemeinen nicht gerechnet worden war. Die Haltung der SPD stieß auf wenig Verständnis. Thematisiert wurde auch die Einführung der Wehrpflicht in Westdeutschland. Arbeiter des Bereichs Schiffselektrik sprachen darüber, daß Kollegen des Bereichs, die nach Westdeutschland gingen, um nicht

---

480 Die Abschaffung der Lebensmittelkarten wurde dann erst am 18.5.1958 von der Volkskammer beschlossen.
481 LA Greifswald, BPA SED Rostock, GO Ro.- Stadt, IV/7/029/240.

in die Kasernierte Volkspolizei einzutreten, nun in Westdeutschland als erste eingezogen werden müßten. Hier wird wie an vielen anderen Dingen erkennbar, daß Arbeiter den Weggang von Kollegen nach Westdeutschland im allgemeinen keineswegs gut hießen. Der große Metallarbeiterstreik, der am 24. Oktober 1956 mit der Arbeitsniederlegung von knapp 26.300 Arbeitern in Schleswig-Holstein begann und schließlich 114 Tage währte, wurde zwar in den Berichten kaum erwähnt, dieser längste und vielleicht folgenreichste Arbeitskampf in der Geschichte der Bundesrepublik löste aber unter den Werftarbeitern der Neptunwerft eine große Solidaritätswelle aus. Zahlreiche Beschäftigte der Werft schickten anläßlich des Weihnachtsfestes Solidaritätspäckchen an die Familien der Streikenden.[482]

Konflikte um die Sicherheit des Arbeitsplatzes

Der Werftleitung sowie den Arbeitern und anderen Beschäftigten war in den 1950er Jahren bewußt, daß eine wesentliche Ursache des immer wieder auftretenden Arbeitsmangels und der daran geknüpften Schwierigkeiten der Werft in einem Arbeitskräfteüberschuß zu suchen war. Auch den Partei- und anderen Funktionären im Bezirk Rostock blieb nicht verborgen, daß zu viel Menschen beschäftigt wurden. Die Situation war bekannt und betraf andere Werften vielleicht noch mehr als die Neptunwerft.[483] Die Arbeiter als unmittelbar Betroffene hatten kaum praktische Möglichkeiten, anders als mit Beschwerden über fehlende Arbeit und Forderungen nach besserer Organisation zu reagieren. Und das taten sie im Verlauf der 1950er Jahre stetig. Unmut, wie ihn Kollegen aus der Schlosserei in einer Diskussionsrunde im Mai 1954 gegenüber Vertretern

---

482 Werft-Echo, Nr. 3, 25.1.1957.
483 Vgl. Kathrin Möller, Geschichte der Warnemünder Warnowwerft, a.a.O., S. 207-211. In einem 1955 verfaßten Entwurf zur »Entwicklung und Perspektive der Schiffbauindustrie in der Deutschen Demokratischen Republik und Aufgabenstellung für die Ausarbeitung ihrer Ökonomik« heißt es: »*In der Vergangenheit, besonders in der Zeit der Erfüllung der Reparationsaufträge, wurde das Allheilmittel zur Bewältigung der Planrückstände in der massenhaften Zuführung von Arbeitskräften gesehen. [...] Das Ergebnis aber, das dem Augenblick die schwierigsten Probleme stellt, ist eine ungesund hohe Beschäftigtenzahl bei den großen Schiffswerften.*« Vgl.: Archiv NIR, K6/69.

Kapitel 7: Die Arbeitswelt der Neptunwerft   565

einer SED-Parteileitung äußerten, war weit verbreitet: »*Hört bloß auf mit der Losung 'So wie wir heute arbeiten, werden wir morgen leben', denn es ist ein unmöglicher Zustand, wenn man auf die einzelnen Objekte raufkommt, daß man dort Kollegen antrifft, die schlafen, weil sie keine Arbeit haben, daß in drei Schichten gearbeitet wird, obwohl nur für eine Schicht Arbeit ist und Wartezeit bezahlt wird*«.[484] Allzuoft erschienen Arbeitern die Probleme über einen längeren Zeitraum gänzlich unverändert: die Arbeit reichte nicht ohne Unterbrechung für alle, trotzdem sollte in drei Schichten gearbeitet werden, ein Teil von ihnen mußte und konnte intensiv arbeiten, andere hatten nichts zu tun, schliefen während der Arbeitszeit gar und bekamen dennoch die Arbeitszeit bezahlt.

Ein Arbeitskräfteabbau stand während der 1950er Jahre mehrfach auf der Tagesordnung, doch die Reduzierung der Belegschaftszahlen war ein zugleich brennendes wie sehr heikles Thema. Überraschenderweise ist der Gegenstand bislang in der Literatur unbehandelt geblieben, wohl weil wegen des gesetzlich fixierten Rechts auf Arbeit kein Forschungsbedarf zu sein schien. Die politischen und gesetzlichen Rahmenbedingungen ließen den Betriebsleitungen, denen die Aufgabe des Abbaus zufiel, in der Tat nicht viele Möglichkeiten.[485] Schon die Entlassung einzelner Arbeiter, die die Arbeitspflichten grob vernachlässigt hatten, erwies sich als kaum durchführbar. Einer unserer Interviewpartner, der als langjähriger BGL-Vorsitzender mit solchen Problemen konfrontiert wurde, erzählte die folgende Episode:

wir hatten da mal son son ganz besonderes Problem
geht der Werkleiter an Bord und trifft einen Maler der angetrunken ist
oder man kann auch sagen betrunken ist

---

484 LA Greifswald, BPA SED Rostock, GO Ro.-Stadt, IV/7/029/236. Der wiedergegebene Slogan stammt von Frida Hockauf, einer Zittauer Weberin. Vgl. dazu: Geschichte der deutschen Arbeiterbewegung, Bd. 7. Von 1949 bis 1955, hrsg. vom Institut für Marxismus-Leninismus beim Zentralkomitee der SED, Berlin (Ost) 1966, S. 244f.
485 Vgl. zu den für die 1950er Jahren gültigen gesetzlichen Bestimmungen: Ralf R. Leinweber, Das Recht auf Arbeit im Sozialismus. Die Herausbildung einer Politik des Rechts auf Arbeit in der SBZ/DDR 1945 bis 1961, Marburg 1983, S. 165-178.

und der in der Ecke saß und schlief
und den hat er natürlich gleich entlassen
und wir mußten den Mann doch tatsächlich wieder einstellen.[486]

Nur am Beginn der 1950er Jahre waren Entlassungen wegen schlechter Arbeitsdisziplin relativ problemfrei möglich.[487] Danach änderte sich die Situation, und um sich überhaupt wegen schwerwiegender Arbeitspflichtverletzungen von Belegschaftsangehörigen trennen zu können, schärfte der Kaderleiter der Hauptverwaltung Schiffbau seinen Kollegen aus den Werften gelegentlich einer Tagung Anfang Oktober 1956 ein, bei Verletzungen der Arbeitsdisziplin unbedingt eine Verwarnung auszusprechen. Eine Entlassung sei erst nach mindestens zweimaliger Verwarnung ausführbar.[488] Die Konfliktkommissionen mit ihren weitreichenden Kompetenzen in Arbeitsrechtsstreitigkeiten boten den Beschäftigten zusätzliche Sicherheiten. Ihr Mitspracherecht berührte u.a. den Beginn, das Bestehen, die Dauer, Änderung oder Beendigung eines Arbeitsverhältnisses.[489] Entlassungen wegen schlechter Arbeitsdisziplin bzw. schlechten Lebenswandels - hinter dieser Formulierung in den Quellen verbirgt sich meist Trunksucht - blieben bei solcher Sachlage die Ausnahme. Im Dezember 1957 beispielsweise wurden vier Beschäftigte aus diesem Grund entlassen: ein Technologe, ein Werkstattleiter, ein Hilfsarbeiter und ein Mitarbeiter aus dem Lehrkombinat.[490] Im Jahre 1958 wurden 36 Beschäftigte wegen schlechter Ar-

---

486 Interview mit Günther Pommerenke, Transkript.
487 Noch 1954 gehörte schlechte Arbeitsmoral zu den häufigen Entlassungsgründen, 167 Werftbeschäftigte wurden wegen schlechter Arbeitsmoral entlassen. Von 1954 auf 1955 trat offenbar ein Wandel ein, Entlassungen wegen schlechter Arbeit verloren an Bedeutung (51 Personen). LA Greifswald, Rep. 242, A3/84 und L/140. Nach einem Bericht für die Stadtleitung der SED soll außerdem die Arbeitsdisziplin im Jahre 1955 eine weitaus bessere als in den vorhergehenden Jahren gewesen sein. Ebenda, BPA SED Rostock, KL Ro.-Stadt, IV/4/07/497.
488 Archiv NIR, L3a/815.
489 Die Konfliktkommissionen arbeiteten auf Antrag. Außer einer zentralen Konfliktkommission gab es in der Werft sieben weitere in den Bereichen, in jeder wirkten Arbeiter mit. Die Mitglieder wurden von der Werftleitung bzw. von der Betriebsgewerkschaftsleitung für die Dauer eines Jahres benannt. Archiv NIR, L3a/822 und L3a/973. Aus juristischer Sicht vgl.: Ulrich Lohmann, Das Arbeitsrecht der DDR, Berlin 1987, S. 97-101.
490 Archiv NIR, L3a/1359.

beitsdisziplin entlassen, 1959 waren es 33 Betriebsangehörige.[491] Für eine Reduzierung der Belegschaftszahl waren diese Entlassungen ziemlich belanglos.

Natürlich verließen sowohl Arbeiterinnen und Arbeiter als auch sonstige Beschäftigte von sich aus die Werft. Hilfsarbeiter neigten mehr als Facharbeiter dazu, sich einen neuen Arbeitsplatz suchen. Das hing sicher auch mit den jeweiligen Verbesserungsmöglichkeiten außerhalb der Werft zusammen. Die waren vor allem seit der zweiten Hälfte der 1950er Jahre für un- und angelernte Arbeiter beispielsweise beim Bau des Rostocker Überseehafens oder in der Bau-Union sehr gut. Das Ausscheiden stand längst nicht immer im Interesse der Werftleitung, führte es doch dazu, daß Facharbeiter zu angelernten Arbeiten - etwa als Stemmer - eingesetzt werden mußten und Anspruch auf Lohngruppenausgleich geltend machten.[492] Deshalb sollten Abteilungsleiter, Arbeitsökonomen und die zuständigen Gewerkschaftsfunktionäre Kolleginnen und Kollegen, die eine Kündigung eingereicht hatten, dazu bewegen, die Arbeit in der Werft fortzusetzen. Nicht viele, die Kündigungsabsichten hegten, ließen sich durch diese Gespräche umstimmen.[493] Wie anderswo verließen auch Beschäftigte der Neptunwerft ihren Arbeitsplatz durch Republikflucht, und manch schwer zu schließende Lücke wurde dadurch gerissen. Im längerfristigen Trend überwogen zwar die Zahlen der Abgänge die der Zugänge, der Arbeitskräfteüberhang indes wurde durch das selbstbestimmte Ausscheiden von Werftangehörigen nicht behoben.[494]

Es mußte also seitens der Werftleitung nach Möglichkeiten Ausschau gehalten werden, Auftragslage und Arbeitskräftebesatz in eine halbwegs wirtschaftliche Relation zu bringen. Das von anderen Betrieben in entsprechenden Situationen gleichfalls praktizierte Verfahren war eine zeitlich befristete Umsetzung bzw. Verleihung von Arbeitskräften dorthin, wo gerade Bedarf war. Gewöhnlich wurden dann, oft an andere Werften, vollständige Brigaden ausgeliehen, so wie im 4. Quartal 1952 mehrere Schweißer-, Nieter- und Stemmer-

---

491 Ebenda, L3a/825 (für 1958) und B/718 (für 1959).
492 Ebenda, B/465.
493 Ebenda, B/718.
494 Ebenda, L3a/816, L3a/1359 und L3a/1339.

brigaden.[495] Eine Lösung auf Dauer war das sicher nicht. Für die betroffenen Arbeiter mag wegen der Zahlung von Auslösung bzw. Trennungsgeldern das Ausleihen ihrer Brigade in finanzieller Hinsicht vielleicht attraktiv gewesen sein, es brachte vor allem aber für die Familien zahlreiche Probleme mit sich. Einige Arbeitskräfte wurden dauerhaft in andere Betriebe umgesetzt, 1955 beispielsweise 166 Personen.[496]

Alle diese Wege hatten keine tiefgreifendere Beeinflussung der Arbeitskräftezahlen zum Ziel, wenn auch auf den Wegstrecken manche Möglichkeiten lagen, die genutzt wurden. Der tatsächliche Arbeitskräfteüberhang in der Neptunwerft bzw. in anderen Werften ist außerordentlich schwer auszumachen. Die notwendige Anzahl von Arbeitskräften hing von sehr vielen und verschiedenen Faktoren ab. Auf jeden Fall war es im Interesse der Arbeiter und anderen Beschäftigten politisch gewollt, den alten Kreislauf von Einstellung bei guter Auftragslage und Entlassung nach Fertigstellung eines Objektes zu durchbrechen. Den Beschäftigten wurde damit eine neue Sicherheit gewährt. Diese politische Absicht einbezogen, vermitteln die Quellen dennoch den Eindruck, daß mehr Arbeitskräfte eingestellt waren, als beschäftigt werden konnten. Deshalb kann es nicht verwundern, daß Kampagnen zur Reduzierung der Beschäftigtenzahl durchgeführt worden sind. Wenn bei diesen Kampagnen auch der Arbeitskräfteabbau im Vordergrund stand, wurde dabei gleichfalls die Durchsetzung weiterer Interessen der Werftleitung verfochten. Die Senkung der Verpflichtung zur Trennungsgeldzahlung an Arbeiter zum Beispiel spielte dabei mehr als nur eine Nebenrolle.

Dreimal wurde in den Werften während der 1950er Jahre durch außerbetriebliche Anstöße versucht, die Arbeitskräftezahlen durch Entlassungen oder Umsetzungen an andere Arbeitsstätten zu verkleinern. Der erste Anstoß kam im Jahre 1951. Die eigentlichen Initiatoren waren die Ämter für Arbeit, die seit längerem davon überzeugt waren, die Werften würden eine »Arbeitskräftehortung« betreiben. Schon im Zuge der Masseneinstellung im Jahre 1949 hatte

---

495 LA Greifswald, Rep. 242, A3/21.
496 Archiv NIR, B1/241. Unter den Umgesetzten befanden sich ca. 30 Beschäftigte, die der Flugzeugindustrie zur Verfügung gestellt wurden und in der Werft als Spezialisten tätig gewesen waren.

das Arbeitsamt Rostock begründete Zweifel, daß Arbeitskräfte in solcher Zahl zu beschäftigen seien.[497] Im April 1951 kam die Angelegenheit dann auch während einer Werftleitertagung der Vereinigung Volkseigener Werften zur Sprache. Als Resümee stellte sich heraus, daß nicht alle Werften ausgelastet waren. Freie Kapazitäten hatten vor allem die Boddenwerft in Damgarten, die Volkswerft und die Schiffsreparaturwerft in Stralsund, die Peenewerft Wolgast sowie die Elbewerft in Boizenburg.[498] Berliner und Schweriner Ministerien befaßten sich mit der Arbeitskräftesituation in den Werften. Eine Kontrolle, die das Berliner Ministerium für Schwermaschinenbau durchführte, gelangte sogar zu dem Ergebnis, daß in allen Werften zusammen ca. 5.000 Arbeitskräfte freizustellen wären.[499] Diese ungeheuer hohe Zahl von Freistellungen hätte bedeutet, sich etwa von einem Sechstel der Beschäftigten zu trennen.[500]

In solcher Zahl wurden die Entlassungen nicht erreicht und wohl auch nicht ernsthaft angestrebt. Seit dem Frühjahr 1951 kam es dann zu einer Freisetzung von Arbeitskräften auf den Werften, die teils mit verändertem Produktionsvolumen begründet wurde. Die Boddenwerft in Ribnitz-Damgarten war am stärksten betroffen. Hier war die Freistellung von 1.000 Arbeitskräften avisiert, da 1952 die Schließung der Werft beabsichtigt war. Die Stralsunder Volkswerft hatte bis zum Frühsommer 1951 600 Arbeitskräfte entlassen, die Entlassung weiterer 400 war in Erwägung gezogen. Die Werft in Wismar trennte sich vermutlich von 300 bis 350 Arbeitskräften, von denen die meisten der Bauindustrie »zur Verfügung« gestellt wurden. Die

---

497 LHA Schwerin, MfS, Nr. 763 und MfS, Nr. 764 bzw. AHR, 2.00.3.2.798. Die beiden Aktenstücke sind sich ergänzende Schreiben des Amtes für Arbeit an die Deutsche Wirtschaftskommission in Berlin. Nach Einschätzung des Amtes wurden zu viele Arbeitskräfte beschäftigt. Den Gerüchten und Beschwerden aus Rostock und der Zone über zuviel Arbeitskräfte müsse Recht gegeben werden. Eine der Ursachen sei die mangelnde Organisation. Das alles erkläre die sehr beträchtliche Fluktuation.
498 LHA Schwerin, IV/2/6/261.
499 Karin Labahn, Die Herausbildung der Zweiggruppe der Arbeiterklasse, a.a.O., S. 124f.
500 Das geht aus dem Abschlußbericht eines Instrukteur-Einsatzes des Bundes- und des Zentralvorstandes der Industriegewerkschaft Metall vom Frühjahr 1951 hervor, in welchem die Belegschaftsstärke mit etwa 30.000 Kollegen angegeben wird. Vgl.: LHA Schwerin, IV/L/2/6/261.

Neptunwerft hat sicher ca. 300 Arbeitskräfte entlassen. Über die Warnowwerft in Warnemünde fehlen die Nachrichten. Im Jahre 1951 wurde offenbar die sonst übliche Übernahme der ausgebildeten Lehrlinge gestoppt bzw. eingeschränkt. Jedenfalls beabsichtigte die Stralsunder Volkswerft, nur ca. 30 der rund 175 Lehrlinge, die im Herbst 1951 die Facharbeiterprüfung ablegten, zu übernehmen.[501]

Die Entlassung von Arbeitskräften der Werften war politisch sehr brisant. Das gesetzlich fixierte Recht auf Arbeit verlangte den Nachweis einer anderen Arbeit. Seit im April 1951 in der Neptunwerft Entlassungen begonnen hatten, arbeiteten dort Mitarbeiter des Arbeitsamtes, um mit den gekündigten Kollegen die Möglichkeiten des Einsatzes in einer anderen Arbeitsstelle zu prüfen.[502] Besonders rosig waren indes die Aussichten nicht. Im Lande Mecklenburg war die Arbeitslosigkeit noch nicht überwunden, den Werftarbeitsplätzen adäquate Stellen fehlten fast ganz. Im März 1951 wurden immerhin 12.813 männliche Arbeitssuchende gezählt, die Zahl der arbeitssuchenden Frauen lag noch darüber. Dagegen gab es für Männer 1.779 offene Stellen, die meisten davon in der Landwirtschaft für Ledige, im Grunde war das Arbeit als Knecht.[503] Arbeitslosigkeit war zum Ende der 1940er und zu Beginn der 1950er Jahre in der SBZ/DDR generell noch ein ernstzunehmendes Problem.[504]

---

501 LHA Schwerin, MfS, Nr. 759. Die Zahlen sind unvollständig, exaktere Angaben jedoch nicht zu finden. Karin Labahn, Die Herausbildung der Zweiggruppe der Arbeiterklasse, a.a.O, S. 124f. gibt fast die gleichen an. Wie kompliziert der Gegenstand ist, wird z.B. bei den Lehrlingen deutlich. Alle Werften hatten bestimmte Planauflagen. Die Warnowwerft wich davon weit nach unten ab und bildete 700 Lehrlinge weniger als vorgesehen aus, weil die Lehrwerkstatt viel zu klein war und Unterbringungsmöglichkeiten fehlten. Die Stralsunder Werft hingegen konnte über 300 Lehrlinge mehr ausbilden, als der Nachwuchsplan vorsah. Nach einer Absprache zwischen den Werften sollten Stralsunder Lehrlinge von anderen Werften übernommen werden. Im Sommer 1951 lehnten die Werften die Übernahme wegen schlechter Beschäftigungslage ab. Vgl.: LHA Schwerin, IV/-L/2/6/261 und ebenda, MfS, Nr. 759.
502 LHA Schwerin, MfS, Nr. 765.
503 Ebenda, IV/L/2/6/261. Andere Quellen geben etwas andere Zahlen an, belegen aber gleichfalls noch hohe Arbeitslosigkeit. Die Vermittlung war dadurch erschwert, daß nur ein Teil der Arbeitsuchenden voll erwerbsfähig war.
504 Vgl. u.a.: Horst Barthel, Die wirtschaftlichen Ausgangsbedingungen der DDR, Berlin 1979, S. 61; Jochen Cerny, Der Aufbau des Eisenhüttenkombinats Ost 1950/51, Phil. Diss. Jena 1970 (Ms), S. 97; Gottfried Dittrich, Die bewußte, planmäßige Gestaltung einiger Prozesse der sozialistischen Entwicklung der Arbei-

Der erste groß angelegte Versuch, den Arbeitskräfteüberhang der Werften abzubauen, brachte nur eine kurzzeitige Senkung der Belegschaftszahlen. Trotz einer Produktionsstockung in der Neptunwerft im Spätsommer und Herbst 1951, die mit der Fertigstellung der letzten Logger zusammenhing, wurde die Belegschaftsstärke von ca. 7.000 Mann nicht weiter reduziert, und sehr viele Arbeiter konnten nur noch mit Arbeiten wie Plattenklopfen, wiederholten Umräumungen der Lager, Aufräumungsarbeiten und ähnlichem beschäftigt werden.[505] Nur ein knappes Jahr später, im Juni 1952, meldete die Neptunwerft einen Bedarf von rund 540 weiteren Arbeitskräften an, für das gesamte Jahr waren ca. 1.000 Neueinstellungen, darunter 400 Eisenschiffbauer und eine erhebliche Anzahl von Konstrukteuren, vorgesehen.[506] Es blieb also bei den konträren Tendenzen: einerseits waren bei ungünstiger Auftragslage keineswegs alle Arbeiter produktiv zu beschäftigen, andererseits wurde bei verbesserter Auftragslage der Schlüssel zum Erfolg noch immer in einer Erhöhung der Beschäftigtenzahl gesehen.

Der zweite Anstoß zur Verkleinerung der Belegschaften in den Werften und weiteren Großbetrieben wurde im Jahre 1954 offenkundig durch die SED gegeben, die sich wiederholt mit dem im Vergleich zur Rentabilität zu hohen Arbeitskräftebesatz befaßte.[507] Hohe Funktionäre engagierten sich. Möglicherweise wurde die neue Kampagne mit dem Referat von Karl Mewis während der SED-Delegiertenkonferenz der Warnowwerft in Warnemünde Ende 1953 eingeleitet. Mewis sprach davon, daß statt 10.000 künftig nur noch 6.000 Beschäftigte nötig wären, eine Zahl, auf die die Belegschaft der War-

---

terklasse in der DDR (1948/49 bis 1955) in: Jahrbuch für Geschichte, Bd. 11, Berlin 1974, S. 169-211, hier 188f., Peter Hübner, Arbeiter und sozialer Wandel im Niederlausitzer Braunkohlenrevier von den 1930er Jahren bis zur Mitte der 1960er Jahre, in: Niederlausitzer Industriearbeiter 1935 bis 1970. Studien zur Sozialgeschichte, hrsg. von Peter Hübner, Berlin 1995, S. 44-46; Ralf R. Leinweber, a.a.O., besonders S. 53-57.

505 LHA Schwerin, IV/L/2/6/261. Bei den betroffenen Arbeitern stieß die Situation maßgeblich wegen der deutlich spürbaren Lohnminderung auf hörbaren Unmut.
506 LHA Schwerin, MfS, Nr. 759.
507 LA Greifswald, BPA SED Rostock, BL, IV/2/6/804. Danach fiel ein Vergleich mit dem westdeutschen Schiffbau hinsichtlich der Relation BRT zu Arbeitern ziemlich ungünstig aus.

nowwerft übrigens bei weitem nicht sank.[508] Am 3. Juni 1954 gebrauchte er bei einer Aktivtagung der Bezirksleitung der SED zur Lage der Werften wiederum deutliche Worte zur Arbeitskräftesituation. In den Werften seien z.T. soviel Arbeiter, daß sie sich gegenseitig auf die Füße träten. Unzufrieden seien insbesondere die alten Facharbeiter, die eine bestimmte Einstellung zur Arbeit hätten und sich nicht wohl fühlten, wenn nicht richtig gearbeitet würde. Auch die Arbeitshaltung eines Teils der Werftarbeiter geriet ins Feuer seiner Kritik, von der er nur die guten Arbeiter ausnehmen wollte, bei denen die Arbeit nur so »*flutscht*«. Zu den harschen Worten paßte nicht, daß Mewis die Veranstaltung unmittelbar nach seinem Referat verließ, um zur Kur zu fahren.[509]

Auch in diesem Verhalten zeigte sich womöglich die Halbherzigkeit, die alle Versuche zur Reduzierung der Arbeitskräftezahlen bestimmte. Dennoch wäre es falsch, vorschnell den Schluß zu ziehen, es sei überhaupt nicht ernsthaft an eine Reduzierung der Zahl der Beschäftigten in den Werften und darüberhinaus vielen Großbetrieben der DDR gedacht worden. Die Halbherzigkeit des Vorgehens erklärt sich nicht zuletzt daraus, daß durch den politischen Anspruch und die darauf beruhenden Gesetze die Hände für Entlassungen durch die Verpflichtung zum Nachweis einer neuen Arbeitsstelle im Prinzip nicht frei waren. Mewis' Vorschlag zur Verkleinerung der Belegschaft lief auf eine Werbung von Arbeitskräften für zurückgebliebene Wirtschaftszweige hinaus.[510]

Dieser Versuch wurde unter der Losung »Industriearbeiter auf's Land« bzw. »Industrie- und Parteiarbeiter auf's Land« unternommen. In einer mehrjährigen, 1954 angelaufenen Werbeaktion wurde auf der Basis von Freiwilligkeit angestrebt, Arbeitskräfte herauszulösen, die auf dem Lande wohnten, in der Landwirtschaft tätig gewesen waren und die zur landwirtschaftlichen Arbeit noch eine enge Bindung hatten. Auf dem Lande wurden Arbeitsplätze geboten und, was schwieriger war, Wohnungen, bzw. zumindest für diejenigen, die eine Siedlerstelle übernehmen wollten, Häuser und Ställe. Im Rahmen der Aktion »Industriearbeiter auf's Land« sind im Jahre

---

508 Kathrin Möller, Geschichte der Warnemünder Warnowwerft, a.a.O., S. 207.
509 LA Greifswald, BPA SED Rostock, BL IV/2/2, Nr. 2.
510 Ebenda.

Kapitel 7: Die Arbeitswelt der Neptunwerft

1954 ca. 90 Beschäftigte, darunter auch Facharbeiter und wenige Angestellte, entlassen worden, um eine neue Tätigkeit auf dem Lande, gewöhnlich in einem Dorf im Umkreis von Rostock aufzunehmen.[511] Im Jahre 1955 scheint die Werbung etwas mehr Erfolg gehabt zu haben, ca. 146 Beschäftigte wechselten den Arbeitsplatz. Die Zahl sank dann wieder, 1956 verließen etwa 90 Belegschaftsangehörige die Werft, um auf dem Lande zu arbeiten.[512] Mit solchen Zahlen ließ sich eine nachhaltige Verkleinerung der Belegschaft natürlich nicht erreichen.

Als dritter Versuch zum Abbau der Belegschaft trat 1957 neben die Kampagne »Industriearbeiter auf's Land« eine Aktion zur Umsetzung von Arbeitskräften, zu der der Rat des Bezirkes Rostock mit einem Beschluß vom 16. Februar 1957 den Anstoß gegeben hatte. Arbeiter und Angestellte sollten in andere, teils kleinere Betriebe inner- und außerhalb von Rostock oder in die Landwirtschaft »umgesetzt« werden. Neben der Beseitigung des Überhangs an Arbeitskräften in den Werften sollten Arbeitskräfte insbesondere für die Landwirtschaft, die Bau- und Baustoffindustrie sowie die Torfindustrie zur Verfügung gestellt werden.[513] Diese Aktion führte in beiden Rostocker Werften im Verlauf nur weniger Wochen zu Entlassungszahlen, die weit über denen der anderen Aktionen lagen. Erstmalig sanken die Belegschaftszahlen nachhaltig. Zumindest in der Neptunwerft hatte dazu auch eine veränderte Strategie gegenüber den Beschäftigten, die bereits das Rentenalter erreicht hatten, beigetragen. Wurden den Jubilaren in der ersten Hälfte der 1950er Jahre gewöhnlich noch weitere schaffensreiche Jahre in der Werft gewünscht, legte man ihnen nun nahe, doch die wohlverdiente Ar-

---

511 Archiv NIR, K6/65.
512 AHR, 2.10.3.2.4475; LA Greifswald, Rep. 242, A3/191 und BPA SED Rostock, BL, IV/2/5/659. Nach der letztgenannten Akte wurden 1955 von der Warnowwerft 263 Arbeiter und Parteikader geworben, von der MTW Wismar 160 und von der Bauunion Rostock 200. Der Aktion war demnach auch in anderen Großbetrieben nur ein mäßiger Erfolg beschieden. Die meisten der geworbenen Arbeiter gingen in eine MTS (Maschinen-Traktoren-Station), um dort als Traktorist zu arbeiten. Das war für un- und angelernte Arbeiter zumindest auf etwas längere Sicht eine finanziell durchaus reizvolle Tätigkeit. Andere gingen als Arbeiter in ein VEG (Volkseigenes Gut) oder eine LPG (Landwirtschaftliche Produktionsgenossenschaft), eine Bauernstelle hingegen übernahmen die wenigsten.
513 LA Greifswald, BPA SED Rostock, BL, IV/2/3/36.

beitsruhe zu genießen. Der Belegschaftsstand von Ende 1956 wurde in beiden Werften in den 1950er Jahren nicht wieder erreicht.[514]

In der Neptunwerft wurden zwischen dem 16. Februar und dem 15. April 1957 484 Beschäftigte umgesetzt. Durch weitere Entlassungen, darunter offenbar Arbeiter im Rentenalter, und einen streng praktizierten Einstellungsstopp sank die Belegschaftsstärke von 8.509 Beschäftigten am 1. Januar 1957 auf 7.643 am 15. April 1957.[515] Der Produktionsablauf scheint durch die Massenentlassungen kaum gelitten zu haben, obwohl neben zahlreichen Arbeitern auch Meister und Brigadiere die Werft verlassen mußten. Vielleicht klappte der Übergang zumindest von der formalen Seite häufiger so reibungslos, wie in einem überlieferten Fall des Bereichs Gehlsdorf. Dort wurde unmittelbar nach dem Ausscheiden des bisherigen Meisters in der Konservierung ein neuer Meister eingesetzt, der nach mehrjähriger Tätigkeit als Maler in Gehlsdorf zuletzt als Technologe gearbeitet hatte. Der entlassene Malermeister, der in Bad Doberan ansässig war, hatte gegen seine Umsetzung nichts grundsätzliches einzuwenden, ihm war in Doberan eine Arbeit zugewiesen, die er gerne übernehmen wollte.[516]

Doch meist war die neue Arbeitsstelle der wunde Punkt. Natürlich sollte wie bei den vorherigen Aktionen jedem Beschäftigten, der für eine Umsetzung vorgesehen war und deshalb entlassen wurde, ein neuer Arbeitsplatz nachgewiesen werden. Tatsächlich jedoch verlief die ganze Aktion wenig geplant und so überstürzt, daß die Kreise, welche die durch die Großbetriebe Entlassenen unterbringen sollten, überfordert waren und nicht genügend Arbeitsplätze zur Verfügung stellen konnten.[517] Unter den Entlassenen befanden sich zahlreiche Facharbeiter, es scheint, daß die Werftleitung eine partielle Veränderung der Struktur der Belegschaft anstrebte.[518] Nicht nur

---

514 Ebenda, Rep. 242, A/203, Kathrin Möller, Geschichte der Warnemünder Warnowwerft a.a.O., S. 207-211. Vgl. auch die Zahlen zur Belegschaftsentwicklung in der Neptunwerft.
515 LA Greifswald, Rep. 242, A/203 und Archiv NIR, L3a/1359. Unter den umgesetzten Beschäftigten befanden sich nur 24 Angestellte, obwohl die Maßgabe anders gelautet hatte.
516 Archiv NIR, L3a/824.
517 LA Greifswald, BPA SED Rostock, BL, IV/2/5/634.
518 Archiv NIR, L3a/1339.

im Einzelfall wurden Arbeitern die Arbeitspapiere einfach nach Hause geschickt, ohne daß zuvor mit ihnen gesprochen worden wäre und ihnen eine neue Stelle nachgewiesen wurde.[519] Die Werften und andere Großbetriebe waren offensichtlich froh, sich überzähliger Arbeitskräfte entledigen zu können, und es fehlten den Betriebsleitungen Erfahrungen im Umgang mit Massenentlassungen. Ob überhaupt Kündigungsfristen eingehalten worden sind, scheint zweifelhaft. Wurde gleich mit den Entlassungspapieren eine neue Stelle angeboten, waren etliche dieser Stellen eine Zumutung, denn der dort zu erarbeitende Lohn kam bei weitem nicht an den Verdienst in der Werft heran. Viele Arbeiter mußten den finanziellen Verlust jedoch hinnehmen.

Vor allem mit den Arbeitern unter den Belegschaftsangehörigen kam es bei allen drei Kampagnen zur Arbeitskräftereduzierung zu Konflikten, in die mehr Beschäftigte einbezogen waren als die unmittelbar Betroffenen. Die Entlassungen führten zu einer tiefen Verunsicherung, die bei der Aktion »Industriearbeiter auf's Land« einen Höhepunkt erreichte. Massiv sahen Arbeiter eine drohende Arbeitslosigkeit in der Industrie auf sich zu kommen und fürchteten, man wolle sie deshalb »aufs Land verfrachten«.[520] In Mitgliederversammlungen der SED häuften sich seit Jahresanfang 1954 Anfragen, ob es in der Neptunwerft Entlassungen geben werde. Viele Gerüchte über Entlassungsabsichten und anderweitig angebotene Arbeitsmöglichkeiten, z.B. beim Bergbau in Aue, kursierten. Als Hintergrund für mögliche Entlassungen wurde gewöhnlich ins Kalkül gezogen, daß in der Werft zuviel Menschen arbeiteten.[521] In der Warnemünder Warnowwerft war die Situation offenbar nicht grundlegend anders, dort sorgten in den letzten Wochen des Jahres 1954 das 21. Plenum der SED und ein Artikel von Karl Mewis für Diskussionen unter den

---

519 Auch dem Doberaner Malermeister waren die Einlassungspapiere auf diese Art in die Hände gekommen. Er fand es nicht richtig, meinte, man könne es dem Kollegen, der von der Umsetzung betroffen sei, ruhig einige Tage vorher mitteilen. Wenn man einige Jahre im Betrieb gewesen sei und plötzlich die Eröffnung bekäme, man brauche nicht wieder zu kommen, so sei diese Handlungsweise unfair. Vgl.: Archiv NIR, L3a/824.
520 LA Greifswald, BPA SED Rostock, BL, IV/2/5/630.
521 Ebenda, GO Ro.-Stadt, IV/7/029/185, ebenda, IV/7/029/187 und ebenda, IV/7/029/237.

Arbeitern und schürten die Angst vor Massenentlassungen.[522] Es ist schon etwas erstaunlich, daß sich Entlassungsängste gerade bei der Aktion »Industriearbeiter auf's Land« zuspitzten.[523] Eine Erklärung dafür mag u.a. in der langen Dauer zu finden sein. Die beiden anderen Aktionen beschränkten sich jeweils auf wenige Monate und nach den Entlassungen bewegte sich der Werftalltag wieder im gewohnten Gleis. Durch die Umsetzungen in den ersten Monaten des Jahres 1957 scheinen die Arbeiter und Angestellten der Werft förmlich überrumpelt worden zu sein, anders als sonst üblich fehlten lange Diskussionen vorab, und der Widerstand konzentrierte sich auf Versuche zur Abwehr der Entlassung durch die Betroffenen. Ob im Vergleich zu 1951 durch die Wirkung des Arbeitsgesetzes schon ein Wandel hin zu einem größeren Sicherheitsgefühl eingetreten war, muß nach der Quellenlage offen bleiben.

Entlassungsängste wurden aus mehreren Quellen gespeist. Eine Rolle spielten teils selbst gemachte, teils vermittelte Erfahrungen aus der Vorkriegszeit mit Arbeitslosigkeit, das Erleben von Arbeitsplatzknappheit in den ersten Nachkriegsjahren sowie schließlich beschränkte Einblicke in die Arbeitsmarktsituation in Westdeutschland.[524] Längst hatte sich außerdem herumgesprochen, daß eine so gut entlohnte Stelle wie der Werftarbeitsplatz anderswo kaum zu bekommen war. Auch wurde im Verlust des Werftarbeitsplatzes eine Degradierung und ein Abschieben auf einen minderwertigen Arbeitsplatz mit geringeren fachlichen Anforderungen gesehen. So erklärt sich, daß trotz der in etlichen Fällen gemachten Angebote neuer Stellen die Besorgnis vor der Entlassung aus der Werft blieb. Unge-

---

522 Kathrin Möller, Geschichte der Warnemünder Warnowwerft, a.a.O., S. 208.
523 Die Bedingungen dieser Aktion waren vergleichsweise günstig. Beispielsweise sollte nach einem Beschluß des Ministerrates der DDR vom 4. Februar 1954 für diejenigen, die aufs Land gingen, für sechs Monate eine Überbrückung zwischen dem bisherigen und dem neuen Verdienst gezahlt werden. Wenn keine Wohnung nachgewiesen werden konnte, sollte bis zu zwölf Monaten ein Trennungsgeld gezahlt werden. Für die Umzugskosten gab es eine Entschädigung. AHR, 2.10.3.2.4456.
524 Bei einer Aussprache über seine beabsichtigte Umsetzung im Februar 1957 faßte ein Arbeiter aus der Vormontage diese Position in den Worten zusammen, es sei alles egal, ob die Kapitalisten, die Nazis oder die Kommunisten an der Regierung seien, sie machten doch mit den Arbeitern was sie wollten. Vgl.: Archiv NIR, L3a/816.

nügende, wenig präzise, gelegentlich sogar falsche Informationen über die beabsichtigten Maßnahmen zur Reduzierung der Belegschaftsstärke seitens der Werftleitung bzw. der zuständigen Stellen trugen wie das oft fehlende Fingerspitzengefühl der Verantwortlichen zur Schürung von Ängsten bei.[525] Angesichts der Zahlen der mit den drei Kampagnen tatsächlich Entlassenen scheint es so, daß die Bedrohung stärker empfunden wurde, als sie war. Und das ist wohl nur mit der jahrzehntelangen Erfahrung von Arbeitslosigkeit erklärbar.

Das Verhalten von Arbeitern zu den Entlassungen bzw. Umsetzungen ergibt sich in einem gewissen Maße daraus, daß sich eigentlich nur eine Gruppe von Arbeitskräften ernsthaft Sorgen um ihren Werftarbeitsplatz machen mußte: die Auswärtigen. Von allen drei Kampagnen waren diejenigen Arbeiter - und, wenn auch nicht in der gleichen Weise, diejenigen Angestellten - betroffen, deren Familien nicht in Rostock wohnten. Neben der Reduzierung der Belegschaftszahl sollten die für die Werften finanziell belastenden Trennungsgeldzahlungen eingeschränkt werden. Auf den »Vorschlagslisten« für die Umsetzungen im Frühjahr 1957 standen fast ausschließlich die Namen von auswärtigen Beschäftigten. Die meisten hatten aber angegeben, über keine landwirtschaftlichen Kenntnisse zu verfügen. Gesondert erfaßt wurden auch diejenigen, die in Rostock wohnten und landwirtschaftliche Kenntnisse hatten.[526] Die Anfertigung von Namenslisten war auch bei den anderen Aktionen eine gebräuchliche Verfahrensweise, die jedesmal heftige Diskussionen unter den Arbeitern hervorrief und Auslöser von Gerüchten war. Die Existenz solcher Listen wurde von den Arbeitern vermutet, von den Werft-, Partei- und Gewerkschaftsleitungen weder offen zugegeben noch klar dementiert.[527]

Sowie bekannt war, daß auf den Listen für Umsetzungen und Entlassungen wieder die auswärtigen Kollegen standen, bildeten

---

525 Wobei die Werftleitung zumindest über die letzte der drei Kampagnen, die Umsetzung 1957, offenbar auch erst in letzter Minute informiert worden ist..
526 Für die Aktion »Industriearbeiter auf's Land«: Archiv NIR, K6/65 und AHR, 2.10.3.2.4475, für 1957: LA Greifswald, Rep. 242, A/203. Auf gesonderten Listen wurden diejenigen erfaßt, die sich freiwillig gemeldet hatten, um in die Landwirtschaft zu gehen.
527 LA Greifswald, BPA SED Rostock, KL Ro.-Stadt, IV/4/07/497.

sich zwei Lager heraus, deren Interessenlage deutlich voneinander abwich. Insofern war die Reaktion der Arbeiter auf die von der Werftleitung beabsichtigten und eingeleiteten Maßnahmen zwiespältig. Sie reichte von ausdrücklicher Befürwortung über stille Akzeptanz und auch Gleichgültigkeit Unbetroffener bis zu lautstarkem und nachdrücklichem Protest und Widerspruch. Die meisten Rostocker waren mit den Maßnahmen der jeweiligen Aktion einverstanden und meinten, Schritte zur Reduzierung der Belegschaftszahlen hätten angesichts des Arbeitsmangels bereits zeitiger eingeleitet werden müssen.[528]

Die auswärtigen Arbeiter reagierten grundlegend anders. Ohne Zweifel bedeutete ihnen der Werftarbeitsplatz wesentlich mehr als irgendein anderer. Für diesen Arbeitsplatz nahmen sie die Strapazen eines langen Arbeitsweges bzw. die Trennung von der Familie während der Woche in Kauf. Sie fühlten sich als Werftarbeiter, als Arbeiter in einem Industriebetrieb in der Stadt, und aus ihrer Sicht trennte sie sehr viel von einem Landarbeiter. Das Wohnen auf dem Lande bzw. in einer Kleinstadt im Umfeld Rostocks war keineswegs von allen gewollt, es hatte sich angesichts der katastrophalen Wohnungsverhältnisse in Rostock so ergeben. Unter den Auswärtigen waren in größerer Anzahl ehemalige Flüchtlinge, die eine erneute Veränderung ablehnten, weil sie in der Werft heimisch geworden waren. Einem Informationsbericht von Ende Februar 1957 ist zu entnehmen, daß sich ein Kollege zum Sprachrohr anderer mit der Äußerung gemacht habe: ich gehe nicht, denn ich habe mir hier in der Werft eine zweite Heimat geschaffen, eine dritte suche ich mir nicht.[529] Manche der auswärtigen Beschäftigten waren Mitglied der Arbeiterwohnungsgenossenschaft geworden, hatten begonnen, die Aufbaustunden zu leisten und Geld einzuzahlen und machten sich auf absehbare Zeit Hoffnung auf eine vergleichsweise komfortable Wohnung in Rostock. Andere schätzten die Vorzüge der ländlichen Wohnweise und betrieben mit Unterstützung ihrer Ehefrauen einen bescheidenen landwirtschaftlichen Nebenerwerb.[530] Landarbeiter

---

528 Ebenda, GO Ro.-Stadt, IV/7/029/241 und Archiv NIR, L3a/816.
529 LA Greifswald, BPA SED Rostock, GO Ro.-Stadt IV/7/029/241.
530 An der oberen Grenze einer solchen Wirtschaft bewegte sich die von Ernst Heim, der in einem Dorf in unmittelbarem Umfeld Rostocks ein Haus besaß und zwei

wollten sie deshalb noch lange nicht sein. Diejenigen, die fürchteten, entlassen oder umgesetzt zu werden, führten bei ihren Ablehnungen zuallererst an, daß sie Facharbeiter seien, Schiffbauer, Elektriker oder anderes und nicht auf dem Lande arbeiten würden.[531]

Die meisten Nachrichten über individuelle Reaktionen der von Umsetzungen oder Entlassungen Betroffenen haben sich für das Jahr 1957 erhalten. Eine dominierende Seite des Protestes und Widerstandes bestand in der Drohung, in den Westen zu gehen; statt aufs Land, wolle man lieber zu Adenauer.[532] Heinz Moll aus Schwaan, der zu seinem Werkstattleiter sagte, wenn er unter den Umzusetzenden wäre, könne man ihm gleich eine Fahrkarte in den Westen geben, stand mit dieser Forderung nicht allein. Etliche Arbeiter verlangten in ihrer Wut, Verbitterung und Verzweiflung über das erzwungene Aussscheiden aus der Werft eine Fahrkarte und legalen Verzug in den Westen.[533] Wenn auch vermutlich etliche diesen unsicheren Schritt scheuten, handelte es sich, wie die Zahlen über Republikfluchten belegen, keineswegs um leere Drohungen. Mit 254 lag die Anzahl der Republikfluchten von Beschäftigten der Neptunwerft im Jahre 1957 deutlich über denen der nachfolgenden Jahre.[534] Exakt belegt ist der Zusammenhang zwischen Umsetzungen und Repu-

---

Milchkühe, drei Schweine und etliche Hühner hielt. Er arbeitete seit 1940 in der Neptunwerft und lehnte es strikt ab, hauptberuflich in der Landwirtschaft zu arbeiten. LA Greifswald, Rep. 242, A3/191.
531 Archiv NIR, L3a/824.
532 LA Greifswald, BPA SED Rostock, KL Ro.-Stadt, IV/4/07/497.
533 Archiv NIR, L3a/816 und L3a/824.
534 1958: 83 Beschäftigte; 1959: 47 Beschäftigte; 1960: 46 Beschäftigte. Archiv NIR, L3a/1359 (für 1957-1959) und L3a/1339 (für 1960). In den anderen Werften sah es ähnlich aus, auch dort stiegen nach Beginn der Umsetzungsaktion die Zahlen der Republikfluchten, besonders krass in der Mathias-Thesen-Werft in Wismar. LA Greifswald, Rep. 238, Nr. 576.

blikfluchten allerdings nur in wenigen Fällen.[535] Eine andere Form des Protestes war massiv geäußerte Kritik am System der DDR.[536]

Daß mit solchen Protesten der Arbeitsplatz letztlich nicht zu halten war, stellte sich bald heraus. Arbeiter widersetzten sich individuell effektiver, indem sie der Umsetzung zuvorkamen und sich zur rechten Zeit nach einer neuen Arbeitsstelle umsahen. Während der Aktion »Industriearbeiter auf's Land« sprachen Arbeiter von einer »Verkrümelungstaktik«, die begonnen habe, um so dem Einsatz in der Landwirtschaft zuvor zu kommen.[537] Einige waren zwar dem Druck der fortwährenden Werbung, aufs Land zu gehen, erlegen und hatten eine »Verpflichtungserklärung« geschrieben, sie jedoch so abgefaßt, daß man sie eigentlich nicht in der Landwirtschaft einsetzen konnte. Was sollte schließlich ein Industriearbeiter in der Landwirtschaft, der glaubhaft versicherte, keinerlei landwirtschaftliche Kenntnisse zu haben?[538] Bei der Umsetzungsaktion 1957 wurde auf fehlende landwirtschaftliche Kenntnisse keine Rücksicht mehr genommen, zumal es nicht ausschließlich, wohl nicht einmal mehr in erster Linie, um einen Einsatz in der Landwirtschaft ging. Einige hofften, mit einer Eingabe die Entlassung aus der Werft abwenden zu können.[539]

Die Rostocker solidarisierten sich nur ausnahmsweise mit ihren auswärtigen Kollegen. In der Schlosserei, wo man die Umsetzung

---

535 Bei der Umsetzungsaktion wird als sicher angenommen, daß bis zum 23. März 1957 drei Angehörige der Neptunwerft wegen der Umsetzungen republikflüchtig wurden. Vgl.: LA Greifswald, BPA SED Rostock, GO Ro.-Stadt, IV/7/029/241. Kathrin Möller, Geschichte der Warnemünder Warnowwerft, a.a.O., S. 210 gibt für die Warnowwerft an, daß von ca. 630 umgesetzten Kollegen mindestens 17 nach Westdeutschland gingen.
536 Archiv NIR, L3a/824. Beispielsweise soll ein Arbeiter zu seinem Brigadier gesagt haben: »*Wenn von euch noch einmal einer von Demokratie redet, dem spucke ich ins Gesicht*«.
537 LA Greifswald, BPA SED Rostock, GO Ro.-Stadt, IV/7/029/237.
538 Ebenda, BL, IV/2/5/658.
539 LHA Schwerin, MfS, Nr. 759 enthält den Fall eines Rohrschlossers der Volkswerft Stralsund, der 1951 die Werft verlassen und in einer Kiesgrube arbeiten sollte, der als letzten Versuch sich mit einer Eingabe an das Arbeitsministerium Schwerin wandte. Hinweise auf Eingaben von Arbeitern der Neptunwerft wegen der beabsichtigten Umsetzung gibt es in Archiv NIR, L3a/824. Nach LA Greifswald, Rep. 242, A/203, beschwerten sich drei Arbeitskräfte wegen ihrer Umsetzung beim Präsidenten der DDR mit einer Eingabe.

1957 grundsätzlich für richtig hielt, meinte man, Kollegen, die zehn und mehr Jahre im Betrieb beschäftigt seien, sollten nicht gleich als erste entlassen werden. Frauen sprachen sich für den Verbleib ihrer verwitweten Kolleginnen in der Werft aus.[540] In den Jahren der Aktion »Industriearbeiter auf's Land« gab es wiederholt so arbeitsintensive Phasen, daß Werkstattleiter und Parteisekretäre in Abteilungen, Werkstätten, Gewerken sich wegen des akuten Arbeitsanfalls weigerten, die Aktion zu unterstützen. Sie meinten dann, keinen Mann abgeben zu können, weil zuwenig Arbeitskräfte vorhanden seien.[541] Grundsätzlich jedoch hatten die von Entlassungen und Umsetzungen bedrohten auswärtigen Kollegen keine Lobby. Die SED-Betriebsorganisation und die Gewerkschaft standen hinter den Maßnahmen. Auch SED-Mitgliedschaft schützte nicht vor Umsetzung.

Maikundgebung 1959. Der Demonstrationszug der Neptun-Belegschaft auf dem Ernst-Thälmann-Platz in Rostock wird von einem als Schiffsaufbau gestalteten Lastwagen angeführt, auf dem vermerkt ist, daß in den ersten vier Monaten des Jahres 35,6 Prozent des Jahresplanes bereits erfüllt worden seien. (Photo: Archiv NIR)

---

540 Archiv NIR, L3a/816 und L3a/824.
541 Ebenda, K6/65.

Kapitel 8

Das außerbetriebliche Milieu der Neptunwerft

1. Wohnverhältnisse

Wohnungsnot, Bevölkerungsentwicklung und Zwangsbewirtschaftung

In Rostock herrschte spätestens seit der Mitte der 1930er Jahre Wohnungsnot. Das schon seit Jahrzehnten bestehende strukturelle Wohnungsdefizit hatte nicht behoben werden können.[1] Die Bautätigkeit während der Weimarer Republik blieb hinter der grandiosen Planung zurück. Auch die Förderung des Wohnungsbaus durch die Heinkel- und die Aradowerke bzw. der Bau städtischer Wohnungen für diese beiden Luftrüstungsunternehmen befriedigte die Nachfrage bei weitem nicht. Die Bautätigkeit blieb hinter dem vorrangig durch den Flugzeugbau ausgelösten Bevölkerungszuwachs zurück. Erst im März 1935 Großstadt geworden, zählte man in Rostock bereits im Juni 1939 123.953 Einwohner.[2] Viele Arbeitskräfte pendelten in die Rostocker Betriebe. Im Jahre 1940 lebten ca. 1.100 verheiratete Beschäftigte der Heinkel-Werke von ihren Familien getrennt. Dabei wurden sowohl die Heinkel- als auch die Arado-Werke bei der Wohnungsvergabe deutlich bevorzugt. 1939 bis 1942 hatte die Stadt 1.325 Zugänge an Neubauwohnungen, die beiden Flugzeugbau-Unternehmen erhielten davon mindestens 1.080.[3]

Den Luftangriffen auf Rostock in den Nächten vom 23. bis 27. April 1942 und in den Bombennächten 1943 fielen neben gotischen Kirchen und weiteren Baudenkmalen, zahlreiche öffentliche und ge-

---

1   Das war kein Rostocker Phänomen. Vgl. dazu: Günther Schulz, Kontinuitäten und Brüche in der Wohnungspolitik von der Weimarer Zeit bis zur Bundesrepublik, in: Hans-Jürgen Teuteberg (Hrsg.), Stadtwachstum, Industrialisierung, Sozialer Wandel. Beiträge zur Erforschung der Urbanisierung im 19. und 20. Jahrhundert, Berlin (West) 1986, S. 135-173.
2   AHR, 2.10.3.1.4958.
3   Inge Wendt, Zur Entwicklung der Stadt Rostock im zweiten Weltkrieg 1939 bis 1945, Phil. Diss. Uni. Rostock, 1990, S. 82.

Kapitel 8: Das außerbetriebliche Milieu der Neptunwerft   583

werbliche Gebäude sowie vor allem viele Wohngebäude zum Opfer.[4] Nach einer Erhebung der Stadtverwaltung im Sommer 1945 zerstörten die Luftangriffe auf Rostock 24,7 Prozent der Wohnhäuser mit knapp 6.000 Wohnungen, hinzu kamen gut 9.000 teilweise beschädigte Wohnungen.[5] Rostock gehörte neben Wismar und Stralsund zu den besonders stark zerstörten Städten im Norden Ostdeutschlands. In allen drei Städten überstanden nur zwischen 50 und 60 Prozent der Wohnungen die Bombenangriffe unbeschadet.[6] In diesen und den leichter beschädigten Wohnungen drängten sich die Menschen. In Rostock entspannte weder die Flucht einiger ausgebombter Rostocker Familien aufs Land oder in andere, noch nicht betroffene Städte, noch der Rückgang der Anzahl der Erwerbstätigen - vor allem als Folge der Produktionsverlagerungen der Rüstungsbetriebe - die Lage auf dem Wohnungsmarkt. Die Wohnungsnot war und blieb groß, viele Wohnungsanträge von Ausgebombten, aber auch solche aus der Zeit vor April 1942 konnten bis Kriegsende nicht erledigt werden.[7] Außerdem wurden zum Kriegsende Bombenopfer aus anderen Städten nach Rostock evakuiert.

---

4   Zu den Luftangriffen auf Rostock siehe: Olaf Groehler, Rostock im Luftkrieg (1941-1944), in: Beiträge zur Geschichte der Stadt Rostock, N.F. 9, 1988, S. 17-40. Nach Groehler, S. 25, war Rostock die seinerzeit schwerstzerstörte deutsche Stadt. Der damit verbundene Schock mag auch erklären, daß die Erhebung der Schäden an Wohngebäuden nicht sehr genau vorgenommen wurde und die Angaben über die Verluste schwanken.
5   Karl-Friedrich Raif, Zerstörungen durch Luftangriffe von 1941-1945, in: Sozialistisches Rostock 1, 1972, S. 26-27. Diese Zahlen tauchen auch in anderen wissenschaftlichen Arbeiten auf, z.B.: Gerda Grammdorf, Zur dynamischen Veränderung der sozialen Struktur in der Stadt Rostock im Prozeß des Aufbaus des Sozialismus in den Jahren 1945 bis 1970, Phil. Diss. Uni. Rostock 1972, S. 108, Tabelle 28. Mit diesen Zahlen wird auch in einem aus dem Jahre 1961 stammenden Aktenstück zur städtebaulichen Entwicklung operiert. Vgl.: AHR, 2.10.3.1.4958. Eine Erhebung des Ministeriums für Wirtschaft in Schwerin über Kriegsstörungen setzt die Anzahl der total zerstörten Wohnungen etwa in der gleichen Höhe an, die aller beschädigten hingegen erheblich niedriger. Abgesehen von den vielen Korrekturen, die in der Erhebung vorgenommen wurden, mag die Abweichung mit der inzwischen erfolgten Instandsetzung von Wohnungen zusammenhängen, die Quelle stammt aus dem Jahre 1947. Vgl.: LHA Schwerin, Ministerium f. Wirtschaft, Nr. 4603.
6   LHA Schwerin, Ministerium für Wirtschaft, Nr. 4603.
7   AHR, 2.00.5.2.1120, Rückseiten.

Nach dem Krieg verschärfte sich die Wohnungssituation erneut, das hing in erster Linie mit der Bevölkerungsentwicklung zusammen, die dem Wohnungsbau weit davon lief. Zwar war die Einwohnerzahl gegenüber dem Vorkriegsstand zunächst gesunken, sie lag unmittelbar bei Kriegsende wohl bei knapp unter 100.000, doch der Wiederanstieg war u.a. wegen der Flüchtlingsströme, die Rostock erreichten, nur eine Frage der Zeit. Am 1. Januar 1948 beherbergte die Stadt Rostock ca. 30.000 Flüchtlinge, Vertriebene und Umsiedler. Das waren etwa 24 Prozent der Einwohner. Dieser für Mecklenburg vergleichsweise niedrige Anteil resultierte aus der starken Zerstörung der Stadt. Im unversehrt gebliebenen Greifswald lebten zum gleichen Zeitpunkt etwas mehr Flüchtlinge als Einheimische.[8] Die Einwohnerzahl in Rostock erhöhte sich von 116.960 Menschen bei der Volkszählung im Oktober 1946 auf 158.630 am Ende des Jahres 1960.[9] Das Wachstumstempo der Einwohnerzahl wurde von keiner anderen Großstadt der DDR auch nur annähernd erreicht.[10] Die Schwierigkeiten, der Bevölkerung Wohnraum zu bieten, führten zu Zuzugsbeschränkungen nach Rostock und Ende der 1940er, und Anfang der 1950er Jahre zur Aussiedlung nichtberufstätiger Menschen bzw. nicht in Schwerpunktbetrieben arbeitender und ihrer Familien.[11] Diese Zwangsausquartierungsverfahren, durch die vorrangig Unterbringungsmöglichkeiten für die neuen Arbeiter, darunter die

---

8 LHA Schwerin, MfS, Nr. 2199. Im zerstörten Stralsund betrug der Anteil der Umsiedler etwa 25%, im gleichfalls zerstörten Wismar lag er dagegen bei etwa 34%, was zur Folge hatte, daß dort die Wohnraumsituation besonders katastrophal war.
9 AHR, 2.10.3.1.4958.
10 Zwischen 1950 und 1966 stieg die Bevölkerungszahl in Rostock auf knapp 134%, in Magdeburg während der gleichen Zeit auf knapp 109%, in Dresden, Erfurt und Karl-Marx-Stadt erreichte die Bevölkerungszahl etwas über 100%, in den anderen Städten, in denen 1950 mehr als 100.000 Einwohner lebten, das waren Leipzig, Halle, Potsdam und Zwickau, sank die Bevölkerungszahl. Auch den längeren Zeitraum zwischen 1936 und 1966 betrachtend, rangierte Rostock hinsichtlich des Wachstums der Einwohnerzahl weit an der Spitze. Vgl. dazu: Oswald Kleinpeter, Zur Dynamik der sozialökonomischen Struktur der Stadt Rostock in den Jahren 1945 bis 1966, Diss. oec. Uni. Rostock 1969, S. 22, Tabelle IV. Vgl. auch: Siegfried Grundmann, Ungleiche Regionen (Ost), in: Peter Marcuse, Fred Staufenbiel (Hrsg.), Wohnen und Stadtpolitik im Umbruch. Perspektiven der Stadterneuerung nach 40 Jahren DDR, Berlin 1991, S. 117-133, hier: S. 119, Tabelle 1.
11 LHA Schwerin, MfS, Nr.2230.

Werftarbeiter, geschaffen werden sollten, sind auf heftigen Widerstand der Betroffenen gestoßen.[12]

Der Bevölkerungszuwachs resultierte neben der Aufnahme von Flüchtlingsfamilien aus der Wanderungsbewegung und dem natürlichen Zuwachs. Der Aufbau der beiden großen Werften und weiterer Betriebe zog über die Dienstverpflichteten hinaus weitere Arbeitskräfte an. Viele dieser Arbeitskräfte waren junge Leute und erst seit kurzem verheiratet, bzw. sie schritten überhaupt erst in Rostock zur Eheschließung. Das natürliche Bevölkerungswachstum erklärt sich aus einem niedrigen Heiratsalter und der Geburt von Kindern im teils sehr jungen Erwachsenenalter. Rostock hatte dementsprechend eine sehr junge Bevölkerung. Im Jahre 1957 betrug das Durchschnittsalter 34 Jahre. Die Stadt wies im Vergleich mit den anderen Großstädten der DDR den höchsten Anteil von Kindern und Jugendlichen unter 15 Jahren und den niedrigsten Stand der Altersrentner auf. Unter den zwölf größten Städten der DDR hatte Rostock mit 21,1 Geburten auf 1.000 Einwohner die höchste Geburtenziffer. Die Geburtenrate lag weit über der Sterberate.[13]

Zur Verschärfung der Wohnungssituation in der Nachkriegszeit trug bei, daß die sowjetische Besatzungsmacht zumindest für ihre Offiziere Wohnraum beanspruchte. Da die Wohngegenden wechselten, wiederholten sich Umquartierungen der deutschen Bevölkerung.[14] Außerdem mußten städtische Verwaltungen in Wohnungen untergebracht werden. Neben den Kriegsverlusten machte sich sehr bemerkbar, daß Rostock als ehemalige Territorialstadt, die über Jahrhunderte ihre Freiheit gegenüber der Landesherrschaft weitgehend bewahren konnte, nicht reich an Verwaltungsgebäuden war.

Da der Wohnungsneubau erst in den späten 1940er Jahren einsetzte, blieb außer der Bewohnbarmachung leicht beschädigten

---

12 Ebenda. Der Oberbürgermeister der Stadt Rostock und der Antifaschistische Block hielten, wie aus dem Protokoll einer Antifa.-Blocksitzung am 23.3.1949 zu entnehmen ist, die Aussiedlung von Teilen der Bevölkerung »*für sehr bedenklich*«. Vgl.: AHR, 2.00.5.2.1104. In einem Schreiben des Oberbürgermeisters der Stadt Rostock an die Schweriner Landesregierung vom 26.11.1949 heißt es, diese Ausquartierungen seien unter dem Druck der Verhältnisse vorgenommen. Vgl.: LHA Schwerin, MdI, Nr. 2725.
13 AHR, 2.10.3.1.4958.
14 Ebenda, 2.00.5.2.1122.

Wohnraums und der Aufstellung von Baracken, die Wohnungszwangsbewirtschaftung unausbleiblich. Nur sie öffnete die Chance, die Familien der Flüchtlinge, Vertriebenen und Umsiedler in Rostock überhaupt unterzubringen. Durch Wohnungsbegehungen sollte eine möglichst gleichmäßige und gerechte Aufteilung des vorhandenen Wohnraums erreicht werden. Naturgemäß beschränkte sich die Erfassung von Wohnraum auf einzelne Zimmer. Leere, bewohnbare Wohnungen ließen sich nirgends auftreiben. Eine erste Phase der Unterbringung der sogenannten Neubürger war in Rostock im Dezember 1946 im wesentlichen abgeschlossen.[15]

In Verbindung mit dem Werftenprogramm sowie dem Aufbau weiterer Betriebe in der Stadt fanden 1949 erneut Wohnungsbegehungen statt.[16] Die Betriebe der Stadt stellten zwischen dem 1. Januar 1949 und dem 20. November des gleichen Jahres rund 12.000 Arbeiter ein, die bei weitem nicht alle in Rostock wohnten oder die Betriebe in der Stadt als Tagespendler erreichen konnten.[17] Nach Wohnungsbegehungen konnten ca. 6.250 Arbeiter untergebracht werden, häufig mehrere in einem möblierten Zimmer. Weitere ca. 5.750 Arbeiter mußten mit Schlafstellen, Massenquartieren bzw. Wohnraum außerhalb von Rostock und Warnemünde Vorlieb nehmen. Alle Hotels waren belegt. Die verheirateten Arbeiter, welche die Absicht hegten, in Rostock ansässig zu werden, konnten zunächst an den Nachzug der Ehefrauen bzw. Familien nicht denken. Allein in der Neptunwerft und in der Warnowwerft lebten rund 1.600 Arbeiter getrennt von ihren Familien. Ohne Berücksichtigung der Industriearbeiter belief sich die Zahl der Wohnungssuchenden in Rostock Ende November 1949 immerhin noch auf etwa 2.900, darunter waren 120 Familien, in welchen mindestens ein Angehöriger schwer an Tuberkulose litt. Außerdem hatte die Rostocker Universität Anfang 1946 den Lehrbetrieb wieder aufgenommen und die auswärtigen Studentinnen und Studenten bewohnten oder suchten möblierte Zimmer.[18] Angesichts dieser Verhältnisse konnte einer für den November 1949 anberaumten weiteren Wohnungsbegehung nur ein

---

15   LHA Schwerin, MfS, Nr. 2200.
16   Ebenda, Nr. 2230.
17   Diese und die folgenden Zahlen nach: LHA Schwerin, MfS, Nr. 2230.
18   AHR, 2.00.5.2.1122.

Mißerfolg beschieden sein. Den wenigen dennoch erfaßten Zimmern bzw. Bodenkammern fehlten fast ausnahmslos Heiz- und Kochmöglichkeiten. Obwohl inzwischen auch das Landeswohnungsamt in Schwerin die Hoffnung auf die Erfassung weiterer Zimmer in Rostock aufgegeben hatte, fanden im Jahre 1950 wiederum Wohnraumbegehungen statt, die erwartungsgemäß fast gänzlich erfolglos blieben.[19]

Die Wohnverhältnisse waren also in der zweiten Hälfte der 1940er Jahre in Rostock wie in den anderen Werftstädten Mecklenburg-Vorpommerns äußerst beengt. Pro Kopf der Einwohner sollen in Rostock am 30. September 1946 6,8 Quadratmeter und am 31. Dezember 1947 nur 6,0 Quadratmeter zur Verfügung gestanden haben.[20] Nach einem offenbar durch das Rostocker Wohnungsamt angelegten, leider undatiertem, mit einiger Sicherheit aus dem Jahre 1946 stammenden handschriftlichem Verzeichnis, schwankte die Wohnfläche pro Bewohner um den für 1946 gegebenen Durchschnittswert, nur in den Villengegenden und einigen Straßenzügen mit Häusern aus der Gründerzeit lag die Quadratmeterzahl wegen der Größe der einzelnen Zimmer darüber.[21] Die Schwankungsbreite der Quadratmeterzahl pro Einwohner stellte sich als geringfügig heraus, eine Egalisierung der Rostocker Bevölkerung hinsichtlich der zur Verfügung stehenden Wohnfläche war die Folge. Diese Angleichung war hauptsächlich durch die Einweisung von Untermietern, aber auch durch erzwungene Umzüge erreicht worden. Mehr als andere Personengruppen trafen Umquartierungsmaßnahmen alleinstehende, oft ältere Frauen, die sich trotz Untervermietung von Räumen ihrer Wohnung dem Umzug in ein Zimmer mit Küchenbenutzung beugen mußten. Zumeist hatte permanentes Drängen ihrer Untermieter bei den zuständigen Behörden sie in diese Situation gebracht.[22] Solidarität war in der Notzeit natürlich nicht allgemein zu erwarten.

---

19 Ebenda, 2.00.5.2.1129.
20 LHA Schwerin, MfS, Nr. 2199.
21 AHR, 2.00.5.2.1120. Straßenweise wurde Haus für Haus die Quadratmeterzahl der Wohnfläche und die Anzahl der dort wohnenden Menschen notiert.
22 Ebenda, 2.00.5.2.1122.

In den ersten Nachkriegsjahren gab es hinsichtlich des Wohnraums generell keine irgendwie begünstigten Personen. Das änderte sich Ende der 1940er/Anfang der 1950er Jahre. Als Beschäftigte in einem Schwerpunktbetrieb gehörten die Arbeiter der Neptunwerft bei allen Schwierigkeiten, die in zahlreichen Einzelfällen bei der Versorgung mit Wohnraum auftraten, prinzipiell dazu. Das zeichnete sich schon zum Jahresende 1947 ab. Bei Verhandlungen zwischen dem Rostocker Oberbürgermeister Schulz, dem Bürgermeister Petschow sowie Stadtrat Westphal auf der einen Seite und dem sowjetischen Generaldirektor Faifer, den deutschen Direktoren Franz und Krüger sowie dem Betriebsratsvertreter Radtke auf der Seite der Neptunwerft wurde u.a. festgelegt, daß die Stadt für etwa zehn Jahre der Werft 169 Wohnungen, die sich mit verhältnismäßig wenig Aufwand herrichten ließen, abtreten wollte. Rostocks Oberbürgermeister war damit einverstanden, daß auf die sonst übliche Wohnraumbeschränkung verzichtet und der Werft die Verteilung des Wohnraums überlassen werden sollte.[23] Die sowjetische Generaldirektion bzw. die SMA in Schwerin griffen auch in anderen Fällen ein, um die Wohnungsnot unter den Werftangehörigen zu lindern.[24]

In fast allen Wohnungen, die aus mehr als zwei Zimmern bestanden, lebten noch Anfang der 1950er Jahre Haupt- und Untermieter.[25] Wem mit der Familie eine kleine eigene Wohnung zur Verfügung stand, der konnte sich glücklich schätzen. In Rostock, wie auch in Wismar und Stralsund sowie zahlreichen anderen Städten überlagerte die allgemeine Wohnungsnot die schichtspezifische. Akuter Wohnungsmangel war eine gemeinsame Erfahrung der Nachkriegszeit. Die Menschen mußten nahe zusammenrücken. Abvermietungen führten zu einer ausgeprägten sozialen Durchmischung. Überall in der Stadt bauten Menschen, die verschiedenen Milieus angehörten, neue nachbarschaftliche Kontakte auf oder trugen Zwistigkeiten aus. Langjährige Nachbarschaften und Einbindungen in ein bestimmtes Milieu wurden nicht nur durch neue aufgebrochen und vielleicht überlagert, sondern durch kriegsbedingte Wohnungsverluste, Untervermietungen und Umquartierungen zerstört. Derartige Verhältnisse

---

23 Archiv NIR, K6/11.
24 Ebenda, K6/61.
25 AHR, 2.00.5.2.1117.

und Änderungen erwiesen sich nicht als beständig. Sie gehörten einer bestimmten Zeit an, waren erzwungen und künstlich herbeigeführt. In Hinsicht auf die Lebenswelt der konkreten historischen Zeit waren sie zwar die Normalität, im Vergleich des historisch Vorangegangenen und Folgenden jedoch der Sonderfall. Der Krieg war mit seinen Folgen tief in den Alltag eingedrungen. Dennoch ist es eher unwahrscheinlich, daß fehlende Differenzierungen beim Wohnen, wie auch die grundsätzlich alle treffende Mangelsituation bei Nahrungsmitteln und Konsumgütern Lebensstile vereinheitlicht haben.

Bautätigkeit und Wohnungszuweisungspolitik

In den ersten Nachkriegsjahren verwandten Rostockerinnen und Rostocker viel Kraft auf die Beseitigung der Trümmer sowie die notdürftige Reparatur leicht beschädigter Wohngebäude.[26] Der Bau neuer kommunaler Wohnungen begann im Jahre 1949 in der am stärksten zerstörten Altstadt, große Teile des Gebietes wurden im Verlauf der 1950er Jahre aufgebaut. Auch Lücken in den während der 1920er und 1930er errichteten Wohngebieten nordwestlich der Neptunwerft wurden frühzeitig geschlossen.[27] 1949 entstanden etwa 510, im darauffolgende Jahr 720 Wohnungen.[28] Im Jahre 1950 übergab außerdem die Neptunwerft Wohnungen in den ersten von ihr gebauten Häusern, die erforderlichen Grundstücke hatte die Stadt zuvor zu günstigen Bedingungen übertragen.[29] Fördernd wirkte sich auf den Wohnungsbau aus, daß Rostock zu jenen Städten der DDR gehörte, in denen seit 1953 mit dem Aufbau der Stadtzentren begonnen wur-

---

26 Ende 1949 waren über 8.000 der beschädigten bzw. zerstörten Wohnungen zum großen Teil durch Selbsthilfe wieder instand gesetzt. Vgl.: Martin Heyne, Die Errichtung der ökonomischen Grundlagen des Sozialismus in Rostock (1951 bis 1955), Phil. Diss. Uni. Rostock, 1966, S. 36. Aus solchen freiwilligen und unentgeltlichen Arbeitseinsätzen entstand das Nationale Aufbauwerk.
27 AHR, 2.10.3.1.4958.
28 Für 1949: LHA Schwerin, MfS, Nr. 2230, für 1950: AHR, 2.00.5.2.1117.
29 Archiv NIR, K6/61 und B/122.

de.[30] Unter Einschluß der im Rahmen des Nationalen Aufbauwerkes geleisteten Arbeitsstunden und gespendeten Mittel entstand u.a. die heute als Baudenkmal geschützte Lange Straße.[31]

1953 begann dann am nordwestlichen Stadtrand, im Anschluß an die aus den 1930er Jahren stammende Bebauung, der Wohnungsbau in Reutershagen I. Zum Ende der 1950er Jahre befand sich außerdem der Wohnkomplex Reutershagen II, in welchem erstmalig in Rostock die Großplattenbauweise angewandt wurde, in Bau. Die Planungen für zwei weitere Wohnkomplexe in städtischen Randgebieten waren weitgehend beendet.[32] Schließlich wurden im Verlauf der 1950er Jahre weitere kriegszerstörte Häuser instand gesetzt und etliche Dachgeschosse ausgebaut. Neben städtischen Wohnungen entstanden in steigender Anzahl die von den Arbeiter-Wohnungsbau-Genossenschaften (AWG) gebauten.[33] Die AWG bildeten sich seit Jahresende 1953.[34] Etliche der großen Betriebe der Stadt, aber auch die Universität, hatten ihre eigenen Wohnungsgenossenschaften. Die AWG-Mitglieder beteiligten sich mit umfangreichen Arbeitsleistungen und finanziellen Eigenleistungen am Wohnungsbau. Damit hatten sie die Chance, meist zeitiger als auf anderen Wegen zu einer vergleichs-

---

30 Siehe dazu auch Martin Heyne, Die Errichtung der ökonomischen Grundlagen, a.a.O., S. 107-119. Nach Heyne, S. 110, wurde das überdurchschnittliche Wachstum der Bevölkerung bei der Bauplanung berücksichtigt.

31 AHR, 2.10.3.1.4958, vgl. auch: Thomas Topfstedt, Städtebau in der DDR 1955 - 1971, Leipzig 1988, S. 99-102. Topfstedt setzt allerdings den Wiederaufbau des Stadtzentrums mit dem Baubeginn der Langen Straße an, was m.E. zu spät datiert ist.

32 AHR, 2.10.3.1.4958. Bei den Wohnungsbauten »auf der grünen Wiese« wurden selbstverständlich die notwendigsten Gesellschaftsbauten wie Schulen, Kindergärten und -krippen sowie Läden errichtet. Die vielleicht größte Folgeaufgabe des Wohnungsbaus war in Rostock die Wasserversorgung und Abwasserentsorgung. In der zweiten Hälfte der 1950er Jahre wurde mit der Erweiterung des Wasserwerkes und dem Neubau einer Kläranlage begonnen.

33 Hübners Einschätzung, nach der sich die AWG als tragfähige Lösung erwiesen, bestätigte sich auch in Rostock. Vgl.: Peter Hübner, Konsens, Konflikt und Kompromiß. Soziale Arbeiterinteressen und Sozialpolitik in der SBZ/DDR 1945-1970, Berlin 1995, S. 158.

34 Die Bildung fußt auf der Verordnung über die weitere Verbesserung der Arbeits- und Lebensbedingungen der Arbeiter und der Rechte der Gewerkschaften vom 10.12.1953. Vgl.: Fritz Arndt, »...es ist doch erforderlich, Arbeiterwohungsgenossenschaften zu bauen«. Zur Vorgeschichte der AWG des VEB Warnowwerft in Rostock-Warnemünde, in: Wissenschaftliche Zeitschrift der Universität Rostock, G.-Reihe, H. 8, 1984, S. 54-56.

Kapitel 8: Das außerbetriebliche Milieu der Neptunwerft   591

weise großen Wohnung mit guter Innenausstattung zu gelangen.[35] Trotz eines deutlichen Zuwachses an Wohnungen und einer zeitweilig stagnierenden Bevölkerungsentwicklung brachte die Bautätigkeit noch keine echte Entkrampfung der angespannten Wohnungssituation.[36] Im September 1961 soll die reine Wohnfläche pro Kopf der Bevölkerung immer noch nur 7,6 Quadratmeter betragen haben.[37]

Bauten der Abeiterwohnungsgenossenschaft in der Hamburger Straße, August 1957 (Photo: Archiv NIR)

---

35   AHR, 2.10.2.1.5161.
36   Nach Gerda Grammdorf, a.a.O., S. 128, stagnierte seit Jahresbeginn 1954 bis Ende 1958 die Bevölkerungsentwicklung. In Verbindung mit dem Ausbau der Reederei und dem Bau des Überseehafens wuchs sie danach erneut stark an.
37   AHR, 2.10.3.1.4958. Reine Wohnfläche schloß bei dieser Berechnung die Flächen für Küchen, Bäder, Toiletten, Flure und sonstige Nebenräume aus.

Die ersten Neubauwohnungen waren einfach ausgestattet und klein. Im Altstadtgebiet lag die Größe von Zweizimmerwohnungen, die Arbeitern der Neptunwerft zugewiesen wurden, zwischen 42,5 und 51,50 Quadratmetern. Hier wurden, was in den frühen Nachkriegsjahren keineswegs selbstverständlich war, die Wohnungen mit Bädern ausgestattet. Offenbar versuchsweise baute man im sogenannten Investprogramm 1950 auch einige Wohnküchen, die von allen, denen eine Wohnung fest zugesprochen war, abgelehnt wurden.[38] In den Häusern am Hanseplatz, welche die Neptunwerft gebaut hatte, bestanden einige Wohnungen aus vier Zimmern. Sie waren aber kleiner als im Altstadtgebiet. 56 Quadratmeter wurden auf die vier Zimmer, Küche, Flur und eine Toilette mit Handwaschbecken aufgeteilt. Das Wohnzimmer hatte bei 14,15 Quadratmetern außer zwei Fenstern vier Türen und einen Ofen.[39] Gestaltungsmöglichkeiten bei der Inneneinrichtung waren damit von vornherein kaum gegeben. Im Verlauf der 1950er Jahre wurde dann hinsichtlich der Wohnungsgröße und Innenausstattung großzügig gebaut, vor allem in der Langen Straße und Reutershagen I. Damit setzten große Differenzierungen in der Wohnqualität ein, während einige Familien eine eigene, relativ große, abgeschlossene Wohnung mit Küche und Bad hatten, hausten andere nach wie vor in einem Zimmer mit Küchenbenutzung. Von der großzügigen Bauweise ist in den nachfolgenden Jahrzehnten aus Kostengründen wieder Abstand genommen worden.

Bei der Vergabe der Wohnungen hatten die Betriebe immer ein Mitspracherecht. Der Mechanismus war in den ersten Jahren so, daß das Wohnungsamt bzw. die Abteilung Wohnraumlenkung beim Rat der Stadt unter Berücksichtigung der Belegschaftsstärke Neubauwohnungen auf die Betriebe verteilte, die Betriebe wiederum vergaben diese Wohnungen in eigener Regie. Beispielsweise erhielt die Neptunwerft von den am 21. Dezember 1951 während einer Feierstunde im Festsaal des Rathauses übergebenen 350 Wohnungen in

---

38 AHR, 2.00.5.2.1117. Diese Wohnungen bestanden offensichtlich aus einem Wohnraum, in welchem auch gekocht werden sollte. Als selbst kinderlose Ehepaare solche Wohnungen ablehnten, entschloß sich das Wohnungsamt, Frauen mit Kindern für diese Wohnungen zu berücksichtigen.
39 Archiv NIR, B/125.

der Altstadt für ihre Beschäftigten 42. Der Warnowwerft waren 44 Wohnungen zugesprochen, der Bau-Union Rostock 58. Weil der Wohnraum so knapp war, beschwerten sich unberücksichtigt bleibende Betriebe nachdrücklich. Aber es galt der Grundsatz, die sogenannten Schwerpunktbetriebe vorrangig zu versorgen.[40] Die Freude derjenigen, die mit dieser Veranstaltung eine neue Wohnung erhalten sollten, war vermutlich etwas getrübt, denn keine der begehrten und dringend benötigten Wohnungen war zum Termin der Festveranstaltung bezugsfertig.[41]

Die Stadt vergab die Wohnungen so, daß Betriebe, die mehrere Wohnungen erhielten, ganze Häuser zugewiesen bekamen. Da man diese Praxis in den folgenden Jahren beibehielt, wurden aus Kollegen Nachbarn. Bei der Verteilung der Wohnungen mußten die Betriebe bestimmte Vergabeprinzipien beachten. So sollten zu Beginn der 1950er Jahre Aktivisten, Facharbeiter, Umsiedler und TBC-Kranke bevorzugt eine Wohnung erhalten.[42] Derartige Festlegungen waren unumgänglich, denn im Jahre 1948 lebten beispielsweise erst 925 der 7.892 Umsiedlerfamilien in einer eigenen Wohnung.[43] Von den 897 Wohnungen, die 1951 gebaut wurden, gingen 538 an Umsiedlerfamilien, 75 der Mieter waren Aktivisten und 424 Facharbeiter. An Familien, in denen mindestens ein Mitglied schwer an Tuberkulose erkrankt war, wurden 18 Wohnungen vergeben.[44] Ledige hatten zu der Zeit überhaupt keine Chance, zu einer eigenen Wohnung zu gelangen.

---

40 AHR, 2.00.5.2.1117.
41 Unzulänglichkeiten in der Planung sowie schlechte Arbeitsproduktivität und Arbeitskräftemangel sollen dazu geführt haben. Vgl.: AHR, 2.10.3.1.4915. Von ähnlichen Zuständen berichteten auch mehrere Interviewpartner, die zu Beginn der 1950er Jahre eine Neubauwohnung im Komponistenviertel bezogen. Es kam offensichtlich häufig vor, daß Wohnungen übergeben und bezogen wurden, ohne daß alle notwendigen Leitungen und die vorgesehenen Sanitäranlagen installiert waren. Vgl.: Interview mit Lieselotte Kroß, Transkript und Interview mit Friedrich-Carl Düwell, Transkript.
42 AHR, 2.00.5.2.1117.
43 Martin Heyne, Die Errichtung der ökonomischen Grundlagen, a.a.O., S. 37.
44 LHA Schwerin, MdI, Nr. 2630. Die höhere Gesamtzahl entstand, weil manche Haushaltsvorstände bzw. Familien mehrere Kriterien erfüllten.

Wohnungsbau durch Mitglieder einer Arbeiterwohnungsgenossenschaft in der Clemensstraße in Rostock. Man erkennt, daß Trümmersteine wiederverwendet werden (Photo: Archiv NIR).

Für die Vergabe anderer Wohnungen und einzelner Zimmer war bis Ende 1956 die Abteilung Wohnraumlenkung beim Rat der Stadt Rostock zuständig. In der Neptunwerft arbeitete bereits in diesen Jahren eine Wohnungskommission, an die sich die Beschäftigten der Werft in Wohnungsangelegenheiten wandten. Ab 1957 erhielten die großen Betriebe ein sogenanntes Wohnungskontingent und vergaben sämtlichen Wohnraum. Diese Verfahrensweise führte sehr wahrscheinlich zu einer Besserstellung der Arbeiter großer Betriebe im Vergleich zu jenen der kleinen, die über kein eigenes Wohnungskontingent verfügen konnten. Ein spezielles Problem bildete die Vergabe sogenannter AWG-Zwischenwohnungen. Das waren Wohnungen, die Genossenschaftsmitgliedern bis zur Fertigstellung einer eigenen vorbehalten waren. Ende der 1950er Jahre existierten in der Stadt zehn AWG mit etwas über 10.000 Mitgliedern, von denen aber noch nicht einmal ein knappes Drittel eine AWG-Wohnung bezogen hatten.[45] Für die Familien der AWG-Mitglieder brachte eine Zwischenwohnung sicherlich eine Entspannung der Situation, aber die Wohnungen fehlten an anderer Stelle. Außerdem schloß das Prinzip einen ständigen Mieterwechsel ein, Streit mit Hausgemeinschaften bzw. Wohnungshauptmietern war vorprogrammiert.

Differenzierungen und Wandlungen der Wohnsituation der Arbeiter der Neptunwerft

Keineswegs überraschend, wohnten auch viele Arbeiter der Neptunwerft in den späten 1940er und in den 1950er Jahren äußerst bescheiden. Alle beschriebenen Seiten der Wohnungsnot betrafen grundsätzlich die Werftarbeiterfamilien genauso. Werftarbeiter litten teils so unter der Wohnungsknappheit, daß sie ihr Wohnungsproblem sogar in den Produktionsberatungen vor vielen Kollegen öffentlich machten.[46] Von Generalisierungen sollte jedoch Abstand genommen werden. Hinsichtlich der Größe und Ausstattung der Wohnungen sowie der Wohnlage sind bemerkenswerte Differenzierungen festzustellen, die in die Vorkriegszeit zurückreichen und - dies ist ein noch näher zu untersuchendes Phänomen - die sich in den 1950er Jahren in einer Weise vertieft haben, daß von einer Homogenität der Wohnverhältnisse nicht die Rede sein kann.

In Rostock existierte mit der Kröpeliner-Tor-Vorstadt ein zugleich traditionelles wie traditionsreiches Arbeiterwohngebiet, in dem sich auch die Versammlungsräume der Rostocker Arbeiterbewegung befanden.[47] Die Bebauung des Kerngebietes stammt zumeist aus der

---

45 AHR, 2.10.3.1.4958.
46 LA Greifswald, BPA SED Rostock, BL, IV/2/6/787.
47 In einigen Straßen des älteren, mehr zum Stadtzentrum gelegenen Teils der Kröperliner-Tor-Vorstadt standen jedoch Häuser mit relativ großen und guten Wohnungen, hier lebten höhere und mittlere Beamte und Angestellte. Vgl.: Silke Rossow, Untersuchungen zum Alltag der Rostocker Arbeiterfamilien in der Zeit

Zeit um die Wende vom 19. zum 20. Jahrhundert, mehr davor als danach und fällt damit in eine Zeit, in der die nahegelegene Neptunwerft eine Blüte erlebte, die sich in einer hohen Beschäftigtenzahl ausdrückte. Während dieser Zeit wie auch in den 1920er Jahren wohnten in der Kröperliner-Tor-Vorstadt viele Arbeiter der Neptunwerft Tür an Tür mit Arbeiterfamilien anderer Betriebe sowie Händlern und Gewerbetreibenden, die ihre kleinen Geschäfte und Handwerksbetriebe im Erdgeschoß bzw. in Anbauten auf den Höfen betrieben. Die Kröpeliner-Tor-Vorstadt ist von Bombenschäden weitgehend verschont geblieben. Wie bislang wohnten hier Neptunarbeiter mit ihren Familien, dennoch ging der Charakter als Werftenviertel in den 1950er Jahren nach und nach verloren. Die Arbeiter zog es in bessere Wohngegenden, Einzüge von Arbeitern der Neptunwerft blieben immer mehr aus. Der Trend des Wegzugs von Werftarbeiterfamilien aus der Kröpeliner-Tor-Vorstadt hielt während der 1960er Jahre an, ob in der Zeit der Endpunkt dieser Mobilität schon erreicht war, ist weiter zu untersuchen. Frühe, erste Anzeichen des Auszugs aus diesem Gebiet sind bereits in den 1920er Jahren auszumachen. In den 1930er Jahren verstärkte sich die Tendenz. Facharbeiter, die in der zweiten Hälfte der 1930er Jahre durch die Ausweitung der Werft mit ihren Familien nach Rostock zogen, haben kaum noch in dem traditionellen Arbeiterwohngebiet Quartier genommen.[48] Zum Wohnen gab es inzwischen trotz der allgemeinen Wohnungsknappheit durch die Neubautätigkeit auch für Arbeiter andere Möglichkeiten.[49]

Begehrte Wohngebiete der Arbeiter der Neptunwerft waren in den 1950er Jahren das Hansa- und das Komponistenviertel. Von beiden war die Werft gleichfalls günstig fußläufig zu erreichen.[50] Obwohl auch hier Mehrfamilienhäuser mit sechs bis acht Familien

---

der Weimarer Republik: das Grundbedürfnis Wohnen, Phil. Diss. Uni. Rostock 1989, Bd.I, S. 99.
48 Archiv NIR, L3a/2141, L3a/2143, L3a/2144, L3a/2147, L3a/2148, L3a/2150,
49 Zum Wohnungsbau in verschiedenen Stadtteilen Rostocks vgl.: Ortwin Pelc, Rostock wird Großstadt. Stadtplanung und Wohnungsbau in den 1920er und 1930er Jahren, in: 777 Jahre Rostock. Neue Beiträge zur Stadtgeschichte, hrsg. von Ortwin Pelc, Rostock 1995, S. 214-219 und Silke Rossow, a.a.O., S. 79-88.
50 Dort wohnten auch viele unserer Interviewpartner, von denen übrigens niemand je in der Kröpeliner-Tor-Vorstadt gelebt hat.

überwiegen, ist die Bebauung insgesamt lockerer als in der Kröpeliner-Tor-Vorstadt und Wohngrün findet weit mehr Raum. In diesen Wohngegenden lebten in den 1930er Jahren sicherlich mehr Arbeiter der Heinkel-Werke mit ihren Familien als solche der Neptunwerft.[51] Auch in den 1950er Jahren lebten in beiden Vierteln viele Menschen, die in anderen Betrieben und Einrichtungen arbeiteten. Womöglich würden genaue Untersuchungen der Zusammensetzung der Wohnbevölkerung in den 1950er Jahren eine gewisse Konzentration von Familien der Arbeiter der Neptunwerft zutage fördern, die sich neben der Einweisungspolitik daraus ergab, daß so mancher früherer Arbeiter der Heinkel-Werke inzwischen bei der Neptunwerft arbeitete.

Für die Bevorzugung dieser Wohngegenden sprach in erster Linie die Lage. Die Größe war dem vor allem in den ersten Jahren noch sehr bescheidenem Mobiliar angepaßt und die Mietpreise waren niedrig. Im Verlauf der Jahre sind indes aus dem Komponistenviertel und auch aus dem Hansaviertel wiederum viele Arbeiterfamilien ausgezogen, die meisten, weil die Wohnungen den Vergleich mit denen in den Neubausiedlungen im Nordwesten Rostocks nicht aushielten. Vor allem die Beheizung durch Fernwärme und die durchgängige Ausstattung mit Bädern und Balkonen wurde von etlichen unserer inzwischen älter gewordenen Interviewpartner als Anreiz zum Umzug empfunden.[52]

Seit der zweiten Hälfte der 1950er Jahre zogen Arbeiterfamilien der Neptunwerft auch nach Reutershagen I und damit in das von der Anlage, Wohnungsgröße und -ausstattung großzügigste zu DDR-Zeiten gebaute Wohngebiet Rostocks. Wer hier eine Wohnung beziehen konnte, wohnte weitaus besser als die meisten anderen. Die Prä-

---

51 Als Hinweis darauf mag gelten, daß 120 Wohnungen, die der Neptunwerft zugesagt worden waren, 1938 von der Stadt an die Heinkel-Werke verkauft wurden. Vgl.: Inge Wendt, Vom Abwrack- zum Kriegsschiff. Zur Entwicklung der Rüstungsindustrie in Rostock 1933 bis 1939 unter besonderer Berücksichtigung der Neptunwerft, in: Beiträge zur Geschichte der Stadt Rostock N.F. 10, 1990, S. 41-51, hier S. 46.

52 Aus den Interviews ergab sich auch, daß viele frühere Nachbarn gleichfalls wegzogen. Ein vergleichbares Ergebnis brachte der Versuch, an Hand von Einweisungslisten, Erstmieter zu finden. Allerdings ist zu berücksichtigen, daß nach so langer Zeit keineswegs mehr alle am Leben sind. Einweisungslisten vgl.: Archiv NIR, K6/61.

senz von Arbeitern der Neptunwerft und ihrer Familien war hier jedoch weniger stark.

Weder in der Vorkriegszeit noch in den 1950er Jahren hatten die bislang beschriebenen Wohngebiete zur Beherbergung der Neptunarbeiter ausgereicht. Vor den Bombenangriffen auf Rostock lebten viele Arbeiter in der weiter von der Werft entfernten Altstadt in der Nachbarschaft mit unteren Angestellten, kleinen Beamten und Handwerkern.[53] Diese Gegenden nahmen in dem Maße, wie die Altstadt wieder aufgebaut wurde, erneut Neptunarbeiterfamilien auf.[54] Die entscheidende Veränderung gegenüber der Vorkriegszeit soll noch einmal wiederholt werden: Wegen der durch die große Wohnungsnot massenhaft erzwungenen Untervermietung, wohnten Familien von Arbeitern der Neptunwerft über das gesamte Stadtgebiet verstreut, auch in den vornehmeren Wohngegenden wie der Steintor-Vorstadt.[55] Dieser Zustand dauerte, bei schwacher Tendenz zur Veränderung, im Verlauf der 1950er Jahre fort. Außerdem wohnten noch immer in beträchtlicher Zahl Arbeiter mit ihren Familien außerhalb von Rostock, teils in solcher Entfernung, daß tägliches Pendeln möglich war, teils so weit weg, daß Heimfahrten nur an arbeitsfreien Wochenenden unternommen werden konnten. Zusätzlich mußten bis weit in die 1950er Jahre hinein große Barackenlager Familien als Wohngelegenheiten dienen.[56]

Hinsichtlich der Wohnlage lassen sich demnach zwei Erscheinungen beobachten: Zum einen waren die Wohnungen von Familien der Arbeiter der Neptunwerft in den späten 1940er und in den 1950er Jahren in der gesamten Stadt anzutreffen, zum anderen gab es Konzentrationen in der Kröpeliner-Tor-Vorstadt sowie im Hansa- und Komponistenviertel. Wenn sich die genaue Verteilung auch nicht bestimmen läßt, so besteht doch Grund zur Annahme, daß in den letztgenannten Wohngebieten kaum so viele Familien wohnten, wie sonst innerhalb und außerhalb der Stadt.[57] In den Wohngebieten wurde

---

53 Silke Rossow, a.a.O., S. 90f.
54 AHR, 2.00.5.2.1117.
55 Zur Steintor-Vorstadt vgl.: Jan-Peter Schulze, Die Entwicklung der Steintor-Vorstadt um 1900, in: 777 Jahre Rostock, a.a.O., S. 177-194.
56 LA Greifswald, Rep. 200, 3.3., Nr.105.
57 Diese Annahme stützt sich auf die Größe der genannten Wohngebiete und die Belegschaftsstärke der Werft. Leider sind die Akten der Abteilung Wohnraum-

Kapitel 8: Das außerbetriebliche Milieu der Neptunwerft

das Leben nicht unwesentlich von der demographischen Struktur der Familien bestimmt. Es gibt Hinweise darauf, daß in etlichen Straßenzüge der Kröpeliner-Tor-Vorstadt vornehmlich ältere, in Rostock bzw. im nahen Umland geborene Arbeiter mit ihren Ehefrauen wohnten, deren Kinder bereits erwachsen waren. Im Hansa- und im Komponistenviertel hingegen lebten viele jüngere Familien, die ihre Kinder noch zu Hause hatten. In vielen dieser Familien waren beide Ehepartner oder doch einer von beiden aus einer anderen Region zugezogen.

Von den beengten und auch sonst ungünstigen Wohnverhältnissen wie auch von der Wohnqualität war nun schon verschiedentlich die Rede. In der Wohnsituation sind gravierende Abstufungen zu beobachten. Für einige Familien verbesserten sich im Verlauf der 1950er Jahre die Wohnverhältnisse ganz kolossal, für andere hingegen verschlechterten sie sich schon allein dadurch, daß die Räumlichkeiten durch die Geburt der Kinder knapper wurden. Die besten Bedingungen erlangten mit ihren Familien diejenigen Arbeiter, die es auf sich nahmen, Mitglied der AWG zu werden. In der Neptunwerft waren die Möglichkeiten, in die AWG eintreten zu können, relativ groß. Im Jahre 1957 hatte die Arbeiter-Wohnungsbau-Genossenschaft immerhin 522 Mitglieder.[58] Die ersten AWG-Wohnungen wurden um den 1. Mai 1955 bezogen.[59] Doch nicht jeder, der eine Wohnung brauchte, konnte sich für die AWG entscheiden. Das Lebensalter, eine schlechte gesundheitliche Kondition, ein sehr geringer Verdienst, aber auch besonders hohe Arbeitsverpflichtungen hinderten, die vorgeschriebenen Eigenleistungen, besonders die Aufbaustunden zu erbringen.[60] Franz Richter, 1930 im Sudetenland geboren, gehörte zu den allerersten AWG-Mitgliedern in der Neptunwerft. Er erinnerte

---

lenkung beim Rat der Stadt, die unter Umständen etwas Aufklärung bringen könnten, im Rostocker Stadtarchiv nur für den Beginn der 1950er Jahre vorhanden.

58 AHR, 2.10.2.1.5161.
59 LA Greifswald, Rep. 200, 3.3., Nr. 104.
60 Ein früherer Arbeiter, der sich zum Normer qualifiziert hatte, schrieb in einen Wohnungsantrag: »Sollte die Frage auftauchen, warum ich nicht in die AWG eingetreten bin, so möchte ich darauf hinweisen, daß ich erstens aus finanziellen Gründen (...), zweitens aus gesundheitlichen Gründen (Gefahr des Nierenblutens) und drittens aus Gründen der Qualifizierung (ich habe 3 1/2 Jahre Abendstudium - Techniker absolviert) nicht in der Lage war.« Vgl.: Archiv NIR, Ad3/6.

sich genau an die 800 Aufbaustunden, die er leistete.[61] Da er keinen für den Wohnungsbau geeigneten Beruf ausübte, machte er allerhand Handlangerdienste, von denen das Kellerausschachten für das Haus, in welchem er heute noch wohnt, tief im Gedächtnis haften blieb. Er erzählte, daß er damals keine so verantwortliche Stellung in der Werft wie in späteren Jahren gehabt habe, deshalb konnte er pünktlich Feierabend machen. Er hat dann von Montag bis Freitag von fünf bis sieben für die Wohnung gearbeitet, sonnabends am Nachmittag und sonntags am Vormittag. So wären in der Woche etwa 20 Stunden zusammengekommen. Schließlich konnte er eine Wohnung aussuchen, seine Frau und er entschieden sich für eine 83 Quadratmeter große Dreizimmerwohnung. Das Ehepaar war zum damaligen Zeitpunkt und einige weitere Jahre kinderlos.[62] Auch die vier Brüder Reithel entschlossen sich frühzeitig, Mitglieder in der AWG der Neptunwerft zu werden. Aus der Slowakei stammend, waren sie zunächst mit ihrer verwitweten Mutter und ihren drei Schwestern in einem Dorf in der Nähe von Rostock untergebracht. Seit alle vier in der Werft arbeiteten, lebten sie die Woche über zusammen in einem Zimmer. In die große Fünfzimmerwohnung zogen sie dann mit der Mutter und zwei Schwestern. Innerhalb kurzer Zeit verbesserte sich die Wohnungssituation der Familie durch die Heirat und den Auszug einer Schwester sowie den Auszug eines Bruders.[63] Viel eingeengter lebte die Familie Holtmann, die 1950 in eins der Häuser, welche die Neptunwerft im Komponistenviertel erhalten hatte, in eine kleine Vierzimmerwohnung eingewiesen wurde.[64] In dieser Wohnung zog die Familie alle acht Kinder groß.[65]

Ungleich schlechter waren gewöhnlich die Wohnbedingungen derjenigen, die zur Untermiete wohnten. In extrem ungünstigen Verhältnissen lebte beispielsweise ein seit 1938 verheirateter Schiff-

---

61 Diese Zahl ist eher niedrig, in nachfolgenden Jahren mußten häufig mehr Stunden geleistet werden.
62 Interview mit Franz Richter, Verlaufsprotokoll.
63 Interview mit Albert Reithel, Verlaufsprotokoll. Der Bruder verließ die DDR, was in der Familie, die eng zusammenhielt, als sehr großer Verlust empfunden wurde.
64 Archiv NIR, K6/61.
65 Das berichtete das Ehepaar Düwell. Vgl.: Interview mit Friedrich-Carl Düwell, Transkript.

bauer mit seiner Frau und vier Kindern seit 1947 in zwei Zimmern von zusammen knapp 20 Quadratmetern mit Küchenbenutzung, bevor er 1958 eine eigene größere Wohnung beziehen konnte. Die Familie eines Schiffszimmerers, bestehend aus den Eheleuten, zwei fast erwachsenen Kindern sowie dem Vater der Frau war in zwei Zimmern (23,5 Quadratmeter) mit Küchenbenutzung untergebracht. Ein E-Schweißer hauste mehrere Jahre mit seiner Frau und den beiden kleinen Kindern in einem acht Quadratmeter großem Zimmer, welches die Eheleute, damals noch kinderlos, nach der Eheschließung bezogen hatten.[66] Wie diese drei Familien mußten viele andere gleichfalls lange auf eine eigene Wohnung warten.

Von zahlreichen Familien wurde akzeptiert, das läßt sich verallgemeinernd feststellen, daß die Wohnungsknappheit noch sehr groß war und man sich deshalb bescheiden mußte. Das Ehepaar Rakow, welches den gemeinsamen Lebensweg wie viele andere in einem kleinen möblierten Zimmer begann, ist ein Beispiel solchen Verhaltens. Obwohl Heinz Rakow vom Dreher in verschiedene mittlere und hohe Funktionen in der Werft aufstieg, begnügte sich die allmählich auf sechs Personen anwachsende Familie zunächst mit einer Einzimmerwohnung, dann lebten sie mehrere Jahre in zwei Zimmern und zogen Ende der 1950er Jahre schließlich in eine Dreizimmerwohnung im Hansaviertel. Die Bescheidenheit dauerte an. Als alle Kinder aus dem Haus waren, entschloß sich das Paar zu einem nochmaligen Umzug, um einer anderen Familie zu einer größeren Wohnung zu verhelfen.[67] Andere Familien nahmen sogar eine zwangsweise Umquartierung aus einer relativ guten und geräumigen Wohnung in eine kleinere ziemlich klaglos hin, wenn denn die neue Wohnung zwar kleiner, aber ansonsten der vorherigen etwa gleichwertig war.[68]

---

66 Archiv NIR, A 3d/20. Diese Akte stammt aus einem Bestand mit Wohnungsanträgen aus den 50er Jahren. Fast alle Wohnungsanträge spiegeln große Wohnungsnot wider, wenn die Verhältnisse auch nicht in allen Fällen so extrem schlecht waren, wie in den ausgewählten Beispielen.
67 Interview mit Heinz Rakow, Verlaufsprotokoll.
68 Archiv NIR, Ad3/9. Dort wird z.B. der Fall eines Ehepaares mit einem Kind geschildert, welches in einer 2 1/2-Zimmerwohnung lebte und sich schließlich zu einem Umzug in eine Zweizimmerwohnung entschloß.

Selbstverständlich wurden die teils gravierenden Unterschiede in der Wohnungsversorgung von den Arbeitern, bzw. ihren Ehefrauen, gelegentlich auch den Eltern nicht einfach hingenommen.[69] Anders als zumeist im Arbeitsalltag traten in den Wohnverhältnissen Differenzierungen auf, die als eine ungleiche Behandlung und als ungerecht empfunden wurden. Viele Familien, die lange Jahre vergeblich auf eine Wohnung warteten, konnten nicht verstehen, daß sie noch immer beengt und überhaupt so ungünstig wohnen mußten, während andere in deutlich besseren Verhältnissen lebten. Anfang 1956 schrieb die damals dreißigjährige Gerda Peters, deren Mann als E-Schweißer in der Werft in Schichten arbeitete und die selbst halbtags berufstätig war, in ein Wohnungsgesuch: »*Wir haben zwei Kinder im Alter von 2 ½ und 6 Jahren und wohnen in Rostock, A[...]str. 31. In diesem Jahr sind wir schon 7 Jahre verheiratet und wohnen immer noch in einem Zimmer. [...] Alle drei Wochen hat mein Mann Nachtschicht, am Tage weiß ich manchmal nicht mehr wohin mit den Kindern, damit er seinen Schlaf bekommt. Man hat uns schon so oft versprochen, ihr seid auch bald dran mit einer Wohnung, aber bei den Versprechungen ist es auch geblieben. Hier in Rostock werden so viel Wohnungen gebaut, aber wer sie bekommt, ich weiß es nicht.*«[70]

Diese Zeilen stammen aus einem Brief, den Gerda Peters am 18. Januar 1956 an Wilhelm Pieck, den Präsidenten der DDR, schrieb. Sie wählte bei ihren Anstrengungen, zu einer besseren Wohnung zu kommen, eine Methode, die auch etlichen anderen Wohnungssuchenden als gängig erschien. Hatte sich an schlechten Wohnverhältnissen trotz aller Bemühungen, vom Stellen des unerläßlichen Wohnungsantrages samt ausführlicher Begründung und Beschreibung der Notlage, über den Nachweis freien oder freiwerdenden Wohnraums bis zur Leistung von freiwilligen Aufbaustunden nichts geändert, griffen manche Arbeiter zum Mittel der Eingabe bzw. drohten eine solche an. Die Eingaben in Wohnungsangelegenheiten richteten

---

69 Ende 1957 wandte sich z.B. die Bürgermeisterin eines mecklenburgischen Dorfes an die Wohnungskommission der Werft, weil sie es nicht mehr mit ansehen konnte, wie ihre Tochter, der Schwiegersohn und das Enkelkind in Rostock lebten. Besonders bedrückte sie, daß ihr Enkelkind noch immer in einem Bett schlafen mußte, aus dem es herausgewachsen war und die 27jährige Tochter in ständiger Angst vor einer zweiten Schwangerschaft lebte. Vgl. Archiv NIR, Ad3/6.
70 Archiv NIR, Ad3/6.

Arbeiter der Neptunwerft gewöhnlich an Wilhelm Pieck, seltener an untere staatliche Organe. Wie Frau Peters beschrieben sie mehr oder weniger ausführlich ihre Wohnungssituation, hoben die Dinge, die das Leben der Familien besonders belasteten, hervor und wiesen auf Leistungen hin, die eine Berücksichtigung bei der Wohnungsvergabe berechtigten. Gerda Peters ging wohl davon aus, daß die große Arbeitsleistung eines E-Schweißers keiner weiteren Hinzufügung bedurfte. Sie erwähnte hingegen das aus ihrer Sicht nicht alltägliche gesellschaftliche Engagement mit den Worten: »*Mein Mann ist Mitglied der S.E.D. und hat jetzt vor kurzem 4 Monate die Kreisparteischule in Kühlungsborn besucht. Er macht fast alle Versammlungen, Delegiertenkonferenzen mit und marschiert in der Betriebskampfgruppe mit.*« Um die Notwendigkeit einer neuen Wohnung zu betonen, setzte sie fort: »*Aber manchmal vergeht ihm auch die Lust, weil wir immer noch keine Wohnung bekommen.*«[71] In der Präsidialkanzlei war man auf solche Schreiben vorbereitet und reagierte mit vorgefaßten Antwortschreiben an die Antragsteller und die Wohnungskommission zügig. Unmittelbar brachten die meisten Eingaben nicht den erhofften Erfolg, das wußten oder ahnten wohl auch die Antragsteller, doch immerhin wurde die Wohnungskommisssion angehalten, sich wiederum mit dem Wohnungsproblem zu befassen. Die Wohnverhältnisse derjenigen Arbeiter oder ihrer Frauen, die sich für eine Eingabe entschieden oder durchgerungen hatten, waren durchweg sehr schlecht, doch nicht schlechter, als die zahlreicher anderer, die es bei wiederholten Anträgen und Vorsprachen bei der Wohnungskommission beließen. Die Gründe, die einige Familien zur Eingabe an Wilhelm Pieck greifen und andere darauf verzichten ließen, werden sehr individueller Art gewesen sein.

Die Wohnungskommission der Neptunwerft vergab die Wohnungen nicht beliebig, soziale Aspekte spielten eine große Rolle. Deshalb fanden zahlreiche Besichtigungen der Wohnlichkeiten statt. Obwohl die Beschäftigten der Neptunwerft besser als manche andere mit Wohnungen versorgt wurden, war so manches Mal auch bei sehr schlechten Wohnverhältnissen trotz guten Willens keine Abhilfe möglich. Vorrangig mit Wohnungen versorgt wurden Familien mit

---

71 Ebenda.

kleineren Kindern. In Betracht gezogen wurden auch die Dauer der Betriebszugehörigkeit sowie die Arbeitseinstellung. So mag sich erklären, daß die meisten unserer Interviewpartner, von denen etliche in den späten 1940er oder in der ersten Hälfte der 1950er Jahre heirateten, ohne Mitglied einer AWG gewesen zu sein, über die Zwischenstufe eines einzelnen Zimmers relativ rasch zu einer eigenen Wohnung kamen. Für sie zahlte sich das außerordentlich hohe Engagement für die Werft aus. Die Wohnungsvergabeprinzipien waren jedoch zu wenig auf die besonderen Probleme bestimmter Bevölkerungsgruppen gerichtet. Dadurch wurden indirekt Flüchtlingsfamilien, wohl auch ausgebombte Familien, denen es im Kriege nicht gelang, wieder zu einer Wohnung zu kommen, und alleinerziehende Frauen wie überhaupt Alleinstehende benachteiligt.[72] Während die Integration von Arbeitern, die nach Umsiedlung, Flucht oder Vertreibung in der Werft beruflich neu begannen, im Betrieb offensichtlich rasch und ziemlich konfliktfrei ablief, war das Seßhaftwerden der Familien in Rostock problembeladener. Die Schwierigkeiten ergaben sich dabei nicht, zumindest nicht mehr als bei anderen zur Untermiete wohnenden Familien, aus den Beziehungen zu den Nachbarn.[73] Sie entstanden auch nicht daraus, daß sie bei der Vergabe von Wohnungen oder Zimmern weniger berücksichtigt worden wären, doch die besondere Förderung der ersten Jahre hörte zu zeitig auf. In der DDR wurde die Integration der Umsiedler schon zu Beginn der 1950er Jahre als abgeschlossen erklärt, damit fiel die bevorzugte Versorgung von Umsiedlerfamilien mit Wohnungen, wie sie in Rostock

---

72 Der Verantwortliche der Werft für Wohnungsangelegenheiten mußte im November 1956 als Gast einer Sitzung des Frauenausschusses die Vorhaltungen der Ausschußmitglieder bestätigen, daß den alleinstehenden Frauen in Wohnungsangelegenheiten bislang wenig geholfen worden sei. Vgl.: Archiv NIR, L3a/948.

73 Erika Moritzen, die aus dem Sudetenland stammt, erzählte uns, sie würde ihr ganzen Leben nicht vergessen, daß die Hauswirtin ihrer ersten Mansardenwohnung eine kleine Gefälligkeit verweigert habe, mit anderen einheimischen Nachbarn dagegen habe sie keinerlei Schwierigkeiten gehabt. Vgl.: Interview mit Erika Moritzen, Verlaufsprotokoll. Die Erfahrung von Frau Moritzen deckt sich somit mit der Feststellung Roeslers, Engherzigkeit und Abneigung eines Teils der Alteingesessenen gegenüber den Umsiedlern habe Hilfsbereitschaft und Solidarität vieler gegenüber gestanden. Vgl.: Jörg Roesler, Zum Umsiedlerproblem in der Wirtschafts- und Sozialpolitik der SED 1945 bis 1949/50, in: Jahrbuch für Wirtschaftsgeschichte 1988/2, S. 121.

bei der Vergabe der ersten neuen Wohnungen vorgenommen worden war, weg.

Durch das Raster rutschten insbesondere Flüchtlingsfamilien mit älteren, darunter erwachsenen Kindern und Ehepaare, deren Nachkommen nicht mehr im Haushalt lebten. Viele dieser Familien und Paare waren wegen der Wohnungsknappheit in Rostock zunächst zielgerichtet außerhalb von Rostock untergebracht worden, und die Zusammenführung der Familie in der Stadt gelang häufig erst nach Jahren aufreibenden Wartens und vieler Anstrengungen. Walter Zimmermann beschrieb in seinem fünften Wohnungsantrag - alle vorherigen waren abgelehnt worden - im September 1954 die Verhältnisse so: »*Seit Februar 1950 nach Rückkehr aus sowjetischer Gefangenschaft arbeite ich als Schiffselektriker bei der Schiffswerft »Neptun« jetzt V.E.B. Schiffselektrik. Als Umsiedler aus Oberschlesien wurde meine Familie, die in der Großstadt aufgezogen sind, auf das Land abgeschoben und bewohnen nur 1 ½ Zimmer auf einer Bauernstelle. Meine Familie bestehend aus 6 Personen einschl. meiner Schwiegermutter, wohne ich getrennt seid Nov. 1950 wegen der katastrophalen Wohnverhältnisse in Rostock, während meine Familie in L [...] Kr. Rostock wohnt. [...] Zehn Jahre war ich durch den Krieg getrennt von meiner Familie. Nun werden es schon wieder 5 Jahre getrennter Verhältnisse.*«[74] Walter Zimmermann hatte zwei fast erwachsene Kinder und eine schulpflichtige Tochter. Otto Mann und seine Frau waren wegen der weiten Entfernung, die sie trennte, womöglich noch schlimmer dran. 1944 in Stettin ausgebombt, gelangten sie ein Jahr später mit ihrer Tochter in ein Dorf im Kreis Pasewalk und bewohnten dort ein Zimmer eines verfallenden Schlosses. Als Facharbeiter beorderte ihn das zuständige Arbeitsamt im August 1950 noch Rostock, wo er fortan in einem kleinen möblierten Zimmer wohnte. Im Oktober 1955 lebte das Ehepaar noch immer getrennt, die Tochter hatte inzwischen geheiratet und war verzogen. Die Trennung zermürbte die Eheleute. Otto Mann schrieb, seine Frau sei schon nervenkrank und »*Meine Frau und ich sind wegen dieses Mißstandes schon total verzweifelt*«.[75] Seit Anfang 1957, als die Werft versuchte, sich zur Reduzierung der Belegschaftszahl der auswärtigen

---

74 Archiv NIR, Ad3/6. Die Schiffselektrik war einige Jahre aus der Neptunwerft ausgegliedert.
75 Archiv NIR, A3d/10.

Beschäftigten zu entledigen, wurde eine Familienzusammenführung fast aussichtslos. Ein Schlosser, der bis 1944 in der Schichau-Werft in Elbing arbeitete, kam über Umwege mit seiner Familie in den Kreis Schwerin, dort arbeitete er wenige Jahre, bevor er 1949 zur Neptunwerft ging. 1958 hatte er noch immer keine Wohnung in Rostock und über die Werftleitung wurde ihm mitgeteilt, daß es der Werftleitung untersagt sei, »*Arbeitskräfte sowie deren Familienangehörige von auswärts in Rostock aufzunehmen*«. Nach vielen Bittgängen und -schreiben, und nachdem sich der Oberbürgermeister Rostocks für ihn einsetzte, weil er doch zu den Stammarbeitern der Werft zähle, erhielt er endlich eine Wohnung.[76]

Daß diese Arbeiter und weitere in ähnlichen Situationen dennoch in der Neptunwerft fest Fuß gefaßt haben, dafür sprechen die Untersuchungen zur Arbeitswelt genauso wie der Fakt, daß keiner den Werftarbeitsplatz aufgeben wollte. Für ihre Frauen, vielleicht auch die Kinder, war der Abstand zur Werft wohl weitaus größer als bei denjenigen, die in Rostock wohnten und mehr Gelegenheiten hatten, am Werftleben teilzuhaben. Solange Flüchtlingsfamilien nicht in Rostock lebten, war an eine Integration der Frauen in das Werftarbeitermilieu nicht zu denken. Selbst wenn sie aus einer Stadt, und wie die Quellen belegen in zahlreichen Fällen sogar aus einer Werft- und Hafenstadt stammten, waren sie über die Jahre hin Bindungen zu ihrer neuen, dörflichen Umgebung eingegangen. Es deutet demnach vieles darauf hin, daß sich die Integration von Flüchtlingen, Vertriebenen und Umsiedlern in das Leben der Stadt Rostock nicht in der gleichen Weise vollzog oder vollziehen konnte, wie in Betriebsbelegschaften. Bis in die zweite Hälfte der 1950er Jahre betraf dies nicht nur die auswärts wohnenden Familien. Auch diejenigen, denen es bislang nicht gelungen war, ihre Wohnverhältnisse entscheidend zu verbessern, zumindest jedoch aus dem Zustand des Wohnens in möblierten Zimmern herauszukommen, empfanden oft den Verlust der ursprünglichen Heimat noch immer als sehr groß. Ein in der Klarheit der Aussage vielleicht selteneres Beispiel fand sich in einem Schreiben eines Beschäftigten der Neptunwerft an den Präsidenten der DDR vom 23.7.1957. »*Als gebürtiger Ostpreuße und als ehemaliger Bewohner*

---

76 Ebenda, A3d/18.

der Stadt Königsberg bin ich nach Beendigung des Krieges und der Gefangenschaft 1948 nach Rostock gekommen. Hier habe ich dann mit einiger Mühe ein möbl. Zimmer erhalten. Trotz eifrigen Bemühens ist es mir bis heute nicht gelungen, hier in Rostock eine zweite Heimat zu finden.«[77] Ungleich günstiger zur Integration nicht nur in das Betriebsmilieu waren hingegen die Chancen jener, die wie unsere Interviewpartner frühzeitig zu einer eigenen Wohnung gekommen sind. Insofern ist es nicht erstaunlich, daß in den Interviews keine besonderen Integrationsprobleme angesprochen wurden.

Wohnungseinrichtungen und ihre Anschaffung

Über die Einrichtung der alteingesessenen älteren Rostocker Werftarbeiterfamilien wissen wir aus eigenen Untersuchungen fast nichts und auch für andere läßt sich nur auf einige spärliche Hinweise zurückgreifen. Der erste eigene, nicht möblierte Wohnraum war zu Beginn der 1950er Jahre bei den meisten Familien sicher dürftig eingerichtet. Das berichteten alle Interviewpartner entsprechenden Alters. Lieselotte Kroß, die 1950 nach Rostock zog, 1936 geheiratet und mit ihrem Mann in Brandenburg in einer Dreizimmerwohnung gewohnt hatte, hob das Besondere ihres Umzugs nach Rostock hervor: »*wir haben nen Möbeltransport hierher gehabt*«. Da sie in Brandenburg auch nicht ausgebombt wären, sondern nur durch splitternde Scheiben ein paar Kleinigkeiten verloren hatten, hätten sie mit ihren Möbeln umziehen können:

> *wir waren eigentlich die Einzigen hier im ganzen Block*
> *die die auch Möbel hatten nich*
> *die anderen haben alle ganz klein angefangen nich*
> *die hatten gar nichts*[78]

Mit einem Möbelwagen umzuziehen war für junge Arbeiterfamilien zu Beginn der 1950er Jahre offensichtlich ziemlich ungewöhnlich, ganz klein anzufangen dagegen eher die Regel. Das bestätigen meh-

---

77 Ebenda, A3d/20.
78 Interview mit Lieselotte Kroß, Transkript.

rere Gesprächspartner aus unserem Sample. Auch Christel Toch, die Mitte der 1950er Jahre einen eigenen Hausstand aufzubauen begann, fand für den schweren Anfang noch die Worte:

> *wir sind auch*
> *das muß ich ganz ehrlich sagen*
> *sehr sehr klein angefangen*
> *mit Tisch und Stuhl und nichts weiter.«*[79]

Friedrich-Carl Düwell, ein gebürtiger Hamburger, erinnerte sich an die Einrichtung seiner ersten Rostocker Wohnung mit den Worten:

> *wir hatten so nen großes Bett so nen Zweischläfer mit Strohsack*
> *die Kinder hatten jeder ein Bett*
> *die Fenster oder die Türnischen die wurden ausgebaut als Schränke*
> *man hatte ja weiter nichts*
> *das einzige was wir hatten da waren wir recht stolz drauf*
> *das war ne neue Küche die haben wir nachher gekauft*
> *[...]*
> *ach so denn haben wir von ner Auktion so*
> *nen altes Sofa ein rotes*
> *und ein Sessel« [gekauft]*[80]

Als Friedrich-Carl Düwell mit seiner Frau und seinen drei Kindern 1950 ins Komponistenviertel zog, reichte ihm zum Transport der Einrichtungsgegenstände ein kleines Pferdefuhrwerk. Bald nach dem Einzug waren dann kleine Neuanschaffungen möglich:

> *denn hab ich mit der sowjetischen Bauaufsicht [der Werft] da Kontakt aufgenommen*
> *und denn haben wir nachher noch ein paar Möbel bekommen*
> *kriegten wir nachher noch zwei Bettstellen*
> *wir kriegten vier Stühle konnten uns kaufen und ein Tisch*
> *Teppiche und sowas das gabs natürlich damals noch nicht*
> *Regale hatte man gebaut*
> *das jedes Kind da nur erstmal Sachen abstellen konnte*

---

79 Interview mit Christel Toch, Transkript. Im Verlauf des Interviews korrigierte sie etwas: »Ja, wir hatten nur Tisch und Stuhl und Bett«.
80 Interview mit Friedrich-Carl Düwell, Transkript.

Kapitel 8: Das außerbetriebliche Milieu der Neptunwerft   609

*und dat mußten sie denn in Ordnung halten
aber das ging eigentlich recht gut hier.«[81]*

Die zunächst eher notdürftige Einrichtung der Wohnung wurde auch von anderen als selbstverständlich hingenommen. Für die Anschaffung von Möbeln und anderen Einrichtungsstücken fehlte vor allem in der ersten Hälfte der 1950er Jahre sehr vielen Familien das Geld. Ohne staatliche und betriebliche Unterstützung wären insbesondere die Flüchtlingsfamilien noch viel weniger in der Lage gewesen, sich allmählich wieder neu einzurichten. Das Umsiedlergesetz vom 8. September 1950 sah deshalb u.a. die Ausgabe von Kreditscheinen für den Kauf von Möbeln und weiterem lebensnotwendigem Inventar vor. Diese Hilfe wurde offenbar gern angenommen, jedenfalls wurden im Land Mecklenburg bereits bis zum 1. Februar 1951 79.354 Kreditberechtigungsscheine mit 38.145.000 DM ausgegeben.[82] In der Werft vergab die gewerkschaftliche »Kasse der gegenseitigen Hilfe« Darlehen.[83] Die Kasse wurde gegründet, um ihren Mitgliedern bei Bedarf, gewöhnlich für den Möbelkauf, zinslose Darlehen zu gewähren. Neben einer kleinen Aufnahmegebühr bezahlten die Mitglieder monatlich einen gleichfalls geringen Betrag ein, gelegentlich schoß auch die Werft etwas zu. Dieses Verfahren, daß ein Sparen mit der Möglichkeit einer Darlehensgewährung über die angesparte Summe hinaus verband, fand bei den Arbeiterfamilien offenbar Widerhall. Die Kasse hatte rund 1.000 bis 1.200 Mitglieder.[84] Eine weitere Form von Kreditverträgen waren Anfang der 1950er Jahre sogenannte Mö-

---

81   Ebenda.
82   MHL Schwerin, MdI, Nr. 2630. Die in Raten vorgesehene Tilgung der Kredite verlief schleppend, manche Familie mag mit den Abzahlungen an die Grenze der finanziellen Leistungsfähigkeit geraten sein und deshalb nicht gezahlt haben, einige andere hingegen setzten sich ohne Kredittilgung mit einem Teil der begehrten Güter in den Westen ab. Der Sparkassenverband Mecklenburg stellte fest, daß allein bei den 225 Personen, die Mecklenburg zwischen dem 1. Oktober und dem 31. Dezember 1951 verlassen hatten, mit einem Ausfall der Tilgung in Höhe von 86.407,89 DM zu rechnen wäre. Das war mehr als die Hälfte der Summe, die nach den Bestimmungen an die betreffenden Personen überhaupt als Kredit hatte ausgegeben werden können. Vgl.: Ebenda, Nr. 2629 und 2709.
83   Auch hierbei nahmen es in den 1950er Jahren einige Arbeiter mit der Rückzahlung der Darlehn nicht so genau, in Ausnahmefällen waren sogar Zahlungsbefehle erforderlich. Vgl.: LA Greifswald, Rep. 242, K5/80, 81 und 82.
84   Interview mit Friedrich-Carl Düwell, Transkript.

belverträge, welche die Werft mit einigen Beschäftigten abschloß. Die Gewährung von Möbelverträgen war zweifelsohne äußerst attraktiv, denn die Werft verkaufte begehrte Möbel und gewährte zum Kauf zinslose Darlehn, deren Rückzahlungsraten sich nach Verdienst und Kaufsumme richteten. In den Genuß solcher günstigen Möbelkaufmöglichkeiten scheinen allerdings überproportional Ingenieure und Techniker gekommen zu sein. Auch Aktivisten hatten bessere Chancen als andere Arbeiter.[85] Die allgemeine Teilzahlung bei größeren Konsumgütern war in der DDR seit dem 1. Oktober 1956 möglich. Wieweit Arbeiterfamilien der Neptunwerft davon Gebrauch gemacht haben, läßt sich kaum ermessen. Christel Toch berichtete ganz selbstverständlich, sie hätten sich Möbel nach und nach und immer auf Raten angeschafft.[86] Grundsätzlich wurde die Möglichkeit des Teilzahlungskaufs von vielen Arbeitern begrüßt. Etliche Arbeiter hielten aber gerade die Beschränkung des Ratenkaufs auf große Stücke für richtig.[87] Dies mag zur Ursache haben, daß sich Arbeiterfamilien nicht gern verschuldeten. Das Ehepaar Hausmann bezog um die Mitte der 1950er Jahre eine AWG-Wohnung. Auf die Einrichtung waren sie stolz, aber: »*Das waren unsere ersten Schulden. Nie wieder haben wir Schulden gemacht.*«[88] Auf Möbel wurde gespart und manche Prämie dafür ausgegeben. Möbel waren teuer. Die Werft verkaufte 1951 beispielsweise Schlafzimmereinrichtungen zu etwas über 900 DM und Kücheneinrichtungen zu 570 DM.[89] Klaus Mahn, der ein Jahr nach seiner Heirat 1958 mit seiner Frau in eine eigene Wohnung ziehen konnten, erinnert, daß sie das Geld für die Einrichtung nur mit Mühen aufbringen konnten: »*Das Schlafzimmer hat 1444,- Mark gekostet das vergesse ich nie.*«[90]

Neben der teuren Anschaffung machte das begrenzte Angebot den Familien zu schaffen.[91] Für die Werftarbeiterfamilien war es vorteilhaft, daß die Neptunwerft wie die anderen Großwerften bei

---

85 Archiv NIR, B/462 und 465.
86 Interview mit Christel Toch, Transkript.
87 Archiv NIR, L3a/819.
88 Interview mit Birgit Hausmann, Verlaufsprotokoll.
89 Archiv NIR, B/465.
90 Interview mit Klaus Mahn, Porträt.
91 LA Greifswald, BPA SED Rostock, Kl Ro.-Stadt, IV/4/07/528.

Kapitel 8: Das außerbetriebliche Milieu der Neptunwerft 611

der Versorgung zu sogenannten Republikschwerpunkten gehörte.[92] In der Werft wurden vorrangig in Zeiten der Prämienzahlungen Waren, darunter auch Möbel und Haushaltsgeräte, angeboten, die in den Geschäften der Stadt nur schwer zu haben waren. Friedrich-Carl Düwell erinnerte sich an einen solchen Sonderverkauf:

> *wenn jetzt so Quartalsprämien verteilt wurden dann kamen gleich*
> *wie hieß das doch gleich*
> *Waren des täglichen Bedarfs HO das war ja selbstverständlich*
> *aber die haben denn gleich die Waren wieder reingebracht*
> *die kamen denn an Nähmaschine Radio*
> *ich komm von der Werft mit ner Nähmaschine auf dem Rücken angeschleppt*
> *hinterher denn noch ein Radio und all so ein Kram.*[93]

Das Leben der Familie war also selbst bei so privaten Angelegenheiten wie dem Kauf von Einrichtungsgegenständen eng mit der Werft verbunden. Man mußte sich offensichtlich schnell zum Kauf entscheiden und auf eine Beratung mit der Ehefrau verzichten. Möbel wie auch viele weitere Konsumgüter blieben knapp. Um dem Mangel zu begegnen, erhielten die Betriebe die Auflage, Konsumgüter zu produzieren.[94]

Das knappe Möbelangebot veranlaßte viele Familien, Möbel zu kaufen, wenn es sie gerade gab und das Geld zum Kauf reichte. So manches Mal wurden Möbelstücke gekauft, ohne daß die Familie bereits über die entsprechenden Wohnräume verfügte. Beispielhaft mag Bruno Clasen sein, der schon einen Wohnzimmerschrank, einen Teppich und Sessel auf dem Boden stehen hatte und deshalb froh war, daß ein Nachbar ihm unvorhergesehen ein weiteres Zimmer

---

92 Ebenda, BL IV/2/6/908.
93 Interview mit Friedrich-Carl Düwell, Transkript. Herr Düwell war zu diesem Zeitpunkt schon Konstrukteur und erhielt als solcher eine Quartalsprämie. In der betreffenden Interviewpassage geht es ihm eigentlich um die Prämiengestaltung.
94 In der Neptunwerft wurden Ende der 1950er Jahre u.a. Kinderbadewannen, Federböden, Fernsehtische und -leuchten sowie Stehlampen, Verlängerungsschnüre, Flurgarderoben und Hutablagen, Blumenbänke, Kinderschreibschränke, Gartenstühle und -tische, Wandklappbetten und Bettcouchs hergestellt. Die Wandklappbetten verkauften sich viele Jahre sehr gut. Vgl.: Archiv NIR, B/ 723 und B/ 724.

abvermietete.[95] In dem Maße, in welchem es gelang, sich Möbel anzuschaffen, empfanden Familien das Wohnen in möbliert gemieteten Unterkünften als Belastung. Im Oktober 1958 schrieb Gerhard Schön in eine Eingabe an den Präsidenten der DDR: »*Erfüllt von der Sorge um meine Familie wende ich mich an Sie in einer Angelegenheit, wo ich mich sehr bedrückt fühle. Ich arbeite auf der Neptun-Werft seit 7 Jahren. Vor 5 Jahren schloß ich meine Ehe. Seid dieser Zeit wohne ich möbliert in Rostock. Innerhalb dieser Zeit bemühe ich mich ununterbrochen um einen Wohnraum, der meinen Verhältnissen entspricht. Man ist nicht in der Lage, seine eigenen Möbel in Nutzung zu nehmen [...]*«[96] Bereits seit Beginn, aber stärker seit der zweiten Hälfte der 1950er Jahre bemühten sich Familien, die bis dahin möbliert gewohnt hatten, die Mietverträge zu ändern, weil sie sich Möbel angeschafft hatten bzw. anschaffen wollten.[97] Das Wohnen in den eigenen Möbeln wurde langsam wieder für alle zur Normalität.

Aus Interviews, Wohnungsanträgen und Möbelverträgen läßt sich ableiten, daß eine als vollständig angesehene Einrichtung bei vielen Paaren, die im Krieg oder später heirateten, für das Wohnzimmer üblicherweise aus einem Büfett oder Wohnzimmerschrank, möglichst einer Anrichte, einem runden oder ovalen Tisch mit vier oder sechs Stühlen, zwei Sesseln und einer Stehlampe bestand.[98] In der Küche standen ein Küchenbüfett, ein Abwaschtisch, der unausgezogen eine Arbeitsfläche bot, wenige Stühle, vielleicht ein Hocker, an der Wand hing ein Handtuchhalter. Zur Schlafzimmereinrichtung gehörten die Ehebetten, der Kleiderschrank und zwei Nachtschränke. Wegen der beengten Wohnverhältnisse standen in vielen Schlafzimmern Betten für die Kinder. In der Rangfolge der Möbeleinkäufe stand bei Arbeiterfamilien das Schlafzimmer häufig ganz oben, selbst

---

95 Interview mit Bruno Clasen, Transkript. Auch aus einigen Wohnungsanträge geht hervor, daß Möbel gekauft wurden, obwohl sie aus Platzmangel noch nicht aufgestellt werden konnten. Vgl.: Archiv NIR, A3d/10 und A3d/18.
96 Archiv NIR, Ad3/6.
97 Ebenda, A3d/13. Den Vermietern war dieser Wunsch gewöhnlich nicht recht, weil sie auf eine Verbesserung der Wohnverhältnisse hoffend, ihre Möbel nicht verkaufen wollten.
98 Solche Art der Einrichtung war offenbar zumindest in der ersten Hälfte der 1950er Jahre in beiden deutschen Staaten noch sehr gängig. Vgl.: Ursula A.J. Becher, Geschichte des modernen Lebensstils. Essen - Wohnen - Freizeit - Reisen, München 1990, S. 145f.

Kapitel 8: Das außerbetriebliche Milieu der Neptunwerft 613

dann, wenn man nur ein Zimmer hatte. Platzsparende Bettcouchs waren noch außergewöhnlich. Ein besonderer Arbeitsplatz für das Fern- oder Abendstudium oder eine andere Qualifizierung war gewöhnlich genausowenig vorhanden wie ein Arbeitsplatz für Schulkinder. Wurde in der Wohnung gelernt, dann am Tisch in der Wohnstube oder am Küchentisch. Zum Ende der 1950er Jahre empfand man den fehlenden Arbeitsplatz jedoch zunehmend als eine Behinderung für die Kinder bei der Anfertigung der Schulaufgaben bzw. für das Studium.

Mit modernen technischen Geräten waren nur wenige Haushalte ausgerüstet. Ein Kühlschrank scheint für etliche Familien weder erreichbar gewesen noch als notwendig angesehen worden zu sein. Diese Vermutung stützt sich auf Wohnungsanträge, in denen geklagt wurde, daß Lebensmittel verdürben, weil man sie nicht in einem unbeheizten Raum unterbringen konnte. Noch war es wohl üblich, vor allem im Sommer die leichtverderblichen Lebensmittel in den Keller zu tragen. Auch das wird ein Grund sein, weshalb häufig das Fehlen eines Kellers bemängelt wurde. Die Annahme kann gestützt werden durch die Zahl der verkauften Kühlschränke: 1.484 Stück in Rostock im Jahre 1960 und das waren im Vergleich zu den Vorjahren sehr viele.[99] Arbeiteten beide Ehepartner bereits in den 1950er Jahren und verdienten gut, ließ sich ein Kühlschrank zeitiger anschaffen. Frau Tiedemann, die wohl schon in den 1950er Jahren einen Kühlschrank in der Küche hatte, hebt mit den Worten: »*das haben wir alles früh gehabt*« das Besondere hervor.[100] Waschmaschinen benutzten Arbeiterhaushalte noch nicht. Auch aus diesem Grund brach regelmäßig Streit aus, wenn Dachgeschosse zu Wohnungen ausgebaut werden sollten, und deshalb Boden- und Kellerräume verkleinert werden mußten. Für die große Wäsche war man auf den Kessel in der Waschküche angewiesen, ein Teil des Bodens war als Trockenraum unerläßlich.[101] Fernsehgeräte waren sehr begehrt und die 4.169, die

---

99 AHR, 2.10.3.1.4958.
100 Interview mit Karl-A. Tiedemann, Transkript.
101 Archiv NIR, A3d/19. Die Neptunwerft, welche die Dachgeschosse eines Hauses im Komponistenviertel ausbauen wollte, sah sich sogar veranlaßt, als Ausgleich für die Abgabe einer von zwei Waschküchen und der erheblichen Verkleinerung des Trockenbodens eine Wäscheschleuder in der Waschküche zu installieren.

1960 verkauft wurden, hatten die Nachfrage nicht befriedigen können.[102]

Nachbarschaften

Die häufig sehr beengte Wohnweise hatte vielfältige Berührungen mit den Nachbarn zur Folge. Und zwar häufig zwischen Nachbarn, die aus anderen sozialen Milieus stammten bzw. anderer regionaler Herkunft oder auch konfessioneller Bindung waren. Die Wohnverhältnisse in den 1950er Jahren machen es naturgemäß schwer, Bemerkungen zu Nachbarschaften auf das Arbeitermilieu zu konzentrieren. In Wohngegenden, in denen Abvermietung von untergeordneter Bedeutung war, bestanden grundsätzlich günstigere Voraussetzungen für gute Nachbarschaft. Die Menschen waren weniger zwanghaft aufeinanderangewiesen und hatten bessere Möglichkeiten, sich zurückzuziehen. Die Beziehungen zwischen Nachbarn waren insbesondere dort einer Belastungsprobe ausgesetzt, wo mehrere Familien als scheinbar privilegierte bzw. benachteiligte Haupt- und Untermieter in einer Wohnung lebten. Toiletten, Bäder, Küchen mußten von mehreren Familien genutzt werden. Man schaute sich gegenseitig in die Kochtöpfe. Ob bei solchen Umständen Friede herrschte oder Unfriede das schwere Leben noch mehr vergällte, hing sehr von der mentalen Veranlagung der Partner dieser »Notgemeinschaften« ab.[103] Relativ groß war die Gefahr von Spannungen zwischen Nachbarn ebenfalls dann, wenn große Wohnungen oder ganze Häuser aus der Gründerzeit an mehrere Mietparteien verteilt waren, weil sich die vorherigen Nutzer bzw. Eigentümer nach Westdeutschland abgesetzt hatten oder die Häuser für eine auswärtige Erbengemeinschaft verwaltet wurden.

Diese Wohnweise forderte den Menschen ein Maß an Verständnis und Rücksichtnahme gegenüber den Interessen und Wünschen von Nachbarn ab, das durchaus überlaufen konnte. Erhebliche, zuvor lange unter der Oberfläche schwelende Differenzen zwischen den Nachbarn traten offen hervor. So suchten im September 1956 mehre-

---

102 AHR, 2.10.3.1.4958.
103 Ebenda, 2.00.5.2.1122 und Archiv NIR, A3d/20 und A3d/11.

re Bewohner einer großen Villa in der Steintor-Vorstadt die Sprechstunde eines Bezirkstagsabgeordneten auf und beschwerten sich über den andauernden Krach im Haus. Am Lärm waren auch die vier kleinen Kinder eines E-Schweißers der Neptunwerft beteiligt, der mit seiner Familie in zwei Zimmern wohnte. Die durch Kinder hervorgerufene Unruhe war offensichtlich nur der vorgeschobene Grund, die eigentliche Ursache der Streitereien lag darin, daß zu viele und zu große Familien in dem Haus wohnten. Mehrere Frauen mußten zusammen in einer Küche wirtschaften, die Kellerräume reichten für die vielen Mietparteien nicht zum Unterbringen von Feuerung und Kartoffeln. Eine von allen Interessierten als gerecht empfundene Verteilung der Nebenräume ließ sich nicht vornehmen.[104]

Es ist angesichts der beengten Wohnverhältnisse erstaunlich und spricht für den Willen zu guter Nachbarschaft, daß Streitereien eher selten überliefert sind. Das ist im Grunde, sofern nicht die besonderen Zeitumstände das Verhalten in erster Linie bestimmt haben, ein durchaus bemerkenswerter Befund, denn immerhin wird die Schlußfolgerung zu ziehen sein, daß wir in sehr verschiedenen sozialen Milieus harmonische Nachbarschaftskontakte anzunehmen haben. Die zu manchen Zeiten sicher bedrückende räumliche Nähe zu den Nachbarn ließ sich in den 1940er, in den 1950er und teils darüber hinaus oft nicht umgehen, eine Abschließung von den Nachbarn war in zahlreichen Fällen unmöglich. Viele Nachbarn suchten und fanden Arrangements, um mit der Nähe zurechtzukommen und sie leichter tragen zu können. In einer Wohnung richtete sich eine Mietpartei mit Zustimmung der Hauswirtin in einer knapp einen Quadratmeter großen Abstellkammer eine Behelfsküche ein, in mancher Wohnung fungierte das Badezimmer als Notküche, in einer anderen staffelte man die Benutzungszeiten der Küche, in einer weiteren konnten sich nach und nach alle Mietparteien eine eigene Kochgelegenheit aufstellen.[105] Derartige Arrangements liefen darauf hinaus, die erzwungene Nähe mit bewußtem Abstand-Halten auszugleichen.

---

104 Archiv NIR, A3d/20.
105 Ebenda, Ad3/6, A3d/18 und AHR, 2.00.2.55.

Vielleicht liegt in dieser Distanz, in dem Versuch, der Familie soweit als möglich separate Räume zu schaffen, auch ein Schlüssel für gute Nachbarschaft. Bruno Clasen, der mit seiner Familie mehrere Jahre in einer Teilwohnung in der Steintor-Vorstadt lebte, hatte durch Aus- und Umbau dafür gesorgt, daß die Familie eine behelfsmäßige, aber eigene Küche nutzen konnte und sich die Wohnsituation auch sonst besserte. Auf die Nachfrage zu Kontakten zu Nachbarn antwortete er als erstes, sie seien eine sehr gute Hausgemeinschaft gewesen, um dann mit gewissem Erstaunen fortzufahren, über ihm habe ein Polizeihauptmann aus der Nazizeit gewohnt und seine Frau, »*sie war ja früher gnädige Frau*« habe zuweilen seine Kinder betreut. Das Ehepaar, welches den zum Haus gehörigen Garten nutzte, habe auch erlaubt, daß er dort eine Sandkiste für seine Kinder baute, und im Herbst hätten sie denn mal ein paar Äpfel abgegeben.[106]

Offenbar liefen viele nachbarschaftliche Kontakte über kleine Kinder. Sei es wie beim soeben beschriebenen Beispiel, daß sich ältere Leute, deren Kinder aus dem Haus waren, gelegentlich um die Kinder anderer Familien kümmerten, sei es, daß die Mütter durch die Kinder zueinander Kontakt fanden und sich hin und wieder eine Arbeit bei der Betreuung abnahmen.

Nachbarschaftlich verbindend waren sicher gemeinsame, von allen zu leistende Arbeiten, wie sie etwa in den im Komponistenviertel Anfang der 1950er Jahre fertiggestellten Häusern dadurch anfielen, daß die Installation der Gasleitungen nicht durch den Baubetrieb vorgenommen worden war. Die Männer mußten die Gräben für die Rohrleitungen ausheben und in der Werft die erforderlichen Rohre besorgen.[107] Ähnlich verhielt es sich bei der gemeinschaftlichen Pflege von Grünanlagen vor und hinter den Häusern. Wobei gerade bei solchen Arbeiten nachbarschaftliche Kontrolle bewirkte, daß sich niemand den Verpflichtungen entzog.[108]

Ende der 1950er Jahre und auch zumindest in der ersten Hälfte der 1960er führte das erst in relativ wenigen Familien von Neptunarbeiter vorhandene Fernsehgerät zusammen. Bruno Clasen erzählte eine Episode zum 13. August 1961: An dem Tag kamen alle Nach-

---

106 Interview mit Bruno Clasen, Transkript.
107 Ebenda
108 Interview mit Friedrich-Carl Düwell, Transkript.

barn zu ihm und fragten, ob sie bei ihm fernsehen könnten. Sicher ging es um ein Ereignis, dessen historische Tragweite von vielen Zeitgenossen sofort erkannt worden sein wird, doch die Art, in der Bruno Clasen vom gemeinsamen Fernsehen spricht, deutet an, daß dies keine Ausnahme war:

> *selbstverständlich könnt Fernsehen gucken*
> *Stühle Sessel alles wurde aufgestellt*
> *selber ging man nach ganz hinten ((lacht))*.[109]

Ähnlich erinnerte Lieselotte Kroß gemeinsames Fernsehen mit den Nachbarn:

> *wir hatten als erste den kleinen Fernseher*
> *36 Bildröhre wir hatten wie n Kino hier nich*
> *alles holte sich Stühle*
> *und alles verfügbare hingestellt*
> *und dann wars an der Tagesordnung abends Kino*
> *die wußten besser was kam wie wir ((lacht))*
> *da war was los das kann ich Ihnen sagen*
> *aber es war sehr schön und gemütlich auch nich*
> *kann man nicht sagen so klein und so wie es war.*[110]

Aus den Interviews ließ sich der Eindruck gewinnen, daß es keineswegs die gemeinsame Arbeitsstätte des Mannes, wohl auch nicht die Zugehörigkeit zu einem bestimmten Sozialmilieu war, die nachbarschaftliche Beziehungen über ein geregeltes harmonisches Zusammenleben hinaus, einschließlich gelegentlicher gegenseitiger Hilfeleistungen, hervorrief. Allgemein wurden gute Kontakte zu den Nachbarn hervorgehoben, die sich auch nach einem Umzug wieder aufbauen ließen. Viele Interviewpartner verbanden ihre Erinnerungen zur Nachbarschaft damit, daß sie gut gewesen wäre, weil keiner mehr als der andere gehabt habe. Inwieweit der Gedanke einer Hausgemeinschaft Fuß gefaßt hatte, muß offen bleiben. Ob sich die Beziehungen zu freundschaftlichen familiären Kontakten entwickel-

---

109 Interview mit Bruno Clasen, Transkript.
110 Interview mit Lieselotte Kroß, Transkript.

ten oder mehr Distanz gehalten wurde, läßt sich nicht generalisierend bestimmen. Beides kam vor und schien eher mit individuellen Neigungen zusammenzuhängen als aus dem Arbeitermilieu erklärbar. Während einer begeistert von den Hausfesten, die alle Nachbarn vorbereiteten und feierten, sprach, war derartige Geselligkeit für den anderen ziemlich undenkbar.

2. Familie und Geschlechterverhältnisse

Familienstruktur und Heiratsverhalten

In weiten Teilen Mitteleuropas hat die geringe Häufigkeit von Mehrgenerationenfamilien Tradition.[111] Auch die Arbeiterfamilie war üblicherweise eine aus Eltern und Kindern bestehende Kernfamilie.[112] Sicher hat es sowohl regional als auch zeitlich Anderes gegeben. Wenn die Betrachtung der Familiensituation der Werftarbeiter mit der Problematik der Generationentiefe eröffnet wird, dann weil es durch die konkreten Zeitumstände womöglich eine Veränderung in der Familienzusammensetzung gegeben haben könnte. Immerhin ist die Struktur der Belegschaft der Neptunwerft hinsichtlich der regionalen Herkunft durch die Einstellung von Flüchtlingen und Arbeitskräften aus allen Ländern der SBZ/DDR in gravierender Weise verändert worden. Nicht von vornherein auszuschließen ist auch, daß andere religiöse Bindungen der neuen Arbeiter Akzente verschoben haben

---

111 Grundlegende Ausführungen dazu bei: Michael Mitterauer, Der Mythos von der vorindustriellen Großfamilie, in: Seminar: Familie und Gesellschaftsstruktur. Materialien zu den sozioökonomischen Bedingungen von Familienformen, hrsg. v. Heidi Rosenbaum, Frankfurt a. M., 4. Aufl. 1988, S. 128-151.
112 Heidi Rosenbaum, Formen der Familie. Untersuchungen zum Zusammenhang von Familienverhältnissen, Sozialstruktur und sozialem Wandel in der deutschen Gesellschaft des 19. Jahrhunderts, Frankfurt a. M., 5. Aufl. 1990, S. 430-436. Der Terminus »Kernfamilie« wird gewöhnlich für die Gruppierung Ehefrau, Kind bzw. Kinder gebraucht. Konstellationen wie das häufig vom Lebensalter abhängige Zusammenleben von Eheleuten ohne Kinder lassen sich so nicht erfassen, die Bezeichnung »unvollständige Kernfamilie« ist dafür m.E. wenig glücklich gewählt.

können. Zu denken ist ebenfalls an Einflüsse auf die Familienstruktur, die mit den beengten Wohnverhältnissen zusammenhängen.

Die Quellenlage für die entsprechenden Analysen ist eher schmal, wie generell für die quantitativ beschreibbare Familienstruktur. Ausgangspunkt der Untersuchung zu Zusammensetzung und Größe der Arbeiterfamilien bilden Wohnungsanträge und Unfallmeldungen. Beide Quellen mögen auf den ersten Blick recht ungewöhnlich erscheinen, erweisen sich von ihrer Anlage indes durchaus geeignet, weil sie personengebundene Daten enthalten. Bei einem Wohnungsantrag hat jeder Antragsteller alle in seinem Haushalt lebenden Personen aufgezählt, also gegebenenfalls auch Eltern, Schwiegereltern und weitere Verwandte. In den Unfallmeldungen wurden neben dem Namen und dem Alter des Verunglückten u.a. sein Familienstand und die Zahl der im Haushalt lebenden Kinder unter 18 Jahre erhoben. Die Untersuchungsgrenze liegt demnach nicht in der Anlage der beiden Quellen, sie ergibt sich daraus, daß gemessen an der Gesamtzahl der Beschäftigten nur eine vergleichsweise kleine Personengruppe erfaßt wurde.

Für die Klärung der Ausgangsfrage nach um Verwandte erweiterte Arbeiterfamilien ließen sich 387 in den 1950er Jahren gestellte Wohnungsanträge heranziehen.[113] Die Antragsteller, ganz überwiegend Männer, waren zur Zeit des Antragstellung in einem Arbeiterberuf in der Neptunwerft beschäftigt und verheiratet, fast alle hatten ein Kind oder Kinder. Nur in 14 Familien der untersuchten 387 lebten außer dem Ehepaar und den Kindern noch erwachsene Angehörige. Das waren zwei Elternpaare, neun Mütter, zwei Väter und eine Schwägerin des Mannes oder der Frau. Die familiäre Autorität hatte die mittlere Generation; Eltern, Mütter, Väter lebten in der Familie ihrer Kinder. In einem Fall hob der Antragsteller ausdrücklich hervor, daß seine als Angestellte berufstätige Frau trotz der in der Familie lebenden Eltern der Frau den Haushalt führte. Es scheint also eindeutig, daß ein drei Generationen umfassender Familienverband üblicherweise nicht existierte, sondern die Kernfamilie dominierte. Die neue Zusammensetzung der Belegschaft der Neptunwerft führte da-

---

113 Alle folgenden Angaben nach: Archiv NIR, A3d/5; A3d/6; A3d/9; A3d/10; A3d/18; A3d/20.

nach in dieser Richtung zu keiner Veränderung der Familienkonstellation.

Dies Ergebnis einmal festgestellt, soll nicht ausgeschlossen werden, daß einzelne Familien eine andere Form des Zusammenlebens wählten. Aus der Begründung eines (in den Akten nicht vorliegenden) Wohnungsgesuchs aus dem Jahre 1951 geht hervor, daß ein durch Umsiedlung aus Danzig in ein südlich von Rostock gelegenes Dorf gekommener Arbeiter sich als Vorstand einer sechsköpfigen Familie sah, zu der auch seine Schwiegereltern gehörten. Die Familie strebte an, auch in Rostock zusammenzuleben, weil dann die Ehefrau arbeiten könne. Die Ehefrau hatte als Buchhalterin einen vergleichsweise qualifizierten Beruf.[114] Vielleicht haben wir einen solchen Familienverband bei Umsiedlerfamilien eher zu erwarten, sei es aus Tradition, wegen der Art der Wohnungseinweisung in Mecklenburg oder aus anderen Gründen.

Die Problematik des Zusammenlebens mehrerer Generationen in einem Haushalt hat noch eine andere, mit dem vorliegenden Material statistisch nicht erfaßbare Seite. Aus den mehr oder weniger umfangreichen Begründungen zu einem Wohnungsantrag läßt sich entnehmen, was auch sonst bekannt ist: angesichts der katastrophalen Wohnungssituation wohnten einige junge Ehepaare teils mit Kind bei den Eltern des Mannes oder der Frau, gelegentlich wohl auch bei anderen Verwandten. Inwieweit das junge Paar eine eigene Wirtschaft führte bzw. in den Haushalt der Eltern oder Verwandten einbezogen war, läßt sich nicht generalisierend festlegen. Dagegen ist nach den Wohnungsgesuchen sicher, daß sich das junge Paar als selbständige Familie verstand und nach eigener Haushaltsführung strebte. Außerdem war das gemeinsame Wohnen bei den Eltern eines Ehegatten nur eine mögliche Variante, denn wegen der schlechten Wohnbedingungen lebten manche junge Eheleute wie vor der Hochzeit getrennt bei den jeweiligen Eltern. Andere wohnten in dem möblierten Zimmer, welches der Ehemann irgendwann nach seiner Arbeitsaufnahme in der Neptunwerft bezogen hatte. Diese Situation läßt daran denken, daß durch den Zustrom junger lediger Männer aus anderen Orten der SBZ/DDR zur Werft die Ausgangsbedingungen für das

---

114 Ebenda, Ad3/9.

Zusammenleben mit der Elterngeneration noch weit schlechter waren, weil diese ja in ihren bisherigen Wohnorten ansässig blieben.

Das Streben nach Selbständigkeit und Trennung von den elterlichen Haushalten bei der Heirat scheint das vorherrschende Muster gewesen zu sein. Dafür enthalten die Wohnungsanträge zwei wesentliche Hinweise. Zum einen wurde die Eheschließung, spätestens die bevorstehende Geburt des ersten Kindes von vielen Antragstellern als Grund für die Notwendigkeit der Zuweisung eigenen Wohnraums angesehen.[115] Die jungen Paare wünschten also eine räumliche Trennung von den elterlichen Familien, die tatsächliche Trennung verzögerte sich allerdings mehr oder weniger lange. Zum zweiten weisen zahlreiche Wohnungsanträge darauf hin, daß die Eheschließung und der Erhalt einer ersten gemeinsamen Unterkunft zeitlich genau zusammenfielen bzw. sehr nah lagen. Hinsichtlich des Auszugs aus dem elterlichen Haushalt etwa zum Termin der eigenen Eheschließung kann wohl ein traditionelles Verhalten zwischen den Generationen festgehalten werden. Vom gesellschaftlichen Umfeld wurde dies in den 1950er Jahren insofern gestützt, als Wohnraum fast ausschließlich an Verheiratete vergeben wurde.

Von gelegentlichem kurzzeitigem Zusammenleben abgesehen, kamen Dreigenerationenfamilien auch in unserem Sample nicht vor. Der Wegzug von den Eltern mit der Gründung einer neuen Familie durch die Eheschließung erschien womöglich so selbstverständlich, daß er keiner besonderen Rede wert war. Tatsächlich lebten einige jungvermählte Paare für kurze Zeit bei den Eltern, die Erinnerung daran ist verblaßt. Andere lebten einige Zeit getrennt voneinander. Auch die eigenen Kinder wohnten bei einigen Interviewpartnern nach ihrer Verehelichung für einige Zeit bei den Eltern. Ein interviewtes Ehepaar berichtete, nacheinander hätten ihre beiden verheirateten Töchter und der Sohn bei ihnen gewohnt. Das schien den Eheleuten ganz selbstverständlich, weil die eigene Wohnung bei bescheidenen Ansprüchen solch Zusammenleben zeitweilig zuließ und

---

115 In den Anträgen tauchen in diesem Zusammenhang häufig Formulierungen auf wie: »*Da wir jetzt verheiratet sind und meine Frau ein Kind erwartet, benötigen wir ein Zimmer mit Küche.*« Andere Antragsteller hoben die Sorge um die schwangere Frau hervor, die nun nicht mehr getrennt vom Ehemann leben könne. Vgl.: Archiv NIR, A3d/10.

die Schwierigkeiten bei der Wohnraumbeschaffung keine andere Wahl gestatteten.[116] An ein verändertes Verhalten im Zusammenleben der Generationen ist demnach nicht zudenken. Das Zusammenleben der Generationen blieb zeitlich befristet.

Die »vollständige« Kernfamilie war nicht die einzige Familienkonstellation. Weit mehr durch den Krieg als durch Ehescheidungen hervorgerufen, bestanden in der zweiten Hälfte der 1940er und in den 1950er Jahren zahlreiche Familien aus Müttern mit ihren Kindern. Die Ehemänner bzw. Väter waren im Krieg geblieben. Die Frauen mußten den Lebensunterhalt für ihre Familie allein erarbeiten. Einer unser Interviewpartner, der Ende der 1940er Jahre als junger Mann in der Werft in einem Materiallager beschäftigt war, in welchem auch mehrere Kriegswitwen arbeiteten, erinnerte sich der großen Arbeitsleistung und des Solidarverhaltens der Frauen.[117] Um die speziellen Belange der verwitweten Frauen hat man sich in der Werft und sonst in der Gesellschaft der DDR erschreckend wenig gekümmert. Sie und ihre Kinder standen nicht nur hintan, wenn es um die Zuweisung von Wohnraum ging. Es gab weitere Benachteiligungen, unter denen beispielsweise die großzügigere Gewährung eines Haushaltstages für die berufstätigen Ehefrauen ständig zu einem Gefühl der Zurücksetzung führte. Insbesondere alleinstehende Mütter, deren Kinder noch in ihrem Haushalt lebten, jedoch nicht mehr schulpfichtig waren, und ältere Frauen ohne Ehemänner, empfanden es als ungerecht, daß ihnen kein Haushaltstag gewährt wurde, wohl aber junge kinderlose, soeben verheiratete Frauen.[118] Von Gleichberechtigung spürten nicht verheiratete Frauen wenig. Sie befanden sich im Vergleich zu ihren verheirateten Kolleginnen in der Regel in einer schlechteren Position. Berufsarbeit konnte für sie keine Ermessensfrage sein, sie mußten arbeiten und in irgendeiner Weise ihre Kinder unter- und durchbringen. Die staatlichen Unterstützungen wie die Halbwaisenrenten waren ausgesprochen niedrig und nicht mehr als ein Tropfen auf dem heißen Stein. Aber viele dieser Frauen haben es gelernt, ihr Schicksal in die Hand zu nehmen. Es ist als sicher anzunehmen, daß unter diesen Frauen die Aufsteigerinnen

---

116 Interview mit Friedrich-Karl Düwell, Transkript.
117 Interview mit Franz Richter, Verlaufsprotokoll.
118 Archiv NIR, L3a/950.

überproportional vertreten sind. Eine Geschichte dieser Frauen ist noch nicht geschrieben, in der Literatur werden sie kaum erwähnt.[119] Soweit das spärliche Material zu den in der Werft beschäftigten verwitweten Frauen überhaupt Schlußfolgerungen zuläßt, scheint sich abzuzeichnen, daß auch diese Frauen gewöhnlich allein mit ihren Kindern, ohne Großeltern im Haushalt, lebten.

Die Haushaltsgröße von Familien in der Neptunwerft beschäftigter Arbeiter ließ sich nicht sicher bestimmen. Einige vorsichtige Rückschlüsse zur Anzahl von Kindern unter 18 Jahren in den Familien ermöglichte die Analyse der Unfallmeldungen für die Jahre 1949/50 und 1957.[120] Es versteht sich dabei von selbst, daß die Zahl der zu einem bestimmten Zeitpunkt in einem Haushalt lebenden Kinder nicht mit der insgesamt in der Familie geborenen identisch sein wird. Zur Verfügung standen Zahlen für knapp 500 Familien, davon zum Stichpunkt 1949/50 für etwa 230 und zum Stichjahr 1957 für gut 260 Familien. Die Kinderzahl in den erfaßten Familien war nicht besonders hoch. Zu etwa 40 Prozent der Familien gehörte ein Kind, in rund 34 Prozent der Familien lebten zwei Kinder, in etwa 16 Prozent drei, in ca. 6 Prozent vier. Familien mit fünf und mehr Kindern dürften nur einen Anteil von drei bis vier Prozent ausgemacht haben. Veränderungen, die sich bei einem Vergleich der Angaben zu 1949/50 und 1957 beobachten ließen - um 1950 hatten z.B. 14 Familien fünf und mehr Kinder, 1957 hingegen nur zwei - deuten weder einen Wandel der Dominanz der Familien mit ein bis zwei Kindern im Haushalt an, noch auf verändertes generatives Verhalten hin.

Wenn die benutzten Quellen kein verfälschtes Bild liefern, was ziemlich unwahrscheinlich ist, da die Angaben grundsätzlich auch aus denen der Wohnungsanträge und der Interviews gedeckt wer-

---

119 Gewöhnlich werden diese Frauen mit ihren Problemen bestenfalls am Rande erwähnt, etwa wie in: Evamarie Badstübner-Peters, »...aber stehlen konnten sie ...« Nachkriegskindheit in der Sowjetischen Besatzungszone, in: Mitteilungen aus der kulturwissenschaftlichen Forschung, Jg. 16, H. 33, 1993, S. 233- 272, hier: S. 250-253.
120 Archiv NIR, S4a1/7, S4a1/11, A4/149 und A4/150. Auf genaue Berechnungen wird im folgenden verzichtet, weil ihre Ergebnisse eine Exaktheit vorweisen würden, die das Material tatsächlich nicht bietet. Beispielsweise ist immerhin denkbar, daß der gleiche Arbeiter in einem Zählungsabschnitt zwei Unfälle hatte und insofern zweimal erfaßt wurde. Doppelzählungen sind deshalb nicht restlos auszuschließen.

den, ist die Größe einer Familie eines Arbeiters der Neptunwerft in den 1950er Jahren üblicherweise mit drei bis vier Personen, seltener mit fünf, viel seltener mit sechs Personen und nur als Ausnahme mit mehr als sechs Familienangehörigen anzunehmen. Die Zahlen sprechen für die Fortsetzung eines langfristigen Trends der Reduzierung der Haushaltsgröße von Arbeiterfamilien. Naturgemäß lebten auch etliche Ehepaare für sich. Für die Zeit um 1950 kann nach den Unfallmeldungen davon ausgegangen werden, daß etwa 30 Prozent der erfaßten Ehepaare allein lebten, bis 1957 stieg der Anteil der Paare ohne Kinder auf knapp 40 Prozent. Die Steigerung ist keineswegs überraschend, sondern plausibel aus langwährenden Beschäftigungsverhältnissen und der damit älter gewordenen Belegschaft der Werft erklärt. Kinderlose Haushalte führten zumeist ältere Eheleute, deren Nachkommen sich selbständig gemacht hatten. Welche Ausmaße dauernde, darunter ungewollte, Kinderlosigkeit annahm, bleibt nach allem zur Verfügung stehenden Material gänzlich im Dunklen. Junge Paare waren selten kinderlos. Bei vielen in den 1950er Jahren geschlossenen Ehen war der Nachwuchs schon vor der Hochzeit gezeugt. Diese Situation spiegelt sich je nach Sachlage in den Interviews in den häufig gebrauchten Formulierungen vom Heiraten müssen bzw. nicht müssen wider. Ledige Mütter bildeten eher die Ausnahme. Rückschauend waren die Rahmenbedingungen für zeitige Mutter- bzw. Vaterschaft keineswegs günstig. Etlichen Paaren fehlte es zunächst nicht nur am eigenen Wohnraum, sondern auch an manch Notwendigem für das Aufziehen von Kindern. Viele unserer Interviewpartner erinnerten denn auch die schmalen Finanzen nach der Eheschließung und der Geburt des ersten Kindes.

Eheschließung und Familiengründung waren im Arbeitermilieu der Neptunwerft, sicherlich auch weit über diesen Rahmen hinaus, in den 1950er Jahren die übliche Lebensform. Alternativen sind im Grunde weder im gesellschaftlichen noch im privaten Bereich entwickelt worden. So ist es denn wenig verwunderlich, daß die meisten Arbeiter der Neptunwerft heirateten.

Tabelle 20:[121] *Familienstand in der Neptunwerft beschäftigter Männer (in Prozent), 1949/50 und 1957*

Jahr	verheiratet	ledig	verwitwet	geschieden
1949/50	58,8	38,2	1,6	1,4
1957	73,8	25,2	0,7	0,3

Die Zahlen der Tabelle basieren wieder auf Unfallmeldungen. Ohne Berücksichtigung von Lehrlingen, aber unter Einschluß junger Arbeitskräfte, die als ungelernte Arbeiter in der Werft beschäftigt waren und sich möglicherweise noch nicht alle im heiratsfähigen Alter befanden, beziehen sich die Angaben 1949/50 auf 546 Arbeiter, 1957 auf 560.

Mit dem ersten Blick fällt auf, daß zu beiden Stichpunkten die meisten Männer verheiratet waren. In einem Alter von mehr als 30 Jahren war fast kein Arbeiter mehr ledig, 1949/50 wiesen die Unfallmeldungen noch 15 und 1957 nur sieben aus.[122] Die unterschiedlichen Verehelichtenquoten beider Stichjahre ergeben sich neben dem in den Jahren 1949/50 etwas höheren Heiratsalter aus der Praxis der Arbeitsämter, Arbeitskräfte für den Ausbau der Neptunwerft in den anderen Ländern der SBZ/DDR vorrangig unter den Ledigen zu suchen. Die höhere Quote verheirateter Männer 1957 ist ein weiteres Zeichen dafür, daß etliche der von auswärts gekommenen Arbeiter in Rostock seßhaft geworden sind. Ehescheidung war während der 1950er Jahre bei Werftarbeitern wohl eher unüblich, diesen Eindruck vermitteln jedenfalls die Familiengeschichten unserer Interviewpartner. Andererseits entstanden manche »Wohnungsprobleme« durch Ehescheidung.[123] Über die tatsächliche Scheidungsrate lassen sich keine Schlußfolgerungen ziehen, vielmehr besteht wegen der niedri-

---

121 Berechnet nach: Archiv NIR, S4a1/7 (für 1949); S4a1/11 (für 1. Januar bis 30. April 1950); A4/149 und A4/150 (für 1957).
122 Aus der etwas größeren Zahl lediger Männer im Alter von mehr als 30 Jahren 1949/50 etwas ableiten zu wollen, ist sicher recht spekulativ. Da jedoch diese Ledigen 1949/50 durchweg Hilfsarbeiter waren, mag in ihrem Verhalten noch als Tradition nachgewirkt haben, eine Familie nur bei ausreichenden materiellen Voraussetzungen gründen zu können.
123 Archiv NIR, A3d/6.

gen Anteile verwitweter und geschiedener Männer berechtigter Grund zur Annahme, daß die Betroffenen nicht nur eine neue Verbindung anstrebten, sondern die Chancen für eine Wiederverheiratung der Männer in Anbetracht der demographischen Situation groß waren. Ganz anders hingegen stellte sich die Situation für die meisten verwitweten oder geschiedenen Frauen dar. Wie viele ledige Frauen mußten sie sich seinerzeit mit dauernder Ehelosigkeit abfinden.[124]

Im Mai 1959 waren in der Neptunwerft 1.163 Frauen beschäftigt, 459 von ihnen waren verheiratet. Unter den 704 ledigen Arbeitskräften waren selbstverständlich etliche junge Mädchen, deshalb werden in der folgenden Tabelle nur Frauen bis einschließlich des Geburtsjahrganges 1938 berücksichtigt. Spezielle Zahlen für die Arbeiterinnen gibt die Quelle leider nicht.

Tabelle 21:[125] *Geburtsjahrgang und Familienstand in der Neptunwerft beschäftigter Frauen, Mai 1959*

Geburtsjahrgang	verheiratete Frauen	nicht verh. Frauen
bis 1899	8	33
1900-1909	105	108
1910-1919	102	106
1920-1929	106	104
1930-1938	121	163

Die Zahlen sind in verschiedener Hinsicht aussagefähig. Hinsichtlich des Familienstandes liegen Unterschiede im Vergleich zu den Arbeitern auf der Hand. Noch Ende der 1950er Jahre bildeten die verwitweten, ledigen und geschiedenen Frauen unter den weiblichen Beschäftigten die größte Gruppe. Gleichwohl waren die Anteile in

---

124 Nach der Volkszählung vom 29. Oktober 1946 waren in Rostock 43,1% der Bevölkerung männlichen, 56,9% weiblichen Geschlechts. Diese Relation änderte sich allmählich wieder, doch ein über das Gewöhnliche hinausgehender Frauenüberschuß blieb noch langjährig erhalten. Vgl.: Gerda Grammdorf, a.a.O., S. 114 und 126.
125 Berechnet nach: Archiv NIR, L3a/951.

den Altersstufen zwischen 30 und 59 Jahren bei verheirateten und nicht verheirateten Frauen sehr abgewogen, was nicht nur für einen bemerkenswerten Anteil verheirateter weiblicher Beschäftigter spricht, sondern auch für Berufstätigkeit von Ehefrauen in verschiedenen Lebensaltern. Ob diese Berufstätigkeit von langer Dauer oder mehr kurzfristig war, läßt sich aus einer Momentaufnahme nicht ableiten. Im Alter von 60 und mehr Jahren arbeiteten noch überraschend viele Frauen, zumeist unverheiratete. Das mag darauf zurückzuführen sein, daß eine Rente - zumal sie wegen der im Vergleich zu vielen Männern niedrigeren Entlohnung zumeist gering ausgefallen sein mag - allein nicht zum Lebensunterhalt ausreichte. Womöglich ersetzte die Arbeit auch fehlende soziale Kontakte.

Das Heiratsalter im Arbeitermilieu lag weder in den 1950er Jahren noch in Jahrzehnten zuvor hoch. Zu später Heirat gab es - von den nachgeholten Eheschließungen der Nachkriegszeiten abgesehen - auch keine besondere Veranlassung. Eigentum war nicht zu vererben und in der DDR lag die Entlohnung junger Arbeiter im allgemeinen nicht oder wenig unter der älterer. Obwohl in der DDR der 1950er Jahre eine Eheschließung in jungen Jahren gesellschaftlich akzeptiert, wohl sogar gefördert wurde, bildeten bei Paaren, von denen der Ehemann in der Werft arbeitete, Frühehen mit Mann und Frau unter 20 Jahren die absolute Ausnahme.[126] Etwa die Hälfte der durch die Quellen erfaßten Männer, die eine Ehe eingegangen waren, waren mit 25 Jahren verheiratet. Bei den Frauen lag das Heiratsalter im allgemeinen niedriger, etwa zwei Drittel der Ehefrauen hatten geheiratet, bevor sie ihren 25. Geburtstag feierten. Etliche Eheschließungen von über 25-jährigen Frauen waren offenbar durch Krieg und Kriegsfolgen bedingte Spätehen. Die Altersabstände zwischen Mann und Frau waren gewöhnlich nicht groß, oft war der Mann der ältere, die umgekehrte Konstellation war jedoch auch keine Seltenheit. Männer der Geburtsjahrgänge etwa zwischen 1915 und 1925, die im Krieg und den ersten Nachkriegsjahren nicht geheiratet hatten, neigten bisweilen dazu, eine deutlich jüngere Partnerin zu erwählen.

---

126 Diese und die folgenden Angaben sind zusammengestellt und berechnet nach: Archiv NIR, A3d/5; A3d/6; A3d/9; A3d/10; A3d/18; A3d/20. Die Angaben beziehen sich auf 335 Männer und 322 Frauen.

Über die Partnerwahl ist nur sehr wenig bekannt. Es gibt Anzeichen, die darauf hinweisen, daß bevorzugt im gleichen Milieu geheiratet wurde. Bemerkenswerterweise verlor die regionale Herkunft schon im Verlauf der 1950er Jahre an Bedeutung. Bei Paaren unseres Samples, die in den 1950er Jahren heirateten, fanden wir viele denkbare Konstellationen vor.[127] Alle Paare hielten die jeweilige Konstellation für ganz selbstverständlich. Ganz sicher erfolgte die Integration etlicher nicht aus Rostock stammender Arbeiter in die Werft und die Stadt zu nicht geringen Teilen über Heirat, Familiengründung und Familieneinbindung.

Die Hochzeitszeremonien wandelten sich in den 1950er Jahren in bemerkenswerter Weise. Zunehmend mehr Paare nahmen das Angebot an, die standesamtliche Trauung möglichst feierlich zu gestalten. In Rostock hatten sich 1958 etwas mehr als dreiviertel der 1.531 Paare, die eine Ehe eingingen, für eine »kulturelle Umrahmung« der Trauung entschieden. Weitaus einschneidender ist sicherlich, daß mehr als 950 der Paare sich nicht mehr kirchlich trauen ließen. Wieviele darunter einem Arbeitermilieu angehörten, bleibt ungeklärt. Es ist durchaus möglich, daß hier das Beharren auf kirchlicher Trauung ausgeprägter war als bei Angestellten. Jedenfalls lösten sich durch Austrittserklärungen Ende der 1950er Jahre deutlich mehr Angestellte als Arbeiter von der Kirche.[128]

---

127 Die gebürtige Rostockerin heiratete einen Mann, der aus Ostpreußen stammte, ein Sudetendeutscher, sich lange als Vertriebener fühlend, heiratete eine in Rostock ansässige Frau, die in einem mecklenburgischen Dorf geboren worden war, ein in der Slowakei gebürtiger Mann heiratete eine Frau aus dem slowakischen Nachbarort, die er wohl erst in Rostock kennenlernte, ein Mecklenburger aus Waren, der zur Lehre nach Rostock kam, heiratete eine Rostockerin, ein Dreher aus dem Erzgebirge, den das Arbeitsamt zur Arbeit in die Neptunwerft beorderte, heiratete eine Frau aus Stettin (Interview mit Christel Toch, Transkript; Interview mit Franz Richter, Verlaufsprotokoll; Interview mit Hans Reithel, Transkript; Interview mit Georg Schwarz, Transkript; Interview mit Heinz Rakow, Verlaufsprotokoll).
128 AHR, 2.10.7.4350.

Familiale Netzwerke

Über das Leben in Arbeiterfamilien der 1950er Jahre gibt es bestenfalls einige theoretische Annahmen, doch sie sind empirisch wenig gesichert. Auch die nun folgende Darstellung krankt an schmaler und lückenhafter empirischer Fundierung. Sicher ist davon auszugehen, daß es wie zu anderen Zeiten viele Einmischungen von außen, darunter normative, in die Arbeiterfamilien gegeben hat.[129] In der DDR waren die Freiräume womöglich noch begrenzter als in der BRD, gedacht sei nur an die betriebliche Sozialpolitik. Wenn diese seinerzeit, wie aus fast allen Interviews zu entnehmen ist, wohl weniger als Einmischung, sondern mehr als Unterstützung empfunden worden ist, dominiert in der Rückschau eine ambivalente Wertung. Und diese wird nicht nur unter dem Aspekt vorgenommen, daß die Betriebe sich solche Dinge gar nicht hätten leisten können, sondern auch unter dem eines Eingriffs in die Sphäre der Familie.

Die Untersuchungsergebnisse zur Familienstruktur sprechen für eine Konzentration auf die Familie als die übliche Lebensform. Auch die Auswertung von Interviews und anderen Quellen weist auf einen hohen Stellenwert der Familie im Arbeitermilieu und dabei ausdrücklich auf eine Familienorientierung der Männer hin. In den Wohnungsanträgen finden sich wiederholt Formulierungen von Arbeitern wie: »*Ich liebe ein gemütliches Heim, wenn ich von meiner Schichtarbeit nach Hause komme.*«[130] Die Familienorientierung der Männer wird faßbar beispielsweise an den Bemühungen, den durch die Wohnsituation bedingten Zustand des getrennten Familienlebens zu beenden, oder an Aktivitäten, die Versorgung der Familie zu sichern. Dahinter steht gewiß auch die Not der Nachkriegszeit. Weniger zeitspezifisch äußert sich die Familienorientierung vielleicht in dem Wunsch, die Freizeit in der Familie, zumindest aber mit der Ehefrau zu verbringen. Auf diese Orientierung wirkten gleichfalls die Frauen ein.[131] Offenbar bildete die Familie den Lebensmittelpunkt nach der

---

129 Vgl. dazu knapp zusammengefaßt: Heidi Rosenbaum, Formen der Familie, a.a.O., S. 494-496.
130 Archiv NIR, A3d/20.
131 Christel Toch, deren Mann vor der Ehe und in den ersten Ehejahren Eishockey spielte und an Wochenenden viel außerhalb von Rostock unterwegs war, erzählte, daß sie das mit den beiden Kindern dann nicht mehr gewollt hätte. Ihr Mann

Arbeit. Diese Feststellung soll in erster Linie die Kern- bzw. Kleinfamilie betreffen, aber die vielfältigen verwandtschaftlichen Beziehungen einbeziehen, sowohl die geselligen Kontakte als auch die gegenseitige Unterstützung. Unter den verwandtschaftlichen Beziehungen nahmen offenbar die zwischen den Generationen einen herausgehobenen Platz ein.

Harmonische Beziehungen zwischen den Generationen lassen sich als ganz selbstverständlich werten, und in etlichen Arbeiterfamilien waren sie es sicher tatsächlich. Jedenfalls fanden sich zum Zusammenhalt der Generationen viele Anhaltspunkte. Eine übliche Weise der Unterstützung durch die dritte Generation für die mittlere war in den 1950er Jahren, daß ein Enkelkind, zumeist das erstgeborene, von außerhalb Rostocks wohnenden Großeltern aufgenommen wurde. Das lag wohl in erster Linie darin begründet, daß die Wohnverhältnisse des jungen Paares für die Aufzucht eines Kindes völlig unzulänglich waren, und erst in zweiter Linie darin, daß die junge Frau weiterhin arbeiten wollte. Daß diese Art der Unterstützung, die ja andererseits gleichsam eine Familientrennung bedeutete, auch Anlaß zu Spannungen bieten konnte, ist ganz naheliegend und belegt.[132] Ob und wieviele kleine Kinder in den Familien Rostocker Großeltern betreut wurden, bleibt verschlossen. Viele Großeltern sprangen ein, wenn die Eltern zeitweise abwesend waren.[133] Die Hilfe erschöpfte sich nicht einseitig in der Unterstützung bei der Kinderbetreuung, sie war gegenseitig. Berichtet wurde von der Betreuung bzw. Aufnahme der alten Eltern bzw. eines Elternteils.[134] Auffällig waren für uns auch die scheinbar durchweg sehr engen Beziehungen unserer Interviewpartner zu ihren teils schon erwachsenen Enkelkindern.

---

entschloß sich, in Rostock als Linienrichter aktiv zu werden. Vgl.: Interview mit Christel Toch, Transkript.
132 Archiv NIR, A3d/9.
133 Meist wurde die Betreuung der Kinder durch die Großeltern für die Zeit des Urlaubs erwähnt. Das haben wir durch unsere übliche Nachfrage zum Urlaub, vor allem zur ersten Urlaubsreise, vielleicht befördert, wohingegen Gründe anderer Betreungszeiten unangesprochen blieben.
134 Zumindest in den Familien Moritzen, Reithel und Schwarz verbrachten Elternteile ihre letzte Lebenszeit. Vgl.: Interview mit Erika Moritzen, Verlaufsprotokoll; Interview mit Hans Reithel, Transkript; Interview mit Georg Schwarz, Transkript.

Kapitel 8: Das außerbetriebliche Milieu der Neptunwerft   631

Doch die guten Beziehungen, von welchen fast alle Interviewpartner sprachen, erschöpften sich nicht in gegenseitiger Unterstützung. Zumindest aus der Rückschau scheint die Weitergabe von Familientraditionen oder von speziellem Wissen im Zusammenleben der Generationen einen sehr hohen Stellenwert zu haben. Georg Schwarz, dessen Vater Tuchmacher in einer mecklenburgischen Kleinstadt war und es vor dem Krieg bis zum Musterweber brachte, sagte über seine Eltern und die Beziehungen zu ihnen:

> *Ich bin immer gerne zu Hause gewesen.*
> *Nun waren meine beiden Eltern waren auch*
> *meine Mutter auch gebildet und sehr interessiert*
> *an politischen und geistigen Dingen*
> *so daß wir auch immer Gesprächsstoff hatten und Interessen gemeinsam.*[135]

Die Prägung durch das Elternhaus, die für seinen beruflichen Werdegang und Aufstieg sicher bedeutungsvoll war, empfand er sehr bewußt. Bei einem anderen Fall ließ sich eine außerordentlich enge Familienbindung zwischen Geschwistern feststellen, die nur aus einer tradierten Familienerfahrung erklärt werden kann. Aus einem slowakischen Dorf stammend, erfuhren die Brüder Albert und Hans Reithel seit ihren Kindertagen den Wert des familiären Zusammenhalts, der jedoch nicht in einem Arbeitermilieu fußte. Die enge Verbindung zwischen mehreren Familien blieb über die langen Jahre bis in die Gegenwart erhalten.[136] In wieder anderer Weise wurde Heinz Rakow, der während seines Arbeitslebens verschiedene mittlere und hohe Funktionen in der SED, in der Gewerkschaft und in der FDJ ausübte, durch Erfahrungen seiner Kindheit geprägt. Er wuchs im Erzgebirge auf und lebte die ersten Jahre bei seinen Großeltern. Seine Eltern waren offenbar nicht miteinander verheiratet, seine Mutter lernte er überhaupt erst kennen, als er sieben Jahre alt war. Mit acht Jahren kam er dann in die Familie seines nun verheirateten Vaters. Er

---

135 Interview mit Georg Schwarz, Transkript.
136 Interview mit Albert Reithel, Verlaufsprotokoll; Interview mit Hans Reithel, Transkript. Unserer Interviewerin wurde der Familienzusammenhalt praktisch vorgeführt. Nach Abschluß beider Interviews wurde sie zu einer kleinen Gesprächsrunde mit allen in Rostock lebenden Geschwistern gebeten.

habe Elend miterlebt, sagt er. Sein Vater sei einfacher Arbeiter auf dem Bau gewesen. Der Vater habe, weil in der Familie sieben Kinder gewesen seien, nichts lernen können und früh arbeiten müssen. In seiner Kindheit sei der Verdienst des Vaters so niedrig gewesen, daß nicht nur er, sondern auch seine beiden Halbgeschwister immer Heimarbeit machen mußten, um einen Teil des Unterhalts zu verdienen. Er leitet sein außerordentlich starkes gesellschaftliches Engagement, sein Einsetzen für die Gemeinschaft, wie er formuliert, direkt aus der Prägung in der Kindheit ab, die von Elend und fehlender Geborgenheit bestimmt war.[137]

Über Beziehungen zu anderen Verwandten ist üblicherweise weniger berichtet worden. Das wird vielfältige Gründe gehabt haben, darunter der, daß ja keineswegs alle in Rostock wohnten. Es spricht aber auch für eine starke Orientierung auf die Kleinfamilie. Darüberhinaus gewann für die interviewten Frauen ihre eigene Berufsarbeit einen solchen Erzählwert, daß Nachrichten über die Verwandtschaft in den Hintergrund gerieten. Soviel läßt sich dennoch festhalten: man war sich der Unterstützung der Verwandtschaft, wenn sie denn gebraucht wurde, sicher.

Familie, Geschlechterverhältnisse und Arbeitswelt

Außer Frage steht, daß seit Jahrzehnten die Reproduktion den ökonomischen Zweck der Arbeiterfamilie bildet, gleichwohl aber die Arbeitswelt auch nach der Trennung von Produktion und Haushalt tief in die Familie hineinwirkt.[138] Die Arbeiterfamilie, wie auch andere Familienformen, war und ist nicht von der Arbeitswelt isoliert, kein von der Öffentlichkeit abgeschiedener Privatbereich.[139] Private

---

137 Interview mit Heinz Rakow, Verlaufsprotokoll.
138 Josef Ehmer gelangt zu dem Schluß, daß spätestens seit der Hochindustrialisierungsphase die Reproduktion die ökonomische Grundlage der Familie bildet. Vgl.: Josef Ehmer, Familienstruktur und Arbeitsorganisation im frühindustriellen Wien, München 1980, bes. S. 162- 188.
139 Siehe dazu: Manfred Schlösser, Die Familiensituation der Arbeiter, in: Seminar: Familie und Gesellschaftsstruktur. Materialien zu den sozioökonomischen Bedingungen von Familienformen, hrsg. v. Heidi Rosenbaum, Frankfurt a. M., 4. Aufl. 1988, S. 347-372 hier S. 347-349; siehe auch: Michael Mitterauer, Familie und Arbeitswelt in historischer Sicht, in: Michael Mitterauer, Familie und Ar-

Gestaltungsmöglichkeiten erweisen sich als begrenzt. Allein die Teilnahme am Produktionsprozeß bedeutet, daß die betreffende Person nicht zugleich im Reproduktionsprozeß zur Verfügung stehen, weder die eigene Arbeitskraft reproduzieren noch sich um die verschiedenen Angelegenheiten der Familie kümmern kann. Wenn diese Bedingungen auch genereller Art sind, gibt es doch eine Reihe von Besonderheiten. Dazu gehört der Grad der Erwerbsarbeit der Arbeiterehefrauen, sowohl hinsichtlich der Ausübung an sich als auch bezüglich der zeitlichen Ausdehnung und konkreten Beanspruchung. Geschlechterverhältnisse sind selbstverständlich nicht auf die Auswirkungen der Arbeitswelt auf die Familie bzw. die Beziehungen zwischen den Geschlechtern und schon gar nicht auf die Ausmaße der Frauenerwerbsarbeit reduzierbar. Dennoch sind Frauenerwerbsarbeit sowie der Umgang beider Geschlechter und der Gesellschaft mit ihr, wichtige Seiten des Geschlechterverhältnisses.

In Rostock befanden sich 1960 immerhin knapp 65 Prozent der Frauen im arbeitsfähigen Alter in einem Arbeitsverhältnis.[140] Der bereits hohe Anteil von Frauen, die mindestens zeitweise einer Erwerbsarbeit nachgingen, sagt allerdings wenig über deren Akzeptanz. Etliche Frauen und Mütter, unter ihnen viele Kriegswitwen, aber auch Ehefrauen, befanden sich in ökonomischen Zwangslagen und mußten den Lebensunterhalt der Familie sichern bzw. sichern helfen. Das war historisch genauso wenig neu wie die Einbeziehung von Frauen in den Erwerbsprozeß bei Verknappung der Arbeitskräfte infolge eines wirtschaftlichen Aufschwungs. Ob nicht auch weite Teile der ostdeutschen Öffentlichkeit und der Arbeiterehemänner den Platz verheirateter Frauen und Mütter eher zu Hause bei den Kindern und in der Küche als bei der Erwerbsarbeit sahen, ist kaum mit Sicherheit zu verneinen und weiter untersuchungsbedürftig. Auch in der DDR mußten die meisten erwerbstätigen Frauen die Unterbringung der kleiner Kinder in irgendeiner Weise auf privater Basis regeln bzw. nach Teilzeitarbeitsplätzen Ausschau halten, für die im Idealfall die Arbeitszeiten so auszuhandeln waren, daß die

---

beitsteilung. Historischvergleichende Studien, Wien; Köln; Weimar 1992, S. 355-362.
140 AHR, 2.10.3.1.4958.

Versorgung der Kinder und der Familie möglich war, ohne daß die Frauen ständig unter Druck standen und Schuldgefühle aufbauten. Erwerbsarbeit der Ehefrauen von Arbeitern der Neptunwerft war in den 1950er Jahren mit Sicherheit nicht weiter verbreitet als allgemein. Mit der gebotenen Vorsicht, die mit der Spezifik des statistischen Materials zusammenhängt, lassen sich aus den Wohnungsanträgen, die in der Neptunwerft gestellt worden sind, Aussagen zur Erwerbstätigkeit von Ehefrauen entwickeln.

Tabelle 22:[141] *Berufstätigkeit von Ehefrauen in der Neptunwerft beschäftigter Männer, 1950er Jahre*

Gruppe	alle Ehefrauen	Hausfrauen	Berufstätige
alle Ehefrauen	443	303 (68,4%)	140 (31,6%)
Männer Arbeiter	361	257 (71,2%)	104 (28,8%)
Männer Angestellte	82	46 (56,1%)	36 (43,9%)

Die Relation mag quellenbedingt etwas zu ungunsten der erwerbstätigen Frauen verschoben sein, weil viele Wohnungsanträge von jungen Familien mit Kindern vorliegen. Dennoch dürfte zu schlußfolgern sein, daß deutlich mehr Ehefrauen von Neptun-Beschäftigten in den 1950er Jahren Hausfrauen waren, als daß sie einer Berufsarbeit nachgingen. Womöglich traf dies insbesondere auf das Arbeitermilieu zu. Denn wenn die Datenbasis auch schmal ist, als Trend scheint sich abzuzeichnen, daß Frauen von Männern, die auf verschiedenen Stufen als Angestellte in der Neptunwerft arbeiteten, häufiger erwerbstätig waren, als die von Arbeitern. Das Quellenmaterial deutet desweiteren darauf hin, daß besondere materielle Enge in der Familie, bzw. sehr geringer Verdienst des Ehemannes, die Entscheidung

---

141 Die Berechnung erfolgte nach Angaben in Wohnungsanträgen, Archiv NIR, A3d/5; A3d/6; A3d/9; A3d/10; A3d/18; A3d/20. Ein einheitliches Datum läßt sich nicht festlegen, aber es wurden ausschließlich Wohnungsanträge in die Berechnung einbezogen, die in den 1950er Jahren gestellt worden sind. Unberücksichtigt geblieben sind die von verheirateten Frauen gestellten Anträge, da in diesen Fällen die Männer nicht in der Werft arbeiteten.

für eine Berufstätigkeit verheirateter Frau wesentlich beeinflußt haben. Frauen von Hilfsarbeitern waren häufiger berufstätig als die von Facharbeitern. Frauen mit qualifizierten Berufen neigten vermutlich weniger dazu, die Berufsarbeit, die für sie Eigenwert gewonnen hatte, aufzugeben. Die aus der Analyse der Wohnungsanträge gewonnenen Zahlen liegen weit unter dem für Rostock im Jahre 1960 angegebenen Anteil beruflich tätiger Frauen von knapp 65 Prozent aller Frauen im erwerbsfähigen Alter. Das wird zu einem Teil auf die fortschreitende Erhöhung der Berufsarbeit von Frauen zurückzuführen sein, hängt jedoch vermutlich noch stärker damit zusammen, daß die Angabe für 1960 die Erfassung auf alle Frauen, nicht nur die verheirateten, bezieht.

Ganz sicher wurde die Einstellung zur Berufstätigkeit verheirateter Frauen auch von der Anzahl und dem Alter der in der Familien lebenden Kinder beeinflußt. Der folgenden Übersicht liegen wiederum Wohnungsanträge von in der Neptunwerft beschäftigten Männern zugrunde.

Tabelle 23:[142] *Berufstätigkeit von Ehefrauen mit Kindern, 1950er Jahre*

	mit Kindern unter 15 Jahre	ohne Kinder unter 15 Jahre
alle Ehefrauen	277 (62,5%)	166 (37,5%)
Hausfrauen	197 (65,0%)	106 (35,0%)
Berufstätige	80 (57,1%)	60 (42,9%)

Zunächst und allein schon wegen der Spezifik der Materialbasis keineswegs überraschend, läßt sich beobachten, daß der Anteil der Frauen mit Kindern unter 15 Jahren mit knapp zwei Dritteln hervorsticht. Zu erwarten war auch, daß der Anteil der Hausfrauen mit Kindern höher ist als jener der berufstätigen Ehefrauen. Doch der Abstand fällt nicht groß aus. Unter nochmaligem Verweis auf die schmale Datenbasis sind diese Zahlen womöglich ein Indiz dafür, daß das Vorhandensein von Kindern in der Familie nicht mehr als

---

142 Die Berechnung erfolgte nach Angaben in Wohnungsanträgen, Archiv NIR, A3d/5; A3d/6; A3d/9; A3d/10; A3d/18; A3d/20.

ein Faktor unter anderen war, die für oder gegen Berufstätigkeit verheirateter Frauen sprachen.

Die meisten Frauen unseres Samples haben vor ihrer Eheschließung gearbeitet. Diese Feststellung sollte jedoch nicht als Hinweis auf eine in diesem Kreis stärkere Verbreitung beruflicher Arbeit angesehen werden. Die außerhäusliche Arbeit schulentlassener Mädchen war in Arbeiterfamilien bereits in der Vorkriegszeit üblich. In der SBZ/DDR bestand schon aus Versorgungsgründen im Prinzip keine andere Möglichkeit. Einen Lehrberuf hatten in den späten 1940er und zu Beginn der 1950er Jahre noch nicht viele Frauen und wenn, dann einen klassischen weiblichen Massenberuf wie den der Schneiderin. Auch Berufe der unteren Stufen der Angestelltenhierarchie wie Stenotypistin, Kontoristin oder Verkäuferin kamen vor.

Eine fehlende berufliche Ausbildung wurde sehr wohl bedauert und als Mangel empfunden. Hannelore Philip, die mit 17 Jahren 1949 als ungelernte Kraft in einem Büro der Werft anfing, hätte gern eine Lehre gemacht. Sie erzählte von einer anderen in der Werft beschäftigten Frau, die ohne Lehre wie sie selbst unglücklich gewesen sei, dann habe dieselbe aber ein Studium absolviert, sei Ökonomin und unendlich glücklich geworden. Sie setzt fort:

> *aber ich will damit nur sagen also unsere Generation*
> *wie wir damals waren*
> *wir waren nicht zu dußlich um um ne Lehre zu zu machen*
> *es war nichts drin nich.*[143]

Sie beneidete auch das erste Mädchen, welches in der Werft als kaufmännischer Lehrling eine Berufsausbildung machen konnte.[144] Hannelore Philip war für bessere Aussichten auf eine Lehrstelle wenige Jahre zu früh geboren. Bereits die Mädchen der Geburtsjahrgänge ab Mitte der 1930er Jahre hatten dann in der DDR erheblich größere Chancen, einen Beruf zu erlernen. Etwa seit Beginn der zweiten Hälfte der 1950er Jahre hatte denn auch viele Frauen, die jung heirateten, einen Beruf erlernt.

---

143 Interview mit Hannelore Philip, Transkript.
144 Ebenda.

Bis es soweit war, mußten sich jedoch viele wie Hannelore Philip mit ungelernter Tätigkeit durchbringen und für bescheidene berufliche Aufstiege arbeiten. So verlief der Berufsweg unserer Interviewpartnerin Christel Toch. 1946 beendete sie die Grundschule, die Schulausbildung hatte unter den Kriegseinflüssen gelitten. An eine Lehrstelle war nicht zu denken, und die Mutter empfahl ihr, zu einem Bauern in Stellung zu gehen, sie habe dort zu essen und sei auch sonst versorgt. Sie folgte dem Rat und arbeitete in der Nähe der elterlichen Wohnung drei Jahre als Magd. Der Wunsch, mehr Geld zu verdienen, führte sie nach aufwendiger Arbeitsplatzsuche in die Rostocker Zündwarenfabrik, in der sie dann zwei Jahre im Dreischichtsystem tätig war. Anschließend fand sie durch die Vermittlung einer Bekannten einen Arbeitsplatz ohne irgendwelche Qualifikationsanforderungen im Konstruktionsbüro der Neptunwerft. Der Verdienst war zwar niedriger, die Arbeit aber nicht mehr so anstrengend. Über Verdienst und Aufstieg im Konstruktionsbüro sagt sie:

> *und denn hab ich da wieder ganz unten angefangen*
> *und da hab ich 250 Mark verdient*
> *in der Streichholzfabrik da hat ich ja mehr*
> *aber auf die Dauer war das nichts*
> *na ja ich hab mich denn eben auch wieder ein bißchen hochgerappelt*
> *und wieder erarbeitet*
> *wie man das so macht immer fleißig vor mich hin*
> *bis man denn weiterkommt*
> *ja und denn hab ich da gearbeitet bis meine Tochter kam.*[145]

Wie sie gaben etliche andere Frauen die Berufsarbeit nicht unmittelbar mit der Eheschließung auf, sondern nach der Geburt des ersten Kindes auf. Hier hatte sich offenbar im Vergleich zur Weimarer Republik einiges verändert. Eine Weiterarbeit nach der Geburt des ersten Kindes war jedoch wegen fehlender Möglichkeiten zur Unterbringung der Säuglinge und Kleinkinder in den meisten Fällen nicht möglich. Die Mangelsituation wird für die 1950er Jahre angesichts des in späteren Jahren dichten Netzes von Kindereinrichtungen sehr oft unterschätzt. In der gesamten Stadt Rostock gab es im

---

145 Interview mit Christel Toch, Transkript.

Jahre 1955 auf 1.000 Kinder unter drei Jahren berechnet 54 Krippenplätze.[146] 1957 nahmen die Krippen 700 Kleinkinder auf, allein die betriebseigenen Einrichtungen 500.[147] Die Neptunwerft hatte seit 1947 eine eigene Kindertagesstätte, die 150 Kindern im Alter von 2 bis 14 Jahren Platz bot. Am 1. Juni 1951 wurde ein neuer Kindergarten übergeben. Weil gesetzliche Bestimmungen seit 1952 für Säuglinge und Kleinstkinder bis zu 3 Jahren besondere Einrichtungen vorschrieben, baute die Neptunwerft eine Kinderkrippe. Die Werft übergab den Zweckbau mit großer Terrasse und einem weitläufigen Garten am 1. September 1954, doch die erst 60 und dann 100 Plätze deckten den Bedarf nicht.[148] Staatliche Unterstützungen für Mütter mit kleinen Kindern, wie z.B. die in späteren Jahren eingeführte Arbeitszeitreduzierung, fehlten noch. Mindestens so wirksam wie die großen Schwierigkeiten bei der Unterbringung der Kinder war für die Arbeitsaufgabe der Frauen offenbar die dominierende gesellschaftliche Norm. Jedenfalls stand für Frauen wie Männer unseres Samples außerhalb der Diskussion, daß die Frau spätestens nach der Geburt eines Kindes nach Hause gehört.[149] Auch dies wird häufig übersehen, wohl weil die Entwicklung zu einer weitgehenden Einbeziehung von Müttern mit kleinen Kindern in den Arbeitsprozeß führte. In späteren Jahren aber schieden auch viele Ehefrauen und Mütter mit kleinen Kindern nur kurzzeitig aus dem Arbeitsleben aus. Die Gründe dieses Wandels sind vielfältig und nicht auf einen Punkt zu fixieren. Mitarbeit der Ehefrau galt in der DDR als Zeichen der Gleichberechtigung der Frauen, und war häufig finanziell wenn nicht gerade zwingend, so doch empfehlenswert. Die Versorgung mit Krippen- und Kindergartenplätzen verbesserte sich fortschreitend und, vielleicht für dauerhafte Berufstätigkeit besonders bedeutsam, die Frauen hatten über eine Lehre oder ein Studium eine qualifizierte Berufsausbildung erworben und waren nicht bereit, auf die Anforderungen und Befriedigungen beruflicher Tätigkeit zu ver-

---

146 LA Greifswald, BPA SED Rostock, BL, V/1/145.
147 AHR, 2.10.3.1.4958.
148 Archiv NIR, K6/62.
149 Wenn Hannelore Philip sagt, daß sie nach der Geburt ihre Sohnes im Jahre 1957 für drei Jahre zu Hause blieb sei für die damalige Zeit etwas besonderes gewesen, täuscht sie die Erinnerung. Vgl.: Interview mit Hannelore Philip, Transkript.

zichten. Konfliktfrei war die Weiterarbeit von Frauen mit kleinen Kindern keineswegs, weder für sie noch für die Betriebe und Einrichtungen, in denen sie tätig waren. Daran änderten Arbeitszeitverkürzungen, die seit den 1970er Jahren Müttern mit kleinen Kindern zu Gute kommen sollten, bestenfalls partiell etwas.

Die meisten Frauen unseres Samples, die während der 1950er Jahre wegen der Geburt eines oder mehrerer Kinder aus dem Arbeitsprozeß ausschieden, nahmen in späteren Jahren die Berufsarbeit wieder auf und blieben, bis sie das Rentenalter erreicht hatten, erwerbstätig. Auch ältere Frauen, in deren Lebensplanung ein neuer Einstieg in die Berufsarbeit gar nicht beabsichtigt gewesen mag, sind wieder erwerbstätig geworden. Hierfür haben sicher unterschiedliche Motive eine Rolle gespielt, darunter sowohl Wünsche zur Erfüllung von Konsumbedürfnissen wie die Möglichkeit, einen eigenen Rentenanspruch zu erwerben. Auch die gesellschaftliche Einstellung zur Berufstätigkeit von Ehefrauen wandelte sich weiter. Schon Ende der 1950er Jahre sind die »Nur-Hausfrauen« beispielsweise über die Bildung von Hausfrauenbrigaden und durch verkürzte Arbeitszeit ermuntert worden, berufstätig zu werden.[150] Lieselotte Kroß wählte diesen Weg. Sie entschied sich wohl nicht ganz aus freien Stücken, jedenfalls kam der entscheidende Tip von ihrem Mann. Sie arbeitete in einer Hausfrauenbrigade, die in der Küche der Neptunwerft gebildet worden war, zuerst vier Stunden und als die einzige Tochter dann älter war und sowieso den ganzen Tag in der Sportschule verbrachte, ganztägig. Aus dem Berufsanfang in einer Hausfrauenbrigade wurden schließlich bis zum Erreichen des Rentenalters 13 Arbeitsjahre in der Werft. Für sie war der Berufseinstieg über eine Hausfrauenbrigade erfolgreich.[151]

Generell aber stellte sich in der DDR nicht nur heraus, daß es in der Arbeitsorganisation vieler Betriebe Schwierigkeiten gab, sondern

---

150 Zu Hausfrauenbrigaden siehe: Hans-Jürgen Arendt, Zur Entwicklung der Bewegung der Hausfrauenbrigaden in der DDR 1958 bis 1961/62. Eine besondere Form der Einbeziehung nichtberufstätiger Frauen in die Lösung volkswirtschaftlicher Aufgaben beim Aufbau des Sozialismus, in: Jahrbuch für Wirtschaftsgeschichte 1979/I, S. 53-70. In der Neptunwerft wie auch in anderen Werften gewann diese Bewegung offensichtlich wegen der ohnehin begrenzten Zahl von Arbeitsplätzen für Frauen nur geringe Bedeutung.
151 Interview mit Lieselotte Kroß, Transkript.

auch, daß keineswegs alle Frauen erwerbstätig sein wollten.[152] Wie die Eheleute Düwell hielten wohl nicht wenige andere an einer traditionellen Rollenverteilung in der Familie fest, zumal Ende der 1950er Jahre materielle Not viele verheiratete Frauen meist nicht mehr zur Mitarbeit zwang. Zwischen den Eheleuten Düwell dürfte die Aufnahme einer beruflichen Tätigkeit durch Frau Düwell kaum je ernsthaft zur Diskussion gestanden haben. Herr Düwell sorgte für den Unterhalt der Familie, dazu nahm er auch die Last eines Abendstudiums auf sich. Frau Düwell erzog die drei Kinder, erledigte den Haushalt und sonst die meisten im Reproduktionsbereich anfallenden Dinge und hielt ihrem Mann damit beim Studium und seiner anspruchsvollen Arbeit den Rücken frei. Diese Ergänzung sahen beide in der Partnerschaft als ganz selbstverständlich an.[153]

Verheiratete Frauen nahmen die Berufsarbeit gewöhnlich dann erneut auf, wenn die Kinder ein Alter erreicht hatten, in dem sie nicht mehr ihrer ständigen Fürsorge und Aufsicht bedurften, d.h. mit Schulbeginn, wenn die Kinder nachmittags im Hort betreut werden konnten oder sie nach einigen Schuljahren bereits in einem bestimmten Grade selbständig waren. Der Wiedereinstieg in die Berufsarbeit war in vielerlei Hinsicht schwer. In Rostock fehlten geeignete Arbeitsplätze, vor allem solche, die den Frauen eine Teilzeitarbeit ermöglichten. Dazu noch einmal etwas aus der Erwerbsbiographie Christel Tochs: Als die Tochter zur Schule kam, begann sie wieder zu arbeiten. Sie suchte wegen der beiden Kinder (sie hatte einen Sohn mit in die Ehe gebracht), für die sie nachmittags zu Hause sein wollte, um u.a. die Anfertigung der Schulaufgaben zu beaufsichtigen, eine Stelle mit vierstündiger Arbeitszeit, und die war Anfang der 1960er Jahre schwer zu finden. Schließlich kam sie in einem großen Wäschereibetrieb als Maschinenbüglerin unter. Sie teilte sich dort - nicht ganz in der zeitmäßig gewünschten Form - die Arbeit mit einer Kollegin. Nicht nur, weil diese Arbeit körperlich sehr anstrengend war, hatte Frau Toch mit dem Wiedereinstieg in die Berufsarbeit Probleme.[154] Ihr ging es wie anderen berufstätigen Frauen: zur üblichen Reproduktionsarbeit kam nun noch die außerhäusliche Tätig-

---

152 Hans-Jürgen Arendt, a.a.O., S. 57-59.
153 Interview mit Friedrich-Carl Düwell, Transkript.
154 Interview mit Christel Toch, Transkript.

keit dazu. Die Frauen mußten zur Bewältigung der häuslichen Arbeiten ein neues Zeitregime einführen, von welchem mehr oder weniger alle Familienmitglieder betroffen waren. Sie selbst waren oft bereit, die zusätzlichen Belastungen auf sich zu nehmen, weil sie wie Christel Toch im »Zuverdienst« eine Möglichkeit sahen, aus finanzieller Enge herauszukommen.

Noch zum Ende der 1950er Jahre war in der DDR die Auffassung weit verbreitet, die Hauptaufgabe einer verheirateten Frau sei es, den Haushalt zu führen und der Familie ein behagliches Heim zu schaffen. Für viele Männer war die Berufstätigkeit ihrer Frau seinerzeit keineswegs selbstverständlich.[155] Der Blick zurück in den Interviews hingegen fällt anders aus. Die Rückschau, welche eine lange, und im ganzen wohl gute Erfahrung mit der Berufsarbeit beider Ehepartner genauso einschließt wie ein öffentliches Klima, in dem Frauenerwerbsarbeit wertgeschätzt wurde, hat eine womöglich zunächst ablehnende Haltung des Ehemannes in den Hintergrund gedrängt. Nach den Interviews scheinen die Männer die außerhäusliche Arbeit ihrer Frauen, zu der sich die Frauen wohl meist von sich aus entschieden, von Anfang an, wenn vielleicht auch nicht gerade begeistert begrüßt, so doch akzeptiert zu haben.

Insofern ist es nicht sonderlich überraschend, daß interviewte Frauen eigentlich nicht Widerstand der Männer gegen die Berufsarbeit erinnern, sondern die Vorrangstellung der Arbeit der Männer einschließlich der mit ihr verbundenen Verpflichtungen. Für Werftarbeiter waren im Berufsleben Dinge möglich, die für Frauen mit Kindern undenkbar waren. Welche berufstätige Frau hätte es sich wie Mitglieder einer Brigade, die als »Hervorragende Jugendbrigade der DDR« ausgezeichnet wurde, leisten können, an einem Sonnabend nach der Arbeit noch eine Sonderschicht außerhalb von Rostock zu machen und anschließend in der Gaststätte noch ein Bier zu trinken?[156] In den Betrieben und Einrichtungen wurden auch an

---

155 Hans-Jürgen Arendt, a.a.O., S. 58, verweist in diesem Zusammenhang auf eine im Herbst 1959 eröffnete Diskussion in der »Frau von heute«, der Frauenzeitschrift der DDR. Die Zuschrift einer Leserin, die fragte, ob ihr Mann ihr die Berufstätigkeit verbieten könne, löste eine Diskussion zur Berufstätigkeit verheirateter Frauen aus. Die Meinungen zum Thema gingen weit auseinander.
156 Archiv NIR, K6/57. Die Nachricht stammt aus dem Tagebuch des Meisterbereiches Grimm.

Frauen Forderungen nach Sonderschichten und ähnlichen zusätzlichen Arbeitsleistungen herangetragen, die Frauen sollten »ihren Mann stehen«. Das verschärfte die Widersprüchlichkeit der verschiedenen Ansprüche nur noch mehr. Frauen hatten sich gewöhnlich mit ihrer Arbeit und ihren Wünschen hinsichtlich beruflichen Fortkommens nicht nur den Aufgaben der Reproduktionsarbeit, sondern ebenso den Anforderungen aus der Berufsarbeit der Männer unterzuordnen oder zumindest anzupassen, und sie hatten die für ihre berufliche Bildung zumindest in den späten 1940er Jahren und partiell weit hinein in die 1950er Jahre schlechteren gesellschaftlichen Voraussetzungen hinzunehmen.

Im Einzelnen bedeutete dies, daß Frauen die ungünstigeren Arbeitsbedingungen in Kauf nehmen, auf Weiterbildung, sowie sie nur etwas über die reguläre Arbeitszeit hinausging, verzichten mußten. Oder sie konnten sie erst dann, meist mit besonderen staatlichen und betrieblichen Unterstützungen, in Angriff nehmen, wenn der Mann wesentliche Qualifizierungsschritte hinter sich gebracht hatte. In unserem Sample arbeitete Frau Rakow in einem sozialversicherungsfreien Arbeitsverhältnis im Überseehafen, zumeist nachts, weil anderes mit der anspruchsvollen, zeitaufwendigen Arbeit ihres Mannes und mit der Familie nicht zu vereinbaren war.[157] Frau Richter, eine examinierte Krankenschwester, machte mehrjährig ausschließlich Nachtdienst, anders ließ sich ihre Berufsarbeit neben der des Mannes nicht organisieren. Den Mann, der in Normalschicht arbeitete, sah sie dennoch nicht täglich, weil er oft über die Arbeitszeit hinaus in der Werft war.[158] Frau Kroß, die ja mit einer Hausfrauenbrigade in die Werft kam, arbeitete ausschließlich in der Spätschicht.[159] Frau Philip erhielt nach langjähriger Arbeit - ihr in der Warnowwerft arbeitender Mann hatte ein Abendstudium abgeschlossen und war Ingenieur - endlich den begehrten Facharbeiterbrief.[160] Auch Frau Toch, die wenig Zutrauen zu ihrer eigenen Leistungsfähigkeit hatte, erwarb nach langer Berufsarbeit durch eine Sondermaßnahme einen Facharbeiterabschluß. Ihr Mann, ein gelernter Friseur, machte in der Werft zwei

---

157 Interview mit Heinz Rakow, Verlaufsprotokoll.
158 Interview mit Franz Richter, Verlaufsprotokoll.
159 Interview mit Lieselotte Kroß, Transkript.
160 Interview mit Hannelore Philip, Transkript.

Umschulungen mit Facharbeiterabschluß.[161] Frau Schwarz, Technische Zeichnerin und später Bauingenieurin, klagte über den Ehrgeiz ihres Mannes während des Studiums, sie mußte in der Zeit trotz Berufsarbeit und Engagement in der gesellschaftlichen Arbeit alle Familienlasten tragen.[162]

Diese Geschlechterhierarchie in der Berufsarbeit, die mit unterschiedlicher Bewertung der Arbeitsleistung einherging, schmerzt, verstärkt noch durch die gegenwärtige öffentliche Geringschätzung weiblicher Erwerbsarbeit, bis auf den heutigen Tag. Doch haben wohl nicht alle erwerbstätigen Ehefrauen unter den durch die familiäre Situation und die gesellschaftlichen Bedingungen abgesteckten Grenzen für die berufliche Entwicklung in der gleichen Weise gelitten wie Hannelore Philip. Und nicht alle haben die dennoch erreichten beruflichen Erfolge so gefeiert wie sie den Erwerb des Facharbeiterbriefs. »*Doch das war nun mein Höhepunkt für mich*«. Es hatte sie zuvor viele Jahre beschwert, daß sie die Frage nach dem erlernten Beruf mit »*keiner*« beantworten mußte. »*Für mich war das n Makel für mich war das hart.*«[163]

Allmählich wurde die geschlechtsspezifische Arbeitsteilung in der SBZ/DDR modifiziert. Frauen lernten, mit Berufsarbeit selbstverständlich und souverän als Teil ihres Lebens umzugehen. Berufsarbeit fügte ihrer Position in der Familie eine neue Seite hinzu. Sie trug beispielsweise bei der Sicherung des Familieneinkommens zu einer Rollenergänzung zwischen Frau und Mann bei, und zwar trotz der keineswegs üppigen finanziellen Möglichkeiten auf einem ganz anderen Niveau als in Arbeiterfamilien der Industrialisierungsphase. Wenn auch etliche Frauen in den 1950er, wohl auch in den 1960er Jahren die Arbeit aufgenommen haben, um der finanziellen Enge in der Familie zu entkommen, war sie nicht nur Last neben der verbleibenden Reproduktionsarbeit, sondern gab von Anbeginn an Befriedigung und Selbstvertrauen. Sie trug ihren Teil zur Emanzipation der Arbeiterfrau bei. Diese neue Position konnte nicht nur zu Differenzen mit Männern führen, sondern auch zu Konflikten von Frauen

---

161 Interview mit Christel Toch, Transkript.
162 Interview mit Georg Schwarz, Transkript.
163 Interview mit Hannelore Philip, Transkript.

untereinander. Berufstätige und »Nur-Hausfrauen« standen im Alltag durchaus nicht immer auf einer Seite. Doch trotz der wachsenden Einbeziehung in die Berufsarbeit und die Annahme beruflicher Anforderungen blieben die Arbeiterehefrauen grundsätzlich auf ihre Familienrolle als Hausfrau und Mutter fixiert. Der größere Teil der häuslichen Verpflichtungen fiel den Frauen zu. Sie waren von vornherein der Widersprüchlichkeit der Anforderungen aus Beruf und Haushalt/Familie ausgesetzt. Sie muteten sich diese doppelte Beanspruchung zu, ihre Männer taten es, und in den 1950er Jahren nahm die Öffentlichkeit sie als mehr oder weniger normal hin. Der sonst durchaus kämpferische Frauenausschuß der Neptunwerft beispielsweise dachte nicht daran, von den Männern mehr Unterstützung ihrer Frauen bei der Hausarbeit einzufordern. Der Frauenausschuß griff dagegen die Klagen der Frauen über Dienstleistungen und Einkaufsmöglichkeiten auf und versuchte Abhilfe zu schaffen. Das Ziel war, den berufstätigen Frauen *»ihr Leben als Hausfrauen zu erleichtern«.*[164] Der Frauenausschuß war stolz über die große Nachfrage bei den Schneiderzirkeln.[165] Die Frauen, die nähen konnten, waren wohl in der Lage, für sich oder die Kinder das eine oder andere Kleidungsstück anzufertigen. Ihre Beanspruchung wuchs dadurch aber weiter. In der Werft gab es während der 1950er Jahre eine besondere Veranstaltungsreihe für Frauen, die »Stunde der Frau«. Dort wurden gelegentlich allgemeinbildende Themen behandelt, regelmäßig jedoch welche zur Haushaltsführung, Kinderpflege und -erziehung und Kosmetik[166] - also Gegenständen,

---

164 Archiv NIR, L3a/948. Sehr viel wurde nicht erreicht. Die gewünschte Annahmestelle für Wäsche konnte nicht eingerichtet werden, weil der Betrieb keinen Raum zur Verfügung stellte. Die Damenfriseure der Stadt blieben bei den bisherigen Öffnungszeiten, eine Verlängerung scheiterte an der Stromkapazität. Nur die Einführung eines Schnellverkaufs der Betriebskonsumverkaufsstelle gelang, den jedoch nutzten die Frauen wenig, weil sie die Ware dort bereits verpackt kaufen sollten, aber lieber sehen wollten, was sie für ihr Geld nach Hause trugen.
165 Archiv NIR, L3a/949.
166 Die Teilnahme hing vom Thema ab, sie sei sehr gut, hieß es in der Abrechnung des Frauenförderungsplanes 1958. Einige Themen 1958 waren: Richtiges Eindekken von Festtafeln; Liebe geht durch den Magen; Warum polytechnische Erziehung; Ein bekannter Arzt spricht über die rechtzeitige Erkennen von Krebs; Warum lügt mein Kind; Plauderei über Mode; Eheprobleme. Archiv NIR, L3a/950. Mit Selbstverständlichkeit »plauderten« auch nur Frauen über das Thema »Wie sag ich's meinem Kinde«, um besser zu wissen, wie sie *»ihren her-*

die aus der Sicht der Zeit die Frauen bewegten. Zwar beriet man mehrfach darüber, ob nur in der Werft beschäftigte Frauen oder auch andere an den Veranstaltungen teilnehmen konnten, die Teilnahme von Männern stand jedoch überhaupt nicht zur Debatte.

Die wirkliche häusliche Arbeitsteilung wird unterschiedlich gewesen sein. Aber wir haben unter unseren männlichen Interviewpartnern niemanden getroffen, der über die Ehejahre mit Berufstätigkeit der Frau gesagt hätte, er habe den Haushalt geführt. Die Arbeitsteilung beschränkte sich auf die mehr oder weniger umfang- und variantenreiche Mithilfe des Mannes. Der Frau oblag letztlich die Verantwortung. Sicher wäre es falsch, mit diesem Ergebnis einseitig die Männer zu belasten. Einerseits mußten Frauen lernen, von ihren bisherigen, anerzogenen Verantwortlichkeiten etwas abzugeben, und zum anderen war der Arbeitstag der Männer in den 1950er Jahren oft sehr lang, viele Männer waren kürzere Zeiten als ihre Frauen zu Hause. Auch die Reduzierung der wöchentlichen Arbeitszeit auf 45 Stunden im Jahre 1957 änderte noch nichts grundsätzlich.

Überstunden, die viele Arbeiter in der Neptunwerft während der 1950er Jahre und lange darüberhinaus in teils erheblichem Umfang leisten mußten, verbesserten zwar das Familieneinkommen, waren jedoch auch eine große Belastung für die Familien und die Beziehungen. Sie waren auch eine Einschränkung für die häusliche Arbeitsteilung zwischen den Geschlechtern. Die Männer nahmen damit einen über die reguläre Arbeitszeit reichenden Verzicht auf die Teilnahme am Familienleben in Kauf. Ähnliche Folgen hatten die zeitintensiven, häufig langjährigen Qualifizierungen, denen sich einige Facharbeiter und Meister unterzogen, und die umfangreiche, mit dem Betrieb verknüpfte gesellschaftliche Arbeit. Fast alle Männer unseres Samples bildeten sich nach der Familiengründung beruflich weiter, häufig mehrjährig, viele waren gesellschaftlich aktiv und/oder machten einen betrieblichen Aufstieg, der mit zusätzlichen, auch zeitlichen Belastungen verbunden war, alle machten zumindest zeitweilig Überstunden und erbrachten weitere Arbeitslei-

---

anwachsenden Kindern das Leben des Menschen richtig und gut erklären können« waren zu der Veranstaltung drei Wissenschaftler eingeladen. Ebenda, L3a/948.

stungen wie Aufbaustunden. Die überdurchschnittlich hohe Beanspruchung durch die berufliche Tätigkeit und die daraus resultierenden geringeren Einfluß- und Erlebnisfelder in der Familie können erklären, daß sie, von partiellen Ausnahmen abgesehen, ihre Biographie um die Berufsarbeit konstruieren. Die Familiengeschichte wird insofern auch im Kontakt mit der Arbeitswelt entwickelt. So traumatisch wie Heinz Rakow erinnern andere die Einflüsse der Arbeitswelt auf die Familie jedoch nicht. Er bedauert schmerzlich, sich nicht mehr Zeit für die Familie, vor allem für seine vier Kinder genommen zu haben. Seine Frau habe oft geweint, weil er die »*gesellschaftliche Arbeit*« vor die Familie gestellt habe und am Wochenende, statt zu Hause zu bleiben und mit den Kindern zusammen zu sein, »*zum Aufbau*« gegangen sei. Seine Frau habe die Hauptlast bei der Erziehung der Kinder getragen, ihr sei zu danken, daß sie alle »*ordentliche Menschen*« geworden seien.[167]

Auch andere Männer, darunter diejenigen, die ein Abendstudium absolvierten, konnten in der Woche wenig Einfluß auf das Heranwachsen ihrer Kinder nehmen, denn sie waren viele Tage je nach Wohnlage erst zwischen 21 und 22 Uhr zu Hause. Für sie alle waren die Jahre des Studiums anstrengend. Sie erinnern diese Jahre, in denen die beruflichen Anforderungen ja nicht weniger waren als in anderen, ähnlich wie Günter Pommerenke, der davon sprach, daß sie von der Belastung her »*ein unheimlicher Streß*« gewesen seien. Das Familienleben war natürlich direkt betroffen. Günter Pommerenke dazu:

> *aber die familiäre Belastung und auch die Belastung so nach Feierabend war natürlich unheimlich groß war unheimlich groß*
> *denn wenn man abends um 9 von der Schule nach Hause kommt*
> *hach*
> *dann hat man nicht mehr viel Lust*
> *sich noch in der Familie zu unterhalten*
> *oder im Haushalt was zu machen.*

---

167 Interview mit Heinz Rakow, Verlaufsprotokoll.

Kapitel 8: Das außerbetriebliche Milieu der Neptunwerft 647

Ich hab früher meiner Frau wenn ich von der Arbeit kam sehr viel geholfen
aber das blieb dann nachher alles ein bißchen nach.[168]

Manche Männer sahen ihre Kinder werktags oft wochenlang nur schlafend. Dennoch oblag die Erziehung offenbar nicht ausschließlich den Müttern, auch ein Abendstudium war ja schließlich zeitlich begrenzt. Zu einigermaßen gesicherten Aussagen über die Beziehungen der Männer zu ihren Kindern geben weder Interviews noch schriftliche Quellen genügend her.[169] Die Väter scheinen ihren Kindern bei der Berufswahl zur Seite gestanden und sie beeinflußt zu haben. Bruno Clasen sagt nach einer Frage zu Berufswünschen seiner drei Kinder: »*Ja der äh der Erste wußte auch nicht so und den - den hab ich denn Schiffbauer lernen lassen*«.[170] Er bringt ihn dann in der Neptunwerft unter. Auch Kinder anderer Interviewpartner lernten in der Neptunwerft. Die weiteren Berufswege führten manche vor allem nach einem Studium in andere Betriebe. Andere blieben in der Werft:

Ja ich hab immer gesagt is alles volkseigen
ich hab auch nen Anteil an der Werft hab ich immer gesagt
meine Tochter hat auf der Werft gearbeitet
mein Sohn und meine Schwiegertochter auch. [171]

Solch enge arbeitsmäßige Bindungen einer Familie an die Werft waren vielleicht nicht die Regel, aber sie kamen allein in unserem Sample mehrfach vor. Zu nennen sind die vier Brüder Reithel, von deren Kindern allerdings niemand in der Werft lernte, und vor allem die Familie Philip. Hannelore Philip arbeitete als Bürokraft und

---

168 Interview mit Günter Pommerenke, Transkript.
169 Häufig beschränken sich die Informationen auf kleine Details. Frau Kroß erzählte beispielsweise, daß ihr Mann den Roller, den seine Tochter nicht mochte, bei einem Kollegen in der Werft gegen die Rollschuhe von dessen Sohn, der lieber einen Roller haben wollte, eingetauscht habe. Zumindest läßt sich festhalten, daß beide Väter die Vorlieben ihrer Kinder beim Spielgerät kannten. Vgl.: Interview mit Lieselotte Kroß, Transkript. Erika Moritzen, die sagte: »*Na ja die Kinderarbeit blieb eben für mich*«, erinnerte sich aber doch, daß ihr Mann zu den Elternabenden in die Schule gegangen sei. Vgl.: Interview mit Erika Moritzen, Verlaufsprotokoll
170 Interview mit Bruno Clasen, Transkript.
171 Interview mit Günter Pommerenke, Transkript.

kaufmännische Angestellte in der Werft, bis sie Anfang der neunziger Jahre in Vorruhestand ging. Ihr Vater, der seit 1935 in den Heinkel-Werken als Rohrschlosser tätig war, wechselte wohl schon während des Krieges in die Neptunwerft, arbeitete nach einem Unfall zeitweilig in der Lohnbuchhaltung und beendete sein Berufsleben in der zweiten Hälfte der 1960er Jahre als Technologe. Er hatte sie und ihren jüngeren Bruder in die Werft geholt. Dieser Bruder und der einzige Sohn von Frau Philip arbeiteten als Tischler und Meister bis zu ihrer Entlassung Anfang der neunziger Jahre in der Werft. Aus der weitläufigen Verwandtschaft waren weitere Personen in der Neptunwerft beschäftigt. Hervorhebenswert ist diese Familienbindung an die Werft auch deshalb, weil die Familie überhaupt erst 1935 vom Rheinland wegen eines Arbeitsangebotes nach Rostock übersiedelte.[172]

Man kann annehmen, daß die Arbeitswelt den Inhalt manchen Gesprächs zwischen Eheleuten, in Familien sowie im Freundeskreis bestimmte. Im Tagebuch des Meisters Grimm findet sich unter dem 20.1.1959 folgende Eintragung: »*Heute sprach ich ausführlich mit meiner Frau über unseren Wettbewerb. Sie las sehr aufmerksam unseren Vertragsentwurf und war der Meinung, dass wir uns da wohl ein bischen viel vorgenommen hätten. Ich konnte ihr aber an Hand unserer bisher erreichten Erfolge diese, ihre Meinung widerlegen. Sie beklagte sich, dass ich zu ihr bisher viel zu wenig von unserer Arbeit erzählt habe und sie somit kein klares Bild von der Arbeit eines Meisters habe. Ich versprach ihr, sie in Zukunft mehr mit unserer Arbeit vertraut zu machen, und ihr vor allen Dingen regelmässig über unseren Wettbewerb zu berichten.*«[173] Ob Meister Grimm sein Versprechen hielt, bleibt verborgen. Im Tagebuch, welches mit einer Eintragung vom 9. Juni 1960 abbricht, hat sich nichts diesbezügliches niedergeschlagen. Vermutlich waren auch nicht die Arbeitsaufgaben eines Meisters der interessante häusliche Gesprächsstoff, obwohl einige Frauen recht genau über Arbeitstätigkeiten ihrer Männer erzählten.[174] Das Geschehen im Betrieb, am jeweiligen Ar-

---

172 Interview mit Hannelore Philip, Transkript.
173 Archiv NIR, K6/57.
174 Z.B. Lieselotte Kroß, die über die Arbeit ihres Mannes, der als Schweißer in der Werft arbeitete, sprach. Allerdings berichtete sie überwiegend über die Schwere

beitsplatz, Neuigkeiten in den Beziehungen zu Kollegen, dabei sicher auch Klatsch und Tratsch, boten vermutlich zumeist einen Stoff für Gespräche über den Arbeitsalltag.[175] Über die Betriebsabläufe in der Neptunwerft scheinen die Ehefrauen im großen und ganzen gut informiert gewesen zu sein.[176] Naheliegend ist, daß berufliche Veränderungen zwischen den Eheleuten beredet wurden, hatten sie doch in fast allen Fällen unmittelbare Auswirkungen auf die Familie.[177]

Der Austausch über die Arbeit im Verwandten- und Freundeskreis mag nicht nur bei der Bewältigung von Problemen hilfreich gewesen sein, sondern hin und wieder auch arbeitsmäßige Veränderungen veranlaßt haben. Beispielsweise erinnerte sich Frau Toch, daß sie in den Betrieb, in welchem sie dann 25 Jahre arbeitete, durch die Vermittlung von Freunden wechseln konnte. Sie hatte bei einer Feier ihren Bekannten erzählt, daß sie von der anstrengenden Arbeit als Maschinenbüglerin in der Wäscherei sofort weggehen würde, wenn sie etwas anderes fände.[178]

Bekanntlich bestanden in der DDR über die vielfältigen sozialen Aufgaben und Angebote der Betriebe weitere Verbindungen zwischen der Arbeitswelt und den Familien. So wurden nicht nur Wohnungen über einen Großbetrieb wie die Neptunwerft vergeben, sondern auch preisgünstige Urlaubsplätze. Kinder von Belegschaftsangehörigen konnten erstmalig im Sommer 1950 einen Teil der Schulferien in einem Ferienlager im Ostseebad Graal-Müritz verbringen. Die

---

    der Arbeitstätigkeit, die sie für den frühen Tod ihres Mannes mitverantwortlich macht. Vgl.: Interview mit Lieselotte Kroß, Transkript.

175 Beim Interview mit Hannelore Philip wurde die Interviewerin gebeten, eine zeitlang das Mikrophon abzuschalten, damit in aller Ausführlichkeit eine Klatschgeschichte aus dem Werftgeschehen erzählt werden konnte, die seinerzeit nicht nur in der Familie Philip die Runde gemacht haben wird.

176 Bei mehreren Interviews waren ganz oder zeitweilig die Ehefrauen der Männer anwesend. Wenn sich die Männer ihrer Erinnerung an das Betriebsgeschehen nicht sicher waren, wandten sie sich fragend an ihre Frauen. Diese sprangen manchmal schon ein, wenn sie das Stocken im Erzählen bemerkten (so geschehen in den Interviews Düwell, Tiedemann, Gerber und Schwarz).

177 Frau Donath sprach von Umstufungen in der Werft, durch die ihr Mann in eine niedrigere Lohngruppe gekommen sei. Das sei für die Lebensführung einschneidend gewesen. Darüber hätten sie geredet, zumal ihr Mann wie andere betroffene Kollegen in Erwägung gezogen hätte, sich nach Bremen abzusetzen. Vgl.: Interview mit Ilse Donath, Transkript.

178 Interview mit Christel Toch, Transkript.

Aufnahmekapazität dieses Lagers war noch gering. Um mehr Kindern einen Feriensommer außerhalb von Rostock zu ermöglichen, schlug die Werft 1951 ein großes Zeltlager in Dierhagen, ebenfalls an der Ostsee gelegen, auf. Am 10. Juli 1952 wurde das Zentrale Pionierlager am Feisnecksee in der Nähe von Waren/Müritz in der mecklenburgischen Seenplatte eröffnet. In dieses Ferienlager, welches bis zum Ende der DDR bestand, fuhren mit hoher Wahrscheinlichkeit Kinder derjenigen, die in den ersten Sommern dort ihre Ferien verlebten. Das Lager bestand zunächst aus Zelten. Im Jahre 1965 begann die Neptunwerft als Trägerbetrieb des Lagers, die Zelte durch feste Bungalows zu ersetzen. In Ferienlager der Neptunwerft fuhren in den 1950er Jahren übrigens auch Kinder aus Arbeiterfamilien in Bremen und Hamburg.[179]

3. Einkommen und Auskommen von Arbeiterfamilien

Die vielschichtige Problematik bedarf einer eigenständigen Untersuchung. Allein die Darstellung der Lohnentwicklung der in der Neptunwerft beschäftigten Arbeitskräfte stößt auf immense Schwierigkeiten. Sie bestehen zum einen darin, daß bisher in den einschlägigen Archiven Aktenstücke mit Hinweisen zur Lohnhöhe nur vereinzelt aufgetaucht sind.[180] Zum anderen war die Zusammensetzung des Lohnes, vor allem derjenigen Arbeiter, die im Leistungslohn arbeiteten, wegen der Überstunden und verschiedener Zuschläge, aber auch wegen des Lohngruppenausgleichs derart kompliziert, daß bereits seinerzeit geklagt wurde, die Arbeiter könnten sich bei dem bestehenden Lohnabrechnungssystem nicht ausrechnen, was sie verdienen.[181] Nun war der Arbeitslohn natürlich nicht mit dem Einkommen einer Arbeiterfamilie identisch. Dazu kamen beispielsweise bestimmte, mehr oder weniger für das Familienbudget kalkulierbare

---

179 Archiv NIR, K6/62.
180 Hier ist mit dem Fortgang der archivarischen Arbeit am Bestand durchaus noch einiges zu erwarten.
181 LA Greifswald, BPA SED Rostock, BL Rostock, IV/2/5/652 und KL Ro.-Stadt, IV/4/07/497.

Prämien. Über Arbeitseinkommen berufstätiger Ehefrauen, gegebenenfalls weiterer Familienangehöriger wissen wir nichts. Abgesehen von eventuellen privaten Zuschüssen an die Familie, sind dem Familieneinkommen verschiedene staatliche Zuschüsse als indirekte gesellschaftliche Aufbesserungen zuzurechnen, die indes den Familien nicht in gleicher Weise zugute kamen. Gedacht ist beispielsweise an die Subventionierung des Werkessens und der Schulspeisung oder an Ferienplätze zu niedrigen Preisen. Es bleibt also bislang nichts übrig, als auf Überblicksuntersuchungen zum Gegenstand Lohnentwicklung und Konsumtion zu verweisen und einige Facetten zum Einkommen und Auskommen von Arbeiterfamilien zusammenzutragen und darzulegen.[182]

Zwischen Ende Dezember 1950 und Oktober 1957 stieg in der Neptunwerft der Durchschnittslohn je Arbeiter von 291 DM auf 525 DM.[183] Das war ein hoher Zuwachs. Die Schwankungen um den Mittelwert waren groß, wie eine Lohnliste vom November 1956 zeigt.

---

182 Zu nennen ist in erster Linie Peter Hübner, Konsens, Konflikt und Kompromiß, a.a.O., Kapitel 1 und 3 sowie Jörg Roesler, Privater Konsum in Ostdeutschland 1950-1960, in: Axel Schildt/Arnold Sywottek (Hg.), Modernisierung im Wiederaufbau: die westdeutsche Gesellschaft der 50er Jahre, Bonn 1993, S. 290-303.
183 1949: LA Greifswald, BPA SED Rostock, GO Ro.-Stadt, IV/7/029/226 und 1957: ebenda, Rep. 242, B1/19.

Tabelle 24:[184] *Bruttolöhne der Arbeiter der Neptunwerft nach Lohnstufen, November 1956*

Lohnstufe, DM	Produktionsarbeiter	sonstige Lohnemfänger
unter 125	156 (3,1%)	33 (5,1%)
125 bis unter 200	109 (2,1%)	38 (5,9%)
200 bis unter 300	428 (8,4%)	330 (51,0%)
300 bis unter 400	532 (10,4%)	166 (25,7%)
400 bis unter 500	734 (14,3%)	50 (7,7%)
500 bis unter 625	1071 (20,9%)	17 (2,6%)
625 bis unter 875	1560 (30,5%)	13 (2,0%)
875 bis unter 1000	299 (5,8%)	-
1000 bis unter 1100	113 (2,2%)	-
1100 bis unter 1200	54 (1,1%)	-
über 1200	64 (1,3%)	-
Summe	*5120*	*647*

Die Differenzierungen in der Lohnhöhe waren offensichtlich beträchtlich, das deuteten auch alle anderen aufgefundenen Zahlen an. Die großen Unterschiede bei den Löhnen der Produktionsarbeiter und der sonstigen Lohnempfänger hingen damit zusammen, daß die Produktionsarbeiter gewöhnlich im Leistungslohn arbeiteten und viele Überstunden leisten konnten, beides war bei Arbeitern, die nicht in der unmittelbaren Produktion arbeiteten nicht oder doch viel seltener üblich.

Die Lohnhöhe war häufig von Dekade zu Dekade bzw. von Monat zu Monat Schwankungen unterworfen. Im Jahre 1950 sahen die durchschnittlichen Lohnsummen beispielsweise in der Lohngruppe V der Werkstatt Schiffbau - Helling - Montage folgendermaßen aus: März 1,56 DM; April 1,67 DM; Mai 1,70 DM; Juni 1,96 DM; Juli 1,89 DM; August 2,15 DM; September 2,40 DM; Oktober 2,47 DM und November 2,49 DM. Zwar wurden in den meisten anderen Werkstätten nicht solche hohen durchschnittlichen Stundensätze erreicht,

---

[184] Berechnet nach Archiv NIR, B1/19. Die Angaben stammen aus einer Sondererhebung für die Lohn- und Gehaltsemfänger.

die Schwankungen zeigten jedoch ein ähnliches Niveau.[185] Die Steigerung war auf eine hohe Anzahl von Überstunden zurückzuführen. Eine Verlaufskurve wie 1950 ist natürlich nicht für alle Jahre anzunehmen, im Gegenteil, auch an Lohnsenkungen ist zu denken. Vergleichbare Zahlen für die folgenden Jahre fehlen, dennoch steht außer Frage, daß auch zu vielen anderen Zeiten die Arbeiter mit einem ständigen Wechsel von Überarbeit und Nichtauslastung, von Überstunden und Wartezeiten umgehen mußten. Da Zeitabschnitte mit Arbeitsmangel niedrigeren Lohn nach sich zogen, nimmt es nicht wunder, daß Arbeiter auch im Interesse eines stabilen und überschaubaren Familienbudgets nach Möglichkeiten suchten, das Absinken - und überhaupt Schwankungen - gering zu halten. Die Arbeiter fanden Mechanismen, die trotz Arbeitsmangel und Stillstandszeiten über längere Zeiträume ein gutes Einkommen sicherten.

Zu diesen Lohnarrangements gehörte der Ausgleich von Lohnausfällen durch Leistung von Überstunden in Zeiten, in welchen Planrückstände aufgeholt werden sollten. Das war eine Praxis, die zur Erfüllung des Planes durchaus auch im Interesse der Werftleitung lag und keineswegs nur in der Werftindustrie geübt wurde, wie durch Peter Hübners Untersuchungen für zahlreiche Industriebetriebe bestens belegt ist.[186] Weitere Seiten von Lohnarrangements bildeten etwa Manipulierungen mit dem Lohngruppenausgleich oder die altgewohnte Überbrückung von Wartezeiten durch Arbeitsstreckung wie auch ein »Stundenschreiben«, welches dem Fertigungsstand der Arbeiten nicht entsprach.[187] Eine ungewöhnliche, aber nicht unübliche Möglichkeit, auf einen sehr guten Lohn zu kommen, war, sich in den Ernteeinsatz schicken zu lassen. Als sich Ende Juli 1956 Arbeiter aus der mechanischen Werkstatt zum Landeinsatz meldeten, waren es diejenigen, die in die Lohngruppen VII und VIII eingestuft waren. Die Bereitschaft von Arbeitern hoher Lohngruppen, an Ernteeinsätzen teilzunehmen, war durchaus groß. Die Arbeiter ver-

---

185 LA Greifswald, Rep. 242, L2/27.
186 Peter Hübner, Konsens, Konflikt und Kompromiß, a.a.O., S. 104-110.
187 Archiv NIR, L3a/824. So wurden z.B. in der Schiffselektrik im November 1956, obwohl sehr wenig Arbeit vorhanden war, Scheine mit 260% Normerfüllung abgegeben.

sprachen sich von der langen täglichen Arbeitszeit einen Verdienst, wie er in der Werft kaum zu erreichen war.[188]

Während also manche Arbeiter sich zumeist mit einem niedrigen Lohn begnügen mußten und das Durchkommen der Familien durch Schwankungen in der Lohnhöhe zusätzlich erschwert war, sah für andere die Lohnsituation sehr gut aus. Denkt man angesichts solcher Differenzierungen noch an weitere, gleichfalls nicht allen in gleicher Weise zufließenden Einkommensquellen wie etwa Einkünfte aus der Berufsarbeit der Ehefrauen oder an die verschiedenen Lebensalterstufen und Familiengrößen, so wird verständlich, daß unsere Interviewpartner ihre Lebensumstände in den 1950er Jahren durchaus unterschiedlich bewerten. Christel Toch erinnert sich an ausgesprochen materielle Enge in ihrer Familie, die sie unter anderem mit der folgenden Episode deutlich macht:

> *ich denk gerade daran dreimal im Monat gab es Geld*
> *kennen Sie das auch noch?*
> *Am 10. 20. und am 30. gab s Geld ne*
> *und denn war das so daß wir vorm vorm Werfttor gestanden haben*
> *und haben gewartet daß die Männer kamen*
> *wir brauchten ja das Geld*
> *wenn Sie bloß 450 Mark haben und denn noch durch drei*
> *ich weiß es noch bis heut*
> *ich wollt denn was kaufen*
> *ich mein ein bißchen schönen Nachmittag*
> *bißchen Kuchen so nen paar Streuselschnecken*
> *oder das war ja damals nicht so teuer*

---

[188] Archiv NIR, L3a/824. Die Ernteeinsätze hingen mit der Abwanderung von Arbeitskräften aus der schlecht bezahlenden Landwirtschaft zusammen. In einem Interview findet sich dazu eine bezeichnende Episode: ein Hilfsarbeiter, der die Arbeit in der elterlichen Landwirtschaft mit dem Werftarbeitsplatz vertauschte, erklärte unserem Interviewpartner den Wechsel so: »*sieh mal mein Vater nimmt einen Knecht und der kriegt 80 Mark im Monat und das Essen und bei dir verdiene ich 280 Mark.*«, Vgl.: Interview mit Hans Schröder, Transkript. Die Arbeitskräfteflucht wurde noch nicht durch verstärkten Maschineneinsatz ausgeglichen. Die Landwirtschaft, und zwar die zu der Zeit zumeist wenig leistungsfähigen Genossenschaften genauso wie die Einzelbauern, meldeten immer wieder Unterstützungswünsche zur Bewältigung verschiedener landwirtschaftlicher Arbeiten an, insbesondere zur Einbringung der Ernte. Vgl.: LA Greifswald, Rep. 242, A3/55.

Schnecken so 13 Pfennig ne das war ein bißchen was anderes oder mal ein Ei oder belegte Brote das war ja auch nicht immer.[189]

In der Familie Toch reichte das Geld so eben für die Befriedigung der Grundbedürfnisse, selbst der »Luxus« von ein paar Streuselschnecken war nur ausnahmsweise zu haben, wie die genaue Erinnerung an den Preis zeigt. Christel Toch und ihr Mann waren ohne Erspartes, ohne Hausrat und Möbel in die Ehe gegangen. So mußten denn neben den üblichen Lebensunterhaltskosten auch noch die Raten für die Wohnungseinrichtung abgezahlt werden. Außerdem verdiente Herr Toch als ungelernter Arbeiter nicht besonders gut, er suchte sich erst nach der Geburt der Tochter in der Werft eine besser bezahlte Arbeit und machte dann auch die Facharbeiterprüfung.[190] Elisabeth Kroß hingegen verbindet die 1950er Jahre viel weniger mit materieller Not, wenn sie dennoch davon erzählt, dann eigentlich nicht auf ihre Familie bezogen. Gut 15 Jahre älter als Christel Toch, hatte sie schon in der zweiten Hälfte der 1930er Jahre einen Hausstand gegründet. Ihr Mann arbeitete als E-Schweißer in der Neptunwerft, er machte sehr viele Überstunden und verdiente offenbar sehr gut. Für ihren Mann sei das Geld immer ausschlaggebend gewesen, der sei nur dahin gegangen, wo er gut verdiente. Als er »*seinen Meister machen*« sollte, habe er gesagt: »*das kommt gar nicht in Frage da hab ich weniger Geld.*«[191] Spätestens als um 1960 die Berufstätigkeit von Elisabeth Kroß das Haushaltseinkommen noch weiter verbesserte, war Geld flüssig für größere Anschaffungen wie einen Fernsehapparat und bald auch schon für zwei teure Auslandsreisen.[192] Auch Ilse Donath, Jahrgang 1920, erinnerte die späten 1940er und 1950er Jahre nicht als Lebenszeit besonderer finanzieller Bedrängung. Ihr Mann arbeitete als Schlosser und machte ständig viele Überstunden, sie selbst war, seit die Familie 1948 nach Rostock zog, immer irgendwie berufstätig. So konnte sie es sich leisten, gleich nach der Einrichtung

---

189 Interview mit Christel Toch, Transkript. Frau Toch sprach nicht an, ob bei anderen Frauen, die mit ihr am Werfttor warteten, vielleicht die Sorge mitspielte, die Männer könnten einen Teil des Geldes in den Krug tragen.
190 Interview mit Christel Toch, Transkript.
191 Interview mit Elisabeth Kroß, Transkript.
192 Ebenda.

der HO-Läden dort Butter zu kaufen. Auch sie erinnerte den Preis: 7,50 DM. »*Also wir habens gehabt*«, sagt sie dazu.[193] Üppig ging es indes auch in dieser Familie wahrhaftig nicht zu. In der Zeit, in welcher sie die teure HO-Butter kaufte, machte sie sich mit ihrem Sohn Tag für Tag zur Werft auf. An einer verabredeten Stelle des Zauns stand der Mann mit seinem Kochgeschirr, er aß von der Werftverpflegung und »*dann gab er das große Kochgeschirr voll Kohlsuppe oder weiß der Teufel was anderes wars ja nicht raus und unser Junge der hat sich dann köstlich satt gegessen*«.[194] Es ist wohl anzunehmen, daß die Eheleute Kroß ihren Sohn nicht wegen fehlenden Geldes mit einem Teil der Werftverpflegung des Mannes abspeisten, sondern wegen der knappen Lebensmittel.

Etliche Arbeiterfamilien verbesserten ihre Familienbudgets durch die Erträge eines Kleingartens, eines Ackerstückes, gelegentlich auch durch die Haltung von Kleinvieh. Verwandte auf dem Lande steuerten als Gegenleistung für die Unterstützung bei den anfallenden Arbeiten mit landwirtschaftlichen Erzeugnissen zur Lebensführung bei. Dies alles war mehr als Geld wert, und zwar nicht nur in den ersten Nachkriegsjahren, sondern in den gesamten 1950er Jahren und auch noch zu Beginn der 1960er Jahre, als in Verbindung mit dem Übergang zur genossenschaftlichen Produktion in der Landwirtschaft eine inzwischen erreichte gewisse Stabilität in der Versorgung wieder gestört wurde.

Generell waren die Werftarbeiter auch bei der Versorgung bessergestellt als die Beschäftigten anderer Betriebe und Einrichtungen.[195] In der Rostocker Bevölkerung wurde eine derartige Sonderbehandlung nicht akzeptiert. Beispielsweise führte die Ausgabe von zwei Kilo Margarine an jeden Werftbeschäftigten im Dezember 1952 und Juli 1953 zu erheblicher Verärgerung. In anderen Betrieben und Hausgemeinschaften wurde darüber heftig diskutiert, allgemein führte man an, die Menge sei zu groß, arbeiteten mehrere Familien-

---

193 Interview mit Ilse Donath, Transkript.
194 Ebenda.
195 In den ersten Jahren führten die HO- und Konsumverkaufsstellen auf dem Betriebsgelände ein besseres Angebot, am 7. April 1953 wurde in Werftnähe speziell für die Werftarbeiter und ihre Familien ein HO-Laden eingerichtet, in welchem mit besonderem Ausweis eingekauft werden konnte. Vgl.: Archiv NIR, B/459.

mitglieder in der Werft, würde mit der Margarine sogar Schwarzhandel getrieben.[196] Aber trotz solcher Maßnahmen gingen die Lükken in der Versorgung mit Lebensmitteln aller Art, Textilien, Schuhen, Möbeln, Haushaltsgeräten und anderem, die zu verschiedenen Zeiten einmal mehr, einmal weniger spürbar waren, an den Familien der Neptunarbeiter natürlich nicht vorbei.[197]

Insofern war der Lohn sicher immer nur eine Seite, der Konsumtionsanspruch und seine Realisierung über ein ausreichendes Warenangebot eine andere.[198] Die Arbeiter und ihre Frauen wollten etwas kaufen für ihr Geld. Immer wieder drehten sich die Gespräche um die Versorgung, insbesondere um die Mängel. Beispielsweise spiegelte sich die von Jörg Roesler beobachtete Debatte um das Verhältnis des Konsums von Butter und Margarine in den Diskussionen der Werftarbeiter wider.[199] Die unzureichende Versorgung mit Butter, die bei den Streichfetten in der Gunst der Arbeiter stand, aber auch mit Margarine und Marmelade wurde kritisiert. Viele Arbeiter meinten, solche Pannen dürften zehn Jahre nach Kriegsende nicht mehr auftreten.[200] Da trotz einer deutlichen Verbesserung der Lebenslage in der DDR noch immer »Versorgungsengpässe« auftauchten, lag es für jene Werftarbeiter, die es sich leisten konnten, nahe, für viel Geld in Westberlin einzukaufen. Schuhe, Konfektion, Süßigkeiten und Kaffee standen hoch im Kurs.[201]

---

196 AHR, 2.00.2.138, LA Greifswald, BPA SED Rostock, BL, IV/2/5/679 und IV/2/5/680.
197 Zur Versorgung im Bezirk Rostock siehe: LA Greifswald, BPA SED Rostock, BL, IV/2/6/908 und IV/2/6/909.
198 Vgl. dazu Jörg Roesler, Privater Konsum, a.a.O.. Einen Einblick in die Problematik gibt auch Oskar Schwarzer, Der Lebensstandard in der SBZ/DDR 1945-1989, in: Jahrbuch für Wirtschaftsgeschichte, 1995/2, S. 119-146. Zur Klärung von Fragen aus mikrohistorischer Forschung ist die knappe Überblicksdarstellung naturgemäß wenig hilfreich.
199 Jörg Roesler, Butter, Margarine und Wirtschaftspolitik. Zu den Bemühungen um die planmäßige Lenkung des Butter- und Margarineverbrauchs in der DDR zwischen 1950-1965, in: Jahrbuch für Wirtschaftsgeschichte 1988/1, S. 33-47.
200 Archiv NIR, L3a/813.
201 Archiv NIR, L3a/966. Unser Interviewpartner Jürgen Gebhard, der häufiger zu seinem Bruder nach Westberlin fuhr, erinnerte sich, daß vor solchen Reisen immer Kollegen zu ihm gekommen seien und ihm Einkaufsaufträge gegeben hätten. Vgl.: Interview mit Jürgen Gebhard, Transkript.

Die zahlreichen Preissenkungen wurden naturgemäß überwiegend positiv aufgenommen. Wie frühere Preissenkungen verursachte auch die vom Juni 1956, mit welcher die Preise für Textilien, Schuhe und einige Industriewaren (darunter Fahrräder und Fotoapparate) deutlich gesenkt wurden, einen starken Käuferandrang in den Geschäften.[202] Wenn dennoch auch unzufriedene Stimmen laut wurden - angeblich seien nur Ladenhüter reduziert worden, man hätte lieber markenfreie Butter oder markenfreies Fleisch senken sollen -, erklärt sich das zum Teil daraus, daß man an Preissenkungen gewöhnt war und nicht vorhersehen konnte, daß diese Preissenkung eine der letzten großen in der DDR sein würde.[203] Nach langer Ankündigung wurden auf Beschluß der Volkskammer vom 28. Mai 1958 in der DDR die Lebensmittelkarten abgeschafft. Die gegenüber den Kartenpreisen höheren Preise wurden durch Zahlungen an Beschäftigte der unteren Lohngruppen ausgeglichen.[204] Ähnlich wie bei der Abschaffung der Punktekarten für Bekleidung 1953 tauchten auch vor der Abschaffung der Lebensmittelkarten einige Bedenken und Vorbehalte wegen der zu erwartenden höheren Preise auf.[205] Allgemein wurde aber begrüßt, daß die »Markenwirtschaft« endlich aufhörte.[206]

4. Freizeitgestaltung

Vom Ende der 1950er Jahre hat sich ein Brigadetagebuch erhalten, geführt vom Meister Schönsee aus der Abteilung Vormontage des Bereichs Schiffbau der Neptunwerft.[207] Das Führen eines Tagebuches mit den wichtigsten Ereignissen aus der Berufsarbeit und der mit Kollegen verbrachten Freizeit war in Kollektiven, die den Titel »Bri-

---

202 Archiv NIR, L3a/816 und LA Greifswald, BPA SED Rostock, BL, IV/2/5/632.
203 Ebenda und Jörg Roesler, Privater Konsum, a.a.O., S. 294f.
204 Vgl. dazu Peter Hübner, Konsens, Konflikt und Kompromiß, a.a.O., S. 155.
205 LA Greifswald, BPA SED Rostock, BL, IV/2/5/679 und Archiv NIR, L3a/819.
206 Archiv NIR, L3a/950. Der Frauenausschuß der Werft stellte fest, daß viele Frauen unmittelbar nach der Veröffentlichung der neuen Preise berechnet hatten, wie sie nun mit ihrem Geld auskämen.
207 Archiv NIR, K6/57. Für alle weiteren Angaben zum Tagebuch des Meisterbereichs Schönsee trifft diese Quellenangabe gleichfalls zu.

gade der sozialistischen Arbeit« anstrebten, weit verbreitet. Der Meisterbereich Schönsee wurde während einer Festveranstaltung in Berlin am 26. Juni 1959 als erster der Neptunwerft - und darüberhinaus als einer der ersten der DDR - mit dem Titel »Hervorragende Jugendbrigade der DDR« ausgezeichnet. Aus dem Tagebuch geht hervor, wieweit am Beginn der Bewegung sozialistischer Brigaden versucht wurde, auf die Mitglieder erzieherischen Einfluß zu nehmen sowie Aktivitäten der Brigade auf die Freizeit und die Familien auszudehnen. Um den Postulaten »sozialistisch arbeiten, lernen und leben« gerecht zu werden, fanden beispielsweise Zirkel zur Kulturaneignung statt, zu denen man einmal Edith Bremer eingeladen hatte, eine renommierte Germanistin der Rostocker Universität, um über Schiller zu sprechen. Im Meisterbereich trieben die Kollegen jede Woche gemeinsam Sport, Fußball war sehr beliebt, an manchem Sonntag waren Schießübungen angesagt. Man fuhr in den Ernteeinsatz, besuchte mit den Ehefrauen Theateraufführungen, bemühte sich, die Ehefrauen mit den Zielen der Wettbewerbsführung vertraut zu machen, feierte zusammen Brigadefeste, veranstaltete Brigadeabende, an welchen wohl auch die Ehefrauen teilnahmen, kümmerte sich um Wohnungs- und Eheprobleme von Kollegen. Das Tagebuch des Meisterbereichs Schönsee erweckt den Eindruck, als sei ein großer Teil der Freizeit in der Brigade bzw. im Meisterbereich verbracht worden. Alle Vorstellungen einer unscharfen Trennung zwischen Arbeit und Freizeit im Leben von Arbeitern in der DDR scheinen sich zu bestätigen und ein Erklärungsansatz entdeckt, warum unter den Zugriffsmöglichkeiten, auf das, was Freizeit ist, in der DDR-Forschung der Zusammenhang von Arbeit und Freizeit gewöhnlich besondere Beachtung gefunden hat.[208] Da bedarf es des Verweises

---

208 Vgl. beispielsweise Helmut Hanke, Freizeit in der DDR, Berlin 1979. Weder die hier noch anderweitig entwickelten Positionen zu Freizeit sollen rekapituliert werden, da nur eine knappe Skizzierung von Freizeitgestaltung und -betätigungen im Arbeitermilieu der Neptunwerft beabsichtigt ist. Vgl. zu verschiedenen Zugriffsmöglichkeiten als kurze Zusammenfassung: Adelheid von Saldern, Der Wochenend-Mensch. Zur Geschichte der Freizeit in den Zwanziger Jahren, in: Mitteilungen aus der kulturwissenschaftlichen Forschung, Jg. 15, H. 30, S. 5-33, hier S. 14-16.

auf knappe Freizeit wegen der langen täglichen und wöchentlichen Arbeitszeit schon beinahe nicht mehr.[209]

Auch in anderen Arbeitskollektiven gab es eine gewisse Vermischung von Arbeit und Freizeit.[210] Unsere Interviewpartner scheinen jedoch bei weitem keinen vergleichbaren Marathonlauf an kollektiven Freizeitunternehmungen durchstanden zu haben. Die Erinnerung konzentriert sich jedenfalls auf die durchweg als sehr schön beschriebenen Brigadefeste oder auf außergewöhnliche Ereignisse wie die Teilnahme an einer Feier zur Schiffsübergabe. Derartig weitreichende Eingriffe in die Freizeitgestaltung und das Familienleben, wie sie im Tagebuch des Meisters Schönsee geschildert werden, sind nicht als üblich anzusehen. Sie wurden seinerzeit von den Beteiligten auch keineswegs als selbstverständlich und schon gar nicht als durchweg erstrebenswert empfunden. Meister Schönsee selbst hatte wegen seines überdurchschnittlichen Engagements für die Arbeit und seine sonstigen, fast zahllosen, Aktivitäten familiäre Probleme. Er notierte, daß seine Frau, als er auch an ihrem Geburtstag sehr spät nach Hause kam, ihm empfahl, er möge sein Bett doch mit zur Werft nehmen. Die Versuche zur Einflußnahme auf die Kollegen führten längst nicht immer zum erhofften Ergebnis. So ließ sich ein Angehöriger des Meisterbereichs nicht zur sogenannten sozialistischen Eheschließung bereden. Vor jeder Brigadeveranstaltung, bei der Alkohol getrunken wurde, hatte Meister Schönsee (berechtigte) Sorge, daß einige Arbeiter zuviel trinken würden. Für das Außergewöhnliche spricht auch, daß das Fernsehen über diesen Meisterbereich einen Film drehte.

Die allein in unserem Sample beobachteten Vorlieben in der Freizeit weisen auf eine individuelle Disposition hin. Man trieb Sport, sang und musizierte, fotografierte, malte, las, bildete sich weiter,

---

209 Die Werft gehörte zu den Betrieben, in welchen 1957 die 45-Stunden-Woche eingeführt wurde. Da aber nach wie vor viele Überstunden und Sonderschichten gemacht wurden, dürfte die Verkürzung der Arbeitszeit wenig spürbar gewesen sein. Vgl. zur Arbeitszeitproblematik; Peter Hübner, Konsens, Konflikt und Kompromiß, a.a.O., Kapitel 2, vor allem S. 89-94.

210 Vgl. dazu: Jörg Roesler, Die Produktionsbrigaden in der Industrie der DDR. Zentren der Arbeitswelt?, in: Sozialgeschichte der DDR, hrsg. von Hartmut Kaeble, Jürgen Kocka, Hartmut Zwahr, Stuttgart 1994, S. 144-170, hier S. 151-154 und S. 158f.

hegte und pflegte einen Garten nicht ausschließlich zu Versorgungszwecken. Dem jungen Schmiedelehrling Günther Treder zerrann die Zeit wegen seiner Freizeitbeschäftigungen.

> *Und=e war dann im Fanfarenzug*
> *habe auch kurzzeitig mal dort geboxt bei Kind Otto Kind war der Trainer.*
> *Jedenfalls war dann Fanfarenzug ersteinmal.*
> *Und der Chor der Neptunwerft da war ich auch drin*
> *so daß ich eigentlich nach Feierabend selten zu Hause war.*
> *[...]*
> *Und=e ich war jeden Abend*
> *ich konnte es manchmal nicht mehr vereinbaren Training vom Boxen Training vom Fanfarenzug und und auch Lieder einüben.*
> *Ich wußte manchmal alles kam auf einen Abend*
> *wofür entscheidest du dich ne.*
> *Und=e im Fanfarenzug war ich schon recht gut als Bläser*
> *und dann bin ich da schnell weggelaufen*
> *und wieder zum Chor gegangen um dort Lieder einzustudieren.*[211]

Alle diese Freizeitaktivitäten führten Günther Treder an einem Tage ein zweites Mal in die Werft, wenn er nicht gleich nach Feierabend bleiben konnte. Und so macht denn dieses Beispiel Bezüge zwischen der Freizeitgestaltung und der Arbeitswelt bzw. dem Betrieb sichtbar. Wie andere große Betriebe in der DDR hatte die Neptunwerft Kultureinrichtungen und warb mit vielfältigen Angeboten für die Freizeitgestaltung der Betriebsangehörigen und ihrer Familien.[212] Die Leistungen wurden erheblich subventioniert, seit dem 1. April 1957 lief die Finanzierung über den Kultur- und Sozialfonds des Betriebes.

Zu den Kultureinrichtungen der Neptunwerft gehörte an erster Stelle das Klubhaus, ein Neubau, der am 1. Mai 1951 seiner Bestim-

---

211 Interview mit Günther Treder, Transkript.
212 Vgl. dazu für Betriebe des Senftenberger Braunkohlenreviers: Monika Rank, Sozialistischer Feierabend? Aspekte des Freizeitverhaltens von Industriearbeitern des Senftenberger Braunkohlenreviers in den 1950er Jahren, in: Niederlausitzer Industriearbeiter 1935 bis 1970. Studien zur Sozialgeschichte, hrsg. v. Peter Hübner, Berlin 1995, S. 263-284, hier S. 268-274.

mung übergeben wurde.²¹³ Das Klubhaus diente mehreren Zwecken.²¹⁴ So nahm es die verschiedenen Zirkel, Kultur- bzw. wie die Bezeichnung auch lautete, Volkskunstgruppen auf. Als das Klubhaus eröffnet wurde, bestanden in der Werft je ein Billard-, Schach-, Foto-, Aquarien- und Lesezirkel sowie ein Zirkel für Zeichnen und Malerei.

Das 1951 gebaute Klubhaus der Neptun-Werft (Photo: Archiv NIR).

---

213 Vom Werden und Wachsen der Neptunwerft. Eine Chronik der 130jährigen Entwicklung, Hrsg. Leitung der Grundorganisation der SED. Kommission für Betriebsgeschichte VEB Schiffswerft »Neptun«, Rostock o.J., S. 37.

214 Horst Groschopp, Der singende Arbeiter im Klub der Werktätigen. Zur Geschichte der DDR-Kulturhäuser, in: Mitteilungen aus der kulturwissenschaftlichen Forschung, Jg. 16, H. 33, S. 86-129, hier vor allem S. 86-100. Für Groschopps These S. 87, die Kulturhäuser hätten vor allem die Kirche ersetzen sollen, fehlt es mir allerdings an Beweisführung. Das Klubhaus der Neptunwerft hatte auch von Anfang an einen Speisesaal mit 1200 Plätzen. Vgl.: LA Greifswald. Rep. 237, Nr. 281.

Der Zulauf zu den einzelnen Zirkeln war unterschiedlich. Auf reges Interesse stießen seinerzeit das Billard- und Schachspielen, regelmäßig traf sich auch eine kleine Gruppe zum Malen und Zeichnen.[215] Bis auf den Lesezirkel, der durch Leseabende ersetzt wurde, bestanden alle Zirkel über viele Jahre, daraus wird auf einen festen Mitgliederkreis zu schließen sein. 1958 konnten Belegschaftsangehörige, ihre Familienangehörigen, aber wohl auch nicht in der Neptunwerft beschäftigte Rostocker und Rostockerinnen in dreizehn verschiedenen Zirkeln ihren Neigungen nachgehen. Hinzugekommen waren je ein Film-, Funker- und Kochzirkel, ein Zirkel für Briefmarken, Tischtennis und Entwurf. Die meisten Zirkel wurden von Betriebsangehörigen geleitet. Dem Aquarienzirkel, mit etwa 60 Mitgliedern der größte, stand ein Dreher vor. Außerdem trafen sich in mehreren Gruppen etwa 90 Frauen, um unter Anleitung von Schneidermeisterinnen aus der Stadt, so viel nähen zu lernen, daß es für die Hausschneiderei reichte.[216] Die Werft verfügte über eine eigene Bibliothek, die 1956 12.000 Bücher in ihrem Bestand hatte und sie an 2.600 eingetragene Leser auslieh.[217]

Im Klubhaus übten Anfang der 1950er Jahre das Werftorchester, ein Klampfenchor, Laienspielgruppen, eine Fanfarengruppe, eine Volkstanzgruppe und ein Jugendchor.[218] Das Werftorchester, welches wiederholt auch vor Werftangehörigen musizierte, existierte nur bis zur Mitte der 1950er Jahre. Die 30 bis 35 Orchestermitglieder waren ältere Kollegen, die nach und nach ausschieden. Obwohl die Werft den Musikunterricht der Kindern von Belegschaftsangehörigen an der Rostocker Musikschule bzw. an der zeitweilig bestehenden eigenen Musikschule förderte, fehlte es an Nachwuchs. Das Interesse von

---

215 Archiv NIR, K6/64. Einsichten über die Zusammensetzung der Zirkel gibt die Quelle nicht her.
216 LA Greifswald, BPA SED Rostock, GO-Ro.Stadt IV/7/029/242. Hausschneiderei hatte bei dem knappen und teuren Konfektionsangebot noch eine große Bedeutung, sogar das »Werftecho« verbreitete Nähanleitungen. Vgl.: »Werftecho« Nr. 19 vom 4. Juni 1959.
217 LA Greifswald, Rep. 242, A/192.
218 Archiv NIR, K6/64. Zeitweilig übten weitere Gruppen, darunter beispielsweise je ein Mundharmonika- und ein Akkordeonorchester.

Arbeitern, ihre Kinder ein Orchesterinstrument spielen lernen zu lassen, war eher gering.[219]

Nähzirkel im Klubhaus der Neptun-Werft (Photo: Archiv NIR)

Anders sah es sowohl bei der seit Mitte der 1950er Jahre aufspielenden Tanzkapelle und beim Fanfarenzug aus. Der Chor, als Jugendchor der Betriebsberufsschule entstanden, war aus dem Werftleben nicht wegzudenken, er sang bei vielen Veranstaltungen in der Werft, in der Stadt und anderswo. Der Chor ersang sich mit klassischem Liedgut, Volks- und Arbeiterliedern wiederholt erste Preise bei Wettbewerben in der Stadt Rostock und wurde 1952 als bester Chor des Landes Mecklenburg ausgezeichnet.[220] Wiederholt trat der Chor

---

[219] LA Greifswald, BPA SED Rostock, GO-Ro.Stadt, IV/7/029/239. Danach waren 1950 ca. 60 Kinder in der Musikschule der Werft, beklagt wurde, daß deren Eltern in der in der übergroßen Mehrheit Angestellte seien.

[220] Archiv NIR, K6/64 und LA Greifswald, BPA SED Rostock, GO-Ro.Stadt, IV/7/029/242. Der Chor singt heute noch, allerdings stammen nur noch einige der Sängerinnen und Sänger aus der früheren Neptunwerft.

Kapitel 8: Das außerbetriebliche Milieu der Neptunwerft 665

auch in Bremen auf.[221] Die Tenöre und Bässe des Chors waren in den 1950er Jahren in der Mehrzahl Arbeiter der Werft.[222] In der Stadt Rostock gab es Ende der 1950er Jahre 14 Chöre mit 446 Sängerinnen und Sängern.[223]

Werftchor und -orchester bei einem Elternabend der Berufsschulen im Klubhaus 1953 (Photo: Archiv NIR).

---

221 Gisela Schwarz, die bereits als Lehrling im Chor sang, erzählte, die Bremer Werftarbeiter wären von den Auftritten begeistert gewesen. Das Singen hätte immer viel Spaß gemacht, aber auch viel Fleiß erfordert. Interview mit Georg Schwarz, Transkript.
222 Archiv NIR, L3/814.
223 AHR, 2.10.3.1.4958.

Die Leitung des Klubhauses organisierte zahlreiche Vorträge zu einem weitgefächerten Themenfeld.[224] Ein wohl recht großer Teil der Vorträge trug weiterbildenden Charakter.[225] Im Saal des Klubhauses wurden Filme gezeigt, darunter Kinderfilme, fanden Theateraufführungen, Musik- und andere Veranstaltungen statt. Jedes Jahr im Dezember strömten die Kinder der Werftangehörigen zu Weihnachtsfeiern ins Klubhaus. Die Aufführungen von Märchen scheinen sie sehr begeistert zu haben. Aus verschiedenen Anlässen wurde im Werftklubhaus gefeiert, gespeist, getrunken und getanzt.[226] Belegschaftsangehörige, Verheiratete mit ihren Ehepartnern, gingen aber auch ohne besonderen Anlaß zum Tanzen ins Klubhaus.[227] Gelegentlich fanden heftige Diskussionen statt, weil Arbeiter sich von Veranstaltungen im Klubhaus ausgeschlossen fühlten. Sie schätzten beispielsweise einen Filmball im Juni 1956 wegen der Preise als eine Veranstaltung für Kleinbürger ein, denn das Geld für die Eintrittskarten hätten Arbeiter nicht aufbringen können.[228]

Natürlich erschöpften sich die Freizeitaktivitäten der Werftarbeiter und ihrer Familien nicht im Besuch verschiedener bildender oder kultureller Veranstaltungen im Klubhaus der Werft. Offensichtlich gingen viele gern und häufig ins Kino. Rostock hatte sieben Kinos. Im Jahre 1958 sollen sie 3.540.000 Besucher gehabt haben, bei knapp 152. 000 Einwohnern eine beachtliche Zahl. Auch die beiden Theater konnten nicht über mangelnde Besucherzahl klagen.[229]

---

224 LA Greifswald, BPA SED Rostock, GO-Ro.-Stadt, IV//029/242. 1957/58 wurden monatlich zwischen 30 und 40 Vorträge angeboten.
225 Ebenda, IV/7029/239. Solche Art Veranstaltungen wies die Klubhausleitung als »Produktionspropaganda« aus. Die Resonanz hing von den Themen und der Art der Präsentation ab. Veranstaltungen, die als Erfahrungsaustausch mit anderen Betrieben organisiert waren, wurden stärker besucht als die rein weiterbildenden. Das ist angesichts der Vielzahl unterschiedlicher Weiterbildungsangebote kaum erstaunlich.
226 Im Tagebuch des Meisterbereichs wird beispielsweise die Festlichkeit erwähnt, mit der ein Teil der Werftbelegschaft wegen der sehr guten Planerfüllung im ersten Halbjahr 1959 beging. Vgl. Archiv NIR, K6/57.
227 LA Greifswald, BPA SED Rostock, GO Ro.-Stadt IV/7/029/233.
228 LA Greifswald, BPA SED Rostock, GO-Ro.Stadt IV/7/029/240. Die Preise sind leider nicht überliefert, bei einer Veranstaltung mit dem DDR-bekannten Unterhaltungsorchester Walter Dobschinski wurden sie gleichfalls als zu hoch empfunden und betrugen zwischen 4,- und 6,-Mark. Vgl.: Archiv NIR, L3a/819.
229 AHR, 2.10.3.1.4958.

Wie die ledigen Leute gingen auch etliche verheiratete Arbeiter gern mit ihren Ehefrauen zum Tanzen oder sonstigem Vergnügen aus.[230] Christel Toch erzählte dazu:

> *Wir sind einmal weiß ich noch da sind wir tanzen gegangen*
> *da sagt mein Mann [...]*
> *da sagt er: »Wir gehen mal in Trocadero« war es damals* [beliebtes etwas gehobenes Tanzlokal]
> *und denn ja - da gehen wir hin*
> *aber wir hatten ja kein Geld wir hatten kein Geld*
> *und denn haben wir alles zusammengekratzt*
> *und denn haben wir nachher 20 Mark zusammengekriegt*
> *das war viel Geld ne*
> *und denn mußte ich weiß nicht was der Eintritt gekostet hat*
> *aber es war nachher noch eine kleine Flasche Wein*
> *und einmal Imbiß oder was*
> *aber es war gerade so wie abgezählt.*
> *Ja sonst sind wir nicht weggegangen*
> *ansonsten haben wir denn die Betriebsfeste mitgemacht*
> *von meinen Kollegen und mein Mann seinen Kollegen.*[231]

Zur gleichen Zeit ging die zehn Jahre ältere Ilse Donath mit ihrem Mann und mit Freunden und Kollegen viel aus. Statt des bescheidenen Geldes, erinnert sie sich an den wenigen Schlaf nach den Vergnügungen.[232] Es wird wohl richtig sein, dies abweichende Verhalten mit individuellen Vorlieben zu erklären. Christel Toch war zum Zeitpunkt des einzigen Tanzvergnügens mit ihrem Mann, welches nicht Brigadefest war, noch eine sehr junge Frau. Die finanzielle Situation des Ehepaare verbesserte sich in späteren Jahren merklich, Geldnot kann nicht mehr herangezogen werden, um den Verzicht auf den Besuch eines Tanzlokals zu begründen. Offenbar schätzte das Ehepaar Toch die Geselligkeit im Kollegenkreis hoch und zog sie anderen Vergnügungen vor. Bei aller Vorsicht in der Wertung, läßt sich doch wohl sagen, sie standen damit nicht allein.

---

230 Das legen die Interviews nahe.
231 Interview mit Christel Toch, Transkript.
232 Interview mit Ilse Donath, Transkript.

Hans Schröder, Schlosser und Brigadier bei den Schiffselektrikern, gewährte einen kleinen Einblick in eins der Brigadefeste, welche die Jugendbrigade Mitte der 1950er Jahre etwa einmal im Quartal feierte:

> *dann zogen wir nach Biestow ins Bauernhaus* [Gasthaus am Stadtrand]
> *ein Kollege hatte ne Gitarre*
> *ein anderer hatte n Schifferklavier*
> *und die jungen Kollegen brachten natürlich dann ihre Bräute stolz mit*
> *oder die Verlobte oder manche waren schon verheiratet*
> *alle gut angezogen.*

Es sei ein »harmonisches, freudiges« Brigadefest durchgeführt worden. »*Es wurde nicht gesoffen es wurde getrunken jeder war aufgeschlossen es wurde viel getanzt.*«

Das beschriebene Brigadefest war insofern womöglich ein besonderes, als Künstler vom Volkstheater, mit welchem ein Patenschaftsvertrag bestand, teilnahmen und mit einem kleinen Programm zum Erfolg des Festes beisteuerten.[233] Brigadefeste wurden von Angestelltenkollektiven gleichfalls gefeiert und es gibt Hinweise darauf, daß sie auch in diesem Milieu einen Teil einer neuen Festtagskultur ausmachten.[234]

Für manche verheiratete Paare kamen zu Brigadefesten und Familienfeiern noch die gemeinsam mit Wohnungs- bzw. Gartennachbarn vorbereiteten und gefeierteten Haus- bzw. Gartenfeste. Von jungen ledigen Leuten sind allerdings wohl viele häufig in öffentlichen Gaststätten zum Tanzen gewesen. Zum Tanzen ging man mit Freundinnen und Kolleginnen bzw. Freunden und Kollegen. Hinweise auf bevorzugte Tanzlokale finden sich nicht. Einschließlich der in Stadtrandlage wurden alle besucht.

Sport spielte eine große Rolle bei der Freizeitgestaltung. Ein nennenswerter Teil der Belegschaft trieb in der Freizeit mehr oder weni-

---

233 Interview mit Hans Schröder, Transkript. Brigadefeste wurden zu einem erheblichen Teil durch Wettbewerbsprämien und andere Zuwendungen an das Arbeitskollektiv finanziert.
234 Interview mit Georg Schwarz, Transkript.

ger regelmäßig Sport. Das wurde durch die Werft in mehrfacher Hinsicht gefördert, z.b. seit Ende der 1950er Jahre mit den Sportfesten bzw. Wettkämpfen zwischen Meisterbereichen und Abteilungen, die schließlich zur Ermittlung der Sieger in der jeweiligen Sportart führten. Der erste Fußballmeister der Werft wurde 1958 gekürt.[235]

Die Neptunwerft hatte mit »Motor Rostock« am 10. Oktober 1948 eine Betriebssportgemeinschaft, gegründet. Die Anregung zur Gründung kam von der sowjetischen Generaldirektion.[236] Trotz dieser Entstehungsgeschichte und obwohl kaum traditionelle Sportanlagen genutzt wurden, gab es Verbindungen zur Arbeitersportbewegung vor 1933. Sie wurden insbesondere durch die beteiligten Personen gehalten. Zum Beispiel gehörte zu den Turnerinnen in der Turnerinnen-Abteilung des Rostocker Arbeiterturnvereins Karla Jungbluth, die nach 1945 in der Werft arbeitete und sich als Mitglied im Frauenausschuß auch um Sport kümmerte.[237] Eine Sektion Turnen entstand allerdings erst im Jahre 1957.[238] Der Sportbetrieb begann mit einer Fußball-, zwei Handball- und einer Boxmannschaft. Fußball und Handball hatten bei Rostocker Werftarbeitern Tradition, 1923 hatte der Werftarbeiter Hans Weber den Rostocker-Ballspielverein gegründet. Einige der vor 1933 aktiven Fußball- und Handballspieler arbeiteten in den 1950er Jahren in der Werft.[239] Karl-A. Tiedemann, der einen sehr großen Teil seiner arbeitsfreien Zeit dem Sport widmete, beantwortete denn auch die Frage, ob es alles Neue gewesen seien, die zu Motor Rostock gekommen wären, so:

Ne da waren noch viele alte
die äh vorm Krieg schon da waren
und die dann - die dann äh bei Motor
normal wieder gespielt haben.[240]

---

235 25 Jahre Betriebssportgemeinschaft Motor Rostock, VEB Schiffswerft »Neptun«, S.52-63 und Interview mit Hans Reithel, Transkript.
236 Vom Werden und Wachsen der Neptunwerft, a.a.O., S. 30.
237 25 Betriebssportgemeinschaft, a.a.O., S. 9.
238 Ebenda, S. 41.
239 Vom Werden und Wachsen der Neptunwerft, a.a.O., S. 18 und 30; 25 Jahre Betriebssportgemeinschaft, a.a.O., S. 12
240 Interview mit Karl-A. Tiedemann, Transkript.

Im Jahre 1957 hatte die Betriebssportgemeinschaft 1.104 Mitglieder, die unter Anleitung von 23 Übungsleitern in acht Sektionen sportlich aktiv waren.[241] In einigen Sektionen wurde neben Freizeitsport- auch Leistungssport getrieben. So wurde in der Sektion Kanu einerseits mit großem Erfolg Kanu-Rennsport trainiert, andererseits unternahmen die Wasserwanderer auf mecklenburgischen Seen und Flüssen viele Wanderfahrten mit ihren Familien.[242]

Sport wurde nicht nur in organisierter Weise im Betrieb oder in Sportgemeinschaften von Betrieben oder der Stadt getrieben, vor allem Fußball scheint in lockerer Form ein Freizeitvergnügen der jungen, ledigen Arbeiter der Werft gewesen zu sein. Die jungen Leute spielten »Straßenfußball«, sie fanden sich zu Mannschaften zusammen und wetteiferten mit anderen.[243] Andere spielten nach der Arbeitszeit mit Kollegen Fußball und gingen anschließend noch zum Biertrinken.[244]

Die Runde der passiven Sportliebhaber war so groß, daß Sportereignisse ein sehr beliebtes Unterhaltungsthema während der Arbeit und in den Pausen boten. Ganz obenan stand dabei der Fußball, vor allem seit Rostock nach dem Wechsel fast aller Spieler einer Mannschaft aus dem thüringischen Lauterbach eine Mannschaft hatte, die in der Oberliga, der höchsten Klasse des DDR-Fußballs, spielte. Als der Trainer dieser Mannschaft sich im Juni 1956 nach Westdeutschland absetzte, wurde darüber in allen Bereichen heiß diskutiert, bei Arbeitern und Angestellten gleichermaßen. Der Weggang des Trainers stieß durchweg auf Ablehnung. Lange Gespräche löste auch ein Fußballspiel in Hannover Mitte September 1956 zwischen einer westdeutschen und einer sowjetischen Mannschaft aus. Von den Leistungen des sowjetischen Torhüters Netto und des westdeutschen Spielers Fritz Walter waren viele geradezu begeistert. Vor dem Spiel waren sogar Wetten abgeschlossen worden. Einen Höhe-

---

241 25 Jahre Betriebssportgemeinschaft, a.a.O., S. 6.
242 10 Jahre Sektion Kanu. BSG Motor Rostock-Neptunwerft. 1950-1960.
243 Interview mit Hans Reithel, Transkript.
244 Interview mit Albert Reithel, Verlaufsprotokoll.

punkt bildeten die olympischen Spiele in Melbourne, die viele am Radio und vor den ersten Fernsehgeräten verfolgten.[245]

Zumindest in manchen Zeiten wurde das Interesse an Sportberichten durch Meldungen über politisches Geschehen übertroffen. Im Jahre 1956 z.B. verbrachten etliche Arbeiter wohl einen gewissen Teil ihrer freien Zeit mit dem Abhören und Lesen von politischen Nachrichten und dem Gedankenaustausch auch mit ihren Arbeitskollegen dazu.[246] Nicht nur dies politische Interesse legt nahe, daß auch politisches Engagement einen Teil der freien Zeit beanspruchte. Für gesellschaftliche Arbeit wurden allerdings von der Werft teils recht großzügige Freistellungen von den eigentlichen Arbeitsaufgaben gewährt.[247]

Für einen Teil der Werftarbeiter bestimmte zeitweilig die berufliche Weiterbildung die arbeitsfreie Zeit. Das war in erster Linie bei denjenigen der Fall, die sich für eine zweijährige Meisterausbildung bzw. eine vierjährige Techniker bzw. Ingenieurausbildung oder gar zu einem Fernstudium an einer Universität entschieden hatten oder als Erwachsene einen Facharbeiterabschluß anstrebten, aber auch die Weiterbildungen von ungelernten zu angelernten Arbeitern und Arbeiterinnen dauerten im allgemeinen sechs Monate. Dazu kamen die berufsbegleitenden Weiterbildungen, die den größten Teil der Qualifizierungsmaßnahmen ausmachten.[248]

Wie belastend und erfüllend zugleich gerade die längerfristigen Weiterbildungen waren, berichtete uns auch unser ältester Rostocker Interviewpartner, der im Jahre 1908 geborene Erich Holst. Er legte nach einem vierjährigen Abendstudium 1960 erfolgreich die Prüfung als Ingenieur ab. Die Erzählung seiner Lebensgeschichte eröffnete er mit der Darstellung seines Studiums:

> *Ich weiß noch wo ich dann nachher auch dabei war*
> *da war denn also 35 Personen waren das wohl*
> *und äh mit sechs haben wir denn bis zum äh bis zum Ingenieur das*
> *geschafft*

---

245 Archiv NIR, L3a/819.
246 Ebenda.
247 LA Greifswald, Rep. 242, B1/435.
248 Archiv NIR, B/465.

das dauerte vier Jahre ne
und äh die meisten ein großer Teil
die sagten dann wieder ab die gaben auf kapitulierten
manche gingen auch wieder nach dem Westen
weil sie sich denn schämen daß sie wenn sie hier kapitulierten.
Na ja und denn waren wir zum Schluß noch sechs glaub ich ja sechs
und hieß es schon ja det lohnt sich nicht mehr
na dat müssen wir denn auffliegen lassen
und denn haben wir noch schnell geworben
drei vier Mann dazu daß wir dann eine lohnende Anzahl waren
und denn wurde das denn auch was ne.
Na ja und damals war die die Freistellung noch recht gering
nich also man bekam keine Freistellung
während doch später
haben die doch bald nur noch die halbe Zeit gearbeitet
und die andere Hälfte für sich doch verbraucht ne.
Und damals vor 1960 und 1960 ich meinen Abschluß damals gemacht
da mußte das alles wirklich nach Feierabend gemacht werden
das war denn recht sauer das glauben Sie wohl.
Ich weiß noch einmal ich war ja auch so müde ((lacht))
so abgekämpft das war im Sommer
denn unter dem heißen Pappdach war det denn auch so
gehste nach Hause und oder gehste hin.
Na einmal hab ich denn da bin ich nach Hause gegangen
da hab ich aber nachher mit mir entweder ich sagte mir
entweder Du hälst das durch oder Du gehst nach Gehlsheim[249].
Eins von jedem.
Nach Gehlsheim willste nich also mußt Du durchhalten.
[...]
Und denn ist das denn auch wirklich was geworden.
Und das war dann auch schließlich ein Erfolgserlebnis
das größte Erfolgserlebnis meines Lebens möchte ich mal sagen.[250]

---

[249] Nervenklinik in Rostock.
[250] Interview Erich Holst, Transkript.

Kapitel 9

Das westdeutsche und ostdeutsche Werftarbeitermilieu im Vergleich

1. Arbeitswelt

Zusammensetzung und Entwicklung der Belegschaften

Die Zusammensetzung und Entwicklung beider Belegschaften wiesen sowohl eine Reihe von Gemeinsamkeiten wie Unterschiede auf. Die wohl bemerkenswerteste, wenn auch wenig überraschende Übereinstimmung in der Zusammensetzung der Belegschaften beider Werften liegt in einem ausgesprochen hohen Facharbeiteranteil. Ein hoher Anteil gelernter Leute zeichnete Werften gegenüber vielen Betrieben anderer Branchen seit eh und je aus und war insofern natürlich auch kein Sonderfall in der AG »Weser« und der Neptunwerft. Die Zusammensetzung der Belegschaft war demnach traditionell. Wenn die »Norm« eines hohen Facharbeiteranteils gelegentlich partiell unterlaufen wurde, so geschah dies zeitbedingt und hing gewöhnlich mit sprunghaften Produktionserweiterungen zusammen, wie etwa auf der AG »Weser« während des Zweiten Weltkrieges, als in der Werft, die seit 1940 ausschließlich Kriegsschiffe produzierte, die Zahl der Beschäftigten in die Höhe schnellte und zum Ende des Krieges fast das Doppelte gegenüber dem Höhepunkt der zivilen Produktion 1929 erreicht hatte. Während der Phase der Werftneugründungen in der SBZ/DDR Ende der 1940er, Anfang der 1950er Jahre, gab der Arbeitsmarkt Facharbeiter in solcher Anzahl, wie sie erforderlich gewesen wären, nicht her. Immerhin stieg die Zahl der Beschäftigten in allen Werften des Landes Mecklenburg von im Jahre 1948 ca. 16.000 auf etwa 30.000 Mitte 1951 an.[1] In beiden Fällen wurde über Umschulungen versucht, den Mangel an Facharbeitern zu kompensieren.

---

1   MLH Schwerin, IV/L/2/5/261.

Der Facharbeiteranteil ist in beiden Werften mit zwischen etwa 75 bis 80 Prozent der Arbeiterbelegschaft anzunehmen. Die Vielfalt der Arbeitstätigkeiten in einer Werft führte zu einer großen Bandbreite an Berufen, unter denen in beiden Werften etwa 20 Facharbeiterberufe waren. Schlosser, Schiffbauer, Schmiede, Tischler und Zimmerer bildeten große Arbeitergruppen. Unterschiede, wie die besonders große Zahl von Maschinenbauern und Drehern in Bremen, erklären sich aus dem Produktionsprofil, denn die AG »Weser« baute ihre Schiffsmaschinen selbst. Unter den angelernten Berufsgruppen waren die Nieter und Stemmer, die Schweißer und Brenner sowie Kranführer unmittelbar in den schiffbaulichen Fertigungsprozeß einbezogen. Schiffe wurden in den 1950er Jahren genietet bzw. geschweißt. Bei der Eingruppierung in Lohngruppen hatten sowohl bei der AG »Weser« als auch in der Neptunwerft Schweißer am ehesten Aussichten, in die der gelernten Kräfte aufzurücken.

Die Werften bildeten einen beträchtlichen Teil ihrer Fachkräfte selbst aus. Das war in Rostock bereits seit Jahrzehnten üblich und möglich. Zusammenhängend mit einer trotz Schwankungen im Ganzen positiven Bilanz der Belegschaftsentwicklung in den 1920er und 1930er Jahren spielte in Bremen seinerzeit der Zugang zur Werft nach einer Handwerkslehre eine größere Rolle. Die Lehrlingsausbildung in den 1950er Jahren war gründlich und ähnelte sich von der Anlage sehr. In beiden Werften erwarben die Lehrlinge sowohl in den Lehrwerkstätten als auch verschiedenen Arbeitsplätzen in der Werft Fachwissen ihrer künftigen Berufe. Der Neptunwerft war außerdem eine Betriebsberufsschule angeschlossen. Anders als die AGW bot die Neptunwerft ihren Beschäftigten viele Möglichkeiten zur beruflichen Weiterbildung. In Hinsicht auf die Heranbildung von Facharbeitern sind besonders die eineinhalbjährigen Umschulungen zu nennen, welche im Prinzip einer Lehrlingsausbildung Erwachsener gleichkamen und vielen jungen Leuten, alteingesessenen Rostokkern wie Vertriebenen, Flüchtlingen und Umsiedlern die Chance gaben, die durch den Krieg und seine Folgen unterbliebene Berufsausbildung nachzuholen.[2] In den ersten Nachkriegsjahren übertraf die Zahl der Umschüler die der Lehrlinge.

In beiden Werften arbeiteten nur wenige Frauen in der Produktion, das konnte, wenn man die Qualifikationsanforderungen und die zumeist schwere körperliche Arbeit berücksichtigt, nicht anders sein. Der in Rostock höhere Anteil der Arbeiterinnen an der Belegschaft hatte mehrere Ursachen, darunter sowohl die gesellschaftlichen Rahmenbedingungen, einschließlich der Rentenregelungen für Kriegswitwen, wie auch die demographischen Besonderheiten des als Kriegsfolge rapiden Bevölkerungsanstiegs im Norden der SBZ/DDR. Unverhältnismäßig viele Frauen waren auf den Verdienst aus eigener Berufsarbeit angewiesen, für manche war die selbst für Frauen noch vergleichsweise gut entlohnte Arbeit in einer DDR-Werft zumindest zeitweise attraktiv. Dennoch kam es in der Neptunwerft in den 1950er Jahren zu keinem Durchbruch hinsichtlich der Zahl und der Stellung der Arbeiterinnen. Der Höhepunkt der Tätigkeit von Arbeiterinnen wurde Anfang der 1950er Jahre erreicht. Schon vor der Mitte der 1950er Jahre nahm die Zahl der Produktionsarbeiterinnen ab. Mit der Lehrausbildung einiger Mädchen in gewerblichen Berufen zeichnete sich allerdings ein neuer Trend ab, zu schwach indes, um die Qualifikationsstruktur der Arbeiterinnen zu verändern. Arbeiterinnen waren und blieben ganz überwiegend als ungelernte Kräfte tätig. In beiden Werften hatten Frauen es nicht leicht, einen festen und akzeptierten Platz zu finden. Das galt für die Frauen, die sich in der AG »Weser« 1959 zu Schweißerinnen umschulen ließen, genauso wie für etliche der Arbeiterinnen der Neptunwerft, die in gewöhnlich sechs Monate dauernden Kursen die Fertigkeiten für gewerbliche Hilfstätigkeiten erwarben. Trotz allem zeichnen sich zwischen den Werften einige bemerkenswerte Unterschiede bei der Frauenbeschäftigung ab und das nicht nur wegen der höheren Zahl der Arbeiterinnen in der Neptunwerft und der gewerblichen Lehre von Mädchen, sondern vor allem durch das Eindringen von Frauen in den Verwaltungsbereich.

---

2   In der AGW war zur gleichen Zeit eine verkürzte Lehrausbildung für junge Arbeiter mit ähnlicher Biographie ungewöhnlich, aber nicht grundsätzlich ausgeschlossen. Vgl.: Interview mit Alfred Jürgens, Verlaufsprotokoll.

Die auffälligsten Unterschiede beim Vergleich der Belegschaftsstrukturen finden sich in ihrer Zusammensetzung nach der regionalen Herkunft der Beschäftigten sowie der Dauer der Betriebszugehörigkeit. Die überwiegende Mehrheit der Arbeiter der AGW stammte nicht nur aus Bremen, sondern viele auch noch aus den klassischen Werft- und Hafenarbeiterquartieren der Stadt. Nicht selten arbeitete schon die dritte Generation einer Familie in der Werft. Die AG »Weser« hatte einen hohen Anteil von langjährig Beschäftigten. 1961 waren von der Gesamtbelegschaft der Aktiengesellschaft (einschließlich der Seebeck-Werft) 17 Prozent bereits vor 1936 eingestellt worden. Sowohl die regionale Herkunft der Werftangehörigen, wie auch die Dauer ihrer Beschäftgung sprachen in Bremen eindeutig für eine große Kontinuität in der Zusammensetzung der Belegschaft, auch über Einbrüche in der Belegschaftsentwicklung hinweg. Insofern machte es für die AGW allein schon die Zusammensetzung der Belegschaft sinnvoll, Forschungsfragen auf die Persistenz eines traditionellen Werftarbeitermilieus zu richten.

Als alte Werft hatte auch die Neptunwerft in den 1950er Jahren Beschäftigte, die langjährig im Werk tätig waren, manchmal sogar 50 Jahre. Im Sommer 1947 waren von den etwas mehr als 3.000 Belegschaftangehörigen etwa 1.000 Stammarbeiter, von denen allerdings 600 erst unmittelbar vor bzw. im Krieg eingestellt worden waren. Der zunächst noch recht hoch scheinende Anteil von Beschäftigten mit langer Betriebszugehörigkeit sank prozentual mit der dramatischen Belegschaftsaufstockung der folgenden Jahre. Das Gewicht der alten Stammarbeiter wog indes wegen ihrer Positionen in der Werft und der Traditionspflege schwerer als ihre Anzahl, so daß einerseits auch für das Arbeitermilieu der Neptunwerft Überlegungen hinsichtlich beharrender Momente anzustellen waren, andererseits jedoch die Bedingungen und Mechanismen, die die Inklusion oder die Exklusion begünstigten, größere Aufmerksamkeit als für das Werftarbeitermilieu der AGW verlangten.

Die wie zahlreiche Unfälle in beiden Werften sichtbar machen, gefährliche und auch schwere, aber interessante und abwechslungsreiche Arbeit mit ihren Dispositionsmöglichkeiten, sowie der Stolz auf die gebauten Schiffe festigten die Verbindung vieler Facharbeiter zu ihrer Werft. Wer einmal in der Werft Fuß gefaßt hatte, blieb dort gewöhnlich lange Jahre, oft bis zum Ende des Arbeitslebens bzw. bis zur Schließung der Werft. Das war in Rostock nicht anders als in Bremen. Die Belegschaftsentwicklung beider Werften weist einige ähnliche Tendenzen auf. Sie hing nach Kriegsende zunächst von den Bestimmungen der alliierten Mächte ab. Beide Werften wurden demontiert und ein kleiner Teil der Arbeiter arbeitete beim Abbau, der Größe der AGW entsprechend in Bremen mehr als in Rostock. In Bremen blieb der Maschinenbau in Betrieb und außerdem beschäftigten die Werften Arbeiter mit Schiffsreparaturen, die in Rostock fast ausschließlich Bestandteil der Reparationsleistungen waren. In der Folge der Aufhebung der Beschränkungen für den Schiffsneubau wurden die Werftanlagen wieder aufgebaut bzw. erweitert, beide Werften verdoppelten zwischen Anfang 1949 und 1951 fast ihre Belegschaften. Das Ausgangsniveau war allerdings anders: die Neptunwerft beschäftigte zum Jahresende 1948 knapp 3.680 und drei Jahre später, Ende 1951, ca. 6.936 Menschen, in der AG »Weser« stieg die Belegschaft von 2.200 auf 4.250 Personen.

Inwiefern Schiffbauaufträge Arbeitskräfte in einer derartigen Zahl in der Neptunwerft erforderten, muß hier offen bleiben. Sicher ist, daß die Arbeitskräftebewegung in der Neptunwerft, den anderen Werften im Land Mecklenburg und überhaupt in vielen Industriebetrieben der SBZ/DDR aus der Politik der Sowjetischen Militäradministration in Deutschland resultierte. Aus den Besonderheiten der demographischen Entwicklung sowie der einseitigen Ausrichtung der Industrie in der NS-Zeit auf die Rüstungsproduktion ergaben sich Zwänge zur Einrichtung von Arbeitsplätzen, die in Rostock und Mecklenburg solche Dimensionen erreichten, daß damit die Verhältnisse in Bremen nicht zu vergleichen sind. Im Land Mecklenburg fehlte nicht viel an einer Verdoppelung der Einwohnerzahl durch die Aufnahme von Vertriebenen, Flüchtlingen und Umsiedlern. Daß diese Menschen zunächst zu einem erheblichen Teil in ländlichen Siedlungen untergebracht wurden, war der katastrophalen Wohnungssituation in den Städten geschuldet und hatte nichts mit der Berufsstruktur vor allem der Männer im erwerbsfähigen Alter zu tun. Die meisten Männer waren in der Heimat als unselbständig Beschäftigte in der Industrie, im Handel und im Handwerk tätig gewesen. Auch sehr viele Arbeiter der ehemaligen deutschen Ostseewerften von Stettin bis Elbing suchten und fanden in den Werftneugründungen und in der Neptunwerft einen neuen Arbeitsplatz.

Die Belegschaftszahlen beider Werften stiegen im Verlauf der 1950er Jahre zunächst weiter an, in Bremen mit häufigeren und tieferen Schwankungen als in Rostock. In der Neptunwerft wurde Ende 1956 mit gut 8.500 Werftangehörigen, in der AG »Weser« Anfang 1958 mit etwas über 6.800 der höchste Beschäftigungsstand erreicht. Der nachfolgende Beschäftigungsabbau fiel in der AGW weitaus deutlicher aus als in der Neptunwerft. Überraschender als die Belegschaftsschwankungen in Bremen, die mit Rohstoffmangel und dann sowohl mit weltwirtschaftlichen Konjunkturverläufen wie mit den schiffbauspezifischen Produktionsabläufen zusammenhingen, die bereits seit Jahrzehnten die in den Werften teils gravierenden Wechsel in den Beschäftigtenzahlen verursacht hatten, waren die Schwankungen in der Neptunwerft. Unerwartet ist dabei weniger, daß die Neptunwerft wie andere Werften auf größere Aufträge, bzw. gefährdete Ablieferungstermine von Schiffen, mit Neueinstellungen reagierte. Das eigentlich Neue betraf den Arbeitskräfteabbau, zumal die in der DDR geltenden gesetzlichen Bestimmungen es gewöhnlich außerordentlich schwer machten, sich von überschüssigen Arbeitskräften wieder zu trennen. Zu Jahresbeginn 1957 kam es in der Neptunwerft zu Massenentlassungen, während weniger Wochen, zwischen dem 16. Februar und dem 15. April 1957, verloren 484 Beschäftigte ihren Arbeitsplatz in der Werft. Durch weitere Maßnahmen zur Reduzierung der Belegschaft, darunter einen Einstellungsstop, verringerte sich die Zahl der Beschäftigten zwischen Jahresanfang und dem 15. April 1957 sogar um 866 Personen. Diese Zahlen wurden zwar von denen der in der AGW während der Schiffbaukrise ab 1958 Entlassenen weit übertroffen, die Zahl der Beschäftigen sank von Anfang 1958 bis 1960 um ca. 2.800 Personen, aber sie machen deutlich, daß Entlassungsängste von Beschäftigten der Neptunwerft, die schon bald nach der Belegschaftsaufstockung 1949/50 belegt sind, durchaus nicht gegenstandslos waren. Daß nicht von Entlassungen, sondern Umsetzungen gesprochen wurde, ändert am Sachverhalt nichts.

Die Bedrohung eines möglichen Verlustes des Arbeitsplatzes mag von potentiell betroffenen Arbeitern der Neptunwerft stärker empfunden sein, als sie tatsächlich war. Üblicherweise wurde auf Auftragsmangel oder Verzögerungen wegen eines unkontinuierlichen Materialflusses auch nicht mit Entlassungen, sondern mit Arbeitsstreckung reagiert. Außerdem war beim Belegschaftsabbau ein neuer Arbeitsplatz sicher, jedoch längst nicht in jedem Fall einer, der hinsichtlich der Entlohnung und der sonstigen Versorgung dem in der Werft entsprach. In den 1950er Jahren waren offenbar die Unsicherheiten proletarischer Existenz bei Arbeitern der Rostocker Neptunwerft noch sehr gegenwärtig, die langandauernde Nachkriegsarbeitslosigkeit und die Kampagnen zur Verkleinerung von Belegschaften fügten alten Erfahrungen neue hinzu. In Bremen dauerte es bis über die Mitte der 1950er Jahre, bis die Existenzunsicherheiten proletarischer Lebensweise zeitweilig aufgehoben wurde. Die Vollbeschäftigung zum Ende des Jahrzehnts verhinderte schließlich, daß der Beschäftigungsabbau in der AG »Weser« seit 1958 die entlassenen Werftarbeiter in die Arbeitslosigkeit führte.

Hierarchien im Betrieb und sozialer Wandel

Mit ihren drei oder vier großen Ebenen glich sich die Betriebsstruktur beider Werften stark.[3] Die Werften waren in Bereiche gegliedert, die AG »Weser« in Maschinenbau, Schiffbau und Reparatur, die Neptunwerft, etwas differenzierter, in Schiffbau, Ausrüstung, Maschinenbau (bzw. Maschinelle Anlagen) und Schiffselektrik.[4] Wie herkömmlich und zugleich fest diese Einteilung war, zeigte sich, als die Neptunwerft die Gehlsdorfer Bootswerft übernahm, ohne des-

---

3   Die Betriebsstruktur wird im folgenden nur als Übersicht dargestellt, auf Änderungen in den Bezeichnungen, soweit mit ihnen keine wesentlichen Neuerungen verknüpft sind, verzichtet.
4   Die Selbständigkeit des Bereichs Schiffselektrik sollte Mitte der 1950er Jahre aufgehoben werden, weil er von der Größe und dem Charakter eher einer Produktionsabteilung als einem Bereich entsprach. Vgl.: VPLA Greifswald, Rep. 242, L3a/818.

halb ihre Betriebsstruktur zu ändern.[5] Die nächste Ebene bildeten in der AGW die Betriebe, in der Neptunwerft die Produktionsabteilungen bzw. die Werkstätten, deren Größe in Abhängigkeit von den speziellen Aufgaben sehr unterschiedlich ausfiel. Die Leiter waren häufig Ingenieure bzw. hatten eine ähnliche Ausbildung. Bei großen Produktionseinheiten wie der Kupferschmiede in Bremen, war in der Betriebsstruktur eine Zwischenebene eingezogen. Gewöhnlich bildeten aber die wiederum ungleich großen Meisterbereiche die nächste Ebene. Ihnen stand ein Meister vor. In der AGW arbeiteten die Arbeiter, wenn es von den Arbeitsabläufen her sinnvoll war, in Kolonnen mit einem Vorarbeiter (Kolonnenschieber), in der Neptunwerft, von den Jahren des Übergangs von der Kolonne zur Brigade abgesehen, in Brigaden mit einem Brigadier.

Es ist naheliegend, daß sich aus solch kaum voneinander abweichender, für Werften herkömmlicher Betriebsstruktur und vergleichbaren Produktionsmethoden eine Reihe von Ähnlichkeiten in der Arbeitsorganisation und in den Hierarchien ergaben. In beiden Werften waren, wie beim Bau von Schiffen in den 1950er Jahren noch allgemein üblich, die einzelnen Arbeitsgänge sehr eng miteinander verflochten und die Gewerke in den Arbeitsabläufen aufeinanderangewiesen. Auf Hierarchiebildungen zwischen verschiedenen Facharbeitergruppen gibt es vor allem für die AG Weser einige Hinweise, sie reichen indes nicht zu einer Verdichtung aus.

Kolonnen bzw. Brigaden waren auf die Anforderungen des Produktionsprozesses ausgerichtet, sie bestanden damit vor allem dort, wo wegen der Arbeitsabläufe und -tätigkeiten eine Zusammenarbeit mehrerer Arbeiter erforderlich war. Nieterkolonnen mit vier bis fünf Arbeitern gab es wie zu Beginn des Jahrhunderts noch in den 1950er Jahren in beiden Werften. Dieser Arbeitsverbund war so zwingend, daß auch in der Neptunwerft die Bezeichnung »Kolonne« beibehalten wurde. Die Schiffbauer, die Rohrleger und viele andere arbeiteten in Kolonnen bzw. Brigaden. Produktionstechnische Anforderungen bestimmten für gewöhnlich die zahlenmäßige Stärke einer Kolonne oder Brigade. Bei der Tätigkeit von Drehern oder Schlossern,

---

5   Die Bootswerft wurde als selbständiger Bereich »Gehlsdorf« bzw. Bereich IV weitergeführt, in der Zählung der Bereiche trug die Schiffselektrik fortan die Nummer V.

welche in einer geschlossenen Werkstatt arbeiteten, war hingegen von den Arbeitsgängen eine Zusammenarbeit mehrerer Arbeiter oft nicht oder doch weit weniger notwendig. So kann es kaum verwundern, daß hier in der Neptunwerft die Bildung von Brigaden nur sehr allmählich voranschritt.

Im Verlauf der 1950er Jahre prägten sich eine Reihe von Unterschieden zwischen Kolonnen und Brigaden aus, die mit Veränderungen des Brigadesystems in der Neptunwerft bzw. überhaupt in Betrieben der DDR zusammenhingen. Dazu zählte bekanntermaßen zum Ende der 1950er Jahre der Übergang zu den sogenannten sozialistischen Brigaden wie auch die Bildung von Spezialbrigaden, den Jugendbrigaden z.B., denen nur oder überwiegend junge Arbeiter angehörten. Wahrscheinlich gewannen Brigaden der Neptunwerft auch größere Mitsprachemöglichkeiten bei der Aufnahme neuer Kollegen, als das bei Kolonnen in der AG »Weser« der Fall war. Jedenfalls ist belegt, daß sie gewöhnlich die Lehrlinge, die sie als Facharbeiter in der Brigade haben wollten, auswählten. Die hinsichtlich der betrieblichen Hierarchie einschneidendste Neuerung bestand in der allmählichen Entwicklung vieler Brigaden zur untersten Produktionseinheit und damit einem partiellen Bedeutungsverlust des Meisterbereichs. In der AG »Weser« blieb der in Kolonnen gegliederte Meisterbereich die unterste Produktionseinheit.

Diese Abweichungen in der unteren Ebene der betrieblichen Struktur hatten natürlich Folgen hinsichtlich der Stellung der Meister, Vorarbeiter und Brigadiere. In der AGW behielten die Meister und ihre Stellvertreter erhebliche Befugnisse bei der Arbeitsverteilung, der Aufsicht und Anleitung sowie der Lohnfindung der ihnen unterstehenden Arbeiter. Die Vorarbeiter standen ihnen zur Seite. Ihre Entscheidungsbefugnis war zwar gegenüber der der Meister eingegrenzt, doch bei der Bestimmung des Lohnes der Arbeiter ihrer Kolonne dürfte ihr Urteil mehr gewogen haben als das der Meister. Sie waren es, die die Akkordlohnscheine schrieben. Die Hierarchie war klar: der Meister stand über dem Vorarbeiter. Die Arbeitsaufgaben der Meister schlossen die herkömmlichen engen Kontakte zu den Arbeitern ein, außerdem spielte zumindest in mancher Meisterstellung genauso wie in der Neptunwerft die Überwachung der Fertigung eine Rolle.

Für die Neptunwerft ist die Stellung der Meister differenzierter zu bewerten. Nicht zu übersehen ist ein Trend, der die jahrzehntelange allmähliche Entwertung der Arbeit der Meister vorantrieb. Er drückte sich insbesondere darin aus, daß viele Meister die direkte Einflußnahme auf die Arbeitsverteilung und die Lohnfindung und damit die unmittelbaren Arbeitskontakte zu den Arbeitern mehr oder weniger verloren. Beide Tätigkeitsfelder gingen zumindest zu einem erheblichen Teil auf die Brigadiere über. Die Brigadiere schrieben nicht nur die Leistungslohnscheine, sondern sie hatten weitgehend freie Hand beim Arbeitseinsatz der Brigademitglieder. Natürlich bestimmten üblicherweise auch die Vorarbeiter in der AGW, welcher Arbeiter aus seiner Kolonne welche Tätigkeit ausübte. Aber die Autonomie der Brigadiere war größer als die der Vorarbeiter. Dies verstärkte sich, je mehr seitens der jeweils zuständigen betrieblichen Leitungen die Brigaden als unterste Produktionseinheit angesehen und ihnen Arbeitsaufträge direkt übergeben wurden. Anders als in der AGW war die Hierarchie nicht eindeutig. Der Brigadier stand weniger unter als neben dem Meister, und dies, obwohl der Meister für die Auswahl des Brigadiers zuständig war. Nicht für alle Meisterstellen war der Inhalt der Tätigkeit genau bestimmt und genügend gegenüber der des Brigadiers abgegrenzt. Das erklärt, daß die Beziehungen zwischen Meistern und Brigadieren nicht immer konfliktfrei waren. Mit der Übertragung neuer, herausfordernder, oft schwer zu bewältigender Aufgaben bei der Regelung des Arbeitsablaufes und der Produktionskontrolle wurde der Entleerung der Arbeit der Meister gegengesteuert.

Vorarbeiter und Brigadiere hatten keine Zusatzqualifikation. Ganz herkömmlich wählten die zuständigen Meister, gelegentlich auch andere Vorgesetzte, sie aus dem Kreis der erfahrenen Facharbeiter aus. Dort, wo wie bei den Kolonnen bzw. Brigaden der Schweißer angelernte Tätigkeit vorherrschte, waren sie üblicherweise gleichfalls keine gelernten Kräfte. Dabei ist jedoch als sicher anzunehmen, daß Meister die Stimmungen in den jeweiligen Kolonnen und Brigaden berücksichtigten und sich, und sei es informell, bei der Auswahl von Brigadieren und Vorarbeitern mit ihnen berieten. Denn neben anderen Befähigungen mußten Vorarbeiter wie Brigadiere mit Menschen umgehen und bei den unvermeidlichen Spannungen innerhalb der Kolonnen und Brigaden ausgleichend wirken können. Gerade diese Seite ihrer Tätigkeit hoben Interviewpartner der AGW wie der Neptunwerft, die zeitweilig als Vorarbeiter bzw. Brigadier eingesetzt waren, hervor.

Die vielleicht deutlichsten Unterschiede in der Stellung der Meister und Vorarbeiter in der AGW und der Meister und Brigadiere in der Neptunwerft hängen mit Veränderungen in der betrieblichen Kommunikation zusammen. In der AG »Weser« lief die Kommunikation zwischen den Arbeitern und der Unternehmensleitung über die Meister, denen die Vermittlerfunktion auch bei der Konfliktregulierung zukam. Das war zwar in der Neptunwerft zunächst gleichfalls so. Je mehr sich die Brigaden festigten und sich als unterste Produktionseinheit verselbständigten bzw. durch Handlungsweisen betrieblicher Leitungen geradezu verselbständigt wurden, drangen Brigadiere in die Vermittlung zwischen der Werkleitung und den Arbeitern vor. Ein Anzeichen solcher Veränderung war, daß in Vorbereitung der ökonomischen Konferenzen gemeinsame Seminare mit Meistern und Brigadieren stattfanden. Die neue Mittlerrolle von Brigadieren konnte, mußte aber nicht zu Diskrepanzen zwischen Meistern und Brigadieren führen.

Die Meister arbeiteten in beiden Werften ganz traditionell in einem Angestelltenverhältnis. Das führte häufig dazu, daß ihr Gehalt wegen des Fortfalls der bei Arbeitern üblichen bzw. möglichen Zuschläge niedriger als der Lohn von Arbeitern ausfiel. Der Weg zu einer Meisterstelle führte zumeist über die Tätigkeit eines gelernten Arbeiters. Sicher waren es nicht nur die möglichen Einkommensunterschiede, die manchen Facharbeiter in der AGW wie in der Neptunwerft zögern ließen, in eine Meisterposition aufzurücken. Der Aufstieg war generell problembehaftet, besonders, wenn man als Meister im bisherigen Kollegenkreis blieb und plötzlich Vorgesetzter wurde. Das berichteten übereinstimmend Bremer und Rostocker Interviewpartner, deren berufliche Veränderung erfolgreich verlaufen war.

In der Neptunwerft veränderten sich um die Wende der 1940er zu den 1950er Jahren die Zugangsmöglichkeiten zu einem Meisterposten. Zwar wurde die traditionelle Ernennung eines fähigen, gelernten Arbeiters bzw. eines Vorarbeiters zum Meister nicht abgeschafft, doch eigentlich gewünscht war eine vorherige zusätzliche berufliche Qualifikation und die Meisterprüfung. Der Weg zur Meisterschaft wurde steiniger. Die reguläre Vorbereitung auf die Meisterprüfung dauerte bald zwei Jahre und erfolgte in einem Abendstudium an einer Fachschule. Facharbeiter der Neptunwerft entschlossen sich aus eigenem Antrieb zu dieser aufwendigen beruflichen Qualizierung, die auch andere Positionen als die eines Meisters eröffnen konnte. Meister ohne Abschluß sollten die Prüfung nachholen, was etliche immer wieder vor sich her schoben. Eine vergleichbare betriebliche Weiterbildung gab es in den 1950er Jahren in der AG »Weser« nicht. Die Meister wurden ernannt, üblicherweise aus dem Kreis der Vorarbeiter.

Wie in anderen Betrieben der DDR beschränkten sich die Weiterbildungsmöglichkeiten für gelernte Facharbeiter nicht auf Meisterlehrgänge und Meisterprüfungen. Auch ein Fachschulstudium neben der Berufsarbeit war problemlos zugänglich. Grundsätzlich konnte sich jeder Arbeiter über Weiterbildungen eine Berufskarriere als Konstrukteur, Ingenieur, Techniker, Technologe, Meister oder in anderen Berufen bahnen. Es gab demnach Voraussetzungen zum Erwerb einer höheren Bildung für betriebliche Aufstiege von Arbeitern über die Stelle eines Meisters hinaus, wie sie in der AGW fehlten. Wenn Arbeiter sich beispielsweise zu einem gewiß sehr anstrengenden Fachschulabendstudium entschlossen, nutzten sie eine Chance, die, von Ausnahmen abgesehen, ihren Kollegen in Bremen verwehrt blieb. Unter dem leitenden Personal der Produktionsabteilungen bzw. der Werkstätten der Bereiche befanden sich bereits in der Mitte der 1950er Jahre einige vormalige Arbeiter, die eine Fachschule absolviert hatten bzw. kurz vor dem Abschluß standen. Mit den Bildungsaufstiegen von Arbeitern hingen tiefgreifende Veränderungen der sozialen Hierarchie in der Neptunwerft zusammen. Sie machen zugleich die größten Unterschiede zur AG »Weser« aus.

Auch in der AGW sind erfahrene Facharbeiter im Verlauf ihres Berufslebens in verschiedene Angestelltentätigkeiten, nicht nur die eines Meisters aufgestiegen. Solche Veränderungen erfolgten üblicherweise allerdings ohne weitere Ausbildung, wenn man von Refa-Lehrgängen absieht. Wirklich durchlässig wurden die alten Hierarchien wegen der begleitenden Weiterbildungsmöglichkeiten und der veränderten Eigentumsverhältnisse nur in der Neptunwerft. Das galt nicht nur für diejenigen Arbeiter, die die Belastungen eines Abendstudiums ausgehalten hatten und eine neue Karriere einschlugen, sondern in gewisser Weise gleichfalls für jene, die selbst keinen Bildungaufstieg vollzogen, aber Beziehungen zu den Aufsteigern hatten, weil sie ihre früheren Kollegen waren. Trotz einer neuen Durchlässigkeit von Hierarchien waren auf der anderen Seite Verhaltensprägungen bei vielen Arbeiter so stabil, daß sie wie in der AG »Weser« so auch in der Neptunwerft gegenüber dem ingenieurtechnischen Personal Distanz hielten. Distanz konnte sich sowohl in Achtung gegenüber den Leistungen von Meistern, Obermeistern, Ingenieuren und Konstrukteuren, wie auch in einem Selbstbewußtsein ausdrücken, welches auf dem speziellen Arbeitswissen als gelernte Arbeiter beruhte.

Wenig erforscht und auch in unserem Projekt nur am Rande in den Lebenswegen einzelner Arbeiter festgestellt, ist bislang eine spezielle Art von »Abstiegsmobilität«. Insbesondere in der Neptunwerft kam es vor, daß sich manche frühere Arbeiter in ihren neuen Positionen nicht wohl fühlten und ihre Rückkehr an den alten Arbeitsplatz oder zumindest in eine vertraute Tätigkeit betrieben.

Lohnsysteme und Handlungsautonomie der Arbeiter

In der seit dem 1. Dezember 1945 bestehenden, bedingt selbständigen »Neptunwerft Rostock, Schiffswerft und Maschinenfabrik G.m.b.H.« galten wie bei den Demontagearbeiten in der Neptunwerft während der ersten Nachkriegsmonate noch die traditionellen, unterschiedlichen Entlohnungsprinzipien von verschiedenen Arbeitergruppen. Auch die seit dem März 1946 geltende Tarifordnung für alle Betriebe der Metallindustrie und für die Metall verarbeitenden Handwerksbetriebe sah eine Minderentlohnung der Arbeiter unter 21 Jahre vor. Danach sollte beispielsweise der Mindestlohn der Facharbeiter bis 21 Jahre 0,90 RM pro Stunde betragen, der für Facharbeiter über 21 Jahre 1,- RM. Doch eine wesentliche Veränderung gegenüber allen zuvor üblichen Lohnregelungen war bereits vorgenommen: alle festgelegten Mindestlöhne sollten auch für Frauen gelten.⁶ Ein entscheidender Schritt zur Überwindung der Diskriminierung von Frauenerwerbsarbeit war vollzogen. Weiterhin ordnete die SMAD bereits mit dem Befehl Nr. 253 vom 17. August 1946 »Über gleiche Entlohnung der Frauen, der jugendlichen Arbeiter und der erwachsenen Männer für gleiche Arbeit« die Beseitigung von Unterschieden in der Entlohnung nach Geschlecht und Alter ausdrücklich an. Gleichbehandlung nach Geschlecht und Alter war in allen nachfolgenden Lohnregelungen selbstverständlich.

Ähnliche einschneidende Änderungen wurden in den westlichen Besatzungszonen genausowenig vorgenommen wie in den nachfolgenden Jahren in der Bundesrepublik. Im Ergebnis des Festhaltens an der traditionellen Ungleichbehandlung einzelner Arbeitergruppen bei gleicher Berufsqualifikation sah beispielsweise der ab 1. Oktober 1954 gültige Lohntarifvertrag für die Arbeiterinnen nur 85 Prozent des Entgelts der entsprechenden Lohngruppe vor. Damit konnte, etwa wie während der Weimarer Republik, eine Facharbeiterin gerade soviel verdienen wie ein ungelernter männlicher Arbeiter. Diese Ungleichbehandlung läßt sich schwerlich mit der Begründung abtun, gelernte Facharbeiterinnen habe es in der AG »Weser« ohnehin nicht gegeben. Die ungleiche Entlohnung traf selbstverständlich wenig qualifizierte Frauen im Vergleich zu wenig qualifizierten Männern ebenso. Außerdem war das Prinzip der Ungleichbehandlung allgemeiner Natur und galt auch in anderen Branchen. Darüberhinaus wurde die altersmäßige Differenzierung beibehalten. So sah der zitierte Tarifvertrag als Stundenlohn für gelernte Arbeiter über 21 Jahre 1,62 DM vor, für gelernte Arbeiter zwischen 18 und 21 Jahre indes nur 87,5 Prozent dieses Lohnes, also 1,42 DM. In einem wichtigen Punkt klafften die Lohnsysteme demnach durch die auf mehr Lohngerechtigkeit zielenden Veränderungen in der SBZ/DDR auseinander.

In anderen Positionen hingegen waren beide Lohnsysteme traditionell und knüpften mit der unterschiedlichen Bezahlung nach der Qualifikation an Einstufungen an, die bereits seit dem Kaiserreich gebräuchlich waren. In den für die AG »Weser« gültigen Tarifverträgen wie allgemein in der Bundesrepublik wurde ausdrücklich an den

---

6   Archiv NIR, K6/96a.

drei herkömmlichen Qualifikationsstufen, Facharbeiter, Angelernte und Ungelernte, festgehalten. Die gleiche Klassifikation von Arbeitern war in der Neptunwerft noch 1947, wohl auch 1948 gewöhnlich, wich dann aber mehr oder weniger vollständig anderen Einteilungskriterien, die weniger die berufliche Qualifikation, sondern mehr den konkreten Platz im Produktionsprozeß berücksichtigten, wie etwa die schon 1949 anzutreffende Gliederung der sogenannten Produktionsarbeiter in Produktionsgrundarbeiter und Produktionshilfsarbeiter. Das Zurückdrängen alter Bezeichnungen von Arbeitergruppen sowie die Einführung neuer hatte indes nichts mit einem Abgehen von der Entlohnung der Arbeiter nach ihrer Qualifikation zu tun.

Die eigentliche Einstufung der Arbeiter nach ihrer beruflichen Qualifikation geschah in der Neptunwerft wie in der AG »Weser« über die Lohngruppen. Zugleich bildete die Einteilung nach Lohngruppen gewissermaßen das Rückgrat beider Lohnsysteme. Bis 1956 mußten in der AG »Weser« wie in den anderen westdeutschen Werften drei Lohngruppen (Facharbeiter, Angelernte, Hilfsarbeiter) für die Einstufung reichen, danach erfolgte eine Zuordnung der Arbeiter nach sechs Tätigkeitsgruppen. Die Lohngruppenstruktur in der Neptunwerft und anderen ostdeutschen Werften und Betrieben war bereits seit Ende der 1940er Jahre mit ihren acht Lohngruppen wesentlich differenzierter und bot damit prinzipiell bessere Voraussetzungen, die Arbeiter nach der Schwierigkeit der von ihnen ausgeübten Tätigkeit und ihrer Leistungsfähigkeit zu entlohnen.

Eine Lohnstruktur, welche tiefer als traditionell in drei Lohngruppen gliederte, setzte eine Bestimmung der Anforderungen und Tätigkeitsmerkmale in den einzelnen Lohngruppen voraus. Die Ausarbeitung bzw. Aushandlung solcher Anforderungen und Tätigkeitsmerkmale war äußerst schwierig. So kann es nicht verwundern, daß der erste Anlauf, der um 1950 in der Neptunwerft und den anderen DDR-Werften mit dem Versuch einer Einführung eines Betriebslohngruppenkatalogs gestartet wurde, ins Leere ging. Dem Wirtschaftslohngruppenkatalog, auf dessen Basis, im Herbst 1956 beginnend, in den Industriebetrieben der DDR allmählich die Einstufung der Arbeiter in die Lohngruppen erfolgen sollte, lagen dann relativ exakte Einstufungsmerkmale für die Bewertung der Arbeitstätigkeiten zugrunde.

Sowohl die Einführung des Wirtschaftslohngruppenkatalogs in der Neptunwerft als auch die der neuen Lohngruppenstruktur in der AG »Weser« bot erheblichen Konfliktstoff. Interessanterweise, doch keineswegs erstaunlich, rieben sich die Arbeiter in der ostdeutschen Werft an den gleichen Punkten wie ihre Kollegen in der westdeutschen Werft. Die Befürchtungen, die die Arbeiter gegenüber den neuen Regelungen im Lohnsystem hegten, konzentrierten sich auf eine Lohnminderung. Dafür gab es sehr reale Hintergründe. Beispielsweise hätten werfttypische angelernte Berufsgruppen wie Schweißer, Brenner, Nieter oder Anschläger gegenüber den in einem bestimmten Umfang bisher praktizierten Gepflogenheiten in Lohngruppen der Angelernten eingegliedert werden müssen, was für sie einen Lohnabbau bedeutet hätte. Ohnehin begünstigten beide Lohnsysteme die Facharbeiter.

Konfliktstoff hätten auch die relativ starren Tätigkeitsbeschreibungen für die einzelnen Lohngruppen bieten können, da sie fortdauernd gleiche Arbeitsgänge voraussetzten. Aus Erfahrung wußten Werftarbeiter, daß dergleichen im Schiffbau im Grunde nicht zu realisieren war. Wenn es hier weniger zu Spannungen kam, dann weil Regulierungsmöglichkeiten in der Neptunwerft wie in den anderen ostdeutschen Werften mit dem Lohngruppenausgleich vorhanden und für die AG »Weser« wie die anderen westdeutschen Werften tarifvertraglich gleich mit ausgehandelt waren. Danach war den Arbeitern zumindest für einen bestimmten Zeitraum garantiert, daß sie bei der Ausübung von geringer bewerteten Arbeiten als den ihrer Lohngruppe entsprechenden, nach der Gruppe, in welche sie eingestuft worden waren, entlohnt wurden, wohingegen eine zeitweilige Ausübung von Arbeiten einer höheren Lohngruppe auch zu höherem Lohn führte.

Im Umgang mit diesen Regulierungsmöglichkeiten hatten die Meister, Vorarbeiter und Brigadiere große Verantwortung und zusammen mit den Arbeitern auch bemerkenswerte Handlungsspielräume. Ein Wechsel zwischen Tätigkeiten verschiedener Lohngruppen war bei der Art der Arbeitsabläufe und der Zusammensetzung der Kolonnen bzw. Brigaden oft nicht zu umgehen, nicht selten sogar zwingend. Für die Neptunwerft ist weiter vorn am Beispiel beschrieben worden, welch weites Feld der Einflußnahme, auch Manipulierung ein derartiger Wechsel von Arbeitern zwischen Lohngruppen bei der Lohngestaltung darstellte.

In beiden Werften arbeiteten die meisten Arbeiter im Akkord bzw. nach Leistung. Diese Lohnform bildete eine wichtige Säule des Lohnsystems. Ganz gleich, ob eine Brigade oder eine Kolonne im Gruppenleistungslohn bzw. im Gruppenakkord, oder ein einzelner Arbeiter nach Leistung bzw. im Akkord arbeitete, ein bestimmter Auftrag an eine mehr oder weniger große Gruppe von Arbeitern vergeben wurde oder an einen einzelnen, diese Lohnform bot große Möglichkeiten, auf die Lohnhöhe Einfluß zu nehmen und zu einem erträglichen Einkommen zu gelangen. Dies zu erreichen, setzte stillschweigende Übereinkommen wie Verabredungen zwischen den Arbeitern genauso voraus wie einvernehmliches Vorgehen mit den Vorarbeitern bzw. Brigadieren und auch Meistern. Das alles hatte historische Vorläufer.

Wie die Untersuchungen zu beiden Werften zeigten, gelang es den Arbeitern, beträchtliche Akkordüberschüsse bzw. Normübererfüllungen zu erreichen. Sowohl in der AG »Weser« wie in der Neptunwerft war die Tendenz im Verlauf der 1950er und bis weit in die 1960er Jahre hinein steigend. Den Entwicklungen in beiden Werften lagen gleiche bzw. sehr ähnliche Ursachen zugrunde, die sich in drei Punkten zusammenfassen lassen. Erstens nutzten die Arbeiter beider Werften ihre Möglichkeiten, Norm- und Akkordvorgaben »weich« zu gestalten. Angefangen bei der Arbeitszurückhaltung während Zeitaufnahmen bis zum »Stundenhorten« war das Verhalten der Arbeiter zum Akkord- bzw. Leistungslohnsystem traditionell und erfahrungsgestützt.

Zweitens gestaltete sich die Arbeitsbewertung, die für realistische Norm- und Akkordvorgaben Voraussetzung gewesen wären, schwierig. Die schiffbauliche Produktion sperrte sich gegen eine genaue Bewertung von Arbeitsgängen. Für die AG »Weser« ist die in den 1950er Jahren eher handwerklich strukturierte Produktionsweise von Schiffen mit ihren vielfältigen und teils sich wenig wiederholenden Arbeitsgängen detailliert beschrieben worden. In der Neptunwerft wurden im Prinzip in der gleichen Weise Schiffe gebaut. Wenn dennoch in der Neptunwerft mit dem Versuch, die sogenannten technisch-begründeten Arbeitsnormen einzuführen, zeitiger ein Bemühen um eine genauere Bewertung von Arbeitsvorgängen zu beobachten war, erklärt sich dies zweifelsfrei aus der Zentralisierung der Wirtschaft der DDR mit ihren gleichen Vorgaben an alle Betriebe. Bei allen Unzulänglichkeiten und Verzögerungen der Einführung von TAN zeigte sich aber, daß auch im Schiffbau zumindest bei etlichen Arbeitsvorgängen eine Arbeitsbewertung mit recht genauen Zeitvorgaben möglich war. Das sahen Wirtschaftprüfer in einem für die AG »Weser« 1957 angefertigten Gutachten genauso.

Drittens erforderte die schiffbauliche Produktion ein autonomes Mitwirken der Arbeiter. Die Leitungen beider Werften waren auf einen Arbeitertyp angewiesen, der mit den sich häufig in jeder neuen Arbeitssituation ändernden Arbeitsvorgängen, mit den zwar ähnlichen, aber doch immer anderen, stark wechselnden Arbeitsanforderungen umgehen konnte. Neben handwerklichem Können und dem speziellen Fachwissen war viel Erfindungsreichtum gefragt. Diese Notwendigkeit bestand im Schiffbau sicher auch zu anderen Zeiten, verstärkte sich indes mit der Wiederaufnahme des Schiffsneubaus um 1950, als die AGW zunächst, die Neptunwerft in den gesamten 1950er Jahren unter Materialmangel litt und viel improvisiert werden mußte. Die Erinnerung an die Handlungsautonomie und der Stolz auf eigenverantwortliche Mitarbeit begegnete uns übrigens in vielen Interviews. Wir haben den sicheren Eindruck, daß beide Werftleitungen im Interesse termin- und qualitätsgerechter Ablieferung der Schiffsneubauten und -reparaturen die Praxis der Bestimmung des Akkordüberschusses bzw. der Normübererfüllung weitgehend akzeptierten.

Der Vergleich der Lohnsysteme und der sich aus ihnen ergebenden Handlungsspielräume für die Arbeiter bei der Gestaltung der Lohnhöhe relativiert die bei der Untersuchung der Entwicklung der Normen und Normenübererfüllungen für die Neptunwerft herausgearbeiteten Ergebnisse durch einen Erklärungsansatz, der nicht einseitig im Wirtschaftssystem der DDR fußt. Brennend bleiben jedoch Fragen nach den Ursachen des Entgleitens der Normübererfüllungen. Die vorstehende Untersuchung, die die Mechanismen der Normübererfüllungen durchsichtiger machen konnte, zeigt, daß leichte und umfassende Antworten nicht zu erwarten sind. Ein Zurückweichen der Führungskräfte der Werft und auf höherer Ebene vor Arbeiterforderungen erklärt einiges, doch nicht alles. Die vergleichende Analyse beider Werftarbeitermilieus lenkt die Betrachtung in eine weitere, bislang wenig beachtete Richtung.

Das Erzielen von Akkordüberschüssen erforderte zwischen Arbeitern Absprachen über die Höhe der als durchsetzbar angesehenen Übererfüllungen, beim Kolonnenakkord mehr als bei anderen Formen.[7] In Interviews faßten Arbeiter der AG »Weser« dies in Worte wie etwa: Mehr durfte nicht abgerechnet werden. Eine höhere Abrechnung hätte zu einer Neufestsetzung des Akkords führen können. Keiner konnte gehortete Stunden abrechnen, anderes Arbeiterverhalten hätte für viele eine Lohnminderung nach sie ziehen können. Kontrollen der Arbeiter untereinander wie Konkurrenz zwischen ihnen verhinderten dies. Mit der Begrenzung des Akkordüberschusses nach oben akzeptierten die Arbeiter auch die eigentlich ungerechten, unterschiedliche Leistung wie Leistungsfähigkeit wenig achtenden Seiten.

Nun war der Mechanismus in der Neptunwerft während der 1950er Jahre nicht generell anders. Um einer drohenden Zeitaufnahme zu entgehen, gaben die betroffenen Arbeiter lieber Stunden von der Vorgabezeit zurück. Und doch verlor die vertraute, langjährige Praxis stiller Übereinkünfte über die Höhe der Akkord- oder Normübererfüllung in Rostock an Bedeutung. Das steht überraschenderweise mit der Erfindung, Übernahme und Entwicklung der Wettbewerbs- noch mehr der Aktivistenbewegung in Verbindung. Was zu einem Wandel in der Arbeitsauffassung führen sollte und partiell führte, hatte mit der öffentlichen Hervorhebung besonderer Leistungen noch eine andere, nicht vorhergesehene Wirkung. Schon die »Hennecke-Bewegung« zielte auf eine sehr hohe Normübererfüllung und einzelne Arbeiter bzw. Arbeitergruppen brachten sie auch. Die Heraushebung der Leistungen einzelner Arbeiter war historisch neu und trug dazu bei, daß am Ende der 1950er Jahre die Kontrollzwänge und -mechanismen zwischen den Arbeitern aufge-

---

7 Alf Lüdtke gibt vom Aufkommen des Akkordlohns bis in die Zeit des Faschismus als allgemeinen Richtwert 130 Prozent an. Vgl.: Alf Lüdtke, Arbeit, Arbeitserfahrungen und Arbeiterpolitik. Zum Perspektivenwandel in der historischen Forschung, in: Ders., Eigen-Sinn. Fabrikalltag, Arbeitererfahrungen und Politik vom Kaiserreich bis in den Faschismus. Ergebnisse, Hamburg 1993, S. 376.

weicht oder gar überflüssig geworden waren. Mancher Arbeiter, dem es möglich war, schrieb hohe, auch extrem hohe Normübererfüllungen, ohne das dahinter die Leistung gestanden hätte. Normübererfüllungen schaukelten sich spiralförmig auf. Der moralische Appell eines Teils der Arbeiter, man wolle und solle sein Geld auf ehrliche Art verdienen, konnte wie Anstrengungen der Werftleitung die Entgleisung der Normübererfüllungen nicht mehr bremsen.

Die Lohnhöhe hing in beiden Werften nicht nur von der Einstufung in eine Lohngruppe sowie der Akkord- bzw. Normübererfüllung ab, sondern außerdem von Überstunden und zahlreichen Zuschlägen. Hier zeichnen sich außerordentlich viele Übereinstimmungen der Art ab, daß sowohl in der AG »Weser« wie auch in der Neptunwerft Schweißer stets zu den Arbeitergruppen gehörten, die Zuschläge durchsetzen konnten. Durch viele Überstunden war für etliche Arbeiter die Arbeitszeitreduzierung, die mit dem Übergang zur 45-Stundenwoche eintreten sollte, wenig zu spüren war.

Für Fragestellungen nach dem Auskommen der Werftarbeiterfamilien sowie dem Anteil des Arbeitslohnes des Mannes am Einkommen erwiesen sich die Unterschiede in der Quellenbasis als recht hinderlich für eine vergleichende Betrachtung. Dies schloß freilich einige interessante Beobachtungen nicht aus. Die wohl überraschendste Entdeckung wurde dabei für Bremer Werftarbeiterfamilien gemacht: Die meisten Interviewpartner erinnerten die 1950er Jahre als Zeit materieller Enge. Das »Wirtschaftswunder« griff weniger als erwartet und von einer grundlegenden Veränderung des Konsumverhaltens von Arbeiterfamilien konnte folglich noch keine Rede sein. Eine auskömmliche Lebensführung eines Vier-Personen-Haushaltes setzte regelmäßig Überstunden voraus und dies, obgleich sich die Löhne während der 1950er Jahre in einem deutlichen Aufwärtstrend bewegten.

Die Löhne der Arbeiter der Neptunwerft stiegen ebenfalls und gut entlohnte Überstunden waren gang und gäbe. Hinsichtlich der Entlohnung befanden sich die Arbeiter der Neptunwerft sogar in einer besseren Position. Während in der AG »Weser« im Vergleich zu anderen Branchen keineswegs Spitzenlöhne gezahlt wurden, gehörte die Neptunwerft zu den Betrieben, deren Arbeiter gegenüber denen anderer Wirtschaftszweige sowohl hinsichtlich der Löhne als auch sonstiger Versorgungsleistungen des Betriebes günstig gestellt waren. Diese Besserstellung kann jedoch nicht über Knappheit hinwegtäuschen, schon gar nicht, wenn man bedenkt, daß viele Familien ihre im Krieg oder während der Flucht verlorene Habe ersetzen mußten. Dazu kamen die unzähligen Versorgungslücken, die das alltägliche Leben beschwerten.

2. Außerbetriebliches Milieu

Geschlechterverhältnis und Familie

Für beide Milieus gilt, daß die Ehe als Form des Zusammenlebens von Mann und Frau unangetastete Leitbildfunktion hatte. Nach den wirren Verhältnissen in Krieg und Nachkriegszeit stellten Heirat und Ehe in den 1950er Jahren ein Stück der von Männern und Frauen ersehnten Normalität dar, in der Bundesrepublik genauso wie in der sich als sozialistisch verstehenden neuen Gesellschaft der DDR. Im Facharbeitermilieu wurde wie eh und je Wert auf »ordentliche« Verhältnisse gelegt, wozu außer einem geregelten Arbeitsverhältnis auch geregelte private Verhältnisse gehörten. Alleinstehende Frauen - das gilt für das Arbeitermilieu wie für andere Milieus - oder Frauen, die in sogenannten unvollständigen Familien lebten, z.B. weil der Mann nicht aus dem Krieg zurückgekommen war, wurden sowohl in Rostock wie in Bremen in mancherlei Weise gegenüber verheirateten diskriminiert.

Die Ehen der Werftarbeiterpaare waren hier wie dort sehr stabil, von Scheidung war nur in Ausnahmefällen die Rede. Dieser Befund deckt sich mit den statistischen Makrodaten, wonach die Scheidungszahlen in den 1950er Jahren im Vergleich zu den unmittelbaren Nachkriegsjahren erheblich zurückgingen. Auch in Bezug auf Heiratsverhalten und Kinderzahl zeigten sich große Ähnlichkeiten. Geheiratet wurde im Alter zwischen 20 und 26 - ausgesprochene Frühhehen wurden also offenbar nicht favorisisert -, wobei der Partner bzw. die Partnerin in der Regel aus demselben oder ähnlichem sozialen Milieu stammte. Für Bremen ist darüberhinaus für viele Fälle auch noch die gleiche lokale Herkunft der Ehepartner zu konstatieren, nämlich aus den klassischen Arbeitervierteln im Westen der Hansestadt. Anders als Rostock, wo die starken demographischen Veränderungen als Folge des Krieges und die Anwerbung von Arbeitskräften für die Neptunwerft aus der gesamten Republik zu einer starken Fluktuation führten, ist das Bremer Milieu von einer auffälligen regionalen Immobilität gekennzeichnet.

Was die Familiengröße angeht, so hatte die überwiegende Zahl der Familien ein bis zwei Kinder, was auf eine Fortsetzung des säkularen Trends zur Reduzierung der Geburtenzahlen hinweist, nicht nur, aber eben auch in der Arbeiterschaft. Daß eine Schwangerschaft bereits bei der Eheschließung vorlag, war offenbar hier wie dort eher die Regel als die Ausnahme. Legalisierung von Schwangerschaft und damit Vermeidung von gesellschaftlicher Stigmatisierung hatte Tradition im Arbeitermilieu, wo voreheliche sexuelle Beziehungen von jeher üblich, aber keineswegs mit Libertinage zu verwechseln waren, vielmehr einem »spezifischen Ehrenkodex« unterlagen.[8]

Anlaß zur Eheschließung waren bei den Werftarbeiterpaaren in Rostock und Bremen außer dem Vorliegen einer Schwangerschaft der Wunsch, unbefriedigenden häuslichen Verhältnissen zu entgehen - das wird besonders für den Bremer Teil deutlich - und die Hoffnung auf eine Versorgung mit besserem Wohnraum. In beiden Fällen spielte die Werft eine wichtige Rolle bei der Wohnungsvermittlung. Wie die kommunalen Wohnungsämter vergaben auch die entsprechenden betrieblichen Stellen in erster Linie an Verheiratete eine Wohnung bzw. an solche Paare, die eine unmittelbar bevorstehende Verehelichung glaubhaft machen konnten. Heirat stellte aber keine Garantie für die Zuweisung einer Wohnung dar. Besonders in Rostock, wo die Wohnungsversorgung auch Ende der 1950er Jahre noch äußerst schlecht war, mußten Paare auch noch nach der Geburt des ersten Kindes sich mit sehr beengtem Wohnraum, zuweilen sogar mit getrenntem Wohnen abfinden. Daß diese Ehen in der Regel trotzdem stabil blieben, ist alles andere als selbstverständlich.

---

8   Heidi Rosenbaum, Formen der Familie. Untersuchungen zum Zusammenhang von Familienverhältnissen, Sozialstruktur und sozialem Wandel in der deutschen Gesellschaft des 19. Jahrhunderts, 7. Aufl., Frankfurt a.M. 1996, S. 427.

Anders als in Rostock gab es im Bremer Werftarbeitermilieu außer dieser erzwungenen und zeitlich begrenzten Drei-Generationen-Familie auch ein freiwilliges Wohnen von drei Generationen unter einem Dach. Aufgrund einer bremischen Besonderheit kam es nicht selten vor, daß eine Familie zusammen mit der verwitweten Mutter des Mannes - seltener wohl der Frau - ein kleines Reihenhaus bewohnte, das der Vater des Mannes einst erworben hatte. Hauseigentum in Arbeiterhand hatte nämlich in Bremen durchaus Tradition. Auch wenn dieses Arrangement nicht eine gemeinsame Haushaltsführung bedeuten mußte, so war doch auf jeden Fall für die Betreuung der Kinder gesorgt, wenn die Mutter berufstätig wurde. Diese Möglichkeit war in Rostock wegen der stärkeren Migrationsbewegungen in den 1940er Jahren nicht in demselben Maße gegeben.

Überhaupt stellte sich das Ausmaß von verwandtschaftlicher Vernetztheit in den beiden Milieus unterschiedlich dar. Vieles deutet darauf hin, daß das Festhalten am erweiterten Familienverband für das Bremer Werftarbeitermilieu ein konstitutives Element darstellte, das Tradition hatte[9] und das sich noch lange - über unseren engen Untersuchungszeitraum hinweg - erhalten hat. Wenn das für Rostock nicht so deutlich in Erscheinung trat, so liegt das neben einer vielleicht tatsächlich stärkeren Orientierung auf die Kernfamilie auch daran, daß objektive Gegebenheiten, die mit der Neuzusammensetzung der Neptun-Belegschaft zusammenhängen, der Pflege intensiver verwandtschaftlicher Beziehungen im Wege standen.

Im Hinblick auf das Geschlechterverhältnis ist dieser Aspekt in mehrerer Hinsicht relevant: Es waren in Bremen sowohl Männer wie Frauen, die die Aufrechterhaltung dieses erweiterten Familiennetzwerks betrieben, wenn auch die Frauen wohl in erster Linie für die konkrete organisatorische Umsetzung verantwortlich zeichneten. Für die Frauen waren diese Netzwerke darüberhinaus noch deshalb von besonderem Interesse, weil z.B. der Rückgriff auf die Großmütter für sie eine Möglichkeit zur Vereinbarung von Beruf und Familie darstellte. In Rostock mögen also außerfamiliäre Einrichtungen der Kin-

---

9 In bezug auf das Kaiserreich vgl. Rosenbaum, a.a.O., S. 439, S. 478 f. und S. 483. In Bezug auf die Weimarer Republik vgl. Karen Hagemann, Frauenalltag und Männerpolitik. Alltagsleben und gesellschaftliches Handeln von Arbeiterfrauen in der Weimarer Republik, Hamburg 1990, S. 348 f.

derbetreuung vielleicht auch aus diesem Grund noch dringender benötigt worden sein als in Bremen.

Der Umgang mit der Erwerbstätigkeit von verheirateten Frauen und Müttern stellt einen wichtigen Markierungspunkt für die Art des Geschlechterverhältnisses dar. Hier zeichnen sich nun neben interessanten Ähnlichkeiten auch markante Unterschiede zwischen Rostock und Bremen ab. Die meisten der von uns in den Blick genommenen Bremer Werftarbeiterehefrauen gingen, auch wenn sie jüngere Kinder zu betreuen hatten, in den 1950er Jahren zeitweilig oder dauerhaft, in Teilzeit oder Vollarbeit, mit und ohne Steuerkarte einer Erwerbstätigkeit nach. Sie setzten sich damit über das damals in der Bundesrepublik hoch aufgeladene Leitbild von der Bestimmung der Frau als Hausfrau, Gattin und Mutter hinweg. Dabei hatten nicht nur ihre Ehemänner, sondern eigentlich sie selbst auch die herkömmliche Vorstellung von der Rollenverteilung der Geschlechter in vieler Hinsicht noch verinnerlicht. Aber das reichte nicht aus, um sie von einer Berufstätigkeit auf Dauer abzuhalten, ebensowenig wie das mehr oder weniger deutlich artikulierte Mißbehagen ihrer Männer. Die Frauen versuchten allerdings, die Belastungen für ihre Kinder so gering wie möglich zu halten. Anfängliches Motiv für die Aufnahme einer außerhäuslichen Beschäftigung war in vielen, nicht in allen Fällen die Aufbesserung des Familienbudgets. Im Laufe der Zeit wurde aber die Berufsarbeit darüberhinaus für die Frauen mehr und mehr zu einer Quelle von Selbstbewußtsein, zu einer Möglichkeit, ihren Handlungsspielraum und ihren Status innerhalb der Familie zu verbessern.

In Rostock ist nun das Interessante nicht, daß die Erwerbstätigkeit auch hier unter den verheirateten Frauen insgesamt stieg. Daß Berufstätigkeit von Frauen in der DDR schon früh viel höher lag als in der Bundesrepublik und auch dieselben individuell als positiv empfundenen Auswirkungen haben konnte, ist allgemein bekannt. Interessant ist vielmehr, in welchem Maße verheiratete Frauen trotz günstiger rechtlicher Rahmenbedingungen nicht erwerbstätig wurden. Ein erheblicher Teil der Ehefrauen von Facharbeitern der Neptunwerft war während der gesamten 1950er Jahre nicht berufstätig. Die Vorstellung, daß die Mutter schulpflichtiger Kinder zuhause bleiben sollte, war, wie unsere Interviews und auch zeitgenössische Diskussionen zeigen, in Rostock wie überhaupt in der DDR zu dieser Zeit durchaus noch verbreitet - und zwar bei Männern und Frauen. Werftarbeiterfrauen, deren Männer ausreichend verdienten, waren offenbar keineswegs darauf aus, arbeiten zu gehen, schon gar nicht, wenn sie Kinder hatten. Sie setzten sich damit in Widerspruch zu dem in der DDR schon in den frühen 1950er Jahren aus ökonomischen und ideologischen Gründen verbreiteten Leitbild von der berufstätigen Frau und Mutter. Nach marxistischer Auffassung gab es nämlich keine Gleichberechtigung ohne Berufstätigkeit.

In Rostock wie in Bremen lassen sich also gewisse Widerständigkeiten der Frauen gegen das ihnen jeweils verordnete Leitbild konstatieren, die inhaltlich völlig gegensätzlich waren. In Rostock müssen dabei auch die Männer einbezogen werden, die zu dieser Zeit ebenso wie ihre westlichen Geschlechtsgenossen noch keineswegs alle mit einer außerhäuslichen Beschäftigung ihrer Frauen einverstanden waren.

Diese Haltung ist nicht hinreichend mit dem Hinweis auf die noch zu geringe Zahl von öffentlichen Kinderbetreuungseinrichtungen in Rostock zu erklären. Sie läßt vielmehr auf das Fortleben älterer mentaler Dispositionen in der neuen sozialistischen Gesellschaft schließen, von Dispositionen, die schon im Facharbeitermilieu des Kaiserreichs und der Weimarer Republik bestanden, wonach das bürgerliche Familien- und Eheideal der Hausfrauenehe Vorbildcharakter hatte.

Trotz dieser beharrenden Elemente - das sei noch einmal betont - darf natürlich nicht vergessen werden, daß die Erwerbstätigkeit von Frauen in Rostock absolut und relativ stärker anstieg als in Bremen. Nur: Die modernisierenden Elemente in Form von frauenfreundlicher Gesetzgebung stießen stärker als erwartet auf beharrende Elemente.

In beiden Werftarbeitermilieus herrschte bei Männern und Frauen insofern eine grundsätzliche Akzeptanz der traditionellen Geschlechterrollenverteilung, als auch voll erwerbstätige Frauen ihre Zuständigkeit für Haus- und Familienarbeit keinen Moment in Frage stellten. Hier wie dort war die Vereinbarkeit von Beruf und Familie in erster Linie ein Problem der Mütter, nicht der Väter. Mit Ute Gerhardt können wir also feststellen, daß »sich der Patriarchalismus als kulturelles Erbe und Herrschaftsform ... in beiden deutschen Gesellschaften als resistent erwiesen [hat] ....«[10].

Das wurde auch an der generellen Geringschätzung von beruflicher Frauenarbeit deutlich, die sich z.B. in schlechterer Entlohnung und fehlenden Qualifizierungsmöglichkeiten ausdrückte. Trotz eines modernen normativen Rahmens in der DDR, wonach Frauen im Beruf nicht mehr diskriminiert werden sollten, sah die Realität diesbezüglich in Rostock zunächst nicht anders aus als in Bremen; sie änderte sich nur langsam.

Ein Faktor, der auf den ersten Blick doch für einen erheblichen systembedingten Unterschied im Geschlechterverhältnis zu sprechen scheint, ist die wesentlich höhere Zahl von weiblichen Beschäftigten auf der Neptun-Werft als auf der AG »Weser« - nicht nur im Verwaltungsbereich, sondern auch in der Produktion - wobei im letzteren Bereich die Zahl im Laufe der 1950er Jahre allerdings wieder abnahm. Bei genauerem Hinsehen erwies sich jedoch, daß ungeachtet der unterschiedlichen Zahl - die aber in beiden Fällen auf eine deutliche Minderheitenposition hinweist - der Männerbetrieb Werft die Frauen als Fremdkörper betrachtete und entsprechend behandelte. Sowohl in Rostock wie in Bremen hatten z.B. Schweißerinnen oder Kranfahrerinnen Schwierigkeiten, als gleichberechtigte Kolleginnen akzeptiert zu werden. Zwar setzte sich in Rostock ein Betriebsfrauenausschuß für die Rechte der Frauen ein, beschränkte sich aber zunehmend auf soziale, also »typisch« weibliche Belange.

Systemübergreifende Persistenz in der Geringschätzung von Frauenarbeit - das ist unser so nicht erwarteter Befund für die 1950er Jahre. Die traditionelle Sicht der Industriearbeiterschaft, die die Welt der Arbeit als männlich definierte, weil mit Schweiß und Muskelkraft assoziiert, lebte im Milieu fort. Daß sich diese Einschätzung ebenso wie die männliche Ablehnung der Ehefrauen-Berufstätigkeit in Rostock im Gegensatz zu Bremen nicht so sehr aus den Interviews als vielmehr aus den schriftlichen Quellen erschließen ließ, liegt vermutlich daran, daß Frauenerwerbsarbeit in der DDR im Laufe der folgenden Jahrzehnte zunehmend selbstverständlich und als positiv

---

10 Ute Gerhardt, Die staatlich institutionalisierte »Lösung« der Frauenfrage. Zur Geschichte der Geschlechterverhältnisse in der DDR, in: Hartmut Kaelble/Jürgen Kocka (Hrsg.), Sozialgeschichte der DDR, Stuttgart 1994, S. 399.

erlebt wurde. Kinderbetreuungseinrichtungen wurden vermehrt geschaffen, bestehende Diskriminierungen, wenn auch nicht völlig beseitigt, so doch reduziert, so daß bei den interviewten Männern und Frauen insgesamt die angenehmen Erinnerungen überwiegen.

Trotz der Konstatierung von erheblichen Beharrungskräften im Geschlechterverhältnis können doch gewisse Ansätze von Modernisierung nicht übersehen werden. Das gilt schon insofern, als allein die Tatsache, daß überhaupt Frauen in Männerberufen arbeiteten, wenn auch in geringer Zahl und meistens nur schlecht qualifiziert, neu war. Außerhalb von Kriegs- und unmittelbarer Nachkriegszeit hatte es das bisher nicht gegeben. Auf der Neptunwerft gab es sogar einige weibliche Ingenieure und Abteilungsleiter.

Für das Bremer Milieu ist die Modernisierung allgemein darin zu sehen, daß sich bei Fortdauer konservativer gesetzlicher Rahmenbedingungen und gesellschaftlicher Leitbilder mehr und mehr Arbeiterfrauen von diesen emanzipierten und auch ohne ausdrückliche Zustimmung ihrer Männer und auch ohne unabdingbare wirtschaftliche Notwendigkeit berufstätig wurden. Modernisierungsagent war dabei zweifellos in der zweiten Hälfte der 1950er Jahre die expandierende Wirtschaft mit ihrem wachsenden Arbeitskräftebedarf. Für Rostock wie für die gesamte DDR liegt für unseren Untersuchungszeitraum das modernisierende Element darin, daß neue frauenfördernde normative Regelungen und ein neues Frauenleitbild geschaffen wurden.

Ein weiterer Modernisierungsfaktor, der allerdings über die 1950er Jahre hinausweist, besteht darin, daß die mehrheitlich beruflich inadäquat oder gar nicht ausgebildeten Werftarbeiterfrauen dafür sorgten, daß ihre Töchter eine qualifizierte Berufsausbildung erhielten. Ihre Männer unterstützten sie dabei. Damit war für die Zukunft zumindest die Möglichkeit für ein egalitäreres Geschlechterverhältnis gegeben.

Freizeitverhalten

Auch wenn das Maß unserer Erkenntnisse über das Freizeitverhalten der Werftarbeiter und ihrer Familien für Bremen und Rostock unterschiedlich ist[11], so lassen sich dennoch genügend vergleichende Aussagen über die Verhältnisse in Ost und West treffen, die uns wichtige Hinweise auf die Entwicklung der beiden Milieus geben.

Beginnen wir mit einer grundlegenden Gemeinsamkeit: Freizeit - verstanden als die Zeit, die nach Abzug der Stunden für Erwerbsarbeit, Arbeitswege, häusliche Arbeiten und Nachtruhe übrigbleibt - war bei den Rostocker wie bei den Bremer Werftarbeitern auch nach der Arbeitszeitverkürzung in der zweiten Hälfte der 1950er Jahre angesichts der vielen Überstunden knapp bemessen. Bei berufstätigen Ehefrauen kam in beiden Städten zusätzlich zu der Zeit in Betrieb oder Büro noch der Hauptteil der Haus- und Erziehungarbeit hinzu, so daß sie noch weniger freie Zeit als die Männer hatten. In beiden Orten kamen zu den langen Arbeitszeiten - die infolge der schiffbauspezifischen Produktionsabläufe auch häufige Wochenendarbeit einschloß - weitere zeitaufwendige Tätigkeiten, die aus der materiellen Enge dieser Jahre herrührten: So nahmen in Bremen beispielsweise die für die Ernährung wichtigen Kleingärten und in Rostock die Aufbauleistungen im Wohnungsbau der Arbeiterwohnungsgenossenschaften einen nicht unerheblichen Teil der geringen arbeitsfreien Zeit ein. Bei den Protagonisten in beiden Milieus wird man sogar in noch wesentlich geringerem Maße von Freizeit reden können. Politische und gewerkschaftliche Arbeit und die Ausübung von Funktionen in Vereinen, Elternbeiräten oder kommunalen Gremien beanspruchte weitgehend die arbeitsfreie Zeit der Milieuprotagonisten im Westen. In Rostock kam zu diesen gesellschaftlichen Aktivitäten noch ein enormer Zeitaufwand für die verschiedenen Weiterbildungen bis hin zum Abendstudium hinzu, die oft jahrelang eigentliche Freizeitbeschäftigungen ausschlossen.

---

11 Das liegt nicht nur an forschungsökonomischen Momenten - für die Aufarbeitung der Rostocker Verhältnisse stand nur eine Mitarbeiterin zur Verfügung, die die Arbeitswelt auf der Werft und den Reproduktionsbereich zu erforschen hatte - sondern auch an den Systemunterschieden. Im Westen wurde gerade in den 1950er Jahren dem »Freizeitproblem« eine große Aufmerksamkeit sowohl in der Öffentlichkeit als auch in der sozialwissenschaftlichen Forschung gewidmet, was in dieser Form in der DDR nicht der Fall war. Auf diese zeitgenössischen Debatten und Untersuchungen konnte daher nur für den Westen zurückgegriffen werden.

Gemeinsam in beiden Milieus ist auch, daß ein erheblicher Teil der Freizeit im Kreise der Familie - in Bremen häufig im erweiterten Familienverband - verbracht wurde. Aktivitäten mit den Nachbarn waren besonders in Bremen üblich, wo aufgrund des jahrzehntelangen gemeinsamen Wohnens in den traditionellen Arbeiterquartieren und der Nachbarschaft in den Parzellen engere Vernetzungen entstanden waren als das in Rostock wegen der Wohnsituation die Regel sein konnte. Natürlich gibt es auch im außerhäuslichen Freizeitverhalten eine Reihe von Gemeinsamkeiten. Den Besuch von Gaststätten, Kinos, Tanz- und Sportveranstaltungen - besonders bei den Jüngeren - , die Bewirtschaftung des Kleingartens und gelegentliche Ausflüge gab es in beiden Städten. Das alles unterschied sich nur teilweise von der Art der Erholung, Unterhaltung und Gesellichkeit, wie sie in der Arbeiterschaft auch der 1920er Jahre üblich gewesen war.

Allerdings gab es in Rostock einen grundsätzlichen Unterschied sowohl gegenüber den früheren Zeiten als auch gegenüber den Verhältnissen in Bremen: In der DDR erlangte der Betrieb eine erhebliche Bedeutung für die Freizeit. Die Neptunwerft bot ihren Belegschaftsmitgliedern eine breite Palette von Möglichkeiten für gesellige, kulturelle und sportliche Betätigungen an, die früher - und im Westen auch in dieser Zeit - das Feld von Vereinen und kommunalen Einrichtungen waren. So wurde 1951 in Rostock das werfteigene Klubhaus errichtet, in dem die Arbeiter nicht nur Entspannung und Unterhaltung - von Tanzveranstaltungen bis zu Hobbyzirkeln - finden konnten, sondern wo auch kulturelle und politische Bildung stattfand. Die Einrichtung solcher Klubhäuser, die in dieser Zeit in vielen DDR-Betrieben gebaut wurden, stand im Zusammenhang mit dem überregionalen »Arbeitsprogramm für die kulturelle Massenarbeit« des FDGB[12]. und war für die deutsche Arbeiterbewegung ein Novum.[13] Sie war nur möglich auf der Grundlage der neuen Eigen-

---

12 Geschichte der deutschen Arbeiterbewegung, hrsg. vom Institut für Marxismus-Leninismus beim ZK der SED, Berlin 1969, Kapitel XIII (1949-1955), S. 132.
13 Häufig wird in der Literatur als Vorbild für diese Einrichtung die sowjetische Praxis der Arbeiterclubs genannt. (Vgl.: Simone Hain, Die Salons der Sozialisten. Geschichte und Gestalt der Kulturhäuser in der DDR, in: Simone Hain, Michael Schroedter und Stephan Stroux, Die Salons der Sozialisten. Kulturhäuser in der DDR, Berlin 1996.

tumsverhältnisse in der Industrie. Dabei brach sie allerdings mit den bisherigen Traditionen der Arbeiterkulturbewegung, die ihre Aktivitäten betriebsfern in eigenen, autonomen Organisationen betrieben hatte, die in der Weimarer Zeit ja zu einer ganzen Organisationswelt von proletarischen Sport-, Gesangs-, Bildungsvereinen etc. herangewachsen waren. Die SED sah im Betrieb - dem Ort der Arbeit, die nach marxistischer Auffassung die Quelle der Selbstverwirklichung des Menschen ist - die zentrale Stelle auch für die sozialen und kulturellen Tätigkeiten der Arbeiter und wies ihm die Aufgaben zu, die früher Vereine, teils auch öffentliche Einrichtungen, besonders aber die Organisationen der Arbeiterbewegung wahrgenommen hatten. Auch wenn also inhaltlich in diesen betrieblichen Kultur- und Bildungseinrichtungen an die Traditionen der Arbeiterbewegung angeknüpft wurde - übrigens häufiger an die der klassischen bürgerlichen Kultur und Bildung verpflichteten reformistischen Traditionen als an die autonomen und avantgardistischen der linken Strömungen der Arbeiterbewegung - so kann doch nicht von einer Persistenz der klassischen Arbeiterkultur gesprochen werden, da diese vom Ansatz her ihre Autonomie eingebüßt hatte.[14] Zugespitzt formuliert: in der DDR wurden nicht nur die Betriebe verstaatlicht, sondern auch die Arbeiterkultur, deren eigenständige Organisationen ja nicht wiedergegründet wurden, sondern deren Aufgaben nun den Betrieben und zentral geführten gesellschaftlichen Organisationen wie dem Kulturbund, dem FDGB etc. zugewiesen wurden.[15] Man muß darin nicht unbedingt die hauptsächliche Absicht der SED sehen, möglichst all-

---

14 Von daher ist es nur bedingt richtig, die Volkshäuser der alten Arbeiterbewegung als Vorbilder für die Klub- und Kulturhäuser der DDR zu betrachten (Vgl.: Simone Hain, Die Salons der Sozialisten. Geschichte und Gestalt der Kulturhäuser in der DDR, in: Simone Hain, Michael Schroedter und Stephan Stroux, Die Salons der Sozialisten. Kulturhäuser in der DDR, Berlin 1996, S. 93 ff., S. 107, S. 113.
15 Vgl. Christoph Kleßmann, Die »verstaatlichte Arbeiterbewegung«. Überlegungen zur Sozialgeschichte der Arbeiterschaft in der DDR, in: Karsten Rudolph und Christl Wickert (Hrsg.), Geschichte als Möglichkeit. Über die Chancen von Demokratie, Essen 1995, S. 108-119. Auch Groschopp spricht von »verstaatlichter Arbeiterbewegung« Vgl.: Horst Groschopp, Deutsche Einigung - Ende einer verstaatlichten Arbeiterbewegungskultur, in: Loccumer Protokolle 8/91: Historische Orientierung und Geschichtskultur im Einigungsprozeß, Rehburg-Loccum 1991 (Dokumentation der gleichnamigen Tagung vom 5. bis 7. April 1991), S. 136-148, hier S. 141.

seitig das Leben der Arbeiter zu erfassen und zu kontrollieren. Das Ziel, den Arbeitern die Teilnahme an Bildung und Kultur zu ermöglichen, entsprach natürlich auch den emanzipatorischen Traditionen der sozialistischen Bewegung, die, nunmehr an der Macht, die Ressourcen der Betriebe diesem Ziel nutzbar zu machen versuchte. So bot das Klubhaus neben Neigungsgruppen, wie Musik-, Briefmarken- und Aquarienzirkeln, auch Vorträge zu gesellschaftswissenschaftlichen und fachlichen Themen an. Brigaden luden Mitglieder des Rostocker Volkstheaters ein. Das Schwergewicht lag auf der Neptunwerft aber wohl auf den entspannenden Angeboten.

Auch der Sport, eine der unter Arbeitern am meisten verbreitete Freizeitaktivität, wurde in Rostock wesentlich vom Betrieb organisiert.[16] Neptunarbeiter, die Sport treiben wollten, werden das in der Regel in der zur Werft gehörenden Betriebssportgemeinschaft »Motor Rostock« getan haben, die im Laufe der Jahre ein immer breiteres Angebot an Sportarten offerierte. Wie im Klubhaus die Zirkelleiter, so waren hier die Übungsleiter in der Regel im Hauptberuf auf der Werft beschäftigt. Nicht nur Werktätige der Neptunwerft verbrachten ihre Freizeit auf den betriebseigenen Sportplätzen, sondern auch werftnah wohnende Rostocker und Rostockerinnen[17]. Natürlich konnten sich Neptun-Mitarbeiter in anderen Sportclubs und in als »Volkskunstgruppen« bezeichneten Freizeitgruppen, die in der Stadt existierten, betätigen. Aber die Kultur- und Freizeiteinrichtungen der Werft hatten die bessere finanzielle Ausstattung und waren wohl deshalb attraktiver. Das alles trug dazu bei, daß der Betrieb in weitaus höheren Maße als im Westen zum Lebensmittelpunkt nicht nur vieler Arbeiter, sondern auch ihrer Familien wurde.

---

16 Bereits 1948 hatten FDGB und FDJ bei der Gründung des Deutschen Sportausschusses in Berlin den Grundsatz aufgestellt, »*daß die Betriebssportgemeinschaften das Rückgrat der neuen Sportbewegung sein sollen*«. Vgl.: 25 Jahre Betriebssportgemeinschaft Motor Rostock. VEB Schiffswerft »Neptun«, Rostock o.J.(1973), S. 4. Vgl. auch Gerhard Keiderling, Vom Kommunal- zum Volkssport: Entwicklung in der Ost-Zone Deutschlands. Stationen der Herausbildung der Einheitssportbewegung in der Sowjetischen Besatzungszone von 1945 bis 1948, in: Franz Nitsch und Lorenz Peiffer (Hrsg.), Die roten Turnbrüder. 100 Jahre Arbeitersport. Dokumentation der Tagung vom 1. bis 3. April 1993 in Leipzig, Marburg 1995, S. 173, dort auch weitere Quellenangaben.
17 Vgl. 25 Jahre Betriebssportgemeinschaft »Motor Rostock«, a.a.O., S. 58.

Daß die Ehefrauen der Werftarbeiter in Rostock offenbar mehr Kontakt zur Arbeitswelt ihres Mannes hatten als in Bremen, wurde bereits erwähnt. Das war auch schon dadurch gegeben, daß die Paare mehr Gelegenheiten hatten, einen Teil der Freizeit gemeinsam, »betriebsnah« zu verbringen - z.B. durch Teilnahme an betrieblichen Feiern und Festen. Brigadefeste, zu denen Partner oder Partnerin mitgebracht wurde und an die sich alle Interviewten gern erinnern, fanden relativ häufig statt, häufiger jedenfalls als der einmal im Jahr durchgeführte Betriebsausflug in Bremen oder die gelegentliche Jubilarehrung. Sämtliche Familienmitglieder konnten je nach Alter und Neigung an den kulturellen Angeboten des Klubhauses teilnehem. Eine besondere Art, beide Ehepartner auch emotional stärker an die Arbeitswelt zu binden, nämlich die u.a. vom Betriebsfrauenausschuß propagierte »sozialistische Eheschließung« im Betrieb, stieß allerdings offensichtlich nicht auf große Gegenliebe.

Neben dem Stolz auf das selbstgebaute Klubhaus, der in einigen Interviews aufscheint, gibt es jedoch auch Quellen, die darauf schließen lassen, daß die Akzeptanz der vielfältigen Freizeit- und Kulturangebote der Neptunwerft bei den Arbeitern und ihren Familien sehr unterschiedlich war. Sicherlich gehörte nur ein Teil der Belegschaft zu den regelmäßigen Nutzern. Und auch der verhielt sich durchaus nicht immer so, wie es seitens der Klubhausleitung erwartet wurde. Daß beispielsweise der Aquarienzirkel stärker besucht wurde als der Lesezirkel, und die Arbeiter ihre Kinder nicht in die werfteigene Musikschule schickten, paßte nicht unbedingt zu dem selbstgesetzten kulturellen Anspruch der Einrichtung. Die gelegentlich vom Kulturdirektor der Werft an die Betriebsparteileitung weitergegebene Kritik von SED-Mitgliedern, die Kulturarbeit in den Zirkeln sei unpolitisch[18], gibt einen weiteren Hinweis darauf, daß die Arbeiter die Freizeitangebote der Werft auf ihre eigene Weise zu nutzen suchten, wobei sie sich offensichtlich nur teilweise an den kulturpolitischen Vorstellungen orientierten, die hinter dem Konzept der betrieblichen Freizeiteinrichtungen standen. Auch wenn man ein solches Verhalten nicht überinterpretieren sollte, so kann darin, daß sich manche Nep-

---

18 So in einem Informationsbericht des Kulturdirektors an die zentrale Parteileitung des Betriebs aus der Mitte der 1950er Jahre (LA Greifswald, BPA SED Rostock, GO - Ro.-Stadt, IV/7029/242.

tun-Arbeiter und ihre Familien dem betrieblichen Einfluß auf Freizeit und Privatleben entzogen, und daß andere gezielt nach ihren persönlichen Vorlieben aus dem Angebot »von oben« auswählten, wiederum ein Element von Autonomie der Betriebsarbeiter gesehen werden. Beide Aspekte - die bedeutende Rolle des Betriebes bei der Freizeitgestaltung wie der relativ autonome Umgang damit - stellen wichtige Rahmenbedingungen für die Entwicklung des Milieus dar. Auch wenn die alten autonomen Formen der Freizeitaktivitäten in den klassischen Arbeiterkulturorganisationen nicht mehr möglich waren, so boten doch die betrieblichen Einrichtungen nun - teilweise unbeabsichtigt - neue Möglichkeiten für eine kollektive und in bestimmten Grenzen auch selbstbestimmte Freizeitgestaltung.

In Bremen gab es diese umfangreichen betrieblichen Freizeiteinrichtungen nicht. Sie wurden vom Betriebsrat der AGW und den politisch bewußten Arbeitern auch gar nicht gewünscht.[19] Die Welt des Betriebes und die Welt der Freizeit waren - abgesehen von personellen Überschneidungen - getrennt. Dennoch gibt es - zumindest auf den ersten Blick - eine mit Rostock vergleichbare Entwicklung hinsichtlich der proletarischen Freizeit- und Kulturorganisationen. Auch in Bremen entstanden die meisten der alten Arbeiterkulturorganisationen nach dem Kriege nicht wieder, in denen viele Arbeiter bis 1933 einen erheblichen Teil ihrer Freizeit verbracht hatten. Dies entsprach der ausdrücklichen Zielsetzung der dominanten Arbeiterpartei SPD, die Gleichberechtigung und die Integration der Arbeiterschaft in den neuen Staat zu fördern. Die Wiedererrichtung einer

---

19 Solche betrieblichen Freizeitaktivitäten erinnerten offensichtlich zu stark an betriebliche Befriedungsstrategien und an die »KdF«-Einrichtungen der NS-Zeit. Auch der Betriebssport wurde deshalb vom Vorsitzenden des Bremer Landessportbundes, dem ehemaligen Arbeitersportler Oskar Drees, energisch abgelehnt (Vgl. Weser-Sport, Organ des Landessportbundes Bremen vom 1. April 1947; vgl. auch: Ralf Junkereit, Auf dem Weg zur Einheit im Sport. Landessportbund Bremen 1945-1950, Bremen 1989, S. 32 und 36). Erst in den 1960er Jahren gab es - sehr zum Leidwesen des Betriebsrates - wieder eine Fußballmannschaft auf der AG »Weser«. Angesichts des von den Betriebsräten deutlich gesehenen Interessengegensatzes zwischen Kapital und Arbeit konnten solche betrieblichen Freizeiteinrichtungen mit ihren Einflußmöglichkeiten auf die Belegschaft zu Integrationsinstrumenten im Interesse der Unternehmer werden. In den »volkseigenen Betrieben« der DDR gab es *diesen*, in den Eigentumsverhältnissen begründeten, Interessengegensatz nicht und die Integration in das sozialistische System war dem FDGB und der Betriebsgewerkschaftsleitung natürlich nichts Anstößiges.

proletarischen Gegenwelt, in der die Arbeiter »von der Wiege bis zur Bahre« in eigenen Organisationen lebten, hätte diesem Ziel nun keineswegs gedient. Der Verzicht auf diese eigene Organisationswelt fiel der SPD umso leichter, als sie nun in vielen der in Bremen geschaffenen Dachverbänden - beispielsweise im Landessportbund - über den beherrschenden Einfluß verfügte und als führende Regierungspartei auch die staatlichen und kommunalen Einrichtungen zu beherrschen meinte. So förderte diese frühe Grundsatzentscheidung der SPD die allmähliche Transformation von Vereinen, die aus Arbeiterkulturorganisationen hervorgegangen waren. Am Beispiel des eng mit der AG »Weser«-Belegschaft und der SPD verbundenen Sportvereins »TURA« können wir diesen Veränderungsprozeß nachvollziehen. Dabei trat an die Stelle der autonomen Arbeiterorganisation ein vom Staat vielfältig geförderter Verein, der zwar der Sozialdemokratie verbunden blieb, aber den politischen Anspruch der alten Arbeitersportbewegung weitgehend verlor. Auch in anderen Teilen des Kultur- und Freizeitbereichs traten staatliche oder öffentliche Einrichtungen - etwa bei den Bibliotheken und den Weiterbildungseinrichtungen - an die Stelle autonomer Einrichtungen der Arbeiterbewegung. Traditionelle Arbeiterorganisationen, die nach 1945 wiedergegründet wurden, veränderten teils ihren Charakter hin zu quasi-öffentlichen Institutionen mit nur noch geringen Bezügen zu den emanzipatorischen Zielen der Arbeiterbewegung - wie beispielsweise die AWO und der Arbeitersamariterbund -, teils verloren sie in den 1950er Jahren im Zuge der programmatischen Veränderungen in der SPD und des Niedergangs der KPD überhaupt an Bedeutung.

Neben diesen Etatisierungstendenzen, bei denen anders als bei der Verstaatlichung der Arbeiterkultur in der DDR keine neuen Organisationsformen entstanden - trugen auch die Veränderungen der politischen und gewerkschaftlichen Organisationen selbst zur Erosion eigenständiger Kultur- und Bildungskonzepte der Arbeiterschaft bei. Zwar wurden den in der SPD organisierten Betriebsarbeitern Wochenendseminare zu aktuellen politischen und wirtschaftlichen Themen, aber auch zur Geschichte der Arbeiterbewegung angeboten[20], doch war das weder vom Umfang noch vom Inhalt her mit den traditionellen Bildungsbemühungen der Arbeiterparteien zu vergleichen. Parteipolitisch aktive AG »Weser«-Arbeiter nahmen daran teil, aber ihre Zahl war nicht eben groß. Die Ortsverwaltung der IG Metall, die besonders in der zweiten Hälfte der 1950er Jahre eine bemerkenswerte Kulturarbeit betrieb, erreichte zwar durchaus einen erheblichen Teil der Arbeiterschaft, allerdings unterschieden sich häufig ihre kulturellen Freizeitangebote dem Charakter nach wenig von denjenigen kommerzieller Anbieter. Die Alternativen, die die Gewerkschaftsjugend anbot, gingen teilweise - wie etwa die von ihr betriebenen Volkstanzgruppen - an den Interessen der Arbeiterjugendlichen vorbei.[21].

Hier wird auch die dritte und wahrscheinlich wichtigste Ursache für das Schwinden eines eigenständigen Freizeit- und Kulturlebens der Arbeiterschaft im Westen deutlich: Die bereits in den 1920er Jahren gewachsene, in den 1950er Jahren aber enorm zunehmende Kommerzialisierung des Freizeitbereichs. Das Kino wird zu einer der wichtigsten und beliebtesten Freizeitstätten der Arbeiterjugendlichen, das Radio und später das Fernsehen bewirken erhebliche Veränderungen des Freizeitverhaltens. Motorisierung und organisierte Urlaubsfahrten haben indes für das Bremer Werftarbeitermilieu in den 1950er Jahren aus finanziellen Gründen noch wenig Bedeutung. Anders als in der DDR gewinnt die marktförmige Befriedigung der Freizeitbedürfnisse im Westen ein erhebliches Ausmaß. Zusammen mit den Etatisierungstendenzen im Bereich der Freizeit- und Kulturorganisationen trägt sie zur allmählichen Erosion des Milieus bei, auch wenn sich weiterhin deutlich traditionelle Elemente im Freizeitverhalten der Werftarbeiter - etwa hinsichtlich der Kollektivität von Freizeitaktivitäten - feststellen lassen.

---

20 Vgl. Renate Meyer-Braun, Die Bremer SPD 1949-1959. Eine lokal- und parteigeschichtliche Studie, Bremen 1982, S. 102-104.
21 Vgl. Arne Andersen und Uwe Kiupel, IG Metall in Bremen. Die ersten 100 Jahre, Bremen 1991, S. 117-120.